MARCA
ESPAÑA

GUÍA**PEÑÍN** 25 AÑOS

DE LOS
VINOS
DE
ESPAÑA
2015

www.guiapenin.com

9 788495 203045

Equipo de trabajo:
    Director: Carlos González Sáez
    Responsable editorial: Javier Luengo
    Equipo de cata: Carlos González, Javier Luengo y Pablo Vecilla
    Elaboración de textos: Javier Luengo y Carlos González
    Proceso de datos y logística: Erika Laymuns
    Publicidad: Mª Carmen Hernández
    Diseño de portada, interiores e infografía: Raul Salgado y Luis Salgado
    Asesor editorial: José Peñín

EDITA: PI&ERRE
Santa Leonor, 65 - Edificio A - Bajo A
28037 Madrid
Tel.: 914 119 464 - Fax: 915 159 499
comunicacion@guiapenin.com
www.guiapenin.com

ISBN: 978-84-95203-04-5
Depósito legal: M-24834-2014
Imprime: Altair Impresia Ibérica

DISTRIBUYE: GRUPO COMERCIAL ANAYA
Juan Ignacio Luca de Tena, 15
Tel: 913 938 800
28027 MADRID

 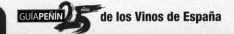

Guía Peñín,
cronistas del vino español desde hace 25 años

Fue en 1990 cuando veía la luz por vez primera este ideario que tiene usted entre sus manos. Lo que nacía como una Guía de Vinos y Bodegas españolas dirigida especialmente al consumidor final, tuvo tan buena aceptación en su primera edición que fue solo cuestión de tiempo que su influencia alcanzase el nivel con el que hoy cuenta la marca Guía Peñín, llegando a convertirse en una herramienta indispensable no ya sólo para los consumidores, ávidos de una información que les ayudase a adentrarse en este atractivo mundo, sino también a los profesionales de medio mundo que vieron en ella el utensilio perfecto para la compra de vinos españoles fuera de nuestras fronteras.

La primera edición en 1990 nacía con más 3.000 vinos catados. Pronto los 3.000 pasaron a ser 4.000 (1992-1993) y luego 5.000 (2003) hasta alcanzar la friolera de 10.800, vinos con la que cerramos esta última edición 2015. La influencia de la Guía seguía creciendo, lo que nos llevó de forma natural a traducirla al alemán e inglés e incrementar también por inercia su difusión en los mercados internacionales. En los últimos años hemos asistido a un crecimiento espectacular del ámbito de influencia de la Guía Peñín.

Cada vez son más los países que ven en las puntuaciones de la Guía la prescripción perfecta para adentrarse en el vino español. No es casualidad que en los últimos años Guía Peñín haya reforzado su presencia en terceros países a través de salones dirigidos a profesionales y periodistas especializados. Los éxitos cosechados por los diferentes salones internacionales organizados por Guía Peñín en Miami, México DF, Tokio, Shangai, Hong Kong, Moscú o Nueva York responden a este posicionamiento que la propia Guía ha conseguido en estos mercados, lo que nos obliga a trabajar con mayor ahínco en esta dirección.

La filosofía con la que arrancó la Guía en su primer año (1990) ha permanecido inalterable a lo largo de todas sus ediciones. En ella siguen apareciendo reseñados todos los vinos catados en el año, con independencia de su calificación final, lo que supone no realizar ninguna selección por puntuación o calidad, sino simplemente mostrar el estado de cada vino y añada en el momento de su cata. Además, el análisis organoléptico de los vinos en su propia zona de producción y junto a sus hermanos es otra de las líneas inquebrantables para la Guía Peñín. Evaluar los vinos dentro del marco de producción de cada zona, es una vía más para calibrar de forma eficiente unos vinos que cada vez más buscan vincular e identificarse en torno a su zona, a través de sus propias variedades, suelos y climas, aunque no todos lo consigan.

Crónica del vino español en el último cuarto de siglo

Los últimos 25 años han sido, según el retrato que ha podido realizar la Guía Peñín en sus incontables viajes, de gran importancia en el desarrollo vitícola de España. En los inicios de la Guía, el grueso de productores se esforzaban por luchar contra los defectos de elaboración, intentando minimizar sus efectos, al tiempo que aprovechaban los réditos comerciales de variedades que triunfaban en el extranjero, especialmente las castas de origen francés con las que el mundo aprendía a beber el vino.

El paso del tiempo nos arrastró a la era de la tecnificación de las bodegas, que poco a poco destinaban buen parte de sus ingresos a su desarrollo tecnológico, hasta el punto que fueron desapareciendo los defectos de elaboración. La globalización, que había estado gestándose desde los inicios de la Guía (1990), fue dejando ver sus efectos en el mundo del vino años más tarde, convirtiendo a España en una fábrica del vino bueno, bonito y sobre todo barato, lastre que de alguna manera hoy seguimos teniendo aunque se esté trabajando para invertir el proceso.

El rechazo que la globalización fue generando en las sociedades capitalistas fue dando paso a un esfuerzo por buscar la diferenciación al grito de no todos somos iguales. La fiebre por esta diferenciación se traducía en estudiar a nuestros antepasados que racionalmente habían cultivado las variedades más idóneas a cada terruño, al buscar para éstas la mejor adaptación al suelo y clima imperantes. Nacía así el boom de las variedades autóctonas y con él se daba paso a una restructuración racional del viñedo, un proceso lento que ha ido marcando el punto de salida para muchas zonas productoras que se encontraban navegando sin rumbo fijo. La etapa en la que hoy nos encontramos es quizás la más interesante de cuantas hayamos atravesado. Hoy día, es el viñedo el auténtico protagonista de las bodegas. Lejos quedaron los días de culto por la enología. Hoy la figura más trascendental es la del viticultor. Bodegas y Consejos Reguladores están destinando importantes recursos económicos para el estudio de sus suelos. Quieren saber todo sobre la base que hace crecer a sus cepas. En el estudio y entendimiento de estos suelos y en la menor intromisión a través de una enología respetuosa con la uva se encuentra el éxito de las bodegas de mayor proyección internacional.

En los últimos años hemos presenciado un crecimiento espectacular de vinos con la indicación de "ecológico", una tendencia que responde a la fiebre de no interferir en el correcto crecimiento de la cepa y de garantizar la máxima expresión de la uva, al tiempo que se respeta la sostenibilidad del suelo y se garantiza su supervivencia. También es el consumidor el que demanda un distintivo que certifique aquellos que fielmente trabajan bajo estas premisas, sin embargo no todas las bodegas que actúan en ecológico han decidido incluir el sello en sus vinos. Por vez primera hemos incorporado en Guía Peñín un índice de vinos ecológicos, a fin de responder a esta demanda entre los consumidores más sensibilizados.

Parece claro que el futuro más inmediato del vino español pasa por un mayor desarrollo exportador por parte de las bodegas. La conquista de los mercados internacionales ha de servir para poder vender todo el vino que se produce en España. Así pues entramos en una era donde la relaciones internacionales entre bodegueros y sus diferentes mercados marcará el éxito comercial y en la que el marketing y la comunicación jugarán una papel tan importante como la propia calidad del vino.

Han sido nuestros primeros 25 años de vida como cronistas del vino español. Cosecha a cosecha seguiremos documentando la evolución de nuestros vinos de la mejor manera que sabemos hacerlo: con respeto, seriedad y muchísima pasión.

Guía Peñín

EQUIPO DE CATA

Carlos González Sáez *(director Guía Peñín)*
cgonzalez@guiapenin.com

Nacido en Ávila en 1979, es Ingeniero Técnico Agrícola (Universidad de Salamanca), Máster en Enología y Viticultura (Torras y Asociados) y Máster en Dirección de Empresas Vitivinícolas (IE Business School). Después de ejercer como enólogo y técnico de viñedos, realizó labores de dirección técnica en Las Añadas de España. Desde hace 8 años, dirige el Departamento Técnico de la Guía Peñín, desarrollando tareas de coordinación del equipo humano y de las catas de vinos y destilados que aparecen en las diferentes guías que bajo la marca "Guía Peñín" se encuentran en el mercado.

Javier Luengo *(responsable editorial, catador)*
jluengo@guiapenin.com

Nacido en Castellón de la Plana en 1976 es Licenciado en Periodismo por la Universidad Complutense de Madrid y Técnico en Comunicación Integral por la Universidad Francisco de Vitoria. Tras ejercer como periodista en diferentes agencias de comunicación y medios impresos, paso a formar parte del área de Comunicación de PI&ERRE como director de cuentas. Javier es desde hace seis años catador de la Guía Peñín, tanto de vinos como de destilados. Actualmente es el responsable editorial de los diferentes productos amparados por el sello Guía Peñín.

Pablo Vecilla *(catador)*
pvecilla@guiapenin.com

Natural de Villacañas, es estudiante de ingeniería técnico-agrícola en la Universidad Politécnica de Madrid. Ha sido responsable de vinos de la Asociación Cultural La Carrasca, promotora de la cultura del vino en el ámbito universitario, asociación que también presidió durante los años 2008 y 2009. Pablo entró a formar parte del equipo de cata en 2010. Actualmente es el responsable de los cursos de cata que se realizan a través de la Escuela Peñín de Cata.

Ríndete ante la Excelencia,

los Vinos de Toledo te conquistarán...

Denominación de Origen Protegida Méntrida

Méntrida
Denominación de Origen
— TOLEDO —

AGRADECIMIENTOS

A todos los **Consejos Reguladores** que han colaborado eficazmente brindando sus instalaciones y personal para la logística de cata. En algún caso la cata no pudo llevarse a cabo en su sede por razones de nuestra propia organización. Asimismo, nuestro agradecimiento especial a **José Matás** de **Enoteca Casa Bernal**, en El Palmar (Murcia); **Juan Luis Pérez de Eulate** de la tienda **La Vinoteca**, en Palma de Mallorca; Quim Vila de la tienda **Vila Viniteca**, en Barcelona; la **Casa del Vino La Baranda** de El Sauzal, en la persona de **Jorge de Miguel García**; además de a la **Casa del Vino de Gran Canaria**; el **Parque Tecnológico del Vino (VITEC)**, en Falset (Tarragona) y a la **Vinatería Pámpano** en Almendralejo (Badajoz).

ARAEX
Rioja Alavesa

SPANISH
Fine Wines

The Leading Spanish Group of Independent Wineries

D.O. CA. RIOJA (ALAVESA)

 Luis Cañas   ALTOS *R*

LABASTIDA   AMAREN

Lar de Paula   Montebuena

BAI GORRI   BAROJA

D.O. RIAS BAIXAS

PAZO DE SEÑORANS

D.O. TORO

SOBREÑO

D.O. RUEDA

VAL DE VID

D.O. RIBERA DEL DUERO

 VALTRAVIESO

D.O. NAVARRA

Pago de Cirsus

D.O. LA MANCHA

D.O. CA. RIOJA (ALAVESA)
D.O. RIBERA DEL DUERO
D.O. RUEDA

Rolland GALARRETA

CENTRAL SPAIN

GRAN SELLO

D.O. CAVA

Villa Conchi

 THE GRAND WINES

ARAEX SPANISH FINE WINES

ARAEX.COM | SFW.ES

ZONAS VINÍCOLAS

En la actualidad existen en España 92 indicaciones geográficas, incluidas las quince denominaciones de vino de pago existentes hasta ahora (Aylés, Calzadilla, Campo Laguardia, Casa del Blanco, Dehesa del Carrizal, Dominio de Valdepusa, Finca Élez, Pago Florentino, Pago del Guijoso, Prado de Irache, Señorío de Arínzano, Vinos de Pago de Otazu, El Terrerazo, Pago Los Balagueses, Chozas Carrascal y Vera de Estenas.

La mención de "pago" parece, en algunos casos, complicar más cosas de las que resuelve, pero está siendo impulsada, si bien con otro carácter menos "secesionista" por Consejos Reguladores tan importantes como el riojano, en razón a la definición propuesta por la Ley del Vino de 2003 para ese concepto: "pago" como paraje rural con características propias y diferenciadas, cuyo nombre pueda ser utilizado de forma habitual en los mercados durante un mínimo de cinco años.

Todas las denominaciones aparecen por orden alfabético, mientras que el resto de etiquetas reseñadas y catadas figuran en los apartados Vinos de la Tierra –en el que también se inscriben los VCPRD por orden estrictamente alfabético-, o bajo el epígrafe Vinos de Mesa. Este último se ha ordenado por comunidades: Andalucía, Aragón, Baleares, Castilla-La Mancha, Castilla-León, Cataluña, Extremadura, La Rioja, Navarra y Valencia. Por último, el apartado Vinos Espumosos-Método Tradicional engloba los vinos espumosos elaborados de igual modo que los cavas –por el sistema de segunda fermentación en botella–, pero cuyas zonas de producción no están amparadas por la DO Cava ni por otras denominaciones de origen.

En cada capítulo por zona zona se distinguen los siguientes apartados:

• Mapa ilustrativo de la DO y áreas de mayor concentración de viñedo.
• Visión general de la zona, con información sobre su clima, suelos, variedades autorizadas, etc.
• Características generales de sus vinos.
• Calificación de la cosechas según la Guía Peñín (ex-

celente, muy buena, buena, regular y mediocre) como producto terminado, es decir, envasado, listo para el consumo. Una fórmula más realista frente a la calificación oficial, realizada sobre el vino en depósito en la fase postfermentativa y, por tanto, con ligeros restos de la elaboración.
• Relación de bodegas y catas de los vinos.

BODEGAS

Están detalladas por orden alfabético dentro de la zona vinícola en la que se integran. De cada bodega consta el nombre, dirección, teléfono, fax, correo electrónico y Web. Esta información está suministrada por los elaboradores hasta el 30 de junio de 2013. Toda la información básica de datos generales (dirección, teléfonos y marcas en el mercado) se ha actualizado prácticamente al 100% en esta edición. Aquellas bodegas que no han facilitado vino alguno para su cata no aparecerán reseñadas en esta nueva edición de la Guía.

Si una misma firma elabora vinos acogidos a diferentes DO o zonas vinícolas, los datos disponibles sobre ella aparecerán en todas ellas y en el apartado de índice por bodegas figurarán tantas entradas como zonas o regiones vinícolas en las que trabaje. El caso más frecuente se producirá con las firmas que elaboran simultáneamente cava y vinos.

Dentro de los diferentes niveles de producción (denominaciones de origen, vino de la tierra, vino de calidad, etc…) incluimos tanto bodegas elaboradoras, como embotelladoras o comercializadoras que poseen al menos un vino con la contraetiqueta del consejo regulador en el que las ubicamos. Y es que a día de hoy se pueden encontrar vinos elaborados por bodegas pertenecientes a una zona de producción (DO, Vino de la Tierra, etc.) que son comercializados por empresas externas ajenas a esa zona, los denominados "para, por".

Y es que el consumidor final busca los vinos por zonas y una vez localizados puede tratar de ponerse en contacto con la bodega propietaria de la marca para hacer una compra o para buscar algún tipo de información.

UNA GRAN
HERENCIA

Una forma de hacer propia de
una familia, y mantenida a través del
tiempo. Ahora modernizada y puesta
al día, para seguir ofreciendo aquí
y en todo el mundo nuestra
gran herencia, los vinos de
Álvarez de Toledo.

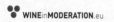

VINOS

Los vinos y sus catas correspondientes ocupan el grueso del texto. Figuran siempre a continuación de la información sobre la bodega que los produce, de acuerdo con las siguientes especificaciones:

• Cada vino aparece con su marca, crianza y cosecha (cuando así lo detalla el elaborador en la etiqueta). Se especifica también el tipo de vino, la DO a la que pertenece y el precio aproximado de venta al público que nos facilitan las bodegas.

• También se incluye una distinción de aquellos vinos que poseen una buena relación calidad/precio, que van de cinco estrellas a tres estrellas, según el baremo explicado en el cuadro inferior.

• Dado el imperioso motivo de no incrementar más de lo posible el número de páginas, con el fin de no disminuir su manejabilidad, sólo aparecen vinos con nota de cata cuya puntuación sea igual o superior a 86 puntos. En el resto sólo se incluye la puntuación, si bien las características y descripciones de todos ellos están archivadas y disponibles a través de www.guiapenin.com

• Los comentarios de cata resaltan las características principales de los vinos.

• En el caso que una bodega decida no enviar vinos susceptibles de situarse en el tramo de 80 puntos y de marca notoria, se intenta adquirir la muestra por otros medios. Aunque, normalmente, las bodegas que consideran que pueden recibir altas calificaciones son bastante resueltas a la hora de enviar sus vinos para ser examinados.

CRITERIOS DE RELACION CALIDAD/PRECIO

Los precios de venta al público (P.V.P.) reflejados en la presente edición han sido facilitados por las propias bodegas.

PUNTOS	EXCELENTE ★★★★★	BUENO ★★★★	CORRECTO ★★★
85-89	≤5€	>5€ ≤8€	>8€ ≤10€
≥ 90	≤10€	>10€ ≤13€	>13€ ≤16€

C∎BO
HIGH PRECISION

winefit

Vino de calidad por copas

Gracias a la tecnología de sus tapones podrá
conservar infinidad de botellas, creando una
carta de vino por copas ilimitada.

Exportcave S.L. · C/ Las Parras, 1, 40200, Cuéllar (Segovia) · Tel: 921 140 941 · info@export...

TABLA DE EQUIVALENCIAS

En ocasiones las bodegas se quejan de la dificultad de saber cuales son las equivalencias entre los distintos sistemas de puntuaciones numéricas que hoy aparecen en los medios de comunicación y en las guías de vinos. La Guía Peñín adoptó a partir de la edición del año 1992 la puntuación americana simplemente porque el impacto en el mercado mundial del vino comenzaba a ser relevante sobre el sistema de iconos (copas, estrellas, racimos, etc.) y puntuación de 0 a 20, ambas de implantación europea. El colofón fue la rápida difusión que las puntuaciones de Wine

Advocate liderado por Robert Parker, comenzaba a tener en el mercado mundial. Nuestra intención fue proyectar al mundo los vinos españoles como el primer catálogo independiente de marcas con valoración de la calidad y precio, lo cual nos hizo prescindir del sistema académico español del 0 al 10 puntos y adecuarnos a un modelo cada vez más extendido en el mundo.

La Guía ha querido desentrañar los distintos formatos de puntuación con las equivalencias con la calificación de nuestra Guía.

Guías de Vinos Gourmets, Anuario de Vinos El País	0-10	0	1	2	3	4	5	6	7	8	9	10
Jancis Robinson, Bettane et Desseauve, Vinum, el-mundovino.com, Revista Vinho, Wine "Esencia deo Vinho"	0-20	0	2	4	6	8	10	12	14	16	18	20
Wine Enthusiast, Wine Spectator, Wine Advocate (Robert Parker), Vino y Gastronomía, Wine Cellar (Stephen Tanzer´s, Guía Peñín)	50-100	50	55	60	65	70	75	80	85	90	95	100

ÍNDICES

Además de los consabidos índices alfabéticos por marcas de vino y bodegas, existe un índice con "Las mejores compras", un índice de relación calidad/precio que refleja, por segmentos de puntuación, aquellos vinos que aparecen como excelentes (5*) y constituyen una buena compra para el consumidor.

En esta edición 2015 de la Guía y debido al gran número de vinos con calificación de 90 o más puntos, la sección "EL PODIO" se circunscribe a los vinos comprendidos entre 95 y 100 puntos, ambos inclusive, bajo el nombre de VINOS EXCEPCIONALES. De 95 a 90 puntos, los catalogamos como vinos EXCELENTES.(★★★★★)

Asimismo se incluye un listado de denominaciones de origen y designaciones de vinos de la tierra, así como otro listado de grupos bodegueros con todas las firmas elaboradoras que aglutinan.

El objetivo del libro es informar eficaz y rápidamente de las características de los vinos que se pueden encontrar en el mercado durante el último trimestre de 2014 y el año 2015. Los juicios que se emiten son de entera responsabilidad de la Guía Peñín a través de su equipo de cata y sólo se deben valorar en la medida de la fe que el lector tenga en sus diagnósticos. Calificaciones que, por otra parte, deben interpretarse con un margen de flexibilidad máxima equivalente a una desviación del 6%.

Excepto en los vinos de marcado carácter, se ha simplificado la cata destacando los aspectos más significativos y fácilmente detectables por cualquier consumidor. Se ha evitado la descripción demasiado prolija o técnica, a nuestro entender ciertamente confusa para el consumidor medio. No obstante existe un vocabulario donde aparecen los términos que pudieran parecer más o menos técnicos para el consumidor no avezado.

Rías Baixas
ALBARIÑO CON ORIGEN

DENOMINACIÓN DE ORIGEN

Rías Baixas

CONSEJO REGULADOR

XUNTA DE GALICIA

FEADER: Europa inviste no rural

¿CUÁNDO SE CATAN LAS MUESTRAS?

El grueso de las catas se realiza desde finales de enero hasta el 30 de junio. Por tanto, todas las muestras recibidas con posterioridad no aparecerán en la Guía. Para cada zona se establece un periodo de cata, de forma que se pueda sistematizar el elevado número de degustaciones que debe realizarse en un espacio de tiempo relativamente corto.

AVISO: Ante el hecho de que en la Guía no podemos permitirnos ausencias de marcas notorias en el mercado español, en el caso de no recibir las muestras antes de la fecha marcada, 30 de junio, el equipo de cata de la Guía se reserva el derecho de adquirir dichas muestras en el mercado, siempre que entienda que por su importancia debe de aparecer en la Guía. Ahora bien, el equipo no se responsabiliza de que las botellas adquiridas en establecimientos especializados estén en perfectas condiciones de conservación para la cata.

CÓMO SE HAN CATADO LOS VINOS

No hemos ido en busca de los vinos rezagados, salvo los que considerábamos que por su calidad, en orden a experiencias anteriores, tendrían una puntuación alta. Cada vez más, las bodegas aprecian el prestigio que la Guía Peñín va obteniendo, año tras año, y aumenta el número de las muestras recibidas.

Casi todos los mejores vinos españoles han llegado por su propio pie. Las ausencias, en cambio, se deben a la sospecha por parte de los elaboradores de que sus vinos estarían puntuados en el furgón de cola. También porque la bodega ha vendido toda su producción, ya sea por la gran demanda o por la escasa cosecha. En ocasiones pudiera detectarse alguna ausencia notoria debido a un factor accidental achacable a nuestra organización. En el supuesto de que la razón fuera imputable a la bodega, nosotros recurriríamos a la compra del vino en el mercado, siempre –repetimos– que la marca tuviera cierta notoriedad bien mediática o comercial.

TIPO DE PUNTUACIÓN

Por razones de su mayor utilización a nivel internacional, hemos elegido el sistema de puntuación americana, según el cual 0 equivale a 50. Esta calificación expresa las distintas calidades de los vinos de un modo general, atendiendo a conceptos detallados por tramos de puntuación. Hay que aclarar que estas valoraciones no son equivalentes a la escala de los 10 puntos más tradicional y que otras guías adoptan como referencia. Para realizar una equivalencia lo más exacata posible puede acudir a la Tabla de Equivalencias que figura en la pág. 16.

A la vista de ello, el lector deberá acudir a esta página para conocer la descripción general relacionada con esa calificación concreta y examinar después la descripción particular del vino de acuerdo con la siguiente escala:

95-100 VINO EXCEPCIONAL

Sobresale entre los de su tipo, añada y tipicidad de la zona. Impresiona extraordinariamente todos los sentidos. Complejo, lleno de registros tanto olfativos como gustativos producidos por el conjunto de los valores del suelo, variedad, elaboración y crianza; es elegante y fuera de lo común; es decir, alejado de los estándares comerciales y, en algunos casos, extraño para el gran público.

90-94 VINO EXCELENTE

Vino con los mismos valores señalados en el apartado anterior, pero con menor relieve y claridad de matices.

85-89 VINO MUY BUENO

Destaca por los matices adquiridos a lo largo de la vinificación y/o crianza o por los inherentes a la variedad de uva. Un vino de características específicas, pero sin destacar los valores del terruño.

80-84 VINO BUENO

El vino responde plenamente a los rasgos exigibles a su tipo y zona vitivinícola algo más diluidos.

70-79 VINO CORRECTO

No posee ningún defecto, pero tampoco ninguna virtud.

60-69 VINO NO RECOMENDABLE

Un vino no aceptable en el que se pueden captar defectos que no dañan excesivamente a su conjunto.

50-59 VINO DEFECTUOSO

Un vino no aceptable desde el punto de vista lúdico. Puede presentar oxidaciones, defectos de larga conservación, trasiegos tardíos; o tratarse de vinos viejos en declive o jóvenes con aromas negativos de fermentación.

UTIEL REQUENA

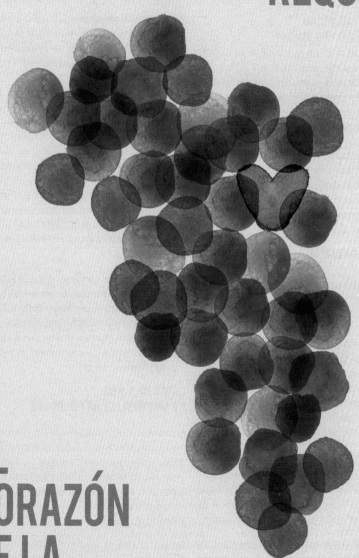

EL CORAZÓN DE LA BOBAL

utiel-requena
DENOMINACIÓN DE ORIGEN

¿CUÁNTOS VINOS SE HAN CATADO?

Es difícil precisar el número, ya que sobre el grueso de los vinos dudosos a partir de 80 puntos, se han repetido las catas en numerosas ocasiones. Sobre los vinos catados y comentados, hay que añadir aproximadamente 1.500 catas repetitivas.

¿CÓMO SE CALIFICAN Y SE PUNTÚAN LOS VINOS?

El equipo de cata de la Guía es reacio a las puntuaciones numéricas. Sin embargo, la descripción pura y simple de las catas, sin el matiz de los puntos, no explica suficientemente al consumidor no experto las diferencias entre marcas, encontrándose en la disyuntiva de qué vino elegir entre dos o varias descripciones semejantes.

Es evidente que los calificativos negativos y los positivos tienen sus respectivas fronteras, sin necesidad de puntuación. Y se podría pensar que bastaría con establecer las categorías de bueno, muy bueno y excelente. Pero no queremos utilizar estos términos como calificación, cuando hay que diferenciar un vino bueno de otro.

¿CÓMO SE REALIZAN LAS CATAS?

A diferencia de las catas comparativas y las de concurso, el equipo de la Guía realiza las catas a etiqueta descubierta por dos motivos:

1.- Para establecer la tipicidad del vino: la zona de producción, el clima, las variedades utilizadas, la cosecha, etc… situan al vino dentro de un contexto y marcarán por tanto el patrón de un vino en una determinada zona.

2.- Por viabilidad: el ingente volumen de vinos que cada año se cata para la Guía, no sería posible si se tuviera que hacer las catas a ciegas y posteriormente vinculan la cata a cada marca.

La experiencia del equipo de cata permite sobrepasar la influencia de las etiquetas y, por tanto, su conocimiento sobre la trayectoria de la bodega posibilita una valoración más justa, ya que rara vez existen grandes diferencias de calidad que no tengan que ver con los factores naturales de la cosecha.

Es evidente que, excepto que las degustaciones de los mismos vinos sean realizadas por varios grupos o comisiones de catadores en varias tandas, los resultados obtenidos en una sola cata a ciegas para una guía de vigencia anual nunca serán justos, excepto cuando se confronten con una cata a

etiqueta descubierta y los miembros conozcan la línea general de trabajo de la bodega y el tipo de cualidades a buscar en cada zona.

He aquí el modo de realización de las catas

- Se extrae una impresión general no sólo de los resultados de las diferentes degustaciones efectuadas en distintos lugares, situaciones y momentos, sino que también se tiene en cuenta la línea, estilo o segmentación de calidad de la bodega.
- El conocimiento general por parte del equipo del estilo (generalmente continuista) de cada bodega, a través de los últimos años, aminora los errores de cata, donde, a veces, pueden confundirse los defectos nacidos en el interior de una botella determinada (no puntuables) con las deficiencias en la elaboración y crianza (sí puntuables) del vino.

Con las nuevas bodegas (o con las marcas que aparecen por vez primera en la Guía y contrastan con el estilo habitual de la firma reseñada), el equipo de cata puede realizar un pequeño sondeo entre los propios colegas y confrontar pareceres con otros colaboradores.

- Por otro lado, somos conscientes de que en España, bien por razones climáticas relativamente uniformes en gran parte de las zonas y –cómo no– por la picaresca del ensamblaje nunca abandonada por gran número de bodegas, las diferencias de añada son menores que los cambios de estilo. Esta última práctica normalmente es anunciada y también detectada en la cata.

CATAS DE VINOS DE EMBOTELLADOS PRECOCES

En anteriores ediciones han aparecido puntuaciones relativamente más bajas en vinos de gran calidad embotellados en un periodo inferior a tres meses. Es evidente que al cabo de seis meses ese vino es merecedor de una calificación superior a la vista de su mejora, tanto al olfato como al gusto, y ya sin remedio para la rectificación, pues habría que esperar a la edición del año siguiente.

Aun conociéndose los factores negativos que supone catar un vino en el citado periodo (frutosidad hermética, roble y vino sin ensamblar, taninos a veces secantes) e incluso abstrayéndose de esta circunstancia, es arriesgado puntuar más alto de lo que se percibe sensorialmente. Por ello, el equipo

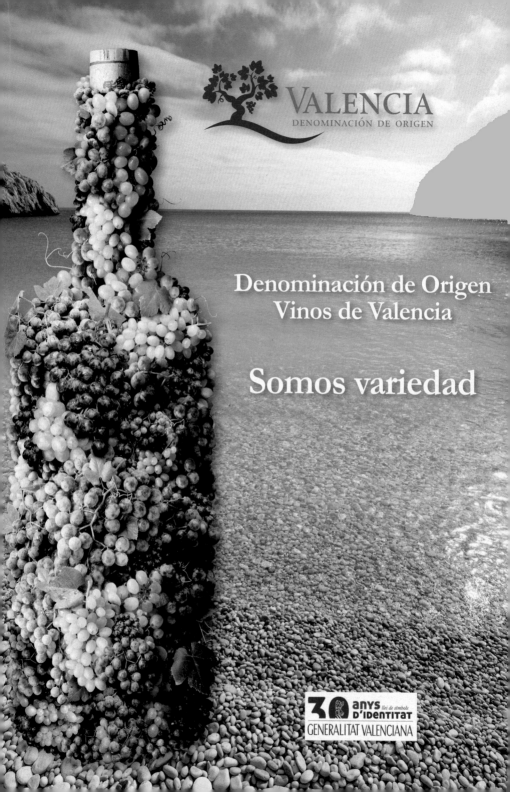

VALENCIA
DENOMINACIÓN DE ORIGEN

Denominación de Origen
Vinos de Valencia

Somos variedad

30 anys *llei de símbols*
D'IDENTITAT
GENERALITAT VALENCIANA

de cata recomienda a las bodegas que no estén seguras del total desarrollo gustativo y olfativo del vino, se abstengan de remitir las muestras en esta circunstancia, ya que para ellas puede ser un riesgo y para el equipo el descrédito de puntuar erróneamente una marca. En estos casos convendría remitir la cosecha anterior con unas características totalmente asentadas, incluso en el caso de estar agotado en bodega, ya que posiblemente continuará en el mercado que es el factor más esencial para la publicación en la Guía.

¿CÓMO INTERPRETAR LAS CATAS?

En cada descripción de un vino aparecen dos tipos de conceptos:

OBJETIVO

Son las descripciones "valorables", que no están condicionadas por el estado del catador y sus costumbres, y que pueden ser fácilmente contrastadas por cualquier aficionado. Es la más fiable.
• **Color**: la intensidad y la transparencia; por ejemplo, si el vino es intenso, abierto, pálido, velado, cristalino, etc.

• **Aroma**: la intensidad, defectos, excesos de aroma de algún elemento contenido en el vino (ej.: madera y tipo de variedad, afrutado o no, crianza, etc.)

• **Sabor**: la intensidad y estructura; si es carnoso, con cuerpo, redondo, los sabores esenciales (acidez, amargor –taninos– dulce, ácido, salado) y todos los reseñados en el aroma.

SUBJETIVO

Son las descripciones "no valorables" y de tipo personal referidas a comparaciones con otros productos que el equipo de cata conoce por su experiencia, y cuyo valor es servir de orientación para el lector. Ejemplos: el color "dorado, cereza, oro viejo, caoba, pajizo, etc.."; aroma y sabor "torrefacto, confitura, cereza, desván, etc."

Para otro catador, por ejemplo, el torrefacto podría ser equivalente a un matiz tostado y el "desván" reseñable como polvo o madera vieja.

Nos permitimos llamar su atención sobre el uso del roble en muchos vinos españoles que salen al mercado sin indicativos de crianza, tales como roble, barrica, crianza, etc. Cada vez es más habitual que muchos vinos lleguen al mercado con un paso de tres o cuatro meses por barrica, con objeto de que

estén más hechos y pulidos.
En este sentido sólo informamos de que el vino ha sido envejecido en barrica, sin precisar el número de meses. Si en la etiqueta figura el distintivo de "roble", lo incluiremos en la identificación del vino.

Asimismo, se han empleado abreviaturas para identificar los distintos tipos de vino descritos. Deben interpretarse de la siguiente manera:

B	blanco
AM	amontillado
BC	blanco crianza
PX	pedro ximénez
BFB	blanco fermentado en barrica
PC	palo cortado
RD	rosado
CR	cream
T	tinto
PCR	pale cream
TC	tinto crianza
GE	generoso
TR	tinto reserva
ESP	espumoso
TGR	tinto gran reserva
BR	brut
FI	fino
BN	brut nature
MZ	manzanilla
SC	seco
OL	oloroso
SS	semiseco
OLV	oloroso viejo
S/C	sin cosecha

RODRÍGUEZ DE VERA

EL BALCÓN DEL MEDITERRÁNEO A MIL METROS DE ALTITUD

Carretera de Pétrola km. 3.2, Chinchilla de Montearagón - Albacete
Tel: 696 16 88 73   e-mail: info@rodriguezdevera.com
www.rodriguezdevera.com

LOS VINOS NO CATADOS

Existen dos grupos de vinos no catados*:

a) Los vinos pertenecientes a bodegas que sólo han enviado parte de sus marcas.

La ausencia puede deberse a que, o bien el vino se ha agotado en bodega (una razón absurda, ya que el vino puede estar en el mercado), o que el elaborador crea que, al tratarse de marcas de menor calidad, recibirán una puntuación más baja. En este último caso, deducimos que se trata de vinos de nivel inferior a los catados y calificados de estas firmas. Como las marcas ya recibidas nos permiten conocer el estilo de la bodega, no insistiremos en las etiquetas ausentes.

b) Los vinos pertenecientes a bodegas que no han enviado ninguna muestra.

Sabemos con certeza que, salvo rarísimas excepciones, los vinos no sobrepasarían la calificación de 79 aunque seguiremos insistiendo en próximas ediciones para que envíen sus muestras para la cata ya que, a pesar de tener una valoración baja, los vinos pueden alcanzar una buena relación calidad/precio, siendo atractivos para el comprador internacional.

* En ambos casos los vinos no catados no serán reseñados en la Guía.

PACS DEL PENEDÈS (DO PENEDÈS)   MILMANDA (DO CONCA DE BARBERÀ)   PRIORAT (DOQ PRIORAT)

VIVE UN DÍA *de experiencias*
DISFRUTA DE LAS BODEGAS TORRES.

dm
dieta mediterránea

Para más información:
Tel. 93 817 75 68 / 93 817 74 87 | reservas@torres.es
www.clubtorres.com | www.facebook.com/bodegastorres

WINEinMODERATION.eu
Art de Vivre

014dietamediterranea.com

El vino sólo se disfruta con moderación.

Alicante

A CATARLO TODO S.L.
Avda. del Mediterráneo, 106
03725 Teulada
(Alicante)
☎: +34 965 740 399 - +34 965 740 881
Fax: +34 965 740 399
www.acatarlotodo.com
bodega@acatarlotodo.com

VINOS NACIONALES: 4000
VINOS EXTRANJEROS: 200
DESTILADOS: 1000
ENVÍO A DOMICILIO: Sí
CURSOS DE CATA: No
COMPRA ON LINE: Sí

OTROS PRODUCTOS:
Delicatessen.

CAMPOLUZ ENOTECA
Avda. Alicante, 39
03202 Elche
(Alicante)
☎: +34 965 455 059
www.campoluzenoteca.com
tienda@campoluz.com

VINOS NACIONALES: 2250
VINOS EXTRANJEROS: 560
DESTILADOS: 2400
ENVÍO A DOMICILIO: Sí
CURSOS DE CATA: Sí
COMPRA ON LINE: Sí

OTROS PRODUCTOS:
Gourmet, delicatessen.

VINALIA DE BODEGAS LEOPOLDO
San Jaime, 3
03760 Ondara
(Alicante)
☎: +34 965 766 314
www.vinaliavinotecas.com
correo@vinaliavinotecas.com

VINOS NACIONALES: 1500
VINOS EXTRANJEROS: 50
DESTILADOS: 1500
ENVÍO A DOMICILIO: Sí
CURSOS DE CATA: Sí
COMPRA ON LINE: Sí

OTROS PRODUCTOS:
Espacio para catas en grupo, club de vinos, delicatessen, accesorios.

Asturias

COALLA GOURMET
Munuza, 7
33206 Gijón
(Asturias)
☎: +34 985 348 400
Fax: +34 985 330 910
www.coallagourmet.com
coalla@coallagourmet.com

VINOS NACIONALES: 1800
VINOS EXTRANJEROS: 600
DESTILADOS: 400
ENVÍO A DOMICILIO: Sí
CURSOS DE CATA: Sí
COMPRA ON LINE: Sí

OTROS PRODUCTOS:
Productos gourmet.

Vinos
DO Manchuela

Aromas y Sabores de los Vinos Manchuela

COALLA GOURMET
Fierro, 3
33009 Oviedo
(Asturias)
☎: +34 984 181 800
Fax: +34 985 330 910
www.coallagourmet.com
coalla@coallagourmet.com

VINOS NACIONALES: 1800
VINOS EXTRANJEROS: 600
DESTILADOS: 400
ENVÍO A DOMICILIO: Sí
CURSOS DE CATA: Sí
COMPRA ON LINE: Sí

OTROS PRODUCTOS:
Productos gourmet.

MOUTAS ÁREA GOURMET
Alto de Buenavista, 7
33006 Oviedo
(Asturias)
☎: +34 985 271 174
www.moutasareagourmet.com
vinosmoutas@yahoo.es

VINOS NACIONALES: 1460
VINOS EXTRANJEROS: 530
DESTILADOS: 220
ENVÍO A DOMICILIO: Sí
CURSOS DE CATA: Sí
COMPRA ON LINE: Sí

OTROS PRODUCTOS:
Aceites, conservas, infusiones, regalos de empresas, asesoramiento profesional, confección de cartas de vinos, formación de grupos de catas, enoturismo.

Badajoz

DONVINITO
C/Santa Amalia, 22
06400 Don Benito
(Badajoz)
☎: +34 924 808 244
donvinito@terra.com

VINOS NACIONALES: 2000
VINOS EXTRANJEROS: 120
DESTILADOS: 200
ENVÍO A DOMICILIO: Si
CURSOS DE CATA: Sí
COMPRA ON LINE: No

Barcelona

CELLER CAN DANI
Travessera de Gràcia, 119
08012 Barcelona
(Barcelona)
☎: +34 932 379 363
www.enterwine.com
celler@cellercandani.com

VINOS NACIONALES: 2000
VINOS EXTRANJEROS: 100
DESTILADOS: 300
ENVÍO A DOMICILIO: Sí
CURSOS DE CATA: No
COMPRA ON LINE: No

CELLER D'OSONA
C/ Sant Fidel, 3
08500 Vic
(Barcelona)
☎: +34 938 860 060
Fax: +34 938 860 060
www.cellerdosona.com
info@cellerdosona.com

VINOS NACIONALES: 1500
VINOS EXTRANJEROS: 200
DESTILADOS: 500
ENVÍO A DOMICILIO: Sí
CURSOS DE CATA: Sí
COMPRA ON LINE: No

OTROS PRODUCTOS:
Club de vinos "Bon Clos", complementos, cervezas de todo el mundo.

CELLER DE GRÀCIA
Sant Ferran, 220
08205 Sabadell
(Barcelona)
☎:+34 937 111 105
www.cellerdegracia.com
cellerdegracia@cellerdegracia.com

VINOS NACIONALES: 1400
VINOS EXTRANJEROS: 400
DESTILADOS: 600
ENVÍO A DOMICILIO: No
CURSOS DE CATA: No
COMPRA ON LINE: No

OTROS PRODUCTOS:
Conservas y Foies.

 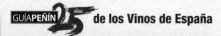

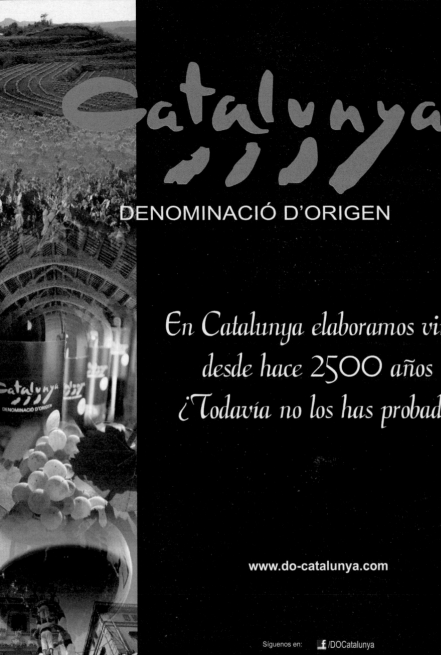

Catalunya

DENOMINACIÓ D'ORIGEN

En Catalunya elaboramos vinos
desde hace 2500 años
¿Todavía no los has probado?

www.do-catalunya.com

Síguenos en: /DOCatalunya
/DOCatalunya

CELLER DEL CAVA

Pintor Pradilla, 16
08205 Sabadell
(Barcelona)
☎: +34 937 457 056
Fax: +34 937 336 297
www.cellerdelcava.com
info@cellerdelcava.com

VINOS NACIONALES: 1000
VINOS EXTRANJEROS: 100
DESTILADOS: 1000
ENVÍO A DOMICILIO: Sí
CURSOS DE CATA: Sí
COMPRA ON LINE: Sí

OTROS PRODUCTOS:
Conservas, embutidos y artículos de regalo.

CELLER DEL CAVA

Galileo, 238
08224 Terrasa
(Barcelona)
☎: +34 937 892 988
Fax: +34 937 336 297
www.cellerdelcava.com
info@cellerdelcava.com

VINOS NACIONALES: 1500
VINOS EXTRANJEROS: 150
DESTILADOS: 2000
ENVÍO A DOMICILIO: Sí
CURSOS DE CATA: Sí
COMPRA ON LINE: Sí

OTROS PRODUCTOS:
Conservas, embutidos y artículos de regalo.

ENTERWINE.COM

Sant Eusebi, 18, Baixos
08006 Barcelona
(Barcelona)
☎: +34 931 628 890
www.enterwine.com
contact@enterwine.com

VINOS NACIONALES: 1500
VINOS EXTRANJEROS: -
DESTILADOS: 200
ENVÍO A DOMICILIO: Sí
CURSOS DE CATA: No
COMPRA ON LINE: Sí

OBSERVACIONES:
Enterwine pertenece a Celler can Dani, es su tienda online.

VINS AVIÑO

C/ Jesús, 44
08810 Sitges
(Barcelona)
☎: +34 938 114 691
www.vinsavinyo.cat
avinyo@vinsavinyo.cat

VINOS NACIONALES: 1000
VINOS EXTRANJEROS: 20
DESTILADOS: 500
ENVÍO A DOMICILIO: Sí
CURSOS DE CATA: Sí
COMPRA ON LINE: No

OTROS PRODUCTOS:
Productos gourmet, accesorios, cristaleria.

VINS AVIÑO

Avda. Francesc Macia 24-32
08800 Vilanova i la Geltrú
(Barcelona)
☎: +34 938 143 119
www.vinsavinyo.cat
avinyo@vinsavinyo.cat

VINOS NACIONALES: 1000
VINOS EXTRANJEROS: 20
DESTILADOS: 500
ENVÍO A DOMICILIO: Sí
CURSOS DE CATA: Sí
COMPRA ON LINE: No

OTROS PRODUCTOS:
Productos gourmet, accesorios, cristaleria.

KOALA®

MADE IN SPAIN

High Tech sacacorchos

Retro sacacorchos

AC sacacorchos

Tapón antigoteo

Soporte de Barra

NEW

Soporte Mesa

NEW

Lips antigoteo

Mandil Largo

cinta ajustable
hasta 26 colores!

Mandil Corto

NEW

Porta Cinturón

Manga enfriadora

Nice Cooler

Mueble Bar

Cubitera Nature

Nature XXL

NEW COLOR

KOALA® Spanish Design / Atención al cliente [+34] 986 900 580   info@koala.es   www.koala.es

VINS AVIÑO
Pol. ind. Santa Magdalena Pass. de Vilanoveta 4-6
08800 Vilanova i la Geltrú
(Barcelona)
☎: +34 938 142 624
Fax: +34 938 142 296
www.vinsavinyo.cat
avinyo@vinsavinyo.cat

VINOS NACIONALES: 1000
VINOS EXTRANJEROS: 20
DESTILADOS: 500
ENVÍO A DOMICILIO: Sí
CURSOS DE CATA: Sí
COMPRA ON LINE: No

OTROS PRODUCTOS:
Productos gourmet, accesorios, cristaleria.

VINUS VINIS
Passeig de Maragall, 334 BIS
08031 Barcelona
(Barcelona)
☎: +34 935 111 203
www.vinusvinis.com
info@vinusvinis.com

VINOS NACIONALES: 1400
VINOS EXTRANJEROS: -
DESTILADOS: 1500
ENVÍO A DOMICILIO: Sí
CURSOS DE CATA: No
COMPRA ON LINE: Sí

WINE PALACE
Avda. Sarria, 28-30
08209 Barcelona
(Barcelona)
☎: +34 934 192 876
www.winepalace.es
sarria@winepalace.es

VINOS NACIONALES: 1800
VINOS EXTRANJEROS: 950
DESTILADOS: 1500
ENVÍO A DOMICILIO: Sí
CURSOS DE CATA: Sí
COMPRA ON LINE: Sí

OTROS PRODUCTOS:
Quesos seleccionados, embutidos con D.O. y productos
delicatessen.

Cádiz

BODEGA GUTIÉRREZ COLOSÍA
Avda. Bajamar, 40
11500 El Puerto de Santa María
(Cádiz)
☎: +34 956 852 852
Fax: +34 956 542 936
www.gutierrezcolosia.com
info@gutierrezcolosia.com

VINOS NACIONALES: 25
(vinos de producción propia)
VISITA A LA BODEGA: SI
DESTILADOS: 3
ENVÍO A DOMICILIO: No
CURSOS DE CATA: Sí
COMPRA ON LINE: No

OTROS PRODUCTOS:
Vinagre de Jerez, atún de almadraba, aceite de la sierra,
miel de la sierra.

Girona

EL MAGAZTEM DEL PONT
Passeig Sant Joan Bosco, 59-61
17007 Girona
(Girona)
☎: +34 972 207 218 - +34 696 438 543
mmar@elmagatzemdelpont.com

VINOS NACIONALES: 1500
VINOS EXTRANJEROS: 30
DESTILADOS: 200
ENVÍO A DOMICILIO: Sí
CURSOS DE CATA: Sí
COMPRA ON LINE: Sí

OTROS PRODUCTOS:
Productos delicatessen y complementos. Nuevo espacio
para tomar vinos, copas y cavas. Anexo tienda restaurante
Vinomi.

Vinos de color y sabor Universal

www.lamanchawines.com

www.quixotewines.com - blog
www.facebook.com/vinosdelamancha
www.twitter.com/vinodelamancha

Fondo Europeo Agrícola de Desarrollo Rural.
Europa invierte en las zonas rurales.

LAVINATERIA.NET
C/ Mn Jacint Verdaguer, 10, bx
17450 Hostalric
(Girona)
☎: +34 972 864 660
Fax: +34 972 864 660
www.lavinateria.net
vi.calls@lavinateria.net

VINOS NACIONALES: 1400
VINOS EXTRANJEROS: 110
DESTILADOS: 700
ENVÍO A DOMICILIO: Sí
CURSOS DE CATA: Sí
COMPRA ON LINE: Sí

OTROS PRODUCTOS:
Aceites y vinagres, cervezas, refrescos.

Granada

BODEGAS MAR S.L.
Ctra de Almería, 16
18600 Motril (Granada)
☎: +34 958 603 013
Fax: +34 958 603 017
www.bodegasmar.com
info@bodegasmar.com

VINOS NACIONALES: 550
VINOS EXTRANJEROS: 50
DESTILADOS: 220
ENVÍO A DOMICILIO: No
CURSOS DE CATA: Sí
COMPRA ON LINE: No

Guadalajara

VALENTÍN MORENO E HIJOS S.L.
C/ Ferial, 25
19002 Guadalajara
(Guadalajara)
☎: +34 949 220 003
Fax: +34 949 215 231
www.vinoguadalajara.com
vmoreno@vinoguadalajara.com

VINOS NACIONALES: 700
VINOS EXTRANJEROS: 25
DESTILADOS: 160
ENVÍO A DOMICILIO: Sí
CURSOS DE CATA: Sí
COMPRA ON LINE: No

OTROS PRODUCTOS:
Aceites, vinagres y complementos para el servicio del vino.

Illes Baleares

CASA ALFONSO S.A.
C/ Progreso, 8
07820 Sant Antoni de Portmany
(Illes Baleares)
☎: +34 971 340 510
Fax: +34 971 345 553
casaalfonso@telefonica.net

VINOS NACIONALES: 230
VINOS EXTRANJEROS: 50
DESTILADOS: 300
ENVÍO A DOMICILIO: Sí
CURSOS DE CATA: No
COMPRA ON LINE: No

OTROS PRODUCTOS:
Delicatessen, frescos, charcutería, de la tierra, etc.

Jaén

ENOTECA EL DRUIDA
C/ Real, 17
23400 Úbeda (Jaén)
☎: +34 689 001 843
www.enotecaeldruida.com
info@enotecaeldruida.com

VINOS NACIONALES: 300
VINOS EXTRANJEROS: 25
DESTILADOS: 25
ENVÍO A DOMICILIO: Sí
CURSOS DE CATA: Sí
COMPRA ON LINE: Sí

OTROS PRODUCTOS:
Aceites y aguas, accesorios del vino, asesoramiento profesional. Regalos de empresa y lotes.

Las Palmas

EL GABINETE GASTRONÓMICO
Torres, 18
35002 Las Palmas de Gran Canarias
(Las Palmas)
☎: +34 928 380 443 - +34 615 357 445
www.elgabinetegastronomico.es
elgaga@elgabinetegastronomico.es

VINOS NACIONALES: 650
VINOS EXTRANJEROS: 150
DESTILADOS: 300
ENVÍO A DOMICILIO: Sí
CURSOS DE CATA: Sí
COMPRA ON LINE: No

OTROS PRODUCTOS:
Embutidos, conservas, patés.

Descubre unas variedades únicas en unos vinos excepcionales

TENERIFE
Isla de Vinos

CABILDO DE TENERIFE

www.vinosdetenerife.es

León

MONCLOA DE SAN LÁZARO
C/Cimadevilla, 97
24540 Cacabelos
(León)
☎ : +34 987 546 101
Fax: +34 987 549 056
www.moncloadesanlazaro.com
info@moncloadesanlazaro.com

VINOS NACIONALES: 110
VINOS EXTRANJEROS: 0
DESTILADOS: 25
ENVÍO A DOMICILIO: Sí
CURSOS DE CATA: Sí
COMPRA ON LINE: Sí

OTROS PRODUCTOS:
Productos artesanos del bierzo de elaboración propia, artesanía, cestería, cerámica, embutidos, quesos, dulces, bisutería y joyería de artesanos locales

OBSERVACIONES:
Facebook: www.facebook.com/LAMONCLOA

Madrid

ADVINUM "ESPACIO DE SENSACIONES"
C/ Lérida, 5
28020 Madrid (Madrid)
☎: +34 915 711 163
www.advinum.es
advinum@advinum.es

VINOS NACIONALES: 795
VINOS EXTRANJEROS: 75
DESTILADOS: 85
ENVÍO A DOMICILIO:
CURSOS DE CATA: Sí
COMPRA ON LINE: Sí

OTROS PRODUCTOS:
Productos Gourmet, Delicatessen.

BODEGA SANTMERY
Juan Alvarez Mendizabal, 27-29
28008 Madrid (Madrid)
☎ :+34 915 426 742
Fax: +34 915 426 742

VINOS NACIONALES: 1000
VINOS EXTRANJEROS: 250
DESTILADOS: 200
ENVÍO A DOMICILIO: Sí
CURSOS DE CATA: No
COMPRA ON LINE: No

OTROS PRODUCTOS:
Alimentos selectos, ibéricos y conservas.

BODEGA SANTA CECILIA
Blasco de Garay, 74
28015 Madrid (Madrid)
☎ :+34 91 4 455 283
Fax: +34 914 450 614
www.santacecilia.es
info@santacecilia.es

VINOS NACIONALES: 3000
VINOS EXTRANJEROS: 1500
DESTILADOS: 1500
ENVÍO A DOMICILIO: Sí
CURSOS DE CATA: Sí
COMPRA ON LINE: Sí

OTROS PRODUCTOS:
Delicatessen, regalos empresa, club de clientes, viajes a bodegas, accesorios.

Málaga

CASA PABLO VINOS Y LICORES
C/ Ramón Gómez de la Serna, 2
29602 Marbella (Málaga)
☎: +34 952 770 024
Fax: +34 952 824 154
www.casapablo.es
info@casapablo.es

VINOS NACIONALES: 1200
VINOS EXTRANJEROS: 800
DESTILADOS: 1000
ENVÍO A DOMICILIO: Sí
CURSOS DE CATA: No
COMPRA ON LINE: Sí

OTROS PRODUCTOS:
Caviar Riofrio, quesos, embutidos con D.O., copas Zwiesel, Siropes Monin.

Santa Cruz de Tenerife

CASA DEL VINO DE TENERIFE
Autopista General del Norte, Km 21, Enlace de
"El Sauzal". La Baranda, C/San Simón, 49
38360 El Sauzal
(Santa Cruz de Tenerife)
☎: +34 922 572 535 - +34 922 572 542
Fax: +34 922 572 744
www.casadelvinotenerife.com
casadelvino@teneriferural.org

VINOS NACIONALES: 330
LICORES ARTESANOS: 35
DESTILADOS: 35
ENVÍO A DOMICILIO: Sí
CURSOS DE CATA: Sí
COMPRA ON LINE: No

OTROS PRODUCTOS:
Quesos, mieles, mermeladas, mojos, confitería, pastelería,
turrones, chocolates, frutos secos, libros, accesorios del vino,
cristal, copas, licores, paños calados de artesanía, artículos
de cerámica, CD música folklórica, videos, artesanía, cestería.

Valencia

DDL- TENDAVINS
C/ Dos de Mayo, 203, Bajos
46870 Ontiyent
(Valencia)
☎: +34 962 911 172
Fax: +34 962 915 662
www.tendavins.com
info@tendavins.com

VINOS NACIONALES: 450
VINOS EXTRANJEROS: 20
DESTILADOS: 200
ENVÍO A DOMICILIO: Sí
CURSOS DE CATA: Sí
COMPRA ON LINE: Sí

OTROS PRODUCTOS:
Aceites y accesorios, especialistas en vinos de la zona.

ENOPATA
C/ Cuenca, 123 Bajo
46007 Valencia
(Valencia)
☎: +34 963 411 376
www.enopata.com
atencion@enopata.com

VINOS NACIONALES: 3000
VINOS EXTRANJEROS: 3000
DESTILADOS: 200
ENVÍO A DOMICILIO: Sí
CURSOS DE CATA: Sí
COMPRA ON LINE: Sí

OTROS PRODUCTOS:
Copas, accesorios para el vino y quesos artesanos.

ENVINARTE
C/ Serranos, 6
46003 Valencia
(Valencia)
☎: +34 963 913 930
www.envinarte.es
tienda@envinarte.es

VINOS NACIONALES: 450
VINOS EXTRANJEROS: 60
DESTILADOS: 60
ENVÍO A DOMICILIO: Sí
CURSOS DE CATA: Sí
COMPRA ON LINE: No

OTROS PRODUCTOS:
Combinado con ropa de hombre.

Abra
Señorío de Arana ....(Rioja)

Adega Condes de Albarei
Adega Condes de Albarei ....(Rias Baixas)
Pazo Baión ....(Rias Baixas)

Adegas Moure
Adegas Moure .... (Ribeira Sacra)
Moure Viños Artesans .... (Ribeira Sacra)

Adegas Valmiñor
Adegas Valmiñor...................................(Rias Baixas)
Ébano Viñedos y Bodegas..............(Ribera del Duero)

Adra
Solana de Ramírez Ruiz................................(Rioja)

Alfredo Arribas
Alfredo Arribas.......................................(Montsant)
Clos del Portal .... (Priorat)
Ediciones I-Limitadas .... (Priorat, Montsant)

Alvaro Palacios S.L.
Alvaro Palacios .... (Priorat)
Bodegas Palacios Remondo..........................(Rioja)
Descendientes de J. Palacios......................(Bierzo)

Alvear
Alvear......................... (Montilla-Moriles, VT Córdoba)
Palacio Quemado.....................(Ribera del Guadiana)

Anecoop
Cheste Agraria Coop. V............................ (Valencia)
Cooperativa La Viña (Vinos de la Viña)....... (Valencia)

Arboleda Mediterránea Bodegas
Arboleda Mediterránea
Bodegas .... (Cava, Rioja, Rueda)

Arzuaga
Bodegas Arzuaga
Navarro ....(Ribera del Duero, Vino de Mesa/Vino)
Pago Florentino .... (Pago Florentino)

Atlantic Terroiris
Ailala-Ailalelo ....(Ribeiro)
Coto de Gomariz............. (Ribeiro, Vino de Mesa/Vino)
Viños de Encostas ...... (Valdeorras, Vino de Mesa/Vino)

Avanteselecta
Alvaro Domecq.. (Jerez)
Atalayas de Golbán........................(Ribera del Duero)
Bodegas Naia ....(Rueda)
Bodegas Obalo ....(Rioja)
Dominio de Atauta ....(Ribera del Duero)
Mano a Mano .... (VT Castilla)
Pazos del Rey ....(Monterrei)
Viña Nora ....(Rias Baixas)
Viñas del Cénit .(VT CastyLe, Tierra del Vino de Zamora)

Avelino Vegas
Avelino Vegas ....(Cigales, Rueda, VT CastyLe)
Avelino Vegas-Bodegas
Fuentespina ....(Ribera del Duero)

Axial Vinos
Axial........(Bierzo, Calatayud, Campo de Borja, Cariñena,
Cava, Ribera del Duero, Rueda, VT CastyLe)
Bodegas de la Casa de Lúculo ....(Navarra)

Barbadillo
Bodega Pirineos ....(Somontano)
Bodegas Barbadillo (Vinos Espumosos, VT Cádiz, Jerez)
Vega Real.....................................(Ribera del Duero)

Baron de Ley
Barón de Ley ....(Rioja)
Bodega Museum .... (Cigales)
El Coto de Rioja ....(Rioja)

Beam Spain S.L.
Beam Spain, S.L. .... (Jerez)

Bodegas Aldeasoña S.L.
Bodega Convento San Francisco....(Ribera del Duero)
Bodegas Aldeasoña .... (VT CastyLe)

Bodegas Gallegas
Bodega Alanís...(Ribeiro)
Rectoral do Umia ....(Rias Baixas)

Bodegas Martín Códax
Adegas Galegas...................................(Rias Baixas)
Alma Atlántica ....(Monterrei, Rias Baixas)
Bodegas Cuatro Pasos...............................(Bierzo)
Bodegas Martín Códax........................(Rias Baixas)

Bodegas Mauro
Bodegas Mauro .... (VT CastyLe)
Bodegas y Viñedos Maurodos ....(Toro)

Bodegas Riojanas S.A. Grupo
Bodegas Muñoz y Mazón ....(Ribera del Duero)
Bodegas Riojanas ....(Rioja)
Bodegas Torreduero....................................(Toro)
Bodegas Viore ....(Rueda)
Cum Laude...(Cava)
María Victoria Dovalo Méndez...............(Rias Baixas)

Bodegas Roda S.A. & Bodegas La Horra S.L.
Bodegas La Horra.......................(Ribera del Duero)
Bodegas Roda ....(Rioja)

Bodegas y Viñedos Artadi
Bodegas y Viñedos Artadi...........................(Rioja)
Bodegas y Viñedos Artazu.........................(Navarra)
Bodegas y Viñedos El Sequé .... (Alicante)

Castell D'Or S.L.
Castell D'Or .... (Catalunya, Cava, Conca de Barberà,
Penedès, Priorat, Tarragona, Montsant)
Cooperativa Agrícola de Barberà...... (Cava, Conca de
Barberà)

Caus Grup
Can Ràfols dels Caus...................... (Cava, Penedès)
Mas Oller.. (Empordà)

Cepas y Bodegas
Bodegas Liba y Deleite .... (Ribera del Duero, Toro)

Coca i Fitó
Coca i Fitó .... (Terra Alta, Montsant)
Coca i Fitó & Roig Parals .... (Empordà)

Codorniu Raventós - Bodegas y Viñedos
Abadía de Poblet .... (Conca de Barberà)
Bodegas Bilbaínas .... (Rioja)
Cellers de Scala Dei .... (Priorat)
Codorníu .... (Cava, Rias Baixas)
Legaris .... (Ribera del Duero, Rueda)
Raimat .... (Catalunya, Cava, Costers del Segre)

Compañía de Vinos Telmo Rodríguez
Compañía de Vinos Telmo Rodríguez .... (Rioja, Alicante, Cigales, Málaga y Sierras de Málaga, Ribera del Duero, Rueda, Toro, Valdeorras, VT CastyLe)

CVNE
CVNE .... (Rioja, Ribera del Duero, Rueda)
Viña Real .... (Rioja)
Viñedos del Contino .... (Rioja)

D.O.5 Hispanobodegas
Bodegas Garci Grande .... (Rueda)
Bodegas Valdelacierva .... (Rioja)
Viñedos y Bodegas Gormaz .... (Ribera del Duero)

Dani Landi y Comando G
Comando G Viticultores .. (Vinos de Madrid, VT CastyLe)
Dani Landi .... (Méntrida, VT CastyLe)

Dinastia Vivanco
Bodegas Vivanco .... (Rioja)
Carlos Serres .... (Rioja)
Castillo Clavijo .... (Rioja)

Domecq Bodegas (Pernod Ricard)
Bodegas AGE .... (Rioja)
Bodegas Aura .... (Rueda)
Bodegas Campo Viejo .... (Rioja)
Bodegas Tarsus .... (Ribera del Duero)
Bodegas Vinícola Navarra .... (Navarra)
Bodegas Ysios .... (Rioja)

Elviwines S.L.
Elviwines .... (Rioja, Cava, Priorat, Utiel-Requena, Ribera del Júcar)

Enate
Enate .... (Somontano)
Las Moradas de San Martín .... (Vinos de Madrid)

Espelt Viticultors
Coll De Roses .... (Empordà)
Espelt Viticultors .... (Empordà)

Exportiberia
Herència Altés .... (Terra Alta)
Bodegas Abanico .... (Toro, Rias Baixas, Rueda)

Familia Baste
Celler de L'Abadía .... (Priorat)
Celler Mas Baste .... (Priorat)

Familia Belasco
Bodegas Marco Real .... (Navarra)
Señorío de Andión .... (Navarra)
Viña del Sopié .... (VT CastyLe)
Viñedos de Villaester .... (Toro, VT CastyLe)

Familia Eguren
Bodegas Eguren .... (VT Castilla)
Eguren Ugarte .... (Rioja)

Familia Luis Cañas
Bodegas Amaren .... (Rioja)
Bodegas Dominio de Cair .... (Ribera del Duero)
Bodegas Luis Cañas .... (Rioja)

Familia Martinez Bujanda
Cosecheros y Criadores .... (VT Castilla)
Finca Antigua .... (La Mancha)
Finca Montepedroso .... (Rueda)
Finca Valpiedra .... (Rioja)
Viña Bujanda .... (Rioja)

Familia Martúe
Bodegas Martúe .... (Pago Campo de la Guardia)
Viñedos de Nieva .... (Rueda)

Félix Solís Avantis.S.A
Félix Solís .... (Valdepeñas, VT Castilla, La Mancha)
Pagos del Rey ...... (Ribera del Duero, Toro, Rueda, Rioja)

François Lurton
Bodega Burdigala
(F. Lurton & M. Rolland) .... (Rueda, Toro)
Bodega El Albar Lurton .... (Rueda, Toro, VT CastyLe)

Freixenet
Bodegas Solar Viejo .... (Rioja)
Bodegas Valdubón .... (Ribera del Duero)
Bodegas Vionta S.L. .... (Rias Baixas)
Canals & Nubiola S.A. .... (Cava)
Castellblanch .... (Cava)
Caves Conde de Caralt S.A. .... (Catalunya)
Comercial Grupo Freixenet .... (Alicante, Rueda, Utiel-Requena, Vinos de Madrid, VT Castilla, VT Mallorca)
Freixenet .... (Cava)
Heredad Segura Viudas .... (Catalunya, Cava, Penedès)
René Barbier .... (Catalunya, Penedès)
Viñas del Montsant .... (Montsant)
Viticultors del Priorat .... (Priorat)

Frontaura & Nexus
Bodega Nexus .... (Ribera del Duero, Toro)
Bodegas Frontaura .... (Rueda, Toro)

Frutos Villar
Bodegas Frutos Villar .... (Rueda, VT CastyLe)
Bodegas Santa Eulalia .... (Ribera del Duero)
Frutos Villar .... (Cigales, Toro)

Gil Family Estates/Orowines
Bodegas Atalaya......................................(Almansa)
Bodegas Ateca ....(Calatayud)
Bodegas El Nido ....(Jumilla)
Bodegas Juan Gil.....................................(Jumilla)
Bodegas Tritón....................... (VT CastyLe)
Bodegas y Viñedos Shaya.........................(Rueda)
Cellers Can Blau ....(Montsant)
Lagar da Condesa ....(Rias Baixas)
Oro Wines.............................. (Jumilla, Rias Baixas)

Gonzalez Byass
Bodegas Beronia ....(Rioja)
Blecua...(Somontano)
Finca Constancia .... (VT Castilla)
Finca Moncloa ....(VT Cádiz)
González Byass ....(Jerez)
Vilarnau... (Cava, Penedès)
Viñas del Vero....................................(Somontano)

Grandes Pagos de España
Bodegas E. Mendoza .... (Alicante)
Pagos de Familia Marqués de Griñón.........(Vinos de
Madrid, Pago Dominio de Valdepusa)

Grup Perelada
Bodegas Fins de Siglo ....(Rioja)
Casa Gran del Siurana............... (Priorat)
Castillo Perelada Vinos y Cavas........... (Cava, Emporda)
Cavas del Ampurdán.... (Catalunya, Vino de Mesa/Vino)
Comercial Vinícola del Nordest ....(Cava, Empordà)
Finca La Melonera .... (Málaga y Sierras de Málaga)

Grupo Artevino
Bodegas Izadi..(Rioja)
Bodegas Orben...(Rioja)
Bodegas Vetus........................... (Rueda, Toro)
Finca Villacreces.........................(Ribera del Duero)

Grupo ASV
Carrascas.. (VT Castilla)

Grupo Berceo-Luis Gurpegui Muga
Bodegas Berceo ....(Rioja)
Luis Gurpegui Muga .....(Rioja, Ribera del Guadiana, VT
Extremadura)

Grupo Bodegas A & B
Bodegas Camilo Castilla ....(Navarra)
Finca Egomei...(Rioja)

Grupo Bodegas Olarra
Bodegas La Catedral ....(Rioja)
Bodegas Olarra........................... (Rioja, Cava)
Bodegas Ondarre........................... (Rioja, Cava)

Grupo Bodeguero ViniGalicia
Adegas e Viñedos Vía Romana .... (Ribeira Sacra)
Vinigalicia.............. (Monterrei, Rias Baixas, Valdeorras)

Grupo BSV
Bodegas San Valero............................. (Cariñena)

Grupo Caballero
Luis Caballero ....(VT Cádiz, Jerez)
Lustau .... (Jerez)

Grupo Castaño
Bodegas Castaño................................... (Yecla)
Bodegas Sierra Salinas........................... (Alicante)

Grupo Chivite
Bodegas Gran Feudo .... (Rioja, Navarra, Rueda)
J. Chivite Family Estate............................(Navarra)
Propiedad de Arínzano.......(Pago Señorío de Arinzano)
Viña Salceda ....(Rioja)

Grupo Dominio de Tares
A. Pazos de Lusco ....(Rias Baixas)
Dominio Dostares............................... (VT CastyLe)
Viñedos y Bodegas Dominio de Tares ....(Bierzo)

Grupo Eguizabal
Bodegas Franco Españolas ....(Rioja)
Bodegas Valparaiso ....(Ribera del Duero)
Diez - Mérito ....(Jerez)

Grupo Estévez
Hijos de Rainera Pérez Marín ....(Jerez)
Marqués del Real Tesoro.............................(Jerez)
Valdespino...(Jerez)

Grupo Faustino
Bodegas Campillo...(Rioja)
Bodegas Valcarlos ....(Navarra)
Marqués de Vitoria.......................................(Rioja)
Bodegas Faustino .... (Rioja, Cava)
Bodegas Portia ....(Ribera del Duero)

Grupo Garvey
Garvey...(Jerez)

Grupo Gleva Estates
Bodegas Basagoiti..(Rioja)
Marqués de Alella ....(Alella)
Mont-Ferrant ....(Cava)
Parxet..(Cava)
Portal del Montsant .... (Catalunya, Montsant)
Titiana..(Cava)
Bodegas Tionio.................. (Ribera del Duero, Rueda)
Signat...(Cava)

Grupo Huertas
Finca La Blanca.......(La Mancha, Vinos Espumosos, VT
Castilla)

Grupo Jorge Ordóñez
Bodegas Avancia .... (Valdeorras, Vino de Mesa/Vino)
Bodegas Breca ....(Calatayud, VT Bajo Aragón)
Bodegas La Cana ....(Rias Baixas)
Bodegas Ordóñez .... (Bierzo, Ribera del Duero, Rueda,
Toro, Montsant)
Bodegas Volver .(La Mancha, Alicante, Jumilla, VT Castilla)
Jorge Ordóñez & Co .(Málaga y Sierras de Málaga, Vino
de Mesa/Vino)

Grupo La Rioja Alta S.A.
La Rioja Alta S.A. ....(Rioja)
Lagar de Cervera..................................(Rias Baixas)
Torre de Oña...(Rioja)
Viñedos y Bodegas Áster ....(Ribera del Duero)

Grupo Matarromera
Bodega Cyan ....(Toro)
Bodega Emina ....(Ribera del Duero)
Bodega Emina Rueda .... (Rueda, VT CastyLe)
Bodega Matarromera ...... (Ribera del Duero, Rueda)
Bodega Renacimiento....................(Ribera del Duero)
Bodega Valdelosfrailes.................... (Cigales, Rueda)

Grupo Oliveda
Freixa Rigau ....(Cava)
Oliveda S.A.. (Empordà)

Grupo Osborne
Bodegas Montecillo ....(Rioja)
Bodegas Osborne ....(VT Cádiz, Jerez)
Osborne Malpica de Tajo...............(Cava, VT Castilla)
Osborne Ribera del Duero.............(Ribera del Duero)

Grupo Pago los Balancines
Pago los Balancines .... (Ribera del Guadiana)

Grupo Pazo do Mar
Adegas Pazo das Tapias .... (Monterrei)
Adegas Pazo do Mar...................................(Ribeiro)
Bodega y Viñedos Veiga da Princesa .....(Rias Baixas)

Grupo Pesquera
Alejandro Fernández
Tinto Pesquera ....(Ribera del Duero)
Bodega y Viñedos Fernández Rivera...... (VT CastyLe)

Grupo Pradorey
Bodegas PradoRey ....(Rueda)
Real Sitio de Ventosilla..................(Ribera del Duero)

Grupo Príncipe de Viana
Bodegas Príncipe de Viana.......................(Navarra)
Clunia .... (VT CastyLe)
Finca Albret ....(Navarra)
Rioja Vega ....(Rioja)

Grupo Solar de Samaniego
Bodegas Durón.............................(Ribera del Duero)
Bodegas Solar de Samaniego ....(Rioja)

Grupo Vinícola Marqués de Vargas
Grupo Vinícola Marqués de Vargas................(Rioja)
Grupo Vinícola Marqués de Vargas - Conde San
Cristóbal.......................................(Ribera del Duero)
Grupo Vinícola Marqués de Vargas, S.L. (Rias Baixas)

Grupo Yllera
Bodegas Grupo Yllera . (Rioja, Ribera del Duero, Rueda,
Toro, VT CastyLe, Vinos Espumosos)

HGA Bodegas y Viñedos de Altura
Adegas Tollodouro ....(Rias Baixas)
Bodegas Altos de Torona.....................(Rias Baixas)

Pazo de Villarei ....(Rias Baixas)
Regina Viarum .... (Ribeira Sacra)

Hijos de Antonio Barceló
Bodegas Palacio ....(Rioja)
Bodegas Peñascal .... (VT CastyLe)
Bodegas y Viñedos Anzil ....(Toro)
Bodegas y Viñedos Viña Mayor ......(Ribera del Duero)
Finca Caserío de Dueñas ....(Rueda)

J. García Carrión S.A.
Bodegas 1890 ....(Jumilla)
Bodegas y Viñedos Marqués de Carrión ....(Rioja)
Grupo de Bodegas Vinartis...................(Valdepeñas)
J. García Carrión........................ (Rueda, La Mancha)
Jaume Serra.................... (Penedès, Cava, Catalunya)
Viña Arnaiz .... (Ribera del Duero, Rueda)

Jovani Vins, S.A.
Origami Wines .... (Penedès, Montsant)

LAN
Marqués de Ulía ....(Rioja)
LAN ....(Rioja, Ribera del Duero, Rueda)
Santiago Ruiz ....(Rias Baixas)

Masaveu Bodegas
Bodegas Fillaboa ....(Rias Baixas)
Bodegas Pagos de Aráiz ....(Navarra)

Masaveu Bodegas & Familia Mariano García
Bodegas Leda .... (VT CastyLe)

Miguel Torres S.A.
7 Magnifics ....(Terra Alta)
Bodegas Torres(Catalunya, Conca de Barberà, Penedès,
Rias Baixas, Rueda, Vino de Mesa/Vino)
Jean Leon ....(Penedès)
Selección Torres ....(Ribera del Duero)
Soto de Torres ....(Rioja)
Torres Priorat.. (Priorat)

Murrieta
Marqués de Murrieta ....(Rioja)
Pazo de Barrantes ....(Rias Baixas)

Navarro López Group
Bodegas Navarro López........ (Valdepeñas, VT Castilla)
Valoria ....(Rioja)

New Vinergia
Campos de Luz .... (Cariñena)
Campos de Risca ....(Jumilla)
Campos De Sueños ....(Rueda)
Campos de Viento............................... (La Mancha)

Pago del Vicario
Pago del Mare Nostrum .... (Vino de Mesa/Vino)
Pago del Vicario ....(VT Castilla)
Soto del Vicario...(Bierzo)

Palacios Vinoteca
Bodegas Nivarius...(Rioja)
Bodegas Trus...............................(Ribera del Duero)

Palacios Vinoteca............... (Rioja, Rias Baixas, Rueda)

Pares Balta
Dominio Romano.........................(Ribera del Duero)
Gratavinum .... (Priorat)
Parés Baltà..................................... (Cava, Penedès)

Perez Barquero
Cía. Vinícola del Sur - Tomás García(Montilla-Moriles)
Pérez Barquero S.A........................ (Montilla-Moriles)
Gracia Hermanos.......................... (Montilla-Moriles)

Pinord
Marrugat S.A. (Bodegas Pinord)......(Catalunya, Cava, Penedès, Terra Alta)
Mas Blanc Pinord Priorat .... (Priorat)

Ramón Bilbao Vinos y Viñedos
Bodegas Cruz de Alba....................(Ribera del Duero)
Bodegas Mar de Frades........................(Rias Baixas)
Bodegas Monte Blanco..............................(Rueda)
Bodegas Ramón Bilbao................................(Rioja)

Recaredo Mata Casanova S.A.
Celler Credo .... (Penedès)
Recaredo..(Cava)

Rosell Gallart
Rosell Gallart..(Cava)
Aribau Cuvée...(Rioja)

Rotllan Torra
Rotllan Torra.. (Priorat)

Taninia Bodegas & Viñedos
Bodega de Sarría....................................(Navarra)
Guelbenzu .... (VT Ribera del Queiles)
Toresanas..(Toro)
Vallebueno ....(Ribera del Duero)
Palacio de Bornos....................................(Rueda)

Terras Gauda
Bodegas Terras Gauda..........................(Rias Baixas)
Quinta Sardonia.................................. (VT CastyLe)
Viñedos y Bodegas Pittacum......................(Bierzo)

Tomás Cusiné
Cara Nord.....................(Conca de Barberà, Montsant)
Tomás Cusiné.............. (Catalunya, Costers del Segre)

United Wineries Estates SAU
Bodegas Berberana ....(Rioja)
Bodegas de Crianza Marqués de Griñón ....(Rioja)
Bodegas Federico Paternina.
Marques de la Concordia Family of Wines......(Rioja)
Bodegas Lagunilla
Marqués de la Concordia Family of Wines......(Rioja)
Hacienda Zorita Marqués de la Concordia
Family of Wines ....(Ribera del Duero)
Hacienda Zorita Marqués de la Concordia
Family of Wines .... (Arribes, VT CastyLe)
Marqués de la Concordia............ (Cava, Rioja, Rueda)
Marqués de Monistrol..................................(Cava)

Vega Sicilia
Bodegas Benjamín de
Rothschild & Vega Sicilia S.A. ....(Rioja)
Bodegas Vega Sicilia....................(Ribera del Duero)
Bodegas y Viñedos Alión ....(Ribera del Duero)
Bodegas y Viñedos Pintia..............................(Toro)

Vinicola Real
Bodegas Vinícola Real..................................(Rioja)
Hacienda Urbión .... (Rioja, Ribera del Duero)

Vintae
Bodega Clássica...(Rioja)
Matsu..(Toro)

Viñedos y Bodegas Sierra Cantabria
Señorío de San Vicente.................................(Rioja)
Sierra Cantabria ....(Rioja)
Teso la Monja ....(Toro)
Viñedos de Páganos ....(Rioja)
Viñedos Sierra Cantabria ....(Rioja)
Dominio de Eguren ..... (VT Castilla, Vino de Mesa/Vino)

Wines From Galicia
Bodegas Requiem S.L...................(Ribera del Duero)
Casal de Armán .... (Ribeiro)
Finca Viñoa... (Ribeiro)
Quinta Couselo ....(Rias Baixas)

LOS VINOS EXCEPCIONALES

Cada año, la cata de más de 10.000 vinos, este año más de 10.800, nos deja un selecto grupo de marcas que por su alta puntuación entran a formar parte de los "vinos excepcionales" (PAG. 18) de la Guía Peñín. Se trata de los vinos que alcanzan los 95 puntos en adelante, que se aproximan a la perfección sensorial y se convierten en referencias indispensables para los cazadores de vinos de medio mundo. Cada uno de estos vinos puede considerarse un retrato de un momento puntual, de una tierra particular, algo así como encerrar un momento dentro de una botella, para disfrutarlo años más tarde.

Los más de 180 vinos mejor puntuados de este Podio superan un doble "examen" cada año. Por un lado la tradicional cata del vino desarrollada en cada Consejo Regulador, junto a sus semejantes. El segundo proceso es la denominada Recata de la Guía Peñín. Esta recata es ya un ritual en esta casa que se repite año tras año durante el mes de julio. Se trata de un acontecimiento a puerta cerrada en el que nuestros catadores perfilan las puntuaciones de los vinos, que en las alturas de los 94 puntos empieza a ser un trabajo casi milimétrico.

Se posicionan los vinos por puntuación, estilo, variedades, cosechas y zonas a lo largo de varias mesas. Cada uno de estos vinos dispone de una copa justo en frente, de manera que tras un repaso organoléptico y una comparación con vinos de similar estilo y puntuación se pueda determinar si el vino en cuestión puede subir, mantenerse en su puntuación inicial o simplemente bajar, si su calidad no acaba de asentarse junto a la de sus vecinos. La posible mejoría del vino es el resultado de ir subiendo un vino determinado a lo largo de todas las mesas posibles, 94, 95, 96, 97, 98 a fin de comparar sus grandes cualidades con vinos cada vez mejor puntuados, de tal forma que acabe encajando a la perfección en una de esas mesas y por tanto obteniendo su puntuación definitiva. Así pues le invitamos a que se deje seducir por este exquisito mundo de grandes vinos de España, un podio que demuestra todo lo que puede llegar a ser un gran vino en cada una de sus tipologías. El triunfo del terruño y de la vid frente a los vinos tecnológicos. Los conocimientos transmitidos de abuelos a padres y de éstos a hijos, y vuelta a empezar.

VINOS EXCEPCIONALES - GENEROSOS Y DULCES

	VINO	TIPO	DO	PRECIO	PG.
98 PUNTOS	Alvear Solera 1830 PX Reserva	Pedro Ximénez	Montilla-Moriles	90€	417
	Casta Diva Reserva Real 2002 B Reserva	Blanco Dulce	Alicante	40€	70
	La Bota de Fino (Bota nº 54) FI	Fino	Jerez	21€	316
	La Bota de Manzanilla Pasada Nº5 (Bota Punta) MZ	Manzanilla	Jerez	35€	316
	La Bota de Palo Cortado nº 47 "Bota NO" PC	Palo Cortado	Jerez	75€	316
	La Bota de Palo Cortado nº 51 "Bota GF" PC	Palo Cortado	Jerez	75€	316
	Reliquia AM	Amontillado	Jerez	400€	310
97 PUNTOS	La Bota de Palo Cortado nº 48 "Bota Punta" PC	Palo Cortado	Jerez	75€	316
	Old Mountain 2005 B	Blanco Dulce	Málaga y Sierras de Málaga	133,5€	385
	Osborne Solera BC 200 OL	Oloroso	Jerez	199€	314
	Reliquia PC	Palo Cortado	Jerez	400€	310
	Reliquia PX	Pedro Ximénez	Jerez	400€	310
	Allende Dulce 2011 B	Blanco Dulce	Rioja	30€	783
96 PUNTOS	Barbadillo Amontillado VORS AM	Amontillado	Jerez	36,34€	309
	Casta Diva Esencial 2012 B	BlancoDulce	Alicante	25€	70
	Don Gonzalo VOS OL	Oloroso	Jerez	47€	322
	El Tresillo 1874 Amontillado Viejo AM	Amontillado	Jerez	70€	319
	Gonzalez Byass Añada 1982 PC	Palo Cortado	Jerez	170€	318
	Jorge Ordóñez & Co. Nº3 Viñas Viejas 2010 B	Blanco Dulce	Málaga y Sierras de Málaga	40€	387
	La Cañada PX	Pedro Ximénez	Montilla-Moriles	43€	420
	La Diva 2011 B	Blanco Dulce	Alicante	20€	70
	Molino Real 2010 B	Blanco	Málaga y Sierras de Málaga	42,8€	385
	Osborne Solera AOS AM	Amontillado	Jerez	199€	314
	Reliquia OL	Oloroso	Jerez	400€	310
	Solear en Rama MZ	Manzanilla	Jerez	7,3€	310
	Solera de su Majestad VORS 37,5 cl. OL	Oloroso	Jerez	65€	322
	Teneguía Malvasía Dulce Estelar 1996 B Gran Reserva	Blanco Naturalmente Dulce	La Palma	47,9€	369
95 PUNTOS	Advent Samso Dulce Natural 2010 RD	Rosado	Penedès	50€	486
	Alvear Solera Fundación AM	Amontillado	Montilla-Moriles	67€	417
	Alvear Solera Fundación PC	Palo Cortado	Montilla-Moriles	67€	417
	Cantocuerdas Moscatel de Grano Menudo 2012 B	Blanco	Vinos de Madrid	16€	1019
	Carballo Malvasía Dulce Añejo 2001 B Gran Reserva	Blanco	La Palma	50€	367
	Casta Diva Cosecha Miel 2013 B	Blanco Dulce	Alicante	15€	70
	Chivite Colección 125 Vendimia Tardía 2010 B	Blanco	Navarra	29€	461
	De Muller Garnacha Solera 1926 Solera	Solera	Tarragona	41€	893
	Dom Joan Fort 1865 Rancio	Rancio	Priorat	43€	526
	El Grifo Canari Dulce de Licor B	Blanco	Lanzarote	23€	375
	Fino en Rama Navazos, Saca Marzo 2014 FI	Fino	Jerez	11€	316
	Humboldt 1997 Blanco dulce	Blanco Dulce	Tacoronte-Acentejo	14,6€	885
	Jorge Ordóñez & Co Nº 2 Victoria 2013 B	Blanco Naturalmente Dulce	Málaga y Sierras de Málaga	16€	387
	La Bota de Palo Cortado 52 "Sanlúcar" PC	Palo Cortado	Jerez	35€	316
	La Ina FI	Fino	Jerez	6,25€	319
	Lustau VORS PX	Pedro Ximénez	Jerez	40€	320
	MR 2011 B	Blanco	Málaga y Sierras de Málaga	17,6€	385
	Oloroso Tradición VORS OL	Oloroso	Jerez	50€	315
	Osborne Rare Sherry PX VORS PX	Pedro Ximénez	Jerez	199€	313

Recóndita Armonía 1987 Fondillón	Fondillón	Alicante	100€	70
Recóndita Armonía 2002 Fondillón	Fondillón	Alicante	60€	70
Sacristía AB MZ	Manzanilla	Jerez	15€	322
San León Reserva de Familia MZ	Manzanilla	Jerez	13,07€	319
Sibarita V.O.R.S. OL	Oloroso	Jerez	70€	314
Tres Palmas FI	Fino	Jerez	29,95€	318
Viñaredo Tostado 2011 B	Blanco Dulce	Valdeorras	30€	978

95 PUNTOS

VINOS EXCEPCIONALES - TINTOS

VINO	TIPO	DO	PRECIO	PG.
Contador 2012 T	Tinto	Rioja	249€	704

99 PUNTOS

Artadi El Carretil 2012 T	Tinto	Rioja	143€	771
Pingus 2012 T	Tinto	Ribera del Duero	1150€	658
Valbuena 5° 2010 T	Tinto	Ribera del Duero	85€	642
Victorino 2012 T	Tinto	Toro	34€	950

98 PUNTOS

Alabaster 2011 T	Tinto	Toro	120€	949
Artadi Valdeginés 2012 T	Tinto	Rioja	48,5€	771
Artadi Viña El Pisón 2012 T	Tinto	Rioja	256,5€	771
Avrvs 2010 T	Tinto	Rioja	150€	784
Cantos del Diablo 2012 T	Tinto	Méntrida	45€	405
Finca El Bosque 2011 T	Tinto	Rioja	85€	818
L'Ermita 2012 TC	Tinto	Priorat	1100€	513
Termanthia 2011 T	Tinto	Toro	135€	928
Teso La Monja 2010 T	Tinto	Toro	1200€	950
Vega Sicilia Reserva Especial 94/96/00 T	Tinto	Ribera del Duero	200€	642
Viña Sastre Pesus 2011 T	Tinto	Ribera del Duero	380€	626

97 PUNTOS

1902 Cariñena Centenaria 2009 T	Tinto	Priorat	200€	521
Alto Moncayo 2011 T	Tinto	Campo de Borja	32€	147
Altos de Lanzaga 2010 T	Tinto	Rioja	72,2€	778
Amancio 2010 T	Tinto	Rioja	85€	818
Artadi La Poza de Ballesteros 2012 T	Tinto	Rioja	91,5€	771
Bernabeleva "Carril del Rey" 2012 T	Tinto	Vinos de Madrid	24€	1019
Breca 2012 T	Tinto	Calatayud	12€	141
Cirsion 2010 T	Tinto	Rioja	150€	758
Dalmau 2011 TR	Tinto	Rioja	54€	794
Dominio de Atauta La Mala 2011 TC	Tinto	Ribera del Duero	72€	657
Dominio de Atauta Llanos del Almendro 2011 T	Tinto	Ribera del Duero	88€	657
Dominio de Atauta Valdegatiles 2011 T	Tinto	Ribera del Duero	66,15€	657
Dominio del Aguila 2010 TR	Tinto	Ribera del Duero	45€	658
Dominio do Bibei 2011 T	Tinto	Ribeira Sacra	36€	579
Espectacle 2011 T	Tinto	Montsant	100€	433
Ferratus Sensaciones Décimo 2003 T	Tinto	Ribera del Duero	90€	619
Finca La Emperatriz Parcela n° 1 2011 T	Tinto	Rioja	37,5€	730
Finca Villacreces Nebro 2011 TC	Tinto	Ribera del Duero	130,7€	660
La Cueva del Contador 2012 T	Tinto	Rioja	56,9€	704
La Nieta 2012 T	Tinto	Rioja	85€	817
Las Beatas 2011 T	Tinto	Rioja	144,4€	778
Numanthia 2010 T	Tinto	Toro	45€	928
Pago de Carraovejas El Anejón de la Cuesta de las Liebres 2010 T	Tinto	Ribera del Duero	60,7€	668
Quincha Corral 2012 T	Tinto	Vino de Pago El Terrerazo	55€	1044
Regina Vides 2011 T	Tinto	Ribera del Duero	76€	626
Rumbo al Norte 2012 T	Tinto	VT CastyLe	100€	1113
San Vicente 2010 T	Tinto	Rioja	32€	806
Sierra Cantabria Colección Privada 2012 T	Tinto	Rioja	28€	819
Thalarn 2012 T	Tinto	Costers del Segre	29€	263
Victorino 2011 T	Tinto	Toro	34€	950

96 PUNTOS

95 PUNTOS

Aalto PS 2011 T	Tinto	Ribera del Duero	60€	602
Abadía Retuerta Pago Garduña Syrah 2011 T	Tinto	VT CastyLe	60€	1101
Abadía Retuerta Pago Negralada 2011 T	Tinto	VT CastyLe	60€	1101
Alabaster 2012 T	Tinto	Toro	120€	949
Algueira Brancellao 2012 T Roble	Tinto	Ribeira Sacra	25€	576
Alión 2011 T	Tinto	Ribera del Duero	50€	644
Aquilón 2011 T	Tinto	Campo de Borja	110€	148
Arínzano Gran Vino 2008 T	Tinto	Pago Señorío de Arinzano	85€	1046
Aro 2010 T	Tinto	Rioja	125€	745
Artadi Pagos Viejos 2012 T	Tinto	Rioja	74,5€	771
Artuke K4 2012 T	Tinto	Rioja	33€	701
Blecua 2004 TR	Tinto	Somontano	149€	869
Bosque de Matasnos Edición Limitada 2010 T	Tinto	Ribera del Duero	36,9€	652
Calvario 2010 T	Tinto	Rioja	105€	784
Castillo Ygay 2005 TGR	Tinto	Rioja	65€	794
Cenit 2010 T	Tinto	Tierra del Vino de Zamora	41,95€	922
Chivite Colección 125 2010 TR	Tinto	Navarra	25€	461
Clos Erasmus 2012 T Barrica	Tinto	Priorat	129€	525
Clos Mogador 2011 T	Tinto	Priorat	60€	526
Congo 2009 T	Tinto	Méntrida	24€	402
Corteo 2010 T	Tinto	Jumilla	80€	330
Cortijo Los Aguilares Tadeo 2012 T	Tinto	Málaga y Sierras de Málaga	28€	386
Dalmau 2009 TR	Tinto	Rioja	54€	794
Doix 2010 TC	Tinto	Priorat	80€	521
Dominio de Atauta 2010 T	Tinto	Ribera del Duero	26,9€	657
Dominio de Es La Diva 2012 T	Tinto	Ribera del Duero	240€	658
Don Miguel Comenge 2010 T	Tinto	Ribera del Duero	25€	654
El Nido 2010 T	Tinto	Jumilla	113€	330
El Puntido 2010 T	Tinto	Rioja	30€	817
El Puntido 2011 T	Tinto	Rioja	30€	817
El Reventón 2012 T	Tinto	VT CastyLe	45€	1114
El Titán del Bendito 2011 T	Tinto	Toro	36,95€	941
Finca Dofí 2012 TC	Tinto	Priorat	76€	513
Finca El Rincón de Clunia 2010 T	Tinto	VT CastyLe	38€	1113
Finca La Emperatriz Terruño 2010 T	Tinto	Rioja	20€	731
Garnacha de Arrayán 2012 T	Tinto	VT CastyLe	19,5€	1106
Gaudium Gran Vino 2009 TR	Tinto	Rioja	40€	738
Gran Reserva 904 Rioja Alta 2004 TGR	Tinto	Rioja	30€	790
Jiménez-Landi Piélago 2012 T	Tinto	Méntrida	22€	403
La Basseta 2011 T	Tinto	Priorat	59,8€	514
La Mejorada Las Cercas 2010 T	Tinto	VT CastyLe	15,5€	1111
La Viña de Andrés Romeo 2012 T	Tinto	Rioja	90€	704
La Viña Escondida 2010 T	Tinto	Méntrida	24€	403
Lacima 2011 T	Tinto	Ribeira Sacra	36€	579
Las Lamas 2012 T	Tinto	Bierzo	129€	108
Les Manyes 2011 T	Tinto	Priorat	179€	534
Matallana 2010 T	Tinto	Ribera del Duero	85,6€	655
Pago de Mirabel 2013 T	Tinto	VT Extremadura	115€	1125
Pasos de San Martín 2012 T	Tinto	Navarra	13,9€	458
PSI 2012 T	Tinto	Ribera del Duero	29,70€	658
Pujanza Norte 2011 T	Tinto	Rioja	45€	774
Ramblis Monastrell 2012 T	Tinto	Alicante	9,9€	77
Rejón 2012 T	Tinto	VT CastyLe	32€	1109
San Vicente 2011 T	Tinto	Rioja	32€	806
Sierra Cantabria Colección Privada 2011 T	Tinto	Rioja	28€	819
Somni Magnum 2011 T	Tinto	Priorat	87,75€	524
St. Antoni de Scala Dei 2010 T	Tinto	Priorat	60€	523
Terreus 2011 T	Tinto	VT CastyLe	85€	1108
Tros de Clos Magnum 2010 T	Tinto	Priorat	110,75€	525
Villa de Corullón 2012 T	Tinto	Bierzo	38€	108
Viña Sastre Pago de Santa Cruz 2011 T	Tinto	Ribera del Duero	48€	626

 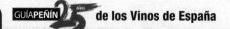

EL PODIO

VINOS EXCEPCIONALES - ESPUMOSOS

VINO	TIPO	DO	PRECIO	PG.	
Gramona Enoteca Finca La Plana 2000 BN Gran Reserva	Brut Nature	Cava	122€	201	**98** PUNTOS
Gramona Celler Batlle 2004 BR Gran Reserva	Brut	Cava	53€	201	**97** PUNTOS
Enoteca Personal Manuel Raventos 1998 BN	Brut Nature	Vinos Espumosos	188€	1164	**96** PUNTOS
Gramona Enoteca Finca La Plana 2000 BR Gran Reserva	Brut	Cava	136€	201	
Turo d'en Mota 2001 BN Gran Reserva	Brut Nature	Cava	105€	227	
Cava Llopart Original 1887 2008 BN Gran Reserva	Brut Nature	Cava	33,5€	217	**95** PUNTOS
Enoteca Personal Manuel Raventos 1999 BN	Brut Nature	Vinos Espumosos	145€	1164	
Recaredo Reserva Particular 2004 BN Gran Reserva	Brut Nature	Cava	52€	227	
Reserva Real BR Gran Reserva	Brut	Cava	25€	211	

VINOS EXCEPCIONALES - BLANCOS

VINO	TIPO	DO	PRECIO	PG.	
Pazo Señorans Selección de Añada 2007 B	Blanco	Rias Baixas	32€	563	**98** PUNTOS
Albariño de Fefiñanes III año 2011 B	Blanco	Rias Baixas	35€	548	**97** PUNTOS
Mártires 2013 B	Blanco	Rioja	105€	784	
As Sortes 2012 B	Blanco	Valdeorras	34,35€	983	**96** PUNTOS
Chivite Colección 125 2012 BFB	Blanco	Navarra	59€	461	
Mártires 2012 B	Blanco	Rioja	105€	784	
Naiades 2011 BFB	Blanco	Rueda	20,89€	842	
Qué Bonito Cacareaba 2013 B	Blanco	Rioja	35,9€	704	
Branco de Santa Cruz 2011 B	Blanco	Valdeorras	18,30€	980	**95** PUNTOS
Edetària 2011 B	Blanco	Terra Alta	25€	907	
La Bota de Florpower "Mas allá" 2010 B	Blanco	Vino de Mesa/Vino	19€	1156	
La Comtesse 2010 B	Blanco	Rias Baixas	32€	563	
Nisia 2013 B	Blanco	Rueda	9€	843	
Nora da Neve 2010 BFB	Blanco	Rias Baixas	22,15€	570	
Piesdescalzos 2012 B	Blanco	Vinos de Madrid	20€	1020	
Valdesil Godello sobre Lías 2007 B	Blanco	Valdeorras	15€	983	

VINOS DE LA BODEGA LIDL

CARIÑENA

Monte Plogar 2009 TC

85 ★★★★★ **1,79€**
Color cereza intenso. Aroma fruta madura, especiado, fina reducción. Boca sabroso, especiado, fácil de beber..

CAVA

Amorany Gran Cuvée

89 ★★★★★ **4,49€**
Color pajizo brillante. Aroma lías finas, floral, hierbas de tocado. Boca potente, sabroso, buena acidez, burbuja fina, equilibrado..

Arestel Brut BR

85 ★★★★★ **1,85€**
Color pajizo brillante. Aroma intensidad media, fruta fresca, floral. Boca fresco, frutoso, fácil de beber..

Arestel Extra Brut Vintage 2011

87 ★★★★★ **2,99€**
Color pajizo brillante. Aroma lías finas, frutos secos, hierbas de tocador. Boca sabroso, buena acidez, fino amargor..

JUMILLA

Cinglano S/C T

85 ★★★★★ **2,49€**
Color cereza brillante. Aroma fruta madura,hierbas silvestres, intensidad media . Boca frutoso , cierta persistencia.

NAVARRA

Juan de Albret 2010 TC

89 ★★★★ **5,99€**
Color cereza, borde granate. Aroma fruta madura, equilibrado, especias dulces, roble cremoso. Boca sabroso, balsámica, especiado, largo..

Mezquiriz 2009 TC

86 ★★★★★ **2,29€**
Color cereza, borde granate. Aroma fruta madura, especiado, roble cremoso, tostado. Boca potente, sabroso, tostado..

Mezquiriz Chardonnay 2013 B

85 ★★★★★ **3,39€**
Color amarillo. Aroma varietal, fruta madura, floral. Boca buena acidez, correcto, fruta madura..

Mezquiriz RD 2013

85 ★★★★★ **1,79€**
Color frambuesa, borde violáceo. Aroma fruta madura, fruta roja, floral, intensidad media. Boca potente, frutoso, fresco..

PRIORAT

Vinya Carles 2010 TC

85 ★★★★★ **3,99€**
Color cereza, borde granate. Aroma fruta madura, hierbas silvestres, especiado. Boca sabroso, confitado, balsámico, tostado..

RÍAS BAIXAS

Salneval 2013 B

87 ★★★★★ **3,69€**
Color pajizo brillante. Aroma flores blancas, hierbas de tocador, expresión frutal, notas tropicales. Boca fresco, frutoso, sabroso..

Salneval Barrica 2013 B

88 ★★★★ **7,99€**
Color dorado brillante. Aroma fruta madura, hierbas silvestres, especiado, roble cremoso. Boca potente, sabroso, especiado, concentrado, largo..

RIBEIRO

Coto de Ibedo 2012 B

88 ★★★★★ **3,49€**
Color pajizo brillante. Aroma fresco, fruta fresca, flores blancas. Boca sabroso, frutoso, buena acidez..

RIBERA DEL DUERO

Camino Nuevo 2013 T

89 ★★★★★ **2,69€**
Color cereza brillante. Aroma fruta roja, fruta madura, especiado, tostado. Boca potente, sabroso, tostado, equilibrado..

Gran Báez 2011 TC

88 ★★★★★ **3,69€**
Color cereza oscuro, borde granate. Aroma fruta madura, hierbas silvestres, roble cremoso. Boca equilibrado, sabroso, largo, balsámico..

Hachón 2010 TR

87 ★★★★   **5,79€**
Color cereza, borde granate. Aroma especiado, fina reducción, cuero mojado, ebanistería, fruta madura. Boca especiado, largo, balsámico..

Lapillus 2011 T

87 ★★★★   **7,99€**
Color cereza brillante. Aroma fruta madura, especias dulces, roble cremoso. Boca sabroso, frutoso, tostado.

Lapillus 2011 TC

88 ★★★   **9,99€**
Color cereza, borde granate. Aroma potente, fruta madura, tostado, roble cremoso. Boca sabroso, estructurado, tostado..

RIOJA

Cepa Lebrel 2009 TR

87 ★★★★★   **3,99€**
Color cereza oscuro, borde granate. Aroma fruta madura, tostado, fina reducció, balsamico. Boca sabroso, especiado, correcto..

Cepa Lebrel 2011 TC

86 ★★★★★   **2,49€**
Color cereza. Aroma fruta madura, ebanistería, fina reducción, especiado. Boca sabroso, especiado, fácil de beber..

Cepa Lebrel 2013 T

85 ★★★★★   **1,65€**
Color cereza, borde violáceo. Aroma fruta madura, hierbas silvestres, intensidad media. Boca sabroso, frutoso, buena acidez..

Saxa Loquuntur Dos 2011 T

85 ★★★   **8,99€**
Cata Añada 2011:Color cereza, borde granate. Fruta Madura, especiado, balsámico, potente. Boca potente, sabroso, taninos marcados de roble..

RUEDA

Visigodo 2013 B

87 ★★★★★   **2,69€**
Color pajizo brillante. Aroma flores marchitas, hierbas de tocador. Boca fresco, correcto, fino amargor, fácil de beber..

TERRA ALTA

Vespral 2008 TGR

87 ★★★★★   **2,49€**
Color cereza intenso. Aroma con carácter, fruta madura, roble nuevo, tostado, ahumado. Boca fruta madura, especiado, fácil de beber..

Vespral 2011 TC

88 ★★★★★   **1,69€**
Color cereza brillante. Aroma fruta madura, especias dulces, roble cremoso, balsámico. Boca sabroso, frutoso, tostado, equilibrado..

TORO

Barón de la Villa 2010 TC

88 ★★★★★   **3,69€**
Color cereza, borde granate. Aroma especiado, fruta madura. Boca frutoso, estructurado, fruta madura, cierta persistencia..

VALDEPEÑAS

Vega del Cega 2013 T

85 ★★★★★   **1,49€**
Color cereza, borde violáceo. Aroma fruta roja, fruta madura, balsámico. Boca potente, sabroso, fácil de beber, equilibrado..

VALENCIA

Tirant lo Blanch 2011 TC

85 ★★★★★   **4,99€**
Color cereza brillante. Aroma fruta madura, especias dulces, roble cremoso, balsámico. Boca sabroso, frutoso, tostado..

VINO DE LA TIERRA DE CASTILLA

Vega Pati 2013 B

85 ★★★★★   **2,19€**
Color pajizo brillante. Aroma fruta fresca, floral, hierbas silvestres. Boca sabroso, frutoso, algo plano..

VINO DE LA TIERRA DE CASTILLA Y LEÓN

Vega Pati Cabernet Sauvignon2011 T

85 ★★★★★   **2,19€**
Color cereza, borde granate. Aroma fruta madura, hierbas verdes, especiado. Boca potente, sabroso, balsámico..

BODEGAS Y CATAS DE VINOS POR DENOMINACIÓN DE ORIGEN

ABREVIATURAS:

- 🌷 = VINO ECOLÓGICO

- D.O.P. = DENOMINACIÓN DE ORIGEN PROTEGIDA

- I.G.P. = INDICACIÓN GEOGRÁFICA PROTEGIDA

- SC = SIN CALIFICAR

DO. ABONA

CONSEJO REGULADOR

Martín Rodríguez, 9
38588 Porís de Abona - Arico (Santa Cruz de Tenerife)
☎: +34 922 164 241 - Fax: +34 922 164 135
@: vinosdeabona@vinosdeabona.com
www.vinosdeabona.com

SITUACIÓN:

En la zona sur de la isla de Tenerife, con viñedos que ocupan las laderas del Teide hasta la costa. Engloba los términos municipales de Adeje, Arona, Vilaflor, San Miguel de Abona, Granadilla de Abona, Arico y Fasnia.

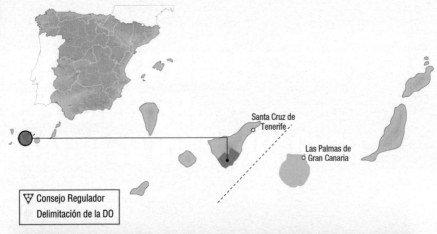

⍦ Consejo Regulador
Delimitación de la DO

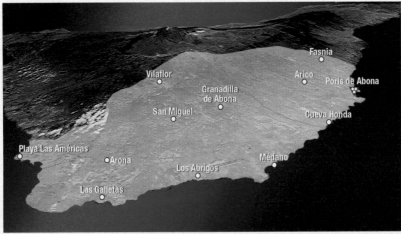

VARIEDADES:

BLANCAS: albillo, marmajuelo, forastera blanca, güal, malvasía, moscatel alejandría, sabro, verdello y vijariego. Autorizadas: baboso blanco, listán blanco, pedro ximénez y torrontés.

TINTAS:

PREFERENTES: castellana negra, listán negro, malvasía rosada, negramoll y tintilla.

AUTORIZADAS: baboso negro, cabernet sauvignon, listán prieto, merlot, moscatel negro, pinot noir, ruby cabernet, syrah, tempranillo y vijariego negro.

DATOS:

Nº Has. Viñedo: 946 – **Nº Viticultores:** 1.228 – **Nº Bodegas:** 19 – **Cosecha 13:** Muy Buena – **Producción 2013:** 710.000 litros, **Comercialización:** 100% España.

SUELOS:

Puede distinguirse entre los terrenos arenosos y calcáreos de las medianías y las tierras más arcillosas y bien drenadas, por su condición volcánica, de las zonas altas. Son típicos los suelos llamados "jable", que no es sino una fina arena volcánica de color blanquecino con la que los viticultores locales cubren el viñedo para retener la humedad y evitar el nacimiento de malas hierbas. El viñedo se ubica a altitudes que van de los 300 a los 1.750 metros (en las zonas altas es donde se cultivan las uvas de mayor calidad), lo que determina diferentes fechas de vendimia en un periodo que va desde principios de agosto hasta octubre.

CLIMA:

De tipo mediterráneo en la franja costera, va refrescando, por la influencia de los vientos alisios, a medida que se avanza hacia el interior. Las lluvias oscilan entre los 350 mm. anuales en la costa y los 550 mm. en las medianías. En la zona más alta, Vilaflor, el viñedo no se beneficia de estos vientos por orientarse ligeramente al oeste. Sin embargo, las más de 200 hectáreas de esta pequeña meseta producen unos vinos de una acidez de 8 grs./l. debido a la altitud, pero con una graduación alcohólica de 13º, ya que la zona goza del mayor número de horas de sol de la isla.

CARACTERÍSTICAS GENERALES DE LOS VINOS

BLANCOS	Presentan un color amarillo pálido; son afrutados y, en ocasiones, con aromas florales; en boca resultan secos, agradables y equilibrados.
ROSADOS	Se caracterizan por su color rosáceo; son frescos, ligeros y agradables de beber, aunque algo menos fragantes que los de Tacoronte.
TINTOS	Aunque menos representativos que los blancos, presentan un color cereza granate, aromas a frutos rojos maduros y balsámicos, y una estructura más bien ligera.

CLASIFICACIÓN COSECHAS   GUÍA**PEÑÍN**

2009	2010	2011	2012	2013
BUENA	EXCELENTE	MUY BUENA	MUY BUENA	BUENA

ALTOS DE TR3VEJOS

La Iglesia, 1
San Miguel de Abona (Santa Cruz de Tenerife)
☎: +34 650 937 340
www.altosdetrevejos.com
trevejos@altosdetrevejos.com

Altos de Tr3vejos BN
listán blanco, verdello
84   11€

Altos de Tr3vejos 2012 T
baboso negro, syrah
86   19€
Color cereza opaco, borde violáceo. Aroma potente, cálido, hierbas de monte, fruta confitada. Boca estructurado, concentrado, largo.

Aromas de Tr3vejos 2013 B
malvasía, moscatel
89   25€
Aroma potente, floral, notas amieladas, fruta escarchada, hierbas de tocador. Boca sabroso, dulce, fresco, frutoso, buena acidez, largo.

BODEGA REVERÓN

Ctra. Gral. Vilaflor, Los Quemados, 8
38620 Vilaflor (Santa Cruz de Tenerife)
☎: +34 922 725 044
Fax: +34 922 725 044
www.bodegareveron.com
bodega@bodegareveron.com

Los Quemados 2013 B
100% albillo
85

Los Quemados 2013 BFB
100% albillo
88
Color amarillo brillante. Aroma potente, fruta madura, especias dulces, roble cremoso, hierbas de tocador. Boca graso, retronasal ahumado, sabroso, fresco, buena acidez.

Los Quemados 2013 T
87
Color cereza, borde violáceo. Aroma expresivo, expresión frutal, equilibrado. Boca estructurado, frutoso, sabroso.

Pago Reverón 2013 T
listán negro, tempranillo, castellana, otras
86 🌷
Color cereza intenso, borde violáceo. Aroma intensidad media, fruta roja, equilibrado. Boca correcto, fruta madura, cierta persistencia.

Pagos Reverón 2011 TC
86
Color cereza muy intenso, borde granate. Aroma fruta madura, especiado, equilibrado. Boca frutoso, cierta persistencia.

Pagos Reverón 2013 B
85 🌷

Pagos Reverón 2013 RD
listán negro, tempranillo, otras
84

Pagos Reverón Afrutado 2013 B
85

Pagos Reverón Naturalmente Dulce B
listán blanco
87
Color dorado brillante. Aroma potente, fruta escarchada, fruta pasificada, tostado. Boca potente, graso.

BODEGA SAN MIGUEL

Ctra. General del Sur, 5
38620 San Miguel de Abona (Santa Cruz de Tenerife)
☎: +34 922 700 300
Fax: +34 922 700 301
bodega@casanmiguel.com

Chasnero 2013 B
86
Color pajizo brillante. Aroma fresco, fruta fresca, flores blancas, hierbas de tocador. Boca sabroso, frutoso, buena acidez, equilibrado.

Marqués de Fuente 2011 TC
87
Color cereza, borde granate. Aroma especiado, roble cremoso, tostado, balsámico, fruta madura. Boca ligero, cierta persistencia, frutoso.

 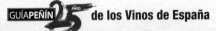

Marqués de Fuente 2013 B
85

Marqués de Fuente 25 Aniversario 2013 B Roble
86
Color amarillo brillante. Aroma potente, fruta madura, flores blancas, especias dulces. Boca graso, frutoso, correcto.

Marqués de Fuente s/c T
86
Color cereza muy intenso. Aroma intensidad media, fruta madura. Boca frutoso, fácil de beber, balsámico.

MENCEY CHASNA
Marta, 3 Chimiche
38594 Granadilla de Abona
(Santa Cruz de Tenerife)
☎: +34 922 777 285
Fax: +34 922 777 259
www.menceychasna.es
ventas@menceychasna.com

Los Tableros 2013 B Barrica
listán blanco, moscatel de alejandría, malvasía
85 ★★★★★   4,9€

Los Tableros 2013 T Barrica
vijariego negro, syrah
86 ★★★★★   4,9€
Color cereza poco intenso. Aroma intensidad media, especias dulces, balsámico, fruta madura. Boca correcto, fácil de beber.

Los Tableros Afrutado 2013 B
listán blanco, moscatel de alejandría, malvasía
84   4,9€

Los Tableros Ecológico 2013 B
listán blanco
86 ★★★★★ ❦   4,9€
Color pajizo brillante. Aroma intensidad media, flores marchitas, hierbas silvestres. Boca correcto, equilibrado, largo, fino amargor.

Los Tableros Ecológico 2013 T
tempranillo, ruby cabernet, syrah
86 ★★★★★ ❦   4,9€
Color cereza brillante. Aroma fruta madura, especias dulces, hierbas silvestres. Boca frutoso, buena acidez, correcto.

Mencey Chasna 2013 B
listán blanco
86 ★★★★★   3,9€
Color pajizo brillante. Aroma fresco, fruta fresca, flores blancas, expresivo. Boca sabroso, frutoso, buena acidez, equilibrado.

Mencey Chasna 2013 T
listán negro, tempranillo, ruby cabernet, syrah
86 ★★★★★   3,9€
Color cereza poco intenso, borde granate. Aroma intensidad media, hierbas de monte, equilibrado. Boca fácil de beber, cierta persistencia.

S. COOP. CUMBRES DE ABONA
Camino del Viso, s/n Teguedite
38580 Arico (Santa Cruz de Tenerife)
☎: +34 922 768 604
Fax: +34 922 768 234
www.cumbresdeabona.es
bodega@cumbresdeabona.es

Cumbres de Abona 2013 T
listán negro, ruby cabernet, tempranillo
86 ★★★★   6€
Color cereza intenso, borde violáceo. Aroma fruta roja, fruta madura, hierbas silvestres. Boca sabroso, equilibrado.

Flor de Chasna Cuatro Meses 2013 T Barrica
syrah
88 ★★★★   8€
Color cereza brillante, borde violáceo. Aroma caramelo de violetas, fruta madura, expresivo. Boca especiado, estructurado, taninos maduros.

Flor de Chasna Naturalmente Dulce 2010 T
syrah, tempranillo
82   13€

Flor de Chasna Seco 2013 B
listán blanco
87 ★★★★   6€
Color pajizo brillante. Aroma hierbas silvestres, intensidad media, equilibrado, fruta fresca. Boca largo, balsámico, fino amargor, buena acidez.

Flor de Chasna Tradición 2013 T
tempranillo, ruby cabernet, listán negro
87 ★★★★   6€
Color cereza muy intenso, borde violáceo. Aroma potente, con carácter, fruta madura, hierbas secas. Boca estructurado, especiado.

Testamento Malvasía 2013 BFB
malvasía
88 ★★★   10€
Color amarillo brillante. Aroma potente, fruta madura, especias dulces, roble cremoso, hierbas de tocador. Boca graso, retronasal ahumado, sabroso, fresco, buena acidez.

Testamento Malvasía Dry 2013 B
malvasía
87 ★★★   9€
Color amarillo brillante. Aroma flores blancas, expresivo, equilibrado, potente. Boca frutoso, sabroso, fino amargor.

Testamento Malvasía Dulce 2013 Blanco dulce
malvasía

86   12€

Color amarillo brillante. Aroma flores blancas, intensidad media. Boca correcto, equilibrado, fácil de beber.

Testamento Malvasía Esencia 2008 B
malvasía

90   30€

Color dorado. Aroma potente, floral, notas amieladas, fruta escarchada, flores secas, flores marchitas. Boca sabroso, dulce, fresco, frutoso, largo, buena acidez.

TIERRA DE FRONTOS
Lomo Grande, 1- Los Blanquitos
38600 Granadilla de Abona
(Santa Cruz de Tenerife)
☎: +34 922 777 253
Fax: +34 922 777 246
www.frontos.es
bodega@frontos.es

Tierra de Frontos 2012 T
100% baboso negro

89

Color cereza, borde granate. Aroma fruta madura, especiado, complejo, terroso. Boca potente, sabroso, tostado, taninos maduros.

Tierra de Frontos 2013 B
verdello, marmajuelo, albillo

86

Color pajizo brillante. Aroma equilibrado, floral, hierbas secas. Boca frutoso, fácil de beber, fino amargor.

Tierra Frontos Blanco Seco Ecológico 2013 B
100% listán blanco

86 ♥

Color pajizo brillante. Aroma hierbas silvestres, fruta fresca. Boca equilibrado, frutoso, ligero, fácil de beber.

DO. ALELLA

CONSEJO REGULADOR

Avda. San Mateu, 2

Masía Can Magarola

08328 Alella (Barcelona)

☎: +34 935 559 153 - Fax: +34 935 405 249

@: doalella@doalella.org

www.doalella.org

SITUACIÓN:

Se extiende por las comarcas barcelonesas del Maresme y el Vallès. Engloba los municipios de Alella, Argentona, Cabrils, El Masnou, La Roca del Vallès, Martorelles, Montornès del Vallès, Montgat, Orrius, Premià de Dalt, Premià de Mar, Santa Mª de Martorelles, Sant Fost de Campsentelles, Teià, Tiana, Vallromanes, Vilanova del Vallès y Vilasar de Salt. La característica principal de la zona es el entorno urbano que comprime esta pequeña extensión de viñedo; de hecho, es una de las denominaciones más pequeñas de España.

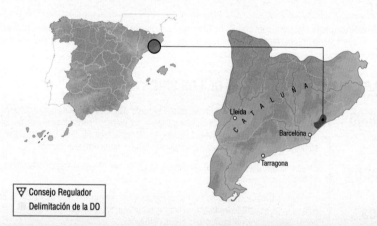

▽ Consejo Regulador

Delimitación de la DO

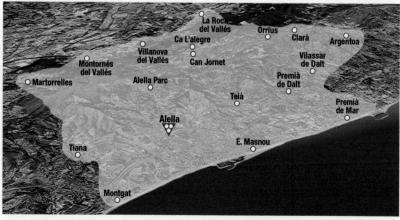

VARIEDADES:

BLANCAS: pansa blanca (similar a la xarel-lo de otras regiones catalanas), garnatxa blanca, pansa rosada, picapoll, malvasía, macabeo, parellada, chardonnay, sauvignon blanc y chenin blanc.

TINTAS (minoritarias): monastrell, garnatxa negra, ull de llebre (tempranillo), merlot, pinot noir, syrah, cabernet sauvignon, sumoll y mataró.

DATOS:

Nº Has. Viñedo: 227,91 – Nº Viticultores: 57 – Nº Bodegas: 8 – Cosecha 13: - – Producción 12: 711.503 litros – Comercialización: 86% España - 14% extranjero

SUELOS:

Se puede distinguir entre los de la vertiente interior de la sierra litoral, de composición arcillosa, y los situados más cerca del mar. Estos últimos, conocidos como sauló, son los más caracterizados. De color casi blanco, se distinguen por su alta permeabilidad y gran capacidad para retener los rayos solares, lo que ayuda a una mejor maduración de la uva.

CLIMA:

Microclima típicamente mediterráneo, con inviernos suaves y veranos secos y cálidos. Es importante la acción de la sierra que actúa como barrera protectora frente a los vientos y condensa la humedad procedente del mar.

CARACTERÍSTICAS GENERALES DE LOS VINOS

BLANCOS
Son los más característicos de la zona. Se puede distinguir entre el Alella tradicional, ligero, aromático y bastante suave (aunque sin llegar a ser dulce), y otros vinos secos, de color pajizo pálido, frescos, con buenos rasgos frutales, equilibrados, bastante finos y con cierta persistencia en boca. También hay interesantes ejemplos de blancos fermentados en barrica.

ROSADOS
No son los más abundantes, pero se elaboran rosados muy correctos, frescos y bastante sabrosos en boca.

TINTOS
Los ejemplos más interesantes de la zona son aquellos que provienen de garnacha , aunque también se incluyen variedades foráneas en los ensamblajes, sobre todo merlot y cabernet sauvignon; donde destacan por sus rasgos balsámicos y afrutados.

CLASIFICACIÓN COSECHAS

GUÍA**PEÑÍN**

2009	2010	2011	2012	2013
BUENA	MUY BUENA	MUY BUENA	MUY BUENA	MUY BUENA

ALELLA VINÍCOLA

Angel Guimerà, 62
8328 Alella (Barcelona)
☎: +34 935 403 842
Fax: +34 935 401 648
www.alellavinicola.com
xavi@alellavinicola.com

Costa del Maresme 2008 T
100% garnacha

89 🍷 **22€**

Color cereza, borde granate. Aroma fruta madura, especiado, roble cremoso, tostado, complejo, tabaco. Boca potente, sabroso, tostado, taninos maduros.

Ivori 2012 B

87 🍷 **12,5€**

Color amarillo brillante. Aroma fruta madura, fruta escarchada, especias dulces, flores marchitas. Boca tostado, largo, amargoso, frutoso.

Ivori Negre 2009 T

91 ★★★★ 🍷 **12,5€**

Color cereza, borde granate. Aroma fruta madura, especiado, roble cremoso, tostado, complejo, terroso, hierbas de monte. Boca potente, sabroso, tostado, taninos maduros.

Marfil 2011 TC

85 ★★★★ 🍷 **7,8€**

Marfil Blanc de Noirs 2010 BR Reserva
100% garnacha

87 ★★★ 🍷 **9€**

Color amarillo brillante. Aroma intensidad media, hierbas secas. Boca fresco, fácil de beber.

Marfil Blanco Seco 2013 B
100% pansa blanca

85 ★★★★ 🍷 **6,8€**

Marfil Clàssic 2013 B

85 ★★★★ 🍷 **6,8€**

Marfil Generoso Seco Solera 1976 B
100% pansa blanca

91 **23€**

Color caoba claro. Aroma complejo, expresivo, punzante, salino, frutos secos, ebanistería. Boca graso, potente, fresco, fino amargor, equilibrado.

Marfil Generoso Semi Solera 1976 B
100% pansa blanca

92 **18€**

Color caoba claro. Aroma notas amieladas, fruta escarchada, hierbas de tocador, acetaldehído, especiado. Boca sabroso, buena acidez, largo, dulcedumbre, elegante.

Marfil Molt Dolç 2003 B
100% pansa blanca

93 **23€**

Color caoba oscuro. Aroma frutos secos, potente, tostado, ebanistería, fruta pasificada, pastelería, notas amieladas. Boca sabroso, frutoso, especiado, tostado, largo, equilibrado.

Marfil Moscatel 2010 ESP
100% moscatel

90 ★★★★★ 🍷 **9€**

Color pajizo brillante. Aroma flores blancas, fresco, varietal, expresivo. Boca equilibrado, buena acidez, fino amargor, dulce.

Marfil Rosado 2010 BR
100% garnacha

86 ★★★ 🍷 **9€**

Color cobrizo. Aroma floral, jazmín, hierbas de tocador, fruta escarchada. Boca fresco, frutoso, sabroso, correcto.

Marfil Rosat 2013 RD
100% merlot

84 🍷 **6,8€**

Marfil Violeta 2003 T
100% garnacha

91 **18€**

Color cereza brillante, borde granate. Aroma acetaldehído, barniz, fruta escarchada. Boca frutoso, sabroso, dulce.

Mayla Rosado de Aguja Natural 2013 RD

83 🍷 **6,8€**

Vallmora 2009 T
100% garnacha

87 ★★★ 🍷 **10€**

Color cereza intenso, borde granate. Aroma potente, cálido, fruta madura, tabaco, hierbas silvestres. Boca correcto, fruta madura, largo.

ALTA ALELLA S.L.

Camí Baix de Tiana s/n
8328 Alella (Barcelona)
☎: +34 934 693 720
Fax: +34 934 691 343
www.altaalella.cat
info@altaalella.cat

AA Blanc de Neu 2013 BFB
pansa blanca

91 ★★★ 🍷 **14,5€**

Color dorado. Aroma potente, floral, notas amieladas, fruta escarchada, hierbas de tocador, acetaldehído. Boca sabroso, dulce, fresco, frutoso, buena acidez, largo, equilibrado.

AA Dolç Mataró 2012 Tinto dulce
mataró

92 🍷   **19,4€**

Color cereza oscuro, borde granate. Aroma fruta escarchada, balsámico, café aromático, tostado. Boca equilibrado, graso, sabroso, largo, especiado.

AA Lanius 2013 BFB
pansa blanca

91 🍷   **17,8€**

Color pajizo brillante. Aroma fresco, fruta fresca, flores blancas, expresivo, especiado. Boca sabroso, frutoso, buena acidez, equilibrado.

AA Orbus 2011 T
syrah

90 🍷   **28€**

Color cereza intenso, borde violáceo. Aroma expresivo, equilibrado, fruta madura, roble cremoso. Boca estructurado, cierta persistencia, taninos maduros.

AA Pansa Blanca 2013 B
pansa blanca

87 ★★★★ 🍷   **6€**

Color pajizo brillante. Aroma hierbas secas, floral, fruta madura. Boca sabroso, fresco, fácil de beber.

AA Parvus Chardonnay 2013 B
chardonnay

88 ★★★ 🍷   **8,7€**

Color pajizo brillante. Aroma flores blancas, hierbas de tocador, expresión frutal. Boca fresco, frutoso, sabroso, equilibrado, elegante.

AA Parvus Rosé 2013 RD
cabernet sauvignon, syrah

86 ★★★ 🍷   **8,3€**

Color cereza claro. Aroma elegante, flores secas, fruta roja, hierbas silvestres. Boca ligero, sabroso, buena acidez, especiado.

AA Parvus Syrah 2012 T
syrah

87 🍷   **13€**

Color cereza brillante, borde violáceo. Aroma fruta roja, fruta madura, floral, varietal. Boca potente, fácil de beber, correcto.

AA PS Xtrem 2012 TC
syrah

87 🍷   **16€**

Color cereza muy intenso, borde violáceo. Aroma intensidad media, fruta madura, hierbas de monte. Boca frutoso, fácil de beber, cierta persistencia.

AA Tallarol 2013 B
pansa blanca

88 🍷   **10,2€**

Color pajizo brillante. Aroma flores marchitas, fruta fresca, hierbas silvestres. Boca ligero, fácil de beber, cierta persistencia.

BODEGAS CASTILLO DE SAJAZARRA

Del Río, s/n
26212 Sajazarra (La Rioja)
☎: +34 941 320 066
Fax: +34 941 320 251
www.castillodesajazarra.com
bodega@castillodesajazarra.com

In Vita 2012 B

89 ★★★★   **6,1€**

Color pajizo brillante. Aroma flores blancas, hierbas de tocador, expresión frutal, especiado. Boca fresco, frutoso, sabroso, elegante.

In Vita 2013 B

89 ★★★★   **6,1€**

Color pajizo brillante. Aroma flores blancas, hierbas secas, fresco. Boca equilibrado, buena acidez, fino amargor, largo.

BODEGAS ROURA - JUAN ANTONIO PÉREZ ROURA

Valls de Rials
8328 Alella (Barcelona)
☎: +34 933 527 456
Fax: +34 933 524 339
www.roura.es
roura@roura.es

Roura Coupage 2012 T

87 ★★★★   **7€**

Color cereza, borde granate. Aroma fruta madura, especiado, roble cremoso, tostado, hierbas de monte. Boca potente, sabroso, tostado, taninos maduros.

Roura Crianza Tres Ceps 2010 TC
88 ★★★   **8,5€**
Color cereza oscuro, borde granate. Aroma fruta madura, hierbas de monte, especiado. Boca equilibrado, especiado, balsámico, taninos maduros.

Roura Merlot 2010 T
100% merlot
86 ★★★   **9,5€**
Color cereza oscuro. Aroma hierbas de monte, equilibrado, fruta madura, cuero muy curtido. Boca sabroso, frutoso, fácil de beber.

Roura Merlot 2013 RD
merlot
84   **7€**

Roura Sauvignon Blanc 2013 B
sauvignon blanc
88 ★★★★   **8€**
Color pajizo brillante. Aroma flores blancas, hierbas de tocador, expresión frutal. Boca fresco, frutoso, sabroso, equilibrado.

Roura Xarel.lo 2013 B
xarel.lo
87 ★★★★   **6€**
Color pajizo brillante. Aroma flores blancas, fruta fresca, expresivo, hierbas silvestres. Boca sabroso, frutoso, buena acidez.

BOUQUET D'ALELLA
Sant Josep de Calassanç, 8
8328 Alella (Barcelona)
☎: +34 935 556 997
bouquetda@bouquetdalella.com

Bouquet D'A Blanc + 2012 BFB
pansa blanca, garnacha blanca
91 ★★★★ ♣   **12€**
Color amarillo brillante. Aroma potente, fruta madura, especias dulces, roble cremoso, hierbas de tocador. Boca graso, sabroso, fresco, buena acidez, largo.

Bouquet D'A Blanc 2013 B
pansa blanca, garnacha blanca
87 ★★★ ♣   **9€**
Color pajizo brillante. Aroma fresco, fruta fresca, flores blancas, hierbas silvestres, piedra seca. Boca sabroso, frutoso, equilibrado.

Bouquet D'A Garnatxa Negra 2013 T
garnacha
89 ★★★ ♣   **9,8€**
Color cereza, borde granate. Aroma fruta madura, hierbas silvestres, terroso, especiado, roble cremoso. Boca equilibrado, sabroso, largo, balsámico.

Bouquet D'A Syrah 2011 T
syrah
87 ♣   **13€**
Color cereza, borde granate. Aroma fruta confitada, fruta al licor, especiado, balsámico. Boca sabroso, confitado, correcto.

MARQUÉS DE ALELLA
Camí de Can Garra, s/n
8391 Tiana (Barcelona)
☎: +34 935 153 100
www.marquesdealella.es
info@parxet.es

Galactica 2011 B
100% pansa blanca
90 ★★★ ♣   **14,2€**
Color amarillo brillante. Aroma potente, fruta madura, especias dulces, roble cremoso, hierbas de tocador. Boca graso, retronasal ahumado, sabroso, fresco, buena acidez.

Marqués de Alella Allier 2011 BFB
chardonnay
91 ♣   **17,3€**
Color amarillo brillante. Aroma fruta madura, fruta escarchada, flores secas, tostado, especias dulces. Boca graso, largo, tostado.

Marqués de Alella Pansa Blanca 2013 B
100% pansa blanca
89 ★★★★   **8€**
Color pajizo brillante. Aroma cítricos, fruta fresca, equilibrado. Boca sabroso, varietal, lleno, equilibrado, fino amargor.

Marqués de Alella Pansa Rosada 2013 RD
100% pansa rosada
89 ★★★★ ♣   **8€**
Color piel cebolla. Aroma elegante, fruta escarchada, flores secas, hierbas de tocador, fruta roja. Boca ligero, sabroso, buena acidez, largo, especiado.

Marqués de Alella Viognier 2012 B
100% viognier
88 ♣   **11,2€**
Color dorado brillante. Aroma fruta madura, flores marchitas, especiado, expresivo. Boca sabroso, seco, amargoso.

Perfum de Pansa Blanca 2010 B
100% pansa blanca
87 ♣
Color oro viejo. Aroma fruta madura, hierbas secas, flores secas, ebanistería. Boca potente, sabroso, seco, especiado.

Perfum Viognier Dulce 2011 B
100% viognier
90 ♣
Color dorado brillante. Aroma fruta madura, frutos secos, potente, tostado, ebanistería. Boca sabroso, frutoso, especiado, tostado, largo.

Sepo 2013 B
100% pansa blanca

87 ★★★★ ♨   6,3€

Color amarillo, borde verdoso. Aroma fruta fresca, flores secas, toques silvestres. Boca sabroso, equilibrado, buena acidez, fino amargor.

TESTUAN
Carrer dels Roures, 3
8348 Cabrils (Barcelona)
☎: +34 679 448 722
www.testuan.com
info@testuan.com

3 de Testuan 2013 B
86 ★★★   10€

Color pajizo brillante. Aroma fruta fresca, flores blancas, hierbas secas. Boca sabroso, frutoso, buena acidez.

DO. ALICANTE

CONSEJO REGULADOR

Monjas, 6

03002 Alicante

☎: +34 965 984 478 - Fax: +34 965 229 295

@: crdo.alicante@crdo-alicante.org

www.crdo-alicante.org

SITUACIÓN:

En la provincia de Alicante (engloba 51 municipios de ésta) y una pequeña parte de la de Murcia. El viñedo se extiende en áreas cercanas a la costa en el entorno de Alicante capital y, sobre todo, en la zona de La Marina, tradicional elaboradora de moscatel, así como en el interior de la provincia.

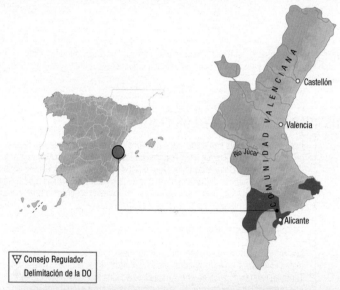

▽ Consejo Regulador
  Delimitación de la DO

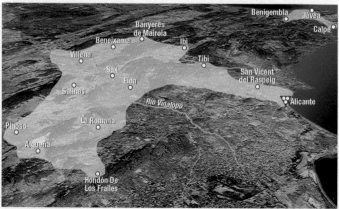

VARIEDADES:

BLANCAS: merseguera, moscatel de alejandría, macabeo, planta fina, verdil, airén, chardonnay, sauvignon blanc y subirat parent.

TINTAS: monastrell, garnacha tinta (gironet9, garnacha totorera (alicante bouschet), bobal, tempranillo, cabernet sauvignon, merlot, pinot noir, syrah y petit verdot.

DATOS:

Nº Has. Viñedo: 9.522 – **Nº Viticultores:** 1.819 – **Nº Bodegas:** 39 – **Cosecha 13:** Muy Buena – **Producción 13:** 14.665.625 litros – **Comercialización:** 76,95 % España - 23,05 % Extranjero.

SUELOS:

En general, la mayoría de los suelos de la zona son de tipo pardo-calizo, con poca arcilla y escasa materia orgánica.

CLIMA:

Hay que marcar la diferencia entre los viñedos situados más cerca de la costa, donde el clima es netamente mediterráneo y algo más húmedo, y los del interior, que reciben influencias continentales y gozan de un menor índice de precipitaciones.

CARACTERÍSTICAS GENERALES DE LOS VINOS

BLANCOS	Los blancos jóvenes son elaborados fundamentalmente con moscatel. Suelen presentar un color amarillo pajizo; en nariz resultan francos, afrutados y florales; en boca son agradables de beber. Existen también algunos que reflejan el carácter de la variedad, pero recubierta de matices de fruta madura que le da su cultivo en zonas mediterráneas. Los moscateles dulces de la zona de La Marina, presentan recuerdos a miel, notas auvadas y un carácter almizclado característico de la variedad.
ROSADOS	De color rosáceo; aromas frescos y afrutados, y fáciles y agradables de beber.
TINTOS	Los tintos están marcados por el carácter mediterráneo. Son cálidos, carnosos y con buena estructura; en nariz pueden desarrollar aromas balsámicos (hojarasca, eucalipto). También existe una línea de tintos más clásicos sin excesiva extracción de color y en los que, desgraciadamente, pueden aparecer notas de oxidación y una marcada reducción si se les somete a un excesivo paso del tiempo en botella.
FONDILLÓN	Es el vino histórico de la región (vino viejo de alta graduación alcohólica y carácter oxidativo). A veces, se elabora como rancio y otras veces se mezcla con mistelas.
ESPUMOSOS	Elaborados por el método tradicional de segunda fermentación en botella. Frescos y con toques de levaduras, aunque en general algo más pesados que los cavas.

CLASIFICACIÓN COSECHAS

GUÍAPEÑÍN

2009	2010	2011	2012	2013
MUY BUENA	MUY BUENA	MUY BUENA	MUY BUENA	MUY BUENA

BODEGA COOP, DE ALGUEÑA COOP. V.

Ctra. Rodriguillo, km. 29,5
3668 Algueña (Alicante)
☎: +34 965 476 113
Fax: +34 965 476 229
www.vinosdealguenya.com
bodega@vinosdealguenya.es

Alhenia 2011 T
monastrell

88 ★★★★★ 🌸 **4€**

Color cereza brillante. Aroma fruta madura, especias dulces, roble cremoso, expresivo. Boca sabroso, frutoso, tostado, taninos maduros.

Casa Jiménez 2010 TC
monastrell

85 ★★★★★ **4€**

Dominio de Torreviñas 2013 B
verdil

84 **4€**

Dominio de Torreviñas Doble Pasta 2012 T
monastrell

85 ★★★★★ **3,2€**

Fondillón 1980 Fondillón
monastrell

90 **20€**

Color caoba. Aroma complejo, espirituoso, fruta pasificada, pastelería, tostado. Boca dulce, graso, untuoso, potente.

Fondonet Vino de Licor Dulce 2010 T
monastrell

87 ★★★★ **7€**

Color cereza, borde granate. Aroma fruta confitada, fruta madura, especiado, tostado, ebanistería, chocolate, café aromático. Boca potente, sabroso, dulcedumbre.

BODEGA NUESTRA SEÑORA DE LAS VIRTUDES COOP. V.

Ctra. de Yecla, 9
3400 Villena (Alicante)
☎: +34 965 802 187
www.coopvillena.com
coopvillena@coopvillena.com

Vinalopó 2008 TR

80 **5€**

Vinalopó 2010 TC

86 ★★★★★ **3,5€**

Color cereza, borde granate. Aroma fruta madura, especiado, roble cremoso, tostado. Boca potente, sabroso, tostado, taninos maduros.

Vinalopó 2013 RD
100% monastrell

87 ★★★★★ **2,5€**

Color frambuesa, borde violáceo. Aroma potente, fruta madura, fruta roja, floral, expresivo. Boca potente, frutoso, fresco.

Vinalopó 2013 T

87 ★★★★★ **2,5€**

Color cereza, borde violáceo. Aroma expresivo, fruta fresca, fruta roja, floral. Boca sabroso, frutoso, buena acidez, taninos maduros.

Vinalopó Sauvignon Blanc 2013 B
100% sauvignon blanc

83 **2,5€**

Vinalopó Selección 2012 T

85 ★★★★★ **2,8€**

BODEGA SANTA CATALINA DEL MAÑÁN

Ctra. Monóvar-Pinoso, Km. 10,5
3649 Mañán Monóvar (Alicante)
☎: +34 966 960 096
Fax: +34 966 960 096
bodegamanan@gmail.com

Gran Mañán Moscatel
moscatel

86 ★★★★★ **3,4€**

Color pajizo brillante. Aroma espirituoso, flores blancas, potente, fruta madura. Boca frutoso, sabroso, dulcedumbre.

Torrent del Mañá RD
monastrell, tempranillo

88 ★★★★★ **1,9€**

Color piel cebolla. Aroma elegante, fruta escarchada, flores secas, hierbas de tocador, fruta roja. Boca ligero, sabroso, buena acidez, largo, especiado.

Torrent del Mañá 2012 TR

86 ★★★★★ **1,9€**

Color cereza, borde violáceo. Aroma hierbas de monte, fruta madura, equilibrado. Boca correcto, fruta madura, fácil de beber.

Torrent del Mañá 2013 B
airén, merseguera

85 ★★★★★ **1,9€**

BODEGA VINESSENS

Ctra. de Caudete, Km. 1
3400 Villena (Alicante)
☎: +34 965 800 265
Fax: +34 965 800 265
www.vinessens.es
comercial@vinessens.es

El Telar 2011 TC
92   18€

Color cereza muy intenso, borde granate. Aroma potente, complejo, fruta madura, chocolate, roble cremoso, hierbas de monte.

El Telar 2011

Essens 2013 BFB
chardonnay
90 ★★★★★   9,9€

Color amarillo brillante. Aroma fruta madura, especias dulces, roble cremoso, hierbas de tocador, equilibrado. Boca graso, sabroso, fresco, elegante.

Sein 2011 TC
91 ★★★★★   9€

Color cereza, borde granate. Aroma fruta madura, especiado, roble cremoso, tostado, complejo, mineral. Boca potente, sabroso, tostado, taninos maduros, elegante.

Sein 2012 TC
90 ★★★★★   9€

Color cereza, borde granate. Aroma especiado, roble cremoso, tostado, complejo, terroso, fruta sobremadura. Boca potente, sabroso, tostado, taninos maduros.

BODEGAS ANTONIO LLOBELL

Avda. Santa Catalina, 82
3725 Teulada (Alicante)
☎: +34 667 964 751
www.misteladeteulada.com
info@misteladeteulada.com

Cap d'Or 2013 B
moscatel de alejandría
90

Color dorado. Aroma potente, floral, notas amieladas, fruta escarchada, hierbas de tocador. Boca sabroso, dulce, fresco, frutoso, buena acidez, largo, equilibrado.

Cims del Mediterrani Mistela B
100% moscatel
90

Color dorado. Aroma potente, floral, notas amieladas, flores blancas. Boca sabroso, dulce, frutoso, buena acidez, largo.

BODEGAS BERNABÉ NAVARRO

Ctra. Villena-Cañada, Km. 3
3400 Villena (Alicante)
☎: +34 966 770 353
Fax: +34 966 770 353
www.bodegasbernabenavarro.com
info@bodegasbernabenavarro.com

Beryna 2012 TC
92 ★★★★★   9,9€

Color cereza, borde granate. Aroma fruta madura, hierbas silvestres, terroso, especiado, roble cremoso. Boca equilibrado, sabroso, largo, balsámico.

Casa Balaguer 2011 T
93 ★★★★   12,5€

Color cereza, borde granate. Aroma fruta madura, especiado, roble cremoso, complejo, balsámico, mineral, fina reducción. Boca potente, sabroso, tostado, taninos maduros, equilibrado.

Curro 2011 T
monastrell
92   29,7€

Color cereza, borde granate. Aroma balsámico, floral, mineral, especiado, expresivo, fruta confitada, fruta al licor. Boca sabroso, balsámico, especiado, largo, equilibrado.

BODEGAS BOCOPA

Paraje Les Pedreres, Autovía A-31,
km. 200 - 201
3610 Petrer (Alicante)
☎: +34 966 950 489
Fax: +34 966 950 406
www.bocopa.com
info@bocopa.com

Alcanta 2010 TC
monastrell, tempranillo

89 ★★★★★   4,5€

Color cereza, borde granate. Aroma especiado, roble cremoso, tostado, fruta roja, fruta madura. Boca potente, sabroso, tostado, taninos maduros.

Alcanta Monastrell 2013 T
monastrell

88 ★★★★★   3€

Color cereza intenso. Aroma fruta roja, fruta madura, especiado. Boca sabroso, frutoso, buena acidez.

Castillo de Alicante 2013 T
tempranillo, cabernet sauvignon, monastrell

88 ★★★★★ 🏆   4,3€

Color cereza, borde violáceo. Aroma expresivo, fruta fresca, fruta roja, floral. Boca sabroso, frutoso, buena acidez, taninos maduros.

Dulcenegra Vino de Licor T
monastrell

89   10,5€

Color cereza, borde granate. Aroma fruta confitada, fruta madura, especiado, tostado, ebanistería, chocolate, brea. Boca potente, sabroso, dulcedumbre.

Fondillón Alone 1987
monastrell

88   20€

Color rubí, borde teja. Aroma especiado, barniz, cacao fino, chocolate, almendra tostada. Boca amargoso, untuoso, espirituoso.

Laudum 2007 TR
monastrell, merlot, cabernet sauvignon

89 ★★★   8,8€

Color cereza, borde granate. Aroma fruta madura, especiado, roble cremoso, tostado, complejo. Boca potente, sabroso, tostado, taninos maduros.

Laudum 2009 TC
monastrell, merlot, cabernet sauvignon

87 ★★★★   6,5€

Color cereza, borde granate. Aroma fruta madura, especiado, roble cremoso, tostado, complejo. Laudum Barrica Especial Boca potente, sabroso, tostado, taninos maduros.

Laudum Barrica Especial 2010 T
monastrell, merlot, cabernet sauvignon

87 ★★★★   5,6€

Color cereza brillante. Aroma fruta madura, hierbas secas, tostado. Boca sabroso, frutoso, taninos maduros.

Laudum Cabernet Sauvignon 2010 T
cabernet sauvignon

86 ★★★ 🏆   8,8€

Color cereza, borde granate. Aroma especiado, tostado, balsámico, fruta madura. Boca potente, sabroso, tostado, cálido.

Laudum Chardonnay 2013 BFB
chardonnay

87 ★★★★ 🏆   6€

Color amarillo brillante. Aroma potente, fruta madura, especias dulces, roble cremoso, hierbas de tocador. Boca graso, retronasal ahumado, sabroso, fresco, buena acidez.

Laudum Nature 2013 T
monastrell, tempranillo, cabernet sauvignon

88 ★★★★★ 🏆   4,5€

Color cereza intenso, borde violáceo. Aroma equilibrado, potente, fruta madura, balsámico. Boca frutoso, buena acidez.

Laudum Nature Tempranillo 2012 T
tempranillo

90 ★★★★★ 🏆   4,5€

Color cereza, borde violáceo. Aroma expresivo, fruta fresca, fruta roja, floral. Boca sabroso, frutoso, buena acidez, taninos maduros.

Laudum Petit Verdot 2010 T
petit verdot

86 ★★★ 🏆   8,8€

Color cereza, borde granate. Aroma hierbas silvestres, hierbas secas. Boca fruta madura, especiado, taninos maduros.

Marina Alta 2013 B
moscatel de alejandría

87 ★★★★   5,5€

Color pajizo brillante. Aroma expresivo, varietal, jazmín, fresco. Boca equilibrado, fácil de beber, cierta persistencia.

Marina Espumante B
moscatel de alejandría
87 ★★★★ 6,5€
Color pajizo brillante. Aroma floral, expresivo, equilibrado, fresco. Boca sabroso, buena acidez, especiado, fácil de beber.

Marina Espumante BR
84 7,7€

Marina Espumante RD
monastrell
82 7,7€

Marina Espumante T
monastrell
83 7,7€

Sol de Alicante Moscatel B
moscatel
89 ★★★★ 7€
Color dorado. Aroma floral, notas amieladas, fruta escarchada, hierbas de tocador, varietal. Boca sabroso, dulce, fresco, frutoso, buena acidez, largo.

Terreta Rosé 2013 RD
monastrell
88 ★★★★ 5,2€
Color frambuesa, borde violáceo. Aroma potente, fruta madura, fruta roja, floral, expresivo. Boca potente, frutoso, fresco.

BODEGAS E. MENDOZA
Partida El Romeral, s/n
3580 Alfaz del Pi (Alicante)
☎: +34 965 888 639
Fax: +34 965 889 232
www.bodegasmendoza.com
bodegas-mendoza@bodegasmendoza.com

Enrique Mendoza Cabernet - Shiraz 2010 TR
91 ★★★★ 13€
Color cereza intenso, borde granate. Aroma fruta madura, especias dulces, balsámico. Boca frutoso, equilibrado, fácil de beber.

Enrique Mendoza Cabernet Monastrell 2011 TC
90 ★★★★★ 9,5€
Color cereza, borde granate. Aroma fruta madura, especiado, complejo, balsámico. Boca potente, sabroso, tostado, taninos maduros.

Enrique Mendoza Chardonnay 2013 B
100% chardonnay
90 ★★★★★ 7,5€
Color amarillo brillante. Aroma potente, fruta madura, especias dulces, roble cremoso, hierbas de tocador. Boca graso, retronasal ahumado, sabroso, fresco, buena acidez.

Enrique Mendoza Dolç de Mendoza 2009 T
100% monastrell
90 19€
Color cereza intenso, borde granate. Aroma fruta escarchada, fruta al licor, balsámico, complejo. Boca equilibrado, estructurado, dulce, lleno.

Enrique Mendoza Merlot Monastrell 2011 T
91 ★★★★★ 9,5€
Color cereza brillante. Aroma fruta madura, especias dulces, roble cremoso, complejo, tostado. Boca sabroso, frutoso, tostado, taninos maduros.

Enrique Mendoza Petit Verdot 2011 TC
100% petit verdot
93 ★★★★ 12€
Color cereza, borde granate. Aroma fruta madura, especiado, roble cremoso, tostado, roble nuevo. Boca potente, sabroso, tostado, taninos maduros.

Enrique Mendoza Santa Rosa 2010 T
93 21€
Color cereza, borde granate. Aroma fruta madura, especiado, roble cremoso, complejo, balsámico. Boca potente, sabroso, taninos maduros, equilibrado, especiado, balsámico.

Enrique Mendoza Shiraz 2011 TC
100% syrah

92 ★★★★   12€

Color cereza brillante. Aroma fruta madura, especias dulces, roble cremoso, expresivo, potente. Boca sabroso, frutoso, tostado, taninos maduros.

Estrecho Monastrell 2010 TC
100% monastrell

92   21€

Color cereza, borde granate. Aroma fruta madura, especiado, roble cremoso, tostado, complejo, terroso. Boca potente, sabroso, tostado, taninos maduros.

Las Quebradas 2010 TC
100% monastrell

94   35€

Color cereza brillante. Aroma especias dulces, roble cremoso, expresivo, cacao fino, mineral. Boca sabroso, frutoso, tostado, taninos maduros.

BODEGAS FAELO
Cº de los Coves s/n Partida de Matola,
Pol. 3 Nº 18
3296 Elche (Alicante)
☎: +34 655 856 898
www.vinosladama.com
info@vinosladama.com

L'Alba de Faelo 2012 RD
syrah

79   6€

L'Alba del Mar 2013 B
chardonnay

84   6€

La Dama 2010 TC
88 ★★★★   8€

Color cereza, borde granate. Aroma potente, cálido, terroso, fósforo, fruta madura, tostado. Boca sabroso, especiado, fruta madura.

Palma Blanca 2013 B
moscatel

88 ★★★   9€

Color dorado. Aroma potente, notas amieladas, fruta escarchada, espirituoso. Boca sabroso, dulce, fresco, frutoso, buena acidez, largo.

BODEGAS FRANCISCO GÓMEZ
Paraje Finca La Serrata Ctra. Villena -
Pinoso, Km. 8,8
3400 Villena (Alicante)
☎: +34 965 979 195
www.bodegasfranciscogomez.es
info@bodegasfranciscogomez.es

Boca Negra 2008 TC
monastrell

91 ★★★   16€

Color cereza, borde granate. Aroma fruta madura, especiado, roble cremoso, tostado, complejo, mineral. Boca potente, sabroso, tostado, taninos maduros.

Fruto Noble 2008 TC
cabernet sauvignon, monastrell, syrah

85 ★★★★   7€

Fruto Noble 2013 RD
monastrell, syrah

88 ★★★★★ ♣   5€

Color frambuesa, borde violáceo. Aroma potente, fruta madura, fruta roja, floral, expresivo. Boca potente, frutoso, fresco.

Fruto Noble 2013 T
monastrell, syrah

89 ★★★★★   4€

Color cereza, borde violáceo. Aroma expresivo, fruta fresca, fruta roja, floral. Boca sabroso, frutoso, buena acidez, taninos maduros.

Fruto Noble 2013 T Roble
monastrell, syrah

86 ★★★★★   5€

Color cereza, borde violáceo. Aroma amaderado, muy tostado (torrefactado). Boca sabroso, especiado, fruta madura.

Fruto Noble Sauvignon Blanc 2013 B
sauvignon blanc

84   6€

Moratillas 2008 TC
monastrell, merlot, cabernet sauvignon

88 ★★★★   6€

Color rubí, borde teja. Aroma cuero mojado, fruta al licor, fruta escarchada, especiado. Boca fruta madura, crianza clásica.

Serrata 2006 TR
merlot, petit verdot, cabernet sauvignon, monastrell

85   16€

BODEGAS GUTIÉRREZ DE LA VEGA

NOMINADO GUIAPEÑIN

Les Quintanes, 1
3792 Parcent (Alicante)
☎: +34 966 403 871
Fax: +34 966 405 257
www.castadiva.es
info@castadiva.es

Casta Diva Cosecha Miel 2013 B
moscatel

95 ★★★   15€

Color amarillo brillante. Aroma balsámico, notas amieladas, floral, especias dulces, expresivo. Boca graso, frutoso, potente, sabroso, elegante.

Casta Diva Esencial 2012 B
moscatel

96

Color oro viejo, borde ambarino. Aroma fruta madura, balsámico, hierbas secas, flores marchitas, ebanistería. Boca graso, sabroso, concentrado, especiado, largo.

Casta Diva Reserva Real 2002 B Reserva
moscatel

98   40€

Color oro viejo. Aroma pastelería, especiado, notas amieladas, frutos secos, roble cremoso, expresivo, elegante. Boca graso, sabroso, frutoso, largo, equilibrado.

Furtiva Lágrima 2013 B
moscatel

93 ★★★★★   10€

Color dorado. Aroma potente, floral, notas amieladas, fruta escarchada, hierbas de tocador. Boca sabroso, dulce, fresco, frutoso, buena acidez, largo.

La Diva 2011 B
moscatel

96   20€

Color dorado brillante. Aroma fruta madura, toques silvestres, notas amieladas, balsámico, especiado, equilibrado. Boca potente, sabroso, untuoso, redondo.

Recóndita Armonía 1987 Fondillón
monastrell

95   100€

Color caoba oscuro. Aroma potente, complejo, elegante, frutos secos, tostado, café aromático, expresivo. Boca graso, amargoso, matices de solera, largo, especiado, equilibrado, elegante.

Recóndita Armonía 2002 Fondillón
monastrell

95   60€

Color rubí, borde teja. Aroma fruta madura, fruta al licor, hierbas silvestres, ebanistería, tostado, roble cremoso. Boca sabroso, frutoso, especiado, largo, equilibrado.

Recóndita Armonía 2010 T
monastrell

92 ★★★   15€

Color cereza, borde granate. Aroma fruta confitada, fruta madura, especiado, tostado, ebanistería, balsámico, equilibrado. Boca potente, sabroso, especiado, largo, elegante.

BODEGAS MURVIEDRO

Ampliación Pol. El Romeral, s/n
46340 Requena (Valencia)
☎: +34 962 329 003
Fax: +34 962 329 002
www.bodegasmurviedro.es
murviedro@murviedro.es

Cueva del Perdón 2011 TC
monastrell, syrah

90   18€

Color cereza, borde granate. Aroma fruta madura, especiado, roble cremoso, tostado, potente. Boca potente, sabroso, tostado, taninos maduros, concentrado.

DNA Murviedro Classic Monastrell 2013 T
monastrell

88 ★★★★★   5€

Color cereza, borde violáceo. Aroma expresivo, fruta roja, hierbas silvestres. Boca sabroso, frutoso, buena acidez, fácil de beber.

DNA Murviedro Signature Eko 2012 T
monastrell

90 ★★★★★ 🌼   7€

Color cereza brillante. Aroma fruta madura, especias dulces, roble cremoso, expresivo. Boca sabroso, frutoso, tostado, taninos maduros.

Dulce de Murviedro 2012 B
moscatel

88 ★★★★   6€

Color dorado. Aroma notas amieladas, fruta escarchada, hierbas de tocador, varietal. Boca sabroso, dulce, fresco, frutoso, buena acidez, largo.

BODEGAS PARCENT

Avda. Denia, 15
3792 Parcent (Alicante)
☎: +34 636 536 693
Fax: +34 966 405 173
www.bodegasparcent.com
armando@bodegasparcent.com

Auro 2013 B
moscatel, chardonnay

87 ★★★★ 6,5€

Color pajizo brillante. Aroma expresivo, potente, flores blancas. Boca frutoso, sabroso, correcto, varietal.

Comtat de Parcent 2012 TC
cabernet sauvignon, merlot

84 7,5€

Dolç D'Art 2013 B
moscatel

88 ★★★★ 7,5€

Color pajizo brillante. Aroma floral, cítricos, fruta madura. Boca sabroso, dulcedumbre, espirituoso.

Fruit D'Autor Rosado Vino de licor

87 ★★★ 9,5€

Color cereza claro. Aroma espirituoso, fruta confitada, especiado, acetaldehído. Boca dulce, potente, concentrado.

Grà D'Or Blanco Seco 2013 B
moscatel

88 ★★★★ 6€

Color pajizo brillante. Aroma fruta madura, expresión frutal, notas amieladas. Boca equilibrado, especiado, fruta madura.

Parcent 2012 BN
moscatel, chardonnay, macabeo

86 13€

Color pajizo brillante. Aroma intensidad media, fruta fresca, hierbas secas, lías finas, floral. Boca fresco, frutoso, sabroso, buena acidez.

Parcent Garnacha 2013 T
garnacha

88 ★★★★ 6€

Color cereza brillante. Aroma intensidad media, fruta fresca, fruta roja. Boca ligero, sabroso.

Rosat 2013 RD
syrah

86 ★★★★ 6€

Color frambuesa, borde violáceo. Aroma potente, fruta madura, fruta roja, floral. Boca potente, frutoso, fresco.

BODEGAS SIERRA DE CABRERAS

La Molineta, s/n
3638 Salinas (Alicante)
☎: +34 647 515 590
www.carabibas.com
info@carabibas.com

Carabibas La Viña del Carpintero 2012 T

89 15€

Color cereza brillante. Aroma fruta madura, expresivo, equilibrado, hierbas de monte. Boca sabroso, frutoso, taninos maduros.

Carabibas VS 2011 T
cabernet sauvignon, merlot, monastrell

89 18,5€

Color cereza, borde granate. Aroma especiado, roble cremoso, tostado, fruta confitada. Boca potente, sabroso, tostado, taninos maduros.

Carabibas VS 2012 TC
cabernet sauvignon, merlot, monastrell

87 18,5€

Color cereza opaco. Aroma potente, con carácter, fruta confitada, fruta macerada, especias dulces. Boca potente, concentrado, taninos rugosos.

Carabibas VS 21 meses 2010 TR
cabernet sauvignon, merlot, monastrell

92 30€

Color cereza, borde granate. Aroma fruta madura, especiado, roble cremoso, complejo, balsámico. Boca potente, sabroso, tostado, taninos maduros.

BODEGAS SIERRA SALINAS

Paraje del Puerto, s/n
(Ctra. Villena-Pinoso, km. 18)
30400 Villena (Alicante)
☎: +34 968 791 271
Fax: +34 968 791 900
www.sierrasalinas.com
comunicacion@sierrasalinas.com

Mira Salinas 2011 T

91 19€

Color cereza, borde granate. Aroma especiado, roble cremoso, tostado, con carácter. Boca potente, sabroso, tostado, taninos maduros.

Mo Salinas Monastrell 2012 T

91 ★★★★★ 5,8€

Color cereza brillante. Aroma fruta madura, especias dulces, roble cremoso, expresivo, balsámico. Boca sabroso, frutoso, tostado, taninos maduros.

Puerto Salinas 2011 T

92 ★★★   14€

Color cereza brillante. Aroma fruta madura, expresivo, hierbas de monte. Boca sabroso, frutoso, taninos maduros, balsámico.

Puerto Salinas Moscatel Chardonnay 2013 B

89 ★★★★   6€

Color pajizo brillante. Aroma fresco, fruta fresca, flores blancas, expresivo, especias dulces. Boca sabroso, frutoso, buena acidez, equilibrado.

Salinas 1237 2010 T

93   55€

Color cereza, borde granate. Aroma fruta madura, especiado, roble cremoso, complejo, chocolate, terroso. Boca potente, sabroso, tostado, taninos maduros.

BODEGAS VICENTE GANDÍA

Ctra. Cheste a Godelleta, s/n
46370 Chiva (Valencia)
☎: +34 962 524 242
Fax: +34 962 524 243
www.vicentegandia.es
info@vicentegandia.com

El Miracle Art 2011 T

88 ★★★★   8€

Color cereza, borde granate. Aroma fruta madura, especiado, roble cremoso, tostado. Boca potente, sabroso, tostado, taninos maduros.

El Miracle Fusión 2013 B
chardonnay, sauvignon blanc, moscatel

85 ★★★★★   4€

El Miracle Music 2013 RD
syrah, garnacha

85 ★★★★★   4€

El Miracle Planet Organic Wine 2012 T
100% monastrell

84 ✿   4€

Puerto Alicante Chardonnay 2013 B
100% chardonnay

88 ★★★★★   4€

Color pajizo brillante. Aroma fresco, fruta fresca, flores blancas, expresivo. Boca sabroso, frutoso, buena acidez, equilibrado.

Puerto Alicante Syrah 2012 T
100% syrah

87 ★★★★★   5€

Color cereza, borde violáceo. Aroma fruta madura, fruta roja, potente. Boca frutoso, sabroso, correcto.

BODEGAS VIVANZA

Ctra. Jumilla Pinoso , Km. 13
30520 Jumilla (Murcia)
☎: +34 966 078 686
www.vivanza.es
agomez@vivanza.es

Vivanza 2009 T Barrica
monastrell, syrah, pinot noir

86 ★★★★   6€

Color cereza brillante. Aroma tostado, especiado, fruta confitada. Boca frutoso, especiado, cálido.

Vivanza 2013 B
sauvignon blanc, chardonnay

86 ★★★★★   4€

Color pajizo brillante. Aroma equilibrado, flores blancas, potente. Boca frutoso, sabroso, correcto.

Vivanza 2013 T
cabernet sauvignon, merlot

86 ★★★★★   4€

Color cereza brillante. Aroma fruta madura, hierbas verdes, especiado, intensidad media. Boca sabroso, frutoso, taninos maduros.

BODEGAS VOLVER

Ctra de Pinoso a Fortuna s/n
3658 Rodriguillo - Pinoso (Alicante)
☎: +34 966 185 624
Fax: +34 965 075 376
www.bodegasvolver.com
export@bodegasvolver.com

Tarima 2013 B
merseguera, macabeo, moscatel

90 ★★★★ 7€

Color pajizo brillante. Aroma fresco, fruta fresca, flores blancas. Boca sabroso, frutoso, buena acidez, equilibrado.

Tarima 2013 RD

89

Color piel cebolla. Aroma fruta escarchada, flores secas, hierbas de tocador, fruta roja. Boca ligero, sabroso, buena acidez, largo, especiado.

Tarima Hill 2012 T
monastrell

91 ★★★★ 12€

Color cereza, borde granate. Aroma fruta sobremadura, fruta pasificada, especias dulces, tostado. Boca fruta madura, cálido, potente.

Tarima Monastrell 2013 T
monastrell

91 ★★★★★ 7€

Color cereza, borde granate. Aroma fruta madura, especiado, roble cremoso, tostado, complejo, terroso, balsámico. Boca potente, sabroso, tostado, concentrado.

Triga 2011 T

93

Color cereza, borde granate. Aroma fruta roja, fruta madura, especiado, roble cremoso, tostado, complejo, terroso. Boca potente, sabroso, tostado, concentrado, retronasal ahumado.

BODEGAS XALÓ

Ctra. Xaló Alcalali, s/n
3727 Xaló (Alicante)
☎: +34 966 480 034
Fax: +34 966 480 808
www.bodegasxalo.com
comercial@bodegasxalo.com

Bahía de Denia 2013 B Joven
moscatel

88 ★★★★★ 5€

Color pajizo brillante. Aroma fresco, fruta fresca, flores blancas, expresivo. Boca frutoso, buena acidez, equilibrado, varietal.

Riu Rau 2012 B

89 13€

Color oro viejo. Aroma fruta escarchada, pastelería, especias dulces, notas amieladas. Boca lleno, largo, untuoso.

Serra de Bernia 2012 T Roble
garnacha, cabernet sauvignon

84 4€

Vall de Pop Plaer 2013 B
moscatel

87 ★★★★★ 3€

Color pajizo brillante. Aroma fresco, fruta fresca, flores blancas, expresivo. Boca sabroso, frutoso, buena acidez, equilibrado.

Vall de Xaló 2012 T
garnacha

86 ★★★★★ 3€

Color cereza, borde violáceo. Aroma fruta roja, fruta madura, balsámico. Boca correcto, fácil de beber, taninos maduros.

Vall de Xaló 2013 B
moscatel

89 ★★★★★ 3€

Color pajizo brillante. Aroma fresco, fruta fresca, flores blancas, expresivo. Boca sabroso, frutoso, buena acidez, equilibrado.

Vall de Xaló 2013 Mistela
moscatel

87 ★★★★★ 4€

Color pajizo brillante. Aroma fruta madura, notas tropicales, notas amieladas. Boca sabroso, dulcedumbre, frutoso.

Vall de Xaló 2013 RD
giró

87 ★★★★★ 3€

Color rosa vivo. Aroma elegante, fruta escarchada, flores secas, fruta roja. Boca ligero, sabroso, buena acidez, largo, especiado.

Vall de Xalón Vino de Licor T

90

Color cereza, borde granate. Aroma fruta confitada, fruta madura, especiado, tostado, ebanistería. Boca potente, sabroso, dulcedumbre.

BODEGAS Y VIÑEDOS EL SEQUÉ
Casas de El Sequé, 59
3650 elseque@artadi.com (Alicante)
☎: +34 945 600 119
Fax: +34 945 600 850
www.artadi.com/seque
elseque@artadi.com

El Sequé 2012 T
100% monastrell

94 21,1€

Color cereza, borde granate. Aroma fruta madura, especiado, roble cremoso, tostado, complejo, chocolate, terroso. Boca potente, sabroso, tostado, taninos maduros.

El Sequé Dulce 2012 T
100% monastrell

93 28,5€

Color cereza, borde granate. Aroma fruta confitada, fruta madura, especiado, tostado, ebanistería. Boca potente, sabroso, dulcedumbre.

Laderas de El Sequé 2012 T
monastrell, syrah

91

Color cereza brillante. Aroma fruta madura, especias dulces, roble cremoso, fresco. Boca sabroso, frutoso, tostado, taninos maduros.

BROTONS S.L.
Partida Culebrón, 74
3650 Pinoso (Alicante)
☎: +34 965 477 267
www.vinosculebron.com
info@vinosculebron.com

Culebrón 1998 TR
100% monastrell

76 3,6€

Culebrón Edición Especial 1988 TGR
100% monastrell

72 4,2€

Gran Fondillon 1964 Fondillón Gran Reserva
100% monastrell

94 18,2€

Color yodo, borde ambarino. Aroma potente, complejo, elegante, tostado, frutos secos, espirituoso. Boca graso, largo, matices de solera, especiado.

Robert's Macabo 2012 B
100% macabeo

79 3,5€

Robert's Merlot 2012 T
100% merlot

88 ★★★★★ 3,5€

Color cereza, borde granate. Aroma potente, azufrado, fruta madura, especiado. Boca sabroso, buena acidez, especiado.

Robert's Syrah 2012 T
100% syrah

82 3,5€

COMERCIAL GRUPO FREIXENET
Joan Sala, 2
8770 Sant Sadurní D'Anoia (Barcelona)
☎: +34 938 917 000
Fax: +34 938 183 095
www.freixenet.es
freixenet@freixenet.es

Nauta 2010 TC
monastrell

86 ★★★★ 8€

Color cereza muy intenso, borde granate. Aroma potente, fruta madura, muy tostado (torrefactado), ahumado. Boca potente, tostado, retronasal torrefactado.

FINCA COLLADO

Ctra. de Salinas a Villena, s/n
3638 Salinas (Alicante)
☎: +34 607 510 710
Fax: +34 962 878 818
www.fincacollado.com
info@fincacollado.com

Finca Collado 2011 B
chardonnay, moscatel

85 ★★★★   6€

Finca Collado Merlot 2010 T
merlot

87 ★★★   9€

Color cereza, borde granate. Aroma equilibrado, varietal, hierbas silvestres, especiado. Boca frutoso, taninos maduros, equilibrado.

FINCA LA LAGUNILLA

Avda. Reyes Católicos 31 5ºA
3003 Alicante (Albacete)
☎: +34 965 928 857
www.fincalalagunilla.com
info@fincalalagunilla.com

Semsum 2 2013 B
macabeo, moscatel de alejandría

83   5,5€

HERETAT ANTIGUA, CASA SICILIA 1707

Paraje Alcaydias, 4
3660 Novelda (Alicante)
☎: +34 965 605 385
Fax: +34 965 604 763
www.casasicilia1707.es
administracion@casasicilia1707.es

Ad 2012 T
90 ★★★★★   6€

Color cereza, borde granate. Aroma fruta confitada, hierbas de monte, expresivo. Boca estructurado, sabroso, amargoso. Personalidad.

Ad 2012 T Roble
87 ★★★★   8€

Color cereza, borde granate. Aroma cálido, intensidad media, tostado, cacao fino. Boca sabroso, especiado.

Cardenal Álvarez 2008 T
92 ★★★★   13€

Color cereza, borde granate. Aroma fruta sobremadura, fruta pasificada, especias dulces, tostado. Boca fruta madura, cálido, potente.

IBERICA BRUNO PRATS

CV 830, km. 3,2
3640 Monovar (Alicante)
☎: +34 645 963 122
www.fidelisalliance.com
stephanepoint@hotmail.com

Alfynal 2010 T
monastrell

90   28€

Color cereza, borde granate. Aroma fruta madura, especiado, hierbas silvestres. Boca potente, sabroso, taninos maduros, balsámico.

Mosyca 2011 T
monastrell, syrah, cabernet sauvignon, otras

87   12€

Color cereza muy intenso, borde violáceo. Aroma potente, fruta confitada, balsámico, cálido. Boca taninos maduros, largo, dulcedumbre.

LA BODEGA DE PINOSO

Paseo de la Constitución, 82
3650 Pinoso (Alicante)
☎: +34 965 477 040
Fax: +34 966 970 149
www.labodegadepinoso.com
vanesa@labodegadepinoso.com

Pontos 1932 2009 TC
monastrell

87   11€

Color rubí, borde teja. Aroma especiado, cacao fino, fruta al licor. Boca espirituoso, amargoso.

Pontos Cepa 50 2012 T
monastrell

87 ★★★★★   4,8€

Color cereza, borde granate. Aroma hierbas silvestres, fruta madura, potente, especiado. Boca varietal, sabroso, taninos maduros.

Pontos Clasic 2009 TC
monastrell, merlot, cabernet sauvignon

84   5,4€

Torre del Reloj 2013 B
airén, macabeo

83   2,8€

Torre del Reloj 2013 RD
monastrell

86 ★★★★★   2,8€

Color frambuesa, borde violáceo. Aroma fruta madura, fruta roja, floral, expresivo. Boca potente, frutoso, fresco.

Torre del Reloj Monastrell 2012 T
monastrell

85 ★★★★★   2,8€

Vergel 2012 T
alicante bouschet, merlot, monastrell

88 ★★★★ ❦   5,3€

Color cereza brillante. Aroma fruta madura, especias dulces, roble cremoso, expresivo. Boca sabroso, frutoso, tostado, taninos maduros.

Vergel Selección Barricas 2010 T
monastrell, syrah, merlot

91 ★★★★★ ❦   10€

Color cereza, borde granate. Aroma fruta madura, especiado, roble cremoso, tostado, con carácter, potente. Boca potente, sabroso, tostado, taninos maduros.

Vermador 2011 T Roble
monastrell

87 ★★★★★ ❦   4,6€

Color cereza brillante. Aroma fruta madura, expresivo, balsámico. Boca sabroso, frutoso, taninos maduros, equilibrado.

Vermador 2012 T
monastrell

83 ❦   3,8€

Vermador 2013 B
airén, macabeo

84 ❦   3,8€

Vermador 2013 RD
monastrell

88 ★★★★★   3,8€

Color piel cebolla. Aroma elegante, fruta escarchada, flores secas, hierbas de tocador, fruta roja. Boca ligero, sabroso, buena acidez, largo, especiado.

PRIMITIVO QUILES
Mayor, 4
3640 Monóvar (Alicante)
☎: +34 965 470 099
Fax: +34 966 960 235
www.primitivoquiles.com
info@primitivoquiles.com

Gran Imperial GE
moscatel

92   60€

Color caoba oscuro. Aroma chocolate, especias dulces, pastelería, fruta escarchada. Boca equilibrado, redondo, largo, dulce.

Primitivo Quiles Fondillón 1948 Fondillón
monastrell

92   30€

Color yodo, borde ambarino. Aroma potente, complejo, elegante, frutos secos, tostado. Boca graso, largo, matices de solera, especiado.

Primitivo Quiles Monastrell 2010 TC
monastrell

85 ★★★★   7,5€

Primitivo Quiles Monastrell-Merlot 2011 T Roble

82   6€

Primitivo Quiles Moscatel Extra Vino de licor
moscatel

89 ★★★★★   5€

Color caoba. Aroma pastelería, caramelo tostado, especias dulces, potente, fruta escarchada. Boca largo, equilibrado.

Raspay 2008 TR
monastrell

85 ★★★   10€

VINS DEL COMTAT
Turballos, 11
3820 Cocentaina (Alicante)
☎: +34 667 669 287
Fax: +34 965 593 194
www.vinsdelcomtat.com
vinsdelcomtat@gmail.com

Cristalí 2013 B
moscatel de alejandría

92 ★★★★★   8,5€

Color pajizo brillante. Aroma fresco, flores blancas, expresivo, fruta escarchada, cítricos. Boca sabroso, frutoso, buena acidez, dulce.

Maigmó 2010 TR
monastrell

89 ★★★   9€

Color cereza, borde granate. Aroma fruta confitada, fruta madura, especiado, tostado, ebanistería. Boca potente, sabroso, dulcedumbre.

Montcabrer 2006 TR
cabernet sauvignon

87

Color cereza brillante. Aroma especias dulces, roble cremoso, fruta escarchada. Boca sabroso, frutoso, tostado, taninos maduros.

Penya Cadiella Selecció 2011 T
monastrell, cabernet sauvignon, merlot, syrah

91 ★★★★   12,5€

Color cereza, borde granate. Aroma fruta madura, especiado, roble cremoso, tostado, complejo. Boca potente, sabroso, tostado, taninos maduros.

Peña Cadiella 2011 TC
monastrell, cabernet sauvignon, merlot

87 ★★★★   6,4€

Color cereza, borde granate. Aroma potente, fruta madura, tostado, chocolate. Boca potente, espirituoso, concentrado.

Santa Bárbara 2012 T Roble

86 ★★★★   6€

Color cereza brillante. Aroma fruta madura, expresivo, hierbas silvestres, varietal. Boca sabroso, frutoso, taninos maduros.

VIÑEDOS CULTURALES

Plaza Constitución, 8 - 1º
3380 Bigastro (Alicante)
☎: +34 966 770 353
Fax: +34 966 770 353
vinedosculturales.blogspot.com.es/
vinedosculturales@gmail.com

Los Cipreses de Usaldón 2012 T
garnacha peluda

94 ★★★★★   9,9€

Color cereza poco intenso. Aroma mineral, fruta madura, fruta al licor, hierbas de tocador, balsámico, especiado, roble cremoso. Boca sabroso, especiado, balsámico, equilibrado, elegante.

Ramblis del Arco 2012 T

91

Color cereza, borde granate. Aroma fruta al licor, balsámico, hierbas silvestres, terroso, mineral. Boca sabroso, elegante, especiado, balsámico, equilibrado.

Ramblis Monastrell 2012 T
monastrell

95 ★★★★★   9,9€

Color cereza poco intenso. Aroma balsámico, expresivo, complejo, mineral, fruta roja, fruta fresca. Boca sabroso, fino amargor, ligero, fácil de beber.

DO. ALMANSA

CONSEJO REGULADOR

Avda. Carlos III (Apdo. 158)
02640 Almansa (Albacete)
☎: +34 967 340 258. Fax: +34 967 310 842
@: info@vinosdealmansa.com
www.vinosdealmansa.com

SITUACIÓN:

Los vinos de Almansa se producen en el extremo sudeste de la provincia de Albacete. Los viñedos se extienden por los municipios de Almansa, Alpera, Bonete, Corral-Rubio, Higueruela, Hoya-Gonzalo, Pétrola y El Villar de Chinchilla. Es la zona más oriental de La Mancha, de transición hacia Levante, lindando con Yecla y Alicante.

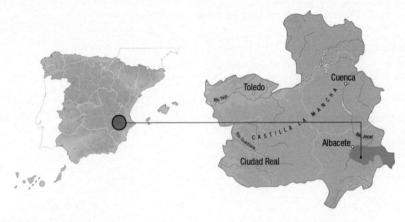

⊽ Consejo Regulador
   Delimitación de la DO

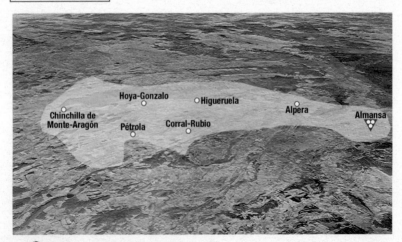

VARIEDADES:

BLANCAS: chardonnay, verdejo, sauvignon blanc y moscatel de grano menudo.

TINTAS: garnacha tintorera (mayoritaria), cencibel (tempranillo), monastrell (segunda en extensión), syrah, merlot, garnacha, cabernet sauvignon, petit verdot y pinot noir.

DATOS:

Nº Has. Viñedo: 7.200 – **Nº Viticultores:** 760 – **Nº Bodegas:** 12 – **Cosecha 13:** Buena – **Producción 13:** 5.157.600 litros – **Comercialización:** 20% España - 80% Extranjero.

SUELOS:

De tipo calizo, pobres en materia orgánica y con algunas zonas arcillosas. El viñedo se asienta a una altitud de unos 700 metros.

CLIMA:

De tipo continental, algo menos extremo que el de La Mancha, pero con veranos también muy calurosos ya que se alcanzan fácilmente los 40°C. Las precipitaciones, por otro lado, son escasas y se sitúan en torno a los 350 mm. de media anual. La mayoría del viñedo se cultiva en el llano, aunque existen algunas viñas en zonas de laderas.

CARACTERÍSTICAS GENERALES DE LOS VINOS

BLANCOS | Cada vez menos presentes en la denominación de origen, se elaboran con verdejo y sauvignon blanc, mientras que hace unos años imperaban los de airén. Son de color amarillo pajizo, ligeros, afrutados, en boca suelen ser sabrosos y fáciles de beber.

ROSADOS | Presentan un color rosáceo o rosáceo asalmonado; francos en nariz, frescos y afrutados, en boca suelen ser sabrosos y fáciles de beber.

TINTOS | La garnacha tintorera posee todo el protagonismo de la DO dando vinos potentes, muy frutales, frescos y carnosos, ya sea sola o acompañada de monastrell.

CLASIFICACIÓN COSECHAS   GUÍA**PEÑÍN**

2009	2010	2011	2012	2013
BUENA	MUY BUENA	MUY BUENA	MUY BUENA	BUENA

BODEGA SANTA CRUZ DE ALPERA

Cooperativa, s/n
2690 Alpera (Albacete)
☎: +34 967 330 108
www.bodegasantacruz.com
comercial@bodegasantacruz.com

Albarroble 2011 TC

88 ★★★★★   **4,8€**

Color cereza brillante. Aroma fruta madura, especias dulces, roble cremoso, intensidad media. Boca frutoso, sabroso, tostado.

Rupestre de Alpera 2009 T Barrica
garnacha tintorera

90 ★★★★★   **8,5€**

Color cereza brillante. Aroma fruta madura, especias dulces, roble cremoso, balsámico, expresivo. Boca frutoso, sabroso, tostado, equilibrado, elegante.

Santa Cruz de Alpera 2011 T Roble
100% garnacha tintorera

89 ★★★★★   **4,5€**

Color cereza opaco. Aroma tostado, cacao fino, roble cremoso, cálido. Boca estructurado, sabroso, especiado.

Santa Cruz de Alpera 2013 B
100% verdejo

85 ★★★★★   **4€**

Santa Cruz de Alpera 2013 BFB
100% verdejo

88 ★★★★   **6€**

Color amarillo brillante. Aroma fruta madura, balsámico, especias dulces, roble cremoso. Boca potente, sabroso, fresco, frutoso, especiado.

Santa Cruz de Alpera 2013 RD
100% syrah

86 ★★★★★   **3,5€**

Color cereza claro. Aroma fruta roja, fruta madura, floral, hierbas silvestres. Boca fresco, frutoso, sabroso, fácil de beber.

Santa Cruz de Alpera 2013 T
100% garnacha tintorera

86 ★★★★★   **4€**

Color cereza, borde violáceo. Aroma fruta roja, frambuesa, floral, hierbas de tocador. Boca fresco, frutoso, sabroso.

Santa Cruz de Alpera Blend 2013 T

87 ★★★★★   **3,3€**

Color cereza brillante. Aroma fruta madura, especias dulces, roble cremoso, expresivo. Boca sabroso, frutoso, tostado, taninos maduros.

Santa Cruz de Alpera Mosto Parcialmente Fermentado 2013 RD
100% syrah

85 ★★★★★   **3,5€**

BODEGAS ALMANSEÑAS

Ctra. de Alpera, CM 3201 Km. 98,6
2640 Almansa (Albacete)
☎: +34 967 098 116
Fax: +34 967 098 121
www.ventalavega.com
adaras@ventalavega.com

Adaras 2009 T
garnacha tintorera

92 ★★★   **14€**

Color cereza, borde granate. Aroma fruta madura, especiado, roble cremoso, tostado, mineral. Boca potente, sabroso, tostado, equilibrado.

Aldea de Adaras 2013 T
monastrell

89 ★★★★★ ♥   **4€**

Color cereza oscuro, borde violáceo. Aroma cálido, hierbas secas, fruta madura. Boca sabroso, fruta madura, largo.

Calizo de Adaras 2013 T
garnacha tintorera, monastrell, syrah

88 ★★★★★ ♥   **4€**

Color cereza, borde violáceo. Aroma potente, fruta roja, fruta madura, hierbas silvestres, mineral. Boca potente, fresco, frutoso, untuoso.

La Huella de Adaras 2011 T
garnacha tintorera, monastrell

90 ★★★★★   **5,5€**

Color cereza brillante. Aroma fruta madura, especias dulces, roble cremoso, expresivo. Boca sabroso, frutoso, tostado, taninos maduros.

La Huella de
Adaras

ALMANSA
Denominación de Origen

La Huella de Adaras 2013 B
sauvignon blanc, verdejo

86 ★★★★ 🍃 **5,5€**

Color pajizo brillante. Aroma fresco, fruta fresca, hierbas silvestres. Boca sabroso, frutoso, buena acidez, equilibrado.

Venta la Vega Old Vine 2011 T
garnacha tintorera, monastrell

90 ★★★★★ 🍃 **7,5€**

Color cereza, borde granate. Aroma especiado, roble cremoso, tostado, complejo, terroso, fruta al licor. Boca potente, sabroso, tostado, equilibrado.

BODEGAS ATALAYA
Ctra. Almansa - Ayora, Km. 1
2640 Almansa (Albacete)
☎: +34 968 435 022
Fax: +34 968 716 051
www.orowines.com
info@orowines.com

Alaya 2011 T
100% garnacha tintorera

93 **21€**

Color cereza, borde granate. Aroma fruta madura, especiado, roble cremoso, tostado, balsámico. Boca potente, sabroso, tostado, taninos maduros.

Alaya 2012 T
100% garnacha tintorera

89 **21€**

Color cereza opaco. Aroma chocolate, muy tostado (torrefactado), fruta al licor, fruta confitada. Boca potente, dulcedumbre, concentrado.

La Atalaya 2012 T
91 ★★★★ **11,5€**

Color cereza, borde granate. Aroma fruta sobremadura, especias dulces, fruta madura, tostado. Boca fruta madura, cálido, potente.

Laya 2013 T
89 ★★★★ **5,5€**

Color cereza muy intenso, borde granate. Aroma expresión frutal, hierbas verdes, especiado. Boca sabroso, fruta madura, largo.

BODEGAS PIQUERAS
Zapateros, 11
2640 Almansa (Albacete)
☎: +34 967 341 482
www.bodegaspiqueras.es
info@bodegaspiqueras.es

Castillo de Almansa 2011 TC
monastrell, garnacha tintorera, cabernet sauvignon

86 ★★★★★ **4€**

Color cereza, borde granate. Aroma equilibrado, fruta madura, especiado, hierbas secas. Boca equilibrado, taninos maduros.

Castillo de Almansa 2011 TR
monastrell, garnacha tintorera, syrah

88 ★★★★ **7€**

Color cereza brillante. Aroma fruta madura, especias dulces, roble cremoso, intensidad media. Boca frutoso, sabroso, tostado.

Castillo de Almansa 2012 TC
monastrell, garnacha tintorera, cabernet sauvignon

87 ★★★★★ **4€**

Color cereza brillante. Aroma fruta madura, especias dulces, roble cremoso. Boca sabroso, frutoso, tostado.

Castillo de Almansa 2013 RD
syrah

85 ★★★★★ **3€**

Castillo de Almansa Selección 2009 T
monastrell, syrah, garnacha tintorera, tempranillo

88 ★★★ **9€**

Color cereza, borde granate. Aroma fruta madura, hierbas silvestres, especiado, roble cremoso. Boca equilibrado, sabroso, largo, balsámico.

Castillo de Almansa Verdejo Sauvignon 2013 B
verdejo, sauvignon blanc

84 **3€**

Valcanto 2011 T
monastrell

88 ★★★★★ **4€**

Color cereza, borde granate. Aroma fruta madura, especiado, roble cremoso, tostado. Boca potente, sabroso, tostado.

Valcanto Syrah 2011 T Roble
100% syrah

86 ★★★★★ **4€**

Color cereza muy intenso. Aroma tostado, especias dulces, fruta madura. Boca correcto, fácil de beber, fruta madura.

COOP. AGRARIA SANTA QUITERIA
Baltasar González Sáez, 34
2694 Higueruela (Albacete)
☎: +34 967 287 012
Fax: +34 967 287 031
www.tintoralba.com
direccion@tintoralba.com

Tintoralba 2010 TC
86 ★★★★ **5,9€**

Color cereza brillante. Aroma fruta madura, especias dulces, roble cremoso, balsámico. Boca sabroso, frutoso, tostado, taninos maduros.

Tintoralba 2013 T Roble
85 ★★★★★ **4,5€**

Tintoralba Ecológico 2012 T
100% garnacha tintorera

86 ★★★★★ ❦   **4,5€**

Color cereza muy intenso, borde violáceo. Aroma potente, fruta madura, fruta confitada, tostado. Boca frutoso, cierta persistencia.

Tintoralba Garnacha Tintorera 2013 T
100% garnacha tintorera

88 ★★★★★   **4€**

Color cereza intenso, borde violáceo. Aroma expresión frutal, fruta roja, hierbas verdes, equilibrado. Boca frutoso, fácil de beber.

Tintoralba Selección 2011 T
garnacha tintorera, syrah

89 ★★★   **8,8€**

Color cereza, borde granate. Aroma fruta madura, especiado, roble cremoso, tostado. Boca potente, sabroso, taninos maduros.

Tintoralba Syrah 2013 RD
100% syrah

87 ★★★★★   **3,5€**

Color frambuesa, borde violáceo. Aroma potente, fruta madura, fruta roja, floral, lácticos, expresivo. Boca potente, frutoso, fresco.

DO. ARABAKO TXAKOLINA

CONSEJO REGULADOR

Dionisio Aldama, 7- 1ºD Apdo. 36
01470 Amurrio (Álava)
☎: +34 945 393 786 / 656 789 372 - Fax: +34 945 891 211
@: merino@txakolidealava.com
www.txakolidealava.com

SITUACIÓN:

Comprende la comarca de Aiara (Ayala), situada en la zona noroccidental de la provincia de Álava y que se corresponde con la cuenca del río Nervión. En concreto aglutina los municipios de Amurrio, Artziniega, Aiara (Ayala), Laudio (Llodio) y Okondo.

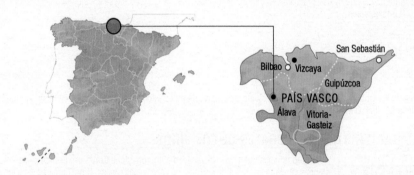

⩊ Consejo Regulador
  Delimitación de la DO

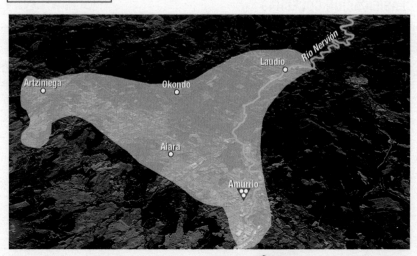

VARIEDADES:

BLANCAS

PRINCIPALES: hondarrabi zuri (80%).

AUTORIZADAS: petit manseng, petit courbu y gross manseng.

DATOS:

Nº Has. Viñedo: 100 – **Nº Viticultores:** 50 – **Nº Bodegas:** 8 – **Cosecha 13:** Muy Buena – **Producción 13:** 248.000 litros – **Comercialización:** 80% España - 20% extranjero

SUELOS:

Se encuentra una gran diversidad de formaciones, desde arcillosas a otras fundamentalmente cascajosas, precisamente las que hasta la fecha están dando los mejores resultados y donde se consiguen unas maduraciones bastante estables.

CLIMA:

Similar al de la DO Bizkaiko Txakolina, determinado por la influencia marítima del Cantábrico aunque algo menos húmedo y más seco y fresco que éste. De hecho, el principal riesgo de la zona radica en las heladas primaverales. Sin embargo, tampoco hay que olvidar que parte de su viñedo linda con las plantaciones más interiores de la DO Bizkaiko Txakolina.

CARACTERÍSTICAS GENERALES DE LOS VINOS

BLANCOS | Elaborado principalmente con la variedad autóctona hondarrabi zuri, el chacolí alavés tiene grandes similitudes con los de las otras dos provincias vascas, sobre todo con el de Vizcaya. De color pálido acerado o verdoso, ofrece notas de hierbas frescas y un carácter afrutado ligeramente más maduro que el de sus vecinos. En boca resulta algo más redondo y sabroso, gracias a unas graduaciones ligeramente más altas y, aunque fresco, presenta una acidez menor en boca.

CLASIFICACIÓN COSECHAS

GUÍAPEÑÍN

2009	2010	2011	2012	2013
SIN CALIFICAR	SIN CALIFICAR	SIN CALIFICAR	EXCELENTE	MUY BUENA

ARABAKO TXAKOLINA

Avda. Maskuribai s/n Edif. El Salvador
1470 Amurrio (Álava)
☎: +34 620 007 452
Fax: +34 945 891 211
www.xarmant.net
arabakotxakolina@euskalnet.net

Xarmant 2013 B
hondarrabi zuri, petit corbu, gros manseng

84   7€

ARTOMAÑA TXAKOLINA

Masalarreina, s/n
1468 Artomaña (Alava)
www.eukeni.net
info@artomanatxakolina.com

Eukeni 2013 B
hondarrabi zuri, petit corbu, gros manseng

86 ★★★   9€

Color pajizo brillante. Aroma fresco, fruta fresca, flores blancas, expresivo. Boca buena acidez, equilibrado, con carbónico, amargoso.

BODEGA SEÑORÍO DE ASTOBIZA

Barrio Jandiola, 16
1409 Okondo (Araba)
☎: +34 945 898 516
Fax: +34 945 898 447
www.senoriodeastobiza.com
jon.zubeldia@senoriodeastobiza.com

Malkoa Txakoli Edición Limitada 2013 B
100% hondarrabi zuri

88   12€

Color pajizo brillante, borde verdoso. Aroma expresivo, intensidad media, cítricos, hierbas de tocador. Boca sabroso, fresco.

Señorío de Astobiza 2013 B
87 ★★★★   8€

Color pajizo brillante. Aroma flores blancas, hierbas de tocador, expresión frutal. Boca fresco, frutoso, sabroso.

GOIANEA KOOP E.

Pol. Ind. Kalzadako, 10 Pab. 3B
1470 Saratxo Amurrio (Alava)
☎: +34 656 714 709
Fax: +34 945 892 141
www.txakoliuno.com
info@txakoliuno.com

Uno 2012 B
92 ★★★★★   9,5€

Color pajizo brillante. Aroma flores blancas, fruta fresca, expresivo, lías finas, hierbas secas. Boca sabroso, frutoso, buena acidez, equilibrado.

Uno 2013 B
90 ★★★★★   9,5€

Color pajizo brillante. Aroma fresco, fruta fresca, flores blancas, expresivo. Boca sabroso, frutoso, buena acidez, equilibrado.

DO. ARLANZA

CONSEJO REGULADOR

Ronda de la Cárcel, 4 - Edif. Arco de la Cárcel

09340 Lerma (Burgos)

☎: +34 947 171 046 - Fax: +34 947 171 046

@: info@arlanza.org

www.arlanza.org

SITUACIÓN:

Con sede en Lerma, los vinos de Arlanza comprenden el área central de la provincia de Burgos, hacia la zona sureña, y se extienden en los valles medio y bajo del río Arlanza y sus afluentes. Se extiende hasta el río Pisuerga y por el sureste a lo largo de 13 pueblos de Palencia.

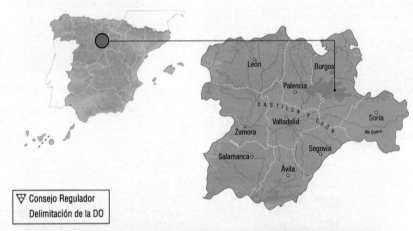

▽ Consejo Regulador

Delimitación de la DO

VARIEDADES:

BLANCAS: Albillo y viura.

TINTAS: Tempranillo, garnacha y mencía.

DATOS:

Nº Has. Viñedo: 450 – **Nº Viticultores:** 280 – **Nº Bodegas:** 16 – **Cosecha 13:** -– **Producción 13:** 1.000.000 litros – **Comercialización:** 85% España - 15% extranjero.

SUELOS:

Los suelos, por lo general, son profundos con un subsuelo de rocas blandas. El relieve es variado con ondulaciones y laderas, donde el viñedo aparece en aquellos suelos sin problemas de humedad. Abundan los terrenos arcillo-arenosos, silíceos, graníticos y los formados por margas calizas.

CLIMA:

La región burgalesa está influida por un clima continental, acusado de ser uno de los más duros de Castilla y León, con temperaturas más bajas y frescas a medida que se avanza hacia el oeste. Las lluvias son más intensas en el este (800 mm.), conforme se asciende a las tierras más altas de Soria.

CARACTERÍSTICAS GENERALES DE LOS VINOS

TINTOS

En su mayoría los vinos son elaborados con tempranillo y guardan cierto parecido a los de la Ribera, con los que comparten un clima extremo, aunque los de Arlanza son más aromáticos, con mayor frescura y más suaves en sus taninos. A medida que nos acercamos al oeste, cuando la altitud desciende, los vinos son más potentes y de mayor graduación, con un factor de acidez común por explotar.

CLASIFICACIÓN COSECHAS

GUÍA**PEÑÍN**

2009	2010	2011	2012	2013
BUENA	MUY BUENA	MUY BUENA	MUY BUENA	BUENA

ALONSO ANGULO

Mayor 14
9348 Castrillo de Solarana (Burgos)
☎: +34 647 628 148
www.alonsoangulo.com
info@alonsoangulo.com

Flor de Sanctus 2012 T
tempranillo
86 11,5€
Color cereza, borde granate. Aroma fruta madura, hierbas silvestres, especiado. Boca equilibrado, sabroso, largo, balsámico, fino amargor.

BODEGA ESTEBAN ARAUJO

Pago Laredo
34230 Torquemada (Palencia)
☎: +34 620 479 142
bodegaestebanaraujo@gmail.com

El Monjío 2011 TC
100% tempranillo
86 ★★★★ 6,7€
Color cereza, borde granate. Aroma fruta madura, especiado, roble cremoso, tostado. Boca potente, sabroso, tostado, fácil de beber.

El Monjío 2012 T Roble
tempranillo
83 5,4€

El Monjío 2013 RD
100% tempranillo
85 ★★★★★ 3,6€

BODEGAS ARLANZA

Ctra. Madrid-Irún km 203,800
9390 Villalmanzo (Burgos)
☎: +34 947 172 070
Fax: +34 947 170 259
www.bodegasarlanza.com
comercial@bodegasarlanza.com

Dominio de Manciles 12 meses 2012 T Barrica
100% tempranillo
87 ★★★★ 7,5€
Color cereza intenso. Aroma especiado, tostado, fruta madura, hierbas secas. Boca estructurado, taninos maduros.

Dominio de Manciles 2005 TR
100% tempranillo
89 13€
Color cereza oscuro, borde granate. Aroma especiado, fina reducción, cuero mojado, ebanistería, tostado. Boca especiado, largo, tostado.

Dominio de Manciles 2010 TR
100% tempranillo
88 13€
Color cereza, borde granate. Aroma fruta madura, especiado, roble cremoso, tostado. Boca potente, sabroso, tostado, taninos maduros.

Dominio de Manciles 2012 T Fermentado en Barrica
90 ★★★★★ 5€
Color frambuesa. Aroma fruta fresca, fruta roja, floral, especiado, roble cremoso. Boca sabroso, frutoso, buena acidez.

Dominio de Manciles 2013 B
83 3,5€

Dominio de Manciles 2013 RD
89 ★★★★★ 3,5€
Color frambuesa, borde violáceo. Aroma potente, floral, fruta roja, fruta escarchada, expresivo. Boca potente, frutoso, fresco, fácil de beber.

Dominio de Manciles 2013 T
86 ★★★★★ 3,9€
Color cereza, borde violáceo. Aroma fruta fresca, fruta roja, floral, balsámico. Boca sabroso, frutoso, buena acidez, fino amargor.

Dominio de Manciles 4 meses 2012 T Roble
84 4,5€

Dominio de Manciles Selección 2007 TC
100% tempranillo
88 18€
Color cereza muy intenso, borde violáceo. Aroma fruta madura, fruta confitada, especias dulces, cacao fino. Boca especiado, largo.

Dominio de Manciles Selección Especial 2010 T
100% tempranillo
91 18€
Color cereza oscuro, borde violáceo. Aroma fruta roja, fruta madura, hierbas secas, cacao fino, roble cremoso. Boca estructurado, concentrado, taninos maduros.

BODEGAS LERMA

Ctra. Madrid-Irún, Km. 202,5
9340 Lerma (Burgos)
☎: +34 947 177 030
Fax: +34 947 177 004
www.tintolerma.com
info@tintolerma.com

Gran Lerma 2010 T
tempranillo

92   18€

Color cereza, borde granate. Aroma fruta madura, hierbas silvestres, terroso, especiado, roble cremoso. Boca equilibrado, sabroso, largo, balsámico.

Lerma Selección 2010 TR
tempranillo

91 ★★★★★   9,5€

Color cereza, borde granate. Aroma fruta roja, fruta madura, especiado, roble cremoso, tostado, complejo. Boca potente, sabroso, tostado, taninos maduros.

Nabal 2011 TC
tempranillo

86 ★★★★   7,5€

Color cereza muy intenso, borde granate. Aroma potente, fruta madura, muy tostado (torrefactado), chocolate. Boca potente, tostado, retronasal torrefactado.

Risco 2013 RD
tempranillo, garnacha, albillo

83   4€

Tinto Lerma 2011 TC
tempranillo

88 ★★★★   7€

Color cereza, borde granate. Aroma fruta madura, hierbas silvestres, terroso, especiado, roble cremoso. Boca sabroso, largo, balsámico.

BODEGAS MONTE AMÁN

Ctra. Santo Domingo de Silos, s/n
9348 Castrillo de Solarana (Burgos)
☎: +34 947 173 304
Fax: +34 947 173 308
www.monteaman.com
bodegas@monteaman.com

Monte Amán 2009 TC
100% tempranillo

88 ★★★★   5,8€

Color cereza brillante. Aroma fruta madura, especias dulces, roble cremoso, balsámico. Boca frutoso, sabroso, tostado, equilibrado.

Monte Amán 2013 RD
100% tempranillo

83   2,8€

Monte Amán 2013 T
100% tempranillo

87 ★★★★★   3,3€

Color cereza, borde granate. Aroma fruta roja, fruta madura, balsámico, especiado. Boca potente, sabroso, balsámico.

Monte Amán 5 meses de barrica 2012 T Roble
100% tempranillo

87 ★★★★★   4€

Color cereza, borde granate. Aroma especiado, roble cremoso, tostado, fruta al licor, balsámico. Boca potente, sabroso, tostado.

Monte Amán Pago de Valdeágueda Viñas Viejas 2004 T
100% tempranillo

89   15€

Color rubí, borde teja. Aroma fruta al licor, hierbas silvestres, especiado, roble cremoso. Boca potente, sabroso, especiado, crianza clásica.

BODEGAS SIERRA

Ctra. Madrid-Irún km 203,7
9390 Villalmanzo (Burgos)
☎: +34 947 170 083
www.bodegassierra.com
info@bodegassierra.com

Cascajuelo 2010 T Roble
tempranillo

85 ★★★★   5,5€

Cascajuelo 2012 T
tempranillo

83   4€

Cascajuelo 2013 RD
tempranillo

82   4€

Castillo de Ura 2004 TR
tempranillo

86   10,5€

Color cereza oscuro, borde anaranjado. Aroma ebanistería, fruta madura, tabaco. Boca sabroso, especiado, taninos maduros.

Castillo de Ura 2008 TC
tempranillo

84   8€

Castillo de Ura 2009 TC
tempranillo

87 ★★★★   7,5€

Color guinda. Aroma especiado, fina reducción, cuero mojado, ebanistería, tostado. Boca especiado, largo, tostado.

BUEZO

Paraje Valdeazadón, s/n
9342 Mahamud (Burgos)
☎: +34 947 616 899
Fax: +34 947 616 885
www.buezo.com
info@buezo.com

Buezo Nattan 2005 TR

tempranillo

91   23€

Color cereza oscuro, borde granate. Aroma tostado, fruta madura, especiado, equilibrado. Boca estructurado, equilibrado, taninos maduros.

Buezo Petit Verdot 2005 TR

petit verdot, tempranillo

89   20€

Color cereza intenso, borde granate. Aroma intensidad media, hierbas de monte, especiado. Boca sabroso, fácil de beber, fruta madura.

Buezo Tempranillo 2006 TR

tempranillo

87   14€

Color cereza oscuro, borde granate. Aroma equilibrado, intensidad media, varietal, especias dulces. Boca correcto, fácil de beber.

Buezo Varietales 2006 TR

cabernet sauvignon, merlot, tempranillo

88   16€

Color cereza, borde granate. Aroma fruta madura, hierbas silvestres, terroso, especiado, roble cremoso. Boca equilibrado, sabroso, largo, balsámico.

OLIVIER RIVIÈRE VINOS

Breton de los Herreros, 14 Entreplanta
26001 Logroño (La Rioja)
☎: +34 690 733 541
www.olivier-riviere.com
olivier@olivier-riviere.com

El Cadastro 2012 T

93   25€

Color cereza, borde granate. Aroma fruta roja, fruta al licor, balsámico, especiado, roble cremoso, piedra seca. Boca potente, sabroso, concentrado, especiado, largo.

El Quemado 2011 T

90   50€

Color cereza, borde granate. Aroma fruta roja, fruta madura, balsámico, especiado, mineral. Boca potente, graso, sabroso, largo, equilibrado.

PAGOS DE NEGREDO VIÑEDOS

Avda. Casado del Alisal, 26
34001 Palencia (Palencia)
☎: +34 979 700 450
Fax: +34 979 702 171
www.pagosdenegredo.com
administracion@pagosdenegredo.com

Pagos de Negredo Magnum 2010 TC

100% tinto fino

90 ★★★★   12€

Color cereza, borde granate. Aroma fruta madura, especiado, roble cremoso, tostado, complejo. Boca potente, sabroso, tostado, taninos maduros, buena acidez.

SABINARES

Vista Alegre, 21
9340 Lerma (Burgos)
☎: +34 983 406 212
www.vinoval.es
info@sabinares.com

Sabinares Blanco de Guarda 2012 B

viura, malvasía, chaselas, otras

89   28€

Color amarillo, borde verdoso. Aroma potente, fruta madura, especias dulces, con carácter. Boca sabroso, estructurado, largo.

Sabinares El Confin 2012 T

tempranillo, garnacha, mencía, otras

93   39€

Color cereza brillante. Aroma expresivo, complejo, piedra seca, especiado, fruta madura, fruta confitada. Boca equilibrado, largo, taninos maduros.

Sabinares El Temido 2012 T

tempranillo, garnacha, mencía, otras

93   24€

Color cereza, borde granate. Aroma fruta roja, fruta madura, especiado, roble cremoso, tostado, complejo, terroso. Boca potente, sabroso, tostado, taninos maduros.

SEÑORÍO DE VALDESNEROS

Avda. La Paz, 4
34230 Torquemada (Palencia)
☎: +34 979 800 545
www.bodegasvaldesneros.com
sv@bodegasvaldesneros.com

Eruelo 2009 TC

tempranillo

86 ★★★★   6,2€

Color cereza oscuro. Aroma fruta madura, especias dulces. Boca correcto, taninos maduros, especiado, frutoso.

Señorío de Valdesneros 2013 RD

tempranillo

87 ★★★★★   3,5€

Color frambuesa, borde violáceo. Aroma fruta roja, hierbas de tocador, lácticos, floral. Boca fresco, frutoso, fácil de beber.

Señorío de Valdesneros 6 meses 2011 T Roble

100% tempranillo

85 ★★★★★   4,5€

Señorío de Valdesneros Selección 2008 TC

tempranillo

86 ★★★   8,5€

Color cereza oscuro, borde granate. Aroma tabaco, hierbas secas, cacao fino, fruta madura. Boca equilibrado, taninos maduros.

DO. ARRIBES

CONSEJO REGULADOR

La Almofea, 95
37175 Pereña de la Ribera (Salamanca)
☎: +34 923 573 413 - Fax: +34 923 573 209
@: info@doarribes.es
www.vinoarribesduero.com

SITUACIÓN:

La comarca de vinos de Arribes se encuentra en pleno Parque Natural de Las Arribes, integrando una franja alargada a lo largo del suroeste de Zamora y el noroeste de Salamanca. El viñedo se extiende por los valles con buenas inclinaciones que surcan el río Duero. En Fermoselle se agrupa el 90% del viñedo.

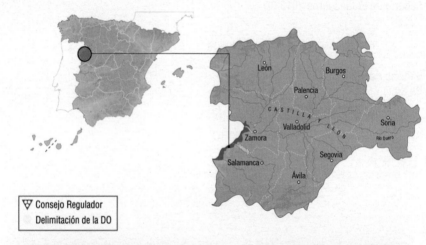

▽ Consejo Regulador
Delimitación de la DO

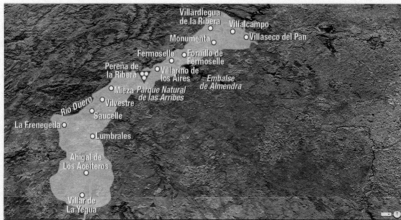

VARIEDADES:

BLANCAS: Malvasía, verdejo y albillo.

TINTAS: Juan garcía, rufete, tempranillo (principales); mencía, bruñal y garnacha (autorizadas).

DATOS:

Nº Has. Viñedo: 400 – **Nº Viticultores:** 280 – **Nº Bodegas:** 13 – **Cosecha 13:** - - **Producción 13:** 607.116 litros – **Comercialización:** 80% España - 20% extranjero.

SUELOS:

El terreno se define por suelos de arena poco profundos con abundancia de piedra y cuarzo sueltas, que pueden toparse con formaciones rocosas de granito, muy extendido en la zona de Fermoselle. En general abundan también suelos de pizarra en la zona salmantina como una proyección del Douro portugués. En el subsuelo, la pizarra es una garantía térmica para acumular el sol del día y desprender el calor por la noche.

CLIMA:

Está marcado por una influencia mediterránea, debido a la caída acelerada de la altitud desde la planicie caste-llana del Sáyago hasta las bajuras del cauce del Duero en la zona zamorana de Fermoselle. Este territorio cuenta con un microclima que permite incluso el cultivo de naranjos. Las lluvias son escasas a lo largo del ciclo de maduración de la uva, con veranos muy secos y cálidos.

CARACTERÍSTICAS GENERALES DE LOS VINOS

BLANCOS
Muy escasos, casi todos de malvasía, reciben las ventajas del clima más mediterráneo de la cuenca del Duero español. Los suelos de pizarra los hacen ser más minerales.

TINTOS
Los vinos elaborados con juan garcía son de colores brillantes y de intensidad media, con cierta fa-cilidad para la oxidación, aunque las uvas bien expuestas a la insolación y en ensamblaje mejorante con otras uvas pueden ofrecer un carácter muy afrutado y explosivo. No obstante, el mayor cuidado en la viticultura está logrando que el tamaño del grano sea más pequeño y, en consecuencia, la pigmentación de esta variedad también sea más intensa. Todos los vinos tienen un deje mineral de los suelos pizarrosos que los hacen asemejarse a los del Douro portugués.

CLASIFICACIÓN COSECHAS

GUÍAPEÑÍN

2009	2010	2011	2012	2013
MUY BUENA	MUY BUENA	EXCELENTE	MUY BUENA	SC

BODEGA ARRIBES DEL DUERO

Ctra. Masueco, s/n
37251 Corporario - Aldeadavila
(Salamanca)
☎: +34 923 169 195
Fax: +34 923 169 195
www.bodegasarribesdelduero.com
secretaria@bodegasarribesdelduero.com

Arribes de Vettonia 2006 TR
juan garcía
90 ★★★★   10,3€
Color cereza brillante. Aroma fruta madura, especias dulces, roble cremoso. Boca frutoso, sabroso, tostado, amargoso, largo.

Arribes de Vettonia 2007 BFB
malvasía
91 ★★★★★   7,2€
Color dorado brillante. Aroma fruta madura, frutos secos, potente, tostado, ebanistería, notas amieladas. Boca sabroso, frutoso, especiado, tostado, largo.

Arribes de Vettonia 2011 TC
juan garcía
87 ★★★★★   4€
Color cereza, borde granate. Aroma especiado, tostado, fruta sobremadura, mineral. Boca potente, sabroso, tostado, taninos maduros.

Arribes de Vettonia 2012 T
84

Arribes de Vettonia 2013 B
malvasía
82   3,1€

Arribes de Vettonia 2013 RD
juan garcía
79   2,9€

Arribes de Vettonia Rufete 2011 T
rufete
87
Color cereza, borde granate. Aroma especiado, tostado, fruta sobremadura, mineral. Boca potente, sabroso, tostado, taninos maduros.

Arribes de Vettonia Vendimia Selecionada 2007 T Roble
bruñal
90 ★★★   15,4€
Color cereza, borde granate. Aroma fruta madura, especiado, roble cremoso, tostado, complejo. Boca potente, sabroso, tostado, taninos maduros.

Hechanza Real 2010 TC
juan garcía
84   5,1€

Secreto del Vetton 2009 T
bruñal
93   37€
Color cereza, borde granate. Aroma fruta madura, hierbas silvestres, terroso, especiado, roble cremoso. Boca equilibrado, sabroso, largo, balsámico.

BODEGA COOP. VIRGEN DE LA BANDERA

Avda. General Franco, 24
49220 Fermoselle (Zamora)
☎: +34 692 682 682
vinosborbon@vinosborbon.com

Viña Borbon 2010 TC
juan garcía
87 ★★★★   6€
Color cereza oscuro, borde granate, borde anaranjado. Aroma potente, fruta madura, fruta confitada, especiado, cálido. Boca equilibrado, taninos maduros.

Viña Borbon 2012 T
juan garcía
85 ★★★★★   2,2€

BODEGA DESCORCHANDO

La Colina, 9 N 417
29620 Torremolinos (Málaga)
☎: +34 634 676 868
www.descorchando.com
jgarcia@descorchando.com

JG 2008 T
100% juan garcía
87   13,5€
Color cereza, borde granate. Aroma fruta confitada, fruta al licor, especiado. Boca sabroso, confitado, balsámico.

BODEGA LA FONTANICAS

Requejo 222
49220 Fermoselle (Zamora)
☎: +34 629 548 774
info@arribesduero.com

Fontanicas 2011 TC
juan garcía
90
Color cereza, borde granate. Aroma fruta madura, especiado, roble cremoso, tostado, complejo. Boca potente, sabroso, tostado, taninos maduros.

BODEGA QUINTA LAS VELAS

Humilladero, 44
37248 Ahigal de los Aceiteros
(Salamanca)
☎: +34 619 955 735
Fax: +34 923 120 674
www.quintalasvelas.com
enrique@esla.com

Quinta las Velas 2010 TC
tempranillo

87 ★★★★ 8€

Color cereza, borde granate. Aroma fruta confitada, fruta al licor, especiado. Boca sabroso, confitado, balsámico.

BODEGAS LAS GAVIAS

Avda. Constitución, 2
37175 Pereña de la Ribera (Salamanca)
☎: +34 902 108 031
Fax: +34 987 218 751
www.bodegaslasgavias.com
info@bodegaslasgavias.com

Aldana 2012 T Roble
juan garcía

85 ★★★★★ 5€

BODEGAS PASTRANA

Toro, 9
49018 (Zamora)
☎: +34 664 546 131
www.bodegaspastrana.es
info@bodegaspastrana.es

Paraje de los Bancales 2010 T
100% juan garcía

90 ★★★★★ 9,5€

Color cereza, borde granate. Aroma fruta madura, especiado, roble cremoso, tostado, complejo, mineral. Boca potente, sabroso, tostado, taninos maduros.

BODEGAS RIBERA DE PELAZAS

Camino de la Ermita, s/n
37175 Pereña de la Ribera (Salamanca)
☎: +34 902 108 031
Fax: +34 987 218 751
www.bodegasriberadepelazas.com
bodega@bodegasriberadepelazas.com

Abadengo 2010 TC
juan garcía

89 ★★★★ 7€

Color cereza, borde granate. Aroma fruta madura, especiado, roble cremoso, tostado, complejo. Boca potente, sabroso, tostado, taninos maduros.

Abadengo 2011 T Roble
juan garcía

88 ★★★★ 5,5€

Color cereza brillante. Aroma fruta madura, especias dulces, roble cremoso, expresivo, mineral. Boca sabroso, frutoso, tostado, taninos maduros.

Abadengo Malvasia 2013 B
malvasía

84 4,5€

Abadengo Selección Especial 2004 T

88 35€

Color cereza, borde granate. Aroma fruta madura, especiado, roble cremoso, tostado, complejo. Boca potente, sabroso, tostado, taninos maduros, largo.

Bruñal 2007 T
bruñal

90 87€

Color cereza, borde granate. Aroma fruta madura, hierbas silvestres, terroso, especiado, roble cremoso. Boca equilibrado, sabroso, largo, balsámico.

Gran Abadengo 2006 TR
juan garcía

89 24€

Color cereza, borde granate. Aroma fruta confitada, fruta al licor, especiado. Boca sabroso, confitado, balsámico.

GALLO VISCAY

Avda. San Amaro, 52
37160 Villarino de los Aires
(Salamanca)
☎: +34 659 159 218
www.galloviscay.com
galloviscay@gmail.com

Eighteen 18 2010 T
90
Color cereza, borde granate. Aroma fruta madura, hierbas silvestres, terroso, especiado, roble cremoso. Boca equilibrado, sabroso, largo, balsámico.

HACIENDA ZORITA MARQUÉS DE LA CONCORDIA FAMILY OF WINES

Ctra. Zamora - fermoselle, km. 58
49220 Fermoselle (Zamora)
☎: +34 980 613 163
Fax: +34 980 613 163
www.the-haciendas.com
agarcia@the-haciendas.com

Hacienda Zorita 2011 TC
89
Color cereza brillante, borde granate. Aroma fruta madura, especias dulces, roble cremoso. Boca frutoso, sabroso, tostado.

LA SETERA

Calzada, 7
49232 Fornillos de Fermoselle (Zamora)
☎: +34 980 612 925
Fax: +34 980 612 925
www.lasetera.com
lasetera@lasetera.com

La Setera 2009 TC
juan garcía
88 ★★★   9€
Color cereza brillante. Aroma fruta madura, especias dulces, roble cremoso, expresivo. Boca sabroso, frutoso, tostado, taninos maduros.

La Setera 2012 T
juan garcía
87 ★★★★   6,5€
Color cereza, borde violáceo. Aroma expresivo, fruta fresca, fruta roja, floral. Boca sabroso, frutoso, buena acidez, taninos maduros.

La Setera 2013 B
malvasía
84   5€

La Setera Rosado de Lágrima 2013 RD
juan garcía
86 ★★★★★   5€
Color frambuesa, borde violáceo. Aroma potente, fruta madura, fruta roja, floral. Boca potente, frutoso, fresco.

La Setera Selección Especial 2010 T Roble
touriga nacional
92 ★★★★   12€
Color cereza, borde granate. Aroma fruta madura, hierbas silvestres, terroso, especiado, roble cremoso. Boca equilibrado, sabroso, largo, balsámico.

La Setera Tinaja Varietales 2011 T Roble
juan garcía, mencía, rufete, tinta madrid
93   18€
Color cereza, borde granate. Aroma fruta madura, especiado, roble cremoso, tostado, complejo, chocolate, terroso. Boca potente, sabroso, tostado, taninos maduros.

OCELLVM DURII

San Juan 56 - 58
49220 Fermoselle (Zamora)
☎: +34 983 390 606
www.bodegasocellumdurii.es
ocellumdurii@hotmail.com

Ocila Condado de Fermosel 2012 T
juan garcía, tempranillo, rufete, bruñal
90 ★★★★★   6€
Color cereza, borde granate. Aroma potente, hierbas de monte, fruta madura, especiado, roble cremoso. Boca sabroso, especiado, equilibrado, largo.

Transitium Durii 2007 T
juan garcía, tempranillo, rufete, bruñal
90 ★★★★ ⚘   11€
Color cereza muy intenso. Aroma fruta madura, balsámico, terroso, especiado, expresivo. Boca graso, potente, sabroso, equilibrado.

Transitium Durii 2008 T
juan garcía, tempranillo, rufete, bruñal
89 ★★★   10€
Color cereza, borde granate. Aroma especiado, roble cremoso, tostado, terroso, fruta sobremadura. Boca potente, sabroso, tostado, taninos maduros.

TERRAZGO BODEGAS DE CRIANZA S.L.

Portugal, 7

49323 Fornillos de Fermoselle (Zamora)

☎: +49 232 459 724

www.terrazgo.com

terrazgobc@hotmail.com

Terrazgo 2009 T
juan garcía, bruñal, rufete

91

Color cereza, borde granate. Aroma fruta roja, fruta al licor, especiado, tostado. Boca sabroso, frutoso, elegante.

VIÑA ROMANA

Pereña, 11

37160 Villarino de los Aires (Salamanca)

☎: +34 629 756 328

www.vinaromana.com

joseluis@vinaromana.com

Harley 2010 T
juan garcía, bobal

91

Color cereza brillante. Aroma fruta madura, especias dulces, roble cremoso, mineral. Boca frutoso, sabroso, tostado.

Heredad del Viejo Imperio 2009 T
juan garcía

87 ★★★ 9€

Color cereza, borde granate. Aroma fruta confitada, fruta al licor, especiado. Boca sabroso, confitado, balsámico.

Heredad del Viejo Imperio Homenaje Selección 2010 T
bruñal

93 40€

Color cereza muy intenso. Aroma fruta madura, especiado, roble cremoso, tostado, con carácter, balsámico. Boca potente, sabroso, tostado, taninos maduros.

Solar de la Victoria 2012 T Roble
juan garcía

88 ★★★★★ 3€

Color cereza brillante. Aroma fruta madura, especias dulces, roble cremoso, mineral. Boca sabroso, frutoso, tostado, taninos maduros.

DO. BIERZO

CONSEJO REGULADOR

Mencía, 1
24540 Cacabelos (León)
☎: +34 987 549 408 - Fax: +34 987 547 077
@: info@crdobierzo.es
@: comunicacion@crdobierzo.es
www.crdobierzo.es

SITUACIÓN:

En el noroeste de la provincia de León. Engloba 23 municipios y ocupa varios valles en zona montañesa y una llana depresión situada a menor altitud que la meseta leonesa, con temperaturas más elevadas pero con una pluviometría mayor. Puede considerarse como una zona de transición entre Galicia, León y Asturias.

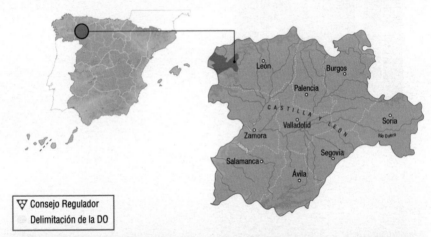

▽ Consejo Regulador
Delimitación de la DO

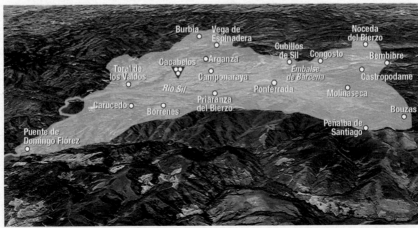

VARIEDADES:

BLANCAS: godello, dona blanca, palomino y malvasía.

TINTAS: mencía o negra y garnacha tintorera.

DATOS:

Nº Has. Viñedo: 3.009 – **Nº Viticultores:** 2.484 – **Nº Bodegas:** 73 – **Cosecha 13:** Muy Buena – **Producción 13:** 9.804.100 litros – **Comercialización:** 72% España - 28% extranjero

SUELOS:

En las zonas de montaña están formados por una mezcla de elementos finos, cuarcitas y pizarras. En general, los suelos de la DO son de tierra parda húmeda y ligeramente ácidos. Los mayores índices de calidad están asociados a las terrazas de poca inclinación próximas a los ríos, las laderas semiabancaladas o aquellas de pronunciada inclinación situadas a una altitud de entre 450 y 1.000 metros.

CLIMA:

De tipo templado y bastante benigno con cierta humedad por la influencia gallega, pero también seco como el castellano. Gracias a la baja altitud se evitan bastante bien las heladas tardías y la vendimia se suele adelantar un mes sobre el resto de Castilla. El índice de pluviometría media anual es de 721 mm.

CARACTERÍSTICAS GENERALES DE LOS VINOS

BLANCOS De color amarillo pálido, ligeros, frescos y afrutados. Los de mayor carácter son aquellos en los que participa la variedad godello, con una boca envolvente y grasa y un final largo y equilibrado.

ROSADOS El color puede ir desde el piel de cebolla a los tonos rosáceos; en la nariz destacarán los aromas a fresas y frambuesas propios de la mencía, que debe suponer al menos el 50% del ensamblaje. Son, en general, ligeros y suaves.

TINTOS Es el producto más caracterizado de la denominación. Destacan los tintos jóvenes a veces con el peligro de una acidez algo baja debido a la rápida maduración de la mencía en un clima tan benigno. De color cereza intenso con borde violáceo vivo, muy afrutados y con gran potencia aromática (fresas, zarzamora) propios de la variedad; en la boca son secos, ligeros, afrutados y con gran carácter varietal. Se elaboran también tintos de crianza en madera.

CLASIFICACIÓN COSECHAS

GUÍAPEÑÍN

2009	2010	2011	2012	2013
BUENA	EXCELENTE	BUENA	MUY BUENA	MUY BUENA

AKILIA

Ctra. LE-142, PK. 54,7
24401 Ponferrada (León)
☎: +34 902 848 127
www.akiliawines.com
info@akiliawines.com

Akilia 2012 T
100% mencía

90 🏆   20€

Color cereza, borde granate. Aroma fruta madura, hierbas silvestres, terroso, especiado, varietal. Boca equilibrado, sabroso, largo, balsámico.

ÁLVAREZ DE TOLEDO VIÑEDOS Y GRUPO BODEGAS

Río Selmo, 8
24560 Toral de los Vados (León)
☎: +34 987 563 551
Fax: +34 987 563 532
www.bodegasalvarezdetoledo.com
admon@bodegasalvarezdetoledo.com

Álvarez de Toledo 2010 T Roble
100% mencía

89 ★★★★★   4,5€

Color cereza brillante. Aroma fruta roja, fruta madura, especiado, tostado, complejo, balsámico. Boca potente, sabroso, tostado, taninos maduros.

Álvarez de Toledo 2011 T Roble
100% mencía

88 ★★★★★   4,5€

Color cereza, borde granate. Aroma fruta madura, hierbas silvestres, especiado, roble cremoso. Boca equilibrado, sabroso, largo, balsámico.

MENCÍA ROBLE
Luis Varela
ALVAREZ DE TOLEDO
Desde el S.XV la dinastía de los Álvarez de Toledo
ha cultivado y vinificado cepas en el Bierzo.
Siguiendo con la vocación y tradición familiar,
descendientes de la familia han elaborado
este vino de forma cuidada y artesanal.
BIERZO
DENOMINACIÓN DE ORIGEN

Álvarez de Toledo Godello 2013 B
100% godello

88 ★★★★★   4€

Color pajizo brillante. Aroma fresco, fruta fresca, flores blancas, hierbas silvestres. Boca sabroso, frutoso, buena acidez.

AURELIO FEO VITICULTOR

El Oteiro, 7 San Andrés de Montejos
27791 Ponferrada (León)
☎: +34 987 401 865
Fax: +34 987 401 865
www.bodegafeo.es
bodega@bodegafeo.es

Buencomiezo 2011 T
mencía

87   14,5€

Color cereza, borde granate. Aroma fruta madura, especiado, roble cremoso, tostado. Boca potente, sabroso, tostado.

Cruz de San Andrés 2012 T
mencía

85 ★★★★   6€

AXIAL

Pla-za Calle Castillo de Capua, 10
Nave 7
50197 (Zaragoza)
☎: +34 976 780 136
Fax: +34 976 303 035
www.axialvinos.com
info@axialvinos.com

La Mano Mencía 2012 T Roble
100% mencía

83   7,5€

BODEGA ALBERTO LEDO

Estación, 6
24500 Villafranca del Bierzo (León)
☎: +34 636 023 676
www.albertoledo.com
aallrs@msn.com

Ledo Club de Barricas 1818 2007 TR
mencía

89   15€

Color guinda. Aroma especiado, fina reducción, cuero mojado, ebanistería, fruta al licor. Boca especiado, taninos finos, elegante, largo, equilibrado.

Ledo Godello 2012 B
godello

86 ★★★★   5,5€

Color pajizo brillante. Aroma fresco, fruta fresca, flores blancas, expresivo. Boca sabroso, frutoso, buena acidez, equilibrado.

Ledo Mencía 2012 T
mencía

86 ★★★★★   5€

Color cereza, borde granate. Aroma fruta madura, hierbas silvestres. Boca potente, sabroso, fruta madura.

Ledo Selección 2007 T
mencía

88 ★★★ 10€

Color cereza intenso, borde anaranjado. Aroma cera, tabaco, fruta madura, especiado, ebanistería. Boca fino amargor, elegante, sabroso, taninos finos.

Ledo. 8 2008 T
mencía

89 ★★★★ 8€

Color guinda. Aroma especiado, fina reducción, cuero mojado, ebanistería, tostado, fruta madura. Boca especiado, largo, tostado.

Ledo. 8 2009 TC
mencía

87 ★★★★ 8€

Color cereza brillante. Aroma fruta madura, especias dulces, roble cremoso, intensidad media, fina reducción. Boca frutoso, sabroso, tostado.

BODEGA ALMÁZCARA MAJARA

Calle de Las Eras, 5
24395 Almázcara (León)
☎: +34 609 322 194
www.almazcaramajara.com
javier.alvarez@alvarezmiras.com

Almázcara Majara 2010 T

90 50€

Color cereza, borde granate. Aroma fruta roja, fruta madura, especiado, roble cremoso, tostado, complejo, terroso. Boca potente, sabroso, tostado, taninos maduros.

Amphora de Cobija del Pobre 2013 T
mencía

89 24€

Color cereza, borde granate. Aroma fruta madura, especiado, piedra seca. Boca potente, sabroso, taninos maduros.

Cobija del Pobre 2013 B
godello

89 13€

Color pajizo brillante. Aroma flores blancas, hierbas de tocador, expresión frutal, mineral. Boca fresco, frutoso, sabroso, equilibrado, elegante.

Demasiado Corazón 2011 B
godello

88 27€

Color pajizo brillante. Aroma hierbas secas, flores marchitas, algo evolucionado, especiado, roble cremoso. Boca fruta madura, especiado, largo.

Jarabe de Almázcara 2012 T

87 18€

Color guinda. Aroma especiado, fina reducción, cuero mojado, ebanistería, tostado. Boca especiado, largo, tostado, balsámico.

BODEGA ANTONIO JOSÉ
SILVA BROCO

Lg. Paradones - Ctra. General, 4
24516 Toral Vados (León)
☎: +34 615 276 894
Fax: +34 987 553 043
antoniosilvabroco@hotmail.com

Lagar de Caxan 2012 T
mencía

87 ★★★★★ 3,9€

Color cereza brillante. Aroma fruta madura, especias dulces, expresivo, hierbas silvestres. Boca sabroso, frutoso, tostado.

Viña Broco 2013 T
mencía

88 ★★★★★ 4,1€

Color cereza brillante. Aroma fruta madura, especias dulces, roble cremoso, expresivo, balsámico. Boca sabroso, frutoso, tostado, taninos maduros.

BODEGA DEL ABAD

Ctra. N-VI, km. 396
24549 Carracedelo (León)
☎: +34 987 562 417
Fax: +34 987 562 428
www.bodegadelabad.com
vinos@bodegadelabad.com

Abad Dom Bueno Godello 2013 B
godello

89 ★★★★★ 5€

Color pajizo brillante. Aroma flores blancas, hierbas de tocador, expresión frutal, cítricos. Boca fresco, frutoso, sabroso, equilibrado, elegante.

Abad Dom Bueno Godello 2013 BFB
godello
90 ★★★★★   7,5€
Color amarillo brillante. Aroma fruta madura, especies dulces, hierbas de tocador. Boca graso, sabroso, fresco, buena acidez.

Abad Dom Bueno Señorío de Valcarce 2012 T Roble
mencía
89 ★★★   9€
Color cereza, borde granate. Aroma fruta madura, especiado, roble cremoso, tostado, complejo. Boca potente, sabroso, tostado, taninos maduros.

Carracedo 2011 TR
mencía
89   21€
Color cereza, borde granate. Aroma fruta madura, especiado, roble cremoso, tostado, complejo. Boca potente, sabroso, tostado.

Gotín del Risc Essencia 2008 TR
mencía
91 ★★★★   12€
Color cereza, borde granate. Aroma equilibrado, complejo, fruta madura, especiado, mineral. Boca estructurado, sabroso, taninos maduros, equilibrado.

Gotín del Risc Godello de San Salvador 2012 B
godello
92 ★★★★   12€
Color amarillo, borde verdoso. Aroma flores blancas, expresivo, lías finas, hierbas secas, flores marchitas. Boca sabroso, frutoso, buena acidez, equilibrado.

BODEGA MARTÍNEZ YEBRA

San Pedro, 96
24530 Villadecanes (León)
☎: +34 987 562 082
Fax: +34 987 562 082
www.bodegamartinezyebra.es
info@bodegamartinezyebra.es

Canes 2013 B
godello
85 ★★★★★   4,5€

Canes 2013 T
100% mencía
84   3,5€

Tres Racimos 2009 T
100% mencía
87 ★★★★   6€
Color cereza, borde granate. Aroma fruta madura, hierbas silvestres, terroso, especiado, roble cremoso. Boca equilibrado, sabroso, largo, balsámico.

Viñadecanes 2009 TC
100% mencía
87 ★★★   9€
Color cereza, borde granate. Aroma fruta madura, hierbas silvestres, terroso, especiado, roble cremoso. Boca equilibrado, sabroso, largo, balsámico.

BODEGA Y VIÑEDOS LUNA BEBERIDE

Ant. Ctra. Madrid - Coruña, Km. 402
24540 Cacabelos (León)
☎: +34 987 549 002
Fax: +34 987 549 214
www.lunabeberide.es
info@lunabeberide.es

Art Luna Beberide 2011 TC
mencía
91 ★★★   16€
Color cereza, borde granate. Aroma fruta madura, especiado, roble cremoso, tostado, complejo, balsámico. Boca potente, sabroso, tostado, taninos maduros.

Finca la Cuesta Luna Beberide 2011 TC
mencía
90 ★★★★★   10€
Color cereza, borde granate. Aroma fruta madura, especiado, roble cremoso, complejo. Boca potente, sabroso, tostado, taninos maduros.

Mencía Luna Beberide 2013 T
mencía
89 ★★★★★   5€
Color cereza, borde violáceo. Aroma fruta roja, frambuesa, floral, expresivo. Boca fresco, frutoso, sabroso, fácil de beber.

BODEGA Y VIÑEDOS MAS ASTURIAS

Fueros de Leon nº 1
24400 Ponferrada (León)
☎: +34 650 654 492
www.bodegamasasturias.com
jose_mas_asturias@hotmail.com

Massuria 2010 T
mencía
90   20€
Color cereza, borde granate. Aroma fruta madura, especiado, roble cremoso, tostado. Boca potente, sabroso, tostado, taninos maduros, equilibrado.

BODEGAS ADRIÁ

Antigua Ctra. Madrid-Coruña, Km. 408
24500 Villafranca del Bierzo (León)
☎: +34 987 540 907
Fax: +34 987 540 347
www.bodegasadria.com
paco@bodegasadria.com

Vega Montán Adriá 2010 T
mencía

90 ★★★★★   9€

Color cereza, borde granate. Aroma fruta madura, especiado, roble cremoso, tostado, complejo. Boca potente, sabroso, tostado, taninos maduros.

Vega Montán Godello 2013 B
godello

89 ★★★★★   5€

Color pajizo brillante. Aroma flores blancas, hierbas de tocador, expresión frutal, piedra seca. Boca fresco, frutoso, sabroso, equilibrado, elegante.

Vega Montán Mencía 2013 T
mencía

83   3,5€

Vega Montán Silk 2012 T
mencía

89 ★★★★★   5€

Color cereza brillante. Aroma fruta madura, especias dulces, roble cremoso, chocolate, expresivo. Boca sabroso, frutoso, tostado, taninos maduros.

BODEGAS BERNARDO ÁLVAREZ

San Pedro, 75
24530 Villadecanes (León)
☎: +34 987 562 129
Fax: +34 987 562 129
www.bodegasbernardoalvarez.com
vinos@bodegasbernardoalvarez.com

Campo Redondo 2012 T Roble
100% mencía

89 ★★★★★   4€

Color cereza, borde granate. Aroma fruta madura, especiado, roble cremoso, tostado, complejo. Boca potente, sabroso, tostado, taninos maduros, balsámico.

Campo Redondo Godello 2013 B
100% godello

87 ★★★★★   5€

Color amarillo, borde verdoso. Aroma floral, cítricos, fruta fresca, equilibrado. Boca equilibrado, correcto, fácil de beber.

Viña Migarrón 2008 TC
100% mencía

87 ★★★★★   5€

Color cereza oscuro. Aroma fruta madura, especiado, tostado, cuero muy curtido. Boca potente, sabroso, tostado, taninos maduros.

Viña Migarrón 2012 T
100% mencía

86 ★★★★★   3€

Color cereza, borde granate. Aroma fruta madura, fruta confitada, hierbas silvestres. Boca potente, sabroso, fresco, balsámico.

Viña Migarrón 2013 B
dona blanca, jerez, godello

88 ★★★★★   3€

Color pajizo brillante. Aroma fresco, fruta fresca, flores blancas, expresivo. Boca sabroso, frutoso, buena acidez, equilibrado.

Viña Migarrón 2013 RD
100% mencía

87 ★★★★★   3€

Color cereza claro, brillante. Aroma fruta roja, equilibrado, fresco, intensidad media. Boca frutoso, fácil de beber, cierta persistencia.

BODEGAS CUATRO PASOS

Santa María, 43
24540 Cacabelos (León)
☎: +34 987 548 089
Fax: +34 986 526 901
www.cuatropasos.es
bierzo@martincodax.com

Cuatro Pasos 2011 T
100% mencía

90 ★★★★★   8€

Color cereza oscuro, borde granate. Aroma tostado, hierbas de monte, fruta madura, varietal. Boca frutoso, sabroso, taninos maduros.

Cuatro Pasos 2013 RD
100% mencía

88 ★★★★   6€

Color frambuesa, borde violáceo. Aroma fruta madura, fruta roja, floral, expresivo. Boca potente, frutoso, fresco.

Cuatro Pasos Black 2011 T
100% mencía

90 ★★★   14€

Color cereza brillante. Aroma fruta madura, especias dulces, roble cremoso, expresivo, balsámico. Boca sabroso, frutoso, tostado, taninos maduros.

Martín Sarmiento 2011 T
100% mencía

92 ★★★★   12€

Color cereza muy intenso. Aroma varietal, fruta madura, roble cremoso, balsámico, mineral. Boca estructurado, sabroso, lleno, taninos maduros.

Pizarras de Otero 2012 T
100% mencía

87 ★★★★   7€

Color cereza, borde granate. Aroma potente, hierbas silvestres, fruta madura, especiado. Boca sabroso, frutoso, balsámico.

BODEGAS GODELIA

Antigua Ctra. N-VI, NVI, Km. 403,5
24547 Pieros-Cacabelos (León)
☎: +34 987 546 279
Fax: +34 987 548 026
www.godelia.es
info@godelia.es

Godelia 2011 T Roble
mencía

89   11,7€

Color cereza intenso. Aroma ahumado, tostado, especiado. Boca frutoso, sabroso, estructurado, taninos maduros, balsámico.

Godelia 2012 B

91 ★★★★★   9,1€

Color pajizo brillante. Aroma flores blancas, fruta fresca, expresivo, lías finas, hierbas secas. Boca sabroso, frutoso, buena acidez, equilibrado.

Godelia Blanco Selección 2012 B
100% godello

91   16,8€

Color amarillo brillante. Aroma fruta madura, especias dulces, roble cremoso, hierbas de tocador. Boca graso, retronasal ahumado, sabroso, fresco, buena acidez, equilibrado.

Godelia Tinto Selección 2011 T
100% mencía

91   26,8€

Color cereza, borde granate. Aroma fruta madura, especiado, roble cremoso, tostado, complejo, mineral. Boca potente, sabroso, tostado, taninos maduros, equilibrado.

Viernes 2012 T
100% mencía

89 ★★★★   6,5€

Color cereza, borde violáceo. Aroma fruta fresca, fruta roja, floral, balsámico. Boca sabroso, frutoso, buena acidez.

BODEGAS ORDÓÑEZ

Bartolomé Esteban Murillo, 11
29700 Vélez- Málaga (Málaga)
☎: +34 952 504 706
Fax: +34 951 284 796
www.grupojorgeordonez.com
info@jorgeordonez.es

Tritón Mencía 2013 T
100% mencía

91 ★★★★★   7,5€

Color cereza, borde granate. Aroma fruta madura, hierbas silvestres, terroso, especiado, roble cremoso. Boca equilibrado, sabroso, largo, balsámico.

BODEGAS PEIQUE

El Bierzo, s/n
24530 Valtuille de Abajo (León)
☎: +34 987 562 044
Fax: +34 987 562 044
www.bodegaspeique.com
bodega@bodegaspeique.com

Luis Peique 2009 T Fermentado en Barrica
mencía

91   35€

Color cereza, borde granate. Aroma equilibrado, complejo, fruta madura, especiado, muy tostado (torrefactado). Boca estructurado, sabroso, equilibrado, retronasal torrefactado.

Peique 2013 RD
moll

85 ★★★★★   4,5€

Peique Garnacha 2011 T
garnacha tintorera

91

Color cereza, borde granate. Aroma fruta madura, hierbas silvestres, terroso, especiado, roble cremoso. Boca equilibrado, sabroso, largo, balsámico.

Peique Godello 2013 B
godello

90 ★★★★★   7,3€

Color amarillo. Aroma intensidad media, cítricos, flores blancas, fruta fresca. Boca frutoso, buena acidez, fino amargor, fresco.

Peique Ramón Valle 2012 T
mencía

89 ★★★★   7€

Color cereza oscuro, borde granate. Aroma expresión frutal, equilibrado, hierbas silvestres. Boca sabroso, retronasal afrutado, fácil de beber.

Peique Selección Familiar 2009 T
mencía

92   20€

Color cereza, borde granate. Aroma fruta madura, especiado, roble cremoso, tostado, complejo. Boca potente, sabroso, tostado, taninos maduros, balsámico.

Peique Tinto Mencía 2013 T
mencía

88 ★★★★★   4,5€

Color cereza brillante, borde violáceo. Aroma intensidad media, fruta roja, balsámico, varietal. Boca frutoso, correcto, fácil de beber.

Peique Viñedos Viejos 2010 T Roble
mencía

92 ★★★★   10,2€

Color cereza brillante, borde granate. Aroma hierbas de monte, elegante, mineral. Boca estructurado, lleno, complejo, equilibrado.

BODEGAS VIÑAS DE VIÑALES

Calle del Campo, s/n
24319 Viñales (León)
☎: +34 609 652 058
www.bodegasvinasdevinales.com
info@bodegasvinasdevinales.com

Interamnum Doce 2012 T
mencía

87 ★★★★   6€

Color cereza opaco. Aroma fruta madura, fruta confitada, especias dulces. Boca sabroso, taninos maduros, especiado, cierta persistencia.

Interanum 2013 T
mencía

87 ★★★★★   4€

Color cereza intenso, borde violáceo. Aroma hierbas de monte, fruta madura. Boca correcto, equilibrado, taninos maduros.

BODEGAS Y VIÑEDOS AMAYA

San Pedro, 49-53
24530 Villadecanes (León)
☎: +34 644 162 550
www.bodegasyvinedosamaya.es
byvamontuno@gmail.com

Montuno 2012 T
100% mencía

88 ★★★★★   4,5€

Color cereza brillante. Aroma fruta madura, especias dulces, roble cremoso, hierbas secas, tostado. Boca sabroso, frutoso, tostado, taninos maduros.

BODEGAS Y VIÑEDOS CASTROVENTOSA

Finca El Barredo, s/n
24530 Valtuille de Abajo (León)
☎: +34 987 562 148
Fax: +34 987 562 103
www.castroventosa.com
info@castroventosa.com

Castro Ventosa"Vintage" 2008 T
mencía

89 ★★★★   8€

Color rubí, borde teja. Aroma elegante, especiado, fina reducción, cuero mojado, ebanistería. Boca especiado, taninos finos, elegante, largo.

El Castro de Valtuille 2011 T
mencía

92 ★★★★   12€

Color cereza muy intenso. Aroma expresivo, hierbas de monte, especiado, fruta madura, elegante. Boca equilibrado, especiado.

El Castro de Valtuille Joven 2013 T
mencía

87 ★★★★★   5€

Color cereza, borde violáceo. Aroma hierbas de monte, fruta madura, varietal. Boca equilibrado, balsámico, frutoso.

Valtuille Cepas Centenarias 2011 T
mencía

93   30€

Color cereza muy intenso, borde granate. Aroma hierbas verdes, hierbas de monte, especiado, fruta madura. Boca equilibrado, largo, balsámico.

BODEGAS Y VIÑEDOS GANCEDO

Vistalegre, s/n
24548 Quilós (León)
☎: +34 987 134 980
Fax: +34 987 563 278
www.bodegasgancedo.com
info@bodegasgancedo.com

Gancedo 2012 T
mencía

91 ★★★★★   10€

Color cereza brillante. Aroma fruta madura, especias dulces, roble cremoso, expresivo, hierbas de monte. Boca sabroso, frutoso, taninos maduros.

Herencia del Capricho 2008 BFB

93   28€

Color amarillo brillante. Aroma potente, fruta madura, especias dulces, roble cremoso, hierbas de tocador. Boca graso, retronasal ahumado, sabroso, fresco, buena acidez.

Ucedo Mencía 2008 T
mencía

87   28€

Color cereza muy intenso, borde granate. Aroma potente, fruta madura, muy tostado (torrefactado), chocolate. Boca potente, tostado, retronasal torrefactado.

Val de Paxariñas Capricho 2013 B

92 ★★★★   11€

Color pajizo brillante. Aroma flores blancas, hierbas de tocador, expresión frutal. Boca fresco, frutoso, sabroso, equilibrado, elegante.

Xestal 2008 T
mencía

90 ★★★   15€

Color cereza, borde granate. Aroma fruta madura, especiado, roble cremoso, tostado, complejo. Boca potente, sabroso, tostado, taninos maduros.

BODEGAS Y VIÑEDOS MENGOBA

Avda. del Parque, 7
24544 San Juan de Carracedo (León)
☎: +34 649 940 800
www.mengoba.com
gregory@mengoba.com

Brezo 2013 RD
mencía

87 ★★★★★ 5€

Color cereza claro. Aroma intensidad media, fruta roja, floral. Boca fresco, correcto, equilibrado, buena acidez.

Brezo Godello y Doña Blanca 2013 B
godello, dona blanca

90 ★★★★★ 7€

Color pajizo brillante. Aroma flores blancas, fruta fresca, expresivo, lías finas, hierbas secas. Boca frutoso, buena acidez, equilibrado, fino amargor.

Flor de Brezo 2012 T
mencía, garnacha tintorera

90 ★★★★ 12€

Color cereza, borde granate. Aroma fruta madura, especiado, roble cremoso, complejo. Boca potente, sabroso, tostado, taninos maduros.

Mengoba 2012 T
mencía, garnacha tintorera

91 18€

Color cereza, borde granate. Aroma fruta madura, especiado, roble cremoso, tostado, complejo, balsámico. Boca potente, sabroso, tostado, taninos maduros, elegante.

Mengoba Godello sobre lías 2012 B
godello

93 ★★★★ 12€

Color dorado. Aroma potente, fruta madura, especias dulces, hierbas de tocador, ahumado. Boca graso, retronasal ahumado, sabroso, fresco, buena acidez.

Mengoba La Vigne de Sancho Martín 2012 T
mencía, garnacha tintorera

93 30€

Color cereza intenso. Aroma fruta madura, especiado, roble cremoso, tostado, complejo, mineral, varietal. Boca potente, sabroso, tostado, taninos maduros.

BODEGAS Y VIÑEDOS MERAYO

Ctra. de la Espina, km. 6
Finca Miralmonte
24491 San Andrés de Montejos (León)
☎: +34 987 057 925
www.bodegasmerayo.com
info@byvmerayo.com

Aquiana 2011 T
100% mencía

92 ★★★★ 12,5€

Color cereza, borde granate. Aroma fruta madura, hierbas silvestres, terroso, especiado, roble cremoso. Boca equilibrado, sabroso, largo, balsámico.

a q u i a n a

TINTO MENCÍA 2011

BIERZO
denominación de origen

Galbana 2012 T
100% mencía

91

Color cereza, borde granate. Aroma fruta madura, especiado, roble cremoso, tostado, complejo, chocolate, terroso. Boca potente, sabroso, tostado.

Las Tres Filas 2012 T
100% mencía

91 ★★★★★ 7,5€

Color cereza brillante. Aroma fruta madura, especias dulces, roble cremoso, expresivo. Boca sabroso, frutoso, tostado, taninos maduros, equilibrado.

Merayo 2013 RD
100% mencía

88 ★★★★★ 4,5€

Color cobrizo, brillante. Aroma intensidad media, fruta roja, floral. Boca sabroso, buena acidez, equilibrado, fácil de beber.

Merayo Godello 2013 B
godello

88 ★★★★ 7,5€

Color amarillo, borde verdoso. Aroma intensidad media, flores blancas, cítricos, fruta fresca. Boca fresco, fino amargor, buena acidez.

BODEGAS Y VIÑEDOS PAIXAR

Ribadeo, 56
24500 Villafranca del Bierzo (León)
☎ +34 987 549 002
Fax: +34 987 549 214
info@lunabeberide.es

Paixar Mencía 2011 T
mencía

90 25€

Color cereza brillante. Aroma fruta madura, especias dulces, roble cremoso, intensidad media. Boca frutoso, sabroso, tostado.

BODEGAS Y VIÑEDOS PUIL

La Estación, 17
24500 Villafranca del Bierzo (León)
☎: +34 677 420 392
vinospuil@gmail.com

Puil 2013 T
83

Puil Esencia de Godello 2013 B
godello
82

CASAR DE BURBIA

Travesía la Constitución, s/n
24549 Carracedelo (León)
☎ +34 987 562 910
Fax: +34 987 562 850
www.casardeburbia.com
info@casardeburbia.com

Casar de Burbia 2012 T
100% mencía

92 ★★★★★ 10€

Color cereza, borde granate. Aroma fruta madura, hierbas silvestres, especiado, roble cremoso. Boca potente, sabroso, especiado, largo.

Casar Godello 2012 BFB
100% godello

90 16,5€

Color pajizo brillante. Aroma expresión frutal, fruta madura, floral, especiado. Boca fresco, frutoso, sabroso, especiado, equilibrado.

Casar Godello 2013 B
100% godello

90 ★★★★★ 7,9€

Color pajizo brillante. Aroma flores blancas, hierbas de tocador, expresión frutal. Boca fresco, frutoso, sabroso, equilibrado, elegante.

Hombros 2012 T
100% mencía

93 ★★★ 14,5€

Color cereza, borde granate. Aroma especiado, hierbas de tocador, fruta roja, fruta madura, mineral. Boca sabroso, largo, balsámico, equilibrado, elegante.

Tebaida 2012 T
100% mencía

93 21€

Color cereza, borde granate. Aroma fruta roja, fruta madura, especiado, roble cremoso, tostado, complejo, terroso. Boca potente, sabroso, tostado, taninos maduros.

Tebaida Nemesio 2011 T
100% mencía

94 39€

Color cereza, borde granate. Aroma hierbas de tocador, fruta roja, fruta madura, especiado, roble cremoso. Boca potente, sabroso, untuoso, equilibrado.

CEPAS DEL BIERZO

Ctra. de Sanabria, 111
24401 Ponferrada (León)
☎: +34 987 412 333
Fax: +34 987 412 912
coocebier@coocebier.e.telefonica.net

Don Osmundo 2009 T
mencía

88 ★★★★★ 4€

Color cereza brillante. Aroma fruta madura, especias dulces, roble cremoso, intensidad media. Boca frutoso, sabroso, tostado.

Don Osmundo 2011 T Barrica
mencía

85 ★★★★ 7€

CÍA. EXPORTADORA VINÍCOLA DEL BIERZO

Ctra. de Fabero, 83
24404 Cabañas Raras (León)
☎: +34 987 421 755
Fax: +34 987 421 755
bodega@vinicoladelbierzo.com

Lagarada Godello Edición Especial 2013 B
godello
82 2€

Lagarada Mencia Edición Especial 2013 T
mencía
84 2€

COBERTIZO DE VIÑA RAMIRO

Promadelo Pol. 33 Parcela 407
24530 Valtuille de Abajo (León)
☎: +34 987 562 157
Fax: +34 987 562 157
www.bodegacobertizo.com
vinos@bodegacobertizo.com

Cobertizo 2012 B
89

Color pajizo brillante. Aroma flores blancas, fruta fresca, expresivo, lías finas, hierbas secas. Boca sabroso, frutoso, buena acidez, equilibrado.

Cobertizo 2012 T
84

Cobertizo Selección 2008 T Roble
83

DESCENDIENTES DE J. PALACIOS

Avda. Calvo Sotelo, 6
24500 Villafranca del Bierzo (León)
☎: +34 987 540 821
Fax: +34 987 540 851
info@djpalacios.com

Las Lamas 2012 T
95   129€

Color cereza, borde granate. Aroma hierbas silvestres, terroso, especiado, roble cremoso. Boca equilibrado, sabroso, largo, balsámico.

Moncerbal 2012 T
94   129€

Color cereza muy intenso. Aroma fruta madura, especiado, roble cremoso, tostado, con carácter, balsámico. Boca potente, sabroso, tostado, taninos maduros.

Pétalos del Bierzo 2012 T
93 ★★★   14€

Color cereza, borde granate. Aroma fruta madura, hierbas silvestres, terroso, especiado, roble cremoso. Boca equilibrado, sabroso, largo, balsámico.

Villa de Corullón 2012 T
95   38€

Color cereza, borde granate. Aroma fruta madura, hierbas silvestres, terroso, especiado, roble cremoso, fruta roja. Boca equilibrado, sabroso, largo, balsámico.

DIEGO LOSADA

Ctra. Cacabelos Sorribas, 11
24540 Sorribas (León)
☎: +34 674 608 232
diegolosada13@gmail.com

1984 2013 T
100% mencía

88 ★★★★   6€

Color cereza, borde violáceo. Aroma fruta roja, floral, balsámico, mineral. Boca fresco, frutoso, sabroso, equilibrado.

DOMINIO DE LOS CEREZOS

Camino de las Salgueras, s/n
24413 Molinaseca (León)
☎: +34 639 202 403
Fax: +34 987 405 779
www.dominiodeloscerezos.com
mariazv.bierzo@gmail.com

Van Gus Vana 2009 T
mencía

91   21€

Color cereza, borde granate. Aroma fruta madura, hierbas silvestres, terroso, especiado, roble cremoso, tabaco. Boca equilibrado, sabroso, largo, balsámico.

HAMMEKEN CELLARS

Calle de la Muela, 16
3730 Jávea (Alicante)
☎: +34 965 791 967
Fax: +34 966 461 471
www.hammekencellars.com
cellars@hammekencellars.com

Viña Altamar 2013 T
mencía
89

Color cereza intenso, borde violáceo. Aroma intensidad media, fruta roja, balsámico, fresco. Boca frutoso, fácil de beber.

Viña Altamar Mencía Barrel Select 2011 T
mencía
88

Color cereza brillante. Aroma fruta madura, especias dulces, roble cremoso, expresivo. Boca sabroso, frutoso, tostado, taninos maduros.

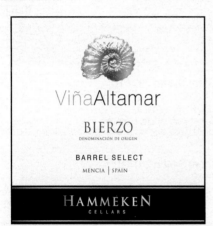

JOSE ANTONIO GARCÍA GARCÍA

El Puente s/n
24530 Valtuille de Abajo (León)
☎: +34 648 070 581
Fax: +34 987 562 223
info@g2wines.com

Aires de Vendimia 2012 T
mencía
89   22€

Color cereza, borde granate. Aroma fruta sobremadura, hierbas silvestres, especiado, roble cremoso, mineral. Boca potente, especiado, fruta madura.

El Chuqueiro 2013 B
godello
88   12€

Color pajizo brillante. Aroma hierbas secas, flores marchitas, fruta madura. Boca fruta madura, balsámico, equilibrado.

Unculin 2013 T
mencía
87 ★★★★   7,5€

Color cereza, borde violáceo. Aroma fruta roja, intensidad media, hierbas de monte. Boca sabroso, frutoso, buena acidez, taninos maduros.

LA VIZCAINA DE VINOS

Bulevar Rey Juan Carlos 1º
Rey de España, 11 B
24400 Ponferrada (León)
☎: +34 679 230 480
www.raulperezbodegas.es
raulperez@raulperezbodegas.es

El Rapolao 2012 T
mencía, bastardo, alicante bouché
93   20€

Color cereza, borde granate. Aroma fruta madura, hierbas silvestres, terroso, especiado, roble cremoso. Boca equilibrado, sabroso, largo, balsámico.

La Poulosa 2012 T
mencía
88   20€

Color cereza, borde granate. Aroma fruta madura, especiado, roble cremoso, tostado, hierbas de monte. Boca potente, sabroso, tostado, amargoso.

La Vitoriana 2012 T
mencía, bastardo negro, alicante bouché
92   20€

Color cereza, borde granate. Aroma fruta roja, fruta madura, especiado, roble cremoso, tostado, complejo, terroso, balsámico. Boca potente, sabroso, tostado, equilibrado.

Las Gundiñas 2012 T
mencía
89   20€

Color cereza brillante. Aroma fruta madura, especias dulces, roble cremoso, hierbas secas, mineral. Boca frutoso, sabroso, tostado.

LOSADA VINOS DE FINCA

Ctra. a Villafranca LE-713, Km. 12
24540 Cacabelos (León)
☎: +34 987 548 053
www.losadavinosdefinca.com
bodega@losadavinosdefinca.com

Altos de Losada 2010 T
100% mencía

92   21€

Color cereza intenso, borde granate. Aroma ahumado, especiado, tostado, balsámico, fruta madura. Boca equilibrado, complejo, sabroso.

El Pájaro Rojo 2013 T
100% mencía

85 ★★★★   7€

La Bienquerida 2012 T

94   30€

Color cereza muy intenso. Aroma fruta madura, especiado, roble cremoso, tostado, complejo, mineral. Boca potente, sabroso, tostado, taninos maduros.

Losada 2011 T
100% mencía

93 ★★★★   12€

Color cereza, borde granate. Aroma fruta madura, especiado, roble cremoso, tostado, balsámico, mineral. Boca potente, sabroso, tostado, taninos maduros.

Losada 2012 T
100% mencía

91 ★★★★   12€

Color cereza opaco. Aroma fruta madura, hierbas silvestres, especiado, roble cremoso. Boca equilibrado, sabroso, largo, balsámico.

MENCÍA DE - DOS S.L.

La Reguera, 4
24540 Cacabelos (León)
☎: +34 616 920 648
alvaro.ollodegalo@gmail.com

Mencias de 2 2013 T

89

Color cereza, borde violáceo. Aroma expresivo, fruta fresca, fruta roja, varietal. Boca sabroso, frutoso, buena acidez, taninos maduros.

OTERO SANTÍN

Ortega y Gasset, 10
24402 Ponferrada (León)
☎: +34 987 410 101
Fax: +34 987 418 544
oterobenito@gmail.com

Otero Santín 2007 TC
100% mencía

87 ★★★★   6€

Color cereza oscuro, borde anaranjado. Aroma fruta escarchada, pastelería, cacao fino. Boca estructurado, sabroso, largo.

Otero Santín 2013 B
godello

89 ★★★★★   4€

Color pajizo brillante. Aroma fresco, fruta fresca, flores blancas. Boca sabroso, frutoso, buena acidez, equilibrado.

Otero Santín 2013 RD
mencía, prieto picudo

86 ★★★★★   4€

Color piel cebolla. Aroma fruta escarchada, flores secas, hierbas de tocador, fruta roja. Boca ligero, sabroso, buena acidez, largo, especiado.

Valdecampo 2012 T
100% mencía

84   5€

PALACIO DE CANEDO

La Iglesia, s/n
24546 Canedo (León)
☎: +34 987 563 366
Fax: +34 987 567 000
www.pradaatope.es
info@pradaatope.es

Palacio de Canedo 2007 TR
mencía

87 ☘ **15€**

Color rubí, borde teja. Aroma especiado, fina reducción, cuero mojado, ebanistería, espirituoso. Boca especiado, taninos finos, elegante, largo, correcto.

Palacio de Canedo 2010 TR
mencía

90 ★★★ ☘ **15€**

Color cereza, borde granate. Aroma fruta roja, fruta madura, especiado, roble cremoso, complejo, terroso, balsámico. Boca sabroso, taninos maduros, varietal.

Palacio de Canedo 2013 RD
mencía, godello

86 ★★★★ ☘ **7€**

Color cereza claro, brillante. Aroma fresco, fruta roja, hierbas de tocador. Boca frutoso, fácil de beber, buena acidez.

Palacio de Canedo 2013 T Maceración Carbónica
mencía

88 ★★★★ ☘ **7,5€**

Color cereza, borde violáceo. Aroma expresivo, fruta fresca, fruta roja, floral, balsámico. Boca frutoso, correcto, cierta persistencia.

Palacio de Canedo Godello 2013 B
godello

87 ★★★ ☘ **8,8€**

Color pajizo brillante. Aroma fresco, fruta fresca, flores blancas, hierbas secas. Boca sabroso, frutoso, buena acidez, correcto.

Palacio de Canedo Mencía 2008 TC
mencía

86 ☘ **12€**

Color cereza, borde granate. Aroma cuero muy curtido, especiado. Boca sabroso, balsámico, cierta persistencia.

Palacio de Canedo Mencía 2011 T Roble
mencía

87 ★★★ ☘ **9€**

Color cereza brillante. Aroma fruta madura, especias dulces, roble cremoso. Boca sabroso, frutoso, tostado.

Picantal 2010 T
mencía

89 ☘ **28€**

Color cereza, borde granate. Aroma fruta madura, hierbas silvestres, terroso, especiado, roble cremoso. Boca equilibrado, sabroso, largo, balsámico.

Prada Godello 2013 B
100% godello

89 ☘

Color pajizo brillante. Aroma fresco, fruta fresca, flores blancas. Boca sabroso, frutoso, buena acidez, equilibrado.

PÉREZ CARAMÉS

Peña Picón, s/n
24500 Villafranca del Bierzo (León)
☎: +34 987 540 197
Fax: +34 987 540 314
www.perezcarames.com
info@perezcarames.com

Valdaiga X 2013 T
mencía

87 ★★★★ ☘ **5,5€**

Color cereza muy intenso, borde violáceo. Aroma intensidad media, hierbas de monte, fruta madura, varietal. Boca frutoso, sabroso.

Valdaiga X2 2013 T
mencía

89 ★★★★ ☘ **6€**

Color cereza opaco, borde violáceo. Aroma varietal, mineral. Boca equilibrado, frutoso, fruta madura, largo, balsámico.

RIBAS DEL CÚA

Finca Robledo A.C. 83
24540 Cacabelos (León)
☎: +34 987 971 018
Fax: +34 987 971 016
www.ribasdelcua.com
bodega@ribasdelcua.com

Ribas del Cúa 2013 T
100% mencía

88 ★★★★★   2,9€

Color cereza, borde violáceo. Aroma fruta roja, fruta madura, hierbas de monte. Boca fruta madura, balsámico, fácil de beber.

Ribas del Cúa Oncedo 2012 T
100% mencía

86 ★★★★★   4,1€

Color cereza, borde granate. Aroma fruta madura, especiado, roble cremoso, tostado. Boca potente, sabroso, tostado, taninos maduros.

Ribas del Cúa Privilegio 2010 T
mencía

87   13,3€

Color cereza brillante. Aroma fruta madura, especias dulces, cuero mojado, terroso. Boca sabroso, tostado, taninos maduros.

SOTO DEL VICARIO

Ctra. Cacabelos- San Clemente,
Pol. Ind. 908 Parcela 155
24547 San Clemente (León)
☎: +34 670 983 534
Fax: +34 926 666 029
www.sotodelvicario.com
sandra.luque@pagodelvicario.com

Go de Godello 2009 BFB
100% godello

91 ★★★   16€

Color dorado brillante. Aroma ahumado, tostado, fruta escarchada, floral. Boca graso, tostado, largo, especiado, fino amargor.

Soto del Vicario Men 2009 T
100% mencía

89 ★★★   8,5€

Color cereza, borde granate. Aroma fruta madura, especiado, roble cremoso, tostado, complejo. Boca potente, sabroso, tostado.

Soto del Vicario Men Selección 2009 T
100% mencía

91 ★★★   16€

Color cereza, borde granate. Aroma fruta madura, hierbas silvestres, terroso, especiado, roble cremoso, piedra seca. Boca equilibrado, sabroso, largo, balsámico.

THE PEPE'S WINE CO.

Cl. Doligencia, 6-K, 5º A
28018
☎: +34 639 382 528
info@thepepeswine.com

Flor de Sil 2013 B
godello

87 ★★★★★   5€

Color pajizo brillante. Aroma flores blancas, hierbas de tocador, cítricos, equilibrado. Boca fresco, frutoso, sabroso, elegante.

Opalo 2013 B
dona blanca, godello

86 ★★★★★   3,5€

Color pajizo brillante. Aroma fresco, fruta fresca, flores blancas. Boca sabroso, frutoso, buena acidez, equilibrado.

VINOS DE ARGANZA

Río Ancares
24560 Toral de los Vados (León)
☎: +34 987 544 831
Fax: +34 987 563 532
www.vinosdearganza.com
admon@vinosdearganza.com

Caneiros 2009 T Roble
100% mencía

87 ★★★★★   3,5€

Color cereza intenso. Aroma fruta madura, especias dulces, roble cremoso. Boca sabroso, frutoso, tostado, taninos maduros, balsámico.

Encanto Charm 2010 T
100% mencía

88 ★★★★★   3,5€

Color cereza, borde granate. Aroma fruta roja, fruta madura, especiado. Boca potente, sabroso, tostado, taninos maduros.

Encanto Charm Selección 2008 T
100% mencía

90 ★★★★★   4,5€

Color cereza, borde granate. Aroma fruta madura, hierbas silvestres, terroso, especiado, roble cremoso. Boca equilibrado, sabroso, largo, balsámico.

Flavium Mencía Premium 2011 T
100% mencía

87 ★★★★★   4€

Color cereza, borde granate. Aroma especiado, roble cremoso, tostado, fruta roja, fruta madura. Boca potente, sabroso, tostado, fácil de beber.

Flavium Mencía Premium 2012 T
100% mencía

88 ★★★★★   4€

Color cereza, borde granate. Aroma fruta madura, especiado, roble cremoso, terroso. Boca potente, sabroso, tostado, taninos maduros.

Século 2012 T Roble
100% mencía

87 ★★★★★   3,5€

Color cereza, borde granate. Aroma fruta madura, hierbas silvestres, especiado, roble cremoso. Boca equilibrado, sabroso, largo, balsámico, fino amargor.

Terra Única 2012 T Roble
100% mencía

88 ★★★★★   3,5€

Color cereza, borde granate. Aroma fruta madura, especiado, roble cremoso, tostado, terroso. Boca potente, sabroso, tostado.

VINOS VALTUILLE
La Fragua, s/n
24530 Valtuille de Abajo (León)
☎: +34 987 562 165
www.vinosvaltuille.com
info@vinosvaltuille.com

Pago de Valdoneje 2013 T
mencía

88 ★★★★   5,7€

Color cereza, borde violáceo. Aroma expresivo, fruta fresca, fruta roja, floral, balsámico. Boca sabroso, frutoso, buena acidez.

Pago de Valdoneje 2013 T Roble
mencía

87 ★★★★   7€

Color cereza brillante. Aroma fruta madura, roble cremoso, especiado. Boca sabroso, frutoso, tostado, balsámico.

Pago de Valdoneje Viñas Viejas 2011 TC
mencía

90 ★★★★   13€

Color cereza, borde granate. Aroma fruta madura, especiado, roble cremoso, tostado, complejo. Boca potente, sabroso, tostado, taninos maduros.

VIÑAS BIERZO
Ctra. Ponferrada a Cacabelos, s/n
24410 Camponaraya (León)
☎: +34 987 463 009
Fax: +34 987 450 323
www.granbierzo.com
vdelbierzo@granbierzo.com

Fundación 1963 2006 TR
100% mencía

86   12€

Color cereza oscuro, borde granate. Aroma hierbas de monte, hierbas secas, especiado, fruta madura. Boca correcto, fácil de beber.

Gran Bierzo 2006 TR
100% mencía

88 ★★★★   7€

Color cereza intenso, borde anaranjado. Aroma cera, tabaco, fruta madura, especiado, ebanistería. Boca fino amargor, elegante, sabroso, taninos finos.

Gran Bierzo 2007 TC
100% mencía

86 ★★★★★   5€

Color cereza oscuro, borde anaranjado. Aroma fruta madura, hierbas silvestres, especiado, tostado, fina reducción. Boca equilibrado, sabroso, largo, balsámico.

Gran Bierzo Origen 2012 T
100% mencía

90 ★★★★★   10€

Color cereza, borde granate. Aroma fruta madura, hierbas de monte, balsámico, especiado, roble cremoso. Boca potente, sabroso, especiado, largo.

Marqués de Cornatel 2012 T Roble
100% mencía

89 ★★★★★   3,5€

Color cereza brillante. Aroma fruta madura, especias dulces, roble cremoso. Boca sabroso, frutoso, tostado, taninos maduros.

Marqués de Cornatel 2013 B
godello

82   3,5€

Marqués de Cornatel 2013 RD
100% mencía

85 ★★★★★   3,5€

Naraya 2013 B
100% valenciana
85 ★★★★★   2€

Naraya 2013 RD
100% mencía
84   2€

Naraya 2013 T
100% mencía
86 ★★★★★   2€
Color cereza oscuro, borde violáceo. Aroma fruta madura, hierbas de monte, intensidad media. Boca frutoso, sabroso.

Valmagaz 2013 B
100% valenciana
84   2,2€

Valmagaz 2013 RD
100% mencía
85 ★★★★★   2,2€

Valmagaz Mencía 2013 T
100% mencía
84   2,2€

VIÑEDOS SINGULARES
Cuzco, 26 - 28, Nave 8
8030 (Barcelona)
☎: +34 934 807 041
Fax: +34 934 807 076
www.vinedossingulares.com
info@vinedossingulares.com

Corral del Obispo 2012 T
mencía
90 ★★★★★   8€
Color cereza brillante. Aroma fruta madura, especias dulces, roble cremoso. Boca sabroso, frutoso, tostado, taninos maduros.

VIÑEDOS Y BODEGAS DOMINIO DE TARES
P.I. Bierzo Alto, Los Barredos, 4
24318 San Román de Bembibre (León)
☎: +34 987 514 550
Fax: +34 987 514 570
www.dominiodetares.com
info@dominiodetares.com

Baltos 2012 T
100% mencía
87 ★★★★   7,5€
Color cereza, borde granate. Aroma fruta madura, especiado, tostado, balsámico. Boca potente, sabroso, tostado, taninos maduros.

Bembibre 2009 T
100% mencía
91   20€
Color cereza, borde granate. Aroma fruta roja, fruta madura, especiado, roble cremoso, tostado, complejo, terroso. Boca potente, sabroso, tostado, taninos maduros.

Dominio de Tares Cepas Viejas 2011 TC
100% mencía
92 ★★★★   13€
Color cereza, borde granate. Aroma fruta madura, hierbas silvestres, terroso, especiado, roble cremoso. Boca equilibrado, sabroso, largo, balsámico.

Dominio de Tares Godello 2013 BFB
100% godello
91 ★★★★   12€
Color amarillo, borde verdoso. Aroma especiado, floral, fruta madura. Boca frutoso, sabroso, especiado, equilibrado, fino amargor, buena acidez.

Tares P. 3 2009 T Roble
100% mencía
93   42,5€
Color cereza, borde granate. Aroma mineral, fruta madura, balsámico, especiado, roble cremoso. Boca equilibrado, potente, sabroso, especiado, largo.

VIÑEDOS Y BODEGAS PITTACUM
De la Iglesia, 11
24546 Arganza, El Bierzo (León)
☎: +34 987 548 054
Fax: +34 987 548 028
www.pittacum.com
pittacum@pittacum.com

Petit Pittacum 2013 T
100% mencía
89 ★★★★   6,5€
Color cereza opaco, borde violáceo. Aroma fruta madura, hierbas de monte, varietal. Boca sabroso, frutoso, largo, balsámico.

Pittacum 2009 T Barrica
100% mencía

91 ★★★★★   9,8€

Color cereza, borde granate. Aroma fruta madura, hierbas silvestres, especiado, roble cremoso, varietal. Boca equilibrado, sabroso, largo, balsámico.

Pittacum Aurea 2009 TC
100% mencía

92   29€

Color cereza, borde granate. Aroma fruta madura, hierbas silvestres, terroso, especiado, roble cremoso, mineral. Boca sabroso, largo, balsámico, elegante.

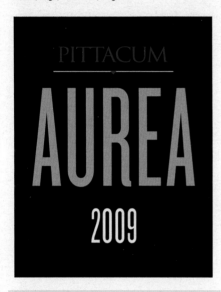

Tres Obispos 2013 RD
100% mencía

83   7,5€

DO. BINISSALEM MALLORCA

CONSEJO REGULADOR

Celler de Rei, 9-1°
07350 Binissalem (Mallorca)
☎: +34 971 512 191 - Fax: +34 971 512 191
@: info@binissalemdo.com
www.binissalemdo.com

SITUACIÓN:

En la zona central de la isla de Mallorca. Comprende los términos municipales de Santa María del Camí, Binissalem, Sencelles, Consell y Santa Eugenia.

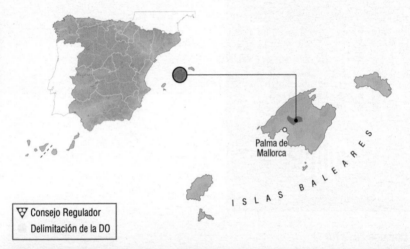

☙ Consejo Regulador
Delimitación de la DO

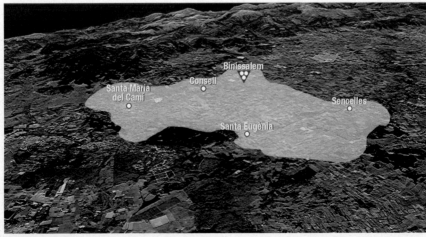

VARIEDADES:

BLANCAS: moll o prensal blanc (46 has.), macabeo, parellada, moscatel y chardonnay.

TINTAS: manto negro (mayoritaria: 229 has.), callet, tempranillo, syrah, monastrell, cabernet sauvignon (segunda variedad tinta: 56 has.) y merlot.

NUEVAS VARIEDADES AUTORIZADAS: Gorgollassa y Giró Ros.

DATOS:

Nº Has.Viñedo: 604,97 – **Nº Viticultores:** 122 – **Nº Bodegas:** 15 – **Cosecha 13:** -– **Producción 13:** 1.866.077 litros – **Comercialización:** 86% España - 14% extranjero.

SUELOS:

Están formados por arenas, calizas y gredas yesíferas que reposan sobre arcillas y margas. El contenido en caliza es muy variable y puede oscilar, dependiendo de las distintas zonas, entre el 1% y el 35%.

CLIMA:

Mediterráneo suave, con veranos secos y calurosos e inviernos cortos; las precipitaciones medias anuales se sitúan en el entorno de los 450 mm. La zona de producción está protegida de los vientos del norte por la Sierra de Tramuntana o Sierra de Alfabia.

CARACTERÍSTICAS GENERALES DE LOS VINOS

BLANCOS
Presentan un color amarillo pajizo. Se caracterizan por sus rasgos silvestres, afrutados, toques de hierbas de monte y carácter muy mediterráneo; en los mejores, donde destaca la personalidad de la uva local prensal, se consigue además gran complejidad de matices y un excelente equilibrio en boca.

ROSADOS
De color rosáceo, se caracterizan por sus notas de fruta madura, propias de viñedos que han recibido una gran insolación.

TINTOS
Son los más característicos de la zona y representan casi las tres cuartas partes de la producción de la denominación. Se encuentran jóvenes y, sobre todo, de crianza. Su carácter viene determinado por las peculiaridades de la variedad autóctona manto negro, que aporta aromas de fruta madura y toques caramelizados; en boca, los vinos presentan un buen equilibrio y son bastante persistentes.

CLASIFICACIÓN COSECHAS   GUÍAPEÑÍN

2009	2010	2011	2012	2013
MUY BUENA	MUY BUENA	MUY BUENA	MUY BUENA	MUY BUENA

ANTONIO NADAL BODEGAS Y VIÑEDOS

Cami de Son Roig, s/n
7350 Binissalem (Illes Balears)
☎: +34 630 914 511
Fax: +34 971 515 060
www.bodegasantonionadal.es
info@bodegasantonionadal.es

Blanc de Moll 2012 B
prensal, macabeo

83   18€

BODEGAS JOSÉ LUIS FERRER

Conquistador, 103
7350 Binissalem (Illes Balears)
☎: +34 971 511 050
Fax: +34 971 870 084
www.vinosferrer.com
secretaria@vinosferrer.com

José L. Ferrer 2009 TR
manto negro, callet, cabernet sauvignon

89   14,5€

Color cereza brillante, borde anaranjado. Aroma equilibrado, tostado, especiado, hierbas secas, tabaco. Boca sabroso, estructurado, balsámico.

José L. Ferrer 2011 TC
manto negro, callet, cabernet sauvignon, syrah

86 ★★★★   7,5€

Color cereza, borde granate. Aroma fruta madura, especiado, tostado. Boca potente, sabroso, tostado, taninos maduros, balsámico.

José L. Ferrer Brut Veritas 2012 ESP
moll, moscatel, parellada

83   14€

José L. Ferrer Pedra de Binissalem 2011 T
manto negro, cabernet sauvignon

89 ★★★★ 🍷   8€

Color cereza, borde granate. Aroma intensidad media, hierbas secas, piedra seca. Boca sabroso, balsámico, largo.

José L. Ferrer Pedra de Binissalem 2012 B
moll

89 ★★★★   7,5€

Color pajizo brillante. Aroma fruta fresca, expresivo, hierbas secas, floral, piedra seca. Boca sabroso, frutoso, buena acidez, equilibrado.

José L. Ferrer Pedra de Binissalem Rosat 2013 RD
manto negro

86 ★★★★ 🍷   7,3€

Color cereza claro. Aroma hierbas silvestres, flores marchitas, fresco. Boca sabroso, frutoso, fino amargor.

José L. Ferrer Veritas 2012 B
moll, chardonnay

90 ★★★★★   9€

Color amarillo brillante. Aroma expresivo, equilibrado, especias dulces, fruta madura, flores marchitas. Boca sabroso, graso, lleno, largo.

José L. Ferrer Veritas Dolç 2013 Moscatel
moscatel

88 ★★★   10€

Color amarillo brillante. Aroma equilibrado, varietal, jazmín. Boca sabroso, frutoso, equilibrado, fácil de beber.

José L. Ferrer Veritas Viñes Velles 2010 T
manto negro, cabernet sauvignon, syrah, callet

88   14€

Color cereza, borde granate. Aroma fruta madura, especiado, roble cremoso, complejo. Boca potente, sabroso, tostado, taninos maduros.

José Luis Ferrer 2013 RD
manto negro, cabernet sauvignon, callet, tempranillo

86 ★★★★   5,8€

Color cereza claro. Aroma frutos secos, hierbas silvestres, fruta madura. Boca sabroso, frutoso, fino amargor.

José Luis Ferrer Blanc de Blancs 2013 B
moll, chardonnay, moscatel

86 ★★★★   7,2€

Color amarillo brillante. Aroma intensidad media, fresco, hierbas secas, floral. Boca correcto, buena acidez, fino amargor.

José Luis Ferrer Manto Dolç 2011 T

manto negro

88   12€

Color cereza, borde granate. Aroma potente, fruta escarchada, flores marchitas, equilibrado. Boca lleno, sabroso.

José Luis Ferrer Reserva Especial Veritas 2005 T

manto negro, cabernet sauvignon, tempranillo, syrah

89   21€

Color cereza, borde granate. Aroma fruta madura, especiado, tostado, complejo, hierbas de monte. Boca potente, sabroso, tostado, taninos maduros.

José Luis Ferrer Roig 2013 RD

manto negro, callet, syrah

87 ★★★★   8€

Color cobrizo, brillante. Aroma potente, expresivo, hierbas de tocador, hierbas secas. Boca sabroso, equilibrado, fino amargor.

BODEGES MACIÀ BATLE

Camí Coanegra, s/n
7320 Santa María del Camí (Illes Balears)
☎: +34 971 140 014
Fax: +34 971 140 086
www.maciabatle.com
correo@maciabatle.com

Dos Marias 2013 T Roble

87

Color cereza, borde granate. Aroma fruta fresca, cítricos, especiado. Boca frutoso, sabroso, fácil de beber.

LLum 2013 B

90

Color pajizo brillante. Aroma fresco, fruta fresca, flores blancas, expresivo, hierbas de tocador. Boca sabroso, frutoso, buena acidez, equilibrado.

Macià Batle 2011 TC

merlot, manto negro, cabernet sauvignon, syrah

89 ★★★★   8€

Color cereza poco intenso, borde granate. Aroma expresivo, piedra seca, fruta madura, hierbas secas. Boca lleno, sabroso.

Macià Batle 2013 RD

manto negro, merlot, cabernet sauvignon

87 ★★★★★   5€

Color cereza claro, cobrizo. Aroma fruta madura, hierbas silvestres. Boca sabroso, fruta madura, largo, buena acidez.

Macià Batle 2013 T
manto negro, cabernet sauvignon, merlot, syrah
89 ★★★★★   5€
Color cereza, borde granate. Aroma hierbas silvestres, terroso, expresivo. Boca equilibrado, sabroso, largo, balsámico, fácil de beber.

Macià Batle Blanc de Blancs 2013 B
87 ★★★★   8€
Color amarillo brillante. Aroma flores blancas, hierbas de tocador, expresión frutal. Boca fresco, frutoso, sabroso, equilibrado, elegante.

Macià Batle Gustavo 75 Anys 2011 T
90 ★★★   14€
Color cereza, borde granate. Aroma fruta madura, especiado, tostado, cálido, piedra seca. Boca potente, sabroso, tostado, taninos maduros.

Macià Batle Margarita Llompart 2011 T
manto negro, merlot, cabernet sauvignon, syrah
88   14€
Color cereza brillante, borde granate. Aroma equilibrado, fruta madura, hierbas de monte, especiado. Boca sabroso, fruta madura.

Macià Batle Reserva Privada 2010 TR
manto negro, merlot, cabernet sauvignon, syrah
89   20€
Color cereza, borde granate. Aroma cerrado, especiado, tostado, balsámico. Boca estructurado, sabroso, largo.

P. de Maria 2009 T
94
Color cereza, borde granate. Aroma expresivo, fruta madura, hierbas de monte, especiado. Boca sabroso, estructurado, largo.

P. de Maria 2011 T
92
Color cereza, borde granate. Aroma fruta madura, especiado, roble cremoso, complejo, terroso. Boca sabroso, taninos maduros.

CA'N VERDURA
VITICULTORS
S'Era, 6
7350 Binissalem (Balears)
☎: +34 695 817 038
tomeuverdura@gmail.com

Supernova 2012 TC
manto negro
90 ★★★★   11,5€
Color cereza, borde granate. Aroma fruta madura, hierbas silvestres, terroso, especiado, roble cremoso. Boca equilibrado, sabroso, largo, balsámico.

Supernova Blanc 2013 B
prensal

88 ★★★ 9,5€

Color pajizo brillante. Aroma intensidad media, fruta madura, flores blancas. Boca sabroso, frutoso, fino amargor, buena acidez.

CELLER TIANNA NEGRE
Camí des Mitjans
7340 Binissalem (Illes Balears)
☎: +34 971 886 826
www.tiannanegre.com
info@tiannanegre.com

Ses Nines Blanc 2013 B
prensal, chardonnay, moscatel

88 12,5€

Color amarillo, borde verdoso. Aroma especias dulces, fruta madura, roble cremoso, flores marchitas. Boca equilibrado, fino amargor, buena acidez.

Ses Nines Negre 2012 T
manto negro, cabernet sauvignon, syrah, callet

90 ★★★★★ 9€

Color cereza, borde granate. Aroma fruta madura, especiado, complejo. Boca potente, sabroso, tostado, taninos maduros.

Ses Nines Seleccio 07/9 2012 T
manto negro, cabernet sauvignon, syrah, callet

91 ★★★ 15,5€

Color cereza, borde granate. Aroma fruta madura, hierbas silvestres, terroso, especiado. Boca equilibrado, sabroso, largo, balsámico.

Tianna Bocchoris Negre 2012 T
manto negro, cabernet sauvignon, syrah, callet

92 ★★★★ 12€

Color cereza intenso, borde granate. Aroma fruta madura, especiado, expresivo, hierbas secas. Boca lleno, sabroso, taninos maduros.

Tianna Negre 2012 T
manto negro, callet, cabernet sauvignon, syrah

92 23€

Color cereza, borde granate. Aroma fruta madura, hierbas silvestres, terroso, especiado, roble cremoso. Boca equilibrado, sabroso, largo, balsámico.

JAUME DE PUNTIRÓ
Pza. Nova, 23
7320 Santa María del Camí (Illes Balears)
☎: +34 971 620 023
www.vinsjaumedepuntiro.com
pere@vinsjaumedepuntiro.com

Buc 2012 TC
manto negro, cabernet sauvignon

88 ❦ 14€

Color cereza brillante, borde granate. Aroma potente, fruta madura, fruta confitada, especias dulces. Boca equilibrado, fruta madura, taninos dulces.

Daurat 2013 BFB
prensal

89 ❦ 12€

Color amarillo brillante. Aroma equilibrado, fruta madura, especias dulces. Boca frutoso, graso, equilibrado, fino amargor.

J.P. 2008 TR
manto negro, cabernet sauvignon

90 🍷   48€

Color cereza oscuro, borde anaranjado. Aroma fruta madura, especiado, tostado, tabaco. Boca especiado, largo, taninos maduros.

Jaume de Puntiró Blanc 2013 B
prensal

87 ★★★ 🍷   9€

Color pajizo brillante. Aroma fresco, fruta fresca, expresivo, flores marchitas. Boca sabroso, frutoso, buena acidez, equilibrado, graso.

Jaume de Puntiró Carmesí 2012 T
manto negro, callet

91 ★★★★★ 🍷   10€

Color cereza, borde granate. Aroma fruta madura, hierbas silvestres, terroso, especiado, roble cremoso. Boca equilibrado, sabroso, largo, balsámico.

Jaume de Puntiró Moscatel Dolç 2012 B
moscatel

86 🍷   12€

Color pajizo brillante. Aroma intensidad media, flores blancas, equilibrado. Boca sabroso, fácil de beber, correcto, cierta persistencia.

Jaume de Puntiró Rosat 2013 RD
manto negro

88 ★★★★ 🍷   7,5€

Color cereza claro, brillante. Aroma flores blancas, fruta roja, intensidad media. Boca frutoso, fresco, fácil de beber, cierta persistencia.

Porprat 2010 T
merlot, manto negro

87 🍷   12€

Color cereza poco intenso, borde anaranjado. Aroma tostado, ahumado, balsámico. Boca sabroso, taninos maduros.

VINS NADAL
Ramón Llull, 2
7350 Binissalem (Illes Balears)
☎: +34 971 511 058
Fax: +34 971 870 150
www.vinsnadal.com
albaflor@vinsnadal.com

Albaflor 2009 TR
manto negro, merlot, cabernet sauvignon

87   13€

Color cereza, borde granate. Aroma fruta madura, fruta confitada, cacao fino. Boca especiado, taninos maduros, fruta madura.

Albaflor 2010 TC
manto negro, merlot, cabernet sauvignon

88 ★★★★   7,5€

Color cereza, borde granate. Aroma fruta madura, hierbas silvestres, terroso, especiado, roble cremoso. Boca equilibrado, sabroso, largo, balsámico.

Albaflor 2012 T
manto negro, cabernet sauvignon, merlot

86 ★★★★   6€

Color cereza brillante, borde violáceo. Aroma potente, fruta confitada. Boca frutoso, sabroso, largo.

Albaflor 2013 B
prensal, moscatel

80   7,5€

Albaflor 2013 RD
manto negro, merlot, cabernet sauvignon

87 ★★★★   7,5€

Color frambuesa. Aroma equilibrado, fresco, fruta roja, flores blancas. Boca frutoso, fresco, fino amargor.

VINYA TAUJANA
Balanguera, 40
7142 Santa Eugenia (Illes Balears)
☎: +34 971 144 494
Fax: +34 971 144 494
www.vinyataujana.es
vinyataujana@gmail.com

Torrent Fals 2011 TC

88 ★★★★   5,3€

Color cereza, borde granate. Aroma fruta madura, hierbas de monte, especiado. Boca sabroso, frutoso, taninos maduros.

Vinya Taujana Blanc de Blanc 2013 B
100% moll

87 ★★★★★   4,5€

Color pajizo brillante. Aroma intensidad media, hierbas secas, flores secas. Boca fácil de beber, fino amargor, cierta persistencia.

Vinya Taujana Rosat 2013 RD
100% manto negro

84   3,7€

VINYES I VINS CA SA PADRINA

Camí dels Horts, s/n
7140 Sencelles (Illes Balears)
☎: +34 660 211 939
Fax: +34 971 874 370
cellermantonegro@gmail.com

Mollet Suñer Bibiloni 2013 B Joven
moll, prensal, chardonnay

90 ★★★★★   7€

Color pajizo brillante. Aroma flores blancas, fruta fresca, expresivo, hierbas secas, frutos secos. Boca sabroso, frutoso, buena acidez, equilibrado.

Montenegro 2013 T Roble
manto negro, merlot, cabernet sauvignon, callet

89 ★★★★   6€

Color cereza poco intenso, borde granate. Aroma fruta madura, especias dulces, cacao fino. Boca equilibrado, taninos maduros.

Rosat De Ca Sa Padrina 2013 RD
manto negro, merlot

87 ★★★★★   5€

Color cobrizo, cereza claro. Aroma intensidad media, hierbas secas, equilibrado. Boca frutoso, sabroso, largo.

DO. BIZKAIKO TXAKOLINA

CONSEJO REGULADOR

Bº Mendibile, 42
48940 Leioa (Bizkaia)
☎: +34 946 076 071 - Fax: +34 946 076 072
@: info@bizkaikotxacolina.org
www.bizkaikotxakolina.org

SITUACIÓN:

En la provincia de Vizcaya. La zona de producción comprende tanto zonas costeras como otras áreas del interior.

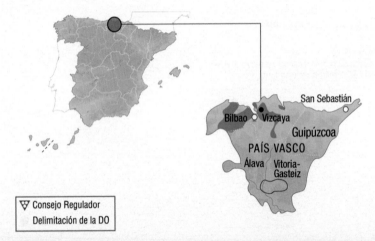

▽ Consejo Regulador
Delimitación de la DO

VARIEDADES:

BLANCAS: hondarrabi zuri y folle blanche.

TINTAS: hondarrabi beltza.

DATOS:

Nº Has. Viñedo: 380 – **Nº Viticultores:** 222– **Nº Bodegas:** 46 – **Cosecha 13:** Muy Buena – **Producción 13:** 999.807 litros – **Comercialización:** 96,8% España - 3,2% extranjero

SUELOS:

Son principalmente de tipo arcilloso, en algunos casos ligeramente ácidos y con un contenido bastante alto de materia orgánica.

CLIMA:

Bastante húmedo y templado por la influencia del Cantábrico, que suaviza las temperaturas. Las precipitaciones son bastante abundantes y la media anual se sitúa entre los 1.000 y 1.300 mm.

CARACTERÍSTICAS GENERALES DE LOS VINOS

BLANCOS

Son los más característicos de la Denominación. Se distinguen por su color amarillo pajizo, en ocasiones con irisaciones verdosas; en la nariz combinan notas florales y frutosas, aunque poseen un carácter más herbáceo que los de Getaria debido a la participación, junto a la hondarrabi zuri, de la variedad folle blanche. En la boca resultan ligeros, fáciles de beber y con la frescura que les da su alta acidez.

ROSADOS

En la región se conoce este tipo de vino como ojo de gallo. Representan una parte muy pequeña de la producción; resultan frescos y ligeros, pero en boca suelen tener una acidez algo acusada.

TINTOS

También minoritarios como los rosados; de hecho, sólo se elaboran en localidades donde existe una cierta tradición. En general, resultan excesivamente ácidos.

CLASIFICACIÓN COSECHAS

GUÍAPEÑÍN

2009	2010	2011	2012	2013
EXCELENTE	EXCELENTE	EXCELENTE	EXCELENTE	MUY BUENA

ABIO TXAKOLINA

Barrio Elexalde, 5 Caserío Basigo
48130 Bakio (Bizkaia)
☎: +34 657 794 754
www.abiotxakolina.com

Abio Txakolina 2013 B
100% hondarrabi zuri

87 ★★★★★   5€

Color pajizo brillante. Aroma fruta madura, floral, hierbas secas. Boca sabroso, fresco, frutoso.

Gorena 2013 B
100% hondarrabi zuri

86 ★★★★   8€

Color pajizo brillante. Aroma flores blancas, hierbas secas, expresión frutal, cítricos. Boca potente, sabroso, fresco, frutoso.

BIZKAIBARNE

Bº Murueta s/n
48410 Orozko (Bizkaia)
☎: +34 946 330 709
bizkaibarne@gmail.com

Egiaenea Mahastia 2012 B
hondarrabi zuri zerratia

92 ★★★★★   9,5€

Color pajizo brillante. Aroma flores blancas, fruta fresca, expresivo, lías finas, hierbas secas. Boca sabroso, frutoso, buena acidez, equilibrado.

Marko 2012 B
100% hondarrabi zuri zerratia

92 ★★★★★   7,5€

Color pajizo brillante. Aroma flores blancas, hierbas de tocador, expresión frutal. Boca fresco, frutoso, sabroso, equilibrado, elegante. Personalidad.

Mendiolagan 2013 B
hondarrabi zuri

87 ★★★★   7€

Color pajizo brillante. Aroma flores marchitas, hierbas secas, fruta madura. Boca sabroso, fresco, frutoso.

Otxanduri Mahastia 2012 B

89 ★★★   8,5€

Color pajizo brillante. Aroma fruta madura, hierbas secas, flores secas, especiado. Boca sabroso, fresco.

BODEGA ADOS BASARTE

Urkitzaurrealde, 4 Basarte
48130 Bakio (Bizkaia)
☎: +34 605 026 115
www.basarte.net
basarte@basarte.net

Ados 2013 B
100% hondarrabi zuri

89 ★★★★   8€

Color pajizo brillante. Aroma balsámico, floral, fruta madura, cítricos, lías finas. Boca fresco, frutoso, sabroso, redondo.

BODEGA AMUNATEGI

San Bartolomé, 57
48350 Busturia (Bizkaia)
☎: +34 685 737 398
www.amunategi.eu
info@amunategi.eu

Amunategi 2013 B
hondarrabi zuri, hondarrabi zuri zerratia, hondarrabi beltza, riesling

88

Color pajizo brillante. Aroma flores blancas, hierbas de tocador, expresión frutal, expresivo. Boca fresco, frutoso, sabroso.

BODEGA BERROJA

48008 Bilbao (Bizkaia)
☎: +34 944 106 254
Fax: +34 946 309 390
www.bodegaberroja.com
txakoli@bodegaberroja.com

Txakoli Aguirrebeko 2013 B
hondarrabi zuri, riesling, folle blanch

89 ★★★★   8€

Color pajizo brillante. Aroma flores blancas, hierbas de tocador, expresión frutal. Boca fresco, frutoso, sabroso, equilibrado, elegante.

Txakoli Berroja 2012 B
hondarrabi zuri, riesling

90 ★★★   14€

Color pajizo brillante. Aroma flores blancas, fruta fresca, expresivo, lías finas, hierbas secas. Boca sabroso, frutoso, buena acidez, equilibrado.

BODEGA ELIZALDE

Barrio Mendraka, 1
48230 Elorrio (Bizkaia)
☎: +34 946 820 000
Fax: +34 946 820 000
www.mendraka.com
kerixa@gmail.com

Mendraka 2013 B

89 ★★★★   7€

Color pajizo brillante. Aroma expresión frutal, flores secas, hierbas secas, mineral. Boca sabroso, fresco, frutoso.

BODEGA
JON ANDER REKALDE

San Roke Bekoa, 11 (Artxanda)
48150 Sondika
☎: +34 944 458 631

Artxanda 2013 B
87
Color pajizo brillante. Aroma salino, expresión frutal, floral, hierbas silvestres. Boca fresco, frutoso, balsámico.

BODEGA TALLERI

Barrio Erroteta s/n
48115 Morga (Bizkaia)
☎: +34 944 651 689
www.bodegatalleri.com
info@bodegatalleri.com

Bitxia 2013 B
hondarrabi zuri
88 ★★★★   6€
Color pajizo brillante. Aroma fresco, fruta fresca, flores blancas, hierbas silvestres. Boca sabroso, frutoso, buena acidez, equilibrado.

Bitxia 2013 RD
hondarrabi beltza
81   7,5€

BODEGA TXAKOLI URIARTE

Bº Acillcona-Cº Eguskiza
48113 Fika (Bizkaia)
☎: +34 659 674 595
Fax: +34 946 153 535
www.txakoli-uriarte.com
info@txakoli-uriarte.com

Uriarte 2013 B
hondarrabi zuri, folle blanch, chardonnay
87 ★★★★★   4,4€
Color pajizo brillante. Aroma floral, cítricos, hierbas de tocador. Boca sabroso, fresco, frutoso, equilibrado.

BODEGA ULIBARRI

Caserío Isuskiza Handi, 1 Barrio Zaldu
48192 Gordexola (Bizkaia)
☎: +34 665 725 735
ulibarriartzaiak@gmail.com

Artzai 2011 BFB
89 ♣
Color amarillo brillante. Aroma fruta madura, especias dulces, roble cremoso, hierbas de tocador. Boca graso, sabroso, fresco, buena acidez.

Artzai 2012 BFB
88 ♣
Color pajizo brillante. Aroma flores blancas, hierbas de tocador, especias dulces, tostado, fruta madura. Boca potente, sabroso, equilibrado.

BODEGAS DE GALDAMES S.L.

El Bentorro, 4
48191 Galdames (Bizkaia)
☎: +34 627 992 063
Fax: +34 946 100 107
www.vinasulibarria.com
info@vinasulibarria.com

Torre de Loizaga Bigarren 2013 B
85

BODEGAS GORKA IZAGIRRE

Barrio Legina, s/n
48195 Larrabetzu (Bizkaia)
☎: +34 946 742 706
Fax: +34 946 741 221
www.gorkaizagirre.com
txakoli@gorkaizagirre.com

42 By Eneko Atxa 2012 B
100% hondarrabi zerratia
90 ★★★   15€
Color amarillo brillante. Aroma potente, fruta madura, especias dulces, roble cremoso, hierbas de tocador. Boca graso, retronasal ahumado, sabroso, fresco, buena acidez.

Aretxondo s/c B
90 ★★★★★   6€
Color amarillo brillante. Aroma fruta madura, flores blancas, hierbas silvestres. Boca potente, sabroso, especiado, largo.

Arima de Gorka Izagirre Vendimia Tardía 2011 B
100% hondarrabi zerratia
91 ★★★★   12€
Color dorado. Aroma potente, floral, notas amieladas, fruta escarchada, hierbas de tocador. Boca sabroso, dulce, fresco, frutoso, buena acidez, largo.

E-Gala 2013 B
89 ★★★★   7,5€
Color pajizo brillante. Aroma flores blancas, hierbas de tocador, expresión frutal, hierbas silvestres. Boca fresco, frutoso, sabroso.

G22 de Gorka Izagirre 2012 B
100% hondarrabi zerratia
90 ★★★★★   10€
Color amarillo brillante. Aroma cítricos, fruta madura, hierbas silvestres, lías finas. Boca sabroso, fresco, frutoso, redondo.

Garitza 2013 B
89 ★★★★   6,8€
Color pajizo brillante. Aroma floral, hierbas secas, fruta madura, cítricos. Boca sabroso, fresco, frutoso, potente.

Gorka Izagirre 2013 B
90 ★★★★★   6,5€
Color amarillo brillante. Aroma floral, hierbas de tocador, fruta fresca, notas tropicales, lías finas. Boca potente, sabroso, equilibrado, largo.

Munetaberri 2013 B
87
Color pajizo brillante. Aroma floral, fruta madura, hierbas secas. Boca fresco, frutoso, sabroso.

Saratsu 2013 B
100% hondarrabi zerratia
90 ★★★★   7,5€
Color pajizo brillante. Aroma flores blancas, fruta fresca, expresivo, lías finas, hierbas secas. Boca sabroso, frutoso, equilibrado.

Torreko s/c B
86 ★★★★★   5€
Color pajizo brillante. Aroma fruta madura, flores marchitas, hierbas secas. Boca sabroso, balsámico, potente.

Uixar 2013 B
100% hondarrabi zerratia
89 ★★★★   7,5€
Color pajizo brillante. Aroma floral, hierbas de tocador, fruta escarchada. Boca fino amargor, fresco, frutoso.

BODEGAS ITSASMENDI
Barrio Arane, 3 apartado correos 241
48300 Gernika (Bizkaia)
☎: +34 946 270 316
Fax: +34 946 251 032
www.bodegasitsasmendi.com
info@bodegasitsasmendi.com

Eklipse Itsas Mendi 2012 T
90   17,5€
Color cereza, borde granate. Aroma fruta madura, especiado, roble cremoso, tostado, complejo, balsámico. Boca potente, sabroso, tostado, taninos maduros.

Itsas Artizar 2011 B
hondarrabi zuri
88   32€
Color amarillo brillante. Aroma potente, fruta madura, especias dulces, roble cremoso, muy tostado (torrefactado). Boca graso, retronasal ahumado, sabroso, fresco, buena acidez.

Itsas Mendi Urezti 2011 B
93 ★★★   15€
Color amarillo brillante. Aroma hierbas silvestres, floral, notas amieladas, fruta madura, fruta escarchada, especias dulces. Boca lleno, potente, sabroso, especiado, largo.

Itsasmendi 2013 B
hondarrabi zuri, hondarrabi zuri serratie
87 ★★★   8,5€
Color pajizo brillante. Aroma flores blancas, fruta escarchada, hierbas de tocador. Boca fresco, frutoso, sabroso, fácil de beber.

Itsasmendi nº 7 2012 B
91 ★★★★   13€
Color amarillo brillante. Aroma potente, fruta madura, especias dulces, roble cremoso, hierbas de tocador. Boca graso, sabroso, fresco, buena acidez.

Itsasmendi nº 7 Magnum 2011 B
93   25€
Color amarillo brillante. Aroma fruta madura, floral, hierbas de tocador, especiado, roble cremoso. Boca potente, sabroso, graso, largo, tostado.

DONIENE GORRONDONA TXAKOLINA
Gibelorratzagako San Pelaio, 1
48130 Bakio (Bizkaia)
☎: +34 946 194 795
Fax: +34 946 195 831
www.donienegorrondona.com
gorrondona@donienegorrondona.com

Doniene 2012 BFB
hondarrabi zuri
90 ★★★★   12€
Color amarillo brillante. Aroma potente, fruta madura, especias dulces, roble cremoso, hierbas de tocador. Boca graso, retronasal ahumado, sabroso, fresco, buena acidez.

Doniene 2013 B
hondarrabi zuri
89 ★★★   10€
Color pajizo brillante. Aroma flores blancas, expresión frutal, hierbas silvestres, expresivo. Boca equilibrado, fresco, frutoso, sabroso.

Doniene Apardune 2011 ESP
hondarrabi zuri, mune mahatsa
86   26€
Color pajizo brillante. Aroma intensidad media, fruta fresca, hierbas secas, lías finas, floral. Boca fresco, frutoso, sabroso, buena acidez.

Gorrondona 2013 B
hondarrabi zuri
88 ★★★★   7,5€
Color pajizo brillante. Aroma floral, hierbas silvestres, cítricos, expresión frutal. Boca fresco, frutoso, sabroso.

Gorrondona 2013 T
hondarrabi beltza
86   11€
Color cereza, borde granate. Aroma fruta madura, hierbas verdes, vegetal. Boca balsámico, fino amargor, especiado, fácil de beber.

ERDIKOETXE LANDETXEA
Goitioltza, 38
48196 Lezama (Bizkaia)
☎: +34 944 573 285
Fax: +34 944 573 285
erdikoetxelandetxea@hotmail.com

Erdikoetxe 2013 B

85

Erdikoetxe 2013 T

82

GARKALDE TXAKOLINA
Barrio Goitioltza, 8 - Caserio Garkalde
48196 Lezama
☎: +34 944 556 412
garkaldetxakolina@hotmail.com

Garkalde Txakolina 2013 B
hondarrabi zuri

86

Color pajizo brillante. Aroma fruta fresca, flores blancas, cítricos, hierbas de tocador. Boca frutoso, fresco, fino amargor.

GURE AHALEGINAK
Barrio Ibazurra, 1
48460 Orduña (Bizkaia)
☎: +34 945 384 126
Fax: +34 945 384 126
www.gureahaleginak.com
maitedurana@gureahaleginak.com

Filoxera 2011 T
hondarrabi beltza

82   9€

Filoxera 2012 T
hondarrabi beltza

81

Gure Ahaleginak 2013 B
hondarrabi zuri, hondarribia zuri zarratia, sauvignon blanc

84   7€

JOSÉ ETXEBARRÍA URRUTIA
Txonebarri-C. Igartua, s/n
48110 Gatika (Bizkaia)
☎: +34 946 742 010

Txakoli Etxebarría 2013 B

85

M.B. ARESTI Y OTROS C.B.
Camino Etxebazarra-Mesone, 1
48950 Erandio (Vizcaya)
☎: +34 944 674 844

Txakoli Aresti 2013 B

84

MAGALARTE LEZAMA
B. Garaioltza, 92 B
48196 Lezama (Bizkaia)
☎: +34 636 621 455
Fax: +34 944 556 508
www.magalartelezamatxakolina.com

Magalarte Iñaki Aretxabaleta 2013 BFB

90

Color pajizo brillante. Aroma fruta madura, cítricos, floral, hierbas silvestres. Boca potente, sabroso, especiado.

Magalarte Iñaki Aretxabaleta 2013 B

88

Color pajizo brillante. Aroma fresco, fruta fresca, flores blancas, hierbas de tocador. Boca sabroso, frutoso, correcto.

Sagastibeltza Karrantza 2013 B

87

Color pajizo brillante. Aroma expresión frutal, cítricos, floral, hierbas de tocador. Boca fresco, frutoso, sabroso.

MAGALARTE ZAMUDIO
Arteaga Auzoa, 107
48170 Zamudio (Bizkaia)
☎: +34 944 521 431
Fax: +34 944 521 431
magalarte@hotmail.com

Magalarte 2013 B
hondarrabi zuri, petit manseng, riesling, folle blanch

89 ★★★★   6,5€

Color pajizo brillante. Aroma fresco, fruta fresca, flores blancas, expresivo. Boca sabroso, frutoso, buena acidez, equilibrado.

Zabalondo 2013 B
hondarrabi zuri, petit manseng, riesling, petit corbu

87 ★★★★   6,5€

Color pajizo brillante. Aroma flores blancas, hierbas de tocador, expresión frutal, cítricos. Boca sabroso, fresco, frutoso, equilibrado.

MERRUTXU

Caserío Merrutxu, Arboliz 15
48311 Ibarrangelu (Bizkaia)
☎: +34 946 276 435
www.txakolibizkaia.com
info@merrutxu.com

Merrutxu 2013 B
86

Color pajizo brillante. Aroma cítricos, flores blancas, hierbas secas. Boca correcto, fresco, frutoso.

TXAKOLI OXINBALTZA

Barrio Magunas, 27
48392 Muxika (Bizkaia)
☎: +34 686 345 131
www.oxinbaltza.com
oxinbaltza@oxinbaltza.com

Katan 2013 B
hondarrabi zuri

87 ★★★★   5,2€

Color pajizo brillante. Aroma fresco, fruta fresca, flores blancas, expresivo. Boca sabroso, frutoso, buena acidez, equilibrado.

TXAKOLI TXABARRI

Juan Antonio del Yermo no1 4ºC
48860 Zalla (Bizkaia)
☎: +34 625 708 114
Fax: +34 946 390 947
www.txakolitxabarri.com
txabarri@txakolitxabarri.com

Txabarri 2013 RD
84   6€

Txabarri 2013 T
100% Hondarrabi Beltza
83   6€

Txakoli Txabarri Extra 2013 B
hondarrabi zuri, riesling, sauvignon blanc
87 ★★★★   6€

Color pajizo brillante. Aroma flores blancas, hierbas de tocador, expresión frutal, cítricos. Boca fresco, frutoso, sabroso, equilibrado, elegante.

TXOÑE

Iguatua, 25
48110 Gatika
☎: +34 639 469 738
kepa@larrabeiti.com

Butroi 2013 B
100% hondarrabi zuri
88 ★★★★   6€

Color pajizo brillante. Aroma flores blancas, hierbas de tocador, expresión frutal. Boca fresco, frutoso, sabroso, equilibrado, elegante.

VIRGEN DE LOREA

Barrio de Lorea s/n
48860 Otxaran-Zalla (Bizkaia)
☎: +34 944 242 680
Fax: +34 946 670 521
www.bodegasvirgendelorea.com
virgendelorea@spankor.com

Aretxaga 2013 B
hondarrabi zuri, folle blanch
89 ★★★★   6,8€

Color pajizo brillante. Aroma flores blancas, hierbas de tocador, expresión frutal. Boca fresco, frutoso, sabroso, equilibrado, elegante.

Señorío de Otxaran 2013 B
hondarrabi zuri, folle blanch
90 ★★★★   11,5€

Color pajizo brillante. Aroma flores blancas, hierbas de tocador, expresión frutal. Boca fresco, frutoso, sabroso, equilibrado.

 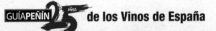

DO. BULLAS

CONSEJO REGULADOR

Bolsa, 26
30180 Bullas (Murcia)
☎: +34 968 652 601 - Fax: +34 968 652 601
@: consejoregulador@vinosdebullas.es
www.vinosdebullas.es

SITUACIÓN:

En la provincia de Murcia. Engloba los términos municipales de Bullas, Cehegín, Mula y Ricote, y varios pagos de los de Calasparra, Moratalla y Lorca.

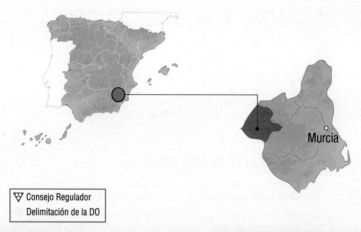

▽ Consejo Regulador
  Delimitación de la DO

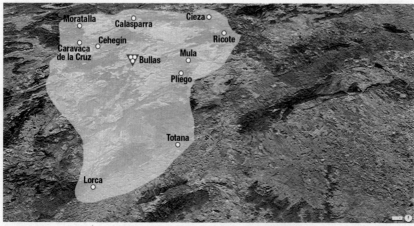

VARIEDADES:

BLANCAS: macabeo (principal), airén, chardonnay, malvasía, moscatel, moscatel de grano menudo y sauvignon blanc.

TINTAS: monastrell (principal), tempranillo, cabernet sauvignon, syrah, merlot, garnacha, garnacha tintorera y petit verdot.

DATOS:

Nº Has. Viñedo: 2.500 – **Nº Viticultores:** 497 – **Nº Bodegas:** 11 – **Cosecha 13:**Buena - **Producción 13:** 2.442.796 litros – **Comercialización:** 50% España - 50% extranjero

SUELOS:

Pardo-calizos de costra caliza y aluviales. El terreno es accidentado y determinado por la configuración de pequeños valles con microclimas propios. Existen tres zonas diferenciadas: una al norte-noreste con una altitud de 400-500 metros; otra en la parte central, situada a 500-600 metros de altitud; y la tercera en la parte occidental y noroccidental, la de mayor altitud (500-810 metros), mayor concentración de viñedo y mejor potencial de calidad.

CLIMA:

Mediterráneo, con una temperatura media anual de 15,6ºC y precipitaciones escasas (media de 300 mm.anuales). Otro elemento definitorio son los fuertes aguaceros y tormentas que se producen en la zona.

CARACTERÍSTICAS GENERALES DE LOS VINOS

ROSADOS | En los elaborados con monastrell destaca el carácter varietal de esta cepa. Son ligeros, agradables y fáciles de beber. Los de garnacha aportan gran sabrosidad en boca.

TINTOS | Destaca la monastrell por su carácter mediterráneo, notas de fruta soleada y buena expresión frutal, aunque son algo menos rotundos que los de Jumilla y Alicante. Por otro lado, la inclusión en el ensamblaje de nuevas variedades como syrah o petit verdot aportan mayor estructura y frutalidad a los tintos.

CLASIFICACIÓN COSECHAS

GUÍAPEÑÍN

2009	2010	2011	2012	2013
MUY BUENA	MUY BUENA	SC	BUENA	BUENA

BODEGA BALCONA

Ctra. Bullas-Avilés, Km. 8
30180 Bullas (Murcia)
☎: +34 968 652 891
www.partal-vinos.com
info@partal-vinos.com

37 Barricas de Partal 2006 TC
monastrell, tempranillo, cabernet sauvignon
80   10€

Partal de Autor 2006 T
85   14€

BODEGA MONASTRELL

Ctra. Bullas-Avilés, km. 9,3
"Valle Aceniche"
30180 Bullas (Murcia)
☎: +34 648 702 412
Fax: +34 968 653 708
www.bodegamonastrell.com
info@bodegamonastrell.com

Almudí 2011 T
91 ★★★★★ ❦   6,5€
Color cereza brillante. Aroma fruta madura, especias dulces, roble cremoso, expresivo, terroso, mineral. Boca sabroso, frutoso, tostado, taninos maduros.

Chaveo 2010 TC
100% monastrell
91 ★★★★ ❦   10,8€
Color cereza, borde granate. Aroma fruta madura, especiado, roble cremoso, tostado, complejo, chocolate, mineral. Boca potente, sabroso, tostado, taninos maduros.

Valché 2010 TC
100% monastrell
90 ❦   19,6€
Color cereza brillante. Aroma fruta madura, especias dulces, roble cremoso, muy tostado (torrefactado), chocolate. Boca frutoso, sabroso, tostado.

BODEGA SAN ISIDRO BULLAS

Pol. Ind. Marimingo, Altiplano, s/n
Apdo. 61
30180 Bullas (Murcia)
☎: +34 968 654 991
Fax: +34 968 652 160
administracion@bodegasanisidrobullas.com

Cepas del Zorro 2011 TC
88 ★★★★   6€
Color cereza, borde granate. Aroma fruta madura, especiado, roble cremoso, tostado. Boca potente, sabroso, tostado, taninos maduros.

Cepas del Zorro 2012 T
100% monastrell
87 ★★★★★   3€
Color cereza intenso. Aroma fruta fresca, fruta roja, hierbas de tocador. Boca sabroso, amargoso, buena acidez.

Cepas del Zorro 2013 RD
88 ★★★★★   3€
Color frambuesa, borde violáceo. Aroma potente, fruta madura, fruta roja, floral. Boca potente, frutoso, fresco.

Cepas del Zorro 2013 T
89 ★★★★★   4€
Color cereza, borde violáceo. Aroma potente, fruta roja, fruta madura, floral, varietal. Boca potente, fresco, frutoso, untuoso.

Cepas del Zorro Macabeo 2013 B
100% macabeo
88 ★★★★★   3€
Color pajizo brillante. Aroma expresivo, potente, notas tropicales. Boca sabroso, frutoso.

BODEGA TERCIA DE ULEA

Tercia de Ulea, s/n
30440 Moratalla (Murcia)
☎: +34 968 433 213
Fax: +34 968 433 965
www.terciadeulea.com
info@terciadeulea.com

Rebeldía 2013 RD
80

Tercia de Ulea 2008 TC
90
Color cereza intenso, borde anaranjado. Aroma especiado, tostado, fruta sobremadura, mineral, piedra seca. Boca potente, sabroso, tostado, taninos maduros.

Viña Botial 2011 T Roble
84

BODEGAS DEL ROSARIO

Avda. de la Libertad, s/n
30180 Bullas (Murcia)
☎: +34 968 652 075
Fax: +34 968 653 765
www.bodegasdelrosario.com
ljp@bodegasdelrosario.com

3000 Años 2010 T
monastrell, syrah
93   35€
Color cereza, borde granate. Aroma fruta madura, especiado, roble cremoso, tostado, chocolate, terroso, con carácter. Boca potente, sabroso, tostado, taninos maduros.

Las Reñas 2011 TC
monastrell, syrah

88 ★★★ 9€

Color cereza, borde granate. Aroma especiado, tostado, fruta sobremadura, mineral. Boca potente, sabroso, tostado, taninos maduros.

Las Reñas 2013 B
macabeo, malvasía

84 3,9€

Las Reñas 2013 RD
monastrell, syrah

88 ★★★★★ 3,9€

Color cobrizo. Aroma fruta escarchada, flores secas, hierbas de tocador, fruta roja. Boca ligero, sabroso, buena acidez, largo, especiado.

Las Reñas 2013 T
monastrell, syrah, tempranillo

88 ★★★★★ 3,9€

Color cereza, borde violáceo. Aroma potente, fruta roja, fruta madura, floral, expresivo. Boca potente, fresco, frutoso, untuoso.

Las Reñas Barrica 2012 T
monastrell, syrah, tempranillo

88 ★★★★★ 5€

Color cereza, borde violáceo. Aroma expresivo, fruta fresca, fruta roja, cacao fino. Boca sabroso, frutoso, buena acidez, taninos maduros.

Las Reñas Ecológico 2012 T
monastrell

90 ★★★★★ 🌷 5€

Color cereza, borde violáceo. Aroma potente, fruta roja, fruta madura, floral, complejo, terroso. Boca potente, fresco, frutoso, untuoso.

Las Reñas Monastrell - Shiraz 2010 TC
monastrell, syrah

88

Color cereza intenso. Aroma tostado, especias dulces, chocolate, cacao fino, fruta madura. Boca especiado, fruta madura, taninos maduros.

Las Reñas Selección 2011 TC
monastrell, syrah

89 14,5€

Color cereza, borde granate. Aroma fruta madura, especiado, roble cremoso, complejo, terroso, muy tostado (torrefactado). Boca potente, sabroso, tostado, taninos maduros.

Lorca Selección 2012 T
monastrell

90 ★★★★★ 7€

Color cereza brillante. Aroma fruta madura, especias dulces, roble cremoso, intensidad media. Boca frutoso, sabroso, tostado.

Lorca Syrah 2012 T
syrah

89 ★★★★ 7€

Color cereza, borde granate. Aroma fruta madura, especiado, roble cremoso, tostado, complejo, terroso. Boca potente, sabroso, tostado, taninos maduros.

Niño de las Uvas 2012 T
monastrell, syrah, tempranillo

90 ★★★★★ 5€

Color cereza muy intenso. Aroma floral, fruta madura, expresión frutal, balsámico, hierbas de monte. Boca sabroso, frutoso, especiado, buena acidez.

Señorío de Bullas 2010 TR
monastrell, syrah

87 ★★★ 9,5€

Color cereza, borde granate. Aroma fruta madura, especiado, roble cremoso, complejo, chocolate. Boca potente, sabroso, tostado, taninos maduros.

BODEGAS MERCADER-QUESADA
Paraje de Balamonte (C/Herrera)
30180 Bullas (Murcia)
☎: +34 609 121 647
Fax: +34 968 654 205
www.mundoenologico.com
pilarquesadagil@yahoo.es

Mercader Quesada Selección Monastrell Ecológico 2010 T
monastrell

87 🌷

Color cereza muy intenso. Aroma fruta escarchada, fruta confitada, cálido. Boca sabroso, especiado, confitado.

DOMINIO DE ANTARGU
Ronda de Atocha, 16
28012 (Madrid)
☎: +34 915 275 244
www.dominiodeantargu.es
dominiodeantargu@gmail.com

Da 2010 T
87

Color cereza, borde granate. Aroma fruta madura, especiado, roble cremoso, tostado, balsámico. Boca potente, sabroso, tostado.

FERNANDO CARREÑO PEÑALVER

Ginés de Paco, 22
30430 Cehegín (Murcia)
☎: +34 968 740 004
Fax: +34 968 740 004
www.bodegascarreno.com
info@bodegascarreno.com

Marmallejo 2011 TC
87 ★★★★★   5€

Color cereza brillante. Aroma especias dulces, roble cremoso, fruta escarchada. Boca sabroso, frutoso, tostado, taninos maduros.

Viña Azeniche 2011 T Roble
84   3,6€

MOLINO Y LAGARES DE BULLAS

Paraje Venta del Pino, s/n - Parcela 38 km. 12 Camino del Portugalez
30430 Cehegin (Murcia)
☎: +34 638 046 694
Fax: +34 968 654 494
www.bodegaslavia.com
lavia@bodegaslavia.com

Lavia Monastrell Syrah 2010 TC
93 ★★★★★   10€

Color cereza, borde granate. Aroma fruta madura, especiado, roble cremoso, complejo, terroso, balsámico, hierbas verdes. Boca potente, sabroso, tostado, taninos maduros.

Lavia+ 2009 TC
100% monastrell

93   20€

Color cereza intenso. Aroma expresivo, elegante, balsámico, hierbas de tocador. Boca sabroso, especiado, largo, buena acidez.

Lavia+ Paso Malo 2009 TC
100% monastrell

93   30€

Color cereza muy intenso. Aroma balsámico, hierbas de monte, fruta fresca, fruta roja. Boca sabroso, frutoso, fresco, buena acidez, fino amargor.

DO. CALATAYUD

CONSEJO REGULADOR

Ctra. de Valencia, 8
50300 Calatayud (Zaragoza)
☎: +34 976 884 260 - Fax: +34 976 885 912
@: administracion@docalatayud.com
www.docalatayud.com

SITUACIÓN:

Está ubicada en la parte occidental de la provincia de Zaragoza, en las estribaciones del Sistema Ibérico, marcada por la red fluvial que tejen diferentes afluentes del Ebro: Jalón, Jiloca, Manubles, Mesa, Piedra y Ribota, y engloba 46 términos municipales del Valle del Ebro.

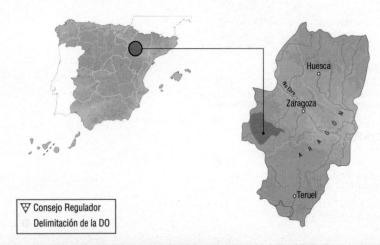

☝ Consejo Regulador
Delimitación de la DO

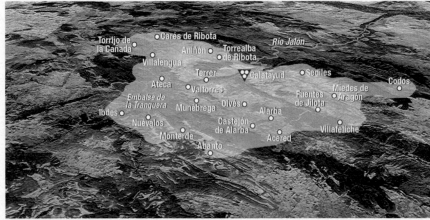

VARIEDADES:

BLANCAS

PREFERENTES: macabeo (25%) y malvasía.

AUTORIZADAS: moscatel de Alejandría, garnacha blanca, chardonnay, sauvignon blanc y gewürztraminer.

TINTAS

PREFERENTES: garnacha tinta (61.9%), tempranillo (10%) y mazuela.

AUTORIZADAS: monastrell, cabernet sauvignon, merlot, bobal y syrah.

DATOS:

Nº Has. Viñedo: 3.280 – **Nº Viticultores:** 900 – **Nº Bodegas:** 16 – **Cosecha 13:** Muy Buena – **Producción 13:** 7.078.979 litros – **Comercialización:** 15% España - 85% extranjero

SUELOS:

En general tienen un alto contenido en caliza. Están formados por materiales pedregosos poco rodados, procedentes de las sierras próximas y acompañados, en muchos casos, de arcillas rojizas. La zona es la más accidentada de Aragón y el viñedo se asienta entre los 550 y 880 metros.

CLIMA:

Semiárido y seco, aunque más fresco que Cariñena y Borja, con inviernos fríos, una temperatura media anual que se sitúa entre los 12 y los 14°C y un período de heladas, de entre cinco y siete meses, que incide de forma importante sobre la producción. La pluviometría oscila entre los 300-550 mm. anuales y durante la época de maduración se registran importantes diferencias térmicas entre el día y la noche.

CARACTERÍSTICAS GENERALES DE LOS VINOS

BLANCOS	De color amarillo pálido; se caracterizan por su estilo fresco y afrutado. Existe alguna experiencia de fermentación en barrica.
ROSADOS	Antiguamente constituían el producto más característico de la zona por su excelente relación calidad/precio. Elaborados básicamente a partir de garnacha, destacan por su buena expresión varietal, el color frambuesa muy vivo, la frescura, la potencia aromática y la sabrosidad en boca propia de la variedad.
TINTOS	La garnacha es la reina indiscutible de sus tintos. Imprime a estos vinos un color oscuro y vivo. Los mejores ejemplos ofrecen una nariz bastante potente, con notas de frutos negros maduros; en la boca resultan sabrosos y, en algunas ocasiones, algo cálidos. Lo más característico de sus tintos es su gran mineralizad que se expresa tanto en nariz como en boca.

CLASIFICACIÓN COSECHAS

GUÍA**PEÑÍN**

2009	2010	2011	2012	2013
MUY BUENA	MUY BUENA	MUY BUENA	MUY BUENA	MUY BUENA

AGUSTÍN CUBERO

La Charluca, s/n
50300 Calatayud (Zaragoza)
☎: +34 976 882 332
Fax: +34 976 887 512
www.bodegascubero.com
calatayud@bodegascubero.com

Stylo 2012 T
garnacha

89 ★★★   10€

Color cereza, borde granate. Aroma fruta madura, roble cremoso, tostado, cacao fino, café aromático. Boca potente, sabroso, tostado, retronasal torrefactado.

Stylo 2013 T
garnacha

89 ★★★★   8€

Color cereza brillante. Aroma fruta madura, especias dulces, roble cremoso. Boca sabroso, frutoso, tostado, taninos maduros.

Unus 2013 B
macabeo

87 ★★★★   7,5€

Color amarillo, pálido. Aroma equilibrado, intensidad media, fruta fresca, hierbas de tocador. Boca correcto, fino amargor.

ALIANZA DE GARAPITEROS

Plaza España, 6 Planta 1ª
50001 (Zaragoza)
☎: +34 976 094 033
Fax: +34 976 094 033
www.alianzadegarapiteros.es
info@alianzadegarapiteros.es

Alquéz Garnacha Viñas Viejas 2012 T
100% garnacha

89   12,4€

Color cereza oscuro, borde granate. Aroma roble cremoso, cacao fino, especias dulces. Boca frutoso, sabroso, mineral, taninos maduros.

Nietro Garnacha Viñas Viejas 2013 T
100% garnacha

89 ★★★   8,9€

Color cereza intenso. Aroma fruta madura, especias dulces, cacao fino. Boca sabroso, frutoso, tostado, taninos maduros.

Nietro Macabeo Viñas Viejas 2013 B
100% macabeo

88 ★★★   8,9€

Color pajizo brillante. Aroma flores blancas, fruta fresca, expresivo, lías finas, hierbas secas. Boca sabroso, frutoso, buena acidez, equilibrado.

AXIAL

Pla-za Calle Castillo de Capua, 10
Nave 7
50197 (Zaragoza)
☎: +34 976 780 136
Fax: +34 976 303 035
www.axialvinos.com
info@axialvinos.com

Divina Lágrima 2012 T

89 ★★★★   8€

Color cereza, borde granate. Aroma fruta madura, hierbas silvestres, especiado, roble cremoso. Boca equilibrado, sabroso, largo, balsámico, taninos dulces.

Marqués de Montañana Selección Especial 2013 T
100% garnacha

86 ★★★   10€

Color cereza, borde granate. Aroma fruta madura, hierbas silvestres, especiado, roble cremoso. Boca equilibrado, sabroso, largo, balsámico.

MARQUÉS DE
MONTAÑANA

MARQUÉS DE
MONTAÑANA
GARNACHA 2013
SELECCIÓN ESPECIAL

PRODUCTO DE ESPAÑA

BODEGA CASTILLO DE MALUENDA

Avda. José Antonio, 61
50340 Maluenda (Zaragoza)
☎ +34 976 893 017
Fax: +34 976 546 969
www.castillodemaluenda.com
info@castillodemaluenda.com

Alto Las Pizarras 2011 T
100% garnacha

90   **18€**

Color cereza oscuro. Aroma fruta madura, hierbas silvestres, especiado, roble cremoso, mineral. Boca equilibrado, sabroso, largo, balsámico.

Castillo de Maluenda 2011 TC

86 ★★★★★   **4,6€**

Color cereza intenso. Aroma fruta madura, especiado, roble cremoso, tostado, piedra seca. Boca potente, sabroso, tostado, taninos maduros.

Claraval Selección Cuvée 2012 T

88 ★★★★   **7,2€**

Color cereza, borde granate. Aroma fruta madura, especiado, roble cremoso. Boca equilibrado, sabroso, largo, balsámico.

Claraval Syrah 2012 T
100% syrah

87 ★★★★   **6,9€**

Color cereza brillante. Aroma fruta madura, especias dulces, roble cremoso, expresivo. Boca sabroso, frutoso, tostado, taninos maduros.

Las Pizarras 2011 T
100% garnacha

88   **12€**

Color cereza, borde granate. Aroma fruta madura, hierbas silvestres, especiado, roble cremoso, varietal. Boca equilibrado, sabroso, largo, balsámico.

CALATAYUD
Denominación de Origen

LAS PIZARRAS
del Jalón

Garnacha Viñas Viejas

Las Pizarras Collection Fabla 2012 T
100% garnacha

90 ★★★★★   **6€**

Color cereza, borde granate. Aroma fruta madura, especiado. Boca potente, sabroso, tostado, taninos maduros, correcto, fácil de beber.

Las Pizarras Collection Siosy 2013 T
100% syrah

88 ★★★★   **6,9€**

Color cereza, borde granate. Aroma fruta madura, hierbas silvestres, terroso, especiado. Boca equilibrado, sabroso, largo, balsámico.

Las Pizarras Collection Volcán 2013 T
100% tempranillo

89 ★★★★★   **5€**

Color cereza, borde granate. Aroma fruta madura, especiado, tostado, complejo, terroso, hierbas silvestres, mineral. Boca potente, sabroso, tostado.

BODEGA COOP. VIRGEN DE LA SIERRA

Avda. de la Cooperativa, 21-23
50310 Villarroya de la Sierra (Zaragoza)
☎ +34 976 899 015
Fax: +34 976 899 132
www.bodegavirgendelasierra.com
oficina@bodegavirgendelasierra.com

Albada 2013 B
100% macabeo

88 ★★★★★   **4,5€**

Color pajizo brillante. Aroma flores blancas, hierbas de tocador, expresión frutal. Boca fresco, frutoso, sabroso, equilibrado, elegante.

Albada Finca 1 2012 T
garnacha

91   **25€**

Color cereza oscuro, borde granate. Aroma mineral, complejo, fruta madura, especiado. Boca sabroso, fruta madura, largo.

Albada Finca 2 2012 T
garnacha

92   **30€**

Color cereza brillante. Aroma fruta madura, especias dulces, roble cremoso, mineral, balsámico, expresivo. Boca sabroso, frutoso, tostado, taninos maduros, balsámico, elegante.

Albada Viñas Viejas 2012 T
100% garnacha

88 ★★★★   **6€**

Color cereza, borde granate. Aroma fruta roja, fruta madura, mineral, balsámico. Boca sabroso, especiado, equilibrado.

Cruz de Piedra 2013 B
100% macabeo

85 ★★★★★   **2,8€**

Cruz de Piedra 2013 RD
100% garnacha

87 ★★★★★ 2,8€

Color rosa vivo. Aroma potente, fruta madura, fruta roja, floral, expresivo. Boca potente, frutoso, fresco.

Cruz de Piedra 2013 T
100% garnacha

87 ★★★★★ 2,8€

Color cereza, borde violáceo. Aroma expresivo, fruta fresca, fruta roja, floral, hierbas silvestres. Boca sabroso, frutoso, buena acidez.

Cruz de Piedra Capricho 2010 TR
100% garnacha

90 ★★★★★ 7€

Color cereza, borde granate. Aroma fruta madura, especiado, roble cremoso, tostado, complejo, balsámico, mineral. Boca potente, sabroso, tostado, taninos maduros.

Cruz de Piedra Selección Especial 2012 T
100% garnacha

89 ★★★★★ 5€

Color cereza, borde granate. Aroma fruta roja, fruta madura, mineral, hierbas silvestres. Boca sabroso, especiado, balsámico.

Cruz de Piedra Selección Especial 2013 T
100% garnacha

91 ★★★★★ 5€

Color cereza, borde granate. Aroma fruta madura, hierbas silvestres, especiado, roble cremoso, mineral. Boca equilibrado, sabroso, largo, balsámico.

BODEGA SAN GREGORIO
Ctra. Villalengua, s/n
50312 Cervera de la Cañada (Zaragoza)
☎: +34 976 899 206
Fax: +34 976 896 240
www.bodegasangregorio.com
tresojos@bodegasangregorio.com

Armantes 2008 TR

89 ★★★ 8,8€

Color cereza oscuro, borde granate. Aroma especiado, hierbas silvestres, cacao fino. Boca buena acidez, equilibrado, largo, balsámico.

Armantes 2010 TC

87 ★★★★★ 4,7€

Color cereza oscuro. Aroma fruta madura, terroso, especiado, hierbas de monte. Boca equilibrado, sabroso, balsámico, taninos maduros.

Armantes 2013 B
macabeo

85 ★★★★★ 2,8€

Armantes 2013 BFB
macabeo

89 ★★★★ 6,6€

Color pajizo brillante. Aroma fruta madura, potente, tostado, ebanistería. Boca sabroso, frutoso, especiado, tostado, largo, equilibrado, elegante.

Armantes 2013 RD

86 ★★★★★ 2,8€

Color cereza claro, brillante. Aroma fruta roja, hierbas silvestres. Boca fresco, frutoso, fácil de beber, buena acidez.

Armantes 2013 T

88 ★★★★★ 2,8€

Color cereza, borde violáceo. Aroma potente, fruta roja, fruta madura, floral, expresivo. Boca potente, fresco, frutoso, untuoso, correcto.

Armantes Vendimia Seleccionada 2011 T

90 ★★★★★ 6,6€

Color cereza, borde granate. Aroma fruta madura, especiado, roble cremoso, tostado, mineral. Boca potente, sabroso, tostado, balsámico.

Tres Ojos Garnacha 2012 T
garnacha

86 ★★★★★ 3€

Color cereza oscuro, borde granate. Aroma fruta madura, especiado, tostado, hierbas de monte. Boca correcto, sabroso.

BODEGAS ATECA
Ctra. N-II, s/n
50200 Ateca (Zaragoza)
☎: +34 968 435 022
Fax: +34 968 716 051
www.orowines.com
info@orowines.com

Atteca 2012 T
100% garnacha

93 ★★★★ 11,5€

Color cereza, borde granate. Aroma fruta madura, especiado, roble cremoso, tostado, complejo, chocolate, terroso. Boca potente, sabroso, tostado, taninos maduros.

Atteca Armas 2010 T
100% garnacha

93 32€

Color cereza muy intenso, borde granate. Aroma potente, muy tostado (torrefactado), chocolate, fruta sobremadura, cálido. Boca potente, tostado, retronasal torrefactado.

Atteca Armas 2011 T
100% garnacha

93 32€

Color cereza brillante. Aroma fruta madura, especias dulces, roble cremoso, intensidad media. Boca frutoso, sabroso, tostado, lleno.

Honoro Vera Garnacha 2013 T
100% garnacha

90 ★★★★   5,5€

Color cereza muy intenso, borde granate. Aroma cálido, hierbas secas, especias dulces, mineral, varietal. Boca sabroso, fruta madura, largo.

BODEGAS AUGUSTA BILBILIS
Carramiedes, s/n
50331 Mara (Zaragoza)
☎: +34 677 547 127
www.bodegasaugustabilbilis.com
bodegasaugustabilbilis@hotmail.com

Samitier 2012 T Roble
100% garnacha

90 ★★★★★   8€

Color cereza, borde granate. Aroma terroso, fruta roja, expresión frutal, hierbas de monte. Boca buena acidez, correcto, taninos maduros.

Samitier Garnacha 2009 T
100% garnacha

93 ★★★   14€

Color cereza, borde granate. Aroma fruta madura, hierbas silvestres, terroso, especiado, roble cremoso. Boca equilibrado, sabroso, largo, balsámico.

BODEGAS BRECA
Ctra. Monasterio de Piedra, s/n
50219 Munébrega (Zaragoza)
☎: +34 976 895 071
Fax: +34 976 895 171
www.grupojorgeordonez.com
breca@jorgeordonez.es

Breca 2012 T
100% garnacha

96 ★★★★   12€

Color cereza, borde granate. Aroma fruta madura, especiado, roble cremoso, tostado, complejo, chocolate, terroso. Boca potente, sabroso, tostado, taninos maduros.

BODEGAS DOMINIO MARÍA PILAR
Avda. Barón de Warsage, 27
50300 Calatayud (Zaragoza)
☎: +34 976 886 606
Fax: +34 976 887 512

Dominio de María 2011 T
garnacha

90   30€

Color cereza brillante. Aroma especias dulces, roble cremoso, tostado, ahumado. Boca sabroso, frutoso, tostado, taninos maduros.

BODEGAS ESTEBAN CASTEJÓN
Portada, 13
50236 Ibdes (Zaragoza)
☎: +34 976 848 031
www.bodegasesteban.es
bodegasesteban@bodegasesteban.es

Tranquera 2013 RD
tempranillo, garnacha, cabernet sauvignon

85 ★★★★★   2,8€

Tranquera Garnacha 2012 T
100% garnacha

88 ★★★★★   3,8€

Color cereza, borde granate. Aroma fruta madura, especiado, tostado, complejo, hierbas secas. Boca tostado, taninos maduros.

Tranquera Garnacha Blanca 2013 B
100% garnacha blanca

86 ★★★★★   2,8€

Color pajizo brillante. Aroma fresco, fruta fresca, flores blancas. Boca sabroso, frutoso, buena acidez, equilibrado.

BODEGAS LANGA
Ctra. Nacional II, Km. 241,700
50300 Calatayud (Zaragoza)
☎: +34 976 881 818
Fax: +34 976 884 463
www.bodegas-langa.com
info@bodegas-langa.com

Langa Garnacha 2012 T
garnacha

89   12€

Color cereza, borde granate. Aroma fruta madura, especiado, tostado, terroso. Boca potente, sabroso, tostado, taninos maduros.

Langa Merlot 2012 T
100% merlot

88 ★★★ ❀   10€

Color cereza intenso, borde granate. Aroma cacao fino, especias dulces, fruta madura, hierbas de monte, balsámico. Boca sabroso, taninos maduros.

Langa Tradición 2012 T
100% garnacha

90 ★★★★★   8,5€

Color cereza brillante. Aroma fruta madura, especias dulces, hierbas de monte. Boca frutoso, sabroso, tostado, mineral.

Real de Aragón Centenaria 2011 T
garnacha

90 ★★★★★   9€

Color cereza, borde granate. Aroma fruta madura, especiado, roble cremoso, tostado, complejo. Boca potente, sabroso, tostado, taninos maduros.

Reyes de Aragón Garnacha Cabernet 2011 TC
garnacha, cabernet sauvignon

90 ★★★   15€

Color cereza, borde granate. Aroma fruta madura, hierbas silvestres, especiado, roble cremoso. Boca sabroso, largo, balsámico.

BODEGAS SAN ALEJANDRO
Ctra. Calatayud - Cariñena, Km. 16
50330 Miedes de Aragón (Zaragoza)
☎: +34 976 892 205
Fax: +34 976 890 540
www.san-alejandro.com

Baltasar Gracián 2011 TC
garnacha, syrah, tempranillo

91 ★★★★★   9€

Color cereza, borde granate. Aroma fruta madura, especiado, roble cremoso, tostado, mineral. Boca potente, sabroso, tostado, taninos maduros, equilibrado, elegante.

Baltasar Gracián 2010 TR
garnacha, syrah, tempranillo

91 ★★★★★   10€

Color cereza oscuro, borde granate. Aroma expresivo, fruta roja, fruta madura, flores marchitas, especiado. Boca equilibrado.

Baltasar Gracián Garnacha 2013 RD
100% garnacha

88 ★★★★★   4€

Color frambuesa, borde violáceo. Aroma potente, fruta madura, fruta roja, floral, expresivo. Boca frutoso, fresco, sabroso, buena acidez.

Baltasar Gracián Garnacha Nativa 2011 T
100% garnacha

93 ★★★★★   20€

Color cereza oscuro, borde granate. Aroma complejo, equilibrado, balsámico, hierbas de monte, especiado. Boca estructurado, equilibrado, balsámico, mineral.

Baltasar Gracián Garnacha Nativa 2013 T
100% garnacha

90 ★★★★★   4€

Color cereza, borde granate. Aroma fruta madura, hierbas silvestres, terroso, especiado, mineral. Boca equilibrado, sabroso, largo, balsámico.

Baltasar Gracián Garnacha Viñas Viejas 2012 T
100% garnacha

91 ★★★★★   8€

Color cereza, borde granate. Aroma fruta madura, hierbas silvestres, especiado, roble cremoso, mineral. Boca equilibrado, sabroso, largo, balsámico.

Baltasar Gracián Macabeo 2013 B
100% macabeo

86 ★★★★★   4€

Color pajizo brillante. Aroma fresco, fruta fresca, flores blancas, expresivo. Boca frutoso, buena acidez, equilibrado, cierta persistencia.

Las Rocas Garnacha 2011 T
garnacha

90

Color cereza, borde granate. Aroma fruta madura, especiado, roble cremoso, tostado, complejo, terroso. Boca potente, sabroso, tostado, taninos maduros.

Las Rocas Garnacha 2012 T
100% garnacha

91 ★★★★★   7€

Color cereza, borde granate. Aroma fruta madura, hierbas silvestres, especiado, piedra seca. Boca equilibrado, sabroso, largo, balsámico.

Las Rocas Garnacha Viñas Viejas 2012 T
100% garnacha

93 ★★★★   12€

Color cereza, borde granate. Aroma fruta madura, especiado, roble cremoso, tostado, piedra seca, balsámico. Boca potente, sabroso, tostado.

EL ESCOCÉS VOLANTE

Barrio La Rosa Bajo, 16
50300 Calatayud (Zaragoza)
☎: +34 637 511 133
www.escocesvolante.es
info@escocesvolante.es

El Puño 2011 T
93　　　　　　　　　　　　　　　　18€

Color cereza, borde granate. Aroma especiado, roble cremoso, tostado, expresión frutal. Boca potente, sabroso, tostado, taninos maduros.

Manga del Brujo 2012 T
93 ★★★★　　　　　　　　　　　　13€

Color cereza, borde granate. Aroma fruta madura, hierbas silvestres, terroso, especiado, roble cremoso, expresivo. Boca equilibrado, sabroso, largo, balsámico.

EMBUTIDOS GUERRERO SEBASTIÁN

Ctra. Daroca, s/n
50347 Acered (Zaragoza)
☎: +34 976 896 704
Fax: +34 976 896 704
www.bodegasguerrerosebastian.com
maguese1@gmail.com

Azeré 2012 TC
100% garnacha
85 ★★★★　　　　　　　　　　　　7€

Azeré 2013 B
100% macabeo
87 ★★★★★　　　　　　　　　　　3,5€

Color pajizo, pálido. Aroma fruta madura, intensidad media, hierbas secas. Boca lleno, sabroso, largo, buena acidez, fino amargor.

Azeré 2013 RD
100% garnacha
86 ★★★★★　　　　　　　　　　　3,5€

Color frambuesa, borde violáceo. Aroma potente, fruta madura, fruta roja, floral. Boca potente, frutoso, fresco.

Azeré Garnacha + de 50 2010 T
100% garnacha
92 ★★★★　　　　　　　　　　　　13€

Color cereza poco intenso. Aroma fruta madura, especiado, roble cremoso, tostado, complejo, piedra seca. Boca potente, sabroso, tostado, taninos maduros, elegante.

FLORIS LEGERE

Ecuador, 5 2º 1ª
50012 Zaragoza (Zaragoza)
☎: +34 608 974 809
www.florislegere.com
contact@florislegere.com

Alaviana 2012 T
garnacha, syrah
92 ★★★★★　　　　　　　　　　　10€

Color cereza, borde granate. Aroma fruta roja, balsámico, piedra seca, expresivo. Boca equilibrado, potente, sabroso, largo, especiado, redondo.

Atractylis 2012 T
syrah
92 ★★★　　　　　　　　　　　　　15€

Color cereza, borde granate. Aroma fruta madura, hierbas silvestres, terroso, especiado, roble cremoso. Boca equilibrado, sabroso, largo, balsámico.

NIÑO JESÚS

Las Tablas, s/n
50313 Aniñón (Zaragoza)
☎: +34 976 899 150
Fax: +34 976 896 160
www.satninojesus.com
gerencia@satninojesus.com

Estecillo 2013 B
macabeo
84   **2,9€**

Estecillo 2013 T
garnacha, tempranillo
84   **2,9€**

Legado Garnacha 2013 T
garnacha
85 ★★★★   **5,5€**

Legado Garnacha Syrah 2012 T
garnacha, syrah
84   **5,5€**

Legado Macabeo 2013 BFB
macabeo
86 ★★★★   **5,5€**
Color amarillo brillante. Aroma potente, fruta madura, especias dulces, roble cremoso, hierbas de tocador. Boca graso, retronasal ahumado, sabroso, fresco, buena acidez.

PAGOS ALTOS DE ACERED

Avda. Río Jalón, 62
50300 Calatayud (Zaragoza)
☎: +34 636 474 723
www.lajas.es
manuel@lajas.es

Lajas "Finca el Peñiscal" 2007 T
100% garnacha
93   **25€**
Color cereza, borde granate. Aroma fruta madura, hierbas silvestres, especiado, balsámico, hierbas de monte. Boca equilibrado, sabroso, largo, balsámico, elegante.

Lajas "Finca el Peñiscal" 2008 T
100% garnacha
92   **25€**
Color cereza oscuro, borde granate. Aroma fina reducción, especiado, hierbas secas, mineral. Boca sabroso, taninos maduros, largo.

Lajas "Finca el Peñiscal" 2009 T
100% garnacha
94   **25€**
Color cereza, borde granate. Aroma expresivo, fruta roja, fruta madura, mineral, hierbas de monte. Boca fruta madura, largo, equilibrado, complejo.

Lajas "Finca el Peñiscal" 2010 T
100% garnacha
93   **25€**
Color cereza, borde granate. Aroma fruta madura, especiado, roble cremoso, tostado, piedra seca, hierbas silvestres. Boca potente, sabroso, tostado, taninos maduros, equilibrado, redondo.

RESERVA Y CATA

Conde de Xiquena, 13
28004 (Madrid)
☎: +34 913 190 401
Fax: +34 913 190 401
www.reservaycata.com
info@reservaycata.com

Pagos Místicos 2011 T
89
Color cereza, borde granate. Aroma fruta madura, especiado, roble cremoso, tostado, balsámico. Boca potente, sabroso, tostado.

DO. CAMPO DE BORJA

CONSEJO REGULADOR

Subida de San Andrés, 6
50570 Ainzón (Zaragoza)
☎: +34 976 852 122 - Fax: +34 976 868 806
@: vinos@docampodeborja.com
www.docampodeborja.com

SITUACIÓN:

Son 16 los municipios que componen la DO Campo de Borja, situados al noroeste de la provincia de Zaragoza, a 60 kilómetros de la capital, en una zona de transición entre las montañas del Sistema Ibérico (en las faldas del Moncayo) y el Valle del Ebro: Agón, Ainzón, Alberite, Albeta, Ambel, Bisimbre, Borja, Bulbuente, Burueta, El Buste, Fuendejalón, Magallón, Malejan, Pozuelo de Aragón, Tabuenca y Vera del Moncayo.

☒ Consejo Regulador
Delimitación de la DO

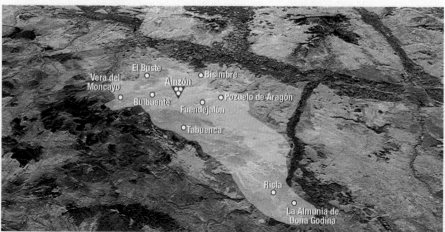

VARIEDADES:

BLANCAS: macabeo, garnacha blanca, moscatel, chardonnay, sauvignon blanc y verdejo.

TINTAS: garnacha (mayoritaria con el 75%), tempranillo, mazuela, cabernet sauvignon, merlot y syrah.

DATOS:

Nº Has. Viñedo: 6.614,12 – **Nº Viticultores:** 1.520 – **Nº Bodegas:** 17 – **Cosecha 13:** Buena – **Producción 13:** 13.386.915 litros– **Comercialización:** 63,12% España - 36,87% extranjero

SUELOS:

Los más abundantes son los de tipo pardo calizo, los suelos de terraza y los arcillo-ferrosos. El viñedo se asienta entre los 350 y 700 metros de altitud en pequeñas laderas suavemente onduladas, en las terrazas del río Huecha y los Llanos de Plasencia, en lo que constituye el somontano del Moncayo.

CLIMA:

De tipo continental bastante extremado, con inviernos fríos y veranos secos y cálidos. Una de sus características principales es la influencia del cierzo, viento frío y seco del noroeste. Las precipitaciones son bastante escasas y se sitúan entre los 350 y los 450 mm. anuales.

CARACTERÍSTICAS GENERALES DE LOS VINOS

BLANCOS — Elaborados fundamentalmente a partir de macabeo y moscatel, resultan ligeros, frescos y agradables. También existen experiencias de blancos de fermentación en barrica.

ROSADOS — Con un nivel de calidad bastante notable, se elaboran sobre todo a partir de garnacha; son algo más frescos que los de Cariñena y destacan por el carácter sabroso en boca que aporta la variedad.

TINTOS — Apoyados también en la garnacha, es el tipo de vinos más importante de la zona. De color cereza oscuro en su juventud, tienen buena intensidad aromática y ofrecen notas de frutos negros maduros; en el paladar son sabrosos, afrutados y carnosos. Los de crianza resultan algo más suaves y redondeados; en los reservas y grandes reservas de elaboración tradicional, sin embargo, pueden aparecer aromas animales y de reducción precoz fruto del carácter oxidativo de la garnacha.

CLASIFICACIÓN COSECHAS

GUÍAPEÑÍN

2009	2010	2011	2012	2013
MUY BUENA	MUY BUENA	MUY BUENA	MUY BUENA	BUENA

ARTIGA FUSTEL

Progres, 21 Bajos
8720 Vilafranca del Penedès
(Barcelona)
☎: +34 938 182 317
Fax: +34 938 924 499
www.artiga-fustel.com
info@artiga-fustel.com

Nostrada Syrah Monastrell 2013 T

86 ★★★★★   5€

Color cereza brillante, borde violáceo. Aroma fruta roja, fruta madura, equilibrado. Boca frutoso, sabroso, buena acidez.

BODEGA PICOS

Ctra. Nacional 122, Km. 55'400
50520 Magallón (Zaragoza)
☎: +34 976 863 006
www.bodegapicos.com
info@bodegapicos.com

Gran Gregoriano 2012 T
garnacha, tempranillo, cabernet sauvignon, syrah

84   6,5€

Gregoriano 2012 T Roble
garnacha, tempranillo, cabernet sauvignon

85 ★★★★★   4,5€

Gregoriano Blanco de Hielo 2013 B
moscatel, macabeo

83   5€

Loteta 2013 T
garnacha, tempranillo, cabernet sauvignon

83   2,5€

BODEGAS ALTO MONCAYO

Ctra. CV-606 Borja - El Buste,
Km. 1,700
50540 Borja (Zaragoza)
☎: +34 976 868 098
Fax: +34 976 868 147
www.bodegasaltomoncayo.com
info@bodegasaltomoncayo.com

Alto Moncayo 2011 T
100% garnacha

96   32€

Color cereza, borde granate. Aroma fruta madura, balsámico, especiado, roble cremoso, tostado, mineral. Boca equilibrado, redondo, untuoso, especiado, largo, elegante.

Alto Moncayo
'2011 Garnacha

Alto Moncayo Veratón 2011 T
100% garnacha

93   23€

Color cereza, borde granate. Aroma fruta madura, especiado, roble cremoso, tostado, complejo, cacao fino. Boca potente, sabroso, tostado, taninos maduros.

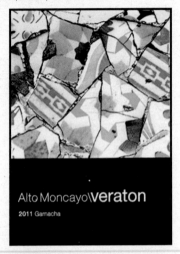

Aquilón 2011 T
100% garnacha

95   110€

Color cereza, borde granate. Aroma fruta roja, fruta madura, especiado, roble cremoso, tostado, complejo, terroso. Boca potente, sabroso, tostado, taninos maduros, equilibrado, elegante.

BODEGAS ARAGONESAS
Ctra. Magallón, s/n
50529 Fuendejalón (Zaragoza)
☎: +34 976 862 153
Fax: +34 976 862 363
www.bodegasaragonesas.com
vanesa@bodegasaragonesas.com

Aragonia Selección Especial 2011 T
100% garnacha

91   18€

Color cereza, borde granate. Aroma fruta madura, especiado, roble cremoso, tostado, complejo. Boca potente, sabroso, tostado, taninos maduros.

Aragus 2013 T

87 ★★★★★   3€

Color cereza intenso, borde violáceo. Aroma hierbas de monte, fruta madura. Boca correcto, equilibrado, frutoso.

Aragus Ecológico 2013 T
100% garnacha

87 ★★★★★ ✿   4,5€

Color cereza muy intenso, borde violáceo. Aroma intensidad media, fruta roja, flores secas. Boca correcto, fruta madura, especiado.

Coto de Hayas 2010 TR
100% garnacha

89 ★★★   9€

Color cereza, borde granate. Aroma fruta roja, fruta madura, especiado, roble cremoso, tostado, fina reducción. Boca potente, sabroso, tostado, taninos maduros.

Coto de Hayas 2011 TC

88 ★★★★   6€

Color cereza opaco. Aroma fruta madura, hierbas silvestres, especiado, roble cremoso. Boca equilibrado, sabroso, largo, balsámico.

Coto de Hayas 2013 RD

87 ★★★★★   4€

Color rosa vivo. Aroma potente, fruta madura, fruta roja, floral, expresivo. Boca potente, frutoso, fresco.

Coto de Hayas Chardonnay 2013 B
chardonnay

84   4€

Coto de Hayas Garnacha Centenaria 2012 T
garnacha

91

Color cereza, borde violáceo. Aroma fruta madura, especias dulces, roble cremoso, cacao fino, chocolate, lácticos, balsámico. Boca sabroso, frutoso, tostado.

Coto de Hayas Garnacha Centenaria 2013 T
100% garnacha

90 ★★★★★   10€

Color cereza brillante. Aroma fruta madura, especias dulces. Boca sabroso, frutoso, tostado, taninos maduros.

Coto de Hayas Garnacha Syrah 2013 T

87 ★★★★★ 4€

Color cereza, borde violáceo. Aroma fruta madura, intensidad media. Boca equilibrado, frutoso, cierta persistencia.

Coto de Hayas Mistela 2013 Vino dulce natural
100% garnacha

90 ★★★★★ 8€

Color guinda. Aroma especias dulces, café aromático, cacao fino, balsámico, floral, fruta al licor. Boca potente, sabroso, especiado, espirituoso, equilibrado.

Coto de Hayas Moscatel 2013 B
100% moscatel grano menudo

86 ★★★★ 8€

Color dorado brillante. Aroma floral, fruta escarchada, notas amieladas. Boca sabroso, dulce, graso.

Coto de Hayas Tempranillo Cabernet 2013 T Roble

88 ★★★★★ 5€

Color cereza, borde granate. Aroma especiado, roble cremoso, tostado, complejo, chocolate, terroso, fruta roja. Boca potente, sabroso, tostado.

Don Ramón 2012 T Barrica

87 ★★★★★ 2,5€

Color cereza muy intenso, borde granate. Aroma potente, fruta madura, chocolate. Boca potente, tostado, retronasal torrefactado.

Don Ramón Garnacha Imperial 2012 T Roble
100% garnacha

89 ★★★★★ 2,8€

Color cereza brillante. Aroma fruta madura, especias dulces, roble cremoso, expresivo, fruta confitada. Boca sabroso, frutoso, tostado, taninos maduros.

Ecce Homo 2013 T
100% garnacha

86 ★★★★★ 4€

Color cereza, borde violáceo. Aroma potente, fruta roja, fruta madura, floral, expresivo. Boca potente, fresco, frutoso, untuoso.

Ecce Homo Selección 2010 T
100% garnacha

87 ★★★ 9,9€

Color cereza muy intenso, borde granate. Aroma especias dulces, roble cremoso, fruta madura. Boca frutoso, taninos maduros.

Fagus de Coto de Hayas 2012 T
100% garnacha

93 21€

Color cereza, borde granate. Aroma fruta roja, fruta madura, hierbas silvestres, mineral, especias dulces, roble cremoso. Boca potente, sabroso, largo, tostado.

Galiano 2007 T
100% garnacha

92 80€

Color rubí, borde teja. Aroma fruta madura, especiado, roble cremoso, tostado, complejo, fina reducción. Boca potente, sabroso, tostado, taninos maduros, elegante.

Oxia 2010 TC
100% garnacha

91 50€

Color rubí, borde teja. Aroma elegante, especiado, fina reducción, fruta confitada. Boca especiado, taninos finos, elegante, largo.

Solo Centifolia 2013 RD
100% garnacha

87 ★★★★ 5,5€

Color piel cebolla. Aroma elegante, flores secas, hierbas de tocador, fruta roja. Boca ligero, sabroso, buena acidez, largo.

BODEGAS BORSAO
Ctra. N- 122, Km. 63
50540 Borja (Zaragoza)
☎: +34 976 867 116
Fax: +34 976 867 752
www.bodegasborsao.com
info@bodegasborsao.com

Borsao Berola 2010 T

92 ★★★★ 11,8€

Color cereza brillante. Aroma fruta madura, hierbas silvestres, terroso, especiado, roble cremoso, varietal. Boca equilibrado, sabroso, largo, balsámico.

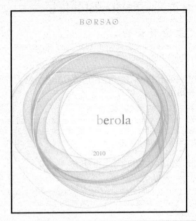

Solo Syrah 2013 T
100% syrah

87 ★★★★★ 5€

Color cereza brillante. Aroma especias dulces, roble cremoso, balsámico, caramelo de violetas. Boca sabroso, frutoso, tostado.

Solo Tiólico 2013 B
100% moscatel de alejandría

87 ★★★★ 5,5€

Color pajizo brillante. Aroma fresco, fruta fresca, flores blancas, expresivo. Boca sabroso, frutoso, buena acidez, equilibrado.

Borsao Bole 2011 T

89 ★★★★ 5,5€

Color cereza opaco. Aroma fruta madura, especiado, roble cremoso, tostado, complejo. Boca potente, sabroso, tostado, taninos maduros.

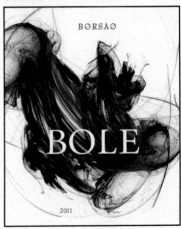

Borsao Selección 2011 TC

90 ★★★★★   7,5€

Color cereza, borde granate. Aroma fruta madura, hierbas silvestres, terroso, especiado, roble cremoso. Boca equilibrado, sabroso, largo, balsámico.

Borsao Selección 2013 B

macabeo

85

Borsao Selección 2013 RD

100% garnacha

86 ★★★★★   3,5€

Color frambuesa. Aroma floral, fruta roja, equilibrado, hierbas secas. Boca frutoso, fácil de beber, fino amargor.

Borsao Selección 2013 T

86 ★★★★★   3,9€

Color cereza, borde granate. Aroma fruta madura, hierbas silvestres, terroso. Boca equilibrado, sabroso, largo, balsámico.

Borsao Tres Picos 2012 T

100% garnacha

93 ★★★   14,2€

Color cereza, borde granate. Aroma fruta madura, especiado, roble cremoso, tostado, complejo, chocolate, terroso. Boca potente, sabroso, tostado, taninos maduros.

BODEGAS CARLOS VALERO

Castillo de Capúa, 10 Nave 1
Pol. PLA_ZA
50197 (Zaragoza)
☎: +34 976 180 634
Fax: +34 976 186 326
www.bodegasvalero.com
info@bodegasvalero.com

Heredad Asunción 2013 RD

100% garnacha

84   5€

Heredad Garnacha Blanca y Radiante 2013 B

100% garnacha blanca

86 ★★★★★   5€

Color pajizo brillante. Aroma intensidad media, hierbas de tocador. Boca frutoso, fácil de beber, fino amargor, cierta persistencia.

Heredad H Carlos Valero 2011 T

100% garnacha

88 ★★★★★   5€

Color cereza muy intenso, borde granate. Aroma chocolate, roble cremoso, fruta madura, fruta confitada. Boca estructurado, sabroso.

Heredad Red Carlos Valero 2011 T

100% garnacha

91 ★★★★   12€

Color cereza, borde granate. Aroma fruta madura, hierbas silvestres, terroso, especiado, roble cremoso. Boca equilibrado, sabroso, largo, balsámico.

BODEGAS ROMÁN

Ctra. Gallur - Agreda, 1
50546 Balbuente (Zaragoza)
☎: +34 976 852 936
www.bodegasroman.com
info@bodegasroman.es

Portal de Moncayo 2013 T

garnacha

88 ★★★★★   4€

Color cereza muy intenso, borde violáceo. Aroma fruta roja, equilibrado, piedra seca. Boca correcto, frutoso, sabroso, equilibrado.

Portal del Moncayo 2012 T Barrica

garnacha

87   12€

Color cereza brillante. Aroma fruta madura, especias dulces, expresivo, fruta confitada. Boca sabroso, frutoso, tostado, taninos maduros.

Román Cepas Viejas 2010 T

garnacha

92   21€

Color cereza brillante. Aroma fruta madura, especias dulces, roble cremoso, expresivo. Boca sabroso, frutoso, tostado, taninos maduros.

Senda de Hoyas 2013 T

garnacha

85 ★★★★★   2,7€

CRIANZAS Y VIÑEDOS SANTO CRISTO

Ctra. Tabuenca, s/n
50570 Ainzón (Zaragoza)
☎: +34 976 869 696
Fax: +34 976 868 097
www.bodegas-santo-cristo.com
bodegas@bodegas-santo-cristo.com

Cayus Selección 2012 T Roble

100% garnacha

92 ★★★★   12,5€

Color cereza, borde granate. Aroma fruta madura, hierbas silvestres, terroso, especiado, roble cremoso, piedra seca. Boca equilibrado, sabroso, largo, balsámico.

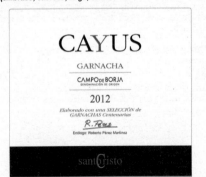

Flor de Añon Verdejo 2013 B

100% verdejo

85 ★★★★★   3,2€

Moscatel Ainzón 2013 B

100% moscatel grano menudo

87 ★★★★★   4,2€

Color pajizo brillante. Aroma potente, floral, notas amieladas, fruta escarchada. Boca sabroso, dulce, fresco, frutoso, buena acidez, largo.

Moscatel Ainzón 90 días 2013 B Barrica

100% moscatel grano menudo

92 ★★★★★   4,5€

Color pajizo brillante. Aroma potente, floral, notas amieladas, fruta escarchada, hierbas de tocador. Boca sabroso, dulce, fresco, frutoso, buena acidez, largo.

Peñazuela Selección 2012 T Roble

100% garnacha

86   10,5€

Color cereza opaco. Aroma fruta madura, especias dulces, roble cremoso, fruta confitada. Boca sabroso, frutoso, tostado, taninos maduros.

Santo Cristo 2013 T Roble

86 ★★★★★   3€

Color cereza muy intenso, borde violáceo. Aroma fruta madura, fruta confitada, hierbas de monte. Boca frutoso, retronasal afrutado.

Terrazas del Moncayo Garnacha 2010 T Roble

100% garnacha

91   30€

Color cereza, borde granate. Aroma fruta madura, especiado, roble cremoso, tostado, complejo. Boca potente, sabroso, tostado, taninos maduros, varietal.

Viña Ainzón 2011 TC

88 ★★★★★   3,6€

Color cereza muy intenso, borde granate. Aroma equilibrado, fruta madura, especiado, hierbas de monte. Boca sabroso, taninos maduros.

Viña Collado 2013 B

100% macabeo

85 ★★★★★   2,3€

Viña Collado 2013 RD

100% garnacha

86 ★★★★★   2,2€

Color frambuesa, borde violáceo. Aroma fruta madura, fruta roja, floral. Boca potente, frutoso, fresco, fácil de beber.

Viña Collado 2013 T
garnacha, syrah

87 ★★★★★ 2,2€

Color cereza, borde violáceo. Aroma fruta fresca, fruta roja, floral. Boca sabroso, frutoso, buena acidez, taninos maduros.

PAGOS DEL MONCAYO
Ctra. Z-372, Km. 1,6
50580 Vera de Moncayo (Zaragoza)
☎: +34 976 900 256
www.pagosdelmoncayo.com
info@pagosdelmoncayo.com

Pagos del Moncayo Garnacha 2012 T
100% garnacha

91 ★★★★ 13€

Color cereza muy intenso. Aroma fruta madura, especiado, roble cremoso, tostado, complejo. Boca potente, sabroso, tostado, taninos maduros.

Pagos del Moncayo Garnacha Syrah 2013 T

88 ★★★★ 5,8€

Color cereza, borde violáceo. Aroma roble cremoso, café aromático, ahumado, tostado. Boca potente, sabroso, tostado, retronasal torrefactado.

Pagos del Moncayo Prados 2012 T
syrah

91 23€

Color cereza muy intenso, borde granate. Aroma potente, fruta madura, muy tostado (torrefactado), piedra seca, balsámico. Boca potente, tostado, retronasal torrefactado, untuoso, redondo.

Pagos del Moncayo Syrah 2012 T
100% syrah

90 ★★★★ 13€

Color cereza brillante. Aroma fruta madura, especias dulces, roble cremoso, chocolate, café aromático. Boca sabroso, frutoso, tostado, taninos maduros.

RUBERTE HERMANOS
Tenor Fleta, s/n
50520 Magallón (Zaragoza)
☎: +34 976 858 106
Fax: +34 976 858 475
www.bodegasruberte.com
info@bodegasruberte.com

Aliana Carácter 2012 T
syrah

87

Color cereza brillante, borde granate. Aroma fruta madura, fruta confitada, especiado, equilibrado. Boca sabroso, taninos maduros.

Ruberte 2013 RD

86

Color frambuesa. Aroma fruta roja, fruta madura, frambuesa, balsámico, equilibrado. Boca sabroso, fresco.

Ruberte Syrah 2010 T
syrah

85

Ruberte Tresor 2012 T

87

Color cereza, borde granate. Aroma especiado, roble cremoso, tostado, complejo, fruta confitada. Boca potente, sabroso, tostado, taninos marcados de roble.

DO. CARIÑENA

CONSEJO REGULADOR

Camino de la Platera, 7

50400 Cariñena (Zaragoza)

☎: +34 976 793 143 / +34 976 793 031 - Fax: +34 976 621 107

@: consejoregulador@docarinena.com

@: promocion@docarinena.com

www.docarinena.com

SITUACIÓN:

En la provincia de Zaragoza, ocupa el valle del Ebro y engloba 14 términos municipales: Aguarón, Aladrén, Alfamén, Almonacid de la Sierra, Alpartir, Cariñena, Cosuenda, Encinacorba, Longares, Mezalocha, Muel, Paniza, Tosos y Villanueva de Huerva.

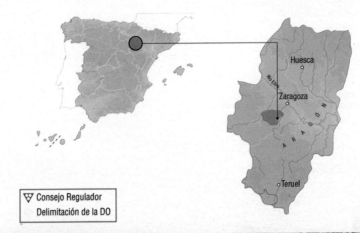

▽ Consejo Regulador
Delimitación de la DO

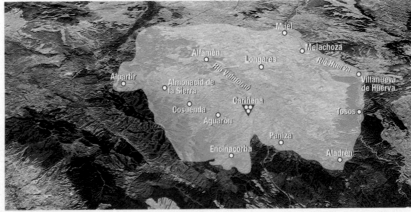

VARIEDADES:

BLANCAS:

PREFERENTES: macabeo (mayoritaria - 20%).

AUTORIZADAS: garnacha blanca, moscatel de Alejandría, parellada y chardonnay.

TINTAS:

PREFERENTES: garnacha tinta (mayoritaria- 55%), tempranillo y cariñena (o mazuela).

AUTORIZADAS: juan ibáñez, cabernet sauvignon, syrah, merlot, monastrell y vidadillo.

DATOS:

Nº Has. Viñedo: 14.513 – **Nº Viticultores:** 1.587 – **Nº Bodegas:** 31 – **Cosecha 13:** Muy Buena – **Producción 13:** 59.363.647 litros – **Comercialización:** 24,88% España - 75,12% extranjero.

SUELOS:

Son en su mayoría pobres; pueden ser pardo-calizos o pardo rojizos asentados sobre depósitos rocosos, o tierras pardas asentadas sobre depósitos aluviales. El viñedo se asienta entre los 400 y los 800 ms. de altitud.

CLIMA:

De tipo continental, con inviernos fríos, veranos calurosos y bajos índices de pluviometría. La viticultura está marcada también por el efecto del cierzo.

CARACTERÍSTICAS GENERALES DE LOS VINOS

BLANCOS	No son los más significativos de la zona. Se caracterizan por un color amarillo pajizo, notas a fruta madura y carácter afrutado.
ROSADOS	La mayoría son fruto de las nuevas tecnologías: de color rosáceo, con buena intensidad frutal y sabrosos en boca, gracias a la intervención de la garnacha.
TINTOS	Son los vinos por excelencia de la zona, bastante robustos y de carácter cálido. Los jóvenes presentan un color cereza oscuro con matices violáceos y aromas de fruta madura que recuerdan las moras y las ciruelas; también, con una gran sabrosidad en boca que les otorga la garnacha. Los crianzas mantienen estas características aunque más suavizadas por el aporte de la madera; en estos pueden aparecer notas balsámicas y toques torrefactos; al paladar son suaves y cálidos.

CLASIFICACIÓN COSECHAS

GUÍAPEÑÍN

2009	2010	2011	2012	2013
MUY BUENA	MUY BUENA	BUENA	BUENA	BUENA

AXIAL

Pla-za Calle Castillo de Capua, 10
Nave 7
50197 (Zaragoza)
☎: +34 976 780 136
Fax: +34 976 303 035
www.axialvinos.com
info@axialvinos.com

La Granja 360 Garnacha Syrah 2013 T
85 ★★★★★   5€

La Granja 360 Tempranillo 2013 T
100% tempranillo
85 ★★★★★   4€

La Granja 360 Tempranillo Garnacha 2013 T
86 ★★★★★   5€
Color cereza, borde violáceo. Aroma potente, fruta roja, fruta madura, floral. Boca potente, fresco, frutoso, untuoso.

BIOENOS

Mayor, 88 Bajo
50400 Cariñena (Zaragoza)
☎: +34 976 620 045
Fax: +34 976 622 082
www.bioenos.com
bioenos@bioenos.com

Gorys Crespiello 2007 T
vidadilo, crespiello
92   40€
Color guinda. Aroma fruta madura, hierbas silvestres, terroso, especiado, roble cremoso, balsámico. Boca equilibrado, sabroso, largo, balsámico.

Gorys Crespiello 2008 T
vidadilo, crespiello
90   35€
Color cereza, borde granate. Aroma fruta roja, fruta madura, balsámico, especiado, terroso, cacao fino. Boca sabroso, complejo, especiado, balsámico.

Pulchrum Crespiello 2010 T
vidadilo, crespiello
90   30€
Color cereza, borde granate. Aroma fruta madura, especiado, roble cremoso, tostado, complejo, hierbas secas. Boca potente, sabroso, tostado, taninos maduros, largo.

Pulchrum Crespiello 2011 T
vidadilo, crespiello
92   27€
Color cereza, borde granate. Aroma fruta madura, especiado, roble cremoso, tostado, balsámico. Boca potente, sabroso, tostado, taninos maduros.

BODEGA PAGO AYLÉS

Finca Aylés. Ctra. A-1101, Km. 24
50152 Mezalocha (Zaragoza)
☎: +34 976 140 473
Fax: +34 976 140 268
www.pagoayles.com
pagoayles@pagoayles.com

Aldeya de Aylés Garnacha 2013 T
garnacha
89 ★★★★★   5€
Color cereza intenso, borde granate. Aroma equilibrado, fruta madura, especias dulces. Boca equilibrado, fruta madura, largo.

Aldeya de Aylés Tinto 2013 T
syrah, tempranillo, merlot, cabernet sauvignon
87 ★★★★★   4,3€
Color cereza, borde violáceo. Aroma expresivo, fruta fresca, fruta roja, floral, hierbas secas. Boca sabroso, frutoso, buena acidez, taninos maduros.

Aldeya de Aylés Tinto Barrica 2010 T
tempranillo, syrah, merlot
86 ★★★★   5,5€
Color cereza brillante. Aroma especias dulces, roble cremoso, tostado. Boca sabroso, frutoso, tostado, taninos maduros.

Dorondón Chardonnay de Aylés 2013 B
chardonnay
87 ★★★★★   4,5€
Color pajizo. Aroma flores blancas, expresión frutal. Boca fresco, frutoso, sabroso, equilibrado, elegante.

Serendipia Chardonnay de Aylés 2013 B
chardonnay
90 ★★★★★   10€
Color amarillo brillante. Aroma potente, fruta madura, especias dulces, roble cremoso, hierbas de tocador. Boca graso, retronasal ahumado, sabroso, fresco, buena acidez.

Serendipia Syrah 2012 T
syrah
90 ★★★★   12€
Color cereza, borde granate. Aroma especiado, roble cremoso, tostado, complejo, chocolate, terroso, fruta madura. Boca potente, sabroso, tostado, taninos maduros.

BODEGAS AÑADAS

Ctra. Aguarón, km 47,100
50400 Cariñena (Zaragoza)
☎: +34 976 793 016
Fax: +34 976 620 448
www.carewines.com
bodega@carewines.com

Care 2013 B
macabeo, chardonnay

86 ★★★★   5,5€

Color pajizo brillante. Aroma flores blancas, hierbas de tocador, expresión frutal. Boca fresco, frutoso, sabroso, equilibrado, elegante.

Care 2013 T
garnacha, syrah

88 ★★★★★   5€

Color cereza, borde violáceo. Aroma equilibrado, fruta madura, flores secas, hierbas secas. Boca frutoso, sabroso, largo.

Care 2012 TC
tempranillo, merlot

88 ★★★★   8€

Color cereza intenso, borde granate. Aroma especiado, ahumado, fruta madura. Boca sabroso, balsámico, fruta madura, taninos maduros.

Care 2013 RD
tempranillo, cabernet sauvignon

86 ★★★★   5,5€

Color frambuesa, borde violáceo. Aroma fruta madura, fruta roja, floral, expresivo, hierbas de tocador. Boca frutoso, fresco.

Care 2013 T Roble
garnacha, syrah

89 ★★★★   5,5€

Color cereza, borde violáceo. Aroma fruta madura, hierbas secas, especiado, tostado. Boca sabroso, frutoso, largo, equilibrado.

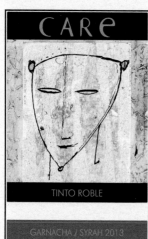

Care Chardonnay 2013 B
chardonnay

88 ★★★★   8€

Color pajizo brillante. Aroma fresco, fruta fresca, flores blancas, expresivo. Boca sabroso, frutoso, buena acidez, equilibrado.

Care Finca Bancales 2011 TR
garnacha

91 ★★★★   13€

Color cereza, borde granate. Aroma fruta roja, fruta madura, especiado, roble cremoso, tostado, complejo, terroso. Boca potente, sabroso, tostado, taninos maduros.

Care Moscatel de Alejandria 2013 B
moscatel de alejandría

89   12€

Color dorado. Aroma potente, floral, notas amieladas, fruta escarchada, hierbas de tocador. Boca sabroso, dulce, fresco, frutoso, buena acidez, largo.

Care XCLNT 2010 T
syrah, garnacha, cabernet sauvignon

90   25€

Color cereza muy intenso, borde granate. Aroma con carácter, potente, fruta madura, fruta confitada, balsámico. Boca estructurado, especiado, largo.

BODEGAS CARLOS VALERO

Castillo de Capúa, 10 Nave 1
Pol. PLA_ZA
50197 (Zaragoza)
☎: +34 976 180 634
Fax: +34 976 186 326
www.bodegasvalero.com
info@bodegasvalero.com

Heredad X Carlos Valero 2012 T
100% garnacha

90 ★★★★★   6€

Color cereza brillante. Aroma fruta madura, especias dulces, roble cremoso, expresivo. Boca sabroso, frutoso, tostado, taninos maduros.

BODEGAS ESTEBAN MARTÍN

Camino Virgen de Lagunas, s/n
50461 Alfamén (Zaragoza)
☎: +34 976 628 490
Fax: +34 976 628 488
www.estebanmartin.com
carlosarnal@estebanmartin.es

Esteban Martín 2009 TR
garnacha, cabernet sauvignon

87 ★★★★   4,8€

Color cereza, borde granate. Aroma fruta madura, hierbas silvestres, especiado, roble cremoso. Boca equilibrado, sabroso, largo, balsámico.

Esteban Martín 2010 T Roble
100% syrah

86 ★★★★★   3,8€

Color cereza brillante. Aroma fruta madura, especias dulces. Boca sabroso, frutoso, tostado, taninos maduros.

Esteban Martín 2011 TC
garnacha, syrah

86 ★★★★★   4€

Color cereza brillante. Aroma fruta madura, especias dulces, roble cremoso, intensidad media. Boca frutoso, sabroso, tostado.

Esteban Martín 2013 B
chardonnay, macabeo

84   2,5€

Esteban Martín 2013 RD
garnacha, syrah

82   2,5€

Esteban Martín 2013 T
garnacha, syrah

86 ★★★★★   2,5€

Color cereza, borde granate. Aroma fruta madura, especiado. Boca potente, sabroso, taninos maduros, fácil de beber.

BODEGAS GABARDA S.L.

Ctra. Valencia, km. 459
50460 Longarés (Zaragoza)
☎: +34 976 620 029
Fax: +34 976 621 031
www.gabardawines.com
contabilidad@gabardawines.comm

Gabarda Chardonnay 2013 B
chardonnay

84

Gabarda I 2013 T
garnacha, syrah

87 ★★★★★   2€

Color cereza, borde violáceo. Aroma fruta roja, fruta madura, hierbas silvestres, especiado. Boca potente, sabroso, correcto.

Gabarda II 2011 T
garnacha, tempranillo, syrah

86 ★★★★★   2,2€

Color cereza brillante. Aroma fruta madura, especias dulces, roble cremoso, expresivo. Boca sabroso, frutoso, tostado, taninos maduros.

Gabarda III 2009 T
merlot, cabernet sauvignon, tempranillo

86 ★★★★★   3,3€

Color guinda. Aroma especiado, fina reducción, cuero mojado, ebanistería, tostado. Boca especiado, largo, tostado.

Gabarda IV 2004 TGR
tempranillo, garnacha, merlot, cabernet sauvignon

85 ★★★★   6,3€

BODEGAS IGNACIO MARÍN

San Valero, 1
50400 Cariñena (Zaragoza)
☎: +34 976 621 129
www.ignaciomarin.com
comercial@ignaciomarin.com

Ballad 2012 T
100% garnacha

88 ★★★★★   5€

Color cereza, borde granate. Aroma fruta madura, especiado, roble cremoso, tostado. Boca potente, sabroso, tostado.

Barón de Lajoyosa 2005 TGR
garnacha, tempranillo, cariñena

86 ★★★★   6€

Color rubí, borde teja. Aroma especiado, fina reducción, cuero mojado, ebanistería, espirituoso. Boca especiado, taninos finos, elegante, largo.

Campo Marín 2009 TR
tempranillo, garnacha, cariñena

86 ★★★★★   5€

Color cereza, borde granate. Aroma fruta madura, especiado, roble cremoso, tostado. Boca potente, sabroso, tostado.

Duque de Medina 2013 T
garnacha, tempranillo, cariñena

86 ★★★★★   3€

Color cereza opaco. Aroma fruta roja, floral. Boca sabroso, frutoso, buena acidez, taninos maduros, balsámico.

Marín Old Vine Garnacha 2010 T
garnacha

87 ★★★★★   5€

Color cereza, borde granate. Aroma fruta madura, especiado, roble cremoso, tostado, complejo. Boca potente, sabroso, tostado.

BODEGAS LALAGUNA

Ctra. A-1304 de Longares a Alfamés, Km. 1,28
50460 Longares (Zaragoza)
☎: +34 657 804 783
Fax: +34 976 369 980
www.bodegaslalaguna.com
bodegaslalaguna@bodegaslalaguna.com

Lalaguna 2010 TC
85 ★★★★★   4,5€

Lalaguna 2012 T
84   3€

BODEGAS PANIZA

Ctra. Valencia, Km. 53
50480 Paniza (Zaragoza)
☎: +34 976 622 515
Fax: +34 976 622 958
www.bodegaspaniza.com
info@bodegaspaniza.com

Artigazo 2008 T
90 ★★★★★   9€

Color guinda. Aroma equilibrado, complejo, fruta madura, especiado, balsámico, mineral. Boca estructurado, sabroso, taninos maduros.

Jabalí Garnacha-Cabernet 2013 RD
87 ★★★★★   **4€**
Color frambuesa, borde violáceo. Aroma potente, fruta madura, fruta roja, floral, expresivo. Boca potente, frutoso, fresco, algo dulzón.

Jabalí Garnacha-Syrah 2013 T
89 ★★★★★   **4€**
Color cereza, borde violáceo. Aroma expresivo, fruta fresca, fruta roja, floral. Boca sabroso, frutoso, buena acidez, taninos maduros.

Jabalí Tempranillo - Cabernet 2013 T
88 ★★★★★   **4€**
Color cereza, borde granate. Aroma fruta madura, hierbas silvestres, terroso, especiado. Boca equilibrado, sabroso, largo.

Jabalí Viura & Chardonnay 2013 B
86 ★★★★★   **4€**
Color pajizo brillante. Aroma flores blancas, hierbas de tocador, expresión frutal. Boca fresco, frutoso, sabroso, algo dulzón.

Paniza 2008 TGR
87 ★★★★   **7€**
Color cereza, borde granate. Aroma equilibrado, complejo, fruta madura, especiado, fina reducción. Boca estructurado, sabroso, correcto.

Paniza 2009 TR
88 ★★★★★   **5€**
Color cereza, borde granate. Aroma fruta madura, especiado, roble cremoso, tostado, complejo. Boca potente, sabroso, tostado, taninos maduros.

Paniza 2010 TC
88 ★★★★★   **4€**
Color cereza, borde granate. Aroma fruta madura, especias dulces, roble cremoso, muy tostado (torrefactado). Boca sabroso, frutoso, tostado.

Val de Paniza 2013 B
85 ★★★★★   **3€**

Val de Paniza 2013 RD
100% garnacha
87 ★★★★★   **3€**
Color frambuesa, brillante. Aroma fruta madura, fruta roja, floral, expresivo, lácticos. Boca potente, frutoso, fresco, correcto.

Val de Paniza 2013 T
87 ★★★★★   **3€**
Color cereza, borde violáceo. Aroma expresivo, fruta fresca, fruta roja, floral. Boca sabroso, frutoso, buena acidez, fácil de beber.

Viñas Viejas de Paniza 2012 T
100% garnacha
90 ★★★★★   **6€**
Color cereza muy intenso, borde granate. Aroma potente, fruta madura, muy tostado (torrefactado). Boca potente, tostado, retronasal torrefactado, redondo.

BODEGAS PRINUR
Ctra. N-330, Km. 449
50400 Cariñena (Zaragoza)
☎: +34 976 621 039
Fax: +34 976 620 714
www.bodegasprinur.com
info@bodegasprinur.com

Prinur Viñas Viejas s/c T
89
Color cereza oscuro, borde granate. Aroma fruta madura, fruta confitada, caramelo de violetas, especias dulces. Boca sabroso, fruta madura, largo.

BODEGAS SAN VALERO
Ctra. N-330, Km. 450
50400 Cariñena (Zaragoza)
☎: +34 976 620 400
Fax: +34 976 620 398
www.sanvalero.com
bsv@sanvalero.com

Marqués de Tosos 2010 TR
garnacha, tempranillo, cabernet sauvignon
88 ★★★★★   **5€**
Color cereza, borde granate. Aroma fruta roja, fruta madura, especiado, roble cremoso, tostado, complejo. Boca potente, sabroso, tostado.

Marqués de Tosos 2011 TC
garnacha, tempranillo, cabernet sauvignon
89 ★★★★★   **3,5€**
Color cereza, borde granate. Aroma fruta madura, especiado, roble cremoso, tostado, complejo. Boca potente, sabroso, tostado, taninos maduros.

Monte Ducay 2013 RD
garnacha, cabernet sauvignon
87 ★★★★★   **1,7€**
Color frambuesa, borde violáceo. Aroma potente, fruta madura, fruta roja, floral, expresivo. Boca potente, frutoso, fresco.

Monte Ducay 2013 T
garnacha, cabernet sauvignon, tempranillo

85 ★★★★★   1,7€

Monte Ducay 2012 TC
garnacha, merlot, syrah

84   1,9€

Monte Ducay 2013 B
macabeo, chardonnay

84   1,7€

Monte Ducay Pergamino 2010 TR
garnacha, tempranillo, cabernet sauvignon

85 ★★★★★   2,9€

Sierra de Viento Moscatel Vendimia Tardía B
moscatel

93

Color oro viejo, borde ambarino. Aroma complejo, espirituoso, fruta pasificada, pastelería, tostado. Boca dulce, graso, untuoso, potente.

Sierra de Viento Tempranillo 2010 T
tempranillo

88

Color cereza, borde granate. Aroma fruta madura, hierbas silvestres, especiado, tostado, ahumado. Boca equilibrado, sabroso, largo, balsámico.

CAMPOS DE LUZ
Avda. Diagonal, 590, 5º - 1
8021 (Barcelona)
☎: +34 660 445 464
www.vinergia.com
vinergia@vinergia.com

Campos de Luz 2010 TC
100% garnacha

88 ★★★★   6€

Color cereza, borde granate. Aroma especias dulces, fruta madura, fruta confitada. Boca sabroso, equilibrado, correcto.

Campos de Luz 2013 B
viura, chardonnay, moscatel

85 ★★★★★   4,5€

Campos de Luz 2013 RD
100% garnacha

87 ★★★★★   4,5€

Color frambuesa. Aroma fruta roja, fruta madura, pétalos de rosa. Boca sabroso, lleno, frutoso, potente.

Campos de Luz Garnacha 2009 TR

88 ★★★★   7,5€

Color cereza poco intenso, borde granate. Aroma hierbas de monte, especiado, tabaco. Boca lleno, sabroso, taninos maduros.

Campos de Luz Garnacha 2013 T
100% garnacha

86 ★★★★★   4,5€

Color cereza muy intenso, borde violáceo. Aroma fruta madura, fruta confitada, hierbas de monte. Boca fácil de beber, correcto.

COVINCA (COMPAÑÍA VITIVINÍCOLA)
Ctra, Valencia, s/n
50460 Longares (Zaragoza)
☎: +34 976 142 653
Fax: +34 976 142 402
www.covinca.es
info@covinca.es

Terrai OVG 2013 T
garnacha

87 ★★★★★   3,5€

Color cereza brillante. Aroma fruta madura, especias dulces, roble cremoso. Boca sabroso, frutoso, tostado.

TERRAI **OLD VINE** VINO ELABORADO CON LA VARIEDAD DE UVA **GARNACHA** CUYO ORIGEN ESTÁ EN ARAGÓN. POSEE UNA GRAN CAPA DE COLOR, DE TONOS GRANATES Y PÚRPURAS. ES MUY INTENSO EN NARIZ CON FUERTE CARÁCTER VARIETAL DONDE PREDOMINAN LOS AROMAS DE FRUTOS ROJOS, COMO FRAMBUESA Y GROSELLA, ACOMPAÑADOS DE FRUTA NEGRA, MORAS Y ARÁNDANOS. TODO ELLO SOBRE UN SUTIL FONDO ESPECIADO PROCEDENTE DE SU ESTANCIA EN BARRICAS DE ROBLE FRANCÉS Y AMERICANO DURANTE 3 MESES. ES UN VINO EQUILIBRADO, ESTRUCTURADO Y CON TANINOS DULCES.

terrai
OVG
13

Torrelongares 2011 TC
garnacha, tempranillo

87 ★★★★★   3,9€

Color cereza muy intenso, borde granate. Aroma intensidad media, fruta madura, hierbas silvestres. Boca frutoso, fácil de beber, cierta persistencia.

Torrelongares Garnacha 2013 T
garnacha

85 ★★★★★   2,5€

Torrelongares Old Vine Garnacha 2013 T Roble
garnacha

86 ★★★★★   3,5€

Color cereza brillante. Aroma fruta madura, especias dulces, roble cremoso, expresivo. Boca sabroso, frutoso, tostado.

GRANDES VINOS Y VIÑEDOS

Ctra. Valencia Km 45,700
50400 Cariñena (Zaragoza)
☎: +34 976 621 261
Fax: +34 976 621 253
www.grandesvinos.com
info@grandesvinos.com

Anayón Cariñena 2011 T
cariñena

92 19€

Color cereza, borde granate. Aroma fruta madura, especiado, roble cremoso, tostado, complejo, mineral. Boca potente, sabroso, tostado, taninos maduros.

Anayón Chardonnay 2011 B Barrica
chardonnay

89 ★★★ 8,7€

Color amarillo brillante. Aroma fruta madura, especias dulces, roble cremoso. Boca graso, retronasal ahumado, sabroso, fresco, buena acidez.

Anayón Garnacha de Autor 2011 T
garnacha

90 19€

Color cereza brillante. Aroma especias dulces, roble cremoso, expresivo, fruta confitada. Boca sabroso, frutoso, tostado, taninos maduros.

Anayón Moscatel 2013 B
moscatel de alejandría

87 ★★★ 8,7€

Color dorado. Aroma potente, floral, notas amieladas, fruta escarchada, hierbas de tocador. Boca sabroso, dulce, fresco, frutoso, buena acidez, largo.

Anayón Selección 2011 T
tempranillo, cabernet sauvignon, syrah

91 ★★★★ 13€

Color cereza, borde granate. Aroma fruta madura, hierbas silvestres, terroso, especiado, roble cremoso. Boca equilibrado, sabroso, largo, balsámico.

Beso de Vino Garnacha 2013 RD
garnacha

86 ★★★★★ 3,6€

Color frambuesa, brillante. Aroma fruta madura, fruta roja, floral, expresivo. Boca frutoso, fresco, fácil de beber.

Beso de Vino Macabeo 2013 B
macabeo

83 3,6€

Beso de Vino Old Vine Garnacha 2013 T
garnacha

87 ★★★★★ 4,2€

Color cereza, borde violáceo. Aroma fruta roja, fruta madura, especiado, balsámico. Boca sabroso, balsámico, correcto.

Beso de Vino Selección 2013 T
syrah, garnacha

88 ★★★★★ 4,2€

Color cereza brillante. Aroma fruta madura, especias dulces, roble cremoso. Boca sabroso, frutoso, tostado.

Corona de Aragón 2011 TC
garnacha, tempranillo, cabernet sauvignon, cariñena

88 ★★★★ 6€

Color cereza, borde granate. Aroma fruta madura, especiado, roble cremoso, tostado. Boca potente, sabroso, tostado, taninos maduros.

Corona de Aragón 2004 TGR
garnacha, tempranillo, cabernet sauvignon, cariñena

87 13,8€

Color rubí, borde teja. Aroma ahumado, cuero mojado, especiado, tostado, fina reducción. Boca potente, sabroso, especiado.

Corona de Aragón 2009 TR
garnacha, tempranillo, cabernet sauvignon, cariñena

87 ★★★ 9,2€

Color cereza, borde granate. Aroma especiado, roble cremoso, tostado. Boca potente, sabroso, tostado, taninos maduros.

Corona de Aragón Garnacha 2013 T
garnacha

84 3,8€

Corona de Aragón Garnacha Cabernet Sauvignon 2013 RD
garnacha, cabernet sauvignon

85 ★★★★★ 3,8€

Corona de Aragón Macabeo Chardonnay 2013 B
macabeo, chardonnay

85 ★★★★★ 3,8€

Corona de Aragón Moscatel 2013 B
moscatel de alejandría

88 ★★★★★ 5€

Color dorado. Aroma potente, floral, notas amieladas, fruta escarchada, hierbas de tocador. Boca sabroso, dulce, fresco, frutoso, buena acidez, largo.

Corona de Aragón Old Vine Garnacha 2012 T
garnacha

87 ★★★★ 7,6€

Color cereza brillante. Aroma fruta madura, especias dulces, roble cremoso, expresivo. Boca sabroso, frutoso, tostado, taninos maduros.

Corona de Aragón Special Selection 2012 T
garnacha, cariñena

90 ★★★★★ 8,8€

Color cereza, borde granate. Aroma fruta madura, especiado, roble cremoso, tostado. Boca potente, sabroso, tostado.

Don Vinico Edición Especial 2011 T
garnacha

86 ★★★★★   5€

Color cereza muy intenso. Aroma fruta madura, hierbas silvestres, especias dulces. Boca equilibrado, sabroso, largo, balsámico.

Don Vinico Tempranillo 2013 T
tempranillo

85 ★★★★★   3,7€

El Circo Bailarina Merlot 2013 T
merlot

85 ★★★★★   3,3€

El Circo Cabernet Sauvignon 2013 T
cabernet sauvignon

84   3,3€

El Circo Cariñena 2013 T
cariñena

86 ★★★★★   3,3€

Color cereza brillante, borde violáceo. Aroma equilibrado, fruta roja, fruta madura. Boca frutoso, sabroso, cierta persistencia.

El Circo Garnacha 2013 RD
garnacha

86 ★★★★★   3,3€

Color frambuesa, borde violáceo. Aroma potente, fruta madura, fruta roja, floral, expresivo, hierbas secas. Boca potente, frutoso, fresco.

El Circo Garnacha 2013 T
garnacha

85 ★★★★★   3,3€

El Circo Macabeo 2013 B
macabeo

84   3,3€

El Circo Syrah 2013 T
syrah

85 ★★★★★   3,3€

El Circo Volatinero Tempranillo 2013 T
tempranillo

84   3,3€

Hoy Celebration s/c TR
garnacha, tempranillo, cariñena

85 ★★★★★   4,8€

Hoy Chef s/c T Barrica
garnacha, cariñena

84   4,2€

Hoy Friends 2013 T
garnacha, tempranillo

84   2,8€

Hoy Love 2008 T
garnacha, tempranillo, cariñena

84   3,7€

Hoy Party 2013 B
macabeo

84   2,8€

Hoy Relax 2013 RD
garnacha

85 ★★★★★   2,8€

Monasterio de las Viñas 2008 TC
garnacha, tempranillo, cariñena, cabernet sauvignon

83   4,1€

Monasterio de las Viñas 2013 B
macabeo

82   3,5€

Monasterio de las Viñas 2005 TGR
garnacha, tempranillo, cariñena

87   11,5€

Color rubí borde teja. Aroma elegante, especiado, fina reducción, cuero mojado, ebanistería, espirituoso. Boca especiado, taninos finos, elegante, largo.

Monasterio de las Viñas 2006 TR
garnacha, tempranillo, cariñena

86 ★★★★   6,3€

Color cereza intenso, borde anaranjado. Aroma cera, tabaco, fruta madura, especiado, ebanistería. Boca fino amargor, elegante, sabroso, taninos finos.

Monasterio de las Viñas 2013 RD
garnacha

86 ★★★★★   3,5€

Color frambuesa. Aroma fruta escarchada, flores secas, hierbas de tocador, fruta roja. Boca ligero, sabroso, buena acidez.

Monasterio de las Viñas Garnacha Tempranillo 2013 T
garnacha, tempranillo

84   3,5€

HACIENDA MOLLEDA

A-220 (Cariñena - Belchite, km 29,3
50154 Tosos (Zaragoza)
☎: +34 976 620 702
Fax: +34 976 620 702
www.haciendamolleda.com
hm@haciendamolleda.com

Finca La Matea Garnacha 2010 T
garnacha

90 ★★★★ 11€

Color cereza, borde granate. Aroma fruta madura, hierbas silvestres, terroso, especiado, roble cremoso. Boca equilibrado, sabroso, largo, balsámico.

Finca La Matea T + G 2011 TC
tempranillo, garnacha

89 ★★★ 9,5€

Color cereza brillante. Aroma fruta madura, especias dulces, roble cremoso, intensidad media. Boca frutoso, sabroso, tostado.

GHM Gran Hacienda Molleda Garnacha 2010 T Roble
garnacha

89 ★★★ 8,5€

Color cereza brillante. Aroma fruta madura, especias dulces, roble cremoso. Boca sabroso, frutoso, tostado.

GHM Gran Hacienda Molleda 2009 T Roble
cariñena

88 ★★★★ 7,5€

Color cereza muy intenso. Aroma fruta madura, especiado, roble cremoso, tostado, con carácter. Boca potente, sabroso, tostado, taninos maduros.

GHM Gran Hacienda Molleda Cariñena Garnacha 2011 T Roble
cariñena, garnacha

85 ★★★★ 7,5€

Hacienda Molleda 2013 B
macabeo

83 3,2€

Hacienda Molleda 2013 RD
garnacha

85 ★★★★★ 3,2€

Hacienda Molleda 2013 T
tempranillo, garnacha

86 ★★★★★ 3,2€

Color cereza, borde violáceo. Aroma fruta fresca, fruta roja, floral. Boca sabroso, frutoso, buena acidez.

Hacienda Molleda 2013 T Roble
garnacha

86 ★★★★★ 4€

Color cereza, borde violáceo. Aroma expresivo, fruta fresca, fruta roja, floral. Boca sabroso, frutoso, buena acidez, fácil de beber.

Hacienda Molleda Viñas 2009 T Roble
garnacha

88 ★★★★ 5,5€

Color cereza brillante. Aroma especias dulces, roble cremoso, fruta confitada, hierbas de monte. Boca sabroso, frutoso, tostado, taninos maduros.

Lleda 2013 T
tempranillo, garnacha

84 2,5€

Tierra de Andros 2010 TC
garnacha

89 17€

Color cereza, borde granate. Aroma fruta madura, especiado, roble cremoso, tostado, hierbas silvestres. Boca potente, sabroso, tostado, taninos maduros.

HAMMEKEN CELLARS

Calle de la Muela, 16
3730 Jávea (Alicante)
☎: +34 965 791 967
Fax: +34 966 461 471
www.hammekencellars.com
cellars@hammekencellars.com

Capa Garnacha 2013 T
100% garnacha
85 ★★★★ 6€

El Tocador Garnacha 2013 T
100% garnacha
84 7,9€

Lumus Selección Nº 1 2013 T
100% garnacha
84 8€

Montgó Garnacha 2013 T
100% garnacha
88 ★★★ 9€
Color cereza brillante. Aroma fruta madura, especias dulces, roble cremoso, expresivo. Boca sabroso, frutoso, tostado, taninos maduros.

Picos del Montgó Old Vines Garnacha 2013 T
100% garnacha
85 ★★★★★ 4,9€

HEREDAD ANSÓN

Camino Eras Altas, s/n
50450 Muel (Zaragoza)
☎: +34 976 141 133
Fax: +34 976 141 133
www.bodegasheredadanson.com
info@bodegasheredadanson.com

Heredad de Ansón 2007 TC
garnacha, syrah, tempranillo
80 5€

Heredad de Ansón 2013 B
macabeo
81 3,6€

Heredad de Ansón Merlot Syrah 2013 T
84 3,2€

Heredad de Ansón Vendimia Seleccionada 2008 T
garnacha, syrah
80 5€

Legum 2007 T
garnacha
86 18€
Color rubí, borde teja. Aroma especiado, fina reducción, cuero mojado, ebanistería, espirituoso. Boca especiado, taninos finos, largo.

Liason Garnacha 2013 T
garnacha
80 3€

JORDÁN DE ASSO

Cariñena, 55
50408 Aguarón (Zaragoza)
☎: +34 976 221 781
Fax: +34 976 230 270
www.jordandeasso.com
info@jordandeasso.com

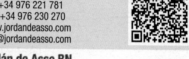

Jordán de Asso BN
macabeo
84 10€

Jordán de Asso 2007 TR
tempranillo, cabernet sauvignon, syrah
84 13€

Jordán de Asso 2010 TC
garnacha, cariñena, cabernet sauvignon
85 ★★★★ 7,5€

Jordán de Asso Garnacha 2013 T
garnacha
83 5,5€

Jordán de Asso Tempranillo 2012 T
tempranillo
83 5,5€

MANUEL MONEVA E HIJOS

Avda. Zaragoza, 10
50108 Almonacid de la Sierra
(Zaragoza)
☎: +34 976 627 020
Fax: +34 976 627 334
www.bodegasmanuelmoneva.com
info@bodegasmanuelmoneva.com

Viña Vadina 2010 TC
100% garnacha
85   11,5€

Viña Vadina Garnacha 2009 T
100% garnacha
84   11,5€

NAVASCUÉS ENOLOGÍA

Avda. Ejército, 32
50400 Cariñena (Zaragoza)
☎: +34 651 845 176
www.cutio.es
info@navascuesenologia.es

Cutio 2013 T
garnacha
92 ★★★★★   5,4€
Color cereza brillante. Aroma especias dulces, roble cremoso, expresivo, fruta roja. Boca sabroso, frutoso, tostado, taninos maduros.

Momentos para siempre

CUTIO
Garnacha 2013

SAN NICOLÁS DE TOLENTINO

San José, 8
50108 Almonacid de la Sierra
(Zaragoza)
☎: +34 976 627 019
Fax: +34 976 627 240
www.marquesdealmonacid.com
administracion@san-nicolas.es

Marqués de Almonacid 2013 B
100% macabeo
86 ★★★★★   4€
Color pajizo brillante. Aroma fresco, fruta fresca, flores blancas, expresivo. Boca sabroso, frutoso, buena acidez, equilibrado.

Marqués de Almonacid 2008 TR
86 ★★★★   6€
Color cereza, borde granate. Aroma fruta madura, especiado, roble cremoso, tostado, fina reducción. Boca potente, sabroso, tostado, taninos maduros.

Marqués de Almonacid 2013 RD
100% garnacha
88 ★★★★★   4€
Color frambuesa, borde violáceo. Aroma potente, fruta madura, fruta roja, floral, expresivo. Boca potente, frutoso, fresco, equilibrado.

Marqués de Almonacid 2013 T
100% garnacha
84   4€

Marqués de Almonacid Vendimia Seleccionada 2012 T
87 ★★★★   7€
Color cereza muy intenso, borde violáceo. Aroma tostado, amaderado, especias dulces, fruta madura. Boca sabroso, taninos maduros.

SOLAR DE URBEZO

San Valero, 14
50400 Cariñena (Zaragoza)
☎: +34 976 621 968
Fax: +34 976 620 549
www.solardeurbezo.es
info@solardeurbezo.es

Altius Garnacha Merlot 2013 T
merlot
90
Color cereza brillante. Aroma fruta madura, especias dulces, roble cremoso, expresivo. Boca sabroso, frutoso, tostado, taninos maduros.

Altius Syrah Cabernet 2011 TC
cabernet sauvignon, syrah
91
Color cereza brillante. Aroma fruta madura, especias dulces, roble cremoso, complejo. Boca frutoso, sabroso, tostado, equilibrado, elegante.

Urbezo 2008 TGR
garnacha, cabernet sauvignon
88   14€
Color cereza intenso, borde anaranjado. Aroma cera, tabaco, fruta madura, especiado, ebanistería. Boca fino amargor, elegante, sabroso, taninos finos.

Urbezo 2009 TR
cabernet sauvignon, merlot, syrah
87   13€
Color rubí, borde teja. Aroma especiado, fina reducción, cuero mojado, ebanistería, fruta madura. Boca especiado, taninos finos.

Urbezo 2011 TC
100% garnacha

90 ★★★★★   6,2€

Color cereza, borde granate. Aroma roble cremoso, especiado, balsámico, fruta roja, fruta madura. Boca potente, sabroso, frutoso, largo, tostado.

Urbezo Chardonnay 2013 B
100% chardonnay

90 ★★★★★   6,1€

Color pajizo brillante. Aroma flores blancas, hierbas de tocador, expresión frutal, notas tropicales. Boca fresco, frutoso,
sabroso, equilibrado, elegante.

Urbezo Garnacha 2013 T
100% garnacha

90 ★★★★★   5,3€

Color cereza, borde granate. Aroma fruta madura, especiado,
roble cremoso, tostado, mineral. Boca potente, sabroso, tostado, taninos maduros.

Urbezo Merlot 2013 RD
100% merlot

89 ★★★★★   4,7€

Color frambuesa, borde violáceo. Aroma potente, fruta madura, fruta roja, floral, hierbas de tocador. Boca potente, frutoso,
fresco.

Viña Urbezo 2013 T Maceración Carbónica
garnacha, merlot, syrah

89 ★★★★★   4,9€

Color cereza, borde violáceo. Aroma fruta roja, frambuesa,
floral, expresivo. Boca fresco, frutoso, sabroso, fácil de beber.

Ysiegas 2007 TGR
garnacha, cabernet sauvignon

87   14€

Color cereza intenso, borde anaranjado. Aroma cera, tabaco,
fruta madura, especiado, ebanistería. Boca fino amargor, elegante, sabroso, taninos finos.

Ysiegas 2008 TR
cabernet sauvignon, merlot, syrah

85   13€

Ysiegas 2011 TC
syrah, merlot, cabernet sauvignon

89 ★★★★   5,9€

Color guinda. Aroma especiado, fina reducción, cuero mojado, ebanistería, tostado. Boca especiado, largo, tostado.

Ysiegas Chardonnay 2013 B
chardonnay

90

Color pajizo brillante. Aroma flores blancas, fruta fresca, lías
finas, hierbas secas. Boca sabroso, frutoso, buena acidez,
equilibrado.

Ysiegas Garnacha 2013 T
garnacha

88

Color cereza brillante. Aroma fruta roja, especiado, balsámico,
hierbas de monte. Boca sabroso, frutoso.

Ysiegas Merlot 2013 RD
merlot

88

Color frambuesa, borde violáceo. Aroma potente, fruta madura, fruta roja, floral, expresivo. Boca potente, frutoso, fresco.

Ysiegas Tempranillo Merlot 2013 T
tempranillo, merlot

88

Color cereza brillante. Aroma fruta madura, fruta roja, especiado. Boca sabroso, buena acidez.

Ysiegas Vendimia 2013 T
garnacha, merlot, syrah

89 ★★★★★   4,6€

Color cereza, borde violáceo. Aroma fruta fresca, fruta roja,
floral. Boca sabroso, frutoso, buena acidez, taninos maduros.

VIÑEDOS Y BODEGAS PABLO

Avda. Zaragoza, 16
50108 Almonacid de la Sierra
(Zaragoza)
☎: +34 976 627 037
Fax: +34 976 627 102
www.granviu.com
granviu@granviu.com

Gran Víu Garnacha del Terreno 2011 T
garnacha

90   18€

Color cereza, borde granate. Aroma fruta madura, especiado, roble cremoso, tostado, complejo, terroso, piedra seca. Boca potente, sabroso, tostado, taninos maduros.

Menguante Garnacha 2013 T
garnacha

85 ★★★★★   4,2€

Menguante Garnacha Blanca 2013 B
garnacha blanca

89 ★★★★   6,5€

Color pajizo brillante. Aroma flores blancas, hierbas de tocador, expresión frutal. Boca fresco, frutoso, sabroso, equilibrado, elegante.

Menguante Selección Garnacha 2011 T
garnacha

90 ★★★★★   6,5€

Color cereza intenso. Aroma fruta madura, especiado, roble cremoso, tostado, complejo, ahumado. Boca potente, sabroso, tostado, taninos maduros.

Menguante Tempranillo 2013 T Roble
tempranillo

83   5,1€

Menguante Vidadillo 2011 T
vidadilo

88 ★★★★   6,5€

Color cereza brillante. Aroma fruta madura, especias dulces, roble cremoso, expresivo, balsámico. Boca sabroso, frutoso, tostado, taninos marcados de roble.

DO. CATALUNYA

CONSEJO REGULADOR

Edifici de l`Estació Enológica
Passeig Sunyer, 4-6 1º
43202 Reus (Tarragona)
☎: +34 977 328 103 - Fax: +34 977 321 357
@: info@do-catalunya.com
www.do-catalunya.com

SITUACIÓN:

La zona de producción engloba las zonas vitícolas tradicionales catalanas y prácticamente se corresponde con las DO existentes actualmente en Cataluña más algunos municipios de vocación vitícola.

VARIEDADES:

BLANCAS: chardonnay, garnacha blanca, macabeo, moscatel de alejandría, moscatel de grano menudo, parellada, riesling, xarel.lo, gewürztraminer, subirat parent (malvasía), malvasía de Sitges, picapoll blanc, pedro ximénez, chenin, riesling, albariño, sumoll blanco, viognier, vinyater y sauvignon blanc.

TINTAS: cabernet franc, cabernet sauvignon, garnacha roja (gris), garnacha negra, garnacha peluda, garnacha tintorera, merlot, monastrell, petit verdot, picapoll negro, pinot noir, samsó (cariñena), sumoll, syrah, trepat y ull de llebre (tempranillo).

DATOS:

Nº Has. Viñedo: 47.066 – **Nº Viticultores:** 8.588 – **Nº Bodegas:** 205 – **Cosecha 13:** Muy Buena – **Producción 12:** 49.012.752 litros – **Comercialización:** 42% España - 58% extranjero

SUELOS Y CLIMA:

Dependiendo de dónde esté ubicado el viñedo, los propios de las DO catalanas, cuyas características aparecen definidas en esta misma guía. Ver Alella, Empordà-Costa Brava, Conca de Barberà, Costers del Segre, Montsant, Penedès, Pla de Bages, Priorat, Tarragona, Terra Alta.

CARACTERÍSTICAS GENERALES DE LOS VINOS

BLANCOS	En general predominan los de las variedades autóctonas catalanas, macabeo, xarel.lo y parellada. Son de color amarillo pajizo, frescos y afrutados en nariz; a la boca resultan bastante ligeros y fáciles de beber. También se pueden encontrar algunos de chardonnay con algo más de expresividad frutal propia de la variedad, pero tampoco en exceso, ya que suelen proceder de viñedos de altos rendimientos.
ROSADOS	Son de estilo bastante moderno, la mayoría presenta un color rosáceo o rosáceo frambuesa y el aroma es fresco y afrutado, con recuerdos de frutos rojos; en boca, ligeros y correctos.
TINTOS	Pueden estar elaborados con uvas autóctonas, sobre todo ull de llebre (tempranillo) y garnacha. De color cereza suelen ser afrutados en nariz con notas de frutas silvestres; en boca afrutados, sin demasiado cuerpo, pero agradables de beber. También hay ejemplos de variedades foráneas, sobre todo cabernet, en los que pueden aparecer notas balsámicas y en ocasiones vegetales y que poseen mayor estructura en boca.

CLASIFICACIÓN COSECHAS

GUÍAPEÑÍN

2009	2010	2011	2012	2013

Debido a la amplitud geográfica de los vinos con DO Catalunya Guía Peñín se abstiene de realizar una calificación global de cosecha.

1898 RAMÓN ROQUETA

Ctra. de Vic, 81
8241 Manresa (Barcelona)
☎: +34 938 743 511
Fax: +34 938 737 204
www.1898ramonroqueta.com
info@1898ramonroqueta.com

Ramón Roqueta Chardonnay 2013 B
100% chardonnay

88 ★★★★★   4,3€

Color pajizo brillante. Aroma flores blancas, hierbas de tocador, expresión frutal. Boca fresco, frutoso, sabroso, equilibrado, elegante.

Ramón Roqueta Tempranillo 2013 T
100% tempranillo

88 ★★★★★   4,3€

Color cereza, borde violáceo. Aroma fruta roja, frambuesa, floral, balsámico. Boca fresco, frutoso, sabroso, fácil de beber.

Synera 2010 TC
88 ★★★★   5,9€

Color cereza, borde granate. Aroma fruta madura, especiado, roble cremoso, tostado, complejo. Boca potente, sabroso, tostado, taninos maduros, equilibrado.

Synera 2013 B
84   3,8€

Synera 2013 RD
86 ★★★★★   3,8€

Color frambuesa, borde violáceo. Aroma potente, fruta madura, fruta roja, floral, expresivo. Boca potente, frutoso, fresco.

Synera 2013 T
86 ★★★★★   3,8€

Color cereza brillante. Aroma fruta madura, especias dulces, roble cremoso. Boca sabroso, frutoso, tostado.

Vinya Nostra Nit de Tardor 2012 T
88 ★★★★   7,1€

Color cereza, borde granate. Aroma fruta madura, especiado, roble cremoso, tostado, balsámico. Boca potente, sabroso, tostado, taninos maduros.

Vinya Nostra Xarel.lo 2012 B
100% xarel.lo

87 ★★★★ ❀   7,1€

Color pajizo brillante. Aroma fresco, fruta fresca, flores blancas, expresivo. Boca sabroso, frutoso, buena acidez, equilibrado.

AGRÍCOLA SANT JOSEP

Estació, 2
43785 Bot (Tarragona)
☎: +34 977 428 352
Fax: +34 977 428 192
www.santjosepwines.com
info@santjosepwines.com

La Plana d'en Fonoll Selecció 2006 T
90 ★★★   15€

Color cereza oscuro, borde granate. Aroma potente, fruta madura, hierbas de monte, expresivo. Boca especiado, fruta madura, taninos maduros.

ALBET I NOYA

Can Vendrell de la Codina, s/n
8739 Sant Pau D'Ordal (Barcelona)
☎: +34 938 994 812
Fax: +34 938 994 930
www.albetinoya.cat
albetinoya@albetinoya.cat

Albet i Noya Aiguadines 2012 T
garnacha, merlot, cabernet sauvignon, syrah

87 ★★★ ❀   9,9€

Color cereza, borde granate. Aroma fruta madura, hierbas silvestres, especiado, roble cremoso. Boca equilibrado, sabroso, largo, balsámico.

Albet i Noya Aiguadines Superior 2012 T
merlot, syrah, cabernet sauvignon

90 ★★★★ ❀   11,9€

Color cereza brillante. Aroma fruta madura, especias dulces, roble cremoso, expresivo. Boca sabroso, frutoso, tostado, taninos maduros, elegante.

Albet i Noya La Solana 2012 T
merlot, cabernet sauvignon, syrah

88 ★★★ ❀   9,9€

Color cereza brillante. Aroma fruta madura, especias dulces, roble cremoso, expresivo. Boca sabroso, frutoso, tostado, taninos maduros.

Albet i Noya Petit Albet Negre 2012 T
tempranillo, garnacha, cabernet sauvignon

85 ★★★★ ❀   5,5€

Albet i Noya Pla de Morei 2012 T
merlot, syrah, cabernet sauvignon

87 ❀   12,9€

Color cereza, borde granate. Aroma fruta madura, especiado, roble cremoso, balsámico. Boca potente, sabroso, tostado.

Albet i Noya Vinya Laia Negre 2012 T
merlot, garnacha, syrah, cabernet sauvignon

89 ❀   10,9€

Color cereza brillante. Aroma fruta madura, especias dulces, roble cremoso, expresivo. Boca frutoso, tostado, taninos maduros, equilibrado.

BODEGA EL GRIAL S.L.
Ctra. Perelló-Rasquera Km. 6
43519 El Perelló (Tarragona)
☎: +34 977 475 351
www.bodegaselgrial.com
b.elgrial@yahoo.es

Ariza 2013 T
100% cabernet franc
85 ★★★★ ❧ 5,5€

Blanc Ecologic 2012 B
84 ❧ 7€

Cabrafeixet 2013 T
100% cabernet franc
87 ★★★★ ❧ 5,5€
Color cereza brillante. Aroma fruta madura, especias dulces, roble cremoso. Boca sabroso, frutoso, tostado.

El Grial Negre 2011 T
84 ❧ 6,5€

Lladoner 2012 T
86 ★★★★ ❧ 7€
Color cereza, borde granate. Aroma fruta madura, hierbas silvestres, especiado. Boca sabroso, largo, balsámico, fino amargor.

Safraner 2013 B
sauvignon blanc, gewürztraminer
86 ★★★★ ❧ 6,5€
Color dorado brillante. Aroma fruta madura, frutos secos, potente, ebanistería, muy tostado (torrefactado). Boca sabroso, frutoso, especiado, tostado, largo.

BODEGAS PUIGGRÒS
Ctra. de Manresa, Km. 13
8711 Odena (Barcelona)
☎: +34 629 853 587
www.bodegaspuiggros.com
bodegaspuiggros@telefonica.net

Mestre Vila Vell Vinyes Velles 2012 T
100% sumoll
88 22€
Color cereza, borde granate. Aroma especiado, tabaco, fruta madura, equilibrado. Boca equilibrado, balsámico, taninos maduros.

Sentits Negres Garnatxa Negra 2012 T
garnacha
93 20€
Color cereza, borde granate. Aroma fruta madura, especiado, complejo, terroso, hierbas de monte. Boca potente, sabroso, tostado, taninos maduros.

Signes 2012 T
sumoll, garnacha
90 ★★★ 15€
Color cereza, borde granate. Aroma fruta madura, especiado, tostado, complejo. Boca potente, sabroso, tostado, taninos maduros.

BODEGAS TORRES
Miguel Torres i Carbó, 6
8720 Vilafranca del Penedès (Barcelona)
☎: +34 938 177 400
Fax: +34 938 177 444
www.torres.com
mailadmin@torres.es

Coronas 2011 TC
tempranillo, cabernet sauvignon
87 ★★★★ 5,7€
Color cereza, borde granate. Aroma fruta madura, especiado, roble cremoso, tostado. Boca potente, sabroso, tostado.

DeCasta 2013 RD
garnacha, merlot, syrah, cabernet sauvignon
87 ★★★★★ 4,3€
Color frambuesa, borde violáceo. Aroma potente, fruta madura, fruta roja, floral, expresivo. Boca potente, frutoso, fresco.

Gran Sangre de Toro 2010 TR
garnacha, cariñena, syrah
87 11,4€
Color cereza, borde granate. Aroma fruta madura, especiado, roble cremoso, tostado, fina reducción, balsámico. Boca potente, sabroso, tostado, correcto.

Habitat 2012 B
xarel.lo, garnacha blanca
87 ★★★★ ❧ 7,7€
Color pajizo brillante. Aroma flores blancas, hierbas de tocador, expresión frutal. Boca fresco, frutoso, sabroso, equilibrado.

Habitat 2012 T
syrah, garnacha
88 ★★★ 8,6€
Color cereza brillante. Aroma fruta madura, especias dulces, roble cremoso, expresivo. Boca sabroso, frutoso, tostado, fácil de beber.

San Valentín 2013 B
parellada
85 ★★★★★ 5€

Sangre de Toro 2012 T
garnacha, merlot, syrah, tempranillo
86 ★★★★★ 4,3€
Color cereza, borde granate. Aroma fruta madura, balsámico, roble cremoso. Boca especiado, largo, equilibrado.

Viña Esmeralda 2013 B
moscatel, gewürztraminer

88 ★★★★   7,5€

Color pajizo brillante. Aroma flores blancas, hierbas de tocador, expresión frutal, notas tropicales. Boca fresco, frutoso, sabroso, equilibrado, elegante.

Viña Sol 2013 B
parellada, garnacha blanca

87 ★★★★   5,2€

Color pajizo brillante. Aroma fresco, fruta fresca, flores blancas, hierbas de tocador. Boca sabroso, frutoso, buena acidez, equilibrado.

CA N'ESTRUC
Ctra. C-1414, Km. 15
8292 Esparreguera (Barcelona)
☎: +34 937 777 017
Fax: +34 937 772 268
www.canestruc.com
canestruc@vilaviniteca.es

Ca N'Estruc 2013 T
garnacha, syrah, tempranillo

88 ★★★★★   3,95€

Color cereza muy intenso, borde granate. Aroma fruta sobremadura, cálido, hierbas secas. Boca sabroso, fruta madura, largo.

Ca N'Estruc Blanc 2013 B
xarel.lo, moscatel, garnacha blanca, chardonnay, macabeo

89 ★★★★★   3,3€

Color pajizo brillante. Aroma flores blancas, hierbas de tocador, expresión frutal. Boca fresco, frutoso, sabroso, elegante.

Ca N'Estruc Xarel.lo 2013 B
xarel.lo

90 ★★★★★   5,75€

Color pajizo brillante. Aroma fresco, fruta fresca, flores blancas, expresivo. Boca sabroso, frutoso, buena acidez, equilibrado.

Idoia 2012 T
syrah, garnacha

90 ★★★★★   9,9€

Color cereza, borde granate. Aroma fruta roja, fruta madura, hierbas silvestres, especiado, expresivo. Boca equilibrado, sabroso, especiado.

Idoia Blanc 2013 BFB
xarel.lo, granacha blanca, chardonnay, macabeo

93 ★★★★★   9,9€

Color pajizo brillante. Aroma flores blancas, fruta fresca, expresivo, lías finas, hierbas secas. Boca sabroso, frutoso, buena acidez.

L'Equilibrista 2012 T

siraah, garnacha, cariñena

90 ★★★★   12,9€

Color cereza brillante. Aroma fruta madura, especias dulces, roble cremoso, expresivo. Boca sabroso, frutoso, tostado, taninos maduros.

L'Equilibrista 2013 B
xarel.lo

92 ★★★★   12,9€

Color pajizo brillante. Aroma expresivo, fruta fresca, cítricos, especiado. Boca sabroso, buena acidez.

L'Equilibrista Garnatxa 2011 T
garnacha

92 ★★★   15,9€

Color cereza intenso. Aroma fruta al licor, varietal, especiado, terroso. Boca sabroso, fruta madura, especiado, taninos maduros.

CAN GRAU VELL
Can Grau Vell, s/n
8781 Hostalets de Pierola (Barcelona)
☎: +34 676 586 933
Fax: +34 932 684 965
www.grauvell.cat
info@grauvell.cat

Alcor 2009 T
93

Color cereza, borde granate. Aroma fruta roja, fruta madura, hierbas silvestres, mineral, expresivo. Boca potente, sabroso, especiado, largo.

CASTELL D'OR
Mare Rafols, 3- 1ºD
8720 Vilafranca del Penedès
(Barcelona)
☎: +34 938 905 385
Fax: +34 938 905 455
www.castelldor.com
castelldor@castelldor.com

Flama D'Or 2010 TR
cabernet sauvignon

85 ★★★★   6,8€

Flama D'Or 2012 T
tempranillo

82   3,8€

Flama D'Or 2013 B
macabeo, parellada, xarel.lo

83   3,8€

Flama D'Or 2013 RD
trepat

84   3,8€

Puig de Solivella 2012 T
tempranillo

81   3,8€

Puig de Solivella 2013 B
macabeo, parellada, xarel.lo

81   3,8€

CAVES CONDE DE CARALT S.A.

Ctra. Sant Sadurní-Sant Pere de
Riudebitlles, Km. 5
8775 Torrelavit (Barcelona)
☎: +34 938 917 070
Fax: +34 938 996 006
www.condedecaralt.com
condedecaralt@condedecaralt.es

Conde de Caralt 2013 B
macabeo, xarel.lo, parellada
85 ★★★★★   2,9€

Conde de Caralt 2013 RD
tempranillo, merlot
83   2,9€

CELLER DE CAPÇANES

Llebaria, 4
43776 Capçanes (Tarragona)
☎: +34 977 178 319
Fax: +34 977 178 319
www.cellercapcanes.com
cellercapcanes@cellercapcanes.com

6/X Pinot Noir de Capçanes 2012 T
92
Color cereza, borde granate. Aroma fruta madura, hierbas silvestres, terroso, especiado, roble cremoso. Boca sabroso, largo, balsámico, equilibrado.

CLOS D'AGON

Afores, s/n
17251 Calonge (Girona)
☎: +34 972 661 486
Fax: +34 972 661 462
www.closdagon.com
info@closdagon.com

Clos D'Agon 2011 T
93   50€
Color cereza, borde granate. Aroma fruta madura, especiado, roble cremoso, tostado, complejo, terroso, mineral. Boca potente, sabroso, tostado, taninos maduros, elegante.

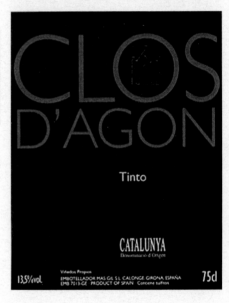

Clos D'Agon 2012 B

93 39€

Color amarillo brillante. Aroma potente, fruta madura, especias dulces, roble cremoso, hierbas de tocador, equilibrado. Boca graso, retronasal ahumado, sabroso, fresco, buena acidez, elegante.

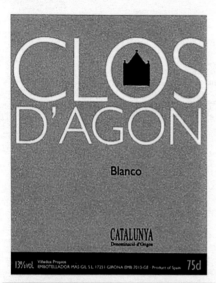

CLOS MONTBLANC

Ctra. Montblanc-Barbera, s/n
43422 Barberà de la Conca (Tarragona)
☎: +34 977 887 030
Fax: +34 977 887 032
www.closmontblanc.com
club@closmontblanc.com

Clos Montblanc Castell Macabeo Chardonnay 2013 B
macabeo, chardonnay

86 ★★★★★ 4,4€

Color pajizo brillante. Aroma flores blancas, hierbas de tocador, expresión frutal. Boca fresco, frutoso, sabroso.

Clos Montblanc Castell Tempranillo 2013 T
tempranillo, cabernet sauvignon

86 ★★★★★ 4,4€

Color cereza muy intenso, borde granate. Aroma cálido, fruta madura, balsámico. Boca sabroso, fruta madura, largo.

Clos Montblanc Xipella 2011 TC
garnacha, monastrell, samsó, syrah

87 ★★★ 9€

Color cereza, borde granate. Aroma fruta madura, especiado, roble cremoso, tostado. Boca potente, sabroso, tostado, taninos maduros.

FERMI BOHIGAS

Finca Can Maciá s/n
8711 Òdena (Barcelona)
☎: +34 938 048 100
Fax: +34 938 032 366
www.bohigas.es
aministracio@bohigas.es

Bohigas 2010 TC
cabernet sauvignon, garnacha

90 ★★★★★ 9,1€

Color cereza, borde granate. Aroma fruta madura, especiado, roble cremoso, tostado, complejo. Boca potente, sabroso, tostado, taninos maduros.

Bohigas Xarel.lo 2013 B
xarel.lo

88 ★★★★ 5,5€

Color pajizo brillante. Aroma fresco, fruta fresca, flores blancas, expresivo. Boca sabroso, frutoso, buena acidez, equilibrado.

Fermí de Fermí Bohigas 2009 TR
syrah, samsó

91 ★★★★ 12,1€

Color cereza, borde granate. Aroma fruta madura, especiado, roble cremoso, tostado, complejo. Boca potente, sabroso, tostado, taninos maduros, equilibrado.

Udina de Fermí Bohigas 2013 B
xarel.lo, garnacha blanca, chenin blanc

87 ★★★★ 7,3€

Color pajizo brillante. Aroma flores blancas, hierbas de tocador, expresión frutal. Boca fresco, frutoso, sabroso.

FRANCK MASSARD

Rambla Arnau de Vilanova, 6
8800 Vilanova i La Geltrú (Barcelona)
☎: +34 938 956 541
Fax: +34 938 956 541
www.epicure-wines.com
info@epicure-wines.com

Mas Amor 2013 RD

85 ★★★★ 5,8€

HEREDAD SEGURA VIUDAS

Ctra. Sant Sadurní a St. Pere de Riudebitlles, Km. 5
8775 Torrelavit (Barcelona)
☎: +34 938 917 070
Fax: +34 938 996 006
www.seguraviudas.es
seguraviudas@seguraviudas.es

Viña Heredad 2013 RD
tempranillo, merlot

87 ★★★★★ 4,3€

Color piel cebolla. Aroma elegante, fruta escarchada, flores secas, hierbas de tocador, fruta roja. Boca ligero, sabroso, buena acidez, largo, especiado.

JAUME GRAU GRAU - VINS GRAU S.L.

Ctra. C-37, Km. 75,5 D'Igualada a Manresa
8255 Maians (Barcelona)
☎: +34 938 356 002
www.vinsgrau.com
info@vinsgrau.com

Clos del Recó 2013 B
macabeo, xarel.lo, parellada, moscatel
85 ★★★★   3,5€

Clos del Recó 2013 RD
tempranillo
85 ★★★★   3,5€

Clos del Recó 2013 T
tempranillo
83   3,5€

JAUME SERRA (J. GARCÍA CARRIÓN)

Ctra. de Vilanova a Vilafranca, Km. 2,5
8800 Vilanova i la Geltru (Barcelona)
☎: +34 938 936 404
Fax: +34 938 147 482
www.garciacarrion.es
jaumeserra@jgc.es

Vinya del Mar Seco 2013 B
80   1,5€

Viña del Mar 2013 RD
83   1,5€

Viña del Mar 2013 T
80   1,5€

Viña del Mar Semidulce 2013 B
79   1,5€

L'OLIVERA SCCL

La Plana, s/n
25268 Vallbona de les Monges (Lleida)
☎: +34 973 330 276
Fax: +34 973 330 276
www.olivera.org
olivera@olivera.org

Naltres 2013 T
cabernet sauvignon, garnacha, trepat
88 ★★★ ⚘   9,6€
Color cereza muy intenso, borde granate. Aroma potente, fruta madura, chocolate. Boca potente, tostado, equilibrado.

LONG WINES

Avda. del Puente Cultural, 8
Bloque B Bajo 7
28702 San Sebastián de los Reyes (Madrid)
☎: +34 916 221 305
Fax: +34 916 220 029
www.longwines.com
adm@longwines.com

Altos d'Oliva 2005 TGR
86 ★★★★   6€
Color rubí, borde teja. Aroma especiado, fina reducción, cuero mojado, ebanistería, espirituoso. Boca largo, crianza clásica, especiado.

MASET DEL LLEÓ

C-244, Km. 32,5
8792 La Granada del Penedès (Barcelona)
☎: +34 902 200 250
Fax: +34 938 921 333
www.maset.com
info@maset.com

Maset del LLeó Cabernet Franc 2012 T
cabernet franc
90
Color cereza, borde granate. Aroma fruta madura, especiado, roble cremoso, tostado, complejo, mineral. Boca potente, sabroso, tostado, taninos maduros.

Maset del Lleó Roble 2011 T Roble
tempranillo
88 ★★★★   5,9€
Color cereza brillante. Aroma especias dulces, roble cremoso, fruta madura. Boca sabroso, tostado, especiado.

Maset del LLeó Syrah 2011 TR
syrah
90
Color cereza, borde granate. Aroma fruta madura, especiado, roble cremoso, tostado, complejo. Boca potente, sabroso, tostado, taninos maduros.

MASIA VALLFORMOSA

La Sala, 45
8735 Vilobi del Penedès (Barcelona)
☎: +34 938 978 286
Fax: +34 938 978 355
www.domenechvidal.com
vallformosa@vallformosa.es

Laviña 2013 B
macabeo, garnacha blanca
83   2,5€

Laviña 2013 RD
tempranillo, merlot
84   2,5€

Laviña Semi Dulce 2013 B
macabeo, garnacha blanca

84 2,5€

Laviña Tempranillo Merlot 2013 T
tempranillo, merlot

86 ★★★★★ 2,5€
Color cereza, borde violáceo. Aroma fruta roja, frambuesa, expresión frutal, hierbas de tocador. Boca sabroso, ligero, buena acidez.

PAGO DIANA
Pago Diana, s/n
17464 Sant Jordi Desvalls (Girona)
☎: +34 666 395 251
www.pagodiana.com
info@pagodiana.com

Clos Diana 2009 T
syrah

87 ★★★ 8,7€
Color cereza oscuro, borde anaranjado. Aroma especiado, balsámico, cuero muy curtido, fruta madura. Boca correcto, especiado, largo.

Pago Diana Tempranillo 2010 T
tempranillo

82 5€

Teria 2009 T
merlot, cabernet sauvignon, tempranillo

84 13,3€

RENÉ BARBIER
Ctra. Sant Sadurní a St. Pere
Riudebitlles, km. 5
8775 Torrelavit (Barcelona)
☎: +34 938 917 070
Fax: +34 938 996 006
www.renebarbier.com
renebarbier@renebarbier.es

René Barbier Kraliner 2013 B
macabeo, xarel.lo, parellada

85 ★★★★★ 3,7€

René Barbier Rosado Tradición 2013 RD
tempranillo, merlot

84 3,7€

René Barbier Viña Augusta 2012 B
macabeo, xarel.lo, parellada, moscatel

84 3,7€

ROCAMAR
Major, 80
8755 Castellbisbal (Barcelona)
☎: +34 937 720 900
Fax: +34 937 721 495
www.rocamar.net
info@rocamar.net

Blanc de Palangre de Aguja B
macabeo, parellada

78 4,3€

Masia Ribot 2013 B
macabeo, parellada

80 2,9€

Masia Ribot 2013 RD
tempranillo, garnacha

81 2,9€

Masia Ribot 2013 T
tempranillo, garnacha

80 2,9€

Rosat de Palangre de Aguja RD
trepat

82 4,3€

SPIRITUS BARCELONA
Domenech Soberano, 9
43203 Reus (Tarragona)
☎: +34 977 328 202
www.spiritusbarcelona.com
customer@spiritusbarcelona.com

Grand Vinafoc Cabernet Sauvignon 2010 TR
cabernet sauvignon

89 ★★★★ 5,8€
Color cereza muy intenso. Aroma fruta madura, hierbas silvestres, terroso, especiado, roble cremoso. Boca equilibrado, sabroso, largo, balsámico.

Grand Vinafoc Merlot 2010 T
merlot

88 ★★★★ 5,8€
Color cereza, borde granate. Aroma fruta madura, hierbas silvestres, especiado, roble cremoso. Boca sabroso, largo, balsámico.

Grand Vinafoc Syrah 2010 T
syrah

88 ★★★★ 5,8€
Color cereza, borde granate. Aroma fruta madura, especiado, roble cremoso, tostado, violetas, balsámico. Boca potente, sabroso, tostado, equilibrado.

Selección Vinafoc Cabernet Sauvignon 2011 T
cabernet sauvignon

87 ★★★★★   4,6€

Color cereza, borde granate. Aroma fruta madura, hierbas silvestres, especiado, roble cremoso, fina reducción. Boca equilibrado, sabroso, largo, balsámico.

Selection Vinafoc Merlot 2011 T
merlot

86 ★★★★★   4,6€

Color cereza, borde granate. Aroma fruta madura, especiado, tostado, fina reducción, hierbas de monte. Boca potente, sabroso, tostado.

Selection Vinafoc Syrah 2011 T
syrah

87 ★★★★★   4,6€

Color cereza, borde granate. Aroma fruta madura, especiado, roble cremoso, tostado, balsámico, fina reducción. Boca potente, sabroso, tostado.

TOMÁS CUSINÉ

Plaça Sant Sebastià, 13
25457 El Vilosell (Lleida)
☎: +34 973 176 029
Fax: +34 973 175 945
www.tomascusine.com
info@tomascusine.com

Drac Màgic 2012 B
sauvignon blanc, macabeo, viognier

87 ★★★★   6,8€

Color pajizo brillante. Aroma fresco, fruta fresca, flores blancas, expresivo. Boca sabroso, frutoso, buena acidez.

Drac Màgic 2012 T
tempranillo, garnacha, syrah

87 ★★★★   6,8€

Color cereza, borde violáceo. Aroma fruta roja, fruta madura, balsámico, especiado. Boca sabroso, balsámico, fácil de beber.

VINALTIS

Passeig de Gracia, 56 6ª
8007 Barcelona (Barcelona)
☎: +34 934 673 575
Fax: +34 934 673 590
www.vinaltis.com
vinalti@vinaltis.com

Can Paloma - Montserrat 2010 TC
syrah, merlot

84   10,9€

Can Paloma - Montserrat Muscat 2012 B
moscatel

83   6€

Can Paloma - Montserrat Ull de Llebre 2012 T
ull de llebre

85 ★★★★   6€

VINS DEL MASSIS

Ctra. de Gava - Avimyonet, Km. 18,7
8795 Olesa de Bonesvails (Barcelona)
☎: +34 656 426 572
salesvinsdelmassis@gmail.com

Macizo 2013 B

93   15,9€

Color dorado brillante. Aroma fruta madura, potente, tostado, ebanistería, especias dulces, terroso. Boca sabroso, frutoso, especiado, tostado, largo.

Massis 2013 B

90 ★★★★★   8,6€

Color pajizo brillante. Aroma flores blancas, hierbas secas, fruta madura, especiado, roble cremoso. Boca sabroso, frutoso, buena acidez, equilibrado, especiado.

MASSIS 2013

VINYES DE L'ALBÀ

Carles Cardó, 31 2º 3ª
43800 Tarragona (Tarragona)
☎: +34 625 465 895
carles@vinyesdelalba.com

Vinyes de L'Alba Merlot 2013 T
merlot

84   6,5€

Vinyes de L'Alba Sumoll 2013 T
sumoll

89   14,5€

Color cereza poco intenso. Aroma mineral, especiado, fruta roja, fruta madura, hierbas silvestres. Boca fresco, sabroso, balsámico, equilibrado.

DO. CAVA

CONSEJO REGULADOR

Avinguda Tarragona, 24

08720 Vilafranca del Penedès (Barcelona)

☎: +34 938 903 104 - Fax: +34 938 901 567

@: consejo@crcava.es

www.crcava.es

SITUACIÓN:

La región determinada del cava comprende los vinos espumosos elaborados, según el método tradicional de segunda fermentación en botella, de 63 municipios de la provincia de Barcelona, 52 de Tarragona, 12 de Lleida y cinco de Girona, así como los de los términos municipales de Laguardia, Moreda de Álava y Oyón, en Álava; Almendralejo, en Badajoz, Mendavia y Viana, en Navarra; Requena, en Valencia, Ainzón y Cariñena, en Zaragoza, y 18 municipios más de La Rioja.

VARIEDADES:

BLANCAS: macabeo (viura), xarel.lo, parellada, subirat (malvasía riojana) y chardonnay.

TINTAS: garnacha tinta, monastrell, trepat y pinot noir.

DATOS:

Nº Has. Viñedo: 32.913– **Nº Viticultores:** 6.365 – **Nº Bodegas:** 245 – **Cosecha 13:** Excelente – **Producción 13:** 209.203.262 litros – **Comercialización:** 33,6% España - 66,4% extranjero.

SUELOS:

Dependerán también de cada zona de elaboración.

CLIMA:

El propio de cada zona de elaboración señalada en el epígrafe anterior. No obstante, la zona en la que se concentra la mayor parte de la producción (Penedès), posee un clima de tipo mediterráneo, con algunas áreas de producción más altas y frescas.

CARACTERÍSTICAS GENERALES DE LOS VINOS

CAVAS JÓVENES	Su juventud se debe a un tiempo menor de crianza en botella (el mínimo estipulado por el Consejo es de nueve meses). Son más ligeros, frescos y fáciles de beber; presentan notas frutosas y vegetales.
CON MAYOR TIEMPO DE CRIANZA	Puede distinguirse entre los de estilo más tradicional, normalmente con aromas a frutos secos y a almendras amargas, y los más modernos, que combinan en la nariz notas ligeramente frutales y florales, incluso a hierbas, con matices de pan tostado y frutos secos; se caracterizan además por una finura y elegancia que les acerca más al champaña.
DE CHARDONNAY	Se caracterizan por tener mayor cuerpo en boca y un ligero tacto graso; en nariz destacan por su carácter floral. En ocasiones pueden desarrollar aromas a frutas tropicales.

CLASIFICACIÓN COSECHAS   GUÍA**PENÍN**

2009	2010	2011	2012	2013

Esta zona debido al proceso de elaboración generalmente no ofrece vinos del año, por lo que omitimos cualquier valoración de cosecha.

1 + 1 = 3

Masía Navinés
8736 Font-Rubí (Barcelona)
☎: +34 938 974 069
Fax: +34 938 974 724
www.umesufan3.com
umesu@umesufan3.com

1 + 1 = 3 BN
macabeo, xarel.lo, parellada

89 ★★★   9,8€

Color pajizo brillante. Aroma intensidad media, fruta fresca, hierbas secas, lías finas, floral. Boca fresco, frutoso, sabroso, buena acidez.

1 + 1 = 3 BR
macabeo, xarel.lo, parellada

88

Color pajizo brillante. Aroma intensidad media, fruta fresca, hierbas secas, floral. Boca fresco, frutoso, sabroso, buena acidez.

1 + 1 = 3 Especial 2008 BN Gran Reserva
xarel.lo, pinot noir

93   20,6€

Color dorado brillante. Aroma lías finas, frutos secos, hierbas de tocador, complejo, tostado. Boca potente, sabroso, buena acidez, burbuja fina, fino amargor.

1 + 1 = 3 Especial Blanc de Noirs BN Reserva
pinot noir

92 ★★★   15,1€

Color pajizo brillante. Aroma fruta fresca, hierbas secas, lías finas, floral, elegante. Boca fresco, frutoso, sabroso, buena acidez.

1 + 1 = 3 Especial Xarel.lo s/c BN Reserva
xarel.lo

92 ★★★   15,1€

Color amarillo brillante. Aroma lías finas, frutos secos, hierbas de tocador, complejo, tostado. Boca potente, sabroso, buena acidez, burbuja fina, fino amargor.

Cygnus 1 + 1 = 3 BN Reserva
macabeo, xarel.lo, parellada

90 ★★★★ ♟   11,4€

Color amarillo brillante. Aroma fruta madura, lías finas, equilibrado, hierbas secas, fresco, cítricos. Boca buena acidez, sabroso, fruta madura, largo.

Julia & Navines Cava BN
macabeo, xarel.lo, parellada

89 ★★★   9,6€

Color pajizo brillante. Aroma intensidad media, fruta fresca, hierbas secas, lías finas, floral. Boca fresco, frutoso, sabroso, buena acidez.

Julia & Navines Cava BR
macabeo, xarel.lo, parellada

85 ★★★★   8€

Julia & Navines Cava Ecológico s/c BN
macabeo, xarel.lo, parellada

87 ♟   11€

Color amarillo brillante. Aroma lías finas, equilibrado, hierbas secas, cítricos. Boca sabroso, largo, fino amargor.

Julia & Navines Cava Rosé BR
pinot noir, garnacha, trepat

88 ★★★   8,9€

Color frambuesa. Aroma floral, fruta roja, fruta madura, hierbas de tocador. Boca potente, sabroso, fruta madura.

ADERNATS

Arrabal de Sant Joan, 7
43887 Nulles (Tarragona)
☎: +34 977 602 622
Fax: +34 977 609 798
www.vinicoladenulles.com
botiga@vinicoladenulles.com

Adernats 2009 BN Gran Reserva
macabeo, xarel.lo, chardonnay

91 ★★★★   12,7€

Color dorado brillante. Aroma lías finas, frutos secos, hierbas de tocador, complejo, tostado. Boca potente, sabroso, buena acidez, burbuja fina, fino amargor.

Adernats 2009 BR Gran Reserva
macabeo, xarel.lo, chardonnay

91 ★★★★   11,3€

Color dorado brillante. Aroma lías finas, frutos secos, hierbas de tocador, complejo, tostado. Boca potente, sabroso, buena acidez, burbuja fina, fino amargor.

Adernats 2011 BR Reserva
macabeo, xarel.lo, parellada

90 ★★★★★   5,4€

Color pajizo brillante. Aroma lías finas, floral, hierbas de tocador, expresivo. Boca potente, sabroso, buena acidez, burbuja fina, equilibrado.

Adernats Dolç 2011 Reserva
macabeo, xarel.lo, parellada

86 ★★★★★   4,6€

Color pajizo brillante. Aroma intensidad media, fruta fresca, hierbas secas, floral. Boca sabroso, buena acidez.

Adernats Reserva 2011 BN Reserva
macabeo, xarel.lo, parellada

90 ★★★★★   5,8€

Color amarillo brillante. Aroma fruta madura, lías finas, equilibrado, hierbas secas. Boca buena acidez, sabroso, fruta madura, largo.

Adernats Rosat 2011 BR Reserva
trepat

86 ★★★   8,5€

Color frambuesa. Aroma floral, fruta roja, fruta madura, hierbas de tocador, expresivo. Boca potente, equilibrado, sabroso.

Adernats XC 2006 BN Gran Reserva
xarel.lo

92   23,4€

Color dorado brillante. Aroma lías finas, frutos secos, hierbas de tocador, complejo. Boca potente, sabroso, buena acidez, burbuja fina, fino amargor.

AGUSTÍ TORELLÓ MATA
La Serra, s/n (Camí de Ribalta)
8770 Sant Sadurní D'Anoia (Barcelona)
☎: +34 938 911 173
Fax: +34 938 912 616
www.agustitorellomata.com
comunicacio@agustitorellomata.com

Agustí Torelló Mata 2008 BN Gran Reserva

92 ★★★   15€

Color dorado brillante. Aroma lías finas, hierbas de tocador, complejo, tostado, cítricos. Boca potente, sabroso, buena acidez, burbuja fina, untuoso.

Agustí Torelló Mata 2009 BR Reserva

90 ★★★★   10,5€

Color pajizo brillante. Aroma lías finas, floral, hierbas de tocador, pastelería, especias dulces. Boca potente, sabroso, buena acidez, burbuja fina, equilibrado.

Agustí Torelló Mata Gran Reserva Barrica 2008 BN
100% macabeo

90   20€

Color dorado brillante. Aroma lías finas, frutos secos, especiado, pastelería, cacao fino, tostado. Boca potente, sabroso, buena acidez, burbuja fina, fino amargor, tostado.

Agustí Torelló Mata Magnum 2007 BN Gran Reserva

94   33€

Color dorado brillante. Aroma lías finas, hierbas de tocador, complejo, tostado, expresivo, notas amieladas, frutos secos. Boca sabroso, buena acidez, burbuja fina, fino amargor, equilibrado, elegante.

Agustí Torelló Mata Rosat Trepat 2011 BR Reserva
100% trepat

89   13€

Color frambuesa. Aroma floral, fruta roja, fruta madura, hierbas de tocador, expresivo. Boca potente, equilibrado, sabroso.

Bayanus 375ml 2009 BN Gran Reserva

91 ★★★★★   10€

Color amarillo brillante. Aroma lías finas, frutos secos, hierbas de tocador, complejo, tostado. Boca potente, sabroso, buena acidez, burbuja fina, fino amargor.

Bayanus Rosat 375 2010 BR Reserva
100% trepat

87 ★★★   10€

Color cobrizo. Aroma floral, jazmín, hierbas de tocador, fruta madura. Boca fresco, frutoso, sabroso, correcto.

Kripta 2007 BN Gran Reserva

93   44€

Color dorado brillante. Aroma con carácter, fruta madura, frutos secos, fruta escarchada, cítricos, pastelería. Boca potente, sabroso, buena acidez, burbuja fina, fino amargor, elegante.

ALSINA SARDÁ
8733 Pla del Penedès (Barcelona)
☎: +34 938 988 132
Fax: +34 938 988 671
www.alsinasarda.com
alsina@alsinasarda.com

Alsina & Sardá BR Reserva
macabeo, xarel.lo, parellada

89 ★★★★   6€

Color pajizo brillante. Aroma intensidad media, fruta fresca, hierbas secas, lías finas, floral. Boca fresco, frutoso, sabroso, buena acidez.

Alsina & Sardá 2011 BN Reserva
macabeo, xarel.lo, parellada

88 ★★★★   7€

Color pajizo brillante. Aroma lías finas, floral, hierbas de tocador, expresivo. Boca potente, sabroso, buena acidez, burbuja fina, equilibrado.

Alsina & Sardá Gran Cuvée Vestigis 2007 BN Gran Reserva

macabeo, xarel.lo, parellada, pinot noir

91   27€

Color pajizo brillante. Aroma intensidad media, fruta fresca, hierbas secas, lías finas, floral, elegante. Boca fresco, frutoso, sabroso, buena acidez.

Alsina & Sardá Gran Reserva Especial 2009 BN Gran Reserva

chardonnay, xarel.lo

91   17€

Color dorado brillante. Aroma lías finas, frutos secos, hierbas de tocador, complejo. Boca potente, sabroso, buena acidez, burbuja fina, fino amargor.

Alsina & Sardá Mas D'Alsina BN Reserva

chardonnay, macabeo, xarel.lo, parraleta

88 ★★★   9€

Color amarillo brillante. Aroma especiado, ahumado, frutos secos. Boca sabroso, complejo, buena acidez, especiado.

Alsina & Sarda Pinot Noir BN

pinot noir

88   11€

Color cobrizo. Aroma floral, jazmín, hierbas de tocador, fruta escarchada. Boca fresco, frutoso, sabroso, correcto.

Alsina & Sardá Sello 2010 BN Gran Reserva

xarel.lo, macabeo, parellada

88   10,3€

Color pajizo brillante. Aroma lías finas, floral, hierbas de tocador, expresivo. Boca potente, sabroso, buena acidez, burbuja fina, equilibrado.

ALTA ALELLA S.L.

Camí Baix de Tiana s/n
8328 Alella (Barcelona)
☎: +34 934 693 720
Fax: +34 934 691 343
www.altaalella.cat
info@altaalella.cat

AA Bruel 2012 BN

pansa blanca

88 🏆   17€

Color amarillo brillante. Aroma fruta madura, lías finas, equilibrado, hierbas secas. Boca buena acidez, sabroso, fruta madura, largo.

AA Capsigrany 2008 BN

pansa rosada

86 🏆   22€

Color amarillo brillante. Aroma fruta madura, fruta al licor, lías reducidas, hierbas secas. Boca correcto, potente, sabroso.

AA Privat 2011 BN

pansa blanca, macabeo, parellada

88 ★★★ 🏆   10€

Color pajizo brillante. Aroma intensidad media, fruta fresca, hierbas secas, lías finas, floral. Boca fresco, frutoso, sabroso, buena acidez.

AA Privat Chardonnay 2011 BN Reserva

chardonnay

87 🏆   13€

Color pajizo brillante. Aroma intensidad media, fruta fresca, lías finas, floral. Boca fresco, frutoso, sabroso, buena acidez.

AA Privat Laietà 2010 BN Gran Reserva

chardonnay, pinot noir

89 🏆   18,9€

Color amarillo brillante. Aroma equilibrado, flores marchitas, fruta madura. Boca equilibrado, fino amargor, buena acidez.

AA Privat Laietà Rosé 2010 BN Gran Reserva

mataró

90 🏆   18,9€

Color cobrizo. Aroma floral, jazmín, hierbas de tocador, fruta escarchada. Boca fresco, frutoso, sabroso, correcto.

AA Privat Mirgin BN Gran Reserva

chardonnay, pinot noir

91 🏆   32€

Color amarillo brillante. Aroma equilibrado, fruta madura, tostado, especiado, lías finas. Boca equilibrado, fino amargor.

AA Privat Opus Evolutium 2009 BN Gran Reserva

chardonnay, pinot noir

93 🏆   24,7€

Color dorado brillante. Aroma lías finas, frutos secos, hierbas de tocador. Boca potente, sabroso, buena acidez, burbuja fina, fino amargor, equilibrado, elegante.

AA

OPUS
EVOLUTIUM

GRAN RESERVA
BRUT NATURE

2009

AA Privat Rosé 2011 BN
pinot noir, mataró

87 ★★★ ♣   10€

Color cobrizo. Aroma floral, jazmín, hierbas de tocador, fruta escarchada. Boca fresco, frutoso, sabroso, correcto.

ANTIGVA CIA. AGROALIMENTARIA ESPAÑOLA DEL MEDITERRANEO

Calle Pepe Martínez Molla, 2, Local 3
46800 Xátiva (Valencia)
☎: +34 962 280 555
www.antigvacava.com
info@antigvacava.com

Antigva White Label 2012 BN
xarel.lo, macabeo, parellada

82   11,6€

Millesime Antigva 2010 BN Reserva
xarel.lo, macabeo, parellada, chardonnay

85   16,6€

ARBOLEDA MEDITERRÁNEA BODEGAS

Ctra Sant Sadurni - Piera BV-2242, km 10
8784 La Fortesa (Barcelona)
☎: +34 902 996 361
www.arboledamediterranean.com
arboleda@arboledamediterranean.com

Torrens & Moliner BR
macabeo, xarel.lo, parellada

86 ★★★★   6,4€

Color pajizo brillante. Aroma lías finas, floral, hierbas de tocador, intensidad media. Boca potente, sabroso, buena acidez, fácil de beber.

Torrens & Moliner Premium BN Gran Reserva
macabeo, xarel.lo, parellada

88   13€

Color dorado brillante. Aroma lías finas, hierbas de tocador, con carácter, fruta madura, frutos secos. Boca potente, sabroso, buena acidez, burbuja fina, fino amargor.

Torrens & Moliner Reserva Particular BN Reserva
macabeo, xarel.lo, parellada

87 ★★★★   6,9€

Color pajizo brillante. Aroma lías finas, floral, hierbas de tocador. Boca potente, sabroso, buena acidez, burbuja fina, equilibrado.

AVINYÓ CAVAS

Masia Can Fontanals
8793 Avinyonet del Penedès (Barcelona)
☎: +34 938 970 055
Fax: +34 938 970 691
www.avinyo.com
avinyo@avinyo.com

Avinyó BN Reserva
macabeo, xarel.lo, parellada

89 ★★★   8,5€

Color amarillo brillante. Aroma fruta madura, lías finas, equilibrado, hierbas secas. Boca buena acidez, sabroso, fruta madura, largo.

Avinyó BR Reserva
macabeo, xarel.lo, parellada

88 ★★★★   7,5€

Color pajizo brillante. Aroma lías finas, floral, hierbas de tocador, expresivo. Boca potente, sabroso, buena acidez, burbuja fina, equilibrado.

Avinyó Blanc de Noirs BN Reserva
100% pinot noir

88   12€

Color pajizo brillante. Aroma lías finas, floral, hierbas de tocador. Boca potente, sabroso, buena acidez, burbuja fina, equilibrado.

Avinyó Rosé Sublim BR Reserva
100% pinot noir

88 ★★★   9€

Color cobrizo. Aroma floral, jazmín, hierbas de tocador, fruta escarchada. Boca fresco, frutoso, sabroso, correcto.

Avinyó Selecció La Ticota 2008 BN Gran Reserva
macabeo, xarel.lo

90 ★★★   14€

Color dorado brillante. Aroma lías finas, hierbas de tocador, con carácter, fruta madura, frutos secos. Boca potente, sabroso, buena acidez, burbuja fina, fino amargor.

AXIAL

Pla-za Calle Castillo de Capua, 10 Nave 7
50197 (Zaragoza)
☎: +34 976 780 136
Fax: +34 976 303 035
www.axialvinos.com
info@axialvinos.com

La Granja 360 Cava 2011 BR

86 ★★★★   5,8€

Color pajizo brillante. Aroma hierbas de tocador, fresco, equilibrado. Boca sabroso, buena acidez, burbuja fina, equilibrado.

BODEGA SANSTRAVÉ

De la Conca, 10
43412 Solivella (Tarragona)
☎: +34 977 892 165
Fax: +34 977 892 073
www.sanstrave.com
bodega@sanstrave.com

Sanstravé BN Gran Reserva
macabeo, parellada, xarel.lo, chardonnay

88 ★★★   10€

Color dorado brillante. Aroma lías finas, frutos secos, hierbas de tocador, complejo. Boca potente, sabroso, buena acidez, burbuja fina, fino amargor.

Sanstravé Rosat 2011 BR Reserva
trepat

89   12€

Color cobrizo. Aroma floral, jazmín, hierbas de tocador, cítricos. Boca fresco, frutoso, sabroso, correcto.

BODEGA SEBIRAN

Pérez Galdos, 1
46352 Campo Arcis - Requena
(Valencia)
☎: +34 962 303 321
Fax: +34 962 301 560
www.sebiran.es
info@sebiran.es

Coto D'Arcis BN
macabeo

88   11,7€

Color amarillo brillante. Aroma fruta escarchada, pastelería, especiado. Boca sabroso, equilibrado, buena acidez.

Coto D'Arcis Especial BR
macabeo

87   11,7€

Color amarillo brillante. Aroma fruta madura, intensidad media, especiado. Boca correcto, amargoso.

BODEGAS ARRAEZ

Arcediano Ros, 35
46630 La Font de la Figuera (Valencia)
☎: +34 962 290 031
www.bodegasarraez.com
info@bodegasarraez.com

A-2 BR Reserva

87 ★★★★   8€

Color pajizo brillante. Aroma lías finas, floral, hierbas de tocador, expresivo. Boca potente, sabroso, buena acidez, burbuja fina, equilibrado.

BODEGAS CA N'ESTELLA

Masia Ca N'Estella, s/n
8635 Sant Esteve Sesrovires
(Barcelona)
☎: +34 934 161 387
Fax: +34 934 161 620
www.fincacanestella.com
a.vidal@fincacanestella.com

Rabetllat i Vidal 2010 BN
chardonnay, macabeo

90 ★★★★★   8,3€

Color pajizo brillante. Aroma lías finas, floral, hierbas de tocador, expresivo. Boca potente, sabroso, buena acidez, burbuja fina, equilibrado.

Rabetllat i Vidal Brut Ca N'Estella 2012 BR
macabeo, xarel.lo, chardonnay

90 ★★★★★   5,6€

Color pajizo brillante. Aroma lías finas, floral, hierbas de tocador, expresivo. Boca potente, sabroso, buena acidez, burbuja fina, equilibrado.

Rabetllat i Vidal Gran Reserva de la Finca 2008 BN
trepat, garnacha

90 ★★★   15€

Color dorado brillante. Aroma frutos secos, hierbas de tocador, lías finas, fruta macerada, especias dulces. Boca potente, sabroso, buena acidez, burbuja fina, fino amargor.

Rabetllat i Vidal Rosado 2010 BR
trepat, garnacha

85 ★★★   8,3€

BODEGAS CAPITÀ VIDAL

Ctra. Villafranca-Igualada, Km. 21
8733 Pla del Penedès (Barcelona)
☎: +34 938 988 630
Fax: +34 938 988 625
www.capitavidal.com
helena@capitavidal.com

Fuchs de Vidal BR

86 ★★★   8,3€

Color pajizo brillante. Aroma intensidad media, fruta fresca, hierbas secas, lías finas, floral. Boca fresco, frutoso, sabroso, buena acidez.

Fuchs de Vidal 2010 BN Gran Reserva

90 ★★★★   12€

Color dorado brillante. Aroma hierbas de tocador, con carácter, fruta madura, frutos secos. Boca potente, sabroso, buena acidez, burbuja fina, fino amargor.

Fuchs de Vidal Cuvée BN Reserva

90 ★★★★   10,5€

Color dorado brillante. Aroma lías finas, frutos secos, hierbas de tocador, complejo, tostado. Boca potente, sabroso, buena acidez, burbuja fina, fino amargor.

Fuchs de Vidal Rosé Pinot Noir BN
100% pinot noir

86 12€

Color frambuesa. Aroma floral, fruta roja, fruta madura, hierbas de tocador, intensidad media. Boca equilibrado, sabroso, fino amargor.

Fuchs de Vidal Unic BN

88 16€

Color amarillo brillante. Aroma fruta madura, lías finas, equilibrado, hierbas secas. Boca buena acidez, sabroso, fruta madura, largo.

Gran Fuchs de Vidal BN

89 16€

Color pajizo brillante. Aroma lías finas, floral, hierbas de tocador, expresivo. Boca potente, sabroso, buena acidez, burbuja fina, equilibrado.

Palau Solá BN

84 5,5€

BODEGAS COVIÑAS
Avda. Rafael Duyos, s/n
46340 Requena (Valencia)
☎: +34 962 300 680
Fax: +34 962 302 651
www.covinas.es
covinas@covinas.es

Enterizo BR

87

Color pajizo brillante. Aroma intensidad media, fruta fresca, lías finas, floral, cítricos. Boca fresco, frutoso, sabroso, buena acidez.

Marqués de Plata BN

85

Marqués de Plata BR

88

Color pajizo brillante. Aroma fruta fresca, hierbas secas, lías finas, floral, cítricos. Boca fresco, frutoso, sabroso, buena acidez.

BODEGAS ESCUDERO
Ctra. de Arnedo, s/n
26587 Grávalos (La Rioja)
☎: +34 941 398 008
Fax: +34 941 398 070
www.familiaescudero.com
info@familiaescudero.com

Benito Escudero BN
100% viura

84 8€

Benito Escudero BR
100% viura

87 ★★★★ 8€

Color pajizo brillante. Aroma intensidad media, fruta fresca, hierbas secas, floral, hierbas de tocador. Boca fresco, frutoso, sabroso, buena acidez.

Dioro Baco BR

87 ★★★ 10€

Color pajizo brillante. Aroma lías finas, floral, hierbas de tocador, expresivo. Boca potente, sabroso, buena acidez, burbuja fina, equilibrado.

Dioro Baco Extra Brut
100% chardonnay

84 13€

Dioro Baco Rosado BR
100% pinot noir

84 10€

BODEGAS FAUSTINO
Ctra. de Logroño, s/n
1320 Oyón (Álava)
☎: +34 945 622 500
Fax: +34 945 622 106
www.bodegasfaustino.com
info@bodegasfaustino.es

Cava Faustino BR Reserva
macabeo, chardonnay

84 7,8€

BODEGAS HISPANO SUIZAS
Ctra. N-322, Km. 451,7 El Pontón
46357 Requena (Valencia)
☎: +34 661 894 200
www.bodegashispanosuizas.com
info@bodegashispanosuizas.com

Tantum Ergo Chardonnay Pinot Noir 2011 BN
chardonnay, pinot noir

93 20€

Color pajizo brillante. Aroma floral, hierbas de tocador, expresivo, fruta escarchada. Boca potente, sabroso, buena acidez, burbuja fina, equilibrado.

Tantum Ergo Pinot Noir Rosé 2012 BN
pinot noir

91 20€

Color cobrizo. Aroma floral, jazmín, hierbas de tocador, fruta escarchada, balsámico. Boca fresco, frutoso, sabroso, correcto, equilibrado.

Tantum Ergo Vintage 2010 BN
chardonnay, pinot noir

93 40€

Color dorado brillante. Aroma frutos secos, hierbas de tocador, complejo, tostado, balsámico, hierbas secas. Boca potente, sabroso, buena acidez, burbuja fina, fino amargor.

BODEGAS LANGA

Ctra. Nacional II, Km. 241,700
50300 Calatayud (Zaragoza)
☎: +34 976 881 818
Fax: +34 976 884 463
www.bodegas-langa.com
info@bodegas-langa.com

Reyes de Aragón BN Gran Reserva
chardonnay, macabeo

85   **15,5€**

Reyes de Aragón BN Reserva
chardonnay, macabeo

85   **10,8€**

Reyes de Aragón BR Reserva
macabeo, chardonnay

86 ★★★★★   **4,8€**

Color amarillo brillante. Aroma fruta madura, lías finas, equilibrado, hierbas secas. Boca buena acidez, sabroso, fruta madura, largo.

Reyes de Aragón Selección Familiar BN
macabeo, chardonnay

84   **5,5€**

BODEGAS MUGA

Barrio de la Estación, s/n
26200 Haro (La Rioja)
☎: +34 941 311 825
www.bodegasmuga.com
marketing@bodegasmuga.com

Conde de Haro 2010 BR

92 ★★★★   **12,5€**

Color pajizo brillante. Aroma fruta fresca, hierbas secas, lías finas, floral. Boca fresco, frutoso, sabroso, buena acidez, equilibrado.

Conde de Haro Brut Vintage 2011 BR

91

Color amarillo brillante. Aroma lías finas, floral, hierbas de tocador, expresivo. Boca potente, sabroso, buena acidez, burbuja fina, equilibrado.

Conde de Haro Rosado BR
100% garnacha

88   **18€**

Color cobrizo. Aroma floral, jazmín, hierbas de tocador, fruta escarchada. Boca fresco, frutoso, sabroso, correcto.

BODEGAS MUR BARCELONA

Rambla de la Generalitat, 1-9
8770 Sant Sadurni D'Anoia (Barcelona)
☎: +34 938 183 641
Fax: +34 938 911 662
www.mur-barcelona.com
info@mur-barcelona.com

Gran Montesquius 2012 BN Reserva

87 ★★★   **8,9€**

Color amarillo brillante. Aroma lías finas, hierbas de tocador, floral, equilibrado. Boca fresco, frutoso, buena acidez, burbuja fina.

Most Doré Objeto de deseo 2010 Extra Brut Reserva

87

Color dorado brillante. Aroma fruta madura, frutos secos, hierbas secas, floral. Boca especiado, largo, sabroso, buena acidez.

Robert J. Mur Especial Tradició 2010 BN Reserva

88 ★★★   **8,8€**

Color pajizo brillante. Aroma lías finas, hierbas de tocador, complejo, tostado, hierbas secas. Boca potente, sabroso, buena acidez, burbuja fina, fino amargor.

Robert J. Mur Especial Tradició Rosé 2010 BN Reserva

86 ★★★   **9,8€**

Color cobrizo. Aroma flores marchitas, hierbas secas, fruta madura, fruta al licor, especiado, algo evolucionado. Boca fresco, frutoso, balsámico.

BODEGAS MURVIEDRO

Ampliación Pol. El Romeral, s/n
46340 Requena (Valencia)
☎: +34 962 329 003
Fax: +34 962 329 002
www.bodegasmurviedro.es
murviedro@murviedro.es

Corolilla Chardonnay BR
chardonnay

85   **11€**

Expresión Solidarity Cuvée Chardonnay BN
chardonnay

88   **14€**

Color amarillo brillante. Aroma fruta madura, lías finas, equilibrado, hierbas secas. Boca buena acidez, sabroso, fruta madura, largo.

Luna de Murviedro BR
macabeo

88 ★★★★   **7€**

Color amarillo brillante. Aroma fruta madura, lías finas, equilibrado, hierbas secas. Boca buena acidez, sabroso, fruta madura, largo.

Luna de Murviedro Rosé BR
garnacha

87 ★★★★   **7€**

Color frambuesa. Aroma floral, fruta roja, fruta madura, hierbas de tocador. Boca potente, equilibrado, sabroso.

BODEGAS OLARRA
Avda. de Mendavia, 30
26009 Logroño (La Rioja)
☎: +34 941 235 299
Fax: +34 941 253 703
www.bodegasolarra.es
bodegasolarra@bodegasolarra.es

Añares BN
100% viura
86 ★★★   8,3€
Color pajizo brillante. Aroma intensidad media, fruta fresca, hierbas secas, lías finas, floral. Boca fresco, frutoso, sabroso, buena acidez.

Añares BR
100% viura
83   6€

BODEGAS ONDARRE
Ctra. de Aras, s/n
31230 Viana (Navarra)
☎: +34 948 645 300
Fax: +34 948 646 002
www.bodegasondarre.es
bodegasondarre@bodegasondarre.es

Ondarre BN
100% viura
86 ★★★   8,8€
Color amarillo brillante. Aroma fruta madura, lías finas, equilibrado, hierbas secas. Boca buena acidez, sabroso, fruta madura, largo.

Ondarre Millennium BR
100% viura
85 ★★★★   6,3€

BODEGAS ROMALE
Pol. Ind. Parc. 6, Manz. D
6200 Almendralejo (Badajoz)
☎: +34 924 665 877
Fax: +34 924 665 877
www.romale.com
romale@romale.com

Privilegio de Romale 2011 BN Reserva
macabeo, parellada
84   5,1€

Viña Romale Rosado 2013 BN
garnacha
84   4,2€

BODEGAS ROURA - JUAN ANTONIO PÉREZ ROURA
Valls de Rials
8328 Alella (Barcelona)
☎: +34 933 527 456
Fax: +34 933 524 339
www.roura.es
roura@roura.es

Roura BN
84   9,5€

Roura BR
84   7,5€

Roura 5 * BN
86   11,5€
Color amarillo brillante. Aroma fruta madura, lías finas, hierbas secas. Boca buena acidez, fruta madura.

Roura Rosat BN
100% trepat
85   12€

BODEGAS TROBAT
Castelló, 10
17780 Garriguella (Girona)
☎: +34 972 530 092
Fax: +34 972 552 530
www.bodegastrobat.com
bodegas.trobat@bmark.es

Celler Trobat 2009 BN Gran Reserva
macabeo, xarel.lo, parellada, chardonnay
88   14€
Color dorado brillante. Aroma lías finas, frutos secos, hierbas de tocador. Boca potente, sabroso, buena acidez, burbuja fina, fino amargor.

Celler Trobat 2009 BN Reserva
macabeo, xarel.lo, parellada, chardonnay
90 ★★★★★   9,5€
Color dorado brillante. Aroma lías finas, frutos secos, hierbas de tocador, complejo. Boca potente, sabroso, buena acidez, burbuja fina, fino amargor.

Celler Trobat Rosat 2012 BR
monastrell, garnacha
83   9,5€

Gran Amat 2013 BN
macabeo, xarel.lo, parellada
89 ★★★★   6€
Color pajizo brillante. Aroma lías finas, floral, hierbas de tocador, expresivo. Boca potente, sabroso, buena acidez, burbuja fina, equilibrado.

BODEGAS VEGAMAR

Garcesa, s/n
46175 Calles (Valencia)
☎: +34 962 109 813
www.bodegasvegamar.com
info@bodegasvegamar.com

Privée 18 BN Reserva
chardonnay, macabeo

86 ★★★   **9,5€**

Color pajizo brillante. Aroma hierbas de tocador, tostado, especiado. Boca potente, sabroso, buena acidez, equilibrado, amargoso.

Vegamar BN
chardonnay, macabeo

86 ★★★   **8,5€**

Color pajizo brillante. Aroma intensidad media, fruta fresca, floral. Boca fresco, buena acidez.

Vegamar Rosado BN
garnacha

88 ★★★   **8,5€**

Color frambuesa. Aroma floral, fruta roja, fruta madura, hierbas de tocador, expresivo. Boca potente, equilibrado, sabroso.

BODEGAS VICENTE GANDÍA

Ctra. Cheste a Godelleta, s/n
46370 Chiva (Valencia)
☎: +34 962 524 242
Fax: +34 962 524 243
www.vicentegandia.es
info@vicentegandia.com

El Miracle BR
macabeo, chardonnay

85 ★★★★★   **5€**

El Miracle Rosado BR
100% garnacha

85 ★★★★★   **5€**

Hoya de Cadenas BN
100% macabeo

87 ★★★★★   **5€**

Color amarillo brillante. Aroma fruta madura, lías finas, hierbas secas. Boca buena acidez, sabroso, cierta persistencia, fresco.

Hoya de Cadenas BR
macabeo, chardonnay

86 ★★★★★   **5€**

Color pajizo brillante. Aroma intensidad media, fruta fresca, hierbas secas, floral. Boca fresco, frutoso, buena acidez, fácil de beber.

Vicente Gandía BN
100% macabeo

87 ★★★★   **8€**

Color amarillo brillante. Aroma lías finas, equilibrado, hierbas secas, fruta fresca. Boca buena acidez, fruta madura, largo.

Vicente Gandía BR
macabeo, chardonnay

84   **8€**

Vicente Gandía Rosado BR
100% garnacha

84

Whatever it Takes by Charlize Theron BR
macabeo, chardonnay

85 ★★★★   **7€**

EL MIRACLE
CAVA BRUT

BODEGUES SUMARROCA

El Rebato, s/n
8739 Subirats (Barcelona)
☎: +34 938 911 092
Fax: +34 938 911 778
www.sumarroca.es
s-berrocal@selfoods.es

Sumarroca BR Reserva
macabeo, parellada, xarel.lo, chardonnay

89 ★★★★ 7,9€

Color pajizo brillante. Aroma lías finas, floral, hierbas de tocador, expresivo. Boca potente, sabroso, buena acidez, burbuja fina, equilibrado.

Sumarroca 2010 BN Gran Reserva
macabeo, parellada, xarel.lo, chardonnay

91 ★★★★ 11,3€

Color dorado brillante. Aroma lías finas, hierbas de tocador, complejo, tostado, expresivo. Boca potente, sabroso, buena acidez, burbuja fina, fino amargor.

Sumarroca Allier BR Gran Reserva
parellada, pinot noir, chardonnay

93 20,3€

Color amarillo brillante. Aroma lías finas, frutos secos, hierbas de tocador, complejo, especias dulces, roble cremoso. Boca potente, sabroso, buena acidez, burbuja fina, fino amargor, elegante.

Sumarroca Cuvée BN Gran Reserva
chardonnay, parellada

91 ★★★★ 12,7€

Color amarillo. Aroma lías finas, frutos secos, complejo. Boca potente, sabroso, buena acidez, burbuja fina, fino amargor, largo.

Sumarroca Gran Brut Blanc de Negre BR Reserva
parellada, pinot noir, chardonnay

91 19€

Color pajizo brillante. Aroma lías finas, floral, hierbas de tocador, expresivo, especiado. Boca potente, sabroso, buena acidez, burbuja fina, equilibrado.

Sumarroca IN SI TU Extra Brut Reserva

91

Color pajizo brillante. Aroma lías finas, floral, hierbas de tocador, expresivo. Boca potente, sabroso, buena acidez, burbuja fina, equilibrado.

Sumarroca Núria Claverol BR Gran Reserva
xarel.lo

93 35,2€

Color amarillo brillante. Aroma lías finas, frutos secos, hierbas de tocador, complejo, tostado. Boca potente, sabroso, buena acidez, burbuja fina, fino amargor, equilibrado, elegante.

Sumarroca Pinot Noir Rosé Brut BR Reserva
pinot noir

91 19,7€

Color cobrizo. Aroma floral, jazmín, hierbas de tocador, fruta escarchada, especiado, expresivo. Boca fresco, frutoso, sabroso, correcto, equilibrado, elegante.

Sumarroca Rosat BR
pinot noir

88 ★★★★ 7,9€

Color frambuesa. Aroma floral, fruta roja, fruta madura, hierbas de tocador, expresivo. Boca potente, equilibrado, sabroso.

BOLET VINS I CAVAS ECOLÓGICOS

Finca Mas Lluet, s/n
8732 Castellví de la Marca (Barcelona)
☎: +34 938 918 153
www.cavasbolet.com
cavasbolet@cavasbolet.com

Bolet 2008 BN Gran Reserva
86

Color dorado brillante. Aroma lías finas, frutos secos, hierbas de tocador. Boca sabroso, buena acidez, amargoso.

Bolet 2010 BN Reserva
xarel.lo, macabeo, parellada
86

Color amarillo brillante. Aroma fruta madura, lías finas, hierbas secas. Boca buena acidez, sabroso, fruta madura, largo.

Bolet 2010 BR
85

Bolet Classic 2011 BR
xarel.lo, macabeo, parellada
86

Color dorado brillante. Aroma lías finas, hierbas de tocador, fruta madura, frutos secos. Boca potente, sabroso, buena acidez, burbuja fina, fino amargor.

Bolet Rosado 2012 BR
pinot noir
84

Bolet Selección Familiar 2007 BN Gran Reserva
87

Color amarillo brillante. Aroma fruta madura, lías finas, equilibrado, hierbas secas. Boca buena acidez, sabroso, fruta madura, largo.

CANALS & MUNNÉ

Plaza Pau Casals, 6
8770 Sant Sadurní D'Anoia (Barcelona)
☎: +34 938 910 318
Fax: +34 938 911 945
www.canalsimunne.com
info@canalsimunne.com

Canals & Munné "1915 by C y M" 2010 BN Gran Reserva
88   22,5€

Color amarillo brillante. Aroma fruta madura, lías finas, equilibrado, hierbas secas. Boca buena acidez, sabroso, fruta madura, largo.

Canals & Munné 2011 BN Gran Reserva
88   11,5€

Color amarillo brillante, borde verdoso. Aroma fruta madura, lías finas, hierbas secas. Boca buena acidez, sabroso, fruta madura, largo.

Canals & Munné 2011 BR Gran Reserva
89 ★★★   10€

Color dorado brillante. Aroma lías finas, frutos secos, hierbas de tocador, complejo, especiado. Boca potente, sabroso, buena acidez, burbuja fina, fino amargor.

Canals & Munné Gran Duc 2009 BN Gran Reserva
90   26,6€

Color dorado brillante. Aroma lías finas, frutos secos, hierbas de tocador, complejo, tostado. Boca potente, sabroso, buena acidez, burbuja fina, fino amargor, equilibrado.

Canals & Munné Insuperable 2012 BR Reserva
88 ★★★   8,5€

Color pajizo brillante. Aroma intensidad media, fruta fresca, hierbas secas, lías finas, floral. Boca fresco, frutoso, sabroso, buena acidez.

Canals & Munné Reserva de L'Avi 2010 BN Gran Reserva
89   17,5€

Color amarillo brillante. Aroma lías finas, frutos secos, hierbas de tocador, complejo. Boca potente, sabroso, buena acidez, burbuja fina, fino amargor.

Canals & Munné Reserva de L'Avi Jeroboam (3 litros) 2009 BR Reserva
93   59,9€

Color dorado brillante. Aroma lías finas, frutos secos, hierbas de tocador, tostado. Boca potente, sabroso, buena acidez, burbuja fina, fino amargor, elegante.

Canals & Munné Rosé 2012 BR Reserva
100% pinot noir
89   10,9€

Color frambuesa, brillante. Aroma fruta roja, fruta madura, floral, pétalos de rosa. Boca frutoso, sabroso, buena acidez, largo, fino amargor.

Dionysus Eco 2012 BN Reserva
89 ★★★   9,9€

Color pajizo brillante. Aroma intensidad media, fruta fresca, hierbas secas, lías finas, floral, especias dulces. Boca fresco, frutoso, sabroso, buena acidez.

CANALS & NUBIOLA S.A.

Avda. Casetes Mir, 2
8770 Sant Sadurní D'Anoia (Barcelona)
☎: +34 938 917 025
Fax: +34 938 910 126
www.canalsnubiola.com
canalsnubiola@canalsnubiola.es

Canals & Nubiola Grapa Brut 2012 BR
84   3€

Canals & Nubiola Grapa Nature 2011 BN Reserva
87 ★★★★★   4,2€
Color amarillo brillante. Aroma fruta madura, lías finas, equilibrado, hierbas secas. Boca buena acidez, sabroso, fruta madura, largo.

CANALS CANALS

Avda. Montserrat, 9
8769 Castellví de Rosanes (Barcelona)
☎: +34 937 755 446
Fax: +34 937 741 719
www.canalscanals.com
cava@canalscanals.com

Canals Canals Reserva Numerada 2011 BN Reserva
xarel.lo, macabeo, parellada
90 ★★★★★   9€
Color dorado brillante. Aroma lías finas, frutos secos, hierbas de tocador, tostado. Boca potente, sabroso, buena acidez, burbuja fina, fino amargor.

Marta 2010 BN Reserva
xarel.lo, macabeo, parellada
88 ★★★   9,5€
Color pajizo brillante. Aroma intensidad media, fruta fresca, hierbas secas, lías finas, floral. Boca fresco, frutoso, sabroso, buena acidez.

Marta Magnum 2007 BN Gran Reserva
xarel.lo, macabeo, parellada
91   25€
Color amarillo brillante. Aroma fruta madura, lías finas, equilibrado, hierbas secas. Boca buena acidez, sabroso, fruta madura, largo.

Ramón Canals Gran Reserva Limitada 2008 BN Gran Reserva
xarel.lo, macabeo, parellada
89   19€
Color amarillo brillante. Aroma fruta madura, lías finas, equilibrado, hierbas secas. Boca buena acidez, sabroso, fruta madura, largo.

CANALS NADAL

Ponent, 2
8733 El Pla del Penedès (Barcelona)
☎: +34 938 988 081
Fax: +34 938 989 050
www.canalsnadal.com
cava@canalsnadal.com

Antoni Canals Nadal Cupada Selecció 2010 BR Reserva
91 ★★★   16€
Color pajizo brillante. Aroma lías finas, floral, hierbas de tocador, expresivo. Boca potente, sabroso, buena acidez, burbuja fina, equilibrado.

Antoni Canals Nadal Cupada Selecció Magnum BN Gran Reserva
90   25€
Color dorado brillante. Aroma lías finas, frutos secos, hierbas de tocador, complejo. Boca potente, sabroso, buena acidez, burbuja fina, fino amargor.

Antoni Canals Nadal Gran Vintage 2010 BR Reserva
89   16€
Color dorado brillante. Aroma lías finas, frutos secos, hierbas de tocador, complejo. Boca potente, sabroso, buena acidez, burbuja fina, fino amargor.

Canals Nadal BR Reserva
87 ★★★   10€
Color pajizo brillante. Aroma lías finas, expresivo, intensidad media, hierbas secas. Boca sabroso, buena acidez, fresco.

Canals Nadal 2009 BN Gran Reserva
89 ★★★   9€
Color amarillo brillante. Aroma fruta madura, lías finas, equilibrado, hierbas secas. Boca buena acidez, sabroso, fruta madura, largo.

Canals Nadal 2010 BN Reserva
88   11€
Color pajizo brillante. Aroma intensidad media, fruta fresca, hierbas secas, lías finas, floral. Boca fresco, frutoso, sabroso, buena acidez.

Canals Nadal 2012 BR
84   9€

Canals Nadal Magnum 2009 BN
90   19€
Color dorado brillante. Aroma lías finas, hierbas de tocador, con carácter, fruta madura, frutos secos. Boca potente, sabroso, buena acidez, burbuja fina, fino amargor.

Canals Nadal Rosé 2012 BR Reserva
100% trepat

88 11€

Color frambuesa. Aroma floral, fruta roja, fruta madura, hierbas de tocador. Boca equilibrado, sabroso, fácil de beber.

CASTELL D'AGE

Ctra.de Martorell a Capellades, 6-8
8782 La Beguda Baixa (Barcelona)
☎: +34 937 725 181
Fax: +34 937 727 061
www.castelldage.com
info@castelldage.com

Castell D'Age Anne Marie 2010 BN Reserva
xarel.lo, macabeo, parellada

90 18€

Color dorado brillante. Aroma lías finas, frutos secos, hierbas de tocador, complejo, tostado. Boca potente, sabroso, buena acidez, burbuja fina, fino amargor.

Castell D'Age Aurèlia 2009 BN Gran Reserva
xarel.lo, macabeo, parellada, chardonnay

88 ♨ 24€

Color dorado brillante. Aroma lías finas, hierbas de tocador, con carácter, fruta madura, frutos secos. Boca potente, sabroso, burbuja fina, fino amargor.

Castell D'Age Olivia 2010 BN Reserva
chardonnay

86 ♨ 29€

Color amarillo brillante. Aroma fruta madura, fruta al licor, lías reducidas, hierbas secas. Boca amargoso, correcto.

Castell D'Age Rosat 2011 BR
pinot noir

87 22€

Color frambuesa. Aroma floral, fruta roja, fruta madura, hierbas de tocador, expresivo. Boca potente, equilibrado, sabroso.

Poculum Boni Geni 2006 BN Gran Reserva
pinot noir, chardonnay

90 40€

Color dorado brillante. Aroma lías finas, frutos secos, hierbas de tocador, complejo, tostado. Boca potente, sabroso, buena acidez, burbuja fina, fino amargor.

CASTELL D'OR

Mare Rafols, 3- 1ºD
8720 Vilafranca del Penedès
(Barcelona)
☎: +34 938 905 385
Fax: +34 938 905 455
www.castelldor.com
castelldor@castelldor.com

Castell de la Comanda BR
macabeo, parellada

84 5,6€

Cautiu Imperial BR
macabeo, xarel.lo, parellada

88 ★★★ 8,7€

Color pajizo brillante. Aroma intensidad media, fruta fresca, hierbas secas, lías finas, floral. Boca fresco, frutoso, sabroso, buena acidez.

Cautiu Rosat BR
100% trepat

86 ★★★ 8,7€

Color frambuesa. Aroma floral, fruta roja, fruta madura, hierbas de tocador, expresivo. Boca potente, equilibrado, sabroso.

Cossetània BN
macabeo, xarel.lo, parellada

87 ★★★★ 5,8€

Color amarillo brillante. Aroma fruta madura, lías finas, equilibrado, hierbas secas, especias dulces. Boca buena acidez, sabroso, fruta madura, largo.

Cossetània BR Reserva
macabeo, xarel.lo, parellada

87 ★★★★ 6,3€

Color pajizo brillante. Aroma lías finas, floral, hierbas de tocador, potente. Boca potente, sabroso, buena acidez, burbuja fina.

Cossetània Rosado BR
trepat

85 ★★★★ 6,2€

Flama D'Or BN
xarel.lo, macabeo, parellada

84 5,2€

Flama D'Or BR
xarel.lo, macabeo, parellada

85 ★★★★ 5,2€

Francoli BN
macabeo, parellada

86 ★★★★ 6,5€

Color amarillo brillante. Aroma fruta madura, fruta al licor, hierbas secas, lías finas. Boca correcto, sabroso.

Francolí BR Reserva
macabeo, parellada

87 ★★★★ 6,7€

Color pajizo brillante. Aroma lías finas, hierbas de tocador, cítricos. Boca potente, sabroso, buena acidez, burbuja fina, equilibrado.

Francolí Imperial BR
macabeo, parellada

87 ★★★★ 5,1€

Color pajizo brillante. Aroma fruta fresca, hierbas secas, lías finas, floral. Boca fresco, frutoso, sabroso, buena acidez.

Francoli Rosat BR
trepat

85 ★★★★ 6,1€

Puig Solivella BN
macabeo, parellada

84 5,2€

CASTELL SANT ANTONI

Passeig del Parc, 13
8770 Sant Sadurní D'Anoia (Barcelona)
☎: +34 938 183 099
Fax: +34 938 184 451
www.castellsantantoni.com
cava@castellsantantoni.com

Castell Sant Antoni 37.5 Brut BR Gran Reserva
macabeo, xarel.lo, parellada, chardonnay

91 ★★★★★ 9,8€
Color dorado brillante. Aroma lías finas, frutos secos, hierbas de tocador, complejo. Boca potente, sabroso, buena acidez, burbuja fina, fino amargor.

Castell Sant Antoni 37.5 Brut Nature BN Gran Reserva
macabeo, xarel.lo, parellada, chardonnay

90 ★★★★ 10,8€
Color dorado brillante. Aroma frutos secos, hierbas de tocador, lías reducidas. Boca potente, sabroso, buena acidez, burbuja fina, fino amargor.

Castell Sant Antoni Brut de Postre BR Reserva
macabeo, xarel.lo, parellada, chardonnay

88 15,9€
Color pajizo brillante. Aroma lías finas, floral, hierbas de tocador, expresivo. Boca potente, sabroso, buena acidez, burbuja fina, dulce.

Castell Sant Antoni Camí del Sot BN Reserva
macabeo, xarel.lo, parellada

93 ★★★ 14,3€
Color dorado brillante. Aroma lías finas, frutos secos, hierbas de tocador, complejo. Boca potente, sabroso, buena acidez, burbuja fina, fino amargor.

Castell Sant Antoni Camí del Sot Magnum BN Reserva
macabeo, xarel.lo, parellada, chardonnay

93
Color dorado brillante. Aroma lías finas, frutos secos, hierbas de tocador, complejo, tostado. Boca potente, sabroso, buena acidez, burbuja fina, fino amargor.

Castell Sant Antoni Gran Barrica 2007 BN Gran Reserva
macabeo, xarel.lo, parellada, chardonnay

92 22,5€
Color dorado brillante. Aroma frutos secos, hierbas de tocador, complejo, lías finas, fruta macerada, especias dulces. Boca potente, sabroso, buena acidez, burbuja fina.

Castell Sant Antoni Gran Brut BR Gran Reserva
macabeo, xarel.lo, parellada, chardonnay

92 ★★★ 15,8€
Color dorado brillante. Aroma lías finas, frutos secos, hierbas de tocador, complejo, tostado. Boca potente, sabroso, buena acidez, burbuja fina, fino amargor.

Castell Sant Antoni Gran Brut Magnum BR Gran Reserva
macabeo, xarel.lo, parellada, chardonnay

91 30,7€
Color dorado brillante. Aroma hierbas de tocador, con carácter, fruta madura, frutos secos. Boca potente, sabroso, buena acidez, burbuja fina, fino amargor.

Castell Sant Antoni Gran Reserva 2007 BN Gran Reserva
macabeo, xarel.lo, parellada, chardonnay

92 19,4€
Color dorado brillante. Aroma lías finas, hierbas de tocador, con carácter, fruta madura, frutos secos. Boca potente, sabroso, buena acidez, burbuja fina, fino amargor.

Castell Sant Antoni Gran Reserva Magnum 2007 BN
macabeo, xarel.lo, parellada, chardonnay

88 41€
Color dorado brillante. Aroma lías finas, frutos secos, hierbas de tocador, ebanistería. Boca potente, sabroso, buena acidez, burbuja fina, fino amargor.

Castell Sant Antoni Gran Rosat Pinot Noir BN Gran Reserva
pinot noir

88 17,4€
Color frambuesa. Aroma fruta roja, fruta madura, hierbas de tocador, expresivo, tostado. Boca potente, equilibrado, sabroso.

Castell Sant Antoni Primvs Primvm BN Reserva

88

Color pajizo brillante. Aroma intensidad media, fruta fresca, hierbas secas, lías finas, floral. Boca fresco, frutoso, sabroso, buena acidez.

Castell Sant Antoni Primvs Primvm BR Reserva

89

Color amarillo brillante. Aroma fruta madura, lías finas, equilibrado, hierbas secas. Boca buena acidez, sabroso, fruta madura, largo.

Castell Sant Antoni Primvs Rosado BR Reserva

88

Color frambuesa. Aroma floral, fruta madura, hierbas de tocador, expresivo. Boca potente, equilibrado, sabroso.

Castell Sant Antoni Torre de L'Homenatge 1999 BN

xarel.lo, macabeo, parellada

92   75€

Color dorado brillante. Aroma frutos secos, hierbas de tocador, complejo, lías reducidas. Boca potente, sabroso, buena acidez, burbuja fina, amargoso.

Castell Sant Antoni Torre de L'Homenatge 2003 BN Gran Reserva

xarel.lo, macabeo, parellada

94   49€

Color dorado brillante. Aroma frutos secos, hierbas de tocador, complejo, lías finas, fruta macerada, especias dulces, expresivo. Boca potente, sabroso, buena acidez, burbuja fina, fino amargor, elegante.

CASTELLBLANCH

Avda. Casetes Mir, 2
8770 Sant Sadurní D'Anoia (Barcelona)
☎: +34 938 917 025
Fax: +34 938 910 126
www.castellblanch.com
castellblanch@castellblanch.es

Castellblanch Brut Zero 2010 BR Reserva

88 ★★★★   5,7€

Color amarillo brillante. Aroma fruta madura, lías finas, equilibrado, hierbas secas. Boca buena acidez, sabroso, fruta madura, largo.

Castellblanch Dos Lustros 2008 BN Reserva

92 ★★★★★   8,5€

Color dorado brillante. Aroma lías finas, frutos secos, hierbas de tocador, complejo, tostado. Boca potente, sabroso, buena acidez, burbuja fina, fino amargor.

Castellblanch Gran Cuveé 2009 BN Reserva

89 ★★★★★   3,9€

Color pajizo brillante. Aroma lías finas, floral, hierbas de tocador, expresivo. Boca potente, sabroso, buena acidez, burbuja fina, equilibrado.

Castellblanch Rosado Dulce 2012

86 ★★★★★   3,5€

Color frambuesa. Aroma floral, fruta roja, fruta madura, hierbas de tocador, expresivo. Boca potente, sabroso, dulce.

CASTELLROIG - FINCA SABATÉ I COCA

Ctra. De Sant Sadurní a Vilafranca
(c-243a), km. 1
8739 Subirats (Barcelona)
☎: +34 938 911 927
Fax: +34 938 914 055
www.castellroig.com
info@castellroig.com

Castellroig 2011 BN Reserva
xarel.lo, macabeo, parellada

89   35€

Color pajizo brillante. Aroma lías finas, floral, hierbas de tocador, expresivo. Boca potente, sabroso, buena acidez, burbuja fina, equilibrado.

Castellroig Xarel.lo BR
xarel.lo

88

Color amarillo brillante. Aroma lías finas, floral, hierbas de tocador, expresivo. Boca potente, sabroso, buena acidez, burbuja fina, equilibrado.

Josep Coca Magnum BN Reserva
90

Color pajizo brillante. Aroma hierbas de monte, hierbas secas, fruta madura, lías finas. Boca buena acidez, equilibrado, potente, frutoso.

Sabaté i Coca Reserva Familiar BN Reserva
90

Color amarillo brillante. Aroma lías finas, frutos secos, hierbas de tocador, complejo, expresivo. Boca potente, sabroso, buena acidez, burbuja fina, fino amargor.

Sabaté i Coca Reserva Familiar 2010 BR
garnacha

87

Color frambuesa. Aroma sin grandes matices, fruta roja. Boca frutoso, fresco, dulcedumbre, buena acidez.

CASTILLO PERELADA VINOS Y CAVAS

Avda. Barcelona, 78
8720 Vilafranca del Penedès
(Barcelona)
☎: +34 932 233 022
Fax: +34 932 231 370
www.castilloperalada.com
perelada@castilloperalada.com

Castillo Perelada BR
trepat, monastrell, pinot noir

87 ★★★★   5,8€

Color frambuesa. Aroma floral, fruta roja, fruta madura, hierbas de tocador, intensidad media. Boca potente, equilibrado, sabroso.

Castillo Perelada BR Reserva
macabeo, xarel.lo, parellada

89 ★★★★★   5€

Color dorado brillante. Aroma potente, fruta madura, hierbas de tocador, floral. Boca especiado, fresco, fino amargor, buena acidez.

Castillo Perelada 2011 BN
parellada, xarel.lo, macabeo

88 ★★★★   7,7€

Color amarillo brillante. Aroma lías finas, equilibrado, hierbas secas. Boca buena acidez, sabroso, fruta madura, largo.

Castillo Perelada Chardonnay 2011 BN
chardonnay

89 ★★★   9€

Color pajizo brillante. Aroma lías finas, floral, hierbas de tocador, especias dulces. Boca potente, sabroso, buena acidez, burbuja fina, equilibrado.

Castillo Perelada Cuvée Especial 2012 BN
macabeo, parellada, xarel.lo, chardonnay

88 ★★★   8,6€

Color pajizo brillante. Aroma intensidad media, fruta fresca, hierbas secas, floral. Boca fresco, frutoso, sabroso.

Castillo Perelada Cuvée Especial Rosado 2012 BR
trepat

90 ★★★★   10,3€

Color frambuesa. Aroma floral, fruta roja, fruta madura, hierbas de tocador, expresivo. Boca potente, equilibrado, sabroso.

Gran Claustro Cuvée Especial de Castillo Perelada 2008 BN Gran Reserva
chardonnay, pinot noir, parellada, xarel.lo

92   17€

Color amarillo brillante. Aroma lías finas, frutos secos, hierbas de tocador, complejo, tostado. Boca potente, sabroso, buena acidez, burbuja fina, fino amargor.

Gran Claustro de Castillo Perelada 2010 BN Reserva
chardonnay, pinot noir, parellada, macabeo

88 16€

Color pajizo brillante. Aroma fruta fresca, hierbas secas, lías finas, floral. Boca fresco, frutoso, fácil de beber, cierta persistencia.

Stars BN
parellada, xarel.lo, macabeo

89 ★★★★ 7,7€

Color amarillo brillante. Aroma fruta madura, lías finas, equilibrado, hierbas secas. Boca buena acidez, fruta madura, largo.

Torre Galatea Rosado BR
pinot noir, trepat, monastrell

86 13,7€

Color frambuesa. Aroma floral, fruta roja, fruta madura, hierbas de tocador. Boca potente, equilibrado, sabroso.

CAVA BERDIÉ
Les Conilleres (La Conillera Gran)
8732 Castellví de la Marca (Barcelona)
☎: +34 902 800 229
Fax: +34 938 919 738
www.cavaberdie.com
info@cavaberdie.com

Berdié Amor 2011 BR Reserva
macabeo, xarel.lo, parellada, garnacha

87 ★★★ 9,9€

Color cobrizo. Aroma floral, jazmín, hierbas de tocador, fruta escarchada. Boca fresco, frutoso, sabroso, correcto.

Berdié Fetish 2010 BR Reserva
garnacha, monastrell

86 11,4€

Color frambuesa. Aroma floral, fruta roja, fruta madura, hierbas de tocador. Boca potente, sabroso.

Berdié Gran Anyada 2004 Extra Brut Gran Reserva
macabeo, xarel.lo, parellada

86 25€

Color dorado brillante. Aroma frutos secos, hierbas de tocador, especias dulces, tostado. Boca potente, sabroso, buena acidez, burbuja fina, fino amargor.

Berdié Gran Nature 2010 BN Gran Reserva
macabeo, xarel.lo, parellada

87 12,3€

Color amarillo brillante. Aroma fruta madura, lías finas, equilibrado, hierbas secas. Boca buena acidez, sabroso, fruta madura, largo.

Berdié Nature 2011 BN Reserva
macabeo, xarel.lo, parellada

87 ★★★ 9,4€

Color amarillo brillante. Aroma fruta madura, lías finas, equilibrado, hierbas secas. Boca buena acidez, sabroso, fruta madura, largo.

Berdié Rupestre 2011 BR Reserva
macabeo, xarel.lo, parellada

88 ★★★★ 8€

Color pajizo brillante. Aroma lías finas, floral, hierbas de tocador, expresivo. Boca potente, sabroso, buena acidez, burbuja fina, equilibrado.

CAVA CRISTINA COLOMER

Diputació, 58
8770 Sant Sadurní D'Anoia (Barcelona)
☎: +34 938 910 804
Fax: +34 938 913 034
www.cavescolomer.com
info@cavescolomer.com

1907 Colomer Costa Magnum BN Reserva
xarel.lo, macabeo, parellada

88   18,8€

Color amarillo brillante. Aroma fruta madura, lías finas, equilibrado, hierbas secas, intensidad media. Boca buena acidez, sabroso, fruta madura, largo.

Colomer "er" BN Gran Reserva
xarel.lo, macabeo, parellada, chardonnay

90   24€

Color amarillo brillante. Aroma fruta madura, lías finas, equilibrado, hierbas secas. Boca buena acidez, sabroso, fruta madura, largo.

Colomer "er" Magnum 2008 BN Gran Reserva
xarel.lo, macabeo, parellada, chardonnay

90   43,6€

Color amarillo brillante. Aroma lías finas, frutos secos, hierbas de tocador, complejo, tostado. Boca potente, sabroso, buena acidez, burbuja fina.

Colomer 1907 2012 BR Reserva
xarel.lo, macabeo, parellada

88 ★★★★   6,5€

Color amarillo brillante. Aroma intensidad media, fruta fresca, hierbas secas, lías finas, floral. Boca fresco, frutoso, sabroso, buena acidez.

Colomer Brut D'Autor Homenatge Gaudí 2010 BR Gran Reserva
xarel.lo, macabeo, parellada, chardonnay

90 ★★★★★   9,1€

Color dorado brillante. Aroma lías finas, hierbas de tocador, con carácter, fruta madura, frutos secos. Boca potente, sabroso, buena acidez, burbuja fina, fino amargor.

Colomer Costa 1907 Cupatge BN Reserva
xarel.lo, macabeo, parellada

88 ★★★★   7,1€

Color pajizo brillante. Aroma intensidad media, fruta fresca, hierbas secas, lías finas, floral. Boca fresco, frutoso, sabroso, buena acidez.

Colomer Homenatge a Gaudí Pinot Noir Rosé BR Reserva
100% pinot noir

87   10,5€

Color ocre. Aroma floral, fruta madura, expresivo, fruta roja, hierbas secas, balsámico. Boca potente, equilibrado, sabroso.

Colomer Prestige de Dalí 2010 BN Gran Reserva
xarel.lo, macabeo, parellada, chardonnay

90 ★★★★   11,3€

Color amarillo brillante. Aroma fruta madura, lías finas, equilibrado, hierbas secas. Boca buena acidez, sabroso, fruta madura, largo.

CAVA GUILERA

Ca l'Artigas, s/n
8739 Lavern-Subirats (Barcelona)
☎: +34 938 993 085
www.cavaguilera.com
info@cavaguilera.com

Guilera BN Reserva
macabeo, xarel.lo, parellada

88 ★★★★   6€

Color pajizo brillante. Aroma lías finas, floral, hierbas de tocador, expresivo. Boca potente, sabroso, buena acidez, burbuja fina, equilibrado.

Guilera BR Reserva
macabeo, xarel.lo, parellada

86 ★★★★   6€

Color amarillo brillante. Aroma fruta madura, lías finas, equilibrado, hierbas secas. Boca buena acidez, sabroso, fruta madura, largo.

Guilera 2006 BN Gran Reserva
macabeo, xarel.lo, parellada

90 ★★★★★   9€

Color dorado brillante. Aroma lías finas, hierbas de tocador, con carácter, fruta madura, frutos secos. Boca potente, sabroso, buena acidez, burbuja fina, fino amargor.

Guilera 2007 BN Gran Reserva
macabeo, xarel.lo, parellada

87 ★★★★   8€

Color dorado brillante. Aroma hierbas de tocador, con carácter, fruta madura, frutos secos. Boca potente, sabroso, buena acidez, burbuja fina, fino amargor.

Guilera Rosado BR Reserva
garnacha, pinot noir

85 ★★★★   8€

CAVA JOSEP M. FERRET GUASCH

Barri L'Alzinar, 68
8736 Font-Rubí (Barcelona)
☎: +34 938 979 037
Fax: +34 938 979 414
www.ferretguasch.com
ferretguasch@ferretguasch.com

Josep M. Ferret Guasch 2009 BN Reserva
89

Color amarillo brillante. Aroma fruta madura, lías finas, equilibrado, hierbas secas. Boca buena acidez, sabroso, largo, fresco.

Josep M. Ferret Guasch Au79 2006 BR Reserva
87　　　　　　　　　　　　　　　11€

Color pajizo brillante. Aroma intensidad media, floral. Boca fresco, frutoso, sabroso, buena acidez.

Josep M. Ferret Guasch Rosat 2007 BN Gran Reserva
84　　　　　　　　　　　　　　13,8€

CAVA MARTÍN SOLER

Finca La Serra de Sabanell, s/n
8736 Font-Rubí (Barcelona)
☎: +34 938 988 220
www.cavamartinsoler.com
info@cavamartinsoler.com

Margarita de Soler 2010 BN Gran Reserva
macabeo, xarel.lo, parellada
88 ★★★　　　　　　　　　　9,2€

Color dorado brillante. Aroma lías finas, frutos secos, hierbas de tocador, pastelería. Boca sabroso, buena acidez, burbuja fina, fino amargor.

Martin Soler 2011 BR Reserva
macabeo, xarel.lo, parellada
89 ★★★★　　　　　　　　　6,8€

Color amarillo brillante. Aroma lías finas, equilibrado, hierbas secas, cítricos, fruta escarchada. Boca buena acidez, sabroso, fácil de beber.

Martin Soler Rosado 2012 BN
trepat
87 ★★★★　　　　　　　　　　7€

Color frambuesa. Aroma fruta roja, fruta madura, hierbas secas, flores secas. Boca potente, equilibrado, sabroso, fino amargor.

CAVA MASTINELL

Ctra. de Vilafranca a St. Martí Sarroca,
Km. 0,5
8720 Vilafranca del Penedès
(Barcelona)
☎: +34 938 170 586
Fax: +34 938 170 500
www.mastinell.com
info@mastinell.com

MasTinell Brut Real BR Reserva
88 ★★★　　　　　　　　　　9,9€

Color pajizo brillante. Aroma lías finas, hierbas de tocador, expresivo. Boca potente, sabroso, buena acidez, burbuja fina, equilibrado.

MasTinell Brut Rosé 2008 BR Reserva
100% trepat
90　　　　　　　　　　　　　16,2€

Color cobrizo. Aroma floral, jazmín, hierbas de tocador, fruta escarchada. Boca fresco, frutoso, sabroso, correcto.

MasTinell Carpe Diem 2006 BN Reserva
91　　　　　　　　　　　　　17,9€

Color amarillo brillante. Aroma fruta madura, lías finas, equilibrado, flores marchitas. Boca buena acidez, sabroso, fruta madura, largo.

MasTinell Cristina 2006 Extra Brut Gran Reserva
90　　　　　　　　　　　　　20,8€

Color dorado brillante. Aroma lías finas, frutos secos, hierbas de tocador, complejo. Boca potente, sabroso, buena acidez, burbuja fina, fino amargor.

MasTinell Nature Real 2006 BN Gran Reserva
89　　　　　　　　　　　　　12,2€

Color amarillo brillante. Aroma lías finas, frutos secos, hierbas de tocador, complejo, tostado. Boca potente, sabroso, buena acidez, burbuja fina, fino amargor.

CAVA MESTRES

Plaça Ajuntament, 8
8770 Sant Sadurní D'Anoia (Barcelona)
☎: +34 938 910 043
Fax: +34 938 911 611
www.mestres.es
cava@mestres.es

Mestre Clos Nostre Senyor 2004 BN Gran Reserva
93　　　　　　　　　　　　　24,9€

Color dorado brillante. Aroma lías finas, frutos secos, hierbas de tocador, complejo, especiado, tostado. Boca potente, sabroso, buena acidez, burbuja fina, fino amargor.

Mestres 1312 Resreva Especial BR Reserva
87 10,9€
Color pajizo brillante. Aroma intensidad media, fruta fresca, hierbas secas, lías finas, flores secas. Boca fresco, frutoso, sabroso, buena acidez, fácil de beber.

Mestres Coquet 2008 BN Gran Reserva
90 ★★★ 13,5€
Color amarillo brillante. Aroma fruta madura, lías finas, equilibrado, hierbas secas, floral. Boca buena acidez, sabroso, largo, elegante.

Mestres Visol 2007 BN Gran Reserva
90 18,9€
Color amarillo brillante. Aroma lías finas, frutos secos, hierbas de tocador, complejo, tostado, especias dulces. Boca potente, sabroso, buena acidez, burbuja fina, fino amargor.

CAVA REVERTÉ
Paseo Tomás García Rebull, 4
43885 Salomó (Tarragona)
☎: +34 977 629 246
Fax: +34 977 629 246
www.cavareverte.com
reverte@cavareverte.com

Cava Reverté "Electe" 2009 BN Reserva
88 13€
Color amarillo brillante. Aroma equilibrado, hierbas secas, floral, lías finas. Boca buena acidez, sabroso, largo, fino amargor.

Cava Reverté 2010 BN Reserva
87 ★★★ 9€
Color pajizo brillante. Aroma fruta madura, lías finas, equilibrado, hierbas secas. Boca buena acidez, sabroso, fruta madura, largo.

CAVA VIDAL I FERRÉ
Nou, 2
43815 Les Pobles (Tarragona)
☎: +34 977 638 554
Fax: +34 977 638 554
www.vidaliferre.com
vidaliferre@vidaliferre.com

Vidal i Ferré 2010 BN Gran Reserva
macabeo, xarel.lo, parellada
88 ★★★ 9,3€
Color amarillo brillante. Aroma lías finas, frutos secos, hierbas de tocador, complejo. Boca potente, sabroso, buena acidez, burbuja fina, fino amargor.

Vidal i Ferré 2010 BN Reserva
macabeo, xarel.lo, parellada
87 ★★★★ 5,5€
Color amarillo brillante. Aroma fruta madura, lías finas, equilibrado, hierbas secas. Boca buena acidez, sabroso, fruta madura, largo.

Vidal i Ferré 2010 BR Reserva
macabeo, xarel.lo, parellada
86 ★★★★★ 4,6€
Color pajizo brillante. Aroma intensidad media, fruta fresca, hierbas secas, lías finas, floral. Boca fresco, frutoso, sabroso, buena acidez.

Vidal i Ferré 2010 SS Reserva
macabeo, xarel.lo, parellada
84 4,6€

Vidal i Ferré Rosado 2011 BR Reserva
pinot noir
87 ★★★★ 5,5€
Color frambuesa. Aroma floral, fruta roja, fruta madura, hierbas de tocador, expresivo. Boca potente, equilibrado, sabroso.

CAVAS FERRET
Avda. de Catalunya, 36
8736 Guardiola de Font-Rubí (Barcelona)
☎: +34 938 979 148
Fax: +34 938 979 285
www.cavasferret.com
comercial@cavasferret.com

Celia de Ferret Rosado 2003 BN Gran Reserva
pinot noir, garnacha
89 23€
Color frambuesa. Aroma floral, fruta roja, hierbas de tocador, expresivo. Boca potente, equilibrado, sabroso, fresco, frutoso.

Celler del Mingo BR
88 ★★★ 🌷 8,5€
Color pajizo brillante. Aroma fruta fresca, hierbas secas, lías finas, floral. Boca fresco, frutoso, sabroso, buena acidez.

Ezequiel Ferret BN Gran Reserva
xarel.lo, parellada, macabeo
89 23€
Color dorado brillante. Aroma lías finas, frutos secos, hierbas de tocador, especias dulces. Boca potente, sabroso, buena acidez, burbuja fina, fino amargor.

Ferret BN Gran Reserva
macabeo, parellada, xarel.lo
90 ★★★★ 12€
Color amarillo brillante. Aroma lías finas, frutos secos, hierbas de tocador, complejo, tostado. Boca potente, sabroso, buena acidez, burbuja fina, elegante.

Ferret BN Reserva
macabeo, parellada, xarel.lo

90 ★★★★★　　　　　　8,9€
Color amarillo brillante. Aroma fruta madura, lías finas, equilibrado, hierbas de tocador. Boca buena acidez, sabroso, fruta madura, largo.

Ferret BR Reserva
macabeo, parellada, xarel.lo

89 ★★★　　　　　　　8,2€
Color amarillo brillante. Aroma fruta madura, lías finas, equilibrado, hierbas secas, floral. Boca buena acidez, sabroso, fruta madura, largo.

Ferret Barrica 2005 BN Gran Reserva
parellada, xarel.lo, macabeo, chardonnay

87
Color amarillo brillante. Aroma lías finas, frutos secos, hierbas de tocador, roble cremoso. Boca potente, sabroso, buena acidez, burbuja fina, fino amargor.

Ferret Magnum BN

90　　　　　　　　　30€
Color pajizo brillante. Aroma lías finas, floral, hierbas de tocador, expresivo. Boca potente, sabroso, buena acidez, burbuja fina, equilibrado.

Ferret Petit 37,5 cl BN
85 ★★★★　　　　　　7,5€

Ferret Rosado BN Gran Reserva
88
Color frambuesa. Aroma floral, fruta roja, fruta madura, hierbas de tocador, expresivo. Boca potente, equilibrado, sabroso.

Ferret Rosado BR Reserva
trepat, garnacha, monastrell

87 ★★★　　　　　　　8,5€
Color cobrizo. Aroma floral, jazmín, hierbas de tocador, fruta escarchada. Boca fresco, frutoso, sabroso, correcto.

CAVAS GRAMONA
Industria, 36
8770 Sant Sadurní D'Anoia (Barcelona)
☎: +34 938 910 113
Fax: +34 938 183 284
www.gramona.com
comunicacion@gramona.com

Gramona Argent 2009 BR Gran Reserva
100% chardonnay

93　　　　　　　　　29€
Color pajizo brillante. Aroma lías finas, floral, hierbas de tocador, expresivo, jazmín. Boca potente, sabroso, buena acidez, burbuja fina, equilibrado.

Gramona Argent Rosé 2010 BN Gran Reserva
100% pinot noir

91　　　　　　　　　30€
Color piel cebolla. Aroma elegante, fruta escarchada, flores secas, hierbas de tocador, fruta roja, intensidad media. Boca ligero, sabroso, buena acidez, largo, especiado.

Gramona Celler Batlle 2002 BR Gran Reserva
xarel.lo, macabeo

93
Color dorado brillante. Aroma lías finas, frutos secos, hierbas de tocador, complejo. Boca potente, sabroso, buena acidez, burbuja fina, fino amargor.

Gramona Celler Batlle 2004 BR Gran Reserva

97　　　　　　　　　53€
Color dorado brillante. Aroma lías finas, frutos secos, hierbas de tocador, complejo, tostado, lácticos, especiado. Boca potente, sabroso, buena acidez, burbuja fina, fino amargor.

Gramona Enoteca Finca La Plana 2000 BN Gran Reserva

98　　　　　　　　　122€
Color dorado brillante. Aroma frutos secos, hierbas de tocador, complejo, lías finas, fruta macerada, especias dulces, expresivo. Boca potente, sabroso, buena acidez, burbuja fina, fino amargor, elegante.

Gramona Enoteca Finca La Plana 2000 BR Gran Reserva

96　　　　　　　　　136€
Color dorado brillante. Aroma frutos secos, hierbas de tocador, complejo, lías finas, fruta macerada, especias dulces, expresivo. Boca potente, sabroso, buena acidez, burbuja fina, fino amargor, elegante.

Gramona III Lustros 2006 BN Gran Reserva
93
Color dorado brillante. Aroma hierbas de tocador, con carácter, fruta madura, frutos secos. Boca potente, sabroso, buena acidez, burbuja fina, fino amargor.

Gramona Imperial 2007 BR Gran Reserva
91   18€
Color dorado brillante. Aroma lías finas, frutos secos, hierbas de tocador, tostado. Boca potente, sabroso, buena acidez, burbuja fina, fino amargor.

Gramona Imperial Magnum 2009 BR Gran Reserva
92   33€
Color amarillo brillante. Aroma lías finas, hierbas de tocador, fruta madura, frutos secos. Boca sabroso, buena acidez, burbuja fina, fino amargor.

CAVAS HILL
Bonavista, 2
8734 Moja-Olérdola (Barcelona)
☎: +34 938 900 588
Fax: +34 938 170 246
www.cavashill.com
cavashill@cavashill.com

Cavas Hill 1887 BR
macabeo, xarel.lo, chardonnay
84   6,9€

Cavas Hill 1887 Rosado BR
garnacha, monastrell
85 ★★★★   7,9€

Cavas Hill Artesanía BR Reserva
macabeo, xarel.lo, chardonnay
86 ★★★★   7,9€
Color pajizo brillante. Aroma intensidad media, fruta fresca, hierbas secas, lías finas, floral. Boca fresco, frutoso, sabroso, buena acidez.

Cavas Hill Vintage BR Reserva
macabeo, xarel.lo, chardonnay
87 ★★★   9,9€
Color amarillo brillante. Aroma fruta madura, lías finas, equilibrado, hierbas secas. Boca buena acidez, sabroso, fruta madura, largo.

Cavas Hill Vintage 2008 BN Gran Reserva
macabeo, xarel.lo, chardonnay
90 ★★★   13,3€
Color dorado brillante. Aroma lías finas, hierbas de tocador, con carácter, fruta madura, frutos secos. Boca potente, sabroso, buena acidez, burbuja fina, fino amargor.

CAVAS LAVERNOYA
Masia La Porxada
8729 Sant Marçal (Barcelona)
☎: +34 938 912 202
www.lavernoya.com
lavernoya@lavernoya.com

Lácrima Baccus BN
xarel.lo, macabeo, parellada
87
Color amarillo brillante. Aroma fruta madura, lías finas, equilibrado, hierbas secas. Boca buena acidez, sabroso, fruta madura, largo.

Lácrima Baccus BR
84   4,2€

Lácrima Baccus Heretat BN Reserva
87 ★★★★   5,7€
Color pajizo brillante. Aroma intensidad media, fruta fresca, hierbas secas, lías finas. Boca fresco, frutoso, sabroso, buena acidez.

Lácrima Baccus Heretat BR
82   4,2€

Lácrima Baccus Primerísimo BR Gran Reserva
87 ★★★★   8€
Color pajizo brillante. Aroma lías finas, floral, hierbas de tocador. Boca potente, sabroso, buena acidez, burbuja fina, equilibrado.

Lácrima Baccus Summum BN Gran Reserva
89 ★★★   9,4€
Color dorado brillante. Aroma lías finas, frutos secos, hierbas de tocador, complejo. Boca potente, sabroso, buena acidez, burbuja fina, fino amargor.

CAVES EL MAS FERRER
Caves El Mas Ferrer
8739 Subirats (Barcelona)
☎: +34 938 988 292
www.elmasferrer.com
info@elmasferrer.com

El Mas Ferrer 2011 BR Reserva
89 ★★★   8,5€
Color pajizo brillante. Aroma lías finas, floral, hierbas de tocador, expresivo. Boca potente, sabroso, buena acidez, burbuja fina, equilibrado.

El Mas Ferrer 2012 BN Reserva

87   10,5€

Color pajizo brillante. Aroma lías finas, floral, hierbas de tocador, expresivo. Boca potente, sabroso, buena acidez, burbuja fina, equilibrado.

El Mas Ferrer Familiar 2009 BN Gran Reserva

89   17,5€

Color pajizo brillante. Aroma lías finas, floral, hierbas de tocador, expresivo. Boca potente, sabroso, buena acidez, burbuja fina, equilibrado.

El Mas Ferrer Rosat 2011 BR Reserva

85   11€

El Mas Ferrer Segle XXI 2010 Extra Brut Gran Reserva

90 ★★★   13,5€

Color dorado brillante. Aroma lías finas, hierbas de tocador, con carácter, fruta madura, frutos secos. Boca potente, sabroso, buena acidez, burbuja fina, fino amargor.

CAVES MUSCÀNDIA

Avernó, 4
8770 Sant Sadurní D'Anoia (Barcelona)
☎: +34 937 428 239
www.muscandia.com
info@cavamuscandia.com

Cava Muscàndia 2008 BN Gran Reserva

86   13,3€

Color amarillo brillante. Aroma lías finas, frutos secos, hierbas de tocador, complejo. Boca potente, sabroso, buena acidez, burbuja fina, fino amargor.

Cava Muscàndia 2011 BR Reserva

86 ★★★   9,8€

Color pajizo brillante. Aroma lías finas, floral, hierbas de tocador. Boca potente, sabroso, buena acidez, burbuja fina, equilibrado.

Cava Muscàndia Magnum 2010 BR Gran Reserva

89   27,9€

Color amarillo brillante. Aroma fruta madura, lías finas, equilibrado, hierbas secas. Boca buena acidez, sabroso, fruta madura, largo.

Cava Muscàndia Rosé 2010 BR Reserva
100% pinot noir

87 ★★★   9,8€

Color cobrizo. Aroma floral, jazmín, hierbas de tocador, fruta escarchada. Boca fresco, frutoso, sabroso, correcto.

CAVES NAVERÁN

Can Parellada
8775 Torrelavit (Barcelona)
☎: +34 938 988 274
Fax: +34 938 989 027
www.naveran.com
naveran@naveran.com

Naveran Millesime 2011 BN
macabeo, chardonnay, parellada, xarel.lo

92 ★★★★★   9,5€

Color amarillo brillante. Aroma floral, equilibrado, fruta madura, cítricos. Boca graso, sabroso, largo, buena acidez, fino amargor.

Naveran Perles Blanques 2011 BR
chardonnay, pinot noir

91   18€

Color pajizo brillante. Aroma lías finas, hierbas de tocador, expresivo, ahumado. Boca potente, sabroso, buena acidez, burbuja fina, equilibrado.

Naverán Perles Roses Pinot Noir 2011 BR
pinot noir

93   18€

Color cobrizo. Aroma floral, jazmín, hierbas de tocador, fruta escarchada, equilibrado. Boca fresco, frutoso, sabroso, correcto, elegante.

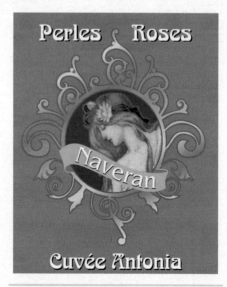

Odisea Naverán 2011 BN
chardonnay, parellada

91 ★★★★   12,5€

Color amarillo brillante. Aroma equilibrado, frutos secos, flores secas, elegante, cítricos. Boca equilibrado, fino amargor, buena acidez, especiado.

CELLER CARLES ANDREU

Sant Sebastià, 19
43423 Pira (Tarragona)
☎: +34 977 887 404
Fax: +34 977 887 427
www.cavandreu.com
celler@cavandreu.com

Cava Brut Carles Andreu BR
parellada, macabeo

90 ★★★★★ 6,5€

Color pajizo brillante. Aroma intensidad media, fruta fresca, hierbas secas, lías finas, floral. Boca fresco, frutoso, sabroso, buena acidez.

Cava Brut Nature Carles Andreu BN
parellada, macabeo

88 ★★★★ 7€

Color amarillo brillante. Aroma fruta madura, lías finas, equilibrado, hierbas secas. Boca buena acidez, sabroso, fruta madura, largo.

Cava Reserva Barrica Brut Nature Carles Andreu BN Reserva
parellada, macabeo, chardonnay

91 ★★★ 14,9€

Color dorado brillante. Aroma lías finas, frutos secos, hierbas de tocador, complejo, tostado. Boca potente, sabroso, buena acidez, burbuja fina, fino amargor.

Cava Reserva Brut Nature Carles Andreu 2010 BN
parellada, macabeo, chardonnay

90 ★★★★★ 9,9€

Color amarillo brillante. Aroma fruta madura, lías finas, equilibrado, hierbas secas. Boca buena acidez, sabroso, fruta madura, largo.

Cava Rosado Trepat Brut Carles Andreu BR
trepat

87 ★★★ 8,2€

Color cereza claro. Aroma intensidad media, fruta madura, flores marchitas. Boca sabroso, buena acidez, frutoso.

Cava Rosado Trepat Reserva Barrica Brut Carles Andreu BR
trepat

91 17,5€

Color cobrizo. Aroma floral, jazmín, hierbas de tocador, fruta escarchada, especiado. Boca fresco, frutoso, sabroso. Personalidad.

Semiseco Carles Andreu SS
parellada, macabeo

86 ★★★★ 6,2€

Color amarillo brillante. Aroma potente, fruta madura, flores secas. Boca frutoso, sabroso, fácil de beber, correcto.

CELLER DEL RAVAL

Vinyals, 161
8223 Terrassa (Barcelona)
☎: +34 937 330 695
Fax: +34 937 333 605
www.angelcava.com
jcernuda@asociadis.com

Ángel Brut De Bruts 2011 BR Reserva
xarel.lo, macabeo, parellada

87 ★★★ 9€

Color pajizo brillante. Aroma lías finas, floral, hierbas de tocador, especias dulces. Boca potente, sabroso, buena acidez, burbuja fina, equilibrado.

Ángel Cupatge 2012 BN Reserva
chardonnay, macabeo, xarel.lo, parellada

86 12€

Color amarillo brillante. Aroma equilibrado, hierbas secas, fresco. Boca buena acidez, sabroso, largo.

Ángel Noir 2010 BR
pinot noir, garnacha, trepat

86 15€

Color frambuesa. Aroma floral, fruta roja, fruta madura, hierbas de tocador. Boca potente, equilibrado, sabroso.

CELLER VELL

Partida Mas Solanes, s/n
8770 Sant Sadurní D'Anoia (Barcelona)
☎: +34 938 910 290
Fax: +34 938 183 246
www.cellervell.com
info@cellervell.com

Celler Vell 2010 BN Reserva
xarel.lo, macabeo, parellada

90 ★★★★★ 6,8€

Color pajizo brillante. Aroma lías finas, floral, hierbas de tocador, expresivo. Boca potente, sabroso, buena acidez, burbuja fina, equilibrado.

Celler Vell Cuvèe Les Solanes 2008 BN Reserva
xarel.lo, chardonnay, pinot noir

90 ★★★ 15€

Color pajizo brillante. Aroma intensidad media, fruta fresca, hierbas secas, lías finas, especiado, hierbas verdes. Boca fresco, frutoso, sabroso, buena acidez.

Estruch Eco 2010 BN Gran Reserva
pinot noir, chardonnay

89 🌿 13,5€

Color pajizo brillante. Aroma floral, jazmín, hierbas de tocador, fruta escarchada, cítricos. Boca fresco, frutoso, sabroso, correcto.

CELLERS CAROL VALLÈS
Can Parellada, s/n - Corral del Mestre
8739 Subirats (Barcelona)
☎: +34 938 989 078
Fax: +34 938 988 413
www.cellerscarol.com
info@cellerscarol.com

Guillem Carol 2009 BN Gran Reserva
90 ★★★★★ 9,5€

Color pajizo brillante. Aroma fruta fresca, hierbas secas, lías finas, floral. Boca fresco, frutoso, sabroso, buena acidez.

Guillem Carol 2009 Extra Brut Gran Reserva
87 ★★★ 9,5€

Color pajizo brillante. Aroma fruta fresca, hierbas secas, lías finas, floral, cítricos. Boca fresco, frutoso, sabroso, buena acidez.

Guillem Carol Barrica 2008 BN Gran Reserva
91 18€

Color dorado brillante. Aroma lías finas, frutos secos, hierbas de tocador, complejo. Boca potente, sabroso, buena acidez, burbuja fina, fino amargor.

Guillem Carol Millenium 2005 BR Gran Reserva
91 18€

Color dorado brillante. Aroma lías finas, hierbas de tocador, con carácter, fruta madura, frutos secos. Boca potente, sabroso, buena acidez, burbuja fina, fino amargor, graso.

Parellada i Faura 2012 BN Reserva
87 ★★★★ 6,3€

Color amarillo brillante. Aroma fruta madura, lías finas, equilibrado, hierbas secas. Boca buena acidez, sabroso, largo, frutoso.

Parellada i Faura Millenium 2011 BN Reserva
84 7€

CELLERS GRAU DÒRIA
Plaza Eliseo Oliver, 4 bis
8811 Canyelles (Barcelona)
☎: +34 938 973 263
Fax: +34 938 973 263
www.graudoria.com
info@graudoria.com

Grau Dòria Rosado 2012 BR
garnacha, monastrell, pinot noir

87 11,2€

Color frambuesa. Aroma floral, fruta roja, fruta madura, hierbas de tocador, expresivo. Boca potente, equilibrado, sabroso.

Mercè Grau Doria 2008 BN Gran Reserva
xarel.lo, macabeo, parellada

90 25,5€

Color dorado brillante. Aroma lías finas, frutos secos, hierbas de tocador, complejo, cítricos. Boca potente, sabroso, buena acidez, burbuja fina, fino amargor.

Nature Reserva de Grau Dòria BN Reserva
xarel.lo, chardonnay, parellada

88 11,2€

Color amarillo brillante. Aroma fruta madura, lías finas, equilibrado, hierbas secas. Boca buena acidez, sabroso, fruta madura, largo.

CELLERS PLANAS ALBAREDA

Ctra. Guardiola, Km. 3
8735 Vilobí del Penedès (Barcelona)
☎: +34 938 922 143
Fax: +34 938 922 143
www.planasalbareda.com
planasalbareda@yahoo.es

Planas Albareda 2010 BN Reserva
macabeo, xarel.lo, parellada

88 ★★★★   5,4€

Color pajizo brillante. Aroma lías finas, floral, hierbas de tocador, expresivo. Boca potente, sabroso, buena acidez, burbuja fina, equilibrado.

Planas Albareda 2011 BN
macabeo, xarel.lo, parellada

83   3,8€

Planas Albareda Rosat 2012 BR

84   5,4€

CHOZAS CARRASCAL

Vereda San Antonio POI. Ind. Catastral,
16 Parcelas 136-138
46340 San Antonio de Requena
(Valencia)
☎: +34 963 410 395
Fax: +34 963 168 067
www.chozascarrascal.es
chozas@chozascarrascal.es

El Cava de Chozas Carrascal 2012 BN Reserva
chardonnay, macabeo

93 ♟   17€

Color pajizo brillante. Aroma lías finas, frutos secos, hierbas de tocador, complejo, tostado. Boca potente, sabroso, buena acidez, burbuja fina, fino amargor.

CODORNÍU

Avda. Jaume Codorníu, s/n
8770 Sant Sadurní D'Anoia (Barcelona)
☎: +34 938 183 232
www.codorniu.com
codinfo@codorniu.com

Anna de Codorníu BR

87 ★★★   8,5€

Color pajizo brillante. Aroma intensidad media, hierbas secas, lías finas, frutos secos. Boca fresco, frutoso, sabroso, buena acidez.

Anna de Codorníu Blanc de Blancs BR
pinot noir

90 ★★★★★   10€

Color amarillo brillante. Aroma intensidad media, fruta fresca, hierbas secas, lías finas, floral. Boca fresco, frutoso, sabroso, buena acidez, equilibrado.

Anna de Codorníu Blanc de Noirs BR
100% pinot noir

88 ★★★   9,5€

Color amarillo. Aroma lías finas, floral, expresivo. Boca potente, sabroso, buena acidez, burbuja fina, equilibrado, fácil de beber.

Anna de Codorníu Rosé BR

87 ★★★   8,9€

Color cereza claro. Aroma floral, fruta roja, expresivo, intensidad media. Boca equilibrado, sabroso, fácil de beber.

Gran Codorníu Chardonnay BN Reserva
100% chardonnay

89   12,5€

Color amarillo brillante. Aroma fruta madura, lías finas, equilibrado, hierbas secas. Boca buena acidez, sabroso, fruta madura, largo.

Gran Codorníu Chardonnay 2007 BN GR
100% chardonnay

92   40€

Color dorado brillante. Aroma lías finas, frutos secos, hierbas de tocador, complejo, tostado, flores marchitas. Boca potente, sabroso, buena acidez, burbuja fina, fino amargor.

Gran Codorníu Pinot Noir 2007 BR GR
100% pinot noir

93   40€

Color dorado brillante. Aroma lías finas, hierbas de tocador, con carácter, fruta madura, frutos secos. Boca potente, sabroso, buena acidez, burbuja fina, fino amargor.

Gran Codorníu Pinot Noir Vintage 2012 BR
100% pinot noir

89   12,5€

Color cereza claro. Aroma fruta fresca, hierbas secas, lías finas, floral. Boca fresco, frutoso, sabroso, buena acidez.

Gran Codorníu Xarel.lo 2007 BR GR
100% xarel.lo

93   40€

Color amarillo brillante. Aroma lías finas, fruta madura, frutos secos, expresivo. Boca potente, sabroso, buena acidez, burbuja fina, fino amargor.

Jaume Codorníu 2009 BR GR
pinot noir, chardonnay

92   28€

Color dorado brillante. Aroma lías finas, frutos secos, hierbas de tocador, complejo, tostado. Boca potente, sabroso, buena acidez, burbuja fina, fino amargor.

Non Plus Ultra BN
parellada, macabeo, xarel.lo

89   10,3€

Color amarillo brillante. Aroma fruta madura, lías finas, equilibrado, hierbas secas. Boca buena acidez, sabroso, fruta madura, largo.

Reina Mª Cristina Blanc de Noirs Vintage 2011 BR Reserva
pinot noir

91   18€

Color amarillo brillante. Aroma lías finas, floral, hierbas de tocador, expresivo. Boca potente, sabroso, buena acidez, burbuja fina, equilibrado.

COOPERATIVA AGRÍCOLA DE BARBERÀ
Carrer Comerç, 40
43422 Barberà de la Conca (Tarragona)
☎: +34 977 887 035
www.coop-barbera.com
cobarbera@doconcadebarbera.com

Castell Comanda 2011 BN Reserva
85 ★★★★   6,2€

Castell de la Comanda 2011 BR Reserva
85 ★★★★   5,8€

CUM LAUDE
8770 Sant Sadurní D'Anoia (Barcelona)
☎: +34 941 454 050
Fax: +34 941 454 529
www.bodegasriojanas.com
bodega@bodegasriojanas.com

Cum Laude BN Reserva
85 ★★★★   8€

DOMINIO DE LA VEGA
Ctra. Madrid - Valencia, N-III Km. 270,6
46390 Requena (Valencia)
☎: +34 962 320 570
Fax: +34 962 320 330
www.dominiodelavega.com
dv@dominiodelavega.com

Artemayor IV BN
chardonnay, macabeo

91   25€

Color amarillo brillante. Aroma fruta madura, lías finas, equilibrado, hierbas secas. Boca buena acidez, sabroso, fruta madura, largo.

Dominio de la Vega BN
macabeo

88 ★★★   9€

Color amarillo brillante. Aroma lías finas, hierbas secas, frutos secos, especias dulces. Boca buena acidez, sabroso, fruta madura.

Dominio de la Vega BR
macabeo

87 ★★★★   7,5€

Color amarillo brillante. Aroma fruta madura, lías finas, equilibrado, hierbas secas, floral. Boca buena acidez, sabroso, fruta madura, largo.

Dominio de la Vega 2011 BN Reserva
macabeo, chardonnay
89   19€
Color pajizo brillante. Aroma fruta fresca, hierbas secas, lías finas, floral. Boca fresco, frutoso, sabroso, buena acidez.

Dominio de la Vega Pinot Noir 2009 BR
pinot noir
87   14€
Color frambuesa. Aroma floral, fruta roja, fruta madura, hierbas de tocador, expresivo. Boca potente, equilibrado, sabroso.

Dominio de la Vega Reserva Especial 2011 BR Reserva
macabeo, chardonnay
90   18€
Color dorado brillante. Aroma frutos secos, hierbas de tocador, complejo, lías finas, fruta macerada, especias dulces. Boca potente, sabroso, buena acidez, burbuja fina, fino amargor.

EMENDIS
Barrio de Sant Marçal, 67
8732 Castellet i La Gornal (Barcelona)
☎: +34 938 919 790
Fax: +34 938 918 169
www.emendis.es
avalles@emendis.es

Emendis BN Gran Reserva
90
Color amarillo. Aroma lías finas, frutos secos, hierbas de tocador, complejo, tostado. Boca potente, sabroso, buena acidez, burbuja fina, fino amargor.

Emendis BR
88
Color pajizo brillante. Aroma intensidad media, fruta fresca, hierbas secas, lías finas, floral. Boca fresco, frutoso, sabroso, buena acidez.

Emendis Imum BN Reserva
89
Color amarillo brillante. Aroma fruta madura, lías finas, hierbas secas, algo evolucionado. Boca buena acidez, sabroso.

Emendis Rosé BR
pinot noir
87
Color cereza claro, brillante. Aroma equilibrado, fruta roja, floral. Boca frutoso, correcto, cierta persistencia, buena acidez.

EMW GRANDES VINOS DE ESPAÑA
Sánchez Picazo, 53
30332 Balsapintada (Fuente Alamo)
(Murcia)
☎: +34 968 151 520
Fax: +34 968 151 539
www.emw.es
info@emw.es

Casa Rojo Macabeo Chardonnay BN
macabeo, chardonnay
88 ★★★★ ❧   7€
Color amarillo brillante. Aroma fruta madura, lías finas, equilibrado, flores marchitas. Boca buena acidez, sabroso.

EPILENSE DE VINOS Y VIÑEDOS, THE GARAGE WINE
San Agustín, 7
50019 Epila (Zaragoza)
☎: +34 669 148 771
www.thegaragewine.com
info@thegaragewine.com

Latidos de Vino I Love Barrica 2010 T Barrica
85 ★★★★   8€

FERMI BOHIGAS
Finca Can Maciá s/n
8711 Ódena (Barcelona)
☎: +34 938 048 100
Fax: +34 938 032 366
www.bohigas.es
aministracio@bohigas.es

Bohigas BN Gran Reserva
macabeo, xarel.lo, parellada, chardonnay
89   12,9€
Color amarillo brillante. Aroma fruta madura, lías finas, equilibrado, hierbas secas. Boca buena acidez, sabroso, fruta madura, largo.

Bohigas BN Reserva
macabeo, xarel.lo, parellada
89 ★★★   9€
Color pajizo brillante. Aroma lías finas, floral, hierbas de tocador, expresivo. Boca potente, sabroso, buena acidez, burbuja fina, equilibrado.

BOHIGAS
BRUT NATURE
CAVA
Los vinos i caves de Bohigas es troben en l'entorn privilegiat de la conca de l'Anoia.
Los viñedos y cavas de Bohigas se encuentra en el entorno privilegiado de la cuenca del Anoia.
RESERVA

Bohigas BR Reserva
macabeo, xarel.lo, parellada

88 ★★★ 8,6€

Color pajizo brillante. Aroma fruta fresca, hierbas secas, lías finas, floral. Boca fresco, frutoso, sabroso, buena acidez.

Noa de Fermí Bohigas BN
pinot noir, xarel.lo

89 16,6€

Color amarillo brillante. Aroma fruta madura, lías finas, equilibrado, flores blancas. Boca buena acidez, sabroso, fruta madura, largo.

FERRE I CATASUS

Masía Gustems s/n Ctra. Sant Sadurní, Km. 8
8792 La Granada (Barcelona)
☎: +34 647 806 896
Fax: +34 938 974 708
www.ferreicatasus.com
info@ferreicatasus.com

Ferré i Catasús 2011 BN Reserva
macabeo, xarel.lo, parellada, chardonnay

89 11€

Color amarillo brillante. Aroma fruta madura, lías finas, equilibrado, hierbas secas. Boca buena acidez, sabroso, fruta madura, largo.

Ferré i Catasús 2011 BR Reserva
macabeo, xarel.lo, parellada, chardonnay

87 ★★★ 10€

Color dorado brillante. Aroma lías finas, hierbas de tocador, con carácter, fruta madura, frutos secos. Boca potente, sabroso, burbuja fina, fino amargor.

Ferré i Catasús Rosé 2011 BR
pinot noir

83 13€

Mas Suau 2012 BN
macabeo, xarel.lo, parellada

88 ★★★★ 7€

Color pajizo brillante. Aroma intensidad media, fruta fresca, hierbas secas, lías finas, floral. Boca fresco, frutoso, sabroso, buena acidez.

Mas Suau Rose 2012 BR
trepat, monastrell

78 8€

FINCA TORREMILANOS

Finca Torremilanos
9400 Aranda de Duero (Burgos)
☎: +34 947 512 852
Fax: +34 947 508 044
www.torremilanos.com
reservas@torremilanos.com

Peñalba-López 2012 BN

84 ❧ 8€

FINCA VALLDOSERA

Masia Les Garrigues, Urb. Can Trabal
8734 Olèrdola (Barcelona)
☎: +34 938 143 047
Fax: +34 938 935 590
www.fincavalldosera.com
general@fincavalldosera.com

Cava Subirat Parent 2010 BN
subirat parent

92 22€

Color pajizo brillante. Aroma fruta fresca, hierbas secas, lías finas, floral, especias dulces, notas amieladas. Boca fresco, frutoso, sabroso, buena acidez. Personalidad.

Cava Valldosera 2010 BN Reserva

88 ★★★ 10€

Color amarillo brillante. Aroma fruta fresca, lías finas, equilibrado, hierbas secas. Boca buena acidez, sabroso, fruta madura, largo.

MS 4.7 2009 BN Gran Reserva

89 12€

Color dorado brillante. Aroma lías finas, frutos secos, hierbas de tocador, complejo, tostado. Boca potente, sabroso, buena acidez, burbuja fina, fino amargor.

FREIXA RIGAU

Santa Llucía, 15
17750 Capmany (Girona)
☎: +34 972 549 012
Fax: +34 972 549 106
www.grupoliveda.com
comercial@grupoliveda.com

Familia Oliveda 2011 BN Reserva

87 ★★★★★ 4,5€

Color pajizo brillante. Aroma intensidad media, fruta fresca, hierbas secas, lías finas, floral. Boca fresco, frutoso, sabroso, buena acidez.

Familia Oliveda 2012 BR

86 ★★★★★ 4,1€

Color pajizo brillante. Aroma lías finas, floral, hierbas de tocador, expresivo. Boca potente, sabroso, buena acidez.

Freixa Rigau Nature Mil.lèssima Reserva Familiar 2010 BN

87 ★★★★ 6,3€

Color amarillo brillante. Aroma fruta madura, lías finas, equilibrado. Boca buena acidez, sabroso, fruta madura, largo.

Gran Rigau 2009 BN Reserva

86 ★★★ 8,4€

Color pajizo brillante. Aroma intensidad media, fruta fresca, hierbas secas, lías finas, floral. Boca fresco, frutoso, sabroso, buena acidez.

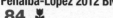

Gran Rigau Chardonnay 2009 BN
100% chardonnay

86 ★★★ 8,4€

Color amarillo brillante. Aroma fruta madura, lías finas, equilibrado, flores blancas. Boca buena acidez, sabroso, fruta madura, largo.

Gran Rigau Pinot Noir 2009 BN
100% pinot noir

87 ★★★ 8,4€

Color frambuesa. Aroma floral, fruta roja, fruta madura, hierbas de tocador, expresivo. Boca potente, equilibrado, sabroso.

FREIXENET
Joan Sala, 2
8770 Sant Sadurní D'Anoia (Barcelona)
☎: +34 938 917 000
Fax: +34 938 183 095
www.freixenet.es
freixenet@freixenet.es

Casa Sala 2005 BR Gran Reserva
parellada, xarel.lo

93 36€

Color dorado brillante. Aroma lías finas, hierbas de tocador, con carácter, fruta madura, frutos secos. Boca potente, sabroso, buena acidez, burbuja fina, fino amargor.

Cordón Negro BR
parellada, macabeo, xarel.lo

88 ★★★★ 7€

Color pajizo brillante. Aroma intensidad media, fruta fresca, hierbas secas, lías finas, floral. Boca fresco, frutoso, sabroso, buena acidez.

Cuvée D.S. 2007 BR Gran Reserva
macabeo, xarel.lo, parellada

90 18,5€

Color amarillo brillante. Aroma fruta madura, lías finas, equilibrado, hierbas secas. Boca buena acidez, sabroso, fruta madura, largo.

Elyssia Gran Cuvée BR Reserva
chardonnay, macabeo, parellada, pinot noir

88 12,3€

Color pajizo brillante. Aroma lías finas, floral, hierbas de tocador, expresivo. Boca potente, sabroso, buena acidez, burbuja fina, equilibrado.

Elyssia Pinot Noir Rosé BR Reserva
pinot noir

88 12,3€

Color cobrizo. Aroma hierbas de tocador, fruta confitada. Boca fresco, frutoso, sabroso, correcto.

Freixenet 2009 BN Reserva
macabeo, xarel.lo, parellada

89 ★★★ 8,9€

Color amarillo brillante. Aroma fruta madura, lías finas, equilibrado, hierbas secas. Boca buena acidez, sabroso, fruta madura, largo.

Freixenet Carta Nevada BR
macabeo, xarel.lo, parellada

87 ★★★★ 6€

Color pajizo brillante. Aroma intensidad media, fruta fresca, hierbas secas, lías finas, floral. Boca fresco, frutoso, sabroso, buena acidez.

Freixenet Malvasía B Gran Reserva
malvasía

87 11,5€

Color dorado brillante. Aroma con carácter, fruta confitada, notas amieladas. Boca dulcedumbre, sabroso.

Freixenet Monastrell Xarel.lo 2009 BR Gran Reserva
monastrell, xarel.lo

91 ★★★★ 11,5€

Color pajizo brillante. Aroma lías finas, floral, hierbas de tocador, expresivo. Boca potente, sabroso, buena acidez, burbuja fina, equilibrado.

Freixenet Trepat 2011 BR Reserva
trepat

90 ★★★★ 11,5€

Color cobrizo. Aroma floral, jazmín, hierbas de tocador, fruta escarchada. Boca fresco, frutoso, sabroso, correcto.

Meritum 2008 BR Gran Reserva
xarel.lo, macabeo, parellada

92 ★★★ 14€

Color dorado brillante. Aroma lías finas, frutos secos, hierbas de tocador, complejo, tostado. Boca potente, sabroso, buena acidez, burbuja fina, fino amargor.

Reserva Real BR Gran Reserva
macabeo, xarel.lo, parellada

95 25€

Color dorado brillante. Aroma lías finas, frutos secos, hierbas de tocador, complejo, tostado. Boca potente, sabroso, buena acidez, burbuja fina, fino amargor.

GASTÓN COTY S.A.
Avernó, 28-30
8770 Sant Sadurní D'Anoia (Barcelona)
☎: +34 938 183 602
Fax: +34 938 913 461
www.lorigancava.com
lorigan@lorigancava.com

Aire de L'O de L'Origan BN
91

Color pajizo brillante. Aroma intensidad media, fruta fresca, hierbas secas, lías finas, floral. Boca fresco, frutoso, sabroso, buena acidez.

L'Origan BN
93

Color dorado brillante. Aroma lías finas, frutos secos, hierbas de tocador, complejo, tostado. Boca potente, sabroso, buena acidez, burbuja fina, fino amargor.

L'Origan Rosat BN
90

Color cobrizo. Aroma floral, jazmín, hierbas de tocador, fruta escarchada. Boca fresco, frutoso, sabroso, correcto.

GIRÓ DEL GORNER
Finca Giró del Gorner, s/n
8797 Puigdàlber (Barcelona)
☎: +34 938 988 032
www.girodelgorner.com
gorner@girodelgorner.com

Giró del Gorner 2006 BN Gran Reserva
macabeo, xarel.lo, parellada

88 15,1€

Color amarillo brillante. Aroma lías finas, frutos secos, hierbas de tocador, especias dulces. Boca potente, sabroso, buena acidez, burbuja fina, fino amargor.

Giró del Gorner 2006 BR Gran Reserva
macabeo, xarel.lo, parellada

88 13,4€

Color dorado brillante. Aroma lías finas, frutos secos, hierbas de tocador, tostado. Boca potente, sabroso, buena acidez, burbuja fina, fino amargor.

Giró del Gorner 2010 BN Reserva
macabeo, xarel.lo, parellada

87 10,9€

Color pajizo brillante. Aroma lías finas, floral, hierbas de tocador, frutos secos. Boca potente, sabroso, buena acidez, burbuja fina.

Giró del Gorner 2010 BR Reserva
macabeo, xarel.lo, parellada

89 ★★★ 9,8€

Color pajizo brillante. Aroma intensidad media, fruta fresca, hierbas secas, lías finas, floral. Boca fresco, frutoso, sabroso, buena acidez, fácil de beber.

Pinot Noir Giró del Gorner Rosado 2013 BR
100% pinot noir

88 11,4€

Color cobrizo. Aroma floral, jazmín, hierbas de tocador, fruta escarchada. Boca fresco, frutoso, sabroso, correcto, fácil de beber.

GIRÓ RIBOT, S.L.
Finca El Pont, s/n
8792 Santa Fe del Penedès (Barcelona)
☎: +34 938 974 050
Fax: +34 938 974 311
www.giroribot.es
giroribot@giroribot.es

Excelsus 100 Magnum 2004 BN Gran Reserva
93 69€

Color dorado brillante. Aroma lías finas, frutos secos, hierbas de tocador, complejo, tostado. Boca potente, sabroso, buena acidez, burbuja fina, fino amargor.

Giró Ribot AB Origine 2009 BN Gran Reserva
88 10,3€

Color amarillo brillante. Aroma intensidad media, cítricos, flores blancas, especiado, frutos secos. Boca frutoso, especiado, buena acidez.

Giró Ribot AB Origine 2011 BR Reserva
86 ★★★★ 7,5€

Color pajizo brillante. Aroma floral, hierbas de tocador, intensidad media. Boca sabroso, buena acidez, equilibrado, correcto.

Giró Ribot AB Origine Rosé 2012 BR
89 ★★★ 9€

Color frambuesa, cereza claro. Aroma floral, fruta roja, fruta madura, expresivo. Boca potente, equilibrado, sabroso.

Giró Ribot Avant 2010 BR Reserva

93   20€

Color amarillo brillante. Aroma lías finas, floral, hierbas de tocador, expresivo, balsámico. Boca potente, sabroso, buena acidez, burbuja fina, equilibrado, elegante.

Giró Ribot Divinis Magnum 2008 BN Reserva

93   36€

Color dorado brillante. Aroma lías finas, frutos secos, hierbas de tocador, complejo, tostado. Boca potente, sabroso, buena acidez, burbuja fina, fino amargor.

Giró Ribot Mare 2008 BN Gran Reserva

92 ★★★   14,5€

Color pajizo brillante. Aroma lías finas, frutos secos, hierbas de tocador, complejo, tostado. Boca potente, sabroso, buena acidez, burbuja fina, fino amargor, equilibrado.

Giró Ribot Mare Magnum 2008 BN Gran Reserva

92   30€

Color amarillo brillante. Aroma lías finas, frutos secos, hierbas de tocador, complejo, tostado. Boca potente, sabroso, buena acidez, burbuja fina, fino amargor.

Giró Ribot Tendencias 2010 Extra Brut

87 ★★★   9€

Color pajizo brillante. Aroma intensidad media, fruta fresca, hierbas secas, lías finas, floral. Boca fresco, frutoso, sabroso, buena acidez.

Giró Ribot Unplugged Rosado 2011 BR Reserva

pinot noir

93   20€

Color cobrizo. Aroma floral, jazmín, hierbas de tocador, fruta escarchada, expresivo. Boca fresco, frutoso, sabroso, correcto, equilibrado, elegante. Personalidad.

Paul Cheneau 2011 BR Reserva

88 ★★★★   7,3€

Color pajizo brillante. Aroma intensidad media, fruta fresca, hierbas secas, lías finas, floral. Boca fresco, frutoso, sabroso, buena acidez.

GRIMAU DE PUJADES

Barri Sant Sepulcre s/n
8734 Olerdola (Barcelona)
☎: +34 938 918 031
www.grimau.com
grimau@grimau.com

Grimau BN

xarel.lo, macabeo, parellada

89

Color amarillo brillante. Aroma fruta madura, lías finas, equilibrado, especiado. Boca buena acidez, sabroso, fruta madura, largo.

Grimau BR

xarel.lo, macabeo, parellada

88

Color amarillo brillante. Aroma equilibrado, expresivo, fruta madura, cítricos, flores marchitas. Boca sabroso, fino amargor, buena acidez.

Grimau Reserva Familiar BN

chardonnay, xarel.lo, macabeo, parellada

89

Color amarillo brillante. Aroma fruta madura, lías finas, equilibrado, hierbas secas. Boca buena acidez, sabroso, fruta madura, largo.

Trencadís BN

xarel.lo, macabeo, parellada, chardonnay

88

Color pajizo brillante. Aroma intensidad media, fruta fresca, lías finas. Boca fresco, frutoso, sabroso, buena acidez.

Trencadís Rosat BN

85

HEREDAD SEGURA VIUDAS

Ctra. Sant Sadurní a St. Pere de Riudebitlles, Km. 5
8775 Torrelavit (Barcelona)
☎: +34 938 917 070
Fax: +34 938 996 006
www.seguraviudas.com
seguraviudas@seguraviudas.es

Aria BN Reserva

macabeo, xarel.lo

88 ★★★   9€

Color pajizo brillante. Aroma fruta fresca, hierbas secas, lías finas, floral. Boca fresco, frutoso, sabroso, buena acidez.

Conde de Caralt BR

macabeo, xarel.lo, parellada

87 ★★★★★   4€

Color pajizo brillante. Aroma intensidad media, fruta fresca, hierbas secas, lías finas, floral. Boca fresco, frutoso, sabroso, buena acidez.

Conde de Caralt Blanc de Blancs BR
macabeo, xarel.lo, parellada

91 ★★★★★   6,5€

Color dorado brillante. Aroma lías finas, frutos secos, hierbas de tocador, complejo, tostado. Boca potente, sabroso, buena acidez, burbuja fina, fino amargor.

Lavit 2011 BN
macabeo, parellada

88 ★★★   8,5€

Color amarillo brillante. Aroma fruta madura, lías finas, equilibrado, hierbas de tocador. Boca buena acidez, sabroso, fruta madura, largo.

Lavit Rosado BR
trepat, monastrell, garnacha

87 ★★★   8,5€

Color cereza claro, brillante. Aroma lías finas, cítricos, fruta fresca. Boca fresco, fácil de beber, buena acidez.

Segura Viudas BR Reserva
macabeo, xarel.lo, parellada

87 ★★★★   7,5€

Color pajizo brillante. Aroma lías finas, floral, hierbas de tocador. Boca potente, sabroso, buena acidez, burbuja fina, equilibrado.

Segura Viudas Brut Vintage 2008 BN Gran Reserva
macabeo, parellada

90 ★★★★   12€

Color pajizo brillante. Aroma lías finas, frutos secos, hierbas de tocador, complejo, tostado. Boca potente, sabroso, buena acidez, burbuja fina, fino amargor.

Segura Viudas Reserva Heredad BR Reserva
macabeo, parellada

92   23,5€

Color dorado brillante. Aroma lías finas, frutos secos, hierbas de tocador, complejo, tostado. Boca potente, sabroso, buena acidez, burbuja fina, fino amargor.

JANÉ VENTURA
Ctra. Calafell, 2
43700 El Vendrell (Tarragona)
☎: +34 977 660 118
Fax: +34 977 661 239
www.janeventura.com
janeventura@janeventura.com

"Do" de Jané Ventura Vintage 2009 BN Gran Reserva

91 ★★★   14,5€

Color dorado brillante. Aroma lías finas, frutos secos, hierbas de tocador, complejo, tostado. Boca potente, sabroso, buena acidez, burbuja fina, fino amargor.

Cava 1914 de Jané Ventura 2007 BN

93   30€

Color dorado brillante. Aroma lías finas, frutos secos, hierbas de tocador, complejo. Boca potente, sabroso, buena acidez, burbuja fina, fino amargor, elegante.

Jané Ventura de L'Orgue 2006 BN Gran Reserva

93   20€

Color dorado brillante. Aroma lías finas, hierbas de tocador, con carácter, fruta madura, frutos secos. Boca potente, sabroso, buena acidez, burbuja fina, fino amargor.

Jané Ventura Reserva de la Música 2011 BN Reserva

90 ★★★★★   9€

Color pajizo brillante. Aroma lías finas, floral, hierbas de tocador, expresivo. Boca potente, sabroso, buena acidez, burbuja fina, equilibrado.

Jané Ventura Reserva de la Música 2011 BR Reserva

89 ★★★   9€

Color pajizo brillante. Aroma intensidad media, fruta fresca, hierbas secas, lías finas, floral. Boca fresco, frutoso, sabroso, buena acidez.

Jané Ventura Reserva de la Música Rosé 2011 BR
100% garnacha

88 ★★★   9,5€

Color frambuesa. Aroma floral, fruta roja, fruta madura, hierbas de tocador, expresivo. Boca potente, equilibrado, sabroso.

JAUME GIRÓ I GIRÓ

Montaner i Oller, 5
8770 Sant Sadurní D'Anoia (Barcelona)
☎: +34 938 910 165
Fax: +34 938 911 271
www.cavagiro.com
cavagiro@cavagiro.com

Jaume Giró i Giró 2010 BR Reserva

88 ★★★   8,7€

Color amarillo brillante. Aroma lías finas, floral, hierbas de tocador. Boca potente, sabroso, buena acidez, burbuja fina, equilibrado.

Jaume Giró i Giró Bombonetta 2008 BR Gran Reserva

90   19,5€

Color pajizo brillante. Aroma lías finas, floral, hierbas de tocador, expresivo. Boca potente, sabroso, buena acidez, burbuja fina, equilibrado.

Jaume Giró i Giró Elaboración Artesana 2011 BN Reserva

88 ★★★★   7,2€

Color pajizo brillante. Aroma intensidad media, fruta fresca, hierbas secas, lías finas, floral. Boca fresco, frutoso, sabroso, buena acidez.

Jaume Giró i Giró Grandalla 2010 BR Gran Reserva

91   18,5€

Color dorado brillante. Aroma lías finas, frutos secos, hierbas de tocador, complejo, tostado. Boca potente, sabroso, buena acidez, burbuja fina, fino amargor.

Jaume Giró i Giró Grandalla de Luxe 2007 BR Gran Reserva

92   39€

Color dorado brillante. Aroma lías finas, hierbas de tocador, con carácter, fruta madura, frutos secos. Boca potente, sabroso, buena acidez, burbuja fina, fino amargor.

Jaume Giró i Giró Homenatge Cal Rei 2006 BR Gran Reserva

90   17,5€

Color dorado brillante. Aroma lías finas, hierbas de tocador, con carácter, fruta madura, frutos secos. Boca potente, sabroso, buena acidez, burbuja fina, fino amargor.

Jaume Giró i Giró Montaner 2008 BN Gran Reserva

88 ★★★   9,3€

Color amarillo brillante. Aroma fruta madura, lías finas, equilibrado, hierbas secas. Boca buena acidez, sabroso, fruta madura, largo.

Jaume Giró i Giró Premium 2006 BN Gran Reserva

88   17,8€

Color dorado brillante. Aroma hierbas de tocador, con carácter, fruta madura, frutos secos. Boca potente, sabroso, buena acidez, burbuja fina, fino amargor.

Jaume Giró i Giró Rosat de Cal Rei 2011 BR
100% trepat

87   11,3€

Color frambuesa. Aroma floral, fruta roja, fruta madura, hierbas de tocador, expresivo. Boca potente, equilibrado, sabroso.

Jaume Giró i Giró Selecte 2007 BN Gran Reserva

91 ★★★★   12,3€

Color dorado brillante. Aroma lías finas, hierbas de tocador, con carácter, fruta madura, frutos secos. Boca potente, sabroso, buena acidez, burbuja fina, fino amargor.

JAUME LLOPART ALEMANY

Font Rubí, 9
8736 Font-Rubí (Barcelona)
☎: +34 938 979 133
Fax: +34 938 979 133
www.jaumellopartalemany.com
info@jaumellopartalemany.com

Aina Jaume Llopart Alemany Rosado 2011 BR Reserva
pinot noir

85   11€

Jaume Llopart Alemany 2009 BN Reserva
macabeo, xarel.lo, parellada

90 ★★★★★   9€

Color pajizo brillante. Aroma intensidad media, fruta fresca, hierbas secas, lías finas, floral. Boca fresco, frutoso, sabroso, buena acidez.

Jaume Llopart Alemany 2008 BN Gran Reserva
macabeo, xarel.lo, parellada

92 ★★★   14€

Color dorado brillante. Aroma lías finas, frutos secos, hierbas de tocador, complejo, tostado. Boca potente, sabroso, buena acidez, burbuja fina, fino amargor, equilibrado.

Vinya d'en Ferran Jaume Llopart Alemany 2007 BN Gran Reserva
pinot noir, chardonnay

91   28€

Color dorado brillante. Aroma lías finas, frutos secos, hierbas de tocador, complejo. Boca potente, sabroso, buena acidez, burbuja fina, fino amargor.

JAUME SERRA
(J. GARCÍA CARRIÓN S.A.)
Ctra. de Vilanova, Km. 2,5
8800 Vilanova i la Geltrú (Barcelona)
☎: +34 938 936 404
Fax: +34 938 147 482
www.garciacarrion.es
jaumeserra@jgc.es

Cristalino Jaume Serra BR
86 ★★★★★   2,5€
Color pajizo brillante. Aroma intensidad media, fruta fresca, hierbas secas, lías finas, floral. Boca fresco, frutoso, sabroso, buena acidez.

Cristalino Jaume Serra Rosado BR
84   3,8€

Heretat el Padruell BR
84

Heretat El Padruell Rosé BR
trepat, pinot noir
85

Jaume Serra BN
87 ★★★★★   2,8€
Color amarillo brillante. Aroma fruta madura, lías finas, equilibrado, hierbas secas. Boca buena acidez, sabroso, fruta madura, largo.

Jaume Serra BN Reserva
83   3,8€

Jaume Serra BR
80   2,5€

Jaume Serra SS
83   2,8€

Jaume Serra Chardonnay 2010 BN Gran Reserva
100% chardonnay
88   11€
Color pajizo brillante. Aroma lías finas, floral, hierbas de tocador, expresivo. Boca potente, sabroso, buena acidez, burbuja fina, equilibrado.

Jaume Serra Rosado BR
84   3,8€

Jaume Serra Vintage 2010 BR Gran Reserva
85 ★★★★   5,5€

Pata Negra BR
83   4€

Pata Negra SS
84   4€

Pata Negra Rosado BR
83   5€

Pata Negra Vintage 2010 BN Reserva
macabeo, chardonnay, parellada
85 ★★★★★   5€

JOAN SARDÀ
Ctra. Vilafranca a St. Jaume dels
Domenys, Km. 8,1
8732 Castellví de la Marca (Barcelona)
☎: +34 937 720 900
Fax: +34 937 721 495
www.joansarda.com
joansarda@joansarda.com

Joan Sardà BN Reserva
macabeo, xarel.lo, parellada
87 ★★★   8,8€
Color dorado brillante. Aroma potente, fruta madura, especiado. Boca fruta madura, largo, fino amargor.

Joan Sardà BR Reserva
macabeo, xarel.lo, parellada
88 ★★★   8,3€
Color pajizo brillante. Aroma intensidad media, fruta fresca, hierbas secas, lías finas, floral. Boca fresco, frutoso, sabroso, buena acidez.

Joan Sardà Millenium BN Gran Reserva
macabeo, xarel.lo, parellada
88   16,1€
Color amarillo brillante. Aroma fruta madura, lías finas, equilibrado, hierbas secas. Boca buena acidez, sabroso, fruta madura, largo.

Joan Sardá Rosé BR Reserva
86 ★★★   9,5€
Color frambuesa. Aroma potente, fruta madura, pétalos de rosa. Boca correcto, fino amargor.

JUVÉ Y CAMPS
Sant Venat, 1
8770 Sant Sadurní D'Anoia (Barcelona)
☎: +34 938 911 000
Fax: +34 938 912 100
www.juveycamps.ss
juveycamps@juveycamps.com

Essential Xarel.lo 2012 BR
100% xarel.lo
89   12,2€
Color pajizo brillante. Aroma lías finas, floral, hierbas de tocador, expresivo. Boca potente, sabroso, burbuja fina, dulcedumbre.

Gran Juvé Camps 2010 BR Gran Reserva
94 31,1€
Color amarillo brillante. Aroma lías finas, hierbas de tocador, con carácter, fruta madura, frutos secos. Boca potente, sabroso, buena acidez, burbuja fina, fino amargor.

Gran Juvé Camps Rosé 2010 BN Gran Reserva
100% pinot noir
92 58€
Color cobrizo. Aroma floral, jazmín, hierbas de tocador, fruta escarchada, lías finas. Boca fresco, frutoso, sabroso, correcto.

Juvé & Camps Blanc de Noirs 2012 BR Reserva
89 25,6€
Color pajizo brillante. Aroma lías finas, hierbas de tocador, expresivo. Boca sabroso, buena acidez, burbuja fina, equilibrado.

Juvé & Camps Cinta Púrpura BR Reserva
89 11,4€
Color pajizo brillante. Aroma lías finas, floral, hierbas de tocador, expresivo. Boca potente, sabroso, buena acidez, burbuja fina, equilibrado.

Juvé & Camps Milesimé Chardonnay 2007 BR
100% chardonnay
93 30€
Color dorado brillante. Aroma frutos secos, hierbas de tocador, lías finas, fruta macerada, expresivo. Boca potente, sabroso, buena acidez, burbuja fina, fino amargor.

Juvé & Camps Milesimé Chardonnay 2011 BR Reserva
100% chardonnay
91 22,1€
Color amarillo brillante. Aroma lías finas, floral, hierbas de tocador, expresivo. Boca sabroso, buena acidez, burbuja fina, equilibrado.

Juvé & Camps Milesimé Magnum 2010 BR Reserva
100% chardonnay
93 46,5€
Color amarillo brillante. Aroma lías finas, floral, hierbas de tocador, expresivo. Boca potente, sabroso, buena acidez, burbuja fina, equilibrado.

Juvé & Camps Reserva de la Familia 2010 BN Gran Reserva
91 ★★★ 15,6€
Color amarillo brillante. Aroma lías finas, frutos secos, hierbas de tocador, complejo, tostado. Boca potente, sabroso, buena acidez, burbuja fina, fino amargor.

Juvé & Camps Reserva de la Familia Magnum 2010 BN Gran Reserva
93 31,7€
Color dorado brillante. Aroma lías finas, frutos secos, hierbas de tocador, tostado, floral. Boca potente, sabroso, buena acidez, burbuja fina, fino amargor, elegante.

Juvé & Camps Rosé BR Reserva
100% pinot noir
87 12,6€
Color cereza claro. Aroma fruta roja, fruta madura, hierbas de tocador, expresivo. Boca potente, equilibrado, sabroso.

Juvé & Camps Viña La Capella 2005 BN Gran Reserva
100% xarel.lo
94 62€
Color dorado brillante. Aroma lías finas, frutos secos, hierbas de tocador, complejo, tostado. Boca potente, sabroso, buena acidez, burbuja fina, fino amargor.

Juvé Camps Sweet Reserva
89 12,6€
Color pajizo brillante. Aroma intensidad media, fruta fresca, lías finas, floral. Boca fresco, frutoso, sabroso, buena acidez.

LLOPART

Ctra. de Sant Sadurni - Ordal, Km. 4
Els Casots
8739 Subirats (Barcelona)
☎ +34 938 993 125
Fax: +34 938 993 038
www.llopart.com
llopart@llopart.com

Cava Llopart 2011 BN Reserva

88 13,2€

Color pajizo brillante. Aroma intensidad media, fruta fresca, hierbas secas, lías finas, floral. Boca fresco, frutoso, sabroso, buena acidez.

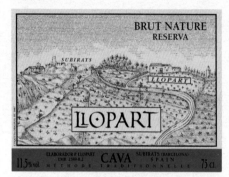

Cava Llopart Ex-Vite 2007 BR Gran Reserva

93 40,5€

Color amarillo brillante. Aroma fruta fresca, hierbas secas, lías finas, floral, cítricos, equilibrado. Boca fresco, frutoso, sabroso, buena acidez, elegante.

Cava Llopart Imperial 2010 BR Gran Reserva

89 17,1€

Color amarillo brillante. Aroma lías finas, hierbas de tocador, fruta madura, frutos secos. Boca sabroso, buena acidez, burbuja fina, fino amargor.

Cava Llopart Integral (375 ml) 2012 BN Reserva

87 ★★★ 8,8€

Color pajizo brillante. Aroma fresco, equilibrado, floral. Boca buena acidez, correcto, fino amargor.

Cava Llopart Integral 2012 BN Reserva

88 14,8€

Color pajizo brillante. Aroma intensidad media, fruta fresca, hierbas secas, lías finas, floral. Boca fresco, frutoso, sabroso, buena acidez, fácil de beber.

Cava Llopart Leopardi 2009 BN Gran Reserva

92 23,3€

Color amarillo brillante. Aroma lías finas, hierbas de tocador, con carácter, fruta madura, frutos secos. Boca potente, sabroso, buena acidez, burbuja fina, fino amargor.

Cava Llopart Magnum 2010 BR Gran Reserva

91 31,4€

Color amarillo brillante. Aroma lías finas, frutos secos, hierbas de tocador. Boca potente, sabroso, buena acidez, burbuja fina, fino amargor.

Cava Llopart Microcosmos Rosé 2010 BN Reserva

90 18,9€

Color piel cebolla. Aroma intensidad media, hierbas secas, lías finas, floral, fruta escarchada. Boca fresco, frutoso, sabroso, buena acidez.

Cava Llopart Néctar Terrenal 2011 Semidulce Reserva

86 11,6€

Color amarillo brillante. Aroma intensidad media, flores blancas, fresco. Boca frutoso, fácil de beber, correcto.

Cava Llopart Original 1887 2008 BN Gran Reserva

95 33,5€

Color dorado brillante. Aroma lías finas, frutos secos, hierbas de tocador, complejo, especias dulces, pastelería. Boca sabroso, buena acidez, burbuja fina, graso, estructurado.

Cava Llopart Rosé (375 ml) 2011 BR Reserva

89 ★★★★ 7,8€

Color cereza claro. Aroma intensidad media, fruta roja, floral. Boca frutoso, fácil de beber, fino amargor.

Cava Llopart Rosé 2011 BR Reserva

90 ★★★★ 12,6€

Color cereza claro. Aroma floral, jazmín, hierbas de tocador, fruta roja. Boca fresco, frutoso, sabroso, correcto, burbuja fina, buena acidez.

LONG WINES

Avda. del Puente Cultural, 8 Bloque B
Bajo 7
28702 San Sebastián de los Reyes (Madrid)
☎ : +34 916 221 305
Fax: +34 916 220 029
www.longwines.com
adm@longwines.com

De Pró BR

85 ★★★★ 7,5€

De Pró Rosé BR
100% trepat

85 ★★★★   7,5€

Escapada BR
88 ★★★★   7,5€
Color pajizo brillante. Aroma lías finas, floral, hierbas de tocador, expresivo. Boca potente, sabroso, buena acidez, burbuja fina, equilibrado.

Escapada Rosé BR
100% trepat

88 ★★★★   7,5€
Color frambuesa. Aroma floral, fruta roja, hierbas de tocador, expresivo. Boca potente, equilibrado, sabroso.

MARÍA CASANOVAS
Ctra. BV-2242, km. 7,5
8160 Sant Jaume Sesoliveres
(Barcelona)
☎: +34 938 910 812
www.mariacasanovas.com
mariacasanovas@brutnature.com

María Casanovas 2011 BN Gran Reserva
93   20€
Color dorado brillante. Aroma lías finas, hierbas de tocador, con carácter, fruta madura, especias dulces. Boca potente, sabroso, buena acidez, burbuja fina, fino amargor, equilibrado, elegante.

María Casanovas Glaç 2012 BN Reserva
86   13€
Color amarillo brillante. Aroma lías finas, hierbas secas, cítricos, floral. Boca buena acidez, sabroso, largo.

MARIA OLIVER PORTÍ
Passatge Menorca, 4
8770 Sant Sadurní d'Anoia (Barcelona)
☎: +34 938 912 043
Fax: +34 938 912 043
www.mariaoliverporti.com
angelscaldu@hotmail.com

María Oliver Portí 2011 BN Reserva
macabeo, xarel.lo, parellada

86 ★★★★★   4,4€
Color pajizo brillante. Aroma fruta fresca, hierbas secas, floral. Boca fresco, frutoso, sabroso, buena acidez.

María Oliver Portí Gran Brut 2011 BR Reserva
macabeo, xarel.lo, parellada

87 ★★★★★   4,8€
Color pajizo brillante. Aroma lías finas, floral, hierbas de tocador. Boca potente, sabroso, buena acidez, burbuja fina, equilibrado.

MARÍA RIGOL ORDI
Fullerachs, 9
8770 Sant Sadurní D'Anoia (Barcelona)
☎: +34 938 910 194
Fax: +34 938 912 736
www.mariarigolordi.com
cava@mariarigolordi.com

Maria Rigol Ordi 2007 BN Gran Reserva
macabeo, xarel.lo, parellada

90 ★★★   14,1€
Color dorado brillante. Aroma lías finas, frutos secos, hierbas de tocador, tostado. Boca potente, sabroso, buena acidez, burbuja fina, fino amargor.

María Rigol Ordi 2009 BN Reserva
macabeo, xarel.lo, parellada

88   10,4€
Color amarillo brillante. Aroma fruta madura, lías finas, equilibrado, hierbas secas. Boca buena acidez, sabroso, fruta madura, largo.

María Rigol Ordi 2011 BN
macabeo, xarel.lo, parellada

87 ★★★★   7,5€
Color pajizo brillante. Aroma intensidad media, fruta fresca, hierbas secas, cítricos. Boca fresco, frutoso, sabroso, buena acidez.

MARQUÉS DE LA CONCORDIA
Monistrol D'Anoia, s/n
8770 Sant Sadurní D'Anoia
(Barcelona)
☎: +34 914 365 900
www.haciendas-espana.com

MM Reserva de la Familia Brut Millesime 2009 BN Reserva
chardonnay, macabeo, xarel.lo, parellada

88
Color amarillo brillante. Aroma fruta madura, lías finas, equilibrado, flores marchitas. Boca buena acidez, sabroso, fruta madura, largo.

MM Reserva de la Familia Brut Millesime Rosé 2010 BR
88
Color rosáceo pálido. Aroma floral, jazmín, hierbas de tocador, fruta escarchada. Boca fresco, frutoso, sabroso, correcto.

MM Selección Especial BR
85

MM Selección Especial Rosé 2012 BR
85

MARQUÉS DE MONISTROL

Monistrol d'Anoia s/n
8770 Sant Sadurní D'Anoia
(Barcelona)
☎: +34 914 365 924

Clos de Monistrol BN
chardonnay, macabeo, xarel.lo, parellada
86
Color amarillo brillante. Aroma fruta madura, lías finas, equilibrado, hierbas secas. Boca buena acidez, fruta madura.

Monistrol Premium Cuvée 2010 BN
85

Monistrol Premium Cuvée Rosé 2011 BR
87
Color rosáceo pálido. Aroma intensidad media, fruta fresca, hierbas secas, lías finas, floral. Boca fresco, frutoso, sabroso, buena acidez.

Monistrol Selección Especial BR
85

Monistrol Selección Especial BR
macabeo, xarel.lo, parellada
84

Monistrol Winemakers Select BN
chardonnay, macabeo, xarel.lo, parellada
87
Color pajizo brillante. Aroma intensidad media, fruta fresca, hierbas secas, lías finas, floral. Boca fresco, frutoso, sabroso, buena acidez.

MARQUÉS DE TOMARES

Ctra. de Cenicero, s/n
26360 Fuenmayor (La Rioja)
☎: +34 676 433 820
Fax: +34 941 450 297
www.marquesdetomares.com
info@marquesdetomares.com

Don Román ESP
macabeo, xarel.lo, parellada
84 — 3,5€

Don Román Imperial ESP Reserva
macabeo, xarel.lo, chardonnay
87 ★★★ — 10€
Color pajizo brillante, borde verdoso. Aroma fruta fresca, hierbas secas, lías finas, floral. Boca fresco, frutoso, sabroso, buena acidez.

MARRUGAT S.A. (BODEGAS PINORD)

Doctor Pasteur, 6
8776 Vilafranca del Penedès
(Barcelona)
☎: +34 938 903 066
www.pinord.com
visites@pinord.com

Marrugat + Natura Vintage BN Reserva
macabeo, xarel.lo, parellada
88 ★★★★ 🌷 — 7€
Color dorado brillante. Aroma lías finas, hierbas de tocador, fruta madura. Boca potente, sabroso, buena acidez, burbuja fina, fino amargor.

Marrugat Brut Imperial BR Reserva
macabeo, xarel.lo, parellada
85 ★★★ — 9€

Marrugat Brut Nature Milesime 2009 BN Gran Reserva
xarel.lo, macabeo, parellada
85 — 13€

Rima 32 2008 BN Reserva
chardonnay, pinot noir
90 — 19,5€
Color amarillo brillante. Aroma fruta madura, lías finas, equilibrado, hierbas secas, cítricos. Boca buena acidez, sabroso, largo.

Suspirum 2006 BN Gran Reserva
xarel.lo, macabeo, chardonnay
83 — 12,5€

MARTÍ SERDÀ

Camí Mas del Pont s/n
8792 Santa Fe del Penedès (Barcelona)
☎: +34 938 974 411
Fax: +34 938 974 405
www.martiserda.com
info@martiserda.com

El Secret de Martí Serdà BN Reserva
86 ★★★★　　　　　　　　8€
Color pajizo brillante. Aroma intensidad media, fruta fresca, hierbas secas, lías finas, floral. Boca fresco, frutoso, sabroso, buena acidez.

Martí Serdà BN Reserva
86 ★★★★　　　　　　　　8€
Color pajizo brillante. Aroma lías finas, floral, hierbas de tocador, expresivo. Boca potente, sabroso, buena acidez, burbuja fina, equilibrado.

Martí Serdà BR
88 ★★★★　　　　　　　　7,1€
Color amarillo brillante. Aroma intensidad media, frutos secos, flores marchitas. Boca equilibrado, fino amargor, buena acidez, fácil de beber.

Martí Serdà Brut Rosé
85 ★★★★　　　　　　　　8€

Martí Serdà SS
87 ★★★★　　　　　　　　6,4€
Color amarillo brillante. Aroma fruta madura, flores blancas, lías finas. Boca fino amargor, fácil de beber.

Martí Serdà 2007 BN Gran Reserva
90　　　　　　　　　　　17,4€
Color amarillo brillante. Aroma fruta madura, lías finas, equilibrado, tostado. Boca buena acidez, sabroso, fruta madura, largo.

Martí Serdà Chardonnay BR
100% chardonnay
88 ★★★★　　　　　　　　8€
Color pajizo brillante. Aroma intensidad media, fruta fresca, hierbas secas, lías finas, floral. Boca fresco, frutoso, sabroso, buena acidez.

Martí Serdà Cuvée Real 2006 BN Gran Reserva
91　　　　　　　　　　　19,5€
Color dorado brillante. Aroma lías finas, frutos secos, hierbas de tocador, complejo, tostado. Boca potente, sabroso, buena acidez, burbuja fina, fino amargor.

Masía D'Or BN
86 ★★★★　　　　　　　　6,2€
Color amarillo brillante. Aroma fruta madura, equilibrado, hierbas secas. Boca buena acidez, sabroso, fruta madura, largo.

Masía D'Or BR
84　　　　　　　　　　　5,8€

MAS CODINA

Barri El Gorner, s/n - Mas Codina
8797 Puigdalber (Barcelona)
☎: +34 938 988 166
Fax: +34 938 988 166
www.mascodina.com
info@mascodina.com

Mas Codina 2008 BN Gran Reserva
chardonnay, xarel.lo, macabeo, pinot noir
90 ★★★★　　　　　　　12,4€
Color dorado brillante. Aroma lías finas, frutos secos, hierbas de tocador, complejo. Boca potente, sabroso, buena acidez, burbuja fina, fino amargor.

Mas Codina 2009 BN Reserva
chardonnay, xarel.lo, macabeo, pinot noir
88 ★★★★　　　　　　　7,8€
Color pajizo brillante. Aroma lías finas, floral, hierbas de tocador. Boca potente, sabroso, buena acidez, burbuja fina, equilibrado.

Mas Codina 2009 BR Reserva
chardonnay, xarel.lo, macabeo, pinot noir
84　　　　　　　　　　　6,7€

Mas Codina Rosé 2010 BR
pinot noir
85 ★★★　　　　　　　　10€

MAS GOMÀ 1724

Torras i Bages, 21
8794 Les Cabanyes (Barcelona)
☎: +34 626 160 162
www.masgoma1724.com
jvendrell@masgomas1724.com

Vendrell Olivella Organic 2009 BN
macabeo, xarel.lo, parellada
90　　　　　　　　　　　17€
Color pajizo brillante. Aroma fruta fresca, hierbas secas, lías finas, floral. Boca fresco, frutoso, sabroso, buena acidez, equilibrado.

Vendrell Olivella Organic 2009 BR
xarel.lo, macabeo, parellada
90 ★★★　　　　　　　　15€
Color amarillo brillante. Aroma frutos secos, hierbas de tocador, lías finas, especias dulces. Boca potente, sabroso, buena acidez, burbuja fina, fino amargor, elegante.

Vendrell Olivella Original 2009 BN
xarel.lo, macabeo, parellada
88　　　　　　　　　　　14€
Color pajizo brillante. Aroma fruta madura, lías finas, equilibrado, hierbas secas. Boca buena acidez, sabroso, fruta madura, largo.

Vendrell Olivella Original 2011 BR
xarel.lo, macabeo, parellada

88 11,5€

Color pajizo brillante. Aroma lías finas, floral, hierbas de tocador, expresivo. Boca potente, sabroso, buena acidez, burbuja fina, equilibrado.

MASCARÓ
Casal, 9
8720 Vilafranca del Penedès
(Barcelona)
☎ +34 938 901 628
Fax: +34 938 901 358
www.mascaro.es
mascaro@mascaro.es

Mascaro Cuvée Antonio Mascaró 2007 BN Gran Reserva

90 18€

Color amarillo brillante. Aroma lías finas, hierbas de tocador, con carácter, fruta madura, frutos secos. Boca potente, sabroso, buena acidez, burbuja fina, fino amargor.

Mascaró Nigrum 2011 BR Reserva
86 ★★★ 9€

Color pajizo brillante. Aroma lías finas, floral, hierbas de tocador. Boca potente, sabroso.

Mascaró Pure 2011 BN Reserva
88 12€

Color pajizo brillante. Aroma intensidad media, fruta fresca, hierbas secas, lías finas, floral. Boca fresco, frutoso, sabroso, buena acidez.

Mascaró Rosado "Rubor Aurorae" 2012 BR
100% trepat

88 12€

Color cereza claro, brillante. Aroma equilibrado, intensidad media, flores secas, fruta roja. Boca frutoso, sabroso, fino amargor.

MASET DEL LLEÓ
C-244, Km. 32,5
8792 La Granada del Penedès
(Barcelona)
☎: +34 902 200 250
Fax: +34 938 921 333
www.maset.com
info@maset.com

Maset del Lleó BR Reserva
macabeo, xarel.lo, parellada

87

Color pajizo brillante. Aroma lías finas, floral, hierbas de tocador, cítricos. Boca sabroso, buena acidez, equilibrado.

Maset del Lleó Aurum BN Reserva
chardonnay, xarel.lo

85

Maset del Lleó Colección Privada 1917 2010 BN Reserva
90

Color amarillo brillante. Aroma fruta madura, lías finas, equilibrado, hierbas secas, ahumado. Boca buena acidez, sabroso, fruta madura, largo.

Maset del Lleó L'Avi Pau BN Reserva
macabeo, xarel.lo, parellada, chardonnay

88

Color amarillo brillante. Aroma flores blancas, cítricos, equilibrado. Boca correcto, fino amargor, frutoso, buena acidez.

Maset del Lleó Rosé BR
garnacha, trepat

84 7,1€

Maset del Lleó Vintage BN Reserva
macabeo, xarel.lo, parellada

85

Nu Brut de Maset del Lleó BR Reserva
macabeo, parellada, xarel.lo

87 ★★★ 9,9€

Color cobrizo. Aroma floral, jazmín, hierbas de tocador, fruta escarchada. Boca fresco, frutoso, sabroso, correcto.

MASIA VALLFORMOSA
La Sala, 45
8735 Vilobi del Penedès (Barcelona)
☎: +34 938 978 286
Fax: +34 938 978 355
www.domenechvidal.com
vallformosa@vallformosa.es

Gala de Vallformosa Vintage 2008 BR Gran Reserva
macabeo, xarel.lo, parellada, chardonnay

90 ★★★★ 13€

Color amarillo brillante. Aroma lías finas, frutos secos, hierbas de tocador, complejo. Boca potente, sabroso, buena acidez, burbuja fina, fino amargor.

Origen 2012 SC
macabeo, xarel.lo, parellada

86 ★★★★ 6€

Color amarillo brillante. Aroma intensidad media, fresco, equilibrado, flores secas. Boca fresco, sabroso.

Vallformosa Col.lecció 2011 BN Reserva
macabeo, xarel.lo, parellada, chardonnay

87 ★★★ 9€

Color amarillo brillante. Aroma fruta madura, fruta al licor, lías reducidas, hierbas secas. Boca correcto, fácil de beber.

Vallformosa Col.lecció 2011 BR Reserva
macabeo, xarel.lo, parellada, chardonnay

87 ★★★   9€

Color amarillo brillante. Aroma lías finas, hierbas de tocador, con carácter, fruta madura. Boca potente, sabroso, buena acidez, burbuja fina, fino amargor.

Vallformosa Col.lecció Pinot Noir Rosado 2012 BR
pinot noir

90 ★★★★★   10€

Color rosáceo pálido. Aroma floral, jazmín, hierbas de tocador, fruta escarchada. Boca fresco, frutoso, sabroso, correcto.

Vallformosa Origen 2011 BN
macabeo, xarel.lo, parellada

88 ★★★★   6€

Color pajizo brillante. Aroma intensidad media, fruta fresca, hierbas secas, lías finas, floral. Boca fresco, frutoso, sabroso, buena acidez.

Vallformosa Origen 2011 BR
macabeo, xarel.lo, parellada

86 ★★★★   6€

Color amarillo brillante. Aroma lías finas, hierbas de tocador, frutos secos, buena acidez, burbuja fina, fino amargor.

Vallformosa Origen 2012 SS
macabeo, xarel.lo, parellada

87 ★★★★   6€

Color pajizo brillante. Aroma lías finas, floral, hierbas de tocador, expresivo. Boca potente, sabroso, buena acidez, burbuja fina, equilibrado.

Vallformosa Origen Rosado 2011 BR
garnacha, monastrell

89 ★★★★   6€

Color cobrizo. Aroma floral, jazmín, hierbas de tocador, fruta escarchada. Boca fresco, frutoso, sabroso, correcto.

MATA I COLOMA
Ctra. St. Boi-La Llacuna, km. 10
8770 Sant Sadurní D'Anoia (Barcelona)
☎: +34 938 183 968
www.matacoloma.com
info@matacoloma.com

Pere Mata Cupada Nº 10 2010 BN Reserva
macabeo, xarel.lo, parellada

90 ★★★★★   9€

Color pajizo brillante. Aroma fruta fresca, hierbas secas, lías finas, floral. Boca fresco, frutoso, sabroso, buena acidez.

Pere Mata Cupada Rosat 2010 Reserva
monastrell

91 ★★★★★   9€

Color cobrizo. Aroma floral, jazmín, hierbas de tocador, fruta escarchada. Boca fresco, frutoso, sabroso, correcto.

Pere Mata Cuvée Barcelona 2008 BR Gran Reserva
macabeo, xarel.lo, parellada

90 ★★★★   12,5€

Color dorado brillante. Aroma frutos secos, hierbas de tocador, complejo, expresivo. Boca potente, sabroso, buena acidez, burbuja fina, fino amargor.

Pere Mata Gran Coloma 2008 BR Gran Reserva
macabeo, xarel.lo, parellada

90 ★★★★   12€

Color pajizo brillante. Aroma lías finas, floral, hierbas de tocador, expresivo, tostado. Boca potente, sabroso, buena acidez, burbuja fina, equilibrado.

Pere Mata L'Ensamblatge 2007 BN Gran Reserva
macabeo, xarel.lo, parellada

89   12€

Color dorado brillante. Aroma lías finas, frutos secos, hierbas de tocador, complejo, tostado. Boca potente, sabroso, buena acidez, burbuja fina, fino amargor.

Pere Mata L'Origen 2009 BR Gran Reserva
macabeo, xarel.lo, parellada

89   10,5€

Color dorado brillante. Aroma lías finas, frutos secos, hierbas de tocador, complejo. Boca potente, sabroso, buena acidez, burbuja fina, fino amargor.

Pere Mata Reserva Familia 2007 BN Gran Reserva
macabeo, xarel.lo, parellada

90 ★★★★   12,5€

Color pajizo brillante. Aroma lías finas, floral, hierbas de tocador, expresivo. Boca potente, sabroso, buena acidez, burbuja fina, equilibrado.

MIQUEL PONS
Baix Llobregat, 5
8792 La Granada del Penedès (Barcelona)
☎: +34 938 974 541
Fax: +34 938 974 710
www.cavamiquelpons.com
miquelpons@cavamiquelpons.com

Miquel Pons 2008 BN Gran Reserva

90 ★★★★★   10€

Color dorado brillante. Aroma lías finas, frutos secos, hierbas de tocador, ahumado. Boca potente, sabroso, buena acidez, burbuja fina, fino amargor.

Miquel Pons 2010 BN Reserva

88 ★★★★   7€

Color amarillo brillante. Aroma fruta madura, lías finas, equilibrado, hierbas secas, especiado. Boca buena acidez, sabroso, fruta madura, largo.

Miquel Pons 2010 BR Reserva
86 ★★★★ 7€
Color pajizo brillante. Aroma lías finas, floral, hierbas de tocador, cítricos. Boca potente, sabroso, buena acidez, burbuja fina.

Miquel Pons Eulàlia Rosé 2011 BN Reserva
trepat
85 ★★★★ 8€

Miquel Pons Xarel.lo 2008 BN
xarel.lo
91
Color dorado brillante. Aroma lías finas, con carácter, fruta madura, frutos secos, especias dulces. Boca potente, sabroso, buena acidez, burbuja fina, fino amargor.

MONT MARÇAL
Finca Manlleu
8732 Castellví de la Marca (Barcelona)
☎: +34 938 918 281
Fax: +34 938 919 045
www.mont-marcal.com
mont-marcal@mont-marcal.com

Aureum de Mont Marçal BN Gran Reserva
91 22€
Color dorado brillante. Aroma lías finas, frutos secos, hierbas de tocador, complejo. Boca potente, sabroso, buena acidez, burbuja fina, fino amargor.

Gran Portaceli BR
89 ★★★ 10€
Color pajizo brillante. Aroma lías finas, floral, hierbas de tocador, expresivo. Boca potente, sabroso, buena acidez, burbuja fina, equilibrado.

La Perla de Santa Mónica BR
89 ★★★ 10€
Color pajizo brillante. Aroma lías finas, floral, hierbas de tocador, expresivo, tostado, especiado. Boca potente, sabroso, buena acidez, burbuja fina, equilibrado.

Mont Marçal BR Reserva
88 ★★★★ 8€
Color pajizo brillante. Aroma intensidad media, fruta fresca, hierbas secas, lías finas, floral. Boca fresco, frutoso, sabroso, buena acidez.

Mont Marçal Brut Rosado
100% trepat
86 ★★★★ 8€
Color cereza claro. Aroma fruta madura, potente, pétalos de rosa, fruta roja. Boca estructurado, sabroso, fruta madura.

Mont Marçal Extremarium BR Reserva
87 12€
Color pajizo brillante. Aroma intensidad media, fruta fresca, hierbas secas, lías finas, floral. Boca fresco, frutoso, sabroso, buena acidez.

Mont Marçal Extremarium Rosado BN
100% pinot noir
88 14€
Color cobrizo. Aroma floral, jazmín, hierbas de tocador, fruta escarchada. Boca fresco, frutoso, sabroso, correcto.

Mont Marçal Gran Cuvée BR Reserva
86 14€
Color amarillo brillante. Aroma fruta fresca, floral, cítricos, equilibrado. Boca buena acidez, fino amargor.

Mont Marçal Gran Cuvée Rosado BR
100% pinot noir
89 14€
Color cereza claro. Aroma floral, fruta roja, fruta madura, hierbas de tocador, expresivo. Boca equilibrado, sabroso, buena acidez.

Mont Marçal Palau BR
87 ★★★★ 6€
Color pajizo brillante. Aroma intensidad media, fruta fresca, hierbas secas, lías finas, floral. Boca fresco, frutoso, sabroso, buena acidez.

Portaceli BR
86 ★★★★ 6€
Color amarillo brillante. Aroma fruta madura, lías finas, equilibrado, hierbas secas. Boca buena acidez, sabroso, fruta madura, largo.

Santa Mónica BR
86 ★★★★ 6€
Color amarillo brillante. Aroma fruta madura, hierbas secas, intensidad media, fresco. Boca correcto, ligero, fresco.

MONT-FERRANT
Abad Escarré, 1 Cantonada
Mont-Ferrant
17300 Blanes (Girona)
☎: +34 934 191 000
www.montferrant.com
jcivit@montferrant.com

Agustí Vilaret 2007 Extra Brut Reserva
macabeo, xarel.lo, parellada, chardonnay
88 17€
Color pajizo brillante. Aroma lías finas, floral, hierbas de tocador, fruta al licor. Boca potente, sabroso, buena acidez, amargoso.

Berta Bouzy Extra Brut Reserva
macabeo, xarel.lo, parellada, chardonnay

92 ★★★★   12€

Color amarillo brillante. Aroma frutos secos, hierbas de tocador, complejo, lías finas, fruta macerada, especias dulces. Boca potente, sabroso, burbuja fina, fino amargor.

Blanes Nature Extra Brut Reserva
macabeo, xarel.lo, parellada, chardonnay

87 ★★★   10€

Color amarillo brillante. Aroma lías finas, floral, hierbas de tocador, especias dulces. Boca potente, sabroso, buena acidez, burbuja fina, equilibrado.

L´Americano BR Reserva
macabeo, xarel.lo, parellada, chardonnay

89 ★★★★   8€

Color amarillo brillante. Aroma frutos secos, hierbas de tocador, lías finas, especias dulces. Boca sabroso, buena acidez, burbuja fina, fino amargor, elegante.

Mont Ferrant Tradició BR Reserva
macabeo, xarel.lo, parellada, chardonnay

88 ★★★   9€

Color pajizo brillante. Aroma lías finas, floral, hierbas de tocador, expresivo. Boca potente, sabroso, buena acidez, burbuja fina, equilibrado.

Mont-Ferrant Gran Cuvée BR Gran Reserva
macabeo, xarel.lo, parellada, chardonnay

89   12€

Color dorado brillante. Aroma lías finas, frutos secos, hierbas de tocador, complejo. Boca potente, sabroso, buena acidez, burbuja fina, fino amargor.

Mont-Ferrant Rosé BR
garnacha, monastrell

87 ★★★   10€

Color frambuesa. Aroma floral, fruta roja, fruta madura, hierbas de tocador. Boca potente, equilibrado, sabroso, fruta madura.

MOST DORÉ
Rambla de la Generalitat, 8
8770 Sant Sadurní d'Anoia (Barcelona)
☎: +34 938 181 662
Fax: +34 939 183 641
www.objetodedeseo.eu
lodeseo@objetodedeseo.si

Most - Doré "Objeto de Deseo Rosé 2010 Extra Brut Reserva
monastrell, pinot noir, trepat

88

Color cobrizo. Aroma floral, jazmín, hierbas de tocador, fruta escarchada. Boca fresco, frutoso, sabroso, correcto.

OLIVELLA I BONET
Casetes Puigmoltó, 15
43720 L'Arboç del Penedès (Tarragona)
☎: +34 977 670 433
Fax: +34 977 670 433
www.olivellaibonet.com
olivellaibonet@gmail.com

Mont Caranac Chardonnay BR Gran Reserva
chardonnay

84   7,8€

Mont Caranac S/C BN Gran Reserva
xarel.lo, macabeo, parellada

88 ★★★★   7,5€

Color dorado brillante. Aroma lías finas, frutos secos, hierbas de tocador, complejo, tostado. Boca potente, sabroso, buena acidez, burbuja fina, fino amargor.

Olivella i Bonet 2013 BN
xarel.lo, macabeo, parellada

86 ★★★★★   4,8€

Color amarillo. Aroma intensidad media, fruta fresca, hierbas secas, lías finas, flores marchitas. Boca fresco, frutoso, sabroso, buena acidez.

Olivella i Bonet 2013 BR
xarel.lo, macabeo, parellada

83   3,6€

Olivella i Bonet 2013 SS
xarel.lo, macabeo, parellada

84   3,6€

Olivella i Bonet Especial Artesà S/C BN Reserva
xarel.lo, macabeo, parellada

88 ★★★★   6,2€

Color dorado brillante. Aroma lías finas, frutos secos, hierbas de tocador, floral. Boca potente, sabroso, buena acidez, burbuja fina, fino amargor.

Olivella i Bonet Especial Artesà S/C Extra Brut Reserva
xarel.lo, macabeo, parellada

86 ★★★★★   4,9€

Color pajizo brillante. Aroma fruta madura, lías finas, hierbas secas. Boca buena acidez, sabroso, fresco.

ORIOL ROSSELL

Masia Can Cassanyes
8729 Sant Marçal (Barcelona)
☎: +34 977 671 061
Fax: +34 977 671 050
www.oriolrossell.com
oriolrossell@oriolrossell.com

Oriol Rossell 2010 BN Gran Reserva
macabeo, xarel.lo

88   12,7€

Color amarillo brillante. Aroma fruta madura, lías finas, equilibrado, hierbas secas. Boca buena acidez, sabroso, fruta madura, largo.

Oriol Rossell 2011 BN Reserva
macabeo, xarel.lo, parellada

88 ★★★   8,7€

Color amarillo brillante. Aroma fruta madura, lías finas, hierbas secas. Boca buena acidez, sabroso, fruta madura, largo.

Oriol Rossell 2011 BR
macabeo, xarel.lo, parellada

87 ★★★★   7,9€

Color pajizo brillante. Aroma intensidad media, fruta fresca, hierbas secas, lías finas, floral. Boca fresco, frutoso, sabroso, buena acidez.

Oriol Rossell Reserva de la Propietat 2009 BN Gran Reserva
macabeo, xarel.lo, parellada

92   25€

Color amarillo brillante. Aroma equilibrado, expresivo, fruta madura, especiado, lías finas. Boca sabroso, fino amargor, buena acidez.

Oriol Rossell Rosat 2011 BR
trepat

88 ★★★   9,8€

Color frambuesa. Aroma floral, fruta roja, fruta madura, hierbas de tocador, expresivo. Boca potente, equilibrado, sabroso.

OSBORNE MALPICA DE TAJO

Ctra. Malpica - Pueblanueva, km. 6
45692 Malpica del Tajo (Toledo)
☎: +34 925 860 990
Fax: +34 925 860 905
www.osborne.es
carolina.cerrato@osborne.es

Abadia de Montserrat BR Reserva
macabeo, xarel.lo, parellada

89 ★★★   9,5€

Color pajizo brillante. Aroma lías finas, floral, hierbas de tocador, expresivo. Boca potente, sabroso, buena acidez, burbuja fina, equilibrado.

PAGO DE THARSYS

Ctra. Nacional III, km. 274
46340 Requena (Valencia)
☎: +34 962 303 354
Fax: +34 962 329 000
www.pagodetharsys.com
pagodetharsys@pagodetharsys.com

Carlota Suria 2012 BN
macabeo, parellada

88 ★★★★   7,6€

Color pajizo brillante. Aroma lías finas, floral, hierbas de tocador, expresivo. Boca potente, sabroso, buena acidez, burbuja fina, equilibrado.

Pago de Tharsys 2011 BN
macabeo, chardonnay

89

Color amarillo brillante. Aroma fruta madura, lías finas, equilibrado, hierbas secas. Boca buena acidez, sabroso, fruta madura, largo.

Pago de Tharsys Millesime 2008 BN Gran Reserva
macabeo, parellada, chardonnay

91   24€

Color dorado brillante. Aroma lías finas, frutos secos, hierbas de tocador, complejo. Boca potente, sabroso, buena acidez, burbuja fina, fino amargor.

PARATÓ

Can Respall de Renardes s/n
8733 El Pla del Penedès (Barcelona)
☎: +34 938 988 182
Fax: +34 938 988 510
www.parato.es
info@parato.es

Ática 2009 Extra Brut Gran Reserva
macabeo, xarel.lo, parellada, chardonnay

89   13€

Color dorado brillante. Aroma lías finas, frutos secos, hierbas de tocador, complejo. Boca potente, sabroso, buena acidez, burbuja fina, fino amargor, equilibrado.

Ática Pinot Noir 2011 RD Reserva
pinot noir

87   14,5€

Color frambuesa, borde violáceo. Aroma potente, fruta madura, fruta roja, floral, expresivo, balsámico. Boca potente, frutoso, fresco.

Elias i Terns 2005 BN Gran Reserva
xarel.lo, macabeo, chardonnay, parellada

90   23,4€

Color dorado brillante. Aroma lías finas, frutos secos, hierbas de tocador. Boca potente, sabroso, buena acidez, burbuja fina, fino amargor.

Parató 2010 BN Reserva
macabeo, xarel.lo, parellada

86   10,5€

Color amarillo brillante. Aroma fruta madura, lías finas, equilibrado, hierbas secas, floral. Boca buena acidez, sabroso, fruta madura, especiado.

Parató 2011 BR Reserva
macabeo, xarel.lo, parellada, chardonnay

84   7,5€

Renardes 2011 BN
macabeo, xarel.lo, parellada, chardonnay

83   6,5€

PARÉS BALTÀ

Masía Can Baltá, s/n
8796 Pacs del Penedès (Barcelona)
☎: +34 938 901 399
Fax: +34 938 901 143
www.paresbalta.com
paresbalta@paresbalta.com

Blanca Cusiné 2009 BR Gran Reserva
chardonnay, pinot noir

93 🍷   17€

Color dorado brillante. Aroma lías finas, hierbas de tocador, con carácter, fruta madura, frutos secos. Boca potente, sabroso, buena acidez, burbuja fina, fino amargor.

Blanca Cusiné 2010 BN
chardonnay, pinot noir

93 🍷   17€

Color dorado brillante. Aroma lías finas, frutos secos, hierbas de tocador, complejo, tostado. Boca potente, sabroso, buena acidez, burbuja fina, fino amargor.

Parés Baltà BN
macabeo, xarel.lo, parellada

88 ★★★ 🍷   9€

Color pajizo brillante. Aroma lías finas, floral, hierbas de tocador, expresivo. Boca potente, sabroso, buena acidez, burbuja fina, equilibrado.

Parés Baltà Selectio BR
macabeo, xarel.lo, parellada, chardonnay

91 ★★★ 🍷   14€

Color dorado brillante. Aroma lías finas, hierbas de tocador, con carácter, fruta madura, frutos secos. Boca potente, sabroso, buena acidez, burbuja fina, fino amargor.

Rosa Cusine Rosado 2010 BR
100% garnacha

90 🍷   20€

Color cobrizo. Aroma floral, jazmín, hierbas de tocador, fruta escarchada. Boca fresco, frutoso, sabroso, correcto, fino amargor.

PARXET

Torrent, 38
8391 Tiana (Barcelona)
☎: +34 933 950 811
www.parxet.es
info@parxet.es

Parxet Aniversari 92 BN
chardonnay, pinot noir

93   41,6€

Color dorado brillante. Aroma lías finas, frutos secos, hierbas de tocador, complejo, tostado. Boca potente, sabroso, buena acidez, burbuja fina, fino amargor.

Parxet BR
pansa blanca, macabeo, parellada

90 ★★★★   10,5€

Color amarillo brillante. Aroma fruta madura, lías finas, equilibrado, hierbas secas. Boca buena acidez, sabroso, fruta madura, largo.

Parxet SS Reserva
pansa blanca, macabeo, parellada

88   11,7€

Color pajizo brillante. Aroma lías finas, floral, hierbas de tocador, expresivo. Boca potente, sabroso, burbuja fina, dulcedumbre.

Parxet 2010 BN
pansa blanca, macabeo, parellada

88   14,7€

Color pajizo brillante. Aroma lías finas, floral, hierbas de tocador, expresivo. Boca potente, sabroso, buena acidez, burbuja fina, equilibrado.

Parxet 2011 BR Reserva
pansa blanca, macabeo, parellada

88   12€

Color pajizo brillante. Aroma intensidad media, fruta fresca, hierbas secas, lías finas, floral. Boca fresco, frutoso, sabroso, buena acidez.

Parxet Cuvée 21 Ecológico BR
pansa blanca, macabeo, parellada

91 ★★★★ ☘   10,5€

Color dorado brillante. Aroma lías finas, frutos secos, hierbas de tocador, complejo, tostado. Boca potente, sabroso, buena acidez, burbuja fina, fino amargor.

Parxet Cuvée Dessert 375 ml. RD
pinot noir

88 ★★★★   7,8€

Color piel cebolla. Aroma fruta escarchada, flores secas, hierbas de tocador, fruta roja. Boca ligero, sabroso, buena acidez, largo, especiado.

Parxet María Cabané 2009 Extra Brut Gran Reserva
pansa blanca, macabeo, parellada

92   16,3€

Color dorado brillante. Aroma lías finas, hierbas de tocador, con carácter, fruta madura, frutos secos. Boca potente, sabroso, buena acidez, burbuja fina, fino amargor.

Parxet Rosé BR
pinot noir

88   12€

Color cobrizo. Aroma floral, jazmín, hierbas de tocador, fruta escarchada. Boca fresco, frutoso, sabroso, correcto.

RAIMAT
Ctra. Lleida, s/n
25111 Raimat (Lleida)
☎: +34 973 724 000
www.raimat.com
info@raimat.es

Raimat Brut BR

88   16,5€

Color amarillo. Aroma lías finas, floral, hierbas de tocador, expresivo. Boca potente, sabroso, buena acidez, burbuja fina, equilibrado.

Raimat Chardonnay BR
100% chardonnay

89   13,5€

Color amarillo brillante. Aroma fruta madura, lías finas, equilibrado, flores secas. Boca buena acidez, sabroso, fruta madura, largo.

RECAREDO
Tamarit, 10 Apartado 15
8770 Sant Sadurní D'Anoia (Barcelona)
☎: +34 938 910 214
Fax: +34 938 911 697
www.recaredo.es
cava@recaredo.es

Recaredo Brut de Brut 2005 BN Gran Reserva

93   28,5€

Color amarillo brillante. Aroma complejo, lías finas, especiado, fruta madura, expresivo, hierbas secas. Boca equilibrado, burbuja fina, fino amargor.

Recaredo Brut Nature 2008 BN Gran Reserva

93   16,5€

Color amarillo brillante. Aroma lías finas, frutos secos, hierbas de tocador, tostado, floral, balsámico. Boca potente, sabroso, buena acidez, burbuja fina, fino amargor. Personalidad.

Recaredo Intens Rosat 2010 BN Gran Reserva

84   18,3€

Recaredo Reserva Particular 2004 BN Gran Reserva

95   52€

Color dorado brillante. Aroma lías finas, hierbas de tocador, con carácter, fruta madura, frutos secos, elegante. Boca potente, sabroso, buena acidez, burbuja fina, fino amargor, equilibrado.

Recaredo Subtil 2007 BN Gran Reserva

91   22,9€

Color amarillo brillante. Aroma elegante, frutos secos, lías finas, flores marchitas. Boca equilibrado, buena acidez, fino amargor.

Turo d'en Mota 2001 BN Gran Reserva
100% xarel.lo

96   105€

Color dorado brillante. Aroma lías finas, frutos secos, hierbas de tocador, complejo, floral, fruta escarchada. Boca sabroso, buena acidez, burbuja fina, fino amargor. Personalidad.

REXACH BAQUES
Santa María, 12
8736 Guardiola de Font-Rubí
(Barcelona)
☎: +34 938 979 170
www.rexachbaques.com
info@rexachbaques.com

P. Baqués 100 Aniversari 2006 BR Gran Reserva
xarel.lo, macabeo, parellada, pinot noir
91   19,8€
Color dorado brillante. Aroma lías finas, frutos secos, hierbas de tocador, complejo. Boca potente, sabroso, buena acidez, burbuja fina, fino amargor, tostado.

Rexach Baques 2009 BN Gran Reserva
xarel.lo, macabeo, parellada
88 ★★★   9,5€
Color amarillo brillante. Aroma fruta madura, lías finas, equilibrado, hierbas secas. Boca buena acidez, sabroso, fruta madura, largo.

Rexach Baques Brut Imperial 2010 BR Reserva
xarel.lo, macabeo, parellada
89 ★★★★   6,5€
Color pajizo brillante. Aroma lías finas, floral, hierbas de tocador, expresivo, cítricos. Boca potente, sabroso, buena acidez, burbuja fina, equilibrado.

Rexach Baques Gran Carta 2011 BR Reserva
macabeo, xarel.lo, parellada
86 ★★★★   5,5€
Color pajizo brillante. Aroma intensidad media, fruta fresca, hierbas secas. Boca fresco, frutoso, sabroso, buena acidez.

Rexach Rosado BR
pinot noir
85   11,5€

RIMARTS
Avda. Cal Mir, 44
8770 Sant Sadurní D'Anoia (Barcelona)
☎: +34 938 912 775
Fax: +34 938 912 775
www.rimarts.net
rimarts@rimarts.net

Rimarts 2012 BR Reserva
xarel.lo, macabeo, parellada
91 ★★★★★   9€
Color dorado brillante. Aroma lías finas, frutos secos, hierbas de tocador, complejo, tostado. Boca potente, sabroso, buena acidez, burbuja fina, fino amargor.

Rimarts 24 BN Reserva
xarel.lo, macabeo, parellada
92 ★★★★★   10€
Color dorado brillante. Aroma lías finas, hierbas de tocador, con carácter, fruta madura, frutos secos. Boca potente, sabroso, buena acidez, burbuja fina, fino amargor.

Rimarts 40 2009 BN Gran Reserva
xarel.lo, macabeo, parellada, chardonnay
92 ★★★★   12€
Color dorado brillante. Aroma frutos secos, hierbas de tocador, complejo. Boca potente, sabroso, buena acidez, burbuja fina, fino amargor.

Rimarts Chardonnay 2009 BN Reserva Especial
chardonnay
93   18€
Color amarillo brillante. Aroma fruta madura, lías finas, equilibrado, hierbas secas, floral, complejo. Boca buena acidez, sabroso, fruta madura, largo.

Rimarts Magnum 2009 BN Gran Reserva
xarel.lo, macabeo, parellada, chardonnay
93   33€
Color dorado brillante. Aroma lías finas, frutos secos, hierbas de tocador, complejo, tostado. Boca potente, sabroso, buena acidez, burbuja fina, fino amargor.

Rimarts Uvae BN Reserva
xarel.lo, chardonnay
87   32€
Color dorado brillante. Aroma frutos secos, hierbas de tocador, lías reducidas, tostado. Boca potente, sabroso, fino amargor.

ROCAMAR
Major, 80
8755 Castellbisbal (Barcelona)
☎: +34 937 720 900
Fax: +34 937 721 495
www.rocamar.net
info@rocamar.net

Castell de Ribes BN
macabeo, xarel.lo, parellada
86 ★★★★   5,3€
Color amarillo brillante. Aroma intensidad media, fruta madura, cítricos. Boca frutoso, equilibrado, amargoso, buena acidez.

ROGER GOULART

Major, 6
8635 Sant Esteve Sesrovires
(Barcelona)
☎: +34 937 714 003
Fax: +34 937 713 759
www.rogergoulart.com
sac@rogergoulart.com

Roger Goulart 2010 BN Reserva
90 ★★★★ 12€
Color dorado brillante. Aroma lías finas, frutos secos, hierbas de tocador, complejo, tostado. Boca potente, sabroso, buena acidez, burbuja fina, fino amargor.

Roger Goulart 2011 BR Reserva
88 ★★★ 10€
Color amarillo brillante. Aroma fruta madura, lías finas, equilibrado, hierbas secas. Boca buena acidez, sabroso, fruta madura, largo.

Roger Goulart Gran Cuvée Josep Valls 2008 Extra Brut Gran Reserva
90 18€
Color dorado brillante. Aroma lías finas, frutos secos, hierbas de tocador, complejo. Boca potente, sabroso, buena acidez, burbuja fina, fino amargor.

Roger Goulart Rosé 2011 BR
88 ★★★ 10€
Color frambuesa. Aroma floral, fruta roja, fruta madura, hierbas de tocador, expresivo. Boca potente, equilibrado, sabroso.

ROSELL & FORMOSA

Rambla de la Generalitat, 14
8770 Sant Sadurní D'Anoia (Barcelona)
☎: +34 938 911 013
Fax: +34 938 911 967
www.roselliformosa.com
rformosa@roselliformosa.com

Rosell & Formosa Daurat "Brut de Bruts" 2008 BN Gran Reserva
89 ★★★ 9,1€
Color amarillo brillante. Aroma fruta madura, lías finas, equilibrado, hierbas secas, especiado. Boca buena acidez, sabroso, fruta madura, largo, tostado.

Rosell i Formosa BR Reserva
87 ★★★★ 5,1€
Color pajizo brillante. Aroma lías finas, hierbas de tocador, expresivo. Boca sabroso, buena acidez, equilibrado, fácil de beber.

Rosell i Formosa 2009 BN Gran Reserva
88 ★★★★ 6,1€
Color amarillo brillante. Aroma frutos secos, hierbas de tocador, lías finas, especias dulces. Boca potente, sabroso, buena acidez, burbuja fina, fino amargor, elegante.

Rosell i Formosa Rosat BR Reserva
84 5,5€

ROSELL GALLART

Montserrat, 56
8770 Sant Sadurní D'Anoia (Barcelona)
☎: +34 938 912 073
Fax: +34 938 183 539
www.rosellgallart.com
info@rosellgallart.com

Rosell Gallart 2009 BN Reserva
xarel.lo, macabeo, parellada, chardonnay
87 ★★★★★ 5€
Color amarillo brillante. Aroma lías finas, equilibrado, hierbas secas. Boca buena acidez, sabroso, fruta madura, largo.

Rosell Raventós Cristal 2007 BN Reserva
xarel.lo, macabeo, parellada, chardonnay
82 8€

Teresa Mata Garriga 2010 BN Reserva
xarel.lo, macabeo, parellada, chardonnay
88 ★★★★★ 5€
Color amarillo brillante. Aroma fruta madura, lías finas, hierbas secas, especias dulces. Boca buena acidez, sabroso, fruta madura, largo.

ROVELLATS

Finca Rovellats - Bº La Bleda
8731 Sant Marti Sarroca (Barcelona)
☎: +34 934 880 575
Fax: +34 934 880 819
www.rovellats.com
rovellats@cavasrovellats.com

Rovellats 2012 BR
macabeo, xarel.lo, parellada
87 ★★★ 9,3€
Color pajizo brillante. Aroma intensidad media, fruta fresca, hierbas secas, lías finas, floral. Boca fresco, frutoso, sabroso, buena acidez.

Rovellats Col.lecció 2007 Extra Brut
macabeo, xarel.lo, parellada
90 26,8€
Color amarillo brillante. Aroma fruta fresca, hierbas secas, lías finas, floral, pastelería. Boca fresco, frutoso, sabroso, buena acidez, elegante.

Rovellats Gran Reserva 2008 BN Gran Reserva
macabeo, xarel.lo, parellada
88 14,1€
Color dorado brillante. Aroma lías finas, frutos secos, hierbas de tocador, complejo. Boca potente, sabroso, buena acidez, burbuja fina, fino amargor.

Rovellats Imperial 2011 BR Reserva
macabeo, xarel.lo, parellada

86 10,8€

Aroma lías finas, floral, hierbas de tocador, expresivo. Boca potente, sabroso, buena acidez, burbuja fina, equilibrado.

Rovellats Imperial 37,5 cl. 2011 BR Reserva
macabeo, xarel.lo, parellada

84 7,4€

Rovellats Imperial Rosé 2011 BR Reserva
garnacha

82 10,5€

Rovellats Magnum 2007 BN Gran Reserva
macabeo, xarel.lo, parellada

90 22,1€

Color dorado brillante. Aroma lías finas, frutos secos, hierbas de tocador, complejo, especias dulces. Boca potente, sabroso, buena acidez, burbuja fina, fino amargor.

Rovellats Masia S. XV 2005 BN Gran Reserva
macabeo, xarel.lo, parellada, chardonnay

88 22€

Color amarillo brillante. Aroma fruta madura, lías finas, equilibrado, hierbas secas. Boca buena acidez, sabroso, fruta madura, largo.

BRUT NATURE

MASIA SEGLE XV

CAVA

Cuvée millésimé. Botellas reservadas: 6.100

05 *Gran Reserva 2005*

Este cava lleva el nombre de Masia S.XV para simbolizar el compromiso de calidad que nuestra familia ha adquirido durante generaciones.

Botella nº 0044

Rovellats Premier 2012 BN
macabeo, parellada

86 ★★★ 9€

Color amarillo brillante. Aroma intensidad media, fruta fresca, hierbas secas, lías finas, floral, jazmín. Boca fresco, frutoso, sabroso, buena acidez.

Rovellats Premier Brut 2012 BR
macabeo, parellada

86 ★★★ 8,4€

Color amarillo brillante. Aroma lías finas, frutos secos, hierbas de tocador. Boca potente, sabroso, fino amargor.

SIGNAT
Torrent 38
8391 Tiana (Barcelona)
☎: +34 935 403 400
info@signatcava.com

Signat BN
xarel.lo, macabeo, parellada

89 ★★★★ 7,5€

Color amarillo brillante. Aroma fruta madura, lías finas, hierbas secas, floral. Boca buena acidez, sabroso, fruta madura, largo.

Signat BR
xarel.lo, macabeo, parellada

88 ★★★★ 6,3€

Color pajizo brillante. Aroma lías finas, floral, hierbas de tocador, expresivo. Boca potente, sabroso, buena acidez, burbuja fina, equilibrado.

Signat Magenta Rosé BR
pinot noir

89 11,3€

Color frambuesa. Aroma floral, fruta roja, fruta madura, hierbas de tocador, expresivo. Boca potente, equilibrado, sabroso.

SOGAS MASCARÓ
Amalia Soler, 35
8720 Vilafranca del Penedès
(Barcelona)
☎: +34 931 184 107
www.sogasmascaro.com
info@sogasmascaro.com

Sogas Mascaró BN

89 ★★★★ 5,2€

Color amarillo brillante. Aroma fruta madura, lías finas, equilibrado, hierbas secas. Boca buena acidez, sabroso, fruta madura, largo.

Sogas Mascaró BR

88 ★★★★★ 5€

Color pajizo brillante. Aroma lías finas, floral, hierbas de tocador, expresivo. Boca potente, sabroso, buena acidez, burbuja fina, equilibrado.

Sogas Mascaró 2010 BN Reserva

85 ★★★ 8,4€

SURIOL

Can Suriol del Castell
8736 Font-Rubí (Barcelona)
☎: +34 938 978 426
Fax: +34 938 978 426
www.suriol.com
cansuriol@suriol.com

Castell de Grabuac 2007 BN Fermentado en Barrica
macabeo, xarel.lo

85 ★★★ ❁   10€

Castell de Grabuac Millesime 2001 BN Reserva
macabeo, xarel.lo, parellada

90   40€

Color dorado brillante. Aroma lías finas, frutos secos, hierbas de tocador, complejo, hidrocarburo. Boca potente, sabroso, buena acidez, burbuja fina, fino amargor, equilibrado.

Castell de Grabuac Millesime 2005 BN Reserva
macabeo, xarel.lo, parellada

75   20€

Castell de Grabuac Millesime 2006 BN Reserva
macabeo, xarel.lo, parellada

85   12€

Castell de Grabuac Xarel.lo 2012 BN
xarel.lo

86 ★★★   10€

Color amarillo brillante. Aroma fruta madura, fruta al licor, lías reducidas, hierbas secas, pastelería. Boca correcto, potente, especiado, tostado.

Suriol 2011 BN Reserva
macabeo, xarel.lo, parellada

86 ★★★★   8€

Color amarillo brillante. Aroma fruta madura, lías finas, hierbas secas. Boca buena acidez, sabroso.

Suriol 2012 BN Reserva
macabeo, xarel.lo, parellada

85 ★★★★   8€

Suriol Rosado 2010 BR Reserva
pinot noir, garnacha

84   8€

Suriol Rosado 2011 BR Reserva
garnacha, monastrell

86 ★★★★   8€

Color cobrizo. Aroma floral, hierbas secas, lías finas, fruta al licor. Boca sabroso, especiado, fruta madura.

Suriol Rosado 2012 BR Reserva
garnacha, monastrell

85 ★★★★   8€

THE GRAND WINES

Ramón y Cajal 7, 1ºA
1007 Vitoria (Alava)
☎: +34 945 158 282
Fax: +34 945 158 283
www.thegrandwines.com
araex@araex.com

Villa Conchi BR Reserva

87   10,9€

Color pajizo brillante. Aroma lías finas, floral, hierbas de tocador. Boca sabroso, buena acidez, burbuja fina.

Villa Conchi Brut Imperial BR

89   14,9€

Color amarillo brillante. Aroma lías finas, frutos secos, hierbas de tocador, complejo, tostado. Boca potente, sabroso, buena acidez, burbuja fina, fino amargor.

Villa Conchi Brut Selección BR

86 ★★★   8,5€

Color amarillo brillante. Aroma fruta madura, lías finas, hierbas secas. Boca buena acidez, sabroso, balsámico.

Villa Conchi Rosado BR
100% trepat

84   8,5€

TITIANA

Torrente, 38
8391 Tiana (Barcelona)
☎: +34 933 950 811
info@parxet.es

Titiana Pansa Blanca 2010 BR
pansa blanca

91 ★★★   14,1€

Color dorado brillante. Aroma frutos secos, hierbas de tocador, complejo, tostado, flores blancas. Boca potente, sabroso, buena acidez, burbuja fina, fino amargor.

Titiana Pinot Noir Rosé 2011 BR
pinot noir

89   14,9€

Color cobrizo. Aroma floral, jazmín, hierbas de tocador, fruta escarchada. Boca fresco, frutoso, sabroso, correcto.

Titiana Vintage 2010 BN
chardonnay

90   17,4€

Color pajizo brillante. Aroma lías finas, floral, hierbas de tocador, expresivo. Boca potente, sabroso, buena acidez, burbuja fina, equilibrado.

TORELLÓ

Can Martí de Baix (Apartado Correos nº8)
8770 Sant Sadurní D'Anoia (Barcelona)
☎: +34 938 910 793
Fax: +34 938 910 877
www.torello.com
torello@torello.es

Gran Torelló 2008 BN Gran Reserva
macabeo, xarel.lo, parellada

93 26€

Color dorado brillante. Aroma hierbas de tocador, con carácter, fruta madura, frutos secos. Boca potente, sabroso, buena acidez, burbuja fina, fino amargor.

Gran Torelló Magnum 2008 BN Gran Reserva
macabeo, xarel.lo, parellada

93 54€

Color amarillo brillante. Aroma fruta escarchada, expresión frutal, hierbas secas. Boca amargoso, buena acidez, fino amargor.

Jeroboam Torelló 2010 BN Gran Reserva
macabeo, xarel.lo, parellada

94 100€

Color dorado brillante. Aroma lías finas, frutos secos, hierbas de tocador, complejo, tostado. Boca potente, sabroso, buena acidez, burbuja fina, fino amargor.

Torelló 2009 BN Gran Reserva
macabeo, xarel.lo, parellada

91 ★★★ 14,5€

Color pajizo brillante. Aroma lías finas, floral, hierbas de tocador, expresivo. Boca potente, sabroso, buena acidez, burbuja fina, equilibrado.

Torelló 2010 BR Reserva
macabeo, xarel.lo, parellada

88 11€

Color amarillo brillante. Aroma fruta madura, lías finas, equilibrado, hierbas secas. Boca buena acidez, sabroso, fruta madura, largo.

Torelló 225 2009 BN Gran Reserva
macabeo, xarel.lo, parellada

94 21€

Color dorado brillante. Aroma lías finas, hierbas de tocador, con carácter, fruta madura, frutos secos. Boca potente, sabroso, buena acidez, burbuja fina, fino amargor.

Torelló by Custo 3D 2008 BR Gran Reserva
macabeo, xarel.lo, parellada

91 39€

Color dorado brillante. Aroma lías finas, frutos secos, hierbas de tocador, complejo, tostado. Boca potente, sabroso, buena acidez, burbuja fina, fino amargor.

Torelló Magnum 2009 BN Gran Reserva
macabeo, xarel.lo, parellada

92 31€

Color pajizo brillante. Aroma fruta escarchada, especiado. Boca sabroso, frutoso, fresco, especiado.

Torelló Reserva Especial Edition 2010 BR Reserva
macabeo, xarel.lo, parellada

90 ★★★ 13,7€

Color pajizo brillante. Aroma intensidad media, fruta fresca, hierbas secas, lías finas, floral. Boca fresco, frutoso, sabroso, buena acidez.

Torelló Rosé 2011 BR Reserva
monastrell, garnacha

88 17,5€

Color frambuesa. Aroma floral, fruta roja, fruta madura, hierbas de tocador, expresivo. Boca potente, equilibrado, sabroso.

TRIAS BATLLE

Pere El Gran, 21
8720 Vilafranca del Penedès
(Barcelona)
☎: +34 677 497 892
www.triasbatlle.com
peptrias@jtrias.com

Trias Batlle BN Reserva
88 ★★★★   6,5€
Color pajizo brillante. Aroma intensidad media, fruta fresca, hierbas secas, floral, cítricos. Boca fresco, frutoso, sabroso, buena acidez.

Trias Batlle 2007 BN Gran Reserva
90 ★★★★★   9,8€
Color pajizo brillante. Aroma intensidad media, fruta fresca, hierbas secas, lías finas, floral. Boca fresco, frutoso, sabroso, buena acidez.

Trias Batlle Rosado 2010 BR
100% trepat
88 ★★★   9,5€
Color cobrizo. Aroma floral, jazmín, hierbas de tocador, fruta escarchada. Boca fresco, frutoso, sabroso, correcto.

UNIÓN VINÍCOLA DEL ESTE

Pl. Ind. El Romeral- Construcción, 74
46340 Requena (Valencia)
☎: +34 962 323 343
Fax: +34 962 349 413
www.uveste.es
cava@uveste.es

Beso de Rechenna BN
85 ★★★★   6€

Nasol de Rechenna BN
88 ★★★★★   3,7€
Color pajizo brillante. Aroma lías finas, floral, hierbas de tocador, expresivo. Boca potente, sabroso, buena acidez, burbuja fina, equilibrado.

Vega Medien BN
86 ★★★★   5,2€
Color pajizo brillante. Aroma lías finas, floral, hierbas de tocador, expresivo. Boca potente, sabroso, buena acidez, burbuja fina, equilibrado.

Vega Medien BR
87 ★★★★   6,1€
Color pajizo brillante. Aroma lías finas, floral, hierbas de tocador, expresivo. Boca potente, sabroso, buena acidez, burbuja fina, equilibrado.

VALLDOLINA

Plaça de la Creu, 1
8795 Olesa de Bonesvalls (Barcelona)
☎: +34 938 984 181
Fax: +34 938 984 181
www.valldolina.com
info@valldolina.com

Tutusaus ECO 2010 BN Gran Reserva
macabeo, xarel.lo, parellada, chardonnay
89 ❦   11€
Color amarillo brillante. Aroma fruta madura, lías finas, equilibrado, hierbas secas. Boca buena acidez, sabroso, fruta madura, largo.

VallDolina Eco 2009 BR Gran Reserva
macabeo, xarel.lo, parellada, chardonnay
91 ★★★ ❦   15,2€
Color dorado brillante. Aroma lías finas, frutos secos, hierbas de tocador, complejo, tostado. Boca potente, sabroso, buena acidez, burbuja fina, fino amargor.

VallDolina Eco 2011 BN Reserva
macabeo, xarel.lo, parellada, chardonnay
89 ★★★ ❦   8,9€
Color amarillo brillante. Aroma fruta madura, lías finas, equilibrado, hierbas secas. Boca buena acidez, sabroso, fruta madura, largo.

VILARNAU

Ctra. d'Espiells, Km. 1,4 Finca
"Can Petit"
8770 Sant Sadurní D'Anoia (Barcelona)
☎: +34 938 912 361
Fax: +34 938 912 913
www.vilarnau.es
vilarnau@vilarnau.es

Albert de Vilarnau Chardonnay Pinot Noir 2010 BN Gran Reserva
89   28€
Color amarillo brillante. Aroma fruta madura, fruta macerada, especias dulces, hierbas secas. Boca fino amargor, potente, sabroso, tostado.

Albert de Vilarnau Fermentado en Barrica 2010 BN Gran Reserva
91   28€
Color dorado brillante. Aroma frutos secos, hierbas de tocador, complejo, lías finas, fruta macerada, especias dulces. Boca potente, sabroso, burbuja fina, fino amargor.

Vilarnau 2011 BN Reserva
89 ★★★   9,5€
Color amarillo brillante. Aroma fruta madura, lías finas, equilibrado, hierbas secas. Boca buena acidez, sabroso, fruta madura, largo.

Vilarnau Brut Rosé BR
86 ★★★ 9€
Color cobrizo. Aroma floral, fruta roja, fruta madura, hierbas de tocador. Boca potente, equilibrado, sabroso.

Vilarnau Vintage 2010 BN Gran Reserva
91 ★★★★ 13€
Color dorado brillante. Aroma lías finas, frutos secos, hierbas de tocador, complejo, expresivo. Boca potente, sabroso, buena acidez, burbuja fina, elegante.

VINÍCOLA DE SARRAL Í SELECCIÓ DE CREDIT
Avinguda de la Conca, 33
43424 Sarral (Tarragona)
☎: +34 977 890 031
Fax: +34 977 890 136
www.cava-portell.com
cavaportell@covisal.es

Portell 2011 BN
86 ★★★★★ 4,7€
Color borde verdoso, amarillo brillante. Aroma hierbas secas, cítricos, fresco. Boca correcto, buena acidez, tostado.

Portell 2012 BR
86 ★★★★★ 4,4€
Color pajizo brillante. Aroma lías finas, floral, hierbas de tocador. Boca sabroso, buena acidez, burbuja fina.

Portell 2012 SS
84 4,1€

Portell Petrignano 2008 BN Gran Reserva
88 ★★★★ 7,9€
Color dorado brillante. Aroma lías finas, frutos secos, hierbas de tocador, complejo. Boca potente, sabroso, buena acidez, burbuja fina, fino amargor, equilibrado.

Portell Rosat 2012 SS
100% trepat
85 ★★★★★ 4,8€

VINS DEL SUD
Raval del Roser, 3
43886 Vilabella (Tarragona)
☎: +34 625 408 974
www.vinsdelsud.com
oriol@vinsdelsud.com

Gasela s/c BN
87 ★★★ 9€
Color amarillo brillante. Aroma fruta madura, lías finas, equilibrado, hierbas secas. Boca buena acidez, sabroso, fruta madura, largo.

VINS EL CEP
Can Llopart de Les Alzines, Espiells
8770 Sant Sadurní D'Anoia (Barcelona)
☎: +34 938 912 353
Fax: +34 938 183 956
www.vinselcep.com
info@vinselcep.com

Claror 2009 BN Gran Reserva
xarel.lo, macabeo, parellada
87 25,1€
Color pajizo brillante. Aroma lías finas, floral, hierbas de tocador, expresivo. Boca potente, sabroso, buena acidez, burbuja fina, equilibrado.

L'Alzinar 2010 BN Reserva
xarel.lo, macabeo, parellada
88 ★★★ 8,9€
Color pajizo brillante. Aroma intensidad media, fruta fresca, hierbas secas, lías finas, floral. Boca fresco, frutoso, sabroso, buena acidez.

L'Alzinar 2011 BR Reserva
xarel.lo, macabeo, parellada
88 ★★★ 8,3€
Color pajizo brillante. Aroma lías finas, floral, hierbas de tocador, expresivo. Boca potente, sabroso, buena acidez, burbuja fina, equilibrado.

Marqués de Gelida 4 Heretats 2009 BN Gran Reserva
macabeo, xarel.lo, parellada, chardonnay
86 10,3€
Color pajizo brillante. Aroma intensidad media, fruta fresca, hierbas secas, lías finas, floral. Boca fresco, frutoso, sabroso, buena acidez.

Marqués de Gelida Brut Ecològic 2010 BR Reserva
macabeo, xarel.lo, parellada, chardonnay
90 ★★★★ ♥ 11,9€
Color pajizo brillante. Aroma intensidad media, fruta fresca, hierbas secas, lías finas, floral. Boca fresco, frutoso, sabroso, buena acidez.

Marqués de Gelida Exclusive 2010 BR Reserva

macabeo, xarel.lo, parellada, chardonnay

88 ★★★   9,5€

Color pajizo brillante. Aroma lías finas, floral, hierbas de tocador, expresivo. Boca potente, sabroso, buena acidez, burbuja fina, equilibrado.

Marqués de Gelida Gran Selecció 2009 BN Gran Reserva

xarel.lo, macabeo, parellada, chardonnay

90   17,4€

Color dorado brillante. Aroma lías finas, frutos secos, hierbas de tocador, complejo. Boca potente, sabroso, buena acidez, burbuja fina, fino amargor.

Marqués de Gelida Pinot Noir 2011 BR Reserva

pinot noir

87   11,4€

Color frambuesa. Aroma floral, fruta roja, fruta madura, hierbas de tocador, expresivo. Boca potente, equilibrado, sabroso.

VINS I CAVES CUSCÓ BERGA

Esplugues, 7
8793 Avinyonet del Penedès (Barcelona)
☎: +34 938 970 164
www.cuscoberga.com
cuscoberga@cuscoberga.com

Cuscó Berga 2010 BN Reserva

86 ★★★★   5,5€

Color amarillo brillante. Aroma fruta madura, lías finas, equilibrado, hierbas secas. Boca buena acidez, sabroso, fruta madura, largo, correcto.

Cuscó Berga 2010 BR Gran Reserva

87 ★★★★   6,1€

Color amarillo brillante. Aroma lías finas, frutos secos, hierbas de tocador. Boca sabroso, buena acidez, burbuja fina, amargoso.

Cuscó Berga 2011 BR

85 ★★★★★   4,6€

Cuscó Berga Ecològic 2011 BN Reserva

88 ❦   13,5€

Color amarillo brillante. Aroma lías finas, equilibrado, hierbas secas, floral. Boca buena acidez, sabroso, fruta madura, largo, especiado.

Cuscó Berga Rosé 2012 BR

100% trepat

87 ★★★★   5,5€

Color frambuesa. Aroma floral, fruta roja, fruta madura, hierbas de tocador, expresivo. Boca potente, equilibrado, sabroso.

VIÑA TORREBLANCA

Masia Torreblanca, s/n
8734 Olérdola (Barcelona)
☎: +34 938 915 066
Fax: +34 938 900 102
www.vinatorreblanca.com
info@vinatorreblanca.com

Torreblanca BN

macabeo, xarel.lo, parellada

86 ★★★★   8€

Color amarillo brillante. Aroma fruta madura, lías finas, equilibrado, hierbas secas. Boca buena acidez, sabroso, largo.

Torreblanca BR

macabeo, xarel.lo, parellada

86 ★★★★   7€

Color amarillo brillante. Aroma fruta madura, fruta al licor, lías reducidas, hierbas secas. Boca correcto, algo evolucionado.

Torreblanca 2008 Extra Brut Reserva

macabeo, xarel.lo, parellada, chardonnay

86   12€

Color dorado brillante. Aroma lías finas, frutos secos, hierbas de tocador. Boca sabroso, buena acidez, burbuja fina, fino amargor.

VIÑEDOS Y BODEGAS MAYO GARCÍA

La Font 116
12192 Vilafamés (Castellón)
☎: +34 964 329 312
www.mayocasanova.com
mail@mayogarcia.com

Magnanimvs 2011 BR Reserva

chardonnay, macabeo

85 ★★★ ❦   9,9€

VIÑEDOS Y BODEGAS VEGALFARO

Ctra. Pontón - Utiel, Km. 3
46390 Requena (Valencia)
☎: +34 962 320 680
Fax: +34 962 321 126
www.vegalfaro.com
rodolfo@vegalfaro.com

Vegalfaro 2009 BN Reserva
chardonnay, macabeo

90 ★★★★   **12€**

Color amarillo brillante. Aroma fruta madura, lías finas, equilibrado, hierbas secas, cítricos. Boca buena acidez, sabroso, fruta madura, largo.

VIVES AMBRÒS

Mayor, 39
43812 Montferri (Tarragona)
☎: +34 639 521 652
Fax: +34 977 606 579
www.vivesambros.com
mail@vivesambros.com

Vives Ambròs 2008 BN Gran Reserva

90 ★★★★★   **9€**

Color dorado brillante. Aroma lías finas, frutos secos, hierbas de tocador. Boca potente, sabroso, buena acidez, burbuja fina, fino amargor.

Vives Ambròs 2010 BR Reserva

88 ★★★★   **6,4€**

Color pajizo brillante. Aroma lías finas, floral, hierbas de tocador, expresivo. Boca potente, sabroso, buena acidez, burbuja fina, equilibrado.

Vives Ambròs Jujol 2009 BN Gran Reserva
100% xarel.lo

92   **27€**

Color dorado brillante. Aroma lías finas, frutos secos, hierbas de tocador, complejo. Boca potente, sabroso, buena acidez, burbuja fina, fino amargor.

Vives Ambròs Tradició 2007 BN
Gran Reserva

91 ★★★★   **12,9€**

Color pajizo brillante. Aroma lías finas, frutos secos, hierbas de tocador, complejo, tostado. Boca potente, sabroso, buena acidez, burbuja fina, fino amargor, elegante.

Vives Ambròs Tradició Magnum 2007 BN
Gran Reserva

91   **26€**

Color dorado brillante. Aroma lías finas, hierbas de tocador, fruta madura, frutos secos. Boca potente, sabroso, buena acidez, burbuja fina, fino amargor.

DO. CIGALES

CONSEJO REGULADOR

Pza. Corro Vaca, 5
47270 Cigales (Valladolid)
☎: +34 983 580 074 - Fax: +34 983 586 590
@: consejo@do-cigales.es
www.do-cigales.es

SITUACIÓN:

La comarca se extiende al norte de la depresión del Duero y a ambos lados del río Pisuerga, limitada por los Cérvalos y los montes Torozos. Los viñedos se encuentran a una altitud media de 750 metros; la DO comprende desde parte del término municipal de Valladolid (el pago conocido como "El Berrocal") hasta el municipio palentino de Dueñas, incluyendo además Cabezón de Pisuerga, Cigales, Corcos del Valle, Cubillas de Santa Marte, Fuensaldaña, Mucientes, Quintanilla de Trigueros, San Martín de Valvení, Santovenia de Pisuerga, Trigueros del Valle y Valoria la Buena.

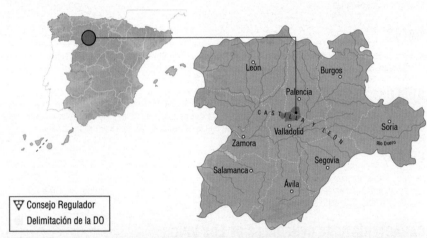

▽ Consejo Regulador
Delimitación de la DO

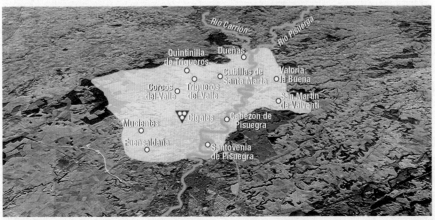

TIPOS DE VINO:

BLANCO: Elaborado a partir de las variedades blancas principales y autorizadas, con un mínimo del 50% de la variedad blanca principal.

ROSADO: Elaborado a partir de las variedades blancas y tintas principales y autorizadas, con un mínimo del 50% de las variedades principales.Tinto: Elaborado a partir de las variedades tintas principales y autorizadas, con un mínimo del 50% de las variedades principales.

ESPUMOSO: Obtenido según el método tradicional. Elaborado a partir de variedades blancas y tintas principales y autorizadas, con un mínimo del 50% de las variedades principales. El período de crianza en botella incluida la segunda fermentación, deberá tener una duración mínima de 9 meses.

VINOS DULCES: Elaborado a partir de variedades blancas y tintas principales y autorizadas, conservando parte de los azúcares naturales de la uva, de manera que su contenido final de estos azúcares no sea inferior a 45 gramos g/l. El porcentaje de variedades principales deberá ser como mínimo del 50%.

VARIEDADES:

BLANCAS: verdejo(principal), albillo, viura y sauvignon blanc (autorizadas).

TINTAS: tinta del país (tempranillo), garnacha tinta y garnacha gris (principales); merlot, syrah y cabernet sauvignon (autorizadas).

DATOS:

Nº Has. Viñedo: 2.100 – **Nº Viticultores:** 445 – **Nº Bodegas:** 34 – **Cosecha 13:** (Rosados y Tintos) Muy Buena– **Producción 13:** 5.740.000 litros – **Comercialización:** 78% España - 22% extranjero

SUELOS:

Están formados por arenas, calizas y gredas yesíferas que reposan sobre arcillas y margas. El contenido en caliza es muy variable y puede oscilar, dependiendo de las distintas zonas, entre el 1% y el 35%.

CLIMA:

De tipo continental con influencias atlánticas y marcado por grandes oscilaciones térmicas, tanto a lo largo del año como entre el día y la noche. Existe una fuerte sequía estival; los inviernos son crudos y prolongados, con heladas y nieblas frecuentes; y la pluviometría irregular.

CARACTERÍSTICAS GENERALES DE LOS VINOS

ROSADOS	Se puede distinguir entre los más tradicionales, con el clásico color piel de cebolla, frescos, afrutados, de intensidad aromática media, y ligeros y suaves en boca; y los de estilo más moderno: color frambuesa, aromas más potentes y mayor frutosidad en boca. Existen también rosados de crianza envejecidos durante un mínimo de seis meses en barrica y un año en botella.
TINTOS	Se elaboran vinos jóvenes y de crianza. Los primeros van en la línea de tintos frescos y afrutados, agradables y fáciles de beber. Los que han pasado por madera, son bastante correctos y equilibrados. Los mejores despuntan por haber obtenido más color y concentración, por el uso de maderas más finas y una mayor expresión frutal y del terroir.

CLASIFICACIÓN COSECHAS

GUÍAPEÑÍN

2009	2010	2011	2012	2013
BUENA	EXCELENTE	EXCELENTE	MUY BUENA	BUENA

AVELINO VEGAS

Calvo Sotelo, 8
40460 Santiuste (Segovia)
☎: +34 921 596 002
Fax: +34 921 596 035
www.avelinovegas.com
ana@avelinovegas.com

Zarzales 2013 RD
tempranillo, garnacha, albillo, verdejo

88 ★★★★★ 5€

Color frambuesa, borde violáceo. Aroma potente, fruta madura, fruta roja, floral, expresivo. Boca potente, frutoso, fresco, fácil de beber.

BODEGA CÉSAR PRÍNCIPE

Ctra. Fuensaldaña-Mucientes, s/n
47194 Fuensaldaña (Valladolid)
☎: +34 983 663 123
www.cesarprincipe.es
cesarprincipe@cesarprincipe.es

César Príncipe 2011 TC
100% tempranillo

93 20€

Color cereza muy intenso. Aroma fruta madura, roble cremoso, tostado, con carácter, especias dulces, terroso. Boca potente, sabroso, tostado, taninos maduros.

CÉSAR PRÍNCIPE

BODEGA COOPERATIVA DE CIGALES

Las Bodegas, s/n
47270 Cigales (Valladolid)
☎: +34 983 580 135
Fax: +34 983 580 682
www.bodegacooperativacigales.com
bcc@bodegacooperativacigales.com

Torondos 2013 RD

87 ★★★★★ 2,7€

Color frambuesa, borde violáceo. Aroma potente, fruta madura, fruta roja. Boca potente, frutoso, fresco.

BODEGA HIRIART

Avda. Los Cortijos, 38
47270 Cigales (Valladolid)
☎: +34 983 580 094
Fax: +34 983 100 701
www.bodegahiriart.es
info@bodegahiriart.es

Candiles de Hiriart 2011 TC
tinta del país

88 ★★★ 10€

Color cereza brillante. Aroma fruta madura, especias dulces, roble cremoso, intensidad media. Boca frutoso, sabroso, tostado.

Hiriart 2010 TC
tinta del país

90 ★★★★★ 7€

Color cereza, borde granate. Aroma fruta madura, especiado, roble cremoso, tostado, complejo. Boca potente, sabroso, tostado, taninos maduros.

Hiriart 2012 T Roble
tinta del país

87 ★★★★★ 5€

Color cereza muy intenso, borde granate. Aroma fruta sobremadura, cálido, hierbas secas. Boca sabroso, fruta madura, largo.

Hiriart Élite 2013 RD
tinta del país, garnacha, verdejo

90 ★★★★★ 5€

Color rosáceo pálido. Aroma elegante, fruta escarchada, flores secas, hierbas de tocador, fruta roja. Boca ligero, sabroso, buena acidez, largo, especiado.

Hiriart Lágrima 2013 RD
tinta del país, garnacha, verdejo

88 ★★★★★　　　　3€

Color frambuesa, borde violáceo. Aroma fruta madura, fruta roja, floral, expresivo, intensidad media. Boca potente, frutoso, fresco.

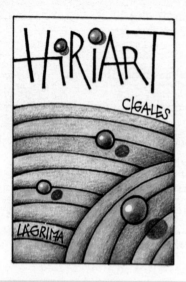

Hiriart sobre Lías 2013 RD
tinta del país, garnacha, verdejo

89 ★★★★★　　　　5€

Color rosáceo pálido. Aroma fruta madura, fruta roja, especias dulces. Boca sabroso, frutoso, buena acidez.

Juana de Hiriart 2011 TC
tinta del país

88 ★★★　　　　10€

Color cereza, borde granate. Aroma fruta confitada, fruta al licor, especiado. Boca sabroso, confitado, balsámico.

BODEGA MUSEUM
Ctra. Cigales - Corcos, Km. 3
47270 Cigales (Valladolid)
☎: +34 983 581 029
Fax: +34 983 581 030
www.bodegasmuseum.com
info@bodegasmuseum.com

Museum 2010 TR
tempranillo

92 ★★★　　　　13,5€

Color cereza muy intenso. Aroma fruta madura, especiado, roble cremoso, tostado, con carácter. Boca potente, sabroso, tostado, taninos maduros.

Vinea 2010 TC
tempranillo

91 ★★★★★　　　　7,5€

Color cereza brillante. Aroma fruta madura, especias dulces, roble cremoso, expresivo. Boca sabroso, frutoso, tostado, taninos maduros.

Vinea 2013 RD
tempranillo

89 ★★★★　　　　5,6€

Color rosáceo pálido. Aroma elegante, fruta escarchada, flores secas, hierbas de tocador, fruta roja. Boca ligero, sabroso, buena acidez, largo, especiado.

BODEGA VALDELOSFRAILES
Camino de Cubillas, s/n
47290 Cubillas de Santa Marta (Valladolid)
☎: +34 983 485 028
Fax: +34 983 107 104
www.valdelosfrailes.es
valdelosfrailes@matarromera.es

Valdelosfrailes 2013 RD

89 ★★★★★　　　　5€

Color frambuesa, borde violáceo. Aroma potente, fruta madura, fruta roja, floral, expresivo. Boca potente, frutoso, amargoso.

Valdelosfrailes Prestigio 2006 TR
100% tempranillo

93 ★★★　　　　15€

Color cereza muy intenso. Aroma fruta madura, especiado, roble cremoso, tostado, con carácter, potente, chocolate. Boca potente, sabroso, tostado, taninos maduros.

Valdelosfrailes Tempranillo 2013 T
100% tempranillo

87 ★★★★★　　　　4,1€

Color cereza muy intenso, borde granate. Aroma fruta sobremadura, cálido, hierbas secas. Boca sabroso, fruta madura, largo.

Valdelosfrailes Vendimia Seleccionada 2010 TC
100% tempranillo

91 ★★★★　　　　10,5€

Color cereza, borde granate. Aroma fruta madura, especiado, roble cremoso, tostado, complejo. Boca potente, sabroso, tostado, taninos maduros.

BODEGAS C.H. VINOS DE CUBILLAS

Paseo Fuente la Teja, 31
47290 Cubillas de Santa Marta
(Valladolid)
☎: +34 983 585 203
Fax: +34 983 585 203
www.bodegaschvinosdecubillas.com
info@bodegaschvinosdecubillas.com

Valcabado 2009 TC
100% tempranillo

87 ★★★★   5,5€

Color cereza, borde granate. Aroma fruta confitada, fruta al licor, especiado. Boca sabroso, confitado, balsámico.

Valdecabado 2011 T Barrica
100% tempranillo

85 ★★★★★   3,5€

Valdecabado 2013 RD

85 ★★★★★   3€

BODEGAS FERNÁNDEZ CAMARERO

Don Alvaro de Bazán, 1 4ºB
28003 Madrid (Madrid)
☎: +34 677 682 426
www.balvinar.com
javier.fernandez@balvinar.com

Balvinar Pagos Seleccionados 2009 T
100% tempranillo

89   19€

Color cereza brillante. Aroma fruta madura, especias dulces, roble cremoso, ebanistería. Boca frutoso, sabroso, tostado.

BODEGAS HIJOS DE FÉLIX SALAS

Corrales, s/n
47280 Corcos del Valle (Valladolid)
☎: +34 685 783 213
Fax: +34 983 580 262
www.bodegasfelixsalas.com
bodega@bodegasfelixsalas.com

Viña Picota 2013 RD
tempranillo, albillo, verdejo, garnacha

82   4,5€

BODEGAS LEZCANO-LACALLE

Ctra. de Valoria, s/n
47282 Trigueros del Valle (Valladolid)
☎: +34 629 280 515
www.lezcano-lacalle.com
info@lezcano-lacalle.com

Docetañidos 2013 RD
tempranillo

87 ★★★★   6,2€

Color frambuesa, borde violáceo. Aroma potente, fruta madura, fruta roja, floral. Boca potente, frutoso, fresco.

Lezcano-Lacalle 2010 TR
tempranillo, merlot

89   16€

Color cereza, borde granate. Aroma especiado, tostado, fruta sobremadura, mineral. Boca potente, sabroso, tostado, taninos maduros.

Maudes 2011 TC
tempranillo, merlot

86 ★★★   9,5€

Color cereza muy intenso. Aroma potente, ebanistería, amaderado, fruta madura, hierbas verdes. Boca amargoso, cálido, dulcedumbre.

BODEGAS OVIDIO GARCÍA

Malpique, s/n
47270 Cigales (Valladolid)
☎: +34 628 509 475
Fax: +34 983 474 085
www.ovidiogarcia.com
info@ovidiogarcia.com

Ovidio García 2007 TR
100% tempranillo

88   25€

Color cereza, borde granate. Aroma fruta confitada, fruta al licor, especiado. Boca sabroso, confitado, balsámico.

Ovidio García Esencia 2009 TC
100% tempranillo

89   12€

Color cereza, borde granate. Aroma fruta madura, especiado, roble cremoso, tostado, complejo. Boca potente, sabroso, tostado, taninos maduros.

Ovidio García Esencia 2010 TC
100% tempranillo

88   12€

Color cereza, borde granate. Aroma especiado, tostado, fruta sobremadura, mineral. Boca potente, sabroso, tostado, taninos maduros.

BODEGAS REMIGIO DE SALAS JALÓN
Carril de Vinateras, s/n
34210 Dueñas (Palencia)
☎: +34 979 780 056
Fax: +34 979 780 056
www.remigiodesalasjalon.com
amada@remigiodesalasjalon.com

Las Luceras 2012 T
tempranillo

87 ★★★★   6,5€

Color cereza muy intenso, borde granate. Aroma fruta sobremadura, cálido, hierbas secas. Boca sabroso, fruta madura, largo.

Las Luceras 2013 RD
87 ★★★★★   4,5€

Color frambuesa, borde violáceo. Aroma potente, fruta madura, fruta roja, floral. Boca potente, frutoso, fresco.

BODEGAS SANTA RUFINA
Pago Fuente La Teja. Pol. Ind. 3
Parcela 102
47290 Cubillas de Santa Marta (Valladolid)
☎: +34 983 585 202
Fax: +34 983 585 202
www.bodegassantarufina.com
info@bodegassantarufina.com

A Solas 2013 B
100% verdejo

82   3,8€

Viña Rufina 2010 TC
100% tempranillo

87   12€

Color cereza brillante. Aroma fruta madura, especias dulces, roble cremoso. Boca sabroso, frutoso, tostado, taninos maduros.

Viña Rufina 2013 RD
80   3,8€

BODEGAS Y VIÑEDOS ALFREDO SANTAMARÍA
Poniente, 18
47290 Cubillas de Santa Marta (Valladolid)
☎: +34 983 585 006
Fax: +34 983 440 770
www.bodega-santamaria.com
info@bodega-santamaria.com

Alfredo Santamaría 2010 TC
tempranillo

89 ★★★★   7€

Color cereza brillante. Aroma fruta madura, especias dulces, roble cremoso, expresivo. Boca sabroso, frutoso, tostado, taninos maduros.

Trascasas 2010 TR
89 ★★★   10€

Color cereza muy intenso. Aroma fruta madura, especiado, roble cremoso, tostado, con carácter. Boca potente, sabroso, tostado, taninos maduros.

Valvinoso 2013 RD
86 ★★★★★   3,8€

Color frambuesa, borde violáceo. Aroma fruta madura, fruta roja, floral, intensidad media. Boca potente, frutoso, fresco.

BODEGAS Y VIÑEDOS ROSAN
Santa María, 6
47270 Cigales (Valladolid)
☎: +34 983 580 006
Fax: +34 983 580 006
rodriguezsanz@telefonica.net

Albéitar 2012 T
100% tinta del país

88

Color cereza, borde violáceo. Aroma expresivo, fruta fresca, fruta roja, floral, balsámico. Boca sabroso, frutoso, buena acidez, untuoso.

Rosan 2013 RD
83

BODEGAS Y VIÑEDOS SINFORIANO VAQUERO

San Pedro, 12
47194 Mucientes (Valladolid)
☎: +34 983 663 008
Fax: +34 983 660 465
www.sinforianobodegas.com
sinfo@sinforianobodegas.com

Sinfo 2012 RD Fermentado en Barrica

87 ★★★★   8€

Color frambuesa, borde violáceo. Aroma potente, fruta madura, fruta roja, floral, especias dulces, roble cremoso. Boca potente, frutoso, fresco.

Sinfo 2012 T Roble
100% tempranillo

87 ★★★★★   3,6€

Color cereza brillante. Aroma fruta madura, especias dulces, roble cremoso, expresivo. Boca sabroso, frutoso, tostado, taninos maduros.

Sinforiano 2009 TR
100% tempranillo

92 ★★★   14€

Color cereza muy intenso. Aroma fruta madura, especiado, roble cremoso, tostado, con carácter. Boca potente, sabroso, tostado, taninos maduros.

Sinforiano 2010 TC
100% tempranillo

91 ★★★★   12€

Color cereza, borde granate. Aroma fruta madura, especiado, roble cremoso, tostado, complejo. Boca potente, sabroso, tostado, taninos maduros.

BODEGAS Y VIÑEDOS VALERIANO

Camino de las Bodegas, s/n
47290 Cubillas de Santa Marta (Valladolid)
☎: +34 983 585 085
Fax: +34 983 585 186
www.bodegasvaleriano.com
info@bodegasvaleriano.com

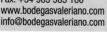

Valeriano 2010 TC
100% tempranillo

84   3,5€

Valeriano 2012 T Roble
100% tempranillo

88 ★★★★★   2,5€

Color cereza brillante. Aroma fruta madura, especias dulces, roble cremoso. Boca sabroso, frutoso, tostado, taninos maduros.

Valeriano 2013 B
100% verdejo

82   2,5€

Viña Sesmero 2013 RD
tempranillo

80   2,5€

CONCEJO BODEGAS

Ctra. Valoria, Km. 3.6
47200 Valoria La Buena (Valladolid)
☎: +34 983 502 263
Fax: +34 983 502 253
www.concejobodegas.com
info@concejobodegas.com

Carredueñas 2013 RD
tempranillo

88 ★★★★★   4€

Color cobrizo. Aroma elegante, fruta escarchada, hierbas secas. Boca sabroso, ligero, frutoso.

Carredueñas 2013 RD Fermentado en Barrica
tempranillo

89 ★★★★   7€

Color cobrizo. Aroma fruta madura, caramelo de violetas, cacao fino, roble cremoso. Boca dulcedumbre, potente.

Carredueñas Dolce 2013 RD
tempranillo

88 ★★★★   6€

Color frambuesa, borde violáceo. Aroma potente, fruta madura, fruta roja, floral, expresivo. Boca potente, frutoso, fresco, buena acidez, dulcedumbre.

Concejo 2011 T
tempranillo

90 ★★★★   11€

Color cereza, borde granate. Aroma fruta confitada, fruta al licor, especiado. Boca sabroso, confitado, balsámico.

FARRÁN DIEZ BODEGAS Y VIÑEDOS S.L.

Ctra. Cubillas, Km. 1
47290 Cubillas de Santa María (Valladolid)
☎: +34 696 441 185
Fax: +34 983 400 114
www.bodegasfarran.com
farrandiez@gmail.com

Ajedrez 2013 RD

87

Color frambuesa, borde violáceo. Aroma potente, fruta madura, fruta roja, floral. Boca potente, frutoso, fresco.

Malvanegra 2013 RD

88

Color frambuesa, borde violáceo. Aroma potente, fruta madura, fruta roja, floral, expresivo. Boca potente, frutoso, fresco.

Viña Farrán 2013 RD

87

Color frambuesa, borde violáceo. Aroma potente, fruta madura, fruta roja, floral. Boca potente, frutoso, fresco.

FRUTOS VILLAR

Camino Los Barreros, s/n
47270 Cigales (Valladolid)
☎: +34 983 586 868
Fax: +34 983 580 180
www.bodegasfrutosvillar.com
bodegasfrutosvillar@bodegasfrutos-
villar.com

Calderona 2012 T
100% tempranillo

87 ★★★★★   4,4€

Color cereza muy intenso, borde granate. Aroma fruta sobremadura, cálido, hierbas secas. Boca sabroso, fruta madura,
largo.

Calderona 2008 TR
100% tempranillo

86 ★★★   9,1€

Color guinda. Aroma especiado, fina reducción, cuero mojado, ebanistería, tostado, fruta madura. Boca especiado, largo,
tostado.

Calderona 2009 TC
100% tempranillo

89 ★★★★   7,5€

Color cereza brillante. Aroma fruta madura, especias dulces,
roble cremoso, expresivo. Boca sabroso, frutoso, tostado, taninos maduros.

Viña Calderona 2013 RD
100% tempranillo

86 ★★★★★   4,3€

Color frambuesa, borde violáceo. Aroma potente, fruta madura, fruta roja. Boca potente, frutoso, fresco.

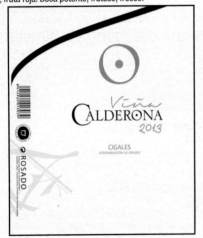

Conde Ansúrez 2009 TC
100% tempranillo

87 ★★★★   5,9€

Color cereza brillante. Aroma fruta madura, especias dulces.
Boca sabroso, frutoso, tostado, taninos maduros.

Conde Ansúrez 2012 T
100% tempranillo

87 ★★★★★   4,2€

Color cereza, borde granate. Aroma fruta roja, fruta madura,
balsámico, especiado. Boca potente, sabroso, fruta madura.

Conde Ansúrez 2013 RD
100% tempranillo

84   4€

HIJOS DE CRESCENCIA MERINO

Corrales s/n
47280 Corcos del Valle (Valladolid)
☎: +34 983 580 118
Fax: +34 983 580 118
www.bodegashcmerino.com
eugenio@bodegashcmerino.com

Viña Catajarros "Élite" 2013 RD

88 ★★★★★   3,3€

Color rosa vivo. Aroma elegante, fruta escarchada, flores
secas, hierbas de tocador, fruta roja. Boca ligero, sabroso,
buena acidez, largo, especiado.

HIJOS DE MARCOS GÓMEZ S.L.

Cuarto San Pedro s/n
47194 Mucientes (Valladolid)
☎: +34 625 115 619
Fax: +34 983 587 764
www.salvueros.com
bodegas@salvueros.com

Salvueros 2013 RD
90
Color frambuesa, borde violáceo. Aroma potente, fruta madura, fruta roja, floral, expresivo. Boca potente, frutoso, fresco.

HIJOS DE RUFINO IGLESIAS

La Canoniga, 25
47194 Mucientes (Valladolid)
☎: +34 983 587 778
Fax: +34 983 587 778
www.hijosderufinoiglesias.com
bodega@hijosderufinoiglesias.com

Carratraviesa 2013 RD
87 ★★★★★   3,3€
Color frambuesa, borde violáceo. Aroma fruta madura, fruta roja, floral. Boca potente, frutoso, fresco.

LA LEGUA

Ctra. Cigales, km. 1
47161 Fuensaldaña (Valladolid)
☎: +34 983 583 244
Fax: +34 983 583 172
www.lalegua.com
lalegua@lalegua.com

7L Rosado de una Noche 2013 RD
tempranillo, garnacha, cabernet sauvignon
89 ★★★★   5,5€
Color cobrizo. Aroma elegante, fruta escarchada, flores secas, hierbas de tocador, fruta roja. Boca ligero, sabroso, buena acidez, largo, especiado.

La Legua 2010 TR
tempranillo
88   14€
Color cereza muy intenso. Aroma fruta madura, especiado, roble cremoso, tostado, con carácter. Boca potente, sabroso, tostado, taninos maduros.

La Legua 2011 TC
tempranillo
87 ★★★★   7,5€
Color cereza, borde granate. Aroma fruta madura, especiado, roble cremoso, tostado, complejo. Boca potente, sabroso, tostado, taninos maduros.

La Legua 2012 T Roble
tempranillo
87 ★★★★★   4,9€
Color cereza, borde granate. Aroma fruta roja, fruta madura, especiado, roble cremoso, tostado. Boca potente, sabroso, tostado, taninos maduros.

La Legua 2013 T
tempranillo
86 ★★★★★   4€
Color cereza muy intenso, borde granate. Aroma hierbas secas, fruta madura. Boca sabroso, fruta madura, largo.

La Legua Capricho 2009 TR
tempranillo
90   26€
Color cereza muy intenso, borde granate. Aroma potente, fruta madura, muy tostado (torrefactado), chocolate. Boca potente, tostado, retronasal torrefactado.

La Legua Garnacha 2013 T
garnacha
88 ★★★★   6,5€
Color cereza, borde violáceo. Aroma expresivo, fruta fresca, fruta roja, floral. Boca sabroso, frutoso, buena acidez, taninos maduros.

TRASLANZAS

Barrio de las Bodegas, s/n
47194 Mucientes (Valladolid)
☎: +34 639 641 123
Fax: +34 946 020 263
www.traslanzas.com
traslanzas@traslanzas.com

Traslanzas 2009 TC
100% tempranillo

91   17€

Color cereza muy intenso. Aroma fruta madura, especiado,
roble cremoso, tostado, con carácter, terroso. Boca potente,
sabroso, tostado, taninos maduros.

DO. CONCA DE BARBERÀ

CONSEJO REGULADOR

Torre del Portal de Sant Antoni

De la Volta, 2

43400 Montblanc

☎: +34 977 926 905 - Fax: +34 977 926 906

@: cr@doconcadebarbera.com

www.doconcadebarbera.com

SITUACIÓN:

En el norte de la provincia de Tarragona con una zona de producción que aglutina a 14 municipios, a los que se ha incorporado Vilanova de Prades.

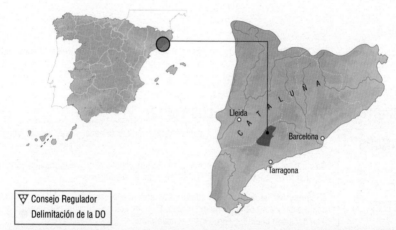

▽ Consejo Regulador

Delimitación de la DO

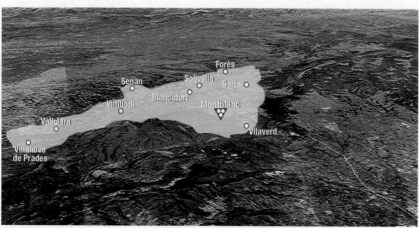

VARIEDADES:

BLANCAS: macabeo, parellada (mayoritaria - 3.000 has.), chardonnay, sauvignon blanc y viognier.

TINTAS: trepat, ull de llebre (tempranillo), garnatxa, cabernet sauvignon, merlot, syrah y pinot noir.

DATOS:

Nº Has. Viñedo: 3.807 – **Nº Viticultores:** 957– **Nº Bodegas:** 23 – **Cosecha 13:** Buena – **Producción 12:** 1.491.000 litros – **Comercialización:** 80% España - 20% extranjero.

SUELOS:

En su mayoría son de tipo pardo-calizo. La vid se cultiva en laderas protegidas por bosques. Un aspecto importante es la altitud que condiciona unos vinos de carácter fresco y ligero.

CLIMA:

Influencias mediterráneas y continentales, ya que el viñedo ocupa un valle fluvial rodeado de cadenas montañosas sin contacto directo con el mar.

CARACTERÍSTICAS GENERALES DE LOS VINOS

BLANCOS	De color pálido y brillante, son afrutados, agradables de beber y muy ligeros, aunque no excesivamente aromáticos.
ROSADOS	De color rosáceo-frambuesa, bastante modernos en su estilo de elaboración; con aromas a frutos rojos, bastante frescos, sabrosos y un buen equilibrio.
TINTOS	El tiempo los ha posicionado como vinos con buena estructura debido a la influencia continental y a su carácter mediterráneo. En nariz son balsámicos, con recuerdos a jara, y en boca son potentes, carnosos y concentrados.

CLASIFICACIÓN COSECHAS

GUÍA**PEÑÍN**

2009	2010	2011	2012	2013
BUENA	BUENA	BUENA	MUY BUENA	BUENA

ABADÍA DE POBLET

Passeig de l'Abat Conill, 6
43448 Poblet (Tarragona)
☎: +34 977 870 358
www.grupocodorniu.com
info@abadiadepoblet.es

Abadía de Poblet 2010 T
100% pinot noir

88   12,8€

Color cereza poco intenso. Aroma fruta madura, especiado, roble cremoso, tostado, complejo. Boca potente, sabroso, tostado, taninos maduros.

Intramurs 2012 T
ull de llebre, syrah

87 ★★★★   7€

Color cereza brillante. Aroma fruta madura, especias dulces, roble cremoso. Boca sabroso, frutoso, tostado.

Intramurs 2013 B
100% chardonnay

88 ★★★★   7€

Color pajizo brillante. Aroma flores blancas, hierbas de tocador, expresión frutal. Boca fresco, frutoso, sabroso, equilibrado, elegante.

Les Masies de Poblet 2010 T
100% pinot noir

87   26,4€

Color guinda. Aroma especiado, fina reducción, ebanistería, tostado, ahumado, balsámico. Boca especiado, largo, tostado.

BODEGA SANSTRAVÉ

De la Conca, 10
43412 Solivella (Tarragona)
☎: +34 977 892 165
Fax: +34 977 892 073
www.sanstrave.com
bodega@sanstrave.com

Sanstravé Finca Gasset Crepuscle 2012 T Fermentado en Barrica
syrah, merlot

89   28€

Color cereza muy intenso, borde granate. Aroma potente, fruta madura, muy tostado (torrefactado), chocolate. Boca tostado, retronasal torrefactado.

Sanstravé Finca Gasset Muscat 2012 BFB
moscatel

90 ★★★   13,5€

Color pajizo brillante. Aroma flores blancas, hierbas de tocador, expresión frutal. Boca fresco, frutoso, sabroso, equilibrado, elegante.

Sanstravé Finca Gasset Syrah 2006 TR
syrah

88   10,5€

Color guinda. Aroma fruta madura, hierbas de tocador, hierbas silvestres, mineral, fina reducción. Boca especiado, largo, equilibrado, taninos finos.

Sanstravé Partida dels Jueus 2011 TC
merlot, trepat, cabernet sauvignon, tempranillo

90 ★★★★★   8,5€

Color cereza, borde granate. Aroma fruta madura, especiado, roble cremoso, tostado, complejo, equilibrado. Boca potente, sabroso, tostado, taninos maduros, elegante.

BODEGAS TORRES

Miguel Torres i Carbó, 6
8720 Vilafranca del Penedès
(Barcelona)
☎: +34 938 177 400
Fax: +34 938 177 444
www.torres.com
mailadmin@torres.es

Grans Muralles 2006 TR
monastrell, garnacha, garró, samsó

93   125€

Color cereza, borde granate. Aroma equilibrado, complejo, fruta madura, especiado. Boca estructurado, sabroso, taninos maduros.

Milmanda 2011 B
chardonnay

91   43,5€

Color amarillo brillante. Aroma potente, fruta madura, especias dulces, roble cremoso, hierbas de tocador. Boca graso, retronasal ahumado, sabroso, fresco, buena acidez, elegante.

CARA NORD

25457 El Vilosell (Lleida)
☎: +34 973 176 029
Fax: +34 973 175 945
www.caranordceller.com
hola@caranordceller.com

Cara Nord 2013 B
macabeo, chardonnay

92 ★★★★★   9,9€

Color pajizo brillante. Aroma flores blancas, fruta fresca, expresivo, lías finas, hierbas secas, mineral. Boca sabroso, frutoso, buena acidez, equilibrado.

Cara Nord Negre 2012 T
garnacha, syrah, garrut

94 ★★★★★   9,9€

Color cereza, borde granate. Aroma fruta madura, especiado, roble cremoso, tostado, chocolate, terroso. Boca potente, sabroso, tostado, taninos maduros.

CARLANIA CELLER

Hort d'en Cirera, 23
43422 Barberà de la Conca (Tarragona)
☎: +34 977 887 375
www.carlania.com
info@carlania.com

Carlania 2008 TR
merlot, trepat

87 🌷   15€

Color cereza, borde granate. Aroma fruta madura, especiado, roble cremoso, tostado, complejo, terroso. Boca potente, sabroso, tostado.

Carlania 2010 TC
tempranillo, trepat

84 🌷   10€

El Petit Carlania 2012 T
100% trepat

86 ★★★★ 🌷   7€

Color cereza, borde granate. Aroma cálido, fruta madura, balsámico. Boca sabroso, fruta madura, largo.

El Petit Carlania 2013 T
100% trepat

87 ★★★★   7€

Color cereza poco intenso. Aroma expresivo, fruta fresca, fruta roja, floral. Boca sabroso, frutoso, buena acidez, taninos maduros.

CASTELL D'OR

Mare Rafols, 3- 1ºD
8720 Vilafranca del Penedès
(Barcelona)
☎: +34 938 905 385
Fax: +34 938 905 455
www.castelldor.com
castelldor@castelldor.com

Castell de la Comanda 2009 TR
cabernet sauvignon

86 ★★★★   5,8€

Color cereza, borde granate. Aroma equilibrado, complejo, fruta madura, especiado. Boca estructurado, sabroso.

Castell de la Comanda 2011 TC
cabernet sauvignon, cabernet franc

82   4,8€

Castell de la Comanda 2013 T
tempranillo, cabernet sauvignon

84   4,2€

Francoli 2009 TR
cabernet sauvignon

86 ★★★★   7,5€

Color cereza, borde granate. Aroma equilibrado, complejo, fruta madura, especiado. Boca estructurado, sabroso.

Francoli 2011 TC
cabernet sauvignon, cabernet franc

83   5,2€

Francoli 2013 B
macabeo

82   4,5€

Francoli 2013 RD
trepat

84   4,5€

Francoli 2013 T
tempranillo, cabernet sauvignon

84   4,5€

CELLER CARLES ANDREU

Sant Sebastià, 19
43423 Pira (Tarragona)
☎: +34 977 887 404
Fax: +34 977 887 427
www.cavandreu.com
celler@cavandreu.com

Vino Tinto Trepat Carles Andreu 2012 T
100% trepat

90 ★★★★   13€

Color cereza claro. Aroma elegante, fruta escarchada, flores secas, hierbas de tocador, fruta roja. Boca ligero, sabroso, buena acidez, largo, especiado.

CELLER ESCODA SANAHUJA

Camí de Lilla a Prenafeta, s/n
43400 Montblanc (Tarragona)
☎: +34 659 478 198
Fax: +34 977 314 897
www.celler-escodasanahuja.com
jre@celler-escodasanahuja.com

Coll del Sabater 2007 TC

89 🌷

Aroma equilibrado, complejo, fruta madura, especiado, habano, terroso, hierbas de monte. Boca estructurado, sabroso, taninos maduros, elegante.

Els Bassots B

89 🌷

Color oro viejo, borde ambarino. Aroma hierbas secas, flores marchitas, algo evolucionado, salino, frutos secos. Boca fruta madura, especiado, sabroso. Personalidad.

La Llopetera 2012 TC

90

Color cereza, borde granate. Aroma fruta madura, hierbas silvestres, terroso, especiado, roble cremoso. Boca equilibrado, sabroso, largo, balsámico, estructurado.

Nas del gegant 2012 T
89
Color cereza, borde violáceo. Aroma fruta madura, especiado, hierbas de monte, roble cremoso. Boca potente, sabroso, especiado, largo.

CELLER MAS FORASTER
Camino Ermita de Sant Josep, s/n
43400 Montblanc (Tarragona)
☎: +34 977 860 229
Fax: +34 977 875 037
www.josepforaster.com
ricard@josepforaster.com

Josep Foraster 2011 TC
cabernet sauvignon, tempranillo, syrah, trepat
87 ★★★   9,3€
Color cereza brillante. Aroma fruta madura, especias dulces, roble cremoso, balsámico. Boca frutoso, sabroso, tostado.

Josep Foraster Blanc del Coster 2013 B
84   5,2€

Josep Foraster Blanc Selecció 2012 B
86   11€
Color amarillo brillante. Aroma potente, fruta madura, roble cremoso, hierbas de tocador, ahumado. Boca graso, retronasal ahumado, sabroso, fresco, buena acidez.

Josep Foraster Collita 2013 T
86 ★★★★   5,2€
Color cereza, borde violáceo. Aroma fruta fresca, fruta roja, floral, balsámico. Boca sabroso, frutoso, buena acidez.

Josep Foraster Rosat Trepat 2013 RD
trepat
88 ★★★★   6€
Color rosáceo pálido. Aroma elegante, flores secas, hierbas de tocador, fruta roja. Boca ligero, sabroso, buena acidez, largo, especiado.

Josep Foraster Selecció 2011 TC
garnacha, cabernet sauvignon
90   21€
Color cereza, borde granate. Aroma fruta madura, especiado, roble cremoso, tostado, complejo, terroso, balsámico. Boca potente, sabroso, tostado, equilibrado.

Josep Foraster Trepat 2012 T
trepat
87   12€
Color cereza poco intenso. Aroma fruta al licor, hierbas de tocador, mineral, especiado. Boca sabroso, especiado, balsámico.

CELLER MOLÍ DELS CAPELLANS
Celler de Viveristes de Barberà
de la Conca
43422 Barberà de la Conca (Tarragona)
☎: +34 651 034 221
www.molidelscapellans.com
info@molidelscapellans.com

Molí dels Capellans BFB
chardonnay
87
Color amarillo brillante. Aroma potente, fruta madura, especias dulces, roble cremoso, hierbas de tocador. Boca graso, retronasal ahumado, sabroso, fresco, buena acidez.

Molí dels Capellans 2012 T
trepat
88 ♥
Color cereza poco intenso. Aroma especiado, roble cremoso, hierbas de tocador, fruta al licor. Boca equilibrado, sabroso, balsámico.

Molí dels Capellans Premium 2010 TC
100% trepat
88
Color cereza poco intenso. Aroma fruta al licor, hierbas silvestres, especiado, roble cremoso. Boca taninos maduros, sabroso, balsámico, especiado.

Molí dels Capellans Selecció 2011 T
87
Color cereza brillante, borde granate. Aroma fruta madura, especias dulces, roble cremoso, expresivo. Boca sabroso, frutoso, tostado, taninos maduros.

CELLER TINTORÉ
DE VIMBODÍ I POBLET
Copèrnic, 44 Baixos
8021 (Barcelona)
☎: +34 932 096 101
www.tinto-re.com
info@tinto-re.com

Re 2011 TC
garnacha, cariñena, cabernet sauvignon
89   20€
Color cereza brillante. Aroma fruta madura, especias dulces, roble cremoso, intensidad media, hierbas de tocador. Boca frutoso, sabroso, tostado.

CELLER VEGA AIXALÁ

De la Font, 11
43439 Vilanova de Prades (Barcelona)
☎: +34 636 519 821
Fax: +34 977 869 019
www.vegaaixala.com
info@vegaaixala.com

Vega Aixalá Barrau 2012 T
tempranillo, garnacha, syrah

87   11€

Color cereza poco intenso. Aroma fruta madura, especiado, roble cremoso, tostado, con carácter. Boca potente, sabroso, tostado, balsámico.

Vega Aixalá La Bauma 2012 B
garnacha blanca, chardonnay

87   11€

Color pajizo brillante. Aroma flores blancas, fruta fresca, expresivo, hierbas secas. Boca sabroso, frutoso, buena acidez, equilibrado.

Vega Aixalá Viern 2009 TC
cabernet sauvignon, garnacha, cariñena, syrah

86   15€

Color guinda. Aroma especiado, fina reducción, cuero mojado, ebanistería, tostado. Boca especiado, largo, tostado.

CELLERS DOMENYS

Plaça del Sindicat, s/n
43411 Blancafort (Tarragona)
☎: +34 977 892 115
Fax: +34 977 892 115
www.latevacooperativa.com

Comanglora 2013 RD
100% trepat

86 ★★★★★   4€

Color frambuesa, borde violáceo. Aroma potente, fruta madura, fruta roja, floral. Boca potente, frutoso, fresco.

CELLERS ROSET

Ctra. N-240 km. 38,8 Pol. Ind.
Plans de Jori
43400 Montblanc (Tarragona)
☎: +34 977 862 663
Fax: +34 977 862 333
www.cellersroset.cat
info@brescat.cat

Ambari 2012 B
macabeo, parellada

84   2,9€

Brescat 2008 TC
cabernet sauvignon, merlot, syrah

84   7€

Rogent 2012 T
cabernet sauvignon, ull de llebre

84   2,9€

CLOS MONTBLANC

Ctra. Montblanc-Barbera, s/n
43422 Barberà de la Conca (Tarragona)
☎: +34 977 887 030
Fax: +34 977 887 032
www.closmontblanc.com
club@closmontblanc.com

Clos Montblanc Castell Rosat 2013 RD
garnacha

84   4,4€

Clos Montblanc Masía Les Comes 2008 TR
cabernet sauvignon, merlot

87   15,5€

Color cereza intenso, borde anaranjado. Aroma cera, tabaco, fruta madura, especiado. Boca fino amargor, elegante, sabroso, taninos finos.

Clos Montblanc Merlot 2011 TC
100% merlot

86   10,5€

Color cereza, borde granate. Aroma fruta madura, especiado, roble cremoso, tostado, balsámico. Boca potente, sabroso, tostado, buena acidez.

Clos Montblanc Pinot Noir 2012 TC
100% pinot noir

87   12,5€

Color cereza muy intenso, borde granate. Aroma potente, fruta madura, fruta al licor, especiado. Boca potente, tostado, especiado.

Clos Montblanc Sauvignon Blanc 2013 B
100% sauvignon blanc

85 ★★★★   7,7€

Clos Montblanc Syrah 2011 T
100% syrah

86   10,9€

Color cereza intenso. Aroma potente, fruta roja, fruta madura, floral, balsámico, roble cremoso. Boca potente, tostado, balsámico.

Clos Montblanc Xipella Blanc 2013 B
macabeo, parellada

87 ★★★★   7,3€

Color pajizo brillante. Aroma fresco, fruta fresca, flores blancas, balsámico. Boca sabroso, frutoso, buena acidez, equilibrado.

Gran Clos Montblanc Unic Trepat 2011 T
100% trepat

89 12,5€

Color cereza, borde granate. Aroma fruta madura, especiado, roble cremoso, tostado, complejo. Boca potente, sabroso, tostado, taninos maduros, equilibrado.

GERIDA VITICULTORS
Fortuny, 2
43411 Blancafort (Tarragona)
☎: +34 659 405 419
info@geridavins.cat

Cuvic 2012 T
syrah, ull de llebre, cabernet sauvignon

87 ★★★★ 7,5€

Color cereza brillante. Aroma fruta madura, especias dulces, roble cremoso, balsámico. Boca frutoso, sabroso, tostado.

Encantats 2013 T Maceración Carbónica
ull de llebre

88 ★★★★ 6€

Color cereza, borde violáceo. Aroma fruta roja, frambuesa, expresión frutal, hierbas de tocador. Boca sabroso, ligero, buena acidez, fresco, frutoso.

Poal 2012 B
chardonnay, macabeo

86 ★★★★ 6,5€

Color pajizo brillante. Aroma flores blancas, fruta fresca, expresivo, hierbas secas. Boca sabroso, frutoso, buena acidez, equilibrado.

RENDÉ MASDÉU
Avda. Catalunya, 44
43440 L'Espluga de Francolí
(Tarragona)
☎: +34 977 871 361
Fax: +34 977 871 361
www.rendemasdeu.cat
celler@rendemasdeu.cat

Arnau syrah de Rendé Masdeu 2011 T
syrah

90 ★★★★★ 9€

Color cereza, borde granate. Aroma fruta madura, especiado, roble cremoso, tostado, complejo. Boca potente, sabroso, tostado, taninos maduros.

inQuiet de Rendé Masdeu 2012 T
cabernet sauvignon

87 ★★★★ ❁ 6€

Color cereza, borde granate. Aroma fruta madura, hierbas silvestres, especiado, roble cremoso. Boca equilibrado, sabroso, largo, balsámico.

Rendé Masdeu 2007 TR

88 13€

Color cereza, borde granate. Aroma equilibrado, complejo, fruta madura, especiado. Boca estructurado, sabroso, taninos maduros.

Rendé Masdeu 2010 TC

88 ★★★ 8,5€

Color cereza, borde granate. Aroma fruta madura, roble cremoso, tostado, complejo. Boca potente, sabroso, tostado, taninos maduros.

Rendé Masdéu Manuela Ventosa 2009 T Fermentado en Barrica

90 20€

Color cereza muy intenso. Aroma fruta madura, especiado, roble cremoso, tostado, con carácter. Boca potente, sabroso, tostado, taninos maduros, equilibrado.

Rendé Masdeu Rosat 2013 RD
syrah

87 ★★★★ ❁ 6€

Color rosa vivo. Aroma floral, fruta roja, hierbas silvestres. Boca fresco, frutoso, sabroso.

ROSA MARÍA TORRES
Avda. Anguera, 2
43424 Sarral (Tarragona)
☎: +34 977 890 013
www.rosamariatorres.com
info@rosamariatorres.com

Rd Roure 2012 T
cabernet sauvignon, merlot

84 5,9€

Saüc 2011 TC
cabernet franc

89 19,5€

Color cereza, borde granate. Aroma fruta madura, hierbas silvestres, especiado, roble cremoso, mineral. Boca equilibrado, sabroso, largo, balsámico.

Susel 2013 RD
pinot noir

89 ★★★★★ 4,9€

Color piel cebolla. Aroma elegante, fruta escarchada, flores secas, hierbas de tocador, fruta roja. Boca ligero, sabroso, buena acidez, largo, especiado.

Susel 2013 T
cabernet sauvignon

86 ★★★★★ 4,9€

Color cereza muy intenso, borde granate. Aroma hierbas secas, fruta madura, floral. Boca sabroso, fruta madura, largo.

Vinya Plans 2011 TC
cabernet sauvignon, cabernet franc, syrah

86 ★★★   9,8€

Color cereza, borde granate. Aroma fruta madura, especiado, roble cremoso, tostado, hierbas verdes. Boca potente, sabroso, tostado.

Viognier 2011 BFB
viognier

89 ★★★   8,6€

Color dorado brillante. Aroma fruta madura, frutos secos, potente, tostado, ebanistería, especias dulces. Boca sabroso, frutoso, especiado, tostado, largo.

SUCCÉS VINÍCOLA
Vinyols, 3
43400 Montblanc (Tarragona)
☎: +34 677 144 629
www.succesvinicola.com
succesvinicola@gmail.com

Feedback de Succés Vinícola 2011 T
cabernet sauvignon, tempranillo, merlot, garrut

89   12,5€

Color cereza, borde granate. Aroma fruta madura, especiado, roble cremoso, tostado, fina reducción. Boca potente, sabroso, tostado, equilibrado.

Succés El Mentider 2012 T
trepat

91 ★★★   15€

Color cereza brillante. Aroma especias dulces, roble cremoso, fruta roja, fruta madura, expresivo. Boca sabroso, frutoso, tostado, taninos maduros.

Succés Experiència Parellada 2013 B
parellada

88 ★★★★   7,5€

Color pajizo brillante. Aroma fresco, fruta fresca, flores blancas, expresivo. Boca sabroso, frutoso, buena acidez, equilibrado.

Succés La Cuca de LLum 2013 T
trepat

90 ★★★★★   7,5€

Color cereza poco intenso. Aroma mineral, hierbas de tocador, especiado, equilibrado. Boca sabroso, frutoso, balsámico.

VINÍCOLA DE SARRAL Í SELECCIÓ DE CREDIT
Avinguda de la Conca, 33
43424 Sarral (Tarragona)
☎: +34 977 890 031
Fax: +34 977 890 136
www.cava-portell.com
cavaportell@covisal.es

Portell 2006 TR
merlot, cabernet sauvignon, tempranillo

85 ★★★   8,1€

Portell 2010 TC
cabernet sauvignon, merlot, tempranillo

82   4,5€

Portell Agulla Blanc 2013 Blanco de Aguja
macabeo, parellada

83   3,1€

Portell Blanc de Blancs 2013 B
macabeo, parellada

85 ★★★★★   2,7€

Portell Blanc Semi dolç 2013 B
macabeo, parellada

85 ★★★★★   3,1€

Portell Rosat Trepat 2013 RD trepat

85 ★★★★★   2,7€

VINS DE PEDRA
Sant Josep, 13
43400 Montblanc (Tarragona)
☎: +34 630 405 118
www.vinsdepedra.es
celler@vinsdepedra.es

L'Orni 2012 B
chardonnay

89   12€

Color pajizo brillante. Aroma flores blancas, fruta fresca, expresivo, lías finas, hierbas secas. Boca sabroso, frutoso, buena acidez, equilibrado.

La Musa 2011 T
merlot, cabernet sauvignon

86   12€

Color cereza, borde granate. Aroma fruta madura, especiado, roble cremoso, tostado, complejo, balsámico, fina reducción. Boca potente, sabroso, tostado.

DO. CONDADO DE HUELVA / VINO NARANJA DEL CONDADO DE HUELVA

CONSEJO REGULADOR

Plaza Ildefonso Pinto, s/n.

21710 Bollullos Par del Condado (Huelva)

☎: +34 959 410 322 - Fax: +34 959 413 859

@: cr@condadodehuelva.es

www.condadodehuelva.es

SITUACIÓN:

En el sureste de Huelva, ocupa la llanura del bajo Guadalquivir. La zona de producción engloba los términos de Almonte, Beas, Bollullos Par del Condado, Bonares, Chucena, Gibraleón, Hinojos, La Palma del Condado, Lucena del Puerto, Manzanilla, Moguer, Niebla, Palos de la Frontera, Rociana del Condado, San Juan del Puerto, Villalba del Alcor, Villarrasa y Trigueros.

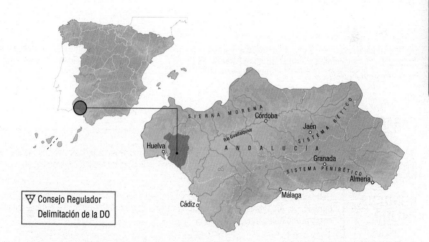

▽ Consejo Regulador

Delimitación de la DO

VARIEDADES:

BLANCAS: zalema (mayoritaria con el 86% del viñedo), palomino, listán de Huelva, garrido fino,moscatel de Alejandría, colombard, sauvignon blanc, chardonnay y pedro ximénez.

TINTAS: merlot, syrah, tempranillo, cabernet sauvignon y cabernet franc.

DATOS:

Nº Has. Viñedo: 2.530 – **Nº Viticultores:** 1.474 – **Nº Bodegas:** 30 – **Cosecha 13:** Muy Buena – **Producción 13:** 18.327.658 litros – **Comercialización:** 98% España - 2% extranjero

SUELOS:

En general se encuentran terrenos llanos o ligeramente ondulados; son suelos bastante neutros, francos y de fertilidad media. Predominan las tierras rojizas, pardas y áreas de aluvión en las zonas próximas al Guadalquivir.

CLIMA:

De tipo mediterráneo, pero con influencias atlánticas. Los inviernos y primaveras son bastante suaves y los veranos largos y cálidos. La temperatura media anual es de 18ºC, el índice de precipitaciones se sitúa en torno a los 550 mm. anuales y la humedad relativa etre el 60% y el 80%.

CARACTERÍSTICAS GENERALES DE LOS VINOS

BLANCOS JOVENES
Elaborados a partir de la variedad autóctona zalema, se caracterizan por sus matices ligeramente vegetales, con recuerdos a matorral; son agradables y fáciles de beber.

CONDADO PÁLIDO
Son bastante similares a otros finos de Andalucía (jerezanos y montillanos). En su elaboración se emplea la uva palomino, la misma que se utiliza en Jerez, aunque tienen un carácter biológico algo menor.

CONDADO VIEJO
Son los vinos más tradicionales de la zona, que sólo se mantienen ya en algunas pocas bodegas y que proceden de las soleras más antiguas.

CLASIFICACIÓN COSECHAS

GUÍA**PEÑÍN**

2009	2010	2011	2012	2013
BUENA	BUENA	BUENA	MUY BUENA	REGULAR

1ER. CONSORCIO DE BODEGUEROS ESPAÑOLES

Dirección Polígono Industrial El Palmar
calle Torno, 27
11500 El Puerto de Santa María (Cádiz)
☎: +34 956 056 642
www.vinodenaranja.com
admin@emc3.es

Orange Tree (Vino Naranja)
zalema

87 — **11€**

Color cobrizo. Aroma fruta al licor, espirituoso, cítricos, cacao fino, caramelo tostado. Boca potente, sabroso, frutoso.

AGROALIMENTARIA VIRGEN DEL ROCÍO

Avda. de Cabezudos, 1
21730 Almonte (Huelva)
☎: +34 959 406 146
www.raigal.es
administracion@raigal.com

Raigal 2013 B
zalema

87 ★★★★★ — **2,4€**

Color pajizo brillante. Aroma flores blancas, expresión frutal, hierbas silvestres. Boca fresco, frutoso, sabroso, elegante.

BODEGAS ANDRADE

Avda. Coronación, 35
21710 Bollullos del Condado (Huelva)
☎: +34 959 410 106
Fax: +34 959 410 305
www.bodegasandrade.es
informacion@bodegasandrade.es

Andrade PX Gran Reserva
100% pedro ximénez

87 — **120€**

Color caoba oscuro. Aroma fruta pasificada, pastelería, tostado. Boca dulce, graso, untuoso, potente.

Andrade Pedro Ximénez 1985 GE Reserva
100% pedro ximénez

87 — **20€**

Color caoba. Aroma fruta pasificada, ebanistería, roble cremoso, especias dulces, barniz, caramelo tostado. Boca graso, potente, sabroso.

Andrade Syrah T Roble
100% syrah

85 ★★★★ — **6€**

Andrade Vino de Naranja 1985
pedro ximénez

88 — **25€**

Color caoba. Aroma potente, con carácter, cítricos, fruta al licor, especiado, caramelo tostado. Boca sabroso, potente, frutoso, complejo.

Andrade Vino Naranja GE
zalema

87 ★★★★★ — **4,5€**

Color caoba claro. Aroma fruta escarchada, cítricos, fruta madura, hierbas silvestres, especiado. Boca frutoso, potente, sabroso.

Castillo de Andrade 2013 B
100% zalema

83 — **4€**

Doceañero CR
pedro ximénez, zalema

88 — **25€**

Aroma potente, complejo, elegante, frutos secos, tostado. Boca graso, amargoso, matices de solera, largo, especiado.

Doceañero Oloroso OL
zalema

86 — **25€**

Color caoba claro. Aroma potente, frutos secos, tostado, ebanistería. Boca graso, largo, matices de solera.

Fino Palmarejo Condado Pálido
palomino

84 — **4,5€**

Murallas de Niebla 2013 Semidulce
moscatel, zalema

80 — **3€**

BODEGAS DE DIEZMO NUEVO BODEGA SAENZ

Sor Ángela de la Cruz, 56
21800 Moguer (Huelva)
☎: +34 959 370 004
Fax: +34 959 371 840
www.bodegadiezmonuevo.com
info@bodegadiezmonuevo.com

Melquiades Saenz "Vino de Naranja" B

85 ★★★★★ — **5€**

Viña El Patriarca 2011 T
syrah, cabernet sauvignon

81 — **5€**

Viña El Patriarca 2012 T
syrah, cabernet sauvignon

83 — **4€**

Viña El Patriarca Semidulce 2013 B

80 — **3,3€**

BODEGAS IGLESIAS

Teniente Merchante, 2
21710 Bollullos del Condado (Huelva)
☎: +34 959 410 439
Fax: +34 959 410 463
www.bodegasiglesias.com
bodegasiglesias@bodegasiglesias.com

% UZ Cien x Cien Uva Zalema 2013 B Joven
100% zalema

87 ★★★★★   4,8€

Color pajizo brillante. Aroma hierbas de tocador, salino, fruta escarchada, floral. Boca frutoso, sabroso, estructurado.

Letrado Solera 1992 GE Solera
100% zalema

86 ★★★★   8€

Color caoba. Aroma acetaldehído, almendra tostada, ebanistería, especias dulces, roble cremoso. Boca fino amargor, potente, sabroso, largo.

Par Vino Naranja Vino de licor

88   12€

Color caoba claro. Aroma fruta escarchada, cítricos, hierbas silvestres, especiado. Boca graso, potente, sabroso, frutoso.

Ricahembra Solera 1980 GE

88 ★★★★   8€

Color caoba oscuro. Aroma fruta confitada, frutos secos, fruta pasificada, café aromático, tostado. Boca equilibrado, sabroso, largo, cremoso.

BODEGAS OLIVEROS

Rábida, 12
21710 Bollullos Par del Condado
(Huelva)
☎: +34 959 410 057
Fax: +34 959 410 057
www.bodegasoliveros.com
info@bodegasoliveros.com

Oliveros Oloroso OL
82

Oliveros Pedro Ximénez PX
pedro ximénez

89

Color caoba oscuro. Aroma espirituoso, fruta pasificada, tostado, chocolate. Boca dulce, graso, untuoso, potente.

Oliveros Vino Naranja B

86

Color caoba. Aroma fruta al licor, cítricos, especiado, especias dulces. Boca potente, sabroso, graso, frutoso.

BODEGAS SAUCI

Doctor Fleming, 1
21710 Bollullos del Condado (Huelva)
☎: +34 959 410 524
Fax: +34 959 410 331
www.bodegassauci.es
sauci@bodegassauci.es

Espinapura Condado Pálido
100% palomino

89 ★★★★   6,5€

Color amarillo brillante. Aroma complejo, expresivo, punzante, salino, flores marchitas, hierbas secas. Boca graso, potente, fresco, fino amargor, equilibrado.

Riodiel Solera 1980 Condádo Viejo
100% palomino

86 ★★★★   8€

Color caoba. Aroma frutos secos, especiado, acetaldehído, especias dulces. Boca potente, sabroso, especiado, largo.

S' Naranja Vino de licor

88   14€

Color caoba. Aroma fruta al licor, fruta escarchada, caramelo tostado, pastelería, expresivo. Boca potente, sabroso, espirituoso, complejo.

S' Px Dulce Natural Vino de licor
100% pedro ximénez

90 ★★★   15€

Color caoba. Aroma fruta pasificada, frutos secos, especias dulces, pastelería, tostado. Boca potente, graso, sabroso, especiado, largo.

S' Px Solera 1989 PX
100% pedro ximénez

91   22€

Color caoba oscuro. Aroma complejo, espirituoso, fruta pasificada, pastelería, tostado. Boca dulce, graso, untuoso, potente.

S' Vino Dulce Vino de licor
palomino, pedro ximénez

85 ★★★★   6€

Sauci 2013 B Joven
100% zalema

88 ★★★★★   5€

Color pajizo brillante. Aroma flores blancas, hierbas de tocador, expresión frutal, expresivo. Boca fresco, frutoso, sabroso, elegante.

Sauci Cream Solera 1980 CR

85 ★★★   9€

Sauci Vendimia Tardía Semidulce 2013 B Joven
100% zalema

84   5,5€

CONVENTO DE MORAÑINA
Avda. de la Paz, 43
21710 Bollullos Par del Condado
(Huelva)
☎: +34 959 412 250
www.bodegasconvento.com
bodega@bodegasconvento.com

Amaranto Generoso de Licor Dulce
100% moscatel
85 ★★★★★ 5€

Convento PX Reserva
100% pedro ximénez
90 ★★★ 14€
Color caoba oscuro. Aroma espirituoso, fruta pasificada, pastelería, tostado. Boca dulce, graso, untuoso, potente.

Convento de Morañina 2013 B
100% zalema
86 ★★★★★ 3€
Color pajizo brillante. Aroma fresco, fruta fresca, flores blancas, expresión frutal. Boca sabroso, frutoso, buena acidez.

Convento Naranja Semidulce
zalema
89 ★★★★ 6€
Color caoba claro. Aroma fruta al licor, fruta escarchada, cítricos, fresco, potente. Boca potente, sabroso, complejo, largo.

Convento Sureño Viejo Condado Viejo Oloroso
listán blanco, zalema
85 ★★★★ 7€

Secreto del Convento 1960 OL
listán blanco, palomino, pedro ximénez
92 25€
Color caoba oscuro. Aroma potente, complejo, elegante, frutos secos, tostado, fruta pasificada, acetaldehído. Boca graso, largo, matices de solera, especiado, untuoso, redondo.

COOPERATIVA VIT. NTRA. SRA. DEL SOCORRO S.C.A.
Carril de los Moriscos, 72
21720 Rociana del Condado (Huelva)
☎: +34 959 416 069
Fax: +34 959 092 900
jl63@nuestrasenoradelsocorro.com

Don Frede 2011 TC
86 ★★★★ 6€
Color cereza intenso. Aroma fruta madura, especiado, roble cremoso, tostado, hierbas silvestres. Boca potente, sabroso, tostado.

Don Frede 2013 RD
100% tempranillo
81 3€

Don Frede 2013 T
100% tempranillo
82 3,5€

El Gamo 2013 B
100% zalema
84 2€

Viñagamo Seco 2013 B
100% zalema
85 ★★★★★ 2,5€

Viñagamo Semidulce 2013 B
100% zalema
84 3,5€

MARQUÉS DE VILLALÚA
Ctra. A-472, Km. 25,2
21860 Villalba del Alcor (Huelva)
☎: +34 959 420 905
www.marquesdevillalua.com
bodega@marquesdevillalua.com

Aguadulce de Villalúa 2013 Semidulce
zalema, moscatel
83 3,2€

Marqués de Villalúa 2013 B
zalema, moscatel
88 ★★★★★ 3,2€
Color pajizo brillante. Aroma fresco, fruta fresca, flores blancas. Boca sabroso, frutoso, buena acidez, equilibrado.

Marqués de Villalúa Colección 1000 2013 B
zalema, moscatel, sauvignon blanc
89 ★★★ 8,1€
Color pajizo brillante. Aroma flores blancas, hierbas de tocador, expresión frutal. Boca fresco, frutoso, sabroso, equilibrado.

Santa Agueda Vino Naranja
zalema, moscatel
87 ★★★★ 6,1€
Color caoba. Aroma fruta escarchada, cítricos, floral, especias dulces, roble cremoso, tostado. Boca potente, sabroso.

VINÍCOLA DEL CONDADO, S. COOP. AND.
San José, 2
21710 Bollullos del Condado (Huelva)
☎: +34 959 410 261
Fax: +34 959 410 171
www.vinicoladelcondado.com
comercial@vinicoladelcondado.com

Lantero Roble Syrah 2011 T Roble
syrah
84 4,8€

Mioro 2013 B
100% zalema

84   3€

Mioro Gran Selección 2013 B
86 ★★★★★   4,8€

Color pajizo brillante. Aroma potente, notas amieladas, fruta escarchada, hierbas secas. Boca sabroso, fresco, frutoso.

Misterio Dulce PX
100% zalema

85 ★★★★★   4,4€

Misterio Oloroso Seco OL
100% zalema

87 ★★★★★   4,9€

Color yodo, borde ambarino. Aroma potente, elegante, frutos secos, tostado, barniz. Boca graso, largo, especiado.

VDM Orange
88 ★★★★   6€

Color oro viejo. Aroma fruta al licor, cítricos, hierbas silvestres, pastelería, especias dulces. Boca potente, sabroso, especiado, largo, frutoso.

DO. COSTERS DEL SEGRE

CONSEJO REGULADOR

Complex de la Caparrella, 97
25192 Lleida
☎: +34 973 264 583 - Fax: +34 973 264 583
@: secretari@costersdelsegre.es
www.costersdelsegre.es

SITUACIÓN:

En la zona meridional de Lleida y algún término de Tarragona. Comprende las subzonas de: Artesa de Segre, Garrigues, Pallars Jussà, Raimat, Segrià, Urgell y Valls del Riu Corb.

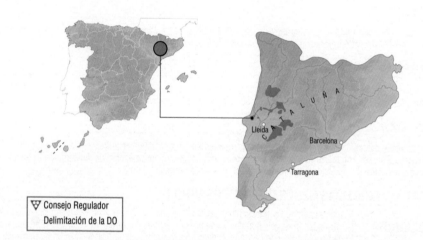

▽ Consejo Regulador
Delimitación de la DO

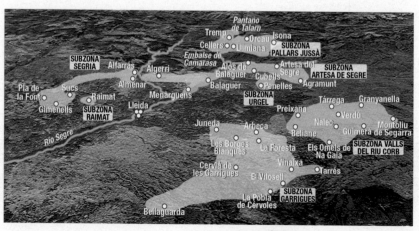

SUBZONAS:

Artesa de Segre: situada al pie de la sierra del Montsec, al norte de la comarca de Noguera, posee suelos calcáreos.

Urgell: se encuentra ubicada en la parte central de la provincia de Lleida, a una altitud media de 350 metros sobre el nivel del mar. El clima predominantes es de tipo mediterráneo-continental.

Garrigues: en el sureste de la provincia de Lleida. Se trata de una zona de compleja orografía, asentada sobre unos suelos francos. Posee una altitud próxima a los 700 metros sobre el nivel del mar.

VARIEDADES:

BLANCAS: Recomendadas: macabeo, xarel.lo, parellada, chardonnay, garnacha blanca, riesling, sauvignon blanc, moscatel de grano grande o de Alejandría, malvasía y gewürztraminer.

Autorizadas: albariño y moscatel de grano pequeño de Frontignan.

TINTAS: Recomendadas: garnacha negra, ull de llebre (tempranillo), cabernet sauvignon, merlot, monastrell, trepat, samsó, pinot noir y syrah.

DATOS:

Nº Has. Viñedo: 4.346 – **Nº Viticultores:** 583 – **Nº Bodegas:** 41 – **Cosecha 13:** Excelente– **Producción 13:** 8.175.600 litros – **Comercialización:** 60% España - 40% extranjero

SUELOS:

En su mayoría, son de tipo calcáreo y granítico, la mayor parte del viñedo se asienta sobre suelos pobres en materia orgánica, pardo-calizos, con elevado porcentaje de caliza y escasa arcilla.

CLIMA:

Continental bastante seco en todas las subzonas, con temperaturas mínimas con frecuencia bajo cero en invierno, veranos con máximas que superan en ocasiones los 35 grados, e índices de pluviometría bastante bajos: 385 mm/año en Lleida y 450 mm/año en el resto de las zonas.

CARACTERÍSTICAS GENERALES DE LOS VINOS

BLANCOS	Los elaborados con uvas tradicionales (macabeo, parellada y xarel-lo), son vinos ligeros, afrutados, frescos y con buenos índices de acidez. Por otro lado, están los chardonnays, tanto en su versión de vinos jóvenes o fermentados en barrica, poseen un buen carácter varietal siguiendo una interpretación mediterránea de la cepa.
ROSADOS	Elaborados con ull de llebre (tempranillo), merlot o cabernet sauvignon, son vinos de color rosáceo, con buen carácter frutal, frescos y caracterizados por la personalidad de la variedad empleada.
TINTOS	Son vinos de carácter mediterráneo, monovarietales o fruto del ensamblaje de cepas autóctonas y foráneas. En general son cálidos, con buena potencia aromática y carácter de fruta madura. Algunos pueden desarrollar aromas balsámicos y, en la boca, se caracterizan por su calidez y sabrosidad.

CLASIFICACIÓN COSECHAS   GUÍA**PEÑÍN**

2009	2010	2011	2012	2013
REGULAR	BUENA	MUY BUENA	MUY BUENA	MUY BUENA

BREGOLAT

Crta L - 512 Km 13.75 Les Pletes
25738 Montmagastre (Lérida)
☎: +34 973 091 130
www.bregolat.com
info@bregolat.com

Bregolat 2008 TR
cabernet sauvignon, merlot, garnacha

84   11,5€

Bregolat 2009 TR
cabernet sauvignon, merlot, garnacha

88   11,5€

Color rubí, borde teja. Aroma especiado, especias dulces, roble cremoso, fina reducción. Boca especiado, taninos finos, largo.

Bregolat 2011 BFB
macabeo

87 ★★★   10€

Color amarillo brillante. Aroma potente, fruta madura, especias dulces, roble cremoso, hierbas de tocador. Boca graso, sabroso, fresco, buena acidez.

Petit Bregolat 2011 TC
merlot, garnacha, cabernet sauvignon

85 ★★★★   7,5€

Petit Bregolat 2012 B
macabeo, gewürztraminer, sauvignon blanc

85 ★★★★   6,5€

CAL CABO CELLER

Castell, 30
25344 Sant Martí de Malda (Lérida)
☎: +34 639 887 836
www.calcaboceller.cat
celler@calcaboceller.cat

Un Onzé 2013 RD
syrah

87 ★★★★   7€

Color frambuesa, borde violáceo. Aroma potente, fruta madura, fruta roja, floral, hierbas silvestres, lácticos. Boca potente, frutoso, fresco, sabroso.

CASTELL D'ENCUS

Ctra. Tremp a Santa Engracia, Km. 5
25630 Talarn (Lleida)
☎: +34 973 252 974
www.castelldencus.com
rbobet@encus.org

Acusp 2012 T
pinot noir

94   30€

Color cereza poco intenso. Aroma fruta madura, fruta al licor, hierbas de tocador, especiado, expresivo, mineral. Boca equilibrado, elegante, balsámico, especiado.

Ekam 2013 B
riesling, albariño

90   19€

Color pajizo brillante. Aroma fresco, fruta fresca, flores blancas, expresivo. Boca sabroso, frutoso, buena acidez, equilibrado.

Quest 2012 T
cabernet sauvignon, cabernet franc, merlot, petit verdot

94   29€

Color cereza brillante. Aroma fruta madura, especias dulces, roble cremoso, expresivo, balsámico, piedra seca. Boca sabroso, frutoso, tostado, taninos maduros, equilibrado, elegante.

TALEIA 2013 B
sauvignon blanc, semillón

91   19€

Color pajizo brillante. Aroma flores blancas, hierbas de tocador, expresión frutal, lácticos, elegante. Boca fresco, frutoso, sabroso, equilibrado, elegante.

THALARN 2012 T
syrah

96   29€

Color cereza, borde granate. Aroma fruta madura, especiado, roble cremoso, tostado, cacao fino, complejo. Boca potente, sabroso, tostado, largo, equilibrado, elegante, redondo.

CASTELL DEL REMEI

Finca Castell del Remei
25333 Castell del Remei (Lérida)
☎: +34 973 580 200
Fax: +34 973 718 312
www.castelldelremei.com
info@castelldelremei.com

Castell del Remei 1780 2008 T
cabernet sauvignon, tempranillo, garnacha, merlot

90   **21,7€**

Color guinda. Aroma especiado, fina reducción, cuero mojado, ebanistería, tostado, fruta al licor. Boca especiado, largo, tostado.

Castell del Remei Gotim Blanc 2013 B
sauvignon blanc, macabeo

88 ★★★★   **5,2€**

Color pajizo brillante. Aroma fresco, fruta fresca, flores blancas, expresivo. Boca sabroso, frutoso, buena acidez, equilibrado.

Castell del Remei Gotim Bru 2012 T
tempranillo, garnacha, cabernet sauvignon, merlot

90 ★★★★★   **7,4€**

Color cereza, borde granate. Aroma especiado, tostado, fruta sobremadura, mineral. Boca potente, sabroso, tostado, taninos maduros.

Castell del Remei Oda 2010 T
merlot, cabernet sauvignon, tempranillo, garnacha

89   **11,5€**

Color guinda. Aroma fruta madura, especiado, roble cremoso, tostado, complejo, fina reducción. Boca potente, sabroso, tostado, taninos maduros.

Castell del Remei Oda Blanc 2013 BFB
macabeo, chardonnay

91 ★★★★★   **9,2€**

Color amarillo brillante. Aroma fruta madura, especias dulces, roble cremoso, hierbas de tocador. Boca graso, retronasal ahumado, sabroso, fresco, buena acidez.

Castell del Remei Punt Zero 2013 T
tempranillo, merlot, syrah

88 ★★★★   **6,6€**

Color cereza muy intenso. Aroma potente, fruta escarchada. Boca sabroso, especiado, fruta madura.

Castell del Remei Sícoris 2011 T
cabernet sauvignon, garnacha, tempranillo, syrah

87 ★★★★   **7,4€**

Color cereza brillante. Aroma fruta madura, roble cremoso, especiado. Boca frutoso, sabroso, tostado.

CELLER ANALEC

Ctra. a Nalec, s/n
25341 Nalec (Lleida)
☎: +34 973 303 190
www.analec.net
elcelleranalec@gmail.com

Analec 2010 BN
84

Analec Sort Abril 2009 ESP Reserva
86

Color dorado brillante. Aroma frutos secos, hierbas de tocador, complejo, lías reducidas. Boca potente, sabroso, buena acidez, burbuja fina, fino amargor.

Gualech Reserva Especial 2009 ESP Gran Reserva
90

Color amarillo brillante. Aroma fruta fresca, hierbas secas, lías finas, floral, especias dulces. Boca fresco, frutoso, sabroso, buena acidez, burbuja fina, elegante.

La Creu 2012 RD
85

La Creu Blanc 2012 B
88

Color amarillo brillante. Aroma hierbas de tocador, fruta madura, especias dulces, roble cremoso. Boca potente, sabroso, especiado.

La Creu Negro 2011 T
100% tempranillo

87

Color cereza, borde granate. Aroma fruta madura, especiado, tostado, complejo, terroso. Boca potente, sabroso, tostado.

 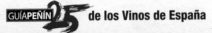

La Romiguera 2010 TC
89

Color cereza, borde granate. Aroma fruta madura, especiado, roble cremoso, tostado. Boca potente, sabroso, tostado, taninos maduros.

CELLER CASA PATAU
Costa del Senyor, s/n
25139 Menarguens (Lérida)
☎: +34 973 180 367
www.casapatau.com
info@casapatau.com

Casa Patau 2005 TR
cabernet sauvignon, merlot, ull de llebre

86 ★★★   9,5€

Color rubí, borde teja. Aroma fruta madura, especiado, roble cremoso, tostado, hierbas silvestres. Boca potente, sabroso, tostado.

Casa Patau 2010 TC
cabernet sauvignon, garnacha, ull de llebre

84   8€

Casa Patau 2012 TC
garnacha, merlot, cabernet sauvignon

86   14€

Color cereza, borde granate. Aroma fruta madura, especiado, roble cremoso, tostado, hierbas de monte. Boca potente, sabroso, tostado.

CELLER CERCAVINS
Ctra. LV-2101, km. 0,500
25340 Verdú (Lleida)
☎: +34 973 348 114
Fax: +34 973 347 197
www.cellercercavins.com
info@cellercercavins.com

Bru de Verdú 14 2010 T
cabernet sauvignon, tempranillo, syrah, merlot

89   16€

Color cereza, borde granate. Aroma fruta madura, especiado, roble cremoso, tostado, complejo. Boca potente, sabroso, tostado, taninos maduros.

Bru de Verdú 2011 T
tempranillo, syrah, merlot

88 ★★★   9,5€

Color cereza brillante, borde granate. Aroma fruta madura, especias dulces, roble cremoso. Boca frutoso, sabroso, tostado.

Guilla 2012 BFB
macabeo

87 ★★★   9,5€

Color amarillo brillante. Aroma potente, fruta madura, especias dulces, roble cremoso. Boca graso, retronasal ahumado, sabroso.

Guillamina 2013 B
sauvignon blanc, garnacha blanca, gewürztraminer, albariño

84   7€

Lo Virol 2012 T
tempranillo, merlot

87 ★★★★   6€

Color cereza brillante, borde granate. Aroma especias dulces, roble cremoso, fruta madura, balsámico. Boca sabroso, tostado, especiado, fácil de beber.

Lo Virol 2013 B
garnacha blanca, chardonnay, sauvignon blanc, gewürztraminer

88 ★★★★   6€

Color pajizo brillante. Aroma flores blancas, hierbas de tocador, expresión frutal. Boca fresco, frutoso, sabroso, equilibrado, elegante.

Lo Virol 2013 RD
syrah

88 ★★★★   6€

Color piel cebolla. Aroma elegante, fruta escarchada, flores secas, hierbas de tocador, fruta roja. Boca ligero, sabroso, buena acidez, largo, especiado.

CELLER COMALATS
Major, 40
25217 L'Ametlla de Segarra (Lérida)
☎: +34 676 293 332
www.comalats.cat
info@comalats.cat

Comalats 2013 T
cabernet sauvignon

88 ❦   10,6€

Color cereza, borde violáceo. Aroma fruta fresca, fruta roja, floral, balsámico. Boca sabroso, frutoso, buena acidez.

Comalats Rosat 2013 RD
cabernet sauvignon

84 ❦   8,3€

Comalats sin sulfitos añadidos 2013 T
cabernet sauvignon

89 ❦   13,8€

Color cereza, borde violáceo. Aroma fruta roja, fruta al licor, hierbas silvestres, mineral. Boca balsámico, fino amargor, potente, sabroso.

CELLER MAS GARCÍA MURET
Ctra. Masos de Llimiana s/n
25639 Masos de Llimiana (Lérida)
☎: +34 973 651 748
Fax: +34 973 651 748
www.masgarciamuret.com
info@masgarciamuret.com

Colomina 2013 RD
tempranillo, pinot noir

88 ★★★   9€

Color piel cebolla. Aroma elegante, fruta escarchada, flores secas, hierbas de tocador. Boca ligero, sabroso, buena acidez, largo, especiado.

Mas García Muret 2012 T
tempranillo, cabernet sauvignon

89   11€

Color cereza brillante. Aroma fruta madura, especias dulces, roble cremoso, expresivo. Boca sabroso, frutoso, tostado, taninos maduros.

Muriac 2011 T
syrah

91 ★★★   15€

Color cereza, borde granate. Aroma fruta madura, especiado, roble cremoso, tostado, complejo, mineral. Boca potente, sabroso, tostado, taninos maduros, equilibrado.

Unua 2011 T
tempranillo

90 ★★★★   12€

Color cereza brillante. Aroma fruta madura, especias dulces, roble cremoso, balsámico. Boca sabroso, frutoso, tostado, taninos maduros.

CELLER MATALLONGA
Raval, 8
25411 Fulleda (Lleida)
☎: +34 660 840 791
http://cellermatallonga.blogspot.com
matallonga60@gmail.com

Escorça 2012 B

87 ★★★★   7€

Color pajizo brillante. Aroma flores blancas, hierbas de tocador, expresión frutal, especias dulces. Boca fresco, frutoso, sabroso, equilibrado.

Vi del Banya 2012 T

88 ★★★★   7€

Color cereza, borde granate. Aroma fruta madura, especiado, roble cremoso, tostado, complejo, balsámico. Boca potente, sabroso, tostado, taninos maduros.

CELLER VILA CORONA

Camí els Nerets, s/n
25654 Vilamitjana (Lérida)
☎: +34 973 652 638
Fax: +34 973 652 638
www.vilacorona.cat
vila-corona@avired.com

Llabustes Cabernet Sauvignon 2009 TC
cabernet sauvignon

84   8€

Llabustes Chardonnay 2013 B
chardonnay

85 ★★★★   7€

Llabustes Merlot 2012 T
merlot

88 ★★★★   8€

Color cereza poco intenso. Aroma fruta madura, especiado, complejo, terroso, hierbas de tocador, mineral. Boca potente, sabroso, balsámico.

Llabustes Riesling 2013 B
riesling

88 ★★★   10€

Color pajizo brillante. Aroma flores blancas, hierbas de tocador, expresión frutal. Boca fresco, frutoso, sabroso, equilibrado, buena acidez.

Llabustes Ull de Llebre 2010 TC
ull de llebre

84   7€

Tu Rai 2012 T
monastrell, ull de llebre, garnacha

86 ★★★   10€

Color cereza, borde granate. Aroma fruta madura, terroso, especiado, hierbas verdes. Boca equilibrado, sabroso, largo, balsámico.

CÉRVOLES CELLER

Avda. Les Garrigues, 26
25471 La Pobla de Cèrvoles (Lleida)
☎: +34 973 175 101
Fax: +34 973 718 312
www.cervoles.com
info@cervoles.com

Cérvoles 2013 BFB
macabeo, chardonnay

92   19,8€

Color amarillo brillante. Aroma potente, fruta madura, especias dulces, roble cremoso. Boca graso, sabroso, fresco, buena acidez.

Cérvoles Colors 2011 T
tempranillo, cabernet sauvignon, garnacha, merlot

86   10,2€

Color cereza, borde granate. Aroma fruta confitada, fruta al licor, especiado, hierbas silvestres. Boca sabroso, confitado, balsámico.

Cérvoles Colors Blanc 2013 B
macabeo, chardonnay

90 ★★★★★   5,8€

Color pajizo brillante. Aroma flores blancas, fruta fresca, expresivo, lías finas. Boca sabroso, frutoso, buena acidez, equilibrado.

Cérvoles Estrats 2008 T
cabernet sauvignon, tempranillo, garnacha, merlot

94   50,2€

Color cereza, borde granate. Aroma fruta madura, especiado, roble cremoso, tostado, complejo, chocolate, terroso. Boca potente, sabroso, tostado, taninos maduros.

Cérvoles Negre 2008 T
cabernet sauvignon, tempranillo, garnacha, merlot

91   20,6€

Color cereza, borde granate. Aroma fruta madura, especiado, roble cremoso, tostado, complejo, terroso. Boca potente, sabroso, tostado, taninos maduros.

CLOS PONS

Ctra. LV-7011, km. 4,5
25155 L'Albagés (Lérida)
☎: +34 973 070 737
Fax: +34 973 070 738
www.clospons.com
clospons@grup-pons.com

Clos Pons 811 2011 T
marcelan
91 60€
Color cereza, borde granate. Aroma fruta confitada, hierbas de monte, especiado, roble cremoso. Boca potente, sabroso, especiado, balsámico, largo.

Clos Pons Alges 2011 TC
garnacha, syrah, tempranillo
87 12€
Color cereza muy intenso, borde granate. Aroma potente, fruta madura, roble cremoso, ahumado. Boca potente, tostado, balsámico.

Clos Pons Roc de Foc 2011 B
macabeo
90 24€
Color dorado brillante. Aroma fruta madura, potente, tostado, ebanistería. Boca sabroso, frutoso, especiado, tostado, largo, retronasal ahumado.

Clos Pons Roc Nu 2010 TC
cabernet sauvignon, garnacha, tempranillo
91 24€
Color cereza brillante, borde granate. Aroma fruta madura, especias dulces, roble cremoso, intensidad media, mineral. Boca frutoso, sabroso, tostado.

Clos Pons Sisquella 2012 B
garnacha blanca, albariño, moscatel de alejandría
89 11€
Color amarillo brillante. Aroma potente, fruta madura, especias dulces, roble cremoso, hierbas de tocador. Boca graso, retronasal ahumado, sabroso, fresco, buena acidez, retronasal torrefactado.

COSTERS DEL SIÓ

Ctra. de Agramunt, Km. 4,2
25600 Balaguer (Lérida)
☎: +34 973 424 062
Fax: +34 973 424 112
www.costersio.com
administracio@costersio.com

Alto Siós 2010 T
syrah, tempranillo, garnacha
92 ★★★★ 12,8€
Color cereza, borde granate. Aroma fruta madura, especiado, roble cremoso, tostado, piedra seca. Boca potente, sabroso, tostado, taninos maduros, elegante.

Finca Siós 2010 T
cabernet sauvignon, syrah, tempranillo, garnacha
91 18,5€
Color cereza brillante. Aroma fruta madura, especias dulces, roble cremoso, hierbas silvestres, mineral. Boca frutoso, sabroso, tostado, equilibrado.

Siós Blanc de Noirs 2011 BR
pinot noir
92 22€
Color pajizo brillante. Aroma lías finas, floral, cítricos, fruta fresca, hierbas de tocador. Boca fresco, frutoso, sabroso, buena acidez, elegante.

Siós Cau del Gat 2012 T
syrah, garnacha

89   10,2€

Color cereza, borde granate. Aroma especiado, tostado, mineral, fruta sobremadura. Boca potente, sabroso, tostado, taninos marcados de roble.

Siós Pla del Lladoner 2013 B
chardonnay, viognier

89 ★★★   8,2€

Color pajizo brillante. Aroma flores blancas, hierbas de tocador, fruta escarchada. Boca fresco, frutoso, sabroso, equilibrado, elegante.

Siós Rosé 2011 BR Reserva
pinot noir

90   19€

Color cobrizo. Aroma floral, jazmín, hierbas de tocador, fruta escarchada. Boca fresco, frutoso, sabroso, correcto, equilibrado.

L'OLIVERA SCCL
La Plana, s/n
25268 Vallbona de les Monges (Lleida)
☎: +34 973 330 276
Fax: +34 973 330 276
www.olivera.org
olivera@olivera.org

Agaliu 2012 BFB
100% macabeo

89 ★★★ ♥   9,4€

Color pajizo brillante. Aroma floral, hierbas silvestres, fruta madura, especiado, roble cremoso. Boca potente, sabroso, especiado.

Blanc de Marges 2011 BFB
parellada, moscatel, sauvignon blanc

89 ★★★ ♥   9,5€

Color amarillo brillante. Aroma mineral, cítricos, fruta madura, roble cremoso. Boca potente, sabroso, especiado, fácil de beber.

Blanc de Roure 2013 B
macabeo, parellada, chardonnay

87 ★★★ ♥   8,2€

Color amarillo brillante. Aroma fruta madura, potente, tostado, ebanistería. Boca sabroso, frutoso, especiado, tostado, largo.

Blanc de Serè 2013 B
macabeo, parellada, chardonnay

86 ★★★★ ♥   6,5€

Color pajizo brillante. Aroma fresco, fruta fresca, flores blancas, hierbas secas. Boca sabroso, frutoso, buena acidez.

Eixaders 2011 BFB
chardonnay

91 ★★★ ♥   15,1€

Color amarillo brillante. Aroma fruta madura, especias dulces, flores secas, hierbas silvestres. Boca potente, sabroso, graso.

L'Olivera 2009 BN
macabeo, parellada, chardonnay

87 ★★★   9,4€

Color amarillo brillante. Aroma fruta madura, lías finas, hierbas secas. Boca buena acidez, sabroso, fruta madura, largo.

L'Olivera Gran Reserva 2008 BN
macabeo, parellada, chardonnay

88   13,6€

Color dorado brillante. Aroma lías finas, frutos secos, hierbas de tocador, complejo, tostado. Boca potente, sabroso, buena acidez, burbuja fina, fino amargor.

Missenyora 2012 BFB
100% macabeo

90 ★★★★   11,4€

Color amarillo brillante. Aroma potente, fruta madura, especias dulces, roble cremoso, hierbas de tocador. Boca graso, retronasal ahumado, sabroso, fresco.

Rasim Negre Vimadur 2012 T Barrica
garnacha

90   20,5€

Color cereza intenso. Aroma fruta sobremadura, fruta pasificada, especias dulces, tostado. Boca fruta madura, potente, especiado, largo.

Rasim Vi Pansit 2012 B
garnacha blanca, malvasía, xarel.lo

90   24,8€

Color dorado. Aroma potente, floral, notas amieladas, fruta escarchada, hierbas de tocador. Boca sabroso, dulce, fresco, frutoso, buena acidez, largo.

Vallisbona 89 2011 BFB
chardonnay

93   22,2€

Color amarillo brillante. Aroma potente, fruta madura, especias dulces, roble cremoso, hierbas de tocador. Boca graso, retronasal ahumado, sabroso, fresco, buena acidez, elegante.

LAGRAVERA
Ctra. de Tamarite, 9
25120 Alfarrás (Lérida)
☎: +34 973 761 374
Fax: +34 973 760 218
www.lagravera.com
info@lagravera.com

La Pell Puresa Blanc 2012 B
88 ♥   39€

Color pajizo brillante. Aroma flores blancas, hierbas de tocador, expresión frutal, especias dulces, piedra seca. Boca fresco, frutoso, sabroso, equilibrado, elegante. Personalidad.

La Pell Puresa Negre 2012 T
88

Color cereza poco intenso. Aroma fruta madura, hierbas silvestres, jazmín, especiado, piedra seca. Boca sabroso, especiado, mineral.

La Pell Saviesa Blanc 2012 BFB
macabeo

91 ☙   39€

Color amarillo brillante. Aroma potente, fruta madura, especias dulces, roble cremoso, hierbas de tocador, salino. Boca graso, retronasal ahumado, sabroso, fresco, buena acidez.

La Pell Saviesa Negre 2012 TR
garnacha, monastrell, mandó, trobat

93 ☙   57€

Color cereza poco intenso. Aroma fruta roja, piedra seca, terroso, hierbas de tocador, balsámico, especiado. Boca sabroso, complejo, especiado, largo, balsámico.

Laltre 2013 T

88 ★★★★ ☙   5,8€

Color cereza, borde granate. Aroma fruta madura, especiado, roble cremoso, tostado, chocolate, terroso. Boca potente, sabroso, tostado, taninos maduros.

Ònra Blanc 2013 B

88 ★★★ ☙   8,5€

Color pajizo brillante. Aroma flores blancas, fruta fresca, expresivo, hierbas secas. Boca sabroso, frutoso, buena acidez, equilibrado.

Ónra Molta Honra Blanc 2012 BFB

89 ☙   17€

Color amarillo brillante. Aroma potente, fruta madura, especias dulces, roble cremoso, hierbas de tocador. Boca graso, retronasal ahumado, sabroso, fresco, buena acidez.

Ónra Molta Honra Negre 2011 T

92 ☙   20€

Color cereza, borde granate. Aroma fruta madura, hierbas silvestres, terroso, especiado, roble cremoso. Boca equilibrado, sabroso, largo, balsámico, elegante.

Ònra Negre GN+ME+CS 2011 T

90 ★★★★★ ☙   9,8€

Color cereza brillante, borde granate. Aroma fruta madura, especias dulces, roble cremoso, piedra seca, balsámico. Boca frutoso, sabroso, tostado, equilibrado.

Ònra Vi de Pedra Solera Gran Reserva
garnacha blanca

93 ★★★ ☙   13,5€

Color amarillo brillante. Aroma fruta madura, floral, piedra seca, especias dulces, ebanistería, roble cremoso. Boca graso, potente, sabroso, complejo, matices de solera.

MAS BLANCH I JOVÉ
Paratge Llinars. Pol. Ind. 9- Parc. 129
25471 La Pobla de Cérvoles (Lleida)
☎: +34 973 050 018
Fax: +34 973 391 151
www.masblanchijove.com
sara@masblanchijove.com

Petit Saó 2010 T
tempranillo, garnacha, cabernet sauvignon

86 ★★★   8,5€

Color cereza, borde granate. Aroma equilibrado, complejo, fruta madura, especiado, fina reducción. Boca estructurado, sabroso.

Petit Saó 2011 T
tempranillo, garnacha, cabernet sauvignon

88 ★★★   8,5€

Color cereza, borde granate. Aroma fruta roja, fruta madura, especiado, roble cremoso, tostado, complejo. Boca potente, sabroso, tostado.

Saó Abrivat 2010 TC
tempranillo, garnacha, cabernet sauvignon

89   11,5€

Color cereza, borde granate. Aroma fruta madura, hierbas silvestres, terroso, especiado. Boca equilibrado, sabroso, largo, balsámico.

Saó Blanc 2013 B
macabeo, garnacha blanca

88   12,1€

Color pajizo brillante. Aroma fresco, flores blancas, fruta escarchada. Boca sabroso, frutoso, buena acidez, equilibrado.

Saó Expressiu 2008 TC
garnacha, cabernet sauvignon, tempranillo

90   17,6€

Color cereza, borde granate. Aroma fruta madura, especiado, roble cremoso, tostado, complejo. Boca potente, sabroso, tostado, taninos maduros, equilibrado.

Saó Expressiu 2009 T
garnacha, cabernet sauvignon, tempranillo

91   17,6€

Color guinda. Aroma especiado, fina reducción, tostado, balsámico, equilibrado. Boca especiado, largo, tostado, elegante.

Saó Rosat 2013 RD
garnacha, syrah

86 ★★★   9,1€

Color frambuesa, borde violáceo. Aroma potente, fruta madura, fruta roja, floral, balsámico. Boca potente, frutoso, fresco.

RAIMAT

Ctra. Lleida, s/n
25111 Raimat (Lleida)
☎: +34 973 724 000
www.raimat.com
info@raimat.es

Castell de Raimat Albariño 2013 B
100% albariño

87 ★★★★   6,8€

Color pajizo brillante. Aroma fresco, fruta fresca, flores blancas. Boca sabroso, frutoso, buena acidez.

Castell de Raimat Cabernet Sauvignon 2009 TC
100% cabernet sauvignon

88 ★★★   9,9€

Color cereza, borde granate. Aroma fruta madura, especiado, roble cremoso, tostado. Boca potente, sabroso, tostado.

Castell de Raimat Chardonnay 2013 B
100% chardonnay

89 ★★★★   6,8€

Color pajizo brillante. Aroma fruta madura, hierbas de tocador, floral. Boca potente, sabroso, untuoso.

Castell de Raimat Syrah 2011 T
100% syrah

87 ★★★   9,2€

Color cereza brillante. Aroma fruta madura, especias dulces, roble cremoso, intensidad media. Boca frutoso, sabroso, tostado.

Raimat Abadía 2011 TC
cabernet sauvignon, tempranillo

85 ★★★★   6,8€

Raimat Terra Chardonnay 2013 B
100% chardonnay

90 ★★★★★ 🌷   8€

Color amarillo brillante. Aroma flores secas, hierbas silvestres, fruta madura, expresivo. Boca redondo, potente, sabroso.

Raimat Vallcorba 2011 T

89   17,5€

Color cereza, borde granate. Aroma fruta madura, hierbas silvestres, terroso, roble cremoso. Boca equilibrado, sabroso, largo, balsámico.

RUBIÓ DE SÓLS

Camí LV 9138, Parc. 28
25737 Foradada (Lérida)
☎: +34 690 872 356
juditsogas@gmail.com

Xarel 15 2012 B
xarel.lo

90 ★★★★★   10€

Color amarillo brillante. Aroma potente, fruta madura, especias dulces, roble cremoso, hierbas de tocador. Boca graso, retronasal ahumado, sabroso, fresco.

TOMÁS CUSINÉ

Plaça Sant Sebastià, 13
25457 El Vilosell (Lleida)
☎: +34 973 176 029
Fax: +34 973 175 945
www.tomascusine.com
info@tomascusine.com

Auzells 2013 B
macabeo, sauvignon blanc, riesling, chardonnay

93 ★★★★   10,5€

Color pajizo brillante. Aroma flores blancas, hierbas de tocador, expresión frutal. Boca fresco, frutoso, sabroso, equilibrado, elegante.

Finca Comabarra 2010 T
cabernet sauvignon, garnacha, syrah

91   25€

Color guinda. Aroma fruta madura, especiado, roble cremoso, tostado, complejo, mineral. Boca potente, sabroso, tostado, taninos maduros, redondo.

Finca La Serra 2013 B
chardonnay

94 20€

Color pajizo brillante. Aroma cítricos, hierbas silvestres, especiado, floral. Boca fresco, frutoso, estructurado, equilibrado.

Geol 2009 TR
merlot, cabernet sauvignon, garnacha, samsó

94 18,5€

Color cereza, borde granate. Aroma fruta madura, especiado, roble cremoso, tostado, chocolate, terroso. Boca potente, sabroso, tostado, taninos maduros.

Geol 2011 T

93

Color cereza, borde granate. Aroma fruta madura, especiado, roble cremoso, tostado, complejo, chocolate, terroso. Boca potente, sabroso, tostado, taninos maduros.

Llebre 2012 T
tempranillo, garnacha, merlot, samsó

90 ★★★★★ 7€

Color cereza, borde granate. Aroma fruta madura, especiado, roble cremoso, tostado, complejo. Boca potente, sabroso, tostado, taninos maduros, equilibrado.

Macabeu Finca Racons 2013 B
macabeo

92 20€

Color pajizo brillante. Aroma flores blancas, fruta fresca, expresivo, lías finas. Boca sabroso, frutoso, buena acidez, equilibrado.

Vilosell 2011 T
tempranillo, syrah, merlot, cabernet sauvignon

89 10,5€

Color cereza, borde granate. Aroma fruta madura, hierbas silvestres, terroso, especiado, roble cremoso, tostado. Boca equilibrado, sabroso, largo, balsámico.

VALL DE BALDOMAR
Ctra. de Alós de Balaguer, s/n
25737 Baldomar (Lleida)
☎: +34 973 402 205
www.valldebaldomar.com
info@valldebaldomar.com

Baldomà Selecció 2012 T
merlot, cabernet sauvignon, tempranillo

86 ★★★★ 7€

Color cereza, borde granate. Aroma fruta roja, fruta confitada, hierbas silvestres, especiado. Boca potente, sabroso, fruta madura.

Cristiari 2013 RD
merlot, cabernet sauvignon

85 ★★★ 8,8€

Cristiari d'Alòs Merlot 2012 T Roble
merlot

85 ★★★ 10€

VINYA ELS VILARS

Camí de Puiggrós, s/n
25140 Arbeca (Lleida)
☎: +34 973 149 144
Fax: +34 973 160 719
www.vinyaelsvilars.com
vinyaelsvilars@vinyaelsvilars.com

Gerar 2010 T
merlot

86   15,4€

Color cereza, borde granate. Aroma especiado, tostado, mineral, fruta confitada. Boca potente, sabroso, tostado.

Leix 2009 T
syrah

88   15,4€

Color cereza brillante. Aroma fruta madura, especias dulces, roble cremoso, intensidad media, balsámico. Boca frutoso, sabroso, tostado, untuoso.

Tallat de Lluna 2009 T
syrah

89   17,5€

Color cereza, borde granate. Aroma fruta confitada, fruta al licor, especiado, balsámico, mineral. Boca sabroso, confitado, balsámico.

Vilars 2009 TC
merlot, syrah

86   10,3€

Color cereza, borde granate. Aroma fruta madura, especiado, roble cremoso, tostado. Boca potente, sabroso, tostado, taninos marcados de roble.

VINYA L'HEREU DE SERÓ

Molí, s/n
25739 Seró-Artesa de Segre (Lérida)
☎: +34 639 311 175
Fax: +34 973 400 472
www.vinyalhereu.com
vinyalhereu@vinyalhereu.com

Flor de Grealó 2006 T
merlot, syrah, cabernet sauvignon

86 ♣   14,5€

Color cereza intenso, borde anaranjado. Aroma cera, tabaco, fruta madura, especiado. Boca fino amargor, sabroso, matices de reducción.

Petit Grealó 2011 T
syrah, merlot, cabernet sauvignon

86 ★★★★ ♣   7,5€

Color cereza intenso, borde anaranjado. Aroma fruta madura, hierbas de monte, especiado, tierra húmeda. Boca largo, balsámico, sabroso.

DO. EL HIERRO

CONSEJO REGULADOR

Oficina de Agricultura. El Matorral, s/n
38911 Frontera (El Hierro).
☎: +34 922 556 064 / +34 922 559 744 - Fax: +34 922 559 691
@: doelhierro@hotmail.com
www.elhierro.tv

SITUACIÓN:

En la isla canaria de El Hierro. La zona de producción comprende toda la isla, pero las principales áreas de cultivo son Valle del Golfo, Sabinosa, El Pinar y Echedo.

Santa Cruz de
Tenerife

Las Palmas de
Gran Canaria

▽ Consejo Regulador
Delimitación de la DO

Valverde
Guarazoca
Puerta de
la Estacada
San Andrés
Casas Los
Mocanes
Los Llanillos
Frontera
Las Casas
Sabinosa
El Pinar
La Restinga

VARIEDADES:

BLANCAS: verijadiego (mayoritaria: 50% de todas las blancas), listán blanca, bremajuelo, uval (gual), pedro ximénez, baboso y moscatel.

TINTAS: listán negro, negramoll, baboso negro y verijadiego negro.

DATOS:

Nº Has. Viñedo: 120 – **Nº Viticultores:** 209 – **Nº Bodegas:** 9 – **Cosecha 12:** Muy Buena– **Producción 13:** 206.778 litros – **Comercialización:** 100% España.

SUELOS:

De origen volcánico, con buena capacidad para la retención y almacenamiento del agua. Aunque el cultivo tradicional del viñedo primaba las zonas altas, actualmente la mayoría de las parcelas están a escasa altitud, lo que determina una rápida maduración de la uva.

CLIMA:

En general es bastante templado, aunque se registran mejores índices de humedad en las zonas altas de montaña. Las precipitaciones son poco abundantes.

CARACTERÍSTICAS GENERALES DE LOS VINOS

BLANCOS	Son el producto más característico de la isla. Se elaboran, sobre todo, a partir de las variedades verijadiego y listán blanco. Presentan un color amarillo pajizo; son bastante frescos y afrutados y, en ocasiones, ofrecen notas de frutos tropicales.
ROSADOS	Se caracterizan por un color frambuesa-anaranjado y resultan bastante frescos y afrutados.
TINTOS	Su nota distintiva es una cierta calidad. Asimismo, tienen bastante cuerpo y son bastante afrutados.

CLASIFICACIÓN COSECHAS

GUÍAPEÑÍN

2009	2010	2011	2012	2013
BUENA	MUY BUENA	SC	SC	SC

DO. EMPORDÀ

CONSEJO REGULADOR

Avda. Marignane, 2

17600 Figueres (Girona)

☎: +34 972 507 513 - Fax: +34 972 510 058

@: info@doemporda.cat

www.doemporda.cat

SITUACIÓN:

En el extremo nororiental de Cataluña, en la provincia de Girona. La zona de producción engloba 48 términos municipales y ocupa las laderas de las sierras de Rodes y Alberes describiendo un arco, que va desde el cabo de Creus a la llamada Garrotxa d'Empordà, en el caso del Alt Empordà, y con el Macizo de las Gabarres y el Macizo del Montgrí en el caso del Baix Empordà.

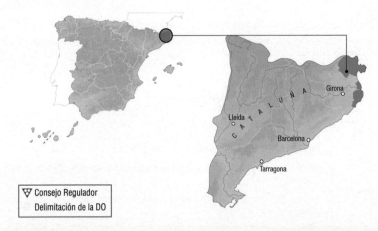

▽ Consejo Regulador
Delimitación de la DO

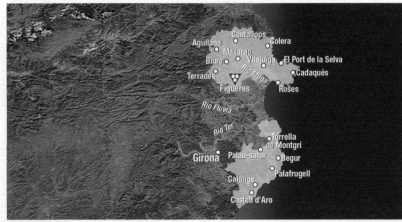

VARIEDADES:

BLANCAS: RECOMENDADAS: garnacha blanca, macabeo (viura) y moscatel de Alejandría.

AUTORIZADAS: xarel.lo, chardonnay, gewürztraminer, malvasía, moscatel de gra petit, picapoll blanc y sauvignon blanc.

TINTAS: RECOMENDADAS: cariñena y garnacha tinta.

AUTORIZADAS: cabernet sauvignon, cabernet franc, merlot, monastrell, tempranillo, syrah, garnacha roja (lledoner roig) y garnacha peluda.

DATOS:

Nº Has. Viñedo: 1.795 – **Nº Viticultores:** 330 – **Nº Bodegas:** 50 – **Cosecha 13:** Muy Buena – **Producción 13:** 6.092.300 litros – **Comercialización:** 84% España - 16% extranjero.

SUELOS:

En general son suelos pobres, de naturaleza granítica en las zonas montañosas, de tipo aluvial en la llanura y pizarrosos en la franja costera.

CLIMA:

La climatología está condicionada por la tramontana, fuerte viento del norte que afecta a los cultivos. Por lo demás, los inviernos son suaves, con escasas heladas, y los veranos calurosos pero moderados por la acción de la brisa del mar. Respecto al índice de lluvias, se sitúa en torno a los 600 mm. anuales.

CARACTERÍSTICAS GENERALES DE LOS VINOS

BLANCOS | Cada vez son más las bodegas que se vuelcan en la elaboración de estos vinos. Conviven variedades locales y foráneas. Son frescos, fáciles de beber y sabrosos. En ellos impera el carácter puramente mediterráneo.

ROSADOS | De color rosáceo-frambuesa, son afrutados y relativamente intensos, frescos y ligeros.

TINTOS | Han pasado de elaborar tintos novell (de comercialización inmediata tras la vendimia y para consumir en el año) de color cereza granate, ligeros, fáciles y agradables de beber, con buenos índices de acidez y aromas a frutos rojos, a volcarse en la creación de vinos con crianza, con mucho equilibrio entre fruta y madera y ricos matices balsámicos.

LICOROSOS | Vinos tradicionales de la región elaborados a partir de garnacha. De color ámbar rojizo, desarrollan en nariz notas a mistela y rancio; en la boca destacan por su dulzor y pastosidad.

ROSADOS | Poseen una amplia gama cromática y estilística, desde los rosa pálido a los frambuesa intensos. Son frescos, frutales y poseen una buena acidez.

CLASIFICACIÓN COSECHAS   GUÍA**PEÑÍN**

2009	2010	2011	2012	2013
BUENA	MUY BUENA	MUY BUENA	BUENA	BUENA

DO EMPORDÀ / D.O.P

AGRÍCOLA DE GARRIGUELLA

Ctra. de Roses, s/n
17780 Garriguella (Gerona)
☎: +34 972 530 002
Fax: +34 972 531 747
www.cooperativagarriguella.com
marta@cooperativagarriguella.com

Dinarells Blanc 2013 B
macabeo, garnacha blanca, moscatel
84 2,9€

Dinarells Negre 2013 T
garnacha, merlot, cabernet sauvignon
85 ★★★★★ 3€

Dinarells Rosat 2013 RD
garnacha
85 ★★★★★ 2,9€

Dolç de Gerisena 2005 Vino de licor
garnacha, cariñena
91 ★★★★ 11,9€
Color cereza muy intenso. Aroma fruta escarchada, tostado, barniz, especias dulces. Boca lleno, sabroso, equilibrado, especiado, largo.

Essencia de Gerisena 2012 B
moscatel, moscatel de alejandría
90 ★★★★★ 8,5€
Color amarillo brillante. Aroma varietal, equilibrado, flores blancas, jazmín, expresivo. Boca fruta madura, largo, buena acidez.

Garriguella 2010 TC
cariñena, cabernet sauvignon, garnacha
87 ★★★★ 7,2€
Color cereza brillante. Aroma fruta madura, especias dulces, roble cremoso, expresivo. Boca sabroso, frutoso, tostado, taninos maduros, balsámico.

Garriguella Garnatxa D'Empordá Negra 2007 T
garnacha
85 ★★★★★ 4,7€

Garriguella Garnatxa D'Empordá Roja 2008 Vino del licor
garnacha rosada
85 ★★★★★ 4,2€

Garriguella Moscatel D'Empordá 2012 B
moscatel
84 4,5€

Garriguella Novell 2013 T
garnacha, cariñena
89 ★★★★★ 4€
Color cereza poco intenso, borde violáceo. Aroma fruta roja, intensidad media, floral. Boca sabroso, equilibrado, fácil de beber, fresco.

Gerisena Blanc 2013 B
garnacha blanca
88 ★★★ 8,2€
Color cobrizo. Aroma intensidad media, equilibrado, floral, fruta madura. Boca sabroso, frutoso, fino amargor, lleno, especiado.

Gerisena Rosat 2013 RD
garnacha rosada
87 ★★★★ 8€
Color cobrizo, brillante. Aroma fruta fresca, floral, hierbas silvestres. Boca frutoso, sabroso, fácil de beber, cierta persistencia.

Gerisena Sel.lecció 2012 T
cabernet sauvignon, merlot, garnacha
88 10,8€
Color cereza oscuro, borde granate. Aroma expresivo, balsámico, fruta madura, especiado. Boca estructurado, sabroso, taninos maduros.

Puntils Blanc 2013 B
garnacha blanca, moscatel
85 ★★★★★ 5€

Puntils Negre 2013 T
cabernet sauvignon, garnacha, merlot
86 ★★★★ 5,8€
Color cereza brillante, borde violáceo. Aroma fruta roja, hierbas secas. Boca potente, sabroso, fruta madura.

Puntils Rosat 2013 RD
garnacha, tempranillo, syrah
85 ★★★★ 5,2€

AV BODEGUERS

Sant Baldiri, 23
17781 Vilamaniscle (Girona)
☎: +34 676 231 199
www.avbodeguers.com
info@avbodeguers.com

Nereus Garnacha Negra 2011 T
garnacha
87 11,5€
Color cereza, borde granate. Aroma fruta madura, especiado, tostado, balsámico. Boca potente, sabroso, tostado, taninos maduros.

Nereus Selección 2010 T
merlot, syrah, garnacha

86   12,5€

Color cereza, borde granate. Aroma fruta madura, hierbas silvestres, especiado, intensidad media. Boca equilibrado, sabroso, largo, balsámico.

Petit Suneus 2013 T
merlot, garnacha

87 ★★★★   5,5€

Color cereza poco intenso. Aroma expresivo, fruta fresca, fruta roja, hierbas secas. Boca sabroso, frutoso, buena acidez, taninos maduros.

Suneus 2012 T
garnacha, syrah

87 ★★★★   7,5€

Color cereza brillante. Aroma especias dulces, roble cremoso. Boca sabroso, frutoso, tostado, taninos maduros, largo, especiado.

Suneus 2013 B
garnacha blanca

87 ★★★★   7,5€

Color pajizo brillante. Aroma flores blancas, fruta fresca, expresivo, lías finas, hierbas secas. Boca sabroso, frutoso, buena acidez, equilibrado.

Suneus 2013 RD
merlot

83   7,5€

BODEGAS MAS VIDA
Afores, s/n
17741 Cistella (Gerona)
☎: +34 659 548 512
Fax: +34 932 045 598
www.bodegasmasvida.com
info@bodegasmasvida.com

Mas Vida 117 2013 B Roble
chardonnay

86   11,5€

Color amarillo brillante. Aroma especias dulces, tostado, flores secas, fruta madura. Boca frutoso, sabroso, especiado.

Mas Vida 17 2013 B
chardonnay

84   7,4€

Mas Vida 23 2011 T
merlot, tempranillo

84   5,5€

Mas Vida 32 2010 T Roble
merlot

86   11,5€

Color cereza brillante. Aroma fruta madura, intensidad media, hierbas secas. Boca frutoso, sabroso, tostado.

BODEGAS TROBAT
Castelló, 10
17780 Garriguella (Girona)
☎: +34 972 530 092
Fax: +34 972 552 530
www.bodegastrobat.com
bodegas.trobat@bmark.es

Amat Blanc 2013 B
100% xarel.lo

85 ★★★★★   4€

Amat Merlot 2013 RD
100% merlot

86 ★★★★★   4€

Color rosáceo pálido. Aroma flores blancas, fruta fresca, intensidad media. Boca equilibrado, fino amargor, burbuja fina.

Amat Negre Coupage 2011 TC
merlot, syrah, samsó

87 ★★★★   5,7€

Color cereza oscuro, borde anaranjado. Aroma fruta madura, fruta confitada, especias dulces. Boca sabroso, frutoso, largo, taninos maduros.

Amat Sauvignon Blanc 2013 B
100% sauvignon blanc

86 ★★★★★   5€

Color pajizo brillante. Aroma fresco, fruta fresca, hierbas de tocador. Boca sabroso, frutoso, buena acidez, equilibrado.

Noble Chardonnay 2013 B
100% chardonnay

85 ★★★★   5,7€

Noble Negre 2011 T
cabernet sauvignon, syrah, samsó

89 ★★★★   7€

Color cereza, borde granate. Aroma fruta madura, especiado, roble cremoso, tostado, complejo. Boca potente, sabroso, tostado, taninos maduros.

CASTILLO PERELADA VINOS Y CAVAS
Pl. del Carmen, 1
17491 Perelada (Girona)
☎: +34 972 538 011
Fax: +34 932 231 370
www.castilloperelada.com
perelada@castilloperelada.com

Castillo de Perelada 3 Fincas 2011 TC

86 ★★★★   5,3€

Color cereza intenso, borde granate. Aroma cacao fino, especias dulces, fruta madura. Boca sabroso, frutoso.

Castillo de Perelada 5 Fincas 2009 TR

90 ★★★★   10,5€

Color cereza, borde granate. Aroma complejo, roble cremoso, cacao fino, fruta madura. Boca fruta madura, balsámico, taninos maduros.

Castillo de Perelada 5 Fincas 2010 TR
88 10,5€
Color cereza, borde granate. Aroma fruta madura, especiado, roble cremoso, tostado, complejo. Boca potente, sabroso, tostado, taninos maduros.

Castillo Perelada 2013 RD
87 ★★★★★ 4€
Color cereza claro. Aroma intensidad media, flores secas, fruta roja. Boca frutoso, buena acidez, fino amargor.

Castillo Perelada Blanc de Blancs 2013 B
87 ★★★★★ 4€
Color pajizo brillante. Aroma fresco, fruta fresca, flores blancas, expresivo, hierbas de tocador. Boca sabroso, frutoso, buena acidez, equilibrado.

Castillo Perelada Cabernet Sauvignon 2013 RD
100% cabernet sauvignon
87 ★★★★ 6€
Color frambuesa, borde violáceo. Aroma fruta madura, fruta roja, floral, expresivo, equilibrado. Boca frutoso, fresco, sabroso.

Castillo Perelada Cigonyes 2013 RD
garnacha
87 ★★★★ 6,5€
Color rosáceo pálido. Aroma elegante, flores blancas, fruta roja, hierbas secas. Boca sabroso, frutoso, fino amargor.

Castillo Perelada Collection 2013 B
91 ★★★★★ 9,5€
Color amarillo brillante. Aroma hierbas secas, flores marchitas, equilibrado, especias dulces, expresivo. Boca sabroso, complejo, largo, equilibrado.

Castillo Perelada Finca Espolla 2010 T
94 ★★★ 15,5€
Color cereza muy intenso, borde granate. Aroma expresivo, complejo, cerrado, hierbas de tocador, fruta madura. Boca lleno, sabroso, complejo.

Castillo Perelada Finca Malaveïna 2010 T
91 19,5€
Color cereza, borde granate. Aroma fruta madura, hierbas silvestres, terroso, especiado, elegante, cacao fino. Boca equilibrado, sabroso, largo, balsámico.

Castillo Perelada Finca Malaveïna 2011 T
90 19,5€
Color cereza brillante. Aroma fruta madura, especias dulces, roble cremoso, intensidad media, hierbas de tocador. Boca frutoso, sabroso, tostado.

Castillo Perelada Garnatxa Blanca B
100% garnacha blanca
88 ★★★★★ 5€
Color pajizo brillante. Aroma flores blancas, fruta fresca, balsámico. Boca frutoso, largo, balsámico.

Castillo Perelada Garnatxa de l'Empordà B
92 ★★★ 14,5€
Color caoba claro. Aroma especias dulces, cacao fino, fruta escarchada, acetaldehído, barniz. Boca sabroso, lleno, complejo, largo, untuoso, especiado.

Castillo Perelada Gran Claustro 2009 T
92 29,5€
Color cereza oscuro, borde granate. Aroma hierbas de monte, fruta madura, especiado, complejo. Boca largo, taninos maduros, fruta madura.

Castillo Perelada Jardins Blanc 2013 B
86 ★★★★★ 4,5€
Color pajizo brillante. Aroma intensidad media, flores blancas, hierbas secas. Boca frutoso, correcto, equilibrado.

Castillo Perelada Jardins Negre 2013 T
87 ★★★★★ 4,5€
Color cereza, borde violáceo. Aroma fruta roja, hierbas verdes, intensidad media. Boca sabroso, frutoso, balsámico, equilibrado.

Castillo Perelada Jardins Rosé 2013 RD
86 ★★★★★ 4€
Color cobrizo, brillante. Aroma intensidad media, fresco, floral. Boca frutoso, buena acidez, equilibrado.

Castillo Perelada La Garriga 2010 T
100% samsó
90 ★★★ 15,5€
Color cereza opaco, borde granate. Aroma complejo, chocolate, tabaco, fruta madura. Boca especiado, largo, taninos maduros, estructurado.

Castillo Perelada La Garriga 2012 B
91 19€

Color amarillo brillante. Aroma fruta madura, especias dulces, roble cremoso, hierbas de tocador, elegante. Boca graso, retronasal ahumado, sabroso, fresco, buena acidez.

Cigonyes 2012 T
87 ★★★★ 7,3€

Color cereza brillante, borde granate. Aroma potente, fruta madura, fruta confitada, especias dulces. Boca sabroso, taninos maduros.

Cigonyes 2013 B
100% macabeo

88 ★★★★ 6,5€

Color amarillo, borde verdoso. Aroma expresivo, varietal, floral. Boca lleno, fino amargor, buena acidez, largo.

Finca Garbet 2007 T
100% syrah

93 110€

Color cereza muy intenso, borde granate. Aroma cerrado, fruta madura, complejo, cacao fino, roble cremoso. Boca lleno, fruta madura, equilibrado, taninos maduros.

CELLER ARCHÉ PAGÈS

Sant Climent, 31
17750 Capmany (Girona)
☎: +34 626 647 251
Fax: +34 972 549 229
www.cellerarchepages.com
bonfill@capmany.com

Bonfill 2009 T
garnacha, cariñena

89 20€

Color cereza, borde granate. Aroma fruta madura, especiado, roble cremoso, tostado, complejo, balsámico. Boca potente, sabroso, tostado, taninos maduros.

Cartesius Blanc 2012 B
garnacha blanca

85 12€

Cartesius Negre 2009 T
garnacha, merlot, cabernet sauvignon

88 ★★★ 10€

Color guinda. Aroma fruta madura, cuero muy curtido, especiado, hierbas silvestres. Boca equilibrado, especiado, balsámico.

Sàtirs Blanc 2013 B
macabeo

85 ★★★★ 7€

Sàtirs Negre 2008 T
garnacha, cariñena, cabernet sauvignon

86 ★★★★ 7€

Color guinda. Aroma especiado, fina reducción, ebanistería, tostado, hierbas secas, cuero muy curtido. Boca especiado, largo, tostado.

Ull de Serp Carinyena 2011 T
cariñena

91 30€

Color cereza, borde granate. Aroma fruta madura, especiado, roble cremoso, tostado, complejo, chocolate, terroso. Boca potente, sabroso, tostado, taninos maduros.

Ull de Serp Garnatxa 2010 T
garnacha
89 30€
Color cereza muy intenso, borde granate. Aroma potente, hierbas de monte, fruta madura, tostado. Boca lleno, sabroso, taninos maduros.

Ull de Serp Macabeu 2012 B
macabeo
90 20€
Color pajizo brillante. Aroma flores blancas, fruta fresca, expresivo, lías finas, hierbas secas. Boca sabroso, frutoso, buena acidez, equilibrado, elegante.

CELLER COOPERATIU D'ESPOLLA
Ctra. Roses, s/n
17773 Espolla (Gerona)
☎: +34 972 563 178
www.celleresespolla.com
info@celleresespolla.com

Castell de Panissars 2011 TC
cariñena, lledoner, merlot
85 ★★★★★ 5€

Clos de les Dòmines 2010 TR
merlot, cabernet sauvignon, cariñena
87 ★★★ 9€
Color cereza oscuro, borde granate. Aroma fruta madura, hierbas silvestres, especiado, roble cremoso. Boca equilibrado, sabroso, largo, balsámico.

Clos de les Dòmines 2012 BFB
lladoner blanco, cariñena blanca, moscatel de alejandría
86 ★★★ 8,5€
Color amarillo brillante. Aroma fruta madura, especias dulces, flores marchitas. Boca sabroso, frutoso, graso.

Garnatxa D'Empordà Espolla
lledoner blanc, lledoner roig
88 ★★★★★ 4,5€
Color caoba claro. Aroma potente, ebanistería, rancio, fruta escarchada, notas amieladas. Boca untuoso, sabroso, especiado.

Moscatell D'Empordà Espolla 2013 B
4,5% moscatel de alejandría
83

Negre Jove 2013 T
lladoner blanco, lladoner roig, lledoner
86 ★★★★★ 3,5€
Color cereza poco intenso, borde violáceo. Aroma intensidad media, violetas, fruta roja. Boca frutoso, fácil de beber, balsámico.

Panissars 2013 B
lladoner blanco, lladoner roig, sauvignon blanc
85 ★★★★★ 4,5€

Panissars 2013 RD
87 ★★★★★ 4,5€
Color cereza claro. Aroma fresco, flores blancas, equilibrado, intensidad media, fruta roja. Boca frutoso, fácil de beber, fresco.

Solera Garnatxa d'Empordà
lledoner roig, lladoner blanco
89 ★★★★ 8€
Color caoba claro. Aroma expresivo, rancio, especias dulces, frutos secos, pastelería, notas amieladas. Boca sabroso, tostado, untuoso.

SoliSerena Garnatxa d'Empordà Dulce Natural
lladoner blanco, lledoner roig
90 ★★★ 15€
Color caoba claro. Aroma fruta escarchada, pastelería, cacao fino, frutos secos. Boca equilibrado, buena acidez, dulce, lleno.

Vinya Orlina Negre 2013 T
lledoner, cariñena
86 ★★★★★ 3,5€
Color cereza, borde violáceo. Aroma fruta madura, especias dulces. Boca frutoso, sabroso, buena acidez.

CELLER HUGAS DE BATLLE
Francesc Rivera, 28-30
17469 Colera (Gerona)
☎: +34 972 389 149
www.cellerhugasdebatlle.com
info@cellerhugasdebatlle.com

30.70 2013 B
89 11€
Color amarillo brillante. Aroma equilibrado, expresivo, hierbas secas, flores marchitas. Boca sabroso, equilibrado.

Coma de Vaixell 2012 T
88 12,5€
Color cereza intenso, borde granate. Aroma fruta madura, fruta confitada, balsámico. Boca sabroso, equilibrado, buena acidez, estructurado.

CELLER LA VINYETA

Ctra. de Mollet de Peralada a Masarac, s/n
17770 Mollet de Peralada (Girona)
☎: +34 647 748 809
www.lavinyeta.es
celler@lavinyeta.es

Heus Blanc 2013 B
macabeo, xarel.lo, malvasía, moscatel

86 ★★★★   6,5€

Color pajizo brillante. Aroma intensidad media, flores secas, flores marchitas. Boca sabroso, frutoso, fino amargor.

Heus Negre 2013 T
cariñena, syrah, garnacha, merlot

88 ★★★★   6,5€

Color cereza, borde violáceo. Aroma fruta roja, floral, intensidad media. Boca fresco, frutoso, untuoso, retronasal afrutado.

Heus Rosat 2013 RD
garnacha, merlot, syrah, samsó

85 ★★★★   6,5€

Llavors 2012 TC
merlot, cariñena, cabernet sauvignon, syrah

86 ★★★   8,5€

Color cereza oscuro, borde granate. Aroma cálido, hierbas de monte, fruta madura. Boca sabroso, largo, taninos maduros.

Microvins Negre 2011 T
cariñena

92 ★★★   16€

Color cereza, borde granate. Aroma fruta madura, elegante, equilibrado, complejo, especiado, hierbas de tocador. Boca estructurado, taninos finos, fruta madura.

Puntiapart 2011 T
cabernet sauvignon, cariñena

88   12€

Color cereza oscuro, borde granate. Aroma potente, cálido, fruta confitada, especias dulces. Boca estructurado, lleno, sabroso, taninos maduros.

Sols 2010 Dulce
garnacha roja, garnacha blanca

86   15€

Color caoba claro. Aroma fruta escarchada, fruta pasificada, hierbas silvestres, flores marchitas, notas amieladas. Boca equilibrado, graso, sabroso.

CELLER MARIÀ PAGÈS

Pujada, 6
17750 Capmany (Girona)
☎: +34 972 549 160
Fax: +34 972 549 160
www.cellermpages.com
info@cellermpages.com

Celler Marià Pagès Moscat d'Empordà 2012 B
moscatel de alejandría

89 ★★★★   8€

Color dorado brillante. Aroma equilibrado, expresivo, fruta escarchada, flores marchitas, especias dulces, pastelería. Boca graso, lleno, sabroso, largo.

Marià Pagès Garnatxa d'Empordà B Reserva
garnacha blanca, garnacha

87   14€

Color caoba claro. Aroma fruta escarchada, pastelería, cacao fino, caramelo tostado. Boca equilibrado, especiado, largo, untuoso.

Marià Pagès Garnatxa d'Empordà 2012 B
garnacha blanca, garnacha

89 ★★★★   8€

Color oro viejo, borde ambarino. Aroma especias dulces, pastelería, fruta escarchada, flores marchitas. Boca frutoso, sabroso.

Serrasagué 2007 TC
garnacha, merlot, cabernet sauvignon

86 ★★★★   8€

Color cereza oscuro, borde anaranjado. Aroma especiado, tabaco, cuero muy curtido. Boca sabroso, balsámico, fruta madura.

Serrasagué 2013 B
garnacha blanca, chardonnay, moscatel

84   2,5€

Serrasagué 2013 RD
tempranillo, garnacha, merlot

83   2,5€

Serrasagué 2013 T
garnacha, merlot, cabernet sauvignon

87 ★★★★★   4,5€

Color cereza muy intenso, borde violáceo. Aroma potente, fruta madura, hierbas secas. Boca sabroso, equilibrado, taninos maduros, largo.

Serrasagué Rosa - T 2013 RD
garnacha, merlot

87 ★★★★★   4,5€

Color cereza claro, brillante. Aroma potente, fruta madura, fruta roja, floral, expresivo, fresco. Boca frutoso, fresco, buena acidez.

Serrasagué Taca Negra 2011 T
garnacha, merlot, cabernet franc

86 ★★★★ 7,5€

Color cereza intenso, borde granate. Aroma especiado, hierbas de monte, fruta madura. Boca sabroso, taninos maduros, largo.

Serrasagué Vinya de L'Hort 2013 B
garnacha blanca, chardonnay, moscatel

85 ★★★★★ 4,5€

CELLER MARTÍN FAIXÓ
Ctra. de Cadaqués s/n
17488 Cadaqués (Girona)
☎: +34 682 107 142
www.saperafita.com
tastos@cellermartinfaixo.com

Cadac 2007 TR
cabernet sauvignon, garnacha

89 30€

Color cereza opaco, borde granate. Aroma fina reducción, hierbas de monte, fruta madura. Boca especiado, taninos finos, sabroso, tostado, retronasal ahumado, matices de reducción.

Perafita 2009 TC
cabernet sauvignon, garnacha, merlot

88 18€

Color cereza intenso, borde granate. Aroma especiado, roble cremoso, hierbas de monte, fruta madura. Boca sabroso, estructurado.

Perafita Picapoll 2013 B
picapoll

87 🍷 13€

Color pajizo brillante. Aroma fresco, fruta fresca, flores blancas. Boca sabroso, frutoso, buena acidez, equilibrado, fino amargor.

Perafita Rosat 2013 RD
merlot, garnacha

87 🍷 13€

Color cobrizo, brillante. Aroma intensidad media, fruta fresca, floral, hierbas secas. Boca sabroso, fácil de beber, fino amargor.

CELLER MAS ROMEU
Gregal, 1
17495 Palau-Saverdera (Gerona)
☎: +34 687 744 056
www.cellermasromeu.cat
info@cellermasromeu.cat

Blanc Fitó 2013 B
chardonnay

84 12€

Finca Malesa 2009 TR
garnacha, merlot

87 17€

Color cereza, borde granate. Aroma potente, balsámico, cacao fino, fruta madura. Boca sabroso, taninos secos pero maduros.

Malesa Rosat 2013 RD
garnacha, merlot

86 ★★★ 9€

Color rosáceo pálido. Aroma intensidad media, fruta fresca, floral. Boca frutoso, fácil de beber, cierta persistencia.

Senglar 2012 T
garnacha, merlot, cabernet sauvignon

87 ★★★ 10€

Color cereza oscuro. Aroma fruta madura, hierbas silvestres, terroso, especiado, roble cremoso. Boca equilibrado, sabroso, largo, balsámico.

CELLERS D'EN GUILLA
Camí de Perelada s/n, Delfià
17754 Rabós d'Empordà (Gerona)
☎: +34 660 001 622
www.cellersdenguilla.com
info@cellersdenguilla.com

Edith 2012 BC
garnacha blanca, garnacha roja

87 14,5€

Color amarillo brillante. Aroma tostado, ahumado, fruta madura. Boca equilibrado, frutoso, tostado, especiado.

Garnacha dels Cellers D'en Guilla
garnacha roja

88 14,5€

Color cobrizo. Aroma complejo, equilibrado, especias dulces, fruta escarchada, pastelería. Boca sabroso, lleno, largo.

Magenc 2013 B
garnacha blanca, garnacha roja, macabeo, moscatel

88 ★★★★ 7,8€

Color pajizo brillante. Aroma fresco, fruta fresca, expresivo, hierbas de tocador. Boca sabroso, frutoso, buena acidez, equilibrado.

Rec de Brau 2012 T
cariñena, garnacha

87 ★★★ 9,5€

Color cereza muy intenso, borde violáceo. Aroma fruta madura, especias dulces, equilibrado, potente. Boca estructurado, sabroso, taninos maduros.

Vinya del Metge 2013 RD
garnacha roja, garnacha

88 ★★★ 8,8€

Color rosáceo pálido. Aroma intensidad media, flores secas, hierbas secas, fruta madura. Boca frutoso, largo, buena acidez.

CELLERS SANTAMARÍA

Pza. Mayor, 6
17750 Capmany (Girona)
☎: +34 972 549 033
Fax: +34 972 549 022
www.granrecosind.com
info@granrecosind.com

Gran Recosind 2007 TC
garnacha, tempranillo, merlot, syrah

84   6€

Gran Recosind 2008 TR
syrah, cabernet sauvignon

86 ★★★   10€

Gran Recosind Cabernet Sauvignon Merlot 2004 TR
cabernet sauvignon, merlot

85   15€

CLOS D'AGON

Afores, s/n
17251 Calonge (Girona)
☎: +34 972 661 486
Fax: +34 972 661 462
www.closdagon.com
info@closdagon.com

Amic de Clos D'Agon 2012 T

90 ★★★   14€

Color cereza oscuro, borde granate. Aroma fruta madura, especias dulces, expresivo. Boca sabroso, frutoso, tostado, taninos maduros, largo.

Amic de Clos D'Agon 2013 B

87   11€

Color pajizo brillante. Aroma fresco, fruta fresca, flores blancas, expresivo. Boca frutoso, buena acidez, fino amargor.

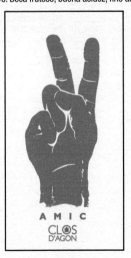

A M I C

CLOS D'AGON

Amic de Clos D'Agon 2013 RD
100% garnacha

87   11€

Color piel cebolla. Aroma elegante, flores secas, hierbas de tocador, fruta roja. Boca sabroso, buena acidez, largo, especiado.

COCA I FITÓ & ROIG PARALS

Garriguella, 8
17752 Mollet de Peralada (Girona)
☎: +34 636 223 919
Fax: +34 935 457 092
www.cocaifito.cat
info@cocaifito.cat

Tocat de l'Ala 2012 TC

90 ★★★★★   10€

Color cereza oscuro, borde granate. Aroma equilibrado, hierbas de tocador, fruta madura, especiado. Boca frutoso, balsámico, equilibrado.

Tocat i Posat 2011 TC

89   27€

Color cereza, borde granate. Aroma fruta madura, especiado, tostado, cacao fino, balsámico. Boca potente, sabroso, tostado, taninos maduros, balsámico.

COLL DE ROSES

Ctra. de les Arenes, s/n
17480 Roses (Girona)
Fax: +34 972 531 741
www.collderoses.es
info@collderoses.es

Coll de Roses 2013 B

86 ★★★   8,3€

Color pajizo brillante. Aroma fresco, fruta fresca, flores blancas, expresivo. Boca sabroso, frutoso, buena acidez, equilibrado.

Coll de Roses 2013 T

88 ★★★   9,8€

Color cereza, borde violáceo. Aroma expresivo, fruta fresca, fruta roja, floral. Boca sabroso, frutoso, buena acidez, taninos maduros.

Coll de Roses Finca del Mar 2011 T

90 ★★★   14,5€

Color cereza, borde granate. Aroma fruta madura, especiado, roble cremoso, complejo, cacao fino. Boca potente, sabroso, tostado, taninos maduros.

COMERCIAL VINÍCOLA DEL NORDEST

Empolla, 9
17752 Mollet de Peralada (Gerona)
☎: +34 972 563 150
Fax: +34 972 545 134
www.vinicoladelnordest.com
vinicola@vinicoladelnordest.com

Anubis 2008 TR
cabernet sauvignon, merlot
86 ★★★   9€
Color cereza oscuro. Aroma especiado, cuero mojado, ebanistería, hierbas de monte. Boca especiado, sabroso, fruta madura, matices de reducción.

Covest 2013 RD
86
Color cobrizo, brillante. Aroma fruta roja, floral, jazmín. Boca frutoso, fácil de beber, sabroso, correcto.

Covest Cabernet Sauvignon 2013 T
cabernet sauvignon
87 ★★★★★   4,5€
Color cereza brillante, borde violáceo. Aroma fruta roja, fruta madura, equilibrado, hierbas de monte. Boca sabroso, taninos maduros.

Covest Chardonnay 2013 B
chardonnay
84   4,5€

Covest Garnatxa de L'Emporda B Reserva
garnacha roja
88 ★★★★★   5€
Color cobrizo. Aroma rancio, fruta escarchada, almendra tostada, especiado, notas amieladas. Boca untuoso, sabroso, especiado, complejo.

Covest Moscatel de L'Emporda B
100% moscatel de alejandría
87 ★★★★★   5€
Color dorado brillante. Aroma fruta escarchada, pastelería, especias dulces. Boca untuoso, sabroso, largo.

Covest Negre 2013 T
85

Garrigal 2009 TC
82   5€

Vinya Farriol Semidulce T
samsó
84   3€

Vinya Farriol Semidulce s/c B
macabeo, garnacha roja
82   3€

Vinya Farriol Semidulce s/c RD
garnacha, cariñena
83   3€

COSMIC

Plaça M. Teresa Palleja, 3
17707 Agullana (Girona)
☎: +34 639 338 176
www.cosmic.cat
info@cosmic.cat

Cosmic Confiança 2013 B
garnacha roja
83 🌱   15€

Cosmic Llibertat 2013 T
cariñena
86 🌱   17€
Color cereza, borde violáceo. Aroma fruta roja, flores marchitas, frutos secos. Boca frutoso, buena acidez, taninos maduros, cierta persistencia.

Cosmic Valentía 2013 B
cariñena blanca
85 🌱   15€

DIGUEM NO S.L.U.

Ctra. de Llança, s/n
17489 El Port de la Selva (Girona)
☎: +34 630 875 649
genis@elportdelaselva.cat

Ruixim de Mar 2012 ESP
100% macabeo
83   10€

Vinya de L'Aví Genís 2010 T
100% cabernet sauvignon
90 ★★★★★   10€
Color cereza, borde granate. Aroma fruta madura, hierbas silvestres, terroso, especiado, roble cremoso. Boca sabroso, largo, balsámico, equilibrado, elegante.

Vinya de L'Aví Genís 2012 T
100% cabernet sauvignon
89 ★★★   10€
Color cereza brillante. Aroma fruta madura, especias dulces, roble cremoso, expresivo. Boca sabroso, frutoso, tostado, taninos maduros.

EMPORDÀLIA

Ctra. de Roses, s/n
17600 Pau (Girona)
☎: +34 972 530 140
Fax: +34 972 530 528
www.empordalia.com
info@empordalia.com

Sinols 2010 TR
cariñena, garnacha, cabernet sauvignon, merlot
86   10,2€
Color cereza, borde granate. Aroma intensidad media, hierbas secas, especiado. Boca correcto, fruta madura, balsámico.

Sinols 2011 TC
cariñena, garnacha, cabernet sauvignon, syrah
87 ★★★★   5,9€
Color cereza, borde granate. Aroma fruta madura, hierbas silvestres, terroso, especiado, roble cremoso. Boca equilibrado, sabroso, largo, balsámico.

Sinols Antima 2009 T
cariñena, garnacha
87   12,2€
Color cereza, borde granate. Aroma fruta madura, hierbas silvestres, terroso, especiado. Boca equilibrado, sabroso, largo, balsámico.

Sinols Blanc 2013 B
macabeo, garnacha blanca
85 ★★★★★   4,4€

Sinols Coromina 2010 T
cariñena, garnacha
86 ★★★   9€
Color cereza, borde granate. Aroma intensidad media, fruta madura, especiado. Boca correcto, fácil de beber.

Sinols Garnatxa Dulce Solera
garnacha
87 ★★★★   7€
Color ocre. Aroma flores blancas, chocolate, pastelería, fruta escarchada. Boca frutoso, sabroso, equilibrado.

Sinols Moscatell 2013 Blanco dulce
moscatel de alejandría
85 ★★★★   7€

Sinols Negre 2013 T
cariñena, garnacha, syrah, cabernet sauvignon
86 ★★★★★   4,4€
Color cereza, borde violáceo. Aroma equilibrado, hierbas de monte, fruta roja. Boca sabroso, frutoso, estructurado.

Sinols Rosat 2013 RD
cariñena, garnacha, syrah, merlot
85 ★★★★★   4,4€

ESPELT VITICULTORS

Mas Espelt s/n
17493 Vilajuiga (Gerona)
☎: +34 972 531 727
Fax: +34 972 531 741
www.espeltviticultors.com
info@espeltviticultors.com

Espelt Airam Solera 1997 Dulce Solera
88   15,5€
Color oro viejo, borde ambarino. Aroma expresivo, complejo, especias dulces, fruta escarchada. Boca sabroso, lleno, largo.

Espelt ComaBruna 2010 T
100% cariñena
91   23€
Color cereza muy intenso. Aroma tostado, especiado, fruta madura, expresivo. Boca estructurado, buena acidez, taninos maduros.

Espelt Corali 2013 RD
100% lladoner
88 ★★★★   7,3€
Color rosáceo pálido. Aroma intensidad media, fresco, floral, pétalos de rosa. Boca frutoso, largo, buena acidez.

Espelt Lledoner Rosat 2013 RD
100% lledoner
87 ★★★★   5,9€
Color frambuesa, borde violáceo. Aroma potente, fruta madura, fruta roja, floral, expresivo. Boca potente, frutoso, fresco.

Espelt Mareny 2013 B
86 ★★★★   7,3€
Color pajizo brillante. Aroma equilibrado, fresco, hierbas secas, fruta fresca, cítricos. Boca buena acidez, correcto, fácil de beber.

Espelt Quinze Roures 2013 BFB
89   11,2€
Color amarillo brillante. Aroma fruta fresca, hierbas silvestres, especiado, equilibrado. Boca sabroso, elegante, fino amargor.

Espelt Sauló 2013 T
86 ★★★★   6,5€
Color cereza oscuro, borde violáceo. Aroma potente, balsámico, fruta madura. Boca correcto, sabroso, frutoso.

Espelt Solivent Eco 2013 T
87 ♨
Color cereza brillante, borde violáceo. Aroma expresivo, fruta fresca, fruta roja, floral, intensidad media. Boca sabroso, frutoso, buena acidez, taninos maduros.

Espelt Terres Negres 2012 T
89   14€
Color cereza muy intenso, borde granate. Aroma roble cremoso, especias dulces, fruta madura. Boca estructurado, sabroso, buena acidez, equilibrado.

Espelt Vailet 2013 B
84 5,9€

Espelt Vidiví 2012 T
85 ★★★ 8,6€

JOAN SARDÀ
Ctra. Vilafranca a St. Jaume dels
Domenys, Km. 8,1
8732 Castellvi de la Marca (Barcelona)
☎: +34 937 720 900
Fax: +34 937 721 495
www.joansarda.com
joansarda@joansarda.com

Cap de Creus Corall 2013 T
lladoner, samsó
86 ★★★★ 7€
Color cereza, borde violáceo. Aroma fruta madura, equilibrado, mineral. Boca frutoso, sabroso, taninos maduros.

Cap de Creus Nacre 2013 B
lladoner, lladoner blanco
84 7€

LORDINA
Burgos, 4
8440 Cardedeu (Barcelona)
☎: +34 629 578 001
www.lordina.net
lordina@lordina.es

Lordina "Amphora" 2011 TC
90 ★★★★★ 9€
Color cereza brillante, borde granate. Aroma expresivo, equilibrado, terroso, fruta madura, balsámico. Boca estructurado,
sabroso, buena acidez.

Lordina Message 2012 TC
garnacha, samsó, syrah
87 ★★★★★ 4,5€
Color cereza, borde granate. Aroma fruta madura, especiado,
hierbas de tocador. Boca potente, sabroso, taninos maduros,
largo.

Lordina Message 2013 B
sauvignon blanc, moscatel
86 ★★★★★ 4,5€
Color pajizo brillante. Aroma fresco, fruta fresca, flores blancas, hierbas de monte. Boca sabroso, frutoso, buena acidez.

Lordina Message 2013 RD
garnacha
85 ★★★★★ 4,5€

MAS ESTELA
Mas Estela
17489 Selva de Mar (Girona)
☎: +34 972 126 176
Fax: +34 972 388 011
www.masestela.com
masestela@hotmail.com

Quindals 2008 T
84 �‿ 10€

Quindals 2011 T
87 ★★★ �‿ 10€
Color cereza intenso, borde violáceo. Aroma potente, hierbas
de tocador, fruta madura. Boca sabroso, especiado, taninos
maduros.

Vinya Selva de Mar 2007 TR
87 �‿ 16€
Color cereza oscuro, borde granate. Aroma equilibrado, especias dulces, cacao fino, balsámico. Boca estructurado, sabroso, taninos maduros.

Vinya Selva de Mar 2008 TR
garnacha, syrah, samsó
88 �‿
Color cereza, borde granate. Aroma equilibrado, fruta madura, hierbas de monte, especiado, expresivo. Boca estructurado, sabroso.

MAS LLUNES
Ctra. de Vilajuiga, s/n
17780 Garriguella (Gerona)
☎: +34 972 552 684
Fax: +34 972 530 112
www.masllunes.es
masllunes@masllunes.es

Cercium 2012 T
88 ★★★★ 8€
Color cereza, borde granate. Aroma fruta madura, hierbas silvestres,
terroso, especiado. Boca equilibrado, sabroso, largo, balsámico.

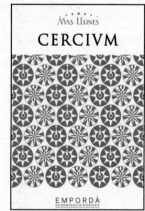

Empórion 2008 T
87 16€
Color cereza opaco, borde granate. Aroma fruta madura, hierbas silvestres, especiado. Boca equilibrado, sabroso, largo, balsámico.

Maragda 2013 B
86 ★★★★ 6,5€
Color pajizo brillante. Aroma fruta fresca, hierbas silvestres, flores marchitas. Boca frutoso, sabroso, buena acidez, fino amargor.

Maragda Rosa 2013 RD
86 ★★★★ 6,5€
Color cereza claro, brillante. Aroma intensidad media, fruta fresca. Boca frutoso, fácil de beber, cierta persistencia, fino amargor.

Mas Llunes Dolç Moscat 2012 B
100% moscatel grano menudo
85 ★★★ 9€

Mas llunes Garnatxa D'Emporda Soleres B Solera
100% garnacha roja
92 22€
Color caoba claro. Aroma especiado, tostado, acetaldehído, fruta escarchada, barniz, chocolate. Boca graso, sabroso, potente, largo.

Nivia 2012 BFB
89 ★★★ 10€
Color amarillo brillante. Aroma fruta madura, especias dulces, hierbas de tocador, potente, tostado. Boca graso, sabroso, buena acidez.

Rhodes 2009 T
89 12€
Color cereza, borde granate. Aroma fruta madura, especiado, roble cremoso, tostado, complejo. Boca potente, sabroso, tostado, taninos maduros.

MAS OLLER
Ctra. GI-652, Km. 0,23
17123 Torrent (Gerona)
☎: +34 972 300 001
Fax: +34 972 300 001
www.masoller.es
info@masoller.es

Mas Oller Mar 2013 B
picapoll, malvasía
91 ★★★★★ 8€
Color pajizo brillante. Aroma flores blancas, fruta fresca, expresivo, lías finas, hierbas secas. Boca sabroso, frutoso, buena acidez, equilibrado.

Mas Oller Plus 2012 T
syrah, garnacha
93 ★★★ 14€
Color cereza, borde granate. Aroma fruta madura, especiado, roble cremoso, tostado, complejo, chocolate, terroso. Boca potente, sabroso, tostado, taninos maduros.

Mas Oller Pur 2013 T
syrah, garnacha, cabernet sauvignon
91 ★★★★★ 9,5€
Color cereza, borde granate. Aroma especiado, tostado, fruta sobremadura, mineral. Boca potente, sabroso, tostado, taninos maduros.

MASETPLANA
Paratge Pedreguers, s/n
17780 Garriguella (Gerona)
☎: +34 972 530 090
Fax: +34 972 501 948
www.masetplana.com
info@masetplana.com

A21 Masetplana 2009 TC
85 ★★★★ 7,9€

El Nen de Can Maset 2013 T
85 ★★★★ 5,5€

MASIA SERRA
Dels Solés, 20
17708 Cantallops (Girona)
☎: +34 689 604 905
www.masiaserra.com
masiaserra@masiaserra.com

Aroa 2008 T
89 25€
Color cereza muy intenso. Aroma con carácter, tabaco, cacao fino, fruta madura, hierbas silvestres. Boca concentrado, taninos maduros.

Ctònia 2013 BFB
100% garnacha blanca
90 22€
Color amarillo. Aroma fruta madura, flores marchitas, especias dulces, hierbas secas. Boca equilibrado, frutoso, lleno, graso.

Gneis 2007 T
87 32€
Color cereza intenso. Aroma fruta madura, acetaldehído, balsámico, especiado, ebanistería, frutos secos. Boca sabroso, espirituoso, fruta madura.

INO Garnatxa de L'Empordà Vino dulce natural
100% garnacha roja
94 40€
Color caoba. Aroma acetaldehído, ebanistería, pastelería, especias dulces, frutos secos, notas amieladas, expresivo. Boca potente, sabroso, especiado, balsámico, largo.

IO Masia Serra 2011 T
90 ★★★ 14€
Color cereza, borde granate. Aroma fruta madura, hierbas silvestres, terroso, especiado, roble cremoso. Boca equilibrado, sabroso, largo, balsámico.

Mosst 2013 B
87 10,5€
Color pajizo brillante. Aroma flores blancas, fruta fresca, equilibrado. Boca correcto, fino amargor, balsámico.

OLIVEDA S.A.
La Roca, 3
17750 Capmany (Girona)
☎: +34 972 549 012
Fax: +34 972 549 106
www.grupoliveda.com
comercial@grupoliveda.com

Masia Oliveda "Mo" Blanc de Blancs 2013 B
macabeo, chardonnay
86 ★★★★★ 3,5€
Color pajizo brillante. Aroma flores blancas, jazmín, expresivo. Boca frutoso, fino amargor, buena acidez.

Masia Oliveda "Mo" Negre Jove 2013 T
garnacha, cabernet sauvignon
86 ★★★★★ 3,5€
Color cereza, borde violáceo. Aroma expresivo, fruta fresca, fruta roja, balsámico. Boca frutoso, buena acidez, fácil de beber.

Masia Oliveda "Mo" Rosat Flor 2013 RD
samsó, garnacha, cabernet sauvignon
87 ★★★★★ 3,5€
Color cereza claro, brillante. Aroma fruta roja, hierbas silvestres, fresco. Boca sabroso, frutoso, largo, buena acidez.

OLIVER CONTI
Puignau, s/n
17750 Capmany (Gerona)
☎: +34 972 193 161
www.oliverconti.com
ocvi@oliverconti.com

Oliver Conti Ara 2010 T
cabernet sauvignon, garnacha
88 ★★★ 10€
Color cereza oscuro, borde granate. Aroma intensidad media, hierbas secas, fruta madura. Boca frutoso, taninos maduros.

Oliver Conti Carlota 2010 TR
cabernet franc
90 ★★★★ 13€
Color cereza, borde granate. Aroma fruta madura, hierbas silvestres, terroso, especiado. Boca equilibrado, sabroso, largo, balsámico, especiado.

Oliver Conti Etiqueta Negra 2010 B Reserva
90 ★★★ 15€
Color amarillo brillante. Aroma expresivo, flores marchitas, fruta madura, fruta escarchada, especiado. Boca graso, sabroso, largo.

Oliver Conti Etiqueta Negra 2010 TR
cabernet sauvignon, merlot, cabernet franc
89 18€
Color cereza, borde granate. Aroma equilibrado, expresivo, hierbas de tocador, especiado. Boca frutoso, fácil de beber, balsámico.

Oliver Conti Treyu 2012 B
89 ★★★★ 7€
Color amarillo brillante. Aroma flores marchitas, fruta madura, equilibrado, expresivo. Boca graso, sabroso, especiado.

Turó Negre d'Oliver Conti 2011 T
garnacha, cabernet sauvignon, merlot, cabernet franc
90 ★★★★★ 6€
Color cereza, borde granate. Aroma expresivo, fruta madura, hierbas de tocador, especiado. Boca sabroso, lleno. Personalidad.

PERE GUARDIOLA

Ctra. GI-602, Km. 2,9
17750 Capmany (Gerona)
☎: +34 972 549 096
Fax: +34 972 549 097
www.pereguardiola.com
marta@pereguardiola.com

Anhel d'Empordà 2013 B
xarel.lo, garnacha blanca
85 ★★★★   6,5€

Anhel d'Empordà 2013 RD
garnacha
86 ★★★★   6,5€
Color piel cebolla. Aroma elegante, flores secas, hierbas de tocador, fruta roja. Boca sabroso, buena acidez, largo.

Floresta 2005 TR
merlot, garnacha, syrah, cabernet sauvignon
87   14€
Color cereza, borde granate. Aroma fruta madura, hierbas silvestres, especiado. Boca equilibrado, sabroso, balsámico, especiado.

Floresta 2009 TC
cabernet sauvignon, garnacha, merlot
87 ★★★★   6€
Color cereza intenso, borde granate. Aroma hierbas de monte, fruta madura, cálido. Boca sabroso, fruta madura, taninos maduros.

Floresta 2012 T
merlot, syrah, garnacha
85 ★★★★★   4€

Floresta 2013 B
macabeo, chardonnay, sauvignon blanc, xarel.lo
85 ★★★★★   4€

Floresta 2013 RD
garnacha, merlot, cabernet sauvignon, samsó
85 ★★★★★   4€

Floresta 2013 T
garnacha, merlot, cabernet sauvignon, syrah
87 ★★★★★   4€
Color cereza, borde violáceo. Aroma fruta roja, fruta madura, balsámico, equilibrado. Boca potente, sabroso, especiado, largo.

Joncària Moscatel 2012 BFB
moscatel de alejandría
88 ★★★   10€
Color amarillo brillante. Aroma expresivo, varietal, flores blancas, jazmín, fresco. Boca sabroso, largo, equilibrado.

Torre de Capmany Garnatxa d'Empordà B Gran Reserva
garnacha blanca
88   17€
Color caoba claro. Aroma especias dulces, almendra tostada, frutos secos, fruta escarchada. Boca equilibrado, largo, buena acidez.

ROIG PARALS

Garriguella, 8
17752 Mollet de Peralada (Girona)
☎: +34 972 634 320
www.roigparals.cat
info@roigparals.cat

Camí de Cormes Vinyes Centenàries 2008 T
100% samsó
89   21€
Color cereza oscuro, borde anaranjado. Aroma tabaco, cuero muy curtido, fruta madura. Boca especiado, sabroso, equilibrado.

Finca Pla del Molí 2008 T
cabernet sauvignon, merlot
87   13€
Color cereza muy intenso. Aroma fruta madura, especiado, hierbas secas, tabaco. Boca equilibrado, sabroso, largo, balsámico.

La Botera 2011 TC
samsó, garnacha
86 ★★★   9€
Color cereza, borde granate. Aroma fruta madura, hierbas silvestres, especiado, intensidad media. Boca equilibrado, sabroso, balsámico.

Mallolet 2013 T
samsó, garnacha

87 ★★★★ 8€

Color cereza, borde violáceo. Aroma fruta roja, fruta madura, expresivo, balsámico, intensidad media. Boca fresco, frutoso.

SOTA ELS ÀNGELS

Veinat de Rabiosas

17116 Cruïlles (Girona)

☎: +34 872 006 976

www.sotaelsangels.com

mariajpolanco@sotaelsangels.com

Desea 2009 TC
carménère, carignan, cabernet sauvignon, merlot

89 ♨ 19€

Color cereza, borde granate. Aroma equilibrado, hierbas de monte, especias dulces. Boca estructurado, sabroso, especiado, largo.

Sota els Àngels 2008 TC
carignan, carménère, cabernet sauvignon

90 ♨ 34€

Color cereza, borde granate. Aroma fruta madura, hierbas silvestres, terroso, especiado, roble cremoso. Boca equilibrado, sabroso, largo, balsámico.

Sota els Àngels 2012 B
picapoll, viognier

90 ♨ 25€

Color amarillo brillante. Aroma fruta madura, frutos secos, potente, tostado, especias dulces. Boca sabroso, frutoso, especiado, tostado, largo.

VINALTIS

Passeig de Gracia, 56 6ª

8007 Barcelona (Barcelona)

☎: +34 934 673 575

Fax: +34 934 673 590

www.vinaltis.com

vinalti@vinaltis.com

Claret de Tardor 2013 T
garnacha, cabernet sauvignon

85 ★★★★ 5,8€

Finca els 3 Frares 2009 TC
cariñena, cabernet sauvignon

87 ★★★ 8,3€

Color cereza, borde granate. Aroma balsámico, fruta madura, especiado. Boca frutoso, especiado, taninos maduros.

Finca els 3 Frares 2013 B
macabeo, chardonnay, moscatel

84 4,8€

VINOS JOC - JORDI OLIVER CONTI

Mas Marti
17467 Sant Mori (Girona)
☎: +34 607 222 002
www.vinojoc.com
info@vinojoc.com

JOC Blanc Empordà 2012 B
87
Color amarillo brillante. Aroma flores secas, hierbas secas, fruta madura, piedra seca. Boca sabroso, fruta madura.

JOC Negre Empordà 2012 T
87
Color cereza oscuro, borde granate. Aroma hierbas secas, fruta madura, especias dulces. Boca estructurado, sabroso, largo, frutoso.

NEGRE
Empordà
DE JORDI OLIVER

VINYES D'OLIVARDOTS

Paratge Olivardots, s/n
17750 Capmany (Girona)
☎: +34 650 395 627
www.olivardots.com
vdo@olivardots.com

Blanc de Gresa 2012 B
garnacha blanca, garnacha rosada, cariñena blanca
91 ★★★   15€
Color amarillo brillante. Aroma potente, fruta madura, especias dulces, roble cremoso, hierbas de tocador. Boca graso, retronasal ahumado, sabroso, buena acidez, largo.

Finca Olivardots Groc D'Anfora 2013 B
garnacha rosada, garnacha blanca, macabeo
88 ★★★   9,5€
Color amarillo. Aroma equilibrado, hierbas secas, fresco, fruta fresca. Boca sabroso, largo, balsámico. Personalidad.

Finca Olivardots Vermell 2012 T
syrah, garnacha, cariñena, cabernet sauvignon
90 ★★★★   13€
Color cereza intenso, borde granate. Aroma fruta roja, fruta madura, especias dulces, cacao fino, equilibrado. Boca sabroso, frutoso.

Gresa 2008 T
93   22€
Color cereza intenso, borde granate. Aroma expresivo, fruta madura, roble cremoso, balsámico. Boca estructurado, equilibrado, taninos maduros.

Troç d'en Ros Garnatxa 2011 T
100% garnacha
89   30€
Color cereza, borde granate. Aroma elegante, expresivo, balsámico, fruta madura. Boca sabroso, buena acidez, equilibrado, especiado.

Troç d'en Ros Xarel.lo 2012 B
100% xarel.lo
89   16€
Color amarillo brillante. Aroma potente, flores marchitas, equilibrado, fruta madura, hierbas secas. Boca sabroso, frutoso, graso.

Vd'O 1.09 2009 T
100% cariñena
92   30€
Color cereza oscuro, borde granate. Aroma fruta madura, hierbas de monte, especiado, complejo. Boca estructurado, sabroso, taninos maduros.

Vd'O 2.09 2009 T
100% cariñena
93   30€
Color cereza muy intenso, borde granate. Aroma complejo, equilibrado, hierbas silvestres, especias dulces, roble cremoso. Boca lleno, especiado, largo, taninos maduros.

Vd'O 5.10 2010 T
100% garnacha
91   25€
Color cereza intenso, borde granate. Aroma fruta madura, roble cremoso, especias dulces, balsámico. Boca estructurado, lleno, largo.

VINYES DELS ASPRES

Requesens, 7
17708 Cantallops (Girona)
☎: +34 619 741 442
Fax: +34 972 420 662
www.vinyesdelsaspres.cat
dmolas@vinyesdelsaspres.cat

Bac de les Ginesteres Vino dulce Natural 2004 Dulce
100% garnacha gris

92   38€

Color caoba claro. Aroma acetaldehído, fruta escarchada, barniz, especiado, frutos secos. Boca espirituoso, sabroso, fino amargor.

Blanc dels Aspres 2012 BFB
100% garnacha blanca

87   14€

Color amarillo brillante. Aroma intensidad media, especias dulces, tostado, fruta madura. Boca sabroso, fruta madura, largo, tostado.

Negre dels Aspres 2010 TC
90 ★★★   15€

Color cereza, borde granate. Aroma fruta madura, especiado, roble cremoso, tostado, complejo, hierbas secas, piedra seca. Boca potente, sabroso, tostado, taninos maduros.

Oriol Blanc 2013 B
100% garnacha gris

85 ★★★★   6,5€

Oriol dels Aspres Negre 2013 T
89 ★★★★   6,5€

Color cereza, borde violáceo. Aroma intensidad media, fruta fresca, hierbas de monte, expresivo. Boca sabroso, largo, taninos maduros.

Oriol dels Aspres Rosat 2013 RD
86 ★★★★   6,5€

Color frambuesa, brillante. Aroma intensidad media, fruta fresca, fruta roja. Boca sabroso, potente, frutoso, largo.

S'Alou 2010 TC
92   30€

Color cereza, borde granate. Aroma fruta madura, hierbas silvestres, terroso, especiado, roble cremoso. Boca equilibrado, sabroso, largo, balsámico, lleno, tostado.

Vi de Panses dels Aspres 2006 B
100% garnacha gris

87   19€

Color caoba claro. Aroma expresivo, equilibrado, fruta escarchada, floral, barniz, frutos secos. Boca lleno, sabroso, dulce.

DO. GETARIAKO TXAKOLINA

CONSEJO REGULADOR

Parque Aldamar, 4 bajo
20808 Getaria (Gipuzkoa)
☎: +34 943 140 383 - Fax: +34 943 896 030
@: info@getariakotxakolina.com
www.getariakotxakolina.com

SITUACIÓN:

El ámbito geográfico de la Denominación es, desde 2007, toda Gipuzkoa, aunque cerca del 85% del viñedo se encuentra localizado en los municipios: Aia, Getaria y Zarautz.

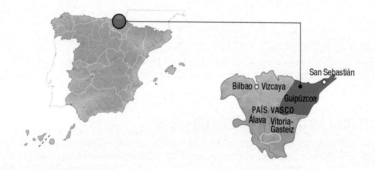

▽ Consejo Regulador
　Delimitación de la DO

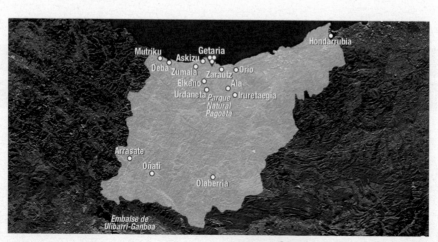

VARIEDADES:

BLANCAS: hondarrabi zuri (mayoriatira: ocupa el 90% del viñedo), gros manseng, riesling, chardonnay y petit courbu.

TINTAS: hondarrabi beltza.

DATOS:

Nº Has. Viñedo: 402 – **Nº Viticultores:** 96 – **Nº Bodegas:** 29 – **Cosecha 13:** Buena – **Producción 13:** 1.031.000 litros – **Comercialización:** 92% España - 8% extranjero.

SUELOS:

El viñedo está situado en pequeños valles y suaves colinas que pueden alcanzar los 200 metros de altitud. Se asienta en tierras pardas húmedo-calizas; son suelos ricos en materia orgánica.

CLIMA:

Bastante suave, gracias a la influencia marítima del Cantábrico. La temperatura media anual es de 13ºC, y las lluvias resultan muy abundantes con una media de 1.600 mm. anuales.

CARACTERÍSTICAS GENERALES DE LOS VINOS

BLANCOS | Elaborados con la variedad autóctona hondarrabi zuri, no obstante, pueden incluir un pequeño porcentaje de uva tinta (hondarrabi beltza) en el ensamblaje. El chacolí de Getaria se caracteriza por su color pálido acerado; el carácter limpio y franco del vino en la nariz, con notas agradablemente herbáceas y, en los mejores casos, con rasgos florales; en la boca es muy fresco por su alta acidez, y ligero; también puede aparecer algo de carbónico.

CLASIFICACIÓN COSECHAS   GUÍA**PEÑÍN**

2009	2010	2011	2012	2013
MUY BUENA	MUY BUENA	MUY BUENA	EXCELENTE	BUENA

ADUR

Ferrerias, 3 8ºF
20011 Donostia (Gipuzkoa)
☎: +34 617 216 617
www.adurtxakolina.com
info@adurtxakolina.com

Adur 2013 B
100% hondarrabi zuri

87 ★★★ **10€**

Color pajizo brillante. Aroma fresco, intensidad media, cítricos, hierbas verdes. Boca fresco, frutoso, balsámico, correcto.

AGERRE

Agerre Baserria - Bº Askizu
20808 Getaria (Gipuzkoa)
☎: +34 943 140 446
Fax: +34 943 140 446
www.agerretxakolina.com
agerre@agerretxakolina.com

Agerre 2013 B
hondarrabi zuri

86 ★★★★ **8€**

Color pajizo brillante. Aroma fruta fresca, cítricos, intensidad media, floral. Boca fresco, frutoso.

AIZPURUA

Ctra. de Meagas
20808 Getaria (Gipuzkoa)
☎: +34 943 140 696
www.txakoliaizpurua.com
aialleaizpurua@gmx.es

Aialle 2012 B
hondarrabi zuri

83 **6,5€**

Aizpurua. B 2013 B
hondarrabi zuri, hondarrabi beltza

86 ★★★★ **5,2€**

Color pajizo brillante. Aroma flores blancas, fruta fresca, cítricos. Boca correcto, fácil de beber, cierta persistencia.

AMEZTOI

Barrio Eitzaga, 10
20808 Getaria (Gipuzkoa)
☎: +34 943 140 918
Fax: +34 943 140 169
www.txakoliameztoi.com
ameztoi@txakoliameztoi.com

Rubentis Ameztoi 2013 RD
hondarrabi zuri, hondarrabi beltza

87 ★★★★ **7€**

Color piel cebolla. Aroma elegante, fruta escarchada, flores secas, hierbas de tocador, fruta roja. Boca ligero, sabroso, buena acidez, largo, especiado.

Txakoli Ameztoi 2013 B
hondarrabi zuri

88 ★★★★ **7€**

Color pajizo brillante. Aroma intensidad media, flores blancas, equilibrado. Boca equilibrado, fino amargor, correcto.

BODEGA REZABAL

Itsas Begi Etxea, 628
20800 Zarautz (Gipuzkoa)
☎: +34 943 580 899
Fax: +34 943 580 775
www.txakolirezabal.com
info@txakolirezabal.com

Txakoli Rezabal 2013 B
hondarrabi zuri

88 ★★★★ **6€**

Color pajizo brillante. Aroma equilibrado, floral, intensidad media. Boca con carbónico, fresco, frutoso, fácil de beber, fino amargor.

Txakoli Rezabal Rosé 2013 RD
hondarrabi beltza

86 ★★★★ **6,5€**

Color piel cebolla. Aroma flores marchitas, hierbas secas, fruta escarchada. Boca fresco, frutoso, fino amargor.

BODEGAS JUAN CELAYA LETAMENDI

Upaingoa-Zañartuko
20560 Oñati (Gipuzkoa)
☎: +34 670 288 086
Fax: +34 948 401 182
www.upain.es
administracion@naparralde.com

Upaingoa 2010 B
hondarrabi zuri, riesling

84 **7,5€**

Upaingoa 2011 B
hondarrabi zuri, riesling

84 **7,5€**

Upaingoa 2012 B
hondarrabi zuri, riesling

86 ★★★★   7,5€

Color amarillo brillante. Aroma flores marchitas, equilibrado, fruta fresca, cítricos. Boca con aristas de acidez.

Upaingoa 2013 B
hondarrabi zuri, riesling

87 ★★★★   7,5€

Color amarillo brillante. Aroma flores blancas, equilibrado, fruta fresca. Boca fácil de beber, largo, buena acidez.

GAÑETA
Agerre Goikoa Baserria
20808 Getaria (Gipuzkoa)
☎: +34 943 140 174
Fax: +34 943 140 174
gainetatxakolina@gmail.com

Gañeta 2013 B
hondarrabi zuri

84   4€

GOROSTI
Barrio Elorriaga, 35
20820 Deba (Gipuzkoa)
☎: +34 670 408 439
www.flyschtxakolina.com
gorostibodega@hotmail.com

Flysch Txakolina 2013 B
88 ★★★★★   5€

Color pajizo brillante. Aroma fruta fresca, cítricos, equilibrado. Boca con carbónico, fresco, ligero, fácil de beber, buena acidez, correcto.

HIRUZTA
Barrio Jaizubia, 266
20280 Hondarribia (Gipuzkoa)
☎: +34 943 646 689
Fax: +34 943 260 801
www.hiruzta.com
info@hiruzta.com

Hiruzta Berezia 2013 B
89 ★★★   10€

Color pajizo brillante. Aroma fresco, fruta fresca, flores blancas, expresivo. Boca sabroso, frutoso, buena acidez, equilibrado.

Hiruzta Txakolina 2013 B
86 ★★★★   7€

Color pajizo brillante, borde verdoso. Aroma fruta fresca, cítricos, hierbas verdes. Boca correcto, fácil de beber, ligero.

SAGARMIÑA
Sagarmiña Baserria
20830 Mitriku (Gipuzcoa)
☎: +34 943 603 225
www.txakolisagarmina.com
txakolisagarmina@live.com

Sagarmiña 2013 B
hondarrabi zuri

83

TALAI BERRI
Talaimendi, 728
20800 Zarautz (Gipuzkoa)
☎: +34 943 132 750
Fax: +34 943 132 750
www.talaiberri.com
info@talaiberri.com

Txakoli Finca Jakue 2013 B
hondarrabi zuri

87 ★★★★   8€

Color amarillo, borde verdoso. Aroma hierbas de monte, hierbas silvestres, fresco. Boca buena acidez, fresco, cierta persistencia.

Txakoli Talai Berri 2013 B
hondarrabi zuri

86 ★★★★   8€

Color pajizo brillante. Aroma fresco, hierbas verdes, intensidad media, cítricos. Boca fresco, ligero, amargoso.

TXAKOLI ARREGI

Talaimendi, 727- Bajo
20800 Zarautz (Gipuzkoa)
☎: +34 943 580 835
www.txakoliarregi.com
info@txakoliarregi.com

Arregi 2013 B
hondarrabi zuri

86 ★★★★　　　　　6,75€

Color pajizo brillante. Aroma hierbas de tocador, hierbas verdes, fruta fresca, intensidad media. Boca correcto, fino amargor.

TXAKOLI ELKANO

Elkano Etxea Nº24 Eitzaga Auzoa
20808 Getaria (Gipuzkoa)
☎: +34 600 800 259
www.txakolielkano.com
txakolielkano@hotmail.com

Txakoli Elkano 2013 B
hondarrabi zuri, hondarrabi beltza

86 ★★★★　　　　　6€

Color pajizo brillante. Aroma fresco, fruta fresca, expresivo, hierbas verdes, sotobosque húmedo. Boca frutoso, buena acidez.

TXAKOLI GAINTZA S.L.

Barrio San Prudentzio 26, Ctra. Meagas
20808 Getaria (Gipuzkoa)
☎: +34 943 140 032
www.gaintza.com
info@gaintza.com

Aitako 2012 B
hondarrabi zuri, hondarrabi beltza, chardonnay

85 ★★★　　　　　10€

Gaintza 2013 B
hondarrabi zuri, hondarrabi beltza, gros manseng

87 ★★★★　　　　　6€

Color pajizo brillante, borde verdoso. Aroma flores blancas, intensidad media, expresión frutal. Boca con carbónico, correcto.

Gaintza Roses 2012 RD
hondarrabi zuri, hondarrabi beltza

82　　　　　7,5€

TXAKOLI ULACIA

San Prudentzio Auzoa, 41
20808 Getaria (Gipuzkoa)
☎: +34 943 140 893
Fax: +34 943 140 893
www.txakoliulacia.com
nicolasulacia@euskalnet.net

Izaro 2013 B
hondarrabi zuri

88 ★★★★　　　　　6€

Color pajizo brillante. Aroma fresco, fruta fresca, flores blancas, cítricos, flores secas. Boca buena acidez, equilibrado.

Txakoli Ulacia 2013 B
hondarrabi zuri, hondarrabi beltza

86 ★★★★★　　　　　4,7€

Color pajizo brillante. Aroma hierbas verdes, equilibrado, intensidad media, flores marchitas. Boca fresco, fácil de beber.

TXAKOLI ZUDUGARAI

Ctra. Zarautz - Aia Bº Laurgain
20810 Aia (Guipuzcoa)
☎: +34 943 830 386
Fax: +34 943 835 952
www.txakolizudugarai.com
txakolizudugarai@euskalnet.net

Amats 2013 B
100% hondarrabi zuri

85 ★★★★　　　　　6€

Antxiola 2013 B
100% hondarrabi zuri

84　　　　　6€

Zudugarai 2013 B
100% hondarrabi zuri

84　　　　　6€

TXOMIN ETXANIZ

Txomin Etxaniz Barrio Eitzaiga, 13
20808 Getaria (Gipuzkoa)
☎: +34 943 140 702
www.txominetxaniz.com
txakoli@txominetxaniz.com

Eugenia Txomín Etxaníz Blanco ESP
100% hondarrabi zuri

86　　　　　12€

Color pajizo brillante. Aroma intensidad media, fresco, flores secas. Boca fácil de beber, correcto.

Eugenia Txomín Etxaníz Rosado ESP

88　　　　　12€

Color rosáceo pálido. Aroma equilibrado, intensidad media, frutos secos, hierbas de tocador, flores secas. Boca fresco, fácil de beber, correcto, fino amargor, buena acidez.

Txomín Etxaníz 2013 B
100% hondarrabi zuri

89 ★★★★   **7€**

Color pajizo brillante. Aroma intensidad media, fresco, floral, cítricos. Boca sabroso, equilibrado, fino amargor, correcto, buena acidez.

Txomín Etxaníz 2013 RD
86 ★★★★   **7€**

Color cereza claro. Aroma fruta escarchada, flores secas, hierbas de tocador. Boca ligero, sabroso, especiado.

Txomín Etxaníz Berezia 2013 B
91 ★★★★★   **7€**

Color pajizo brillante. Aroma floral, cítricos, hierbas silvestres, expresivo. Boca ligero, fresco, frutoso, fácil de beber, equilibrado.

Uydi 2012 B
100% hondarrabi zuri

88   **12€**

Color pajizo brillante. Aroma fresco, fruta fresca, flores blancas, expresivo. Boca sabroso, frutoso, buena acidez, equilibrado.

DO. GRAN CANARIA

CONSEJO REGULADOR

Calvo Sotelo, 26

35300 Santa Brígida (Las Palmas)

☎: +34 928 640 462

@: crdogc@yahoo.es

www.vinosdegrancanaria.es

SITUACIÓN:

La zona de producción abarca el 99% de la isla de Gran Canaria, ya que el clima y las condiciones del terreno permiten el cultivo desde las cotas más bajas al nivel del mar hasta las cumbres más elevadas.

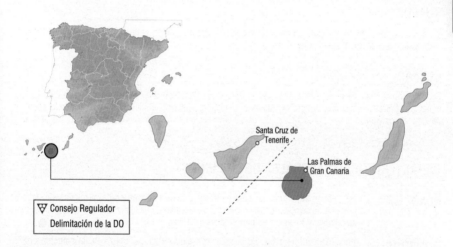

Santa Cruz de Tenerife

Las Palmas de Gran Canaria

▽ Consejo Regulador

  Delimitación de la DO

Las Palmas de Gran Canaria

Moya · Firgas · Arucas

Agaete · · Valleseco · Teror · Santa Brígida

La Aldea de San Nicolás · · Artenara · Tejeda · · Telde

San Bartolomé de Tirajana · · Ingenio · Agüimes

Mogan · · Santa Lucía de Tirajana

La Playa de Mogán

· El Galeón · Maspalomas

VARIEDADES:

BLANCAS:

PREFERENTES: malvasía, güal, marmajuelo (bermejuela), vijariego, albillo y moscatel.

AUTORIZADAS: listán blanco, burrablanca, torrontés, pedro ximénez, brebal y bastardo blanco.

TINTAS:

PREFERENTES: listán negro, negramoll, tintilla y malvasía rosada.

AUTORIZADAS: moscatel negra, bastardo negro o baboso negro, listán prieto y vijariego negro.

DATOS:

Nº Has. Viñedo: 241 – **Nº Viticultores:** 353 – **Nº Bodegas:** 70 – **Cosecha 13:**-- **Producción 11:** 271.973 litros – **Comercialización:** 99% España - 1% extranjero.

SUELOS:

El viñedo puede encontrarse tanto en zonas cercanas a la costa como en cotas altas hasta los 1.500 metros, cultivándose por tanto en suelos muy diferentes.

CLIMA:

Como en otras islas del archipiélago canario, las diferencias de altitud dan lugar a microclimas diversos que crean características específicas para el cultivo de la vid. No obstante, el clima está condicionado por la influencia de los vientos alisios, procedentes del este y cuya acción es más evidente en las cotas más elevadas.

CARACTERÍSTICAS GENERALES DE LOS VINOS

BLANCOS
De color amarillo brillante, suelen ofrecer aromas a florales y notas afrutadas. Se elaboran también dulces de moscatel, con el característico toque almizclado de la variedad y notas amieladas, florales y en algunos casos a hierbas.

ROSADOS
Presentan un color piel de cebolla; son algo afrutados, pero con un carácter aún sin definir.

TINTOS
De color cereza granate, ofrecen algunas notas afrutadas y característicos toques balsámicos; sin demasiado cuerpo en boca.

CLASIFICACIÓN COSECHAS

GUÍAPEÑÍN

2009	2010	2011	2012	2013
SC	MUY BUENA	MUY BUENA	MUY BUENA	BUENA

BENTAYGA

El Alberconcillo, s/n
35360 Tejeda (Las Palmas)
☎: +34 649 941 098
Fax: +34 928 418 795
www.bodegasbentayga.com
info@bodegasbentayga.com

Agala 2012 TC
tintilla, vijariego negro

89   17€

Color cereza, borde granate. Aroma fruta madura, especiado, roble cremoso, tostado, complejo, hierbas de monte. Boca potente, sabroso, tostado, taninos maduros.

Agala Altitud 1318 Semi 2013 B
vijariego blanco, albillo, moscatel de alejandría

87 ★★★   10€

Color amarillo brillante. Aroma fruta fresca, expresivo, flores blancas. Boca sabroso, frutoso, buena acidez, equilibrado.

Agala Dulce Dulcena 2012 B Barrica
moscatel de alejandría

87   25€

Color dorado brillante. Aroma intensidad media, flores blancas, flores marchitas, fruta madura, notas amieladas. Boca frutoso, dulce, correcto.

BODEGA LOS BERRAZALES

León y Castillo, 43
35480 Agaete (Las Palmas)
☎: +34 628 922 588
Fax: +34 928 898 154
www.bodegalosberrazales.com
lugojorge3@hotmail.com

Los Berrazales 2013 RD
listán negro

85 ★★★★   8€

Los Berrazales 2013 T Barrica
tintilla, listán negro

86 ★★★   10€

Color cereza brillante. Aroma fruta madura, especias dulces, roble cremoso. Boca sabroso, frutoso, tostado, taninos maduros.

Los Berrazales Dulce Natural 2013 B
moscatel, malvasía

88 ★★★   10€

Color dorado. Aroma potente, floral, hierbas de tocador, jazmín. Boca sabroso, dulce, fresco, frutoso, buena acidez, largo.

Los Berrazales Seco 2013 B
malvasía, moscatel

86 ★★★   10€

Color amarillo brillante. Aroma potente, varietal, fruta fresca, jazmín. Boca frutoso, sabroso, buena acidez, fino amargor.

Los Berrazales Semiseco 2013 B
moscatel, malvasía

88 ★★★★   8€

Color amarillo brillante. Aroma fresco, fruta fresca, flores blancas, expresivo. Boca sabroso, frutoso, buena acidez, equilibrado.

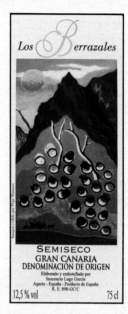

BODEGA PLAZA PERDIDA

Ctra. a Los Hoyod, 271
35017 Las Palmas de Gran Canaria
(Las Palmas)
☎: +34 669 680 910
Fax: +34 928 355 871
www.bodegaplazaperdida.com
vidlavica@hotmail.com

La Vica 2013 T

86 ★★★   9€

Color cereza brillante, borde violáceo. Aroma muy tostado (torrefactado), fruta madura, violetas, hierbas secas. Boca sabroso, tostado, cierta persistencia.

Plaza Perdida 2013 T
listán negro

86 ★★★   9€

Color cereza oscuro, borde granate. Aroma fruta madura, caramelo de violetas, especias dulces. Boca frutoso, sabroso, largo.

BODEGAS LAS TIRAJANAS

Las Lagunas s/n
35290 San Bartolomé de Tirajana (Gran Canaria)
☎: +34 928 155 978
www.bodegaslastirajanas.com
info@bodegaslastirajanas.com

Blanco Las Tirajanas 2013 B
albillo, verdello, listán blanco, marmajuelo
86 ★★★★ 7€
Color pajizo brillante. Aroma fresco, fruta fresca, flores blancas, expresivo. Boca sabroso, frutoso, buena acidez, equilibrado.

Las Tirajanas 2012 BFB
malvasía
85 12€

Las Tirajanas 2012 T Barrica
tintilla, listán negro, castellana, vijariego negro
85 12€

Malvasía Volcánica Las Tirajanas 2013 B
malvasía
85 ★★★ 10€

Tinto Las Tirajanas 2013 T
listán negro, vijariego negro, castellana
86 ★★★★ 7€
Color cereza, borde granate. Aroma intensidad media, hierbas secas, fruta roja, fruta madura. Boca frutoso, fácil de beber, retronasal afrutado.

Verijadiego Las Tirajanas 2013 B
verijadiego
84 9€

LA HIGUERA MAYOR

Ctra. de Telde a Santa Brígida,
GC 80, P.K., 7,5
35200 El Palmital de Telde (Las Palmas)
☎: +34 630 285 454
Fax: +34 928 275 281
www.lahigueramayor.com
lahigueramayor@gmail.com

La Higuera Mayor 2011 T
listán negro, tintilla, castellana, negramoll
83 19,9€

La Higuera Mayor 2012 T
listán negro, tintilla, castellana, negramoll
84 19,9€

LA MONTAÑA

La Solana, 89 (Utiaca)
35328 Vega de San Mateo (Las Palmas)
☎: +34 678 800 164
conjema@yahoo.es

La Montaña 2013 B
listán blanco, malvasía, verdello, albillo
83 8€

LA SAVIA ECOLÓGICA

Pío XII, 221
35460 Galdar (Las Palmas)
☎: +34 617 455 863
ondina@ondinasurf.com

Caletón 2012 T Barrica
listán negro, castellana, baboso negro
85 ★★★★ ♥ 8€

Caletón Dulce 2012 T
listán negro, castellana, baboso negro
87 ★★★★ ♥ 8€
Color cereza oscuro, borde anaranjado. Aroma tostado, especiado, fruta madura, hierbas secas, hierbas de monte. Boca equilibrado, fácil de beber.

SEÑORÍO DE CABRERA

Barranco García Ruiz, 5
35200 Telde (Las Palmas)
☎: +34 928 572 124
agustincabrera@sunandbeachhotels.com

Señorío de Cabrera 2012 T
84 7€

Señorío de Cabrera 2013 B
86 ★★★★ 7€
Color amarillo brillante. Aroma expresivo, equilibrado, floral, fruta madura. Boca frutoso, correcto, fino amargor, sabroso.

VEGA DE GÁLDAR

La Longuera s/n - La Vega
35460 Gáldar (Las Palmas)
☎: +34 605 043 047
lamenora1960@yahoo.es

El Convento de la Vega 2012 T Roble
listán negro, castellana
84 ♥ 10€

Nubia 2013 B
malvasía, listán blanco
84 10€

Viña Amable 2013 T Roble
listán negro, castellana

88 ★★★   10€

Color cereza intenso, borde violáceo. Aroma potente, fruta madura, roble cremoso, caramelo de violetas. Boca frutoso, taninos maduros.

VIÑA MONTEALTO
Avda. de Escaleritas, 112
35011 Las Palmas de Gran Canaria
 (Gran Canaria)
☎: +34 928 289 055
Fax: +34 928 206 512
www.grupoflick.com
jflick@grupoflick.com

Montealto 2012 T
87   12€

Color cereza, borde granate. Aroma equilibrado, hierbas silvestres, especiado, fruta madura. Boca estructurado, taninos maduros.

DO. JEREZ-XÈRÉS-SHERRY- MANZANILLA DE SANLÚCAR DE BARRAMEDA

CONSEJO REGULADOR

Avda. Álvaro Domecq, 2
11405 Jerez de la Frontera (Cádiz)
☎: +34 956 332 050 - Fax: +34 956 338 908
@: vinjerez@sherry.org
www.sherry.org

SITUACIÓN:

En la provincia de Cádiz. La zona de producción engloba los términos municipales de Jerez de la Frontera, El Puerto de Santa María, Chipiona, Trebujena, Rota, Puerto Real, Chiclana de la Frontera y algunos pagos de Lebrija.

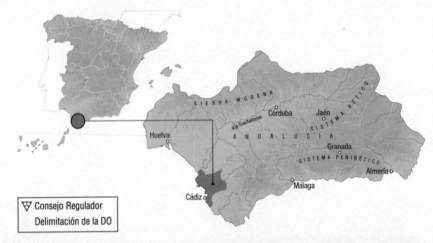

▽ Consejo Regulador
Delimitación de la DO

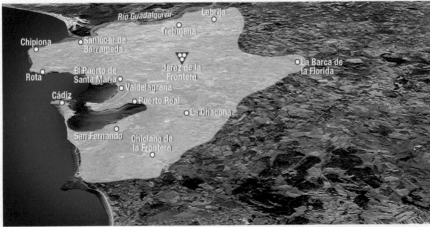

VARIEDADES:

BLANCAS: palomino (90%), pedro ximénez, moscatel, palomino fino, palomino de Jerez.

DATOS:

Nº Has. Viñedo: 6.937,71 – **Nº Viticultores:** 1.713 – **Nº Bodegas:** 30 – **Cosecha 13:** -- **Producción 13:** 44.555.000 litros – **Comercialización:** 28% España - 72% extranjero.

SUELOS:

Los denominados "albarizas", son un factor clave de calidad. De color prácticamente blanco, son ricos en carbonato cálcico, arcilla y sílice. Actúan de modo excelente para retener la humedad y almacenar el agua de las lluvias invernales de cara a los meses de sequía estival. Determinan asimismo lo que se entiende como "Jerez superior". Estos suelos se encuentran en Jerez de la Frontera, Puerto de Santa María, Sanlúcar de Barrameda y algunas áreas de Trebujena. El resto de las tierras, conocidas como "zona", son barros y arenas.

CLIMA:

Cálido con influencias atlánticas. Los vientos de poniente juegan un papel importante, ya que aportan humedad y actúan como elemento moderador. La temperatura media anual es de 17,5ºC y la pluviometría de 600 mm. anuales.

CARACTERÍSTICAS GENERALES DE LOS VINOS

MANZANILLA Y FINO	Presentan un color amarillo pajizo. Se caracterizan por sus matices salinos, propios de la crianza biológica bajo el velo en flor (más acusados en el caso de la manzanilla), y por los rasgos amargosos que les confiere la crianza.
OLOROSO	Con una crianza completamente oxidativa, la gama puede ser variada, dependiendo del mayor o menor corrimiento de escala (es decir, del número de sacas de vino de solera para su posterior embotellado) y, en consecuencia, el mayor o menor refrescamiento con vino sin crianza por la primera criadera. En los muy viejos es habitual suavizarlos con una mistela de pedro ximénez, que aporta notas de dulcedumbre para mitigar los taninos amargosos del roble.
PEDRO XIMÉNEZ	Se caracterizan por un sabor marcado a uvas pasas, aunque no faltan los asociados a un pequeño porcentaje de oloroso para aminorar la pastosidad. En la boca son sabrosos y dulces.
CREAM	Combinan las notas amargosas de los olorosos con los matices tostados y el dulzor de los pedro ximénez.
AMONTILLADOS	Son finos que pierden el velo de flor y terminan oxidándose. Vinos con aromas punzantes y salinos y de paladar más graso que absorben los matices tostados y complejos de la bota.
PALOS CORTADOS	Son vinos fruto de la casualidad o de la naturaleza, no siempre motivados por la mano del hombre. Combina la finura de un amontillado y la estructura de un oloroso en el paladar.

CLASIFICACIÓN COSECHAS

GUÍAPEÑÍN

2009	2010	2011	2012	2013

Esta zona debido al proceso de elaboración generalmente no ofrece vinos del año, por lo que omitimos cualquier valoración de cosecha.

AECOVI-JEREZ

Urb. Pie de Rey, 3- Local Izquierda
11407 Jerez de la Frontera (Cádiz)
☎: +34 956 180 873
Fax: +34 956 180 301
www.aecovi-jerez.com
crecio@aecovi-jerez.com

Alexandro MZ
palomino

90 ★★★★★   **5,5€**

Color amarillo brillante. Aroma salino, fruta escarchada. Boca sabroso, especiado, matices de solera.

Alexandro OL
palomino

87 ★★★★   **7,3€**

Color yodo, borde ambarino. Aroma potente, frutos secos, tostado, espirituoso. Boca graso, largo, especiado.

Alexandro PC
palomino

88 ★★★   **10€**

Color caoba claro. Aroma acetaldehído, intensidad media, especias dulces, tostado. Boca equilibrado, fino amargor, largo.

Alexandro PX
pedro ximénez

87   **10,5€**

Color caoba. Aroma fruta pasificada, asoleado, pastelería. Boca concentrado, sabroso, cremoso, dulce, especiado.

ALVARO DOMECQ

Madre de Dios s/n
11401 Jerez de la Frontera (Cádiz)
☎: +34 956 339 634
Fax: +34 956 340 402
www.alvarodomecq.com
alvarodomecqsl@alvarodomecq.com

1730 VORS AM
100% palomino

93   **30€**

Color caoba claro. Aroma elegante, especias dulces, acetaldehído, frutos secos, cacao fino. Boca lleno, seco, especiado, largo, fino amargor, complejo.

1730 VORS OL
100% palomino

94   **30€**

Color yodo, borde ambarino. Aroma potente, complejo, frutos secos, tostado, acetaldehído, yodado. Boca graso, largo, matices de solera, especiado.

1730 VORS PC
100% palomino

94   **30€**

Color caoba claro. Aroma espirituoso, frutos secos, chocolate, café aromático, caramelo tostado, almendra tostada. Boca amargoso, espirituoso, equilibrado.

Alburejo OL
100% palomino

91 ★★★★   **11,9€**

Color yodo, borde ambarino. Aroma potente, complejo, frutos secos, tostado, especias dulces, con carácter. Boca graso, largo, matices de solera, especiado.

Aranda Cream CR
palomino, pedro ximénez

87 ★★★   **8,2€**

Color yodo, borde ambarino. Aroma especias dulces, pastelería, frutos secos. Boca dulcedumbre, espirituoso.

La Jaca MZ
100% palomino

90 ★★★★★   **5,5€**

Color amarillo brillante. Aroma complejo, expresivo, punzante, salino. Boca graso, potente, fresco, fino amargor.

La Janda FI
100% palomino

92 ★★★★★   **7€**

Color amarillo brillante. Aroma complejo, expresivo, punzante, salino, potente. Boca graso, potente, fresco, fino amargor, complejo.

Pedro Ximénez 1730 PX
100% pedro ximénez

92   **26,8€**

Color caoba oscuro. Aroma complejo, espirituoso, fruta pasificada, pastelería, tostado. Boca dulce, graso, untuoso, potente.

BEAM SPAIN, S.L.

San Ildefonso, 3
11403 Jerez de la Frontera (Cádiz)
☎: +34 956 151 500
Fax: +34 956 338 674
www.bodegasharveys.com
bodegasjerez@beamglobal.com

Harveys Bristol Cream CR

87 ★★★   **8,8€**

Color caoba claro. Aroma intensidad media, fruta pasificada, cacao fino, tabaco. Boca ligero, fácil de beber, correcto, dulcedumbre.

Harveys Fine Old VORS AM
100% palomino

93   **27€**

Color yodo, borde ambarino. Aroma expresivo, equilibrado, especias dulces, ebanistería. Boca equilibrado, fino amargor, graso.

Harveys Medium VORS OL

91   **27€**

Color caoba. Aroma equilibrado, especias dulces, acetaldehído, notas animales. Boca fino amargor, especiado, buena acidez, equilibrado.

Harveys Medium VORS PC
94　　　　　　　27€
Color caoba claro. Aroma expresivo, con carácter, café aromático, especiado. Boca amargoso, buena acidez, espirituoso.

Harveys VORS PX
100% pedro ximénez
91　　　　　　　27€
Color caoba oscuro. Aroma café aromático, caramelo tostado, fruta pasificada. Boca dulce, largo, cremoso, matices de solera.

Terry Amontillado AM
100% palomino
90 ★★★★★　　　9€
Color oro viejo, borde ambarino. Aroma potente, expresivo, especias dulces, acetaldehído. Boca sabroso, equilibrado, seco.

Terry Fino FI
100% palomino
91 ★★★★★　　　5,8€
Color amarillo brillante. Aroma complejo, expresivo, punzante, salino. Boca graso, potente, fresco, fino amargor.

Terry Oloroso OL
100% palomino
90 ★★★★★　　　9€
Color caoba claro. Aroma acetaldehído, especiado, frutos secos, barniz, equilibrado. Boca estructurado, fino amargor, largo, matices de solera.

Terry Pedro Ximénez PX
100% pedro ximénez
91 ★★★★★　　　9€
Color caoba oscuro. Aroma complejo, fruta pasificada, pastelería, tostado. Boca dulce, graso, untuoso, potente.

BODEGA CÉSAR FLORIDO
Padre Lerchundi, 35-37
11550 Chipiona (Cádiz)
☎: +34 956 371 285
Fax: +34 956 370 222
www.bodegasflorido.com
florido@bodegasflorido.com

César Florido Moscatel Dorado Moscatel
100% moscatel de alejandría
89 ★★★★★　　　5€
Color oro viejo, borde ambarino. Aroma fruta escarchada, acetaldehído, especias dulces. Boca sabroso, frutoso, graso.

César Florido Moscatel Especial Moscatel
100% moscatel de alejandría
91 ★★★★★　　　5€
Color caoba oscuro. Aroma potente, fruta pasificada, pastelería, chocolate, cítricos. Boca lleno, sabroso, largo.

César Florido Moscatel Pasas Moscatel
100% moscatel
89 ★★★　　　　8,5€
Color caoba. Aroma potente, notas amieladas, pastelería, fruta pasificada. Boca graso, sabroso, dulce.

Cruz del Mar CR
75% palomino, moscatel de alejandría
86 ★★★★★　　　4,9€
Color caoba oscuro. Aroma fruta pasificada, tostado, rancio, pastelería. Boca sabroso, potente, correcto, dulcedumbre.

Cruz del Mar OL
100% palomino
87 ★★★★　　　　5,9€
Color caoba claro. Aroma intensidad media, especiado. Boca sabroso, fino amargor, equilibrado, fácil de beber.

Fino César Florido FI
100% palomino
91 ★★★★★　　　5€
Color amarillo brillante. Aroma equilibrado, fresco, salino, expresivo, punzante. Boca sabroso, fino amargor, largo.

Palo Cortado Reserva de Familia "Peña del Águila" PC
100% palomino
93　　　　　　　69€
Color yodo, borde ambarino. Aroma elegante, equilibrado, acetaldehído, especias dulces. Boca lleno, estructurado, complejo, matices de solera.

BODEGAS BARBADILLO
PREMIO GUÍAPENÍN
Luis de Eguilaz, 11
11540 Sanlúcar de Barrameda (Cádiz)
☎: +34 956 385 500
Fax: +34 956 385 501
www.barbadillo.com
barbadillo@barbadillo.com

Barbadillo Amontillado VORS AM
100% palomino
96　　　　　　　36,3€
Color yodo, borde ambarino. Aroma expresivo, potente, acetaldehído, especias dulces, frutos secos. Boca complejo, fino amargor, especiado.

Barbadillo Medium Oloroso Dulce VORS OL
palomino, pedro ximénez
92　　　　　　　36,3€
Color yodo, borde ambarino. Aroma potente, complejo, elegante, frutos secos. Boca graso, largo, matices de solera, especiado, dulcedumbre.

Barbadillo Oloroso Seco VORS OL
palomino
93　　　　　　　36,3€
Color yodo, borde ambarino. Aroma potente, expresivo, barniz, acetaldehído, frutos secos. Boca lleno, sabroso, amargoso.

Barbadillo Palo Cortado VORS PC
palomino

94   **36,3€**

Color yodo, borde ambarino. Aroma acetaldehído, punzante, almendra tostada, café aromático, tostado. Boca especiado, largo, matices de solera, buena acidez, amargoso.

Cuco Oloroso Seco OL
100% palomino

91   **16,5€**

Color yodo, borde ambarino. Aroma potente, complejo, frutos secos, roble cremoso, barniz. Boca graso, largo, matices de solera, especiado.

Eva Cream CR
pedro ximénez, palomino

90 ★★★★★   **6,5€**

Color caoba. Aroma chocolate, fruta escarchada, equilibrado, cacao fino. Boca estructurado, sabroso, lleno.

La Cilla PX
pedro ximénez

88   **11,5€**

Color caoba oscuro. Aroma complejo, fruta pasificada, pastelería, espirituoso. Boca dulce, graso, untuoso, potente.

Laura Moscatel
moscatel

88 ★★★★   **6,2€**

Color yodo, borde ambarino. Aroma especias dulces, notas amieladas. Boca dulce, concentrado.

Obispo Gascón PC
100% palomino

94   **31,2€**

Color yodo, borde ambarino. Aroma acetaldehído, espirituoso, especiado, barniz. Boca redondo, equilibrado, espirituoso, amargoso.

Príncipe AM
100% palomino

91   **16,5€**

Color yodo, borde ambarino. Aroma complejo, frutos secos, tostado, cacao fino. Boca graso, amargoso, matices de solera, largo, especiado.

Reliquia AM

98   **400€**

Color yodo, borde ambarino. Aroma potente, complejo, frutos secos, tostado, acetaldehído, punzante. Boca graso, amargoso, matices de solera, largo, especiado.

Reliquia OL

96   **400€**

Color yodo, borde ambarino. Aroma potente, complejo, elegante, frutos secos, tostado, acetaldehído, punzante. Boca graso, largo, matices de solera, especiado, potente, amargoso.

Reliquia PC

97   **400€**

Color caoba claro. Aroma espirituoso, frutos secos, complejo, con carácter, especiado. Boca potente, complejo, lleno, espirituoso.

Reliquia PX
pedro ximénez

97   **400€**

Color caoba oscuro. Aroma complejo, espirituoso, fruta pasificada, pastelería, tostado, acetaldehído, brea, chocolate. Boca dulce, graso, untuoso, potente, sabroso.

San Rafael OL

90 ★★★   **13,2€**

Color oro viejo, borde ambarino. Aroma caramelo tostado, café aromático, especias dulces. Boca espirituoso, dulcedumbre.

Solear MZ
100% palomino

92 ★★★★★   **6,5€**

Color amarillo brillante. Aroma complejo, expresivo, punzante, salino. Boca graso, potente, fresco, fino amargor.

Solear en Rama MZ
100% palomino

96 ★★★★★   **7,3€**

Color amarillo brillante. Aroma potente, con carácter, frutos secos, punzante. Boca espirituoso, buena acidez, redondo, matices de solera.

BODEGAS DIOS BACO

Tecnología, A-14
11407 Jerez de la Frontera (Cádiz)
☎: +34 956 333 337
Fax: +34 956 333 825
www.bodegasdiosbaco.com
comercial@bodegasdiosbaco.com

Baco de Élite Medium OL
palomino

90 ★★★★★   **7,2€**

Color yodo, borde ambarino. Aroma potente, complejo, elegante, frutos secos, tostado. Boca graso, largo, matices de solera, dulcedumbre.

Baco Imperial 30 años VORS PC
100% palomino

92   **51,7€**

Color oro viejo, borde ambarino. Aroma cacao fino, especiado, frutos secos, barniz. Boca sabroso, buena acidez, equilibrado, largo.

Bulería FI
100% palomino

90 ★★★★★   **3,7€**

Color amarillo brillante. Aroma complejo, expresivo, punzante, salino, potente, con carácter. Boca graso, potente, fresco, fino amargor.

Dios Baco CR
92 ★★★★★   7,2€
Color caoba. Aroma tostado, caramelo tostado, cacao fino, fruta pasificada, ebanistería. Boca sabroso, matices de solera, equilibrado.

Oxford 1970 PX
100% pedro ximénez
90 ★★★★★   8€
Color caoba claro. Aroma fruta pasificada, café aromático, chocolate. Boca potente, concentrado.

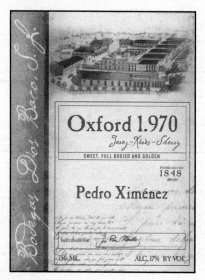

Riá Pitá MZ
100% palomino
90 ★★★★★   2,8€
Color amarillo brillante. Aroma potente, punzante, salino, expresivo, complejo. Boca largo, fino amargor, estructurado, seco.

BODEGAS GUTIÉRREZ COLOSÍA
Avda. Bajamar, 40
11500 El Puerto de Santa María (Cádiz)
☎: +34 956 852 852
Fax: +34 956 542 936
www.gutierrezcolosia.com
info@gutierrezcolosia.com

Campo de Guía FI
palomino
87 ★★★★   5,8€
Color pajizo brillante. Aroma intensidad media, salino, equilibrado. Boca fresco, equilibrado, buena acidez, correcto.

Gutiérrez Colosía AM
palomino
90
Color yodo, borde ambarino. Aroma potente, complejo, frutos secos, tostado. Boca graso, amargoso, matices de solera, largo, especiado.

Gutiérrez Colosía CR
palomino, pedro ximénez
88
Color yodo, borde ambarino. Aroma roble cremoso, especiado, caramelo tostado. Boca matices de solera, cierta persistencia.

Gutiérrez Colosía FI
palomino
91
Color amarillo brillante. Aroma complejo, expresivo, punzante, salino, potente, con carácter. Boca graso, potente, fresco, fino amargor.

Gutiérrez Colosía MZ
palomino
91 ★★★★★   8€
Color amarillo brillante. Aroma complejo, expresivo, punzante, salino. Boca graso, potente, fresco, fino amargor.

Gutiérrez Colosía OL
palomino
90
Color yodo, borde ambarino. Aroma potente, frutos secos, tostado, acetaldehído. Boca graso, largo, matices de solera, especiado.

Gutiérrez Colosía PX
pedro ximénez
89
Color yodo, borde ambarino. Aroma especias dulces, chocolate, caramelo tostado. Boca dulce, concentrado.

Gutiérrez Colosía Fino en Rama 3 años FI
palomino
90 ★★★★   12€
Color amarillo brillante. Aroma complejo, expresivo, punzante, salino. Boca graso, potente, fresco, fino amargor.

Gutiérrez Colosía Fino en Rama 5 años FI
palomino
93 ★★★   15€
Color amarillo brillante. Aroma complejo, expresivo, punzante, salino, tostado. Boca graso, potente, fino amargor, lleno.

Gutiérrez Colosía Moscatel Soleado Moscatel
moscatel
88
Color caoba oscuro. Aroma fruta pasificada, varietal, notas amieladas, pastelería. Boca untuoso, dulce, sabroso.

Gutiérrez Colosía Solera Familiar AM
palomino

91

Color yodo, borde ambarino. Aroma potente, complejo, frutos secos, tostado, salino, almendra tostada. Boca graso, amargoso, matices de solera, largo, especiado.

Gutiérrez Colosía Solera Familiar OL
palomino

93

Color yodo, borde ambarino. Aroma potente, complejo, elegante, frutos secos, tostado, acetaldehído. Boca graso, especiado, largo.

Gutiérrez Colosía Solera Familiar PC
palomino

92

Color yodo, borde ambarino. Aroma acetaldehído, punzante, espirituoso, barniz. Boca dulcedumbre, espirituoso, buena acidez.

Gutiérrez Colosía Solera Familiar PX
pedro ximénez

93   80€

Color caoba oscuro. Aroma complejo, espirituoso, fruta pasificada, pastelería, tostado. Boca dulce, graso, untuoso, potente.

Mari Pepa CR
palomino, pedro ximénez

88 ★★★★   7,5€

Color oro viejo, borde ambarino. Aroma cacao fino, café aromático, almendra tostada. Boca especiado, espirituoso.

Sangre y Trabajadero OL
100% palomino

90 ★★★★   10,8€

Color yodo, borde ambarino. Aroma potente, complejo, elegante, frutos secos, tostado. Boca graso, largo, matices de solera, especiado.

BODEGAS HIDALGO-LA GITANA

Banda de Playa, 42
11540 Sanlúcar de Barrameda (Cádiz)
☎: +34 956 385 304
Fax: +34 956 363 844
www.lagitana.es
bodegashidalgo@lagitana.es

Alameda CR

87 ★★★★   6,8€

Color caoba claro. Aroma caramelo tostado, fruta pasificada, especias dulces. Boca estructurado, sabroso, especiado, fino amargor.

Faraón OL
100% palomino

89 ★★★   8,5€

Color yodo, borde ambarino. Aroma frutos secos, equilibrado, especiado. Boca sabroso, fino amargor, matices de solera.

Faraón 30 años VORS 50 cl. OL
100% palomino

91   39,7€

Color yodo, borde ambarino. Aroma elegante, frutos secos, tostado, expresivo. Boca graso, largo, matices de solera, especiado.

La Gitana MZ
palomino

92 ★★★★★   5€

Color amarillo brillante. Aroma complejo, expresivo, punzante, salino. Boca graso, potente, fresco, fino amargor.

La Gitana en Rama (Saca de Invierno) MZ
100% palomino

93 ★★★★★   8,7€

Color dorado brillante. Aroma especiado, frutos secos, salino, complejo. Boca equilibrado, fino amargor, matices de solera, especiado, graso.

Napoleón AM
100% palomino

91 ★★★★★   9,5€

Color yodo, borde ambarino. Aroma potente, complejo, elegante, frutos secos. Boca graso, amargoso, matices de solera, largo, especiado.

Napoleón 30 años VORS 50 cl. AM
100% palomino

93   39,7€

Color yodo, borde ambarino. Aroma potente, complejo, elegante, frutos secos, tostado. Boca graso, amargoso, matices de solera, largo, especiado.

Pastrana Manzanilla Pasada MZ
100% palomino

94 ★★★★★   10€

Color amarillo brillante. Aroma salino, yodado, frutos secos, potente. Boca amargoso, espirituoso, redondo.

Triana PX
100% pedro ximénez

90 ★★★★★ 9,2€

Color caoba oscuro. Aroma complejo, espirituoso, fruta pasificada, tostado, chocolate, barniz. Boca dulce, graso, untuoso, potente.

Triana 30 años VORS PX
100% pedro ximénez

92 39,7€

Color caoba oscuro. Aroma complejo, espirituoso, fruta pasificada, pastelería, tostado. Boca dulce, graso, untuoso, potente.

Wellington 30 años VORS PC
palomino

92 39,7€

Color caoba claro. Aroma acetaldehído, espirituoso, frutos secos, ahumado, café aromático, especiado. Boca amargoso, buena acidez.

Wellington Jerez Cortado 20 años VOS 50 cl. PC
100% palomino

91 31,8€

Color oro viejo, borde ambarino. Aroma especiado, frutos secos, acetaldehído, cacao fino. Boca equilibrado, buena acidez, lleno, sabroso.

BODEGAS LA CIGARRERA
Pza. Madre de Dios, s/n
11540 Sanlúcar de Barrameda (Cádiz)
☎: +34 956 381 285
www.bodegaslacigarrera.com
lacigarrera@bodegaslacigarrera.com

La Cigarrera AM
100% palomino

92 ★★★★★ 8€

Color yodo, borde ambarino. Aroma frutos secos, especiado, fruta al licor. Boca graso, sabroso, equilibrado, fino amargor, seco.

La Cigarrera Moscatel
100% moscatel

91 ★★★★★ 7,5€

Color yodo, borde ambarino. Aroma caramelo tostado, fruta sobremadura, notas amieladas. Boca dulcedumbre, espirituoso, complejo.

La Cigarrera MZ
100% palomino

86 ★★★★ 5,5€

Color amarillo brillante. Aroma potente, fruta fresca. Boca frutoso, correcto, amargoso.

La Cigarrera OL
100% palomino

87 ★★★★ 8€

Color oro viejo, borde ambarino. Aroma intensidad media, cacao fino. Boca correcto, especiado, equilibrado, fino amargor.

La Cigarrera PX
pedro ximénez

89 11,5€

Color caoba oscuro. Aroma complejo, espirituoso, fruta pasificada, chocolate. Boca dulce, graso, untuoso, potente, estructurado.

BODEGAS OSBORNE
Fernán Caballero, 7
11500 El Puerto de Santa María (Cádiz)
☎: +34 956 869 000
Fax: +34 925 869 026
www.osborne.es
carolina.cerrato@osborne.es

10 RF OL
palomino, pedro ximénez

90 ★★★★★ 8,5€

Color caoba claro. Aroma equilibrado, caramelo tostado, especias dulces, fruta escarchada. Boca equilibrado, fino amargor.

Amontillado 51-1ª V.O.R.S AM
palomino

94 70€

Color yodo, borde ambarino. Aroma potente, complejo, elegante, frutos secos, tostado, salino, punzante. Boca graso, amargoso, matices de solera, largo, especiado.

Bailén OL
100% palomino

88 ★★★ 8,5€

Color yodo, borde ambarino. Aroma potente, complejo, frutos secos. Boca graso, largo, matices de solera, especiado.

Capuchino V.O.R.S PC
palomino

94 70€

Color oro viejo, borde ambarino. Aroma elegante, complejo, frutos secos, almendra tostada, especias dulces. Boca lleno, largo, matices de solera.

Fino Quinta FI
100% palomino

92 ★★★★★ 5,6€

Color amarillo brillante. Aroma complejo, expresivo, punzante, salino. Boca graso, potente, fresco, fino amargor.

Osborne Pedro Ximénez 1827 PX
100% pedro ximénez

91 ★★★★★ 9,5€

Color caoba oscuro. Aroma complejo, espirituoso, fruta pasificada, pastelería, tostado. Boca dulce, graso, untuoso, potente.

Osborne Rare Sherry PX VORS PX
pedro ximénez

95 199€

Color caoba oscuro. Aroma complejo, espirituoso, fruta pasificada, pastelería, tostado, muy tostado (torrefactado), brea. Boca dulce, graso, untuoso, potente.

Osborne Solera AOS AM
palomino

96 199€

Color yodo, borde ambarino. Aroma complejo, elegante, frutos secos, tostado, acetaldehído, punzante, salino. Boca graso, amargoso, matices de solera, largo, especiado.

Osborne Solera BC 200 OL
pedro ximénez, palomino

97 199€

Color yodo, borde ambarino. Aroma potente, complejo, elegante, frutos secos, tostado, acetaldehído. Boca graso, largo, matices de solera, especiado, elegante.

Osborne Solera India OL
pedro ximénez, palomino

94 199€

Color caoba claro. Aroma potente, punzante, espirituoso, frutos secos, especias dulces. Boca sabroso, graso, lleno, largo, complejo.

Santa María Cream CR
pedro ximénez, palomino

87 ★★★ 8,5€

Color yodo, borde ambarino. Aroma fruta escarchada, especiado, cacao fino. Boca dulcedumbre, sabroso.

Sibarita V.O.R.S. OL

95 70€

Color yodo, borde ambarino. Aroma potente, complejo, frutos secos, tostado, acetaldehído. Boca graso, largo, matices de solera, especiado, buena acidez, redondo.

BODEGAS REY FERNANDO DE CASTILLA

Jardinillo, 7-11
11404 Jerez de la Frontera (Cádiz)
☎: +34 956 182 454
Fax: +34 956 182 222
www.fernandodecastilla.com
bodegas@fernandodecastilla.com

Fernando de Castilla "Amontillado Antique" AM
100% palomino

94 29€

Color caoba claro. Aroma complejo, especias dulces, acetaldehído, frutos secos, potente. Boca graso, sabroso, lleno, largo.

Fernando de Castilla "Fino Antique" FI
100% palomino

94 19€

Color dorado brillante. Aroma potente, espirituoso, frutos secos, acetaldehído, salino. Boca sabroso, amargoso, buena acidez, redondo.

Fernando de Castilla "Oloroso Antique" OL
100% palomino

92 29€

Color yodo, borde ambarino. Aroma complejo, frutos secos, tostado, con carácter. Boca graso, largo, matices de solera, especiado.

Fernando de Castilla "P.X. Antique" PX
pedro ximénez

94 35€

Color caoba oscuro. Aroma complejo, café aromático, especias dulces, cacao fino, equilibrado. Boca sabroso, lleno, complejo, especiado, largo.

Fernando de Castilla "Palo Cortado Antique" PC
100% palomino

94 35€

Color yodo, borde ambarino. Aroma ebanistería, especias dulces, espirituoso. Boca especiado, amargoso, lleno, potente, sabroso.

Fernando de Castilla "PX Classic" PX
pedro ximénez

89 15€

Color caoba oscuro. Aroma fruta pasificada, potente, espirituoso. Boca untuoso, dulce, sabroso.

Fernando de Castilla Fino Classic FI
100% palomino

90 ★★★★★ 10€

Color amarillo brillante. Aroma complejo, expresivo, punzante, salino. Boca graso, potente, fresco, fino amargor.

Fernando de Castilla Fino en Rama FI
100% palomino

93 ★★★ 15€

Color amarillo brillante. Aroma potente, frutos secos, espirituoso, salino, levaduras de flor. Boca sabroso, potente, amargoso, redondo.

Fernando de Castilla Oloroso Classic OL
100% palomino

90 ★★★★ 13€

Color yodo, borde ambarino. Aroma potente, complejo, elegante, frutos secos, tostado. Boca graso, largo, matices de solera, especiado.

BODEGAS TRADICIÓN

Cordobeses, 3
11408 Jerez de la Frontera (Cádiz)
☎: +34 956 168 628
Fax: +34 956 331 963
www.bodegastradicion.com
visitas@bodegastradicion.com

Amontillado Tradición VORS AM
palomino

94   50€

Color yodo, borde ambarino. Aroma potente, complejo, elegante, frutos secos, chocolate, acetaldehído. Boca graso, amargoso, matices de solera, largo, especiado.

Fino Tradición FI
palomino

90   25€

Color dorado brillante. Aroma frutos secos, especiado, balsámico, complejo, expresivo. Boca sabroso, fino amargor, equilibrado.

Oloroso Tradición VORS OL
palomino

95   50€

Color oro viejo, borde ambarino. Aroma acetaldehído, complejo, especias dulces, cacao fino, barniz, frutos secos. Boca sabroso, lleno, fino amargor, matices de solera.

Palo Cortado Tradición VORS PC
palomino

94   62€

Color oro viejo, borde ambarino. Aroma complejo, especiado, acetaldehído, frutos secos. Boca lleno, sabroso, complejo, largo, fino amargor, matices de solera.

Pedro Ximénez Tradición VOS PX
pedro ximénez

93   60€

Color caoba oscuro. Aroma complejo, espirituoso, fruta pasificada, pastelería, tostado, con carácter, potente. Boca dulce, graso, untuoso, potente.

DELGADO ZULETA

Avda. Rocío Jurado, s/n
11540 Sanlúcar de Barrameda (Cádiz)
☎: +34 956 361 107
Fax: +34 956 360 780
www.delgadozuleta.com
jfcarvajal@delgadozuleta.com

Barbiana MZ
palomino

88 ★★★★   8€

Color amarillo brillante. Aroma expresivo, punzante, salino. Boca graso, potente, fresco, fino amargor.

La Goya MZ
palomino

92 ★★★★★   7€

Color amarillo brillante. Aroma complejo, punzante, salino, expresivo. Boca graso, potente, fresco, fino amargor, lleno, largo.

Monteagudo AM
palomino

90 ★★★   15€

Color yodo, borde ambarino. Aroma potente, complejo, elegante, frutos secos, fruta al licor. Boca graso, amargoso, matices de solera, largo, especiado.

Zuleta AM
palomino

88 ★★★★   8€

Color yodo, borde ambarino. Aroma especiado, frutos secos, equilibrado. Boca correcto, fino amargor.

DIEZ - MÉRITO

Ctra. Jerez Lebrija (Morabita, Km. 2)
11407 Jerez de la Frontera (Cádiz)
☎: +34 956 186 112
Fax: +34 956 303 500
www.diezmerito.com
info@diezmerito.com

Fino Imperial 30 años VORS AM
palomino

92   90€

Color yodo, borde ambarino. Aroma complejo, elegante, frutos secos, tostado. Boca graso, amargoso, matices de solera, largo.

Pemartín AM
palomino

91 ★★★★★   5,5€

Color yodo, borde ambarino. Aroma intensidad media, frutos secos, tostado. Boca sabroso, lleno, largo.

Pemartín CR
palomino

85 ★★★★   5,7€

Pemartín FI
palomino

86 ★★★★★   4,3€

Color amarillo brillante. Aroma intensidad media, frutos secos, salino. Boca ligero, fácil de beber.

Pemartín OL
palomino

87 ★★★★   5,5€

Color caoba claro. Aroma intensidad media, especias dulces, frutos secos. Boca correcto, equilibrado, especiado, sabroso.

Pemartín PX
pedro ximénez

87 ★★★★ 6,2€

Color caoba. Aroma fruta escarchada, especias dulces, cacao fino, intensidad media. Boca graso, sabroso, fácil de beber.

Victoria Regina VORS OL
palomino

93 90€

Color yodo, borde ambarino. Aroma potente, complejo, elegante, frutos secos, tostado, especiado, acetaldehído. Boca graso, largo, matices de solera, especiado, espirituoso.

Vieja Solera 30 años PX
pedro ximénez

92 90€

Color caoba oscuro. Aroma complejo, chocolate, especias dulces, fruta pasificada. Boca equilibrado, untuoso, largo.

EQUIPO NAVAZOS

11403 Jerez de la Frontera (Cádiz)
www.equiponavazos.com
equipo@navazos.com

Fino en Rama Navazos, Saca Marzo 2014 FI
palomino

95

Color amarillo brillante. Aroma levaduras de flor, lías reducidas, punzante. Boca buena acidez, amargoso, especiado, largo.

La Bota de Fino (Bota nº 54) FI
palomino

98 21€

Color amarillo brillante. Aroma lías finas, potente, con carácter, complejo, expresivo. Boca potente, especiado, largo, amargoso.

La Bota de Manzanilla (Bota nª 55) MZ
palomino

94 20€

Color amarillo brillante. Aroma potente, con carácter, hidrocarburo, lías reducidas, cuero mojado, cera. Boca especiado, amargoso, buena acidez.

La Bota de Manzanilla Pasada Nº5 (Bota Punta) MZ
palomino

98 35€

Color amarillo brillante. Aroma fruta escarchada, especiado, barniz, acetaldehído, punzante, salino. Boca amargoso, buena acidez, graso, largo.

La Bota de Palo Cortado 52 "Sanlúcar" PC
palomino

95 35€

Color caoba claro. Aroma especiado, fruta escarchada, fruta al licor. Boca potente, dulcedumbre, especiado, largo.

La Bota de Palo Cortado nº 47 "Bota NO" PC
palomino

98 75€

Color caoba claro. Aroma potente, con carácter, complejo, fruta al licor, tostado, especiado. Boca potente, concentrado, complejo, especiado.

La Bota de Palo Cortado nº 48 "Bota Punta" PC
palomino

97 75€

Color yodo, borde ambarino. Aroma potente, complejo, elegante, frutos secos, tostado. Boca graso, matices de solera, especiado.

La Bota de Palo Cortado nº 51 "Bota GF" PC
palomino

98 75€

Color caoba claro. Aroma complejo, elegante, frutos secos, tostado, mineral, punzante, salino. Boca graso, largo, matices de solera, especiado, tostado, potente.

Manzanilla en Rama I Think. Saca Abril 2014 MZ
palomino

92

Color amarillo brillante. Aroma lías reducidas, fruta escarchada, hierbas de monte, hierbas de tocador. Boca dulcedumbre, buena acidez, fino amargor.

GARVEY

Ctra. Circunvalación, s/n
(Complejo Bellavista)
11407 Jerez de la Frontera (Cádiz)
☎: +34 956 319 650
Fax: +34 956 319 824
www.grupogarvey.com
info@grupogarvey.com

Asalto Amoroso

90 34,5€

Color caoba. Aroma tostado, caramelo tostado, especiado, espirituoso. Boca dulcedumbre, potente, sabroso, especiado.

Don José María AM
100% palomino

91 22,5€

Color caoba claro. Aroma ebanistería, frutos secos, especiado, roble cremoso. Boca potente, sabroso, especiado, fino amargor.

Don José María CR

87 22,5€

Color caoba oscuro. Aroma fruta pasificada, café aromático, caramelo tostado, roble cremoso, tostado. Boca especiado, largo, tostado, untuoso.

Don José María Fl
100% palomino

91   20€

Color amarillo brillante. Aroma complejo, expresivo, punzante, salino, frutos secos. Boca graso, potente, fresco, fino amargor, equilibrado, elegante.

Don José María OL
100% palomino

92   22,5€

Color caoba. Aroma acetaldehído, barniz, especiado, roble cremoso, especias dulces, ebanistería. Boca graso, potente, sabroso, especiado, largo.

Flor de Jerez CR
88 ★★★   8,3€

Color yodo, borde ambarino. Aroma potente, complejo, elegante, frutos secos, tostado, caramelo tostado, especias dulces. Boca graso, largo, matices de solera, especiado, dulce.

Flor del Museo CR
89   34,5€

Color caoba. Aroma fruta pasificada, especias dulces, roble cremoso, tostado, expresivo. Boca dulcedumbre, especiado, largo.

Garvey PX
100% pedro ximénez

87 ★★★   8,3€

Color caoba oscuro. Aroma complejo, espirituoso, fruta pasificada, pastelería, tostado, especias dulces, café aromático. Boca dulce, graso, untuoso, potente.

Garvey VORS OL
100% palomino

93   54€

Color caoba. Aroma punzante, acetaldehído, notas amieladas, frutos secos, chocolate, especias dulces, roble cremoso, ebanistería. Boca equilibrado, elegante, especiado, tostado, fino amargor.

Garvey VORS PX
100% pedro ximénez

94   54€

Color caoba oscuro. Aroma complejo, espirituoso, fruta pasificada, pastelería, tostado, barniz, especiado, café aromático. Boca dulce, graso, untuoso, potente, equilibrado, elegante.

Garvey VOS PX
100% pedro ximénez

92   43,5€

Color caoba oscuro. Aroma acetaldehído, fruta pasificada, frutos secos, chocolate, café aromático, expresivo. Boca potente, graso, especiado, tostado, largo.

Gran Orden PX
100% pedro ximénez

94   34,5€

Color caoba oscuro. Aroma complejo, espirituoso, fruta pasificada, pastelería, tostado, ahumado, café aromático. Boca dulce, graso, untuoso, potente, equilibrado, elegante.

Jauna PC
100% palomino

94   34,5€

Color caoba. Aroma acetaldehído, frutos secos, balsámico, especiado, roble cremoso, elegante. Boca equilibrado, especiado, largo, sabroso, untuoso, estructurado.

Ochavico OL
100% palomino

88 ★★★   8,3€

Color caoba claro. Aroma potente, complejo, frutos secos, tostado, caramelo tostado. Boca graso, largo, matices de solera, especiado.

Oñana AM
100% palomino

93   34,5€

Color caoba claro. Aroma barniz, frutos secos, acetaldehído, especiado, pastelería, cacao fino, equilibrado. Boca potente, sabroso, especiado, largo.

Puerta Real OL
100% palomino

93   34,5€

Color oro viejo, borde ambarino. Aroma chocolate, cacao fino, acetaldehído, pastelería, expresivo. Boca sabroso, especiado, tostado, equilibrado.

San Patricio Fl
100% palomino

91 ★★★★★   7,2€

Color amarillo brillante. Aroma fruta madura, frutos secos, floral, ebanistería, especiado. Boca especiado, fino amargor, fácil de beber.

Tio Guillermo AM
100% palomino

85 ★★★   8,3€

GONZÁLEZ BYASS
Manuel María González, 12
11403 Jerez de la Frontera (Cádiz)
☎: +34 956 357 000
Fax: +34 956 357 043
www.bodegastiopepe.es
elrincondegb@gonzalezbyass.es

Alfonso OL
100% palomino

90 ★★★★★   6,8€

Color yodo, borde ambarino. Aroma potente, elegante, frutos secos, tostado, chocolate. Boca graso, largo, especiado.

Amontillado del Duque VORS AM
100% palomino

94   55€

Color yodo, borde ambarino. Aroma acetaldehído, elegante, expresivo, barniz, frutos secos. Boca equilibrado, fino amargor, largo, matices de solera.

Apóstoles VORS PC
100% palomino

92   55€

Color yodo, borde ambarino. Aroma hidrocarburo, fruta escarchada, especiado, tostado. Boca amargoso, buena acidez, especiado, dulcedumbre.

Gonzalez Byass Añada 1982 PC
100% palomino

96   170€

Color oro viejo, borde ambarino. Aroma expresivo, elegante, especias dulces, almendra tostada. Boca complejo, largo, matices de solera, fino amargor.

Leonor PC
100% palomino

92   19€

Color yodo, borde ambarino. Aroma elegante, equilibrado, cacao fino, especias dulces. Boca lleno, sabroso, complejo, largo.

Matusalem VORS OL

94   55€

Color yodo, borde ambarino. Aroma potente, complejo, elegante, frutos secos, tostado. Boca graso, largo, matices de solera, especiado, dulcedumbre.

Néctar PX
100% pedro ximénez

91 ★★★★★   6€

Color caoba oscuro. Aroma espirituoso, fruta pasificada, pastelería, chocolate. Boca dulce, graso, untuoso, potente.

Noé VORS PX
100% pedro ximénez

94   55€

Color caoba oscuro. Aroma complejo, espirituoso, fruta pasificada, pastelería, tostado. Boca dulce, graso, untuoso, potente.

Solera 1847 CR
palomino, pedro ximénez

88 ★★★★   6,5€

Color caoba. Aroma cacao fino, especias dulces, rancio, fruta pasificada. Boca frutoso, sabroso, dulcedumbre, fino amargor.

Tío Pepe FI
100% palomino

94 ★★★★★   6€

Color amarillo brillante. Aroma complejo, expresivo, punzante, salino, fresco, potente. Boca graso, potente, fresco, fino amargor.

Tío Pepe en Rama FI
palomino

94 ★★★   14,9€

Color amarillo brillante. Aroma complejo, expresivo, salino, potente. Boca graso, potente, fresco, fino amargor.

Tres Palmas FI
palomino

95

Color amarillo brillante. Aroma complejo, punzante, salino, especiado. Boca graso, potente, fresco, fino amargor.

Viña AB AM
100% palomino

91 ★★★★★   8,5€

Color oro viejo, borde ambarino. Aroma equilibrado, expresivo, salino, frutos secos, complejo, elegante. Boca sabroso, especiado.

HEREDEROS DE ARGÜESO S.A.

Mar, 8
11540 Sanlúcar de Barrameda (Cádiz)
☎: +34 956 385 116
Fax: +34 956 368 169
www.argueso.es
argueso@argueso.es

Argüeso AM
palomino

90 ★★★★★   8,1€

Color caoba claro. Aroma equilibrado, acetaldehído, especiado, frutos secos. Boca estructurado, lleno, fino amargor, largo.

Argüeso PX
pedro ximénez

87 ★★★   8,1€

Color yodo, borde ambarino. Aroma fruta sobremadura, fruta escarchada, especiado. Boca dulce, buena acidez.

Argüeso Cream CR
palomino, pedro ximénez

87 ★★★★★   5€

Color yodo, borde ambarino. Aroma especiado, fruta al licor, tostado. Boca especiado, amargoso, buena acidez.

San León "Clásica" MZ
palomino

93 ★★★★★   7€

Color amarillo brillante. Aroma complejo, expresivo, punzante, salino. Boca graso, potente, fresco, fino amargor.

San León Reserva de Familia MZ
palomino

95 ★★★   13,1€

Color amarillo brillante. Aroma complejo, punzante, salino, frutos secos, acetaldehído. Boca graso, potente, fresco, fino amargor.

HIDALGO
Clavel, 29
11402 Jerez de la Frontera (Cádiz)
☎: +34 956 341 078
Fax: +34 956 320 922
www.hidalgo.com
info@hidalgo.com

El Tresillo 1874 Amontillado Viejo AM
palomino

96   70€

Color yodo, borde ambarino. Aroma elegante, frutos secos, tostado, punzante, con carácter, complejo. Boca graso, amargoso, matices de solera, largo, especiado.

El Tresillo Amontillado Fino AM
palomino

93   28€

Color dorado brillante. Aroma potente, complejo, elegante, frutos secos, tostado. Boca graso, amargoso, matices de solera, largo, especiado.

Gobernador OL
palomino

90 ★★★★★   10€

Color caoba. Aroma ahumado, frutos secos, equilibrado, especias dulces, roble cremoso, expresivo. Boca potente, sabroso, especiado, untuoso, largo.

La Panesa Especial Fino FI
palomino

94   30€

Color dorado brillante. Aroma complejo, expresivo, punzante, salino, yodado, frutos secos. Boca graso, potente, fresco, fino amargor.

Villapanés OL
palomino

94   28€

Color yodo, borde ambarino. Aroma potente, complejo, elegante, frutos secos, tostado, fruta al licor. Boca graso, largo, matices de solera, especiado.

HIJOS DE RAINERA PÉREZ MARÍN
Ctra. Nacional IV, Km. 640
11404 Jerez de la Frontera (Cádiz)
☎: +34 956 321 004
Fax: +34 956 340 216
www.laguita.com
info@grupoestevez.com

La Guita MZ
100% palomino

92 ★★★★★   7,5€

Color amarillo brillante. Aroma complejo, expresivo, punzante, salino, fresco, flores blancas. Boca graso, potente, fresco, fino amargor.

LUIS CABALLERO
San Francisco, 32
11500 El Puerto de Santa María (Cádiz)
☎: +34 956 851 751
Fax: +34 956 859 204
www.caballero.es
marketing@caballero.es

Pavón FI
palomino

94 ★★★★★   6€

Color amarillo brillante. Aroma complejo, expresivo, punzante, salino, frutos secos, yodado. Boca graso, potente, fresco, fino amargor.

LUSTAU
Arcos, 53
11402 Jerez de la Frontera (Cádiz)
☎: +34 956 341 597
www.lustau.es
lustau@lustau.es

Botaina AM
palomino

89   12€

Color yodo, borde ambarino. Aroma equilibrado, especias dulces, frutos secos, acetaldehído. Boca estructurado, sabroso, especiado.

La Ina FI
palomino

95 ★★★★★   6,3€

Color amarillo brillante. Aroma complejo, expresivo, punzante, salino, elegante, frutos secos. Boca graso, potente, fresco, fino amargor.

Lustau Almacenista Amontillado de Sanlúcar Cuevas Jurado 50 cl. AM
palomino

91 ★★★ 15€

Color yodo, borde ambarino. Aroma potente, complejo, frutos secos, tostado, salino, yodado, elegante. Boca graso, amargoso, matices de solera, largo, especiado.

Lustau Almacenista Oloroso del Puerto González Obregón 50 cl. OL
palomino

93 ★★★ 15€

Color yodo, borde ambarino. Aroma complejo, elegante, frutos secos, tostado, roble cremoso, especias dulces. Boca graso, largo, matices de solera, especiado.

Lustau Almacenista Palo Cortado Vides PC
palomino

93

Color yodo, borde ambarino. Aroma potente, complejo, elegante, frutos secos, tostado, salino, acetaldehído. Boca graso, largo, matices de solera, especiado.

Lustau Añada 1997 Oloroso Dulce OL
palomino

92 22€

Color yodo, borde ambarino. Aroma potente, elegante, frutos secos, caramelo tostado. Boca graso, largo, matices de solera, especiado.

Lustau East India CR
palomino, pedro ximénez

91 18€

Color caoba. Aroma caramelo tostado, especias dulces, fruta pasificada, acetaldehído. Boca sabroso, potente, estructurado.

Lustau Emilín Moscatel
moscatel

90 18€

Color yodo, borde ambarino. Aroma especias dulces, fruta al licor, flores blancas. Boca sabroso, buena acidez, equilibrado.

Lustau Escuadrilla AM
palomino

91 ★★★ 15€

Color yodo, borde ambarino. Aroma especiado, frutos secos, acetaldehído, yodado. Boca lleno, largo, complejo, fino amargor.

Lustau Jarana FI
palomino

93 ★★★★★ 9€

Color amarillo brillante. Aroma complejo, expresivo, punzante, salino, potente, con carácter. Boca graso, potente, fresco, fino amargor.

Lustau Papirusa MZ
palomino

94 ★★★★★ 9€

Color amarillo brillante. Aroma complejo, punzante, salino, tostado. Boca graso, potente, fresco, fino amargor.

Lustau Penísula PC
palomino

90 18€

Color oro viejo, borde ambarino. Aroma equilibrado, cacao fino, especias dulces, fruta escarchada, almendra tostada. Boca sabroso, especiado.

Lustau Puerto Fino FI
palomino

94 ★★★★★ 9€

Color amarillo brillante. Aroma complejo, punzante, expresivo, salino. Boca graso, lleno, fino amargor, redondo, largo. Personalidad.

Lustau San Emilio PX
pedro ximénez

92 18€

Color caoba oscuro. Aroma complejo, espirituoso, fruta pasificada, pastelería, chocolate. Boca dulce, graso, untuoso, potente.

Lustau VORS AM
palomino

93 40€

Color yodo, borde ambarino. Aroma potente, complejo, cacao fino, especias dulces, expresivo. Boca complejo, lleno, especiado, matices de solera, largo.

Lustau VORS OL
palomino

94 40€

Color yodo, borde ambarino. Aroma equilibrado, especias dulces, cacao fino, acetaldehído. Boca lleno, equilibrado, fino amargor, matices de solera.

Lustau VORS PX
pedro ximénez

95 40€

Color caoba oscuro. Aroma fruta pasificada, pastelería, tostado, equilibrado, cacao fino. Boca dulce, graso, untuoso, potente.

Río Viejo OL
palomino

90 ★★★★★ 7,5€

Color caoba claro. Aroma frutos secos, intensidad media, caramelo tostado. Boca largo, matices de solera, especiado.

MARQUÉS DEL REAL TESORO

Ctra. Nacional IV, Km. 640
11404 Jerez de la Frontera (Cádiz)
☎: +34 956 321 004
Fax: +34 956 340 216
www.grupoestevez.com
info@grupoestevez.com

Del Príncipe AM
100% palomino

93 ★★★★ 13€

Color yodo, borde ambarino. Aroma elegante, frutos secos, tostado. Boca graso, amargoso, matices de solera, largo, especiado.

Tío Mateo FI
100% palomino

93 ★★★★★ 7,5€

Color amarillo brillante. Aroma complejo, punzante, salino, floral, fresco. Boca graso, potente, fresco, fino amargor.

ROMATE

Lealas, 26
11404 Jerez de la Frontera (Cádiz)
☎: +34 956 182 212
Fax: +34 956 185 276
www.romate.com
comercial@romate.com

Cardenal Cisneros PX
100% pedro ximénez

91 18,5€

Color caoba oscuro. Aroma complejo, espirituoso, fruta pasificada, pastelería, tostado. Boca dulce, graso, untuoso, potente.

Don José OL
100% palomino

91 ★★★ 13,2€

Color caoba claro. Aroma equilibrado, acetaldehído, especias dulces, barniz. Boca graso, matices de solera, especiado, largo.

Duquesa PX
100% pedro ximénez

90 ★★★ 13,5€

Color caoba oscuro. Aroma expresivo, espirituoso, fruta pasificada, potente. Boca varietal, dulce, sabroso, cremoso.

Iberia CR

89 13,2€

Color caoba oscuro. Aroma especias dulces, fruta pasificada, barniz, fruta al licor. Boca estructurado, sabroso, fino amargor.

Marismeño FI
100% palomino

90 ★★★★★ 8,3€

Color amarillo brillante. Aroma intensidad media, equilibrado, salino, frutos secos. Boca graso, sabroso, fino amargor.

NPU AM
100% palomino

93 ★★★ 13,2€

Color yodo, borde ambarino. Aroma potente, complejo, elegante, frutos secos, tostado. Boca graso, amargoso, matices de solera, largo, especiado.

Old & Plus Amontillado VORS AM
100% palomino

92 37,1€

Color yodo, borde ambarino. Aroma fruta escarchada, fruta al licor, especiado, barniz. Boca matices de solera, amargoso, espirituoso.

Old & Plus Oloroso OL
100% palomino

93 37,1€

Color yodo, borde ambarino. Aroma potente, complejo, elegante, frutos secos. Boca graso, largo, matices de solera, especiado.

Old & Plus P.X. PX
100% pedro ximénez

93 37,1€

Color caoba oscuro. Aroma complejo, fruta pasificada, pastelería, tostado, especias dulces, café aromático. Boca dulce, graso, untuoso, potente.

Regente PC
100% palomino

91 ★★★ 13,5€

Color caoba claro. Aroma cacao fino, especias dulces, fruta escarchada, frutos secos. Boca sabroso, fino amargor, buena acidez.

SANDEMAN JEREZ

Porvera, 3 of. 8 y 11
11403 Jerez de la Frontera (Cádiz)
☎: +34 956 151 700
Fax: +34 956 300 007
www.sandeman.eu
jose.moreno@sogrape.pt

Sandeman Armada Premium CR
palomino, pedro ximénez

90 ★★★★ 12,5€

Color yodo, borde ambarino. Aroma fruta escarchada, caramelo tostado, café aromático. Boca sabroso, espirituoso, dulcedumbre.

Sandeman Character Premium AM
palomino, pedro ximénez

91 ★★★★ 12,5€

Color yodo, borde ambarino. Aroma potente, complejo, elegante, frutos secos, tostado. Boca graso, amargoso, matices de solera, largo, especiado.

Sandeman Classic Fl
palomino

88 ★★★★ 6,8€

Color pajizo brillante. Aroma intensidad media, fruta escarchada, salino. Boca sabroso, amargoso, buena acidez.

Sandeman Classic Medium Dry
palomino, pedro ximénez

87 ★★★★ 6,8€

Color caoba claro. Aroma intensidad media, equilibrado, frutos secos, especiado. Boca correcto, fino amargor.

Sandeman Don Fino Premium Fl
palomino

90 ★★★★ 12,5€

Color amarillo brillante. Aroma equilibrado, salino, fresco, frutos secos. Boca sabroso, fino amargor, especiado.

Sandeman Medium Sweet
palomino, pedro ximénez

89 ★★★★ 6,8€

Color oro viejo. Aroma fruta escarchada, cacao fino, especias dulces, intensidad media. Boca graso, frutoso, dulce, fruta madura, equilibrado.

Sandeman Pedro Ximénez Premium PX
pedro ximénez

92 ★★★★ 11,8€

Color caoba oscuro. Aroma complejo, espirituoso, fruta pasificada, pastelería, tostado. Boca dulce, graso, untuoso, potente.

Sandeman Royal Ambrosante VOS PX
pedro ximénez

93 ★★★★ 11,8€

Color caoba oscuro. Aroma complejo, elegante, fruta pasificada, café aromático, varietal. Boca graso, lleno, complejo, untuoso, especiado.

VALDESPINO
Ctra. Nacional IV, Km. 640
11408 Jerez de la Frontera (Cádiz)
☎: +34 956 321 004
Fax: +34 956 340 216
www.grupoestevez.com
info@grupoestevez.com

Don Gonzalo VOS OL
100% palomino

96 47€

Color yodo, borde ambarino. Aroma potente, complejo, elegante, frutos secos. Boca graso, largo, matices de solera, especiado, amargoso, espirituoso.

El Candado PX
pedro ximénez

91 ★★★★ 12,5€

Color caoba oscuro. Aroma espirituoso, fruta pasificada, pastelería, tostado. Boca dulce, graso, untuoso, potente.

Moscatel Promesa Moscatel
moscatel

93 ★★★★ 12,5€

Color yodo, borde ambarino. Aroma especias dulces, notas amieladas, espirituoso. Boca buena acidez, fino amargor.

Solera 1842 VOS OL
100% palomino

94 47€

Color caoba. Aroma fruta madura, cacao fino, especias dulces, complejo, frutos secos. Boca lleno, estructurado, especiado, largo, matices de solera. Personalidad.

Solera de su Majestad VORS 37,5 cl. OL
100% palomino

96 65€

Color yodo, borde ambarino. Aroma complejo, elegante, frutos secos, tostado, acetaldehído, yodado. Boca graso, matices de solera, especiado.

Tío Diego AM
100% palomino

91 ★★★★ 10,5€

Color yodo, borde ambarino. Aroma potente, complejo, elegante, frutos secos, tostado. Boca graso, amargoso, matices de solera, largo, especiado.

Ynocente Fl
100% palomino

93 ★★★★★ 8,5€

Color amarillo brillante. Aroma complejo, expresivo, punzante, salino, elegante, levaduras de flor. Boca graso, potente, fresco, fino amargor.

VINOS DE SACRISTÍA
Sevilla, 2 1º Izq.
11540 Sanlúcar de Barrameda (Cádiz)
☎: +34 607 920 337
www.sacristiaab.com
sacristiaab@sacristiaab.com

Sacristía AB MZ
palomino

95 ★★★ 15€

Color amarillo brillante. Aroma complejo, expresivo, fruta fresca, especiado. Boca graso, largo, matices de solera, fino amargor. Personalidad.

WILLIAMS & HUMBERT S.A.

Ctra. N-IV, Km. 641,75
11408 Jerez de la Frontera (Cádiz)
☎: +34 956 353 400
Fax: +34 956 353 408
www.williams-humbert.com
williams@williams-humbert.com

Canasta OL
palomino, pedro ximénez

88 ★★★★　　　　　　　　　**6€**

Color caoba oscuro. Aroma potente, café aromático, chocolate, muy tostado (torrefactado), frutos secos. Boca equilibrado, dulcedumbre, potente, sabroso, especiado.

Don Guido Solera Especial 20 años VOS PX
pedro ximénez

93　　　　　　　　　　　　**30€**

Color caoba oscuro. Aroma fruta pasificada, café aromático, especiado, roble cremoso, tostado, acetaldehído, punzante, equilibrado. Boca graso, sabroso, especiado, largo.

Dos Cortados PC
palomino

94　　　　　　　　　　　　**30€**

Color caoba claro. Aroma acetaldehído, punzante, barniz, ebanistería, roble cremoso. Boca potente, sabroso, especiado, largo, equilibrado.

Dry Sack Medium Dry CR
88

Color oro viejo, borde ambarino. Aroma fruta madura, especias dulces, roble cremoso, tostado. Boca dulcedumbre, sabroso, especiado.

Fino Pando FI
palomino

90 ★★★★★　　　　　　　　**7€**

Color amarillo brillante. Aroma punzante, salino, hierbas secas, flores marchitas, frutos secos. Boca potente, sabroso, especiado, largo.

Jalifa VORS "30 years" AM
93　　　　　　　　　　　　**35€**

Color caoba. Aroma barniz, acetaldehído, especias dulces, cacao fino, almendra tostada, chocolate, roble cremoso. Boca equilibrado, elegante, especiado, largo.

DO. JUMILLA

CONSEJO REGULADOR

San Roque, 15
30520 Jumilla (Murcia)
☎: +34 968 781 761 - Fax: +34 968 781 900
@: info@vinosdejumilla.org
www.vinosdejumilla.org

SITUACIÓN:

A caballo entre las provincias de Murcia y Albacete, esta DO abarca una amplia comarca del sureste español y engloba los términos municipales de Jumilla (Murcia) y Fuente Álamo, Albatana, Ontur, Hellín, Tobarra y Montealegre del Castillo (Albacete).

▽ Consejo Regulador
Delimitación de la DO

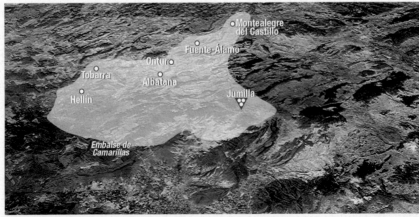

VARIEDADES:

BLANCAS: airén, macabeo, malvasía, chardonnay, sauvignon blanc, moscatel de grano menudo, pedro ximénez y verdejo.

TINTAS: monastrell (principal), garnacha, garnacha tintorera, cencibel (tempranillo), cabernet sauvignon, merlot, petit verdot y syrah.

DATOS:

Nº Has. Viñedo: 25.000 – **Nº Viticultores:** 2.100 – **Nº Bodegas:** 45 – **Cosecha 13:** Muy Buena – **Producción 13:** 26.000.000 litros – **Comercialización:** 53% España - 47% extranjero

SUELOS:

Predominan los suelos pardos, pardo/calizos y calizos. En general, son pobres en materia orgánica, con gran capacidad de retención hídrica y permeabilidad media.

CLIMA:

De tipo continental y con influencias mediterráneas. Se caracteriza por su aridez y baja pluviometría (270 mm.), que se concentra fundamentalmente en primavera y otoño. Los inviernos son fríos y los veranos secos y bastantes cálidos.

CARACTERÍSTICAS GENERALES DE LOS VINOS

BLANCOS	En general, los blancos de Jumilla presentan un color amarillo pajizo, poseen un carácter frutal moderado, y cierto cuerpo en boca; son además equilibrados y sabrosos. En algunos casos los bodegueros recurren a la moscatel para dar mayor expresión y fuerza a sus vinos.
ROSADOS	Suelen presentar un color rosáceo-salmón; en la nariz son bastante frutosos y de buena intensidad aromática; en boca resultan sabrosos, algunos con algo más de cuerpo y ligeramente cálidos.
TINTOS	Es el vino por excelencia de la zona apoyado en una variedad, la monastrell, que, sujeta a las nuevas elaboraciones, da vinos de mucho color, intensos, con característicos aromas a frutos negros maduros y, en ocasiones, a fruta pasificada; en la boca los mejores son muy potentes, con excelente estructura tánica, sabrosos y carnosos. Los crianzas combinan este carácter frutal con los aportes de la madera, y en el caso de vinos más viejos, aunque todavía pueden aparecer notas oxidativas, cada vez se controla más la tendencia evolutiva de la variedad.

CLASIFICACIÓN COSECHAS

GUÍA**PEÑÍN**

2009	2010	2011	2012	2013
BUENA	MUY BUENA	MUY BUENA	MUY BUENA	BUENA

AROMAS EN MI COPA

Pza. Médico Luis Martínez Pérez, 2
30520 Jumilla (Murcia)
☎ +34 676 492 477
www.aromasenmicopa.com
elisa@aromasenmicopa.com

Evol 2012 T
100% monastrell

91 ★★★★★   9€

Color cereza brillante. Aroma fruta madura, especias dulces, roble cremoso, intensidad media, varietal. Boca frutoso, sabroso, tostado.

Monastrell Pie Franco

JUMILLA **evol**

ARTIGA FUSTEL

Progres, 21 Bajos
8720 Vilafranca del Penedès
(Barcelona)
☎: +34 938 182 317
Fax: +34 938 924 499
www.artiga-fustel.com
info@artiga-fustel.com

Ariola Espíritu Monastrell Tempranillo 2013 T
86 ★★★★★   5€

Color cereza, borde violáceo. Aroma expresivo, fruta roja, violetas. Boca sabroso, frutoso, buena acidez, taninos maduros.

Camino de Seda 2013 T
84   5€

Castillo de la Peña Syrah Monastrell 2013 T
84   5€

Dominio de Artiga 2009 TR
87 ★★★★   7€

Color cereza, borde granate. Aroma fruta madura, especiado, roble cremoso, tostado, complejo. Boca potente, sabroso, tostado, taninos maduros.

El Campeador 2009 TR
87 ★★★★   7€

Color cereza oscuro, borde granate. Aroma fruta madura, hierbas de monte, especias dulces. Boca fruta madura, fácil de beber, cierta persistencia.

Mas Delmera 2009 TR
87 ★★★★   7€

Color cereza, borde granate. Aroma fruta madura, especiado, roble cremoso, tostado, complejo. Boca potente, sabroso, tostado, taninos maduros.

Ossiam 2013 T
100% monastrell

86 ★★★★★   5€

Color cereza, borde violáceo. Aroma potente, fruta roja, fruta madura, floral, expresivo. Boca potente, fresco, frutoso, fácil de beber.

ASENSIO CARCELÉN N.C.R.

Ctra. RM-714, km. 8
30520 Jumilla (Murcia)
☎: +34 968 435 543
Fax: +34 968 435 542
www.facebook.com/AsensioCarcelen
bodegascarcelen@gmail.com

100 x 100 Monastrell Ecológico 4 Lunas 2011 T Roble
100% monastrell

84 ❦   4,2€

100 x 100 Syrah Ecológico 4 Lunas 2012 T
100% syrah

84 ❦   4,2€

Pura Sangre 2006 TGR
100% monastrell

83 ❦   5,5€

BARÓN DEL SOLAR

Paraje El Jurado s/n
30520 Jumilla (Murcia)
☎: +34 968 066 002
Fax: +34 968 716 472
www.barondelsolar.com
info@barondelsolar.com

Barón del Solar 2011 T
monastrell, petit verdot

87 ★★★   9,2€

Color cereza brillante. Aroma fruta madura, especias dulces, roble cremoso, intensidad media. Boca frutoso, sabroso, tostado.

Barón del Solar Colección Privada 2011 T
monastrell
89 20€
Color cereza, borde granate. Aroma fruta madura, especiado, roble cremoso, tostado, complejo. Boca potente, sabroso, tostado, taninos maduros.

BODEGA ARTESANAL VIÑA CAMPANERO
Ctra. de Murcia, s/n- Apdo. 346
30520 Jumilla (Murcia)
☎: +34 968 780 754
Fax: +34 968 780 754
www.vinacampanero.com
bodegas@vinacampanero.com

Vegardal Cuco del Ardal Edición Especial 2010 T
100% monastrell
84 6€

Vegardal Monastrell Cepas Nuevas 2013 T
100% monastrell
84 2,5€

Vegardal Monastrell Cepas Viejas 2013 T
100% monastrell
87 ★★★★★ 3,5€
Color cereza, borde violáceo. Aroma potente, fruta roja, fruta madura, floral, expresivo. Boca potente, fresco, frutoso, untuoso.

Vegardal Naturally Sweet Wine 2010 T
100% monastrell
83 5€

BODEGA SAN JOSÉ
Camino de Hellín, s/n
2652 Ontur (Albacete)
☎: +34 967 324 212
Fax: +34 967 324 186
www.bodegasanjose.com
comercial@bodegasanjose.com

Dominio de Ontur Merlot 2012 T
merlot
86
Color cereza, borde violáceo. Aroma potente, fruta roja, fruta madura, expresivo, hierbas de monte, hierbas de tocador. Boca frutoso, untuoso, taninos maduros.

Dominio de Ontur Monastrell 2012 T
monastrell
85 ★★★★★ 2,5€

Dominio de Ontur Selección 2010 T
syrah, monastrell
88 ★★★★★ 3,9€
Color cereza, borde granate. Aroma fruta madura, especiado, complejo, varietal. Boca potente, sabroso, tostado, taninos maduros.

Dominio de Ontur Syrah 2012 T
syrah
79 2,5€

Dominio de Ontur Verdejo 2013 B
verdejo
82 1,9€

Patre 2010 TC
monastrell, syrah
87 ★★★★ 6€
Color cereza, borde granate. Aroma fruta madura, especiado, roble cremoso, tostado. Boca potente, sabroso, tostado, taninos maduros, fácil de beber.

Raven & Bull 2010 T
monastrell
86 ★★★★★ 3,9€
Color cereza, borde granate. Aroma varietal, hierbas de monte, fruta madura. Boca frutoso, fácil de beber, cierta persistencia.

BODEGA TORRECASTILLO
Ctra. de Bonete, s/n
2650 Montealegre del Castillo (Albacete)
☎: +34 967 582 188
Fax: +34 967 582 339
www.torrecastillo.com
bodega@torrecastillo.com

TorreCastillo 2013 B
sauvignon blanc
87 ★★★★★ 2,5€
Color pajizo brillante. Aroma fresco, fruta fresca, flores blancas, expresivo, hierbas silvestres, hierbas verdes. Boca sabroso, frutoso, buena acidez, equilibrado.

TorreCastillo 2013 RD
monastrell
85 ★★★★★ 2,5€

TorreCastillo 2013 T Roble
monastrell
87 ★★★★★ 2,5€
Color cereza brillante. Aroma fruta madura, especias dulces, roble cremoso, expresivo. Boca sabroso, frutoso, tostado, taninos maduros.

TorreCastillo Ello 2011 TC
monastrell
90 ★★★★★ 5€
Color cereza brillante. Aroma fruta madura, especias dulces, roble cremoso, intensidad media, balsámico. Boca frutoso, sabroso, tostado.

BODEGA VIÑA ELENA S.L.

Estrecho Marín, s/n
30520 Jumilla (Murcia)
☎: +34 968 781 340
www.vinaelena.com
info@vinaelena.com

Familia Pacheco 2012 T Roble
monastrell, cabernet sauvignon, syrah

85 ★★★★★   4,5€

Familia Pacheco Cuvée 2010 T
cabernet sauvignon, monastrell, syrah

86 ★★★★   7€

Color cereza, borde granate. Aroma fruta confitada, cálido, potente. Boca graso, sabroso, taninos maduros.

Familia Pacheco Orgánico 2012 T
monastrell, syrah

87 ★★★★★   3,5€

Color cereza brillante. Aroma fruta madura, especias dulces, roble cremoso, expresivo. Boca sabroso, frutoso, tostado, taninos maduros.

Los Cucos de la Alberquilla 2012 T
cabernet sauvignon

89 ★★★★   7€

Color cereza brillante. Aroma fruta madura, especias dulces, roble cremoso, intensidad media. Boca frutoso, sabroso, tostado.

BODEGAS 1890

Ctra. Venta del Olivo, Km. 2,5
30520 Jumilla (Murcia)
☎: +34 968 757 099
Fax: +34 968 757 099
www.garciacarrion.es
bodegas1890@jgc.es

Castillo San Simón 2008 TGR
monastrell, tempranillo

86 ★★★★★   3,5€

Color cereza, borde granate. Aroma fruta madura, especiado, intensidad media. Boca sabroso, tostado, taninos maduros, balsámico.

Castillo San Simón 2009 TR
monastrell, tempranillo

82   2,3€

Mayoral 2013 T Joven
monastrell, syrah, cabernet sauvignon

87 ★★★★★   2,3€

Color cereza, borde violáceo. Aroma potente, fruta roja, fruta madura, expresivo, balsámico. Boca potente, fresco, frutoso, untuoso.

BODEGAS ALCEÑO

Duque s/n
30520 Jumilla (Murcia)
☎: +34 968 780 142
Fax: +34 968 716 256
www.alceno.com
plmsa@alceno.com

Alceño 2013 B
sauvignon blanc

85 ★★★★★   4,5€

Alceño 2013 RD
monastrell, syrah

88 ★★★★★   4€

Color cereza claro, brillante. Aroma fruta madura, fruta roja, floral, expresivo. Boca frutoso, fresco, fácil de beber, retronasal afrutado.

Alceño 12 meses 2011 TC
monastrell, syrah

92 ★★★★★   9€

Color cereza, borde granate. Aroma fruta madura, especiado, roble cremoso, tostado, complejo, chocolate, terroso. Boca potente, sabroso, tostado, taninos maduros.

Alceño 2012 T
monastrell, syrah

89 ★★★★   5,5€

Color cereza brillante. Aroma fruta madura, especias dulces, roble cremoso, potente, violetas. Boca sabroso, frutoso, tostado, taninos maduros.

Alceño 2013 T
monastrell, syrah, tempranillo, garnacha

89 ★★★★★ ♣   4€

Color cereza muy intenso, borde violáceo. Aroma fruta madura, expresivo. Boca sabroso, frutoso, taninos maduros.

Alceño Dulce 2012 T
monastrell

90 ★★★★★   9,8€

Color cereza, borde granate. Aroma fruta confitada, especiado, tostado, ebanistería, balsámico. Boca potente, sabroso. Personalidad.

Alceño Organic 2013 T
monastrell, syrah, garnacha

89 ★★★ ♣   9€

Color cereza intenso. Aroma potente, violetas, fruta madura, especias dulces. Boca frutoso, taninos maduros

Alceño Premium 2012 T
syrah, monastrell

91 ★★★★★   9€

Color cereza brillante. Aroma fruta madura, especias dulces, roble cremoso, intensidad media. Boca frutoso, sabroso, tostado.

Alceño Selección 2010 TC
monastrell, syrah, tempranillo

87 ★★★★   7,5€

Color cereza, borde granate. Aroma muy tostado (torrefactado), ahumado, especiado, fruta madura. Boca sabroso, retronasal ahumado, fruta madura.

Genio Español 2013 T
monastrell, syrah, garnacha, tempranillo

86 ★★★★★   4€

Color cereza, borde violáceo. Aroma expresivo, potente, fruta madura, tostado. Boca sabroso, frutoso, buena acidez, taninos maduros.

Hilanda 2012 T
monastrell

87 ★★★★   7€

Color cereza brillante. Aroma especias dulces, roble cremoso, fruta madura. Boca sabroso, frutoso, tostado, taninos maduros.

Hilanda de Arriba 2011 T
monastrell

89 ★★★   9€

Color cereza brillante. Aroma fruta madura, especias dulces, roble cremoso, expresivo. Boca sabroso, frutoso, tostado, taninos maduros.

BODEGAS ARLOREN
Ctra. del Puerto. Cañada del Trigo
30579 Jumilla (Murcia)
☎: +34 968 821 096
Fax: +34 968 821 096
www.arloren.es
bodegas.arloren@arloren.com

Miriar Rubí 2008 T
monastrell

83   6€

Vegacañada 2010 T
monastrell

82   2,5€

BODEGAS ARRAEZ
Arcediano Ros, 35
46630 La Font de la Figuera (Valencia)
☎: +34 962 290 031
www.bodegasarraez.com
info@bodegasarraez.com

Vivir sin Dormir 2013 T Roble
monastrell

86 🌷

Color cereza, borde granate. Aroma fruta madura, especiado, roble cremoso, tostado, chocolate, terroso. Boca potente, sabroso, tostado.

BODEGAS BLEDA
Ctra. Jumilla - Ontur, Km. 2.
30520 Jumilla (Murcia)
☎: +34 968 780 012
Fax: +34 968 782 699
www.bodegasbleda.com
vinos@bodegasbleda.com

Amatus Dulce 2011 T
monastrell

89 ★★★   8,9€

Color cereza opaco. Aroma fruta pasificada, especias dulces, tostado, balsámico, expresivo. Boca fruta madura, potente, sabroso, largo, graso, tostado.

Castillo de Jumilla 2009 TR

85 ★★★★   5,9€

Castillo de Jumilla 2010 TC

87 ★★★★★   4,9€

Color cereza, borde granate. Aroma fruta madura, especiado, roble cremoso, tostado. Boca potente, sabroso, tostado.

Castillo de Jumilla 2013 B
sauvignon blanc, macabeo, airén

88 ★★★★★   3,2€

Color pajizo brillante. Aroma flores blancas, hierbas de tocador, expresión frutal. Boca fresco, frutoso, sabroso, equilibrado.

Castillo de Jumilla 2013 RD
monastrell
84   3,2€

Castillo de Jumilla Monastrell - Temprani-llo 2013 T
87 ★★★★★   3,2€
Color cereza, borde violáceo. Aroma potente, fruta roja, fruta madura. Boca frutoso, untuoso, potente.

Castillo de Jumilla Monastrell 2013 T
monastrell
86 ★★★★★   3,2€
Color cereza, borde granate. Aroma fruta madura, hierbas verdes, vegetal. Boca balsámico, fino amargor, fruta madura.

Divus 2011 T
monastrell
90 ★★★★   11€
Color cereza, borde granate. Aroma fruta madura, especiado, roble cremoso, tostado, terroso, complejo. Boca potente, sabroso, tostado, taninos maduros.

Flor del Carche 2012 T
monastrell
85 ★★★★★   3,3€

Pinodoncel 2012 T
monastrell, syrah, merlot
87 ★★★★★   3,7€
Color cereza, borde granate. Aroma fruta confitada, balsámi-co, floral, potente. Boca cálido, sabroso, estructurado.

Pinodoncel Cinco Meses 2012 T
monastrell, syrah, petit verdot
89 ★★★★★   4,7€
Color cereza, borde granate. Aroma fruta madura, especiado, roble cremoso, tostado, complejo, chocolate. Boca potente, sabroso, tostado, taninos maduros.

BODEGAS CARCHELO
Casas de la Hoya, s/n
30520 Jumilla (Murcia)
☎: +34 968 435 137
Fax: +34 968 435 200
www.carchelo.com
comex@carchelo.com

Altico Syrah 2011 T
100% syrah
89 ★★★★   7,2€
Color cereza, borde granate. Aroma fruta madura, especiado, roble cremoso, tostado, potente. Boca potente, sabroso, tostado, taninos maduros.

Canalizo 2009 TR
91   22€
Color cereza, borde granate. Aroma fruta madura, especiado, roble cremoso, tostado, complejo, piedra seca. Boca potente, sabroso, tostado, taninos maduros.

Carchelo 2012 T
89 ★★★★   5,4€
Color cereza brillante. Aroma fruta madura, especias dulces, intensidad media, tostado. Boca frutoso, sabroso, tostado.

Sierva 2011 T
91 ★★★★★   9,6€
Color cereza, borde granate. Aroma especiado, tostado, mi-neral, fruta madura, fruta confitada. Boca potente, sabroso, tostado, taninos maduros, balsámico.

Vedré 2011 T
88 ★★★   8,9€
Color cereza, borde granate. Aroma fruta madura, especiado, roble cremoso, barniz, chocolate. Boca potente, sabroso, tos-tado, taninos maduros, retronasal afrutado.

BODEGAS EL NIDO
Ctra. de Fuentealamo -
Paraje de la Aragona
30520 Jumilla (Murcia)
☎: +34 968 435 022
Fax: +34 968 435 653
www.orowines.com
info@bodegaselnido.com

Clío 2010 T
93   33€
Color cereza intenso, borde granate. Aroma complejo, fruta madura, roble cremoso, potente, balsámico. Boca estructura-do, largo, especiado, taninos maduros.

Clío 2011 T
monastrell, cabernet sauvignon
94
Color cereza, borde granate. Aroma fruta madura, especiado, roble cremoso, equilibrado. Boca equilibrado, sabroso, largo, balsámico, complejo.

Corteo 2010 T
100% syrah
95   80€
Color cereza muy intenso. Aroma especiado, roble cremoso, tostado, complejo, expresión frutal, fruta madura. Boca po-tente, sabroso, tostado, retronasal afrutado, lleno.

Corteo 2011 T
100% syrah
94   80€
Color cereza, borde granate. Aroma fruta madura, especiado, roble cremoso, tostado, complejo, terroso. Boca potente, sa-broso, tostado, taninos maduros.

El Nido 2010 T
95   113€
Color cereza, borde granate. Aroma fruta madura, especiado, roble cremoso, tostado, complejo, chocolate, terroso. Boca potente, sabroso, tostado, taninos maduros.

El Nido 2011 T
cabernet sauvignon, monastrell

93

Color cereza intenso, borde granate. Aroma cacao fino, roble cremoso, fruta madura. Boca estructurado, concentrado, graso, lleno, potente.

BODEGAS FERNÁNDEZ

30520 Jumilla (Murcia)
☎: +34 968 780 559
Fax: +34 968 780 024
www.bodegafernandez.es
export@bodegafernandez.es

Campolargo 2012 T
100% monastrell

83   2,8€

Perla Real 2011 T
100% monastrell

86 ★★★★   5,8€

Color cereza, borde violáceo. Aroma potente, fruta madura, expresivo. Boca fresco, frutoso, untuoso.

Vega Jimena 2010 T
100% monastrell

85 ★★★★   7,2€

BODEGAS HACIENDA DEL CARCHE

Ctra. del Carche, Km. 8,3
30520 Jumilla (Murcia)
☎: +34 968 975 942
Fax: +34 968 975 935
www.haciendadelcarche.com
fran@haciendadelcarche.com

Hacienda del Carche Cepas Viejas 2010 TC

88 ★★★   10€

Color cereza brillante. Aroma fruta madura, fruta confitada, cacao fino, especias dulces. Boca frutoso, sabroso, largo.

Hacienda del Carche Cepas Viejas 2011 T
monastrell, cabernet sauvignon

89

Color cereza, borde granate. Aroma fruta madura, especiado, roble cremoso, tostado, complejo, chocolate, mineral. Boca potente, sabroso, tostado, taninos maduros.

Tavs 2013 T

90 ★★★★★   4,5€

Color cereza, borde violáceo. Aroma expresivo, fruta fresca, fruta roja, floral. Boca sabroso, frutoso, buena acidez, taninos maduros.

Tavs Selección 2012 T

90 ★★★★★   7€

Color cereza brillante. Aroma fruta madura, especias dulces, roble cremoso, expresivo, balsámico. Boca sabroso, frutoso, tostado, taninos maduros.

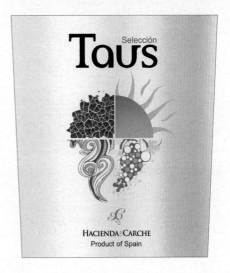

BODEGAS JUAN GIL

Ctra. Fuentealamo - Paraje de la Aragona
30520 Jumilla (Murcia)
☎: +34 968 435 022
Fax: +34 968 716 051
www.juangil.es
info@juangil.es

Honoro Vera Organic 2013 T
100% monastrell

91 ★★★★★ ❧   5,5€

Color cereza, borde violáceo. Aroma potente, fruta roja, fruta madura, expresivo, hierbas secas, varietal. Boca potente, fresco, frutoso, untuoso.

Juan Gil 12 meses 2011 T
100% monastrell

93 ★★★★★   10€

Color cereza, borde granate. Aroma fruta madura, especiado, roble cremoso, tostado, complejo, chocolate, terroso. Boca potente, sabroso, tostado, taninos maduros.

JUMILLA RED WINE / PRODUCT OF SPAIN

Juan Gil 12 meses 2012 T
100% monastrell

91 ★★★★★   10€

Color cereza intenso, borde granate. Aroma cacao fino, tostado, fruta madura, cálido. Boca estructurado, potente, taninos dulces.

Juan Gil 18 meses 2011 T

92   20€

Color cereza, borde granate. Aroma especiado, tostado, fruta madura, chocolate. Boca potente, sabroso, tostado, taninos maduros.

Juan Gil 4 meses 2013 T
100% monastrell

90 ★★★★★   6€

Color cereza brillante. Aroma fruta madura, especias dulces, roble cremoso, expresivo, floral. Boca sabroso, frutoso, tostado, taninos maduros.

Juan Gil Moscatel 2013 B
100% moscatel

90 ★★★★★   6,5€

Color pajizo brillante. Aroma fresco, fruta fresca, flores blancas, expresivo, jazmín. Boca sabroso, frutoso, buena acidez, equilibrado, fino amargor.

BODEGAS LUZÓN

Ctra. Jumilla-Calasparra, Km. 3,1
30520 Jumilla (Murcia)
☎: +34 968 784 135
Fax: +34 968 781 911
www.bodegasluzon.com
info@bodegasluzon.com

Altos de Luzón 2010 T

90 ★★★   13,5€

Color cereza, borde granate. Aroma fruta madura, especiado, roble cremoso, tostado, complejo, balsámico. Boca potente, sabroso, tostado, taninos maduros.

Luzón 2013 T

91 ★★★★★   6,5€

Color cereza, borde violáceo. Aroma potente, fruta roja, fruta madura, floral, expresivo. Boca potente, fresco, frutoso, untuoso, largo.

Luzón 2012 T Roble
monastrell

88 ★★★★   7,5€

Color cereza brillante. Aroma fruta madura, especias dulces, roble cremoso, expresivo. Boca sabroso, frutoso, tostado, taninos maduros.

Luzón 2013 B

87 ★★★★   5,5€

Color amarillo brillante. Aroma equilibrado, fruta madura, floral, cítricos. Boca frutoso, sabroso, fino amargor, graso.

Luzón Crianza Selección 12 2011 TC

90 ★★★★★   9,5€

Color cereza, borde granate. Aroma fruta madura, especiado, roble cremoso, tostado, complejo. Boca potente, sabroso, tostado, taninos maduros.

Luzón Verde Organic 2013 T
monastrell

90 ★★★★★ ❀   7€

Color cereza brillante. Aroma fruta madura, expresivo, especiado, balsámico, varietal. Boca sabroso, frutoso, tostado, taninos maduros.

BODEGAS MADROÑO

Ctra., Jumilla-Ontur, km. 16
30520 Jumilla (Murcia)
☎: +34 662 380 985
gmartinez@vinocrapula.com

Madroño 2012 T Roble
100% syrah

90 ★★★★★　　　　　8,5€

Color cereza brillante. Aroma fruta madura, especias dulces, expresivo, tostado. Boca sabroso, frutoso, tostado, taninos maduros, estructurado.

Madroño Chardonnay 2013 B
100% chardonnay

86 ★★★★　　　　　5,5€

Color pajizo brillante. Aroma fresco, fruta fresca, flores blancas. Boca sabroso, frutoso, buena acidez, equilibrado, fácil de beber.

Madroño Petit Verdot 2011 T
100% petit verdot

89 ★★★　　　　　9,8€

Color cereza opaco, borde granate. Aroma potente, con carácter, fruta madura, hierbas silvestres, hierbas secas. Boca estructurado, frutoso, sabroso.

Viña Marcelino 2012 T
100% monastrell

89 ★★★　　　　　9€

Color cereza brillante. Aroma fruta madura, expresivo, especiado, balsámico. Boca sabroso, frutoso, tostado, taninos maduros.

BODEGAS MONTEREBRO

Barrio Iglesias, 55
30520 Jumilla (Murcia)
☎: +34 669 359 647
www.monterebro.com
info@monterebro.com

Monterebro 2011 TC

89 ★★★　　　　　8,6€

Color cereza muy intenso. Aroma roble cremoso, cacao fino, fruta madura, potente. Boca estructurado, largo, taninos maduros.

Monterebro 2012 T Barrica

90 ★★★★★　　　　　6€

Color cereza, borde granate. Aroma fruta madura, especiado, roble cremoso, complejo, balsámico. Boca potente, sabroso, tostado, taninos maduros.

Monterebro 2013 B
100% sauvignon blanc

85 ★★★★★　　　　　4,8€

Monterebro 2013 RD

86 ★★★★★　　　　　4€

Color frambuesa, borde violáceo. Aroma potente, fruta roja, floral, expresivo. Boca frutoso, fresco, fino amargor.

Monterebro 2013 T

88 ★★★★★　　　　　4€

Color cereza, borde violáceo. Aroma potente, fruta roja, fruta madura, floral, expresivo, varietal. Boca potente, fresco, frutoso, untuoso.

Monterebro Barrica 2013 T

88 ★★★★　　　　　6€

Color cereza, borde granate. Aroma fruta madura, hierbas silvestres, especiado, roble cremoso. Boca potente, sabroso, retronasal torrefactado.

Monterebro Selección 2012 T

90 ★★★★★　　　　　10€

Color cereza, borde granate. Aroma fruta madura, especiado, roble cremoso, tostado, complejo, chocolate, fruta roja. Boca potente, sabroso, tostado, taninos maduros.

Monterebro Selección 2013 T

88 ★★★　　　　　10€

Color cereza, borde granate. Aroma especiado, roble cremoso, tostado, fruta confitada. Boca potente, sabroso, tostado, taninos maduros.

BODEGAS OLIVARES

Vereda Real, s/n
30520 Jumilla (Murcia)
☎: +34 968 780 180
Fax: +34 968 756 474
www.bodegasolivares.com
correo@bodegasolivares.com

Altos de la Hoya 2012 T
monastrell

89 ★★★★　　　　　7€

Color cereza brillante. Aroma fruta madura, especias dulces, roble cremoso, expresivo. Boca sabroso, frutoso, tostado, taninos maduros, potente, largo.

Olivares 2010 TC
monastrell

90 ★★★★★　　　　　9€

Color cereza, borde granate. Aroma fruta madura, especiado, roble cremoso, tostado, cacao fino. Boca potente, sabroso, tostado, taninos maduros.

Olivares 2013 RD

83　　　　　4,5€

BODEGAS PÍO DEL RAMO

Ctra. Almanza, s/n
2652 Ontur (Albacete)
☎: +34 967 323 230
www.piodelramo.com
admin@piodelramo.com

Pío 2012 T Roble

90 ★★★★★   4,6€

Color cereza brillante. Aroma fruta madura, especias dulces, expresivo. Boca sabroso, frutoso, tostado, taninos maduros.

Pío del Ramo 2011 TC

90 ★★★★★   8,2€

Color cereza brillante. Aroma fruta madura, especias dulces, roble cremoso, intensidad media, balsámico. Boca frutoso, sabroso, tostado.

Pío Ecológico 2012 T
100% monastrell

88 ★★★★★ 🌱   3,6€

Color cereza brillante. Aroma fruta madura, intensidad media, balsámico, especiado. Boca frutoso, sabroso, taninos maduros, balsámico.

Viña Betola 2013 B

86 ★★★★★   2,6€

Color pajizo brillante. Aroma fresco, fruta fresca, flores blancas, expresivo. Boca sabroso, frutoso, buena acidez, equilibrado.

Viña Betola 2013 T

87 ★★★★★   2,6€

Color cereza, borde violáceo. Aroma potente, fruta roja, fruta madura, expresivo, balsámico. Boca potente, fresco, frutoso.

BODEGAS SAN DIONISIO, S. COOP,

Ctra. Higuera, s/n
2651 Fuenteálamo (Albacete)
☎: +34 967 543 032
Fax: +34 967 543 136
www.bodegassandinisio.es
sandionisio@bodegassandionisio.es

Mainetes Petit Verdot 2011 T Roble
100% petit verdot

88 ★★★★   7€

Color cereza, borde granate. Aroma fruta madura, especiado, tostado, complejo, balsámico. Boca potente, sabroso, tostado, taninos maduros.

Señorío de Fuenteálamo 2013 T
100% monastrell

84   4€

Señorío de Fuenteálamo Monastrell Syrah 2011 TC

86 ★★★★   6€

Color cereza brillante, borde granate. Aroma fruta madura, fruta confitada, especiado. Boca estructurado, fruta madura.

SEÑORÍO DE FUENTEÁLAMO

Monastrell·Syrah

Señorío de Fuenteálamo Sauvignon Blanc 2013 B
100% sauvignon blanc

84   4€

Señorío de Fuenteálamo Syrah 2013 RD
100% syrah

88 ★★★★★   4€

Color frambuesa, brillante. Aroma fresco, equilibrado, flores secas, fruta roja. Boca sabroso, frutoso, buena acidez, fino amargor.

BODEGAS SILVANO GARCÍA S.L.

Avda. de Murcia, 29
30520 Jumilla (Murcia)
☎: +34 968 780 767
Fax: +34 968 716 125
www.silvanogarcia.com
bodegas@silvanogarcia.com

Silvano García Dulce Monastrell 2011 T
100% monastrell

90 ★★★★   10,9€

Color cereza, borde granate. Aroma fruta sobremadura, fruta pasificada, especias dulces, tostado, pastelería. Boca fruta madura, cálido, potente.

Silvano García Dulce Moscatel 2012 B
100% moscatel

89   10,9€

Color amarillo brillante. Aroma cálido, flores blancas, jazmín, notas amieladas, espirituoso. Boca sabroso, dulce, fruta madura.

Viñahonda 2013 B
100% macabeo

85 ★★★★★   4€

Viñahonda 2013 RD
100% monastrell

86 ★★★★★   4€

Color cereza claro, brillante. Aroma fresco, fruta roja, floral, cítricos. Boca fresco, frutoso, fácil de beber, largo.

BODEGAS SIMÓN

Madrid, 15
2653 Albatana (Albacete)
☎: +34 967 323 340
Fax: +34 967 323 340
www.bodegassimon.com
info@bodegassimon.com

Galán del Siglo Monastrell Syrah 2011 T
monastrell, syrah

78   4,7€

Galán del Siglo Petit Verdot 2008 T
petit verdot

85 ★★★★   6,9€

Galán del Siglo Selección 2009 T
petit verdot, monastrell, tempranillo

84   5,5€

Galán del Siglo Tradición Familiar 2009 T
monastrell

84   2,9€

BODEGAS VOLVER

Ctra de Pinoso a Fortuna s/n
3658 Rodriguillo - Pinoso (Alicante)
☎: +34 966 185 624
Fax: +34 965 075 376
www.bodegasvolver.com
export@bodegasvolver.com

Wrongo Dongo 2013 T
monastrell

90 ★★★★★   7€

Color cereza intenso. Aroma fruta sobremadura, especiado, chocolate. Boca potente, dulcedumbre, amargoso.

BODEGAS Y VIÑEDOS CASA DE LA ERMITA

Ctra. El Carche, Km. 11,5
30520 Jumilla (Murcia)
☎: +34 968 783 035
Fax: +34 968 716 063
www.casadelaermita.com
bodega@casadelaermita.com

Altos del Cuco 2013 T

87 ★★★★★   3€

Color cereza, borde violáceo. Aroma fruta fresca, fruta roja, floral. Boca sabroso, frutoso, buena acidez, taninos maduros, retronasal afrutado.

Altos del Cuco Garnacha Monastrell 2013 T

87 ★★★★★   3,8€

Color cereza, borde violáceo. Aroma expresivo, fruta fresca, fruta roja, intensidad media, hierbas secas. Boca sabroso, frutoso, buena acidez, taninos maduros.

Altos del Cuco Monastrell Ecológico 2013 T
100% monastrell

86 ★★★★★ ❀   3,5€

Color cereza opaco, borde violáceo. Aroma intensidad media, fruta madura, violetas. Boca frutoso, correcto, fácil de beber.

Caracol Serrano 2013 T
monastrell, syrah, cabernet sauvignon

86 ★★★★★   3€

Color cereza, borde violáceo. Aroma hierbas de monte, fruta madura. Boca frutoso, correcto, equilibrado.

Casa de la Ermita 2010 TC

89 ★★★★ ❀   8€

Color cereza, borde granate. Aroma fruta madura, especiado, roble cremoso, hierbas secas. Boca potente, sabroso, tostado, taninos maduros.

Casa de la Ermita 2013 B
87 ★★★★★   4,3€
Color pajizo brillante. Aroma fresco, fruta fresca, flores blancas, expresivo, jazmín, notas tropicales. Boca sabroso, frutoso, buena acidez, equilibrado.

Casa de la Ermita 2013 T
87 ★★★★★ 🌷   4€
Color cereza intenso, borde violáceo. Aroma fruta madura, balsámico, equilibrado. Boca frutoso, correcto, fácil de beber.

Casa de la Ermita 2013 T Roble
89 ★★★★★   4,8€
Color cereza brillante. Aroma fruta madura, especias dulces, roble cremoso, expresivo, hierbas secas. Boca sabroso, frutoso, tostado, taninos maduros.

Casa de la Ermita Ecológico Monastrell 2013 T
100% monastrell
89 ★★★★★ 🌷   4,3€
Color cereza, borde violáceo. Aroma intensidad media, hierbas silvestres, fruta madura, equilibrado. Boca frutoso, fácil de beber, fruta madura.

Casa de la Ermita Idílico 2010 TC
89 ★★★   10€
Color cereza muy intenso. Aroma piedra seca, hierbas silvestres, fruta madura. Boca estructurado, frutoso, especiado.

Casa de la Ermita Crianza Ecológico 2010 TC
monastrell
88 ★★★★ 🌷   8€
Color cereza brillante. Aroma fruta madura, especias dulces, roble cremoso, intensidad media. Boca frutoso, sabroso, fácil de beber.

Casa de la Ermita Dulce 2012 B
88 ★★★★   7,5€
Color oro viejo. Aroma pastelería, especias dulces, notas amieladas, floral, fruta sobremadura. Boca equilibrado, untuoso, sabroso.

Casa de la Ermita Dulce Monastrell 2012 T
100% monastrell
85 ★★★★   7,5€

Casa de la Ermita Petit Verdot 2010 T
100% petit verdot
87   18€
Color cereza, borde granate. Aroma especiado, balsámico, fruta madura, fruta confitada. Boca sabroso, taninos maduros.

Monasterio de Santa Ana Monastrell 2012 T
100% monastrell
87 ★★★★★   3,8€
Color cereza brillante. Aroma fruta madura, especias dulces, intensidad media. Boca frutoso, sabroso, tostado.

Monasterio de Santa Ana Tempranillo Monastrell Ecológico 2013 T
85 ★★★★★ 🌷   3,8€

BSI BODEGAS SAN ISIDRO
Ctra. Murcia, s/n
30250 Jumilla (Murcia)
☎: +34 968 780 700
Fax: +34 968 782 351
www.bsi.es
bsi@bsi.es

Gémina Cuvée Selección 2011 T
100% monastrell
87 ★★★   9,8€
Color cereza intenso, borde granate. Aroma potente, fruta madura, con carácter, roble cremoso. Boca estructurado, sabroso.

Gémina Monastrell 2013 T
100% monastrell
87
Color cereza muy intenso. Aroma especiado, fruta madura, hierbas secas. Boca estructurado, sabroso, taninos maduros.

Genus 2012 T Roble
100% monastrell
85 ★★★★★   3,9€

Genus Monastrell Syrah 2011 T
86 ★★★★★   4,8€
Color cereza, borde granate. Aroma fruta madura, tostado. Boca sabroso, especiado, fácil de beber.

Numun Monastrell 2013 T
100% monastrell
84   4,2€

Numun Syrah 2013 T
100% syrah
86 ★★★★★   4,2€
Color cereza, borde violáceo. Aroma fruta roja, floral, fruta madura. Boca sabroso, frutoso, buena acidez, taninos maduros.

Sabatacha 2010 TC
100% monastrell
87 ★★★★★   4,3€
Color cereza, borde granate. Aroma fruta madura, especiado, roble cremoso, tostado, complejo. Boca potente, sabroso, tostado, taninos maduros.

Sabatacha Monastrell 2013 T
100% monastrell
88 ★★★★★   3,5€
Color cereza, borde violáceo. Aroma expresivo, fruta madura, balsámico. Boca sabroso, frutoso, buena acidez, taninos maduros.

Sabatacha Syrah 2013 T
syrah
86 ★★★★★   4,2€
Color cereza, borde violáceo. Aroma fruta roja, floral, intensidad media. Boca sabroso, frutoso, buena acidez, taninos maduros.

CAMPOS DE RISCA
Avda. Diagonal, 590, 5º 1ª
8021 (Barcelona)
☎: +34 660 445 464
www.vinergia.com
vinergia@vinergia.com

Campos de Risca 2012 T
87 ★★★★ ♥   7€
Color cereza brillante. Aroma fruta madura, especias dulces, expresivo. Boca sabroso, frutoso, tostado, taninos maduros.

CORTIJO TRIFILLAS
Finca Trifillas Ctra. Rincón del Moro, km. 10
2410 Liétor (Albacete)
☎: +34 967 680 009
Fax: +34 967 681 165
www.cortijodetrifillas.com
info@cortijotrifillas.com

CT Monastrell Syrah 2013 T
89 ★★★   8,8€
Color cereza brillante. Aroma fruta madura, especias dulces, roble cremoso, intensidad media. Boca frutoso, sabroso, tostado.

CRAPULA WINES, S.L.
Avda. de la Asunción, 42 2D
30520 Jumilla (Murcia)
☎: +34 682 172 052
gmartinez@vinocrapula.com

Barinas Roble 2012 T Roble
monastrell
88
Color cereza opaco. Aroma roble cremoso, especias dulces, fruta madura, tostado. Boca estructurado, sabroso, taninos maduros, especiado.

Cármine 2011 T
monastrell, syrah
90 ★★★★★   10€
Color cereza muy intenso, borde granate. Aroma roble cremoso, tostado, especias dulces. Boca taninos maduros, fruta madura, retronasal afrutado.

Cármine 3 meses 2012 T
monastrell
89 ★★★★★   5€
Color cereza brillante. Aroma fruta madura, especias dulces, roble cremoso, intensidad media. Boca frutoso, sabroso, tostado.

Celebre 2010 TC
monastrell, syrah
91 ★★★★★   8€
Color cereza muy intenso, borde granate. Aroma cacao fino, roble cremoso, fruta madura. Boca sabroso, lleno, largo, taninos maduros.

Celebre 2012 T Roble
monastrell, syrah
90 ★★★★★   5,6€
Color cereza opaco, borde violáceo. Aroma fruta madura, violetas, potente, tostado, especias dulces. Boca equilibrado, taninos maduros.

Crápula 2011 T

91 ★★★   14€

Color cereza muy intenso. Aroma tostado, especias dulces, cacao fino, fruta madura. Boca estructurado, concentrado, taninos maduros.

Crápula Gold 2012 T

87 ★★★★   6,5€

Color cereza muy intenso. Aroma muy tostado (torrefactado), especias dulces, potente. Boca sabroso, estructurado, taninos maduros.

Crápula Petit Verdot 2011 T
petit verdot

92 ★★★★   12,5€

Color cereza opaco. Aroma fruta madura, fruta confitada, chocolate, balsámico, expresivo. Boca equilibrado, fruta madura, taninos maduros.

Crápula Soul 2011 T
monastrell, petit verdot, cabernet sauvignon, syrah

93   18€

Color cereza, borde granate. Aroma fruta madura, especiado, roble cremoso, tostado, complejo, hierbas de monte. Boca potente, sabroso, tostado, taninos maduros.

Dulce Crápula 2011 T
100% monastrell

88 ★★★   8,8€

Color cereza, borde granate. Aroma fruta confitada, fruta madura, especiado, tostado, ebanistería, hierbas secas. Boca potente, sabroso, dulcedumbre.

G Wine 2012 T

90 ★★★★★   10€

Color cereza brillante. Aroma fruta madura, especias dulces, roble cremoso, intensidad media. Boca frutoso, sabroso, tostado, potente.

NdQ (Nacido del Quorum) 2012 T

90 ★★★★★   5,4€

Color cereza, borde granate. Aroma fruta madura, especiado, roble cremoso, tostado, complejo. Boca potente, sabroso, taninos maduros.

NdQ (Nacido del Quorum) Selección 2011 T
monastrell, syrah, petit verdot

92 ★★★★★   9€

Color cereza opaco, borde granate. Aroma potente, chocolate, fruta madura, fruta confitada. Boca estructurado, lleno, largo, taninos maduros.

EGO BODEGAS

Plaza Santa Gertrudis, Nº 1,
Entresuelo A
30001 (Murcia)
☎: +34 968 964 326
Fax: +34 968 964 205
www.egobodegas.com
ioana.paunescu@egobodegas.com

Fuerza 2011 TC

91 ★★★★   11€

Color cereza, borde granate. Aroma fruta madura, especiado, roble cremoso, tostado, complejo. Boca potente, sabroso, tostado, taninos maduros.

Goru Monastrell 2011 TC

91 ★★★★   11€

Color cereza, borde granate. Aroma fruta madura, especiado, roble cremoso, tostado, complejo, chocolate, terroso. Boca potente, sabroso, tostado, taninos maduros.

Infinito 2011 T

91   20€

Color cereza, borde granate. Aroma fruta madura, especiado, roble cremoso, tostado, complejo, terroso, hierbas secas. Boca potente, sabroso, tostado, taninos maduros.

EMW GRANDES VINOS DE ESPAÑA

Sánchez Picazo, 53
30332 Balsapintada (Fuente Alamo)
(Murcia)
☎: +34 968 151 520
Fax: +34 968 151 539
www.emw.es
info@emw.es

MMM Macho Man Monastrell 2012 T
100% monastrell

88 ★★★★   8€

Color cereza brillante, borde granate. Aroma equilibrado, varietal, balsámico, fruta madura. Boca frutoso, sabroso, lleno, taninos maduros.

ORO WINES

Ctra. de Fuentealamo -
Paraje de la Aragona
30520 Jumilla (Murcia)
☎: +34 968 435 022
Fax: +34 968 716 051
www.orowines.com
info@orowines.com

Comoloco 2012 T
100% monastrell

89 ★★★★   5,5€

Color cereza, borde granate. Aroma fruta madura, balsámico, equilibrado, expresivo. Boca sabroso, frutoso, especiado, taninos maduros, fácil de beber.

Comoloco 2013 T
100% monastrell

89 ★★★★   5,5€

Color cereza intenso, borde violáceo. Aroma equilibrado, fruta madura, varietal, hierbas silvestres. Boca equilibrado, estructurado.

PROPIEDAD VITÍCOLA CASA CASTILLO

Ctra. Jumilla - Hellín, RM-428, Km. 8
30520 Jumilla (Murcia)
☎: +34 968 781 691
Fax: +34 968 716 238
www.casacastillo.es
info@casacastillo.es

Casa Castillo Monastrell 2013 T
100% monastrell

91 ★★★★★   7€

Color cereza brillante. Aroma fruta madura, especias dulces, roble cremoso, expresivo, balsámico. Boca sabroso, frutoso, tostado, taninos maduros.

Casa Castillo Pie Franco 2011 T
100% monastrell

94   40€

Color cereza brillante, borde granate. Aroma varietal, expresivo, balsámico, fruta madura, equilibrado, complejo. Boca frutoso, taninos maduros, balsámico, especiado.

El Molar 2012 T
100% garnacha

93 ★★★★   12,5€

Color cereza brillante. Aroma fruta madura, especias dulces, hierbas de monte. Boca sabroso, taninos maduros.

Las Gravas 2011 T
monastrell, syrah, garnacha

94   25€

Color cereza brillante, borde granate. Aroma complejo, equilibrado, expresivo, especiado. Boca estructurado, sabroso, buena acidez, equilibrado, taninos maduros.

Valtosca 2012 T
100% syrah

93 ★★★   15€

Color cereza brillante. Aroma fruta madura, especias dulces, equilibrado. Boca frutoso, tostado, lleno, estructurado, taninos maduros.

VIÑAS DE LA CASA DEL RICO

Poeta Andrés Bolarin, 1- 5ºB
30011 Murcia (Murcia)
☎: +34 609 197 353
Fax: +34 968 782 400
www.casadelrico.com
produccion@casadelrico.com

Gorgocil Monastrell 2010 T
monastrell

90 ★★★★   10,5€

Color cereza brillante. Aroma fruta madura, especias dulces, roble cremoso, intensidad media. Boca frutoso, sabroso, tostado, balsámico.

Gorgocil Tempranillo 2010 T
tempranillo

91 ★★★★   10,5€

Color cereza, borde granate. Aroma fruta madura, especiado, tostado, complejo. Boca potente, sabroso, tostado, taninos maduros.

DO. LA GOMERA

CONSEJO REGULADOR

Avda. Guillermo Ascanio,16

38840 Vallehermoso (La Gomera)

☎: +34 922 800 801 - Fax: +34 922 801 146

@: crdolagomera@922800801.e.telefonica.net

www.vinosdelagomera.es

SITUACIÓN:

La mayor extensión de viñedo se encuentra en el norte de la isla, en el municipio de Vallehermoso (unas 385 hectáreas) y en Hermigua. El resto se distribuye entre Agulo, Valle Gran Rey –en la capital de La Gomera, San Sebastián– y Alajeró, en las laderas del pico Garajonay.

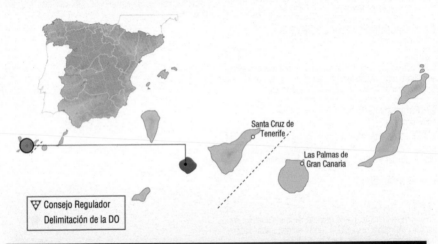

Santa Cruz de Tenerife

Las Palmas de Gran Canaria

▽ Consejo Regulador

Delimitación de la DO

VARIEDADES:

BLANCAS: forastera gomera (90%), listán blanca, marmajuelo, malvasía y pedro ximénez.

TINTAS: listán negra (5%), negramoll (2%), listán negro y negramoll.

EXPERIMENTALES: tintilla castellana, cabernet sauvignon y rubí cabernet.

DATOS:

Nº Has. Viñedo: 125 – **Nº Viticultores:** 250 – **Nº Bodegas:** 16 – **Cosecha 13:** -– **Producción 13:** 70.000 litros – **Comercialización:** 100% España.

SUELOS:

Los que dominan en la parte más alta de la montaña son profundos y arcillosos, mientras que a medida que se desciende a cotas inferiores aparece el monte bajo, de estilo mediterráneo, con abundante piedra y bancales, similares a los de Priorat.

CLIMA:

La isla se beneficia de un clima subtropical al que se suma, a medida que ascendemos hacia las cotas más elevadas del pico Garajonay, un fenómeno de humedad permanente denominado "mar de nubes" y provocado por los vientos alisios. Este aire húmedo del norte choca con los sistemas montañosos, creando una especie de lluvia horizontal, que diseña un ecosistema particular formado por frondosos valles. La temperatura media es de 20 grados todo el año.

CARACTERÍSTICAS GENERALES DE LOS VINOS

BLANCOS

Casi todos se apoyan en la forastera, sometidos a elaboraciones artesanales que suelen pecar de sobremaduración y notas rústicas y cálidas. Los mejores ejemplos se corresponden con los de zonas más altas y menor humedad, en los que aparecen notas silvestres y de monte bajo.

TINTOS

El clima cálido imprime un sello a la mayoría de tintos jóvenes de la isla, con un sabor algo dulzón y notas balsámicas. El verdor, que se aprecia en muchos de ellos, es fruto de las altas producciones que, en contados casos, ofrecen un patrón varietal de la listán negra y la negramoll con las que se elaboran.

CLASIFICACIÓN COSECHAS   GUÍA**PEÑÍN**

2009	2010	2011	2012	2013
SC	SC	SC	SC	SC

DO. LA MANCHA

CONSEJO REGULADOR

Avda. de Criptana, 73

13600 Alcázar de San Juan (Ciudad Real)

☎: +34 926 541 523 - Fax: +34 926 588 040

@: consejo@lamanchawines.com

www.lamanchawines.com

SITUACIÓN:

En la meseta sur dentro de las provincias de Albacete, Ciudad Real, Cuenca y Toledo. Es la región vitivinícola más extensa de España y del mundo.

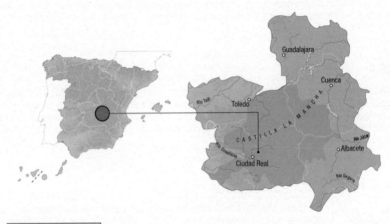

▽ Consejo Regulador

Delimitación de la DO

VARIEDADES:

BLANCAS: airén (mayoritaria), macabeo, pardilla, chardonnay, sauvignon blanc, verdejo, moscatel de grano menudo, gewürztraminer, parellada, pedro ximénez, riesling y torrontés.

TINTAS: cencibel (mayoritaria entre las tintas), garnacha, moravia, cabernet sauvignon, merlot, syrah, petit verdot, bobal, cabernet franc, graciano, malbec, mencía, monastrell y pinot noir.

DATOS:

Nº Has. Viñedo: 162.625– **Nº Viticultores:** 16.257 – **Nº Bodegas:** 265 – **Cosecha 13:** Buena – **Producción 13:** 166.833.489 litros – **Comercialización:** 42% España - 58% extranjero.

SUELOS:

El terreno es llano y los viñedos están situados a unos 700 metros de altitud sobre el nivel del mar. Los suelos son de composición arenosa, caliza y arcillosa.

CLIMA:

Continental extremo, con temperaturas que oscilan entre los 40/45ºC en verano y los -10/12ºC en invierno. La pluviometría es bastante escasa y la media anual se sitúa en torno a los 375 mm.

CARACTERÍSTICAS GENERALES DE LOS VINOS

BLANCOS
Están elaborados con un amplio abanico de variedades. Los de airén son frescos y ligeramente afrutados, a veces con notas de frutos tropicales (melón, plátano, piña) y algo limitados en boca. Algo más equilibrados y armados son los elaborados a partir de macabeo, afrutados, frescos y muy agradables de beber.

ROSADOS
Pueden presentar un color que va del piel de cebolla al rosáceo; en nariz son frescos y afrutados; en boca, suaves y muy ligeros.

TINTOS
A base de cencibel se encuentran sobre todo tintos jóvenes de buen color, frescos, afrutados y con carácter varietal en nariz; en boca resultan carnosos y bastante sabrosos. Los criados en madera mantienen estas características, pero suavizadas por el aporte de la barrica. Los reservas y grandes reservas siguen la línea de los riojanos tradicionales.

CLASIFICACIÓN COSECHAS   GUÍAPEÑÍN

2009	2010	2011	2012	2013
MUY BUENA	MUY BUENA	MUY BUENA	BUENA	REGULAR

¡EA! VINOS

Avda. Jose prat 14 Esc 3. 1º D1
2008 (Albacete)
☎: +34 967 278 578
Fax: +34 967 278 578
www.eavinos.com
info@eavinos.com

¡Ea! 2012 T
cencibel

87 ★★★ 9€

Color cereza intenso, borde violáceo. Aroma fruta madura, fruta confitada, especias dulces. Boca sabroso, taninos maduros.

BACO, BODEGAS ASOCIADAS

Avda. de los Vinos, s/n
13600 Alcázar de San Juan
(Ciudad Real)
☎: +34 926 547 404
www.grupobaco.com
info@grupobaco.com

Dominio de Baco Airén 2013 B
100% airén

87 ★★★★★ 4€

Color pajizo brillante. Aroma intensidad media, expresivo, varietal, fruta fresca. Boca frutoso, equilibrado, fino amargor, buena acidez.

Dominio de Baco Tempranillo 2013 T
100% tempranillo

84 4€

Dominio de Baco Verdejo 2013 B
100% verdejo

84 4€

BODEGA CENTRO ESPAÑOLAS

Ctra. Alcázar, s/n
13700 Tomelloso (Ciudad Real)
☎: +34 926 505 653
Fax: +34 926 505 652
www.allozo.com
allozo@allozo.com

Allozo 2009 TC
100% tempranillo

86 ★★★★★ 5€

Color cereza, borde granate. Aroma fruta madura, especiado, roble cremoso, tostado, hierbas verdes. Boca potente, sabroso, tostado, especiado.

Allozo 2006 TGR
100% tempranillo

87 ★★★ 9,2€

Color cereza, borde granate. Aroma especiado, tostado, intensidad media, fruta madura. Boca estructurado, sabroso, taninos maduros, buena acidez.

Allozo 2008 TR
100% tempranillo

87 ★★★★ 6,2€

Color cereza oscuro, borde granate. Aroma fruta confitada, especias dulces, equilibrado. Boca frutoso, sabroso, taninos maduros.

Allozo 927 2010 T
tempranillo, merlot, syrah

87 14€

Color cereza, borde granate. Aroma fruta madura, especiado. Boca fruta madura, correcto, sabroso.

Allozo Cabernet 2012 T
100% cabernet sauvignon

85 ★★★★ 5,4€

Allozo Merlot 2012 T
100% merlot

82 4,7€

Allozo Shyraz 2012 T
100% syrah

87 ★★★★ 5,4€

Color cereza brillante. Aroma fruta madura, especias dulces, roble cremoso, expresivo. Boca sabroso, frutoso, tostado, taninos maduros.

Allozo Tempranillo 2013 T
100% tempranillo

85 ★★★★★ 3,6€

Allozo Verdejo 2013 B
100% verdejo

85 ★★★★★ 3,6€

Flor de Allozo 2010 T
garnacha, tempranillo

85 ★★★★ 6€

flor de ALLOZO

BODEGA Y VIÑAS ALDOBA S.A.

Ctra. Alcázar, s/n
13700 Tomelloso (Ciudad Real)
☎: +34 926 50 56 53
Fax: +34 926 50 56 52
aldoba@allozo.com

Aldoba 2009 TC
100% tempranillo
84   3,5€

Aldoba 2013 B
100% verdejo
82   2,5€

Aldoba 2008 TR
100% tempranillo
87 ★★★★★   4,5€
Color cereza, borde granate. Aroma fruta madura, especiado, roble cremoso, tostado, complejo. Boca potente, sabroso, tostado, taninos maduros.

Aldoba 2013 T
100% tempranillo
85 ★★★★★   2,5€

BODEGAS ALCARDET

Mayor, 130
45810 Villanueva de Alcardete (Toledo)
☎: +34 925 166 375
Fax: +34 925 166 611
www.alcardet.com
alcardet@alcardet.com

Alcardet Brut Natura 2012 ESP
chardonnay, macabeo, airén
83 🌷   4,6€

Alcardet Natura Red 2013 T
tempranillo, petit verdot
88 ★★★★★ 🌷   3,1€
Color cereza, borde violáceo. Aroma expresivo, fruta fresca, fruta roja, hierbas secas. Boca sabroso, frutoso, buena acidez, taninos maduros.

Alcardet Natura White 2013 B
airén, chardonnay
85 ★★★★★ 🌷   2,8€

Alcardet Sommelier 2010 TC
tempranillo, petit verdot
86 ★★★★★   3,7€
Color cereza brillante. Aroma fruta madura, especias dulces, intensidad media, hierbas de monte. Boca frutoso, sabroso, tostado.

Alcardet Sommelier 2013 B
airén, verdejo, sauvignon blanc
84   2,5€

Alcardet Sommelier 2013 RD
tempranillo, syrah, garnacha
83   2,5€

Alcardet Sommelier 2013 T
tempranillo, cabernet sauvignon, merlot
86 ★★★★★   2,7€
Color cereza intenso, borde violáceo. Aroma fruta madura, balsámico, equilibrado. Boca frutoso, fácil de beber, cierta persistencia.

Grumier 2008 TC
tempranillo, syrah
85

BODEGAS AYUSO

2600 Villarrobledo (Albacete)
☎: +34 967 140 458
Fax: +34 967 144 925
www.bodegasayuso.es
comercial@bodegasayuso.es

Armiño 2013 B
85

Castillo de Benizar Cabernet Sauvignon 2013 RD
100% cabernet sauvignon
83   2,5€

Castillo de Benizar Macabeo 2013 B
100% macabeo
85 ★★★★★   2,5€

Castillo de Benizar Tempranillo 2013 T
100% tempranillo
85 ★★★★★   2,5€

Estola 2004 TGR
85 ★★★   8,5€

Estola 2008 TR
84   **4,5€**

Finca Los Azares Petit Verdot 2009 T
100% petit verdot

88   **12€**

Color cereza oscuro, borde anaranjado. Aroma tabaco, especiado, fruta madura. Boca lleno, sabroso, taninos maduros, buena acidez, equilibrado.

Finca Los Azares Sauvignon Blanc 2013 B
100% sauvignon blanc

85 ★★★★   **6,5€**

Estola 2009 TC
100% tempranillo

84   **3,8€**

Estola Verdejo 2013 B
100% verdejo

85 ★★★★★   **2,7€**

Finca Los Azares Cabernet Merlot 2007 T
86   **12€**

Color cereza oscuro, borde anaranjado. Aroma tostado, especias dulces, balsámico, cuero muy curtido. Boca tostado, taninos maduros, fruta madura.

Canforrales 2011 TC
cabernet sauvignon

89 ★★★★★   **3,4€**

Color cereza, borde granate. Aroma fruta madura, especiado, roble cremoso, tostado, complejo. Boca potente, sabroso, tostado, taninos maduros, equilibrado.

Canforrales Chardonnay 2013 B
chardonnay

88 ★★★★★   **4€**

Color pajizo brillante. Aroma fresco, fruta fresca, flores blancas, expresivo. Boca sabroso, frutoso, buena acidez, equilibrado.

Canforrales Clásico Tempranillo 2013 T
tempranillo

86 ★★★★★   **3€**

Color cereza brillante, borde violáceo. Aroma fruta roja, fruta madura, equilibrado. Boca frutoso, fácil de beber, correcto.

Canforrales Edición Especial Chardonnay 2013 B
chardonnay

91

Color pajizo brillante. Aroma flores blancas, hierbas de tocador, expresión frutal, expresivo. Boca fresco, frutoso, sabroso, equilibrado, elegante.

Canforrales Garnacha 2013 RD
garnacha

84

Canforrales Lucía 2013 B
airén

84   **2,2€**

Canforrales Sauvignon Blanc 2013 B
sauvignon blanc

87

Color pajizo brillante. Aroma flores blancas, hierbas de tocador, expresión frutal. Boca fresco, frutoso, sabroso, equilibrado, fácil de beber.

Canforrales Selección 2012 T
tempranillo
86 ★★★★★   3,4€
Color cereza brillante. Aroma fruta madura, especias dulces, roble cremoso, expresivo. Boca sabroso, frutoso, tostado, taninos maduros.

Canforrales Selección 2013 T
tempranillo
87
Color cereza, borde granate. Aroma fruta madura, especiado, roble cremoso, balsámico. Boca potente, sabroso, tostado.

Canforrales Syrah 2012 T Roble
syrah
88 ★★★★★   3,4€
Color cereza brillante, borde granate. Aroma especias dulces, fruta madura, equilibrado. Boca equilibrado, taninos maduros, especiado.

Gladium Viñas Viejas 2011 TC
tempranillo
90 ★★★★   10,2€
Color cereza, borde granate. Aroma fruta madura, especiado, roble cremoso, tostado, complejo, chocolate, terroso. Boca potente, sabroso, tostado, taninos maduros, equilibrado.

BODEGAS DE ALORT - DE ALORT PREMIUM WINES
Ctra. de Herencia km 2,5
13600 Alcázar de San Juan
(Ciudad Real)
☎: +34 607 740 885
www.dealortwines.com
contacta@dealortwines.com

Pétrola 2009 TC
cabernet franc
88 ★★★★   7,5€
Color cereza muy intenso, borde granate. Aroma especiado, hierbas de monte, fruta madura. Boca equilibrado, taninos maduros, balsámico.

Pétrola Sauvignon Blanc 2013 B
sauvignon blanc
86 ★★★★   5,5€
Color pajizo brillante. Aroma potente, fruta escarchada, hierbas de tocador, flores blancas, jazmín. Boca sabroso, fresco, frutoso, buena acidez. Personalidad

Pétrola Tempranillo 2011 T Roble
tempranillo
90 ★★★★★   5,5€
Color cereza brillante. Aroma fruta madura, especias dulces, roble cremoso, expresivo. Boca sabroso, frutoso, tostado, taninos maduros.

BODEGAS DEL SAZ
Maestro Manzanares, 57
13610 Campo de Criptana
(Ciudad Real)
☎: +34 926 562 424
Fax: +34 926 562 659
www.bodegasdelsaz.com
bodegasdelsaz@bodegasdelsaz.com

Vidal del Saz 2011 TC
100% tempranillo
85 ★★★★★   4,8€

Vidal del Saz 2012 T Roble
100% tempranillo
84   3,8€

Vidal del Saz Selección Rosé 2013 RD
85 ★★★★★   3,8€

Vidal del Saz Selección White 2013 B
86 ★★★★★   3,8€
Color pajizo brillante, borde verdoso. Aroma intensidad media, equilibrado, flores blancas. Boca fresco, frutoso, fino amargor.

BODEGAS LAHOZ

Ctra. N-310 Tomelloso-Villarrobledo
Km. 108,5
13630 Socuéllamos (Ciudad Real)
☎: +34 926 699 083
Fax: +34 926 514 929
www.bodegaslahoz.com
info@bodegaslahoz.com

Vega Córcoles 2013 RD
100% tempranillo
86 ★★★★★   3,5€
Color cereza claro, brillante. Aroma fresco, fruta roja, floral. Boca ligero, buena acidez, fresco.

Vega Córcoles Airén 2013 B
100% airén
85 ★★★★★   3,3€

Vega Córcoles Sauvignon Blanc 2013 B
100% sauvignon blanc
87 ★★★★★   3,5€
Color pajizo brillante. Aroma fresco, fruta fresca, flores blancas, expresivo. Boca sabroso, frutoso, buena acidez, equilibrado.

Vega Córcoles Tempranillo 2011 T Roble
100% tempranillo
89 ★★★★★   4€
Color cereza brillante. Aroma especias dulces, roble cremoso, expresivo, fruta roja, fruta al licor. Boca sabroso, frutoso, tostado, taninos maduros.

Vega Córcoles Tempranillo 2013 T
100% tempranillo
86 ★★★★★   3,5€
Color cereza brillante, borde violáceo. Aroma equilibrado, expresión frutal, fresco. Boca frutoso, sabroso, buena acidez.

BODEGAS LATÚE

Camino Esperilla, s/n
45810 Villanueva de Alcardete (Toledo)
☎: +34 925 166 350
Fax: +34 925 166 673
www.latue.com
info@latue.com

Latúe 2013 RD
88
Color frambuesa, borde violáceo. Aroma potente, fruta madura, fruta roja, floral, expresivo. Boca potente, frutoso, fresco.

Latúe Brut Nature ESP
86 ♣
Color pajizo brillante. Aroma hierbas secas, flores marchitas. Boca frutoso, equilibrado, fácil de beber.

Latúe Cabernet Sauvignon & Syrah 2010 T
cabernet sauvignon, syrah
89 ♣
Color cereza brillante. Aroma fruta madura, especias dulces, roble cremoso, expresivo. Boca sabroso, frutoso, tostado, taninos maduros.

Pingorote 2008 TR
89
Color cereza, borde granate. Aroma fruta madura, especiado, roble cremoso, tostado. Boca potente, sabroso, tostado, taninos maduros.

Pingorote 2009 TC
tempranillo
87
Color cereza brillante. Aroma fruta madura, especias dulces, roble cremoso, intensidad media, balsámico. Boca frutoso, sabroso, tostado.

Pingorote s/c T
tempranillo
87
Color cereza intenso, borde granate. Aroma fruta madura, equilibrado. Boca sabroso, lleno, fruta madura.

Pingorote Sauvignon Blanc 2013 B
sauvignon blanc
88
Color pajizo brillante. Aroma fresco, fruta fresca, flores blancas, expresivo. Boca sabroso, frutoso, buena acidez, equilibrado.

BODEGAS LOZANO

Avda. Reyes Católicos, 156
2600 Villarrobledo (Albacete)
☎: +34 967 141 907
Fax: +34 967 145 843
www.bodegas-lozano.com
jlozano@bodegas-lozano.com

Añoranza 2013 RD
100% tempranillo
87 ★★★★★   4,9€
Color piel cebolla. Aroma elegante, fruta escarchada, flores secas, hierbas de tocador, fruta roja. Boca ligero, sabroso, buena acidez, largo, especiado.

Añoranza Cabernet Shiraz 2013 T
87 ★★★★★   4,9€
Color cereza, borde violáceo. Aroma expresivo, fruta fresca, fruta roja, floral. Boca sabroso, frutoso, buena acidez, taninos maduros.

Añoranza Sauvignon Blanc 2013 B
100% sauvignon blanc
85 ★★★★★   4,9€

Añoranza Tempranillo 2010 TC
100% tempranillo

85 ★★★★ 5,9€

Gran Oristán 2008 TGR

88 ★★★ 9€

Color cereza oscuro, borde granate. Aroma fruta madura, fruta confitada, hierbas secas, cuero muy curtido. Boca sabroso, especiado, fruta madura.

Oristán 2010 TR

86 ★★★★ 7,9€

Color cereza, borde granate. Aroma intensidad media, especiado, hierbas secas. Boca fruta madura, correcto, taninos maduros.

Oristán 2011 TC

90 ★★★★★ 6,5€

Color cereza, borde granate. Aroma fruta madura, especiado, roble cremoso, tostado, complejo. Boca potente, sabroso, tostado, taninos maduros.

BODEGAS NARANJO
Felipe II, 5
13150 Carrión de Calatrava
(Ciudad Real)
☎: +34 926 814 155
Fax: +34 926 815 335
www.bodegasnaranjo.com
info@bodegasnaranjo.com

Casa de la Dehesa 2010 TC
tempranillo

89 12€

Color cereza, borde granate. Aroma fruta madura, especiado, roble cremoso, tostado, complejo. Boca potente, sabroso, tostado.

Viña Cuerva 2013 RD
tempranillo

84 2,7€

Viña Cuerva 2010 TC
tempranillo

87 ★★★★★ 3,9€

Color cereza, borde granate. Aroma fruta madura, especiado, roble cremoso, tostado. Boca potente, sabroso, tostado.

Viña Cuerva 2012 T Roble
tempranillo, syrah

86 ★★★★★ 3,4€

Color cereza brillante, borde granate. Aroma especias dulces, roble cremoso. Boca sabroso, tostado, especiado, taninos marcados de roble.

Viña Cuerva 2013 T
tempranillo, syrah

87 ★★★★★ 2,9€

Color cereza, borde violáceo. Aroma fruta roja, frambuesa, expresión frutal, hierbas de tocador. Boca sabroso, ligero, buena acidez, frutoso.

Viña Cuerva Airén B
airén

84 2,7€

BODEGAS ROMERO DE ÁVILA SALCEDO
Avda. Constitución, 4
13240 La Solana (Ciudad Real)
☎: +34 926 631 426
www.bodegasromerodeavila.com
sales@bras1960.com

Portento 2008 TC

79 3,3€

Portento Tempranillo 2011 T Roble
100% tempranillo

86 ★★★★★ 3€

Color cereza, borde granate. Aroma fruta madura, balsámico, especiado, roble cremoso. Boca potente, sabroso, tostado.

BODEGAS SAN ANTONIO ABAD
Afueras, 17
45860 Villacañas (Toledo)
☎: +34 925 160 414
Fax: +34 925 162 015
www.sanantonioabad.es
export@sanantonioabad.es

Albardiales 2013 B
airén

83 3€

Albardiales 2013 T
tempranillo

88 ★★★★★ 3€

Color cereza, borde violáceo. Aroma expresivo, fruta fresca, fruta roja, floral. Boca sabroso, frutoso, buena acidez, taninos maduros.

Espanillo 2013 B
100% verdejo

84 3€

Espanillo Semi Dulce 2013 RD
tempranillo

83 3€

Villa Abad 2010 TC
tempranillo

83 4€

Villa Abad 2013 B
100% macabeo

82 3€

Villa Abad Tempranillo 2013 T Roble
100% tempranillo

87 ★★★★★ 3€

Color cereza brillante. Aroma fruta madura, especias dulces, roble cremoso, expresivo. Boca sabroso, frutoso, tostado, taninos maduros.

Villa Abad Tempranillo Semiseco 2013 T
tempranillo

85 ★★★★★ 3€

Color cereza intenso, borde violáceo. Aroma fruta madura, fruta escarchada, violetas. Boca equilibrado, taninos maduros.

BODEGAS SAN ISIDRO DE PEDRO MUÑOZ
Ctra. El Toboso, 1
13620 Pedro Muñoz (Ciudad Real)
☎: +34 926 586 057
Fax: +34 926 568 380
www.viacotos.com
mail@viacotos.com

Gran Amigo Sancho 2011 TC
100% tempranillo

86 ★★★★★ 3,5€

Color cereza, borde granate. Aroma fruta madura, especiado, roble cremoso, tostado. Boca potente, sabroso, tostado.

La Hijuela Airén 2013 B
100% airén

79 1,2€

La Hijuela Tempranillo s/c T
100% tempranillo

82 1,2€

BODEGAS VERDÚGUEZ
Los Hinojosos, 1
45810 Villanueva de Alcardete (Toledo)
☎: +34 925 167 493
Fax: +34 925 166 148
www.bodegasverduguez.com
export@bodegasverduguez.com

Hidalgo Castilla 2009 TR
tempranillo

89 11€

Color cereza brillante, borde granate. Aroma fruta madura, hierbas de monte, especiado. Boca sabroso, taninos maduros, estructurado.

Hidalgo Castilla Verdejo 2013 B
verdejo

88 ★★★★★ 4€

Color pajizo brillante. Aroma fresco, fruta fresca, flores blancas, expresivo. Boca sabroso, frutoso, buena acidez, equilibrado.

Imperial Toledo 2007 TGR
tempranillo

89 ★★★★ 5,3€

Color cereza, borde granate. Aroma fruta madura, especiado, roble cremoso, tostado, complejo. Boca potente, sabroso, tostado, taninos maduros.

Imperial Toledo Oaked Selection 2012 T
tempranillo, merlot, syrah

86 ★★★★★ 3,5€

Color cereza brillante. Aroma fruta madura, especias dulces, ahumado. Boca sabroso, frutoso, tostado, taninos maduros.

Imperial Toledo Tempranillo 2013 T
tempranillo

86 ★★★★★ 2,6€

Color cereza brillante. Aroma fruta madura, especias dulces. Boca sabroso, frutoso, tostado, taninos maduros.

Palacios Reales Chardonnay 2013 B
chardonnay

84 2,6€

BODEGAS VOLVER
Ctra de Pinoso a Fortuna s/n
3658 Rodriguillo - Pinoso (Alicante)
☎: +34 966 185 624
Fax: +34 965 075 376
www.bodegasvolver.com
export@bodegasvolver.com

Volver 2012 T
tempranillo

93 ★★★★ 12€

Color cereza muy intenso. Aroma terroso, fruta sobremadura, cálido, muy tostado (torrefactado). Boca sabroso, potente, amargoso, buena acidez.

BODEGAS Y VIÑEDOS BRO VALERO
Ctra. Las Mesas, Km. 11
2600 Villarrobledo (Albacete)
☎: +34 649 985 103
Fax: +34 914 454 675
www.brovalero.es
bodegas@brovalero.es

Bro Valero 2012 BFB
macabeo, chardonnay

86 ★★★★ ❀ 6€

Color amarillo brillante. Aroma potente, fruta madura, especias dulces, roble cremoso, hierbas secas, flores secas. Boca graso, sabroso, fresco.

Bro Valero Syrah 2011 T
syrah
85 ★★★★ �². 5,5€

Bro Valero Tempranillo 2013 T
tempranillo
85 ★★★★★ 🌲 4€

BODEGAS Y VIÑEDOS FONTANA
O'Donnell, 18 1ºG
28009 Madrid (Madrid)
☎: +34 915 783 197
Fax: +34 915 783 072
www.bodegasfontana.com
gemag@bodegasfontana.com

Fontal 2010 TC
tempranillo, cabernet sauvignon
89
Color cereza, borde granate. Aroma fruta madura, especiado, roble cremoso, tostado, complejo. Boca potente, sabroso, tostado, taninos maduros.

Fontal 2013 B
89
Color pajizo brillante. Aroma fresco, fruta fresca, flores blancas, expresivo. Boca sabroso, frutoso, buena acidez, equilibrado.

Fontal Tempranillo 2012 T Roble
tempranillo
87 ★★★★★ 3,5€
Color cereza brillante. Aroma fruta madura, especias dulces, roble cremoso. Boca sabroso, frutoso, tostado, taninos maduros, retronasal torrefactado.

BODEGAS Y VIÑEDOS LADERO S.L.
Ctra. Alcázar, s/n
13700 Tomelloso (Ciudad Real)
☎: +34 926 505 653
Fax: +34 926 505 652
www.allozo.com
ladero@allozo.com

Ladero 2007 TR
100% tempranillo
86 ★★★★★ 4,5€
Color cereza oscuro, borde granate. Aroma fruta madura, cálido, especias dulces, tostado. Boca sabroso, taninos maduros, fácil de beber.

Ladero 2008 TC
100% tempranillo
84 3,5€

Ladero 2013 T
100% tempranillo
86 ★★★★★ 2,5€
Color cereza, borde violáceo. Aroma fruta fresca, fruta roja, floral. Boca sabroso, frutoso, buena acidez, taninos maduros.

Ladero Selección 2013 B
100% airén
86 ★★★★★ 2,5€
Color pajizo brillante. Aroma fresco, fruta fresca, flores blancas. Boca sabroso, frutoso, buena acidez, fácil de beber.

BOGARVE 1915
Reyes Católicos, 10
45710 Madridejos (Toledo)
☎: +34 925 460 820
Fax: +34 925 467 006
www.bogarve1915.com
bogarve@bogarve1915.com

100 Vendimias 2013 T
100% tempranillo
84 🌲 3,2€

100 Vendimias Syrah 2013 T
100% syrah
86 ★★★★★ 🌷 3,5€
Color cereza, borde violáceo. Aroma fruta roja, violetas, especiado. Boca sabroso, fruta madura, especiado.

Lacruz Vega 2013 B
100% sauvignon blanc
84 3,3€

Lacruz Vega Syrah 2013 T
100% syrah
84 3,3€

Lacruz Vega Tempranillo 2013 T
100% tempranillo
85 ★★★★★ 3,3€

Lacruz Vega Terroir 2012 T Roble
86 ★★★★★ 4,5€
Color cereza oscuro. Aroma fruta madura, especias dulces, roble cremoso, expresivo. Boca sabroso, frutoso, tostado, taninos maduros.

Lacruz Vega Verdejo 2013 B
100% verdejo
83 3,3€

CAMPOS DE VIENTO
Avda. Diagonal, 590 - 5º 1ª
8021 (Barcelona)
☎: +34 660 445 464
www.vinergia.com
vinergia@vinergia.com

Campos de Viento 2012 T
100% tempranillo
86 ★★★★★ 4€
Color cereza, borde violáceo. Aroma fruta roja, hierbas secas, equilibrado. Boca correcto, fruta madura, fácil de beber.

COOPERATIVA EL PROGRESO

Avda. de la Virgen, 89
13670 Villarubia de los Ojos (Ciudad Real)
☎: +34 926 896 135
www.bodegaselprogreso.com
administracion@bodegaselprogreso.com

Ojos del Guadiana 2007 TGR
tempranillo

89 ★★★★ **6,3€**

Color cereza, borde granate. Aroma fruta madura, especiado, roble cremoso, tostado, complejo. Boca potente, sabroso, tostado, taninos maduros.

OJOS DEL GUADIANA

desde 1917

GRAN RESERVA 2007

Ojos del Guadiana 2009 TC
tempranillo

86

Color cereza brillante. Aroma fruta madura, especias dulces, roble cremoso, intensidad media. Boca frutoso, sabroso, tostado.

Ojos del Guadiana 2009 TR
tempranillo

87 ★★★★★ **4,3€**

Color cereza, borde granate. Aroma fruta roja, fruta madura, especias dulces. Boca sabroso, tostado, taninos maduros.

Ojos del Guadiana 2012 BR
chardonnay

84 **3,3€**

Ojos del Guadiana Airén 2013 B
airén

84 **2,3€**

Ojos del Guadiana Cencibel 2013 T
cencibel

88 ★★★★★ **2,3€**

Color cereza, borde violáceo. Aroma expresivo, fruta fresca, fruta roja, floral. Boca sabroso, frutoso, buena acidez, taninos maduros.

Ojos del Guadiana Chardonnay 2013 B
chardonnay

87 ★★★★★ **3,3€**

Color pajizo brillante. Aroma fresco, fruta fresca, flores blancas. Boca sabroso, frutoso, buena acidez, equilibrado.

Ojos del Guadiana Selección 2012 T
cabernet sauvignon, merlot, syrah

87 ★★★★★ **3,3€**

Color cereza, borde granate. Aroma especias dulces, cacao fino, fruta madura. Boca fruta madura, buena acidez.

Ojos del Guadiana Syrah 2013 T Roble
syrah

88 ★★★★★ **3,3€**

Color cereza intenso, borde violáceo. Aroma fruta roja, fruta madura, violetas, expresivo. Boca equilibrado, especiado, buena acidez, taninos maduros, retronasal afrutado.

OJOS DEL GUADIANA

desde 1917

SYRAH ROBLE

Ojos del Guadiana Verdejo 2013 B
verdejo

84 **2,5€**

CORDIS TERRA HISPANIA

Gamonal, 16 2ºC
28031 Madrid (Madrid)
☎: +34 911 610 024
Fax: +34 913 316 047
www.cordisterra.com
info@cordisterra.com

Cordis Terra 2013 B
macabeo

85 ★★★★★ **3,5€**

Cordis Terra 2013 T
tempranillo

84 **3,5€**

Cordis Terra Semidulce 2013 RD
tempranillo

87 ★★★★★ **3,5€**

Color frambuesa, borde violáceo. Aroma potente, fruta madura, fruta roja, floral, expresivo. Boca potente, frutoso, fresco.

CRISTO DE LA VEGA BODEGAS

General Goded, 8
13630 Socuéllamos (Ciudad Real)
☎: +34 926 530 388
Fax: +34 926 530 024
www.bodegascrisve.com
info@bodegascrisve.com

El Yugo 2008 TR
tempranillo

87 ★★★★   **7,5€**

Color cereza, borde granate. Aroma fruta madura, especiado, roble cremoso, tostado. Boca potente, sabroso, tostado, taninos maduros.

El Yugo 2010 TC
tempranillo

86 ★★★★★   **4,5€**

Color cereza brillante. Aroma fruta madura, especias dulces, roble cremoso, balsámico. Boca frutoso, sabroso, tostado.

El Yugo 2012 BR
airén, chardonnay

82   **4€**

El Yugo 2013 RD
garnacha, tempranillo

88 ★★★★★   **4€**

Color frambuesa, borde violáceo. Aroma potente, fruta madura, fruta roja, floral, expresivo. Boca potente, frutoso, fresco.

El Yugo 2013 T
tempranillo, syrah, merlot

87 ★★★★★   **4€**

Color cereza, borde violáceo. Aroma fruta fresca, fruta roja, floral, intensidad media. Boca sabroso, frutoso, buena acidez, taninos maduros.

El Yugo Airén 2013 B
airén

86 ★★★★★   **4€**

Color pajizo brillante. Aroma intensidad media, fruta fresca, cítricos. Boca correcto, equilibrado, fácil de beber.

Marqués de Castilla 2009 TC
tempranillo

85 ★★★★★   **4,5€**

Marqués de Castilla 2009 TR
tempranillo, cabernet sauvignon

86 ★★★★   **5,2€**

Color cereza oscuro, borde granate. Aroma fruta confitada, especias dulces. Boca frutoso, balsámico, taninos maduros.

Marqués de Castilla 2010 T Barrica
merlot, cabernet sauvignon

86 ★★★★★   **4,1€**

Color cereza oscuro, borde granate. Aroma tostado, especiado, hierbas secas. Boca sabroso, frutoso, taninos maduros.

Marqués de Castilla 2013 RD
garnacha, tempranillo

84   **4€**

Marqués de Castilla 2013 T
tempranillo, syrah, merlot

85 ★★★★★   **4€**

Marqués de Castilla Airén 2013 B
airén
84 4€

Marqués de Castilla Sauvignon Blanc 2013 B
sauvignon blanc, chardonnay
80 4€

DOMINIO DE PUNCTUM ORGANIC & BIODYNAMIC WINES
Finca Fabian, s/n - Aptdo. 71
16660 Las Pedroñeras (Cuenca)
☎: +34 912 959 998
Fax: +34 912 959 997
www.dominiodepunctum.com
export@dominiodepunctum.com

Nortesur Chardonnay 2013 B
100% chardonnay
87 ★★★★ ✿ 8€
Color pajizo brillante. Aroma lías finas, hierbas secas, cítricos, fruta madura. Boca sabroso, frutoso, fácil de beber.

Nortesur Tempranillo Cabernet Sauvignon 2013 T
88 ★★★★ ✿ 8€
Color cereza brillante. Aroma balsámico, fruta fresca. Boca frutoso, largo, equilibrado, retronasal afrutado.

Uno de Mil Tempranillo Petit Verdot 2011 T Barrica
88 ✿ 20€
Color cereza, borde granate. Aroma potente, fruta madura, equilibrado, hierbas silvestres. Boca frutoso, especiado, balsámico.

Uno de Mil Viognier 2011 B
100% viognier
89 ✿ 20€
Color amarillo brillante. Aroma potente, fruta madura, especias dulces, roble cremoso, flores blancas. Boca graso, retronasal ahumado, sabroso.

Viento Aliseo Graciano Cabernet Sauvignon 2011 TC
88 ✿ 12€
Color cereza, borde granate. Aroma fruta madura, fruta confitada, balsámico, especias dulces. Boca potente, taninos maduros, largo.

Viento Aliseo Tempranillo Petit Verdot 2013 T
88 ✿ 12€
Color cereza, borde violáceo. Aroma intensidad media, fruta roja, hierbas silvestres. Boca frutoso, equilibrado, buena acidez.

Viento Aliseo Viognier 2013 B
100% viognier
86 ✿ 12€
Color dorado brillante. Aroma flores blancas, hierbas de tocador, fruta escarchada, mineral. Boca frutoso, sabroso, equilibrado.

FÉLIX SOLÍS S.L.
Otumba, 2
45840 La Puebla de Almoradiel (Toledo)
☎: +34 925 178 626
Fax: +34 925 178 626
www.felixsolis.com
lamancha@felixsolis.com

Caliza 2013 B
chardonnay, verdejo, viura
85 ★★★★★ 3€

Caliza 2013 RD
tempranillo
85 ★★★★★ 3€

Caliza 2013 T
merlot, syrah, tempranillo
86 ★★★★★ 3€
Color cereza, borde violáceo. Aroma fruta fresca, fruta roja, floral, intensidad media. Boca frutoso, buena acidez.

Viña San Juan 2013 B
chardonnay, verdejo, viura
85 ★★★★★ 3,7€

Viña San Juan 2013 RD
tempranillo
85 ★★★★★ 3,7€

Viña San Juan 2013 T

merlot, syrah, tempranillo

86 ★★★★★   3,7€

Color cereza brillante, borde violáceo. Aroma floral, fruta roja, fruta fresca. Boca frutoso, buena acidez, fácil de beber.

FINCA ANTIGUA

Ctra. Quintanar - Los Hinojosos, Km. 11,5
16417 Los Hinojosos (Cuenca)
☎: +34 969 129 700
Fax: +34 969 129 496
www.familiamartinezbujanda.com
comunicacion@bujanda.com

Ciclos de Finca Antigua 2005 TR

88 ★★★   10€

Color rubí, borde teja. Aroma especiado, tostado, fruta sobremadura, mineral. Boca potente, sabroso, tostado, taninos maduros.

Clavis 2006 TR

92   30€

Color cereza, borde granate. Aroma fruta madura, especiado, roble cremoso, chocolate, expresivo, hierbas silvestres, tabaco. Boca potente, sabroso, tostado, taninos maduros, estructurado, balsámico.

Finca Antigua 2010 TC

90 ★★★★★   6,5€

Color cereza, borde granate. Aroma fruta madura, especiado, roble cremoso, complejo, balsámico. Boca potente, sabroso, tostado, taninos maduros.

Finca Antigua Cabernet Sauvignon 2011 T Roble

100% cabernet sauvignon

85 ★★★★   5,5€

Finca Antigua Garnacha 2011 T

100% garnacha

89 ★★★★   5,5€

Color cereza brillante. Aroma fruta madura, especias dulces, roble cremoso, expresivo. Boca sabroso, frutoso, tostado, taninos maduros, equilibrado.

Finca Antigua Merlot 2011 T Roble

100% merlot

87 ★★★★   5,5€

Color cereza poco intenso. Aroma hierbas de tocador, roble cremoso, especias dulces, balsámico. Boca potente, sabroso, especiado.

Finca Antigua Moscatel 2012 B

100% moscatel

91 ★★★★★   10€

Color dorado. Aroma potente, floral, notas amieladas, fruta escarchada, hierbas de tocador. Boca sabroso, dulce, fresco, frutoso, buena acidez, largo. Personalidad.

Finca Antigua Syrah 2011 T

100% syrah

90 ★★★★★   6,3€

Color cereza, borde granate. Aroma fruta madura, especiado, roble cremoso, tostado, complejo. Boca potente, sabroso, tostado, taninos maduros.

Finca Antigua Tempranillo 2011 T

100% tempranillo

88 ★★★★   5,5€

Color cereza brillante. Aroma fruta madura, especias dulces, roble cremoso, expresivo. Boca sabroso, frutoso, tostado, taninos maduros.

Finca Antigua Viura 2013 B
100% viura
86 ★★★★ 5,5€
Color pajizo brillante. Aroma fresco, fruta fresca, flores blancas. Boca sabroso, frutoso, buena acidez, equilibrado.

FINCA LA BLANCA
Princesa, 84
45840 Puebla de Almoradiel (Toledo)
☎: +34 669 995 315
Fax: +34 968 897 675
www.fincalablanca.es
export@fincalablanca.es

Monte Don Lucio 2007 TR
tempranillo, cabernet sauvignon
84 4€

Monte Don Lucio Cabernet Sauvignon 2012 T
cabernet sauvignon
83 3€

Monte Don Lucio Sauvignon Blanc 2013 B
sauvignon blanc
82 3€

Monte Don Lucio Tempranillo 2013 T
tempranillo
82 3€

Ribera de los Molinos 2013 B
airén, sauvignon blanc, macabeo
82 2,2€

Ribera de los Molinos 2013 T
tempranillo, cabernet sauvignon, garnacha, merlot
83 2,2€

HERMANOS MATEOS HIGUERA
Ctra. La Solana - Villanueva de los Infantes, km. 7,1
13240 La Solana (Ciudad Real)
☎: +34 676 920 905
www.vegamara.es
info@vegamara.es

Vega Demara 2010 TC
88 ★★★★ 5,8€
Color cereza, borde granate. Aroma fruta madura, especiado, roble cremoso, tostado, complejo. Boca potente, sabroso, tostado.

Vega Demara 2011 T Roble
tempranillo
82 4,2€

Vega Demara Tempranillo 2013 T
tempranillo
83 3,5€

Vega Demara Verdejo 2013 B
verdejo
80 3,5€

Ylirum Tempranillo s/c T
tempranillo
84 3,5€

Ylirum Verdejo 2013 B
verdejo
82 3,5€

J. GARCÍA CARRIÓN
Pol. Guarnicionero - Daimiel
13250 Daimiel (Ciudad Real)
☎: +34 926 260 104
www.garciacarrion.es
daimiel@jgc.es

Don Luciano 2009 TR
tempranillo
85 ★★★★★ 2,3€

Don Luciano 2010 TC
tempranillo
81 2€

Don Luciano Tempranillo 2013 T Joven
tempranillo
84 1,5€

JESÚS DEL PERDÓN - BODEGAS YUNTERO
Pol. Ind., Ctra. Alcázar de San Juan s/n
13200 Manzanares (Ciudad Real)
☎: +34 926 610 309
Fax: +34 926 610 516
www.yuntero.com
yuntero@yuntero.com

Epílogo 2011 TC
tempranillo, merlot
87 ★★★★★ 5€
Color cereza, borde granate. Aroma fruta madura, especiado, roble cremoso, tostado. Boca potente, sabroso, tostado.

Epílogo 2013 B
sauvignon blanc, moscatel
87 ★★★★★ 4,4€
Color pajizo brillante. Aroma potente, floral, fruta escarchada, hierbas de tocador. Boca sabroso, fresco, frutoso.

Mundo de Yuntero 2013 T
tempranillo, merlot, syrah
84 🌷   4€

Mundo de Yuntero 2013 B
verdejo, sauvignon blanc
85 ★★★★★ 🌷   4€

Yuntero 2008 TR
tempranillo
84   6,5€

Yuntero 2010 TC
tempranillo, petit verdot
86 ★★★★★   4,5€
Color cereza, borde granate. Aroma fruta roja, fruta madura, hierbas de monte, roble cremoso. Boca potente, sabroso, especiado.

Yuntero 2013 RD
tempranillo
82   3,6€

Yuntero 2013 T
tempranillo, syrah
85 ★★★★★   3,6€

JOSÉ LUIS GUILLERMO MENDIETA S.L.
Avda. de La Mancha, 42
45860 Villacañas (Toledo)
☎: +34 925 160 439
Fax: +34 925 160 912
bodegasguillermo@wanadoo.es

Cibelino 2009 TC
84

Viña Cibelina 2010 T
86
Color cereza intenso, borde granate. Aroma fruta madura, fruta confitada, balsámico. Boca sabroso, especiado.

Viña La Ria s/c B
airén
81

LA REMEDIADORA S.C.L. DE CASTILLA LA MANCHA
Alfredo Atieza, 149
2630 La Roda (Albacete)
☎: +34 967 440 600
Fax: +34 967 441 465
www.laremediadora.com
export@laremediadora.com

La Villa Real 2008 TC
89 ★★★★★   4,2€
Color cereza, borde granate. Aroma especiado, hierbas de monte, tostado, fruta madura. Boca equilibrado, taninos maduros.

La Villa Real 2008 TR
85 ★★★★   7,5€

La Villa Real 2011 T Roble
87 ★★★★★   3€
Color cereza brillante. Aroma fruta madura, especias dulces, roble cremoso, expresivo. Boca sabroso, frutoso, tostado, taninos maduros.

La Villa Real 2013 RD
tempranillo
87
Color rosáceo pálido. Aroma floral, equilibrado. Boca fresco, frutoso, fácil de beber, fino amargor.

La Villa Real Macabeo 2013 B
100% macabeo
83   2,5€

La Villa Real Vendimia Seleccionada 2013 T
85 ★★★★★   2,5€

NTRA. SRA. DE MANJAVACAS SOC. COOP. DE CLM
Camino del Campo de Criptana, s/n
16630 Mota del Cuervo (Cuenca)
☎: +34 967 180 025
Fax: +34 967 181 120
www.zagarron.com
info@zagarron.com

Zagarron Sauvignon Blanc 2013 B
100% sauvignon blanc
87 ★★★★★   2,6€
Color pajizo brillante. Aroma fresco, fruta fresca, flores blancas. Boca sabroso, frutoso, buena acidez, equilibrado.

Zagarron Tempranillo 2013 T
100% tempranillo
86 ★★★★★   2,6€
Color cereza, borde violáceo. Aroma intensidad media, violetas, fruta fresca. Boca equilibrado, buena acidez, frutoso.

Zagarron Verdejo 2013 B
100% verdejo
85 ★★★★★   2,6€

NUESTRA SEÑORA DE LA CABEZA S.C.

Tapias, 8
16708 Pozoamargo (Cuenca)
☎: +34 969 387 173
www.casagualda.com
info@casagualda.com

Casa Gualda 2010 TC
tempranillo, cabernet sauvignon
89
Color cereza brillante. Aroma fruta madura, especias dulces, roble cremoso, intensidad media. Boca frutoso, sabroso, tostado, balsámico.

Casa Gualda Sauvignon Blanc 2013 B
sauvignon blanc
85

Casa Gualda Selección 50 Aniversario 2011 T
tempranillo, petit verdot, syrah
87
Color cereza, borde granate. Aroma fruta madura, especiado, roble cremoso, tostado, complejo, hierbas secas. Boca potente, sabroso, tostado, taninos maduros.

Casa Gualda Selección C&J 2009 T
tempranillo
85

Casa Gualda Tempranillo 2013 T
tempranillo
86
Color cereza, borde violáceo. Aroma fruta fresca, fruta roja, intensidad media. Boca fácil de beber, equilibrado, retronasal afrutado.

NUESTRA SEÑORA DE LA PIEDAD, S. COOP. DE C. L-M

Ctra. Circunvalación, s/n
45800 Quintanar de la Orden (Toledo)
☎: +34 925 180 237
Fax: +34 925 560 092
comercial@bodegasentremontes.com

Clavelito 2012 RD
100% tempranillo
82   2,1€

Clavelito Airén 2013 B
airén
83   2€

Clavelito Macabeo 2013 B
100% macabeo
80   2€

Clavelito Sauvignon Blanc 2013 B
100% sauvignon blanc
80   2,1€

Clavelito Verdejo 2013 B
100% verdejo
78   2,1€

Entremontes BN
84   4,9€

Entremontes SS
100% airén
82   3,6€

Entremontes 2002 TGR
100% tempranillo
85 ★★★★   7,2€

Entremontes 2003 TR
100% tempranillo
82   3,8€

Entremontes 2005 TC
100% tempranillo
81   3,4€

Entremontes 2009 T Roble
100% tempranillo
84   2,8€

Entremontes Cabernet Sauvignon 2013 T
100% cabernet sauvignon
83   2,2€

Entremontes Merlot 2013 T
100% merlot
78   2,2€

Entremontes Tempranillo 2012 T
100% tempranillo
82   2,3€

PAGO DE LA JARABA

Ctra. Nacional 310, Km. 142,7
2600 Villarrobledo (Albacete)
☎: +34 967 138 250
Fax: +34 967 138 252
www.lajaraba.com
info@lajaraba.com

Pago de la Jaraba 2012 TC
87   12€

Color cereza, borde granate. Aroma fruta madura, especiado, complejo, hierbas de monte. Boca potente, sabroso, tostado, taninos maduros.

Viña Jaraba Selección 2010 TC
86 ★★★   8,2€

Color cereza, borde granate. Aroma fruta madura, especiado, roble cremoso, tostado, hierbas de monte. Boca potente, sabroso, tostado.

SANTA CATALINA

Cooperativa, 2
13240 La Solana (Ciudad Real)
☎: +34 926 632 194
Fax: +34 926 631 085
www.santacatalina.es
central@santacatalina.es

Campechano 2012 T Roble
tempranillo
85 ★★★★★   2,2€

Campechano 2013 T
tempranillo
86 ★★★★★   2,1€

Color cereza brillante, borde violáceo. Aroma fruta roja, fruta madura, equilibrado, floral. Boca sabroso, frutoso.

Campechano Airén 2013 B
airén
85 ★★★★★   1,9€

Campechano Verdejo 2013 B
verdejo
83   1,9€

Los Galanes 2010 TR
tempranillo
85 ★★★★★   4€

Los Galanes 2011 TC
tempranillo
87 ★★★★★   3,7€

Color cereza brillante. Aroma fruta madura, especias dulces, roble cremoso, balsámico. Boca frutoso, sabroso, tostado.

PRODUCT OF SPAIN

LOS
GALANES

CRIANZA

LA MANCHA
Denominación de Origen

2011

Los Galanes 2013 T
tempranillo
84   2,5€

Los Galanes Airén 2013 B
airén
85 ★★★★★   2,1€

Los Galanes Macabeo 2013 B
macabeo
85 ★★★★★   2,1€

SANTA RITA S.A.T.

San Agustín, 14
16630 Mota del Cuervo (Cuenca)
☎: +34 967 180 071
Fax: +34 967 182 277
satsantarita@hotmail.com

Varones 1998 TR
87
Color rubí borde teja. Aroma elegante, especiado, fina reducción, cuero mojado, ebanistería, espirituoso. Boca especiado, taninos finos, elegante, largo.

Varones 2000 TC
tempranillo
86
Color cereza oscuro, borde granate. Aroma tabaco, cuero muy curtido, especiado, fruta al licor. Boca frutoso, especiado, equilibrado.

Varones 2000 TC
tempranillo, cabernet sauvignon
85

Varones 2000 TR
cabernet sauvignon, tempranillo
84

Varones 2001 TR
cabernet sauvignon
84

VIHUCAS

Mayor, 3
45860 Villacañas (Toledo)
☎: +34 925 160 309
Fax: +34 925 160 176
www.vihucas.com
patricia@vihucas.com

Vihucas Borealis 2008 TR
merlot
88 ★★★★   6€
Color cereza oscuro, borde granate. Aroma hierbas de monte, fina reducción, especiado. Boca sabroso, fruta madura, especiado.

Vihucas Cencibel 2013 T
cencibel
85

Vihucas Colección Familiar 2009 TC
100% merlot
89 ★★★★   8€
Color cereza muy intenso, borde granate. Aroma equilibrado, hierbas silvestres, fruta madura. Boca estructurado, equilibrado.

Vihucas Colección Familiar 2010 T
merlot
89 ★★★★   8€
Color cereza, borde granate. Aroma fruta madura, especiado, roble cremoso, tostado, complejo, balsámico. Boca potente, sabroso, tostado, equilibrado.

Vihucas Doble 10/11 TC
tempranillo, merlot
87 ★★★★★   5€
Color cereza poco intenso, borde anaranjado. Aroma fruta madura, balsámico, especiado, roble cremoso, tabaco, cuero mojado. Boca potente, sabroso, especiado.

VINÍCOLA DE CASTILLA

Pol. Ind. Calle I, s/n
13200 Manzanares (Ciudad Real)
☎: +34 926 647 800
Fax: +34 926 610 466
www.vinicoladecastilla.com
nacional@vinicoladecastilla.com

Señorío de Guadianeja 2013 RD
tempranillo
83

Señorío de Guadianeja 2006 TR
tempranillo
84   5,2€

Señorío de Guadianeja 2009 TC
tempranillo
85 ★★★★★   4,5€

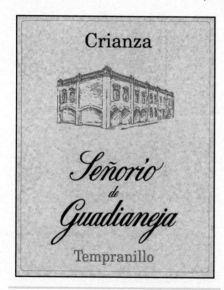

Señorío de Guadianeja Cabernet Sauvignon 2013 T
cabernet sauvignon
84

Señorío de Guadianeja Chardonnay 2013 B
chardonnay
86 ★★★★★   3,6€
Color pajizo brillante. Aroma notas tropicales, fruta madura, balsámico. Boca fácil de beber, fresco, frutoso.

Señorío de Guadianeja Macabeo 2013 B
macabeo
84   3,6€

Señorío de Guadianeja Merlot 2013 T
merlot
84

Señorío de Guadianeja Petit Verdot 2013 T
petit verdot
88
Color cereza, borde violáceo. Aroma fruta fresca, fruta roja, floral, hierbas silvestres. Boca sabroso, frutoso, fino amargor.

Señorío de Guadianeja Sauvignon Blanc 2013 B
sauvignon blanc
84   3,6€

Señorío de Guadianeja Syrah 2013 T
syrah
87 ★★★★★   3,6€
Color cereza, borde violáceo. Aroma expresivo, fruta fresca, fruta roja, floral. Boca sabroso, frutoso, buena acidez, taninos maduros.

Señorío de Guadianeja Tempranillo 2013 T
tempranillo
86 ★★★★★   3,6€
Color cereza brillante, borde violáceo. Aroma equilibrado, expresivo, fruta roja, floral, lácticos. Boca sabroso, buena acidez, retronasal afrutado.

Señorío de Guadianeja Verdejo 2013 B
verdejo
85

VINÍCOLA DE TOMELLOSO

Ctra. Toledo - Albacete, Km. 130,8
13700 Tomelloso (Ciudad Real)
☎: +34 926 513 004
Fax: +34 926 538 001
www.vinicolatomelloso.com
vinicola@vinicolatomelloso.com

Añil 2013 B
macabeo, chardonnay
88 ★★★★★   4,1€
Color pajizo brillante. Aroma fresco, fruta fresca, flores blancas, expresivo. Boca sabroso, frutoso, buena acidez, dulcedumbre.

MACABEO-CHARDONNAY

Finca Cerrada 2006 TR
tempranillo, cabernet sauvignon
82   4,4€

Finca Cerrada 2007 TC
tempranillo, cabernet sauvignon, syrah
84   4€

Finca Cerrada 2013 RD
tempranillo
84   3,4€

Finca Cerrada Tempranillo 2013 T
tempranillo
85 ★★★★★   3,4€

Finca Cerrada Viura 2013 B
viura
83   3,4€

Mantolán ESP
macabeo
83   7,7€

Torre de Gazate 2002 TGR
cabernet sauvignon
83   10,3€

Torre de Gazate 2006 TR
tempranillo, cabernet sauvignon
85 ★★★★   6,2€

Torre de Gazate 2008 TC
tempranillo, cabernet sauvignon
86 ★★★★   5€
Color cereza brillante. Aroma fruta madura, especias dulces, roble cremoso, intensidad media. Boca frutoso, sabroso, tostado, correcto.

Torre de Gazate 2010 T Roble
tempranillo
88 ★★★★★   4,7€
Color cereza, borde violáceo. Aroma expresivo, fruta fresca, fruta roja, floral, especias dulces. Boca sabroso, frutoso, buena acidez, taninos maduros.

Torre de Gazate Airén 2013 B
airén
80   4,1€

Torre de Gazate Cabernet Sauvignon 2013 RD
cabernet sauvignon
84   4,1€

Torre de Gazate Syrah Merlot Cabernet Sauvignon 2013 T
syrah, merlot, cabernet sauvignon
86 ★★★★★   4,1€
Color cereza brillante. Aroma fruta fresca, cítricos, floral. Boca buena acidez, frutoso, sabroso, cierta persistencia.

Torre de Gazate Tempranillo 2013 T
tempranillo
87 ★★★★★   4,1€
Color cereza, borde violáceo. Aroma expresivo, fruta fresca, fruta roja, floral. Boca sabroso, frutoso, buena acidez, taninos maduros.

Torre de Gazate Verdejo Sauvignon Blanc 2013 B
verdejo, sauvignon blanc
84   4,1€

VINOS COLOMAN S.A.T.
Goya, 17
13620 Pedro Muñoz (Ciudad Real)
☎: +34 926 586 410
Fax: +34 926 586 656
www.satcoloman.com
coloman@satcoloman.com

Besana Real 2009 TC
tempranillo
88 ★★★★★   4,5€
Color cereza oscuro, borde granate. Aroma equilibrado, fruta madura, cacao fino, especiado. Boca equilibrado, taninos maduros.

Besana Real 2013 RD
tempranillo
83   2,5€

Besana Real Cabernet Sauvignon 2011 T Roble
cabernet sauvignon
83   3,9€

Besana Real Macabeo 2013 B
macabeo
82   2€

Besana Real Verdejo 2013 B
verdejo
82   2,6€

VIÑA MAGUA
Doña Berenguela, 59
28011 Madrid (Madrid)
☎: +34 659 583 020
http://vinoecologicomagua.blogspot.com
vino.magua@gmail.com

Viña Magua 2012 T
tempranillo
84   4,9€

VIÑEDOS MEJORANTES S.L.
Ctra. de Villafranca, km. 2
45860 Villacañas (Toledo)
☎: +34 925 200 023
Fax: +34 925 200 023
www.portillejo.es
portillejo@portillejo.com

Portillejo 2003 TR
100% cabernet sauvignon
82   5€

Portillejo 2006 TC
100% cabernet sauvignon
84   6€

Portillejo Cabernet Sauvignon 2009 T Roble
100% cabernet sauvignon
79   3,5€

Portillejo Merlot 2009 T Roble
100% merlot
84   4€

VIÑEDOS Y BODEGAS MUÑOZ
Ctra. Villarrubia, 11
45350 Noblejas (Toledo)
☎: +34 925 140 070
Fax: +34 925 141 334
www.bodegasmunoz.com
c.calidad@bodegasmunoz.com

Artero 2009 TR
tempranillo, merlot
86 ★★★   9€
Color cereza, borde granate. Aroma intensidad media, fruta madura, hierbas secas. Boca fruta madura, correcto.

Artero 2011 TC
tempranillo, merlot, syrah
88 ★★★★   8€
Color cereza, borde granate. Aroma fruta madura, especiado, roble cremoso, tostado, complejo. Boca potente, sabroso, tostado, taninos maduros.

Artero 2013 RD
tempranillo
85 ★★★★   5,3€

Artero Macabeo Verdejo 2013 B
macabeo, verdejo
83   5,3€

Artero Tempranillo 2013 T
tempranillo
86 ★★★★   5,3€
Color cereza, borde violáceo. Aroma fruta fresca, fruta roja, floral. Boca sabroso, frutoso, buena acidez, taninos maduros.

Blas Muñoz Chardonnay 2012 BFB

chardonnay

90 ★★★ 15€

Color amarillo brillante. Aroma roble cremoso, muy tostado (torrefactado), especias dulces, flores marchitas. Boca graso, sabroso, especiado, largo, retronasal ahumado.

VIRGEN DE LAS VIÑAS BODEGA Y ALMAZARA S.C. CLM

Ctra. Argamasilla de Alba, 1
13700 Tomelloso (Ciudad Real)
☎: +34 926 510 865
Fax: +34 926 512 130
www.vinostomillar.com
atencion.cliente@vinostomillar.com

Tomillar 2008 TR

86 ★★★★ 7€

Color cereza, borde granate. Aroma amaderado, fruta madura, hierbas secas. Boca correcto, fruta madura, cierta persistencia.

Tomillar Chardonnay 2013 B

100% chardonnay

85 ★★★★★ 4,3€

Tomillar Tempranillo 2013 T

100% tempranillo

86 ★★★★★ 3,3€

Color cereza brillante. Aroma hierbas silvestres, fruta roja, expresivo. Boca sabroso, buena acidez, taninos maduros, fácil de beber.

DO. LA PALMA

CONSEJO REGULADOR

Esteban Acosta Gómez, 7
38740 Fuencaliente (La Palma)
☎: +34 922 444 404 - Fax: +34 922 444 432
@: vinoslapalma@: vinoslapalma.com
www.vinoslapalma.com

SITUACIÓN:

La zona de producción abarca toda la isla de San Miguel de La Palma y se encuentra dividida en tres subzonas diferenciadas: Hoyo de Mazo, Fuencaliente y norte de La Palma.

SUBZONAS:

Hoyo de Mazo: integra a Villa de Mazo, Breña Baja, Breña Alta y Santa Cruz de La Palma, entre los 200 y 700 metros de altitud. La viña se extiende de forma rastrera en terrenos de ladera, acolchados entre piedra volcánicas ("empedrados"), y en suelos de "picón granado". Se elaboran blancos y tintos sobre todo.

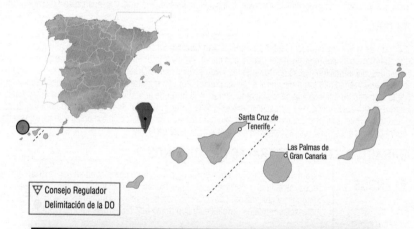

Santa Cruz de Tenerife

Las Palmas de Gran Canaria

▽ Consejo Regulador
Delimitación de la DO

Fuencaliente: engloba los términos de Fuencaliente, El Paso, Los Llanos de Aridane y Tazacorte. Las cepas rastreras se extienden por terrenos de ceniza volcánica. entre los 200 y 1.900 metros. Destacan los blancos y malvasías dulces.

Norte de La Palma: ubicada entre los 100 y 200 metros, comprende los municipios de Puntallana, San Andrés y Sauces, Barlovento, Garafía, Puntagorda y Tijarafe. La zona posee más vegetación y las cepas se extienden en parrales y en vaso. Aquí se elaboran los tradicionales "vinos de tea".

VARIEDADES:

BLANCAS: malvasía, güal y verdillo (principales); albillo, bastardo blanco, bermejuela, bujariego, burrablanca, forastera blanca, listán blanco, moscatel de Alejandría, pedro ximénez, sabro y torrontés.

TINTAS: negramol (principal), listán negro (almuñeco), bastardo negro (baboso negro), malvasía rosada, moscatel negro, tintilla, castellana negra, vijariego negro y listán prieto.

DATOS:

Nº Has. Viñedo: 620 – **Nº Viticultores:** 1.151 – **Nº Bodegas:** 20 – **Cosecha 13:** S/C – **Producción 13:** 554.390 litros – **Comercialización:** 99% España - 1% extranjero

SUELOS:

Variable en función de la altitud y la orientación del viñedo. El relieve es un elemento fundamental en La Palma, ya que da lugar a diferentes climas y microclimas; no hay que olvidar que posee las mayores alturas en relación con su superficie de todas las Canarias. Sin embargo, por su situación atlántica, goza de la influencia de los vientos alisios, húmedos y de procedencia noroeste, que suavizan las temperaturas y atenúan esas diferencias climáticas.

CLIMA:

Se trata de la isla más noroccidental del archipiélago canario. Su compleja orografía con altitudes que alcanzan los 2.400 metros sobre el nivel del mar la convierten en un microcontinente con gran variedad de climas. La influencia del anticiclón de Las Azores y de los vientos alisios condicionan las variables térmicas y las precipitaciones registradas a lo largo del año. La mayor pluviometría se registra en la parte más oriental y septentrional de la isla, debido a la entrada de los vientos alisios. A lo largo de la vertiente noreste, desde Mazo hasta Barlovento, el clima es más suave y fresco, mientras que la parte occidental de la isla encontramos un tiempo más seco y caluroso. Las precipitaciones medias van aumentando desde la costa a medida que se va ascendiendo, encontrándose las mayores precipitaciones en el norte y este de la isla.

CARACTERÍSTICAS GENERALES DE LOS VINOS

BLANCOS	Elaborados principalmente a partir de bujariego o combinándola con la listán blanco. Son secos, afrutados y con ciertas notas rústicas; en ocasiones, aparecen también matices minerales y volcánicos. Los más clásicos de la isla, sin embargo, son los vinos dulces de malvasía, complejos, originales y con notas que recuerdan a flores blancas.
ROSADOS	El color es entre salmón y rosáceo. Son vinos ligeros, afrutados y delicados.
TINTOS	Elaborados sobre todo a partir de negramol, suelen presentar un color cereza granate. En ellos aparecen rasgos de frescura y ligereza. En algunos casos dominan en exceso los matices a hierba verde.
VINOS DE TEA	Vino característico de La Palma, elaborado normalmente con negramol, listán prieto y albillo y envejecido en barricas de tea (roble canario), que le aportan intensos aromas y sabores a resina, que se unen a los toques frutales y herbáceos de la uva.

CLASIFICACIÓN COSECHAS

GUÍAPEÑÍN

2009	2010	2011	2012	2013
BUENA	BUENA	MUY BUENA	MUY BUENA	SC

BODEGA JOSÉ DAVID RODRÍGUEZ PÉREZ

Barranquito hondo Nº 4
El Pinar - Puntagorda
☎: +34 636 918 839
vinarda@hotmail.com

Viñarda 2013 B
85

Viñarda 2013 T
85

BODEGA JUAN MATÍAS TORRES

Fuencaliente de Ciudad Real, s/n
Los Canarios
38740 Fuentecaliente de la Palma
(Santa Cruz de Tenerife)
☎: +34 617 967 499
www.matiastorres.com
bodega@matiasitorres.com

Colección Minúscula de Matías Torres 2010 B
100% malvasía
93   55€
Color dorado brillante. Aroma expresivo, fruta escarchada, fruta pasificada, potente. Boca sabroso, concentrado, dulce.

Las Machuqueras 2013 B
100% listán blanco
91 ★★★★   11€
Color amarillo brillante. Aroma expresivo, elegante, hierbas secas. Boca equilibrado, fácil de beber, fino amargor, elegante, buena acidez.

Matias i Torres Diego 2013 B
87
Color borde verdoso. Aroma equilibrado, floral, frutos secos, fruta fresca. Boca equilibrado, fino amargor, cierta persistencia.

Matias i Torres Malvasía Aromática 2011 B
100% malvasía
94   35€
Color dorado. Aroma potente, floral, notas amieladas, fruta escarchada, hierbas de tocador. Boca sabroso, dulce, fresco, frutoso, buena acidez, largo.

Vid Sur Dulce 2006 B
100% malvasía
94   50€
Color oro viejo. Aroma especias dulces, tostado, expresión frutal, notas amieladas, cacao fino. Boca sabroso, untuoso, largo.

Vid Sur Dulce 2008 B
100% malvasía
93   50€
Color caoba claro. Aroma fruta al licor, fruta escarchada, potente, expresivo. Boca sabroso, lleno, equilibrado, buena acidez, largo.

BODEGA PERDOMO S.A.T.

Joaquina, 12 (Las Tricias)
38738 Garafia (La Palma)
☎: +34 922 400 089
Fax: +34 922 400 689

Piedra Jurada 2013 B
albillo
86
Color pajizo brillante, borde verdoso. Aroma fruta fresca, flores blancas. Boca frutoso, fino amargor, buena acidez.

Piedra Jurada Albillo 2013 B
albillo
86
Color pajizo brillante, borde verdoso. Aroma intensidad media, flores blancas, fruta fresca. Boca correcto, sabroso, fino amargor.

BODEGAS CARBALLO

Ctra. a Las Indias, 74
38740 Fuencaliente de La Palma
(Santa Cruz de Tenerife)
☎: +34 922 444 140
Fax: +34 922 211 744
www.bodegascarballo.com
info@bodegascarballo.com

Carballo Malvasia Dulce 2011 B
malvasía
92 ⚘   25€
Color oro viejo. Aroma fruta escarchada, notas amieladas, potente, flores marchitas. Boca sabroso, varietal, untuoso, largo.

Carballo Malvasía Dulce Añejo 2001 B Gran Reserva
malvasía
95 ⚘   50€
Color oro viejo, borde ambarino. Aroma tostado, especiado, hierbas secas, fruta pasificada, flores marchitas. Boca lleno, estructurado, complejo.

Carballo Seco 2013 B
79 ⚘   5€

BODEGAS NOROESTE DE LA PALMA

Camino de Bellido, s/n
38780 Tijarafe (Santa Cruz de Tenerife)
☎: +34 922 491 075
Fax: +34 922 491 075
www.vinosveganorte.com
administracion@vinosveganorte.com

Vega Norte 2013 T
negramoll, listán negro, listán priet
86 ★★★★★ 4,7€
Color cereza poco intenso. Aroma intensidad media, especiado, fruta roja, flores marchitas. Boca frutoso, sabroso.

Vega Norte "Vino de Tea" 2013 T
88 ★★★★ 5,2€
Color cereza, borde granate. Aroma expresivo, complejo, hierbas de monte, flores secas. Boca sabroso, especiado, largo.

Vega Norte 2013 B
88 ★★★★★ 4,3€
Color pajizo brillante. Aroma fresco, fruta fresca, expresivo. Boca sabroso, frutoso, buena acidez, equilibrado, largo, fino amargor.

Vega Norte 2013 RD
95% negramoll, listan prieto, almuñeco
88 ★★★★★ 4,7€
Color frambuesa, brillante. Aroma fresco, expresivo, fruta roja, equilibrado, pétalos de rosa. Boca fresco, frutoso, fácil de beber, largo.

Vega Norte Albillo 2013 B
100% albillo
89 ★★★★ 7€
Color pajizo brillante. Aroma elegante, flores secas, expresivo, fresco. Boca sabroso, buena acidez, equilibrado, largo, fino amargor.

Vega Norte Listán Prieto 2012 T
listan prieto
88 ★★★★ 5,4€
Color cereza, borde granate. Aroma fruta madura, hierbas silvestres, especiado. Boca equilibrado, sabroso, largo, balsámico, taninos secos pero maduros.

Vega Norte Vendimia Seleccionada X Aniversario 2012 T
100% listán prieto
89 ★★★ 10€
Color cereza brillante. Aroma fruta madura, especias dulces, roble cremoso, expresivo. Boca sabroso, frutoso, tostado, taninos maduros.

BODEGAS TAMANCA S.L.

Las Manchas - San Nicolás
38750 El Paso (Santa Cruz de Tenerife)
☎: +34 922 494 155
Fax: +34 922 494 296
bodegas_tamanca@hotmail.com

Tamanca 2013 RD
negramoll
85 ★★★★★ 5€

Tamanca 2013 T Roble
negramoll, almuñeco, vijariego negro, baboso negro
87 ★★★★ 6€
Color cereza brillante. Aroma expresivo, fruta roja, fruta madura, especiado. Boca sabroso, frutoso, tostado, taninos maduros.

Tamanca Malvasía Dulce 2005 B Barrica
malvasía
93 28€
Color dorado. Aroma potente, floral, notas amieladas, fruta escarchada, pastelería. Boca sabroso, dulce, fresco, frutoso, buena acidez, largo.

Tamanca Malvasía Dulce 2012 B
malvasía
87 20€
Color dorado. Aroma potente, floral, notas amieladas, fruta escarchada, hierbas de tocador. Boca sabroso, dulce, fresco, frutoso, buena acidez, largo.

Tamanca Sabro Dulce B
sabro
87 12€
Color oro viejo. Aroma fruta escarchada, notas amieladas, floral. Boca correcto, frutoso, graso, largo.

Tamanca Selección 2013 B
albillo, vijariego blanco, malvasía, marmajuelo
86 ★★★★ 5,5€
Color amarillo, borde verdoso. Aroma equilibrado, fruta madura, notas tropicales, floral. Boca frutoso, sabroso, buena acidez.

BODEGAS TENEGUÍA

Plazoleta García Escamez, 1
38740 Fuencaliente de La Palma
(Santa Cruz de Tenerife)
☎: +34 922 444 078
Fax: +34 922 444 394
www.vinosteneguia.com
enologia@vinosteneguia.com

Teneguía 2013 B
listán blanco, vijariego blanco, albillo, gual

85 ★★★★★   3,5€

Teneguía La Gota 2013 B
listán blanco, vijariego blanco, albillo, negramoll

86 ★★★★★   4,6€

Color amarillo, borde verdoso. Aroma expresivo, equilibrado, floral. Boca frutoso, fácil de beber, cierta persistencia, fino amargor.

Teneguía Malvasía Aromática 2012 B
malvasía

90 ★★★   14,6€

Color amarillo brillante. Aroma equilibrado, expresivo, varietal, flores blancas. Boca equilibrado, graso, fruta madura.

Teneguía Malvasía Aromática Dulce 2006 B Reserva
malvasía

94   37,5€

Color oro viejo, borde ambarino. Aroma complejo, expresivo, equilibrado, especias dulces, barniz, fruta pasificada. Boca equilibrado, largo, buena acidez, untuoso.

Teneguía Malvasía Aromática Seco 2012 BFB
malvasía

88   17€

Color amarillo brillante. Aroma equilibrado, fruta escarchada, especias dulces, jazmín, tostado, especiado, fruta madura.

Teneguía Malvasía Dulce Estelar 1996 B Gran Reserva
malvasía

96   47,9€

Color caoba. Aroma expresivo, complejo, equilibrado, notas amieladas, flores marchitas, cacao fino. Boca lleno, concentrado, sabroso, largo.

Teneguía Sabro/Gual Dulce 2012 B
sabro, gual

89 ★★★★   7,9€

Color dorado brillante. Aroma complejo, hierbas verdes, flores marchitas, notas amieladas. Boca frutoso, equilibrado, largo.

Teneguía Varietales 2013 T
negramoll, castellana, vijariego negro, baboso negro

84   4,2€

Teneguía Zeus Negramoll 2012 Tinto Dulce
negramoll

88 ★★★   9,6€

Color cereza oscuro, borde granate. Aroma fruta madura, hierbas secas. Boca graso, sabroso, largo, buena acidez.

ONÉSIMA PÉREZ RODRÍGUEZ

Las Tricias
38738 Garafía (La Palma)
☎: +34 922 463 481
Fax: +34 922 463 481
vinosvitega@terra.es

Vitega Tea 2013 T

86

Color cereza poco intenso, borde granate. Aroma expresivo, balsámico, equilibrado. Boca ligero, fácil de beber, correcto. Personalidad.

VINOS EL NÍSPERO

Briesta, 3
38787 Villa de Garafía (Santa Cruz de Tenerife)
☎: +34 639 080 712
Fax: +34 922 400 447
adali_12@msn.com

El Níspero 2012 T Roble

87

Color cereza brillante. Aroma fruta madura, especias dulces, roble cremoso, expresivo. Boca sabroso, frutoso, tostado, taninos maduros.

El Níspero 2013 B
albillo

88   18€

Color pajizo brillante. Aroma expresivo, jazmín, flores blancas, notas tropicales. Boca frutoso, fresco, fácil de beber.

LA PALMA
DENOMINACIÓN DE ORIGEN

el Níspero

Albillo

DO. LANZAROTE

CONSEJO REGULADOR

Arrecife, 9

35550 San Bartolomé (Lanzarote)

☎: +34 928 521 313 - Fax: +34 928 521 049

@: info@dolanzarote.com

www.dolanzarote.com

SITUACIÓN:

En la isla de Lanzarote. La zona de producción comprende los municipios de Tinajo, Yaiza, San Bartolomé, Haría y Teguise.

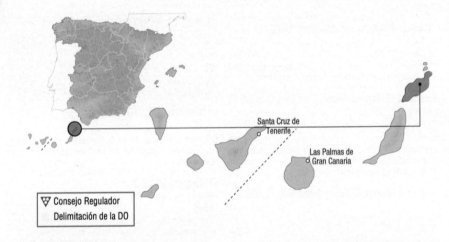

Santa Cruz de Tenerife

Las Palmas de Gran Canaria

▽ Consejo Regulador

Delimitación de la DO

Guinate · Orzola

Caleta de Caballo

Caleta de Famara

Punta de las Mujeres

La Santa

Haría

Mala

Tinajo

La Vegueta

Guatiza

Hoya de la Peña

San Bartolomé

El Mago

El Golfo

Yaiza

Tías

Argana · Arrecife

Parque Nacional de Timanfaya

Uga

Playa Honda

Las Breñas · Femés

El Barquito

Puerto del Carmen

Playa Blanca

El Papagayo

VARIEDADES:

BLANCAS: malvasía (75%, mayoritaria), pedro ximénez, diego, listán blanco, moscatel, burrablanca y breval.

TINTAS: listán negra (15%) y negramoll.

DATOS:

Nº Has. Viñedo: 1.828 – **Nº Viticultores:** 1.742 – **Nº Bodegas:** 14 – **Cosecha 13:** Excelente – **Producción 13:** 1.523.532 litros – **Comercialización:** 95% España - 5% extranjero

SUELOS:

De tipo volcánico (conocidos aquí como "picón"). De hecho, el cultivo de la vid es posible, gracias a que la arena volcánica retiene a la perfección el agua del rocío y las escasas lluvias. La isla es relativamente llana (la altitud máxima es de 670 metros) y el cultivo más característico se realiza en "hoyos", rodeados de un murete semicircular, que protegen la planta del viento. Esta peculiar disposición del viñedo determina una densidad extremadamente baja de cepas por hectárea.

CLIMA:

De tipo subtropical seco, con escasas precipitaciones (unos 200 mm. anuales), que se distribuyen de manera irregular a lo largo del año. En ocasiones, los vientos de Levante, caracterizados por su baja humedad y que transportan polvo en suspensión desde el continente africano, producen un considerable aumento de las temperaturas.

CARACTERÍSTICAS GENERALES DE LOS VINOS

BLANCOS

Los vinos más característicos de la isla son los blancos de malvasía. Presentan frescos aromas florales y matices volcánicos y minerales. Existen los más clásicos y tradicionales, de color amarillo ambarino, aromas almendrados y enranciados; los jóvenes secos, de color amarillo brillante, gran carácter varietal en nariz, frescos y sabrosos en boca; y los semi secos, de características similares a los anteriores, pero más dulces en boca.

ROSADOS

En general, presentan un color rosáceo o rosáceo-frambuesa; son frescos y afrutados.

TINTOS

Suelen ser de media capa, con un color cereza granate; resultan algo cálidos y poseen una buena estructura en boca.

CLASIFICACIÓN COSECHAS   GUÍA**PEÑÍN**

2009	2010	2011	2012	2013
BUENA	EXCELENTE	MUY BUENA	MUY BUENA	MUY BUENA

BODEGA LA FLORIDA

Calle de la Florida, 89
35559 San Bartolomé de Lanzarote
(Las Palmas)
☎: +34 928 593 001

La Florida 2012 T
82

La Florida Malvasía Volcánica 2013 B
86
Color amarillo brillante. Aroma fruta madura, jazmín, potente. Boca sabroso, frutoso, graso, fino amargor.

La Florida Moscatel 2012 B
moscatel
88
Color dorado. Aroma potente, floral, notas amieladas, fruta escarchada, hierbas de tocador. Boca sabroso, dulce, fresco, frutoso, buena acidez, largo.

La Florida Moscatel Essence B
moscatel
89
Color dorado. Aroma potente, floral, notas amieladas, fruta escarchada, hierbas de tocador, tostado. Boca sabroso, dulce, fresco, frutoso, buena acidez, largo.

BODEGA LA GERIA

Ctra. de la Geria, Km. 19
35570 Yaiza (Las Palmas de
Gran Canaria)
☎: +34 928 173 178
Fax: +34 928 511 370
www.lageria.com
bodega@lageria.com

La Geria 2013 RD
listán negro
86 ★★★★   8€
Color cereza claro. Aroma fruta roja, hierbas silvestres, equilibrado. Boca sabroso, correcto, fácil de beber.

La Geria 2013 T
syrah, tintilla, merlot, listán negro
86   12€
Color cereza brillante. Aroma fruta madura, hierbas de monte. Boca sabroso, frutoso, tostado, taninos maduros.

La Geria Malvasía 2013 Dulce
malvasía
86   15€
Color pajizo brillante, borde verdoso. Aroma flores blancas, flores marchitas, fruta fresca. Boca frutoso, sabroso, cierta persistencia.

Manto Seco 2013 B
malvasía
88   11€
Color pajizo brillante. Aroma flores blancas, fruta fresca, expresivo, lías finas, hierbas secas. Boca sabroso, frutoso, buena acidez, equilibrado.

Manto Semidulce 2013 B
malvasía
87   12€
Color amarillo. Aroma expresivo, elegante, varietal, fresco. Boca frutoso, fácil de beber, cierta persistencia, buena acidez.

BODEGA MARTINON

Camino del Mentidero, 2
35572 Masdache Tías (Las Palmas)
☎: +34 928 834 160
Fax: +34 928 834 160
www.bodegasmartinon.com
info@bodegasmartinon.com

Martinón Malvasía Seco s/c B
100% malvasía
87
Color amarillo, borde verdoso. Aroma floral, fresco, expresivo. Boca sabroso, frutoso, fino amargor.

BODEGA VULCANO DE LANZAROTE

Victor Fernández, 5
35572 Tías (Las Palmas de Gran
Canaria)
☎: +34 928 524 469
www.bodegavulcano.es
info@bodegavulcano.es

Vulcano de Lanzarote 2013 RD
85 ★★★   9,6€

Vulcano de Lanzarote 2013 T Barrica
87 ★★★   9,6€
Color cereza brillante. Aroma fruta madura, especias dulces, expresivo. Boca sabroso, frutoso, tostado, taninos maduros.

Vulcano de Lanzarote Malvasía Volcánica Seco 2013 B
100% malvasía volcánica
88 ★★★   9,6€
Color pajizo brillante. Aroma fresco, expresivo, flores marchitas. Boca sabroso, frutoso, buena acidez, equilibrado.

Vulcano de Lanzarote Malvasía Volcánica Semidulce 2013 B
86 ★★★   9,6€
Color pajizo brillante, borde verdoso. Aroma intensidad media, fresco, varietal, flores blancas. Boca fácil de beber, cierta persistencia, frutoso.

Vulcano Dolce 2013 B
100% moscatel de alejandría

91 ★★★★★ 9,6€

Color dorado brillante. Aroma fruta escarchada, notas amieladas, expresivo, varietal. Boca largo, graso, dulce, complejo, equilibrado.

BODEGAS GUIGUAN
Avda. Los Volcanes, 116
35560 Tinajo (Las Palmas)
☎: +34 928 840 715
Fax: +34 928 840 715
www.bodegasguiguan.com
bodegaguiguan@hotmail.com

Guiguan 2013 T
listán negro

88 ★★★★ 6,2€

Color cereza, borde granate. Aroma fruta madura, hierbas silvestres, terroso, especiado, roble cremoso. Boca equilibrado, sabroso, largo, balsámico.

Guiguan Malvasía Seco 2013 B
malvasía

85 ★★★★ 7€

Guiguan Moscatel Dulce 2013 B
moscatel

87 10,5€

Color amarillo brillante. Aroma potente, floral, notas amieladas, hierbas de tocador. Boca sabroso, dulce, frutoso, buena acidez, largo.

Guiguan Semidulce 2013 B
malvasía

84 7,1€

BODEGAS LOS BERMEJOS
Camino a Los Bermejos, 7
35550 San Bartolomé de Lanzarote
(Las Palmas)
☎: +34 928 522 463
Fax: +34 928 522 641
www.losbermejos.com
bodega@losbermejos.com

Bermejo 2013 RD
listán negro

86 ★★★ 9€

Color cobrizo. Aroma floral, jazmín, hierbas de tocador, flores marchitas. Boca fresco, frutoso, sabroso, correcto.

Bermejo Diego 2013 B
diego

87 ★★★ 9€

Color pajizo brillante. Aroma intensidad media, flores marchitas, fresco. Boca frutoso, equilibrado.

Bermejo Diego Ecológico 2013 B
diego

89 ★★★ ✿ 9€

Color pajizo brillante. Aroma fruta fresca, equilibrado, expresivo, floral. Boca frutoso, buena acidez, fácil de beber, fresco.

Bermejo Listán 2013 RD
listán negro

86 ★★★ ✿ 10€

Color cobrizo, brillante. Aroma equilibrado, flores marchitas, intensidad media, fruta roja. Boca lleno, buena acidez, largo.

Bermejo Listán Negro 2013 T Barrica
listán negro

87 ★★★ 9€

Color cereza, borde granate. Aroma fruta madura, hierbas silvestres, terroso, especiado, roble cremoso. Boca equilibrado, sabroso, largo, balsámico, retronasal ahumado.

Bermejo Listán Negro 2013 T Maceración Carbónica
listán negro

88 ★★★ 9€

Color cereza, borde violáceo. Aroma fruta roja, frambuesa, floral, expresivo. Boca fresco, frutoso, sabroso, fácil de beber.

Bermejo Malvasía 2013 BFB
malvasía

87 ★★★ 10€

Color amarillo brillante. Aroma intensidad media, fruta madura. Boca frutoso, graso, correcto, fino amargor.

Bermejo Malvasia 2012 BN
malvasía

88 12€

Color amarillo brillante, borde verdoso. Aroma fruta madura, lías finas, equilibrado, hierbas secas. Boca buena acidez, sabroso, fruta madura, largo.

Bermejo Malvasia Naturalmente Dulce B
malvasía

93 ★★★★ 11,5€

Color oro viejo, borde ambarino. Aroma complejo, expresivo, especias dulces, acetaldehído. Boca largo, complejo, equilibrado.

Bermejo Malvasía Seco 2013 B
malvasía

85 ★★★ 9€

Bermejo Malvasía Seco 2013 B
malvasía

88 ★★★ ✿ 10€

Color pajizo brillante. Aroma fresco, equilibrado, floral, hierbas silvestres. Boca equilibrado, buena acidez, fino amargor, largo.

Bermejo Malvasía Semidulce 2013 B
manto negro

87 ★★★ 9€

Color pajizo brillante, borde verdoso. Aroma equilibrado, expresivo, flores blancas. Boca correcto, frutoso, sabroso.

Bermejo Moscatel Naturalmente Dulce 2013 B
moscatel

89 11,5€

Color amarillo brillante. Aroma potente, floral, fruta escarchada, hierbas de tocador. Boca sabroso, dulce, fresco, frutoso, buena acidez, largo.

BODEGAS REYMAR

Pza. Virgen de Los Dolores, 19
Mancha Blanca
35560 Tinajo (Las Palmas)
☎: +34 649 993 096
Fax: +34 928 840 737
www.bodegasreymar.com
reymarmalvasia@terra.com

Los Perdomos 2013 RD

85 ★★★★★ 5€

Los Perdomos Diego 2013 B
diego

86 ★★★★ 7€

Color amarillo brillante, borde verdoso. Aroma floral, cítricos, equilibrado, intensidad media. Boca sabroso, graso, balsámico.

Los Perdomos Listán Negro T
listán negro

89 ★★★★ 8€

Color cereza muy intenso, borde granate. Aroma hierbas silvestres, fruta madura, fruta escarchada. Boca lleno, sabroso, balsámico.

Los Perdomos Listán Negro 2012 T Barrica
listán negro

84 5,5€

Los Perdomos Malvasia Dulce 2012 B
malvasía

89 11€

Color dorado. Aroma potente, floral, notas amieladas, fruta escarchada, especias dulces, roble cremoso. Boca sabroso, dulce, fresco, frutoso, buena acidez, largo.

Los Perdomos Malvasía Moscatel 2013 B
malvasía, moscatel

86 ★★★★ 7€

Color pajizo brillante. Aroma flores blancas, hierbas de tocador, expresión frutal. Boca fresco, frutoso, sabroso.

Los Perdomos Malvasía Seco 2013 B

86 ★★★★ 6,5€

Color amarillo brillante. Aroma fruta madura, jazmín. Boca frutoso, sabroso, largo, equilibrado.

Los Perdomos Moscatel Diego 2013 B

86 ★★★★ 7€

Color amarillo brillante. Aroma expresivo, equilibrado, varietal, floral. Boca frutoso, fácil de beber, correcto, cierta persistencia.

Los Perdomos Moscatel Dulce 2012 B
moscatel

88 ★★★ 10€

Color dorado. Aroma potente, floral, notas amieladas, fruta escarchada, especias dulces. Boca sabroso, dulce, fresco, frutoso, buena acidez, largo.

BODEGAS RUBICÓN

Ctra. Teguise - Yaiza, 2
35570 La Geria - Yaiza (Las Palmas)
☎: +34 928 173 708
www.vinosrubicon.com
bodegasrubicon@gmail.com

Amalia 2013 T
listán negro, tinto conejera, syrah

90 ★★★★ 12€

Color cereza, borde granate. Aroma fruta madura, especiado, roble cremoso, tostado, balsámico. Boca potente, sabroso, tostado, taninos maduros.

Amalia Malvasía Seco 2013 B
malvasía

88 ★★★★★ 1€

Color amarillo brillante. Aroma fresco, fruta fresca, flores blancas, expresivo. Boca sabroso, frutoso, buena acidez, equilibrado.

Rubicón Malvasía Seco 2013 B

87 ★★★ 10€

Color amarillo brillante. Aroma flores blancas, fruta fresca, intensidad media. Boca sabroso, correcto, fino amargor.

Rubicón Malvasía Semidulce 2013 B

87 ★★★ 10€

Color amarillo brillante. Aroma intensidad media, flores blancas, jazmín. Boca frutoso, sabroso, equilibrado, largo.

Rubicón Moscatel 2013 B
moscatel de alejandría

87 17€

Color amarillo brillante. Aroma flores blancas, jazmín, potente. Boca frutoso, sabroso, dulce.

EL GRIFO

Lugar de El Grifo, s/n Apdo. Correos, 6
35500 San Bartolomé (Las Palmas de
Gran Canaria)
☎: +34 928 524 036
Fax: +34 928 832 634
www.elgrifo.com
enologo@elgrifo.com

Ariana 2012 T

91 ★★★★   12,5€

Color cereza brillante. Aroma fruta madura, roble cremoso,
expresivo, tostado, hierbas de monte. Boca sabroso, frutoso,
tostado, taninos maduros.

El Grifo 2013 RD
listán negro

87 ★★★★   8€

Color frambuesa. Aroma intensidad media, equilibrado, fruta
fresca, hierbas silvestres. Boca fácil de beber, fino amargor.

El Grifo Malvasía 2013 BFB
malvasía

89   12€

Color amarillo brillante. Aroma potente, fruta madura, especias dulces, varietal, flores marchitas. Boca graso, sabroso,
fresco, buena acidez.

El Grifo Malvasía Seco Colección 2013 B
malvasía

90 ★★★★★   9,8€

Color pajizo brillante. Aroma expresivo, varietal, flores blancas. Boca fresco, frutoso, buena acidez, equilibrado.

El Grifo Malvasía Semidulce Colección 2013 B
malvasía

88 ★★★   9,8€

Color pajizo brillante. Aroma flores blancas, hierbas de tocador. Boca fresco, frutoso, sabroso, equilibrado, elegante.

George Glass Dulce de Licor 1999 TC
listán negro

92   19€

Color cereza oscuro, borde anaranjado. Aroma especias
dulces, roble cremoso, expresivo, pastelería. Boca sabroso,
frutoso, tostado.

El Grifo Canari Dulce de Licor B
malvasía

95   23€

Color oro viejo. Aroma cacao fino, barniz, especias dulces,
fruta escarchada, flores marchitas, complejo, expresivo. Boca
largo, tostado, fruta madura, matices de solera.

El Grifo Listán Negro 2013 T
listán negro

89 ★★★★   8€

Color cereza, borde violáceo. Aroma frutos secos, fruta roja,
hierbas de monte, expresivo. Boca frutoso, retronasal afrutado, largo.

DO. MÁLAGA Y SIERRAS DE MÁLAGA

CONSEJO REGULADOR

Plaza de los Viñeros,1

29008 Málaga

☎: +34 952 227 990 - Fax: +34 952 227 990

@: info@vinomalaga.com

www.vinomalaga.com

SITUACIÓN:

En la provincia de Málaga. Engloba a 54 municipios de la zona costera (en torno a Málaga y Estepona) y del interior (hacia la ribera del río Genil) más la nueva subzona de la Serranía de Ronda, comarca en la que se acaban de incorporar dos nuevos términos municipales, Cuevas del Becerro y Cortes de la Frontera.

VARIEDADES:

Blancas: DO Málaga: pedro ximénez y moscatel; **DO Sierras de Málaga:** chardonnay, gewürtztraminer, riesling, verdejo, viognier, moscatel, pedro ximénez, macabeo y sauvignon blanc, colombard.

TINTAS: sólo **DO Sierras de Málaga:** romé, cabernet sauvignon, merlot, syrah, tempranillo,graciano, malbec, monastrell, tintilla y petit verdot.

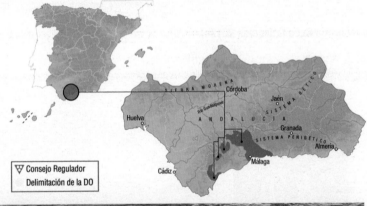

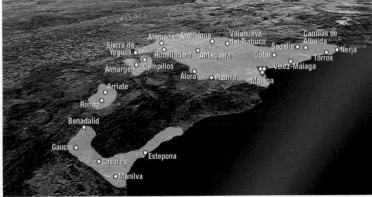

TIPOLOGÍA DE VINOS CLÁSICOS:

a) **VINOS DE LICOR:** de 15 a 22% vol.

b) **VINOS DULCES NATURALES:** de 15 a 22% vol., obtenidos de las variedades moscatel o pedro ximénez, con mostos que contengan un mínimo de 244 gramos/litro de azúcar.

c) **VINOS NATURALMENTE DULCES** (con las mismas variedades, más de 13% vol. y a partir de mostos de 300 gramos/litro de azúcar) y vinos tranquilos (de 10 a 15% vol.).

Y en función de su envejecimiento:

MÁLAGA JOVEN: vinos tranquilos no sometidos a envejecimiento. **MÁLAGA PÁLIDO:** vinos no tranquilos no sometidos a envejecimiento. **MÁLAGA:** vinos con un periodo de envejecimiento de 6 a 24 meses. **MÁLAGA NOBLE:** vinos envejecidos entre dos y tres años. **MÁLAGA AÑEJO:** vinos envejecidos entre tres y cinco años. **MÁLAGA TRASAÑEJO:** vinos envejecidos durante más de cinco años.

DATOS:

Nº Has. Viñedo: 1.000,341 – **Nº Viticultores:** 478 – **Nº Bodegas:** 45 – **Cosecha 13:** - – **Producción 13:** 2.513.943 litros – **Comercialización:** 74% España --36% extranjero.

SUELOS:

Evolucionan desde los suelos rojos mediterráneos con componentes calizos de la zona norte hasta las pizarras en descomposición y con mucha pendiente de la Axarquía.

CLIMA:

Varía en función de la zona de producción. En el área norte los veranos son cortos y las temperaturas altas, las lluvias se sitúan en torno a los 500 mm.; en la zona de Axarquía, protegida de los vientos del norte por las cadenas montañosas y orientada al mediodía, el clima es más templado por la influencia del Mediterráneo; mientras que en el oeste el clima puede definirse como seco subhúmedo.

CARACTERÍSTICAS GENERALES DE LOS VINOS

VINOS TRADICIONALES

Su personalidad viene marcada por el arrope, mosto concentrado o deshidratado por el calor, que carameliza el vino y le aporta su color oscuro, dulzor y pastosidad características. Se puede distinguir entre el "málaga", vino dulce elaborado a partir del primer mosto de la uva; el Pedro Ximénez y el moscatel, estos dos elaborados a partir de las uvas del mismo nombre.

VINOS MODERNOS

Elaborados a partir de variedades autóctonas y foráneas, están marcados por la calidez del clima, especialmente en el caso de los tintos, muy soleados y en algunos casos con notas "quemadas". Destaca la floralidad varietal de la moscatel y la singularidad del pinot noir frente a la frescura y riqueza de rasgos balsámicos de la petit verdot. Los nuevos blancos dulces naturales ofrecen agradables aromas almizclados y auvados, y una boca muy fresca y dulce a la vez.

CLASIFICACIÓN COSECHAS   GUÍA**PENÍN**

2009	2010	2011	2012	2013
BUENA	BUENA	MUY BUENA	MUY BUENA	MUY BUENA

BODEGA ANTONIO MUÑOZ CABRERA (DIMOBE)

Ctra. Almachar, s/n
29738 Moclinejo (Málaga)
☎: +34 952 400 594
Fax: +34 952 400 743
www.dimobe.es
bodega@dimobe.es

El Lagar de Cabrera Moscatel 2013 B
moscatel de alejandría
83   6€

El Lagar de Cabrera Syrah 2012 T
syrah
88 ★★★★   6,3€
Color cereza, borde granate. Aroma fruta roja, fruta madura, floral, hierbas de tocador. Boca potente, sabroso, especiado, largo.

Finca La Indiana 2011 TC
petit verdot
88   14,5€
Color cereza, borde granate. Aroma fruta madura, hierbas silvestres, terroso, especiado, roble cremoso. Boca equilibrado, sabroso, largo, balsámico.

Lagar de Cabrera 2010 TC
syrah
86 ★★★   9,6€
Color cereza oscuro, borde granate. Aroma chocolate, especias dulces, fruta madura. Boca sabroso, estructurado, buena acidez, largo.

Piamater 2013 B
moscatel de alejandría
88   13,6€
Color amarillo brillante. Aroma flores blancas, jazmín, equilibrado, varietal. Boca sabroso, dulce, equilibrado.

Rujaq Andalusi Trasañejo
moscatel de alejandría
87   11,5€
Color caoba claro. Aroma fruta escarchada, fruta pasificada, especias dulces, pastelería. Boca sabroso, untuoso, largo.

Señorío de Broches 2013 Moscatel
moscatel de alejandría
87 ★★★★   6,5€
Color amarillo brillante, borde verdoso. Aroma intensidad media, flores blancas, varietal. Boca frutoso, dulce, graso.

Viña Axarkia Vino de Licor B
moscatel de alejandría
85 ★★★★   6€

Zumbral Moscatel
moscatel de alejandría
85 ★★★★   8€

Zumbral Conarte B
moscatel de alejandría
87   12,6€
Color caoba claro. Aroma equilibrado, fruta escarchada, pastelería, tostado. Boca sabroso, lleno, untuoso, largo.

BODEGA DOÑA FELISA

Cordel del Puerto s/n
29400 Ronda (Málaga)
☎: +34 951 166 033
Fax: +34 951 166 033
www.chinchillawine.com
info@chinchillawine.com

Chinchilla 2012 T Roble
tempranillo, cabernet sauvignon
88 ★★★   10€
Color cereza brillante. Aroma fruta madura, especias dulces, roble cremoso, hierbas secas. Boca sabroso, frutoso, taninos maduros.

Chinchilla 2013 RD
merlot, tempranillo
87   11€
Color cereza claro. Aroma fresco, intensidad media, flores secas, fruta roja. Boca sabroso, largo.

Chinchilla Conarte 2008 T
cabernet sauvignon, merlot, syrah
88   24€
Color cereza, borde granate. Aroma fruta madura, especiado, roble cremoso, tostado, complejo, hierbas de monte. Boca potente, sabroso, tostado, taninos maduros.

Chinchilla Doble Doce 2008 T
cabernet sauvignon, merlot
88   18€
Color cereza, borde granate. Aroma fruta madura, hierbas silvestres, especiado, roble cremoso. Boca equilibrado, sabroso, largo, balsámico.

Chinchilla Seis + Seis 2010 T Roble
tempranillo, syrah
89   13€
Color cereza brillante. Aroma fruta madura, especias dulces, roble cremoso, intensidad media. Boca frutoso, sabroso, tostado.

BODEGA ECOLÓGICA JOAQUÍN FERNÁNDEZ

Paraje Los Frontones s/n
29400 Ronda (Málaga)
☎: +34 951 166 043
Fax: +34 951 166 043
www.bodegajf.com
info@bodegajf.es

Finca Los Frutales Garnacha 2011 T
garnacha, cabernet sauvignon

88 🌢 **18,5€**

Color cereza, borde granate. Aroma fruta madura, hierbas silvestres, terroso, especiado, roble cremoso. Boca equilibrado, sabroso, largo, balsámico.

Finca Los Frutales Igualados 2008 T
cabernet sauvignon, garnacha, merlot, syrah

87 🌢 **12,5€**

Color cereza brillante. Aroma fruta madura, roble cremoso, intensidad media, especiado, balsámico. Boca frutoso, sabroso, tostado.

Finca Los Frutales Merlot Syrah 2009 TC
merlot, syrah

87 🌢 **10,5€**

Color cereza, borde granate. Aroma fruta madura, especiado, roble cremoso, tostado, hierbas de monte. Boca sabroso, taninos maduros, correcto, fácil de beber.

Hacienda Vizcondesa 2010 TC

88 ★★★ 🌢 **8,5€**

Color cereza, borde granate. Aroma fruta madura, especiado, roble cremoso, tostado, complejo. Boca potente, sabroso, tostado, taninos maduros.

Rosado Finca Los Frutales 2012 RD Roble
merlot, syrah, cabernet sauvignon

86 ★★★ 🌢 **8,9€**

Color frambuesa, borde violáceo. Aroma potente, fruta madura, fruta roja, floral, expresivo. Boca potente, frutoso, fresco.

BODEGA F. SCHATZ

Finca Sanguijuela, s/n
29400 Ronda (Málaga)
☎: +34 952 871 313
Fax: +34 952 871 313
www.f-schatz.com
bodega@f-schatz.com

Finca Sanguijuela 2008 TC

89 🌢 **23€**

Color cereza, borde granate. Aroma fruta madura, hierbas silvestres, especiado, roble cremoso, fina reducción. Boca equilibrado, sabroso, largo, balsámico.

Finca Sanguijuela 2009 T

89 🌢 **23€**

Color cereza oscuro, borde granate. Aroma expresivo, fruta madura, hierbas secas, cacao fino. Boca estructurado, sabroso, taninos maduros.

Finca Sanguijuela 2010 T

91 🌢 **23€**

Color cereza, borde granate. Aroma fruta madura, fruta al licor, hierbas silvestres, especiado, mineral. Boca potente, sabroso, balsámico, equilibrado.

Finca Sanguijuela 2011 T

90 🌢 **23€**

Color cereza oscuro, borde granate. Aroma equilibrado, fruta madura, especiado, hierbas de tocador. Boca frutoso, fácil de beber, taninos maduros.

Schatz Chardonnay 2013 B
100% chardonnay

82 🌢 **21€**

Schatz Petit Verdot 2007 TC
100% petit verdot

90 🌢 **26€**

Color cereza, borde granate. Aroma fruta madura, hierbas silvestres, especiado, roble cremoso, fina reducción. Boca equilibrado, sabroso, largo, balsámico.

Schatz Petit Verdot 2008 T
100% petit verdot

85 🌢 **26€**

Schatz Petit Verdot 2009 T
100% petit verdot

91 🌢 **26€**

Color cereza oscuro. Aroma complejo, fruta madura, elegante, equilibrado, balsámico, roble cremoso. Boca estructurado, sabroso, especiado.

Schatz Petit Verdot 2010 T
100% petit verdot

89 🌢 **26€**

Color cereza brillante, borde violáceo. Aroma equilibrado, expresivo, hierbas de monte, fruta madura, especiado. Boca sabroso, equilibrado.

Schatz Petit Verdot 2011 T
100% petit verdot

88 🌢 **26€**

Color cereza brillante, borde violáceo. Aroma potente, fruta madura, fruta confitada, hierbas secas. Boca equilibrado, sabroso.

Schatz Pinot Noir 2008 TC
100% pinot noir

91 🍷   25€

Color cereza, borde granate. Aroma fruta al licor, cacao fino, especias dulces, expresivo. Boca sabroso, balsámico, taninos finos.

Schatz Pinot Noir 2009 T
100% pinot noir

90 🍷   25€

Color cereza oscuro, borde granate. Aroma fruta confitada, potente, cacao fino. Boca estructurado, sabroso, taninos maduros.

Schatz Pinot Noir 2010 T
100% pinot noir

93 🍷   25€

Color cereza oscuro, borde granate. Aroma fruta roja, fruta madura, fina reducción, balsámico, varietal. Boca equilibrado, fruta madura, taninos maduros, balsámico.

Schatz Pinot Noir 2011 T
100% pinot noir

92 🍷   25€

Color cereza, borde granate. Aroma fruta madura, hierbas silvestres, terroso, especiado, roble cremoso. Boca equilibrado, sabroso, largo, balsámico.

BODEGA GONZALO BELTRÁN

Finca La Nogalera, Hoya de los Molinos
29400 Ronda (Málaga)
☎: +34 629 455 558
www.bodegagonzalobeltran.com
info@bodegagonzalobeltran.com

Perezoso 2011 T
100% syrah

90 ★★★★   11€

Color cereza, borde granate. Aroma fruta madura, hierbas silvestres, terroso, roble cremoso, tostado. Boca sabroso, especiado, balsámico, largo.

BODEGA KIENINGER

Los Frontones, 67 (Apdo. Correos 215)
29400 Ronda (Málaga)
☎: +34 952 879 554
www.bodegakieninger.com
martin@bodegakieninger.com

Vinana Cuvé 2012 T
merlot, cabernet sauvignon, cabernet franc, malbec

91   25€

Color cereza, borde granate. Aroma fruta madura, hierbas silvestres, terroso, especiado, roble cremoso. Boca equilibrado, sabroso, largo, balsámico.

Vinana Pinot Noir 2012 T
100% pinot noir

90 🍷   17€

Color cereza poco intenso. Aroma intensidad media, floral, fruta roja, equilibrado, expresivo. Boca frutoso, taninos maduros.

BODEGA LASCAS DE PEDERNAL

Limonar s/n (Nueva Aljaima)
29570 Cartama (Málaga)
☎: +34 952 366 400
www.bodegalascas.com
marketing2@bodegalascas.com

Lascas de Pedernal 2012 B
100% moscatel

88   13,5€

Color pajizo brillante. Aroma fresco, fruta fresca, flores blancas, expresivo. Boca sabroso, frutoso, buena acidez, equilibrado.

Lascas de Pedernal 2012 T

89

Color cereza opaco. Aroma fruta confitada, fruta pasificada, especias dulces, roble cremoso, tostado, balsámico. Boca potente, sabroso, graso, equilibrado.

Lascas de Pedernal Naturalmente Dulce 2012 B

89   18,5€

Color dorado. Aroma potente, floral, notas amieladas, fruta escarchada, hierbas de tocador. Boca sabroso, dulce, fresco, frutoso, buena acidez, largo.

BODEGA PASOSLARGOS

Ctra. Ronda El Burgo, Km 1
29400 Ronda (Málaga)
☎: +34 673 235 072
Fax: +34 952 161 309
www.hoteleljuncalronda.com
bodegapasoslargos@gmail.com

A Pasos 2010 T

90 ★★★★★   10€

Color cereza, borde granate. Aroma fruta confitada, fruta al licor, especiado. Boca sabroso, confitado, balsámico.

Pasos Largos 2008 T Roble

91   18€

Color cereza, borde granate. Aroma fruta madura, especiado, roble cremoso, tostado, complejo. Boca potente, sabroso, tostado, taninos maduros.

 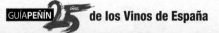

BODEGA VETAS

Con Nador Finca El Baco
29350 Arriate (Málaga)
☎: +34 647 177 620
www.bodegavetas.com
info@bodegavetas.com

Vetas Petit Verdot 2004 T
100% petit verdot

92   36€

Color cereza oscuro, borde granate. Aroma equilibrado, cacao fino, balsámico, fruta madura. Boca especiado, fruta madura, largo.

Vetas Petit Verdot 2006 T
100% petit verdot

93   32€

Color cereza muy intenso, borde granate. Aroma complejo, hierbas de monte, roble cremoso. Boca estructurado, fruta madura, balsámico.

Vetas Selección 2008 T
cabernet sauvignon, cabernet franc, petit verdot

93   26€

Color cereza, borde granate. Aroma fruta madura, especiado, roble cremoso, tostado, complejo, chocolate, terroso. Boca potente, sabroso, tostado, taninos maduros.

BODEGA Y VIÑEDOS DE LA CAPUCHINA

Cortijo La Capuchina, Apdo. Correos 26
29532 Mollina (Málaga)
☎: +34 952 111 565
www.bodegalacapuchina.es
info@bodegalacapuchina.es

Capuchina Vieja 2009 T

91   17€

Color cereza, borde granate. Aroma fruta madura, especiado, roble cremoso, complejo, hierbas de monte. Boca potente, sabroso, tostado, taninos maduros.

Capuchina Vieja Moscatel Seco 2012 B
100% moscatel de alejandría

87 ★★★   10€

Color pajizo brillante. Aroma fresco, fruta fresca, flores blancas, expresivo. Boca sabroso, frutoso, buena acidez, equilibrado.

Capuchina Vieja Sol 2013 Blanco dulce
100% moscatel de alejandría

89   18€

Color amarillo brillante. Aroma fruta madura, flores blancas, expresivo, varietal. Boca equilibrado, buena acidez, largo, sabroso.

BODEGAS BENTOMIZ

Finca Almendro - Pago Cuesta Robano
29752 Sayalonga (Málaga)
☎: +34 658 845 285
www.bodegasbentomiz.com
info@bodegasbentomiz.com

Ariyanas Naturalmente Dulce 2008 Blanco Dulce
moscatel de alejandría

91 ★★★   15,5€

Color dorado brillante. Aroma complejo, flores marchitas, notas amieladas, equilibrado. Boca largo, graso, sabroso, dulce.

Ariyanas Romé 2012 RD
100% romé

88   12,8€

Color rosáceo pálido. Aroma flores secas, hierbas de tocador, fruta roja, fruta madura. Boca ligero, sabroso, buena acidez, largo, especiado. Personalidad.

Ariyanas Seco sobre lías 2012 B
moscatel de alejandría

89   12,8€

Color pajizo brillante. Aroma flores blancas, hierbas de tocador, expresión frutal. Boca fresco, frutoso, sabroso, equilibrado, elegante. Personalidad.

Ariyanas Terruño Pizarroso 2008 B
moscatel de alejandría

94   23€

Color oro viejo. Aroma expresivo, equilibrado, especias dulces, cacao fino, fruta escarchada, notas amieladas. Boca especiado, complejo, graso.

Ariyanas Tinto de Ensamblaje 2011 T
petit verdot, tempranillo, romé, cabernet franc

88   15,9€

Color cereza oscuro. Aroma fruta madura, especias dulces, roble cremoso, intensidad media, fruta macerada. Boca frutoso, sabroso, tostado, balsámico.

BODEGAS CONRAD

Ctra. El Burgo, Km. 4
29400 Ronda (Málaga)
☎: +34 951 166 035
Fax: +34 951 166 035
www.vinosconrad.com
conrad@vinosconrad.com

Creación Conrad Cristina 2011 T
malbec, petit verdot

90   18€

Color cereza brillante. Aroma fruta madura, roble cremoso, intensidad media, especiado, hierbas de monte. Boca frutoso, sabroso, tostado.

Creación Conrad El Niño León 2011 T
tempranillo, cabernet sauvignon, cabernet franc

88 ★★★   10€

Color cereza, borde granate. Aroma fruta madura, especiado, tostado, complejo, hierbas secas. Boca potente, sabroso, tostado, taninos maduros.

Creación Conrad El Pinsapo 2011 T
cabernet franc, tempranillo

87 ★★★   10€

Color cereza, borde granate. Aroma fruta madura, especiado, tostado, complejo, hierbas secas. Boca potente, sabroso, tostado, taninos maduros.

Creación Conrad Leona Hermosa 2013 B
moscatel grano menudo, viognier, sauvignon blanc

87   12€

Color pajizo brillante. Aroma fruta fresca, hierbas secas, flores marchitas. Boca frutoso, fresco, fino amargor.

Creación Conrad San Lorenzo 2011 T
pinot noir, tempranillo

87   14€

Color cereza brillante. Aroma fruta madura, especias dulces, roble cremoso, expresivo, tostado. Boca sabroso, frutoso, tostado, taninos maduros.

Creación Conrad Soleón 2010 T
merlot, cabernet sauvignon, petit verdot

88   16€

Color cereza oscuro, borde granate. Aroma hierbas secas, fruta madura, especiado, franco. Boca frutoso, estructurado, taninos maduros.

BODEGAS EXCELENCIA
Almendra, 40-42
29004 Ronda (Málaga)
☎: +34 952 870 960
Fax: +34 952 877 002
www.bodegasexcelencia.com
joseluis.lopez@bodegasexcelencia.com

Los Frontones 2009 TC
cabernet sauvignon, cabernet franc, tempranillo, syrah

87   12€

Color cereza, borde granate. Aroma fruta madura, especiado, roble cremoso, tostado, hierbas de monte. Boca potente, sabroso, tostado, taninos maduros.

Tagus 2012 T
100% cabernet franc

88 ★★★   8,5€

Color cereza brillante. Aroma hierbas de monte, tostado, especiado, fruta madura. Boca estructurado, sabroso, taninos maduros.

BODEGAS GARCÍA HIDALGO
Partido Rural Los Morales-
LLano de la Cruz s/n
29400 Ronda (Málaga)
☎: +34 600 487 284
www.bodegasgarciahidalgo.es
info@bodegasgarciahidalgo.es

Alcobazín 2012 T Roble
cabernet sauvignon, syrah, merlot

84   5,5€

Alcobazín 2013 RD
syrah

84   6€

Alcobazín Chardonnay 2013 B
chardonnay

82   6€

Zabel de Alcobazín 2011 TC
cabernet sauvignon, syrah, merlot

86 ★★★★   7,5€

Color cereza, borde granate. Aroma fruta madura, especiado, balsámico. Boca potente, sabroso, tostado, taninos maduros.

BODEGAS GOMARA
Diseminado Maqueda Alto, 59
29590 Campanillas (Málaga)
☎: +34 952 434 195
Fax: +34 952 626 312
www.gomara.com
bodegas@gomara.com

Gomara Pedro Ximénez PX
100% pedro ximénez

86 ★★★★   7€

Color caoba oscuro. Aroma espirituoso, fruta pasificada, pastelería, tostado. Boca dulce, graso, untuoso, potente.

Gran Gomara Vino de Licor
pedro ximénez, moscatel de alejandría

91   23€

Color yodo, borde ambarino. Aroma fruta escarchada, potente, frutos secos, especias dulces, tostado. Boca potente, sabroso, dulce.

Lacrimae Christi Noble Solera

87 ★★★★   7€

Color caoba oscuro. Aroma fruta pasificada, especias dulces, notas amieladas. Boca potente, sabroso, dulce.

Málaga Cream Noble

90 ★★★★★   6,2€

Color caoba claro. Aroma barniz, cacao fino, caramelo tostado. Boca estructurado, sabroso, complejo.

Málaga Dulce Gomara B

91 ★★★★★   5,9€

Color caoba oscuro. Aroma fruta escarchada, fruta al licor, chocolate, especias dulces. Boca sabroso, dulce, concentrado.

Málaga Trasañejo Gomara Vino de Licor
100% pedro ximénez

91   23€

Color caoba. Aroma cacao fino, fruta pasificada, caramelo tostado, ebanistería. Boca lleno, sabroso, largo, equilibrado, tostado.

Pajarete Gomara
100% pedro ximénez

85 ★★★★   7,5€

Seco Añejo Gomara OL
100% pedro ximénez

86 ★★★★   7,5€

Color dorado brillante. Aroma fruta madura, frutos secos, roble cremoso. Boca potente, sabroso.

BODEGAS JOSÉ MOLINA

Fresca, 4
29170 Colmenar (Málaga)
☎: +34 952 730 956
www.bodegasjosemolina.es
contactar@bodegasjosemolina.es

Primera Intención 2009 T
tempranillo, syrah

85 ★★★★   7,5€

Primera Intención "Mountain" Naturalmente Dulce B
pedro ximénez

86 ★★★★   8€

Color oro viejo, borde ambarino. Aroma caramelo tostado, barniz, cacao fino, frutos secos, fruta escarchada. Boca especiado, correcto.

Primera Intención Seco B
pedro ximénez

85 ★★★★   7,5€

Primera Intención Tempranillo de Montaña 2011 T
tempranillo

86 ★★★★   8€

Color cereza poco intenso, borde granate. Aroma intensidad media, fruta madura, equilibrado, especiado. Boca frutoso, fino amargor, taninos maduros.

BODEGAS LUNARES DE RONDA

Ctra. Ronda-Elburgo, km 1,2
29400 Ronda (Málaga)
☎: +34 649 690 847
Fax: +34 952 190 170
www.bodegaslunares.com
pmorales@bodegaslunares.com

Altocielo 2011 T
syrah, cabernet sauvignon

88   14€

Color cereza brillante. Aroma fruta madura, especias dulces, roble cremoso, intensidad media. Boca frutoso, sabroso, tostado.

Lunares 2012 T
garnacha, syrah

88 ★★★   9€

Color cereza brillante. Aroma fruta madura, especias dulces, roble cremoso, expresivo, balsámico. Boca sabroso, frutoso, tostado, taninos maduros.

BODEGAS MÁLAGA VIRGEN

Autovía A-92, Km. 132
29520 Fuente de Piedra (Málaga)
☎: +34 952 319 454
Fax: +34 952 359 819
www.bodegasmalagavirgen.com
bodegas@bodegasmalagavirgen.com

Barón de Rivero 2013 RD
syrah

86   12€

Color frambuesa, borde violáceo. Aroma potente, fruta madura, fruta roja, floral, expresivo. Boca potente, frutoso, fresco.

Barón de Rivero Chardonnay 2013 B
chardonnay

84   10€

Barón de Rivero Verdejo 2013 B
verdejo

87 ★★★   10€

Color pajizo brillante, borde verdoso. Aroma fresco, fruta fresca, flores blancas, expresivo. Boca sabroso, frutoso, buena acidez, equilibrado.

Cartojal Pálido
moscatel de alejandría, moscatel morisco

85 ★★★★   6,5€

Don Salvador Moscatel 30 años Moscatel
moscatel

93

Color caoba. Aroma cacao fino, especias dulces, expresivo, complejo, fruta escarchada, notas amieladas. Boca untuoso, equilibrado, complejo, lleno.

Don Salvador Pedro Ximénez 30 años PX
pedro ximénez

92

Color caoba oscuro. Aroma complejo, espirituoso, fruta pasificada, pastelería, tostado. Boca dulce, graso, untuoso, potente.

El Vivillo 2013 T
syrah

86

Color cereza, borde violáceo. Aroma fruta roja, fruta madura, floral, expresivo. Boca potente, fresco, frutoso, equilibrado.

Málaga Virgen PX
pedro ximénez

87 ★★★★   6,5€

Color caoba oscuro. Aroma complejo, espirituoso, fruta pasificada, pastelería, tostado. Boca dulce, graso, untuoso, potente.

Moscatel Iberia Malaga
moscatel

85

Moscatel Reserva de Familia Moscatel
moscatel

90

Color caoba claro. Aroma expresivo, varietal, fruta escarchada, notas amieladas, jazmín. Boca sabroso, complejo, especiado, largo.

Pedro Ximénez Reserva de Familia PX
pedro ximénez

92

Color caoba. Aroma complejo, expresivo, cacao fino, pastelería, fruta pasificada, notas amieladas. Boca untuoso, equilibrado, lleno.

Pernales Syrah 2010 T
syrah

88

Color cereza brillante. Aroma fruta madura, especias dulces, expresivo, caramelo de violetas. Boca sabroso, frutoso, tostado, taninos maduros.

Seco Trasañejo B
pedro ximénez

92   35€

Color caoba oscuro. Aroma expresivo, equilibrado, fruta escarchada, notas amieladas. Boca complejo, sabroso, especiado, largo.

Sol de Málaga Vino de Licor
pedro ximénez, moscatel de alejandría

88 ★★★★★   4,8€

Color caoba oscuro. Aroma tostado, café aromático, chocolate, fruta al licor. Boca cremoso, equilibrado, frutoso, dulce.

Trajinero Añejo
pedro ximénez

89 ★★★   10€

Color oro viejo, borde ambarino. Aroma ebanistería, frutos secos, especiado, pastelería. Boca equilibrado, potente, sabroso.

Tres Leones B
moscatel de alejandría

85   11€

BODEGAS MOROSANTO
Ctra. Arriate - Setenil, Km. 1,6
29400 Ronda (Málaga)
☎: +34 619 124 208
www.bodegasmorosanto.com
bodega@bogasmorosanto.com

Morosanto Cabernet Sauvignon 2010 TC
cabernet sauvignon

91 ★★★   14,5€

Color cereza, borde granate. Aroma fruta madura, hierbas silvestres, terroso, especiado, roble cremoso, expresivo. Boca equilibrado, sabroso, largo, balsámico.

BODEGAS QUITAPENAS
Ctra. de Guadalmar, 12
29004 Málaga (Málaga)
☎: +34 952 247 595
Fax: +34 952 105 138
www.quitapenas.es
ventas@quitapenas.es

BT. Málaga Oro Viejo 2009 Trasañejo
86   13€

Color caoba. Aroma caramelo tostado, espirituoso, fruta pasificada, especias dulces. Boca sabroso, graso, largo.

Guadalvin 2012 T
syrah

82   3,5€

Málaga PX 2010 Noble
pedro ximénez

87   12€

Color caoba claro. Aroma potente, fruta al licor, pastelería, notas amieladas. Boca largo, cremoso, tostado.

Quitapenas Málaga Dulce Malaga
pedro ximénez

88 ★★★★   6,5€

Color caoba oscuro. Aroma caramelo tostado, cacao fino, pastelería. Boca sabroso, equilibrado, untuoso, dulce.

Quitapenas Moscatel Dorado
moscatel

85   10,5€

Vegasol 2013 B
moscatel
83 3,5€

BODEGAS SÁNCHEZ ROSADO
Pacífico, 3 5ºC
29004 Málaga (Málaga)
☎: +34 600 504 302
Fax: +34 952 213 644
www.bodegassanchezrosado.com
info@bodegassanchezrosado.com

Cartima Siglo XXI (CSXXI) 2012 T
tempranillo, garnacha, merlot, syrah
85 ★★★★ 8€

Cartima Siglo XXI (CSXXI) 2013 B
moscatel
85 ★★★★ 7€

BODEGAS VILORIA
Avda. Málaga, 50 Fase 11, 2ºC
29400 Ronda (Málaga)
☎: +34 637 531 800
www.bodegasviloria.es
bodegasviloria@hotmail.es

Lagarejo 2005 T
tempranillo, cabernet sauvignon, syrah, merlot
86 12€
Color cereza oscuro, borde anaranjado. Aroma especiado, fina reducción, cuero mojado, ebanistería, tostado. Boca especiado, largo, tostado.

Lagarejo 2012 RD Roble
petit verdot, syrah
84 7,3€

Lagarejo Cabernet Sauvignon S/C T
cabernet sauvignon
80 9,1€

Lagarejo Selección 2007 T
tempranillo, cabernet sauvignon, syrah, merlot
87 11,9€
Color cereza oscuro, borde granate. Aroma equilibrado, balsámico, especiado, tostado. Boca correcto, equilibrado, taninos maduros.

Lagarejo Selección 2008 TR
tempranillo, cabernet sauvignon, syrah, merlot
87 17,8€
Color cereza oscuro. Aroma especiado, hierbas secas, fruta madura. Boca equilibrado, taninos maduros, balsámico.

Lagarejo Tempranillo 2012 T
tempranillo
85 ★★★★ 7,5€

COMPAÑÍA DE VINOS TELMO RODRÍGUEZ
El Monte
1308 Lanciego (Álava)
☎: +34 945 628 315
Fax: +34 945 628 314
www.telmorodriguez.com
contact@telmorodriguez.com

Molino Real 2010 B
moscatel de alejandría
96 42,8€
Color dorado. Aroma potente, floral, notas amieladas, fruta escarchada, hierbas de tocador. Boca sabroso, dulce, fresco, frutoso, buena acidez, largo.

Mountain 2012 B
moscatel
92 ★★★ 13,2€
Color pajizo brillante. Aroma fruta escarchada, expresivo, hierbas secas, hierbas verdes. Boca potente, buena acidez, amargoso.

MR 2011 B
moscatel de alejandría
95 17,6€
Color amarillo brillante. Aroma flores blancas, fruta madura, fruta escarchada, hidrocarburo. Boca buena acidez, dulcedumbre, equilibrado.

Old Mountain 2005 B
moscatel de alejandría
97 133,5€
Color dorado. Aroma potente, notas amieladas, fruta escarchada, hierbas de tocador, acetaldehído. Boca sabroso, dulce, fresco, frutoso, buena acidez, largo.

CORTIJO LA FUENTE
Avda. La Fuente, 10
29532 Mollina (Málaga)
☎: +34 663 045 906
www.bodegacortijolafuente.es
cortijolafuente@terra.com

Cortijo La Fuente 2012 Blanco Afrutado
moscatel grano menudo
86 ★★★★★ 5€
Color amarillo brillante. Aroma floral, equilibrado, varietal, fruta fresca. Boca fresco, fácil de beber, cierta persistencia.

Cortijo La Fuente 2012 T Roble
cabernet sauvignon, syrah
87 ★★★★ 6€
Color cereza muy intenso, borde granate. Aroma potente, fruta madura, muy tostado (torrefactado), chocolate. Boca potente, tostado, retronasal afrutado.

Cortijo La Fuente Blanco Pedro Ximénez PX
pedro ximénez
85 ★★★★★ 4€

Cortijo La Fuente Montes Solera Semidulce
moscatel, pedro ximénez

84   4€

CORTIJO LOS AGUILARES
Paraje Cortijo El Calero s/n Apdo. 119
29400 Ronda (Málaga)
☎: +34 952 874 457
Fax: +34 951 166 000
www.cortijolosaguilares.com
bodega@cortijolosaguilares.com

Cortijo Los Aguilares 2013 RD

89 ★★★   10€

Color cereza claro, brillante. Aroma floral, fruta fresca, elegante, equilibrado. Boca frutoso, fresco, equilibrado, buena acidez.

Cortijo Los Aguilares 2013 T

89 ★★★   10€

Color cereza muy intenso, borde violáceo. Aroma caramelo de violetas, fruta roja, equilibrado. Boca frutoso, sabroso, retronasal afrutado.

Cortijo Los Aguilares Pago El Espino 2010 T

92   18€

Color cereza, borde granate. Aroma fruta madura, especiado, roble cremoso, complejo, cacao fino. Boca sabroso, tostado, taninos maduros, especiado.

Pago El Espino
2010

SERRANÍA DE RONDA
© CORTIJO LOS AGUILARES

Cortijo Los Aguilares Pago El Espino 2011 T
petit verdot, tempranillo, merlot

92

Color cereza, borde granate. Aroma fruta madura, terroso, especiado, roble cremoso, hierbas de monte. Boca sabroso, largo, balsámico, equilibrado.

Cortijo Los Aguilares Pinot Noir 2012 T
100% pinot noir

92   26€

Color cereza poco intenso. Aroma hierbas silvestres, terroso, especiado, roble cremoso, fruta al licor. Boca equilibrado, sabroso, largo, balsámico.

Cortijo Los Aguilares Pinot Noir 2013 T
100% pinot noir

94   26€

Color cereza poco intenso. Aroma expresivo, varietal, fruta roja, elegante, floral. Boca sabroso, estructurado, taninos maduros, equilibrado, buena acidez.

Cortijo Los Aguilares Tadeo 2012 T
100% petit verdot

95   28€

Color cereza, borde granate. Aroma fruta madura, especiado, roble cremoso, tostado, complejo, chocolate, terroso. Boca sabroso, taninos maduros, estructurado, balsámico.

FINCA LA MELONERA
Paraje Los Frontones, Camino Ronda-Setenil s/n
29400 Ronda (Malaga)
☎: +34 951 194 018
www.lamelonera.com
info@lamelonera.com

Embajador Gálvez 2012 T
tintilla de rota, romé, melonera

93

Color cereza, borde granate. Aroma fruta madura, especiado, roble cremoso, tostado, complejo, chocolate, terroso, balsámico. Boca potente, sabroso, tostado, taninos maduros.

La Encina del Inglés 2013 B

88

Color pajizo brillante. Aroma fresco, fruta fresca, flores blancas. Boca sabroso, frutoso, buena acidez, equilibrado.

Payoya Negra 2011 T
syrah, tintilla de rota, cabernet sauvignon

93 ★★★   15€

Color cereza, borde granate. Aroma fruta madura, especiado, roble cremoso, complejo, cacao fino, hierbas secas. Boca potente, sabroso, tostado, taninos maduros.

Yo sólo 2011 T
100% romé

91

Color cereza brillante. Aroma fruta madura, especias dulces, roble cremoso, expresivo. Boca sabroso, frutoso, tostado, taninos maduros.

JORGE ORDÓÑEZ & CO
Bartolome Esteban Murillo, 11
29700 Velez-Málaga (Málaga)
☎: +34 952 504 706
Fax: +34 951 284 796
www.jorgeordonez.es
info@jorgeordonez.es

Jorge Ordóñez & Co Botani 2013 B
100% moscatel de alejandría

92 ★★★★   11€

Color pajizo brillante. Aroma fresco, fruta fresca, flores blancas, expresivo. Boca sabroso, frutoso, buena acidez.

Jorge Ordóñez & Co Botani Garnacha 2013 T
100% garnacha

91 ★★★★   12€

Color cereza, borde violáceo. Aroma fruta roja, balsámico, hierbas de tocador. Boca sabroso, fruta madura, buena acidez.

Jorge Ordóñez & Co Nº 1 Selección Especial 2013 B
moscatel de alejandría

94 ★★★★★   10€

Color dorado. Aroma potente, floral, notas amieladas, fruta escarchada, hierbas de tocador. Boca sabroso, dulce, fresco, frutoso, buena acidez, largo.

Jorge Ordóñez & Co Nº 2 Victoria 2013 B
moscatel de alejandría

95 ★★★   16€

Color dorado. Aroma potente, floral, notas amieladas, fruta escarchada, hierbas de tocador. Boca sabroso, dulce, fresco, frutoso, buena acidez, largo.

Jorge Ordóñez & Co. Nº3 Viñas Viejas 2010 B
100% moscatel de alejandría

96   40€

Color dorado brillante. Aroma acetaldehído, fruta confitada, flores marchitas. Boca buena acidez, equilibrado, redondo, untuoso.

LAGAR DE BAILLO
Pasaje Parroco Juan Estrada, 2
29014 Málaga (Málaga)
☎: +34 687 952 350
lagardebaillo@hotmail.es

Baillalto 2010 TC
cabernet sauvignon, tempranillo, romé

88 ★★★   8,5€

Color cereza, borde granate. Aroma fruta madura, especiado, tostado, complejo, hierbas de monte. Boca potente, sabroso, tostado, taninos maduros.

SAMSARA WINES
Partida Los Molinos s/n
29400 Ronda (Málaga)
☎: +34 697 911 440
www.samsarawines.com
pablochaconv@gmail.com

Samsara 2011 TC
100% petit verdot

93 ❦   30€

Color cereza, borde granate. Aroma fruta madura, especiado, roble cremoso, complejo, elegante, hierbas de monte. Boca potente, sabroso, tostado, taninos maduros.

SEDELLA VINOS

Término Las Viñuelas, s/n
29715 Sedella (Málaga)
☎: +34 687 463 082
Fax: +34 967 140 723
www.sedellavinos.com
info@sedellavinos.com

Laderas de Sedella 2013 T
romé, garnacha, Jaen tinto, cabernet sauvignon

89 🍷   14€

Color cereza brillante, borde violáceo. Aroma fruta roja, equilibrado, balsámico, floral. Boca potente, sabroso, tostado, taninos maduros.

Sedella 2012 T
romé, garnacha, Jaen tinto, moscatel romano

91 🍷   21€

Color cereza, borde violáceo. Aroma fruta roja, equilibrado, flores marchitas, fresco. Boca frutoso, sabroso, buena acidez, taninos maduros.

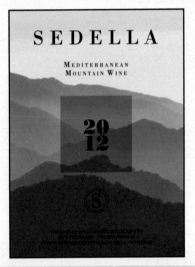

TIERRAS DE MOLLINA

Avda. de las Américas, s/n
(Cortijo Colarte)
29532 Mollina (Málaga)
☎: +34 952 841 451
Fax: +34 952 842 555
www.tierrasdemollina.net
administracion@tierrasdemollina.net

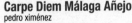

Carpe Diem Málaga Añejo
pedro ximénez

89 ★★★★   5,3€

Color caoba oscuro. Aroma fruta escarchada, barniz, especias dulces, cacao fino. Boca sabroso, lleno, especiado, largo.

Carpe Diem Dulce Natural B
moscatel

88 ★★★★★   3,8€

Color dorado. Aroma potente, floral, notas amieladas, fruta escarchada. Boca sabroso, dulce, fresco, frutoso, buena acidez, largo.

Carpe Diem Málaga Trasañejo Málaga
pedro ximénez

91   19€

Color caoba oscuro. Aroma fruta escarchada, almendra tostada, especias dulces, pastelería. Boca sabroso, lleno, equilibrado.

Montespejo 2012 T
syrah

85 ★★★★★   4€

Montespejo 2012 T Roble
syrah, merlot

85 ★★★★   5,5€

Montespejo 2013 B
lairén, doradilla, moscatel

81   3,9€

Montespejo Cepas Viejas 2012 BFB
doradilla

87   12€

Color amarillo brillante. Aroma potente, fruta madura, especias dulces, tostado. Boca graso, retronasal ahumado, sabroso, buena acidez.

DO. MANCHUELA

CONSEJO REGULADOR

Avda. San Agustín, 9
02270 Villamalea (Albacete)
☎: +34 967 09 06 94 - Fax: +34 967 09 06 96
@: domanchuela@lamanchuela.es.
www.do-manchuela.com

SITUACIÓN:

La zona de producción comprende el territorio situado al sureste de la provincia de Cuenca y noreste de Albacete, entre los ríos Júcar y Cabriel. Abarca 70 municipios, 26 de ellos en Albacete y el resto pertenecientes a Cuenca.

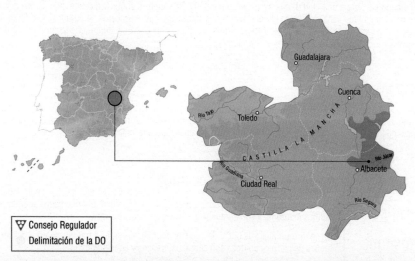

☖ Consejo Regulador
Delimitación de la DO

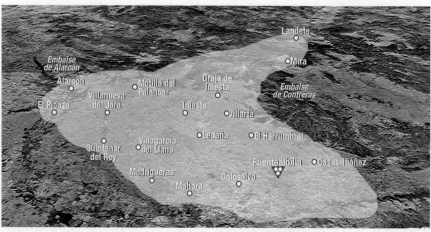

VARIEDADES:

BLANCAS: albillo, chardonnay, macabeo, sauvignon blanc, verdejo, pardillo, viognier y moscatel de grano menudo.

TINTAS: bobal, cabernet sauvignon, cencibel (tempranillo), garnacha, merlot, monastrell, moravia dulce, syrah, garnacha tintorera, malbec, moravia agria, mazuelo, graciano, rojal, frasco (tinto velasco), petit verdot, cabernet franc y pinot noir.

DATOS:

Nº Has. Viñedo: 5.201 – **Nº Viticultores:** 774 – **Nº Bodegas:** 32 – **Cosecha 13:** Buena – **Producción 13:** 1.300.000 litros – **Comercialización:** 10% España - 90% extranjero.

SUELOS:

El viñedo se sitúa a una altitud, que oscila entre los 600 y 700 metros sobre el nivel del mar. La orografía es fundamentalmente llana, salvo por los desniveles que trazan los ríos. Respecto a la composición del terreno, bajo una superficie arcillosa, de grava o arena, prima el componente calcáreo, importante factor de calidad para la zona.

CLIMA:

Es de tipo continental, con inviernos frescos y veranos calurosos, si bien durante el verano los vientos frescos y húmedos procedentes del Mediterráneo permiten que las temperaturas nocturnas bajen, consiguiéndose unas diferencias térmicas día/noche especialmente favorables para una lenta maduración de la uva.

CARACTERÍSTICAS GENERALES DE LOS VINOS

BLANCOS — Elaborados normalmente con macabeo, presentan un color amarillo pajizo, aromas afrutados a manzana, y son agradables y fáciles de beber en boca.

ROSADOS — De color frambuesa, la bobal da intensos aromas afrutados a frambuesa y, en ocasiones, toques de hierbas; en boca son sabrosos, frescos y equilibrados.

TINTOS — De color cereza se parecen bastante a los manchegos, con notas a zarzal, afrutados y en ocasiones con un fondo terroso; en boca son suaves, sabrosos y cálidos. Los de bobal ofrecen una expresión frutal más definida (zarzamora) y son muy sabrosos.

CLASIFICACIÓN COSECHAS
GUÍA**PEÑÍN**

2009	2010	2011	2012	2013
MUY BUENA	MUY BUENA	MUY BUENA	MUY BUENA	BUENA

ALTOLANDÓN

Ctra. N-330, km. 242
16330 Landete (Cuenca)
☎: +34 677 228 974
Fax: +34 962 300 662
www.altolandon.com
altolandon@altolandon.com

Altolandón 2009 T
syrah, garnacha, cabernet franc
92 ★★★ 🌷   14€
Color cereza, borde granate. Aroma fruta madura, especiado, roble cremoso, tostado, muy tostado (torrefactado). Boca potente, sabroso, tostado, taninos maduros.

Altolandón White 2011 BFB
chardonnay, petit manseng
91 ★★★★★ 🌷   8€
Color dorado brillante. Aroma fruta madura, frutos secos, potente, tostado, ebanistería. Boca sabroso, especiado, tostado, amargoso.

CF de Altolandón 2011 T
cabernet franc
93 🌷   20€
Color cereza, borde granate. Aroma fruta madura, hierbas silvestres, terroso, especiado, roble cremoso. Boca equilibrado, sabroso, largo, balsámico.

Irrepetible 2012 T
syrah, malbec
91 ★★★★★ 🌷   7€
Color cereza brillante. Aroma fruta madura, especias dulces, roble cremoso, expresivo. Boca sabroso, frutoso, tostado, taninos maduros.

Rayuelo 2011 T
100% bobal
93 ★★★★★ 🌷   9€
Color cereza, borde granate. Aroma hierbas silvestres, terroso, especiado, roble cremoso, fruta escarchada. Boca equilibrado, sabroso, largo, balsámico.

BODEGA INIESTA

Ctra. Fuentealbilla Villamalea, km. 1,5
2260 Fuentealbilla (Albacete)
☎: +34 967 090 650
Fax: +34 967 090 651
www.bodegainiesta.es
info@bodegainiesta.com

Corazón Loco 2012 T
tempranillo, syrah
89 ★★★★   5,8€
Color cereza brillante. Aroma fruta madura, especias dulces. Boca sabroso, frutoso, tostado, taninos maduros.

Corazón Loco 2013 B
verdejo, sauvignon blanc
84   5,8€

Corazón Loco 2013 RD
bobal
87 ★★★★★   5€
Color rosa vivo. Aroma fruta fresca, balsámico, fruta roja. Boca sabroso, frutoso, fresco.

Corazón Loco Nature 2012 T
tempranillo, syrah
84 🌷   7€

Corazón Loco Premium 2010 T
syrah, petit verdot, cabernet sauvignon
91   18,5€
Color cereza, borde granate. Aroma fruta madura, especiado, roble cremoso, tostado, complejo. Boca potente, sabroso, tostado, taninos maduros.

Corazón Loco Selección 2010 T
syrah, petit verdot, tempranillo, cabernet sauvignon
88   10,6€
Color cereza, borde granate. Aroma especiado, roble cremoso, tostado, complejo. Boca potente, sabroso, tostado, taninos maduros.

Dulce Corazón 2013 B
moscatel
90 ★★★★★   5,9€
Color pajizo brillante. Aroma potente, floral, notas amieladas, fruta escarchada, hierbas de tocador. Boca sabroso, dulce, frutoso, buena acidez.

Dulce Corazón Semidulce 2013 RD
bobal
88 ★★★★   5,9€
Color cobrizo. Aroma elegante, fruta escarchada, flores secas, hierbas de tocador. Boca ligero, sabroso, buena acidez, largo, equilibrado.

Finca El Carril 2011 TC
tempranillo, petit verdot, syrah
90 ★★★★★   7,6€
Color cereza, borde granate. Aroma fruta madura, especiado, roble cremoso, tostado, mineral. Boca potente, sabroso, tostado, taninos maduros.

Finca El Carril 2012 B
macabeo, chardonnay
86 ★★★★   7€
Color pajizo brillante. Aroma flores blancas, hierbas de tocador. Boca fresco, frutoso, amargoso.

Finca El Carril Hechicero 2010 TC
syrah, petit verdot, tempranillo, cabernet sauvignon
90 ★★★★   10,8€
Color cereza brillante. Aroma fruta madura, especias dulces, roble cremoso, mineral. Boca frutoso, sabroso, tostado.

Finca El Carril Valeria 2012 BFB
chardonnay, viognier

88 ★★★ 10€

Color amarillo brillante. Aroma potente, fruta madura, especias dulces, roble cremoso, hierbas de tocador. Boca graso, retronasal ahumado, buena acidez.

BODEGA PARDO TOLOSA
Villatoya, 26
2215 Alborea (Albacete)
☎: +34 963 517 067
Fax: +34 963 517 091
www.bodegapardotolosa.com
export@bodegapardotolosa.com

La Sima 2013 T
bobal, tempranillo

85 ★★★★★ ❦ 1,9€

Mizaran Bobal 2013 RD
100% bobal

83 ❦ 4€

Mizaran Tempranillo 2009 T
100% tempranillo

84 4€

Senda de las Rochas 2008 TC
100% tempranillo

88 ★★★★ 5,5€

Color cereza muy intenso, borde granate. Aroma potente, fruta madura, muy tostado (torrefactado), chocolate. Boca potente, tostado, retronasal torrefactado.

Senda de las Rochas Bobal 2011 T
100% bobal

85 ★★★★★ ❦ 3,3€

BODEGA VIRGEN DE LAS NIEVES
Paseo Virgen de las Nieves
2247 Cenizate (Albacete)
☎: +34 967 482 006
Fax: +34 967 482 805
www.virgendelasnieves.com
comercial@virgendelasnives.com

Artesones de Cenizate 2008 TR
tempranillo

85 ★★★★★ 4€

Artesones de Cenizate 2010 TC

84 3,5€

Artesones de Cenizate 2013 B
macabeo

85 ★★★★★ 2,2€

Artesones de Cenizate 2013 RD
bobal

87 ★★★★★ 2,2€

Color frambuesa, borde violáceo. Aroma potente, fruta madura, fruta roja, floral, expresivo. Boca potente, frutoso, fresco.

Artesones de Cenizate Petit Verdot 2012 T
petit verdot

84 2,3€

Artesones de Cenizate Semidulce 2013 B
macabeo

86 ★★★★★ 2,5€

Color pajizo brillante. Aroma fruta escarchada, cítricos, floral. Boca sabroso, dulcedumbre.

Artesones de Cenizate Semidulce 2013 RD
bobal

88 ★★★★★ 2,5€

Color frambuesa, borde violáceo. Aroma potente, fruta madura, fruta roja. Boca potente, frutoso, dulce, equilibrado.

Artesones de Cenizate Tempranillo 2012 T
tempranillo

86 ★★★★★ 2,2€

Color cereza, borde granate. Aroma fruta madura, balsámico, potente. Boca sabroso, equilibrado, fácil de beber.

BODEGAS EL MOLAR
Finca El Molar de Rus
2260 Fuentealbilla (Albacete)
☎: +34 647 075 371
www.elmolarderus.com
info@elmolarderus.com

Quantum 2012 TC
cabernet sauvignon, merlot, syrah

87 ❦

Color cereza, borde granate. Aroma especiado, roble cremoso, tostado, complejo, fruta madura. Boca potente, sabroso, tostado, taninos maduros.

Quantum Multi-variety 2011 T

87

Color cereza, borde granate. Aroma fruta confitada, fruta al licor, especiado. Boca sabroso, confitado, balsámico.

Quantum Syrah 2011 T Roble
syrah

86

Color cereza brillante. Aroma fruta madura, especias dulces, roble cremoso, expresivo. Boca sabroso, frutoso, tostado, taninos maduros.

BODEGAS RECIAL

Libertad, 1
2154 Pozo Lorente (Albacete)
☎: +34 630 418 264
Fax: +34 967 572 063
www.bodegasrecial.com
gerencia@bodegasrecial.com

Divina Putea 2009 TR
garnacha tintorera

89 ★★★   9€

Color cereza muy intenso. Aroma fruta madura, especiado, roble cremoso, tostado, con carácter. Boca potente, sabroso, tostado, taninos maduros.

Púrpura 2013 B
sauvignon blanc

80   2€

Púrpura Pozo Lorente 2009 TC
garnacha tintorera

87 ★★★★★   4,5€

Color cereza brillante. Aroma fruta madura, especias dulces, roble cremoso, intensidad media. Boca frutoso, sabroso, tostado.

BODEGAS VILLAVID, D.N.J. S. COOP. DE CLM

Niño Jesús, 25
16280 Villarta (Cuenca)
☎: +34 962 189 006
Fax: +34 962 189 125
www.villavid.com
export@villavid.com

Villavid 2011 TC
100% syrah

85 ★★★★★   3,5€

Villavid 2013 B
100% macabeo

81   2,2€

Villavid 2013 RD
100% bobal

87 ★★★★★   2,2€

Color frambuesa. Aroma fruta escarchada, floral. Boca especiado, fruta madura.

Villavid 2013 T
100% tempranillo

84   2,2€

BODEGAS VITIVINOS

Camino de Cabezuelas, s/n
2270 Villamalea (Albacete)
☎: +34 967 483 114
Fax: +34 967 483 964
www.vitivinos.com
info@vitivinos.com

Azua 2008 TC
bobal

87 ★★★★★   4,5€

Color cereza brillante. Aroma especias dulces, roble cremoso, intensidad media, fruta madura. Boca sabroso, frutoso, tostado, taninos maduros.

Azua 2008 TR
bobal

87 ★★★★   6€

Color rubí, borde teja. Aroma especiado, fina reducción, cuero mojado, ebanistería, espirituoso. Boca especiado, taninos finos.

Azua Bobal 2012 T Roble
bobal

88 ★★★★★   2,5€

Color cereza, borde violáceo. Aroma expresivo, fruta fresca, fruta roja, floral. Boca sabroso, frutoso, buena acidez, taninos maduros.

Azua Bobal 2013 RD
bobal

86 ★★★★★   2€

Color frambuesa, borde violáceo. Aroma potente, fruta madura, fruta roja, floral, expresivo. Boca potente, frutoso, fresco.

Azua Macabeo 2013 B
macabeo

84   2€

Azua Verdejo 2013 B
verdejo

85 ★★★★★   2,5€

BODEGAS Y VIÑEDOS PONCE

Ctra. San Clemente s/n
16230 Villanueva de la Jara (Cuenca)
☎: +34 677 434 523
Fax: +34 967 220 876
bodegasponce@gmail.com

Clos Lojen 2013 T
bobal

92 ★★★★★   7€

Color cereza, borde violáceo. Aroma fruta roja, frambuesa, hierbas de tocador, balsámico. Boca sabroso, ligero, buena acidez, fresco, frutoso.

P.F. 2012 T
100% bobal

93 ★★★   15€

Color cereza, borde granate. Aroma especiado, complejo, terroso, roble cremoso. Boca potente, sabroso, tostado, taninos maduros.

Pino 2012 T
100% bobal

94   23€

Color cereza, borde granate. Aroma fruta madura, hierbas silvestres, terroso, especiado, roble cremoso, balsámico. Boca equilibrado, sabroso, largo, balsámico.

CIEN Y PICO

San Francisco, 19
2240 Mahora (Albacete)
☎: +34 610 239 186
www.cienypico.com
caterina@cienypico.com

En Vaso 2012 T
100% bobal

90 ★★★   14€

Color cereza brillante. Aroma especias dulces, roble cremoso, expresivo, fruta madura. Boca sabroso, frutoso, tostado, taninos maduros.

Knights Errant 2008 T
100% garnacha tintorera

91 ★★★   14€

Color cereza, borde granate. Aroma fruta madura, especiado, roble cremoso, tostado, complejo. Boca potente, sabroso, tostado, taninos maduros.

Knights Errant 2009 T
100% garnacha tintorera

88   14€

Color cereza muy intenso, borde granate. Aroma potente, fruta madura, muy tostado (torrefactado), chocolate. Boca potente, tostado, retronasal torrefactado.

Winemaker's Gallant 2011 T
100% bobal

87   14€

Color cereza muy intenso, borde granate. Aroma potente, fruta madura, muy tostado (torrefactado), chocolate. Boca potente, tostado, retronasal torrefactado.

COOP. DEL CAMPO SAN ISIDRO

Extramuros, s/n
2215 Alborea (Albacete)
☎: +34 967 477 067
Fax: +34 967 477 096
www.vinosalborea.com
coopalborea@telefonica.net

Alterón 2010 TC
cencibel
83   2,5€

Alterón 2013 B
macabeo
80   2€

Alterón 2013 RD
100% bobal
87 ★★★★★   1,8€
Color frambuesa, borde violáceo. Aroma potente, fruta madura, fruta roja, expresivo. Boca potente, frutoso, fresco.

COOPERATIVA SAN ANTONIO ABAD
BODEGAS SAAC

Valencia, 41
2270 Villamalea (Albacete)
☎: +34 967 483 023
Fax: +34 967 483 536
www.bodegas-saac.com
saac@bodegas-saac.com

Altos del Cabriel 2013 B
macabeo
84   1,8€

Altos del Cabriel 2013 RD
bobal
88 ★★★★★   1,8€
Color frambuesa, borde violáceo. Aroma potente, fruta madura, fruta roja, floral. Boca potente, frutoso, fresco.

Altos del Cabriel 2013 T
tempranillo
87
Color cereza, borde violáceo. Aroma expresivo, fruta fresca, fruta roja, floral. Boca sabroso, frutoso, buena acidez, taninos maduros.

Altos del Cabriel Semidulce 2013 B
macabeo
87 ★★★★★   1,9€
Color pajizo brillante. Aroma fruta madura, notas tropicales. Boca sabroso, frutoso, fresco, dulcedumbre.

Gredas Viejas 2009 TR
syrah
88 ★★★★★   3€
Color cereza, borde granate. Aroma fruta madura, especiado, tostado. Boca potente, sabroso, tostado, taninos maduros.

Viñamalea 2008 TC
tempranillo, syrah
83   2,5€

FINCA SANDOVAL

Ctra. CM-3222, Km. 26,800
16237 Ledaña (Cuenca)
☎: +34 696 910 769
www.grandespagos.com
fincasandoval@gmail.com

Finca Sandoval 2009 T
syrah, monastrell, bobal
93   22€
Color cereza, borde granate. Aroma roble cremoso, tostado, complejo, fruta sobremadura. Boca potente, sabroso, tostado, taninos maduros.

Finca Sandoval Cuvée Cecilia 2012 T
syrah, moscatel de alejandría
91   17€
Color cereza, borde granate. Aroma fruta confitada, fruta madura, especiado, tostado, ebanistería. Boca potente, sabroso, dulcedumbre.

Salia 2010 T
syrah, garnacha tintorera, garnacha
92 ★★★★   13€
Color cereza, borde granate. Aroma fruta madura, especiado, roble cremoso, tostado. Boca potente, sabroso, tostado, taninos maduros.

Signo Bobal 2011 T
bobal, syrah
92   17€
Color cereza muy intenso. Aroma especiado, roble cremoso, tostado, con carácter, fruta escarchada, fruta madura. Boca potente, sabroso, tostado, taninos maduros.

NUESTRA SEÑORA DE LA CABEZA DE CASAS IBÁÑEZ SOC. COOP. DE CLM

Avda. del Vino, 10
2200 Casas Ibáñez (Albacete)
☎: +34 967 460 266
Fax: +34 967 460 105
www.coop-cabeza.com
info@coop-cabeza.com

Viaril 2012 BFB
macabeo
90 ★★★★★   3,3€
Color amarillo brillante. Aroma potente, fruta madura, especias dulces, roble cremoso, hierbas de tocador. Boca graso, sabroso, fresco, buena acidez.

Viaril 2011 T
84

Viaril 2013 RD
86
Color rosa vivo. Aroma fruta madura, fruta roja, floral, expresivo. Boca potente, frutoso, fresco.

Viaril Cabernet Sauvignon 2011 T
cabernet sauvignon
85

Viaril Selección 2013 T
84

NUESTRA SEÑORA DE LA ESTRELLA S.COOP.

Elías Fernández, 10
16290 El Herrumbar (Cuenca)
☎: +34 962 313 029
Fax: +34 962 313 232
info@antaresvinos.es

Antares 2012 T Fermentado en Barrica
syrah
87 ★★★★★   3€
Color cereza brillante. Aroma fruta madura, especias dulces, roble cremoso, expresivo. Boca sabroso, frutoso, tostado, taninos maduros.

Antares 2012 TC
syrah
89 ★★★★★   4€
Color cereza brillante. Aroma especias dulces, roble cremoso, expresión frutal. Boca sabroso, frutoso, tostado, taninos maduros.

Antares 2013 RD
bobal
88 ★★★★★   2,5€
Color rosa vivo. Aroma fruta escarchada, flores secas, hierbas de tocador, fruta roja. Boca ligero, sabroso, buena acidez, largo, especiado.

Antares Macabeo 2013 B
macabeo
87 ★★★★★   2,5€
Color pajizo brillante. Aroma fresco, fruta fresca, flores blancas, expresivo. Boca sabroso, frutoso, buena acidez, equilibrado.

Antares Sauvignon Blanc 2013 B
sauvignon blanc
85 ★★★★★   2,5€

Antares Sauvignon Blanc 2013 BFB
sauvignon blanc
87 ★★★★★   3€
Color amarillo brillante. Aroma especias dulces, roble cremoso, notas tropicales. Boca graso, retronasal ahumado, buena acidez.

SAN ISIDRO SC DE CLM

Ctra. Valencia, 6
2240 Mahora (Albacete)
☎: +34 967 494 058
www.vinosmahora.com
joseangel.montero@gmail.com

Mahora 2010 TC
tempranillo
87 ★★★★★   3,5€
Color cereza brillante. Aroma fruta madura, especias dulces, roble cremoso, intensidad media. Boca frutoso, sabroso, tostado.

SOC. COOP. AGRARIA DE CLM SAN ISIDRO

Ctra. de Albacete, s/n
16220 Quintanar del Rey (Cuenca)
☎: +34 967 495 052
Fax: +34 967 496 750
www.bodegasanisidro.es
gerencia@bodegasanisidro.es

Monte de las Mozas 2013 B
100% macabeo
86 ★★★★★   1,6€
Color pajizo brillante. Aroma cítricos, intensidad media. Boca sabroso, ligero.

Monte de las Mozas 2013 RD
bobal
86 ★★★★★   1,6€
Color frambuesa, borde violáceo. Aroma potente, fruta madura, fruta roja, floral, expresivo. Boca potente, frutoso, fresco.

Quinta Regia 2012 T
100% bobal

88 ★★★★★   2,5€

Color cereza, borde granate. Aroma fruta al licor, mineral, piedra seca. Boca especiado, fruta madura.

Zaíno 2011 T Roble
tempranillo

85 ★★★★★   2€

Zaíno Syrah 2012 T
syrah

85 ★★★★★   1,8€

UNION CAMPESINA INIESTENSE

San Idefonso, 1
16235 Iniesta (Cuenca)
☎: +34 967 490 120
Fax: +34 967 490 777
www.cooperativauci.com
aurora@cooperativauci.com

Realce Bobal 2013 RD
bobal

87 ★★★★★   2€

Color frambuesa, borde violáceo, frambuesa, rosa vivo. Aroma potente, fruta madura, fruta roja, floral, expresivo. Boca potente, frutoso, fresco.

Realce Tempranillo 2009 TC
tempranillo

84

Realce Tempranillo 2012 T
tempranillo

86 ★★★★★   2€

Color cereza, borde granate. Aroma fruta madura, hierbas verdes. Boca balsámico, fino amargor, taninos suaves.

VEGA TOLOSA

Pol. Ind. Calle B, 11
2200 Casas Ibáñez (Albacete)
☎: +34 967 461 331
www.vegatolosa.com
info@vegatolosa.com

11 Pinos Bobal Old Vines 2013 T Roble
bobal

91 ★★★★★ 🌷   10€

Color cereza brillante. Aroma fruta madura, especias dulces, roble cremoso, expresivo, terroso. Boca sabroso, frutoso, tostado, taninos maduros.

Bobal Icon 2012 T Roble
bobal

88 ★★★ 🌷   10€

Color cereza brillante. Aroma roble cremoso, balsámico, especiado, fruta madura. Boca frutoso, sabroso, tostado.

Finca Los Halcones 2013 T

87 🌷   15€

Color cereza, borde granate. Aroma fruta roja, fruta madura, especiado, roble cremoso, tostado, complejo, terroso. Boca potente, sabroso, tostado, taninos maduros.

Secreto di Vino Viognier Semiseco 2013 B
viognier

85 ★★★★ 🌷   8€

Secreto di Vinon Lágrima de Syrah Semiseco 2013 RD
syrah

87 ★★★★ 🌷   8€

Color frambuesa, borde violáceo. Aroma potente, fruta roja, floral, fruta escarchada. Boca potente, frutoso, fresco.

Vega Tolosa Bobal 2011 TC
100% bobal

87 🌷   12€

Color cereza, borde granate. Aroma fruta madura, especiado, roble cremoso, tostado, complejo. Boca potente, sabroso, tostado, taninos maduros.

Vega Tolosa Bobal Viñas Viejas 2010 TC
bobal

89   12€

Color cereza, borde granate. Aroma fruta madura, especiado, complejo. Boca potente, sabroso, tostado, taninos maduros.

Vega Tolosa Cabernet Sauvignon Merlot 2009 TC

89   12€

Color cereza, borde granate. Aroma fruta madura, hierbas silvestres, especiado. Boca potente, sabroso, fruta madura.

Vega Tolosa Nature 2012 T
syrah, tempranillo

84 ❦   7€

Vega Tolosa Selección 2013 B
macabeo, sauvignon blanc, chardonnay

86 ★★★★ ❦   7€

Color pajizo brillante. Aroma flores blancas, hierbas de tocador, expresión frutal. Boca fresco, frutoso, equilibrado, elegante.

Vega Tolosa Syrah 2009 TR
100% syrah

90 ★★★★   12€

Color cereza brillante, borde granate. Aroma fruta madura, especiado, ahumado. Boca sabroso, taninos maduros, equilibrado.

DO. MÉNTRIDA

CONSEJO REGULADOR

Avda. Cristo del Amparo, 16. Piso 1 Of. 1-2.
45510 Fuensalida (Toledo)
☎: +34 925 785 185 - Fax: +34 925 784 154
@: administracion@domentrida.es
www.domentrida.es

SITUACIÓN:

En la zona norte de la provincia de Toledo. Limita al norte con las provincias de Ávila y Madrid, al sur con el río Tajo y al oeste con la Sierra de San Vicente. Está integrada por 51 municipios de la provincia de Toledo.

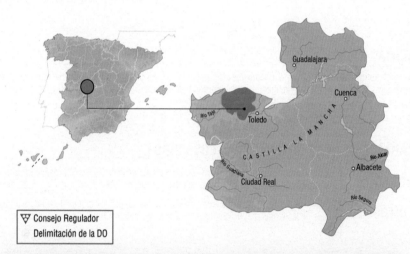

▽ Consejo Regulador
Delimitación de la DO

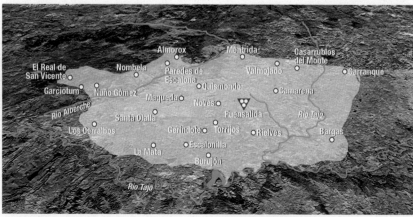

VARIEDADES:

BLANCAS: albillo, viura (macabeo), sauvignon blanc, chardonnay y moscatel de grano menudo.

TINTAS: garnacha (mayoritaria, 85% del total), cencibel (tempranillo), cabernet sauvignon, merlot, syrah, petit verdot, cabernet franc y graciano.

DATOS:

Nº Has. Viñedo: 5.466,82 – **Nº Viticultores:** 1.200 – **Nº Bodegas:** 27 – **Cosecha 13:** Buena – **Producción 13:** 399.736 litros – **Comercialización:** 80% España - 20% extranjero.

SUELOS:

El viñedo se asienta entre los 400 y los 600 metros de altitud, aunque algunos municipios de la Sierra de San Vicente llegan a alcanzar los 800 m., la mayor parte de los suelos son areno-arcillosos, con textura de media a suelta.

CLIMA:

De tipo continental seco y extremo, con inviernos largos y fríos y veranos calurosos. Son bastante habituales las heladas tardías durante la primavera. La pluviometría media anual se sitúa entre los 300 y los 450 mm. y las lluvias se distribuyen de forma irregular a lo largo del año.

CARACTERÍSTICAS GENERALES DE LOS VINOS

ROSADOS
Elaborados normalmente a partir de garnacha, presentan un color rosáceo frambuesa; son afrutados en nariz, y en boca resultan carnosos y suaves.

TINTOS
Presentan un color cereza oscuro; en nariz destacan por los toques de fruta madura propios de las largas maduraciones; en la boca se sienten carnosos, cálidos y suaves.

CLASIFICACIÓN COSECHAS

GUÍA**PEÑÍN**

2009	2010	2011	2012	2013
REGULAR	MUY BUENA	BUENA	BUENA	BUENA

AGROVILLARTA

Ctra. Toledo-Ávila, Km. 48
45910 Escalona (Toledo)
☎: +34 913 441 990
comunicacion@haciendavillarta.com

Besanas 2008 TR
tempranillo, cabernet sauvignon, syrah
87 ★★★★★ 5€
Color cereza oscuro, borde granate. Aroma tabaco, especiado, fruta madura, hierbas de monte. Boca equilibrado, sabroso, largo.

Besanas 2009 TC
tempranillo, cabernet sauvignon, syrah
87 ★★★★★ 3,9€
Color cereza, borde granate. Aroma fruta madura, especiado, roble cremoso, hierbas de monte. Boca sabroso, tostado, taninos maduros.

Besanas 2013 B
chardonnay, sauvignon blanc
86 ★★★★★ 2€
Color pajizo brillante. Aroma fresco, fruta fresca, flores blancas, expresivo. Boca sabroso, frutoso, buena acidez, equilibrado.

Rose 5 2013 RD
garnacha, petit verdot
86 ★★★★★ 1,6€
Color cobrizo, brillante. Aroma fresco, intensidad media, flores secas, hierbas de tocador, equilibrado. Boca frutoso, buena acidez, fino amargor.

ALONSO CUESTA

Pza. de la Constitución, 4
45920 La Torre de Esteban Hambrán (Toledo)
☎: +34 925 795 742
Fax: +34 925 795 742
www.alonsocuesta.com
comercial@alonsocuesta.com

Alonso Cuesta 2011 T
garnacha, cabernet sauvignon, tempranillo
92 ★★★★★ 9,5€
Color cereza, borde granate. Aroma especiado, roble cremoso, tostado, complejo, balsámico, fruta confitada. Boca potente, sabroso, tostado, taninos maduros.

Alonso Cuesta 2013 B
verdejo, sauvignon blanc
86 ★★★★★ 3,5€
Color pajizo brillante. Aroma fresco, fruta fresca, flores blancas, hierbas silvestres. Boca frutoso, buena acidez, equilibrado.

Camarus 2013 T
garnacha
90 ★★★★★ 3,5€
Color cereza poco intenso, borde violáceo. Aroma equilibrado, fruta roja, intensidad media. Boca frutoso, sabroso, fácil de beber, largo.

BODEGA SANTO DOMINGO DE GUZMÁN

Alameda del Fresno, 14
28054 Valmojado (Toledo)
☎: +34 918 170 904
www.santodomingodeguzman.es
info@santodomingodeguzman.es

Valdejuana Syrah 2012 TC
syrah
88 ★★★   9,9€
Color cereza brillante. Aroma especias dulces, roble cremoso, fruta madura, fruta confitada. Boca sabroso, frutoso, tostado, taninos maduros.

Valdejuana Syrah 2013 T
syrah
87 ★★★★★   3,1€
Color cereza brillante, borde violáceo. Aroma equilibrado, varietal, fruta roja, hierbas secas. Boca frutoso, fácil de beber, correcto.

BODEGAS ARRAYÁN

Finca La Verdosa, s/n
45513 Santa Cruz del Retamar (Toledo)
☎: +34 916 633 131
Fax: +34 916 632 796
www.arrayan.es
comercial@arrayan.es

Arrayán 2013 RD
syrah, merlot
88 ★★★★   6,5€
Color frambuesa, borde violáceo. Aroma potente, fruta madura, fruta roja, floral, expresivo. Boca potente, frutoso, fresco.

Arrayán Petit Verdot 2010 T
petit verdot
90 ★★★   16€
Color cereza, borde granate. Aroma fruta madura, hierbas silvestres, especiado. Boca equilibrado, sabroso, largo, balsámico.

Arrayán Premium 2010 T
syrah, merlot, cabernet sauvignon, petit verdot
92   29€
Color cereza, borde granate. Aroma fruta madura, especiado, roble cremoso, tostado, complejo, hierbas silvestres. Boca potente, sabroso, tostado, taninos maduros.

Arrayán Selección 2010 T
syrah, merlot, cabernet sauvignon, petit verdot
87 ★★★   8,5€
Color cereza brillante. Aroma fruta madura, especias dulces, roble cremoso, intensidad media, hierbas de monte. Boca frutoso, sabroso, tostado.

Arrayán Syrah 2010 T
syrah
88   16€
Color cereza brillante. Aroma fruta madura, especias dulces, roble cremoso. Boca sabroso, frutoso, tostado, taninos maduros.

Estela de Arrayán 2010 T
93   34€
Color cereza, borde granate. Aroma hierbas de monte, especiado, fruta madura, potente. Boca especiado, largo, taninos maduros, balsámico.

La Suerte de Arrayán 2011 T
garnacha
92 ★★★★★   10€
Color cereza, borde granate. Aroma fruta madura, especiado, roble cremoso, complejo. Boca potente, sabroso, tostado, taninos maduros, fruta madura, largo.

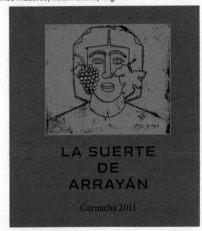

LA SUERTE DE ARRAYÁN

Garnacha 2011

BODEGAS CANOPY

Ctra. Toledo-Valmojado, km. 23
45180 Camarena (Toledo)
☎: +34 619 244 878
Fax: +34 925 283 680
achacon@bodegascanopy.com

Castillo de Berlarfonso 2013 T
garnacha
92 ★★★★★   7€
Color cereza brillante. Aroma fruta madura, especias dulces, expresivo. Boca sabroso, frutoso, tostado, taninos maduros.

Congo 2009 T
garnacha
95   24€
Color cereza, borde granate. Aroma fruta roja, fruta madura, especiado, roble cremoso, tostado, complejo, mineral. Boca potente, sabroso, tostado, taninos maduros.

Gonzo Garnachas Felices 2011 T
100% garnacha

91 ★★★   16€

Color cereza, borde granate. Aroma equilibrado, expresión frutal, balsámico. Boca frutoso, fácil de beber, correcto, cierta persistencia.

La Viña Escondida 2010 T
garnacha

95   24€

Color cereza, borde granate. Aroma fruta madura, especiado, roble cremoso, tostado, complejo, balsámico, mineral. Boca potente, sabroso, tostado, taninos maduros.

Loco 2013 B
garnacha blanca

91   18€

Color pajizo brillante. Aroma equilibrado, flores blancas, fruta fresca. Boca graso, frutoso, sabroso, fácil de beber, largo, buena acidez.

Malpaso 2012 T
syrah

94 ★★★★   12€

Color cereza oscuro, borde granate. Aroma especiado, hierbas de monte, cerrado, expresivo, mineral. Boca estructurado, lleno, taninos maduros.

Tres Patas 2010 T
garnacha

93 ★★★★   12€

Color cereza poco intenso. Aroma piedra seca, hierbas silvestres, especiado, hierbas de monte. Boca sabroso, largo, balsámico, buena acidez.

BODEGAS
GONZALO VALVERDE
Río Tajo, 19
45523 Alcabón (Toledo)
☎: +34 659 452 512
www.bodegasgonzalovalverde.es
info@bodegasgonzalovalverde.es

Mensagallo 2012 T
garnacha

90   25€

Color cereza brillante. Aroma fruta madura, especias dulces, roble cremoso, ahumado. Boca frutoso, sabroso, tostado, taninos maduros, largo.

Vallelobo 2012 T
tempranillo, cabernet sauvignon, syrah

84   4€

BODEGAS JIMÉNEZ LANDI
Avda. Solana, 39
45930 Méntrida (Toledo)
☎: +34 918 178 213
www.jimenezlandi.com
info@jimenezlandi.com

Jiménez-Landi Ataulfos 2012 T
garnacha

94   45€

Color cereza brillante. Aroma fruta madura, especiado, complejo, mineral, expresivo. Boca sabroso, tostado, taninos maduros, lleno.

Jiménez-Landi Bajondillo 2013 T

89 ★★★★ ❧   7,1€

Color cereza poco intenso, borde violáceo. Aroma intensidad media, expresión frutal, equilibrado. Boca sabroso, frutoso, retronasal afrutado.

Jiménez-Landi Piélago 2012 T
garnacha

95   22€

Color cereza poco intenso. Aroma fruta madura, hierbas silvestres, terroso, especiado, roble cremoso. Boca equilibrado, sabroso, largo, balsámico.

Jiménez-Landi Sotorrondero 2012 T

93 ★★★★   13€

Color cereza poco intenso, cereza, borde granate. Aroma mineral, equilibrado, elegante, fruta madura. Boca sabroso, complejo, taninos finos, equilibrado.

BODEGAS
LA CERCA
Lepanto, 15
45950 Casarrubios del Monte (Toledo)
☎: +34 918 172 456
bodegaslacerca@yahoo.es

Molino Viejo 2010 TC
tempranillo

83   3€

Molino Viejo Tempranillo 2011 T Roble
tempranillo

83   6€

BODEGAS TORRESTEBAN
Ctra. Méntrida, s/n
45920 La Torre de Esteban Hambrán (Toledo)
☎: +34 925 795 114
coopcristo@gmail.com

Remuri 2012 T Roble
100% tempranillo

84   2,5€

Remuri 2013 RD
100% garnacha

85 ★★★★★   1,8€

Remuri 2013 T

84   1,8€

Remuri Syrah 2012 T Fermentado en Barrica
100% syrah

87 ★★★   10€

Color cereza, borde violáceo. Aroma roble cremoso, lácticos, fruta madura. Boca frutoso, sabroso, taninos maduros, especiado.

Remuri Verdejo 2013 B
100% verdejo

78   2,5€

BODEGAS Y VIÑEDOS TAVERA S.L.
Ctra. Valmojado - Toledo, Km. 22
45182 Arcicóllar (Toledo)
☎: +34 637 847 777
www.bodegastavera.com
info@bodegastavera.com

Tavera 2013 T Maceración Carbónica

86

Color cereza, borde violáceo. Aroma expresivo, fruta fresca, fruta roja, floral. Boca sabroso, frutoso, buena acidez, taninos maduros.

Tavera Antiguos Viñedos 2012 T
garnacha

86

Color cereza poco intenso. Aroma fruta madura, fruta confitada, especiado, hierbas silvestres. Boca correcto, equilibrado.

Tavera Edición Syrah 2010 T Fermentado en Barrica
100% syrah

87

Color cereza brillante. Aroma fruta madura, especias dulces, roble cremoso, intensidad media. Boca frutoso, sabroso, tostado.

Tavera Rosado Antiguos Viñedos 2013 RD

86

Color cereza claro. Aroma floral, caramelo de violetas, fruta roja. Boca frutoso, correcto, fácil de beber, cierta persistencia.

Tavera Vendimia Seleccionada 2010 T
tempranillo, syrah

88

Color cereza brillante. Aroma fruta madura, especiado, tostado, complejo. Boca potente, sabroso, tostado, taninos maduros.

CARTEMA
Finca Las Cañadas - Montes de Alamin
45513 Santa Cruz del Retamar (Toledo)
☎: +34 629 431 950
www.cartema.es
info@cartema.es

Cartema 2009 TR
cabernet sauvignon, tempranillo, syrah

86 ★★★   9,9€

Color cereza intenso, borde granate. Aroma roble cremoso, especias dulces, fruta madura. Boca frutoso, correcto, amargoso.

CÉSAR & CIPRIANO S.L.
Adolfo Suárez, 4
45542 El Casar de Escalona (Toledo)
☎: +34 618 951 853
www.unvinobenayas.es
info@unvinobenayas.es

Encastao 2013 TC
garnacha

86 ★★★   8,5€

Color cereza brillante, borde violáceo. Aroma especiado, hierbas silvestres, fruta madura, equilibrado. Boca sabroso, graso, taninos maduros.

COOPERATIVA CONDES DE FUENSALIDA
Avda. San Crispín, 129
45510 Fuensalida (Toledo)
☎: +34 925 784 823
Fax: +34 925 784 823
www.condesdefuensalida.iespana.es
condesdefuensalida@hotmail.com

Condes de Fuensalida 2011 TC

82

Condes de Fuensalida 2013 T
garnacha, tempranillo

81

Condes de Fuensalida 2013 RD

84

Condes de Fuensalida Fruit Rose 2013 RD

83

COOPERATIVA NUESTRA SEÑORA DE LA NATIVIDAD
San Roque, 1
45930 Méntrida (Toledo)
☎: +34 918 177 004
Fax: +34 918 177 004
www.cooperativamentrida.es
coopnatividad@gmail.com

Vega Berciana 2013 RD
garnacha

84   1,8€

 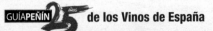

Vega Berciana 2013 T
garnacha

85 ★★★★★ 1,8€

COOPERATIVA NUESTRA SEÑORA DE LINARES

Inmaculada, 95
45920 Torre de Esteban Hambrán (Toledo)
☎: +34 925 795 452
Fax: +34 925 795 452
cooplina@futurnet.es

Fortitudo 2013 RD
garnacha

82 1,5€

Fortitudo 2013 T
garnacha

83 1,5€

DANI LANDI

Constitución, 23
28640 Cadalso de los Vidrios (Madrid)
☎: +34 696 366 555
www.danilandi.com
daniel@danilandi.com

Cantos del Diablo 2012 T
garnacha

97 45€

Color cereza muy intenso. Aroma balsámico, hierbas de monte, fruta roja, expresión frutal. Boca sabroso, buena acidez, largo, especiado.

Las Uvas de la Ira 2012 T
garnacha

92 ★★★ 16€

Color cereza intenso. Aroma fruta roja, expresión frutal, floral. Boca sabroso, frutoso, taninos rugosos.

UNVINOBENAYAS

Adolfo Suárez, 4
45542 El Casar de Escalona (Toledo)
☎: +34 655 907 640
www.unvinobenayas.es
unvinobenayas@gmail.com

Codicioso 2011 TC
syrah

84 7€

VIÑEDOS DE CAMARENA, SDAD. COOP. DE CLM

Ctra. Toledo - Valmojado, km. 24,6
45180 Camarena (Toledo)
☎: +34 918 174 347
Fax: +34 918 174 632
www.vdecamarena.com
vdecamarena@hotmail.com

Bastión de Camarena 2012 T Roble
cabernet sauvignon

84 3,1€

Bastión de Camarena 2013 B
verdejo

81 2,1€

Bastión de Camarena 2013 RD
garnacha, tempranillo

87 ★★★★★ 2,1€

Color cereza claro, brillante. Aroma fruta roja, hierbas de tocador, cítricos, fresco. Boca frutoso, sabroso, equilibrado, fino amargor.

Bastión de Camarena 2013 T
garnacha, tempranillo

86 ★★★★★ 2,1€

Color cereza, borde violáceo. Aroma expresivo, fruta fresca, fruta roja, floral. Boca sabroso, frutoso, buena acidez, taninos maduros, fácil de beber.

VIÑEDOS Y BODEGAS GONZÁLEZ

Real, 86
45180 Camarena (Toledo)
☎: +34 918 174 063
Fax: +34 918 174 063
www.vinobispo.com
bodegasgonzalez@yahoo.es

Viña Bispo 2013 B
sauvignon blanc, verdejo

82 3,6€

Viña Bispo 2013 RD
garnacha

85 ★★★★★ 3€

Viña Bispo 2013 T
syrah, merlot

84 3€

DO. MONDÉJAR

CONSEJO REGULADOR

Pza. Mayor, 10

19110 Mondéjar (Guadalajara)

☎: 949 385 284 - Fax: 949 385 284

@: crdom@crdomondejar.com

www.crdomondejar.com

SITUACIÓN:

En la zona suroeste de la provincia de Guadalajara. Comprende los municipios de Albalate de Zorita, Albares, Almoguera, Almonacid de Zorita, Driebes, Escariche, Escopete, Fuenteovilla, Illana, Loranca de Tajuña, Mazuecos, Mondéjar, Pastrana, Pioz, Pozo de Almoguera, Sacedón, Sayatón, Valdeconcha, Yebra y Zorita de los Canes.

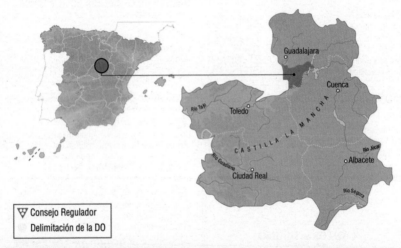

▽ Consejo Regulador

　Delimitación de la DO

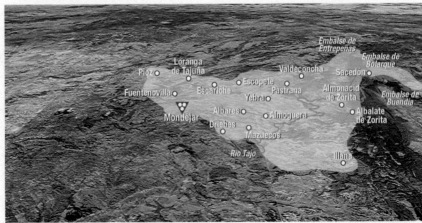

VARIEDADES:

BLANCAS: malvar (mayoritaria, representa el 80% de las blancas), macabeo, moscatel de grano menudo, sauvignon blanc, torrontés y verdejo.

TINTAS: cencibel (tempranillo, representa el 95% de las tintas), cabernet sauvignon, merlot y syrah.

DATOS:

Nº Has. Viñedo: 3.000 – **Nº Viticultores:** 300 – **Nº Bodegas:** 2 – **Cosecha 11:** S/C – **Producción 11:** 421.130 litros – **Comercialización:** 100% España.

SUELOS:

Se distingue entre suelos rojos sobre sedimentos limoarcillosos con grava, característicos de la zona sur de la denominación, y otros de tipo pardocalizo asentados sobre magras, areniscas y conglomerados que se encuentran en la zona norte (términos municipales de Anguix, Mondéjar, Sacedón, etc.).

CLIMA:

De tipo mediterráneo templado. La temperatura media anual se sitúa en torno a los 18°C y el índice de lluvias sobre los 500 mm. al año.

CARACTERÍSTICAS GENERALES DE LOS VINOS

BLANCOS Los elaborados según un estilo más moderno suelen presentar un color amarillo pajizo pálido; en nariz son ligeramente afrutados y frescos y en boca resultan ligeros y frutales; en los más tradicionales, sin embargo, pueden aparecer notas de sobremaduración.

ROSADOS En general son ligeros, suaves y bastante agradables, aunque sin una excesiva intensidad aromática.

TINTOS Probablemente los más interesantes de la zona. Elaborados fundamentalmente a partir de cencibel, su estilo se acerca al de los manchegos: buena intensidad aromática, con presencia de fruta madura, suaves y sabrosos en boca.

CLASIFICACIÓN COSECHAS

GUÍA**PENÍN**

2009	2010	2011	2012	2013
SC	SC	SC	SC	SC

DO. MONTERREI

CONSEJO REGULADOR

Avenida Luis Espada, 73 bajo
32600 Verín (Ourense)
☎: +34 988 410 634 - Fax: +34 988 410 634
@: info@domonterrei.com
 www.domonterrei.com

SITUACIÓN:

En la parte oriental de la provincia de Orense, en la frontera con Portugal. El viñedo ocupa el valle de Monterrei y comprende los municipios de Verín, Monterrei, Oimbra y Castrelo do Vall.

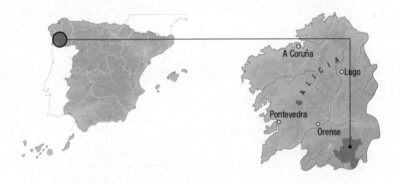

▽ Consejo Regulador
Delimitación de la DO

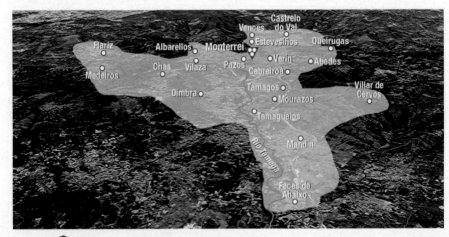

SUBZONAS:

Val de Monterrei. Comprende los viñedos situados en la zona del valle (terrenos más llanos, por tanto) y abarca los términos parroquiales y pedanías que se señalan de los siguientes ayuntamientos: Castrelo do Val (Castrelo do Val, Pepín y Nocedo); Monterrei (Albarellos, Infesta, Monterrei y Vilaza); Oimbra (Oimbra, Rabal, O Rosal y San Cibrao); Verín (Abedes, Cabreiroa, Feces da Baixo, Feces de Cima, Mandín, Mourazos, Pazos, Queizás, A Rasela, Tamagos, Tamaguelos, Tintores, Verín, Vilela y Vilamaior do Val).

Ladeira de Monterrei. El viñedo en esta ocasión se asienta en las colinas. Las parroquias y pedanías integradas en esta subzona son: de Castrelo do Val, Gondulfes y Servoi; de Oimbra, As Chas y A Granxa; de Monterrei, Flariz, Medeiros, Mixós, Estevesiños y Vences; y de Verín, Queirugas.

VARIEDADES:

BLANCAS: PREFERENTES: dona blanca, verdello (godello) y treixadura (verdello louro).

AUTORIZADAS: albariño, caíño blanco, loureira y blanca de Monterrei.

TINTAS: PREFERENTES: mencía y merenzao (bastardo).

AUTORIZADAS: arauxa (tempranillo), caíño tinto y sousón.

DATOS:

Nº Has. Viñedo: 432 – **Nº Viticultores:** 364 – **Nº Bodegas:** 23 – **Cosecha 13:** Muy Buena – **Producción 13:** 1.583.380– **Comercialización:** 88% España - 12% extranjero.

SUELOS:

El viñedo se extiende por las laderas de los montes y valles regados por el río Támega y sus afluentes. En la comarca están presentes tres tipos de suelos: pizarrosos y esquistosos, graníticos y arenosos -provenientes de la degradación de las rocas graníticas- y suelos de tipo sedimentario.

CLIMA:

A caballo entre las influencias atlántica y continental. Más seco que en el resto de Galicia, con máximas de 35°C en verano y mínimas de -5°C en invierno.

CARACTERÍSTICAS GENERALES DE LOS VINOS

BLANCOS
Son de color amarillo pajizo, frescos y agradables. Los elaborados con cepas autóctonas, frente a los más planos de palomino, son más intensos y afrutados, sabrosos y frescos en boca, con un buen equilibrio alcohol-acidez.

TINTOS
De color cereza granate, los tintos jóvenes poseen un buen carácter frutal, donde aparecen notas herbáceas; en boca son ligeros y afrutados. Los vinos con crianza empiezan a ganar peso en la zona gracias al buen equilibrio entre la fruta y los matices de la crianza.

CLASIFICACIÓN COSECHAS

GUÍA**PEÑÍN**

2009	2010	2011	2012	2013
EXCELENTE	MUY BUENA	MUY BUENA	MUY BUENA	MUY BUENA

ADEGA ABELEDOS

Avda. Portugal, 110 2ºA
32600 Verín (Ourense)
☎: +34 988 414 075
Fax: +34 988 414 075
adegaabeledos@gmail.com

Abeledo 2013 B
godello, treixadura
85 ★★★★ 6€

Abeledo 2013 T
mencía, tempranillo
85 ★★★★ 6€

ADEGA VALDERELLO

Rua Máximo 1 Albarellos de Monterrey
32618 Monterrei (Ourense)
☎: +34 606 767 005
valderello@yahoo.es

Valderello 2012 T
mencía
88 ★★★★ 6€
Color cereza oscuro, borde granate. Aroma equilibrado, fruta roja, fruta madura, piedra seca, especiado. Boca sabroso, balsámico, equilibrado.

Valderello 2013 B
godello
86 ★★★★ 6€
Color pajizo brillante. Aroma fresco, fruta fresca, flores blancas, expresivo. Boca sabroso, frutoso, buena acidez.

ADEGAS PAZO DAS TAPIAS

Finca As Tapias - Pazos
32619 Verin (Ourense)
☎: +34 988 261 256
Fax: +34 988 261 264
www.pazodastapias.com
info@pazodomar.com

Alma de Blanco Godello 2013 B
godello
88 ★★★★ 5,5€
Color pajizo brillante. Aroma flores blancas, hierbas de tocador. Boca sabroso, fino amargor, largo.

Alma de Tinto Mencía 2013 T
mencía
89 ★★★★ 5,5€
Color cereza, borde violáceo. Aroma piedra seca, fruta madura, expresivo. Boca equilibrado, estructurado, sabroso.

ADEGAS TRIAY

Rua Ladairo, 36
32613 O'Rosal Oimbra (Ourense)
☎: +34 988 422 776
Fax: +34 988 422 776
www.bodegastriay.com
triayadegas@gmail.com

Triay 2013 B
godello
87 ★★★★ 6€
Color pajizo brillante. Aroma flores blancas, hierbas de tocador, expresión frutal. Boca fresco, frutoso, sabroso.

Triay 2013 T
mencía
89 ★★★★ 6€
Color cereza brillante, borde violáceo. Aroma fruta roja, fruta madura, equilibrado, hierbas silvestres. Boca estructurado, sabroso, cierta persistencia.

ALMA ATLÁNTICA

Burgáns, 91
36633 Vilariño - Cambados
(Pontevedra)
☎: +34 986 526 040
Fax: +34 986 526 901
www.martincodax.com
comercial@martincodax.com

Mara Martin Godello 2013 B
100% godello

88 ★★★★   7€

Color pajizo brillante. Aroma flores blancas, hierbas de tocador, expresión frutal. Boca fresco, frutoso, sabroso, equilibrado.

BODEGA BOO-RIVERO

Touza, 22
32618 Villaza (Ourense)
☎: +34 988 425 950
Fax: +34 988 425 950
bodegaboorivero@yahoo.es

Fragas do Lecer 2012 T

83   10€

Fragas do Lecer 2013 B
godello, treixadura

86 ★★★   10€

Color pajizo brillante. Aroma floral, hierbas secas, expresión frutal. Boca fresco, frutoso, algo plano.

BODEGA COUTO MIXTO

Rua Principal, 46 Mandin
32698 Verin (Ourense)
☎: +34 636 762 200

Couto Mixto 2012 B

84   7€

Couto Mixto 2012 T
mencía, caíño, bastardo negro

87 ★★★★   8€

Color cereza, borde granate. Aroma fruta madura, especiado, complejo, terroso, balsámico. Boca potente, sabroso, tostado.

BODEGA TABÚ

Plaza A Carreira, 6 O Rosal
32613 Oimbra (Ourense)
☎: +34 665 644 500
www.bodegatabu.com
bodegatabu@gmail.com

Stibadía 2011 T Barrica
mencía, tempranillo

89

Color cereza, borde granate. Aroma fruta madura, especiado, roble cremoso, tostado, complejo. Boca potente, sabroso, tostado, taninos maduros.

Stibadía 2012 B Barrica
godello, treixadura

88

Color amarillo brillante. Aroma potente, fruta madura, especias dulces, roble cremoso, hierbas de tocador. Boca graso, retronasal ahumado, sabroso, fresco, buena acidez.

Stibadía 2013 B
godello, treixadura

87

Color pajizo brillante. Aroma fresco, fruta fresca, flores blancas, expresivo. Boca sabroso, frutoso, buena acidez.

Stibadía 2013 T
mencía, tempranillo

86

Color cereza, borde granate. Aroma hierbas verdes, vegetal, fruta roja. Boca balsámico, fino amargor.

BODEGAS GARGALO

Rua Do Castelo, 59
32619 Verín (Ourense)
☎: +34 988 590 203
Fax: +34 988 590 295
www.gargalo.es
gargalo@verino.es

Gargalo Albariño & Treixadura 2013 B
albariño, treixadura

89   11,5€

Color pajizo brillante. Aroma fresco, fruta fresca, flores blancas, expresivo. Boca frutoso, buena acidez, equilibrado, fino amargor.

Gargalo Godello 2013 B
godello

90 ★★★★   11,5€

Color pajizo brillante. Aroma hierbas de tocador, expresión frutal, mineral, cítricos, floral. Boca correcto, sabroso, fresco, frutoso, equilibrado.

Gargalo Mencía & Arauxa 2013 T
mencía, arauxa

90 ★★★★   11,5€

Color cereza, borde granate. Aroma fruta madura, especiado, complejo, balsámico, mineral. Boca potente, sabroso, tostado, taninos maduros.

Terra do Gargalo Carballo 2010 TC
mencía

91   18,5€

Color cereza, borde granate. Aroma fruta roja, fruta madura, especiado, roble cremoso, tostado, complejo, mineral. Boca potente, sabroso, tostado, taninos maduros.

Terra do Gargalo sobre Lías 2012 B
godello, treixadura

91 ★★★   16€

Color amarillo. Aroma expresivo, lías finas, hierbas secas, flores marchitas. Boca sabroso, frutoso, buena acidez, equilibrado.

Terra Rubia Godello-Treixadura 2013 B
godello, treixadura

86 ★★★★   6€

Color pajizo brillante. Aroma flores blancas, fruta fresca, cítricos. Boca fresco, fácil de beber, cierta persistencia, ligero.

Viña Verino 2012 BFB
100% godello

93   35€

Color dorado brillante. Aroma floral, expresión frutal, hierbas de tocador, mineral, especiado, expresivo. Boca sabroso, graso, complejo, balsámico, equilibrado, elegante.

BODEGAS LADAIRO

Ctra. Ladairo, 42
32613 O'Rosal (Oimbra) (Ourense)
☎: +34 988 422 757
Fax: +34 988 422 757
www.ladairo.com
info@bodegasladairo.com

Ladairo 2011 T Barrica
89

Color cereza brillante. Aroma fruta madura, especias dulces, roble cremoso, expresivo. Boca sabroso, frutoso, tostado, taninos maduros.

Ladairo 2013 B
88

Color pajizo brillante. Aroma fresco, fruta fresca, flores blancas, hierbas de tocador. Boca sabroso, frutoso, buena acidez, algo plano.

Ladairo 2013 T
86

Color cereza, borde violáceo. Aroma expresivo, fruta fresca, fruta roja, floral, balsámico. Boca sabroso, frutoso, buena acidez.

BODEGAS Y VIÑEDOS QUINTA DA MURADELLA

Avda. Luis Espada, 99-
Entresuelo, dcha.
32600 Verín (Ourense)
☎: +34 988 411 724
Fax: +34 988 590 427
bodega@muradella.com

Alanda 2012 T Barrica
mencía, bastardo negro, mouratón, garnacha tintorera

90 ★★★★★   10€

Color cereza, borde granate. Aroma fruta madura, hierbas silvestres, terroso, especiado, roble cremoso. Boca equilibrado, sabroso, largo, balsámico.

Alanda 2013 B Barrica
dona blanca, verdello, treixadura

90 ★★★★★   9€

Color pajizo brillante. Aroma floral, hierbas secas, terroso, fruta madura, balsámico, roble cremoso. Boca potente, sabroso, especiado, largo.

Gorvia 2012 T
91   17€

Color cereza, borde granate. Aroma fruta roja, fruta madura, especiado, roble cremoso, tostado, complejo, terroso, hierbas silvestres, elegante. Boca potente, sabroso, tostado, equilibrado.

Gorvia Fermentado en Barrica 2011 BFB
100% dona blanca

93   17€

Color amarillo brillante. Aroma potente, fruta madura, especias dulces, roble cremoso, hierbas de tocador, mineral. Boca graso, retronasal ahumado, sabroso, fresco.

Muradella 2010 B
100% treixadura

90   22€

Color amarillo brillante. Aroma flores blancas, hierbas de tocador, expresión frutal, piedra seca, expresivo. Boca fresco, frutoso, sabroso, equilibrado, elegante.

Quinta da Muradella Berrande T
100% mencía

93   25€

Color cereza, borde granate. Aroma fruta madura, especiado, balsámico, expresivo, mineral. Boca potente, sabroso, taninos maduros, largo, balsámico, especiado, elegante, equilibrado

CREGO E MONAGUILLO S.L.

Rua Nova s/n
32618 Salgueira (Ourense)
☎: +34 988 418 164
Fax: +34 988 418 164
www.cregoemonaguillo.com
tito@cregoemonaguillo.com

Crego e Monaguillo Godello 2013 B

88 ★★★★ 7€

Color pajizo brillante. Aroma fresco, fruta fresca, flores blancas, hierbas silvestres. Boca sabroso, frutoso, buena acidez, equilibrado.

Crego e Monaguillo Mencía 2013 T

87 ★★★★ 7€

Color cereza, borde violáceo. Aroma fruta roja, frambuesa, expresión frutal, hierbas de tocador. Boca sabroso, ligero, buena acidez, fácil de beber.

MANUEL GUERRA JUSTO

Ctra. Albarellos, 61
32618 Villaza (Monterrei) (Ourense)
☎: +34 687 409 618
Fax: +34 988 590 108
viaarxentea@viaarxentea.com

Vía Arxéntea 2013 B

treixadura, godello

88 ★★★★ 6€

Color amarillo brillante. Aroma flores secas, hierbas silvestres, piedra seca, fruta madura. Boca sabroso, fino amargor, correcto.

PAZO BLANCO NÚÑEZ, S.L.
(ADEGAS TAPIAS-MARIÑÁN)

Ctra. N-525, Km. 170,4
32619 Pazos - Verín (Ourense)
☎: +34 988 411 693
Fax: +34 988 411 693
www.tapiasmarinhan.com
info@tapiasmarinhan.com

Colleita Propia 2013 B

godello, albariño

87 ★★★★★ 3€

Color amarillo brillante. Aroma flores blancas, fruta fresca, hierbas de tocador. Boca frutoso, correcto, buena acidez.

Colleita Propia 2013 T

mencía

86 ★★★★★ 3€

Color cereza, borde violáceo. Aroma expresivo, fruta fresca, fruta roja, floral, balsámico. Boca sabroso, frutoso, buena acidez.

Pazo de Mariñan 2013 B

godello, treixadura, albariño

87 ★★★★★ 4€

Color pajizo brillante. Aroma fresco, fruta fresca, flores blancas, mineral. Boca sabroso, frutoso, buena acidez, equilibrado.

Pazo de Mariñan 2013 T

mencía, tempranillo

86 ★★★★★ 4€

Color cereza poco intenso, borde violáceo. Aroma equilibrado, fruta roja, hierbas silvestres, especiado. Boca frutoso, cierta persistencia.

Quintas das Tapias 2012 T

mencía

87 ★★★★★ 5€

Color cereza, borde granate. Aroma fruta madura, hierbas silvestres, especiado, roble cremoso. Boca equilibrado, sabroso, largo, balsámico.

Quintas das Tapias 2013 B

treixadura

90 ★★★★★ 5€

Color pajizo brillante. Aroma flores blancas, hierbas de tocador, expresión frutal. Boca fresco, frutoso, sabroso, equilibrado, elegante.

PAZOS DEL REY

Carrero Blanco, 33
32618 Albarellos de Monterrei
(Ourense)
☎: +34 988 425 959
www.pazosdelrey.com
info@pazosdelrey.com

Pazo de Monterrey 2013 B

100% godello

90 ★★★★★ 8,5€

Color pajizo brillante. Aroma flores blancas, hierbas de tocador, expresión frutal. Boca fresco, frutoso, sabroso, equilibrado, elegante.

Sila Mencía 2012 T Barrica

100% mencía

89 10,5€

Color cereza brillante, borde granate. Aroma fruta madura, especias dulces, roble cremoso, expresivo. Boca sabroso, frutoso, tostado, taninos maduros, equilibrado.

QUINTA DO BUBLE

Ladeira A Machada s/n Casas
dos Montes
32613 Oimbra (Ourense)
☎: +34 988 422 960
www.quintadobuble.com
info@quintadobuble.com

Quinta do Buble 2013 B
godello

89

Color pajizo brillante. Aroma flores blancas, fruta fresca, expresivo, lías finas, hierbas secas. Boca sabroso, frutoso, buena acidez, equilibrado.

TERRAS DE CIGARRÓN

Ctra. de Albarellos, km. 525
32618 Albarellos de Monterrei
(Ourense)
☎: +34 988 418 703
www.terrasdocigarron.com
bodega@terrasdocigarron.com

Terras do Cigarrón 2013 B
100% godello

89 ★★★   9€

Color pajizo brillante. Aroma fruta fresca, equilibrado, floral, hierbas de tocador, cítricos. Boca frutoso, fácil de beber, buena acidez.

VINIGALICIA

Ctra. Antigua Santiago, km. 3
27500 Chantada (Lugo)
☎: +34 982 454 005
Fax: +34 982 454 094
www.vinigalicia.es
vinigalicia@vinigalicia.es

Lagar de Deuses Godello 2012 B
godello, treixadura

88 ★★★★   6,5€

Color amarillo brillante. Aroma flores marchitas, fruta madura, equilibrado, piedra seca. Boca graso, sabroso, fino amargor.

Lagar de Deuses Mencía 2012 T
mencía, tempranillo

87 ★★★★   6,5€

Color cereza intenso, borde violáceo. Aroma hierbas de monte, fruta madura, equilibrado, especiado. Boca frutoso, taninos maduros.

DO. MONTILLA-MORILES

CONSEJO REGULADOR

Rita Pérez, s/n
14550 Montilla (Córdoba)
☎: +34 957 652 110 - Fax: +34 957652 407
@: consejo@montillamoriles.es
www.montilla-moriles.org

SITUACIÓN:

Al sur de Córdoba. Engloba todos los viñedos de los municipios de Montilla, Moriles, Montalbán, Puente Genil, Monturque, Nueva Carteya y Doña Mencía; y parte de los de Montemayor, Fernán-Núñez, La Rambla, Santaella, Aguilar de la Frontera, Lucena, Cabra, Baena, Castro del Río y Espejo.

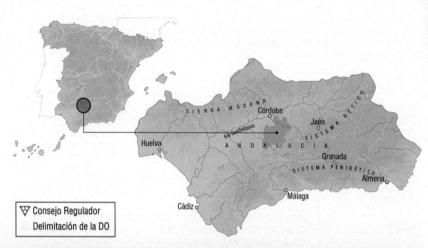

▽ Consejo Regulador
Delimitación de la DO

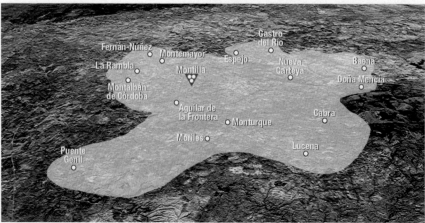

SUBZONAS:

Cabe distinguir entre los viñedos de las áreas más llanas y los de zonas altas (Sierra de Montilla y Moriles Alto). Estos últimos, asentados en suelos calcáreos, son los de mayor calidad de la DO y suponen poco más de 2.000 has.

VARIEDADES:

BLANCAS: pedro ximénez (variedad principal), airén, baladí, moscatel, torrontés, chardonnay, sauvignon blanc, macabeo y verdejo.

TINTAS: tempranillo, syrah y cabernet sauvignon.

DATOS:

Nº Has. Viñedo: 5.239 – **Nº Viticultores:** 2.218 – **Nº Bodegas:** 63 – **Cosecha 13:** Buena – **Producción 13:** 41.031.300 litros – **Comercialización:** 90% España - 10% extranjero.

SUELOS:

El viñedo se asienta a un altitud que va de los 125 a los 640 metros. Los suelos son francos, franco-arenosos y, en las zonas más altas, de tipo calcáreo ("albarizas") que son, precisamente, los de mayor calidad, y mayoritarios en la llamada Subzona Superior, que incluye los términos municipales de Montilla, Moriles, Castro del Río, Cabra y Aguilar de la Frontera.

CLIMA:

Semicontinental mediterráneo, con veranos cálidos, largos y secos, e inviernos cortos. La temperatura media anual es de 16,8°C y el índice de lluvias se sitúa entre 500 y 1.000 mm.

CARACTERÍSTICAS GENERALES DE LOS VINOS

BLANCOS JOVENES	Son vinos ligeros y afrutados para un consumo rápido.
FINOS	Elaborados por el clásico procedimiento de crianza biológica bajo el "velo en flor". De aromas salinos, a levaduras y almendras amargas, se diferencian de los jerezanos por ser algo menos secos en boca.
OLOROSOS	De color caoba, con aromas a pastelería; dulces y sabrosos en boca.
AMONTILLADOS	Color ámbar u oro viejo. Aromas a frutos secos (almendras y avellanas); en boca con notas dulzonas y ciertos rasgos de crianza biológica por su origen como finos.
PEDRO XIMENEZ	Es el vino por antonomasia de Montilla - Moriles. Elaborado a partir de uvas asoleadas, el color puede ir de los tonos caobas a marrones muy oscuros completamente densos y concentrados. Inconfundible por sus aromas a pasas, dátiles y torrefactos; en la boca es dulce, pastoso y sabroso.

CLASIFICACIÓN COSECHAS

GUÍA**PEÑÍN**

2009	2010	2011	2012	2013
MUY BUENA	BUENA	SC	SC	SC

ALVEAR

María Auxiliadora, 1
14550 Montilla (Córdoba)
☎: +34 957 650 100
Fax: +34 957 650 135
www.alvear.es
info@alvear.es

Alvear Dulce Viejo 2000 PX Reserva
100% pedro ximénez

94   23,5€

Color caoba oscuro. Aroma complejo, espirituoso, fruta pasificada, pastelería, tostado, acetaldehído, ebanistería. Boca dulce, graso, untuoso, potente, equilibrado, elegante.

Alvear Fino En Rama 2008 FI
100% pedro ximénez

90 ★★★★★   5,2€

Color amarillo brillante. Aroma complejo, expresivo, punzante, salino, yodado, fruta madura. Boca graso, potente, fresco, fino amargor, elegante.

Alvear PX 1927 PX
100% pedro ximénez

92 ★★★★   11,5€

Color caoba oscuro. Aroma complejo, espirituoso, fruta pasificada, pastelería, tostado, café aromático. Boca dulce, graso, untuoso, potente, retronasal torrefactado.

Alvear PX de Añada 2011 PX
100% pedro ximénez

92 ★★★★★   8,3€

Color caoba. Aroma complejo, espirituoso, fruta pasificada, pastelería, tostado, acetaldehído. Boca dulce, graso, untuoso, matices de solera, equilibrado.

Alvear Solera 1830 PX Reserva
100% pedro ximénez

98   90€

Color caoba oscuro. Aroma potente, expresivo, café aromático, especiado, chocolate, acetaldehído, frutos secos. Boca equilibrado, elegante, potente, especiado, tostado, largo. Personalidad.

Alvear Solera Fundación AM
100% pedro ximénez

95   67€

Color caoba claro. Aroma potente, complejo, elegante, frutos secos, tostado, salino. Boca graso, amargoso, matices de solera, largo, especiado, equilibrado, elegante.

Alvear Solera Fundación PC
100% pedro ximénez

95

Color yodo, borde ambarino. Aroma potente, complejo, elegante, frutos secos, tostado, lías finas. Boca graso, largo, matices de solera, especiado.

Asunción OL
100% pedro ximénez

91   18,5€

Color yodo, borde ambarino. Aroma potente, complejo, elegante, tostado, especias dulces. Boca graso, largo, matices de solera, especiado, elegante.

C.B. FI
100% pedro ximénez

90 ★★★★★   4,8€

Color amarillo brillante. Aroma complejo, expresivo, punzante, salino. Boca graso, potente, fresco, fino amargor.

BODEGAS CRUZ CONDE

Ronda Canillo, 4
14550 Montilla (Córdoba)
☎: +34 957 651 250
Fax: +34 957 653 619
www.bodegascruzconde.es
info@bodegascruzconde.es

Cream Cruz Conde 1902 CR
100% pedro ximénez

84   5,5€

Cruz Conde PC
100% pedro ximénez

86 ★★★★★   4,8€

Color caoba. Aroma cacao fino, chocolate, especias dulces, roble cremoso, balsámico. Boca potente, sabroso, tostado, dulcedumbre.

Cruz Conde Solera Fundación PX
100% pedro ximénez

92   24,1€

Color caoba oscuro. Aroma espirituoso, fruta pasificada, pastelería, tostado, acetaldehído. Boca dulce, graso, untuoso, potente, equilibrado.

Fino Cruz Conde 1902 FI
100% pedro ximénez

87 ★★★★   5,1€

Color amarillo brillante. Aroma complejo, expresivo, punzante, salino, frutos secos. Boca graso, fino amargor, equilibrado.

Pedro Ximénez Cruz Conde 1902 PX
100% pedro ximénez

90 ★★★★★   9,5€

Color caoba. Aroma fruta pasificada, ebanistería, pastelería, especiado, frutos secos, chocolate. Boca potente, sabroso, complejo, equilibrado.

BODEGAS DELGADO
Cosano, 2
14500 Puente Genil (Córdoba)
☎: +34 957 600 085
Fax: +34 957 604 571
www.bodegasdelgado.com
fino@bodegasdelgado.com

Abuelamaría OL
100% pedro ximénez

84   6€

Delgado 1874 PX
100% pedro ximénez

91   35€

Color caoba oscuro. Aroma complejo, espirituoso, fruta pasificada, pastelería, tostado. Boca dulce, graso, untuoso, potente.

Delgado 1874 Amontillado Natural muy Viejo s/c AM
100% pedro ximénez

92   35€

Color yodo, borde ambarino. Aroma potente, frutos secos, tostado, chocolate, acetaldehído. Boca graso, amargoso, matices de solera, largo, especiado, equilibrado.

Segunda Bota FI
100% pedro ximénez

90 ★★★★★   5,6€

Color amarillo brillante. Aroma complejo, expresivo, punzante, salino, floral, fruta madura. Boca graso, potente, fresco, fino amargor, elegante.

BODEGAS JESÚS NAZARENO
Avda. Cañete de las Torres, 33
14850 Baena (Córdoba)
☎: +34 957 670 225
Fax: +34 957 690 873
www.bjn1963.com
bjn@bjn1963.com

Cancionero de Baena FI
palomino

84   4,8€

Pedro Ximénez PX Crianza
pedro ximénez

88 ★★★★   6,8€

Color caoba oscuro. Aroma complejo, espirituoso, fruta pasificada, pastelería, tostado. Boca dulce, graso, untuoso, potente.

BODEGAS SILLERO
Ctra. de La Redonda, s/n
14540 La Rambla (Córdoba)
☎: +34 957 684 464
www.bodegassillero.com
sillero@bodegassillero.com

Las Cármenes FI
pedro ximénez

86 ★★★★★   4,4€

Color amarillo brillante. Aroma complejo, expresivo, punzante, salino, fruta madura. Boca graso, potente, fresco, fino amargor.

Sillero PX
pedro ximénez

87 ★★★   8,7€

Color caoba oscuro. Aroma fruta pasificada, pastelería, tostado. Boca dulce, graso, untuoso.

Viejo Rondalla OL
pedro ximénez

87 ★★★★   7€

Color yodo, borde ambarino. Aroma potente, complejo, elegante, frutos secos, tostado. Boca graso, largo, matices de solera, especiado.

CÍA. VINÍCOLA DEL SUR - TOMÁS GARCÍA
Avda. Luis de Góngora y Argote, s/n
14550 Montilla (Córdoba)
☎: +34 957 650 204
Fax: +34 957 652 335
www.vinicoladelsur.com
info@vinicoladelsur.com

Monte Cristo FI
100% pedro ximénez

90 ★★★★★   6,5€

Color amarillo brillante. Aroma complejo, expresivo, punzante, salino, fruta madura. Boca graso, potente, fino amargor.

Monte Cristo PX
100% pedro ximénez

91 ★★★★   11€

Color caoba oscuro. Aroma complejo, espirituoso, fruta pasificada, pastelería, tostado. Boca dulce, graso, untuoso, potente.

Monte Cristo AM
100% pedro ximénez

90 ★★★★★   10€

Color caoba. Aroma acetaldehído, cacao fino, especias dulces, roble cremoso, expresivo. Boca potente, sabroso, complejo, equilibrado.

Monte Cristo OL
100% pedro ximénez

92 ★★★★★ 10€

Color yodo, borde ambarino. Aroma potente, complejo, elegante, frutos secos, tostado. Boca graso, matices de solera, especiado, elegante.

Pedro Ximénez Viejo Tomás García PX
pedro ximénez

89 ★★★ 8,5€

Color caoba oscuro. Aroma complejo, espirituoso, fruta pasificada, pastelería, tostado. Boca dulce, graso, untuoso, potente.

Verbenera FI
100% pedro ximénez

88 ★★★★★ 3,7€

Color amarillo brillante. Aroma complejo, expresivo, punzante, salino, intensidad media. Boca graso, potente, fresco, fino amargor.

COOP. AGRÍCOLA LA AURORA
Avda. Europa, 7
14550 Montilla (Córdoba)
☎: +34 957 650 362
Fax: +34 957 654 642
www.bodegaslaaurora.com
administracion@bodegaslaaurora.com

Amanecer AM
100% pedro ximénez

88 ★★★★ 7€

Color caoba claro. Aroma ebanistería, especias dulces, roble cremoso, salino, equilibrado. Boca potente, sabroso, especiado, largo.

Amanecer PX
100% pedro ximénez

87 ★★★★ 8€

Color caoba oscuro. Aroma espirituoso, fruta pasificada, pastelería, tostado. Boca dulce, graso, untuoso.

GRACIA HERMANOS
Avda. Luis de Góngora y Argote, s/n
14550 Montilla (Córdoba)
☎: +34 957 650 162
Fax: +34 957 652 335
www.bodegasgracia.com
info@bodegasgracia.com

Dulce Viejo Pedro Ximénez Gracia PX
100% pedro ximénez

88 ★★★ 9€

Color caoba oscuro. Aroma muy tostado (torrefactado), café aromático, fruta pasificada. Boca cremoso, potente, sabroso, tostado.

Fino Corredera FI
pedro ximénez

86

Color amarillo brillante. Aroma punzante, salino, fruta madura, frutos secos. Boca potente, fresco, fino amargor, algo plano.

Solera Fina María del Valle FI
100% pedro ximénez

87 ★★★★ 6,5€

Color amarillo brillante. Aroma punzante, salino, frutos secos. Boca graso, potente, fresco, fino amargor, equilibrado.

Solera Fina Tauromaquia FI
100% pedro ximénez

89 ★★★★ 7€

Color amarillo brillante. Aroma expresivo, punzante, salino, fruta madura. Boca graso, potente, fresco, fino amargor, largo.

Tauromaquia OL
100% pedro ximénez

88 14€

Color yodo, borde ambarino. Aroma potente, elegante, frutos secos, tostado. Boca graso, largo, matices de solera, especiado, tostado.

Tauromaquia PX
pedro ximénez

91

Color caoba oscuro. Aroma complejo, espirituoso, fruta pasificada, pastelería, tostado. Boca dulce, graso, untuoso, potente.

Tauromaquia Amontillado Viejo AM
100% pedro ximénez

91 ★★★ 14€

Color oro viejo, borde ambarino. Aroma acetaldehído, salino, especiado, roble cremoso. Boca potente, especiado, largo, elegante.

Viñaverde 2013 B
pedro ximénez, moscatel, verdejo, torrontés

85 ★★★★★ 4€

NAVISA INDUSTRIAL VINÍCOLA ESPAÑOLA S.A.
Avda. José Padillo, s/n
14550 Montilla (Córdoba)
☎: +34 957 650 554
Fax: +34 957 651 747
www.navisa.es
navisa@navisa.es

Cobos FI
pedro ximénez

85 ★★★★★ 3€

Dos Pasas PX
pedro ximénez

86 ★★★★ 7€

Color caoba oscuro. Aroma hierbas secas, especias dulces, roble cremoso, intensidad media. Boca tostado, graso, correcto.

Montulia OL
pedro ximénez

86 ★★★★ 7€

Color yodo, borde ambarino. Aroma potente, frutos secos, tostado. Boca graso, largo, matices de solera, especiado.

Tres Pasas PX
pedro ximénez

88 ★★★★ 8€

Color caoba oscuro. Aroma espirituoso, fruta pasificada, pastelería, tostado. Boca dulce, graso, untuoso.

Vega María 2013 B
chardonnay

81 3€

PÉREZ BARQUERO S.A.
Avda. Andalucía, 27
14550 Montilla (Córdoba)
☎: +34 957 650 500
Fax: +34 957 650 208
www.perezbarquero.com
info@perezbarquero.com

Fino Los Amigos FI
pedro ximénez

86 ★★★★★ 4€

Color pajizo brillante. Aroma intensidad media, hierbas secas, fruta madura, salino. Boca fino amargor, sabroso, equilibrado.

Gran Barquero AM
100% pedro ximénez

90 ★★★ 14€

Color caoba claro. Aroma acetaldehído, salino, especiado, almendra tostada, expresivo. Boca fino amargor, sabroso, especiado, equilibrado.

Gran Barquero FI
100% pedro ximénez

91 ★★★★★ 8€

Color amarillo brillante. Aroma complejo, expresivo, punzante, salino. Boca graso, potente, fresco, fino amargor, equilibrado, elegante.

Gran Barquero OL
100% pedro ximénez

90 ★★★ 14€

Color yodo, borde ambarino. Aroma acetaldehído, salino, especias dulces, roble cremoso. Boca equilibrado, fino amargor, sabroso, amaderado, matices de solera.

Gran Barquero PX
100% pedro ximénez

91 ★★★★ 12€

Color caoba oscuro. Aroma complejo, fruta pasificada, pastelería, tostado, especiado, café aromático. Boca dulce, graso, potente, retronasal torrefactado.

La Cañada PX
100% pedro ximénez

96 43€

Color caoba oscuro. Aroma complejo, fruta pasificada, pastelería, tostado, caramelo tostado, chocolate, acetaldehído, expresivo. Boca dulce, graso, untuoso, potente, equilibrado, elegante.

Pérez Barquero Pedro Ximénez de Cosecha 2011 PX
100% pedro ximénez

91 ★★★★★ 9,5€

Color caoba claro. Aroma fruta pasificada, pastelería, tostado, especias dulces, cacao fino. Boca dulce, graso, untuoso, elegante.

Viña Amalia 2013 B
pedro ximénez, moscatel, verdejo, torrontés

85 ★★★★★ 3,9€

TORO ALBALÁ
Avda. Antonio Sánchez, 1
14920 Aguilar de la Frontera (Córdoba)
☎: +34 957 660 046
Fax: +34 957 661 494
www.toroalbala.com
r.sanchez@toroalbala.com

Don P.X. 1983 PX Gran Reserva
pedro ximénez

94 30,3€

Color caoba oscuro. Aroma complejo, espirituoso, fruta pasificada, pastelería, tostado, café aromático. Boca dulce, graso, untuoso, potente, retronasal torrefactado, equilibrado.

Don P.X. 2010 PX
pedro ximénez

90 19,6€

Color caoba claro. Aroma complejo, espirituoso, fruta pasificada, pastelería, tostado. Boca dulce, graso, untuoso.

Eléctrico Fino del Lagar FI
pedro ximénez

87 10,9€

Color dorado brillante. Aroma fruta madura, hierbas secas, flores marchitas, potente, frutos secos, tostado. Boca potente, sabroso, especiado.

Marqués de Poley OL
100% pedro ximénez

89 10,9€

Color caoba claro. Aroma potente, complejo, elegante, frutos secos, tostado, acetaldehído. Boca graso, largo, matices de solera, especiado.

Marqués de Poley Dulce CR
100% pedro ximénez

87 10,9€

Color caoba claro. Aroma barniz, caramelo tostado, especias dulces, roble cremoso. Boca potente, sabroso, especiado, largo

DO. MONTSANT

CONSEJO REGULADOR

Plaça de la Quartera, 6
43730 Falset (Tarragona)
☎: +34 977 831 742 - Fax: +34 977 830 676
@: info@domontsant.com
www.domontsant.com

SITUACIÓN:

En la comarca del Priorat (Tarragona). Comprende el Baix Priorat, parte del Alt Priorat y varios municipios de la Ribera d'Ebre, que ya estaban integrados en la subzona Falset. En total, 16 municipios: La Bisbal de Falset, Cabaces, Capçanes, Cornudella de Montsant, La Figuera, Els Guiamets, Marçá, Margalef, El Masroig, Pradell, La Torre de Fontaubella, Ulldemolins, Falset, El Molar, Darmós y La Serra d'Almos. El viñedo está plantado a gran diversidad de altitudes, desde los 200 a los 700 metros sobre el nivel del mar.

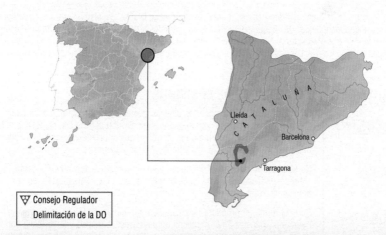

⩩ Consejo Regulador
Delimitación de la DO

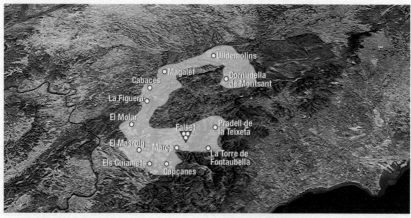

VARIEDADES:

BLANCAS: chardonnay, garnacha blanca, macabeo, moscatel de grano pequeño, pansal y parellada.

TINTAS: cabernet sauvignon, cariñena, garnacha tinta, garnacha peluda, merlot, monastrell, picapoll, syrah, tempranillo y mazuela.

DATOS:

Nº Has. Viñedo: 1.890 – **Nº Viticultores:** 772 – **Nº Bodegas:** 63 – **Cosecha 13:** Muy Buena – **Producción 13:** 5.806.800 litros – **Comercialización:** 55% España - 45% extranjero.

SUELOS:

Se encuentran tres tipos fundamentales: compactos y de carácter calcáreo, con guijarros en la periferia de la DO; arenas graníticas en Falset; y pizarras silíceas (las mismas llicorellas del Priorat) en ciertas zonas de Falset y Cornudella.

CLIMA:

Aunque ubicada en un área mediterránea, las montañas que rodean la zona la aíslan un tanto del mar aportando una cierta continentalidad. De ahí que se beneficie de contrastes térmicos día/noche, importante factor de calidad en la maduración de la uva. Sin embargo también recibe los vientos del mar cargados de humedad, que ayudan a compensar el déficit hídrico del verano. La media de precipitaciones anuales se sitúa entre los 500 y 600 mm.

CARACTERÍSTICAS GENERALES DE LOS VINOS

BLANCOS	Los más característicos son los blancos que se apoyan en la garnacha blanca, con la que se obtienen vinos con cuerpo y cierta estructura y las características notas de hierbas y recuerdos de monte mediterráneo que aporta la variedad. Los blancos de macabeo son algo más ligeros y finos, frescos y afrutados.
ROSADOS	No se encuentran muchos ejemplos, pero en general se apoyan en la garnacha. Son sabrosos y afrutados, quizás algo corpóreos, pero muy agradables y con buena definición de frutos rojos.
TINTOS	Son, sin duda, el producto más caracterizado de la DO. Pueden apoyarse prácticamente en exclusiva en la garnacha o integrar esta variedad y la cariñena con variedades foráneas, en especial cabernet sauvignon o syrah. Los jóvenes son oscuros, afrutados, carnosos y sabrosos. Los mejores ejemplos entre los criados en madera presentan altos niveles de concentración frutal: son potentes, carnosos, con un componente alcohólico importante. También pueden aparecer notas minerales. Recuerdan a los del Priorat, aunque quizás con algo menos de extracción y contundencia.
VINOS TRADICIONALES	Se elaboran licorosos (dulces), apoyados fundamentalmente en la garnacha. Suelen ser untuosos y pastosos en boca, con aromas y sabores a pasas y fruta compotada.

CLASIFICACIÓN COSECHAS

GUÍAPEÑÍN

2009	2010	2011	2012	2013
MUY BUENA	MUY BUENA	MUY BUENA	BUENA	MUY BUENA

ACÚSTIC CELLER

Progrés s/n
43775 Marça (Tarragona)
☎: +34 672 432 691
Fax: +34 977 660 867
www.acusticceller.com
acustic@acusticceller.com

Acústic 2011 T Roble
cariñena, garnacha

92 ★★★★ ☙ 12€

Color cereza muy intenso, borde granate. Aroma complejo, fruta madura, especiado, hierbas de monte. Boca lleno, sabroso, largo, frutoso.

Acústic 2012 T Roble
garnacha, cariñena

91 ★★★★ ☙ 12€

Color cereza opaco, borde granate. Aroma fruta madura, especias dulces, roble cremoso, expresivo. Boca sabroso, frutoso, tostado, taninos maduros.

Acústic Blanc 2011 BFB
garnacha blanca, macabeo, garnacha roja, pansal

93 ★★★★ ☙ 12€

Color amarillo brillante. Aroma fruta madura, especias dulces, roble cremoso, piedra seca, expresivo. Boca graso, sabroso, fresco, retronasal torrefactado, equilibrado, elegante.

Acústic Blanc 2012 BFB
garnacha blanca, macabeo, garnacha roja, pansal

90 ★★★★ ☙ 12€

Color pajizo brillante. Aroma tostado, especiado, potente, fruta madura. Boca equilibrado, tostado, especiado, fino amargor.

Acústic Blanc 2013 BFB
garnacha blanca, macabeo, garnacha roja, pansal

88 ☙ 12€

Color amarillo brillante. Aroma fruta madura, especias dulces, roble cremoso, hierbas secas. Boca graso, sabroso, fresco, buena acidez, tostado.

Auditori 2010 T
garnacha

94 ☙ 43€

Color cereza intenso, borde granate. Aroma cerrado, balsámico, especiado, piedra seca. Boca lleno, complejo, equilibrado, redondo.

Auditori 2011 T
garnacha

93 ☙ 43€

Color cereza, borde granate. Aroma especiado, roble cremoso, tostado, complejo, fruta roja, fruta madura. Boca sabroso, taninos maduros, estructurado.

Braó 2011 T
garnacha, cariñena

93 ☙ 23€

Color cereza, borde granate. Aroma fruta madura, hierbas silvestres, terroso, especiado, roble cremoso, complejo. Boca equilibrado, sabroso, largo, balsámico, lleno.

Braó 2012 T
garnacha, cariñena

91 ☙ 23€

Color cereza brillante, borde violáceo. Aroma expresivo, complejo, fruta madura, hierbas silvestres, especiado. Boca equilibrado, largo, taninos maduros.

AGRÍCOLA D'ULLDEMOLINS SANT JAUME

Saltadora, 17
43363 Ulldemolins (Tarragona)
☎: +34 977 561 640
Fax: +34 977 561 613
www.coopulldemolins.com
info@coopulldemolins.com

Les Pedrenyeres 2011 T
garnacha

89 ★★★ 10€

Color cereza oscuro, borde granate. Aroma fruta madura, fruta confitada, roble cremoso. Boca estructurado, sabroso, taninos maduros.

Les Pedrenyeres 2013 B
garnacha blanca, macabeo

87 ★★★ 10€

Color pajizo brillante. Aroma intensidad media, fresco, flores blancas, especiado. Boca frutoso, correcto, fino amargor.

Ulldemolins 2013 T
garnacha

87 ★★★★★ 4,5€

Color cereza, borde violáceo. Aroma equilibrado, fruta roja, fruta madura. Boca sabroso, fácil de beber, cierta persistencia.

AGRÍCOLA I SC DE LA SERRA D'ALMOS

Avinguda de la Cooperativa, s/n
43746 La Serra D'Almos (Tarragona)
☎: +34 977 418 125
Fax: +34 977 418 399
www.serradalmos.com
coopserra@telefonica.net

L'OM 2013 T
cariñena, garnacha, syrah

87 ★★★★ 5,3€

Color cereza, borde violáceo. Aroma expresivo, fruta fresca, fruta roja, mineral. Boca sabroso, frutoso, buena acidez, taninos maduros.

Mussefres 2013 B
macabeo, garnacha blanca

80   4,5€

Mussefres Negre 2013 T
cariñena, garnacha, syrah

85 ★★★★★   4,5€

Mussefres Rosat 2013 RD
garnacha

84   4,5€

ALFREDO ARRIBAS
Sort dels Capellans, 23
43730 Falset (Tarragona)
☎: +34 932 531 760
Fax: +34 934 173 591
www.portaldelpriorat.com
info@portaldelpriorat.com

Gotes del Montsant 2012 T
garnacha, cariñena

90 ★★★   14€

Color cereza, borde granate. Aroma fruta madura, terroso, especiado, hierbas de tocador, mineral. Boca sabroso, largo, balsámico, equilibrado.

Trossos Sants 2013 B
garnacha blanca

91 ★★★   16€

Color pajizo brillante. Aroma flores blancas, hierbas de tocador, expresión frutal, piedra seca. Boca fresco, frutoso, sabroso, equilibrado.

Trossos Tros Blanc 2012 B
garnacha blanca

92   42€

Color pajizo brillante. Aroma flores blancas, hierbas de tocador, expresión frutal. Boca fresco, frutoso, sabroso, equilibrado, elegante.

Trossos Tros Blanc Magnum 2011 B
garnacha blanca

94   98€

Color pajizo brillante. Aroma flores blancas, hierbas de tocador, expresión frutal, especias dulces, roble cremoso, mineral. Boca fresco, frutoso, sabroso, equilibrado, elegante.

Trossos Tros Negre 2011 T
garnacha

93   42€

Color cereza intenso. Aroma fruta madura, hierbas silvestres, especiado, roble cremoso, mineral. Boca complejo, especiado, largo, balsámico, elegante, taninos finos.

Trossos Tros Negre 2012 T
garnacha

94   41,7€

Color cereza, borde granate. Aroma fruta madura, hierbas silvestres, terroso, especiado, roble cremoso, mineral. Boca sabroso, largo, balsámico, equilibrado, elegante.

Trossos Vells 2012 T
cariñena

91   18,6€

Color cereza, borde granate. Aroma fruta madura, especiado, roble cremoso, tostado, complejo, terroso, balsámico. Boca potente, sabroso, tostado, equilibrado.

ANGUERA DOMENECH
Sant Pere, 2
43743 Darmós (Tarragona)
☎: +34 654 382 633
www.vianguera.com
angueradomenech@gmail.com

Reclot 2013 T
tempranillo, garnacha, monastrell

87 ★★★★★   4,5€

Color cereza, borde violáceo. Aroma fruta roja, frambuesa, floral, expresivo. Boca fresco, frutoso, sabroso, fácil de beber.

BODEGAS ORDÓÑEZ
Bartolomé Esteban Murillo, 11
29700 Vélez- Málaga (Málaga)
☎: +34 952 504 706
Fax: +34 951 284 796
www.grupojorgeordonez.com
info@jorgeordonez.es

Zerrán 2012 T
mazuelo, syrah

93 ★★★★   12€

Color cereza, borde granate. Aroma hierbas silvestres, terroso, especiado, roble cremoso, mineral. Boca equilibrado, sabroso, largo, balsámico, elegante.

Zerrán Garnatxa Blanca 2013 B
100% garnacha blanca

89 ★★★   10€

Color pajizo brillante. Aroma flores blancas, hierbas de tocador, expresión frutal, mineral. Boca fresco, frutoso, sabroso, equilibrado, elegante, fino amargor.

CAPAFONS OSSÓ

Finca Masía Esplanes s/n
43730 Falset (Tarragona)
☎: +34 977 831 201
www.capafons-osso.cat
cellers@capafons-osso.com

Masia Esplanes 2005 T
merlot, cabernet sauvignon, garnacha, cariñena
90   18€
Color rubí, borde teja. Aroma complejo, fruta madura, especiado, equilibrado, fina reducción. Boca estructurado, sabroso, taninos maduros, elegante.

Roigenc 2013 RD
syrah
82   9€

Vessants 2008 T
garnacha, cariñena, cabernet sauvignon, merlot
86   12€
Color rubí, borde teja. Aroma especiado, tostado, fruta sobremadura, mineral, fina reducción. Boca potente, sabroso, tostado.

Vessants Xic 2010 T
garnacha, cabernet sauvignon, zalema
86 ★★★★   7€
Color cereza, borde granate. Aroma fruta madura, hierbas de monte, mineral, especiado, fina reducción. Boca potente, sabroso, especiado, equilibrado.

CARA NORD

25457 El Vilosell (Lleida)
☎: +34 973 176 029
Fax: +34 973 175 945
www.caranordceller.com
hola@caranordceller.com

Mineral 2012 T
90 ★★★★★   10€
Color cereza, borde granate. Aroma hierbas silvestres, mineral, fruta roja, fruta madura, especiado, roble cremoso. Boca sabroso, especiado, equilibrado.

CELLER CEDÓ ANGUERA

Ctra. La Serra d'Almos-Darmós,
Km. 0,2
43746 La Serra d'Almos (Tarragona)
☎: +34 699 694 728
Fax: +34 977 417 369
www.cedoanguera.com
celler@cedoanguera.com

Anexe 2013 T
84   5€

Anexe Syrah 2013 T
100% syrah
86 ★★★★   6€
Color cereza oscuro, borde violáceo. Aroma potente, fruta roja. Boca correcto, frutoso, sabroso.

Anexe Vinyes Velles de Samso 2013 T
100% samsó
89 ★★★★   7€
Color cereza, borde violáceo. Aroma equilibrado, hierbas de monte, toques silvestres. Boca sabroso, correcto, buena acidez, varietal.

Clònic 2009 TC
90 ★★★★★   8€
Color cereza, borde granate. Aroma fruta madura, especiado, roble cremoso, tostado. Boca potente, sabroso, tostado, taninos maduros, elegante.

Clònic Vinyes Velles de Samso 2012 T
100% samsó
87 ★★★   10€
Color cereza opaco, borde granate. Aroma tostado, chocolate, especiado. Boca sabroso, potente, taninos maduros.

CELLER CORNUDELLA DE MONTSANT

Carrer Comte de Rius, 2
43360 Cornudella de Montsant
(Tarragona)
☎: +34 977 821 329
Fax: +34 977 821 329
www.cornudella.net
info@cornudella.net

Castell de Siurana Garnatxa del Montsant 2012 RD
100% garnacha
90 ★★★★★   7,5€
Color cobrizo. Aroma potente, fruta madura, fruta roja, floral, expresivo, ebanistería. Boca potente, frutoso, dulce.

Castella de Siurana Mistela 2011 Vino de licor
100% garnacha
88 ★★★★   7€
Color cereza, borde granate. Aroma fruta roja, fruta madura, balsámico, expresivo. Boca potente, sabroso, dulce, correcto.

El Codolar 2012 T
90 ★★★★★   5,2€
Color cereza, borde granate. Aroma fruta madura, hierbas silvestres, terroso, especiado, roble cremoso, piedra seca. Boca equilibrado, sabroso, largo, balsámico.

Les Troies 2013 B
87 ★★★★★   4€
Color amarillo. Aroma flores blancas, potente, fruta fresca. Boca fresco, fácil de beber, correcto.

Les Troies 2013 RD
cariñena, garnacha

88 ★★★★ 4€

Color cereza claro, brillante. Aroma hierbas verdes, cítricos, fruta roja. Boca equilibrado, fino amargor, buena acidez, largo.

Les Troies 2013 T

87 ★★★★ 4€

Color cereza, borde violáceo. Aroma fruta roja, frambuesa, expresión frutal, hierbas de tocador, mineral. Boca sabroso, ligero, buena acidez, fresco, frutoso.

CELLER DE CAPÇANES
Llebaria, 4
43776 Capçanes (Tarragona)
☎: +34 977 178 319
Fax: +34 977 178 319
www.cellercapcanes.com
cellercapcanes@cellercapcanes.com

2 Pájaros 2012 T
100% cariñena

92 45€

Color cereza muy intenso. Aroma fruta madura, hierbas silvestres, terroso, especiado. Boca equilibrado, sabroso, largo, balsámico.

7/X Pinot Noir de Capçanes 2012 T
100% pinot noir

91 24,9€

Color guinda, borde granate. Aroma fruta al licor, fruta madura, hierbas de tocador, especiado, mineral. Boca equilibrado, sabroso, especiado, largo.

Cabrida 2012 T
100% garnacha

90 34,9€

Color cereza muy intenso. Aroma hierbas silvestres, fruta madura, toques silvestres. Boca sabroso, estructurado, taninos maduros.

Costers del Gravet 2012 TC

89 12,9€

Color cereza, borde granate. Aroma fruta madura, hierbas silvestres, terroso, especiado, roble cremoso. Boca equilibrado, sabroso, largo, balsámico.

Lasendal Garnatxa 2013 T Barrica
garnacha, syrah

87 ★★★★ 8€

Color cereza brillante. Aroma roble cremoso, fruta madura, hierbas silvestres. Boca sabroso, especiado, taninos marcados de roble.

Mas Collet 2012 T Barrica
garnacha, cariñena, ull de llebre, cabernet sauvignon

87 ★★★★ 8€

Color cereza brillante. Aroma fruta madura, especias dulces, roble cremoso, expresivo. Boca sabroso, frutoso, tostado, taninos maduros, balsámico.

Mas Donís 2013 T
garnacha, syrah

85 ★★★★ 5,5€

Mas Tortó 2012 T
garnacha, syrah, cabernet sauvignon, merlot

89 21,5€

Color cereza, borde granate. Aroma fruta madura, especiado, roble cremoso, tostado, complejo, balsámico. Boca potente, sabroso, tostado, taninos maduros.

Peraj Ha'Abib 2012 T
garnacha, cabernet sauvignon, cariñena

91 26,9€

Color cereza muy intenso, borde violáceo. Aroma mineral, expresivo, fruta madura, hierbas de monte. Boca sabroso, estructurado.

Vall del Calàs 2012 T
merlot, garnacha, ull de llebre

88 12,9€

Color cereza, borde violáceo. Aroma potente, fruta madura, balsámico, con carácter. Boca sabroso, taninos maduros, especiado.

CELLER DE L'ERA

Mas de las Moreras s/n
43360 Cornudella de Montsant
(Tarragona)
☎: +34 977 262 031
www.cellerdelera.com
info@cellerdelera.com

Bri Celler de L'Era 2010 T
91 ★★★★ 12€
Color cereza, borde granate. Aroma fruta madura, especiado, tostado, tabaco. Boca potente, sabroso, tostado, taninos maduros.

BRI DEL CELLER DE L'ERA

CELLER EL MASROIG

Passeig de L'Arbre, 3
43736 El Masroig (Tarragona)
☎: +34 977 825 026
Fax: +34 977 825 489
www.cellermasroig.com
celler@cellermasroig.com

Castell de les Pinyeres 2011 TC
89 ★★★★ 7,5€
Color cereza oscuro, borde granate. Aroma fruta madura, cálido, hierbas silvestres, tostado. Boca sabroso, correcto, taninos maduros.

Etnic 2009 TC
93 ★★★ 15€
Color cereza intenso, borde granate. Aroma complejo, varietal, balsámico, fruta fresca, mineral. Boca estructurado, lleno, sabroso, complejo.

Etnic 2011 BFB
100% garnacha blanca
90 ★★★★ 11€
Color amarillo brillante. Aroma fruta madura, potente, tostado, ebanistería. Boca sabroso, frutoso, especiado, tostado, largo.

Finca Cucó 2013 T
86 ★★★★ 6€
Color cereza, borde violáceo. Aroma fruta roja, floral, hierbas silvestres. Boca sabroso, frutoso, buena acidez.

Finca Cucó Selecció 2011 T
88 ★★★ 8,5€
Color cereza muy intenso. Aroma fruta madura, especiado, roble cremoso, tostado, con carácter. Boca potente, sabroso, tostado, taninos maduros.

Les Sorts 2012 BFB
100% garnacha blanca
88 ★★★ 10€
Color amarillo brillante. Aroma fruta madura, especias dulces, roble cremoso, hierbas de tocador. Boca graso, sabroso, fresco, buena acidez, retronasal torrefactado.

Les Sorts 2013 T Maceración Carbónica
cariñena, garnacha, syrah
89 ★★★★ 5,5€
Color cereza, borde violáceo. Aroma fruta roja, frambuesa, floral, expresivo. Boca fresco, frutoso, sabroso, fácil de beber.

Les Sorts Rosat 2013 RD
90 ★★★★★ 5,9€
Color piel cebolla. Aroma elegante, flores secas, hierbas de tocador, fruta roja. Boca ligero, sabroso, buena acidez, largo, especiado.

Les Sorts Sycar 2011 T
91 ★★★★★ 10€
Color cereza opaco. Aroma tostado, potente, fruta madura, hierbas de tocador, especiado, tabaco. Boca sabroso, equilibrado.

Les Sorts Vinyes Velles 2009 TC
91 ★★★ 15€
Color cereza, borde granate. Aroma fruta madura, especiado, roble cremoso, tostado, complejo. Boca potente, sabroso, tostado, taninos maduros.

Sola Fred 2013 B
86 ★★★★★ 5€
Color pajizo brillante. Aroma fresco, fruta fresca, flores blancas. Boca sabroso, frutoso, buena acidez, equilibrado.

Solà Fred 2013 T
87 ★★★★★ 5€
Color cereza, borde violáceo. Aroma expresivo, fruta fresca, fruta roja, floral. Boca sabroso, frutoso, buena acidez.

Sola Fred Rosat 2013 RD
87 ★★★★★ 5€
Color cereza claro, brillante. Aroma fruta fresca, fruta roja, floral, hierbas secas. Boca correcto, equilibrado, fácil de beber.

CELLER LAURONA
Ctra. Bellmunt, s/n
43730 Falset (Tarragona)
☎: +34 977 830 221
Fax: +34 977 831 797
www.cellerlaurona.com
laurona@cellerlaurona.com

Blanc de Laurona 2013 B
90 ★★★ 13,9€
Color pajizo brillante. Aroma flores blancas, hierbas de tocador, expresión frutal. Boca fresco, frutoso, sabroso, equilibrado, elegante.

Laurona 2009 T
garnacha, cariñena, syrah, merlot
91 ★★★ 13,9€
Color cereza, borde granate. Aroma fruta madura, especiado, roble cremoso, tostado, complejo. Boca potente, sabroso, tostado, taninos maduros.

CELLER MALONDRO
Miranda, 27
43360 Cornudella del Montsant (Tarragona)
☎: +34 977 821 451
Fax: +34 977 821 451
www.malondro.es
celler@malondro.es

Latria 2011 T
88 ★★★★ 6€
Color cereza, borde granate. Aroma fruta madura, especiado, roble cremoso, tostado, complejo, chocolate, terroso. Boca potente, sabroso, tostado, taninos maduros.

Malondro 2012 T
91 ★★★★★ 8€
Color cereza, borde granate. Aroma fruta madura, especiado, roble cremoso, tostado, complejo, balsámico, mineral. Boca potente, sabroso, tostado, equilibrado.

Malondro Coelum 2010 TC
93
Color cereza, borde granate. Aroma fruta roja, fruta madura, especiado, roble cremoso, tostado, complejo, piedra seca. Boca potente, sabroso, tostado, balsámico, equilibrado, elegante.

CELLER MAS DE LES VINYES
Mas de les Vinyes, s/n
43373 Cabacés (Tarragona)
☎: +34 652 568 848
Fax: +34 977 719 690
www.masdelesvinyes.com
josep@masdelesvinyes.com

Mas de les Vinyes 2013 B
100% macabeo
87 ★★★★ 6,8€
Color pajizo brillante. Aroma fruta fresca, hierbas verdes, toques silvestres. Boca sabroso, buena acidez, fino amargor, largo.

Mas de les Vinyes Negre 2012 T
84 7,5€

CELLER SERRA MAJOR
Alfons El Cast, s/n
43363 Ulldemolins (Tarragona)
☎: +34 647 986 960
santi@sarroges.com

Sarroges 2010 T
garnacha, cabernet sauvignon, syrah, merlot
90 ★★★ 14€
Color cereza opaco, borde granate. Aroma fruta madura, expresivo, potente, especiado. Boca equilibrado, estructurado, largo.

Teix 2011 T
garnacha, cabernet sauvignon, syrah, merlot
85 ★★★★ 7€

CELLER VENDRELL RIVED

Bassa, 10
43775 Marçà (Tarragona)
☎: +34 977 263 053
www.vendrellrived.com
celler@vendrellrived.com

L'Alleu 2011 TC
garnacha, cariñena

90 ★★★★ 12€

Color cereza, borde granate. Aroma fruta madura, especiado, roble cremoso, tostado, complejo. Boca potente, sabroso, tostado, taninos maduros.

Miloca Garnacha 2013 T
100% garnacha

90 ★★★★★ 9€

Color cereza, borde violáceo. Aroma floral, fruta roja, fruta madura, balsámico, especiado, piedra seca. Boca sabroso, concentrado, equilibrado, redondo.

Miloca Samso 2013 T
100% cariñena

88 ★★★ 9€

Color cereza, borde violáceo. Aroma fruta roja, fruta confitada, hierbas de monte, mineral, especiado. Boca potente, sabroso, complejo.

Serè 2012 T
garnacha, cariñena

88 ★★★ 9€

Color cereza brillante. Aroma fruta madura, especias dulces, roble cremoso. Boca sabroso, frutoso, tostado.

CELLER VERMUNVER

Ricard Pique, 15
43775 Marçà (Tarragona)
☎: +34 977 178 288
Fax: +34 977 178 288
www.genesi.cat
info@genesi.cat

Gènesi Selecció 2009 T
garnacha, cariñena

92 ★★★★ 12€

Color cereza, borde granate. Aroma fruta madura, especiado, roble cremoso, tostado, complejo, chocolate, terroso. Boca potente, sabroso, tostado, taninos maduros.

CELLERS AT ROCA

Pol. La Sort dels Capellans, 13
43730 Falset (Tarragona)
☎: +34 935 165 043
www.cellersatroca.com
info@cellersatroca.com

Sileo 2013 T

89 ★★★★ 8€

Color cereza, borde violáceo. Aroma equilibrado, balsámico, fruta madura, especiado. Boca frutoso, sabroso, largo.

CELLERS BARONÍA DEL MONTSANT S.L.

Comte de Rius, 1
43360 Cornudella de Montsant
(Tarragona)
☎: +34 977 821 483
Fax: +34 977 821 483
www.baronia-m.com
englora@baronia-m.com

Cims del Montsant 2011 T
garnacha, cariñena

89 ★★★ 10€

Color cereza oscuro, borde granate. Aroma hierbas de monte, hierbas secas, fruta madura, especiado. Boca equilibrado, taninos maduros.

Clos D'Englora AV 14 2009 T
garnacha, garnacha peluda, cariñena

92 25€

Color cereza, borde granate. Aroma fruta madura, especiado, tostado, complejo, terroso. Boca potente, sabroso, tostado, taninos maduros, largo.

Còdols del Montsant 2013 T
garnacha

87 ★★★★ 8€

Color cereza intenso, borde violáceo. Aroma hierbas secas, fruta madura, equilibrado. Boca frutoso, sabroso, fácil de beber.

Englora 2010 TC
garnacha, cariñena, merlot, syrah

92 ★★★ 15€

Color cereza oscuro. Aroma hierbas de monte, cacao fino, fruta madura. Boca estructurado, sabroso, equilibrado, largo, buena acidez, taninos maduros.

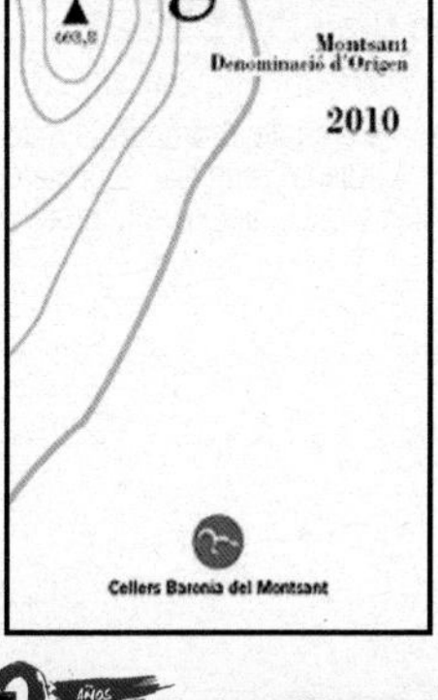

Clos D'Englora Blanc 2012 B
garnacha blanca, viognier

86   20€

Color pajizo brillante. Aroma fruta madura, notas tropicales. Boca sabroso, frutoso, fácil de beber.

Flor D'Englora Garnatxa 2013 T
garnacha

89 ★★★★   8€

Color cereza, borde violáceo. Aroma expresivo, fruta fresca, fruta roja, tostado, hierbas de monte. Boca sabroso, frutoso, buena acidez, taninos maduros.

Flor D'Englora Roure 2011 T
garnacha, cariñena

88 ★★★   10€

Color cereza, borde granate. Aroma fruta madura, especiado, tostado. Boca potente, sabroso, tostado, taninos maduros, fácil de beber.

CELLERS CAN BLAU
Ctra. Bellmunt, s/n
43730 Falset (Tarragona)
☎: +34 629 261 379
Fax: +34 968 716 051
www.orowines.com
info@orowines.com

Blau 2012 T

89 ★★★★   7,5€

Color cereza brillante. Aroma fruta madura, especias dulces, roble cremoso, tostado. Boca sabroso, frutoso, tostado, taninos maduros.

Can Blau 2012 T

91 ★★★★   11,5€

Color cereza muy intenso, borde violáceo. Aroma especiado, ahumado, fruta madura. Boca estructurado, lleno, taninos maduros, especiado.

Mas de Can Blau 2010 T

94   32€

Color cereza, borde granate. Aroma fruta madura, especiado, roble cremoso, tostado, complejo, mineral. Boca potente, sabroso, tostado, taninos maduros.

Mas de Can Blau 2011 T

92   32€

Color cereza, borde granate. Aroma fruta madura, especiado, roble cremoso, tostado, complejo, chocolate, terroso. Boca potente, sabroso, tostado, taninos maduros.

CELLERS SANT RAFEL
Ctra. La Torre, Km. 1,7
43774 Pradell (Tarragona)
☎: +34 689 792 305
www.cellerssantrafel.com
xavi@cellerssantrafel.com

Joana 2013 T

89 ★★★★   6€

Color cereza, borde violáceo. Aroma expresivo, fruta fresca, fruta roja, floral. Boca sabroso, frutoso, buena acidez.

Solpost Blanc 2012 B
garnacha blanca

92 ★★★★★   9,5€

Color amarillo. Aroma fruta madura, flores blancas, especias dulces, roble cremoso. Boca lleno, sabroso, largo, buena acidez, graso.

CELLERS TERRA I VINS
Av. Falset, 17 Bajos
43006 Reus (Tarragona)
☎: +34 633 289 267
cterraivins@gmail.com

Clos del Gos 2013 T

87 ★★★★   6,8€

Color cereza brillante, borde violáceo. Aroma fruta roja, hierbas silvestres, equilibrado. Boca fruta madura, sabroso, fácil de beber.

CELLERS UNIÓ
Joan Oliver, 16-24
43206 Reus (Tarragona)
☎: +34 977 330 055
Fax: +34 977 330 070
www.cellersunio.com
info@cellersunio.com

Dairo 2012 TC
garnacha, mazuelo, syrah

88 ★★★★   6,1€

Color cereza, borde granate. Aroma fruta madura, especiado, roble cremoso, tostado. Boca potente, sabroso, tostado.

El Toro Avanzado Bag in box 3l 2012 T
garnacha

84   7,8€

Mas dels Mets 2013 T
merlot, garnacha, tempranillo, mazuelo

87 ★★★★★   5€

Color cereza opaco, borde granate. Aroma fruta madura, hierbas secas. Boca sabroso, frutoso, fácil de beber.

Perlat Syrah 2012 T
syrah

88 ★★★ 8,3€

Color cereza brillante. Aroma fruta madura, especias dulces, roble cremoso, expresivo. Boca sabroso, frutoso, tostado, taninos maduros.

Roca Blanca 2012 TC
garnacha, mazuelo, syrah

89 ★★★★ 6€

Color cereza muy intenso. Aroma fruta madura, hierbas silvestres, especiado, roble cremoso, mineral. Boca equilibrado, sabroso, largo, balsámico.

CHARMIAN
Avda. Baix Penedès 77-81, 1º 1ª esc. A
43700 El Vendrell (Tarragona)
☎: +34 977 661 862
Fax: +34 977 661 862
www.cataloniacava.net
j.murillo@cataloniacava.net

Charmian 2013 T
88

Color cereza, borde violáceo. Aroma fruta roja, fruta madura, balsámico, mineral, especiado. Boca potente, sabroso, frutoso, concentrado.

Charmian Garnatxa Blanca 2012 B
100% garnacha blanca

86 ★★★★ 7,5€

Color amarillo. Aroma fruta madura, flores secas. Boca frutoso, cierta persistencia, fácil de beber.

Charmian Grenache Old Vines 2008 T
87 12,9€

Color rubí, borde teja. Aroma elegante, especiado, fina reducción, cuero mojado, ebanistería. Boca especiado, taninos finos, largo.

CINGLES BLAUS
Mas de les Moreres - Afueras de Cornudella
43360 Cornudella de Montsant
(Tarragona)
☎: +34 977 310 382
Fax: +34 977 323 928
www.cinglesblaus.com
info@cinglesblaus.com

Cingles Blaus Aurí 2007 AM
garnacha roja

90 ★★★★ 12€

Color yodo, borde ambarino. Aroma potente, complejo, frutos secos, tostado, rancio. Boca graso, amargoso, matices de solera, largo, especiado.

Cingles Blaus Mas de les Moreres 2010 T
garnacha, cariñena, cabernet sauvignon, merlot

89 11€

Color cereza oscuro, borde granate. Aroma especiado, fina reducción, cuero mojado, tostado. Boca especiado, largo, tostado, buena acidez.

Cingles Blaus Octubre 2011 T
garnacha, cariñena

88 ★★★★ 7€

Color cereza brillante. Aroma fruta madura, especias dulces, expresivo. Boca sabroso, frutoso, tostado, taninos maduros.

Cingles Blaus Octubre 2013 B
macabeo, garnacha blanca, chardonnay

89 ★★★★ 6€

Color pajizo. Aroma fresco, fruta fresca, flores blancas, cítricos. Boca sabroso, frutoso, buena acidez, fino amargor.

Cingles Blaus Octubre 2013 RD
garnacha, cariñena

88 ★★★★ 6€

Color rosáceo pálido. Aroma potente, fruta madura, fruta roja, floral, expresivo. Boca potente, frutoso, fresco.

Cingles Blaus Selecció 2009 T
garnacha, cariñena

88 18€

Color cereza oscuro. Aroma cuero muy curtido, tabaco, hierbas de monte. Boca sabroso, taninos maduros.

COCA I FITÓ
Avda. Onze de Setembre s/n
43736 El Masroig (Tarragona)
☎: +34 619 776 948
Fax: +34 935 457 092
www.cocaifito.com
info@cocaifito.cat

Coca i Fitó Negre 2010 T
91 26€

Color cereza, borde granate. Aroma fruta madura, hierbas silvestres, terroso, especiado, roble cremoso, fina reducción. Boca equilibrado, sabroso, largo, balsámico.

Coca i Fitó Rosa 2013 RD
100% syrah

89 11,2€

Color cereza claro. Aroma fruta madura, fruta roja, floral, expresivo, balsámico. Boca potente, frutoso, fresco, equilibrado.

Jaspi Maragda 2011 T
91 ★★★ 13,5€

Color cereza, borde granate. Aroma fruta roja, fruta madura, balsámico, piedra seca, equilibrado. Boca sabroso, potente, balsámico, correcto.

Jaspi Negre 2011 T
87 ★★★ 8,5€

Color cereza brillante. Aroma fruta madura, especias dulces, roble cremoso, hierbas de monte. Boca frutoso, sabroso, tostado.

COOPERATIVA FALSET MARÇA

Miquel Barceló, 31
43730 Falset (Tarragona)
☎: +34 977 830 105
www.la-cooperativa.cat
info@etim.cat

Ètim 2013 B
garnacha blanca

86 ★★★★   6,4€

Color pajizo brillante. Aroma fresco, fruta fresca, flores secas. Boca sabroso, frutoso, buena acidez.

Ètim L'Esparver 2009 T
garnacha, samsó, cabernet sauvignon, syrah

87   25€

Color guinda. Aroma especiado, fina reducción, cuero mojado, ebanistería, tostado. Boca especiado, largo, tostado.

Ètim Negre 2012 T
garnacha, samsó, syrah

89 ★★★★   6,4€

Color cereza, borde violáceo. Aroma fruta roja, floral, hierbas silvestres, especiado, expresivo. Boca sabroso, fresco, frutoso, especiado, balsámico.

Ètim Old Vines Grenache 2010 T
garnacha

90 ★★★★★   10€

Color cereza, borde granate. Aroma fruta madura, hierbas silvestres, terroso, especiado. Boca equilibrado, sabroso, largo, balsámico.

Ètim Ranci AM
garnacha, samsó

92 ★★★★★   8,4€

Color caoba claro. Aroma acetaldehído, ebanistería, especiado, almendra tostada, fruta escarchada. Boca lleno, especiado, fino amargor.

Ètim Rosat 2013 RD
garnacha, syrah

84   6,4€

Ètim Syrah 2010 T
syrah

89   19,4€

Color cereza, borde granate. Aroma fruta madura, especiado, roble cremoso, tostado, fina reducción. Boca potente, sabroso, tostado, taninos maduros.

Ètim Verema Tardana Negre 2011 T
garnacha

90 ★★★★★   8,4€

Color cereza, borde granate. Aroma equilibrado, expresivo, fruta escarchada, fruta al licor, tostado. Boca buena acidez, sabroso.

Imus Selecció de Vinyes 2013 T
garnacha, samsó, cabernet sauvignon, merlot

84   3,9€

La Dama de Blanc 2010 BFB
100% garnacha blanca

90

Color amarillo brillante. Aroma potente, fruta madura, especias dulces, roble cremoso, hierbas de tocador. Boca graso, retronasal ahumado, sabroso, fresco, buena acidez.

Lo Dolç Joglar 2013 T
samsó

87

Color cereza opaco. Aroma fruta escarchada, pastelería, notas amieladas, tostado. Boca sabroso, balsámico.

Lo Foc del Castell 2010 T
garnacha, samsó, syrah, cabernet sauvignon

88

Color cereza, borde granate. Aroma equilibrado, complejo, fruta madura, especiado, cuero mojado, tabaco. Boca estructurado, sabroso, taninos maduros.

Lo Senyor del Castell 2012 T
garnacha, samsó, syrah

89

Color cereza, borde granate. Aroma fruta madura, especiado, roble cremoso, tostado, complejo, terroso. Boca potente, sabroso, tostado.

EDICIONES I-LIMITADAS

Claravall, 2
8021 (Barcelona)
☎: +34 932 531 760
Fax: +34 934 173 591
www.edicionesi-limitadas.com
info@edicionesi-limitadas.com

Faunus 2012 T
syrah, tempranillo, cariñena, merlot

88   10,7€

Color cereza brillante. Aroma fruta madura, especias dulces, roble cremoso, intensidad media. Boca frutoso, sabroso, tostado.

Luno 2012 T
garnacha, cariñena, syrah, cabernet sauvignon

92 ★★★★★   9,5€

Color cereza, borde granate. Aroma especiado, tostado, complejo, expresión frutal. Boca potente, sabroso, tostado, taninos maduros.

Núvol 2013 B
garnacha blanca, macabeo

89 ★★★   9,9€

Color amarillo brillante. Aroma equilibrado, expresivo, hierbas silvestres, fruta madura. Boca equilibrado, fino amargor.

Terrícola 2012 T
garnacha, cariñena, syrah, cabernet sauvignon

93 ★★★★   12,5€

Color cereza, borde granate. Aroma fruta madura, especiado, complejo, terroso, hierbas de monte. Boca potente, sabroso, tostado, taninos maduros.

EL VI A PUNT
Raval del Roser, 3
43886 Vilabella (Tarragona)
☎: +34 625 408 974
www.elviapunt.com
comercial@elviapunt.com

Qua Bag in box (3 litros) 2013 T
84   11€

ESPECTACLE VINS
Crat. Bellmunt – sort dels Capellans
43730 Falset (Tarragona)
☎: +34 977 839 171
Fax: +34 977 839 326
www.espectaclevins.com
closmogador@closmogador.com

Espectacle 2011 T
100% garnacha

96   100€

Color cereza, borde granate. Aroma fruta madura, expresivo, fresco, balsámico, complejo, especiado. Boca equilibrado, taninos maduros, lleno.

ESTONES
Pl. Sort dels Capellans, Nau Bahaus
43740 Falset (Tarragona)
☎: +34 666 415 735
www.massersal.com
vins@massersal.com

Estones 2011 T
87   17€

Color cereza muy intenso. Aroma chocolate, especias dulces, fruta madura, fruta confitada. Boca equilibrado, taninos maduros.

Estones de Mishima "Set Tota la Vida" 2012 T
89

Color cereza, borde granate. Aroma fruta madura, especiado, roble cremoso, tostado, complejo. Boca potente, sabroso, tostado.

Petit Estones 2012 T
88   11€

Color cereza, borde granate. Aroma fruta madura, hierbas silvestres, terroso, especiado, roble cremoso. Boca equilibrado, sabroso, largo, balsámico.

FRANCK MASSARD
Rambla Arnau de Vilanova, 6
8800 Vilanova i La Geltrú (Barcelona)
☎: +34 938 956 541
Fax: +34 938 956 541
www.epicure-wines.com
info@epicure-wines.com

El Brindis 2012 T
89 ★★★★   7,5€

Color cereza, borde granate. Aroma fruta madura, especiado, cerrado. Boca potente, sabroso, tostado, taninos maduros, equilibrado.

Finca El Romero 2011 TC
100% cariñena

89   11,5€

Color cereza, borde granate. Aroma fruta madura, hierbas silvestres, terroso, especiado, roble cremoso. Boca equilibrado, sabroso, largo, balsámico.

I TANT VINS
Passeig del Ferrocarril, 337 Baixos
8860 Castelldefels (Barcelona)
☎: +34 936 628 253
www.aribau.es
albert@aribau.es

I Tant Garnatxa Negra 2013 T
100% garnacha

87 ★★★★   8€

Color cereza intenso. Aroma fruta madura, fruta roja, hierbas de monte. Boca buena acidez, fino amargor.

Que Si 2013 T
88   12€

Color cereza, borde violáceo. Aroma fruta roja, fruta madura, balsámico, piedra seca. Boca potente, sabroso, especiado, largo.

JOSEP GRAU VITICULTOR

Polígono 7 Parcela 27
43775 Marça (Tarragona)
☎: +34 977 054 071
Fax: +34 977 054 071
www.josepgrauviticultor.com
exec@josepgrauviticultor.com

Dosterras 2012 T
100% garnacha

91 24€

Color cereza, borde granate. Aroma fruta madura, especiado, roble cremoso, tostado, complejo, terroso. Boca potente, sabroso, tostado, equilibrado, balsámico.

L'Efecte Volador 2013 T
90 ★★★★★ 10€

Color cereza muy intenso, borde violáceo. Aroma equilibrado, fruta roja, fruta madura, hierbas secas. Boca equilibrado, fácil de beber, frutoso.

Vespres 2013 T
90 ★★★ 15€

Color cereza intenso, borde violáceo. Aroma expresivo, hierbas silvestres. Boca sabroso, fruta madura, equilibrado, taninos maduros.

MAS DE L'ABUNDÀNCIA VITICULTORS

Camí de Gratallops, s/n
43736 El Masroig (Tarragona)
☎: +34 627 471 444
www.masdelabundancia.com
info@masdelabundancia.com

De Calpino 2013 B
garnacha blanca

89

Color amarillo brillante. Aroma fresco, floral, hierbas de tocador. Boca graso, sabroso, equilibrado, largo, complejo.

Flvminis 2012 T
87

Color cereza brillante. Aroma fruta madura, especias dulces, roble cremoso, terroso. Boca sabroso, frutoso, tostado.

Mas de l'Abundància 2012 T
89

Color cereza, borde granate. Aroma fruta madura, especiado, roble cremoso, hierbas silvestres, mineral. Boca potente, sabroso, tostado, equilibrado.

NOGUERALS

Tou, 5
43360 Cornudella de Montsant
(Tarragona)
☎: +34 650 033 546
www.noguerals.com
cellernoguerals@gmail.com

Corbatera 2011 T
89 12€

Color cereza brillante. Aroma fruta madura, especias dulces, roble cremoso, expresivo. Boca sabroso, frutoso, tostado.

ORIGAMI WINES

Els Guiamets
Els Guiamets (Tarragona)
☎: +34 902 800 229
Fax: +34 938 919 735
www.origamiwines.com
info@origamiwines.com

Mysti Garnatxa 2013 T
garnacha

86 ★★★★ 7,3€

Color cereza, borde violáceo. Aroma fruta roja, fruta madura, hierbas silvestres, mineral. Boca sabroso, balsámico, cierta persistencia.

Mysti Syrah 2011 T
100% syrah

85 ★★★ 8,3€

ORTO VINS

Passeig de l'Arbre, s/n
43736 El Masroig (Tarragona)
☎: +34 629 171 246
www.ortovins.com
info@ortovins.com

Blanc D'Orto 2013 B
garnacha blanca

87 13€

Color amarillo brillante. Aroma intensidad media, flores marchitas. Boca equilibrado, correcto, fino amargor, graso.

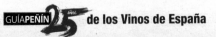

Blanc D'Orto Brisat 2011 B
100% garnacha blanca

90 ★★★   14€

Color dorado brillante. Aroma fruta madura, frutos secos, potente, tostado, ebanistería. Boca sabroso, frutoso, especiado, tostado, largo.

Dolç D'Orto 2013 B

93 ★★★★   13€

Color dorado. Aroma potente, floral, notas amieladas, fruta escarchada, hierbas de tocador. Boca sabroso, dulce, fresco, frutoso, buena acidez, largo, equilibrado, elegante.

La Carrerada 2012 T
100% samsó

93   30€

Color cereza brillante. Aroma fruta madura, especias dulces, roble cremoso, mineral, balsámico, equilibrado. Boca sabroso, frutoso, especiado, equilibrado, elegante.

Les Comes D'Orto 2012 T

87   17€

Color cereza brillante. Aroma fruta madura, especias dulces, roble cremoso, intensidad media. Boca frutoso, sabroso, tostado.

Les Pujoles 2012 TC
100% ull de llebre

92   30€

Color cereza, borde granate. Aroma fruta madura, especiado, roble cremoso, tostado, complejo, mineral, balsámico. Boca potente, sabroso, tostado, equilibrado.

Les Tallades de Cal Nicolau 2012 TC
picapoll

93   50€

Color cereza, borde granate. Aroma fruta madura, especiado, roble cremoso, tostado, complejo, terroso, hierbas de tocador, piedra seca. Boca potente, sabroso, tostado, balsámico.

Orto 2012 T

89 ★★★   10€

Color cereza, borde granate. Aroma fruta roja, balsámico, mineral, especiado, equilibrado. Boca elegante, sabroso, fresco, frutoso.

Palell 2012 TC
100% garnacha peluda

93   40€

Color cereza brillante. Aroma roble cremoso, fruta al licor, balsámico, piedra seca. Boca frutoso, sabroso, equilibrado, elegante.

PORTAL DEL MONTSANT

Carrer de Dalt, s/n
43775 Marça (Tarragona)
☎: +34 933 950 811
Fax: +34 933 955 500
www.portaldelmontsant.com
tsoler@parxet.es

Bruberry 2012 T
cariñena, garnacha

90 ★★★★   10,9€

Color cereza, borde granate. Aroma fruta madura, especiado, roble cremoso, tostado, complejo, mineral. Boca potente, sabroso, tostado.

Bruberry 2013 B
garnacha blanca, garnacha gris

90 ★★★★   10,1€

Color pajizo brillante. Aroma flores blancas, hierbas de tocador, expresión frutal. Boca fresco, frutoso, sabroso, equilibrado, elegante.

Brunus 2011 T
cariñena, garnacha

92 ★★★★   12,9€

Color cereza muy intenso. Aroma fruta roja, expresión frutal, floral, fruta al licor, terroso. Boca estructurado, largo, buena acidez.

Brunus Rosé 2013 RD
garnacha

89   11,5€

Color rosa vivo. Aroma pétalos de rosa, floral, hierbas de tocador, mineral, expresivo. Boca fresco, frutoso, sabroso.

Santbru 2009 T
cariñena, garnacha

93

Color cereza, borde granate. Aroma especiado, terroso, mineral, hierbas de monte. Boca especiado, fruta madura, balsámico, cierta persistencia, taninos finos.

Santbru 2010 T
cariñena, garnacha

93   20€

Color cereza, borde granate. Aroma fruta roja, fruta madura, roble cremoso, balsámico, mineral. Boca equilibrado, sabroso, frutoso.

Santbru Blanc 2012 B

92

Color amarillo brillante. Aroma potente, fruta madura, especias dulces, roble cremoso, hierbas de tocador. Boca graso, retronasal ahumado, sabroso, fresco, buena acidez, elegante.

SOMSIS

Apartado 96
43730 Falset (Tarragona)
☎: +34 662 214 291
www.somsis.es
info@somsis.es

Somsis 2010 TC

90 ★★★★   11€

Color cereza, borde granate. Aroma fruta roja, fruta madura, especiado, roble cremoso, tostado, complejo, terroso. Boca potente, sabroso, tostado, taninos maduros.

Somsis 2012 T

87 ★★★★   6,5€

Color cereza opaco, borde granate. Aroma potente, hierbas secas, especiado. Boca fruta madura, taninos maduros.

TERRA PERSONAS

www.terrapersonas.festis.cat
ruud@terrapersonas.com

Terra Negra 2010 T

88   11€

Color cereza intenso, borde granate. Aroma ahumado, tostado, especiado. Boca sabroso, taninos maduros, buena acidez.

Terra Vermella 2012 T

87 ★★★★   6,5€

Color cereza oscuro, borde violáceo. Aroma hierbas de monte, especiado, fruta madura. Boca equilibrado, correcto.

TERRASSES DEL MONTSANT

Major, 14
43746 La Serra d'Almos (Tarragona)
☎: +34 932 051 009
Fax: +34 932 051 120
www.heretatnavas.com
info@heretatnavas.com

Heretat Navas 2012 T

87

Color cereza brillante. Aroma fruta madura, especias dulces. Boca sabroso, frutoso, tostado, taninos maduros.

VENUS LA UNIVERSAL

Ctra. Porrera, s/n
43730 Falset (Tarragona)
☎: +34 699 354 135
www.venuslauniversal.com
info@venuslauniversal.com

Dido 2012 T

garnacha, syrah, cabernet sauvignon, merlot

92 ★★★ ✿   15,5€

Color cereza intenso, borde violáceo. Aroma potente, hierbas secas, fruta madura, especiado, mineral. Boca complejo, largo, balsámico.

Dido Blanc 2013 B

macabeo, garnacha blanca, xarel.lo

92 ★★★   16€

Color amarillo brillante. Aroma balsámico, piedra seca, floral, cítricos, expresión frutal, expresivo. Boca sabroso, graso, complejo, especiado, elegante.

Venus 2010 T

cariñena, syrah, garnacha

94 ✿   28,5€

Color cereza, borde granate. Aroma fruta madura, hierbas silvestres, especiado, cerrado. Boca equilibrado, sabroso, largo, balsámico, lleno, complejo, buena acidez.

VINYES DOMÈNECH

Camí del Collet, km. 3,8
43776 Capçanes (Tarragona)
☎: +34 670 297 395
www.vinyesdomenech.com
jidomenech@vinyesdomenech.com

Furvus 2011 T

92 ★★★   15€

Color cereza, borde granate. Aroma hierbas de monte, especiado, fruta madura, terroso, piedra seca, expresivo. Boca potente, sabroso, especiado, largo, equilibrado.

Rita 2013 B
100% garnacha blanca

93 ★★★ 16€

Color pajizo brillante. Aroma flores blancas, fruta fresca, expresivo, lías finas, hierbas secas, especiado, elegante. Boca sabroso, frutoso, buena acidez, equilibrado.

Bancal del Bosc 2012 T
88 ★★★ 9€

Color cereza muy intenso, borde granate. Aroma hierbas silvestres, hierbas secas, fruta madura. Boca correcto, taninos maduros.

Bancal del Bosc Blanc 2013 B
garnacha blanca

90 ★★★★★ 9€

Color pajizo brillante. Aroma fresco, fruta fresca, flores blancas, mineral. Boca sabroso, frutoso, buena acidez, equilibrado, elegante.

Teixar 2011 T
100% garnacha peluda

94 34€

Color cereza, borde granate. Aroma fruta madura, hierbas silvestres, terroso, especiado, roble cremoso, mineral. Boca equilibrado, sabroso, largo, balsámico, elegante.

VIÑAS DEL MONTSANT
Partida Coll de Mora , s/n
43775 Marça (Tarragona)
☎: +34 977 831 309
Fax: +34 977 831 356
www.morlanda.com
mariajose.bajon@morlanda.com

Amor Loco 2013 RD
syrah, garnacha

86 ★★★★ 7€

Color rosáceo pálido. Aroma fruta escarchada, flores secas, hierbas de tocador. Boca ligero, sabroso, buena acidez, largo, especiado.

Fra Guerau 2011 TC
merlot, tempranillo

84 9€

VIÑEDOS SINGULARES
Cuzco, 26 - 28, Nave 8
8030 (Barcelona)
☎: +34 934 807 041
Fax: +34 934 807 076
www.vinedossingulares.com
info@vinedossingulares.com

El Veïnat 2013 T
garnacha

89 ★★★ 8,8€

Color cereza, borde granate. Aroma fruta roja, fruta madura, balsámico, especiado, mineral. Boca potente, sabroso, especiado, largo, correcto.

VIRÀMIDUS
Navas de Tolosa 255, 3º-3ª
8026 Barcelona (Barcelona)
☎: +34 696 321 120
www.viramidus.es
viramidus.eph@gmail.com

Viràmidus 2006 TR
garnacha, cariñena, cabernet sauvignon

87 18,2€

Color cereza opaco. Aroma especiado, fina reducción, cuero mojado, ebanistería, tostado. Boca especiado, largo, tostado, sabroso.

Viràmidus Garnatxa 2008 T
garnacha, cabernet sauvignon

86 12,6€

Color cereza oscuro. Aroma ahumado, tostado, especiado. Boca sabroso, buena acidez, taninos maduros.

Viràmidus Grand Selecció 2005 T
garnacha, cariñena, syrah, cabernet sauvignon

88 37,2€

Color rubí borde teja. Aroma elegante, especiado, fina reducción, cuero mojado, ebanistería, espirituoso. Boca especiado, taninos finos, elegante, largo.

Viràmidus Negre 2011 TC
garnacha, cariñena, syrah

87 ★★★★   7,7€

Color cereza, borde granate. Aroma fruta madura, especiado, roble cremoso, tostado, balsámico. Boca potente, sabroso, tostado.

Viràmidus Syrah 2006 T
syrah

86   23,6€

Color cereza muy intenso. Aroma fruta madura, fruta confitada, especias dulces, cacao fino. Boca estructurado, potente.

XIROI VINS
Plaça Europa, 3 5o 3a
43205 Reus (Tarragona)
☎: +34 669 486 713
www.xiroi-vins.com
teretr@yahoo.com

Xiroi 2013 T Barrica
garnacha, cariñena, cabernet sauvignon, syrah

89 ★★★★   6€

Color cereza, borde granate. Aroma fruta madura, hierbas silvestres, terroso, especiado. Boca sabroso, largo, balsámico.

DO. NAVARRA

CONSEJO REGULADOR

Rúa Romana, s/n
31390 Olite (Navarra)
☎: +34 948 741 812 - Fax: +34 948 741 776
@: consejoregulador@vinonavarra.com
info@navarrawine.com
www.navarrawine.com

SITUACIÓN:

En la provincia de Navarra. Aglutina áreas con condiciones climatológicas y edafológicas diferentes que producen vinos de características contrastadas.

▽ Consejo Regulador
　Delimitación de la DO

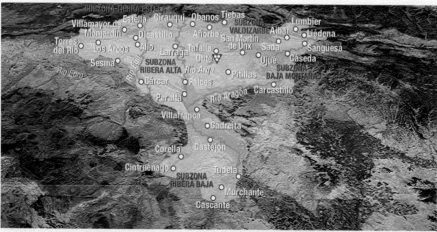

SUBZONAS:

Baja Montaña. Situada al noroeste de Navarra, engloba 22 términos municipales; en ella se cultivan alrededor de 2.500 hectáreas.

Tierra Estella. En la Navarra media occidental, se extiende a lo largo del Camino de Santiago. Posee 1.800 has. de viñedo cultivadas en 38 términos municipales.

Valdizarbe. En la Navarra media. Es el centro neurálgico del Camino de Santiago. Acoge 25 términos municipales y la extensión de viñedo es de 1.100 has.

Ribera Alta. En torno a la zona de Olite, copa parte de la Navarra media y el comienzo de la zona meridional. Hay 26 términos municipales y 3.300 ha. de viñedo.

Ribera Baja. En el sur de la provincia, es la zona más importante en cuanto a extensión de viñedo (4.600 ha.). Forman parte de ella 14 términos municipales.

VARIEDADES:

BLANCAS: chardonnay, garnacha blanca, malvasía, moscatel de grano menudo, viura y sauvignon blanc.

TINTAS: cabernet sauvignon, garnacha tinta (mayoritaria), graciano, mazuelo, merlot, tempranillo, syrah y pinot noir.

DATOS:

Nº Has. Viñedo: 11.400 – **Nº Viticultores:** 2.716– **Nº Bodegas:** 100 – **Cosecha 13:** Buena – **Producción 13:** 46.743.758 - **Comercialización:** 64% España - 36% extranjero

SUELOS:

La diversidad de las distintas zonas se refleja también en los suelos. Rojizos o amarillentos y cascajosos en la Baja Montaña, pardocalizos y calizos en Valdizarbe y Tierra Estella, margas calizas y de aluvión en la Ribera Alta, y suelos pardos, grises subdesérticos, pardo-calizos y de aluvión en la Ribera Baja.

CLIMA:

Propio de zonas secas subhúmedas en la franja septentrional, con índices de lluvias medios anuales, que oscilan entre los 683 y 593 mm. Clima de transición en la zona media, que va evolucionando hacia condiciones más áridas en las áreas meridionales, donde la pluviometría media se reduce a 448 mm. anuales.

CARACTERÍSTICAS GENERALES DE LOS VINOS

BLANCOS	Se elaboran blancos jóvenes y fermentados en barrica. Estos últimos, fundamentalmente a base de chardonnay, son de color dorado, y con unos aromas cremosos y tostados bien conjuntados con el carácter frutal de la variedad. Los dulces a base de moscatel de grano menudo arrojan aromas amielados y en boca son frescos, sabrosos y complejos.
ROSADOS	La mayoría elaborados a partir de garnacha, pero también hay ejemplos a partir de tempranillo o cabernet sauvignon. De color rosado-frambuesa, son muy frescos, afrutados, con gran carácter de frutos rojos; en boca, equilibrados, sabrosos y buena frutosidad.
TINTOS	Está determinado por la variedad y el lugar donde se encuentra el viñedo. En el norte los vinos (fundamentalmente de tempranillo) serán más frescos y ácidos, mientras que en el sur (garnachas) la fruta se muestra más madura y suave en boca, con matices balsámicos y varietales bien definidos.

CLASIFICACIÓN COSECHAS

GUÍA**PEÑÍN**

2009	2010	2011	2012	2013
BUENA	MUY BUENA	MUY BUENA	MUY BUENA	BUENA

ADEGA Y VIÑEDOS PACO & LOLA

Valdamor, 18 - XII
36986 Meaño (Pontevedra)
☎: +34 986 747 779
Fax: +34 986 748 940
www.pacolola.com
comercial@pacolola.com

Paco by Paco & Lola 2012 T

87   11€

Color cereza, borde granate. Aroma fruta madura, especiado, hierbas secas. Boca potente, sabroso, correcto, fácil de beber.

ASENSIO VIÑEDOS Y BODEGAS

Mayor, 84
31293 Sesma (Navarra)
☎: +34 948 698 078
Fax: +34 948 698 097
www.bodegasasensio.com
info@bodegasasensio.com

Javier Asensio 2006 TR
cabernet sauvignon, tempranillo

86 ★★★   10€

Color cereza, borde granate. Aroma fruta madura, hierbas silvestres, especiado, roble cremoso. Boca equilibrado, sabroso, largo, balsámico.

Javier Asensio 2010 TC
syrah, merlot, tempranillo

85 ★★★★   6,5€

Javier Asensio 2013 B
chardonnay, sauvignon blanc

87 ★★★★★   4,5€

Color amarillo brillante. Aroma cítricos, fruta madura, hierbas de tocador, flores blancas. Boca fresco, frutoso, sabroso.

AZUL Y GARANZA BODEGAS

San Juan, 19
31310 Carcastillo (Navarra)
☎: +34 659 857 979
Fax: +34 949 115 185
www.azulygaranza.com
fernando@azulygaranza.com

Graciano de Azul y Garanza 2011 T Barrica

89 ★★★★ ❀   6€

Color cereza, borde granate. Aroma fruta madura, hierbas silvestres, terroso, especiado. Boca equilibrado, sabroso, largo, balsámico.

Seis de Azul y Garanza 2011 T

88 ★★★ ❀   10€

Color cereza, borde granate. Aroma fruta madura, fruta confitada, hierbas secas, potente. Boca estructurado, sabroso, balsámico.

BODEGA DE SADA

Arrabal, 2
31491 Sada (Navarra)
☎: +34 948 877 013
Fax: +34 948 877 433
www.bodegadesada.com
bodega@bodegadesada.com

Palacio de Sada 2011 TC
garnacha

88 ★★★★   6€

Color cereza, borde granate. Aroma fruta madura, especiado, roble cremoso, floral. Boca potente, sabroso, tostado, taninos maduros.

Palacio de Sada 2013 RD
garnacha

89 ★★★★★   4€

Color frambuesa, brillante. Aroma fruta roja, pétalos de rosa, fresco. Boca sabroso, largo, balsámico, buena acidez, frutoso.

Palacio de Sada Garnacha 2013 T
garnacha

87 ★★★★★   4€

Color cereza brillante, borde granate. Aroma hierbas silvestres, equilibrado, floral, fruta madura. Boca frutoso, sabroso, fácil de beber.

BODEGA DE SARRÍA

Finca Señorío de Sarría, s/n
31100 Puente La Reina (Navarra)
☎: +34 948 202 200
Fax: +34 948 172 164
www.bodegadesarria.com
info@taninia.com

Señorío de Sarría 2009 TR
cabernet sauvignon, merlot

88 ★★★★   7,5€

Color cereza muy intenso. Aroma fruta madura, especiado, roble cremoso, tostado, con carácter. Boca potente, sabroso, tostado, taninos maduros.

Señorío de Sarría 2011 TC
cabernet sauvignon, tempranillo

87 ★★★★★   4,5€

Color cereza, borde granate. Aroma fruta madura, especiado, roble cremoso, tostado, hierbas verdes. Boca potente, sabroso, tostado.

Señorío de Sarría 2013 RD
garnacha

87 ★★★★★   3,5€

Color frambuesa, borde violáceo. Aroma fruta madura, fruta roja, floral, expresivo. Boca potente, frutoso, fresco.

Señorío de Sarría Chardonnay 2013 B
chardonnay

86 ★★★★   5,3€

Color pajizo brillante. Aroma intensidad media, flores marchitas. Boca frutoso, correcto, fino amargor.

Señorío de Sarría Moscatel 2013 Blanco dulce
moscatel

88

Color pajizo brillante. Aroma flores blancas, notas amieladas, fruta madura, hierbas silvestres. Boca potente, sabroso, graso, equilibrado.

Señorío de Sarría Viñedo Nº 5 2013 RD
garnacha

87 ★★★★   6€

Color frambuesa, brillante. Aroma expresivo, equilibrado, pétalos de rosa, fruta madura. Boca frutoso, sabroso.

Señorío de Sarría Viñedo Sotés 2010 TC
tempranillo, merlot, cabernet sauvignon, graciano

90 ★★★★★   7,5€

Color cereza, borde granate. Aroma fruta madura, roble cremoso, complejo, balsámico, tostado. Boca potente, sabroso, tostado, taninos maduros.

BODEGA INURRIETA
Ctra. Falces-Miranda de Arga, km. 30
31370 Falces (Navarra)
☎: +34 948 737 309
Fax: +34 948 737 310
www.bodegainurrieta.com
info@bodegainurrieta.com

Altos de Inurrieta 2010 TR
cabernet sauvignon, merlot

91 ★★★★★   9,8€

Color cereza, borde granate. Aroma fruta madura, especiado, roble cremoso, terroso, hierbas secas. Boca potente, sabroso, tostado, taninos maduros.

Inurrieta Cuatrocientos 2011 TC
cabernet sauvignon, merlot, graciano, garnacha

87 ★★★★   6,5€

Color cereza, borde granate. Aroma fruta madura, hierbas silvestres, terroso, especiado, roble cremoso. Boca equilibrado, sabroso, largo, balsámico.

Inurrieta Mediodía 2013 RD
garnacha, cabernet sauvignon, syrah, merlot

90 ★★★★★   4,4€

Color frambuesa, borde violáceo. Aroma potente, fruta madura, fruta roja, floral, expresivo. Boca potente, frutoso, fresco, equilibrado.

Inurrieta Norte 2012 T Roble
merlot, cabernet sauvignon

89 ★★★★★   4,4€

Color cereza brillante, borde granate. Aroma fruta madura, fruta roja, hierbas de monte, especias dulces. Boca frutoso, sabroso.

Inurrieta Orchídea 2013 B
sauvignon blanc

89 ★★★★   5,2€

Color amarillo brillante. Aroma potente, fruta madura, especias dulces, hierbas de tocador. Boca graso, retronasal ahumado, sabroso, fresco, buena acidez.

Inurrieta Orchídea Cuvée 2012 B
sauvignon blanc

89 ★★★   9,6€

Color amarillo brillante. Aroma especias dulces, roble cremoso, hierbas de tocador, cítricos, fruta madura. Boca graso, retronasal ahumado, sabroso, potente.

Inurrieta Sur 2012 T Roble
garnacha, syrah

88 ★★★★★   4,4€

Color cereza intenso, borde granate. Aroma roble cremoso, fruta madura, especiado. Boca sabroso, lleno, taninos maduros.

Laderas de Inurrieta 2010 T
graciano

91   22€

Color cereza, borde granate. Aroma fruta madura, especiado, roble cremoso, tostado, complejo. Boca potente, sabroso, tostado, taninos maduros, equilibrado.

BODEGA MARQUÉS DE MONTECIERZO

San José, 62
31590 Castejón (Navarra)
☎: +34 948 814 414
Fax: +34 948 814 420
www.marquesdemontecierzo.com
info@marquesdemontecierzo.com

Emergente 2010 TC
tempranillo, cabernet sauvignon, merlot
86
Color cereza brillante. Aroma fruta madura, especiado, hierbas secas. Boca potente, sabroso, taninos maduros.

Emergente 2011 T Roble
tempranillo, cabernet sauvignon, merlot
84

Emergente 2012 T
tempranillo, cabernet sauvignon
86
Color cereza brillante, borde granate. Aroma potente, fruta madura, especias dulces, hierbas secas. Boca sabroso, frutoso, correcto.

Emergente 2013 B
chardonnay
83

Emergente Garnacha 2011 T Roble
garnacha
86
Color cereza brillante. Aroma fruta madura, especias dulces, roble cremoso. Boca sabroso, frutoso, tostado.

Emergente Garnacha Selección 2010 T Roble
garnacha
90
Color cereza poco intenso, borde granate. Aroma expresivo, fruta roja, fruta madura, equilibrado, balsámico. Boca frutoso, especiado, buena acidez.

Emergente Moscatel 2013 B
moscatel
86
Color dorado. Aroma floral, notas amieladas, fruta escarchada, intensidad media. Boca sabroso, dulce, fresco, frutoso.

Emergente Reserva Numerada 2006 TR
tempranillo, merlot, cabernet sauvignon
86
Color cereza, borde granate. Aroma equilibrado, fruta madura, tabaco, hierbas de monte. Boca estructurado, taninos maduros.

Emergente Rosado de Lágrima 2013 RD
83

Marques de Montecierzo Merlot Selección 2006 TC
merlot
88
Color rubí, borde teja. Aroma especiado, fina reducción, cuero mojado, ebanistería, espirituoso. Boca especiado, taninos finos, elegante, largo.

BODEGA MÁXIMO ABETE

Ctra. Estella-Sangüesa, Km. 43,5
31495 San Martín de Unx (Navarra)
☎: +34 948 738 120
www.bodegasmaximoabete.com
info@bodegasmaximoabete.com

Guerinda 2010 TC
garnacha, merlot, cabernet sauvignon
88 ★★★★   6,5€
Color cereza, borde granate. Aroma fruta madura, hierbas silvestres, terroso, especiado, roble cremoso. Boca equilibrado, sabroso, largo, balsámico.

Guerinda Casalasierra 2013 RD
100% garnacha
87 ★★★★★   4,3€
Color rosa vivo. Aroma floral, fruta fresca, fruta roja. Boca equilibrado, frutoso, fácil de beber, fino amargor, buena acidez, balsámico.

Guerinda La Cruzica 2010 T
100% tempranillo
87   15€
Color cereza, borde granate. Aroma fruta madura, especias dulces, equilibrado, expresivo. Boca estructurado, buena acidez, equilibrado.

Guerinda Navasentero 2011 T
100% graciano
89 ★★★   9,5€
Color cereza muy intenso, borde granate. Aroma equilibrado, hierbas secas, fruta madura. Boca lleno, taninos maduros, sabroso, largo.

Guerinda Tres Partes 2012 T
100% garnacha
88 ★★★★★   4,3€
Color cereza brillante. Aroma fruta madura, especias dulces, roble cremoso, expresivo. Boca sabroso, frutoso, tostado.

La Blanca Guerinda Chardonnay 2013 B
100% chardonnay
89 ★★★★   5,3€
Color pajizo brillante. Aroma fresco, fruta fresca, flores blancas, expresivo. Boca sabroso, frutoso, buena acidez, equilibrado.

BODEGA OTAZU

Señorío de Otazu, s/n
31174 Etxauri (Navarra)
☎: +34 948 329 200
Fax: +34 948 329 353
www.otazu.com
otazu@otazu.com

Otazu Chardonnay 2013 B

chardonnay

90

Color pajizo brillante. Aroma flores blancas, hierbas de tocador, expresión frutal. Boca fresco, frutoso, sabroso, equilibrado.

Otazu Premium Cuvee 2010 TC

89

Color cereza, borde granate. Aroma fruta madura, especiado, roble cremoso, tostado. Boca potente, sabroso, tostado.

BODEGA PAGO DE CIRSUS

Ctra. de Ablitas a Ribafora, Km. 5
31523 Ablitas (Navarra)
☎: +34 948 386 427
Fax: +34 948 386 420
www.pagodecirsus.com
laura.dominguez@pagodecirsus.com

Pago de Cirsus Chardonnay 2012 BFB

chardonnay

89   13,8€

Color amarillo brillante. Aroma flores blancas, especias dulces, fruta escarchada. Boca frutoso, especiado, fruta madura, fino amargor.

Pago de Cirsus Chardonnay 2013 B

chardonnay

90 ★★★★★   8,9€

Color pajizo brillante. Aroma flores blancas, fruta fresca, expresivo, hierbas secas. Boca sabroso, frutoso, buena acidez, equilibrado.

Pago de Cirsus Cuvée Especial 2010 TR

tempranillo, merlot, syrah

91 ★★★★   12,5€

Color cereza, borde granate. Aroma equilibrado, complejo, cacao fino, especiado. Boca equilibrado, largo, taninos maduros.

Pago de Cirsus Moscatel Vendimia Tardía 2007 BFB

moscatel grano menudo

92   18,6€

Color oro viejo, borde ambarino. Aroma fruta madura, frutos secos, potente, tostado, ebanistería, hierbas silvestres. Boca sabroso, frutoso, especiado, tostado, largo.

Pago de Cirsus Selección de Familia 2009 T

tempranillo, syrah

91   18,6€

Color cereza, borde granate. Aroma fruta madura, hierbas silvestres, terroso, especiado, roble cremoso. Boca equilibrado, sabroso, largo, balsámico.

Pago de Cirsus Vendimia Seleccionada 2011 TC

tempranillo, merlot, syrah

89 ★★★   8,9€

Color cereza, borde granate. Aroma fruta madura, especiado, roble cremoso, tostado, chocolate. Boca potente, sabroso, tostado.

BODEGA SAN MARTÍN S. COOP.

Ctra. de Sanguesa, s/n
31495 San Martín de Unx (Navarra)
☎: +34 948 738 294
Fax: +34 948 738 297
www.bodegasanmartin.com
enologia@bodegasanmartin.com

Alma de Unx 2010 T

garnacha

89   12€

Color cereza brillante. Aroma fruta fresca, equilibrado, balsámico, especiado, tabaco. Boca equilibrado, especiado, buena acidez, taninos maduros.

Alma de Unx 2012 B Barrica

garnacha blanca

87   12€

Color amarillo, pálido. Aroma fruta madura, flores marchitas, tostado, especias dulces. Boca correcto, fino amargor.

Ilagares 2013 B

viura

82   3€

Ilagares 2013 RD

garnacha

86 ★★★★★   3€

Color cereza claro, brillante. Aroma floral, expresivo, fruta fresca, equilibrado. Boca correcto, fino amargor, buena acidez.

Ilagares 2013 T

tempranillo, garnacha

83   3€

Señorío de Unx 2008 TR

tempranillo, garnacha

86 ★★★★   6,3€

Color cereza, borde granate. Aroma fruta madura, especiado, roble cremoso, tostado. Boca potente, sabroso, especiado.

Señorío de Unx 2011 TC

tempranillo, garnacha

87 ★★★★★   3,9€

Color cereza brillante, borde granate. Aroma equilibrado, fruta madura, balsámico. Boca frutoso, fruta madura, largo.

Señorío de Unx 2013 B

garnacha blanca

86 ★★★★★   3,3€

Color pajizo brillante. Aroma fresco, fruta fresca, flores blancas, expresivo. Boca sabroso, frutoso, buena acidez, equilibrado.

Señorío de Unx Garnacha 2013 T

garnacha

86 ★★★★★   3,3€

Color cereza brillante, borde violáceo. Aroma fruta roja, fruta madura, hierbas secas. Boca fácil de beber, frutoso.

BODEGA TÁNDEM

Ctra. Pamplona - Logroño Km. 35,9
31292 Lácar (Navarra)
☎: +34 948 536 031
Fax: +34 948 536 068
www.tandem.es
bodega@tandem.es

Ars In Vitro 2011 T

tempranillo, merlot

87 ★★★★   6€

Color cereza brillante. Aroma fruta madura, especias dulces, balsámico. Boca sabroso, frutoso, tostado, taninos maduros.

Ars Memoria 2008 T
cabernet sauvignon

89   30€

Color cereza, borde granate. Aroma equilibrado, complejo, fruta madura, especiado, hierbas de monte. Boca estructurado, sabroso, taninos maduros.

Ars Nova 2008 T
tempranillo, merlot, cabernet sauvignon

88 ★★★   10€

Color cereza brillante. Aroma fruta madura, especias dulces, roble cremoso, intensidad media, hierbas verdes. Boca frutoso, sabroso, tostado.

Mácula 2006 T
cabernet sauvignon, merlot

89   15€

Color cereza, borde granate. Aroma fruta madura, hierbas silvestres, especiado. Boca equilibrado, sabroso, largo, balsámico.

BODEGA Y VIÑAS VALDELARES
Ctra. Eje del Ebro, km. 60
31579 Carcar (Navarra)
☎: +34 656 849 602
www.valdelares.com
valdelares@valdelares.com

Valdelares 2011 TC
cabernet sauvignon, merlot, tempranillo

88 ★★★★★   3€

Color cereza, borde granate. Aroma fruta madura, hierbas silvestres, especiado, roble cremoso, tostado. Boca potente, sabroso, especiado.

Valdelares 2013 RD
merlot

88 ★★★★★   3€

Color frambuesa, borde violáceo. Aroma potente, fruta madura, fruta roja, floral, expresivo. Boca potente, frutoso, fresco.

Valdelares Cabernet 2011 TC
cabernet sauvignon

89 ★★★   9€

Color cereza, borde granate. Aroma fruta madura, especiado, roble cremoso, tostado, complejo, hierbas silvestres. Boca potente, sabroso, tostado, taninos maduros.

Valdelares Chardonnay 2013 B
chardonnay

85 ★★★★★   3€

Valdelares Dulce 2013 B
100% moscatel

86 ★★★★★   5€

Color dorado. Aroma floral, notas amieladas, hierbas secas. Boca sabroso, dulce, buena acidez, largo.

BODEGAS AGUIRRE
Placeta de Añorbe 1
31370 Falces (Navarra)
☎: +34 948 734 155
Fax: +34 948 714 773
info@bodegasaguirre.es

Castillo de Falces 2013 RD
100% garnacha

84   3,2€

BODEGAS AZPEA
Camino Itúrbero, s/n
31440 Lumbier (Navarra)
☎: +34 948 880 433
Fax: +34 948 880 433
www.bodegasazpea.com
info@bodegasazpea.com

Azpea 2013 RD
garnacha

83 ❧   3,7€

Azpea Garnacha 2006 T
garnacha

84 ❧

Azpea Garnacha 2012 T
garnacha

78 ❧   10€

Azpea Joven 2013 T

82 ❧   3,7€

Azpea Selección 2010 T

81 ❧   5,7€

Azpea Vino Dulce de Moscatel 2012 B
moscatel grano menudo

90 ★★★★ ❧   11€

Color dorado. Aroma potente, floral, notas amieladas, fruta escarchada, hierbas de tocador. Boca sabroso, dulce, fresco, frutoso, buena acidez, largo.

Azpea Viura 2013 B
viura

75 ❧   3,7€

BODEGAS BERAMENDI
Ctra. Tafalla, s/n
31495 San Martín de Unx (Navarra)
☎: +34 948 738 262
Fax: +34 948 738 080
www.bodegasberamendi.com
info@bodegasberamendi.com

Beramendi 2013 RD
garnacha, tempranillo

85 ★★★★★   2,9€

Beramendi 3F 2013 B
chardonnay, moscatel

84   3,2€

Beramendi 3F 2013 RD
garnacha

86 ★★★★★   3,2€
Color frambuesa, borde violáceo. Aroma potente, fruta madura, fruta roja, hierbas de tocador. Boca potente, frutoso, fresco.

Beramendi Tempranillo 2010 TC
tempranillo

86 ★★★★   5,1€
Color cereza, borde granate. Aroma fruta madura, especiado, roble cremoso, tostado, complejo. Boca potente, sabroso, tostado.

BODEGAS CAMILO CASTILLA
Santa Bárbara, 40
31591 Corella (Navarra)
☎: +34 948 780 006
Fax: +34 948 780 515
www.bodegasab.com
info@camilocastilla.com

Capricho de Goya Dulce PX Gran Reserva
moscatel grano menudo

93 ★★★★   12€
Color caoba oscuro. Aroma complejo, espirituoso, fruta pasificada, pastelería, tostado, acetaldehído. Boca dulce, graso, untuoso, potente.

Montecristo 2013 B
moscatel grano menudo

85 ★★★★★   4,5€

Montecristo Dulce 2013 B
100% moscatel grano menudo

86 ★★★   8,5€
Color dorado. Aroma floral, notas amieladas, fruta escarchada, hierbas de tocador. Boca sabroso, dulce, fresco, frutoso, buena acidez, largo.

BODEGAS CASTILLO DE MONJARDÍN
Viña Rellanada, s/n
31242 Villamayor de Monjardín
(Navarra)
☎: +34 948 537 412
Fax: +34 948 537 436
www.monjardin.es
sonia@monjardin.es

Castillo de Monjardín 2011 TC
cabernet sauvignon, merlot, tempranillo

87 ★★★★   5,9€
Color cereza brillante. Aroma fruta madura, especias dulces, roble cremoso, balsámico. Boca frutoso, sabroso, tostado.

Castillo de Monjardín Chardonnay 2009 B Reserva
chardonnay

92 ★★★★   11,2€
Color amarillo brillante. Aroma especias dulces, roble cremoso, fruta escarchada, expresivo, equilibrado, complejo. Boca graso, sabroso.

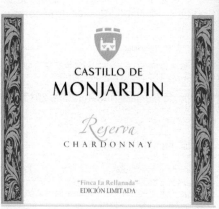

Castillo de Monjardín Chardonnay 2011 BFB
chardonnay

93 ★★★★★   7,9€
Color amarillo brillante. Aroma potente, especias dulces, roble cremoso, hierbas de tocador, flores marchitas. Boca graso, retronasal ahumado, sabroso, fresco, buena acidez.

Castillo de Monjardín Chardonnay 2013 B
chardonnay

83   5,9€

Castillo de Monjardín Deyo 2009 TC
merlot

88 ★★★★   7,9€
Color cereza, borde granate. Aroma fruta madura, hierbas silvestres, terroso, especiado, roble cremoso. Boca equilibrado, balsámico, fácil de beber.

Castillo de Monjardín Finca los Carasoles 2008 TR
cabernet sauvignon, tempranillo

90 ★★★★   11,9€
Color cereza muy intenso. Aroma fruta madura, especiado, roble cremoso, tostado. Boca potente, sabroso, tostado, taninos maduros.

Castillo de Monjardín Garnacha Old Vines 2012 T
garnacha

90

Color cereza brillante. Aroma fruta fresca, frambuesa, fruta roja, hierbas de tocador, expresivo. Boca fresco, frutoso, sabroso, especiado, balsámico.

Castillo de Monjardín Rosado de Lágrima 2013 RD
cabernet sauvignon

88 ★★★★★   3,9€

Color cereza claro. Aroma potente, fruta roja, floral, balsámico. Boca potente, frutoso, fresco, fácil de beber.

Castillo de Monjardín Tempranillo 2013 T
tempranillo

85 ★★★★★   3,9€

Esencia Monjardín 2007 B
chardonnay

93   78,2€

Color dorado brillante. Aroma fruta madura, cítricos, notas amieladas, fruta al licor, hierbas silvestres. Boca largo, especiado, balsámico, frutoso, sabroso.

BODEGAS CAUDALIA
San Francisco, 7
26300 Najera (La Rioja)
☎: +34 670 833 340
www.bodegascaudalia.com
info@bodegascaudalia.com

Paal 01 2012 T
syrah

88 ★★★   8,5€

Color cereza, borde granate. Aroma fruta madura, especiado, roble cremoso, tostado, balsámico. Boca potente, sabroso, tostado.

Xi'lpal 2012 T
syrah

89

Color cereza intenso, borde violáceo. Aroma expresión frutal, fruta madura, potente. Boca equilibrado, taninos maduros, frutoso.

BODEGAS CORELLANAS
Santa Bárbara, 29
31591 Corella (Navarra)
☎: +34 948 780 029
Fax: +34 948 781 542
www.bodegascorellanas.com
info@bodegascorellanas.com

Moscatel Sarasate Expresión 2013 B
moscatel grano menudo

86 ★★★★   7€

Color pajizo brillante. Aroma fresco, fruta fresca, flores blancas. Boca sabroso, frutoso, buena acidez, equilibrado.

Viña Rubicán 2010 TC
tempranillo, cabernet sauvignon

85 ★★★★   6€

Viña Rubicán 2013 B
moscatel

86 ★★★★★   4€

Color pajizo brillante. Aroma flores blancas, hierbas de tocador, expresión frutal. Boca fresco, frutoso, sabroso, equilibrado.

Viña Rubicán Tempranillo 2012 T Roble
tempranillo

82   4€

Viña Rubicán Único 2007 TC
garnacha, tempranillo

88 ★★★   9€

Color cereza, borde granate. Aroma fruta confitada, fruta al licor, especiado. Boca sabroso, confitado, balsámico.

BODEGAS DE LA CASA DE LÚCULO
Ctra. Larraga, s/n
31150 Mendigorría (Navarra)
☎: +34 948 343 148
www.luculo.es
bodega@luculo.es

Jardín de Lúculo 2012 T
100% garnacha

92 ★★★★★   10€

Color cereza, borde granate. Aroma fruta madura, especiado, roble cremoso, tostado, complejo, chocolate, terroso. Boca potente, sabroso, tostado, taninos maduros, elegante.

Jardín de Lúculo Los Bohemios 2012 T
100% garnacha

90 ★★★★★   5,3€

Color cereza, borde granate. Aroma expresivo, equilibrado, fruta madura, hierbas silvestres. Boca frutoso, sabroso, largo.

Jardín de Lúculo Los Bohemios 2013 RD
100% garnacha

87 ★★★★   **5,3€**

Color frambuesa, brillante. Aroma fruta roja, hierbas de tocador, floral. Boca frutoso, fresco, buena acidez.

BODEGAS FERNÁNDEZ DE ARCAYA
La Serna, 31
31210 Los Arcos (Navarra)
☎: +34 948 640 811
www.fernandezdearcaya.com
info@fernandezdearcaya.com

Fernández de Arcaya 2010 TR
100% cabernet sauvignon

89   **24€**

Color cereza, borde granate. Aroma fruta roja, fruta madura, especiado, roble cremoso, tostado, complejo. Boca potente, sabroso, tostado.

Viña Perguita 2011 TC

88   **12€**

Color cereza, borde granate. Aroma fruta madura, especiado, roble cremoso, tostado, complejo. Boca potente, sabroso, tostado.

Viña Perguita 2013 T Roble

83   **6€**

BODEGAS GRAN FEUDO
Ribera, 34
31592 Cintruénigo (Navarra)
☎: +34 948 811 000
Fax: +34 948 811 407
www.granfeudo.com
info@granfeudo.com

Gran Feudo 2009 TR
tempranillo, cabernet sauvignon, merlot

88 ★★★★   **7,5€**

Color cereza brillante, borde granate. Aroma potente, fruta madura, hierbas secas. Boca sabroso, amargoso, taninos maduros.

Gran Feudo 2010 TC
tempranillo, garnacha, cabernet sauvignon, merlot

89 ★★★★   **5,3€**

Color cereza, borde granate. Aroma fruta madura, especiado, roble cremoso, tostado. Boca potente, sabroso, tostado.

Gran Feudo 2012 T Roble
tempranillo

86 ★★★★★   **4,5€**

Color cereza brillante. Aroma fruta madura, especias dulces, roble cremoso. Boca sabroso, frutoso, tostado, taninos maduros.

Gran Feudo 2013 RD
garnacha

89 ★★★★★   **4,5€**

Color frambuesa, borde violáceo. Aroma potente, fruta madura, fruta roja, floral, expresivo. Boca potente, frutoso, fresco, fácil de beber.

Gran Feudo Chardonnay 2013 B
chardonnay

88 ★★★★   **6€**

Color amarillo. Aroma varietal, fruta madura, floral. Boca buena acidez, correcto, fruta madura.

Gran Feudo Edición 2013 RD
garnacha, tempranillo, merlot

89 ★★★   **8,2€**

Color cobrizo. Aroma elegante, flores secas, fruta roja. Boca ligero, sabroso, buena acidez, largo, especiado.

Gran Feudo Edición Dulce de Moscatel 2012 B
moscatel grano menudo

92 ★★★★★   7,9€

Color dorado. Aroma potente, floral, notas amieladas, fruta escarchada, hierbas de tocador. Boca sabroso, dulce, fresco, frutoso, buena acidez, largo.

BODEGAS IRACHE

Monasterio de Irache, 1
31240 Ayegui (Navarra)
☎: +34 948 551 932
Fax: +34 948 554 954
www.irache.com
irache@irache.com

Castillo Irache 2013 B
chardonnay

82   4,3€

Castillo Irache 2013 RD
garnacha

84   4,1€

Gran Irache 2010 TC
tempranillo, cabernet sauvignon, merlot

84   5€

Irache 2004 TR
tempranillo, cabernet sauvignon, merlot

82   7,8€

BODEGAS ITURBIDE

Término la Torre, s/n
31350 Peralta (Navarra)
☎: +34 948 750 537
Fax: +34 647 742 368
www.bodegasiturbide.com
bodegasiturbide@bodegasiturbide.com

Iturbide 2013 T
tempranillo, cabernet sauvignon, garnacha

84   1,7€

Novem 2012 T
tempranillo, garnacha, cabernet sauvignon

84 🌷   2,9€

BODEGAS LEZAUN

Egiarte, 1
31292 Lakar (Navarra)
☎: +34 948 541 339
www.lezaun.com
info@lezaun.com

Egiarte 2009 TR
tempranillo, cabernet sauvignon, merlot

87 ★★★ 🌷   8,5€

Color cereza intenso, borde granate. Aroma fruta madura, hierbas secas, cacao fino. Boca estructurado, sabroso, taninos maduros.

Egiarte 2010 TC
tempranillo, cabernet sauvignon, merlot

87 ★★★★★ 🌷   4,6€

Color cereza, borde granate. Aroma fruta madura, especiado, roble cremoso, tostado, complejo. Boca potente, sabroso, tostado.

Egiarte 2013 T

84 🌷   3€

Egiarte Rosado 2013 RD
garnacha, tempranillo

88 ★★★★★ 🌷   3€

Color cobrizo. Aroma elegante, fruta escarchada, flores secas, hierbas de tocador. Boca ligero, sabroso, buena acidez, largo, especiado.

Lezaun 0,0 Sulfitos 2013 T
tempranillo

87 ★★★★★ 🌷   4,6€

Color cereza, borde violáceo. Aroma equilibrado, fruta roja, fresco. Boca sabroso, correcto, largo.

Lezaun 2009 TR
tempranillo, graciano, garnacha

89 🌷   12€

Color cereza, borde granate. Aroma fruta roja, fruta madura, especiado, roble cremoso, tostado, complejo, terroso. Boca potente, sabroso, tostado, taninos maduros.

Lezaun 2010 TC
tempranillo, cabernet sauvignon, graciano

89 ★★★ 🌷   9€

Color cereza brillante, borde granate. Aroma expresivo, complejo, equilibrado, fruta madura, especias dulces. Boca fruta madura, estructurado, sabroso.

Lezaun Gazaga 2012 T Roble
tempranillo, cabernet sauvignon

88 ★★★★ 🌷   7,5€

Color cereza brillante. Aroma fruta madura, especias dulces, roble cremoso. Boca sabroso, frutoso, tostado.

Lezaun Tempranillo 2013 T
tempranillo

89 ★★★★★ 🌷   4,6€

Color cereza, borde violáceo. Aroma potente, fruta roja, fruta madura, floral, lácticos. Boca potente, fresco, frutoso, untuoso, equilibrado.

Lezaun Txuria 2013 B
garnacha blanca

84 🌷   4,6€

BODEGAS MACAYA

Ctra. Berbinzana, 74
31251 Larraga (Navarra)
☎: +34 948 711 549
Fax: +34 948 711 788
www.bodegasmacaya.com
info@bodegasmacaya.com

Almara Cabernet Sauvignon Vendimia Seleccionada 2009 TR
100% cabernet sauvignon

88   11€

Color cereza, borde granate. Aroma fruta madura, especiado, roble cremoso, tostado. Boca potente, sabroso, tostado.

Condado de Almara Crianza 2009 TC

87 ★★★★   8€

Color cereza brillante. Aroma fruta madura, especias dulces, roble cremoso, intensidad media. Boca frutoso, sabroso, tostado.

Condado de Almara Reserva 2008 TR

88 ★★★   9,5€

Color cereza, borde granate. Aroma fruta madura, especiado, roble cremoso, tostado. Boca potente, sabroso, tostado.

Condado de Almara Selección 2010 T
100% tempranillo

88 ★★★★   6€

Color cereza brillante. Aroma fruta roja, fruta madura, especiado, roble cremoso, tostado. Boca potente, sabroso, tostado, taninos maduros.

Finca Linte 2012 T
100% tempranillo

86 ★★★★★   3€

Color cereza brillante, borde violáceo. Aroma expresión frutal, intensidad media. Boca correcto, equilibrado, buena acidez, cierta persistencia.

BODEGAS MALON DE ECHAIDE

Ctra. de Tarazona, 33
31520 Cascante (Navarra)
☎: +34 948 851 411
Fax: +34 948 844 504
www.malondeechaide.com
info@bodegasdelromero.com

Malón de Echaide 2009 TC
100% tempranillo

86 ★★★★★   3,8€

Color cereza, borde granate. Aroma fruta madura, especiado, roble cremoso, tostado, fina reducción. Boca potente, sabroso, tostado.

Malón de Echaide 2013 RD
100% garnacha

85 ★★★★★   3€

Malón de Echaide Chardonnay 2013 B
100% chardonnay

86 ★★★★★   3,5€

Color pajizo brillante. Aroma fresco, fruta fresca, flores blancas, expresivo. Boca sabroso, frutoso, buena acidez, equilibrado.

Torrecilla 2013 RD

85 ★★★★★   2,5€

Torrecilla 2013 T

84   2€

BODEGAS MARCO REAL

Ctra. Pamplona-Zaragoza, Km. 38
31390 Olite (Navarra)
☎: +34 948 712 193
Fax: +34 948 712 343
www.familiabelasco.com
info@familiabelasco.com

Homenaje 2010 TC
tempranillo, merlot, syrah

89 ★★★★★   4,6€

Color cereza, borde granate. Aroma fruta madura, especiado, roble cremoso, tostado, complejo. Boca potente, sabroso, tostado, taninos maduros, equilibrado.

Homenaje 2012 T
tempranillo, cabernet sauvignon

85 ★★★★★   4€

Homenaje 2013 B
viura, chardonnay, moscatel

88 ★★★★★   4€

Color pajizo brillante. Aroma fresco, fruta fresca, flores blancas, expresivo. Boca sabroso, frutoso, buena acidez, equilibrado.

Marco Real Colección Privada 2011 TC
tempranillo, cabernet sauvignon, merlot, graciano

89 ★★★★   7€

Color cereza, borde granate. Aroma fruta madura, especiado, roble cremoso, tostado, complejo, terroso, hierbas secas. Boca potente, sabroso, tostado, taninos maduros.

Marco Real Pequeñas Producciones Garnacha Corraliza de los Roncaleses 2012 T
garnacha

91 ★★★★   12€

Color cereza brillante. Aroma fruta madura, especias dulces, roble cremoso, hierbas de tocador. Boca sabroso, frutoso, tostado, taninos maduros.

Marco Real Pequeñas Producciones Syrah 2012 TC
syrah

89   12€

Color cereza, borde granate. Aroma fruta madura, fruta roja, hierbas silvestres, expresivo. Boca fruta madura, retronasal afrutado, equilibrado.

Marco Real Pequeñas Producciones Tempranillo 2012 TC
tempranillo

89   12€

Color cereza, borde granate. Aroma fruta madura, especiado, varietal, floral. Boca potente, sabroso, tostado, taninos maduros, frutoso.

Marco Real Reserva de Familia 2009 TR
tempranillo, cabernet sauvignon, merlot, graciano

91 ★★★★   13€

Color cereza, borde granate. Aroma fruta madura, hierbas silvestres, terroso, especiado, roble cremoso. Boca equilibrado, sabroso, largo, balsámico.

Homenaje 2013 RD
garnacha

88 ★★★★★   4€

Color frambuesa, borde violáceo. Aroma potente, fruta madura, fruta roja, expresivo, pétalos de rosa. Boca potente, frutoso, fresco.

BODEGAS NAPARRALDE

Crtra. de Madrid s/n
31591 Corella (Navarra)
☎: +34 948 782 255
Fax: +34 948 401 182
www.upain.es
administracion@naparralde.com

Upain 2013 RD
100% garnacha

87 ★★★★★   4€

Color frambuesa, borde violáceo. Aroma potente, fruta madura, fruta roja, floral, expresivo. Boca potente, frutoso, fresco.

Upain Selección Privada 2008 T

86 ★★★★   7€

Color cereza brillante, borde anaranjado. Aroma equilibrado, tabaco, fruta madura, especiado. Boca sabroso, correcto, especiado.

Upain Selección Privada 2009 T
garnacha

87 ★★★★   8€

Color cereza, borde granate. Aroma fruta madura, especiado, roble cremoso, tostado. Boca potente, sabroso, tostado.

Upain Syrah Selección Privada 2010 T
100% syrah

86 ★★★★   7,5€

Color cereza, borde granate. Aroma fruta madura, especiado, roble cremoso, tostado, complejo. Boca potente, sabroso, tostado, taninos maduros.

Upain Tempranillo Merlot 2008 TC
82   4,5€

Upainberri 2011 T Roble
84   3€

BODEGAS OCHOA
Alcalde Maillata, 2
31390 Olite (Navarra)
☎: +34 948 740 006
Fax: +34 948 740 048
www.bodegasochoa.com
info@bodegasochoa.com

Moscato de Ochoa 2013 B
moscatel grano menudo

87   11,5€

Color pajizo brillante. Aroma fruta madura, flores blancas. Boca sabroso, dulcedumbre.

Ochoa 2008 TR
tempranillo, merlot, cabernet sauvignon

88   13,9€

Color cereza, borde granate. Aroma equilibrado, complejo, fruta madura, especiado, roble cremoso. Boca estructurado, sabroso, taninos maduros.

Ochoa Calendas 2013 B
moscatel grano menudo, chardonnay

86 ★★★★★   4,5€

Color pajizo brillante. Aroma fruta madura, flores marchitas, hierbas secas. Boca fácil de beber, fruta madura.

Ochoa Moscatel Vendimia Tardía 2013 Blanco dulce
moscatel grano menudo

88   12,5€

Color amarillo brillante. Aroma floral, fruta madura, fruta escarchada, notas amieladas. Boca potente, espirituoso, fruta madura.

Ochoa Rosado de Lágrima 2013 RD
garnacha, cabernet sauvignon

88 ★★★★   5,3€

Color frambuesa, borde violáceo. Aroma potente, fruta madura, fruta roja, floral, hierbas de tocador. Boca potente, frutoso, fresco.

Ochoa Serie 8A Mil Gracias 2010 TC
graciano

88   10,5€

Color cereza brillante. Aroma fruta roja, fruta madura, especiado, roble cremoso, tostado, complejo, terroso. Boca potente, sabroso, tostado.

Ochoa Tempranillo 2011 TC
tempranillo

89 ★★★   8,5€

Color cereza, borde granate. Aroma fruta madura, especiado, tostado, balsámico. Boca potente, sabroso, tostado, taninos maduros.

BODEGAS OLIMPIA
Avda. Río Aragón, 1
31490 Cáseda (Navarra)
☎: +34 948 186 262
Fax: +34 948 186 565
www.bodegasolimpia.com
info@bodegasolimpia.com

Bodegas Artajona 2010 TC
cabernet sauvignon, merlot, tempranillo

86 ★★★★★   4€

Color cereza brillante, borde granate. Aroma equilibrado, hierbas secas, especias dulces, fruta madura. Boca correcto, fruta madura.

F. Olimpia 15 de Abril 2013 RD
100% garnacha

85 ★★★★   4€

F. Olimpia Garnacha Blanca 2013 B
100% garnacha blanca

84   5€

F. Olimpia Legado de Familia 2010 T
100% garnacha

90 ★★★★   6,5€

Color cereza, borde granate. Aroma fruta madura, especiado, tostado, balsámico, chocolate. Boca potente, sabroso, tostado, taninos maduros.

BODEGAS ORVALAIZ
Ctra. Pamplona-Logroño, s/n
31151 Óbanos (Navarra)
☎: +34 948 344 437
Fax: +34 948 344 401
www.orvalaiz.es
bodega@orvalaiz.es

8:00 AM 2010 TC
tempranillo, merlot, cabernet sauvignon

85 ★★★★   7€

8:00 AM 2013 RD
cabernet sauvignon

88 ★★★★★   5€

Color piel cebolla. Aroma elegante, fruta escarchada, flores secas, hierbas de tocador, fruta roja. Boca ligero, sabroso, buena acidez, largo, especiado.

8:00 AM Chardonnay 2013 B
chardonnay

84   6€

8:00 AM Devoción 2010 T
merlot, tempranillo

86   12€

Color cereza, borde granate. Aroma fruta madura, especiado, roble cremoso, tostado, complejo. Boca potente, sabroso, tostado.

Orvalaiz 2007 TR
tempranillo, cabernet sauvignon

87 ★★★★   5,3€

Color cereza, borde granate. Aroma equilibrado, complejo, fruta madura, especiado. Boca estructurado, sabroso, taninos maduros.

Orvalaiz 2010 TC
tempranillo, merlot, cabernet sauvignon

86 ★★★★★   3,8€

Color guinda. Aroma especiado, fina reducción, cuero mojado, ebanistería, tostado. Boca especiado, largo, tostado.

Orvalaiz Chardonnay 2013 B
chardonnay

84   3,5€

Orvalaiz Rosado de Lágrima 2013 RD
cabernet sauvignon

88 ★★★★★   3€

Color cereza claro. Aroma potente, fruta madura, fruta roja, floral, expresivo. Boca potente, frutoso, fresco.

Septentrión 2010 TC
merlot, tempranillo

88 ★★★   10€

Color cereza, borde granate. Aroma fruta madura, especiado, roble cremoso, tostado, complejo. Boca potente, sabroso, tostado, taninos maduros, equilibrado.

BODEGAS PAGOS DE ARÁIZ
Camino de Araiz, s/n
31390 Olite (Navarra)
☎: +34 948 399 182
www.bodegaspagosdearaiz.com
info@bodegaspagosdearaiz.com

Blaneo by Pagos de Aráiz 2012 T
100% syrah

88   12,8€

Color cereza muy intenso, borde granate. Aroma potente, fruta madura, muy tostado (torrefactado), chocolate. Boca potente, tostado, retronasal torrefactado, correcto.

Pagos de Aráiz 2011 TC
89 ★★★★   5,9€

Color cereza, borde granate. Aroma fruta madura, especiado, roble cremoso, tostado, complejo. Boca potente, sabroso, tostado, taninos maduros.

Pagos de Aráiz 2013 RD
100% garnacha

88 ★★★★★   4,3€

Color frambuesa, borde violáceo. Aroma potente, fruta madura, fruta roja, floral, expresivo. Boca potente, frutoso, fresco.

BODEGAS PIEDEMONTE
Rua Romana, s/n
31390 Olite (Navarra)
☎: +34 948 712 406
Fax: +34 948 740 090
www.piedemonte.com
bodega@piedemonte.com

Piedemonte +dQuince 2009 T
merlot

88   23€

Color cereza brillante, borde anaranjado. Aroma fruta confitada, fruta madura, cacao fino, roble cremoso. Boca lleno, taninos maduros.

Piedemonte 2008 TR
merlot, tempranillo, cabernet sauvignon

86 ★★★★   7,8€

Color cereza brillante, borde anaranjado. Aroma hierbas de monte, hierbas verdes, especiado. Boca sabroso, taninos maduros.

Piedemonte 2009 TC
merlot, tempranillo, cabernet sauvignon

85 ★★★★   5,4€

Piedemonte 2013 RD
garnacha

85 ★★★★★   3,8€

Piedemonte Cabernet Sauvignon 2009 TC
cabernet sauvignon

87 ★★★★   5,4€

Color cereza, borde granate. Aroma hierbas de monte, fruta madura, especiado. Boca estructurado, sabroso, taninos maduros.

Piedemonte Chardonnay 2013 B
chardonnay

85 ★★★★★   4,5€

Piedemonte Gamma 2012 T
merlot, cabernet sauvignon, tempranillo

81   3,8€

Piedemonte Gamma 2013 B
chardonnay, viura, moscatel

83   3,9€

Piedemonte Merlot 2009 TC
merlot

84   5,4€

Piedemonte Moscatel 2012 B
moscatel grano menudo

87 ★★★★   8€

Color amarillo brillante. Aroma cítricos, fruta madura, notas amieladas, balsámico. Boca potente, sabroso, correcto.

BODEGAS PRÍNCIPE DE VIANA

Mayor, 191
31521 Murchante (Navarra)
☎: +34 948 838 640
Fax: +34 948 818 574
www.principedeviana.com
info@principedeviana.com

Príncipe de Viana 2009 TR

88 ★★★★   6,3€

Color cereza, borde granate. Aroma fruta madura, especiado, ebanistería, hierbas secas. Boca frutoso, sabroso, largo, taninos maduros.

Príncipe de Viana 1423 2009 TR

86   20€

Color cereza brillante, borde granate. Aroma fruta madura, hierbas secas. Boca sabroso, especiado, equilibrado.

Príncipe de Viana Chardonnay 2013 B
100% chardonnay

88 ★★★★   5,5€

Color pajizo brillante. Aroma flores blancas, fruta fresca, expresivo, hierbas secas, especias dulces. Boca sabroso, frutoso, buena acidez, equilibrado.

Príncipe de Viana Edición Limitada 2010 TC

90 ★★★★   12€

Color cereza, borde granate. Aroma fruta madura, hierbas silvestres, terroso, especiado, roble cremoso. Boca equilibrado, sabroso, largo, balsámico.

Príncipe de Viana Garnacha 2013 RD
100% garnacha

86 ★★★★★   4€

Color frambuesa, borde violáceo. Aroma fruta madura, fruta roja, floral. Boca potente, frutoso, fresco.

Príncipe de Viana Garnacha Viñas Viejas 2013 T
100% garnacha

87 ★★★★★   4€

Color cereza brillante, borde violáceo. Aroma fruta roja, violetas, especias dulces. Boca equilibrado, sabroso, amargoso.

Príncipe de Viana Syrah 2013 T Roble
100% syrah

88 ★★★★★   4€

Color cereza brillante. Aroma fruta madura, especias dulces, expresivo, floral. Boca sabroso, frutoso, tostado, taninos maduros.

Príncipe de Viana Tempranillo 2013 T Roble
100% tempranillo

89 ★★★★★   4€

Color cereza, borde violáceo. Aroma fruta roja, hierbas silvestres, especias dulces. Boca frutoso, balsámico, fresco, retronasal afrutado.

Príncipe de Viana Vendimia Selecc. 2011 TC
88 ★★★★★   **5€**
Color cereza brillante. Aroma fruta madura, especias dulces, roble cremoso, balsámico. Boca potente, sabroso, especiado, equilibrado.

BODEGAS VALCARLOS
Ctra. Circunvalación, s/n
31210 Los Arcos (Navarra)
☎: +34 948 640 806
Fax: +34 948 640 866
www.bodegasvalcarlos.com
info@bodegasvalcarlos.com

Élite de Fortius 2009 TR
88   **13,5€**
Color cereza brillante. Aroma fruta madura, especias dulces, roble cremoso, intensidad media. Boca frutoso, sabroso, tostado.

Fortius 2001 TGR
tempranillo, cabernet sauvignon
89   **12,6€**
Color cereza, borde granate. Aroma equilibrado, complejo, fruta madura, especiado, balsámico. Boca estructurado, sabroso, taninos maduros.

Fortius 2006 TR
tempranillo, cabernet sauvignon
86 ★★★   **9,7€**
Color rubí, borde teja. Aroma especiado, fina reducción, cuero mojado, ebanistería. Boca especiado, taninos finos, largo.

Fortius 2013 B
viura, chardonnay
83   **3,9€**

Fortius 2013 RD
tempranillo, merlot
88 ★★★★★   **3,9€**
Color frambuesa, borde violáceo. Aroma potente, fruta madura, fruta roja, floral, expresivo. Boca potente, frutoso, fresco.

Fortius Chardonnay 2013 B
chardonnay
85 ★★★★   **5,3€**

Fortius Merlot 2009 TC
merlot
86 ★★★   **8,1€**
Color cereza brillante. Aroma fruta madura, especias dulces, roble cremoso, intensidad media. Boca frutoso, sabroso, tostado.

Fortius Tempranillo 2009 TC
tempranillo
84   **6,4€**

Fortius Tempranillo 2011 T Roble
100% tempranillo
86 ★★★★   **5,1€**
Color cereza brillante. Aroma fruta madura, especiado. Boca sabroso, frutoso, taninos maduros, fácil de beber, equilibrado.

Marqués de Valcarlos 2009 TC
tempranillo, cabernet sauvignon
86 ★★★★   **6,4€**
Color cereza, borde granate. Aroma fruta madura, especiado, roble cremoso, tostado. Boca potente, sabroso, tostado, taninos maduros.

Marqués de Valcarlos 2013 B
chardonnay, viura
84   **3,9€**

Marqués de Valcarlos 2013 RD
tempranillo, merlot
85 ★★★★★   **3,9€**

Marqués de Valcarlos Chardonnay 2013 B
chardonnay
85 ★★★★   **5,3€**

Marqués de Valcarlos Tempranillo 2011 T Roble
tempranillo
84   **5,1€**

BODEGAS VEGA DEL CASTILLO

Rua Romana, 7
31390 Olite (Navarra)
☎: +34 948 740 012
info@vegadelcastillo.com

Capa Roja 2011 T
tempranillo

89 ★★★★★   4,5€

Color cereza, borde granate. Aroma fruta madura, especiado, roble cremoso, tostado, complejo. Boca potente, sabroso, tostado, taninos maduros.

Crianza Vega del Castillo 2010 TC
merlot, cabernet sauvignon, tempranillo

88 ★★★★★   4€

Color cereza brillante. Aroma fruta madura, especias dulces, roble cremoso, intensidad media. Boca frutoso, sabroso, tostado.

Dubhe 2008 T
merlot, cabernet sauvignon, tempranillo

90 ★★★   15€

Color cereza, borde granate. Aroma fruta madura, especiado, roble cremoso, tostado, complejo, chocolate, terroso. Boca potente, sabroso, tostado, taninos maduros.

Galimatias 2011 T
cabernet sauvignon

88 ★★★★★   4,5€

Color cereza, borde granate. Aroma fruta madura, especiado, roble cremoso, tostado. Boca potente, sabroso, tostado.

Merak 2008 T
merlot, cabernet sauvignon, tempranillo

89 ★★★★   6€

Color cereza, borde granate. Aroma potente, tostado, fruta madura, especiado. Boca frutoso, largo, balsámico, taninos maduros.

Rosado Vega del Castillo 2013 RD
garnacha

88 ★★★★★   4€

Color rosa vivo. Aroma potente, fruta madura, fruta roja, floral, expresivo. Boca potente, frutoso, fresco.

Vega del Castillo Chardonnay 2013 B
chardonnay

87 ★★★★   6€

Color pajizo brillante. Aroma fresco, fruta fresca, flores blancas, expresivo. Boca sabroso, frutoso, buena acidez, equilibrado.

BODEGAS VINÍCOLA NAVARRA

Avda. Pamplona, 25
31398 Tiebas (Navarra)
☎: +34 948 360 131
Fax: +34 948 360 544
www.bodegasvinicolanavarra.com
vinicolanavarra@pernod-ricard.com

Castillo de Javier 2013 RD
garnacha

87 ★★★★★   5€

Color frambuesa, borde violáceo. Aroma potente, fruta madura, fruta roja, floral, expresivo. Boca potente, frutoso, fresco.

Las Campanas 2009 TC
tempranillo, merlot, cabernet sauvignon

84   4,6€

Las Campanas 2013 RD
garnacha

87 ★★★★★   3,2€

Color frambuesa, borde violáceo. Aroma potente, fruta roja, floral, expresivo, fruta fresca. Boca frutoso, fresco, fácil de beber.

Las Campanas Chardonnay 2013 B
chardonnay, viura

88 ★★★★★   3,2€

Color pajizo brillante. Aroma fresco, fruta fresca, flores blancas, expresivo. Boca sabroso, frutoso, buena acidez, equilibrado.

BODEGAS VIÑA MAGAÑA

San Miguel, 9
31523 Barillas (Navarra)
☎: +34 948 850 034
Fax: +34 948 851 536
www.vinamagana.com
bodegas@vinamagana.com

Magaña Calchetas 2006 T

91

Color cereza intenso, borde granate. Aroma elegante, especiado, fina reducción, ebanistería, mineral, fruta madura. Boca especiado, taninos finos, elegante, largo, balsámico.

Magaña Merlot 2007 TR
merlot

87

Color rubí, borde teja. Aroma especiado, fina reducción, cuero mojado, ebanistería, fruta madura, hierbas de monte. Boca especiado, taninos finos.

BODEGAS Y VIÑEDOS ARTAZU

Mayor, 3
31109 Artazu (Navarra)
☎: +34 945 600 119
Fax: +34 945 600 850
artazu@artadi.com

Pasos de San Martín 2012 T
100% garnacha

95 ★★★   13,9€

Color cereza, borde granate. Aroma hierbas silvestres, terroso, roble cremoso, expresión frutal, balsámico, hierbas de monte. Boca equilibrado, sabroso, largo, balsámico.

Santa Cruz de Artazu 2012 T
100% garnacha

94   27,8€

Color cereza, borde granate. Aroma hierbas silvestres, terroso, especiado, roble cremoso, expresión frutal. Boca equilibrado, sabroso, largo, balsámico.

CAMPOS DE ENANZO

Mayor, 189
31521 Murchante (Navarra)
☎: +34 948 838 030
Fax: +34 948 838 677
www.enanzo.com
info@enanzo.com

Enanzo 2007 TR

89 ★★★   8,9€

Color cereza, borde granate. Aroma fruta roja, fruta madura, especiado, roble cremoso, tostado, complejo, balsámico. Boca potente, sabroso, tostado.

Enanzo 2009 TC

85 ★★★★   5,9€

Enanzo 2013 RD
100% garnacha

86 ★★★★★   4,5€

Color cereza claro. Aroma fruta roja, lácticos, hierbas silvestres. Boca fresco, frutoso, sabroso.

Enanzo Chardonnay 2013 B Barrica
100% chardonnay

86 ★★★★   5,9€

Color pajizo brillante. Aroma especias dulces, flores blancas. Boca sabroso, frutoso, especiado, fino amargor.

Remonte 2009 TC

89 ★★★★   5,9€

Color cereza brillante, borde granate. Aroma equilibrado, expresivo, balsámico. Boca frutoso, taninos maduros, sabroso, especiado.

Remonte 2013 RD
100% garnacha

87 ★★★★★   4,5€

Color frambuesa, borde violáceo. Aroma fruta madura, fruta roja, floral, expresivo. Boca potente, frutoso, fresco.

Remonte Chardonnay 2013 B
100% chardonnay

87 ★★★★   5,9€

Color pajizo brillante. Aroma fruta madura, potente, tostado, floral. Boca sabroso, frutoso, especiado, largo, graso.

Remonte Juntos 2012 T

86 ★★★   9,9€

Color cereza brillante. Aroma fruta madura, especias dulces, roble cremoso, expresivo. Boca sabroso, frutoso, tostado, taninos maduros.

COSECHEROS BODEGAS Y VIÑEDOS

Pza. San Antón, 1
31390 Olite (Navarra)
☎: +34 948 740 067
Fax: +34 948 740 067
www.bodegacosecheros.com
info@bodegacosecheros.com

Viña Juguera 2009 TC
tempranillo, garnacha

84

Viña Juguera 2013 B
100% viura

85

Viña Juguera 2013 RD
100% garnacha

87

Color frambuesa, borde violáceo. Aroma potente, fruta madura, fruta roja, floral, expresivo. Boca potente, frutoso, fresco.

Viña Juguera Selección 2009 T
tempranillo, cabernet sauvignon

84

CRIANZAS Y VIÑEDOS R. REVERTE

Lejalde, 43
31593 Fitero (Navarra)
☎: +34 948 780 617
Fax: +34 948 401 894
www.rafaelreverte.es
odipus@rafaelreverte.es

Cistum 2011 T
garnacha

85   15€

Odipus Garnacha 2012 T
garnacha

88 ★★★   10€

Color cereza, borde granate. Aroma fruta madura, fruta al licor, balsámico, equilibrado. Boca fino amargor, potente, sabroso, equilibrado.

DOMAINES LUPIER

Monseñor Justo Goizueta, 4
31495 San Martín de Unx (Navarra)
☎: +34 639 622 111
www.domaineslupier.com
info@domaineslupier.com

Domaines Lupier El Terroir 2011 T
100% garnacha

93   **19,8€**

Color cereza muy intenso. Aroma con carácter, fruta sobremadura, hierbas de monte, balsámico, especias dulces. Boca potente, dulcedumbre.

Domaines Lupier La Dama Viñas Viejas 2011 T
100% garnacha

94   **35€**

Color cereza, borde granate. Aroma hierbas silvestres, terroso, especiado, roble cremoso, fruta escarchada, expresión frutal. Boca equilibrado, sabroso, largo, balsámico.

EMILIO VALERIO - LADERAS DE MONTEJURRA

Paraje de Argonga
31263 Dicastillo (Navarra)
www.laderasdemontejurra.com
info@laderasdemontejurra.com

Amburza 2010 T

92 ★★★★ 🌷   **13€**

Color cereza brillante. Aroma fruta roja, fruta al licor, hierbas silvestres, mineral, especiado, roble cremoso, expresivo. Boca equilibrado, especiado, balsámico.

Emilio Valerio Laderas de Montejurra 2012 T

92 ★★★★★ 🌷   **8€**

Color cereza, borde granate. Aroma fruta madura, especiado, roble cremoso, tostado, complejo, terroso, hierbas silvestres. Boca potente, sabroso, tostado, equilibrado.

La Merced 2012 B
malvasía

92 🌷   **22€**

Color amarillo brillante. Aroma potente, fruta madura, especias dulces, hierbas de tocador. Boca graso, retronasal ahumado, sabroso, fresco, buena acidez.

Usuaran 2011 T

92 🌷   **20€**

Color cereza brillante. Aroma especias dulces, fruta madura, mineral, complejo. Boca estructurado, sabroso, taninos maduros, balsámico.

Viña de San Martín 2011 T
garnacha

93 🌷   **35€**

Color cereza, borde granate. Aroma fruta madura, especiado, roble cremoso, complejo, terroso. Boca potente, sabroso, tostado, taninos maduros.

Viña de San Martín 2012 T
garnacha

94 🌷   **35€**

Color cereza brillante. Aroma complejo, expresivo, hierbas silvestres, fruta roja, fruta madura, especiado. Boca estructurado, lleno.

FINCA ALBRET

Ctra. Cadreita-Villafranca, s/n
31515 Cadreita (Navarra)
☎: +34 948 406 806
Fax: +34 948 406 699
www.fincaalbret.com
info@fincaalbret.com

Albret 2009 TR

90 ★★★★   13€

Color cereza, borde granate. Aroma elegante, equilibrado, fruta madura, fruta roja, hierbas secas. Boca estructurado, especiado.

Albret

RESERVA

Nacer en una tierra donde el vino es mucho más que una tradición es ser portadores de una cultura transmitida y mejorada durante más de 2.000 años, persona a persona, generación tras generación. Y para que nuestro compromiso se mantenga inolorable le hemos puesto nombre, Albret, último Rey de Navarra.

Albret 2013 RD
100% garnacha

89 ★★★   9€

Color frambuesa, borde violáceo. Aroma potente, fruta madura, fruta roja, floral, expresivo. Boca potente, frutoso, fresco.

Albret Chardonnay 2013 BFB
100% chardonnay

90 ★★★★   11€

Color amarillo brillante. Aroma expresión frutal, notas amieladas, especias dulces, roble cremoso. Boca potente, sabroso, especiado, largo.

Albret Garnacha 2013 T
100% garnacha

88 ★★★   9€

Color cereza brillante. Aroma fruta madura, especias dulces, roble cremoso, expresivo. Boca sabroso, frutoso, tostado, taninos maduros.

Albret La Viña de mi Madre 2009 TR

92   30€

Color cereza, borde granate. Aroma fruta madura, especiado, tostado, complejo, hierbas de monte. Boca potente, sabroso, tostado, taninos maduros.

Juan de Albret 2011 TC

89 ★★★   10€

Color cereza brillante, borde granate. Aroma expresivo, equilibrado, fruta madura, fruta roja. Boca frutoso, taninos maduros.

GARCÍA BURGOS

Finca La Cantera de Santa Ana, s/n
31521 Murchante (Navarra)
☎: +34 948 847 734
Fax: +34 948 847 734
www.bodegasgarciaburgos.com
info@bodegasgarciaburgos.com

Finca La Cantera de Santa Ana 2010 T
cabernet sauvignon

91   25€

Color cereza, borde granate. Aroma hierbas silvestres, piedra seca, fruta roja, fruta madura, roble cremoso. Boca potente, sabroso, especiado, largo.

García Burgos Sh 2010 T
syrah

90 ★★★   15€

Color cereza, borde granate. Aroma especiado, fruta madura, ahumado. Boca lleno, frutoso, graso, taninos maduros, largo.

García Burgos Vendimia Seleccionada 2011 T
cabernet sauvignon, merlot, syrah

87   12€

Color cereza, borde granate. Aroma fruta madura, hierbas silvestres, terroso, especiado. Boca equilibrado, sabroso, largo, balsámico.

Lola García 2009 TR
merlot

90 40€

Color cereza, borde granate. Aroma fruta madura, hierbas silvestres, terroso, especiado, roble cremoso, complejo. Boca equilibrado, sabroso, largo, balsámico.

J. CHIVITE FAMILY ESTATE

Ctra. NA-132, Km. 3
31264 Aberin (Navarra)
☎: +34 948 555 285
Fax: +34 948 555 415
www.chivite.com
info@bodegaschivite.com

Chivite Colección 125 2010 TR
100% tempranillo

95 25€

Color cereza, borde granate. Aroma fruta madura, especiado, roble cremoso, tostado, chocolate, terroso. Boca potente, sabroso, tostado, taninos maduros.

RESERVA 2010
Chivite
COLECCION 125
SINGLE VINEYARD
GRANJA DE LEGARDETA

Chivite Colección 125 2012 BFB
chardonnay

96 59€

Color pajizo brillante. Aroma expresivo, lías finas, hierbas secas, flores blancas. Boca sabroso, frutoso, buena acidez, equilibrado.

BLANCO 2012
FERMENTADO EN BARRICA
Chivite
COLECCION 125
SINGLE VINEYARD
GRANJA DE LEGARDETA

Chivite Colección 125 2012 RD Fermentado en Barrica
tempranillo

93 28€

Color piel cebolla. Aroma elegante, fruta escarchada, flores secas, hierbas de tocador, fruta roja. Boca sabroso, buena acidez, largo, especiado.

Chivite Colección 125 Vendimia Tardía 2010 B
moscatel grano menudo

95 29€

Color pajizo brillante. Aroma potente, notas amieladas, fruta escarchada, hierbas de tocador. Boca sabroso, dulce, fresco, frutoso, buena acidez, largo.

Chivite Finca de Villatuerta Chardonnay sobre Lías 2012 B
chardonnay

92 ★★★ 15€

Color pajizo brillante. Aroma flores blancas, lías finas, hierbas secas. Boca sabroso, frutoso, buena acidez, equilibrado.

Chivite
CHARDONNAY
2012
Finca de Villatuerta
SINGLE VINEYARD
GRANJA DE LEGARDETA

Chivite Finca de Villatuerta Selección Especial 2010 T

92 ★★★★ 13€

Color cereza brillante. Aroma especias dulces, roble cremoso. Boca sabroso, frutoso, tostado, taninos maduros.

Chivite
2010
Selección Especial
Finca de Villatuerta
SINGLE VINEYARD
GRANJA DE LEGARDETA

Chivite Finca de Villatuerta Syrah 2011 T
syrah

93 ★★★ 16€

Color cereza muy intenso. Aroma potente, fruta madura, terroso, tostado, café aromático, tabaco. Boca sabroso, buena acidez, amargoso.

LA CALANDRIA. PURA GARNACHA

Camino de Aspra, s/n
31521 Murchante (Navarra)
☎: +34 630 904 327
www.puragarnacha.com
javier@lacalandria.org

Cientruenos 2012 T Barrica
100% garnacha

92 ★★★★★ 10€

Color cereza brillante, borde granate. Aroma complejo, expresivo, varietal, hierbas silvestres, terroso. Boca equilibrado, especiado, largo.

Sonrojo 2013 RD
100% garnacha

88 ★★★★ 7€

Color frambuesa, borde violáceo. Aroma potente, fruta madura, fruta roja, floral, expresivo. Boca potente, frutoso, fresco.

Volandera 2013 T
100% garnacha

88 ★★★★ 8€

Color cereza, borde violáceo. Aroma fruta roja, frambuesa, floral. Boca fresco, frutoso, sabroso, fácil de beber.

NEKEAS

Las Huertas, s/n
31154 Añorbe (Navarra)
☎: +34 948 350 296
Fax: +34 948 350 300
www.nekeas.com
nekeas@nekeas.com

El Chaparral de Vega Sindoa Old Vine Garnacha 2012 T
100% garnacha

88 ★★★ 9€

Color cereza, borde granate. Aroma fruta madura, hierbas silvestres, especias dulces, tostado. Boca equilibrado, sabroso, largo, balsámico.

Izar de Nekeas 2009 TR
cabernet sauvignon, merlot

89 15€

Color cereza intenso, borde granate. Aroma hierbas de monte, especiado, fruta madura. Boca estructurado, taninos marcados de roble.

Nekeas Chardonnay Barrel Fermented 2013 BFB
100% chardonnay

86 ★★★★ 7€

Color amarillo brillante. Aroma especias dulces, flores blancas, fruta madura. Boca sabroso, buena acidez, correcto.

Nekeas 2010 TC
tempranillo, cabernet sauvignon

89 ★★★★ 7€

Color cereza, borde granate. Aroma fruta madura, especiado, roble cremoso, tostado, complejo, chocolate. Boca potente, sabroso, tostado, taninos maduros.

Nekeas 2013 RD
garnacha, tempranillo, merlot

86 ★★★★★ 3,5€

Color cereza claro. Aroma intensidad media, fresco, cítricos, floral, hierbas de tocador. Boca fresco, buena acidez.

Nekeas Cabernet Sauvignon Merlot 2009 TR
cabernet sauvignon, merlot

88 ★★★ 9€

Color cereza, borde granate. Aroma fruta roja, fruta madura, especiado, roble cremoso, tostado, complejo. Boca potente, sabroso, tostado.

Nekeas Cepa x Cepa (CXC) 2012 T
100% garnacha

89 ★★★★★ 5€

Color cereza brillante. Aroma equilibrado, fruta roja, floral, expresivo. Boca fácil de beber, frutoso, balsámico, retronasal afrutado.

Nekeas Chardonnay 2013 B
100% chardonnay

88 ★★★★★ 5€

Color amarillo. Aroma fruta madura, flores secas, expresivo. Boca equilibrado, fino amargor, buena acidez.

Nekeas Viura/ Chardonnay 2013 B
viura, chardonnay

87 ★★★★★ 3,5€

Color pajizo brillante. Aroma intensidad media, hierbas secas, fruta fresca. Boca frutoso, fresco, balsámico, buena acidez.

NUEVOS VINOS

Alfafara, 12 Entlo.
3803 Alcoy (Alicante)
☎: +34 965 549 172
Fax: +34 965 549 173
www.nuevosvinos.es
josecanto@nuevosvinos.es

Terraplen Blanco Viura 2013 B
100% viura

81 5€

Terraplen Rosado Garnacha 2013 RD
100% garnacha

86 ★★★★★   5€

Color frambuesa. Aroma potente, floral, fruta roja. Boca equilibrado, sabroso, buena acidez, fácil de beber.

Terraplen Tinto Garnacha 2013 T
100% garnacha

84   5€

PAGO DE LARRÁINZAR
Camino de la Corona, s/n
31240 Ayegui (Navarra)
☎: +34 948 550 421
Fax: +34 948 556 120
www.pagodelarrainzar.com
info@pagodelarrainzar.com

Pago de Larrainzar 2008 T

92   25€

Color cereza, borde granate. Aroma fruta madura, especiado, roble cremoso, tostado, complejo. Boca potente, sabroso, tostado, taninos maduros.

Pago de Larrainzar Cabernet Sauvignon 2011 T
100% cabernet sauvignon

93   24€

Color cereza, borde granate. Aroma fruta madura, hierbas silvestres, terroso, especiado, roble cremoso, elegante. Boca equilibrado, sabroso, largo, balsámico.

Raso de Larrainzar 2010 T

91 ★★★   14€

Color cereza, borde granate. Aroma fruta madura, especiado, roble cremoso, tostado, complejo, terroso. Boca potente, sabroso, tostado, taninos maduros.

PROYECTO ZORZAL
Ctra. del Villar, s/n
31591 Corella (Navarra)
☎: +34 948 780 617
Fax: +34 948 401 894
www.vinazorzal.com
xabi@vinazorzal.com

Viña Zorzal Garnacha Viñas Viejas 2012 T
garnacha

88 ★★★★   7€

Color cereza brillante. Aroma fruta madura, balsámico, especiado, roble cremoso. Boca potente, sabroso, estructurado.

Viña Zorzal Graciano 2012 T
graciano

87 ★★★★   7€

Color cereza, borde granate. Aroma hierbas secas, fruta madura, cerrado. Boca sabroso, estructurado, buena acidez, equilibrado.

Viña Zorzal La Señora de las Alturas 2010 T

93 ★★★   16€

Color cereza, borde granate. Aroma fruta madura, hierbas silvestres, terroso, especiado, roble cremoso, expresivo. Boca equilibrado, sabroso, largo, balsámico.

SEÑORÍO DE ANDIÓN

Ctra. Pamplona-Zaragoza, Km. 38
31390 Olite (Navarra)
☎: +34 948 712 193
Fax: +34 948 712 343
www.familiabelasco.com
info@familiabelasco.com

Señorío de Andión 2009 T
tempranillo, cabernet sauvignon, merlot, graciano

91   24€
Color cereza, borde granate. Aroma fruta madura, especiado, roble cremoso, complejo, hierbas secas. Boca potente, sabroso, tostado, taninos maduros.

Señorío de Andión Moscatel Vendimia Tardía 2007 B
moscatel grano menudo

94   35€
Color dorado. Aroma potente, floral, notas amieladas, fruta escarchada, hierbas de tocador. Boca sabroso, dulce, fresco, frutoso, buena acidez, largo.

VINOS Y VIÑEDOS DOMINIO LASIERPE

Ribera, s/n
31592 Cintruénigo (Navarra)
☎: +34 948 811 033
Fax: +34 948 815 160
www.dominiolasierpe.com
comercial@dominiolasierpe.com

Dominio Lasierpe 2011 TC
garnacha, graciano

85 ★★★★★   4€

Finca Lasierpe Blanco de Viura 2013 B
100% viura

84   2,2€

Finca Lasierpe Chardonnay 2013 B
100% chardonnay

88 ★★★★★   3,5€
Color pajizo brillante. Aroma fresco, fruta fresca, flores blancas, expresivo. Boca sabroso, frutoso, buena acidez, equilibrado.

Finca Lasierpe Garnacha 2013 RD
100% garnacha

85 ★★★★★   2,2€

Finca Lasierpe Garnacha Tempranillo 2013 T
garnacha, tempranillo

85 ★★★★★   2,2€

VIÑA ALIAGA

Camino del Villar. N-161, Km. 3
31591 Corella (Navarra)
☎: +34 948 401 321
Fax: +34 948 781 414
www.vinaaliaga.com
sales@vinaaliaga.com

Aliaga Carlantonio 2011 B
100% sauvignon blanc

89 ★★★   9€
Color amarillo brillante. Aroma potente, fruta madura, especias dulces, roble cremoso, hierbas de tocador. Boca graso, retronasal ahumado, sabroso, fresco, buena acidez.

Aliaga Colección Privada 2009 TC

87 ★★★★   8€
Color cereza, borde granate. Aroma fruta madura, especiado, roble cremoso, tostado, fina reducción. Boca potente, sabroso, tostado.

Aliaga Cuvée 2010 T

87 ★★★★   7€
Color cereza, borde granate. Aroma fruta madura, especiado, roble cremoso, tostado, complejo. Boca potente, sabroso, tostado, taninos maduros.

Aliaga Doscarlos 2013 B
100% sauvignon blanc

86 ★★★★   6€
Color pajizo brillante. Aroma floral, fruta escarchada, hierbas de tocador. Boca fresco, sabroso, equilibrado.

Aliaga Garnacha Vieja 2010 T
100% garnacha

84   7€

Aliaga Lágrima de Garnacha 2013 RD
100% garnacha

86 ★★★★★   5€
Color cereza claro. Aroma fruta escarchada, flores secas, hierbas de tocador. Boca ligero, sabroso, buena acidez, especiado.

Aliaga Moscatel Vendimia Tardía 2012 B
100% moscatel grano menudo

90 ★★★★★   9€

Color amarillo brillante. Aroma floral, fruta escarchada, notas amieladas, hierbas de tocador. Boca fresco, sabroso, equilibrado.

Aliaga Reserva de la Familia 2008 TR

86 ★★★   10€

Color rubí, borde teja. Aroma especiado, fina reducción, cuero mojado, ebanistería, fruta madura. Boca especiado, equilibrado.

Aliaga Syrha 2009 T
100% syrah

87 ★★★★   7€

Color cereza brillante. Aroma fruta madura, especias dulces, roble cremoso, expresivo. Boca sabroso, frutoso, tostado, taninos maduros.

Aliaga Tempranillo 2012 T
100% tempranillo

83   5€

VIÑA VALDORBA
Ctra. de la Estación, s7n
31395 Garinoain (Navarra)
☎: +34 948 720 505
Fax: +34 948 720 505
www.bodegasvaldorba.com
bodegasvaldorba@bodegasvaldorba.com

Cauro 2002 TR
cabernet sauvignon, graciano

87   14€

Color cereza muy intenso. Aroma especiado, roble cremoso, tostado, con carácter, fruta confitada. Boca potente, sabroso, tostado, taninos maduros.

Eolo 2010 TC
cabernet sauvignon, tempranillo, garnacha, graciano

86 ★★★★★   4,5€

Color cereza brillante. Aroma fruta madura, especias dulces, roble cremoso, intensidad media. Boca frutoso, sabroso, tostado.

Eolo Chardonnay 2013 B
chardonnay

87 ★★★★★   4,5€

Color amarillo brillante. Aroma equilibrado, expresivo, flores secas, cítricos. Boca frutoso, largo, fino amargor, buena acidez.

Eolo Garnacha 2012 T
garnacha

85 ★★★★★   3€

Eolo Moscatel 2012 B
moscatel

89 ★★★★   7€

Color dorado. Aroma potente, floral, notas amieladas, fruta escarchada, hierbas de tocador. Boca sabroso, dulce, fresco, frutoso, buena acidez.

Eolo Roble 2011 T
tempranillo, garnacha

84   3,3€

Eolo Rosado Sangrado 2013 RD
garnacha

84   3€

Eolo Syrah 2011 T
syrah

88 ★★★★   6€

Color cereza, borde granate. Aroma fruta madura, hierbas silvestres, terroso, especiado. Boca equilibrado, sabroso, largo, balsámico.

Gran Eolo 2009 TR
cabernet sauvignon, merlot, garnacha

88 ★★★★   6€

Color cereza, borde granate. Aroma fruta madura, especiado, roble cremoso, tostado, complejo. Boca potente, sabroso, tostado, taninos maduros.

VIÑEDOS DE CALIDAD
Ctra. Tudela, s/n
31591 Corella (Navarra)
☎: +34 948 782 014
Fax: +34 948 782 164
www.vinosalex.com
javier@vinosalex.com

Alex 2007 TR
tempranillo, merlot

85 ★★★   10€

Alex 2010 TC
tempranillo, merlot, graciano

88 ★★★★   7€

Color cereza brillante, borde granate. Aroma fruta madura, hierbas secas, especiado. Boca estructurado, sabroso, taninos maduros.

Alex Garnacha 2013 RD
garnacha

89 ★★★★★   5€

Color cereza claro. Aroma fruta escarchada, floral, hierbas de tocador, expresivo. Boca fresco, frutoso, fácil de beber.

Alex Tempranillo 2013 T
tempranillo

86 ★★★★★   5€

Color cereza, borde violáceo. Aroma fruta fresca, fruta roja, floral, balsámico. Boca sabroso, frutoso, buena acidez.

Alex Viura 2013 B
viura

86 ★★★★★   5€

Color pajizo brillante. Aroma flores blancas, hierbas de tocador, expresión frutal. Boca fresco, frutoso, sabroso.

Ontinar 2009 T
merlot, tempranillo

87   12€

Color cereza, borde granate. Aroma fruta madura, especiado, roble cremoso, tostado, fina reducción. Boca potente, sabroso, tostado.

VIÑEDOS Y BODEGAS ALCONDE

Ctra. de Calahorra, s/n
31260 Lerín (Navarra)
☎: +34 948 530 058
Fax: +34 948 530 589
www.bodegasalconde.com
gerente@bodegasalconde.com

Bodegas Alconde 2005 TR
merlot, cabernet sauvignon, tempranillo, garnacha

89   22€

Color cereza, borde granate. Aroma fruta madura, hierbas silvestres, especiado, roble cremoso, tabaco. Boca equilibrado, sabroso, largo, balsámico.

Bodegas Alconde Sauvignon Blanc Selec. 2013 B
sauvignon blanc

86 ★★★★★   3,5€

Color pajizo brillante. Aroma fresco, fruta fresca, flores blancas. Boca sabroso, frutoso, buena acidez, equilibrado.

Bodegas Alconde Selección 2009 TC
tempranillo, garnacha, cabernet sauvignon

87 ★★★★★   4,5€

Color cereza brillante, borde granate. Aroma roble cremoso, cacao fino, especias dulces. Boca potente, fruta madura, taninos maduros.

Viña Sardasol 2007 TR
tempranillo, cabernet sauvignon

86 ★★★★★   5€

Color cereza muy intenso. Aroma fruta madura, especiado, tostado, hierbas silvestres, fina reducción. Boca potente, sabroso, tostado.

Viña Sardasol 2010 TC
tempranillo

86 ★★★★★   4€

Color cereza, borde granate. Aroma equilibrado, complejo, fruta madura, especiado. Boca estructurado, sabroso, taninos maduros.

Viña Sardasol Tempranillo Merlot 2012 T Roble
tempranillo, merlot

86 ★★★★★   3,5€

Color cereza brillante, borde granate. Aroma equilibrado, balsámico, fruta madura. Boca sabroso, correcto, frutoso

DO. PENEDÈS

CONSEJO REGULADOR

Plaça Àgora. s/n.
Pol. Ind. Domenys, II
08720 Vilafranca del Penedès (Barcelona)
☎: +34 938 904 811 - Fax: +34 938 904 754
@: dopenedes@dopenedes.cat
www.dopenedes.es

SITUACIÓN:

En la provincia de Barcelona, entre la sierra prelitoral catalana y las llanuras que llegan a la costa mediterránea. Se pueden distinguir tres áreas diferenciadas: Penedès Superior, Penedès Central o Medio y Bajo Penedès.

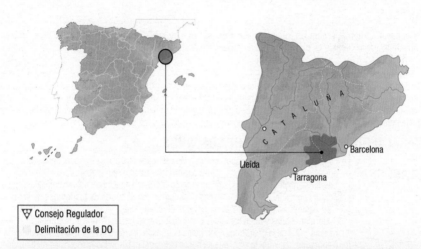

▽ Consejo Regulador
Delimitación de la DO

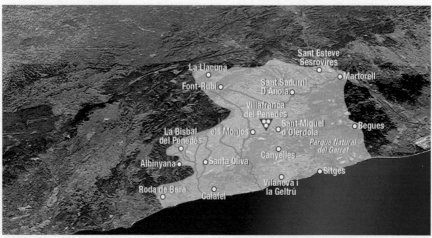

SUBZONAS:

Penedès Superior. El viñedo puede llegar a alcanzar los 800 metros de altitud; la variedad tradicional característica es la parellada, que se adapta mejor a zonas más frescas.
Penedès Central o Medio. Gran parte de la producción de esta zona se destina a la elaboración de cava; las variedades tradicionales más abundantes son la macabeo y la xarel.lo.
Bajo Penedès. Es la zona más cercana al mar, con menor altitud y vinos de marcado carácter mediterráneo.

VARIEDADES:

BLANCAS: macabeo, xarel.lo, parellada, chardonnay, riesling, gewürztraminer, chenin blanc, moscatel de Alejandría, garnatxa blanca, sumoi blanca y viognier.

TINTAS: garnacha, merlot, cariñena, ull de llebre (tempranillo), pinot noir, monastrell, cabernet sauvignon syrah, sumoll y petit verdot.

DATOS:

Nº Has. Viñedo: 18.376 – **Nº Viticultores:** 2.620 – **Nº Bodegas:** 170 – **Cosecha 13:** Muy Buena– **Producción 13:** 12.392.735 litros – **Comercialización:** 69% España - 31% extranjero.

SUELOS:

Se encuentran tierras profundas, ni demasiado arenosas ni muy arcillosas, permeables y que retienen bien el agua de la lluvia. El suelo es pobre en materia orgánica y poco fértil.

CLIMA:

De tipo mediterráneo, en general cálido y suave; más cálido en la zona del Bajo Penedès por la influencia del Mediterráneo, con temperaturas ligeramente más bajas en el Penedès medio y en el Penedès Superior, donde se dan características propias del clima prelitoral (mayor contraste entre temperaturas máximas y mínimas, heladas más frecuentes e índices de lluvias que, en algunos lugares, pueden alcanzar los 990 litros por metro cuadrado).

CARACTERÍSTICAS GENERALES DE LOS VINOS

BLANCOS

Los clásicos de la zona, elaborados con las variedades xarel.lo, macabeo, parellada destacan por su carácter afrutado y gran ligereza. Son vinos frescos, agradables y para beber en el año. Los fermentados en barrica, principalmente monovarietales de xarel.lo y macabeo, poseen mayor capacidad de aguantar el paso del tiempo por el aporte de los taninos de la madera. Otro capítulo importante es el de blancos de chardonnay, ya sean jóvenes (afrutados, con notas alimonadas y buen carácter varietal) o fermentados en barrica, que combinan la personalidad frutal de la chardonnay con notas cremosas del roble. Existe una nueva tendencia de elaboración del xarel.lo en el que se busca extraer al máximo los rasgos más mediterráneos. De color amarillo brillante o casi dorados, destacan por sus aromas a flores marchitas y frutos secos, y por poseer un paso por boca más maduro y graso.

ROSADOS

De estilo moderno, color rosáceo-frambuesa, potentes, aromáticos y frescos. Se elaboran a partir de variedades tan diferentes como tempranillo, cabernet, merlot o pinot noir.

TINTOS

Los elaborados con uvas autóctonas, generalmente a partir de garnacha y tempranillo, son tintos jóvenes, agradables y fáciles de beber, aunque en ocasiones pueden resultar algo ligeros o presentar ciertas notas herbáceas a causa de la sobreproducción en el viñedo.Respecto a los de crianza en madera, pueden proceder de variedades foráneas (fundamentalmente cabernet sauvignon y merlot), o combinar éstas con uvas locales. Integran las notas de maderas finas con aromas frutales de buena intensidad; en boca, son concentrados y carnosos.

CLASIFICACIÓN COSECHAS

GUÍAPEÑÍN

2009	2010	2011	2012	2013
EXCELENTE	MUY BUENA	MUY BUENA	BUENA	MUY BUENA

1 + 1 = 3

Masía Navinés
8736 Font-Rubí (Barcelona)
☎: +34 938 974 069
Fax: +34 938 974 724
www.umesufan3.com
umesu@umesufan3.com

1+1=3 Xarel.lo 2013 B
xarel.lo

89 🍷

Color pajizo brillante. Aroma fresco, fruta fresca, expresivo, flores secas. Boca sabroso, frutoso, buena acidez, equilibrado.

Dahlia 1 + 1 = 3 2012 B

91

Color pajizo brillante. Aroma flores blancas, hierbas de tocador, expresión frutal. Boca fresco, frutoso, sabroso, equilibrado, elegante.

Défora 1 + 1 = 3 2011 T
garnacha, samsó

90

Color cereza, borde granate. Aroma fruta madura, especiado, tostado, complejo, terroso, balsámico. Boca potente, sabroso, tostado, taninos maduros.

AGUSTÍ TORELLÓ MATA

La Serra, s/n (Camí de Ribalta)
8770 Sant Sadurní D'Anoia (Barcelona)
☎: +34 938 911 173
Fax: +34 938 912 616
www.agustitorellomata.com
comunicacio@agustitorellomata.com

Aptià d'Agustí Torelló Mata "Col.lecció Terrers" 2012 BFB
macabeo

92 🍷

Color amarillo brillante. Aroma fruta escarchada, flores marchitas, especias dulces, mineral. Boca sabroso, frutoso, largo, especiado.

Xarel.lo d'Agustí Torelló Mata XIC 2013 B
xarel.lo

85

XII Subirat Parent d'Agustí Torelló Mata "Col.lecció Terrers" 2013 B
100% subirat parent

90

Color pajizo brillante. Aroma flores blancas, hierbas de tocador, expresión frutal, mineral. Boca fresco, frutoso, sabroso, equilibrado, elegante.

ALBET I NOYA

Can Vendrell de la Codina, s/n
8739 Sant Pau D'Ordal (Barcelona)
☎: +34 938 994 812
Fax: +34 938 994 930
www.albetinoya.cat
albetinoya@albetinoya.cat

Albet i Noya 2011 BR Reserva
xarel.lo, chardonnay, parellada, macabeo

87 🍷   10,5€

Color pajizo brillante. Aroma lías finas, floral, hierbas de tocador, expresivo. Boca potente, sabroso, buena acidez, burbuja fina, equilibrado, fácil de beber.

Albet i Noya 3 Macabeus 2013 B
macabeo

89 ★★★★ 🍷   7,4€

Color pajizo brillante. Aroma floral, hierbas secas, terroso, cítricos. Boca potente, sabroso, frutoso, especiado.

Albet i Noya Brut 21 2011 BR
chardonnay, parellada

91 🍷   16,1€

Color amarillo brillante. Aroma lías finas, floral, hierbas de tocador, expresivo. Boca potente, sabroso, buena acidez, burbuja fina, equilibrado, seco.

Albet i Noya Brut 21 Barrica 2007 BR Gran Reserva
pinot noir, chardonnay

92 🍷   27,7€

Color amarillo brillante. Aroma hierbas secas, lías finas, floral, tostado, fruta madura. Boca frutoso, sabroso, buena acidez, largo.

Albet i Noya Col.lecció Chardonnay 2013 B
chardonnay

92 🍷   16,9€

Color amarillo brillante. Aroma especias dulces, roble cremoso, fruta madura, equilibrado. Boca sabroso, complejo, largo.

Albet i Noya Col.lecció Syrah 2009 T
syrah

92 🍷   16,3€

Color cereza brillante. Aroma fruta madura, especias dulces, roble cremoso, violetas, balsámico. Boca frutoso, sabroso, tostado, equilibrado.

Albet i Noya Dolç Adrià 2007 Tinto dulce Reserva
syrah, merlot

91 🍷   23,3€

Color rubí, borde teja. Aroma fruta madura, espirituoso, brea, café aromático, tostado, potente. Boca potente, sabroso, graso, dulce, equilibrado.

Albet i Noya El Blanc XXV "ecológico" 2013 B
viognier, vidal, marina rion

92 ♣ 23,9€

Color pajizo brillante. Aroma equilibrado, elegante, fruta fresca, floral. Boca largo, buena acidez, fino amargor, sabroso, equilibrado.

Albet i Noya EL Fanio 2012 B
xarel.lo

92 ★★★★★ ♣ 9,3€

Color amarillo brillante. Aroma expresivo, piedra seca, flores marchitas, equilibrado. Boca lleno, sabroso, graso, largo, buena acidez, fino amargor.

Albet i Noya Lignum 2012 T
cabernet sauvignon, garnacha, merlot, syrah

89 ★★★★ ♣ 7,8€

Color cereza oscuro, borde violáceo. Aroma ahumado, fruta madura, equilibrado, potente. Boca sabroso, taninos maduros.

Albet i Noya Lignum 2013 B
chardonnay, xarel.lo, sauvignon blanc

89 ★★★ ♣ 8,5€

Color amarillo brillante. Aroma fruta madura, especias dulces, hierbas de tocador, tostado. Boca graso, retronasal ahumado, sabroso, buena acidez.

Albet i Noya Petit Albet 2013 B
xarel.lo, macabeo, chardonnay

88 ★★★★★ ♣ 5€

Color pajizo brillante. Aroma fresco, fruta fresca, flores blancas. Boca sabroso, frutoso, buena acidez, fácil de beber.

Albet i Noya Petit Albet Brut 2011 BR
macabeo, xarel.lo, parellada

89 ★★★★ ♣ 7,6€

Color pajizo brillante. Aroma fruta fresca, hierbas secas, lías finas, floral. Boca fresco, frutoso, sabroso, buena acidez.

Albet i Noya Pinot Noir Brut Rosat 2011 BR
pinot noir

88 ♣ 12,2€

Color frambuesa. Aroma floral, fruta roja, fruta madura, hierbas de tocador, expresivo. Boca potente, sabroso.

Albet i Noya Pinot Noir Merlot Clàssic 2013 RD
pinot noir, merlot

88 ★★★★ ♣ 6,4€

Color cereza claro. Aroma potente, fruta madura, fruta roja, floral, expresivo. Boca frutoso, cierta persistencia, fácil de beber, buena acidez.

Albet i Noya Reserva 3 2010 BN
xarel.lo, parellada, chardonnay, macabeo

87 ♣ 12,8€

Color amarillo brillante. Aroma fruta madura, lías finas, equilibrado, hierbas secas. Boca buena acidez, sabroso, fruta madura, largo.

Albet i Noya Reserva Martí 2008 TR
tempranillo, cabernet sauvignon, syrah, merlot

93 ♣ 30,5€

Color cereza, borde granate. Aroma fruta roja, fruta madura, especiado, roble cremoso, tostado, complejo, terroso. Boca potente, sabroso, tostado, taninos maduros.

Albet i Noya Ull de Llebre Clàssic 2013 T
tempranillo

89 ★★★★ ♣ 6,7€

Color cereza, borde violáceo. Aroma potente, fruta roja, fruta madura, floral, balsámico. Boca potente, fresco, frutoso, untuoso.

Albet i Noya Xarel.lo Nosodos + 2013 B
xarel.lo

85 ★★★ ♣ 8€

Albet i Noya Xarel-lo Clàssic 2013 B
xarel.lo

89 ★★★★ ♣ 6€

Color pajizo brillante. Aroma varietal, fresco, flores secas. Boca frutoso, fácil de beber, balsámico, buena acidez.

Belat 2009 T
belat

93 ♣ 61,4€

Color guinda. Aroma fruta roja, fruta al licor, balsámico, mineral, especiado, roble cremoso. Boca sabroso, redondo, complejo, especiado, equilibrado, elegante. Personalidad.

Finca La Milana 2011 T
caladoc, tempranillo, cabernet sauvignon, merlot

91 🍷   22,1€

Color cereza, borde granate. Aroma fruta madura, especiado, roble cremoso, tostado, complejo, con carácter. Boca potente, sabroso, tostado, taninos maduros.

Marina Rion "ecológico" 2013 B
marina rión

90 ★★★★ 🍷   10,7€

Color pajizo brillante. Aroma fruta fresca, frutos secos, flores blancas, lías finas. Boca equilibrado, sabroso, lleno.

Ocell de Foc 2012 T
arinarnoa, caladoc, marselan

91 ★★★★★ 🍷   10€

Color cereza, borde granate. Aroma fruta madura, especiado, roble cremoso, tostado, complejo, terroso. Boca potente, sabroso, tostado, taninos maduros.

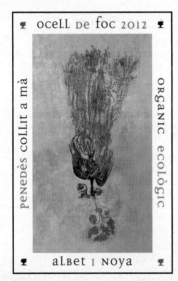

ALEMANY I CORRIO
Melió, 78
8720 Vilafranca del Penedès
(Barcelona)
☎: +34 938 180 949
sotlefriec@sotlefriec.com

Cargol Treu Vi 2013 B
xarel.lo

90 ★★★ 🍷   15€

Color pajizo brillante. Aroma fresco, fruta fresca, flores blancas, hierbas secas. Boca sabroso, frutoso, buena acidez, equilibrado.

Pas Curtei 2012 T
merlot, cariñena

90 ★★★ 🍷   13,5€

Color cereza, borde granate. Aroma fruta madura, hierbas silvestres, terroso, especiado, roble cremoso. Boca equilibrado, sabroso, largo, balsámico.

Principia Mathematica 2013 B
xarel.lo

90 ★★★ 🍷   13,5€

Color pajizo brillante. Aroma fresco, fruta fresca, flores blancas, expresivo. Boca sabroso, frutoso, buena acidez, equilibrado.

ALSINA SARDÁ
8733 Pla del Penedès (Barcelona)
☎: +34 938 988 132
Fax: +34 938 988 671
www.alsinasarda.com
alsina@alsinasarda.com

Alsina & Sardá Blanc de Blancs 2013 B

87 ★★★★★   4€

Color pajizo brillante. Aroma expresión frutal, floral, hierbas de tocador. Boca fresco, frutoso, sabroso.

Alsina & Sardá Chardonnay Xarel.lo 2013 B

85 ★★★★★   4,9€

Alsina & Sardá Finca Cal Janes 2010 T
100% merlot

88 ★★★★   6,1€

Color cereza brillante. Aroma especias dulces, ahumado, tostado, hierbas secas. Boca sabroso, frutoso, tostado, taninos maduros.

Alsina & Sardá Finca La Boltana 2013 B
100% xarel.lo

89 ★★★★   6,5€

Color pajizo brillante. Aroma fresco, fruta fresca, flores blancas, expresivo. Boca sabroso, frutoso, buena acidez, equilibrado.

Alsina & Sardá Finca Olerdola 2009 TR

90

Color cereza brillante. Aroma fruta madura, especias dulces, roble cremoso, intensidad media. Boca frutoso, tostado, fácil de beber.

Alsina & Sardá Merlot Llàgrima 2013 RD
100% merlot

85 ★★★★★   4,9€

Alsina & Sardá Muscat Llàgrima 2013 B
100% moscatel de alejandría

87 ★★★★   5,9€

Color amarillo. Aroma intensidad media, varietal, flores blancas. Boca fresco, frutoso, fácil de beber.

Alsina & Sardá Reserva de Familia 2008 T
100% merlot

90 ★★★★★   **9,9€**

Color cereza, borde granate. Aroma fruta madura, hierbas silvestres, terroso, especiado. Boca equilibrado, sabroso, largo, balsámico.

Arnau 2013 T
100% merlot

86 ★★★★★   **4,9€**

Color cereza oscuro, borde violáceo. Aroma varietal, hierbas de monte, fruta madura. Boca correcto, fácil de beber, cierta persistencia.

AT ROCA
La Vinya, 15
8770 Sant Sadurní D'Anoia (Barcelona)
☎: +34 935 165 043
www.cellersatroca.com
info@cellersatroca.com

At Roca 2012 BR Reserva

87 🍸   **10,5€**

Color pajizo brillante. Aroma intensidad media, fruta fresca, hierbas secas, lías finas, floral. Boca fresco, frutoso, sabroso, buena acidez.

At Roca Rosat 2012 ESP Reserva
macabeo, monastrell

87   **11,5€**

Color rosáceo pálido. Aroma floral, fruta roja, hierbas de tocador. Boca fresco, frutoso, sabroso, fácil de beber.

Xarel.lo D'At Roca 2013 B
xarel.lo

90 ★★★ 🌷   **16€**

Color pajizo brillante. Aroma fresco, fruta fresca, flores blancas, mineral, piedra seca. Boca sabroso, frutoso, buena acidez, equilibrado.

BODEGA J. MIQUEL JANÉ
Masia Cal Costas, s/n
8736 Guardiola de Font-Rubí
(Barcelona)
☎: +34 934 140 948
Fax: +34 934 140 948
www.jmiqueljane.com
info@jmiqueljane.com

J. Miquel Jané Blanc Baltana 2013 B

88 ★★★★   **6,6€**

Color pajizo brillante. Aroma fruta fresca, flores blancas, hierbas silvestres. Boca frutoso, sabroso, fino amargor.

J. Miquel Jané Cabernet Sauvignon 2013 RD

86 ★★★★   **7,3€**

Color frambuesa, borde violáceo. Aroma potente, fruta madura, fruta roja, floral. Boca potente, frutoso, fresco, fácil de beber.

J. Miquel Jané Sauvignon Blanc 2013 B
100% sauvignon blanc

89 ★★★★   **7,8€**

Color pajizo brillante. Aroma fruta madura, notas tropicales, flores blancas. Boca equilibrado, fino amargor, frutoso, largo.

Miquel Jané Baltana Negre 2012 T

86 ★★★★   **7,3€**

Color cereza oscuro, borde granate. Aroma potente, fruta confitada, cacao fino, especias dulces. Boca fruta madura, correcto.

Miquel Jané Baltana Selecció 2011 T
merlot, cabernet sauvignon, tempranillo

88   **10,9€**

Color cereza, borde granate. Aroma especiado, roble cremoso, tostado, fruta confitada. Boca potente, sabroso, tostado, taninos maduros.

BODEGAS CA N'ESTELLA
Masia Ca N'Estella, s/n
8635 Sant Esteve Sesrovires
(Barcelona)
☎: +34 934 161 387
Fax: +34 934 161 620
www.fincacanestella.com
a.vidal@fincacanestella.com

Clot dels Oms 2011 TR
ull de llebre, samsó, merlot

88 ★★★★   **7,3€**

Color cereza, borde granate. Aroma fruta madura, hierbas silvestres, especiado. Boca equilibrado, sabroso, largo, balsámico.

Clot dels Oms 2013 B
chardonnay, malvasía

87 ★★★★   **7,3€**

Color amarillo brillante. Aroma flores secas, cítricos. Boca correcto, buena acidez, frutoso.

Clot dels Oms Cabernet Sauvignon 2006 T
cabernet sauvignon

85

Clot dels Oms Rosat 2013 RD
merlot

88 ★★★★   7,3€

Color frambuesa, borde violáceo. Aroma potente, fruta madura, fruta roja, floral, expresivo. Boca potente, frutoso, fresco.

Clot dels Oms Vi Dolç de Fred Rosat 2012 RD
merlot

85   15€

Gran Clot dels Oms 2011 BFB
chardonnay

89   11€

Color amarillo brillante. Aroma potente, fruta madura, especias dulces, roble cremoso, hierbas de tocador. Boca graso, retronasal ahumado, sabroso, fresco, buena acidez.

Gran Clot dels Oms Negre 2008 TGR
merlot, cabernet sauvignon

87 ★★★   10€

Color cereza oscuro, borde granate. Aroma potente, fruta confitada, hierbas de monte, especiado. Boca sabroso, taninos maduros, equilibrado.

Gran Clot dels Oms Xarel.lo 2011 BFB
xarel.lo

90 ★★★★★   10€

Color amarillo brillante. Aroma cítricos, fruta madura, hierbas silvestres, piedra seca, floral, tostado. Boca sabroso, frutoso, graso, especiado.

Petit Clot dels Oms 2012 T
merlot, cabernet sauvignon

86 ★★★★★   4€

Color cereza oscuro, borde granate. Aroma hierbas verdes, fruta madura, con carácter, tostado. Boca correcto, sabroso.

Petit Clot dels Oms 2013 RD
cabernet sauvignon

85 ★★★★★   4€

Petit Clot dels Oms Blanc 2013 B
macabeo, xarel.lo, chardonnay

86 ★★★★★   4€

Color pajizo brillante. Aroma fresco, fruta fresca, flores blancas. Boca sabroso, frutoso, buena acidez, equilibrado.

BODEGAS CAPITÀ VIDAL
Ctra. Villafranca-Igualada, Km. 21
8733 Pla del Penedès (Barcelona)
☎: +34 938 988 630
Fax: +34 938 988 625
www.capitavidal.com
helena@capitavidal.com

Clos Vidal Blanc de Blancs 2013 B
86 ★★★★   6€

Color pajizo brillante. Aroma fruta madura, floral, hierbas secas. Boca correcto, equilibrado, fino amargor.

Clos Vidal Cabernet Sauvignon 2009 T Roble
87 ★★★   8,6€

Color cereza brillante. Aroma fruta madura, especias dulces, roble cremoso, balsámico. Boca sabroso, frutoso, tostado, equilibrado.

Clos Vidal Merlot 2010 TC
87 ★★★★   6,7€

Color cereza, borde granate. Aroma fruta madura, roble cremoso, tostado. Boca potente, sabroso, tostado.

Clos Vidal Rosé Cuvée 2013 RD
88 ★★★★   6€

Color rosa vivo. Aroma intensidad media, equilibrado, flores blancas, fruta fresca. Boca frutoso, fácil de beber, fino amargor.

BODEGAS TORRE DEL VEGUER
Urb. Torre de Veguer, s/n
8810 Sant Pere de Ribes (Barcelona)
☎: +34 938 963 190
Fax: +34 938 962 967
www.torredelveguer.com
torredelveguer@torredelveguer.com

Torre del Veguer Eclèctic 2010 T
90 ★★★★★   9€

Color guinda. Aroma especiado, fina reducción, tostado, hierbas silvestres, roble cremoso. Boca especiado, largo, balsámico.

Torre del Veguer Gala 2013 B
86 ★★★★   8€

Color pajizo brillante. Aroma flores blancas, expresión frutal. Boca fresco, frutoso, sabroso, equilibrado.

Torre del Veguer Muscat 2013 B
100% moscatel de frontignan

88 ★★★★   8€

Color pajizo brillante. Aroma flores blancas, hierbas de tocador, expresión frutal. Boca fresco, frutoso, sabroso, elegante.

Torre del Veguer Raïms de la Inmortalitat 2005 TR

87　　　　　　　　　　　　**12€**

Color cereza oscuro. Aroma fruta madura, hierbas de monte, especiado, equilibrado. Boca estructurado, sabroso, taninos maduros.

Torre del Veguer Raïms de la Inmortalitat 2013 BFB

xarel.lo

86 ★★★　　　　　　　　**10€**

Color amarillo, pálido. Aroma ahumado, muy tostado (torrefactado). Boca retronasal ahumado, correcto, especiado.

Torre del Veguer Xarel.lo 2013 B

100% xarel.lo

87 ★★★★　　　　　　　**7€**

Color amarillo. Aroma fruta fresca, flores marchitas, hierbas de tocador. Boca frutoso.

BODEGAS TORRES

Miguel Torres i Carbó, 6
8720 Vilafranca del Penedès
(Barcelona)
☎: +34 938 177 400
Fax: +34 938 177 444
www.torres.com
mailadmin@torres.es

Atrium Merlot 2012 T

merlot

88 ★★★　　　　　　　　**9,2€**

Color cereza opaco, borde granate. Aroma fruta confitada, especias dulces, con carácter. Boca estructurado, frutoso, sabroso.

Fransola 2012 B

sauvignon blanc, parellada

90　　　　　　　　　　　　**22€**

Color amarillo brillante. Aroma especias dulces, cítricos, fruta madura, notas tropicales. Boca sabroso, frutoso, equilibrado.

Gran Coronas 2010 TR

cabernet sauvignon, tempranillo

90 ★★★　　　　　　　　**13,7€**

Color cereza, borde granate. Aroma fruta madura, especiado, roble cremoso, tostado, complejo, terroso. Boca potente, sabroso, tostado, taninos maduros, equilibrado.

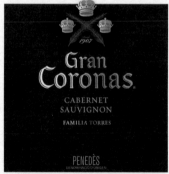

Mas La Plana Cabernet Sauvignon 2010 TGR

cabernet sauvignon

93   54,5€

Color cereza, borde granate. Aroma fruta madura, hierbas silvestres, terroso, especiado, roble cremoso. Boca equilibrado, sabroso, largo, balsámico.

Reserva Real 2009 TGR

cabernet sauvignon, merlot, cabernet franc

94   198€

Color cereza muy intenso, borde granate. Aroma complejo, expresivo, elegante, balsámico. Boca estructurado, lleno, especiado, equilibrado, taninos maduros.

Waltraud 2013 B

riesling

90 ★★★   15,9€

Color pajizo brillante. Aroma flores blancas, hierbas de tocador, expresión frutal. Boca fresco, frutoso, sabroso, equilibrado, elegante.

BODEGUES AMETLLER CIVILL

Caspe, 139 Entr 1ª
8013 (Barcelona)
☎: +34 933 208 439
Fax: +34 933 208 437
www.ametller.com
ametller@ametller.com

Ametller Blanc Floral 2013 B

xarel.lo, chardonnay, moscatel

90 ★★★★★   6,9€

Color pajizo brillante. Aroma flores blancas, hierbas de tocador, expresión frutal. Boca fresco, frutoso, sabroso, equilibrado, elegante.

BODEGUES SUMARROCA

El Rebato, s/n
8739 Subirats (Barcelona)
☎: +34 938 911 092
Fax: +34 938 911 778
www.sumarroca.es
s-berrocal@selfoods.es

Bòria 2011 T

syrah, merlot, cabernet sauvignon

91   20€

Color cereza, borde granate. Aroma fruta roja, fruta madura, especiado, roble cremoso, tostado, terroso. Boca sabroso, tostado, taninos maduros, equilibrado.

Sumarroca Blanc de Blancs 2013 B

xarel.lo, macabeo, moscatel, parellada

88 ★★★★★   4,3€

Color pajizo brillante. Aroma fresco, fruta fresca, flores blancas, expresivo. Boca sabroso, frutoso, buena acidez, equilibrado.

Sumarroca Chardonnay 2013 B

100% chardonnay

91 ★★★★★   7,9€

Color amarillo brillante. Aroma flores blancas, hierbas de tocador, expresión frutal. Boca fresco, frutoso, sabroso, equilibrado, elegante, graso.

Sumarroca Gewürztraminer 2013 B

100% gewürztraminer

87   10,2€

Color pajizo brillante. Aroma flores blancas, hierbas de tocador, expresión frutal, notas tropicales. Boca fresco, frutoso, sabroso.

Sumarroca HUMM Dolc de Fred B

moscatel

88 ★★★   10€

Color dorado. Aroma notas amieladas, fruta escarchada, hierbas de tocador, algo evolucionado. Boca sabroso, dulce, fresco, frutoso, buena acidez, largo.

Sumarroca Muscat 2013 B

100% moscatel

87 ★★★★   7,9€

Color pajizo brillante. Aroma flores blancas, varietal, expresivo. Boca equilibrado, frutoso, fácil de beber.

Sumarroca Negre 2013 T

tempranillo, merlot, syrah

88 ★★★★★   4,3€

Color cereza, borde violáceo. Aroma fruta fresca, fruta roja, floral, balsámico. Boca sabroso, frutoso, buena acidez, equilibrado.

Sumarroca Pinot Noir 2013 RD
100% pinot noir

88 ★★★ 10€

Color cereza claro. Aroma elegante, fruta escarchada, hierbas de tocador, fruta roja. Boca ligero, sabroso, buena acidez, largo, especiado.

Sumarroca Rosat 2013 RD
merlot, tempranillo, cabernet sauvignon

87 ★★★★★ 4,3€

Color piel cebolla. Aroma fruta escarchada, flores secas, hierbas de tocador, fruta roja. Boca ligero, sabroso, buena acidez, especiado.

Sumarroca Santa Creu de Creixà 2011 T
garnacha, syrah, cabernet franc, cabernet sauvignon

89 ★★★ 8,8€

Color cereza brillante. Aroma fruta madura, especias dulces, roble cremoso, intensidad media. Boca frutoso, sabroso, tostado.

Sumarroca Tempranillo 2012 T
tempranillo

87 ★★★ 10€

Color cereza brillante. Aroma fruta madura, especias dulces, roble cremoso, expresivo. Boca sabroso, frutoso, tostado.

Sumarroca Temps de Flors 2013 B
xarel.lo, moscatel, gewürztraminer

88 ★★★★ 6,6€

Color pajizo brillante. Aroma flores blancas, hierbas de tocador, expresión frutal. Boca fresco, frutoso, sabroso, equilibrado.

Sumarroca Temps de Fruits 2013 T
pinot noir, carménère, malbec, pinot gris

87 ★★★★ 6,6€

Color cereza, borde violáceo. Aroma expresivo, fruta fresca, fruta roja, balsámico. Boca sabroso, frutoso, buena acidez, taninos maduros.

Sumarroca Viognier 2013 B
100% viognier

87 ★★★★ 7,1€

Color pajizo brillante. Aroma cítricos, expresión frutal, hierbas de tocador. Boca sabroso, fresco, frutoso.

Sumarroca Xarel.lo 2013 B
100% xarel.lo

89 ★★★★ 7,1€

Color pajizo brillante. Aroma flores blancas, hierbas de tocador, fruta fresca. Boca fresco, frutoso, sabroso, elegante.

Terral 2011 T
cabernet franc, syrah, merlot, cabernet sauvignon

91 ★★★★ 10,4€

Color cereza brillante. Aroma fruta madura, especias dulces, roble cremoso, expresivo, balsámico. Boca sabroso, frutoso, tostado, taninos maduros.

BOLET VINS I CAVAS ECOLÓGICOS
Finca Mas Lluet, s/n
8732 Castellví de la Marca (Barcelona)
☎: +34 938 918 153
www.cavasbolet.com
cavasbolet@cavasbolet.com

Bolet 2013 B
87 ★★★ 🌷 10€

Color pajizo brillante. Aroma flores blancas, hierbas de tocador, expresión frutal. Boca fresco, frutoso, sabroso.

Bolet 2013 RD
100% pinot noir

80 🌷 10€

Bolet 2013 T
86 ★★★★ 🌷 8€

Color cereza, borde granate. Aroma fruta madura, hierbas verdes. Boca balsámico, fino amargor, sabroso.

Bolet Cabernet Sauvignon 2006 T
cabernet sauvignon

84 🏅 15€

Bolet Sàpiens Merlot 2007 TC
100% merlot

86 🏅 14€

Color cereza intenso, borde anaranjado. Aroma cuero muy curtido, tabaco, fruta madura. Boca sabroso, correcto, equilibrado.

Bolet Xarel.lo 2013 B
100% xarel.lo

83 🏅 9€

CAN RÀFOLS DELS CAUS

Finca Can Rafols del Caus s/n
8792 Avinyonet del Penedès
(Barcelona)
☎: +34 938 970 013
Fax: +34 938 970 370
www.canrafolsdelscaus.com
info@causgrup.com

Ad Fines 2008 T
100% pinot noir

91 28€

Color rubí, borde teja. Aroma cuero mojado, fruta al licor, terroso. Boca buena acidez, amargoso, largo.

Can Rafols Sumoll 2010 T
100% sumoll

90 ★★★ 16€

Color cereza brillante, borde anaranjado. Aroma fruta madura, hierbas silvestres, terroso, especiado. Boca sabroso, largo, balsámico, con aristas de acidez.

Caus Lubis 2001 T
100% merlot

92 45€

Color rubí borde teja. Aroma elegante, especiado, fina reducción, cuero mojado, ebanistería, espirituoso. Boca especiado, taninos finos, elegante, largo.

El Rocallís 2010 BFB
100% incrocio manzoni

93 30€

Color dorado brillante. Aroma fruta madura, frutos secos, potente, tostado, ebanistería. Boca sabroso, frutoso, especiado, tostado, largo.

Gran Caus 2005 TR
cabernet franc, merlot, cabernet sauvignon

93 20€

Color cereza intenso, borde granate. Aroma elegante, complejo, hierbas de monte, especiado, balsámico. Boca estructurado, largo, taninos maduros.

Gran Caus 2012 B
xarel.lo, chenin blanc, chardonnay

89 13€

Color pajizo brillante. Aroma flores secas, hierbas secas, equilibrado, especiado. Boca equilibrado, fino amargor, largo, buena acidez.

Gran Caus 2013 RD
100% merlot

89 14€

Color frambuesa, borde violáceo. Aroma potente, fruta madura, fruta roja, floral, expresivo. Boca potente, frutoso, fresco.

Pedradura 2006 TR
garnacha, cabernet sauvignon, petit verdot

89 14€

Color cereza, borde granate. Aroma especiado, tostado, fruta sobremadura, mineral, cuero muy curtido. Boca potente, sabroso, tostado, taninos maduros.

Petit Caus 2013 B
xarel.lo, macabeo, chardonnay, chenin blanc

87 ★★★★ 🏅 7€

Color pajizo brillante. Aroma flores blancas, fruta fresca, hierbas secas, expresivo. Boca sabroso, frutoso, buena acidez, equilibrado.

Petit Caus 2013 RD
merlot, tempranillo, syrah, cabernet sauvignon

89 ★★★★ 7€

Color cereza claro. Aroma fruta madura, fruta roja, floral, expresivo, equilibrado. Boca frutoso, fresco, sabroso, fino amargor.

Petit Caus 2013 T
merlot, syrah, cabernet franc

86 ★★★★ 7,5€

Color cereza oscuro, borde violáceo. Aroma equilibrado, fruta roja, fruta madura, hierbas secas. Boca frutoso, fácil de beber.

Terraprima 2011 T
cabernet franc, garnacha, syrah

89 ★★★ 10€

Color cereza, borde granate. Aroma fruta madura, especiado, roble cremoso, tostado, hierbas de monte. Boca potente, sabroso, tostado, balsámico.

Terraprima 2013 B
xarel.lo, riesling

91 ★★★★★ 9€

Color pajizo brillante. Aroma flores blancas, hierbas de tocador, expresión frutal, piedra seca. Boca fresco, frutoso, sabroso, equilibrado, elegante.

Vinya La Calma 2011 BFB
100% chenin blanc

92 30€

Color pajizo brillante. Aroma flores blancas, fruta fresca, expresivo, lías finas, hierbas secas. Boca sabroso, frutoso, buena acidez, amargoso.

CANALS & MUNNÉ

Plaza Pau Casals, 6
8770 Sant Sadurní D'Anoia (Barcelona)
☎: +34 938 910 318
Fax: +34 938 911 945
www.canalsimunne.com
info@canalsimunne.com

Blanc Prínceps Ecologic 2013 B

86 ♨

Color pajizo brillante. Aroma fresco, fruta fresca, flores blancas, expresivo. Boca sabroso, frutoso, buena acidez, fino amargor.

Blanc Prínceps Muscat 2013 B

moscatel

88 ♨

Color pajizo brillante. Aroma fresco, fruta fresca, flores blancas, expresivo, varietal. Boca sabroso, frutoso, buena acidez, equilibrado.

Gran Blanc Prínceps 2013 BFB

xarel.lo

89

Color pajizo brillante. Aroma flores blancas, hierbas de tocador, especiado. Boca fresco, frutoso, sabroso, equilibrado, elegante.

Gran Prínceps 2008 TR

84

Noir Prínceps 2008 TC

tempranillo, cabernet sauvignon, merlot

85

Rose Prínceps Merlot 2013 RD

merlot

86

Color frambuesa. Aroma fruta roja, fruta madura, floral, intensidad media. Boca correcto, fino amargor, fácil de beber.

CASA RAVELLA

Casa Ravella, 1
8739 Ordal - Subirats (Barcelona)
☎: +34 938 179 173
Fax: +34 938 179 245
www.casaravella.com
bodega@casaravella.com

Casa Ravella 2011 BFB

100% xarel.lo

88 ★★★　　　　　　　　　　8,5€

Color amarillo brillante. Aroma fruta madura, especias dulces, roble cremoso, hierbas de tocador. Boca graso, sabroso, fresco.

Casa Ravella 2013 B

100% xarel.lo

87 ★★★★★　　　　　　　　4,8€

Color pajizo brillante. Aroma fresco, fruta fresca, flores blancas. Boca sabroso, frutoso, buena acidez, equilibrado.

Casa Ravella 2013 RD

100% merlot

85 ★★★★★　　　　　　　　4,8€

Casa Ravella 2013 T Roble

100% merlot

84　　　　　　　　　　　　　4,8€

CASTELL D'AGE

Ctra.de Martorell a Capellades, 6-8
8782 La Beguda Baixa (Barcelona)
☎: +34 937 725 181
Fax: +34 937 727 061
www.castelldage.com
info@castelldage.com

Castell D'Age Blanc de Blancs 2013 B

100% macabeo

86　　　　　　　　　　　　　11€

Color pajizo brillante. Aroma fresco, fruta fresca, flores blancas. Boca frutoso, buena acidez, equilibrado, fácil de beber.

Castell D'Age Cabernet Sauvignon 2010 T

100% cabernet sauvignon

88 ♨　　　　　　　　　　　16€

Color cereza, borde granate. Aroma fruta madura, hierbas silvestres, terroso, especiado. Boca sabroso, largo, balsámico.

Castell D'Age Merlot 2010 T

100% merlot

84　　　　　　　　　　　　　16€

Castell D'Age Rosat Merlot 2013 RD

100% merlot

87　　　　　　　　　　　　　11€

Color cereza claro, brillante. Aroma intensidad media, fruta fresca, floral, pétalos de rosa. Boca equilibrado, fresco, buena acidez.

Castell D'Age Tempranillo 2011 T

100% tempranillo

86 ♨　　　　　　　　　　　12€

Color cereza oscuro, borde granate. Aroma potente, fruta madura, fruta confitada, roble cremoso. Boca potente, tostado.

L'Essència del Xarel·lo 2013 B

100% xarel.lo

88　　　　　　　　　　　　　15€

Color pajizo brillante. Aroma fresco, equilibrado, flores blancas, flores secas. Boca sabroso, buena acidez, correcto.

CASTELL D'OR

Mare Rafols, 3- 1ºD
8720 Vilafranca del Penedès
(Barcelona)
☎: +34 938 905 385
Fax: +34 938 905 455
www.castelldor.com
castelldor@castelldor.com

Cossetània 2009 TR
cabernet sauvignon

89 ★★★★   5,3€

Color cereza intenso. Aroma fruta madura, hierbas silvestres, terroso, especiado, roble cremoso. Boca equilibrado, sabroso, largo, balsámico.

Cossetània 2010 TC
merlot, cabernet sauvignon

87 ★★★★★   4,7€

Color cereza brillante. Aroma fruta madura, especias dulces, roble cremoso, hierbas de monte. Boca frutoso, sabroso, tostado.

Cossetània 2012 T
cabernet sauvignon, merlot

87 ★★★★★   4,5€

Color cereza, borde granate. Aroma fruta madura, hierbas silvestres, terroso, especiado. Boca equilibrado, sabroso, largo, balsámico.

Cossetània 2013 RD
merlot

85 ★★★★   6,3€

Cossetània Chardonnay 2013 B
chardonnay

88 ★★★★★   4,9€

Color pajizo brillante. Aroma fresco, fruta fresca, flores blancas. Boca sabroso, frutoso, buena acidez.

Cossetània Vi Blanc 2013 B
xarel.lo, macabeo, parellada

85 ★★★   10€

CASTELLROIG - FINCA SABATÉ I COCA

Ctra. De Sant Sadurní a Vilafranca
(c-243a), km. 1
8739 Subirats (Barcelona)
☎: +34 938 911 927
Fax: +34 938 914 055
www.castellroig.com
info@castellroig.com

Castellroig Negre Ull de Llebre 2011 T
ull de llebre

88 ★★★   9,1€

Color cereza, borde granate. Aroma fruta madura, especiado, roble cremoso, tostado, balsámico, mineral. Boca potente, sabroso, tostado.

Castellroig Xarel.lo 2013 B
xarel.lo

87 ★★★   8,5€

Color pajizo brillante. Aroma flores blancas, hierbas de tocador, expresión frutal. Boca fresco, frutoso, sabroso.

Terroja de Sabaté i Coca 2012 B
xarel.lo

92   25,1€

Color amarillo brillante. Aroma expresivo, varietal, flores marchitas, equilibrado, especiado, frutos secos. Boca sabroso, complejo, equilibrado.

Terroja de Sabaté i Coca Magnum 2010 B
93

Color dorado brillante. Aroma fruta madura, frutos secos, potente, tostado, ebanistería, mineral. Boca sabroso, frutoso, especiado, tostado, largo, equilibrado.

CAVA MASTINELL

Ctra. de Vilafranca a St. Martí Sarroca, Km. 0,5
8720 Vilafranca del Penedès
(Barcelona)
☎: +34 938 170 586
Fax: +34 938 170 500
www.mastinell.com
info@mastinell.com

Mas Tinell Arte 2007 TR
cabernet sauvignon, merlot, cabernet franc

88

Color cereza intenso. Aroma fruta madura, hierbas silvestres, especiado, roble cremoso. Boca equilibrado, sabroso, largo, balsámico.

Mas Tinell Chardonnay 2013 B
chardonnay

88

Color amarillo brillante. Aroma potente, fruta madura, especias dulces, hierbas de tocador. Boca graso, sabroso, fresco, buena acidez.

Mas Tinell Clos Sant Pau 2012 B
moscatel

87

Color pajizo brillante. Aroma fresco, flores blancas, varietal. Boca frutoso, fácil de beber.

Mas Tinell L' Alba Blanc de Lluna 2013 B
87

Color pajizo brillante. Aroma fresco, fruta fresca, hierbas verdes. Boca sabroso, frutoso, buena acidez, equilibrado.

CAVAS FERRET

Avda. de Catalunya, 36
8736 Guardiola de Font-Rubí
(Barcelona)
☎: +34 938 979 148
Fax: +34 938 979 285
www.cavasferret.com
comercial@cavasferret.com

Abac 2012 B
xarel.lo

88 ★★★   10€

Color pajizo brillante. Aroma intensidad media, equilibrado, flores marchitas, varietal. Boca correcto, fino amargor, sabroso.

Ferret Selecció de Barriques 2010 TGR
tempranillo, cabernet sauvignon, merlot

86   12€

Color cereza oscuro. Aroma cuero muy curtido, especiado, con carácter, notas animales. Boca correcto, sabroso.

Ferret Selecció de Barriques 2011 BFB
xarel.lo, chardonnay

89 ★★★   10€

Color amarillo brillante. Aroma potente, fruta madura, especias dulces, roble cremoso, hierbas de tocador. Boca graso, retronasal ahumado, sabroso, fresco, buena acidez.

Marmediterraneo 2012 T
merlot, cabernet sauvignon, tempranillo

84   5€

Marmediterraneo 2013 B
parellada, xarel.lo, moscatel

84   5€

Marmediterraneo 2013 RD
merlot, tempranillo

85 ★★★★★   5€

CAVAS HILL

Bonavista, 2
8734 Moja-Olérdola (Barcelona)
☎: +34 938 900 588
Fax: +34 938 170 246
www.cavashill.com
cavashill@cavashill.com

Blanc Bruc 2013 BFB

88

Color pajizo brillante. Aroma flores blancas, hierbas de tocador, mineral, especiado. Boca fresco, frutoso, sabroso, equilibrado.

Gran Civet 2011 TC

86

Color cereza, borde granate. Aroma fruta madura, hierbas silvestres, tostado, vegetal. Boca sabroso, balsámico.

Gran Toc 2010 TR

90

Color cereza, borde granate. Aroma equilibrado, complejo, fruta madura, especiado, mineral. Boca estructurado, sabroso, correcto.

Oro Penedès 2013 B
moscatel, xarel.lo

87

Color pajizo brillante. Aroma flores blancas, hierbas de tocador, expresión frutal. Boca fresco, frutoso, sabroso, equilibrado, elegante.

Reserva Hill 2008 TR

89

Color cereza, borde granate. Aroma equilibrado, complejo, fruta madura, especiado. Boca estructurado, sabroso, taninos maduros, correcto.

CAVAS LAVERNOYA

Masia La Porxada
8729 Sant Marçal (Barcelona)
☎: +34 938 912 202
www.lavernoya.com
lavernoya@lavernoya.com

Lácrima Baccus 2013 B

86 ★★★★★   3,5€

Color pajizo brillante. Aroma flores blancas, hierbas de tocador, expresión frutal. Boca fresco, frutoso, sabroso.

Lácrima Baccus 2013 RD

84   3,5€

Lácrima Baccus 2013 T

89 ★★★★★   3,5€

Color cereza oscuro, borde violáceo. Aroma hierbas de monte, fruta madura, equilibrado, expresivo. Boca frutoso, buena acidez.

Lácrima Baccus Blanc de Blancs 2013 B

87 ★★★★★   5€

Color pajizo brillante. Aroma fruta fresca, flores blancas, hierbas silvestres. Boca sabroso, frutoso.

CAVES NAVERÁN

Can Parellada
8775 Torrelavit (Barcelona)
☎: +34 938 988 274
Fax: +34 938 989 027
www.naveran.com
naveran@naveran.com

Manuela de Naverán 2013 B
100 % Chardonnay fermentado en Barrica   12,50€

86

Color pajizo brillante. Aroma flores marchitas, intensidad media. Boca correcto, fácil de beber.

Naverán Clos dels Angels 2013 T

75% Syrah, 15% Merlot, 10% Cabernet Sauvignon **9€**

93

Color cereza, borde violáceo. Aroma fruta roja, frambuesa, floral, hierbas de tocador, equilibrado. Boca fresco, frutoso, sabroso, fácil de beber, elegante.

CELLER CREDO

Tamarit, 10
8770 Sant Sadurní D'Anoia (Barcelona)
☎: +34 938 910 214
Fax: +34 938 911 697
www.cellercredo.cat
vins@cellercredo.cat

Aloers 2012 B

xarel.lo

91

Color amarillo brillante. Aroma equilibrado, expresivo, hierbas silvestres, flores secas. Boca equilibrado, fino amargor, elegante, largo.

Aloers 2013 B

100% xarel.lo

90 ★★★★ 🌷 **12,5€**

Color pajizo brillante. Aroma flores blancas, fruta fresca, lías finas, hierbas secas. Boca sabroso, frutoso, buena acidez, equilibrado.

Can Credo 2010 B

xarel.lo

93 🌷

Color dorado brillante. Aroma expresivo, complejo, fruta madura, especiado, lías finas, flores marchitas. Boca graso, lleno, equilibrado, elegante. Personalidad.

Can Credo 2011 B

100% xarel.lo

93 🌷 **18,5€**

Color amarillo brillante. Aroma flores marchitas, especiado, frutos secos, complejo. Boca graso, sabroso, largo, equilibrado, buena acidez, complejo.

Cap ficat 2013 B

90

Color pajizo brillante. Aroma flores blancas, hierbas de tocador, expresión frutal, mineral. Boca fresco, frutoso, sabroso, equilibrado, elegante.

Estrany 2012 B

90 🌷

Color amarillo brillante. Aroma fruta madura, flores marchitas, hierbas secas, piedra seca. Boca fino amargor, potente, sabroso, largo.

Miranius 2013 B

89 ★★★ 🌷 **9€**

Color amarillo, pálido. Aroma flores marchitas, intensidad media, fruta fresca, hierbas de tocador. Boca fresco, buena acidez.

Ratpenat 2013 B

90

Color pajizo brillante. Aroma flores blancas, lías finas, hierbas secas. Boca sabroso, frutoso, buena acidez, equilibrado.

CELLERS AVGVSTVS FORVM

Ctra. Sant Vicenç, s/n
Apartado Correos 289
43700 El Vendrell (Tarragona)
☎: +34 977 666 910
Fax: +34 977 666 590
www.avgvstvs.es
avgvstvs@avgvstvsforvm.com

Avgvstvs Cabernet Franc 2011 T Roble

cabernet franc

89 **12€**

Color cereza oscuro, borde granate. Aroma hierbas silvestres, fruta madura. Boca sabroso, balsámico, especiado, cierta persistencia.

Avgvstvs Cabernet Sauvignon-Merlot 2011 T Roble

cabernet sauvignon, merlot

89 ★★★ **10€**

Color cereza opaco, borde granate. Aroma balsámico, hierbas silvestres, fruta madura, potente. Boca elegante, equilibrado, varietal.

Avgvstvs Chardonnay 2013 BFB
chardonnay

92   18€

Color amarillo brillante. Aroma potente, fruta madura, especias dulces, roble cremoso, hierbas de tocador. Boca graso, sabroso, buena acidez, equilibrado, elegante.

Avgvstvs Chardonnay Magnum 2012 B
chardonnay

93   38€

Color amarillo brillante. Aroma potente, fruta madura, especias dulces, roble cremoso, hierbas de tocador, flores marchitas. Boca graso, retronasal ahumado, sabroso, fresco, buena acidez.

Avgvstvs Merlot Syrah 2012 T
merlot, syrah

87 ★★★★   8€

Color cereza, borde granate. Aroma fruta madura, especias dulces, roble cremoso. Boca sabroso, frutoso, tostado.

Avgvstvs Trajanvs 2009 TR
cabernet sauvignon, merlot, cabernet franc, garnacha

90   20€

Color cereza, borde granate. Aroma fruta madura, especiado, roble cremoso, tostado, complejo, terroso, balsámico. Boca potente, sabroso, tostado, equilibrado.

Avgvstvs Trajanvs 2010 T
cabernet sauvignon, merlot, cabernet franc, garnacha

91   20€

Color cereza intenso, borde granate. Aroma especiado, fruta madura, fina reducción, complejo, hierbas secas. Boca estructurado, lleno, sabroso.

Avgvstvs VI Varietales Magnum 2011 TC
cabernet sauvignon, cabernet franc, tempranillo, garnacha

90   23€

Color cereza intenso, borde granate. Aroma equilibrado, complejo, balsámico, especiado. Boca estructurado, sabroso, taninos maduros.

Avgvstvs Xarel.lo 2011 BFB
xarel.lo

89   16€

Color amarillo brillante. Aroma fruta madura, roble cremoso, hierbas de tocador. Boca graso, sabroso, fresco, buena acidez, redondo.

Avgvstvs Xarel.lo 2013 BFB
xarel.lo

91 ★★★   16€

Color amarillo brillante. Aroma hierbas secas, floral, mineral, especiado, cítricos, expresión frutal, expresivo. Boca sabroso, frutoso, especiado, balsámico.

Avgvstvs Xarel.lo Vermell 2013 B
xarel.lo, vermell

89   11€

Color amarillo, pálido. Aroma hierbas de monte, hierbas verdes, flores secas, con carácter. Boca sabroso, complejo, buena acidez.

Look 2013 B
xarel.lo, moscatel de alejandría, sauvignon blanc, subirat parent

87 ★★★★   7€

Color pajizo brillante. Aroma fresco, fruta fresca, flores blancas, expresivo. Boca sabroso, frutoso, buena acidez, equilibrado.

CLOS LENTISCUS
Masía Can Ramón del Montgros, s/n
8810 Sant Pere de Ribes (Barcelona)
☎: +34 667 517 659
www.closlentiscus.com
manel@closlentiscus.com

Clos Lentiscus 41ºN Rosé 2009 BN Gran Reserva
samsó

89 ❦   12€

Color cobrizo. Aroma floral, jazmín, hierbas de tocador, fruta escarchada. Boca fresco, frutoso, sabroso, correcto, equilibrado.

Clos Lentiscus Blanc 2011 BN
xarel.lo, malvasía

87 ★★★ ❦   9,5€

Color amarillo brillante. Aroma fruta madura, lías finas, equilibrado, hierbas secas. Boca buena acidez, sabroso, fruta madura, largo.

Clos Lentiscus Malvasia de Sitges 2009 BN
malvasía

85   12€

Clos Lentiscus Syrah Colection Rosé 2009 BN
syrah

84 ❦   11€

Sumoll Reserva Familia de Clos Lentiscus Blanc de Noir 2009 BN
sumoll

87   15€

Color cobrizo. Aroma fruta escarchada, flores marchitas. Boca frutoso, buena acidez, fino amargor, largo.

X-Pressio de Clos Lentiscus 2008 BN
xarel.lo, vermell

93   35€

Color dorado brillante. Aroma frutos secos, hierbas de tocador, complejo, lías finas, fruta macerada, especias dulces, expresivo. Boca potente, sabroso, buena acidez, burbuja fina, fino amargor, elegante.

COLET

Salinar, s/n
8796 Pacs del Penedès (Barcelona)
☎: +34 938 170 809
Fax: +34 938 170 809
www.colet.cat
info@colet.cat

A Posteriori Rosat ESP

87

Color cobrizo, brillante. Aroma flores marchitas, intensidad media, hierbas silvestres. Boca sabroso, correcto, fino amargor.

A Priori ESP
macabeo, chardonnay, riesling, gewürztraminer

90 ★★★★★   9€

Color pajizo brillante. Aroma fruta fresca, hierbas secas, lías finas, floral. Boca fresco, frutoso, sabroso, buena acidez.

Colet Assemblage Blanc de Noir ESP
pinot noir, chardonnay

90   19,9€

Color cobrizo. Aroma frutos secos, fruta madura, flores marchitas, tostado, pastelería, lías finas. Boca amargoso, graso, sabroso.

Colet Grand Cuveé ESP
chardonnay, macabeo, xarel.lo

90 ★★★   14€

Color dorado brillante. Aroma lías finas, frutos secos, hierbas de tocador, complejo. Boca potente, sabroso, buena acidez, burbuja fina, fino amargor.

Colet Navazos 2010 Extra Brut
xarel.lo

93   19,3€

Color dorado brillante. Aroma lías finas, hierbas de tocador. Boca potente, sabroso, buena acidez, burbuja fina, fino amargor.

Colet Navazos 2011 ESP
xarel.lo

91 ★★★   15€

Color dorado brillante. Aroma lías finas, frutos secos, hierbas de tocador, complejo, tostado. Boca potente, sabroso, buena acidez, burbuja fina, fino amargor.

Colet Tradicional ESP
xarel.lo, macabeo, parellada

92 ★★★★★   9,9€

Color amarillo brillante. Aroma tostado, frutos secos, lías finas, punzante, salino, expresivo. Boca sabroso, fino amargor, buena acidez.

Vatua ! ESP
moscatel, parellada, gewürztraminer

90 ★★★★★   9,9€

Color pajizo brillante. Aroma expresión frutal, cítricos, hierbas silvestres, especiado, pastelería. Boca fino amargor, balsámico, equilibrado, elegante.

COMA ROMÀ

Can Guilera, s/n
8739 Sant Pau D'Ordal (Barcelona)
☎: +34 938 993 094
Fax: +34 938 993 094
www.comaroma.net
canguilera@comaroma.net

Coma Romà Merlot 2011 T
merlot

83 🌷   8€

Coma Romà Ull Llebre 2013 RD
ull de llebre

87 ★★★★ 🌷   7€

Color piel cebolla. Aroma flores secas, hierbas de tocador, fruta roja, elegante. Boca ligero, sabroso, buena acidez, largo, especiado.

Coma Romà Xarel.lo 2013 B
xarel.lo

86 ★★★★ 🌷   7€

Color pajizo brillante. Aroma fresco, fruta fresca, flores blancas, intensidad media. Boca sabroso, frutoso, buena acidez, equilibrado.

Coma Romà Xarel.lo macerat 2012 B
xarel.lo

87 🌷   14€

Color pajizo brillante. Aroma fresco, fruta fresca, flores blancas. Boca sabroso, frutoso, buena acidez.

EMENDIS

Barrio de Sant Marçal, 67
8732 Castellet i La Gornal (Barcelona)
☎: +34 938 919 790
Fax: +34 938 918 169
www.emendis.es
avalles@emendis.es

Emendis Duet Varietal 2012 T
syrah, ull de llebre

88 ★★★★   8€

Color cereza brillante. Aroma fruta madura, especias dulces, roble cremoso, intensidad media, hierbas de monte. Boca frutoso, sabroso, especiado.

Emendis Mater 2006 TR
100% merlot

89   15€

Color cereza, borde granate. Aroma fruta madura, hierbas silvestres, terroso, especiado. Boca equilibrado, sabroso, largo, balsámico.

Emendis Nox 2013 RD
pinot noir, syrah

85 ★★★★ 6€

Emendis Trío Varietal 2013 B
macabeo, chardonnay, moscatel

87 ★★★★ 8€
Color pajizo brillante. Aroma flores blancas, hierbas de tocador, expresión frutal. Boca fresco, frutoso, sabroso, equilibrado, elegante.

ENRIC SOLER
Barri Sabanell, 11
8736 Font Rubí (Barcelona)
☎: +34 607 262 779
info@calraspallet.cat

Improvisació 2012 B
xarel.lo

91 21€
Color pajizo brillante. Aroma fresco, fruta fresca, flores blancas, especiado, expresivo. Boca sabroso, frutoso, buena acidez, equilibrado.

Nun Vinya dels Taus 2012 B
xarel.lo

94 36€
Color pajizo brillante. Aroma flores blancas, fruta fresca, expresivo, lías finas, hierbas secas. Boca sabroso, frutoso, buena acidez, equilibrado.

ESTEVE I GIBERT VITICULTORS
Masia Cal Panxa s/n – Els Casots
8739 Subirats (Barcelona)
☎: +34 650 665 953
www.esteveigibert.com
info@esteveigibert.com

L'Antana 2009 T
merlot

85 14€

Origen 2012 B
xarel.lo

86 ★★★★ 7,5€
Color amarillo. Aroma hierbas silvestres, flores marchitas. Boca sabroso, amargoso, correcto.

FERRE I CATASUS
Masía Gustems s/n Ctra. Sant Sadurní, Km. 8
8792 La Granada (Barcelona)
☎: +34 647 806 896
Fax: +34 938 974 708
www.ferreicatasus.com
info@ferreicatasus.com

Cap de Trons 2013 T
cabernet sauvignon, merlot, syrah

88 ★★★★ 7€
Color cereza opaco, borde violáceo. Aroma balsámico, fruta madura, equilibrado. Boca sabroso, frutoso, fácil de beber.

Ferré i Catasús Gall Negre 2009 T
merlot

89 13,5€
Color guinda. Aroma especiado, fina reducción, cuero mojado, ebanistería, tostado, hierbas silvestres. Boca especiado, largo, tostado.

Ferré i Catasús Xarel.lo 2012 B
xarel.lo

89
Color amarillo brillante. Aroma flores marchitas, especiado, con carácter. Boca sabroso, largo, equilibrado, fino amargor, graso.

Somiatruites 2013 B
chenin blanc, xarel.lo, sauvignon blanc, chardonnay

88 ★★★★ 7€
Color amarillo brillante. Aroma expresivo, equilibrado, especias dulces, flores blancas. Boca sabroso, equilibrado, fino amargor.

Sonat de l'ala 2012 T
merlot, syrah, garnacha

85 ★★★★ 7,9€

FINCA VILADELLOPS
Celler Gran Viladellops
8734 Olérdola (Barcelona)
☎: +34 938 188 371
Fax: +34 938 188 371
www.viladellops.com
info@viladellops.com

Finca Viladellops Xarel.lo 2012 BFB
100% xarel.lo

90 ⚘ 19€
Color amarillo brillante. Aroma floral, hierbas de tocador, expresión frutal, mineral, expresivo. Boca potente, sabroso, largo, equilibrado.

Finca Viladellops Xarel.lo 2013 B
100% xarel.lo

87 ★★★★ ⚘ 6,5€
Color pajizo brillante. Aroma floral, hierbas de tocador, mineral, expresión frutal. Boca sabroso, fresco, frutoso.

Finca Viladellops 2011 TC
87 🏆   12€
Color cereza oscuro, borde granate. Aroma hierbas silvestres, fruta madura, hierbas secas. Boca especiado, cierta persistencia, taninos maduros.

Turó de les Abelles 2010 T
92   25€
Color cereza, borde granate. Aroma fruta madura, hierbas silvestres, terroso, especiado, roble cremoso. Boca equilibrado, sabroso, largo, balsámico.

Viladellops Garnatxa 2013 T
100% garnacha
88 ★★★★   6,5€
Color cereza oscuro, borde violáceo. Aroma fruta madura, hierbas secas, intensidad media. Boca correcto, fácil de beber.

GIRÓ RIBOT, S.L.
Finca El Pont, s/n
8792 Santa Fe del Penedès (Barcelona)
☎: +34 938 974 050
Fax: +34 938 974 311
www.giroribot.es
giroribot@giroribot.es

AIKARAI Muscat de Frontignac 2013 B
100% moscatel de frontignan
89
Color pajizo brillante. Aroma flores blancas, hierbas de tocador, notas tropicales. Boca fresco, frutoso, sabroso, equilibrado.

Giró Ribot Blanc de Blancs 2013 B
85

Giró Ribot Giro 2 s/c B
giró
90
Color pajizo brillante. Aroma intensidad media, fresco, hierbas silvestres. Boca fresco, fácil de beber, buena acidez, frutoso.

GRAMONA
Industria, 36
8770 Sant Sadurní D'Anoia (Barcelona)
☎: +34 938 910 113
Fax: +34 938 183 284
www.gramona.com
comunicacion@gramona.com

Gramona Sauvignon Blanc 2012 BFB
100% sauvignon blanc
90 🏆   17€
Color amarillo brillante. Aroma fruta madura, flores secas, hierbas silvestres, mineral. Boca potente, sabroso, balsámico, correcto, fruta madura.

Gramona Xarel.lo Font Jui 2013 B
100% xarel.lo
93 ★★★★ 🏆   13€
Color pajizo brillante. Aroma flores blancas, fruta fresca, especiado, hierbas de tocador. Boca sabroso, frutoso, buena acidez, equilibrado.

Gramona Xarel.lo Ovum 2013 B
100% xarel.lo
92 ★★★ 🏆   14,3€
Color amarillo brillante. Aroma hierbas silvestres, cítricos, expresión frutal, piedra seca, flores blancas. Boca redondo, sabroso, especiado, largo, equilibrado, elegante.

Gramona Xarel.lo Roent 2013 RD
100% xarel.lo
91 ★★★ 🏆   14€
Color pajizo brillante. Aroma floral, hierbas silvestres, expresión frutal, piedra seca, expresivo. Boca potente, sabroso, complejo, equilibrado, elegante.

Vi de Glass Gewürztraminer 0,375 2010 B
100% gewürztraminer
93   16,5€
Color yodo, borde ambarino. Aroma potente, floral, notas amieladas, fruta escarchada, hierbas de tocador. Boca sabroso, dulce, fresco, frutoso, buena acidez, largo, elegante.

Vi de Glass Gewürztraminer 0,75 2007 BC
100% gewürztraminer
94 🏆   29,8€
Color dorado brillante. Aroma fruta escarchada, notas amieladas, flores marchitas, expresivo, complejo, especiado. Boca equilibrado, complejo, largo.

GRIMAU DE PUJADES
Barri Sant Sepulcre s/n
8734 Olerdola (Barcelona)
☎: +34 938 918 031
www.grimau.com
grimau@grimau.com

Grimau Blanc de Blancs 2013 B
xarel.lo, parellada, chardonnay
84

Grimau Cabernet Sauvignon 2007 TR
cabernet sauvignon
89
Color cereza, borde granate. Aroma fruta madura, especiado, roble cremoso, tostado, complejo, hierbas silvestres. Boca sabroso, tostado, taninos maduros.

Grimau Chardonnay 2013 B
chardonnay
88
Color pajizo brillante. Aroma flores blancas, hierbas de tocador, expresión frutal. Boca fresco, frutoso, sabroso.

Grimau Merlot 2013 RD

merlot

86

Color piel cebolla. Aroma fruta escarchada, flores secas, hierbas de tocador, fruta roja. Boca ligero, sabroso, buena acidez, especiado.

Rubicundus 2010 T

89

Color cereza, borde granate. Aroma fruta madura, especiado, roble cremoso, tostado, complejo. Boca potente, sabroso, tostado, taninos maduros.

HEREDAD SEGURA VIUDAS

Ctra. Sant Sadurní a St. Pere
de Riudebitlles, Km. 5
8775 Torrelavit (Barcelona)
☎: +34 938 917 070
Fax: +34 938 996 006
www.seguraviudas.com
seguraviudas@seguraviudas.es

Creu de Lavit 2012 BFB

xarel.lo

87 ★★★   10€

Color amarillo, borde verdoso. Aroma tostado, flores secas, fruta madura, hierbas secas. Boca especiado, graso, retronasal ahumado.

2012

Creu de Lavit

Segura Viudas

Embotellat a l'Heretat

Viña Heredad 2013 B

macabeo, xarel.lo, parellada

84   4,8€

Viña Heredad Cabernet Sauvignon 2012 T

cabernet sauvignon

85 ★★★★   5,3€

HERETAT MONT-RUBÍ

L'Avellà, 1. 8736 Font- Rubí (Barcelona)
☎: +34 938 979 066
Fax: +34 938 979 066
www.montrubi.com
hmr@montrubi.com

Advent Samso Dulce Natural 2010 RD

samsó

95   50€

Color caoba claro. Aroma acetaldehído, barniz, fruta escarchada, complejo, expresivo, equilibrado. Boca lleno, sabroso.

Advent Sumoll Dulce 2010 RD

100% sumoll

94   44€

Color cobrizo. Aroma fruta madura, hierbas secas, acetaldehído, barniz, frutos secos, chocolate, roble cremoso, tostado. Boca largo, cremoso, potente, sabroso, complejo, equilibrado, elegante.

Advent Xarel.lo 2010 B

xarel.lo

93   40€

Color oro viejo, borde ambarino. Aroma acetaldehído, fruta madura, balsámico, especiado, ebanistería, tostado. Boca potente, sabroso, especiado, largo, equilibrado, elegante.

Black Hmr 2013 T

garnacha

89 ★★★   9€

Color cereza, borde violáceo. Aroma fruta roja, frambuesa, floral, expresivo, hierbas silvestres. Boca fresco, frutoso, sabroso, fácil de beber.

Durona 2006 T

sumoll, garnacha, samsó

90 ★★★★   13€

Color cereza muy intenso. Aroma fruta madura, especiado, roble cremoso, tostado, con carácter, hierbas de monte. Boca potente, sabroso, tostado, taninos maduros.

Finca Durona 2013 B

100% parellada

87   13€

Color pajizo brillante. Aroma intensidad media, fruta fresca, cítricos. Boca fresco, frutoso, fácil de beber.

Gaintus 2010 T

100% sumoll

91   36€

Color guinda. Aroma fruta madura, hierbas silvestres, terroso, especiado, roble cremoso. Boca equilibrado, sabroso, largo, balsámico.

Vinodelaluna Magnum 2010 T

garnacha

91   35€

Color cereza, borde granate. Aroma fruta roja, fruta madura, balsámico, tierra húmeda, mineral, especiado. Boca potente, sabroso, balsámico, equilibrado.

White Hmr 2013 B
100% xarel.lo

89 ★★★ 9€

Color pajizo brillante. Aroma flores blancas, hierbas de tocador, expresión frutal. Boca fresco, frutoso, sabroso, elegante.

HERETAT SABARTÉS
Ctra. TP-2125
43711 Banyeres del Penedès
☎: +34 934 750 125
www.heretatsabartes.com
sabartes@sumarroca.com

Heretat Sabartés 2013 B
gewürztraminer, sauvignon blanc, macabeo

87 ★★★★ 7,5€

Color pajizo brillante. Aroma fresco, fruta fresca, flores blancas, expresivo. Boca sabroso, frutoso, buena acidez, fácil de beber.

Heretat Sabartés 2013 RD
tempranillo, merlot

87 ★★★★ 5,3€

Color rosáceo pálido. Aroma intensidad media, floral, equilibrado, flores secas. Boca correcto, fino amargor, fácil de beber.

Heretat Sabartés Negre 2012 T
pinot noir, syrah

92 ★★★★★ 8,9€

Color guinda. Aroma fruta madura, hierbas silvestres, terroso, especiado, roble cremoso. Boca equilibrado, sabroso, largo, balsámico, elegante.

JANÉ VENTURA
Ctra. Calafell, 2
43700 El Vendrell (Tarragona)
☎: +34 977 660 118
Fax: +34 977 661 239
www.janeventura.com
janeventura@janeventura.com

Jané Ventura "Finca Els Camps" Macabeu 2012 BFB
100% macabeo

92 ★★★ 14€

Color amarillo brillante. Aroma tostado, ahumado, fruta madura. Boca sabroso, graso, especiado, fruta madura, equilibrado.

Jané Ventura "Mas Vilella" Costers del Rotllan 2011 T

90 23€

Color cereza muy intenso, borde violáceo. Aroma potente, fruta madura, especiado, hierbas secas. Boca equilibrado, fruta madura, largo, balsámico.

Jané Ventura Blanc Selecció 2013 B

90 ★★★★★ 7€

Color pajizo brillante. Aroma fresco, fruta fresca, flores blancas. Boca sabroso, frutoso, buena acidez.

Jané Ventura Malvasía de Sitges 2013 B Barrica
100% malvasía

93 ★★★★ 12€

Color pajizo brillante. Aroma flores blancas, hierbas de tocador, expresión frutal, especiado. Boca fresco, frutoso, sabroso, equilibrado, elegante. Personalidad.

Jané Ventura Negre Selecció 2012 T

90 ★★★★★ 9€

Color cereza brillante. Aroma fruta madura, especias dulces, roble cremoso, expresivo. Boca sabroso, frutoso, tostado, taninos maduros, equilibrado.

Jané Ventura Rosat Selecció 2013 RD

89 ★★★★ 7€

Color cereza claro, brillante. Aroma fruta roja, floral, expresivo, fresco. Boca potente, frutoso, fresco, sabroso, largo.

Jané Ventura Sumoll 2012 T
100% sumoll

93 23€

Color cereza intenso, borde granate. Aroma fruta madura, hierbas silvestres, terroso, especiado, roble cremoso. Boca equilibrado, sabroso, largo, balsámico.

JAUME SERRA
Ctra. de Vilanova a Vilafranca, Km. 2,5
8800 Vilanova i la Geltru (Barcelona)
☎: +34 938 936 404
Fax: +34 938 147 482
www.garciacarrion.es
jaumeserra@jgc.es

Jaume Serra 2011 TC

80 2,8€

Jaume Serra 2013 B

84 2,3€

Jaume Serra Chardonnay 2013 BFB
100% chardonnay

87 ★★★★★ 4,5€

Color amarillo brillante. Aroma fruta madura, especias dulces, roble cremoso, hierbas secas. Boca graso, sabroso, fresco.

Jaume Serra Merlot 2013 RD
100% merlot

84 2,3€

Jaume Serra Semidulce 2013 B

80 2,3€

Jaume Serra Tempranillo 2012 T
tempranillo

82 2,3€

JEAN LEON

Pago Jean León, s/n
8775 Torrelavit (Barcelona)
☎: +34 938 995 512
Fax: +34 938 995 517
www.jeanleon.com
jeanleon@jeanleon.com

Jean León 3055 2013 RD
merlot, cabernet sauvignon

89 ★★★   9,8€

Color cereza claro, brillante. Aroma fruta madura, fruta roja, floral, expresivo, hierbas secas. Boca potente, frutoso, fresco.

Jean León 3055 Chardonnay 2013 B
100% chardonnay

91 ★★★★★ 🍷   9,8€

Color amarillo brillante. Aroma flores blancas, expresión frutal, expresivo. Boca fresco, frutoso, sabroso, equilibrado, elegante.

Jean León 3055 Merlot Petit Verdot 2013 T Roble
merlot, petit verdot

89 ★★★ 🍷   9,8€

Color cereza oscuro, borde violáceo. Aroma fruta madura, hierbas de monte, equilibrado. Boca frutoso, equilibrado, balsámico.

Jean León Vinya La Scala Cabernet Sauvignon 2003 TGR
100% cabernet sauvignon

93   35,5€

Color cereza intenso, borde anaranjado. Aroma elegante, especiado, fina reducción, cuero mojado, ebanistería. Boca especiado, taninos finos, elegante, largo.

Jean León Vinya Le Havre 2006 TR
cabernet sauvignon, cabernet franc

91   18,5€

Color cereza, borde granate. Aroma fruta madura, especiado, roble cremoso, tostado, fina reducción, balsámico. Boca potente, sabroso, tostado.

Jean León Vinya Palau Merlot 2009 TC
100% merlot

91   18,5€

Color cereza, borde granate. Aroma fruta madura, especiado, tostado, complejo, terroso. Boca potente, sabroso, tostado, taninos maduros.

Jean León Viña Gigi Chardonnay 2012 BC
100% chardonnay

92   18,5€

Color pajizo brillante. Aroma flores blancas, fruta fresca, expresivo, lías finas, hierbas secas, especiado. Boca sabroso, frutoso, buena acidez, equilibrado, elegante.

JOAN SARDÀ

Ctra. Vilafranca a St.
Jaume dels Domenys, Km. 8,1
8732 Castellví de la Marca (Barcelona)
☎: +34 937 720 900
Fax: +34 937 721 495
www.joansarda.com
joansarda@joansarda.com

Blanc Mariner 2013 B
xarel.lo, chardonnay

88 ★★★★★   4,3€

Color pajizo brillante. Aroma fresco, fruta fresca, flores blancas, cítricos. Boca sabroso, frutoso, buena acidez, equilibrado.

Joan Sardà 2009 TR
cabernet sauvignon, tempranillo, merlot

89   11,8€

Color cereza, borde granate. Aroma fruta madura, especiado, tostado, complejo, hierbas silvestres. Boca potente, sabroso, tostado, taninos maduros.

Joan Sardà 2011 TC
merlot, syrah

86 ★★★★   8€

Color cereza oscuro, borde granate. Aroma hierbas silvestres, hierbas de monte, fruta madura. Boca sabroso, frutoso.

Joan Sardà Cabernet Sauvignon 2012 TC
cabernet sauvignon

87 ★★★★   7,8€

Color cereza, borde granate. Aroma fruta madura, hierbas silvestres, terroso, especiado, roble cremoso. Boca equilibrado, sabroso, largo, balsámico.

Joan Sardà Cabernet Sauvignon 2013 RD
cabernet sauvignon

87 ★★★★   6,7€

Color cereza claro. Aroma fruta madura, fruta roja, floral, balsámico. Boca potente, frutoso, fresco, fácil de beber.

Joan Sardà Chardonnay 2013 B
chardonnay

88 ★★★★   7,8€

Color pajizo brillante. Aroma flores blancas, fruta fresca, expresivo, hierbas secas. Boca sabroso, frutoso, buena acidez, equilibrado.

Vinya Sardà 2013 B
xarel.lo

85 ★★★★★   3,2€

Vinya Sardà 2013 RD
merlot

83   3,2€

Vinya Sardà 2013 T
merlot, tempranillo

86 ★★★★   3,2€

Color cereza, borde violáceo. Aroma hierbas de monte, fruta madura. Boca correcto, fácil de beber, cierta persistencia, frutoso.

JUVÉ Y CAMPS
Sant Venat, 1
8770 Sant Sadurní D'Anoia (Barcelona)
☎: +34 938 911 000
Fax: +34 938 912 100
www.juveycamps.com
juveycamps@juveycamps.com

Aurora D'Espiells Rosé 2013 RD

89 ★★★   8,5€

Color piel cebolla. Aroma elegante, fruta escarchada, flores secas, hierbas de tocador, fruta roja. Boca ligero, sabroso, buena acidez, largo, especiado.

Casa Vella D'Espiells 2009 T

91 ★★★★   11,9€

Color cereza, borde granate. Aroma fruta madura, especiado, roble cremoso, tostado, complejo. Boca potente, sabroso, tostado, taninos maduros, equilibrado.

Ermita D'Espiells 2013 B

87 ★★★★   7,6€

Color amarillo. Aroma fresco, flores blancas, expresivo. Boca sabroso, frutoso, buena acidez, equilibrado.

Ermita D'Espiells Rosé 2013 RD

88 ★★★★   7,6€

Color cereza claro. Aroma potente, fruta madura, fruta roja, floral, expresivo. Boca potente, frutoso, fresco, untuoso.

Flor D'Espiells 2013 BFB
100% chardonnay

90   17,1€

Color pajizo brillante. Aroma flores blancas, hierbas de tocador, expresión frutal, especiado. Boca fresco, frutoso, sabroso, equilibrado, elegante.

Gregal D'Espiells 2013 B

89 ★★★   8,2€

Color pajizo brillante. Aroma flores blancas, hierbas de tocador, expresión frutal. Boca fresco, frutoso, sabroso, equilibrado, elegante.

Iohannes 2008 T

92   30,2€

Color cereza intenso, borde teja. Aroma elegante, especiado, fina reducción, cuero mojado, ebanistería, espirituoso. Boca especiado, taninos finos, elegante, largo.

Miranda D'Espiells 2013 B
100% chardonnay

91 ★★★★★   8,9€

Color pajizo brillante. Aroma flores blancas, fruta fresca, expresivo, lías finas, hierbas secas. Boca sabroso, frutoso, buena acidez, equilibrado.

Viña Escarlata 2010 T
100% merlot

91 ★★★★   11,9€

Color cereza, borde granate. Aroma fruta madura, hierbas silvestres, terroso, especiado, roble cremoso. Boca equilibrado, sabroso, largo, balsámico.

LLOPART
Ctra. de Sant Sadurni - Ordal, Km. 4
Els Casots
8739 Subirats (Barcelona)
☎: +34 938 993 125
Fax: +34 938 993 038
www.llopart.com
llopart@llopart.com

Llopart Castell de Subirats 2011 TC

89   12,4€

Color cereza, borde granate. Aroma fruta madura, especiado, roble cremoso, tostado, complejo. Boca potente, sabroso, tostado, taninos maduros.

Llopart Clos dels Fòssils 2013 B

88   10,7€

Color amarillo brillante. Aroma potente, fruta madura, especias dulces, roble cremoso, hierbas de tocador, cítricos. Boca graso, sabroso, fresco.

Llopart Vitis 2013 B

84   8,5€

LOXAREL
Can Mayol, s/n
8735 Vilobí del Penedès (Barcelona)
☎: +34 938 978 001
www.loxarel.com
loxarel@loxarel.com

790 Loxarel 2008 T
cabernet sauvignon

89 🌷   14€

Color guinda. Aroma especiado, fina reducción, cuero mojado, tostado. Boca especiado, largo, tostado, balsámico.

Eos de Loxarel Syrah 2012 T
cabernet sauvignon

87 ★★★ 🌷   10€

Color cereza brillante, borde granate. Aroma fruta madura, especias dulces, roble cremoso. Boca sabroso, frutoso, tostado.

Garnatxa Blanca de Loxarel 2013 B
garnacha blanca

91 ★★★★ ❦ 12€

Color pajizo brillante. Aroma flores blancas, fruta fresca, expresivo, hierbas secas. Boca sabroso, frutoso, buena acidez, equilibrado.

Loxarel Vintage 2009 ESP Reserva
xarel.lo, macabeo, chardonnay

90 ★★★ ❦ 16€

Color amarillo. Aroma intensidad media, hierbas secas, lías finas, floral, fruta madura. Boca fresco, frutoso, sabroso, buena acidez.

Loxarel Vintage 2012 ESP Reserva
xarel.lo, macabeo, chardonnay

89 ★★★★ ❦ 7,8€

Color pajizo brillante. Aroma intensidad media, fruta fresca, hierbas secas, lías finas, floral, expresivo. Boca fresco, frutoso, sabroso, buena acidez, equilibrado.

LXV de Loxarel Xarel.lo Vermell 2013 B
xarel.lo, vermell

88 14€

Color cobrizo, brillante. Aroma intensidad media, hierbas secas, flores secas, fruta fresca. Boca fino amargor, fácil de beber, equilibrado.

MM de Loxarel 2008 ESP Gran Reserva
pinot noir, xarel.lo

88 ❦ 18€

Color amarillo, cobrizo. Aroma lías finas, frutos secos, hierbas de tocador, complejo. Boca potente, sabroso, buena acidez, burbuja fina, fino amargor.

Refugi de Loxarel 2009 ESP Reserva
xarel.lo, chardonnay

86 12€

Color amarillo brillante. Aroma hierbas secas, lías finas, flores marchitas. Boca fresco, frutoso, sabroso, buena acidez.

Xarel.lo de Loxarel 2013 B
xarel.lo

91 ★★★★ 12€

Color pajizo brillante. Aroma flores blancas, hierbas de tocador, expresión frutal. Boca fresco, frutoso, sabroso, equilibrado, elegante.

MARRUGAT S.A. (BODEGAS PINORD)
Doctor Pasteur, 6
8776 Vilafranca del Penedès
(Barcelona)
☎: +34 938 903 066
www.pinord.com
visites@pinord.com

Pinord Chateldon 2007 TR
100% cabernet sauvignon

80 9,6€

Pinord Clos de Torribas 2010 TC
tempranillo, cabernet sauvignon, merlot

82 4,7€

Pinord Clos de Torribas 2013 B
gewürztraminer, macabeo, xarel.lo

86 ★★★★★ ❦ 4,6€

Color pajizo brillante. Aroma fresco, fruta fresca, flores blancas. Boca sabroso, frutoso, buena acidez.

Pinord Diorama Cabernet Sauvignon 2013 RD
cabernet sauvignon

80 ❦

Pinord Diorama Merlot 2011 T
merlot

85 ★★★★ 6,9€

Pinord Mireia 2013 B
gewürztraminer, moscatel, sauvignon blanc

85 ★★★★ 7,8€

MAS BERTRAN
Ctra. BP-2121 Km.7,7
8731 St. Martí Sarroca (Barcelona)
☎: +34 938 990 859
www.masbertran.com
info@masbertran.com

Argila 2009 BN Gran Reserva
100% xarel.lo

88 22€

Color dorado brillante. Aroma lías finas, frutos secos, hierbas de tocador, pastelería. Boca potente, sabroso, buena acidez, burbuja fina, amargoso.

Argila 2010 BN Gran Reserva
100% xarel.lo

91 22€

Color dorado brillante. Aroma lías finas, frutos secos, hierbas de tocador, complejo, tostado. Boca potente, sabroso, buena acidez, burbuja fina, fino amargor.

Argila Rosé 2011 BN Reserva
100% sumoll

89 21€

Color cobrizo. Aroma floral, jazmín, hierbas de tocador, fruta escarchada. Boca frutoso, sabroso, equilibrado.

Balma 2011 BN Reserva

88 ★★★ 9€

Color amarillo brillante. Aroma fruta madura, lías finas, equilibrado, hierbas secas. Boca buena acidez, sabroso, fruta madura, largo.

Balma 2011 BR Reserva
86 ★★★ 9€
Color pajizo brillante. Aroma lías finas, floral, hierbas de tocador, expresivo. Boca potente, sabroso, buena acidez, burbuja fina, equilibrado.

Nutt 2013 B
xarel.lo
89 ★★★★ 8€
Color pajizo brillante. Aroma hierbas de tocador, fruta fresca, flores blancas, mineral. Boca fresco, frutoso, sabroso.

Nutt Rosé Sumoll 2013 RD
100% sumoll
87 ★★★ 9€
Color cereza claro. Aroma elegante, fruta escarchada, flores secas, hierbas de tocador. Boca ligero, buena acidez, con carbónico.

MAS CAN COLOMÉ
Masies Sant Marçal s/n
8729 Castellet i La Gornal (Barcelona)
☎: +34 938 918 203
Fax: +34 938 918 203
www.mascancolome.com
info@mascancolome.com

Mas Can Colome Viticultors 2011 BN Reserva
xarel.lo, macabeo, parellada
86 ★★★★★ 5€
Color amarillo brillante. Aroma fruta madura, lías finas, equilibrado, hierbas secas. Boca buena acidez, sabroso, fruta madura, largo.

Petit Serenor Mas can Colome Viticultors 2011 ESP Reserva
xarel.lo, macabeo, parellada, chardonnay
87 ★★★★ 6€
Color amarillo brillante. Aroma intensidad media, hierbas secas, lías finas, floral, frutos secos. Boca fresco, frutoso, sabroso, buena acidez.

Rosadenc Mas Can Colomé Viticultors 2013 RD
syrah, garnacha, pinot noir
85 ★★★★★ 4,5€

Serenor Mas Can Colome Viticultors 2010 ESP Reserva
xarel.lo, chardonnay, macabeo, parellada
90 ★★★★★ 8,5€
Color pajizo brillante. Aroma intensidad media, fruta fresca, hierbas secas, lías finas, floral, expresivo. Boca fresco, frutoso, sabroso, buena acidez, elegante.

Turo Mas can Colomé Viticultors 2011 T
garnacha, syrah, samsó
89 ★★★ 8,3€
Color cereza intenso, borde granate. Aroma equilibrado, expresivo, fruta madura, floral, especiado. Boca sabroso, taninos maduros.

Turonet Mas Can Colomé Viticultors 2013 B
chardonnay, xarel.lo, sauvignon blanc
89 ★★★★ 7,5€
Color pajizo brillante. Aroma flores blancas, hierbas de tocador, expresión frutal. Boca fresco, frutoso, sabroso, equilibrado, elegante, fácil de beber.

MAS CANDÍ
Ctra. de Les Gunyoles, s/n
8793 Les Gunyoles (Barcelona)
☎: +34 680 765 275
www.mascandi.com
info@mascandi.com

Mas Candi Cova de L'Ometlló Dulce 2011
cabernet sauvignon
87 17€
Color caoba claro. Aroma fruta escarchada, fruta al licor, acetaldehído, ebanistería, rancio. Boca sabroso, untuoso, largo.

Mas Candi Desig 2013 B
xarel.lo
87 ★★★★ 8€
Color pajizo brillante. Aroma flores blancas, hierbas de tocador, expresión frutal. Boca fresco, frutoso, sabroso.

Mas Candí Les Forques 2010 T
cabernet sauvignon, sumoll, otras
91 ★★★★ 13€
Color cereza, borde granate. Aroma fruta madura, hierbas silvestres, terroso, especiado, roble cremoso. Boca equilibrado, sabroso, largo, balsámico.

Mas Candi Pecat Noble 2013 BFB
malvasía
90 19€
Color amarillo brillante. Aroma floral, hierbas de tocador, cítricos. Boca sabroso, dulce, fresco, frutoso, buena acidez, largo.

Mas Candí Quatre Xarel.lo 2012 BFB
100% xarel.lo
91 ★★★ 15€
Color amarillo brillante. Aroma fruta madura, especias dulces, roble cremoso, hierbas de tocador. Boca graso, sabroso, buena acidez.

Mas Candí Sol+Sol 2010 T
cabernet sauvignon, sumoll, otras
91 29€
Color cereza, borde granate. Aroma terroso, especiado, roble cremoso, balsámico, piedra seca, fruta madura. Boca equilibrado, sabroso, balsámico.

MAS CODINA

Barri El Gorner, s/n - Mas Codina
8797 Puigdalber (Barcelona)
☎: +34 938 988 166
Fax: +34 938 988 166
www.mascodina.com
info@mascodina.com

Mas Codina 2010 T
merlot, cabernet sauvignon, syrah

88 ★★★★   **6,3€**

Color cereza, borde granate. Aroma fruta madura, especiado, roble cremoso, tostado, complejo. Boca potente, sabroso, tostado, taninos maduros.

Mas Codina 2013 B
chardonnay, macabeo, xarel.lo, moscatel

89 ★★★★★   **4,8€**

Color pajizo brillante. Aroma fresco, fruta fresca, flores blancas, expresivo. Boca sabroso, frutoso, buena acidez, equilibrado.

Mas Codina 2013 RD
merlot, cabernet sauvignon, syrah

84   **5,3€**

Mas Codina Vinya Ferrer 2009 TR
cabernet sauvignon

86 ★★★   **8,5€**

Color rubí, borde teja. Aroma fruta madura, hierbas silvestres, especiado, roble cremoso. Boca equilibrado, balsámico, especiado.

Mas Codina Vinya Miquel 2009 TC
syrah

87   **13,5€**

Color cereza muy intenso, borde granate. Aroma potente, fruta madura, muy tostado (torrefactado), chocolate. Boca potente, tostado, balsámico.

MAS COMTAL

Mas Comtal, 1
8793 Avinyonet del Penedès
(Barcelona)
☎: +34 938 970 052
Fax: +34 938 970 591
www.mascomtal.com
mascomtal@mascomtal.com

Antistiana Merlot 2010 T
100% merlot

91 ★★★★ 🌷   **12,5€**

Color cereza, borde granate. Aroma fruta madura, terroso, hierbas de monte, roble cremoso, tostado. Boca equilibrado, sabroso, largo, balsámico.

Antistiana Xarel.lo 2012 B
100% xarel.lo

90 ★★★★★   **9,8€**

Color amarillo brillante. Aroma complejo, flores marchitas, equilibrado, expresivo. Boca sabroso, buena acidez, fino amargor, fruta madura, especiado.

Mas Comtal 20 Aniversari Rosado 2012 ESP Reserva
100% merlot

86   **13,9€**

Color cereza claro, brillante. Aroma fruta madura, hierbas de tocador, especiado, flores secas. Boca sabroso, fino amargor, buena acidez.

Mas Comtal Cuvèe Prestige Joan Milà 2009 ESP

89   **13,9€**

Color dorado brillante. Aroma lías finas, hierbas de tocador, complejo. Boca potente, sabroso, buena acidez, burbuja fina.

Mas Comtal Negre D'Anyada 2012 T

87 ★★★   **8,1€**

Color cereza oscuro, borde granate. Aroma especiado, fruta madura, hierbas silvestres. Boca sabroso, equilibrado, taninos maduros.

Mas Comtal Pomell de Blancs 2013 B

88 ★★★   **8,1€**

Color pajizo brillante. Aroma fresco, fruta fresca, flores blancas, expresivo. Boca sabroso, frutoso, buena acidez, equilibrado.

Mas Comtal Premium 2011 BR

87 ★★★   **9,9€**

Color amarillo brillante. Aroma fruta madura, lías finas, equilibrado, hierbas secas, expresivo. Boca buena acidez, sabroso, fruta madura, largo.

Mas Comtal Rosat de Llàgrima 2013 RD
100% merlot

87 ★★★ 🌷   **8,1€**

Color frambuesa. Aroma fruta roja, equilibrado, fruta madura, hierbas secas. Boca sabroso, frutoso, largo.

Pétrea 2008 BFB
100% chardonnay

89   **17,3€**

Color dorado brillante. Aroma cacao fino, roble cremoso, tostado, fruta escarchada. Boca potente, graso, largo, especiado, tostado, amargoso.

MAS DEL PUIG BONANS

Mas Bonans s/n
8784 Piera (Barcelona)
☎: +34 622 207 500
www.bonans.cat
bonans@bonans.cat

Mas del Puig Bonans Xarel.lo 2013 B
100% xarel.lo

88 ★★★★ ❀   6,6€

Color pajizo brillante. Aroma flores blancas, hierbas de tocador, expresión frutal. Boca frutoso, sabroso, equilibrado.

Vi Escumós Mas Bonans 2012 ESP
macabeo, xarel.lo, parellada

84   8,7€

MAS RODÓ

Km. 2 Ctra. Sant Pere Sacarrera
a Sant Joan de Mediona (Alto Penedès)
8773 Barcelona (Barcelona)
☎: +34 932 385 780
Fax: +34 932 174 356
www.masrodo.com
info@masrodo.com

Mas Rodó Cabernet Sauvignon 2010 T
cabernet sauvignon

90   18€

Color cereza, borde granate. Aroma fruta madura, especiado, roble cremoso, balsámico. Boca potente, sabroso, tostado, taninos maduros.

Mas Rodó Macabeo 2013 B
macabeo

88   16€

Color amarillo. Aroma flores marchitas, especias dulces, fruta madura, tostado. Boca graso, sabroso, fruta madura, tostado.

Mas Rodó Merlot 2011 TR
merlot

88   14€

Color cereza brillante. Aroma fruta madura, especias dulces, roble cremoso, balsámico. Boca sabroso, frutoso, tostado, taninos maduros.

Mas Rodó Montonega 2012 B
100% montonega

90 ★★★★★   9€

Color pajizo brillante. Aroma flores blancas, fruta fresca, expresivo, lías finas, hierbas secas. Boca sabroso, frutoso, buena acidez, equilibrado.

Mas Rodó Reserva de la Propietat 2008 T
cabernet sauvignon

88   36€

Color cereza, borde granate. Aroma fruta madura, hierbas silvestres, especiado, tabaco. Boca equilibrado, sabroso, amargoso.

Mas Rodó Riesling 2013 B
riesling

88   14€

Color pajizo brillante. Aroma flores blancas, hierbas de tocador, expresión frutal. Boca fresco, frutoso, sabroso, equilibrado, dulcedumbre.

MASET DEL LLEÓ

C-244, Km. 32,5
8792 La Granada del Penedès
(Barcelona)
☎: +34 902 200 250
Fax: +34 938 921 333
www.maset.com
info@maset.com

Maset del Lleó Cabernet Sauvignon 2010 TR
cabernet sauvignon

86

Color cereza, borde granate. Aroma fruta madura, hierbas silvestres, especiado, roble cremoso. Boca equilibrado, sabroso, largo, balsámico.

Maset del Lleó Cabernet Sauvignon 2011 TC
cabernet sauvignon

84

Maset del Lleó Chardonnay Flor de Mar 2013 B
chardonnay

87

Color pajizo brillante. Aroma fruta fresca, flores blancas, hierbas secas. Boca sabroso, frutoso, equilibrado.

Maset del Lleó Merlot 2013 RD
merlot

85

Maset del Lleó Merlot Foc 2011 TC
merlot

89

Color cereza brillante. Aroma fruta madura, especias dulces, roble cremoso, hierbas silvestres. Boca frutoso, sabroso, tostado, balsámico, correcto.

Maset del Lleó Selección 2012 T
ull de llebre

90 ★★★★★   3,9€

Color cereza, borde granate. Aroma fruta roja, frambuesa, expresión frutal, hierbas de tocador, especiado, mineral. Boca sabroso, ligero, buena acidez, fresco, frutoso, equilibrado.

Maset del Lleó Xarel.lo Blanc de Blancs 2013 B
xarel.lo

88

Color pajizo brillante. Aroma fruta fresca, equilibrado, floral, fresco. Boca frutoso, fino amargor, fácil de beber, sabroso.

MASIA VALLFORMOSA

La Sala, 45
8735 Vilobi del Penedès (Barcelona)
☎: +34 938 978 286
Fax: +34 938 978 355
www.domenechvidal.com
vallformosa@vallformosa.es

La.Sala Tempranillo Cabernet Sauvignon 2012 T
tempranillo, cabernet sauvignon

89

Color cereza brillante. Aroma fruta madura, especias dulces, roble cremoso, expresivo, balsámico. Boca sabroso, frutoso, tostado, taninos maduros.

MAS LA.ROCA 2012 T
tempranillo, cabernet sauvignon

88

Color cereza, borde granate. Aroma fruta madura, especiado, roble cremoso, tostado, balsámico. Boca potente, sabroso, tostado.

MAS LA.ROCA 2013 B
xarel.lo, macabeo, chardonnay

86

Color pajizo brillante. Aroma flores blancas, hierbas de tocador, expresión frutal. Boca fresco, frutoso, sabroso.

MAS LA.ROCA 2013 RD
merlot, sumoll, tempranillo

85

Masia Freyè Merlot Sumoll 2013 RD
merlot, sumoll

87

Color cobrizo, brillante. Aroma fresco, fruta roja, cítricos, floral. Boca sabroso, equilibrado, fino amargor, frutoso.

Masia Freyè Parellada Muscat 2013 B
parellada, moscatel

88

Color pajizo brillante. Aroma floral, hierbas de tocador, notas tropicales. Boca fresco, frutoso, fácil de beber.

Masia Freyè Syrah Tempranillo 2012 T
tempranillo, syrah

89

Color cereza, borde granate. Aroma especiado, complejo, chocolate, terroso, fruta roja, fruta madura, violetas. Boca potente, sabroso, tostado.

Masia Freyè Xarel.lo Chardonnay 2013 B
xarel.lo, chardonnay

88

Color amarillo, borde verdoso. Aroma flores blancas, hierbas secas, equilibrado. Boca frutoso, correcto, fino amargor.

Masia La.Sala 2013 RD
merlot, sumoll, tempranillo

89

Color piel cebolla. Aroma elegante, fruta escarchada, flores secas, hierbas de tocador, fruta roja. Boca ligero, sabroso, buena acidez, largo, especiado.

Masia La.Sala Xarel.lo Macabeo Chardonnay 2013 B
xarel.lo

88

Color pajizo brillante. Aroma fresco, fruta fresca, flores blancas. Boca sabroso, frutoso, buena acidez, equilibrado.

MONT MARÇAL

Finca Manlleu
8732 Castellví de la Marca (Barcelona)
☎: +34 938 918 281
Fax: +34 938 919 045
www.mont-marcal.com
mont-marcal@mont-marcal.com

Mont Marçal 2011 TC
87 ★★★★ 8€

Color cereza intenso, borde violáceo. Aroma fruta madura, violetas, especias dulces. Boca frutoso, especiado, fácil de beber.

Mont Marçal 2013 B
87 ★★★★ 6€

Color pajizo brillante. Aroma fresco, fruta fresca, flores blancas, hierbas de tocador. Boca sabroso, frutoso, buena acidez, equilibrado.

Mont Marçal 2013 RD
85 ★★★★ 6€

Mont Marçal 2013 T
86 ★★★★ 6€

Color cereza, borde violáceo. Aroma intensidad media, equilibrado, fruta roja, fruta madura, hierbas de monte. Boca correcto, fácil de beber.

NADAL

Finca Nadal de la Boadella, s/n
8775 Torrelavit (Barcelona)
☎: +34 938 988 011
Fax: +34 938 988 443
www.nadal.com
comunicacio@nadal.com

Nadal Xarel.lo 2013 B
100% xarel.lo

87 ★★★★ 7,5€

Color pajizo brillante. Aroma flores blancas, hierbas de tocador, expresión frutal, balsámico. Boca fresco, frutoso, sabroso.

ORIOL ROSSELL

Masia Can Cassanyes
8729 Sant Marçal (Barcelona)
☎: +34 977 671 061
Fax: +34 977 671 050
www.oriolrossell.com
oriolrossell@oriolrossell.com

Les Cerveres Xarel.lo 2012 B
xarel.lo

90

Color amarillo brillante. Aroma potente, fruta madura, especias dulces, roble cremoso, hierbas de tocador. Boca graso, retronasal ahumado, sabroso, fresco, buena acidez.

Rocaplana 2012 TC
100% syrah

87

Color cereza opaco, borde violáceo. Aroma fruta confitada, especiado. Boca sabroso, fruta madura, equilibrado, taninos maduros.

Virolet Xarel.lo 2013 B
xarel.lo

90

Color pajizo, pálido. Aroma frutos secos, flores marchitas, varietal, piedra seca, lías finas. Boca sabroso, amargoso, largo, buena acidez.

PARATÓ

Can Respall de Renardes s/n
8733 El Pla del Penedès (Barcelona)
☎: +34 938 988 182
Fax: +34 938 988 510
www.parato.es
info@parato.es

Finca Renardes 2012 T
tempranillo, cariñena, cabernet sauvignon

90 ★★★★★　　　　　　6,5€

Color cereza brillante. Aroma fruta madura, roble cremoso, intensidad media, hierbas silvestres. Boca frutoso, sabroso, tostado.

Parató Ática Tres x Tres 2012 B
xarel.lo, macabeo, chardonnay

86　　　　　　　　　　10,7€

Color amarillo brillante. Aroma frutos secos, flores secas, balsámico, mineral. Boca potente, sabroso, fruta madura.

Parató Pinot Noir 2013 RD

86 ★★★★　　　　　　　7,4€

Color frambuesa, brillante. Aroma equilibrado, intensidad media, fruta roja. Boca frutoso, largo, fácil de beber, buena acidez.

Parató Samsó 2009 TR
cariñena

89　　　　　　　　　　13€

Color cereza opaco. Aroma fruta madura, fruta confitada, especias dulces, balsámico. Boca equilibrado, taninos maduros.

Parató Xarel.lo 2013 B
xarel.lo

87 ★★★★　　　　　　　6,7€

Color pajizo brillante. Aroma fresco, fruta fresca, flores blancas. Boca sabroso, frutoso, buena acidez.

PARDAS

Finca Can Comas, s/n
8775 Torrelavit (Barcelona)
☎: +34 938 995 005
www.cellerpardas.com
pardas@cancomas.com

Pardas Aspriu 2011 T
100% cabernet franc

93　　　　　　　　　　28€

Color cereza, borde granate. Aroma hierbas de monte, fruta madura, tostado. Boca amargoso, buena acidez, taninos maduros.

Pardas Collita Roja 2012 T
100% sumoll

90　　　　　　　　　　18€

Color cereza, borde granate. Aroma fruta roja, frambuesa, balsámico, especiado, roble cremoso. Boca sabroso, frutoso, especiado, equilibrado.

Pardas Negre Franc 2010 T

93 ★★★★　　　　　　　13€

Color cereza, borde granate. Aroma fruta madura, especiado, roble cremoso, complejo, chocolate, mineral. Boca potente, sabroso, tostado, taninos maduros.

Pardas Rupestris 2013 B

89 ★★★★　　　　　　　7,5€

Color pajizo brillante. Aroma fresco, fruta fresca, flores blancas, hierbas de tocador. Boca sabroso, frutoso, buena acidez, equilibrado.

Pardas Xarel.lo 2010 B
100% xarel.lo

91 ★★★　　　　　　　　16€

Color amarillo brillante. Aroma potente, fruta madura, especias dulces, roble cremoso, hierbas de tocador. Boca graso, retronasal ahumado, sabroso, fresco, buena acidez.

Pardas Xarel.lo Aspriu 2011 B
100% xarel.lo

93　　　　　　　　　　35€

Color amarillo brillante. Aroma potente, fruta madura, especias dulces, roble cremoso. Boca graso, retronasal ahumado, sabroso, fresco, buena acidez.

PARÉS BALTÀ

Masía Can Baltá, s/n
8796 Pacs del Penedès (Barcelona)
☎: +34 938 901 399
Fax: +34 938 901 143
www.paresbalta.com
paresbalta@paresbalta.com

Amphora 2013 B
xarel.lo
90 🌸
Color pajizo brillante. Aroma expresivo, frutos secos, equilibrado, complejo, salino, levaduras de flor. Boca sabroso, largo. Personalidad.

Blanc de Pacs 2013 B
parellada, macabeo, xarel.lo
88 ★★★★★ 🌸   5€
Color pajizo brillante. Aroma flores blancas, fruta fresca, hierbas secas. Boca sabroso, frutoso, buena acidez, equilibrado.

Calcari Xarel.lo 2013 B
xarel.lo
91 ★★★★★ 🌸   9€
Color pajizo brillante. Aroma flores blancas, fruta fresca, expresivo, lías finas, hierbas secas, piedra seca. Boca sabroso, frutoso, buena acidez, equilibrado.

Cosmic Parés Baltà 2013 B
xarel.lo, sauvignon blanc
89 ★★★ 🌸   10€
Color amarillo brillante. Aroma flores marchitas, frutos secos, fruta madura, complejo, notas tropicales. Boca equilibrado, fino amargor.

Electio Xarel.lo 2012 B
xarel.lo
90 🌸   24€
Color dorado brillante. Aroma especias dulces, expresivo, fruta madura. Boca sabroso, graso, equilibrado, fino amargor.

Ginesta 2013 B
gewürztraminer
88 🌸   14€
Color amarillo brillante. Aroma flores blancas, lías finas, fruta madura, flores marchitas. Boca sabroso, frutoso, buena acidez, equilibrado.

Hisenda Miret Garnatxa 2011 T
garnacha
88 🌸   20€
Color cereza oscuro, borde granate. Aroma fruta confitada, potente, especiado, hierbas secas. Boca sabroso, frutoso, taninos maduros.

Indígena 2012 T
garnacha
90 ★★★★ 🌸   11€
Color cereza, borde granate. Aroma fruta roja, fruta madura, hierbas silvestres, mineral, especiado. Boca sabroso, frutoso, largo, balsámico.

Indígena 2013 B
garnacha blanca
93 ★★★★ 🌸   11€
Color pajizo brillante. Aroma floral, expresión frutal, hierbas silvestres, mineral, especiado. Boca potente.

Indígena 2013 RD
garnacha
90 ★★★★ 🌸   11€
Color piel cebolla. Aroma elegante, flores secas, hierbas de tocador, fruta roja. Boca sabroso, buena acidez, largo, balsámico, fino amargor.

Marta de Baltà 2009 T
syrah
90 🌸   40€
Color cereza, borde granate. Aroma fruta madura, especiado, roble cremoso, tostado, terroso, mineral. Boca potente, sabroso, tostado, taninos maduros, equilibrado.

Mas Elena 2011 T
merlot, cabernet franc, cabernet sauvignon
90 ★★★★★ 🌸   9€
Color cereza oscuro, borde granate. Aroma potente, balsámico, cálido, especiado, fruta madura. Boca sabroso, estructurado, equilibrado.

Mas Irene 2010 T
merlot, cabernet franc
92 🌸   17€
Color cereza, borde granate. Aroma fruta madura, hierbas silvestres, terroso, especiado, roble cremoso. Boca equilibrado, sabroso, largo, balsámico, elegante.

Mas Petit 2012 T
cabernet sauvignon, garnacha
89 ★★★★★ 🌸   5€
Color cereza, borde granate. Aroma fruta roja, fruta madura, balsámico, terroso, piedra seca, expresivo. Boca potente, sabroso, especiado, cierta persistencia.

RAVENTÓS I BLANC

Plaça del Roure, s/n
8770 Sant Sadurní D'Anoia (Barcelona)
☎: +34 938 183 262
Fax: +34 938 912 500
www.raventos.com
raventos@raventos.com

11 de Isabel Negra 2007 T
monastrell, cabernet sauvignon

92   35,6€

Color cereza intenso, borde granate. Aroma elegante, complejo, especiado, hierbas secas, tabaco. Boca equilibrado, largo, taninos maduros.

11 de Isabel Negra 2008 T
monastrell

89   33,7€

Color rubí borde teja. Aroma elegante, especiado, fina reducción, cuero mojado, ebanistería, espirituoso. Boca especiado, taninos finos, elegante, largo.

Extrem 2013 B
xarel.lo

89   14,3€

Color pajizo, pálido. Aroma fruta fresca, elegante, hierbas secas. Boca sabroso, fino amargor, complejo, largo, equilibrado, buena acidez.

Isabel Negra 2011 T

89   15,5€

Color cereza, borde granate. Aroma fruta madura, especiado, roble cremoso, tostado, hierbas silvestres. Boca potente, sabroso, tostado, equilibrado.

Silencis 2013 B
xarel.lo

91 ★★★★   11,1€

Color pajizo brillante. Aroma flores blancas, hierbas de tocador, expresión frutal. Boca fresco, frutoso, sabroso, equilibrado, elegante.

ROCAMAR

Major, 80
8755 Castellbisbal (Barcelona)
☎: +34 937 720 900
Fax: +34 937 721 495
www.rocamar.net
info@rocamar.net

Rocamar Tempranillo 2013 T
tempranillo

86 ★★★★★   4,2€

Color cereza, borde granate. Aroma hierbas silvestres, fruta roja, floral. Boca balsámico, fino amargor, sabroso.

ROS MARINA VITICULTORS

Camino Puigdàlber a las Cases Noves
8736 Guardiola de Font-Rubí
(Barcelona)
☎: +34 938 988 185
Fax: +34 938 988 185
rosmarina@rosmarina.es

Mas Uberni Blanc de Blanc 2013 B
xarel.lo, chardonnay

87 ★★★   8,9€

Color pajizo brillante. Aroma fresco, fruta fresca, flores blancas, expresivo. Boca sabroso, frutoso, buena acidez, equilibrado.

Mas Uberni Chardonnay 2013 B
chardonnay

89   12,5€

Color amarillo brillante. Aroma cítricos, fruta madura, hierbas silvestres, floral. Boca potente, sabroso, redondo.

Mas Uberni Negre Selecció 2012 T
cabernet sauvignon, ull de llebre

86 ★★★   9,9€

Color cereza, borde granate. Aroma fruta madura, hierbas silvestres, especiado, roble cremoso, hierbas de monte. Boca equilibrado, sabroso, largo, balsámico.

Mas Uberni Rosat Llágrima 2013 RD
cabernet sauvignon, merlot

88   10,8€

Color frambuesa, borde violáceo. Aroma potente, fruta madura, fruta roja, floral, expresivo. Boca potente, frutoso, fresco.

Ros Marina Cabernet Merlot 2010 T Roble
cabernet sauvignon, merlot

88 ⚘   13,9€

Color rubí, borde teja. Aroma fruta madura, hierbas de monte, especiado, roble cremoso. Boca potente, sabroso, especiado, largo.

Ros Marina Cupatge 3.4 2011 T Barrica
cabernet sauvignon, merlot, ull de llebre

86 ⚘   12,8€

Color cereza, borde granate. Aroma fruta madura, especiado, hierbas verdes. Boca sabroso, largo, balsámico.

Ros Marina Merlot 2010 T
merlot

87 ⚘   15,6€

Color rubí, borde teja. Aroma fruta madura, balsámico, potente, especiado, roble cremoso. Boca correcto, sabroso, especiado.

Ros Marina Xarel.lo 2013 BFB
xarel.lo

88 ⚘   15,4€

Color pajizo brillante. Aroma flores blancas, fruta fresca, hierbas secas. Boca sabroso, frutoso, buena acidez, equilibrado.

SURIOL

Can Suriol del Castell
8736 Font-Rubí (Barcelona)
☎: +34 938 978 426
Fax: +34 938 978 426
www.suriol.com
cansuriol@suriol.com

Castell de Grabuac Els Bancals "Castanyer" 2010 B
xarel.lo

89 🌱 12€

Color amarillo brillante. Aroma potente, fruta madura, especias dulces, roble cremoso, hierbas de tocador. Boca graso, retronasal ahumado, sabroso, fresco, buena acidez.

Castell de Grabuac Els Bancals 2011 B
xarel.lo

87 12€

Color amarillo brillante. Aroma fruta madura, frutos secos, tostado, ebanistería. Boca sabroso, frutoso, especiado, tostado.

Suriol 2012 T
garnacha, cariñena, ull de llebre, monastrell

86 ★★★★ 6€

Color cereza, borde granate. Aroma fruta madura, especiado, hierbas silvestres. Boca potente, sabroso, balsámico.

Suriol 2013 B
macabeo, malvasía

84 6€

Suriol 2013 RD
garnacha

85 ★★★★ 🌷 8€

Suriol Donzella 2011 B
xarel.lo

87 ★★★★ 8€

Color amarillo brillante. Aroma potente, fruta madura, especias dulces, hierbas de tocador, tostado. Boca graso, retronasal ahumado, sabroso, fresco, buena acidez, largo.

Suriol Donzella 2013 B
xarel.lo

85 ★★★★ 8€

Suriol Sang de Drac 2009 T
ull de llebre

83 8€

Suriol Sang de Drac 2010 T
ull de llebre

85 ★★★★ 8€

Suriol Sang de Drac 2011 T
ull de llebre

84 8€

TON RIMBAU

Casa Rimbau, s/n
8735 Vilobí del Penedès (Barcelona)
☎: +34 938 978 121
Fax: +34 938 978 121
www.tonrimbau.com
tonrimbau@tonrimbau.com

Espurnejant 2011 ESP
xarel.lo, macabeo

90 80€

Color amarillo. Aroma expresivo, complejo, varietal, frutos secos, fina reducción. Boca complejo, sabroso, amargoso. Personalidad.

Porcellànic 2011 B

93 73€

Color dorado. Aroma potente, floral, notas amieladas, fruta escarchada, hierbas de tocador, cacao fino, chocolate, especias dulces. Boca sabroso, dulce, fresco, frutoso, buena acidez, largo. Personalidad.

Porcellànic Xarel.lo 2011 B
xarel.lo

75 75€

Porcellànic Xarel.lo Sur Lie 2011 B
xarel.lo

88 79€

Color amarillo brillante. Aroma punzante, acetaldehído, lías reducidas, cítricos, frutos secos. Boca potente, sabroso, graso, especiado, fino amargor. Personalidad.

TORELLÓ

Can Martí de Baix
(Apartado Correos nº8)
8770 Sant Sadurní D'Anoia (Barcelona)
☎: +34 938 910 793
Fax: +34 938 910 877
www.torello.com
torello@torello.es

Crisalys 2013 BFB
100% xarel.lo

89

Color pajizo brillante. Aroma fresco, fruta fresca, flores blancas, expresivo. Boca sabroso, frutoso, buena acidez, equilibrado.

Gran Crisalys 2012 B

91

Color amarillo brillante. Aroma potente, fruta madura, especias dulces, roble cremoso, hierbas de tocador. Boca graso, retronasal ahumado, sabroso, fresco, buena acidez.

Petjades 2013 RD
merlot

88

Color frambuesa, borde violáceo. Aroma fruta madura, fruta roja, floral, expresivo. Boca potente, frutoso, fresco.

Raimonda 2008 TR
91
Color cereza, borde granate. Aroma fruta madura, especiado, roble cremoso, tostado. Boca potente, sabroso, tostado, taninos maduros.

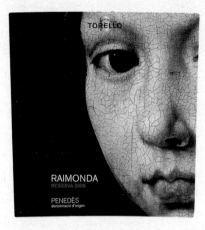

Vittios Vendimia Tardía 2013 B
xarel.lo
89
Color pajizo brillante. Aroma fruta fresca, cítricos, flores blancas. Boca frutoso, fresco, fácil de beber.

VILARNAU
Ctra. d'Espiells, Km. 1,4 Finca
"Can Petit"
8770 Sant Sadurní D'Anoia (Barcelona)
☎: +34 938 912 361
Fax: +34 938 912 913
www.vilarnau.es
vilarnau@vilarnau.es

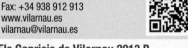

Els Capricis de Vilarnau 2013 B
100% xarel.lo
90 ★★★★   13€
Color amarillo brillante. Aroma flores blancas, expresivo, hierbas secas, frutos secos, especiado, fruta madura. Boca sabroso, frutoso, buena acidez, equilibrado.

VINYA OCULTA
Cal Banyeres s/n
8731 La Bleda (Barcelona)
☎: +34 607 597 655
www.vinyaoculta.com
amos@vinyaoculta.com

V.O. Vinya Oculta 2011 B
xarel.lo
90   29,9€
Color dorado brillante. Aroma especias dulces, roble cremoso, fruta escarchada, flores marchitas. Boca graso, frutoso, largo, tostado, amargoso.

V.O. Vinya Oculta MSX 2012 B
91   19,9€
Color amarillo brillante. Aroma equilibrado, fruta madura, intensidad media, flores marchitas. Boca graso, complejo.

VIÑA TORREBLANCA
Masia Torreblanca, s/n
8734 Olérdola (Barcelona)
☎: +34 938 915 066
Fax: +34 938 900 102
www.vinatorreblanca.com
info@vinatorreblanca.com

Torreblanca 2012 T
100% cabernet sauvignon
84   9€

Torreblanca Les Atzavares 2013 B
xarel.lo, macabeo, parellada
86 ★★★★   6€
Color pajizo brillante. Aroma flores blancas, fruta fresca, equilibrado. Boca correcto, fácil de beber.

Torreblanca Merlot 2013 RD
100% merlot
89 ★★★★   6€
Color frambuesa, borde violáceo. Aroma potente, fruta madura, fruta roja, floral, expresivo. Boca potente, frutoso, fresco.

DO. PLA DE BAGES

CONSEJO REGULADOR

Casa de La Culla - La Culla, s/n
08240 Manresa (Barcelona)
☎: +34 938 748 236 - Fax: +34 938 748 094
@: info@dopladebages.com
www.dopladebages.com

SITUACIÓN:

Se extiende en uno de los extremos orientales de la Depresión Central Catalana; ocupa la comarca natural del Bages y su centro urbano es la ciudad de Manresa. La zona tiene como límite sur la cordillera de Montserrat, línea divisoria que la separa del Penedès. Engloba las localidades de Fonollosa, Monistrol de Caldres, Sant Joan de Vilatorrada, Artés, Avinyó, Balsareny, Calders, Callús, Cardona, Castellgalí, Castellfollit del Boix, Castellnou de Bages, Manresa, Mura, Navarcles, Navàs, El Pont de Vilomara, Rajadell, Sallent, Sant Fruitós de Bages, Sant Mateu de Bages, Sant Salvador de Guardiola, Santpedor, Santa María d'Oló, Súria y Talamanca.

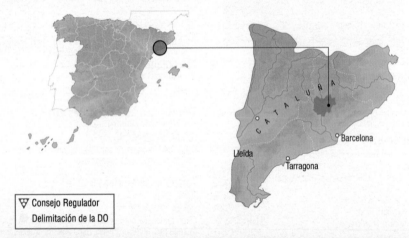

▽ Consejo Regulador
Delimitación de la DO

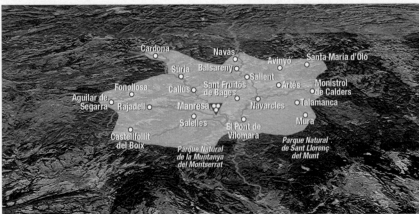

VARIEDADES:

BLANCAS: chardonnay, gewürztraminer, macabeo, picapoll, parellada, sauvignon blanc y malvasía.

TINTAS: sumoll, ull de llebre (tempranillo), merlot, cabernet franc, cabernet sauvignon, picapoll negra, syrah y garnacha.

DATOS:

Nº Has. Viñedo: 500 – **Nº Viticultores:** 90 – **Nº Bodegas:** 11 – **Cosecha 13:** Muy Buena – **Producción 13:** 875.981 litros – **Comercialización:** 75% España - 25% extranjero.

SUELOS:

El viñedo se asienta a una altitud de unos 400 metros. Son de tipo franco-arcillosos, franco-arenosos y franco-arcilloarenosos.

CLIMA:

Mediterráneo de montaña media con escasa pluviometría (500-600 mm de media anual) y oscilaciones térmicas más acusadas que en el Penedès.

CARACTERÍSTICAS GENERALES DE LOS VINOS

BLANCOS
Se sitúan dentro de la línea de otros blancos del Penedès, jóvenes, afrutados y fruto de modernas tecnologías, tanto aquellos que utilizan variedades autóctonas como los apoyados en la chardonnay. Los de picapoll ofrecen frescura, frutosidad y buena acidez.

ROSADOS
Elaborados en su mayoría con merlot y cabernet sauvignon, presentan un color rosáceo-frambuesa, son limpios y afrutados en nariz y con una buena expresión frutal de las uvas de las que provienen.

TINTOS
De color cereza-granate, frescos, con pronunciado carácter de las viníferas que sirven de base. A destacar el buen carácter varietal de los elaborados con cabernet sauvignon.

CLASIFICACIÓN COSECHAS

GUÍAPEÑÍN

2009	2010	2011	2012	2013
MUY BUENA	BUENA	MUY BUENA	BUENA	MUY BUENA

ABADAL

Santa María d'Horta d'Avinyó s/n
8279 Santa María D'Horta D'Avinyó
(Barcelona)
☎: +34 938 743 511
Fax: +34 938 737 204
www.abadal.net
info@abadal.net

Abadal 2010 TC

88 ★★★ 10€

Color cereza, borde granate. Aroma fruta madura, hierbas silvestres, terroso, especiado, roble cremoso. Boca equilibrado, sabroso, largo, balsámico.

Abadal 3.9 2009 TR

91 21€

Color cereza, borde granate. Aroma fruta madura, hierbas silvestres, terroso, especiado, roble cremoso. Boca equilibrado, sabroso, largo, balsámico, redondo.

Abadal 5 Merlot 2010 TR

100% merlot

89 15,3€

Color cereza intenso. Aroma fruta madura, hierbas silvestres, terroso, especiado, roble cremoso, varietal. Boca equilibrado, sabroso, largo, balsámico.

Abadal Cabernet Sauvignon 2013 RD

88 ★★★ 9,3€

Color frambuesa, borde violáceo. Aroma potente, fruta madura, fruta roja, floral, expresivo. Boca potente, frutoso, fresco.

Abadal Nuat 2011 B

91 29,1€

Color amarillo brillante. Aroma fruta madura, lías finas, especiado, flores marchitas, frutos secos. Boca correcto, fino amargor, fácil de beber.

Abadal Picapoll 2013 B

100% picapoll

89 10,3€

Color pajizo brillante. Aroma flores blancas, hierbas de tocador, expresión frutal. Boca fresco, frutoso, sabroso, equilibrado, elegante.

Abadal Selecció 2007 TR

92 33€

Color cereza, borde granate. Aroma equilibrado, complejo, fruta madura, especiado, fina reducción. Boca estructurado, sabroso, taninos maduros, equilibrado, elegante.

CELLER SOLERGIBERT

Barquera, 40
8271 Artés (Barcelona)
☎: +34 938 305 084
Fax: +34 938 305 763
www.cellersolergibert.com
josep@cellersolergibert.com

Pd'a de Solergilabert 2012 B

picapoll

91 ★★★ 15€

Color dorado brillante. Aroma fruta madura, potente, tostado, ebanistería, balsámico. Boca sabroso, frutoso, especiado, tostado, largo, equilibrado, elegante.

Pic Solergibert 2013 B

picapoll

90 ★★★★★ 7,8€

Color amarillo brillante. Aroma fresco, fruta fresca, flores blancas, hierbas de tocador. Boca sabroso, frutoso, buena acidez, equilibrado, elegante.

Solergibert de Matacans 2012 T

89 20€

Color cereza, borde granate. Aroma fruta madura, hierbas silvestres, roble cremoso, tostado. Boca potente, sabroso, especiado, largo.

COLLBAIX - CELLER EL MOLI

Cami de Rajadell, km. 3
8241 Manresa (Barcelona)
☎: +34 931 021 965
www.cellerelmoli.com
collbaix@cellerelmoli.com

Collbaix Cupatge 2009 T

cabernet sauvignon, merlot, ull de llebre, cabernet franc

91 ★★★★★ 🌷 9,5€

Color cereza poco intenso. Aroma especiado, fina reducción, cuero mojado, ebanistería, tostado, fruta madura. Boca especiado, largo, tostado, correcto, elegante.

Collbaix La Llobeta 2009 T

cabernet sauvignon, merlot, cabernet franc

88 🌷 12€

Color rubí, borde teja. Aroma elegante, especiado, fina reducción, cuero mojado, ebanistería, fruta al licor. Boca especiado, taninos finos, elegante, largo.

Collbaix Merlot 2013 RD

merlot, sumoll

87 ★★★★ 🌷 7,5€

Color frambuesa, borde violáceo. Aroma potente, fruta madura, fruta roja, floral, expresivo, balsámico. Boca potente, frutoso, fresco.

Collbaix Picapoll Macabeo 2013 B
picapoll, macabeo

88 ★★★ ❦ 8,5€

Color amarillo brillante. Aroma floral, fruta madura, cítricos, hierbas silvestres. Boca fresco, frutoso, fácil de beber.

Collbaix Singular 2010 T
cabernet sauvignon

93 ❦ 23€

Color cereza, borde granate. Aroma fruta madura, especiado, roble cremoso, tostado, complejo, balsámico, mineral. Boca potente, sabroso, tostado, taninos maduros.

Collbaix Singular 2012 B Barrica
macabeo, picapoll

92 ❦ 22€

Color amarillo brillante. Aroma potente, fruta madura, especias dulces, roble cremoso, hierbas de tocador. Boca graso, sabroso, fresco, buena acidez.

El Sagal 2013 T
merlot, cabernet franc

88 ★★★★ ❦ 6,5€

Color cereza, borde violáceo. Aroma expresivo, fruta fresca, fruta roja, floral. Boca sabroso, frutoso, buena acidez, equilibrado.

U D'Urpina 2011 T
cabernet sauvignon

90 ❦ 25€

Color cereza, borde granate. Aroma hierbas de monte, tierra húmeda, mineral, fruta confitada, fina reducción. Boca potente, sabroso, concentrado, equilibrado.

HERETAT OLLER DEL MAS
Ctra. de Igualada (C-37), km. 91
8241 Manresa (Barcelona)
☎: +34 938 768 315
Fax: +34 932 056 949
www.ollerdelmas.com
info@ollerdelmas.com

Arnau Oller 2009 T
merlot, picapoll negro

91 ❦ 30€

Color cereza oscuro, borde granate. Aroma fina reducción, especiado, fruta madura, hierbas silvestres. Boca equilibrado, especiado, taninos maduros.

Bernat Oller 2012 T
merlot, picapoll negro

88 ❦ 13€

Color cereza oscuro, borde granate. Aroma cálido, fruta madura, especiado, balsámico. Boca correcto, fruta madura, largo.

Bernat Oller Blanc de Picapolls 2013 B
picapoll, picapoll negro

88 ★★★ ❦ 10€

Color pajizo brillante. Aroma fruta madura, especiado, flores secas, hierbas secas. Boca graso, sabroso, especiado, largo.

Bernat Oller Rosat 2013 RD
merlot, picapoll negro

85 ★★★ ❦ 9€

Heretat Oller del Mas Especial Picapoll 2012 T
100% picapoll negro

87 ❦ 45€

Color cereza poco intenso. Aroma hierbas de monte, equilibrado, fruta madura, especiado, intensidad media. Boca ligero, fácil de beber, balsámico.

Petit Bernat 2013 T
merlot, syrah, cabernet franc, cabernet sauvignon

86 ★★★★ ❦ 6€

Color cereza oscuro, borde violáceo. Aroma hierbas silvestres, tostado, especiado. Boca sabroso, correcto, balsámico.

Petit Bernat Blanc 2013 B
picapoll, macabeo

87 ★★★★ ❦ 6€

Color pajizo brillante. Aroma fresco, fruta fresca, flores blancas, expresivo. Boca sabroso, frutoso, buena acidez, equilibrado.

JAUME GRAU GRAU - VINS GRAU S.L.
Ctra. C-37, Km. 75,5 D'Igualada a Manresa
8255 Maians (Barcelona)
☎: +34 938 356 002
www.vinsgrau.com
info@vinsgrau.com

Jaume Grau i Grau Avrvm 2013 B
sauvignon blanc, chardonnay, macabeo

85 ★★★★ 6€

Jaume Grau i Grau Merlot 2013 RD
merlot

86 ★★★★ 6,5€

Color cereza claro. Aroma fruta madura, hierbas silvestres, lácticos. Boca fresco, frutoso, fácil de beber.

Jaume Grau i Grau Negre Sumoll Cent - Kat 2013 T
sumoll, merlot, tempranillo

86 ★★★★ 6€

Color cereza poco intenso, borde granate. Aroma fruta roja, fruta al licor, hierbas silvestres. Boca fresco, frutoso, sabroso, fácil de beber.

Jaume Grau i Grau Picapoll Cent - Kat 2013 B
picapoll

88 ★★★★ 6€

Color pajizo brillante. Aroma fresco, fruta fresca, flores blancas, equilibrado. Boca sabroso, frutoso, buena acidez, elegante.

Jaume Grau i Grau Rosat Sumoll Cent - Kat 2013 RD
sumoll, tempranillo, merlot

87 ★★★★ 6€

Color frambuesa, borde violáceo. Aroma potente, fruta madura, fruta roja, floral, lácticos. Boca potente, frutoso, fresco, equilibrado.

Jaume Grau i Grau Selección Especial 2012 T
tempranillo, merlot, cabernet franc, syrah

87 ★★★★ 6€

Color cereza, borde granate. Aroma fruta madura, hierbas silvestres, especiado, roble cremoso. Boca potente, sabroso, largo.

DO. PLA I LLEVANT

CONSEJO REGULADOR

Molí de N'Amengual. Dusai, 3
07260 Porreres (Illes Balears)
☎: +34 971 168 569 - Fax: +34 971 184 49 34
@: info@plaillevantmallorca.es
www.plaillevantmallorca.es

SITUACIÓN:

La zona de producción se sitúa en la parte este de la isla de Mallorca y comprende un total de 18 municipios: Algaida, Ariany, Artá, Campos, Capdepera, Felanitx, Lluchamajor, Manacor, Mª de la Salud, Montuiri, Muro, Petra, Porreres, Sant Joan, Sant Llorens des Cardasar, Santa Margarita, Sineu y Vilafranca de Bonany.

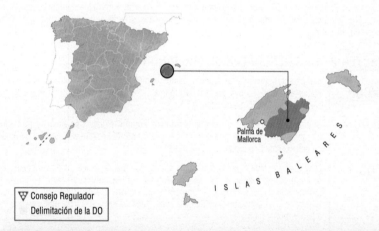

▽ Consejo Regulador
Delimitación de la DO

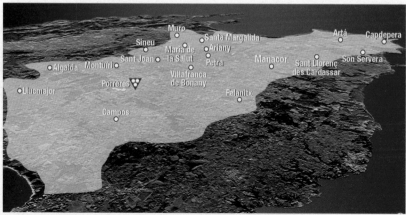

VARIEDADES:

BLANCAS: prensal blanc, macabeo, parellada, giró blanc, moscatel y chardonnay.

TINTAS: callet (la más abundante), manto negro, fogoneu, tempranillo, monastrell, cabernet sauvignon, gargollassa, merlot y syrah

DATOS:

Nº Has. Viñedo: 362,76 – **Nº Viticultores:** 75 – **Nº Bodegas:** 13 – **Cosecha 13:** - – **Producción 13:** 1.053.600 litros – **Comercialización:** 89 % España - 11 % extranjero.

SUELOS:

Tierra formada por rocas calizas que dan suelos de carácter calizo-arcilloso. Las tonalidades rojizas de estos terrenos se deben a la presencia de óxido de hierro. Las arcillas y carbonatos de calcio y magnesio proporcionan, a su vez, un color blanquecino que también puede observarse en el viñedo.

CLIMA:

De carácter mediterráneo, con una temperatura media de 16º C y con inviernos ligeramente fríos y veranos secos y calurosos. El régimen de brisas marinas durante el verano influye de manera importante en estos terrenos cercanos a la costa. El otoño es la estación más lluviosa y la media anual de precipitaciones se sitúa entre los 400-450 mm.

CARACTERÍSTICAS GENERALES DE LOS VINOS

BLANCOS	Las características de los blancos están condicionadas a las peculiaridades de las variedades foráneas. La uva prensal da lugar a vinos que expresan de un modo singular el carácter de terruño de la zona.
ROSADOS	Siguen la línea de los rosados de Binissalem, aunque la distinción viene de los elaborados con uvas francesas. La nitidez sensorial que desprenden estas variedades no impide que, en ciertos casos, pequen de cierta pesadez en nariz.
TINTOS	Comparten el estilo que caracteriza la adaptación mediterránea de las variedades francesas con que se elaboran. Así, desprenden toques balsámicos en nariz; en boca ofrecen taninos suaves y maduros; son sabrosos y con cuerpo. Los de la variedad autóctona callet muestran a la perfección el estilo de la zona, donde conviven la fruta madura y los matices a jara y monte bajo.

CLASIFICACIÓN COSECHAS

GUÍAPEÑÍN

2009	2010	2011	2012	2013
EXCELENTE	MUY BUENA	MUY BUENA	MUY BUENA	BUENA

ARMERO I ADROVER

Camada Real s/n
7200 Mallorca (Illes Ballears)
☎: +34 971 827 103
Fax: +34 971 580 305
www.armeroiadrover.com
luisarmero@armeroiadrover.com

Armero Adrover 2011 T
cabernet sauvignon, syrah, merlot

88

Color cereza, borde granate. Aroma hierbas de monte, especiado, equilibrado. Boca sabroso, largo, taninos maduros.

Armero Adrover Syrah-Callet Rosat 2013 RD
cabernet sauvignon, syrah, callet

86

Color rosáceo pálido. Aroma intensidad media, fruta fresca, hierbas de tocador. Boca fácil de beber, fino amargor.

Armero i Adrover Collita de Fruits 2011 T

89

Color cereza brillante, borde granate. Aroma expresivo, fruta roja, fruta madura, hierbas silvestres. Boca equilibrado, buena acidez, taninos maduros.

Armero i Adrover Collita de Fruits Callet 2013 RD

87

Color rosáceo pálido. Aroma intensidad media, hierbas secas, flores secas. Boca frutoso, fino amargor, buena acidez.

Armero i Adrover Seleccion Familiar 2009 T

88

Color cereza, borde granate. Aroma fruta madura, especiado, roble cremoso, tostado, complejo. Boca potente, sabroso, tostado, taninos maduros.

BODEGA MESQUIDA MORA

Camí Pas des Frare,s/n(antigua carretera PorreresSant Joan)
7260 Porreres (Illes Balears)
☎: +34 687 971 457
www.mesquidamora.com
info@mesquidamora.com

Trispol 2012 T
cabernet sauvignon, syrah, merlot, callet

91 ★★★ ⚘   13,5€

Color cereza brillante. Aroma fruta madura, especias dulces, roble cremoso, expresivo, hierbas de monte. Boca sabroso, frutoso, tostado, taninos maduros.

BODEGAS BORDOY

Pérez Galdos, 29
7006 Palma Mallorca (Illes Balleares)
☎: +34 646 619 776
www.bodegasbordoy.es
sarota@bodegasbordoy.com

Sa Rota 2009 TC
merlot, cabernet sauvignon, syrah

89 ★★★   8,3€

Color cereza, borde granate. Aroma fruta madura, especiado, tostado, hierbas de monte. Boca sabroso, tostado, taninos maduros.

Sa Rota 2009 TR
syrah, merlot, cabernet sauvignon

89   13€

Color cereza brillante. Aroma fruta madura, especiado, roble cremoso. Boca potente, sabroso, tostado, taninos maduros.

Sa Rota 2012 T
cabernet sauvignon, callet

87 ★★★★   6€

Color cereza, borde granate. Aroma hierbas secas, hierbas de monte, equilibrado. Boca sabroso, fruta madura, balsámico.

Sa Rota Blanc 2013 B
chardonnay, prensal

88 ★★★   8,8€

Color pajizo brillante. Aroma flores marchitas, fruta fresca, hierbas de tocador. Boca fresco, fácil de beber, buena acidez.

Sa Rota Blanc Chardonnay 2012 BFB
chardonnay

88   12€

Color amarillo brillante. Aroma equilibrado, fruta madura, especias dulces, roble cremoso, flores marchitas. Boca sabroso, graso, tostado.

Sa Rota Dulce 2012 T
merlot

86   10,7€

Color cereza brillante, borde granate. Aroma potente, fruta madura, fruta escarchada, hierbas de monte. Boca frutoso, sabroso.

Sa Rota Rosat 2013 RD
merlot, syrah, callet

86 ★★★★   6,7€

Color frambuesa, brillante. Aroma intensidad media, fresco, fruta roja. Boca buena acidez, fino amargor, fácil de beber.

Terra de Marés 2010 T
cabernet sauvignon, syrah, merlot

92   22€

Color cereza, borde granate. Aroma fruta madura, hierbas silvestres, terroso, especiado, roble cremoso. Boca equilibrado, sabroso, largo, balsámico.

BODEGAS PERE SEDA

Cid Campeador, 22
7500 Manacor (Illes Ballears)
☎: +34 971 550 219
Fax: +34 971 844 934
www.pereseda.com
pereseda@pereseda.com

Chardonnay Pere Seda 2013 B
chardonnay
86 ★★★★   5,9€
Color pajizo brillante. Aroma fruta fresca, flores blancas, equilibrado. Boca fresco, fácil de beber.

Gvivm Blanc 2013 B
moscatel, chardonnay, prensal
87 ★★★★   5,5€
Color pajizo brillante. Aroma fresco, fruta fresca, flores blancas. Boca sabroso, frutoso, buena acidez, equilibrado.

Gvivm Merlot-Callet 2010 T
90 ★★★★   12,5€
Color cereza, borde granate. Aroma fruta madura, roble cremoso, tostado, complejo, terroso. Boca potente, sabroso, tostado, taninos maduros.

Gvivm Rosat 2013 RD
85 ★★★★   5,5€

L'Arxiduc Pere Seda Negre 2011 T
tempranillo, cabernet sauvignon, merlot, manto negro
86 ★★★★★   5€
Color cereza, borde granate. Aroma fruta madura, hierbas silvestres, terroso, especiado. Boca equilibrado, sabroso, largo, balsámico.

Mossèn Alcover 2010 T
89   12,5€
Color cereza, borde granate. Aroma fruta madura, especiado, roble cremoso, complejo, cera. Boca potente, sabroso, tostado, taninos maduros.

Pere Seda 2009 TR
merlot, cabernet sauvignon, syrah, callet
86 ★★★   9€
Color cereza, borde granate. Aroma fruta madura, especiado. Boca frutoso, especiado, correcto, balsámico.

Pere Seda 2012 BN
85 ★★★★   7€

Pere Seda 2010 TC
merlot, cabernet sauvignon, syrah, callet
90 ★★★★★   5,7€
Color cereza, borde granate. Aroma especiado, fruta madura, tostado. Boca sabroso, largo, taninos finos.

Pere Seda Rosat 2011 BN
100% callet
84   7€

Pere Seda Rosat Novell 2013 RD
cabernet sauvignon, merlot, syrah, callet
86 ★★★★★   3,4€
Color frambuesa, borde violáceo. Aroma potente, fruta madura, fruta roja, floral. Boca frutoso, fresco, fino amargor.

MIQUEL OLIVER VINYES I BODEGUES

Font, 26
7520 Petra-Mallorca (Illes Ballears)
☎: +34 971 561 117
Fax: +34 971 561 117
www.miqueloliver.com
bodega@miqueloliver.com

1912 Miquel Oliver 2010 T
cabernet sauvignon, merlot

92   **21,9€**

Color cereza brillante, borde granate. Aroma complejo, especiado, roble cremoso, balsámico. Boca frutoso, sabroso, especiado.

Aia 2010 T
merlot

91   **19,1€**

Color cereza, borde granate. Aroma fruta roja, fruta madura, hierbas silvestres, especiado. Boca sabroso, largo, balsámico.

Original Muscat Miquel Oliver 2013 B
moscatel

90 ★★★★★   **8,6€**

Color pajizo brillante. Aroma flores blancas, hierbas de tocador, expresión frutal. Boca fresco, frutoso, sabroso, equilibrado, elegante.

Ses Ferritges 2010 TR
callet, cabernet sauvignon, merlot, syrah

91 ★★★★   **12,2€**

Color cereza, borde granate. Aroma fruta madura, hierbas silvestres, terroso, especiado, roble cremoso. Boca equilibrado, sabroso, largo, balsámico.

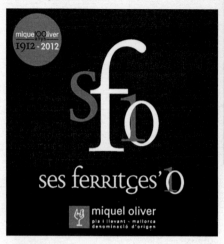

Syrah Negre Miquel Oliver 2011 T
syrah

88   **15,7€**

Color cereza brillante. Aroma fruta madura, especias dulces, roble cremoso, expresivo. Boca sabroso, frutoso, tostado, taninos maduros.

Xperiment 2011 T
callet

91   **19,1€**

Color cereza brillante, cereza, borde granate. Aroma roble cremoso, especias dulces, fruta madura. Boca equilibrado, especiado, largo.

VID'AUBA

Quinta Volta, 2
7200 Felanitx (Mallorca)
☎: +34 699 096 295
www.vidauba.com
vidauba@vidauba.com

Vid'Auba Can Vetla 2011 T
callet

87   **18,5€**

Color cereza poco intenso, borde granate. Aroma fruta madura, hierbas secas, especiado. Boca ligero, fácil de beber, correcto.

Vid'Auba Picot Blanc 2013 B
prensal, chardonnay, giró, moscatel

87 ★★★ 🌿   9€

Color pajizo brillante. Aroma fresco, fruta fresca, intensidad media, hierbas de tocador. Boca sabroso, frutoso, buena acidez, equilibrado.

Vid'Auba Picot Negre 2011 T
cabernet sauvignon, callet, merlot, syrah

89   12,5€

Color cereza, borde granate. Aroma fruta madura, especiado, roble cremoso, tostado, complejo. Boca potente, sabroso, tostado, taninos maduros, balsámico.

Vid'Auba Singlo 2011 B
chardonnay, giró

90   19,5€

Color amarillo brillante. Aroma fruta escarchada, flores marchitas, especias dulces. Boca sabroso, retronasal ahumado, largo, especiado.

VINS MIQUEL GELABERT

Salas, 50
7500 Manacor (Illes Balears)
☎: +34 971 821 444
www.vinsmiquelgelabert.com
vinsmg@vinsmiquelgelabert.com

Chardonnay Roure 2012 BFB
chardonnay

91   20,7€

Color amarillo brillante. Aroma potente, fruta madura, especias dulces, roble cremoso, hierbas de tocador. Boca graso, sabroso, fresco, buena acidez.

Golós 2013 RD
pinot noir

86 ★★★   10€

Color cobrizo, brillante. Aroma intensidad media, flores blancas, equilibrado. Boca frutoso, fácil de beber, fino amargor.

Golós Blanc 2012 B
riesling, moscatel

87 ★★★   10€

Color amarillo brillante. Aroma fruta madura, jazmín, equilibrado, flores marchitas. Boca sabroso, frutoso, largo, fruta madura.

Golós Negre 2011 T
callet, manto negro, fogoneu

91

Color cereza brillante, borde granate. Aroma piedra seca, hierbas de monte, ahumado, especiado, expresivo. Boca estructurado, taninos maduros.

Gran Vinya Son Caules 2007 T
callet

90   23,7€

Color cereza oscuro, borde anaranjado. Aroma especiado, fruta madura, fruta al licor, cuero muy curtido. Boca sabroso, especiado, largo.

Sa Vall Selecció Privada 2010 BFB
chardonnay, prensal, moscatel

90   20,7€

Color amarillo brillante. Aroma potente, fruta madura, especias dulces, roble cremoso, hierbas de tocador. Boca graso, sabroso, fresco, buena acidez.

Torrent Negre 2007 T
cabernet sauvignon, merlot, syrah

88   17,5€

Color cereza oscuro, borde anaranjado. Aroma cálido, fruta madura, hierbas de monte. Boca estructurado, especiado, largo.

Torrent Negre Selecció Privada Cabernet 2006 T
cabernet sauvignon

90   33€

Color cereza intenso, borde anaranjado. Aroma potente, complejo, hierbas de monte, varietal, cálido. Boca lleno, potente, taninos maduros.

Torrent Negre Selecció Privada Syrah 2007 T
syrah

90   25€

Color cereza, borde granate. Aroma cerrado, intensidad media, fruta madura, especiado. Boca lleno, estructurado, taninos maduros.

Vinya des Moré 2008 T
pinot noir

90   16,2€

Color cereza poco intenso, borde anaranjado. Aroma fruta madura, flores marchitas, especias dulces. Boca equilibrado, sabroso, retronasal afrutado.

DO. Ca. PRIORAT

CONSEJO REGULADOR

Major, 2

43737 Torroja del Priorat (Tarragona)

☎: +34 977 83 94 95 - Fax. +34 977 83 94 72

@: info@doqpriorat.org

www.doqpriorat.org

SITUACIÓN:

En la provincia de Tarragona. Engloba los términos municipales de La Morera de Montsant, Scala Dei, La Vilella, Gratallops, Bellmunt, Porrera, Poboleda, Torroja, Lloá, Falset y Mola.

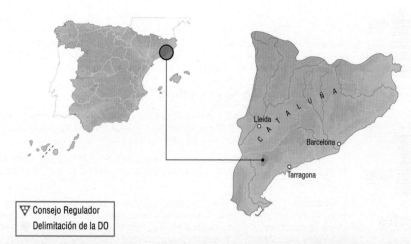

▽ Consejo Regulador
Delimitación de la DO

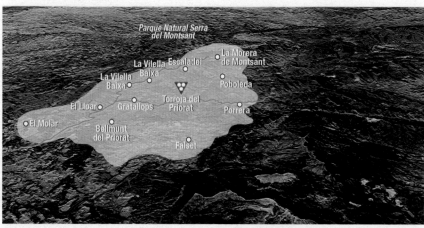

VARIEDADES:

BLANCAS: chenin, macabeo, garnacha blanca, pedro ximénez, moscatel de Alejandría, moscatel de grano pequeño, xarel.lo, picapoll blanca y viognier.

TINTAS: cariñena, garnacha, mazuela, garnacha peluda, cabernet sauvignon, cabernet franc, ull de llebre (tempranillo), pinot noir, merlot, syrah y picapoll negra.

DATOS:

Nº Has. Viñedo: 1.901 – **Nº Viticultores:** 606 – **Nº Bodegas:** 99 – **Cosecha 13:** -– **Producción 13:** 3.100.000 litros – **Comercialización:** 49% España - 51% extranjero.

SUELOS:

Éste es probablemente el elemento más distintivo de la zona y, precisamente, el que la ha catapultado a primera línea de calidad, no sólo española, sino mundial. Los suelos, pobres y de constitución volcánica, están formados por pequeñas láminas de pizarra (llicorella) e imprimen un acusado carácter mineral a los vinos. El viñedo se asienta en terrazas y laderas de gran pendiente.

CLIMA:

Aunque con influencias mediterráneas, es templado y seco. Una de las características importantes es la práctica ausencia de lluvias durante el verano, que propicia un excelente estado sanitario de la viña. La media de precipitaciones se sitúa entre los 500 y 600 mm. anuales.

CARACTERÍSTICAS GENERALES DE LOS VINOS

BLANCOS
Se elaboran principalmente a partir de macabeo y garnacha blanca. De color amarillo pajizo, presentan aromas frutales y recuerdos de hierbas de monte; en la boca muestran también su carácter mediterráneo: son algo cálidos y con matices silvestres.

ROSADOS
Quizás son los menos característicos de la región. Por el clima más bien cálido en el que madura la uva, se identifican por sus notas a fruta madura; en boca son cálidos y sabrosos.

TINTOS
El producto estrella de la región. Elaborados a partir de garnacha y cariñena combinadas en los de gama alta con porcentajes menores de variedades extranjeras, se caracterizan por su color cereza intenso, muy cubierto. Los mejores ofrecen una nariz de gran complejidad, con notas de fruta muy madura y marcado carácter del terruño (debido a la influencia de los suelos pizarrosos) que da abundantes notas minerales. En boca poseen gran carácter y estructura; son potentes, carnosos, cálidos y, a la vez, rotundos de acidez, marcadamente tánicos y muy persistentes.

RANCIOS Y DULCES
Los rancios tradicionales de la zona ofrecen aromas almendrados y notas de hierbas de monte; en la boca son cálidos, sabrosos y con una buena evolución oxidativa. Existe también una gama de vinos dulces elaborados según criterios más modernos. Presentan un color cereza cubierto; en nariz desarrollan aromas a frutos negros, casi pasificados y notas tostadas por su crianza en roble; en la boca son dulces, pastosos, muy afrutados y muy equilibrados por su buena acidez.

CLASIFICACIÓN COSECHAS

GUÍAPEÑÍN

2009	2010	2011	2012	2013
EXCELENTE	BUENA	MUY BUENA	MUY BUENA	MUY BUENA

ALTA ALELLA PRIVAT
Ctra. de Falset a Vilella Baixa, Km 11,1
43737 Gratallops (Tarragona)
☎: +34 977 262 259
www.masigneus.com
celler@masigneus.com

Barranc Blanc 2012 B
90 ★★★ ♟   **13,5€**
Color pajizo brillante. Aroma tostado, fruta madura, especiado, flores marchitas, mineral. Boca sabroso, lleno, fino amargor, fruta madura.

Barranc Negre 2012 T
89 ♟   **13,5€**
Color cereza, borde violáceo. Aroma fruta madura, fruta roja, especias dulces, ahumado, cacao fino. Boca potente, fruta madura, buena acidez.

FA 104 Blanc 2013 B
100% garnacha blanca
93 ♟   **19,5€**
Color pajizo brillante. Aroma flores blancas, expresivo, hierbas secas, fruta madura, especiado. Boca sabroso, frutoso, buena acidez, equilibrado.

FA 112 2011 T
93 ♟   **22,8€**
Color cereza, borde granate. Aroma fruta madura, especiado, roble cremoso, tostado, complejo, terroso, barniz. Boca potente, sabroso, tostado, taninos maduros.

VINYES DE COSTER

IGNEUS
mas
2011

PRIORAT
DENOMINACIÓ D'ORIGEN QUALIFICADA

FA 112

ELABORAT PER
MAS IGNEUS
R.E. 29.070.00. CAT
GRATALLOPS
75 CL
PRODUCT OF SPAIN
15% VOL

FA 206 Negre 2010 T
91 ♟   **18€**
Color cereza intenso, borde granate. Aroma fruta madura, expresivo, equilibrado, hierbas silvestres. Boca lleno, equilibrado, taninos maduros.

ALVARO PALACIOS
Afores, s/n
43737 Gratallops (Tarragona)
☎: +34 977 839 195
Fax: +34 977 839 197
info@alvaropalacios.com

Camins del Priorat 2013 T
91 ★★★   **15€**
Color cereza brillante. Aroma fruta madura, especias dulces, roble cremoso, expresivo, terroso. Boca sabroso, frutoso, tostado, taninos maduros.

Finca Dofí 2012 TC
95   **76€**
Color cereza, borde granate. Aroma fruta roja, fruta madura, balsámico, equilibrado, especiado, mineral. Boca fresco, potente, elegante, graso, sabroso, equilibrado.

Gratallops Vi de la Vila 2012 T
94   **40€**
Color cereza poco intenso, borde granate. Aroma fruta madura, fruta al licor, hierbas silvestres, balsámico, especiado. Boca fresco, frutoso, sabroso, complejo, equilibrado, elegante.

L'Ermita 2012 TC
97   **1100€**
Color cereza, borde granate. Aroma mineral, expresivo, especiado. Boca sabroso, fruta madura, amargoso, buena acidez.

Les Terrasses 2012 T
92   **27€**
Color cereza intenso, borde granate. Aroma intensidad media, equilibrado, fruta madura, mineral. Boca estructurado, lleno, sabroso, largo, balsámico, mineral.

BODEGA PUIG PRIORAT
Ctra. T-710, km. 8,3 Mas del Ros
43737 Gratallops (Tarragona)
☎: +34 977 054 032
www.puigpriorat.com
mail@puigpriorat.com

Akyles 2010 TC
45% garnacha, garnacha peluda, 40% cariñena, 15% cabernet sauvignon
92   **17,2€**
Color cereza, borde granate. Aroma fruta madura, hierbas silvestres, terroso, especiado, roble cremoso. Boca equilibrado, sabroso, largo, balsámico.

Dominicus 2010 TC

87   10,9€

Color cereza brillante. Aroma fruta madura, especias dulces, roble cremoso, intensidad media. Boca frutoso, sabroso, tostado.

Odysseus Garnacha Blanca 2013 B

100% garnacha blanca

87   14,5€

Color amarillo brillante. Aroma equilibrado, hierbas de tocador, fruta fresca, flores secas. Boca equilibrado, fino amargor, buena acidez, largo, fruta madura.

Odysseus Pedro Ximénez 2013 B

100% pedro ximénez

88   22,5€

Color pajizo brillante. Aroma fresco, fruta fresca, flores blancas. Boca sabroso, frutoso, buena acidez.

Odysseus Único 2009 TR

89   29,5€

Color cereza, borde granate. Aroma fruta madura, especiado, roble cremoso, tostado, complejo. Boca potente, sabroso, tostado, taninos maduros.

Penelope Dulce 2011 T

100% garnacha peluda

90   18,7€

Color cereza, borde granate. Aroma fruta pasificada, especias dulces, tostado. Boca fruta madura, cálido, potente, sabroso, especiado, balsámico.

BODEGAS BORDALÁS GARCÍA (BG)

Ctra. T-710, Km. 9,5
43737 Gratallops (Tarragona)
☎: +34 977 839 434
Fax: +34 977 839 434
www.bodegasbg.es
bodegasbg@yahoo.es

El Si del Molí 2013 B

garnacha blanca, macabeo

85 ♣   16€

Fra Fort 2010 T

garnacha, cariñena

85 ♣   16€

Gueta Lupia 2009 T

garnacha, cariñena, cabernet sauvignon, merlot

88 ♣   30€

Color cereza muy intenso. Aroma hierbas silvestres, especiado, cuero muy curtido. Boca sabroso, taninos maduros, largo, balsámico.

Gueta Lupia 2010 T

garnacha, cariñena, cabernet sauvignon, merlot

86 ♣   30€

Color cereza, borde granate. Aroma fruta madura, especiado, roble cremoso, tostado, fina reducción. Boca potente, sabroso, tostado, amaderado.

Pamatura Vi de Familia 2011 T

garnacha, cariñena, merlot

85 ♣   12€

BODEGAS MAS ALTA

Ctra. T-702, Km. 16,8
43375 La Vilella Alta (Tarragona)
☎: +34 977 054 151
Fax: +34 977 817 194
www.bodegasmasalta.com
info@bodegasmasalta.com

Artigas 2011 T

93   20€

Color cereza, borde granate. Aroma fruta madura, especiado, roble cremoso, tostado, complejo, chocolate, terroso. Boca potente, sabroso, tostado, taninos maduros.

Artigas 2013 B

92

Color pajizo brillante. Aroma fresco, fruta fresca, flores blancas, expresivo. Boca sabroso, frutoso, buena acidez, equilibrado.

Cirerets 2011 T

94   38,9€

Color cereza, borde granate. Aroma especiado, tostado, fruta sobremadura, mineral. Boca potente, sabroso, tostado, taninos maduros.

Els Pics 2012 T

garnacha, cariñena, syrah, cabernet sauvignon

92

Color cereza, borde violáceo. Aroma fruta roja, frambuesa, balsámico, especiado, expresivo. Boca potente, sabroso, especiado, equilibrado.

La Basseta 2011 T

95   59,8€

Color cereza, borde granate. Aroma fruta madura, especiado, roble cremoso, complejo, chocolate, terroso. Boca potente, sabroso, tostado, taninos maduros.

BODEGAS VICENTE GANDÍA

Ctra. Cheste a Godelleta, s/n
46370 Chiva (Valencia)
☎: +34 962 524 242
Fax: +34 962 524 243
www.vicentegandia.es
info@vicentegandia.com

Xibrana 2009 T
mazuelo, syrah, garnacha

86 ★★★★   8€

Color cereza, borde granate. Aroma fruta madura, especiado, roble cremoso, tostado. Boca potente, sabroso, tostado, taninos maduros.

BUIL & GINÉ

Ctra. de Gratallops - Vilella Baixa,
Km. 11,5
43737 Gratallops (Tarragona)
☎: +34 977 839 810
Fax: +34 977 839 811
www.builgine.com
info@builgine.com

Giné Giné 2012 T
garnacha, cariñena

91 ★★★★   11,4€

Color cereza, borde granate. Aroma fruta madura, hierbas silvestres, terroso, especiado, roble cremoso. Boca equilibrado, sabroso, largo, balsámico.

Giné Rosat 2013 RD
88   10€

Color cereza claro. Aroma potente, fruta madura, fruta roja, floral, expresivo. Boca potente, frutoso, fresco.

Joan Giné 2010 T
88   19,5€

Color cereza oscuro. Aroma fina reducción, tostado, fruta madura, balsámico. Boca especiado, largo, tostado, fácil de beber.

Joan Giné 2013 B
88   13,2€

Color pajizo brillante. Aroma fresco, fruta fresca, flores blancas, expresivo. Boca sabroso, frutoso, buena acidez, equilibrado.

Pleret 2007 T
89   37,3€

Color cereza muy intenso. Aroma fruta madura, especias dulces, roble cremoso, intensidad media, mineral. Boca frutoso, sabroso, tostado.

Pleret Blanc Dolç 2010 B
90   25,2€

Color dorado. Aroma potente, floral, notas amieladas, fruta escarchada, hierbas de tocador. Boca sabroso, dulce, fresco, frutoso, buena acidez, largo.

BURGOS PORTA

Finca Mas Sinén, s/n
43202 Poboleda (Tarragona)
☎: +34 696 094 509
www.massinen.com
burgosporta@massinen.com

Mas Sinén Coster 2009 TC
garnacha, cariñena

93 🌷   37€

Color cereza, borde granate. Aroma fruta madura, hierbas silvestres, terroso, especiado, roble cremoso, piedra seca. Boca sabroso, largo, balsámico, equilibrado, elegante.

Mas Sinén Negre 2007 T
garnacha, cariñena, cabernet sauvignon, syrah

89 🌷   25€

Color cereza intenso, borde granate. Aroma fruta madura, hierbas silvestres, especiado, roble cremoso, fina reducción, habano. Boca potente, sabroso, especiado, largo.

Mas Sinén Negre 2008 T
garnacha, cariñena, cabernet sauvignon, syrah

91 🌷   25€

Color cereza muy intenso, borde granate. Aroma potente, fina reducción, tabaco, hierbas secas. Boca especiado, largo, sabroso, frutoso.

Petit Mas Sinén 2010 T
garnacha, cariñena, cabernet sauvignon, syrah

89 🌷   12€

Color cereza, borde granate. Aroma fruta madura, especiado, roble cremoso, tostado, terroso. Boca potente, sabroso, tostado, taninos maduros.

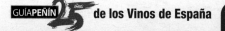

CASA GRAN DEL SIURANA

Mayor, 3
43738 Bellmunt del Priorat (Tarragona)
☎: +34 932 233 022
Fax: +34 932 231 370
www.castilloperelada.com
perelada@castilloperelada.com

Cruor 2010 T
garnacha, syrah, cabernet sauvignon, cariñena

92   19,9€

Color cereza, borde granate. Aroma fruta madura, especiado, roble cremoso, tostado, complejo, terroso, hierbas silvestres. Boca potente, sabroso, tostado, taninos maduros.

GR-174 2013 T
garnacha, cariñena, cabernet sauvignon, syrah

89   10,7€

Color cereza intenso, borde violáceo. Aroma fruta roja, fresco, hierbas de monte. Boca frutoso, equilibrado, fácil de beber.

Gran Cruor 2010 T

93   42€

Color cereza, borde granate. Aroma fruta roja, fruta madura, especiado, roble cremoso, tostado, complejo, terroso, mineral. Boca potente, sabroso, tostado, taninos maduros, balsámico.

CASTELL D'OR

Mare Rafols, 3- 1ºD
8720 Vilafranca del Penedès (Barcelona)
☎: +34 938 905 385
Fax: +34 938 905 455
www.castelldor.com
castelldor@castelldor.com

Esplugen 2012 T
garnacha, cariñena

89 ★★★   8,7€

Color cereza brillante. Aroma fruta madura, especias dulces, roble cremoso, expresivo. Boca sabroso, frutoso, tostado.

CELLER AIXALÀ I ALCAIT

Balandra, 43
43737 Torroja del Priorat (Tarragona)
☎: +34 629 507 807
www.pardelasses.com
pardelasses@gmail.com

Destrankis 2012 T

87   15€

Color cereza opaco. Aroma potente, fruta madura, fruta confitada, tostado, cálido. Boca sabroso, correcto, taninos maduros.

El Coster de L'Alzina 2011 TC
cariñena

89 🍃   25€

Color cereza intenso. Aroma fina reducción, balsámico, cacao fino. Boca fruta madura, sabroso, largo, taninos maduros.

Pardelasses 2011 T

90 🍃   20€

Color cereza intenso, borde granate. Aroma balsámico, mineral, especiado, complejo. Boca lleno, taninos maduros, especiado, largo.

CELLER BALAGUER I CABRÉ

La Font, 8
43737 Gratallops
☎: +34 977 839 004
www.cellerbalaguercabre.blogspot.com
vins.jaume@yahoo.com

Cèrcol Daurat 2010 T
garnacha

90   35€

Color cereza, borde granate. Aroma fruta roja, fruta madura, especiado, roble cremoso, tostado, complejo, terroso. Boca potente, sabroso, tostado, taninos maduros.

La Guinardera 2010 T
garnacha

89   17€

Color cereza, borde granate. Aroma fruta madura, terroso, especiado, roble cremoso, balsámico. Boca equilibrado, sabroso, largo.

Lluna Vella 2010 T
garnacha

88   17€

Color cereza, borde granate. Aroma fruta madura, especiado, terroso. Boca estructurado, sabroso, taninos maduros.

CELLER BARTOLOMÉ

Major, 23
43738 Bellmunt del Priorat (Tarragona)
☎: +34 977 320 448
www.cellerbartolome.com
cellerbartolome@hotmail.com

Clos Bartolome 2010 T

91 ★★★★   12€

Color cereza intenso, borde granate. Aroma equilibrado, cerrado, mineral, fruta madura. Boca equilibrado, taninos maduros, fruta madura, largo.

Primitiu de Bellmunt 2008 T

93   22€

Color cereza intenso, borde granate. Aroma expresivo, equilibrado, tabaco, cacao fino, fruta madura, mineral. Boca estructurado, sabroso, frutoso, lleno.

Primitiu de Bellmunt 2010 T

90   22€

Color cereza, borde granate. Aroma fruta madura, especiado, roble cremoso, tostado, complejo, hierbas de monte. Boca potente, sabroso, tostado, taninos maduros.

CELLER CAL PLA

Prat de la Riba, 1
43739 Porrera (Tarragona)
☎: +34 977 828 125
Fax: +34 977 828 125
www.cellercalpla.com
info@cellercalpla.com

Mas D'en Compte 2010 B
garnacha blanca, xarel.lo, picapoll
85　　　　　　15€

Planots 2009 TC
garnacha, cariñena
88　　　　　　50€
Color cereza, borde granate. Aroma fruta madura, especiado, roble cremoso, cálido. Boca potente, sabroso, tostado, taninos dulces.

CELLER CASTELLET

Font de Dalt, 11
43739 Porrera (Tarragona)
☎: +34 977 828 044
www.cellercastellet.cat
info@cellercastellet.cat

Empit 2011 TC
garnacha, cabernet sauvignon, cariñena
89　　　　　　16€
Color cereza brillante. Aroma fruta madura, especias dulces, roble cremoso, balsámico, piedra seca. Boca sabroso, frutoso, tostado, taninos maduros, equilibrado.

Empit Selecció 2011 TC
91
Color cereza, borde granate. Aroma fruta madura, especiado, roble cremoso, tostado, complejo, cacao fino, mineral. Boca potente, sabroso, tostado, taninos maduros.

Ferral 2011 T
garnacha, cabernet sauvignon, syrah, merlot
88　　　　　　12€
Color cereza, borde granate. Aroma fruta madura, hierbas silvestres, terroso, especiado, roble cremoso, mineral. Boca sabroso, largo, balsámico.

CELLER CECILIO

Piró, 28
43737 Gratallops (Tarragona)
☎: +34 977 839 181
Fax: +34 977 839 507
www.cellercecilio.com
celler@cellercecilio.com

Celler Cecilio Negre 2011 T
garnacha, cariñena, syrah, cabernet sauvignon
85 ★★★　　　　　　8,5€

L'Espill 2010 TC
garnacha, cariñena, cabernet sauvignon
87　　　　　　20€
Color cereza muy intenso, borde granate. Aroma potente, fruta madura, muy tostado (torrefactado), café aromático. Boca potente, tostado, retronasal torrefactado.

L'Udol 2013 B
garnacha
87 ★★★　　　　　　9€
Color pajizo brillante. Aroma flores blancas, hierbas de tocador, expresión frutal. Boca fresco, frutoso, sabroso, equilibrado, elegante.

CELLER DE L'ABADÍA

Font, 38
43737 Gratallops (Tarragona)
☎: +34 627 032 134
www.cellerabadia.com
jeroni@cellerabadia.com

Alice 2008 TR
garnacha, cariñena, syrah, cabernet sauvignon
89 ♦　　　　　　19€
Color cereza, borde granate. Aroma fruta madura, especiado, tostado. Boca potente, sabroso, tostado.

Clos Clara 2008 TGR
garnacha, cariñena, syrah, cabernet sauvignon
88 ♦　　　　　　36€
Color rubí borde teja. Aroma elegante, especiado, fina reducción, cuero mojado, ebanistería, espirituoso. Boca especiado, taninos finos, elegante, largo.

Sant Jeroni "Garnatxa de L'Hort 2013 T
garnacha, syrah
87 ♦　　　　　　15€
Color cereza, borde violáceo. Aroma fruta madura, fruta confitada, hierbas verdes, floral. Boca fresco, frutoso, sabroso.

Sant Jeroni Blanc 2013 B
pedro ximénez, garnacha blanca

86 🍷   16€

Color pajizo brillante. Aroma hierbas de tocador, fruta fresca, toques silvestres. Boca sabroso, equilibrado, fácil de beber, frutoso.

Sant Jeroni Dolç 2010 TGR
cariñena, cabernet sauvignon

87   25€

Color cereza, borde granate. Aroma fruta madura, hierbas silvestres, especiado, barniz, ebanistería. Boca equilibrado, sabroso, largo, balsámico, especiado.

Sant Jeroni Negre 2009 TC
garnacha, syrah, cariñena

90 ★★★★   12€

Color cereza, borde granate. Aroma fruta madura, hierbas silvestres, roble cremoso, cacao fino. Boca equilibrado, sabroso, largo, balsámico.

CELLER DE L'ENCASTELL

Castell, 7
43739 Porrera (Tarragona)
☎: +34 630 941 959
www.roquers.com
roquers@roquers.com

Marge 2012 T

89   18€

Color cereza brillante. Aroma fruta madura, especias dulces, roble cremoso, intensidad media. Boca frutoso, sabroso, tostado.

Roquers de Porrera 2011 TR

91   37€

Color cereza brillante. Aroma fruta madura, especias dulces, roble cremoso, intensidad media, hierbas secas. Boca frutoso, sabroso, tostado.

CELLER DEVINSSI

De les Valls, 14
43737 Gratallops (Tarragona)
☎: +34 977 839 523
www.devinssi.com
devinssi@il-lia.com

Cupatge Devinssi 2013 T
garnacha, cariñena

89 ★★★★   8€

Color cereza intenso, borde violáceo. Aroma hierbas silvestres, fruta fresca, intensidad media, hierbas verdes. Boca correcto, frutoso.

Il.lia 2011 T
cariñena, garnacha, cabernet sauvignon

90   24€

Color cereza intenso. Aroma fruta madura, hierbas silvestres, terroso, especiado, roble cremoso, mineral. Boca equilibrado, sabroso, largo, balsámico.

Mas de les Valls 2011 B
pedro ximénez, garnacha blanca

86   14€

Color dorado brillante. Aroma fruta madura, frutos secos, potente, tostado, ebanistería. Boca sabroso, frutoso, especiado, tostado, largo, retronasal torrefactado.

Mas de les Valls 2011 TC
garnacha, cariñena, cabernet sauvignon

87   14€

Color cereza brillante. Aroma fruta madura, especias dulces, roble cremoso, balsámico. Boca frutoso, sabroso, tostado.

Rocapoll 2010 TC
100% cariñena

91   65€

Color cereza, borde granate. Aroma fruta roja, fruta madura, especiado, tostado, complejo, terroso. Boca potente, sabroso, tostado, balsámico, largo, equilibrado.

CELLER ESCODA PALLEJÀ

La Font, 16
43737 Torroja del Priorat (Tarragona)
☎: +34 977 839 200
rescoda@hotmail.com

Palet 2012 T
garnacha, cariñena, cabernet sauvignon, syrah

89   15€

Color cereza intenso, borde violáceo. Aroma fruta madura, balsámico, cacao fino. Boca sabroso, frutoso, buena acidez, taninos maduros.

Palet Most de Flor 2012 T
garnacha, cariñena, cabernet sauvignon, syrah

91   20€

Color cereza brillante. Aroma fruta madura, especias dulces, roble cremoso, expresivo, balsámico, cacao fino. Boca sabroso, frutoso, tostado, taninos maduros.

 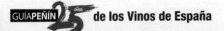

CELLER HIDALGO ALBERT

Poligono 14, Parcela 102
43141 Poboleda (Tarragona)
☎: +34 977 842 064
Fax: +34 977 842 064
www.cellerhidalgoalbert.es
hialmi@yahoo.es

1270 a Vuit 2008 T
garnacha, syrah, cabernet sauvignon, cariñena

91   18€

Color guinda. Aroma elegante, especiado, fina reducción, cuero mojado, ebanistería, espirituoso. Boca especiado, taninos finos, elegante, largo.

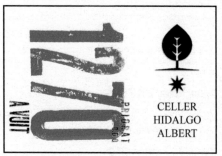

CELLER HIDALGO ALBERT

1270 a Vuit 2009 T
garnacha, syrah, cabernet sauvignon, cariñena

90   18€

Color cereza, borde granate. Aroma fruta roja, fruta madura, especiado, roble cremoso, complejo, terroso. Boca potente, sabroso, tostado, taninos maduros.

Fina 2010 TR
garnacha, syrah, cabernet sauvignon, merlot

90 ★★★★★   10€

Color cereza, borde granate. Aroma fruta madura, terroso, especiado, roble cremoso, balsámico. Boca sabroso, largo, especiado, equilibrado.

CELLER JOAN SIMÓ

11 de Setembre, 5-7
43739 Porrera (Tarragona)
☎: +34 627 563 713
Fax: +34 977 830 993
www.cellerjoansimo.com
leseres@cellerjoansimo.com

Les Eres 2010 T

93   30€

Color cereza intenso, borde granate. Aroma expresivo, equilibrado, complejo, balsámico, cacao fino. Boca sabroso, equilibrado, taninos maduros, especiado, balsámico.

Les Eres Especial dels Carners 2010 T

93   65€

Color cereza, borde granate. Aroma equilibrado, complejo, fruta madura, especiado, mineral. Boca estructurado, sabroso, taninos maduros, mineral, elegante.

Sentius 2010 T

89   15€

Color cereza, borde granate. Aroma fruta madura, hierbas silvestres, terroso, especiado, roble cremoso. Boca equilibrado, sabroso, largo, balsámico.

CELLER JORDI DOMENECH

Finca Les Comes
43376 Poboleda (Tarragona)
☎: +34 646 169 210
www.cellerjordidomenech.com
jordidomenech@live.com

Clos Penat 2010 TC
garnacha, syrah

89   18€

Color cereza, borde granate. Aroma fruta madura, especiado, roble cremoso, tostado, hierbas de monte, fina reducción. Boca potente, sabroso, tostado.

Petit Clos Penat 2011 T
garnacha, syrah

88 ★★★   9,5€

Color cereza, borde granate. Aroma fruta madura, roble cremoso, tostado, complejo, terroso. Boca potente, sabroso, tostado, taninos maduros, concentrado.

CELLER L'INFERNAL

Del Pont, 9
43739 Porrera (Tarragona)
☎: +34 977 828 057
Fax: +34 977 828 380
contact@linfernal.es

L'Infernal Aguilera 2008 TC
100% cariñena

91   45€

Color cereza intenso, borde granate. Aroma especiado, fina reducción, cuero mojado, tostado. Boca especiado, largo, tostado, matices de reducción.

L'Infernal El Casot 2012 T
100% garnacha

91   28€

Color cereza, borde granate. Aroma mineral, hierbas silvestres, equilibrado, fruta al licor. Boca sabroso, estructurado, especiado, fácil de beber.

L'Infernal Face Nord 2012 T
100% syrah

90 28€

Color cereza oscuro, borde violáceo. Aroma roble cremoso, tostado, especiado, fruta madura. Boca estructurado, sabroso, taninos maduros.

L'Infernal Fons Clar 2012 T
100% cariñena

92 28€

Color cereza intenso, borde granate. Aroma hierbas verdes, equilibrado, fruta madura, mineral. Boca sabroso, equilibrado, largo, buena acidez.

Riu by Trío Infernal 2011 T
garnacha, cariñena, syrah

90 20€

Color cereza, borde granate. Aroma fruta madura, hierbas de monte, especiado, roble cremoso, equilibrado. Boca potente, sabroso, especiado, largo.

CELLER MAS BASTE
Font, 38
43737 Gratallops (Tarragona)
☎: +34 622 060 136
www.cellermasbaste.com
info@cellermasbaste.com

Clos Peites 2008 T
cariñena, syrah, cabernet sauvignon

91 55€

Color cereza, borde granate. Aroma equilibrado, complejo, fruta madura, especiado, fina reducción, balsámico. Boca estructurado, sabroso, taninos maduros.

Peites 2010 TC
cariñena, syrah, cabernet sauvignon

89 25€

Color cereza, borde granate. Aroma fruta madura, especiado, roble cremoso, tostado, balsámico. Boca potente, sabroso, tostado, equilibrado.

Peites 2012 T
garnacha, syrah

90 19€

Color cereza, borde granate. Aroma fruta madura, hierbas silvestres, terroso, especiado, roble cremoso. Boca equilibrado, sabroso, largo, balsámico.

CELLER MAS DE LES PERERES
Mas de Les Pereres, s/n
43376 Poboleda (Tarragona)
☎: +34 977 827 257
Fax: +34 977 827 257
www.nunci.com
dirk@nunci.com

Nunci Abocat 2011 B
macabeo, garnacha, moscatel de alejandría, moscatel grano menudo

88 18€

Color amarillo brillante. Aroma flores blancas, equilibrado, fruta madura. Boca correcto, equilibrado, sabroso.

Nunci Abocat 2012 B
macabeo, pedro ximénez, moscatel de alejandría, moscatel grano menudo

90 18€

Color pajizo brillante. Aroma flores marchitas, hierbas secas, especiado, piedra seca. Boca sabroso, fresco, frutoso, balsámico.

Nunci Blanc 2010 BFB
garnacha, macabeo

92 28€

Color amarillo brillante.

Nunci Blanc 2011 BFB
garnacha, macabeo

91 28€

Color amarillo brillante. Aroma potente, fruta madura, especias dulces, roble cremoso, hierbas de tocador. Boca graso, retronasal ahumado, sabroso, fresco, buena acidez.

Nunci Costero 2006 T
mazuelo, grenache, merlot

90 36€

Color cereza, borde granate. Aroma fruta madura, hierbas silvestres, especiado, roble cremoso, fina reducción. Boca sabroso, largo, balsámico.

Nunci Costero 2007 T
mazuelo, grenache, merlot

89 36€

Color cereza intenso. Aroma fruta madura, especiado, tostado, complejo, cacao fino. Boca potente, sabroso, tostado, taninos maduros, balsámico.

Nunci Negre 2007 T
syrah, grenache, merlot, cabernet franc

89 28€

Color cereza intenso, borde granate. Aroma especiado, tabaco, balsámico, equilibrado. Boca sabroso, fruta madura, largo.

Nunci Negre 2008 T
syrah, grenache, cabernet franc, mazuelo

90 28€

Color cereza brillante, borde granate. Aroma fruta madura, equilibrado, cacao fino, expresivo. Boca frutoso, taninos maduros.

Nuncito 2009 T Barrica
grenache, cabernet franc, syrah, mazuelo

91   17€

Color cereza brillante, borde granate. Aroma fruta madura, especias dulces, roble cremoso, expresivo, balsámico, mineral. Boca sabroso, frutoso, tostado, taninos maduros, espirituoso.

Nuncito 2010 T Barrica
syrah, grenache, mazuelo, cabernet franc

91   17€

Color cereza intenso, borde granate. Aroma expresivo, equilibrado, fruta madura, especiado, fresco. Boca correcto, fácil de beber.

Nunsweet 2011 Tinto dulce
merlot, grenache, syrah

89   30€

Color cereza, borde granate. Aroma fruta roja, fruta confitada, hierbas silvestres, balsámico, tostado, especias dulces. Boca largo, equilibrado, sabroso, espirituoso.

CELLER MAS DOIX
Carme, 115
43376 Poboleda (Tarragona)
☎: +34 639 356 172
www.masdoix.com
info@masdoix.com

1902 Cariñena Centenaria 2009 T
cariñena

96   200€

Color cereza muy intenso. Aroma expresivo, con carácter, mineral, terroso. Boca sabroso, potente, amargoso, buena acidez, redondo.

Doix 2010 TC

95   80€

Color cereza, borde granate. Aroma fruta madura, especiado, roble cremoso, tostado, complejo, chocolate, terroso. Boca potente, sabroso, tostado, taninos maduros.

Les Crestes 2012 T

92 ★★★   14€

Color cereza, borde violáceo. Aroma expresivo, fruta fresca, fruta roja. Boca sabroso, frutoso, buena acidez, taninos maduros.

Salanques 2011 T

93   28€

Color cereza intenso, borde granate. Aroma fruta madura, hierbas silvestres, especiado, roble cremoso, piedra seca. Boca equilibrado, sabroso, largo, balsámico.

CELLER MAS GARRIAN
Camí Rieres, s/n Mas del Camperol
43736 El Molar (Tarragona)
☎: +34 977 262 118
Fax: +34 977 262 118
www.masgarrian.com
masgarrian@gmail.com

Clos Severi 2005 T
cabernet sauvignon, syrah

89   14€

Color rubí, borde teja. Aroma elegante, especiado, fina reducción, cuero mojado, ebanistería, espirituoso. Boca especiado, taninos finos, largo, correcto.

Mas del Camperol 2003 T
cabernet sauvignon, syrah

87   20€

Color cereza intenso, borde anaranjado. Aroma cera, tabaco, fruta madura, especiado, ebanistería. Boca fino amargor, sabroso, espirituoso.

CELLER PAHÍ
Carrer del Carme, 57
43376 Poboleda (Tarragona)
☎: +34 977 762 042
www.celler-pahi.com
ramon@cellerpahi.com

Gaubança 2013 B

86

Color pajizo brillante. Aroma flores secas, fruta fresca, hierbas de tocador. Boca frutoso, buena acidez, correcto, fácil de beber.

Gaubança 2013 RD

87

Color frambuesa, borde violáceo. Aroma potente, fruta madura, fruta roja, floral. Boca potente, frutoso, fresco.

Gaubança 2013 T

87

Color cereza brillante. Aroma fruta madura, especias dulces, expresivo. Boca sabroso, frutoso, tostado, taninos maduros.

CELLER PASANAU
La Bassa, s/n
43361 La Morera de Montsant (Tarragona)
☎: +34 977 827 202
Fax: +34 977 827 202
www.cellerpasanau.com
informacion@cellerpasanau.com

Pasanau Ceps Nous 2011 T
garnacha, syrah

86   12€

Color cereza, borde granate. Aroma fruta confitada, hierbas de monte, floral. Boca correcto, sabroso, concentrado.

Pasanau Dànae 2013 B
viognier, pedro ximénez, otras

87 15€

Color dorado. Aroma potente, floral, notas amieladas, fruta escarchada, hierbas de tocador. Boca sabroso, dulce, fresco, frutoso, buena acidez, largo, dulcedumbre.

Pasanau Finca La Planeta 2008 T
cabernet sauvignon, garnacha

92 22€

Color cereza, borde granate. Aroma equilibrado, complejo, fruta madura, especiado, hierbas de monte. Boca estructurado, sabroso, taninos maduros.

Ten Nezasu Dulce Natural 2011 T
garnacha

86 14€

Color cereza intenso. Aroma potente, cálido, fruta confitada, hierbas de monte, espirituoso. Boca frutoso, dulce, correcto.

CELLER PRIOR PONS
Rei, 4
43375 La Vilella Alta (Tarragona)
☎: +34 606 547 865
www.priorpons.com
info@priorpons.com

Planets de Prior Pons 2011 T
89 12,5€

Color cereza, borde granate. Aroma fruta madura, fruta confitada, balsámico, especiado, roble cremoso. Boca potente, sabroso, especiado, largo.

Prior Pons 2011 T
92 29,5€

Color cereza, borde granate. Aroma fruta madura, especiado, roble cremoso, tostado, piedra seca. Boca potente, sabroso, tostado, taninos maduros, equilibrado.

CELLER SABATÉ
Nou, 6
43374 La Vilella Baixa (Tarragona)
☎: +34 977 839 209
www.cellersabate.com
cellersabate@cellersabate.com

Mas Plantadeta 2009 TC
89 13,9€

Color cereza, borde granate. Aroma fruta madura, especiado, tostado, hierbas de monte. Boca potente, sabroso, tostado, taninos maduros.

Mas Plantadeta 2011 T Roble
garnacha

87 ★★★ 9,9€

Color cereza brillante. Aroma fruta madura, especias dulces, roble cremoso. Boca sabroso, frutoso, tostado.

Mas Plantadeta 2013 BFB
garnacha blanca, moscatel

88 ★★★ 9,9€

Color amarillo. Aroma fruta madura, flores blancas, expresivo, potente. Boca especiado, frutoso, equilibrado, fino amargor.

Mas Plantadeta Solera 35 años Rancio Solera
garnacha

93 18€

Color caoba claro. Aroma potente, complejo, elegante, frutos secos, tostado, acetaldehído, especiado. Boca graso, amargoso, matices de solera, largo, especiado, equilibrado.

Pètals de Garnatxa 2013 RD
garnacha

88 ★★★ 9€

Color piel cebolla. Aroma elegante, fruta escarchada, flores secas, hierbas de tocador, fruta roja. Boca ligero, sabroso, buena acidez, largo, especiado.

CELLER VALL-LLACH
Pont, 9
43739 Porrera (Tarragona)
☎: +34 977 828 244
Fax: +34 977 828 325
www.vallllach.com
celler@vallllach.com

Embruix de Vall-Llach 2012 T
92 18€

Color cereza intenso, borde granate. Aroma equilibrado, cacao fino, fruta madura, balsámico. Boca sabroso, estructurado, taninos maduros.

Idus de Vall-Llach 2012 T
91 33€

Color cereza muy intenso, borde granate. Aroma expresivo, equilibrado, hierbas de monte, fruta madura, cacao fino. Boca sabroso, taninos maduros, especiado.

Porrera Vi de Vila de Vall Llach 2012 TC
93 44,5€

Color cereza, borde granate. Aroma fruta madura, hierbas silvestres, terroso, especiado, roble cremoso, expresivo, mineral. Boca equilibrado, sabroso, largo, balsámico.

Vall Llach vi de Finca Qualificada Mas de la Rosa 2012 TC
93 92€

Color cereza, borde granate. Aroma fruta madura, especiado, roble cremoso, tostado, complejo, terroso, cacao fino. Boca potente, sabroso, tostado, taninos maduros.

CELLERS DE SCALA DEI

Rambla de la Cartoixa, s/n
43379 Scala Dei (Tarragona)
☎: +34 977 827 027
Fax: +34 977 827 044
www.grupocodorniu.com
codinfo@codorniu.es

Artigots de Scala Dei 2010 T
100% garnacha

93   60€

Color cereza, borde granate. Aroma fruta madura, fruta al licor, hierbas de monte, terroso, especiado, roble cremoso. Boca potente, sabroso, especiado, equilibrado.

La Creueta de Scala Dei 2010 T
garnacha

93

Color cereza, borde violáceo. Aroma fruta roja, fruta madura, balsámico, mineral, roble cremoso, especias dulces. Boca potente, sabroso, mineral, equilibrado, redondo.

Masdeu de Scala Dei 2011 T
100% garnacha

94   75€

Color cereza, borde granate. Aroma fruta madura, fruta al licor, balsámico, hierbas de monte, terroso. Boca potente, sabroso, especiado, largo.

Scala Dei Cartoixa 2007 TR

90

Color cereza, borde granate. Aroma fruta madura, hierbas silvestres, especiado, roble cremoso, mineral, tabaco. Boca equilibrado, sabroso, largo, balsámico.

Scala Dei Negre 2012 T

87

Color cereza muy intenso. Aroma potente, con carácter, fruta madura, mineral, hierbas verdes. Boca sabroso, algo vegetal, especiado.

Scala Dei Prior 2012 TC

91

Color cereza, borde granate. Aroma fruta madura, hierbas silvestres, terroso, especiado, roble cremoso. Boca equilibrado, sabroso, largo, balsámico.

St. Antoni de Scala Dei 2010 T
100% garnacha

95   60€

Color cereza, borde granate. Aroma fruta madura, hierbas silvestres, balsámico, mineral, piedra seca, roble cremoso, especiado. Boca especiado, balsámico, equilibrado, elegante.

CELLERS UNIÓ

Joan Oliver, 16-24
43206 Reus (Tarragona)
☎: +34 977 330 055
Fax: +34 977 330 070
www.cellersunio.com
info@cellersunio.com

Roureda Llicorella Blanc Pedro Ximénez 2012 B
pedro ximénez

89   16,5€

Color amarillo brillante. Aroma especiado, tostado, flores secas, fruta madura. Boca sabroso, fino amargor, correcto.

Roureda Llicorella Classic 2010 T
garnacha, mazuelo, merlot

90   18€

Color cereza, borde granate. Aroma fruta madura, hierbas silvestres, terroso, especiado, roble cremoso, fina reducción. Boca equilibrado, sabroso, largo, balsámico.

Roureda Llicorella Vitis 60 2009 T
garnacha, mazuelo, cabernet sauvignon, syrah

89   26,8€

Color cereza oscuro, borde granate. Aroma tostado, cacao fino, fruta madura, ahumado. Boca estructurado, taninos maduros, especiado.

Tendral Selección 2011 T
mazuelo, garnacha

88 12€

Color cereza brillante. Aroma fruta madura, especias dulces, roble cremoso, intensidad media. Boca frutoso, sabroso, tostado.

CLOS 93
Nou, 26
43737 El Lloar (Tarragona)
☎: +34 620 215 770
www.clos93.com
clos93@clos93.com

L'Interrogant 2012 T
91 ★★★★ 12€

Color cereza, borde granate. Aroma fruta madura, hierbas silvestres, terroso, especiado, roble cremoso. Boca equilibrado, sabroso, largo, balsámico.

CLOS DE L'OBAC
Camí Manyetes, s/n
43737 Gratallops (Tarragona)
☎: +34 977 839 276
Fax: +34 977 839 371
www.obac.es
info@obac.es

Clos de L'Obac 2010 TC
garnacha, cariñena, cabernet sauvignon, merlot

93 55€

Color cereza brillante. Aroma fruta madura, hierbas silvestres, especiado, roble cremoso, mineral. Boca equilibrado, sabroso, largo, balsámico.

Kyrie 2010 BC
garnacha blanca, macabeo, xarel.lo, moscatel de alejandría

90 55€

Color dorado brillante. Aroma fruta madura, frutos secos, potente, tostado, ebanistería. Boca sabroso, frutoso, especiado, tostado, largo.

Miserere 2010 TC
garnacha, cariñena, tempranillo, merlot

93 55€

Color cereza muy intenso, borde granate. Aroma expresivo, complejo, mineral, balsámico, equilibrado. Boca lleno, sabroso, taninos maduros.

CLOS DEL PORTAL
Pista del Lloar a Bellmunt
43376 Vila del Lloar (Tarragona)
☎: +34 932 531 760
Fax: +34 934 173 591
www.portaldelpriorat.com
info@portaldelpriorat.com

Gotes Blanques 2013 B
garnacha blanca

91 ★★★ 14€

Color pajizo brillante. Aroma fresco, fruta fresca, flores blancas, expresivo. Boca sabroso, frutoso, buena acidez, equilibrado, lleno.

Gotes del Priorat 2013 T
garnacha, cariñena

89 ♥ 14€

Color cereza, borde granate. Aroma fruta madura, fruta al licor, hierbas silvestres, mineral, especiado. Boca potente, sabroso, frutoso, balsámico.

Gotes del Priorat Magnum 2012 T
garnacha, cariñena

91 31,8€

Color cereza brillante, borde granate. Aroma fruta madura, especias dulces, roble cremoso, mineral. Boca sabroso, frutoso, tostado, taninos maduros.

Negre de Negres 2012 T
garnacha, cariñena, syrah, cabernet sauvignon

93 ♥ 21,5€

Color cereza, borde granate. Aroma piedra seca, balsámico, fruta roja, fruta madura, roble cremoso. Boca equilibrado, sabroso, largo, balsámico, concentrado, elegante.

Negre de Negres Magnum 2011 T
garnacha, cariñena, syrah, cabernet sauvignon

94 51,6€

Color cereza, borde granate. Aroma especiado, roble cremoso, tostado, piedra seca, fruta roja, fruta al licor. Boca potente, sabroso, tostado, taninos maduros, equilibrado.

Somni 2012 T
cariñena, syrah

93 ♥ 25,5€

Color cereza, borde granate. Aroma fruta roja, violetas, hierbas de tocador, piedra seca, expresivo, equilibrado. Boca elegante, fresco, frutoso, sabroso, balsámico, equilibrado.

Somni Magnum 2011 T
cariñena, syrah

95 87,8€

Color cereza, borde granate. Aroma fruta roja, fruta madura, violetas, piedra seca, hierbas de tocador, expresivo, equilibrado, roble cremoso. Boca especiado, largo, balsámico, mineral, redondo, elegante.

Tros de Clos 2012 T
cariñena

91 🍷   47,4€

Color cereza, borde granate. Aroma fruta madura, piedra seca, hierbas de tocador, especiado. Boca equilibrado, sabroso, especiado, balsámico, elegante.

Tros de Clos Magnum 2010 T
cariñena

95   110,8€

Color cereza, borde granate. Aroma fruta roja, fruta madura, especiado, roble cremoso, tostado, complejo, mineral, hierbas silvestres. Boca potente, sabroso, tostado, equilibrado, taninos finos.

Tros de Clos Magnum 2011 T
cariñena

93   110,8€

Color cereza muy intenso, borde granate. Aroma floral, mineral, fruta roja, fruta al licor, roble cremoso, expresivo. Boca fresco, frutoso, sabroso, equilibrado, elegante.

CLOS FIGUERAS
Carrer La Font, 38
43737 Gratallops (Tarragona)
☎: +34 627 471 732
Fax: +34 977 830 422
www.desfigueras.com
info@closfigueras.com

Clos Figueres 2010 T
garnacha, cariñena, cabernet sauvignon, syrah

90 🍷   48€

Color cereza intenso. Aroma fruta madura, hierbas secas, tabaco, especiado. Boca equilibrado, taninos maduros, sabroso.

Font de la Figuera 2011 T
garnacha, cariñena, cabernet sauvignon, syrah

88 🍷   21€

Color cereza, borde granate. Aroma fruta confitada, especiado, potente. Boca sabroso, confitado, balsámico, taninos maduros.

Font de la Figuera 2013 B
viognier, garnacha blanca, chenin blanc

88 🍷   21€

Color amarillo, pálido. Aroma hierbas de tocador, flores marchitas, equilibrado, especiado. Boca sabroso, fácil de beber, cierta persistencia.

Serras del Priorat 2013 T
garnacha, cariñena, cabernet sauvignon, syrah

90 ★★★ 🍷   14€

Color cereza, borde violáceo. Aroma expresivo, fruta fresca, fruta roja, floral, mineral, balsámico. Boca sabroso, frutoso, buena acidez, taninos maduros.

Sweet Clos Figueras Dulce 2012 T
garnacha

87 🍷   21€

Color cereza, borde granate. Aroma fruta confitada, fruta madura, especiado, tostado. Boca potente, sabroso, dulcedumbre.

CLOS GALENA
Camino de la Solana, s/n
43736 El Molar (Tarragona)
☎: +34 619 790 956
www.closgalena.com
info@closgalena.com

Clos Galena 2010 TC

93 🍷   30€

Color cereza, borde granate. Aroma fruta madura, especiado, roble cremoso, tostado, complejo, cacao fino, mineral. Boca potente, sabroso, tostado, taninos maduros, estructurado.

Crossos 2011 T

87 ★★★   9,8€

Color cereza intenso. Aroma fruta madura, intensidad media, tabaco. Boca sabroso, estructurado, taninos maduros.

Formiga 2012 T

90 ★★★★ 🍷   12,8€

Color cereza, borde violáceo. Aroma expresivo, fruta fresca, fruta roja, floral, especiado. Boca sabroso, frutoso, buena acidez, taninos maduros.

Galena 2010 T

91 🍷   18€

Color cereza, borde granate. Aroma fruta roja, fruta madura, especiado, roble cremoso, tostado, complejo, terroso. Boca potente, sabroso, tostado, taninos maduros.

CLOS I TERRASSES
La Font, 1
43737 Gratallops (Tarragona)
☎: +34 977 839 022
Fax: +34 977 839 179
info@closerasmus.com

Laurel 2012 T
92

Color cereza, borde granate. Aroma fruta madura, hierbas silvestres, terroso, especiado, roble cremoso. Boca equilibrado, sabroso, largo, balsámico.

Clos Erasmus 2012 T Barrica

95   129€

Color cereza intenso. Aroma fruta madura, especias dulces, tostado, mineral. Boca fruta madura, especiado, largo, taninos maduros.

CLOS MOGADOR

Camí Manyetes, s/n
43737 Gratallops (Tarragona)
☎: +34 977 839 171
Fax: +34 977 839 426
closmogador@closmogador.com

Clos Mogador 2011 T

95 60€

Color cereza, borde granate. Aroma fruta madura, especiado, tostado, complejo, terroso, mineral. Boca potente, sabroso, tostado, taninos maduros, especiado, balsámico, elegante.

Manyetes 2011 T

93

Color cereza muy intenso, borde granate. Aroma equilibrado, expresivo, especias dulces, cacao fino, hierbas de monte. Boca sabroso, taninos maduros.

Nelin 2012 B

90

Color amarillo, pálido. Aroma mineral, flores marchitas, frutos secos, complejo. Boca correcto, largo, sabroso, equilibrado.

COSTERS DEL PRIORAT

Finca Sant Martí
43738 Bellmunt del Priorat (Tarragona)
☎: +34 610 203 473
www.costersdelpriorat.com
info@costersdelpriorat.com

Blanc de Pissarres 2013 B
100% macabeo

90 ★★★ 15€

Color amarillo brillante. Aroma potente, fruta madura, especias dulces, hierbas de tocador, mineral. Boca graso, fresco, buena acidez.

Clos Cypres 2012 T
100% cariñena

90 24€

Color cereza intenso, borde violáceo. Aroma especiado, fruta madura, tostado, mineral. Boca sabroso, taninos maduros, largo.

Elios 2012 T

90 ★★★★★ 8,8€

Color cereza, borde granate. Aroma fruta madura, especiado, roble cremoso, tostado, complejo, balsámico. Boca sabroso, tostado, taninos maduros.

Pissarres 2012 T

92 ★★★ 14€

Color cereza muy intenso. Aroma especiado, tostado, fruta madura, hierbas silvestres. Boca equilibrado, sabroso, fácil de beber.

DE MULLER

Camí Pedra Estela, 34
43205 Reus (Tarragona)
☎: +34 977 757 473
Fax: +34 977 771 129
www.demuller.es
lab@demuller.es

Dom Joan Fort 1865 Rancio
garnacha, garnacha blanca

95 43€

Color oro viejo, borde ambarino. Aroma equilibrado, expresivo, fruta escarchada, barniz, acetaldehído, potente. Boca equilibrado, especiado, largo.

Les Pusses De Muller 2011 TC
merlot, syrah

89 15€

Color cereza, borde granate. Aroma fruta madura, especiado, roble cremoso, tostado, fina reducción. Boca potente, sabroso, tostado.

Lo Cabaló 2008 TR
garnacha, merlot, syrah, mazuelo

89 22€

Color guinda. Aroma fruta madura, especiado, roble cremoso, tostado, complejo, fina reducción. Boca potente, sabroso, tostado, taninos maduros.

Priorat Legitim 2011 TC
garnacha, merlot, syrah, mazuelo

86 ★★★★ 7,3€

Color cereza, borde granate. Aroma potente, hierbas de monte, tostado, especiado. Boca correcto, sabroso.

EDICIONES I-LIMITADAS

Claravall, 2
8021 (Barcelona)
☎: +34 932 531 760
Fax: +34 934 173 591
www.edicionesi-limitadas.com
info@edicionesi-limitadas.com

Flors 2012 T
cariñena, garnacha, syrah

89 12,2€

Color cereza oscuro, borde violáceo. Aroma potente, fruta madura, hierbas secas. Boca correcto, taninos maduros, especiado, balsámico.

ELVIWINES
Finca Clos Mesorah, Ctra. T-300
43775 Falset-Marça (Tarragona)
☎: +34 618 792 963
www.elviwines.com
victor@elviwines.com

El26 2010 TR
91   35,7€

Color cereza opaco, borde granate. Aroma fruta madura, fruta confitada, potente, especias dulces. Boca sabroso, equilibrado, largo, lleno.

EMW GRANDES VINOS DE ESPAÑA
Sánchez Picazo, 53
30332 Balsapintada (Fuente Alamo)
(Murcia)
☎: +34 968 151 520
Fax: +34 968 151 539
www.emw.es
info@emw.es

Maquinon 2013 T
100% garnacha
90 ★★★   15,9€

Color cereza, borde granate. Aroma fruta madura, hierbas silvestres, terroso, especiado, roble cremoso. Boca equilibrado, sabroso, largo, balsámico.

FAMILIA NIN ORTIZ
Finca Planetes, Pol Partida Masis
Parcela 288
Falset (Tarragona)
☎: +34 686 467 579
http://fnovins.blogspot.com.es/?m=1
carlesov@gmail.com

Nit de Nin 2011 T
94

Color cereza intenso, borde violáceo. Aroma cerrado, complejo, hierbas silvestres, especiado. Boca lleno, frutoso, taninos finos, buena acidez, complejo, redondo.

Planetes de Nin 2011 T
91

Color cereza brillante. Aroma expresivo, hierbas silvestres, especiado, fruta madura. Boca sabroso, especiado, taninos maduros, elegante, largo.

FERRER BOBET
Ctra. Falset a Porrera, Km. 6,5
43730 Falset (Tarragona)
☎: +34 609 945 532
Fax: +34 935 044 265
www.ferrerbobet.com
eguerre@ferrerbobet.com

Ferrer Bobet Selecció Especial Vinyes Velles 2011 T
100% cariñena
94   55€

Color cereza, borde granate. Aroma fruta madura, especiado, roble cremoso, tostado, complejo, cacao fino, mineral. Boca potente, sabroso, tostado, taninos maduros.

Ferrer Bobet Vinyes Velles 2012 T
93   32€

Color cereza muy intenso, borde granate. Aroma potente, fruta madura, muy tostado (torrefactado), chocolate, café aromático. Boca potente, tostado, equilibrado.

FINCA TOBELLA
Les Aubagues
43737 Gratallops (Tarragona)
☎: +34 977 684 403
Fax: +34 977 684 403
www.fincatobella.com
info@fincatobella.com

Finca Tobella 2012 T
88   12€

Color cereza, borde granate. Aroma fruta madura, hierbas silvestres, terroso, especiado, roble cremoso. Boca equilibrado, sabroso, largo, balsámico.

Finca Tobella Selecció Especial 2008 T
91   20€

Color cereza, borde granate. Aroma fruta madura, hierbas silvestres, terroso, roble cremoso. Boca equilibrado, sabroso, largo, balsámico.

GENIUM CELLER

Nou, 92- Bajos
43376 Poboleda (Tarragona)
☎: +34 977 827 146
Fax: +34 977 827 146
www.geniumceller.com
genium@geniumceller.com

Genium Celler 2009 TC
88   14,5€
Color cereza, borde granate. Aroma fruta madura, especiado, roble cremoso, tostado, habano, cuero mojado. Boca potente, sabroso, tostado.

Genium Costers Vinyes Velles 2009 T
87   25€
Color cereza, borde granate. Aroma fruta madura, hierbas silvestres, especiado, roble cremoso, cálido. Boca equilibrado, sabroso, largo, balsámico.

Genium Ecològic 2009 TC
89 🌿   17€
Color cereza opaco. Aroma hierbas silvestres, fruta madura, mineral, equilibrado, cálido. Boca sabroso, estructurado, largo.

Genium Rosat 2013 RD
100% merlot
82 🌿   10€

Genium Ximenis 2012 BFB
88   13€
Color amarillo brillante. Aroma fresco, fruta fresca, flores blancas, mineral. Boca sabroso, frutoso, buena acidez, equilibrado.

Poboleda Vi de Vila 2009 TR
89   17€
Color cereza, borde granate. Aroma fruta madura, hierbas silvestres, terroso, especiado. Boca equilibrado, sabroso, largo, balsámico.

GRAN CLOS

Montsant, 2
43738 Bellmunt del Priorat (Tarragona)
☎: +34 977 830 675
www.granclos.com
info@granclos.com

Cartus 2006 T
93   80€
Color guinda. Aroma fruta madura, fruta al licor, hierbas silvestres, balsámico, mineral, especiado, roble cremoso. Boca equilibrado, sabroso, especiado, largo, elegante.

Finca El Puig 2010 T
garnacha, syrah, cabernet sauvignon
89   18€
Color cereza, borde granate. Aroma fruta madura, especiado, roble cremoso, tostado, terroso. Boca potente, sabroso, tostado.

Gran Clos 2007 T
garnacha, cariñena, cabernet sauvignon
92   35€
Color cereza muy intenso, borde granate. Aroma fina reducción, fruta madura, hierbas secas, especiado, cacao fino, mineral. Boca sabroso, taninos maduros, buena acidez.

Gran Clos 2011 BFB
garnacha blanca, macabeo
90 ★★★   15€
Color dorado brillante. Aroma fruta madura, hierbas secas, flores marchitas, especiado, roble cremoso. Boca graso, sabroso, especiado, largo, balsámico, equilibrado.

Les Mines 2011 T
garnacha, cariñena, merlot
87 ★★★   10€
Color cereza brillante, borde granate. Aroma fruta madura, especias dulces, roble cremoso, terroso, balsámico. Boca frutoso, sabroso, tostado.

Solluna 2011 T
garnacha, cariñena, merlot

88   12€

Color cereza brillante. Aroma fruta madura, especias dulces, roble cremoso, intensidad media, hierbas secas. Boca sabroso, tostado, balsámico, amargoso.

GRATAVINUM
Mas d'en Serres s/n
43737 Gratallops (Tarragona)
☎: +34 938 901 399
Fax: +34 938 901 143
www.gratavinum.com
gratavinum@gratavinum.com

Dolç D'En Piqué Dulce 2011 T
garnacha, cariñena, cabernet sauvignon

89 🌷

Color cereza, borde granate. Aroma fruta confitada, fruta madura, especiado, tostado, ebanistería. Boca potente, sabroso, dulcedumbre.

Gratavinum Coster 2010 T
cariñena

90 🌷   60€

Color cereza opaco, borde granate. Aroma con carácter, potente, fruta madura, fruta confitada, hierbas silvestres, barniz. Boca estructurado, sabroso, taninos maduros.

Gratavinum Silvestris 2012 T
cariñena, syrah

88 🌷   20€

Color cereza, borde granate. Aroma fruta madura, hierbas silvestres, terroso, especiado, roble cremoso, potente. Boca equilibrado, sabroso, largo, balsámico.

HAMMEKEN CELLARS
Calle de la Muela, 16
3730 Jávea (Alicante)
☎: +34 965 791 967
Fax: +34 966 461 471
www.hammekencellars.com
cellars@hammekencellars.com

Tosalet 2013 T

89   16€

Color cereza, borde violáceo. Aroma expresivo, fruta fresca, fruta roja, hierbas de monte, mineral. Boca sabroso, frutoso, buena acidez, taninos maduros.

JOAN AMETLLER
Ctra. La Morera de Monsant - Cornudella, km. 3,2
43361 La Morera de Monsant (Tarragona)
☎: +34 933 208 439
Fax: +34 933 208 437
www.ametller.com
info@ametller.com

Clos Corriol 2011 T
garnacha, cabernet sauvignon, merlot

87 ★★★★   8€

Color cereza, borde granate. Aroma fruta madura, especiado, tostado. Boca potente, sabroso, tostado, taninos maduros.

Clos Corriol 2013 B
100% garnacha blanca

88 ★★★★   7€

Color pajizo brillante. Aroma fresco, fruta fresca, flores blancas, expresivo. Boca sabroso, frutoso, buena acidez, equilibrado.

Clos Mustardó 2006 TC
garnacha, cabernet sauvignon, merlot

91 ★★★★   12€

Color cereza, borde granate. Aroma terroso, especiado, roble cremoso, hierbas de monte, fruta al licor. Boca equilibrado, sabroso, largo, balsámico, especiado.

Clos Mustardó 2010 B
garnacha blanca

89 ★★★   10€

Color amarillo brillante. Aroma potente, fruta madura, especias dulces, roble cremoso, hierbas de tocador. Boca graso, sabroso, fresco, buena acidez.

Clos Mustardó 2011 BFB
100% garnacha blanca

90 ★★★★★   10€

Color amarillo brillante. Aroma floral, fruta madura, hierbas secas, piedra seca, roble cremoso. Boca equilibrado, mineral, especiado, largo.

Clos Mustardó 2012 BFB
100% garnacha blanca

90 ★★★★★   10€

Color pajizo brillante. Aroma flores blancas, fruta fresca, expresivo, lías finas, hierbas secas, especiado. Boca sabroso, frutoso, buena acidez, equilibrado.

Clos Socarrat 2011 T
garnacha, merlot, cabernet sauvignon

86 ★★★★   8€

Color cereza muy intenso, borde granate. Aroma potente, fruta madura, muy tostado (torrefactado), chocolate. Boca potente, tostado, retronasal torrefactado.

Els Igols 2005 TR
garnacha, cabernet sauvignon, merlot

90 22€

Color rubí, borde teja. Aroma equilibrado, complejo, fruta madura, especiado, roble cremoso, balsámico. Boca estructurado, sabroso, taninos maduros, equilibrado.

LA CONRERIA D'SCALA DEI
Carrer Mitja Galta, 32
43379 Scala Dei (Tarragona)
☎: +34 977 827 055
Fax: +34 977 827 055
www.vinslaconreria.com
laconreria@vinslaconreria.com

Iugiter 2010 T
garnacha, merlot, samsó, cabernet sauvignon

89 16,5€

Color cereza opaco. Aroma fruta madura, especias dulces, roble cremoso, fruta confitada. Boca sabroso, frutoso, tostado, taninos maduros.

Iugiter Selecció Vinyes Velles 2008 TC
garnacha, samsó, cabernet sauvignon

91 36€

Color cereza, borde granate. Aroma fruta madura, hierbas silvestres, terroso, especiado, roble cremoso. Boca equilibrado, sabroso, largo, balsámico.

La Conreria 2012 T Roble
garnacha, syrah, merlot, samsó

90 ★★★★ 12€

Color cereza, borde granate. Aroma fruta madura, hierbas silvestres, terroso, especiado, roble cremoso. Boca equilibrado, sabroso, largo, balsámico.

Les Brugueres 2013 B
garnacha blanca

90 ★★★ 15€

Color pajizo brillante. Aroma flores blancas, hierbas de tocador, expresión frutal. Boca fresco, frutoso, sabroso, equilibrado, elegante.

MAIUS
Santa María, 17
43361 La Morera de Montsant
(Tarragona)
☎: +34 696 998 575
Fax: +34 936 752 897
www.maiusviticultors.com
jgomez@maiusviticultors.com

Maius Assemblage 2011 T
garnacha, cariñena

90 ★★★★ 10,5€

Color cereza intenso, borde granate. Aroma especiado, hierbas secas, fruta madura. Boca lleno, sabroso, potente, mineral.

Maius Barranc de la Bruixa 2011 T
garnacha, cariñena, cabernet sauvignon

90 ★★★ 15€

Color cereza intenso, borde granate. Aroma potente, fruta madura, fruta confitada, roble cremoso, especias dulces. Boca estructurado, sabroso.

MARCO ABELLA
Ctra. de Porrera a Cornudella
del Montsant, Km. 0,7
43739 Porrera (Tarragona)
☎: +34 933 712 407
Fax: +34 932 755 538
www.marcoabella.com
admin@marcoabella.com

Clos Abella 2009 T

91 38€

Color cereza, borde granate. Aroma fruta madura, hierbas silvestres, terroso, violetas. Boca equilibrado, sabroso, largo, balsámico.

Loidana 2010 T

88 11€

Color cereza brillante. Aroma fruta madura, especias dulces, roble cremoso, terroso. Boca frutoso, sabroso, tostado.

Mas Mallola 2009 TR

91 19€

Color cereza, borde granate. Aroma fruta madura, hierbas silvestres, especiado, roble cremoso, mineral. Boca equilibrado, sabroso, largo, balsámico.

Olbia 2013 B
macabeo, garnacha blanca, pedro ximénez

88

Color amarillo brillante. Aroma equilibrado, expresivo, flores blancas, hierbas de tocador. Boca sabroso, mineral, cierta persistencia.

MAS BLANC PINORD PRIORAT
Dr. Pasteur, 6
8720 Vilafranca del Penedès
(Barcelona)
☎: +34 938 903 066
Fax: +34 938 170 979
www.pinord.com
visites@pinord.es

Clos del Mas 2010 T

90

Color cereza intenso, borde granate. Aroma fruta confitada, hierbas de monte, tierra húmeda, especiado, roble cremoso. Boca potente, sabroso, especiado, balsámico.

Clos del Music 2009 T

91

Color cereza, borde granate. Aroma fruta madura, hierbas silvestres, especiado, mineral. Boca elegante, sabroso, balsámico, especiado, equilibrado.

MAS D'EN BLEI

Mas d'en Blei s/n
43361 La Morera de Montsant
(Tarragona)
☎: +34 977 262 031
www.masdenblei.com
info@masdenblei.com

Blei 2010 T

89   13€

Color cereza, borde granate. Aroma fruta madura, especiado, roble cremoso, tostado, complejo, tabaco. Boca potente, sabroso, tostado, taninos maduros.

Clos Martina 2012 B

86   12€

Color amarillo brillante. Aroma potente, especias dulces, roble cremoso, ahumado. Boca graso, retronasal ahumado, sabroso, buena acidez.

MAS LA MOLA

Raval, 4
43376 Poboleda (Tarragona)
☎: +34 651 034 215
www.maslamola.com
info@maslamola.com

L'Expressió del Priorat 2012 T

garnacha, mazuelo

88

Color cereza intenso, borde violáceo. Aroma hierbas secas, fruta madura, especiado. Boca sabroso, frutoso, taninos maduros.

Mas la Mola 2011 B

85

Mas la Mola Negre 2009 T

90

Color cereza, borde granate. Aroma fruta roja, fruta madura, especiado, roble cremoso, tostado, complejo, terroso, balsámico. Boca potente, sabroso, tostado, taninos maduros.

MAS MARTINET VITICULTORS

Ctra. Falset - Gratallops, Km. 6
43730 Falset (Tarragona)
☎: +34 629 238 236
Fax: +34 977 262 348
www.masmartinet.com
masmartinet@masmartinet.com

Cami Pesseroles 2011 T

garnacha, cariñena

93   58€

Color cereza, borde granate. Aroma fruta madura, especiado, roble cremoso, tostado, balsámico, piedra seca. Boca potente, sabroso, tostado, taninos maduros, equilibrado.

Clos Martinet 2011 T

garnacha, cariñena, syrah, cabernet sauvignon

94   57,5€

Color cereza, borde granate. Aroma fruta roja, fruta madura, especiado, roble cremoso, tostado, complejo, piedra seca, equilibrado. Boca potente, sabroso, tostado, taninos maduros, largo, elegante.

Els Escurçons 2011 T

garnacha

93   51€

Color cereza, borde granate. Aroma fruta madura, especiado, roble cremoso, tostado, complejo, hierbas de monte, fruta escarchada. Boca potente, sabroso, tostado, taninos maduros.

Martinet Bru 2011 T

garnacha, syrah, merlot, cabernet sauvignon

90   19,8€

Color cereza opaco. Aroma intensidad media, fruta madura, equilibrado, hierbas de monte, mineral. Boca sabroso, frutoso, especiado, matices de reducción.

MERITXELL PALLEJÀ

Carrer Major, 32
43737 Gratallops (Tarragona)
☎: +34 670 960 735
www.nita.cat
info@nita.cat

Nita 2012 T

89   11€

Color cereza intenso, borde violáceo. Aroma fruta madura, hierbas de monte, equilibrado. Boca sabroso, taninos maduros.

RITME CELLER

Camí Sindicat s/n
43375 La Vilella Alta (Tarragona)
☎: +34 672 432 691
Fax: +34 977 660 867
www.acusticceller.com
ritme@ritmeceller.com

+ Ritme Blanc 2011 B

garnacha blanca, macabeo

91 ★★★ ❦   15€

Color amarillo brillante. Aroma equilibrado, flores marchitas, especiado, fruta madura, mineral. Boca graso, sabroso, frutoso.

+ Ritme Blanc 2012 B

garnacha blanca, macabeo

93 ★★★ ❦   15€

Color amarillo brillante. Aroma potente, fruta madura, especias dulces, roble cremoso, hierbas de tocador, mineral. Boca graso, retronasal ahumado, sabroso, fresco, buena acidez, equilibrado.

Etern 2011 T
garnacha, cariñena

92 🍷   45€

Color cereza muy intenso, borde granate. Aroma equilibrado, elegante, cacao fino, balsámico, mineral. Boca estructurado, especiado, largo, taninos maduros.

Plaer 2011 T
garnacha, cariñena

93 🍷   24€

Color cereza, borde granate. Aroma fruta madura, especiado, roble cremoso, tostado, piedra seca. Boca potente, sabroso, tostado, taninos maduros, equilibrado.

Plaer 2012 T
garnacha, cariñena

89 🍷   24€

Color cereza, borde granate. Aroma fruta confitada, especiado, hierbas secas, mineral. Boca confitado, balsámico, lleno, sabroso, taninos maduros.

Ritme Negre 2011 T
garnacha, cariñena

90 ★★★ 🍷   14€

Color cereza brillante, borde granate. Aroma especias dulces, roble cremoso, fruta madura, fruta confitada, balsámico. Boca frutoso, sabroso, tostado, equilibrado.

Ritme Negre 2012 T
garnacha, cariñena

91 ★★★ 🍷   14€

Color cereza, borde granate. Aroma fruta madura, hierbas silvestres, terroso, especiado, roble cremoso. Boca equilibrado, sabroso, largo, balsámico.

ROCA DE LES DOTZE
Ctra. La Morera de Montsant-Cornudella de Montsant, Km. 4
43361 La Morera de Montsant (Tarragona)
☎: +34 662 302 214
www.rocadelesdotze.cat
info@rocadelesdotze.cat

Noray 2007 T
garnacha, cabernet sauvignon, syrah, samsó

91   18€

Color cereza, borde granate. Aroma fruta madura, balsámico, mineral, especiado, roble cremoso, equilibrado. Boca potente, sabroso, balsámico, especiado, largo.

Noray 2008 T
garnacha, cabernet sauvignon, syrah, samsó

92   18€

Color cereza oscuro. Aroma fruta madura, potente, mineral, hierbas de monte, balsámico. Boca sabroso, buena acidez, taninos finos, especiado.

Roca Bruixa 2007 T
garnacha, syrah

89   30€

Color cereza, borde granate. Aroma fruta roja, fruta madura, especiado, roble cremoso, tostado, complejo, terroso. Boca potente, sabroso, tostado.

Roca Bruixa 2008 T
garnacha, syrah

90   30€

Color cereza, borde granate. Aroma mineral, especiado, equilibrado, fruta madura. Boca potente, lleno, concentrado, taninos maduros.

RODRÍGUEZ SANZO
Manuel Azaña, 9
47014 (Valladolid)
☎: +34 983 150 150
Fax: +34 983 150 151
www.rodriguezsanzo.com
comunicacion@valsanzo.com

Nassos 2010 T
garnacha

93   17€

Color cereza, borde granate. Aroma fruta madura, hierbas silvestres, especiado, roble cremoso, piedra seca. Boca equilibrado, sabroso, largo, balsámico.

ROTLLAN TORRA
Balandra, 6
43737 Torroja del Priorat (Tarragona)
☎: +34 933 134 347
www.rotllantorra.com
administracion@rotllantorra.com

Autor 2009 TR
90 ★★★★   11€

Color cereza, borde granate. Aroma fruta roja, fruta madura, especiado, roble cremoso, tostado, complejo, terroso. Boca potente, sabroso, tostado, taninos maduros, equilibrado.

Autor 2011 TC
88 ★★★   8,3€

Color cereza, borde granate. Aroma fruta madura, hierbas silvestres, especiado, roble cremoso, tostado, mineral. Boca equilibrado, sabroso, largo, balsámico.

Balandra 2007 TR
86   14€

Color cereza muy intenso, borde granate. Aroma fruta confitada, especiado, café aromático. Boca sabroso, tostado, especiado.

Mistik 2008 TR
90 ★★★★   11€

Color cereza, borde granate. Aroma fruta roja, fruta madura, especiado, roble cremoso, tostado, complejo, terroso. Boca potente, sabroso, tostado, taninos maduros.

Mistik 2010 TC
89 ★★★   8,3€
Color cereza, borde granate. Aroma fruta roja, fruta madura, especiado, tostado, complejo, mineral. Boca potente, sabroso, tostado, taninos maduros.

SANGENÍS I VAQUÉ
Pl. Catalunya, 3
43739 Porrera (Tarragona)
☎: +34 977 828 252
www.sangenisivaque.com
celler@sangenisivaque.com

Clos Monlleó 2011 TR
garnacha, cariñena
89   42€
Color cereza, borde granate. Aroma fruta madura, especiado, tostado, terroso, mineral, ahumado. Boca potente, tostado, taninos maduros.

Dara 2009 TC
garnacha, cariñena, merlot
90 ★★★★   11€
Color cereza, borde granate. Aroma fruta madura, especiado, roble cremoso, tostado. Boca potente, sabroso, tostado, taninos maduros, equilibrado.

Lo Coster Blanc 2012 B
garnacha blanca, macabeo
90   18€
Color amarillo brillante. Aroma potente, fruta madura, especias dulces, roble cremoso, hierbas de tocador. Boca graso, retronasal ahumado, sabroso, fresco, buena acidez.

SAÓ DEL COSTER
Calle Valls, 28
43737 Gratallops (Tarragona)
☎: +34 606 550 825
www.saodelcoster.com
info@saodelcoster.com

"S" de Saó Coster 2012 T
garnacha, merlot, cabernet sauvignon, syrah
87 🌷   12€
Color cereza brillante. Aroma fruta madura, especias dulces, roble cremoso, terroso. Boca sabroso, frutoso, tostado.

Pim Pam Poom 2013 T
100% garnacha
88 🌷   11€
Color cereza, borde violáceo. Aroma expresivo, fruta fresca, fruta roja, hierbas silvestres. Boca sabroso, frutoso, buena acidez, taninos maduros.

Terram 2010 TR
garnacha, cariñena, cabernet sauvignon, syrah
89 🌷   25€
Color cereza brillante. Aroma fruta madura, especias dulces, roble cremoso, intensidad media. Boca frutoso, sabroso, tostado, balsámico, equilibrado.

SOLA CLASSIC
Nou, 15
43738 Bellmunt del Priorat (Tarragona)
☎: +34 686 115 104
www.solaclassic.com
info@solaclassic.com

Solà Classic 2011 T
84   14,5€

Solà2 Classic 2012 T
88 ★★★   9,5€
Color cereza intenso, borde violáceo. Aroma fruta confitada, especiado, hierbas secas. Boca concentrado, sabroso, taninos maduros.

Vinyes Josep 2009 T
89   22,5€
Color cereza, borde granate. Aroma especiado, tostado, fruta confitada, hierbas secas. Boca potente, sabroso, tostado, taninos maduros.

TERRA DE VEREMA
Baix de St. Pere, 1
43374 La Vilella Baixa (Tarragona)
☎: +34 656 607 867
Fax: +34 934 159 698
www.terradeverema.com
admin@terradeverema.com

Corelium 2008 T
90   30€
Color cereza, borde granate. Aroma fruta madura, hierbas silvestres, terroso, especiado, roble cremoso, fina reducción. Boca equilibrado, sabroso, largo, balsámico, retronasal ahumado.

Triumvirat 2009 T
90   20€
Color cereza oscuro, borde granate. Aroma potente, cálido, especiado, hierbas de monte. Boca lleno, sabroso, taninos maduros, balsámico.

TERROIR AL LIMIT
Baixa Font, 10
43737 Torroja del Priorat (Tarragona)
☎: +34 699 732 707
Fax: +34 977 839 391
www.terroir-al-limit.com
dominik@terroir-al-limit.com

Arbossar 2011 T
100% cariñena
94 🌷   58€
Color cereza, borde violáceo. Aroma expresivo, hierbas silvestres, balsámico, complejo, varietal, especiado, tabaco. Boca sabroso, especiado, largo, equilibrado.

Dits del Terra 2011 T
100% cariñena

93 🍷   **58€**

Color cereza, borde granate. Aroma fruta madura, especiado, roble cremoso, tostado, terroso, hierbas de monte, mineral. Boca potente, sabroso, tostado, taninos maduros, equilibrado.

Les Manyes 2011 T
100% garnacha

95 🍷   **179€**

Color cereza, borde granate. Aroma fruta al licor, fruta roja, floral, hierbas de tocador, especiado, piedra seca, terroso. Boca equilibrado, fresco, frutoso, sabroso, balsámico, largo, redondo.

Les Tosses 2011 T
100% cariñena

93 🍷   **179€**

Color cereza oscuro, borde granate. Aroma complejo, equilibrado, hierbas de monte, especiado. Boca estructurado, sabroso, buena acidez, balsámico.

Pedra de Guix 2011 B

93 🍷   **58€**

Color amarillo. Aroma fruta madura, hierbas secas, frutos secos, especiado, flores marchitas, mineral. Boca sabroso, fino amargor, largo.

Terra de Cuques 2012 B

91 🍷   **29€**

Color pajizo brillante. Aroma flores blancas, hierbas de tocador, expresión frutal, notas tropicales. Boca fresco, frutoso, sabroso, equilibrado, elegante.

Torroja Vi de la Vila 2012 T

94 🍷   **29€**

Color cereza, borde granate. Aroma fruta madura, hierbas silvestres, terroso, especiado, roble cremoso, mineral. Boca equilibrado, sabroso, largo, balsámico.

TORRES PRIORAT
Finca La Soleta, s/n
43737 El Lloar (Tarragona)
☎: +34 938 177 400
Fax: +34 938 177 444
www.torres.es
admin@torres.es

Perpetual 2011 TC
garnacha, cariñena

92   **44,5€**

Color cereza, borde granate. Aroma fruta madura, especiado, roble cremoso, tostado, complejo, hierbas silvestres, mineral. Boca potente, sabroso, tostado, taninos maduros.

Salmos 2011 TC
cariñena, garnacha, syrah

89   **20,5€**

Color cereza, borde granate. Aroma fruta madura, hierbas silvestres, terroso, especiado, roble cremoso. Boca equilibrado, sabroso, largo, balsámico.

Secret del Priorat Dulce 2011 T
garnacha, cariñena

92   **19,9€**

Color cereza, borde granate. Aroma fruta confitada, fruta madura, especiado, tostado, ebanistería. Boca potente, sabroso, dulcedumbre, matices de solera, elegante.

TROSSOS DEL PRIORAT

Ctra. Gratallops a La Vilella Baixa,
Km. 10,65
43737 Gratallops (Tarragona)
☎: +34 670 590 788
www.trossosdelpriorat.com
celler@trossosdelpriorat.com

Abracadabra 2012 B
93 🌷   **25€**

Color amarillo brillante. Aroma floral, balsámico, especiado, roble cremoso, piedra seca. Boca equilibrado, buena acidez, sabroso, frutoso, graso, especiado, elegante.

Lo Món 2010 T
92 🌷   **21€**

Color cereza, borde granate. Aroma fruta madura, especiado, roble cremoso, tostado, complejo, mineral. Boca potente, sabroso, tostado, taninos maduros, equilibrado.

Lo Petit de la Casa 2011 TC
90 ★★★★ 🌷   **12€**

Color cereza intenso, borde granate. Aroma potente, equilibrado, hierbas de monte, especiado, piedra seca. Boca sabroso, equilibrado.

Pam de Nas 2010 T
93 🌷   **32€**

Color cereza muy intenso. Aroma fruta madura, especiado, roble cremoso, tostado, complejo, mineral, cacao fino. Boca potente, sabroso, tostado, taninos maduros.

VINÍCOLA DEL PRIORAT

Piró, s/n
43737 Gratallops (Tarragona)
☎: +34 977 839 167
Fax: +34 977 839 201
www.vinicoladelpriorat.com
info@vinicoladelpriorat.com

Clos Gebrat 2011 TC
garnacha, mazuelo, cabernet sauvignon
90 ★★★★   **12€**

Color cereza, borde granate. Aroma fruta madura, especiado, roble cremoso, tostado, complejo. Boca potente, sabroso, tostado, taninos maduros.

Clos Gebrat 2013 T
garnacha, mazuelo, cabernet sauvignon, merlot
88 ★★★   **8,5€**

Color cereza, borde violáceo. Aroma fruta roja, fruta madura, hierbas silvestres, mineral, especiado. Boca potente, sabroso, tostado, equilibrado.

L'Obaga 2013 T
garnacha, syrah, mazuelo
90 ★★★★★   **8,5€**

Color cereza, borde violáceo. Aroma fruta roja, frambuesa, floral, expresivo. Boca fresco, frutoso, sabroso, fácil de beber, equilibrado.

Nadiu 2011 TC
mazuelo, garnacha, cabernet sauvignon, merlot
88 ★★★   **10€**

Color cereza brillante. Aroma fruta madura, especias dulces, roble cremoso, intensidad media. Boca frutoso, sabroso, tostado, correcto.

Nadiu 2013 T
mazuelo, garnacha, cabernet sauvignon, merlot
89 ★★★★   **7,8€**

Color cereza, borde violáceo. Aroma fruta roja, fruta madura, balsámico, roble cremoso. Boca sabroso, frutoso, especiado, cierta persistencia.

Ònix Clàssic 2013 B
viura, garnacha blanca, pedro ximénez
90 ★★★★★   **8,9€**

Color pajizo brillante. Aroma flores blancas, hierbas de tocador, expresión frutal, piedra seca. Boca fresco, frutoso, sabroso, equilibrado, elegante.

Ònix Clàssic 2013 T
garnacha, mazuelo
89 ★★★   **8,9€**

Color cereza, borde violáceo. Aroma expresivo, fruta fresca, fruta roja, floral, balsámico. Boca sabroso, frutoso, buena acidez, taninos maduros, fácil de beber.

Ònix Evolució 2011 T
mazuelo, garnacha, cabernet sauvignon
91   **17,3€**

Color cereza opaco. Aroma cerrado, hierbas de monte, especiado, tostado. Boca sabroso, equilibrado, taninos maduros, largo.

Ònix Fusió 2012 T
garnacha, syrah, mazuelo
90 ★★★★   **13€**

Color cereza muy intenso. Aroma balsámico, equilibrado, fruta madura, especiado. Boca sabroso, especiado, fácil de beber, fruta madura.

VITICULTORS DEL PRIORAT

Partida Palells, s/n - Mas Subirat
43738 Bellmunt del Priorat (Tarragona)
☎: +34 977 262 268
Fax: +34 977 831 356
www.morlanda.com
mariajose.bajon@morlanda.com

Costers del Prior 2011 T
garnacha, cariñena
88   **12€**

Color cereza brillante. Aroma fruta madura, especias dulces, roble cremoso, hierbas de monte. Boca sabroso, frutoso, tostado.

Morlanda 2009 T
89 32€

Color cereza brillante. Aroma especias dulces, ahumado, fruta madura, fruta confitada. Boca sabroso, frutoso, tostado, taninos maduros.

VITICULTORS MAS D'EN GIL
Finca Mas d'en Gil s/n
43738 Bellmunt del Priorat (Tarragona)
☎: +34 977 830 192
Fax: +34 977 830 152
www.masdengil.com
mail@masdengil.com

Clos Fontà 2010 TR
94 50€

Color cereza, borde granate. Aroma fruta madura, hierbas silvestres, terroso, especiado, roble cremoso, mineral. Boca equilibrado, sabroso, largo, balsámico.

Coma Blanca 2010 BC
90 40€

Color amarillo, pálido. Aroma especiado, flores secas, flores marchitas, tostado. Boca tostado, graso, complejo, especiado, mineral, largo, fruta madura.

Nus 2011 Dulce Natural
93 25€

Color cereza muy intenso. Aroma complejo, equilibrado, fruta escarchada, especiado, barniz, cacao fino. Boca equilibrado, largo.

DO. RÍAS BAIXAS

CONSEJO REGULADOR

Edif. Pazo de Mugartegui

36002 Pontevedra

☎: +34 986 854 850 / +34 864 530 - Fax: +34 986 864 546

@: consejo@doriasbaixas.com

www.doriasbaixas.com

SITUACIÓN:

En la zona suroccidental de la provincia de Pontevedra, engloba cinco subzonas diferenciadas: Val do Salnés, O Rosal, Condado de Tea, Soutomaior y Ribeira do Ulla.

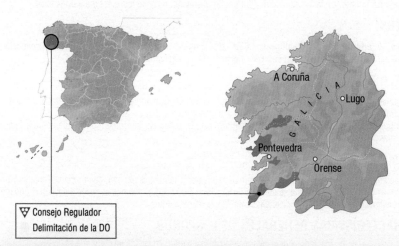

▽ Consejo Regulador

Delimitación de la DO

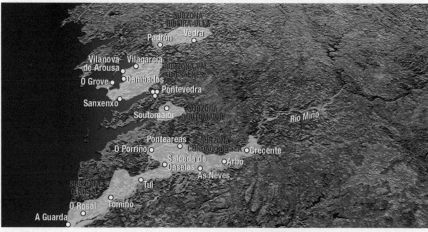

SUBZONAS:

Val do Salnés. Es la subzona histórica de la albariño (de hecho, aquí casi todos los blancos se elaboran como monovarietales de esta uva) y tiene como centro la localidad de Cambados. Posee la orografía más llana de las cuatro.

Condado do Tea. La más interior, situada en la parte meridional de la provincia y al norte del paso del Miño. Se caracteriza por su carácter más montañoso. Los vinos deben tener un mínimo del 70% de albariño y treixadura.

O Rosal. En el extremo suroccidental de la provincia, en la desembocadura del Miño por su margen derecha. Subzona más cálida donde abundan las terrazas fluviales. Los vinos deben tener un mínimo del 70% de albariño y loureira.

Soutomaior. Situada junto al río Verdugo, a unos 10 km. de Pontevedra, comprende sólo el municipio de Soutomaior. Elabora únicamente monovarietales de albariño.

Ribeira do Ulla. Nueva subzona en torno a la cuenca del río Ulla, que determina un paisaje de valles elevados a medida que se avanza hacia el interior. Abarca el término de Vedra y parte de los de Padrón, Deo, Boquixon, Touro, Estrada, Silleda y Vila de Cruce. Predominan los vinos tintos.

VARIEDADES:

BLANCAS: albariño (mayoritaria), loureira blanca o marqués, treixadura y caíño blanco; torrontés y godello.

TINTAS: caíño tinto, castañal, espadeiro, loureira tinta, sousón, mencía, loureira tinta y brancellao.

DATOS:

Nº Has. Viñedo: 4.064 – **Nº Viticultores:** 6.677 – **Nº Bodegas:** 178 – **Cosecha 13:** Muy Buena – **Producción 12:** 22.989.997 litros – **Comercialización:** 69% España - 31% extranjero

SUELOS:

De tipo arenoso, poco profundos y ligeramente ácidos que conforman suelos propicios para los vinos de calidad. El tipo de roca predominante es el granito y sólo en los concellos de Sanxenxo, Rosal y Tomillo es posible encontrar una estrecha banda de rocas metamórficas. En todas las subzonas son frecuentes los depósitos cuaternarios.

CLIMA:

De tipo atlántico, con temperaturas suaves moderadas por la influencia del mar, alta humedad relativa y precipitaciones abundantes (la media se sitúa en torno a los 1.600 mm). Siguiendo el cauce del Miño (Condado de Tea), las lluvias disminuyen y por consiguiente, la uva madura antes.

CARACTERÍSTICAS GENERALES DE LOS VINOS

BLANCOS	Marcados por la personalidad de la albariño. Presentan un color que va del amarillo pálido al amarillo verdoso. En la nariz desarrollan aromas herbáceos y florales de excelente intensidad que pueden recordar a la manzana más bien madura, el albaricoque, el hinojo o la menta. La boca se distingue por su tacto graso y glicérico, su carácter afrutado y persistencia (en los mejores ejemplos con buenas dosis de complejidad y elegancia). En los blancos trabajados con sus propias lías se aprecia una mayor profundidad en boca. De colores amarillo brillante e incluso dorados muestran una menor frescura y una mayor complejidad de matices. Estos vinos tienen la capacidad de mejorar con algo de tiempo en botella.
TINTOS	Muy minoritarios hasta la fecha. Los primeros ejemplos revelan un carácter marcadamente atlántico; son vinos de color cereza-violáceo muy luminosos; se distinguen por sus notas de frutos rojos y hierbas que pueden recordar al eucalipto y, en boca se aprecia una alta acidez.

CLASIFICACIÓN COSECHAS   GUÍA**PEÑÍN**

2009	2010	2011	2012	2013
EXCELENTE	BUENA	MUY BUENA	MUY BUENA	MUY BUENA

A. PAZOS DE LUSCO

Lg. Grixó - Alxén s/n
36458 Salvaterra do Miño (Pontevedra)
☎: +34 987 514 550
Fax: +34 987 514 570
www.lusco.es
info@lusco.es

Lusco 2012 B
100% albariño

94 ★★★   13,5€

Color amarillo. Aroma flores marchitas, fruta madura, lías finas, complejo, expresivo. Boca sabroso, equilibrado, fino amargor.

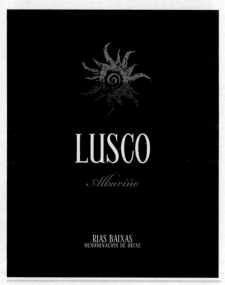

Zios de Lusco 2013 B
100% albariño

92 ★★★★★   9€

Color pajizo brillante. Aroma flores blancas, fruta fresca, expresivo, hierbas secas, elegante. Boca sabroso, frutoso, buena acidez, equilibrado.

ADEGA CONDES DE ALBAREI

Lugar a Bouza, 1 Castrelo
36639 Cambados (Pontevedra)
☎: +34 986 543 535
Fax: +34 986 524 251
www.condesdealbarei.com
inf@condesdealbarei.com

Albariño Condes de Albarei 2013 B
100% albariño

88 ★★★   9€

Color pajizo. Aroma flores blancas, equilibrado, fruta fresca. Boca correcto, buena acidez, fácil de beber, cierta persistencia.

Albariño Condes de Albarei Carballo Galego 2012 BFB
100% albariño

92   18€

Color pajizo brillante. Aroma jazmín, especias dulces, flores marchitas. Boca fruta madura, sabroso, buena acidez, graso.

Albariño Condes de Albarei En Rama 2010 B
100% albariño

93   30€

Color amarillo brillante. Aroma expresivo, equilibrado, fruta madura, flores marchitas, complejo, especiado. Boca graso, lleno, fino amargor.

Albariño Condes de Albarei Enxebre 2012 B Maceración Carbónica
100% albariño

89   12€

Color pajizo brillante. Aroma fruta fresca, flores blancas, equilibrado, fruta madura. Boca sabroso, frutoso, equilibrado, cierta persistencia.

ADEGA EIDOS

Padriñán, 65
36960 Sanxenxo (Pontevedra)
☎: +34 986 690 009
Fax: +34 986 720 307
www.adegaeidos.com
info@adegaeidos.com

Contraaparede 2009 B
albariño

93 ★★★   14€

Color amarillo brillante. Aroma expresivo, flores secas, fruta madura, complejo. Boca equilibrado, graso, fruta madura, complejo.

Eidos de Padriñán 2013 B
100% albariño

92 ★★★★★   10€

Color amarillo, borde verdoso. Aroma expresivo, equilibrado, flores blancas, flores marchitas, cítricos. Boca equilibrado, complejo, largo.

Veigas de Padriñán 2011 B
100% albariño

93 ★★★★   11€

Color amarillo brillante, borde verdoso. Aroma complejo, expresivo, flores marchitas, equilibrado. Boca frutoso, graso, especiado, largo.

ADEGA Y VIÑEDOS PACO & LOLA

Valdamor, 18 - XII
36986 Meaño (Pontevedra)
☎: +34 986 747 779
Fax: +34 986 748 940
www.pacolola.com
comercial@pacolola.com

Follas Novas 2013 B
100% albariño

90 ★★★★★   7,3€

Color pajizo brillante. Aroma fresco, fruta fresca, flores blancas, expresivo. Boca sabroso, frutoso, buena acidez, equilibrado.

Paco & Lola 2013 B
100% albariño

92 ★★★★   12,5€

Color pajizo brillante. Aroma flores blancas, hierbas de tocador, expresión frutal. Boca fresco, frutoso, sabroso, equilibrado, elegante.

Paco & Lola Prime 2011 B
100% albariño

94 ★★★   15€

Color pajizo brillante. Aroma flores blancas, fruta fresca, expresivo, lías finas, hierbas secas. Boca sabroso, frutoso, buena acidez, equilibrado.

ADEGAS AROUSA

Tirabao, 15 - Baión
36614 Vilanova de Arousa (Pontevedra)
☎: +34 986 506 113
Fax: +34 986 715 454
www.adegasarousa.com
info@adegasarousa.com

Pazo da Bouciña 2013 B
albariño

92 ★★★★   12€

Color pajizo brillante. Aroma flores blancas, fruta fresca, expresivo, hierbas secas. Boca sabroso, frutoso, buena acidez, equilibrado, largo, graso.

Pazo da Bouciña Expresión 2013 B
albariño

91   18€

Color pajizo brillante. Aroma flores blancas, hierbas de tocador, expresión frutal. Boca fresco, frutoso, sabroso, equilibrado, elegante.

Valdemonxes 2013 B
albariño

89 ★★★★   8€

Color amarillo. Aroma varietal, fresco, floral, cítricos. Boca equilibrado, fino amargor, fácil de beber.

ADEGAS CASTROBREY

Camanzo, s/n
36587 Vila de Cruces (Pontevedra)
☎: +34 986 583 643
Fax: +34 986 411 612
www.castrobrey.com
bodegas@castrobrey.com

Nice to Meet You Castrobrey 2012 B
albariño, treixadura, godello

89   16€

Color pajizo brillante. Aroma floral, fruta madura, equilibrado, expresivo, hierbas secas. Boca frutoso, graso, sabroso, equilibrado.

Señorío de Cruces 2013 B
100% albariño

88   12€

Color pajizo brillante. Aroma fruta fresca, flores blancas. Boca fresco, frutoso, sabroso, equilibrado, elegante.

Sin Palabras 2013 B
100% albariño

92 ★★★   14€

Color pajizo brillante. Aroma flores blancas, fruta fresca, expresivo, hierbas secas, elegante. Boca sabroso, frutoso, buena acidez, equilibrado.

ADEGAS GALEGAS

Meder, s/n
36457 Salvaterra de Miño (Pontevedra)
☎: +34 986 657 143
Fax: +34 986 526 901
www.adegasgalegas.es
comercial@adegasgalegas.es

Bago Amarelo 2013 B
100% albariño

88 ★★★   9€

Color pajizo brillante. Aroma flores blancas, hierbas de tocador, hierbas secas. Boca fresco, frutoso, sabroso.

Dionisos 2013 B
100% albariño

86 ★★★   9€

Color pajizo brillante. Aroma cítricos, fruta fresca, floral, hierbas secas. Boca fino amargor, fresco.

Don Pedro Soutomaior 2013 B
100% albariño

89   11€

Color pajizo brillante. Aroma fresco, fruta fresca, flores blancas. Boca sabroso, frutoso, buena acidez.

Don Pedro Soutomaior Macerado en Neve Carbónica 2013 B Maceración Carbónica
100% albariño

88   12€

Color pajizo brillante. Aroma flores blancas, fruta fresca, lías finas, hierbas secas. Boca sabroso, frutoso, buena acidez, equilibrado.

O Deus Dionisos 2013 B
albariño

87 ★★★   9€

Color pajizo brillante. Aroma fresco, fruta fresca, flores blancas, hierbas secas. Boca sabroso, frutoso, buena acidez.

Veigadares 2012 B

90 ★★★   16€

Color amarillo brillante. Aroma potente, fruta madura, especias dulces, roble cremoso, hierbas de tocador. Boca graso, retronasal ahumado, sabroso, fresco, buena acidez.

ADEGAS GRAN VINUM

Fermín Bouza Brei, 9 - 5ºB
36600 Vilagarcía de Arousa
(Pontevedra)
☎: +34 986 555 742
Fax: +34 986 555 742
www.granvinum.com
info@adegasgranvinum.com

Esencia Diviña 2013 B
100% albariño

90 ★★★★★   8€

Color pajizo brillante. Aroma fruta fresca, cítricos, hierbas de tocador, flores blancas, expresivo. Boca sabroso, fresco, frutoso, equilibrado.

Gran Vinum 2013 B
100% albariño

89   12€

Color pajizo brillante. Aroma intensidad media, flores blancas, jazmín, fresco. Boca correcto, fino amargor, buena acidez, fácil de beber.

Mar de Viñas 2013 B
100% albariño

87 ★★★★   8€

Color pajizo brillante. Aroma fresco, fruta fresca, flores blancas. Boca sabroso, frutoso, equilibrado.

Nessa 2013 B
100% albariño

87 ★★★★   8€

Color pajizo brillante. Aroma flores secas, hierbas silvestres, cítricos. Boca sabroso, fresco, frutoso, fácil de beber.

ADEGAS MORGADÍO

Albeos
36429 Creciente (Pontevedra)
☎: +34 988 261 212
Fax: +34 988 261 213
www.gruporeboredamorgadio.com
info@gruporeboredamorgadio.com

Morgadío 2013 B
albariño

89   13€

Color pajizo brillante. Aroma fresco, fruta fresca, flores blancas, hierbas de tocador. Boca sabroso, frutoso, equilibrado.

ADEGAS TOLLODOURO

Estrada Tui-A Guardia km. 45
36760 Eiras (O Rosal) (Pontevedra)
☎: +34 986 609 810
Fax: +34 986 609 811
www.tollodouro.com
oscarmartinez@hogomar.es

Pontellón Albariño 2013 B
100% albariño

89 ★★★   9€

Color pajizo brillante. Aroma flores blancas, hierbas de tocador, expresión frutal, notas tropicales. Boca fresco, frutoso, sabroso.

Tollodouro 2012 B
albariño, loureiro, treixadura

89   12€

Color pajizo brillante. Aroma flores blancas, fruta fresca, expresivo, lías finas, hierbas secas. Boca sabroso, frutoso, buena acidez, equilibrado.

ADEGAS VALMIÑOR

A Portela, s/n – San Juan de Tabagón
36370 O'Rosal (Pontevedra)
☎: +34 986 609 060
Fax: +34 986 609 313
www.adegasvalminor.com
valminor@valminorebano.com

Davila 2013 B
albariño, loureiro, treixadura

90 ★★★★   12€

Color amarillo brillante. Aroma flores blancas, hierbas de tocador, expresión frutal. Boca fresco, frutoso, sabroso, equilibrado, elegante.

Davila L-100 2011 B
loureiro

93   25€

Color amarillo brillante. Aroma balsámico, expresivo, cítricos, floral. Boca sabroso, buena acidez, fino amargor, largo. Personalidad.

Davila M-100 2011 B
loureiro, caiño blanco, albariño

92   25€

Color amarillo brillante. Aroma floral, hierbas silvestres, balsámico, fruta madura, especiado. Boca correcto, untuoso, sabroso, balsámico, especiado, largo.

Serra da Estrela 2013 B
albariño

86 ★★★   9€

Color pajizo brillante. Aroma fresco, fruta fresca, floral. Boca sabroso, frutoso, fino amargor.

Torroxal 2013 B
albariño

87 ★★★   9€

Color amarillo brillante. Aroma hierbas secas, flores marchitas, fruta madura. Boca potente, sabroso, correcto.

Valmiñor 2013 B
albariño

90 ★★★★★   10€

Color pajizo brillante. Aroma flores blancas, hierbas de tocador, varietal. Boca fresco, frutoso, sabroso, equilibrado, elegante

ADEGAS VALTEA
Lg. Portela, 14
36429 Crecente (Pontevedra)
☎: +34 986 666 344
Fax: +34 986 644 914
www.vilarvin.com
vilarvin@vilarvin.com

C de V 2013 B
albariño, treixadura, loureiro

90 ★★★★★   6,5€

Color amarillo brillante. Aroma floral, fruta madura, hierbas secas, equilibrado. Boca fresco, frutoso, sabroso, elegante.

Finca Garabato 2012 B
100% albariño

90   20€

Color amarillo brillante. Aroma potente, fruta madura, flores marchitas. Boca estructurado, sabroso, graso, complejo, largo.

Marexías 2013 B
albariño, treixadura, loureiro

87 ★★★★   6,5€

Color pajizo brillante. Aroma fresco, fruta fresca, flores blancas, expresivo. Boca sabroso, frutoso, buena acidez.

Valtea 2012 B
100% albariño

91 ★★★★★   10€

Color amarillo brillante. Aroma floral, hierbas secas, fruta madura, notas amieladas. Boca graso, sabroso, complejo, largo.

Valtea 2013 B
100% albariño

89 ★★★   10€

Color pajizo brillante. Aroma fruta fresca, lías finas, hierbas secas, flores secas, flores marchitas. Boca sabroso, frutoso, buena acidez, equilibrado.

AGRO DE BAZÁN

Tremoedo, 46
36628 Vilanova de Arousa (Pontevedra)
☎: +34 986 555 562
Fax: +34 986 555 799
www.agrodebazan.com
agrodebazan@agrodebazan.com

Contrapunto 2013 B
100% albariño

87 ★★★★   6,5€

Color pajizo brillante. Aroma intensidad media, fresco, floral, cítricos. Boca correcto, buena acidez, fácil de beber.

Granbazán Ámbar 2013 B
100% albariño

90 ★★★★   11€

Color pajizo brillante. Aroma flores blancas, hierbas de tocador, expresión frutal, balsámico. Boca fresco, frutoso, sabroso, elegante.

Granbazán Don Alvaro de Bazán 2013 B
100% albariño

91

Color pajizo brillante. Aroma fruta fresca, hierbas de tocador, floral, expresivo, equilibrado. Boca sabroso, graso, frutoso, equilibrado.

Granbazán Etiqueta Verde 2013 B
100% albariño

89 ★★★★   8€

Color amarillo brillante. Aroma equilibrado, floral, fruta madura. Boca frutoso, sabroso, fino amargor, cierta persistencia.

ALDEA DE ABAIXO

Novas, s/n
36778 O'Rosal (Pontevedra)
☎: +34 986 626 121
Fax: +34 986 626 121
www.bodegasorosal.com
senoriodatorre@grannovas.com

Gran Novas Albariño 2013 B
100% albariño

87 ★★★   9,1€

Color amarillo brillante. Aroma flores blancas, fresco, intensidad media, hierbas de tocador. Boca correcto, fácil de beber, cierta persistencia.

Señorío da Torre Rosal 2013 B

85 ★★★   9,1€

Señorío da Torre Rosal sobre Lías 2010 B

92 ★★★★   13€

Color amarillo brillante. Aroma expresivo, lías finas, hierbas secas, flores secas, mineral. Boca sabroso, frutoso, buena acidez, equilibrado.

ALMA ATLÁNTICA

Burgáns, 91
36633 Vilariño - Cambados
(Pontevedra)
☎: +34 986 526 040
Fax: +34 986 526 901
www.martincodax.com
comercial@martincodax.com

Alba Martín 2013 B
albariño

91 ★★★★★   8€

Color pajizo brillante. Aroma hierbas de tocador, floral, fruta fresca, cítricos. Boca fresco, frutoso, sabroso, equilibrado, elegante.

Anxo Martín 2013 B

92 ★★★★★   8€

Color pajizo brillante. Aroma hierbas de tocador, fruta fresca, toques silvestres, equilibrado. Boca fresco, buena acidez, fino amargor, largo.

ATTIS BODEGAS Y VIÑEDOS

Lg. Morouzos, 16D - Dena
36967 Meaño (Pontevedra)
☎: +34 986 744 790
Fax: +34 986 744 790
www.attisbyv.com
info@attisbyv.com

Attis 2013 B
100% albariño

90 ★★★★★   9€

Color pajizo brillante. Aroma flores blancas, hierbas de tocador, expresión frutal. Boca fresco, frutoso, sabroso, equilibrado, elegante.

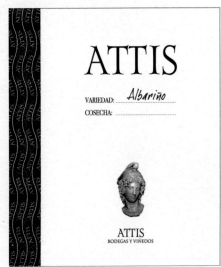

ATTIS

VARIEDAD: *Albariño*

COSECHA:

ATTIS
BODEGAS Y VIÑEDOS

Attis Caiño 2012 T
100% caiño

89   23€

Color cereza poco intenso. Aroma fresco, sotobosque húmedo, hierbas de monte. Boca complejo, especiado, fruta madura, taninos finos.

Attis Espadeiro 2012 T
100% espadeiro

87   23€

Color cereza, borde granate. Aroma hierbas verdes, especiado, toques silvestres. Boca correcto, complejo, balsámico.

Attis Sousón 2012 T
100% sousón

91   23€

Color cereza, borde violáceo. Aroma especiado, balsámico, fruta madura, hierbas de monte. Boca equilibrado, buena acidez.

Nana 2012 BFB
100% albariño

91   16,5€

Color dorado brillante. Aroma fruta madura, hierbas silvestres, especiado, roble cremoso. Boca potente, sabroso, especiado, concentrado, largo.

Xión 2013 B
100% albariño

87 ★★★★   7,2€

Color pajizo brillante. Aroma flores blancas, hierbas de tocador, expresión frutal. Boca fresco, frutoso, sabroso, equilibrado.

BENJAMÍN MIGUEZ NOVAL
Porto de Abaixo, 10 - Porto
36458 Salvaterra de Miño (Pontevedra)
☎: +34 636 014 506
www.mariabargiela.com
enoturismo@mariabargiela.com

María Bargiela 2012 B
87 ★★★★   8€

Color amarillo brillante. Aroma fruta madura, notas amieladas, hierbas secas, floral. Boca fresco, frutoso, sabroso.

BODEGA CASTRO BAROÑA
Cabeiro - San Martín de Meis
36637 Meis (Pontevedra)
☎: +34 986 680 868
www.castrobarona.com
castrobarona@castrobarona.com

Castro Baroña 2013 B
100% albariño

91 ★★★★★   8,4€

Color pajizo brillante. Aroma flores blancas, hierbas de tocador, expresión frutal, balsámico. Boca fresco, frutoso, sabroso, elegante.

Lagar do Castelo 2013 B
100% albariño

89 ★★★   8,7€

Color pajizo brillante. Aroma fresco, fruta fresca, flores blancas, expresivo. Boca sabroso, frutoso, buena acidez, equilibrado.

BODEGA FORJAS DEL SALNÉS
As Covas, 5
36968 Meaño (Pontevedra)
☎: +34 699 446 113
Fax: +34 986 744 428
goliardovino@gmail.com

Bastión de la Luna 2012 T
caiño, espadeiro, loureiro

92 ★★★★   12,9€

Color cereza, borde granate. Aroma fruta madura, especiado, roble cremoso, complejo, terroso, balsámico, potente. Boca potente, sabroso, tostado, taninos maduros.

Goliardo A Telleira 2012 B Barrica
100% albariño

91   28€

Color amarillo. Aroma piedra seca, expresivo, fruta madura, intensidad media. Boca fresco, especiado, correcto, buena acidez, largo.

Goliardo Espadeiro 2012 T
100% espadeiro

92   25€

Color cereza intenso, borde violáceo. Aroma expresivo, hierbas silvestres, hierbas verdes, fruta madura. Boca equilibrado, largo.

Goliardo Loureiro 2012 T
100% loureiro

93   25€

Color cereza muy intenso. Aroma hierbas verdes, salino, fresco, fruta madura. Boca especiado, buena acidez, equilibrado, fácil de beber. Personalidad.

Leirana 2013 B
albariño

91 ★★★★   12€

Color pajizo brillante. Aroma flores blancas, hierbas de tocador, expresión frutal, mineral. Boca fresco, frutoso, sabroso, equilibrado, fino amargor.

Leirana Finca Genoveva 2012 BFB
100% albariño

94   18€

Color amarillo. Aroma flores blancas, expresivo, lías finas, hierbas secas, fruta madura. Boca sabroso, frutoso, buena acidez, equilibrado.

BODEGA PAZO QUINTEIRO DA CRUZ

A Cruz 12, Lois
36635 Ribadumia (Pontevedra)
☎: +34 635 592 215
www.pazoquinteirodacruz.es
pedropinheirolago@yahoo.es

Quinteiro Da Cruz 2013 B
albariño

87 ★★★ 9€

Color pajizo brillante. Aroma fruta fresca, flores blancas, cítricos, intensidad media. Boca correcto, buena acidez, fino amargor.

BODEGA Y VIÑEDOS VEIGA DA PRINCESA

32619 Arbo (Pontevedra)
☎: +34 988 261 256
Fax: +34 988 261 264
www.pazodomar.com
info@pazodomar.com

Veiga da Princesa 2013 B
albariño

91 ★★★★★ 9€

Color pajizo brillante. Aroma fresco, fruta fresca, flores blancas, expresivo, equilibrado. Boca sabroso, frutoso, buena acidez, equilibrado.

BODEGAS ABANICO

Pol. Ind Ca l'Avellanet - Susany, 6
8553 Seva (Barcelona)
☎: +34 938 125 676
Fax: +34 938 123 213
www.bodegasabanico.com
info@exportiberia.com

Diluvio 2013 B
100% albariño

90 ★★★★★ 9,5€

Color pajizo brillante. Aroma flores blancas, expresión frutal, mineral, balsámico, salino. Boca fresco, sabroso, equilibrado, elegante.

BODEGAS ALBAMAR

O Adro, 11 - Castrelo
36639 Cambados (Pontevedra)
☎: +34 660 292 750
Fax: +34 986 520 048
info@bodegasalbamar.com

Albamar 2012 B
100% albariño

88 12€

Color pajizo brillante. Aroma fresco, flores blancas, expresivo. Boca sabroso, frutoso, equilibrado, correcto.

Albamar 2013 B
100% albariño

87 12€

Color pajizo brillante. Aroma fresco, fruta fresca, flores blancas, expresivo. Boca sabroso, frutoso, buena acidez, equilibrado.

Albamar Edición Especial 2012 B
100% albariño

89 14€

Color amarillo, pálido. Aroma expresivo, complejo, flores secas, lías finas. Boca fresco, frutoso, correcto, fino amargor.

Albamar Finca O Pereiro 2013 B
100% albariño

89 18€

Color pajizo brillante, borde verdoso. Aroma fruta fresca, cítricos, flores blancas, equilibrado. Boca correcto, fácil de beber, fino amargor, fresco.

Alma de Mar sobre Lías 2011 B
100% albariño

91 18€

Color amarillo brillante. Aroma potente, fruta madura, especias dulces, roble cremoso, hierbas de tocador, cítricos. Boca graso, sabroso, frutoso, equilibrado, elegante.

Pepe Luis 2012 BFB
100% albariño

93 18€

Color amarillo brillante. Aroma potente, fruta madura, especias dulces, hierbas de tocador. Boca graso, retronasal ahumado, sabroso, fresco, buena acidez.

Sesenta e Nove Arrobas 2012 B
100% albariño

93   18€

Color pajizo brillante, borde verdoso. Aroma fruta madura, flores marchitas, especiado. Boca graso, frutoso, cierta persistencia.

BODEGAS ALTOS DE TORONA
Estrada Tui-A Guardia km. 45
36760 Eiras (O Rosal) (Pontevedra)
☎: +34 986 288 212
Fax: +34 986 401 185
www.altosdetorona.com
oscarmartinez@hogomar.es

Albanta 2013 B
100% albariño

86 ★★★★   8€

Color amarillo brillante. Aroma fruta madura, cítricos, floral, hierbas secas. Boca fresco, frutoso, sabroso.

Altos de Torona Lías 2013 B
100% albariño

90 ★★★★★   10€

Color amarillo brillante. Aroma fruta fresca, hierbas de tocador, flores secas. Boca sabroso, equilibrado, fino amargor, frutoso.

Altos de Torona Rosal 2013 B

89   12€

Color pajizo brillante. Aroma floral, hierbas silvestres, piedra seca, expresivo. Boca balsámico, fácil de beber, sabroso, fresco, frutoso.

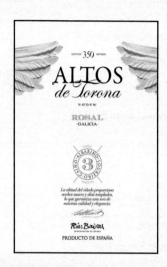

BODEGAS AQUITANIA
Bouza, 17 Castrelo
36639 Cambados (Pontevedra)
☎: +34 610 288 450
Fax: +34 986 520 895
www.bodegasaquitania.es
info@bodegasaquitania.com

Aquitania 2013 B
100% albariño

89 ★★★   8,8€

Color pajizo brillante. Aroma flores blancas, cítricos, intensidad media. Boca equilibrado, buena acidez, fresco.

Aquitania 2013 T
100% mencía

80   6€

Bernon 2013 B
100% albariño

88 ★★★★   5,3€

Color pajizo brillante. Aroma fresco, fruta fresca, expresivo, cítricos, flores secas. Boca sabroso, frutoso, equilibrado.

Raiolas D'Outono 2013 B
100% albariño

85 ★★★★★   5€

BODEGAS AS LAXAS

As Laxas, 16
36430 Arbo (Pontevedra)
☎: +34 986 665 444
Fax: +34 986 665 554
www.bodegasaslaxas.com
info@bodegasaslaxas.com

Bágoa do Miño 2013 B
100% albariño

90 ★★★★   12,5€

Color pajizo brillante. Aroma fresco, fruta fresca, flores blancas, hierbas secas, intensidad media. Boca frutoso, buena acidez.

Condado Laxas 2013 B

89   12,5€

Color amarillo brillante. Aroma floral, equilibrado, expresivo, fruta madura. Boca equilibrado, fino amargor, sabroso.

Laxas 2013 B
100% albariño

90 ★★★★★   9,5€

Color pajizo brillante. Aroma fresco, fruta fresca, flores blancas, expresivo, elegante. Boca sabroso, frutoso, equilibrado.

Sensum Laxas ESP
100% albariño

85   13,5€

Val Do Sosego 2013 B
100% albariño

89 ★★★★   8€

Color pajizo brillante. Aroma flores blancas, hierbas de tocador. Boca fresco, frutoso, equilibrado, elegante, fino amargor.

BODEGAS DEL PALACIO DE FEFIÑANES

Pza. de Fefiñanes, s/n
36630 Cambados (Pontevedra)
☎: +34 986 542 204
Fax: +34 986 524 512
www.fefinanes.com
fefinanes@fefinanes.com

1583 Albariño de Fefiñanes 2013 BFB
100% albariño

93   20€

Color amarillo brillante. Aroma fruta madura, hierbas de tocador, floral, especias dulces. Boca graso, sabroso, fresco, buena acidez, equilibrado, elegante.

Albariño de Fefiñanes 2013 B
100% albariño

91 ★★★   14€

Color pajizo brillante. Aroma fruta fresca, flores blancas, hierbas de tocador, expresivo, elegante. Boca frutoso, graso, sabroso, equilibrado.

ALBARIÑO D FEFIÑANE

Albariño de Fefiñanes III año 2011 B
100% albariño

97   35€

Color amarillo brillante. Aroma especias dulces, roble cremoso, hierbas de tocador, notas amieladas, expresión frutal. Boca graso, retronasal ahumado, sabroso, fresco, buena acidez, equilibrado, elegante.

BODEGAS EIDOSELA

Eidos de Abaixo, s/n - Sela
36494 Arbo (Pontevedra)
☎: +34 986 665 550
Fax: +34 986 665 299
www.bodegaseidosela.com
info@bodegaseidosela.com

Arbastrum 2013 B

91 ★★★★★   8,5€

Color pajizo brillante. Aroma flores blancas, fruta fresca, expresivo, hierbas secas, floral. Boca sabroso, frutoso, buena acidez, equilibrado.

Eidosela 2013 B
100% albariño

90 ★★★★★   8,5€

Color pajizo brillante. Aroma fresco, fruta fresca, flores blancas, hierbas silvestres. Boca sabroso, frutoso, equilibrado, correcto.

Eidosela Burbujas del Atlántico BN
100% albariño

88   15€

Color pajizo brillante. Aroma intensidad media, fruta fresca, lías finas, floral. Boca fresco, frutoso, sabroso, buena acidez.

Eidosela Burbujas del Atlántico Extra Brut ESP
100% albariño

86   14€

Color pajizo brillante. Aroma intensidad media, fruta fresca, hierbas secas, lías finas, floral. Boca fresco, frutoso, sabroso, fácil de beber.

Etra Albariño 2013 B
100% albariño

88 ★★★   8,5€

Color pajizo brillante. Aroma fresco, fruta fresca, flores blancas, hierbas secas. Boca sabroso, frutoso, fino amargor, correcto.

Etra Burbujas del Atlántico Extra Brut ESP
100% albariño

87   14€

Color pajizo brillante, borde verdoso. Aroma fresco, flores blancas, intensidad media, hierbas de tocador. Boca correcto, equilibrado, fino amargor.

Etra Condado 2013 B
88 ★★★   8,5€

Color pajizo brillante. Aroma hierbas secas, floral, fruta fresca, cítricos. Boca ligero, fresco, frutoso, sabroso, correcto.

BODEGAS EL INICIO
San Vicente, 22
47300 Peñafiel (Valladolid)
☎: +34 947 515 884
Fax: +34 947 515 886
www.bodegaselinicio.com
rbi@redbottleint.com

Elas 2013 B
100% albariño

89 ★★★★   8€

Color pajizo brillante. Aroma equilibrado, hierbas de tocador, floral, intensidad media. Boca frutoso, sabroso, fácil de beber.

BODEGAS FILLABOA
Lugar de Fillaboa, s/n
36450 Salvaterra do Miño (Pontevedra)
☎: +34 986 658 132
www.bodegasfillaboa.com
info@bodegasfillaboa.com

Fillaboa 2013 B
100% albariño

91 ★★★★   11,9€

Color amarillo brillante. Aroma expresivo, equilibrado, flores blancas, fruta fresca, varietal. Boca sabroso, buena acidez, fino amargor.

BODEGAS GERARDO MÉNDEZ
Galiñanes, 10 - Lores
36968 Meaño (Pontevedra)
☎: +34 986 747 046
Fax: +34 986 748 915
www.bodegasgerardomendez.com
info@bodegasgerardomendez.com

Albariño Do Ferreiro 2013 B
100% albariño

91   18€

Color pajizo brillante, borde verdoso. Aroma fruta fresca, floral. Boca fresco, fácil de beber, correcto.

BODEGAS GÓMEZ Y RIAL
Piro, 15 - Oza
15886 Teo (A Coruña)
☎: +34 629 885 371
www.gomezrial.com
aagorial@yahoo.es

Alargo 2013 B
100% albariño

86 ★★★   8,5€

Color amarillo brillante. Aroma flores marchitas, fruta madura. Boca correcto, frutoso, sabroso.

Compostelae 2013 B
100% albariño

87 ★★★★   8€

Color amarillo brillante. Aroma fruta madura, flores marchitas, lías finas. Boca graso, amargoso.

BODEGAS LA CANA

Camiño Novo, 36
29700 Zamar - Villagarcía de Arousa
(Pontevedra)
☎: +34 986 686 811
Fax: +34 952 504 706
www.lacana.es
lacana@jorgeordonez.es

La Caña 2013 B
100% albariño

89 ★★★ 10€

Color pajizo brillante. Aroma fruta fresca, flores blancas,
hierbas secas, mineral. Boca sabroso, frutoso, buena acidez,
equilibrado.

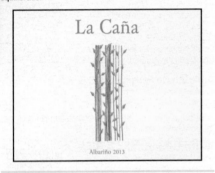

La Caña Navia 2010 B
100% albariño

93 18€

Color amarillo brillante. Aroma potente, fruta madura, especias dulces, roble cremoso, hierbas de tocador, mineral. Boca
graso, sabroso, fresco, buena acidez, especiado.

BODEGAS LA VAL

Lugar Muguiña, s/n - Arantei
36458 Salvaterra de Miño (Pontevedra)
☎: +34 986 610 728
Fax: +34 986 611 635
www.bodegaslaval.com
laval@bodegaslaval.com

Finca Arantei 2013 B
100% albariño

90 ★★★★★ 8€

Color pajizo brillante. Aroma hierbas de tocador, cítricos, fruta
fresca, floral. Boca fresco, frutoso, sabroso, equilibrado, elegante.

La Val Albariño 2011 BFB
100% albariño

93 ★★★★ 12€

Color amarillo brillante. Aroma potente, fruta madura, especias dulces, roble cremoso, hierbas de tocador, cítricos,
balsámico. Boca graso, sabroso, fresco, buena acidez, equilibrado.

La Val Albariño 2013 B
100% albariño

91 ★★★★★ 8€

Color pajizo brillante. Aroma fresco, fruta fresca, flores blancas, expresivo. Boca sabroso, frutoso, buena acidez, equilibrado.

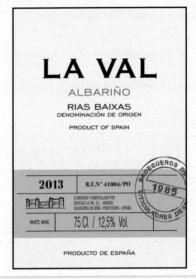

La Val Crianza sobre Lías 2007 BC
100% albariño

94 18€

Color amarillo. Aroma complejo, expresivo, especiado, flores
marchitas, equilibrado. Boca lleno, sabroso, largo, fino amargor, buena acidez.

Mas que Dos 2013 B
albariño, treixadura, loureiro

87 ★★★ 10€

Color pajizo brillante. Aroma fresco, fruta fresca, expresivo.
Boca sabroso, frutoso, buena acidez, equilibrado.

Orballo 2013 B
100% albariño

90 ★★★★★ 8€

Color pajizo brillante. Aroma hierbas de tocador, expresión
frutal, floral, hierbas secas. Boca fresco, frutoso, sabroso,
equilibrado, elegante.

Taboexa 2013 B
100% albariño

88 ★★★★ 8€

Color amarillo brillante. Aroma fresco, flores blancas, fruta
fresca. Boca fresco, correcto, fácil de beber, cierta persistencia.

Viña Ludy 2013 B
100% albariño

90 ★★★★★ 8€

Color pajizo brillante. Aroma hierbas secas, flores secas. Boca frutoso, equilibrado, fino amargor, buena acidez, fácil de beber

BODEGAS MAR DE FRADES

Lg. Arosa, 16 - Finca Valiñas
36637 Meis (Pontevedra)
☎: +34 986 680 911
Fax: +34 986 680 926
www.mardefrades.es
info@mardefrades.es

Finca Valiñas "crianza sobre lías" 2012 B
albariño

93 20,8€

Color pajizo brillante. Aroma flores blancas, expresivo, lías finas, hierbas secas, fruta escarchada. Boca sabroso, frutoso, buena acidez, equilibrado.

Mar de Frades BN
albariño

86

Color pajizo brillante. Aroma intensidad media, hierbas secas, lías finas, floral, fruta escarchada, cítricos. Boca fresco, frutoso, sabroso, buena acidez.

Mar de Frades 2013 B
albariño

89 14,3€

Color pajizo brillante. Aroma cítricos, flores blancas. Boca sabroso, frutoso, buena acidez, equilibrado.

BODEGAS MARQUÉS DE VIZHOJA

Finca La Moreira s/n
36438 Arbo (Pontevedra)
☎: +34 986 665 825
Fax: +34 986 665 960
www.marquesdevizhoja.com
informacion@marquesdevizhoja.com

Señor da Folla Verde 2013 B

89   15,5€

Color pajizo brillante. Aroma flores blancas, hierbas de tocador, expresión frutal. Boca fresco, frutoso, sabroso, equilibrado, elegante.

Torre La Moreira 2013 B
100% albariño

90 ★★★★★   9,6€

Color pajizo brillante. Aroma flores blancas, cítricos, fruta fresca, expresivo. Boca equilibrado, buena acidez, fino amargor.

BODEGAS MARTÍN CÓDAX

Burgáns, 91
36633 Vilariño-Cambados (Pontevedra)
☎: +34 986 526 040
Fax: +34 986 526 901
www.martincodax.com
comercial@martincodax.com

Burgáns 2013 B
100% albariño

89   12€

Color pajizo. Aroma expresión frutal, notas tropicales, hierbas de tocador, flores blancas. Boca fresco, frutoso, sabroso, fácil de beber.

Marieta 2013 B
100% albariño

87 ★★★★   7€

Color pajizo brillante. Aroma fresco, fruta fresca, flores blancas, expresivo. Boca sabroso, frutoso, dulcedumbre, fácil de beber.

Martín Códax 2013 B
100% albariño

88   11€

Color pajizo brillante. Aroma fresco, fruta fresca, flores blancas. Boca sabroso, frutoso, buena acidez, equilibrado.

Martín Códax Gallaecia 2009 B
100% albariño

94   40€

Color dorado brillante. Aroma fruta madura, frutos secos, potente, tostado, ebanistería, notas amieladas, pastelería. Boca sabroso, frutoso, especiado, tostado, largo.

Martin Codax Lías 2011 B
100% albariño

93   19€

Color pajizo brillante. Aroma flores blancas, fruta fresca, expresivo, lías finas, hierbas secas, equilibrado. Boca sabroso, frutoso, buena acidez, equilibrado, elegante.

Organistrum 2011 B
100% albariño

89   19€

Color amarillo brillante. Aroma especias dulces, fruta madura, flores marchitas. Boca fruta madura, graso, estructurado.

BODEGAS NANCLARES

Castriño, 13 - Castrelo
36639 Cambados (Pontevedra)
☎: +34 986 520 763
www.bodegasnanclares.com
bodega@bodegasnanclares.es

Alberto Nanclares sobre Lías 2012 B
albariño

89   12€

Color pajizo brillante. Aroma fruta fresca, flores blancas, hierbas de tocador. Boca sabroso, frutoso, equilibrado.

Soverribas de Nanclares 2011 BFB
albariño

84   14€

Tempus Vivendi 2012 B
albariño

86 ★★★   9€

Color amarillo brillante. Aroma flores secas, flores marchitas, fruta madura. Boca graso, sabroso, amargoso.

BODEGAS PABLO PADÍN

Ameiro, 24 - Dena
36967 Meaño (Pontevedra)
☎: +34 986 743 231
Fax: +34 986 745 791
www.pablopadin.com
info@pablopadin.com

Albariño Eiral 2013 B
100% albariño
89 ★★★★ 6€

Color amarillo. Aroma equilibrado, flores blancas, flores marchitas, fruta madura. Boca buena acidez, equilibrado, fino amargor, sabroso.

Albariño Segrel 2013 B
100% albariño
89 ★★★★ 7€

Color pajizo brillante. Aroma hierbas de tocador, fruta fresca, flores blancas. Boca fresco, frutoso, sabroso, elegante.

Feitizo da Noite 2013 ESP
albariño
89 15€

Color pajizo brillante. Aroma intensidad media, fruta fresca, hierbas secas, lías finas, floral. Boca fresco, frutoso, sabroso, buena acidez.

Segrel Ámbar 2013 B
100% albariño
90 ★★★★★ 8€

Color pajizo brillante. Aroma flores blancas, hierbas de tocador, expresión frutal, balsámico. Boca fresco, frutoso, sabroso, equilibrado, cierta persistencia.

BODEGAS SANTIAGO ROMA

Catariño, 5 - Besomaño
36636 Ribadumia (Pontevedra)
☎: +34 679 469 218
www.santiagoroma.com
bodega@santiagoroma.com

Albariño Santiago Roma 2013 B
albariño
91

Color amarillo brillante. Aroma hierbas de monte, flores marchitas, potente, toques silvestres. Boca sabroso, fresco, largo.

Albariño Santiago Roma Selección Albariño 2013 B
albariño
91

Color pajizo. Aroma hierbas secas, hierbas silvestres, flores secas, expresivo, salino. Boca equilibrado, sabroso, largo.

Colleita de Martis Albariño 2013 B
albariño
90

Color pajizo brillante. Aroma fresco, fruta fresca, flores blancas, expresivo. Boca sabroso, frutoso, buena acidez, equilibrado.

BODEGAS SEÑORÍO DE VALEI

La Granja, 65
36494 Sela - Arbo (Pontevedra)
☎: +34 698 146 950
Fax: +34 986 665 390
www.senoriodevalei.com
info@senoriodevalei.com

Estela 2013 B
100% albariño
87 ★★★★ 8€

Color pajizo brillante. Aroma fresco, fruta fresca, flores blancas, varietal. Boca sabroso, frutoso, buena acidez, equilibrado.

Frailes do Mar 2013 B
100% albariño
90 ★★★★★ 6,5€

Color pajizo brillante. Aroma flores blancas, fruta fresca, expresivo, lías finas, hierbas secas. Boca sabroso, frutoso, buena acidez, equilibrado.

Gran Muiño 2013 B
100% albariño
87 ★★★★ 6€

Color pajizo brillante. Aroma intensidad media, fresco, flores blancas, cítricos. Boca fresco, fácil de beber, cierta persistencia.

Oro Valei 2013 B
100% albariño

86 ★★★★   6€

Color pajizo brillante. Aroma fruta madura, notas tropicales, hierbas secas. Boca fino amargor, fresco, frutoso, fácil de beber.

Señorío de Valei 2013 B
100% albariño

89 ★★★★   6,5€

Color pajizo brillante. Aroma fruta fresca, cítricos, floral. Boca equilibrado, fino amargor, buena acidez, fácil de beber.

ALBARIÑO
SEÑORÍO Đ VALEI
Rías Baixas
DENOMINACIÓN DE ORIGEN

BODEGAS TERRAS GAUDA

Ctra. Tui - A Guarda, Km. 55
36760 O´Rosal (Pontevedra)
☎: +34 986 621 001
Fax: +34 986 621 084
www.terrasgauda.com
terrasgauda@terrasgauda.com

Abadía de San Campio 2013 B
100% albariño

88

Color amarillo brillante. Aroma intensidad media, fruta fresca, floral. Boca sabroso, fino amargor, equilibrado.

La Mar 2012 B

91

Color amarillo brillante. Aroma potente, fruta madura, especias dulces, roble cremoso, hierbas de tocador. Boca graso, sabroso, fresco, buena acidez, elegante.

Terras Gauda 2013 B

92

Color amarillo brillante. Aroma expresivo, complejo, varietal, flores secas. Boca sabroso, graso, complejo, equilibrado, fino amargor.

Terras Gauda Etiqueta Negra 2012 BFB

92

Color amarillo brillante. Aroma fruta madura, especias dulces, roble cremoso, hierbas de tocador, expresivo. Boca graso, sabroso, fresco, buena acidez, equilibrado, elegante.

BODEGAS TORRES

Miguel Torres i Carbó, 6
8720 Vilafranca del Penedès
(Barcelona)
☎: +34 938 177 400
Fax: +34 938 177 444
www.torres.com
mailadmin@torres.es

Pazo das Bruxas 2013 B
albariño

88 ★★★   9,5€

Color amarillo brillante. Aroma intensidad media, flores secas, hierbas secas. Boca fácil de beber, buena acidez, fino amargor, cierta persistencia.

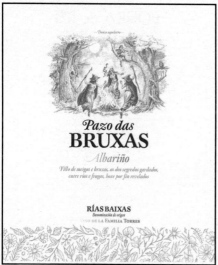

BODEGAS VICENTE GANDÍA

Ctra. Cheste a Godelleta, s/n
46370 Chiva (Valencia)
☎: +34 962 524 242
Fax: +34 962 524 243
www.vicentegandia.es
info@vicentegandia.com

Con un Par Albariño 2013 B
100% albariño

90 ★★★★★   8€

Color amarillo brillante. Aroma floral, expresión frutal, hierbas silvestres, mineral. Boca potente, graso, sabroso, equilibrado.

BODEGAS VIONTA S.L.

Lugar de Axis - Simes, s/n
36968 Meaño (Pontevedra)
☎: +34 986 747 566
Fax: +34 986 747 621
www.freixenet.es
david.martinez@vionta.com

Agnusdei Albariño 2013 B
100% albariño

91

Color amarillo brillante. Aroma flores blancas, fruta fresca, equilibrado. Boca largo, buena acidez, fino amargor, equilibrado.

Vionta 2013 B
100% albariño

88

Color pajizo brillante, borde verdoso. Aroma flores blancas, varietal, intensidad media. Boca correcto, fácil de beber, fino amargor.

You & Me White Experience 2013 B
100% albariño

90

Color pajizo brillante. Aroma fruta fresca, floral, fresco, expresivo. Boca fresco, fácil de beber, buena acidez, fino amargor, retronasal afrutado.

BODEGAS Y VIÑEDOS DON OLEGARIO

Refoxos, s/n - Corbillón
36634 Cambados (Pontevedra)
☎: +34 986 520 886
www.donolegario.com
info@donolegario.com

Don Olegario Albariño 2013 B
100% albariño

92 ★★★★   12€

Color pajizo brillante. Aroma flores blancas, intensidad media, fruta madura. Boca sabroso, frutoso, buena acidez, equilibrado.

BODEGAS Y VIÑEDOS RODRIGO MÉNDEZ S.L.
Pza. de Compostola, 22
36201 Vigo (Pontevedra)
☎: +34 699 446 113
goliardovino@gmail.com

Cies 2012 BFB
100% albariño
92 ★★★★   13€
Color pajizo brillante. Aroma flores blancas, fruta fresca, expresivo, hierbas secas, especiado. Boca sabroso, frutoso, buena acidez, equilibrado.

Sálvora 2011 BFB
100% albariño
93   28€
Color pajizo brillante, borde verdoso. Aroma expresivo, elegante, especiado, fruta madura, flores secas. Boca equilibrado, fino amargor, largo.

BOUZA DE CARRIL
Avda. Caponiñas, 14 - Barrantes
36636 Ribadumia (Pontevedra)
☎: +34 600 020 627
Fax: +34 986 710 471
www.bouzadecarril.com
bodega@bouzacarril.com

Bouza de Carril Albariño 2013 B
100% albariño
87 ★★★★   7€
Color pajizo. Aroma fruta madura, notas tropicales, floral. Boca correcto, fino amargor, sabroso.

BOUZA DO REI
Lugar de Puxafeita, s/n
36636 Ribadumia (Pontevedra)
☎: +34 986 710 257
Fax: +34 986 718 393
www.bouzadorei.com
bouzadorei@bouzadorei.com

Albariño Bouza Do Rei 2013 B
100% albariño
90 ★★★★★   9€
Color amarillo brillante. Aroma flores blancas, expresivo, fruta fresca. Boca sabroso, buena acidez, fino amargor.

Albariño Gran Lagar de Bouza 2013 B
100% albariño
87 ★★★★   6€
Color pajizo brillante. Aroma flores blancas, hierbas de tocador, expresión frutal. Boca fresco, frutoso, sabroso, equilibrado, elegante.

Albariño Pazo da Torre 2013 B
100% albariño
85 ★★★★   7€

Bouza do Rei Albariño Gran Selección 2012 B
100% albariño
90 ★★★   15€
Color amarillo brillante. Aroma especiado, complejo, equilibrado, flores marchitas. Boca sabroso, estructurado, largo, buena acidez.

Castel de Bouza 2013 B
100% albariño

89 ★★★   10€

Color pajizo brillante. Aroma flores blancas, hierbas de tocador. Boca fresco, frutoso, sabroso, equilibrado, elegante.

CARMEN ALVAREZ OUBIÑA
Cristimil 5 Padrenda
36968 Meaño (Pontevedra)
☎: +34 616 643 559
altosdecristimil@gmail.com

Altos de Cristimil 2013 B
100% albariño

88 ★★★★   8€

Color pajizo brillante. Aroma flores blancas, hierbas de tocador, expresión frutal, cítricos. Boca fresco, frutoso, sabroso, equilibrado, elegante.

EMW GRANDES VINOS DE ESPAÑA
Sánchez Picazo, 53
30332 Balsapintada (Fuente Alamo)
(Murcia)
☎: +34 968 151 520
Fax: +34 968 151 539
www.emw.es
info@emw.es

La Marimorena 2013 B
100% albariño

89   11,9€

Color amarillo brillante. Aroma equilibrado, fruta fresca. Boca frutoso, fácil de beber, cierta persistencia, fino amargor, correcto.

EULOGIO GONDAR GALIÑANES
Pereira, 6
36968 Meaño (Pontevedra)
☎: +34 986 747 241
Fax: +34 986 747 742
www.lagardecandes.com
albarino@lagardecandes.com

Lagar de Candes Albariño 2013 B
100% albariño

88 ★★★★   6€

Color pajizo brillante. Aroma intensidad media, flores secas, hierbas de tocador. Boca correcto, equilibrado, fino amargor.

Quinta Vide 2013 B
100% albariño

86 ★★★★★   5€

Color pajizo brillante. Aroma hierbas secas, flores secas, potente. Boca graso, cierta persistencia.

FRORE DE CARME
Sobrán, 38
36611 Vilagarcía de Arousa
(Pontevedra)
☎: +34 986 501 218
Fax: +34 986 501 218
www.eladiopineiro.es
eladiopineiro@froredecarme.es

Envidiacochina 2012 B
100% albariño

90   16,5€

Color amarillo brillante. Aroma equilibrado, flores secas, flores marchitas, fruta madura. Boca sabroso, graso, largo, equilibrado.

Frore de Carme 2010 B
100% albariño

91   23€

Color amarillo brillante. Aroma fruta escarchada, flores marchitas, expresivo, especiado, complejo. Boca graso, sabroso, estructurado.

GENUS DE VINUM
32003 Ourense (Ourense)
☎: +34 988 100 120
www.genusdevinum.es
info@genusdevinum.es

Cellarium 2012 B
100% albariño

89   18€

Color amarillo, pálido. Aroma flores secas, flores marchitas, fruta madura. Boca frutoso, fino amargor, largo.

GRUPO VINÍCOLA MARQUÉS DE VARGAS, S.L.

Pombal, 3 - Lugar de Porto
36458 Salvaterra de Miño (Pontevedra)
☎: +34 986 658 285
Fax: +34 986 664 208
www.marquesdevargas.com
info@pazosanmauro.com

Pazo San Mauro 2013 B
albariño

90 ★★★★★   10€

Color pajizo brillante. Aroma intensidad media, fresco, flores blancas, varietal. Boca frutoso, correcto, fino amargor, fácil de beber.

Sanamaro 2010 B
albariño, loureiro

91 ★★★★   13€

Color pajizo brillante. Aroma flores blancas, fruta fresca, expresivo, lías finas, hierbas secas, especias dulces. Boca sabroso, frutoso, buena acidez, equilibrado, especiado.

HROS. ANTÓN BÉRTOLO LOSADA

Estación, s/n - Sela
36494 Arbo (Pontevedra)
☎: +34 986 853 366
Fax: +34 986 661 522

Don Ramón 2013 B
albariño

88

Color pajizo brillante. Aroma flores blancas, hierbas de tocador, expresión frutal, notas tropicales. Boca fresco, frutoso, sabroso.

JULIÁN GONZÁLEZ AREAL

Finca Lavandeira - Rebordans
36712 Tui (Pontevedra)
☎: +34 629 837 509
Fax: +34 986 601 414
canonigoareal@canonigoareal.com

Canónigo Areal 2013 B
100% albariño

86 ★★★   8,8€

Color amarillo brillante. Aroma flores secas, fruta madura, hierbas silvestres. Boca fresco, frutoso, fácil de beber.

KATAME

Berlin, 5 1ºC
28850 Torrejón de Ardoz (Madrid)
☎: +34 916 749 427
katame@katamesl.com

Pekado Mortal 2013 B
100% albariño

90

Color pajizo brillante. Aroma flores blancas, hierbas de tocador, expresión frutal. Boca fresco, frutoso, sabroso.

LA MALETA HAND MADE FINE WINES

Julio Prieto Nespereira, 21
32005 Ourense (Ourense)
☎: +34 988 614 234
lamaletawines.com
hola@lamaletawines.com

El Príncipe y el Birrete 2013 B
100% albariño
89 13€

Color pajizo brillante. Aroma flores blancas, intensidad media,
varietal. Boca equilibrado, fino amargor, cierta persistencia.

El Rubio Infante 2013 B
100% albariño
88 ★★★ 9,5€

Color pajizo brillante. Aroma flores blancas, hierbas de tocador, expresión frutal, expresivo. Boca fresco, frutoso, sabroso,
fácil de beber.

RÍAS BAIXAS D.O.

EL RUBIO INFANTE

ALBARIÑO
PRODUCT OF SPAIN

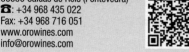

LAGAR DA CONDESA

Lugar de Maran s/n Arcos da Condesa
36650 Caldas de Reis (Pontevedra)
☎: +34 968 435 022
Fax: +34 968 716 051
www.orowines.com
info@orowines.com

Lagar da Condesa 2013 B
100% albariño
91 ★★★★ 12€

Color pajizo brillante. Aroma flores blancas, hierbas de tocador, expresión frutal, especiado. Boca fresco, frutoso, sabroso, graso, fácil de beber.

LAGAR DE BESADA

Pazo, 11
36968 Xil-Meaño (Pontevedra)
☎: +34 986 747 473
Fax: +34 986 747 826
www.lagardebesada.com
info@lagardebesada.com

Añada de Baladiña 2006 B
100% albariño
90 ★★★ 16€

Color amarillo brillante. Aroma flores secas, salino, frutos
secos, expresivo, tabaco. Boca especiado, equilibrado, fino
amargor, largo.

Baladiña 2012 B
100% albariño
89 11€

Color pajizo brillante. Aroma intensidad media, varietal, fruta
fresca. Boca frutoso, fácil de beber.

Lagar de Besada 2013 B
100% albariño
86 ★★★★ 7,5€

Color pajizo brillante. Aroma fresco, fruta fresca, flores blancas. Boca sabroso, frutoso, buena acidez.

LAGAR DE CERVERA

Estrada de Loureza, 86
36770 O Rosal (Pontevedra)
☎: +34 986 625 875
Fax: +34 986 625 011
www.riojalta.com
lagar@riojalta.com

Lagar de Cervera 2013 B
100% albariño
90 ★★★★ 12€

Color pajizo brillante. Aroma cítricos, fruta fresca, hierbas
silvestres, mineral, expresivo. Boca potente, sabroso, graso,
largo, balsámico, fino amargor.

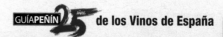

LAGAR DE
CERVERA

ALBARIÑO 2013

A brisa do mar, unha terra única, a fina chuvia de
Galicia sobre as nosas viñas, a última mirada
do sol antes de deitarse, crean esta maravilla da
natureza: o albariño Lagar de Cervera.

RIAS BAIXAS
Denominación de Origen

LAGAR DE COSTA

Sartaxes, 8 - Castrelo
36639 Cambados (Pontevedra)
☎: +34 986 543 526
Fax: +34 986 982 342
www.lagardecosta.com
contacto@lagardecosta.com

Lagar de Costa 2012 B Barrica
100% albariño

91 ★★★   16€

Color amarillo brillante. Aroma fruta madura, especias dulces, roble cremoso, hierbas de tocador. Boca graso, retronasal ahumado, sabroso, fresco, buena acidez.

Lagar de Costa 2013 B
100% albariño

87 ★★★   10€

Color pajizo brillante. Aroma fresco, fruta fresca, flores blancas, expresivo. Boca sabroso, frutoso, buena acidez, equilibrado.

Maio5 de Lagar Costa 2012 B
100% albariño

90   20€

Color amarillo brillante. Aroma floral, jazmín, hierbas de tocador, balsámico, fruta madura. Boca equilibrado, fino amargor, untuoso, sabroso.

M. CONSTANTINA SOTELO ARES

Castriño, 9
36639 Cambados (Pontevedra)
☎: +34 639 835 073
adegasotelo@yahoo.es

Rosalía 2013 B
albariño

92 ★★★★★   10€

Color pajizo brillante. Aroma flores blancas, fruta fresca, lías finas, hierbas secas, expresivo. Boca sabroso, frutoso, buena acidez, equilibrado.

Rosalía de Castro 2013 B
albariño

91 ★★★★   12€

Color pajizo. Aroma flores blancas, hierbas de tocador, equilibrado. Boca equilibrado, fino amargor, sabroso, largo.

MAIOR DE MENDOZA

Rúa de Xiabre, 58
36600 Villagarcía de Arosa (Pontevedra)
☎: +34 986 508 896
Fax: +34 986 507 924
www.maiordemendoza.com
maiordemendoza@hotmail.es

Fulget 2013 B
albariño

87 ★★★★   8€

Color pajizo brillante. Aroma fresco, fruta fresca, cítricos. Boca buena acidez, equilibrado, cierta persistencia.

Maior de Mendoza 3 Crianzas 2012 B
albariño

90   17€

Color amarillo. Aroma fruta madura, especiado, flores secas, flores marchitas. Boca sabroso, frutoso, graso, correcto, fino amargor.

Maior de Mendoza Maceración Carbónica 2013 B
albariño

86 ★★★   10€

Color pajizo brillante. Aroma intensidad media, fresco, floral. Boca correcto, fácil de beber, cierta persistencia.

Maior de Mendoza sobre Lías 2013 B
albariño

88 ★★★   9€

Color pajizo brillante. Aroma flores blancas, fruta fresca, expresivo, hierbas secas. Boca frutoso, buena acidez, equilibrado.

MAR DE ENVERO

Concepción Arenal 1, bajo
36620 Vilanova de Arousa (Pontevedra)
☎: +34 981 566 329
Fax: +34 981 569 552
www.mardeenvero.es
bodega@mardeenvero.es

Mar de Envero 2012 B
albariño

92 ★★★★   12€

Color pajizo brillante. Aroma hierbas de tocador, expresión frutal, flores secas, cítricos. Boca fresco, frutoso, sabroso, equilibrado, elegante.

Troupe 2013 B
albariño

91 ★★★★★   8,8€

Color pajizo brillante. Aroma flores blancas, hierbas de tocador, expresión frutal, mineral. Boca fresco, frutoso, sabroso, equilibrado, elegante.

MARCOS LOJO

Pza. Clemencio Fernández Pulido, P2
2ºF
36630 Cambados (Pontevedra)
☎: +34 633 538 802
www.chanderosas.com
info@chanderosas.com

Chan de Rosas 2013 B
albariño

87 ★★★★   7€

Color amarillo, pálido. Aroma flores secas, hierbas de tocador, cítricos. Boca correcto, cierta persistencia, fácil de beber.

Chan de Rosas Cuvée Especial 2013 B
albariño

90 ★★★★★   9€

Color pajizo brillante. Aroma flores blancas, hierbas de tocador, expresión frutal. Boca fresco, frutoso, sabroso, equilibrado, elegante.

MARÍA VICTORIA DOVALO MÉNDEZ

Estación, 1-21
26350 Cenicero (La Rioja)
☎: +34 941 454 050
Fax: +34 941 454 529
www.bodegasriojanas.com
bodega@bodegasriojanas.com

Veiga Naúm 2013 B
100% albariño

87 ★★★★   6,8€

Color pajizo brillante. Aroma fresco, fruta fresca, flores blancas, expresivo. Boca frutoso, buena acidez, equilibrado, fácil de beber.

NUBORI

Avda. del Ebro s/n
26540 Alfaro (La Rioja)
☎: +34 941 183 502
Fax: +34 941 183 157
www.bodegasnubori.com
nubori@nubori.es

Pazo de Nubori 2012 B
albariño

89 ★★★   8,2€

Color amarillo brillante. Aroma fruta madura, hierbas secas, potente, mineral. Boca potente, sabroso, largo, balsámico.

ORO WINES

Ctra. de Fuentealamo -
Paraje de la Aragona
30520 Jumilla (Murcia)
☎: +34 968 435 022
Fax: +34 968 716 051
www.orowines.com
info@orowines.com

Kentia 2013 B
100% albariño

91 ★★★★★   9€

Color pajizo brillante. Aroma flores blancas, hierbas de tocador, cítricos, mineral. Boca fresco, frutoso, sabroso, equilibrado, elegante.

PALACIOS VINOTECA

Ctra. de Nalda a Viguera, 46
26190 Nalda (La Rioja)
☎: +34 941 444 418
www.palaciosvinoteca.com
info@palaciosvinoteca.com

A Calma 2013 B
100% albariño

91 ★★★★   12,5€

Color amarillo brillante. Aroma cítricos, expresión frutal, floral, hierbas de tocador, expresivo. Boca fresco, frutoso, sabroso, especiado, balsámico, equilibrado.

Sete Bois 2013 B
albariño

90 ★★★★★   8€

Color pajizo brillante. Aroma fresco, flores blancas, expresivo, varietal. Boca sabroso, frutoso, buena acidez, largo, complejo.

PAZO BAIÓN

Abelleira 4, 5, 6 - Baión
36614 Vilanova de Arousa (Pontevedra)
☎: +34 986 543 535
Fax: +34 986 524 251
www.pazobaion.com
inf@pazobaion.com

Pazo Baión 2013 B
100% albariño

92   20€

Color pajizo brillante. Aroma hierbas de tocador, expresión frutal, flores blancas, mineral. Boca fresco, frutoso, sabroso, elegante.

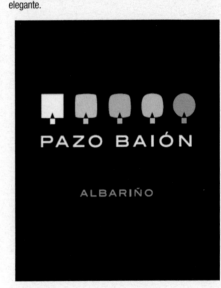

PAZO DE BARRANTES

Finca Pazo de Barrantes
36636 Barrantes (Pontevedra)
☎: +34 986 718 211
Fax: +34 986 710 424
www.pazodebarrantes.com
bodega@pazodebarrantes.com

La Comtesse 2010 B
100% albariño

95

Color amarillo brillante. Aroma expresivo, fruta escarchada, cítricos, especias dulces, cacao fino. Boca sabroso, buena acidez, amargoso, largo.

La Comtesse 2011 B
100% albariño

93 32€

Color pajizo brillante. Aroma especiado, fruta madura, hierbas secas, flores blancas. Boca sabroso, buena acidez, redondo.

Pazo de Barrantes Albariño 2012 B
albariño

93

Color pajizo brillante. Aroma flores blancas, fruta fresca, expresivo, lías finas, hierbas secas. Boca sabroso, frutoso, buena acidez, equilibrado.

Pazo de Barrantes Albariño 2013 B
100% albariño

92 ★★★ 15€

Color pajizo brillante. Aroma fresco, fruta fresca, flores blancas. Boca sabroso, frutoso, buena acidez, equilibrado.

PAZO DE SEÑORANS

Vilanoviña, s/n
36616 Meis (Pontevedra)
☎: +34 986 715 373
Fax: +34 986 715 569
www.pazodesenorans.com
info@pazodesenorans.com

Pazo Señorans 2013 B
100% albariño

92 ★★★★ 12€

Color pajizo brillante. Aroma flores blancas, hierbas de tocador, expresión frutal. Boca fresco, frutoso, sabroso, equilibrado, elegante.

Pazo Señorans Selección de Añada 2007 B
100% albariño

98 32€

Color amarillo brillante. Aroma complejo, hidrocarburo, fruta madura, especiado, frutos secos, flores marchitas. Boca redondo, graso, sabroso, fino amargor.

PAZO DE VILLAREI

Arousa s/n San Martiño
36637 Meis (Pontevedra)
☎: +34 986 710 827
Fax: +34 986 710 827
www.pazodevillarei.com
info@hgabodegas.com

Pazo de Villarei 2013 B
100% albariño

91 ★★★★★   8€

Color pajizo brillante. Aroma hierbas silvestres, balsámico, floral, cítricos, fruta fresca. Boca sabroso, graso, frutoso, complejo, elegante.

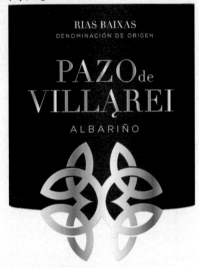

Pazo de Villarei 2012 B
100% albariño

92 ★★★★   11,5€

Color amarillo brillante. Aroma floral, hierbas secas, fruta madura, mineral. Boca sabroso, graso, frutoso, especiado, balsámico, redondo.

PAZO PONDAL

Coto, s/n - Cabeiras
36436 Arbo (Pontevedra)
☎: +34 986 665 551
Fax: +34 986 665 949
www.pazopondal.com
mktg@pazopondal.com

Leira 2013 B
100% albariño

89 ★★★   9,5€

Color pajizo brillante. Aroma flores secas, fruta fresca. Boca frutoso, fácil de beber, sabroso, equilibrado, correcto.

Pazo Pondal Albariño 2013 B
100% albariño

88   12,5€

Color pajizo brillante. Aroma varietal, intensidad media, flores blancas, cítricos. Boca correcto, fácil de beber.

PONTECABALEIROS

As Laxas, 16
36430 Arbo (Pontevedra)
☎: +34 986 665 444
Fax: +34 986 665 554
www.pontecabaleiros.com
info@pontecabaleiros.com

Alvinte 2013 B
100% albariño

88 ★★★★   6€

Color pajizo brillante. Aroma fresco, fruta fresca, flores blancas, balsámico. Boca sabroso, frutoso, buena acidez, fácil de beber.

Ferrum 2013 B
100% albariño

87 ★★★★   8€

Color pajizo brillante. Aroma expresión frutal, notas tropicales, equilibrado. Boca correcto, fino amargor.

Valdocea 2013 B
100% albariño

87 ★★★★   8€

Color pajizo brillante. Aroma fresco, fruta fresca, flores blancas, intensidad media. Boca frutoso, buena acidez, equilibrado, fácil de beber.

PRIMA VINIA

Soutelo, 3
36750 Goián (Pontevedra)
☎: +34 986 620 137
Fax: +34 986 620 071
info@primavinia.com

Gaudila 2010 B
albariño

92 ★★★   15€

Color pajizo brillante. Aroma flores blancas, fruta fresca, expresivo, lías finas, hierbas secas. Boca sabroso, frutoso, buena acidez, equilibrado.

Leira Vella 2013 B
albariño

89 ★★★   8,5€

Color amarillo. Aroma varietal, piedra seca, equilibrado. Boca correcto, fino amargor, equilibrado, fácil de beber.

QUINTA COUSELO

Couselo, 13
36770 O'Rosal (Pontevedra)
☎: +34 986 625 051
Fax: +34 986 626 267
www.quintacouselo.com
quintacouselo@quintacouselo.com

Quinta de Couselo 2013 B
albariño, loureiro, caiño blanco

92 ★★★ 🏆   15€

Color pajizo brillante. Aroma flores blancas, hierbas de tocador, expresión frutal, expresivo. Boca fresco, frutoso, sabroso, equilibrado, elegante.

Turonia 2013 B
albariño

90 ★★★   15€

Color amarillo brillante. Aroma floral, balsámico, fruta fresca, cítricos. Boca fresco, frutoso, sabroso, equilibrado.

QUINTA DE LA ERRE

Eiras s/n
36778 Eiras O'Rosal (Pontevedra)
☎: +34 693 622 429
Fax: +34 693 622 429
www.quintadelaerre.com
labodega@quintadelaerre.com

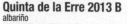

Quinta de la Erre 2013 B
albariño

90 ★★★   15€

Color pajizo brillante. Aroma flores blancas, hierbas de tocador, expresión frutal. Boca fresco, frutoso, sabroso, equilibrado, elegante.

Quinta de la Erre Rosal 2011 B Barrica
albariño, loureiro, caiño

91   25€

Color amarillo brillante. Aroma potente, fruta madura, especias dulces, roble cremoso, hierbas de tocador. Boca graso, retronasal ahumado, sabroso, fresco, buena acidez.

RECTORAL DO UMIA

Rua do Pan, Polígono industrial
de Ribadumia
36636 Ribadumia (Pontevedra)
☎: +34 988 384 200
Fax: +34 988 384 068
www.rectoraldoumia.com
jania@bodegasgallegas.com

Miudiño 2013 B
100% albariño

87 ★★★★★   4€

Color amarillo. Aroma fruta fresca, flores blancas. Boca sabroso, fácil de beber, cierta persistencia, fino amargor.

Pórtico da Ria 2013 B
100% albariño

87 ★★★★★   4€

Color amarillo brillante. Aroma hierbas de tocador, floral, intensidad media. Boca frutoso, buena acidez, correcto.

Rectoral do Umia 2013 B
100% albariño

88 ★★★★★   4,8€

Color amarillo. Aroma flores blancas, fruta fresca, cítricos, floral. Boca fresco, frutoso, sabroso, equilibrado, correcto.

RICARDO ABAL PADIN
Avda. La Pastora, 24
36630 Cambados (Pontevedra)
☎: +34 670 452 929
Fax: +34 986 542 882
lagardacachada@gmail.com

Don Ricardo 2013 B
100% albariño

84   9,5€

Lagar da Cachada 2013 B
100% albariño

84   5€

RODRÍGUEZ SANZO
Manuel Azaña, 9
47014 (Valladolid)
☎: +34 983 150 150
Fax: +34 983 150 151
www.rodriguezsanzo.com
comunicacion@valsanzo.com

María Sanzo 2013 B
100% albariño

89 ★★★   10€

Color pajizo brillante. Aroma flores blancas, hierbas de tocador, expresión frutal. Boca fresco, frutoso, sabroso, equilibrado.

SANTIAGO RUIZ
Rua do Vinicultor Santiago Ruiz
36760 San Miguel de Tabagón -
O Rosal (Pontevedra)
☎: +34 986 614 083
Fax: +34 986 614 142
www.bodegasantiagoruiz.com
info@bodegasantiagoruiz.com

Santiago Ruiz 2013 B

91 ★★★   13,5€

Color pajizo brillante. Aroma intensidad media, cítricos, fruta fresca, floral. Boca fresco, correcto, fácil de beber, cierta persistencia.

SEÑORÍO DE RUBIÓS

Bouza do Rato, s/n - Rubiós
36449 As Neves (Pontevedra)
☎: +34 986 667 212
Fax: +34 986 648 279
www.srubios.com
info@srubios.com

Liñar de Vides 2013 B
100% albariño

90 ★★★★★   8€

Color pajizo brillante. Aroma fresco, fruta fresca, flores blancas. Boca sabroso, frutoso, buena acidez, equilibrado, fino amargor.

Manuel D'Amaro Pedral 2011 T
100% pedral

89 ★★★   10€

Color cereza, borde granate. Aroma fruta madura, hierbas silvestres, terroso, especiado, roble cremoso. Boca equilibrado, sabroso, largo, balsámico.

Señorío de Rubiós Albariño 2013 B
100% albariño

91 ★★★★★   8€

Color pajizo brillante. Aroma balsámico, hierbas secas, cítricos, fruta fresca, expresivo. Boca graso, potente, sabroso, equilibrado.

Señorío de Rubiós Condado Blanco 2012 ESP
treixadura, albariño, loureiro, godello

89   15€

Color pajizo brillante. Aroma fruta fresca, hierbas secas, lías finas, floral. Boca fresco, frutoso, sabroso, buena acidez, equilibrado.

Señorío de Rubiós Condado Blanco do Tea 2013 B
treixadura, albariño, loureiro, godello

89 ★★★★   7€

Color amarillo brillante. Aroma fruta fresca, floral, hierbas secas, cítricos. Boca correcto, ligero, fácil de beber.

Señorío de Rubiós Condado do Tea Barrica 2010 B Roble
treixadura, albariño, loureiro, godello

91 ★★★★   11€

Color amarillo brillante. Aroma fruta madura, especias dulces, roble cremoso, hierbas de tocador, equilibrado. Boca graso, sabroso, fresco, buena acidez.

Señorío de Rubiós Condado Tinto 2013 T
sousón, espadeiro, caíño, mencía

83   5€

Señorío de Rubiós Mencía 2013 T
100% mencía

86 ★★★★★   5€

Color cereza, borde granate. Aroma fruta madura, hierbas verdes, vegetal. Boca balsámico, fino amargor, taninos algo verdes.

Señorío de Rubiós Sousón 2013 T
100% sousón

90 ★★★★★   5€

Color cereza, borde violáceo. Aroma fruta roja, frambuesa, expresión frutal, hierbas de tocador, piedra seca. Boca sabroso, ligero, buena acidez, fresco, frutoso.

Señorío de Rubiós Vino Novo 2012 T Maceración Carbónica
sousón, espadeiro, caíño, mencía

87 ★★★★★   5€

Color cereza oscuro, borde granate. Aroma intensidad media, hierbas silvestres, fruta roja. Boca correcto, balsámico.

SEÑORÍO DE SOBRAL

Lg. Porto - Finca Sobral
36458 Salvaterra do Miño (Pontevedra)
☎: +34 986 415 144
Fax: +34 986 421 744
www.ssobral.net
info@ssobral.net

Señorío de Sobral 2013 B
100% albariño

86 ★★★★   5,8€

Color amarillo brillante. Aroma cítricos, flores secas, hierbas de tocador. Boca correcto, fácil de beber.

SPANISH STORY

Espronceda, 27 1ºD
28003 Madrid (Madrid)
☎: +34 915 356 184
Fax: +34 915 363 796
paul@globalwinefood.com

Spanish Story Black Pulpo 2013 B
albariño

87 ★★★★   7€

Color amarillo brillante. Aroma floral, fruta madura, hierbas secas. Boca equilibrado, sabroso, balsámico, largo.

SUCESORES DE BENITO SANTOS

Currás, 46 Caleiro
36629 Vilanova de Arousa (Pontevedra)
☎: +34 986 554 435
Fax: +34 986 554 200
www.benitosantos.com
nacional@benitosantos.com

Benito Santos Igrexario de Saiar 2013 B
100% albariño
89 ★★★ 9€
Color pajizo brillante. Aroma fruta fresca, flores blancas, balsámico. Boca sabroso, frutoso, buena acidez, equilibrado.

Benito Santos Pago de Bemil 2008 B
100% albariño
85 14€

Pago de Xoan 2010 B
100% albariño
84 14€

Terra de Cálago 2013 B
100% albariño
88 ★★★★ 7€
Color pajizo brillante. Aroma fresco, fruta fresca, flores blancas, balsámico, mineral. Boca sabroso, frutoso, buena acidez, equilibrado.

TERRA DE ASOREI

San Francisco, 2 - 1º C-D
36630 Cambados (Pontevedra)
☎: +34 986 198 882
Fax: +34 986 520 813
www.terradeasorei.com
info@terradeasorei.com

Nai e Señora 2013 B
100% albariño
88 12€
Color pajizo brillante. Aroma intensidad media, fruta fresca, floral. Boca fresco, correcto, fácil de beber.

Pazo Torrado 2013 B
100% albariño
87 ★★★ 10€
Color pajizo brillante. Aroma flores blancas, hierbas de tocador, cítricos. Boca fresco, frutoso, sabroso.

Terra de Asorei 2013 B
100% albariño
89 16€
Color pajizo brillante. Aroma flores blancas, hierbas de tocador, fruta fresca. Boca fresco, frutoso, sabroso.

TOMADA DE CASTRO

Travesía do Freixo, 3
36636 Ribadumia (Pontevedra)
☎: +34 986 710 550
Fax: +34 986 718 552
www.tomadadecastro.com
info@tomadadecastro.com

Gran Ribad 2013 B
100% albariño
88 ★★★ 10€
Color amarillo brillante. Aroma equilibrado, expresión frutal, floral. Boca sabroso, frutoso, equilibrado.

Ría de Arosa 2013 B
100% albariño
87 ★★★ 9€
Color pajizo brillante. Aroma fresco, fruta fresca, flores blancas, expresivo. Boca sabroso, frutoso, fino amargor.

Silfide 2013 B
100% albariño
89 ★★★★ 8€
Color pajizo brillante. Aroma fruta madura, notas amieladas, hierbas secas, flores blancas. Boca potente, sabroso, graso, correcto.

Tomada de Castro 2013 B
100% albariño
86 12€
Color pajizo brillante. Aroma floral, fruta fresca, hierbas secas, intensidad media. Boca fresco, frutoso, fácil de beber.

UNESDI DISTRIBUCIONES S.A

Aurora, 11
11500 El Puerto de Santa María (Cádiz)
☎: +34 956 541 329
www.unesdi.com
info@unesdi.com

Finca Lobeira 2013 B
albariño
88
Color amarillo brillante. Aroma fruta madura, flores secas, hierbas silvestres. Boca potente, sabroso, especiado, correcto.

UVAS FELICES

Agullers, 7
8003 Barcelona (Barcelona)
☎: +34 902 327 777
www.vilaviniteca.es

El Jardín de Lucia 2013 B
91
Color pajizo brillante. Aroma fresco, fruta fresca, flores blancas. Boca sabroso, frutoso, buena acidez, equilibrado.

La Locomotora 2008 T
90

Color guinda. Aroma equilibrado, complejo, fruta madura, especiado, fina reducción. Boca estructurado, sabroso, taninos maduros.

VINIGALICIA
Ctra. Antigua Santiago, km. 3
27500 Chantada (Lugo)
☎: +34 982 454 005
Fax: +34 982 454 094
www.vinigalicia.es
vinigalicia@vinigalicia.es

Terramundi 2012 B
100% albariño
86 ★★★★   6,8€

Color pajizo brillante. Aroma expresión frutal, jazmín. Boca fresco, frutoso, sabroso, equilibrado.

VIÑA ALMIRANTE
Peroxa, 5
36658 Portas (Pontevedra)
☎: +34 620 294 293
Fax: +34 986 541 471
www.vinaalmirante.com
info@vinaalmirante.com

Pionero Maccerato 2013 B
100% albariño
89 ★★★   8,5€

Color pajizo brillante. Aroma fresco, fruta fresca, flores blancas, hierbas secas, balsámico. Boca sabroso, frutoso, equilibrado, buena acidez.

Pionero Mundi 2013 B
100% albariño
90 ★★★★★   7,5€

Color pajizo brillante. Aroma fruta fresca, floral, hierbas de tocador, cítricos. Boca equilibrado, sabroso, largo.

Vanidade 2013 B
100% albariño
90 ★★★★★   7€

Color pajizo brillante. Aroma flores blancas, hierbas de tocador, expresión frutal. Boca fresco, frutoso, sabroso, equilibrado, elegante.

VIÑA CARTIN
Baceiro, 1 - Lantaño
36657 Portas (Pontevedra)
☎: +34 615 646 442
www.terrasdelantano.com
bodegas@montino.es

Ruta 49 2013 B
100% albariño
87 ★★★   10€

Color pajizo brillante. Aroma flores blancas, hierbas de tocador, expresión frutal, cítricos. Boca fresco, frutoso, sabroso, elegante.

Terras de Lantaño 2013 B
100% albariño
92 ★★★★   12€

Color pajizo brillante. Aroma equilibrado, cítricos, fruta fresca, floral, hierbas de monte. Boca equilibrado, largo, buena acidez.

Viña Cartin 2013 B
100% albariño
90 ★★★★★   10€

Color pajizo brillante. Aroma fresco, fruta fresca, flores blancas, expresivo. Boca sabroso, frutoso, buena acidez, equilibrado.

VIÑA NORA

Bruñeiras, 7
36440 As Neves (Pontevedra)
☎: +34 986 667 210
www.vinanora.com
sperez@avanteselecta.com

Carqueixal Albariño 2013 B
100% albariño

86 ★★★★   7,3€

Color pajizo brillante. Aroma hierbas secas, floral, cítricos, intensidad media. Boca fresco, frutoso, fácil de beber.

Nora 2013 B
100% albariño

92 ★★★★   11,6€

Color pajizo brillante. Aroma flores blancas, hierbas de tocador, expresión frutal. Boca fresco, frutoso, sabroso, equilibrado, largo.

Nora da Neve 2010 BFB
100% albariño

95   22,2€

Color amarillo brillante. Aroma fruta madura, especias dulces, roble cremoso, hierbas de tocador, piedra seca. Boca graso, sabroso, fresco, buena acidez.

nora neve

Ibirico

Peitán 2013 B
100% albariño

87

Color pajizo brillante. Aroma flores blancas, fruta fresca, expresivo, hierbas secas. Boca sabroso, frutoso, equilibrado, fino amargor.

Val de Nora 2013 B
100% albariño

90 ★★★★★   8,5€

Color pajizo. Aroma fresco, flores blancas, cítricos. Boca frutoso, equilibrado, fino amargor, buena acidez.

VIÑEDOS SINGULARES

Cuzco, 26 - 28, Nave 8
8030 (Barcelona)
☎: +34 934 807 041
Fax: +34 934 807 076
www.vinedossingulares.com
info@vinedossingulares.com

Luna Creciente 2013 B
albariño

89 ★★★   9,3€

Color pajizo brillante. Aroma fresco, fruta fresca, flores blancas, expresivo. Boca frutoso, buena acidez, equilibrado.

ZÁRATE

Bouza, 23
36638 Padrenda - Meaño (Pontevedra)
☎: +34 986 718 503
Fax: +34 986 718 549
www.albarino-zarate.com
info@zarate.es

Zárate 2013 B
100% albariño

90 ★★★★   10,5€

Color pajizo brillante. Aroma fresco, fruta fresca, flores blancas, expresivo. Boca sabroso, frutoso, buena acidez, equilibrado.

Zárate Caíño Tinto 2012 T
100% caíño

90   26€

Color cereza brillante. Aroma hierbas de monte, hierbas de tocador, balsámico. Boca ligero, amargoso, buena acidez.

Zárate El Palomar 2012 BFB
100% albariño

93   22€

Color pajizo brillante. Aroma flores blancas, fruta fresca, lías finas, hierbas secas. Boca sabroso, frutoso, buena acidez, equilibrado.

Zárate Espadeiro Tinto 2012 T
100% espadeiro

91   26€

Color cereza intenso. Aroma hierbas de tocador, balsámico, fruta madura. Boca fruta madura, especiado, buena acidez.

Zárate Loureiro Tinto 2012 T
100% loureiro

90   26€

Color cereza, borde granate. Aroma fruta madura, hierbas silvestres, terroso, especiado, roble cremoso. Boca equilibrado, sabroso, largo, balsámico.

Zárate Tras da Viña 2011 B
100% albariño

92   21€

Color pajizo brillante. Aroma flores blancas, fruta fresca, expresivo, lías finas, hierbas secas. Boca sabroso, frutoso, buena acidez, equilibrado.

DO. RIBEIRA SACRA

CONSEJO REGULADOR

Rúa do Comercio, 6-8

27400 Monforte de Lemos (Lugo)

☎: +34 982 410 968 - Fax: +34 982 411 265

@: info@ribeirasacra.org

www.ribeirasacra.org

SITUACIÓN:

La región se extiende a lo largo de las riberas de los ríos Miño y Sil en el sur de la provincia de Lugo y la parte norte de la de Orense; engloba 19 municipios de estas áreas.

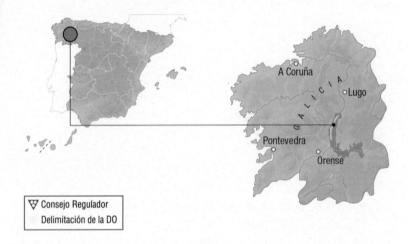

▽ Consejo Regulador

Delimitación de la DO

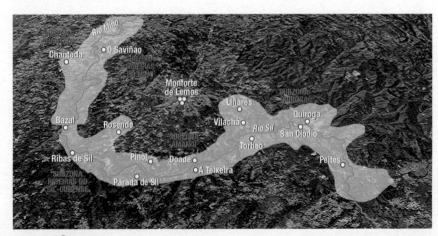

SUBZONAS:

Amandi (Lugo), Chantada (Lugo), Quiroga-Bibei (Lugo-Ourense), Ribeiras do Miño (Lugo) y Ribeiras do Sil (Ourense).

VARIEDADES:

BLANCAS: albariño, loureira, treixadura, godello, dona blanca y torrontés.

TINTAS: mencía, brancellao, merenzao, garnacha tintorera, tempranillo, sousón, caíño tinto y mouratón.

DATOS:

Nº Has. Viñedo: 1.250,47 – **Nº Viticultores:** 2.817 – **Nº Bodegas:** 90 – **Cosecha 13:** Muy Buena – **Producción 13:** 3.103.268 litros – **Comercialización:** 90% España - 10% extranjero.

SUELOS:

Como nota común, son suelos de elevada acidez, pero la composición varía notablemente de unas zonas a otras de la región. El viñedo se asienta en terrazas de fuerte inclinación y no supera los 400 - 500 metros de altitud.

CLIMA:

Bastante variable en función de las distintas áreas. Menos lluvias y clima ligeramente más fresco con mayor influencia continental en el valle del Sil, y mayor carácter atlántico en el valle del Miño. La altitud, por otro lado, también marca diferencias y los viñedos más próximos a los ríos y en orientación favorable (sur - sureste) resultan ligeramente más cálidos.

CARACTERÍSTICAS GENERALES DE LOS VINOS

BLANCOS | Se elaboran monovarietales de albariño y godello. Los primeros son de color amarillo verdoso, con el carácter y la potencia frutal propios de la albariño; los segundos son algo más frescos que los de Valdeorras y menos glicéricos en boca. También existen otros blancos fruto de la mezcla de diferentes variedades; estos últimos son de color amarillo pajizo y aroma afrutado.

TINTO | Los monovarietales de mencía, los más característicos de la región, presentan un color rojo granate de capa media; en nariz son muy frescos, aromáticos y también balsámicos; en el paladar resultan secos, afrutados y sin una estructura acusada. Con todo, lo más característico de sus vinos es su marcada mineralidad.

CLASIFICACIÓN COSECHAS

GUÍAPEÑÍN

2009	2010	2011	2012	2013
MUY BUENA	MUY BUENA	MUY BUENA	EXCELENTE	MUY BUENA

ADEGA CACHÍN

Abeleda, s/n
32764 A Texeira (Ourense)
☎: +34 619 859 281
adegacachin@adegacachin.es

Noite Pecha 2011 T
87   14,5€
Color cereza, borde granate. Aroma fruta madura, hierbas silvestres, especiado, ahumado. Boca equilibrado, largo, balsámico.

Peza Do Rei 2011 T Barrica
mencía
88 ★★★   9,7€
Color cereza brillante, borde granate. Aroma equilibrado, fruta madura, especiado, hierbas secas. Boca balsámico, fruta madura.

Peza Do Rei 2013 B
godello, treixadura, albariño
86 ★★★★   6,1€
Color pajizo brillante. Aroma fresco, fruta fresca, hierbas silvestres, hierbas verdes, cítricos. Boca frutoso, buena acidez, amargoso.

Peza Do Rei 2013 T
mencía
87 ★★★★   6,1€
Color cereza brillante, borde violáceo. Aroma fruta fresca, violetas, varietal. Boca frutoso, fácil de beber, cierta persistencia.

ADEGA DON RAMÓN

Rubín - Rozabales, 3
27413 Monforte de Lemos (Lugo)
☎: +34 982 404 237
donramonsl@gmail.com

Don Ramón Mencía 2013 T
mencía
86 ★★★★   5,8€
Color cereza, borde violáceo. Aroma expresión frutal, hierbas de tocador, balsámico, mineral. Boca sabroso, ligero, fresco, frutoso.

Don Ramón Mencía Vendimia Seleccionada 2010 T Roble
mencía
86   15€
Color cereza brillante. Aroma fruta madura, especias dulces, roble cremoso, intensidad media, fina reducción. Boca frutoso, sabroso, tostado.

ADEGA PENA DAS DONAS

Lg. Ribas de Sil, 1 Pombeiro
27470 Pantón (Lugo)
☎: +34 988 200 045
Fax: +34 988 200 045
www.penadasdonas.com
adega@penadasdonas.com

Almalarga 2012 B Barrica
godello
92 ★★★★★   6€
Color pajizo brillante. Aroma flores blancas, fruta fresca, expresivo, hierbas secas, especiado. Boca sabroso, frutoso, buena acidez, equilibrado.

Almalarga 2013 B
godello
91
Color amarillo, borde verdoso. Aroma cítricos, hierbas de monte, expresivo. Boca lleno, sabroso, varietal, fino amargor, buena acidez, largo.

Verdes Matas Mencía 2013 T
mencía
87 ★★★★★   5€
Color cereza, borde granate. Aroma fruta madura, hierbas silvestres, intensidad media. Boca equilibrado, largo, balsámico.

ADEGAS CONDADO DE SEQUEIRAS

Sequeiras, 1
27500 Chantada (Lugo)
☎: +34 618 815 135
Fax: +34 944 120 227
www.condadodesequeiras.com
condadodesequeiras@grupopeago.com

Condado de Sequeiras 2010 T Barrica
100% mencía
87   15€
Color cereza brillante. Aroma fruta madura, especias dulces, intensidad media, tabaco. Boca frutoso, sabroso, tostado.

Condado de Sequeiras 2012 T
100% mencía
86 ★★★★   6€
Color cereza oscuro, borde granate. Aroma intensidad media, fruta madura, hierbas secas. Boca estructurado, fruta madura.

Condado de Sequeiras 2013 B
godello, treixadura
90 ★★★★★   6€
Color pajizo brillante. Aroma fresco, fruta fresca, flores blancas, balsámico, mineral. Boca sabroso, frutoso, buena acidez, equilibrado.

ADEGAS E VIÑEDOS VÍA ROMANA

A Ermida - Belesar, s/n
27500 Chantada (Lugo)
☎: +34 982 454 005
Fax: +34 982 454 094
www.viaromana.es
viaromana@viaromana.es

Vía Romana Godello 2012 B
100% godello
88 ★★★★   7,8€
Color pajizo brillante. Aroma flores blancas, hierbas de tocador, expresión frutal, especiado. Boca fresco, frutoso, sabroso, cierta persistencia.

Vía Romana Mencía 2011 T Barrica
100% mencía
90 ★★★★   12,5€
Color cereza, borde granate. Aroma fruta roja, fruta madura, especiado, roble cremoso, tostado, complejo, terroso. Boca potente, sabroso, tostado, taninos maduros.

Vía Romana Mencía 2012 T
100% mencía
88 ★★★★   6,8€
Color cereza intenso, borde granate. Aroma equilibrado, fruta madura, hierbas secas, piedra seca. Boca sabroso, frutoso, largo.

ADEGAS GUIMARO

Sanmil, 43 - Santa Cruz de Brosmos
27425 Sober (Lugo)
☎: +34 982 152 508
Fax: +34 982 402 000
adegasguimaro@gmail.com

Guimaro 2013 B
godello, treixadura
89 ★★★   9€
Color amarillo brillante. Aroma flores marchitas, terroso, especiado, hierbas secas. Boca graso, potente, sabroso, especiado.

Guimaro Finca Meixeman 2011 T
mencía
93   18€
Color cereza, borde granate. Aroma fruta madura, hierbas silvestres, terroso, especiado, roble cremoso. Boca equilibrado, sabroso, largo, balsámico.

Guimaro Mencía 2013 T
mencía
90 ★★★★★   9€
Color cereza poco intenso. Aroma floral, fruta al licor, mineral, balsámico, especiado. Boca buena acidez, sabroso, especiado.

ADEGAS MOURE

Avda. Buenos Aires, 12
27540 Escairón (Lugo)
☎: +34 982 452 031
Fax: +34 982 452 700
www.adegasmoure.com
abadiadacova@adegasmoure.com

A Fuga 2013 T
86 ★★★★★   4,3€
Color cereza, borde violáceo. Aroma expresión frutal, hierbas de tocador, floral, mineral. Boca sabroso, ligero, fresco, frutoso.

Abadía Da Cova 2011 T Barrica
mencía
93 ★★★★   12€
Color cereza brillante. Aroma fruta madura, especias dulces, roble cremoso, expresivo, hierbas de monte. Boca sabroso, frutoso, tostado, taninos maduros.

Abadía Da Cova 2013 B
90 ★★★★   11€
Color pajizo brillante. Aroma flores blancas, hierbas de tocador, expresión frutal, mineral. Boca fresco, frutoso, sabroso, equilibrado, elegante.

Abadía da Cova de Autor 2011 T
100% mencía

94   19,9€

Color cereza muy intenso. Aroma expresivo, roble cremoso, hierbas silvestres, mineral. Boca sabroso, frutoso, estructurado.

RIBEIRA SACRA
V.C.P.R.D
Selección Barrica (Cepas Vellas)

ABADIA da COVA
de Autor

ALC. 14% vol.

Abadía Da Cova Mencía 2013 T
mencía

89 ★★★★   8€

Color cereza, borde violáceo. Aroma fruta roja, hierbas silvestres, equilibrado, varietal, toques silvestres. Boca fácil de beber, frutoso, correcto.

Cepa Vella 2013 T

87 ★★★★★   4,3€

Color cereza, borde violáceo. Aroma hierbas silvestres, piedra seca, expresivo. Boca fresco, frutoso, mineral, fácil de beber.

ADEGAS VIÑA GAROÑA S.L.
Nogueira de Abaixo
27515 Chantada (Lugo)
☎: +34 982 171 636
Fax: +34 982 162 373
www.vinagarona.com
adegasvinagarona@gmail.com

Viña Garoña 2013 B

88 ★★★★★   4,5€

Color pajizo brillante. Aroma fresco, fruta fresca, flores blancas, expresivo. Boca sabroso, frutoso, buena acidez, equilibrado.

ALGUEIRA
Doade, s/n
27424 Sober (Lugo)
☎: +34 982 410 299
Fax: +34 982 410 299
www.algueira.com
info@algueira.com

Algueira Brancellao 2012 T Roble
100% brancellao

95   25€

Color guinda. Aroma expresión frutal, fruta al licor, hierbas de tocador, especiado, roble cremoso, expresivo. Boca equilibrado, elegante, especiado, largo, tostado.

Algueira Cortezada 2013 B
godello, albariño, treixadura

91 ★★★★   12€

Color pajizo brillante. Aroma flores blancas, hierbas de tocador, expresión frutal, mineral. Boca fresco, frutoso, sabroso, equilibrado, elegante.

Algueira Escalada 2011 B
100% godello

93   25€

Color amarillo brillante. Aroma balsámico, hierbas de monte, expresivo, equilibrado, elegante, mineral. Boca sabroso, lleno, complejo.

Algueira Fincas 2011 T Roble

94   25€

Color cereza, borde granate. Aroma expresivo, complejo, hierbas verdes, hierbas de monte, especiado. Boca sabroso, fácil de beber, equilibrado. Personalidad.

Algueira Madialeva 2012 T
mencía

91   20€

Color cereza, borde granate. Aroma fruta roja, hierbas silvestres, especiado, piedra seca, floral. Boca equilibrado, elegante, untuoso, especiado, largo, balsámico.

Algueira Merenzao 2012 T Roble
100% merenzao

94   25€

Color cereza poco intenso. Aroma fruta madura, especiado, roble cremoso, tostado, terroso, balsámico, piedra seca. Boca potente, sabroso, tostado, taninos maduros, equilibrado, elegante.

Algueira Pizarra 2011 T Roble
mencía
92 25€

Color cereza, borde granate. Aroma hierbas de monte, piedra seca, especiado, terroso, expresivo. Boca sabroso, graso, especiado, equilibrado, elegante.

Brandán Godello 2013 B
godello
89 ★★★★ 8€

Color pajizo brillante. Aroma flores blancas, expresión frutal, mineral, balsámico. Boca fresco, frutoso, sabroso, equilibrado.

Carballo Galego 2011 T
garnacha
92 20€

Color cereza oscuro, borde granate. Aroma fruta madura, expresivo, ahumado, tostado. Boca estructurado, fruta madura, taninos maduros.

AMEDO
Lg. Tarrio, s/n Sanfiz de Asma
27516 Chantada (Lugo)
☎: +34 610 846 686
www.adegasamedo.com
bodegasamedo@gmail.com

As Glorias 2013 B
60% godello, treixadura, torrontés, alariño
86 ★★★★ 6€

Color amarillo brillante. Aroma fruta madura, flores marchitas, hierbas secas. Boca correcto, fino amargor.

Pero Bernal 2013 T
84 6€

Pero Bernal Selección 2011 T
83 12€

ARACELI VÁZQUEZ RODRÍGUEZ
Rosende
27466 Sober (Lugo)
☎: +34 630 908 338

Malcavada Selección 2013 T
100% mencía
89

Color cereza intenso, borde violáceo. Aroma fruta roja, fruta madura, hierbas de monte, equilibrado. Boca sabroso, largo, balsámico.

BODEGA RECTORAL DE AMANDI
Santa Cruz de Arrabaldo, 49
32990 Ourense
☎: +34 988 384 200
Fax: +34 988 384 068
www.bodegasgallegas.com
export@bodegasgallegas.com

Rectoral de Amandi 2013 T
mencía
90

Color cereza, borde violáceo. Aroma fruta roja, fruta madura, floral, balsámico, piedra seca. Boca potente, fresco, frutoso, untuoso.

BODEGA RIBADA
San Fiz
27500 Chantada (Lugo)
☎: +34 629 830 893
www.bogegaribada.com
manuel.calvo.mendez@gmail.com

Ribada Godello 2013 B
godello
89 ★★★★   6€
Color amarillo brillante. Aroma flores blancas, hierbas de tocador, equilibrado. Boca correcto, frutoso, fácil de beber.

Ribada Seleccion 2010 T
mencía
88 ★★★★   7,5€
Color cereza intenso, borde granate. Aroma potente, fruta confitada, cacao fino. Boca sabroso, potente, equilibrado, taninos maduros.

Viña Ribada 2013 T
mencía
88 ★★★★★   5€
Color cereza, borde violáceo. Aroma fruta madura, floral, mineral, hierbas de monte. Boca potente, fresco, frutoso, correcto.

BODEGA VICTORINO ÁLVAREZ
Lugar Os Vazquez, s/n
32765 A Teixeira (Ourense)
☎: +34 639 787 665
adegasollio@yahoo.es

Sollío Mencía 2013 T
87 ★★★★   7€
Color cereza muy intenso. Aroma potente, fruta madura, piedra seca. Boca estructurado, sabroso, fruta madura.

BODEGAS ALBAMAR
0 Adro, 11 - Castrelo
36639 Cambados (Pontevedra)
☎: +34 660 292 750
Fax: +34 986 520 048
info@bodegasalbamar.com

Fusco 2012 T
mencía
87   12€
Color cereza brillante. Aroma fruta madura, intensidad media, tabaco, especiado, balsámico. Boca frutoso, sabroso, tostado.

Fusco 2013 T
mencía
89   12€
Color cereza poco intenso, borde violáceo. Aroma intensidad media, fruta roja, hierbas silvestres. Boca correcto, buena acidez, fácil de beber.

Fusco Edición Especial 2012 T
100% mencía
90 ★★★   14€
Color cereza oscuro, borde violáceo. Aroma elegante, equilibrado, hierbas de monte. Boca frutoso, fácil de beber, taninos finos.

CASA MOREIRAS
San Martín de Siós, s/n
27430 Pantón (Pontevedra)
☎: +34 982 456 129
Fax: +34 982 456 129
www.casamoreiras.com
bodega@casamoreiras.com

Casa Moreiras 2013 B
89 ★★★   9€
Color pajizo brillante. Aroma flores blancas, hierbas de tocador, mineral. Boca fresco, frutoso, sabroso, equilibrado, elegante.

Casa Moreiras 2013 T
90 ★★★★★   7€
Color cereza, borde violáceo. Aroma expresivo, fruta fresca, fruta roja, floral, mineral. Boca sabroso, frutoso, buena acidez, taninos maduros.

DOMINGO LÓPEZ FERNÁNDEZ
Doade, 54
27424 Sober (Lugo)
☎: +34 982 152 458

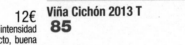

Viña Cichón 2013 T
85

DOMINIO DO BIBEI

Langullo, s/n
32781 Manzaneda (Ourense)
☎: +34 988 294 483
Fax: +34 988 519 494
www.dominiodobibei.com
info@dominiodobibei.com

Dominio do Bibei 2011 T
100% brancellao

96 36€

Color guinda, borde granate. Aroma fruta roja, fruta madura, hierbas de tocador, especiado, floral, mineral, expresivo. Boca equilibrado, sabroso, especiado, balsámico, redondo, elegante.

Lacima 2011 T
100% mencía

95 36€

Color cereza, borde granate. Aroma fruta roja, fruta madura, especiado, roble cremoso, tostado, complejo, piedra seca. Boca potente, sabroso, tostado, taninos maduros, elegante.

Lalama 2011 T
mencía, brancellao, mouraton, garnacha

93 17€

Color cereza, borde granate. Aroma fruta madura, hierbas silvestres, especiado, roble cremoso, mineral. Boca equilibrado, sabroso, largo, balsámico.

Lapena 2011 B
100% godello

93 36€

Color pajizo brillante. Aroma potente, fruta madura, especias dulces, roble cremoso, hierbas de tocador. Boca graso, sabroso, fresco, buena acidez.

Lapola 2012 B

92 17€

Color pajizo brillante. Aroma floral, balsámico, piedra seca, expresión frutal, especiado. Boca potente, sabroso, equilibrado.

ENVINATE

Gran Vía, 2 1ºC
27600 Sarría (Lugo)
☎: +34 682 207 160
asesoria@envinate.es

Lousas Parcela Camiño Novo 2013 T

93 20€

Color cereza, borde violáceo. Aroma balsámico, mineral, fruta roja, fruta madura, especiado, expresivo. Boca sabroso, frutoso, equilibrado, balsámico.

Lousas Parcela Seoane 2013 T

94 21€

Color cereza, borde violáceo. Aroma fruta roja, fruta al licor, hierbas silvestres, especiado, mineral, expresivo. Boca fresco, frutoso, especiado, equilibrado, elegante.

Lousas Viño de Aldeas 2013 T

93 ★★★★ 13€

Color cereza brillante. Aroma fruta madura, especias dulces, expresivo, hierbas de tocador. Boca sabroso, frutoso, tostado, balsámico, especiado.

ERNESTO RODRÍGUEZ PÉREZ

Barrio Figueiroá, 13
27460 Sober (Lugo)
☎: +34 600 687 107
ernestoribadent@yahoo.es

Viña Peón 2012 T

83

FINCA MILLARA

Lugar Millara s/n
27430 Pantón (Lugo)
☎: +34 981 110 181
info@fincamillara.com

Finca Millara 2010 T Barrica
100% mencía

87 17€

Color cereza brillante. Aroma fruta madura, especias dulces, roble cremoso, intensidad media. Boca frutoso, tostado, balsámico, fácil de beber.

Lagariza 2012 T
100% mencía

86 ★★★★ 8€

Color cereza intenso, borde granate. Aroma fruta madura, hierbas secas. Boca correcto, cierta persistencia.

JAVIER FERNÁNDEZ GONZÁLEZ

Espasantes-Pantón
27450 Espasantes-Pantón (Lugo)
☎: +34 670 739 470
Fax: +34 982 456 228
javier.fdez@hotmail.com

Javier Fernández Vendimia Seleccionada 2013 T

87

Color cereza, borde granate. Aroma fruta roja, fruta madura, complejo, terroso, hierbas silvestres. Boca potente, sabroso, tostado, taninos maduros.

Saiñas 2013 T
mencía

90 ★★★★★   4,9€

Color cereza intenso, borde violáceo. Aroma expresivo, fresco, mineral, equilibrado. Boca equilibrado, sabroso, fácil de beber.

JOSÉ BLANCO LÓPEZ
A Ermida, 8 - Belesar
27514 Chantada (Lugo)
☎: +34 625 475 677
Fax: +34 982 440 281

Adega do Veiga Mencía 2013 T
mencía
84

JOSÉ IGNACIO RODRÍGUEZ PÉREZ
Barantes de Arriba
27421 Sober (Lugo)
☎: +34 669 880 532
bodegasregueiral@gmail.com

Viña Regueiral 2012 T
100% mencía
85

JOSÉ MANUEL VIDAL LÓPEZ
Carballeda, 4 Lobios
27423 Sober (Lugo)
☎: +34 679 328 546
jmvle@yahoo.es

Viña Mezquita 2013 T
100% mencía
85 ★★★★★   5€

LEIRABELLA
Leirabella - Sacardebois
32747 Parada do Sil (Ourense)
☎: +34 630 882 558
martin.lagaron@hotmal.es

Martín Lagarón 2012 TC
mencía, tempranillo, garnacha, sousón

91 ★★★★   12€

Color cereza, borde granate. Aroma fruta madura, hierbas silvestres, especiado, roble cremoso. Boca equilibrado, sabroso, largo, balsámico.

MARCELINO ÁLVAREZ GONZÁLEZ
A Carqueixa - Proendos
27460 Sober (Lugo)
☎: +34 982 460 043
eapsober@hotmail.com

Marcelino I 2013 T
79

MOURE VIÑOS ARTESANS
Serreira, 8
27540 Escairon (Lugo)
☎: +34 982 452 031
moure@vinosartesans.com

Moure Tradición 2012 B
albariño, godello
92

Color amarillo brillante. Aroma fruta madura, especias dulces, roble cremoso, hierbas de tocador, flores secas, expresivo, mineral, cítricos. Boca graso, retronasal ahumado, sabroso, fresco, buena acidez.

Moure Tradición 2012 T Barrica
mencía, garnacha, tempranillo, merenzao

93 ★★★   14,5€

Color cereza muy intenso, borde violáceo. Aroma equilibrado, expresivo, hierbas de monte, mineral. Boca sabroso, estructurado, especiado, taninos maduros.

Moure Tradición 2013 B
albariño, godello

93 ★★★   15€

Color amarillo brillante. Aroma fruta madura, especias dulces, roble cremoso, hierbas de tocador. Boca graso, retronasal ahumado, sabroso, fresco, buena acidez.

Moure Tradición 2013 T
mencía, garnacha, tempranillo, merenzao

92 ★★★★★   9,2€

Color cereza, borde violáceo. Aroma fruta madura, especiado, tostado, complejo, terroso, piedra seca, balsámico. Boca potente, sabroso, tostado, taninos maduros.

 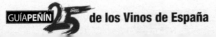

NOVA TOURAL

Santo Estevo de Ribas de Miño
27594 O Saviñao (Lugo)
☎: +34 620 825 362
info@novatoural.es

Sombrero 2012 T Roble
mencía, tempranillo
85 ★★★ **10€**

Sombrero Mencía 2013 T
mencía, tempranillo, garnacha tintorera
89 ★★★★ **6€**
Color guinda. Aroma potente, fruta roja, fruta madura, floral, mineral, hierbas verdes. Boca potente, fresco, frutoso, untuoso.

PONTE DA BOGA

Lugar do Couto - Sampaio
32764 Castro Caldelas (Ourense)
☎: +34 988 203 306
Fax: +34 988 203 299
www.pontedaboga.es
info@pontedaboga.es

Ponte Da Boga Bancales Olvidados Mencía 2011 T
mencía
92 ★★★★ **12€**
Color cereza, borde granate. Aroma fruta roja, frambuesa, violetas, mineral, especiado, roble cremoso. Boca equilibrado, sabroso, frutoso, complejo, balsámico, elegante.

Ponte Da Boga Capricho DE Merenzao 2012 T
merenzao
92 ★★★ **16€**
Color cereza, borde granate. Aroma fruta madura, hierbas silvestres, especiado, mineral. Boca equilibrado, sabroso, largo, balsámico.

Ponte Da Boga Expresión Gótica 2012 T
sousón, brancellao, merenzao
92 ★★★ **13€**
Color cereza, borde violáceo. Aroma fruta roja, balsámico, mineral, especiado, equilibrado, expresivo. Boca potente, sabroso, frutoso, especiado.

Ponte Da Boga Godello 2013 B
godello, albariño, dona blanca
90 ★★★★ **10,6€**
Color amarillo brillante. Aroma hierbas silvestres, fruta fresca, toques silvestres, piedra seca. Boca sabroso, buena acidez, fino amargor.

Ponte Da Boga Mencía 2013 T
mencía
88 ★★★ **8,9€**
Color cereza intenso, borde violáceo. Aroma fruta roja, hierbas de monte, varietal. Boca frutoso, fácil de beber, cierta persistencia.

Porto de Lobos 2011 T
brancellao
93 **20€**
Color cereza, borde granate. Aroma fruta madura, hierbas silvestres, terroso, especiado, roble cremoso, expresivo. Boca equilibrado, sabroso, largo, balsámico.

PRIOR DE PANTÓN

Santa Mariña de Eire, 17
27430 Ferreira de Pantón (Lugo)
☎: +34 982 456 211
www.priordepanton.com
info@priordepanton.com

Finca Cuarta 2012 T
mencía
91
Color cereza, borde granate. Aroma fruta madura, especiado, tostado, complejo, terroso, balsámico, piedra seca. Boca potente, sabroso, tostado, taninos maduros.

Finca Cuarta 2013 B
godello
87
Color amarillo brillante. Aroma flores blancas, fruta fresca, expresivo, lías finas, hierbas secas. Boca sabroso, frutoso.

Finca Cuarta Edición Especial 2012 T
92
Color cereza brillante, borde granate. Aroma fruta madura, especias dulces, roble cremoso, hierbas de monte, mineral. Boca frutoso, sabroso, tostado, equilibrado.

RAMÓN MARCOS FERNÁNDEZ

Vilachá de Doade, 140
27424 Sober (Lugo)
☎: +34 609 183 352
www.adegacruceiro.es
info@adegacruceiro.es

Cruceiro 2013 T
mencía, merenzao
89 ★★★★   6€
Color cereza, borde granate. Aroma fruta madura, hierbas silvestres, terroso. Boca equilibrado, sabroso, largo, balsámico.

Cruceiro Rexio 2011 T
mencía, albarello, caíño
89   15€
Color cereza, borde granate. Aroma floral, hierbas silvestres, piedra seca, especiado. Boca equilibrado, sabroso, frutoso, balsámico.

REGINA VIARUM

Doade, s/n
27424 Sober (Lugo)
☎: +34 982 096 031
www.reginaviarum.es
info@reginaviarum.es

Regina Expresión 2011 T Barrica
mencía
89   12€
Color cereza, borde granate. Aroma fruta madura, especiado, tostado, complejo, terroso, hierbas de monte. Boca potente, sabroso, tostado, taninos maduros.

Regina Viarum Godello 2013 B
godello
91 ★★★★★   9€
Color pajizo brillante. Aroma flores blancas, hierbas de tocador, expresión frutal, hierbas de monte, especias dulces. Boca fresco, frutoso, sabroso, equilibrado, especiado.

Regina Viarum Mencía 2013 T
mencía
89 ★★★★   8€
Color cereza, borde violáceo. Aroma equilibrado, fruta roja, intensidad media. Boca equilibrado, balsámico, fruta madura.

Regina Viarum Mencía Ecológico en Barrica 2011 T
mencía
88 ☙   11€
Color cereza intenso, borde granate. Aroma hierbas de monte, varietal, fruta roja, fruta madura. Boca sabroso, tostado.

RONSEL DO SIL

Sacardebois
32740 Parada de Sil (Ourense)
☎: +34 988 984 923
www.ronseldosil.com
info@ronseldosil.com

Alpendre 2012 T
100% merenzao

94   28€

Color cereza poco intenso. Aroma expresivo, elegante, fruta madura, balsámico, equilibrado. Boca complejo, lleno, sabroso.

Arpegio 2012 T
100% mencía

91   20€

Color cereza, borde granate. Aroma fruta roja, fruta madura, hierbas de tocador. Boca fácil de beber, frutoso, especiado, cierta persistencia.

Ourive Dona Branca 2012 B
dona blanca

90   20€

Color pajizo brillante. Aroma flores blancas, hierbas de tocador, expresión frutal, especias dulces. Boca fresco, frutoso, sabroso, equilibrado, elegante.

Ourive Godello 2012 B
100% godello

91   20€

Color pajizo brillante. Aroma flores blancas, fruta fresca, expresivo, hierbas secas, especiado. Boca sabroso, frutoso, buena acidez, equilibrado.

Vel'Uveyra Godello 2012 B
godello, treixadura, dona blanca

89   12€

Color pajizo brillante. Aroma flores blancas, fruta fresca, expresivo, hierbas secas. Boca sabroso, frutoso, buena acidez, equilibrado.

Vel'Uveyra Mencía 2012 T
100% mencía

90 ★★★★★   10€

Color cereza poco intenso. Aroma fruta roja, fruta al licor, piedra seca, hierbas de tocador, expresivo. Boca correcto, sabroso, balsámico, especiado, equilibrado.

SAT VIRXEN DOS REMEDIOS

Diomondi, 56
27548 O Saviñao (Lugo)
☎: +34 982 171 720
Fax: +34 982 171 720
www.virxendosremedios.es
info@virxendosremedios.es

Bail Mencía 2012 T
100% mencía

89 ♥   12€

Color cereza brillante. Aroma fruta madura, especias dulces, roble cremoso, expresivo, hierbas silvestres, mineral. Boca sabroso, frutoso, tostado, taninos maduros.

Viña Vella 2013 B

86 ★★★★   6€

Color pajizo, borde verdoso. Aroma flores blancas, hierbas de tocador, intensidad media, equilibrado. Boca correcto, fácil de beber.

Viña Vella Mencía 2013 T
100% mencía

89 ★★★★   5,5€

Color cereza poco intenso. Aroma balsámico, piedra seca, especiado, roble cremoso. Boca sabroso, fresco, frutoso, balsámico, equilibrado.

TOMÁS ARIAS FERNÁNDEZ

Sanxillao - Proendos
27460 Sober (Lugo)
☎: +34 982 460 055
proencia1@gmail.com

Proencia Amandi 2009 T Barrica
91

Color cereza oscuro, borde granate. Aroma fruta roja, fruta madura, hierbas de monte, especiado. Boca equilibrado, especiado, largo, balsámico.

Proencia Amandi 2013 T
87

Color cereza poco intenso, borde violáceo. Aroma fruta madura, balsámico, equilibrado. Boca equilibrado, buena acidez, balsámico, fácil de beber.

TOMÁS RODRÍGUEZ GONZÁLEZ

Proendos, 104
27460 Sober (Lugo)
☎: +34 982 460 252
Fax: +34 982 460 489

Adega Barbado 2011 T Barrica
86

Color cereza oscuro, borde granate. Aroma hierbas de monte, potente, fruta madura. Boca frutoso, sabroso, correcto, especiado.

Adega Barbado 2013 T
87

Color cereza, borde violáceo. Aroma intensidad media, fruta roja, fresco, mineral. Boca correcto, equilibrado, fácil de beber, balsámico.

As Muras 2013 T
88

Color cereza, borde violáceo, borde granate. Aroma intensidad media, fruta roja, fruta madura, hierbas de monte. Boca correcto, fácil de beber, frutoso.

VÍCTOR MANUEL RODRÍGUEZ LÓPEZ

Cantón, 22 Amandi
27400 Sober (Lugo)
☎: +34 629 679 639
www.valdalenda.com
info@valdalenda.com

Val Da Lenda 2013 T
mencía
89 ★★★★★   5€

Color cereza, borde violáceo. Aroma mineral, fruta roja, equilibrado, hierbas de monte. Boca sabroso, frutoso, fácil de beber.

 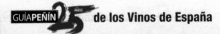

DO. RIBEIRO

CONSEJO REGULADOR

Salgado Moscoso, 9
32400 Ribadavia (Ourense)
☎ : +34 988 477 200 - Fax: +34 988 477 201
@: info@ribeiro.es
www.ribeiro.es

SITUACIÓN:

En la parte occidental de la provincia de Orense. La zona de producción engloba 13 municipios de esta región marcada por el paso del Miño y de sus afluentes Avia y Arnoia.

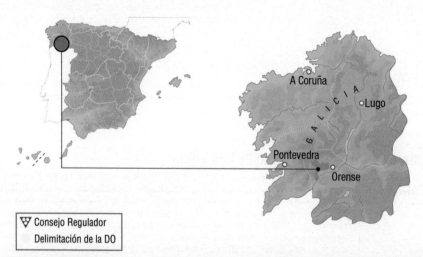

▽ Consejo Regulador
Delimitación de la DO

VARIEDADES:

BLANCAS: treixadura, torrontés, palomino, godello, macabeo, loureira, albariño. albilla, macabeo y lado.

TINTAS: caíño, sousón, ferrón, mencía, tempranillo, brancellao y garnacha tintorera.

DATOS:

Nº Has. Viñedo: 2.761,63 – **Nº Viticultores:** 5.960 – **Nº Bodegas:** 101 – **Cosecha 13:** Excelente – **Producción 13:** 9.166.653 litros – **Comercialización:** 95% España - 5% Extranjero.

SUELOS:

Son, principalmente, graníticos, profundos y ricos en materia orgánica, aunque en algunas zonas predominan los de tipo arcilloso. El viñedo se asienta en zona de laderas (donde se suelen alcanzar mayores calidades) y llano.

CLIMA:

De tipo atlántico, con temperaturas bajas en invierno, cierto riesgo de heladas primaverales y altas temperaturas durante los meses de verano. Las precipitaciones oscilan entre los 800 y 1.000 mm. anuales.

CARACTERÍSTICAS GENERALES DE LOS VINOS

BLANCOS

Son los más característicos de la Denominación. Los vinos elaborados a partir de variedades autóctonas (treixadura y torrontés, principalmente, aunque también con participación de lado, loureiro y godello) se caracterizan por un aroma fresco y afrutado con notas de manzana verde, hinojo y matices florales; en boca poseen una buena acidez que los hace muy frescos. Los blancos sobre lías ofrecen un mayor volumen en boca, y se acompañan de una presencia frutal más madura, junto a recuerdos a flores marchitas. Al igual que sucede en Rías Baixas, en algunos casos el paso del tiempo puede desarrollar la calidad de estos vinos.

TINTOS

Son minoría frente a los blancos. Se apoyan en cupajes de caíño, sousón, brancellao y mencía, que dan tintos de calidad media, con marcados matices herbáceos, algo agresivos y ácidos. Los de mencía, en cambio, poseen mayor potencia aromática; son frescos, ligeros y agradables de beber.

CLASIFICACIÓN COSECHAS

GUÍAPEÑÍN

2009	2010	2011	2012	2013
EXCELENTE	MUY BUENA	MUY BUENA	MUY BUENA	MUY BUENA

ADEGA DONA ELISA

Santo André, 110
32415 Ribadavia (Ourense)
☎: +34 609 281 616
adega.donaelisa@gmail.com

Canción de Elisa 2013 B
treixadura, albariño, godello

90 ★★★★★   7€

Color amarillo brillante. Aroma floral, expresión frutal, fruta madura, hierbas silvestres, expresivo. Boca fresco, frutoso, sabroso, equilibrado.

ADEGA MANUEL FORMIGO

Ctra. Ribadavia Carballiño, km. 4,27
32431 Beade (Ourense)
☎: +34 627 569 885
www.fincateira.com
info@fincateira.com

Finca Teira 2013 B
treixadura, godello, torrontés

89 ★★★   10€

Color pajizo brillante. Aroma intensidad media, fruta fresca, floral. Boca buena acidez, fino amargor, equilibrado.

Finca Teira 2013 T
caiño, sousón, brancellao

85 ★★★★   8€

Formigo 2013 B
treixadura, palomino, godello, torrontés

88 ★★★★★   5€

Color pajizo brillante. Aroma flores blancas, hierbas de tocador, expresión frutal, piedra seca. Boca fresco, frutoso, sabroso, elegante.

Teira X 2013 B
treixadura, loureiro, albariño, albillo

86   12€

Color pajizo brillante. Aroma flores blancas, hierbas de tocador, expresión frutal, especiado. Boca fresco, frutoso, sabroso, elegante.

ADEGA MANUEL ROJO

Chaos s/n
32417 Arnoia (Pontevedra)
☎: +34 670 309 688
www.adegamanuelrojo.es
aroa@adegamanuelrojo.es,

Manuel Rojo 2013 B
treixadura, godello, lado

91 ★★★★   12€

Color pajizo brillante. Aroma floral, expresión frutal, hierbas de tocador, balsámico, mineral, cítricos. Boca fresco, frutoso, sabroso, equilibrado.

ADEGA MARÍA DO PILAR

Casardeita, 14 Macendo
32430 Castrelo de Miño (Ourense)
☎: +34 687 532 088
Fax: +34 988 475 236
www.adegamariadopilar.com
adega@adegamariadopilar.com

Porta da Raíña 2013 B
treixadura

90 ★★★★★   9,5€

Color pajizo brillante. Aroma expresivo, elegante, equilibrado, fruta fresca, franco, fresco. Boca lleno, largo, complejo, buena acidez.

Rechamante 2013 T
mencía, brancellao

84   7,2€

ADEGA POUSADOIRO

A Capela, 3, Barral
32430 Castrelo de Miño (Ourense)
☎: +34 667 568 029
www.pousadoiro.com
pousadoiro@gmail.com

Pousadoiro 2013 B
treixadura, torrontés, godello, loureiro

86 ★★★   9€

Color pajizo brillante. Aroma flores marchitas, hierbas secas, fresco. Boca ligero, fácil de beber, cierta persistencia.

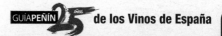

ADEGA RAMÓN DO CASAR
Lg. Sansebastián s/n Prado-Vide
32430 Castrelo de Mlño (Orense)
☎: +34 638 433 611
adega@ramondocasar.es

Ramón Do Casar 2013 B
treixadura, albariño, godello
91 ★★★★★   9€
Color pajizo brillante, borde verdoso. Aroma flores blancas, equilibrado, cítricos. Boca sabroso, frutoso, largo, buena acidez, complejo.

Ramón Do Casar Treixadura 2013 B
treixadura
90 ★★★★★   10€
Color pajizo brillante. Aroma fresco, flores blancas, expresivo. Boca sabroso, frutoso, buena acidez, equilibrado.

ADEGAS PAZO DO MAR
Ctra. Ourense-Castrelo, Km. 12,5
32940 Toén (Ourense)
☎: +34 988 261 256
Fax: +34 988 261 264
www.pazodomar.com
info@pazodomar.com

Expresión de Pazo do Mar 2013 B
treixadura
88 ★★★   10€
Color pajizo brillante. Aroma flores blancas, hierbas de tocador, expresión frutal, cítricos. Boca fresco, frutoso, sabroso, equilibrado, elegante.

Pazo do Mar 2013 B
treixadura, torrontés, godello
87 ★★★★   5,5€
Color pajizo brillante. Aroma fresco, fruta fresca, flores blancas. Boca sabroso, frutoso, buena acidez.

ADEGAS VALDAVIA
Cuñas, s/n
32454 Cenlle (Ourense)
☎: +34 669 892 681
www.adegasvaldavia.com
comercial@adegasvaldavia.com

Cuñas Davia 2012 BFB
treixadura, albariño
89
Color amarillo brillante. Aroma potente, fruta madura, especias dulces, roble cremoso, hierbas de tocador. Boca graso, sabroso, fresco, buena acidez.

Cuñas Davia 2013 B
87
Color amarillo, borde verdoso. Aroma flores blancas, fruta madura, equilibrado, piedra seca. Boca sabroso, correcto, buena acidez.

AILALA-AILALELO
Barro de Gomariz s/n
32429 Leiro (Ourense)
☎: +34 695 220 256
Fax: +34 988 488 741
www.ailalawine.com
export@ailalawine.com

Ailalá 2013 B
100% treixadura
90 ★★★★★   8€
Color pajizo brillante. Aroma intensidad media, fresco, floral, cítricos. Boca sabroso, equilibrado, fino amargor, largo.

ANTONIO CAJIDE GULIN (ADEGA SAMEIRÁS)

San Andrés, 98
32415 Ribadavia (Ourense)
☎: +34 678 894 963
a.sameiras@gmail.com

1040 Sameirás 2013 B
treixadura, albariño, godello, lado

92 ★★★ 16€

Color amarillo brillante. Aroma fruta madura, especias dulces, roble cremoso, hierbas de tocador. Boca graso, sabroso, fresco, buena acidez.

Sameirás 2013 B
treixadura, albariño, godello, lado

90 ★★★★★ 10€

Color pajizo brillante. Aroma fresco, fruta fresca, flores blancas, expresivo. Boca sabroso, frutoso, buena acidez, equilibrado.

Sameirás 2013 T
sousón, caiño, brancellao

90 ★★★★★ 9€

Color cereza poco intenso, borde granate. Aroma hierbas de monte, balsámico, fruta roja. Boca frutoso, fácil de beber, buena acidez.

Viña Do Avó 2013 B
treixadura, albariño, godello, torrontés

86 ★★★★ 6€

Color pajizo brillante. Aroma fresco, fruta fresca, flores blancas. Boca sabroso, frutoso, buena acidez, equilibrado.

Viña Do Avó 2013 T
sousón, caiño, brancellao, mencía

82 6€

ANTONIO MONTERO

Santa María, 7
32430 Castrelo do Miño (Ourense)
☎: +34 607 856 002
www.antoniomontero.com
antoniomontero@antoniomontero.com

Antonio Montero "Autor" 2013 B

89 ★★★ 10€

Color amarillo brillante. Aroma flores blancas, fruta madura, notas tropicales. Boca graso, sabroso, equilibrado, buena acidez, fino amargor.

ARCO DA VELLA A ADEGA DE ELADIO

Pza. de España, 1
32431 Beade (Ourense)
☎: +34 607 487 060
Fax: +34 986 376 800
www.bodegaeladio.com
bodega@bodegaeladio.com

Tarabelo 2011 TC

86 15€

Color cereza, borde granate. Aroma fruta madura, especiado, roble cremoso, tostado, complejo. Boca potente, sabroso, tostado, taninos maduros.

Torques do Castro 2013 B

87 14€

Color pajizo brillante. Aroma fresco, fruta fresca, flores blancas, hierbas secas. Boca sabroso, frutoso, fino amargor.

ÁUREA LUX

Barrio de abaixo, s/n
32454 Esposende (Ourense)
☎: +34 698 166 665
www.aurealux.com
info@aurealux.com

Leive Paradigma 2013 B

90 ★★★★★ 10€

Color pajizo brillante. Aroma flores blancas, fruta fresca, expresivo, lías finas, hierbas secas. Boca sabroso, frutoso, buena acidez, equilibrado.

Leive Reliquia 2012 BFB

89 17€

Color amarillo brillante. Aroma potente, fruta madura, especias dulces, roble cremoso, hierbas de tocador. Boca graso, retronasal ahumado, sabroso, fresco, buena acidez.

Leive Treixadura 2013 B
100% treixadura

83 8€

Preto de Leive 2012 T

84 10€

BODEGA A PORTELA

Piñeiros, s/n
32431 Beade (Ourense)
☎: +34 988 480 050
Fax: +34 988 480 050
www.beadeprimacia.com
beade@beadeprimacia.com

Beade Primacía 2013 B

91 ★★★★ 13€

Color pajizo brillante. Aroma flores blancas, hierbas de tocador, expresión frutal. Boca fresco, frutoso, sabroso, equilibrado, elegante.

Señorío de Beade 2013 B
treixadura, godello, torrontés

86 ★★★★   6€

Color pajizo brillante. Aroma fresco, intensidad media, flores secas. Boca fresco, fácil de beber, cierta persistencia.

Señorío de Beade 2013 T
mencía, caíño

88 ★★★★   7€

Color cereza, borde granate. Aroma fruta madura, hierbas silvestres, terroso, especiado, roble cremoso. Boca equilibrado, sabroso, largo, balsámico.

BODEGA ALANÍS
Barbantes Estación
32450 Cenlle (Ourense)
☎: +34 988 384 200
Fax: +34 988 384 068
www.bodegasgallegas.com
jania@bodegasgallegas.com

Gran Alanís 2013 B

91 ★★★★★   4,9€

Color pajizo brillante. Aroma flores blancas, hierbas de tocador, expresión frutal, mineral. Boca fresco, frutoso, sabroso, elegante.

San Trocado 2013 B
100% treixadura

85 ★★★★★   3,2€

BODEGAS EL PARAGUAS
Lugar de Esmelle, 111
15594 Ferrol (A Coruña)
☎: +34 636 161 479
www.bodegaselparaguas.com
info@bodegaselparaguas.com

El Paraguas Atlántico 2011 B
treixadura, godello, albariño

93 ★★★   16€

Color pajizo brillante. Aroma flores blancas, fruta fresca, expresivo, lías finas, hierbas secas, mineral. Boca sabroso, frutoso, buena acidez, equilibrado. Personalidad.

BODEGAS NAIROA
A Ponte, 2
32417 Arnoia (Ourense)
☎: +34 988 492 867
www.bodegasnairoa.com
info@bodegasnairoa.com

Alberte 2013 B

89 ★★★★   8€

Color pajizo brillante. Aroma fruta fresca, flores blancas, hierbas secas. Boca sabroso, frutoso, fino amargor.

Nairoa 2013 B
treixadura, torrontés, palomino

86 ★★★★★   4,5€

Color pajizo brillante. Aroma fresco, fruta fresca, flores blancas, mineral. Boca sabroso, frutoso, buena acidez, equilibrado.

Val de Nairoa 2012 B
91 ★★★★★ 10€
Color pajizo brillante. Aroma flores blancas, fruta fresca, hierbas secas, mineral, notas amieladas. Boca sabroso, frutoso, buena acidez, equilibrado.

Val do Couso 2013 B
treixadura, torrontés, otras
88 ★★★★★ 5€
Color pajizo brillante. Aroma hierbas de tocador, flores marchitas. Boca equilibrado, fino amargor, fácil de beber.

BODEGAS O'VENTOSELA
Ctra. Ribadavia - Carballiño, km. 8,8
San Clodio
32420 Leiro (Ourense)
☎: +34 981 635 829
Fax: +34 981 635 870
www.oventosela.com
bodegasydestilerias@oventosela.com

Viña Leiriña 2013 B
90 ★★★★★ 4,8€
Color amarillo brillante. Aroma expresivo, equilibrado, fruta fresca, floral. Boca sabroso, buena acidez, fino amargor, equilibrado.

CASAL DE ARMÁN
O Cotiño, s/n
32415 San Andrés- Ribadavia
(Ourense)
☎: +34 699 060 464
www.casaldearman.net
bodega@casaldearman.net

7 Cupos 2013 B
100% treixadura
90 ★★★★★ 7,5€
Color pajizo brillante. Aroma intensidad media, fruta fresca, cítricos. Boca frutoso, sabroso, fresco, buena acidez, fino amargor.

Casal de Armán 2013 B
91 ★★★★ 12€
Color pajizo brillante. Aroma flores blancas, fruta fresca, expresivo, hierbas secas, mineral. Boca sabroso, frutoso, buena acidez, equilibrado, elegante.

Finca Misenhora 2012 B
90 17€
Color amarillo brillante. Aroma expresivo, lías finas, hierbas secas, fruta madura, flores marchitas. Boca sabroso, frutoso, equilibrado, graso.

Finca Os Loureiros 2012 B
100% treixadura
92 17€
Color amarillo brillante. Aroma expresivo, lías finas, hierbas secas, flores secas. Boca sabroso, frutoso, buena acidez, equilibrado, especiado.

CASTRO REI
Camino Torre, Sampaio
32414 Ribadavia (Ourense)
☎: +34 988 472 069
www.bodegacastrorei.com
bodegacastrorei@bodegacastrorei.com

Divino Rei 2013 B
treixadura, albariño, loureiro
88 ★★★ 10€
Color pajizo brillante. Aroma flores blancas, hierbas de tocador, expresión frutal. Boca fresco, frutoso, sabroso.

COTO DE GOMARIZ
Barro de Gomariz s/n
32429 Leiro (Ourense)
☎: +34 988 101 733
Fax: +34 988 488 174
www.cotodegomariz.com
mmontoto@cotodegomariz.com

Abadía de Gomariz 2011 T
sousón, brancellao, ferrol, mencía
91 ★★★★ 12€
Color cereza, borde granate. Aroma fruta madura, hierbas silvestres, especiado, roble cremoso, mineral. Boca equilibrado, sabroso, largo, balsámico.

Coto de Gomariz 2013 B
treixadura, godello, loureiro, albariño
92 ★★★★ 11€
Color pajizo brillante. Aroma flores blancas, hierbas de tocador, expresión frutal. Boca fresco, frutoso, sabroso, equilibrado, elegante.

Coto de Gomariz Colleita Seleccionada 2011 B
treixadura, godello, albariño, lado

94 17€

Color pajizo brillante. Aroma flores blancas, hierbas de tocador, expresión frutal, especias dulces, roble cremoso. Boca fresco, frutoso, sabroso, equilibrado, elegante, especiado.

Gomariz X 2013 B

89 12€

Color amarillo brillante. Aroma flores blancas, cítricos, fruta fresca. Boca correcto, fino amargor, fácil de beber.

Hush 2009 T
ferrol, sousón, caíño, bastardo negro

90 35€

Color cereza, borde granate. Aroma fruta madura, hierbas silvestres, terroso, especiado, roble cremoso. Boca equilibrado, sabroso, largo, balsámico.

Salvaxe 2011 B
lado, treixadura, godello, albariño

93 25€

Color amarillo brillante. Aroma expresivo, lías finas, hierbas secas, flores marchitas, especiado. Boca sabroso, frutoso, buena acidez, equilibrado.

Super Héroe 2010 T
ferrol, sousón, caíño, bastardo negro

89 22€

Color cereza brillante. Aroma fruta madura, especias dulces, roble cremoso, expresivo. Boca sabroso, frutoso, tostado, taninos maduros.

The FLower and The Bee Sousón 2012 T
sousón

87 ★★★★ 8€

Color cereza brillante. Aroma fruta madura, especias dulces, roble cremoso, expresivo, balsámico. Boca sabroso, frutoso, tostado, especiado.

The FLower and The Bee Treixadura 2013 B
treixadura

90 ★★★★★ 8€

Color pajizo brillante. Aroma flores blancas, expresión frutal, hierbas secas, mineral. Boca fresco, frutoso, sabroso, equilibrado, elegante.

CUNQUEIRO
Prado de Miño, 4
32430 Castrelo de Miño (Ourense)
☎: +34 988 489 023
Fax: +34 988 489 082
www.bodegascunqueiro.es
info@bodegascunqueiro.es

Cunqueiro III Milenium 2013 B
treixadura, godello, albariño, loureiro

90 ★★★★★ 10€

Color pajizo brillante. Aroma flores blancas, hierbas de tocador, expresión frutal. Boca fresco, frutoso, sabroso, elegante.

Cuqueira 2013 B
treixadura, torrontés, godello

87 ★★★★★ 5€

Color pajizo brillante. Aroma fresco, fruta fresca, flores blancas, expresivo. Boca sabroso, frutoso, buena acidez.

Mais de Cunqueiro 2012 B
torrontés

89 ★★★ 10€

Color amarillo brillante. Aroma expresión frutal, notas amieladas, hierbas secas. Boca fresco, frutoso, sabroso, especiado, balsámico.

DOCAMPO S.A.

San Paio s/n
32400 Ribadavia (Ourense)
☎: +34 988 470 258
Fax: +34 988 470 421
www.bodegasdocampo.com
admin@bodegasdocampo.com

Señorío da Vila 2012 B
treixadura

92 18€

Color pajizo brillante. Aroma fruta fresca, expresivo, lías finas, hierbas secas, flores marchitas. Boca sabroso, frutoso, buena acidez, equilibrado.

Viña Do Campo 2013 B
treixadura, torrontés

87 12€

Color pajizo brillante. Aroma flores blancas, hierbas de tocador, expresión frutal, cítricos, mineral. Boca fresco, frutoso, sabroso, buena acidez.

Viña Do Campo Mencía 2013 T
mencía

88 14€

Color cereza, borde violáceo. Aroma fruta roja, frambuesa, floral, balsámico. Boca fresco, frutoso, sabroso, fácil de beber.

EDUARDO PEÑA

Barral s/n
32430 Castelo de Miño (Ourense)
☎: +34 629 872 130
Fax: +34 988 239 704
www.bodegaeduardopenha.es
bodega@bodegaeduardopenha.es

Eduardo Peña 2013 B
treixadura, albariño, godello, loureiro

91 ★★★★★ 10€

Color amarillo, borde verdoso. Aroma hierbas de tocador, fresco, flores secas. Boca equilibrado, fino amargor, buena acidez.

ELISA COLLARTE BERNÁRDEZ

Santo Andrés
32415 Ribadavia (Ourense)
☎: +34 670 473 266
elisacollarte@gmail.com

Cordón de Santo André 2013 B
treixadura, godello, loureiro

88 ★★★★★ 4,5€

Color pajizo brillante. Aroma fresco, fruta fresca, flores blancas, expresivo. Boca sabroso, frutoso, buena acidez, equilibrado.

Elisa Collarte 2012 T Barrica
mencía, sousón, caíño, brancellao

85 ★★★★ 6€

ELOI LORENZO

A Ponte, 37
32417 Arnoia (Ourense)
☎: +34 640 376 007
www.eloilorenzo.es
gerente@eloilorenzo.es

Eloi Lorenzo 2013 B

85 13€

Villa Paz 2013 B
86 ★★★★ 8€

Color amarillo, borde verdoso. Aroma fruta fresca, cítricos, equilibrado, intensidad media. Boca ligero, fácil de beber, cierta persistencia.

EMILIO ROJO

Lugar de Remoiño, s/n
32233 Arnoia (Ourense)
☎: +34 600 522 812
vinoemiliorojo@hotmail.com

Emilio Rojo 2012 B
93

Color pajizo brillante. Aroma flores blancas, fruta fresca, expresivo, lías finas, hierbas secas. Boca sabroso, frutoso, buena acidez, equilibrado.

FINCA VIÑOA

Colón, 18 4ºC
32201 0 Carballiño (Ourense)
☎: +34 986 625 051
Fax: +34 986 626 267
www.fincavinoa.com
fincavinoa@fincavinoa.com

Finca Viñoa 2013 B
treixadura, godello, albariño, loureiro
93 ★★★ 15€

Color amarillo brillante. Aroma expresión frutal, floral, hierbas de tocador, piedra seca, expresivo. Boca potente, sabroso, frutoso, balsámico, equilibrado.

FINCA**VIÑOA**

FINCA VIÑOA ES UN DOMINIO QUE PRODUCE UNAS VARIEDADES ÚNICAS EN EL MUNDO, TREIXADURA, GODELLO, ALBARIÑO Y LOUREIRA SON SUS NOMBRES, AROMAS INTENSOS, COMPLEJA MINERALIDAD, EXQUISITA Y EQUILIBRADA ACIDEZ, SUS CARACTERÍSTICAS, SUS VIDES MIRAN CON ORGULLO AL PRIVILEGIADO E HISTÓRICAMENTE RECONOCIDO VALLE DEL AVIA, ASOMÁNDOSE A ÉL DESDE TERRAZAS ORIENTADAS AL SUR, SUS SUELOS GRANÍTICOS Y DE ESQUISTOS SE PRECIPLAN DESDE LOS TRESCIENTOS VEINTICINCO HASTA LOS CIENTO OCHENTA METROS DE ALTURA. GENERACIONES DE VITICULTORES SE HAN SERVIDO, DESDE HACE MÁS DE DIECIOCHIENTOS AÑOS, DE ESTAS MISMAS VARIEDADES PARA PRODUCIR VINOS DOMINADOS POR LA PODEROSA TREIXADURA, HOY MIMAMOS CON SUMO CUIDADO ESTE LEGADO HEREDADO DE NUESTROS ANTEPASADOS PARA ELABORAR, CON DELICADEZA, UN VINO SUBLIME Y DE CARÁCTER

RIBEIRO
DENOMINACIÓN DE ORIGEN

FRANCISCO FERNÁNDEZ SOUSA

Prado, 14
32430 Castrelo do Miño (Ourense)
☎: +34 678 530 898
www.terraminei.com
info@terraminei.com

Lagar de Brais 2012 B
85 ★★★★ 6€

Terra Minei 2013 B
100% treixadura
89 ★★★ 9€

Color pajizo brillante. Aroma fruta fresca, expresivo, floral, piedra seca. Boca sabroso, frutoso, buena acidez, equilibrado.

FRANCISCO GARCÍA PÉREZ

Trasmesones, 13
32400 Rivadavia (Ourense)
☎: +34 650 105 723
www.adegadomoucho.com
adegadomoucho@gmail.com

Adega do Moucho 2012 B
90 30€

Color amarillo brillante. Aroma potente, fruta madura, especias dulces, roble cremoso, hierbas de tocador. Boca graso, retronasal ahumado, sabroso, fresco, buena acidez.

GENUS DE VINUM

32003 Ourense (Ourense)
☎: +34 988 100 120
www.genusdevinum.es
info@genusdevinum.es

Versatus 2012 B
treixadura, godello, loureiro, torrontés
91 ★★★★ 13€

Color pajizo brillante. Aroma flores blancas, fruta fresca, expresivo, lías finas, hierbas secas. Boca sabroso, frutoso, buena acidez, equilibrado, elegante.

JOSÉ ESTÉVEZ FERNÁNDEZ

Ponte, 21
32417 Arnoia (Ourense)
☎: +34 696 402 970
joseestevezarnoia@gmail.com

Auxía da Ponte 2012 B
lado
92

Color pajizo brillante. Aroma floral, hierbas silvestres, hierbas de monte, balsámico, mineral. Boca sabroso, fresco, frutoso, complejo, equilibrado, elegante, balsámico.

Mauro Estevez 2013 B
treixadura, lado, albariño, loureiro
93 ★★★★ 12€

Color amarillo brillante. Aroma equilibrado, complejo, expresivo, flores secas, mineral. Boca lleno, sabroso, fino amargor, buena acidez.

JULIO VÁZQUEZ QUINTELA

San Fiz do Varón s/n
32515 San Fiz do Varón (O Carballiño)
(Ourense)
☎: +34 645 308 214
www.pazolodeiro.com
bodegaspazolodeiro@hotmail.com

Pazo Lodeiro 2013 B
treixadura, godello, torrontés, loureiro

87 ★★★★   8€

Color pajizo brillante. Aroma notas tropicales, floral, hierbas silvestres. Boca fresco, frutoso, fácil de beber.

Señorío do Barón 2013 B
treixadura, godello, torrontés, loureiro

87 ★★★★   7€

Color pajizo brillante. Aroma fruta fresca, intensidad media, floral, cítricos. Boca correcto, fácil de beber, cierta persistencia.

LA MALETA HAND MADE FINE WINES

Julio Prieto Nespereira, 21
32005 Ourense (Ourense)
☎: +34 988 614 234
lamaletawines.com
hola@lamaletawines.com

Desde la Ladera 2013 B
treixadura, albariño, godello

87   13€

Color pajizo brillante. Aroma fresco, fruta fresca, flores blancas. Boca sabroso, frutoso, buena acidez.

LUIS A. RODRÍGUEZ VÁZQUEZ

Laxa, 7
32417 Arnoia (Ourense)
☎: +34 988 492 977
Fax: +34 988 492 977

A Teixar 2011 B
treixadura, albariño, godello

91

Color amarillo brillante. Aroma potente, fruta madura, especias dulces, roble cremoso, hierbas de tocador. Boca graso, sabroso, fresco, buena acidez.

A Torna dos Pasas 2011 T
brancellao, caíño, ferrol

88

Color cereza, borde granate. Aroma fruta madura, hierbas silvestres, terroso, especiado, roble cremoso. Boca equilibrado, sabroso, largo, balsámico.

Viña de Martín "Os Pasás" 2012 B
treixadura, albariño, lado, torrontés

90

Color pajizo brillante. Aroma hierbas silvestres, fruta madura, mineral, especiado. Boca potente, sabroso, complejo.

Viña de Martín Escolma 2009 BFB
treixadura, albariño, lado, torrontés

92

Color amarillo brillante. Aroma potente, fruta madura, especias dulces, hierbas de tocador. Boca graso, retronasal ahumado, sabroso, buena acidez.

Viña de Martín Escolma 2009 T
brancellao, caíño, ferrol

88

Color cereza poco intenso. Aroma hierbas verdes, especiado. Boca frutoso, fácil de beber, correcto.

PAZO CASANOVA

Camiño Souto do Río, 1 Santa Cruz
de Arrabaldo
32990 (Ourense)
☎: +34 607 576 923
Fax: +34 988 384 196
www.pazocasanova.com
casanova@pazocasanova.com

Casanova 2013 B
treixadura, godello, albariño, loureiro

89   12€

Color pajizo brillante. Aroma intensidad media, cítricos, fruta fresca, mineral. Boca equilibrado, buena acidez, fino amargor.

PAZO DE VIEITE

Ctra. Ribadavia – Carballiño, km.6 -
Vieite
32419 Leiro (Ourense)
☎: +34 988 488 229
Fax: +34 988 488 229
www.pazodevieite.es
info@pazodevieite.es

Viña Farnadas 2013 B
treixadura, godello, albariño

86 ★★★★   7€

Color amarillo, borde verdoso. Aroma floral, notas tropicales, equilibrado. Boca fácil de beber, cierta persistencia.

PAZO LALON

Pazo Lalón s/n Barro de Gomariz
32427 Leiro (Ourense)
☎: +34 653 131 487
www.eduardobravo.es
eduardogonzalezbravo@gmail.com

Eduardo Bravo 2013 B
88 ★★★   9€
Color pajizo brillante. Aroma fruta fresca, flores blancas, hierbas secas. Boca sabroso, frutoso, buena acidez, fino amargor.

PAZO TIZÓN

Rua do Bon Casares, 20
32514 Boboras (Orense)
☎: +34 902 120 915
Fax: +34 916 913 553
www.pazotizon.com
admon@pazotizon.com

Extramundi 2013 B
albariño, treixadura
89 ★★★★   8€
Color amarillo, borde verdoso. Aroma equilibrado, fruta madura, flores marchitas. Boca graso, equilibrado, fino amargor.

Pazo Tizon 2012 T
tempranillo, garnacha
87
Color cereza oscuro, borde granate. Aroma especias dulces, cacao fino, fruta madura, hierbas de monte. Boca frutoso, sabroso, taninos maduros.

PAZOS DE ALBOR

Coedo s/n
32454 (Ourense)
☎: +34 626 903 725
monica.albor@hotmail.com

Pazos de Albor 2013 T
mencía
88
Color cereza brillante. Aroma especias dulces, fruta roja, balsámico. Boca sabroso, frutoso, tostado, taninos maduros.

Pazos de Albor Treixadura 2013 B
treixadura
88
Color amarillo, borde verdoso. Aroma equilibrado, cítricos, intensidad media. Boca correcto, fino amargor.

Pazos de Albor Treixadura Godello Loureira 2013 B
treixadura, godello, loureiro
90
Color pajizo brillante, borde verdoso. Aroma fruta fresca, cítricos, floral, equilibrado. Boca frutoso, sabroso, buena acidez, cierta persistencia.

SANCLODIO

Cubilledo-Gomariz
32420 Leiro (Ourense)
☎: +34 686 961 681
www.vinosanclodio.com
sanclodiovino@gmail.com

Sanclodio 2012 B
treixadura, godello, loureiro, torrontés
91 ★★★★★   10€
Color pajizo brillante. Aroma flores blancas, hierbas de tocador, expresión frutal, mineral. Boca fresco, frutoso, sabroso, equilibrado, elegante.

TERRA DO CASTELO

Ctra. Ribadavia - Carballiño, Km. 4
32431 Beade (Ourense)
☎: +34 988 471 522
Fax: +34 988 471 502
www.terradocastelo.com
adegas@terradocastelo.com

Terra do Castelo "Sensación" 2013 B
treixadura, torrontés, godello, palomino
89 ★★★★★   4,5€
Color pajizo brillante. Aroma flores blancas, hierbas de tocador, expresión frutal. Boca fresco, frutoso, sabroso, equilibrado.

Terra do Castelo Godello 2013 B
100% godello

87 ★★★★   6€

Color pajizo brillante. Aroma flores blancas, hierbas de tocador, expresivo. Boca fresco, frutoso, sabroso, equilibrado, fácil de beber.

Terra do Castelo Treixadura 2013 B
100% treixadura

87 ★★★★   6€

Color pajizo brillante. Aroma flores blancas, hierbas de tocador, expresión frutal. Boca fresco, frutoso, sabroso, equilibrado.

VAL DE SOUTO
Souto, 34
32430 Castrelo de Miño (Ourense)
☎: +34 637 379 563
www.valdesouto.com
info@valdesouto.com

Val de Souto 2013 B
treixadura, godello, loureiro

89 ★★★★★   5€

Color pajizo brillante. Aroma fresco, fruta fresca, expresivo, cítricos. Boca sabroso, frutoso, buena acidez, equilibrado.

Val de Souto 2013 T
mencía, brancellao, caíño

86 ★★★★★   4,5€

Color cereza poco intenso, borde violáceo. Aroma hierbas de monte, fruta roja, intensidad media. Boca ligero, correcto.

Val de Souto Orixes 2013 B
treixadura, godello, loureiro

86 ★★★★★   4€

Color pajizo brillante. Aroma flores blancas, expresión frutal, hierbas secas, mineral. Boca fresco, frutoso, sabroso, equilibrado.

VALDEPUGA S.L.
Ctra. Ourense a Cortegada, km 14
32940 Puga Toén (Ourense)
☎: +34 619 018 833
Fax: +34 988 235 817
www.valdepuga.com
valdepuga@grupopuga.com

Terraboa 2012 B
treixadura, godello, loureiro, albariño

84   8€

Valdepuga 2013 B
treixadura, godello, loureiro, albariño

87 ★★★   10€

Color pajizo brillante. Aroma fresco, fruta fresca, flores blancas. Boca frutoso, buena acidez, equilibrado.

VIÑA COSTEIRA
Valdepereira, s/n
32415 Ribadavia (Ourense)
☎: +34 988 477 210
Fax: +34 988 470 330
www.vinoribeiro.com
info@pazoribeiro.com

Alén da Istoria 2012 T
caíño, sousón, ferrón, brancellao

84   5,3€

Colección 68 Costeira Treixadura 2013 B
treixadura, albariño, godello

90 ★★★★   10,3€

Color pajizo brillante. Aroma fresco, fruta fresca, expresivo. Boca sabroso, frutoso, equilibrado, fino amargor.

Pazo 2013 B
palomino, torrontés

85 ★★★★★   3,8€

Viña Costeira 2013 B

treixadura, torrontés, albariño, godello

88 ★★★★   5,3€

Color pajizo brillante. Aroma fruta fresca, flores blancas, equilibrado. Boca correcto, buena acidez, fino amargor, fácil de beber.

VIÑA MEIN S.L.

Mein, s/n
32420 Leiro (Ourense)
☎: +34 617 326 248
Fax: +34 915 761 019
www.vinamein.com
info.bodega@vinamein.com

Viña Mein 2012 BFB

treixadura, godello, loureiro, albariño

91 ★★★★   13€

Color pajizo brillante. Aroma equilibrado, especias dulces, flores marchitas, fruta madura. Boca graso, sabroso, largo.

Viña Mein 2013 B

91 ★★★★★   10€

Color pajizo brillante. Aroma flores blancas, hierbas de tocador, expresión frutal. Boca fresco, frutoso, sabroso, equilibrado, elegante.

VIÑA DA CAL

Lg. Astariz, km. 17
32430 Castrelo de Miño (Ourense)
☎: +34 986 226 010
susana@alter-vino.es

Alter 2013 B

treixadura, godello

90 ★★★★   12€

Color pajizo brillante. Aroma fresco, fruta fresca, flores blancas, expresivo. Boca sabroso, frutoso, buena acidez, equilibrado.

Alter 2013 T

brancellao, sousón

87   12€

Color cereza, borde granate. Aroma fruta madura, hierbas silvestres, terroso, especiado. Boca equilibrado, sabroso, largo, balsámico.

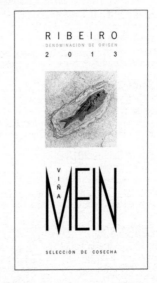

VIÑEDOS DO GABIAN

Coto de Gandara, 22
Abelendas das Penas
32433 Carballeda de Avia (Ourense)
☎: +34 636 157 785
pepequecuty@hotmail.com

Gabián 2012 BFB
100% treixadura

91　　　　　　　18€

Color amarillo brillante. Aroma potente, fruta madura, especias dulces, hierbas de tocador. Boca graso, retronasal ahumado, sabroso, fresco, buena acidez.

Xanledo 2012 T
caiño, brancellao

91　　　　　　　18€

Color cereza poco intenso, borde granate. Aroma expresivo, hierbas silvestres, fruta roja, elegante. Boca equilibrado, taninos finos, balsámico.

DO. RIBERA DEL DUERO

CONSEJO REGULADOR

Hospital, 6
09300 Roa (Burgos)
☎: +34 947 541 221 - Fax: +34 947 541 116
@: info@riberadelduero.es
www.riberadelduero.es

SITUACIÓN:

A caballo entre las provincias de Burgos, Valladolid, Segovia y Soria. La zona de producción engloba 19 municipios situados en la zona este de Valladolid, 5 del noroeste de Segovia, 59 en la zona meridional de Burgos (en esta provincia se concentra la mayor parte del viñedo con unas 10.000 has.) y 6 en la parte occidental de Soria.

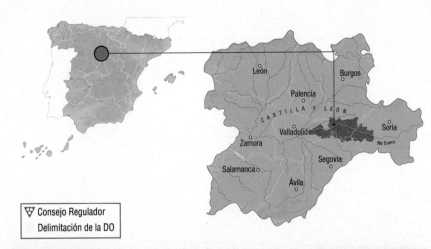

▽ Consejo Regulador
Delimitación de la DO

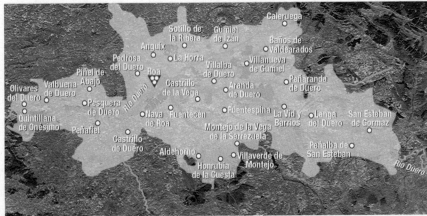

VARIEDADES:

BLANCAS: albillo.

TINTAS: tinta del país (tempranillo), garnacha tinta, cabernet sauvignon, malbec y merlot.

DATOS:

Nº Has. Viñedo: 21.731– **Nº Viticultores:** 8.413 – **Nº Bodegas:** 271 – **Cosecha 13:** Buena – **Producción 13:** 59.511.955 litros – **Comercialización:** 75% España - 25% Extranjero.

SUELOS:

En general se trata de terrenos sueltos, poco fértiles y con contenidos bastante altos de caliza. El mayor volumen de sedimentos está constituido por capas arenosas, limosas o arcillosas. El viñedo se asienta en las lomas interfluviales y en los valles a una altitud que oscila entre los 700 y los 850 metros.

CLIMA:

De tipo continental y con ligeras influencias atlánticas. Los inviernos son bastante fríos y los veranos cálidos, pero hay que destacar la importante variación térmica entre el día y la noche, que contribuye a una maduración más lenta de la uva y permite obtener excelentes índices de acidez. El mayor factor de riesgo de la zona lo constituyen las heladas primaverales, responsables en numerosas ocasiones de importantes caídas en la producción. El índice de precipitaciones anuales se sitúa entre los 450 y 500 mm.

CARACTERÍSTICAS GENERALES DE LOS VINOS

ROSADOS

La mayoría son de color cereza claro, afrutados y sabrosos, aunque en ocasiones pueden resultar algo alcohólicos y pesados. La nueva tendencia es crear vinos de color rosa pálido o incluso cobrizos de aromas más sutiles y pasos por boca más

TINTOS

El producto por excelencia de la denominación. Elaborados fundamentalmente a partir de la variedad tinto fino (tempranillo), suelen presentar un color cereza intenso. En la nariz, se caracterizan por sus aromas a frutos muy maduros, con gran carácter de hollejo y que normalmente pueden recordar el olor de la tinta, aunque también aparecen vinos jóvenes con notas rústicas. La crianza en barrica permite que estos vinos potentes se redondeen y adquieran mayor elegancia. Y es que sus sólidos taninos y buena estructura les convierte en excepcionales productos para el envejecimiento en madera y botella. Al paladar, los tintos de la Ribera se ofrecen potentes, con cuerpo y un buen equilibrio entre alcohol y acidez.

CLASIFICACIÓN COSECHAS   GUÍA**PEÑÍN**

2009	2010	2011	2012	2013
MUY BUENA	EXCELENTE	MUY BUENA	MUY BUENA	BUENA

3 ASES

Camino de Pesquera, s/n
47360 Quintanilla de Arriba (Valladolid)
☎: +34 983 036 214
www.3asesvino.com
info@3asesvino.com

3 Ases 2011 TC
tempranillo
88 ★★★   9,5€

Color cereza muy intenso. Aroma fruta madura, especiado, roble cremoso, tostado, con carácter. Boca potente, sabroso, tostado, taninos maduros.

3 Ases 2012 T Roble
tempranillo
85 ★★★★   5,5€

AALTO BODEGAS Y VIÑEDOS

Paraje Vallejo de Carril, s/n
47360 Quintanilla de Arriba (Valladolid)
☎: +34 620 351 182
Fax: +34 983 036 949
www.aalto.es
aalto@aalto.es

Aalto 2011 T
100% tempranillo
93   28€

Color cereza, borde granate. Aroma fruta roja, fruta madura, hierbas de tocador, especias dulces, roble cremoso, mineral. Boca potente, sabroso, especiado, concentrado.

Aalto PS 2011 T
100% tempranillo
95   60€

Color cereza, borde granate. Aroma fruta madura, balsámico, especiado, piedra seca, expresivo. Boca equilibrado, concentrado, sabroso, especiado, largo, elegante.

ABADÍA DE ACÓN

Ctra. Hontangas, Km. 0,400
9400 Castrillo de la Vega (Burgos)
☎: +34 947 509 292
Fax: +34 947 508 586
www.abadiadeacon.com
info@abadiadeacon.com

Acón 2007 TR
88   18,2€

Color cereza muy intenso. Aroma potente, fruta confitada, chocolate, roble cremoso. Boca estructurado, potente.

Acón 2009 TC
100% tempranillo
91 ★★★★   10,9€

Color cereza muy intenso. Aroma fruta madura, especiado, roble cremoso, tostado, con carácter. Boca potente, sabroso, tostado, taninos maduros.

Acón 2012 T Roble
100% tempranillo
88 ★★★★   6,7€

Color cereza brillante. Aroma fruta madura, especias dulces, roble cremoso, expresivo. Boca sabroso, frutoso, tostado, taninos maduros.

Acón 2013 T
100% tempranillo
84   4,7€

ALEJANDRO FERNÁNDEZ TINTO PESQUERA

Real, 2
47315 Pesquera de Duero (Valladolid)
☎: +34 983 870 037
Fax: +34 983 870 088
www.grupopesquera.com
pesquera@pesqueraafernandez.com

Tinto Pesquera 2011 TC
89

Color cereza, borde granate. Aroma fruta madura, especiado, roble cremoso, tostado. Boca potente, sabroso, tostado, falta de equilibrio.

ALIZÁN BODEGAS Y VIÑEDOS

Camino de Pesquera, s/n
47360 Quintanilla de Arriba (Valladolid)
☎: +34 983 306 021
Fax: +34 983 305 948
www.alizan.net
bodegasalizan@alizan.net

Auzau 2009 TC
tempranillo
88

Color cereza brillante. Aroma fruta madura, especias dulces, roble cremoso, tostado. Boca frutoso, sabroso, tostado, balsámico.

ALTOS DE ONTAÑÓN

Ctra. Roa s/n
9315 Fuentecén (Burgos)
☎: +34 947 532 797
www.ontanon.es
ontanon@ontanon.es

Teón del Condado 2010 TC
tinta del país

89 ★★★   9€

Color cereza brillante. Aroma fruta madura, especiado, roble cremoso, hierbas secas. Boca potente, sabroso, tostado, taninos maduros.

Teón del Condado 2011 T Roble
tinta del país

90 ★★★★★   8€

Color cereza brillante. Aroma fruta madura, especias dulces, roble cremoso, expresivo. Boca sabroso, frutoso, tostado, taninos maduros.

ALTOS DEL ENEBRO

Regino Sainz de la Maza 13º C
5004 (Burgos)
☎: +34 619 409 097
www.altosdelenebro.es
comercial@altosdelenebro.es

Altos del Enebro 2011 T
100% tinto fino

93   20€

Color cereza, borde granate. Aroma fruta confitada, fruta al licor, especiado. Boca sabroso, confitado, balsámico.

Tomás González 2011 T
100% tinto fino

91 ★★★   14€

Color cereza, borde granate. Aroma fruta madura, especiado, roble cremoso, tostado, complejo. Boca potente, sabroso, tostado, taninos maduros.

ALTOS DEL TERRAL

Barrionuevo, 11
9400 Aranda de Duero (Burgos)
☎: +34 616 953 451
www.altosdelterral.com
bodega@altosdelterral.com

Altos del Terral 2010 TC
tempranillo

93 ★★★   14€

Color cereza intenso, borde granate. Aroma equilibrado, complejo, hierbas silvestres. Boca equilibrado, estructurado, sabroso.

Altos del Terral T1 2009 T
tempranillo

91   28€

Color cereza, borde granate. Aroma fruta roja, fruta madura, especiado, roble cremoso, tostado, complejo, terroso. Boca potente, sabroso, tostado, taninos maduros.

Cuvée Julia Altos del Terral 2010 T
tempranillo

93   40€

Color cereza muy intenso, borde granate. Aroma expresivo, equilibrado, complejo, especias dulces, mineral. Boca equilibrado, buena acidez, taninos maduros.

ASTRALES

Ctra. Olmedillo, Km. 7
9313 Anguix (Burgos)
☎: +34 947 554 222
www.astrales.es
administracion@astrales.es

Astrales 2011 T
tempranillo

92   24€

Color cereza, borde granate. Aroma fruta madura, especiado, roble cremoso, tostado, complejo, terroso. Boca potente, sabroso, tostado, taninos marcados de roble.

ATALAYAS DE GOLBÁN

Ctra. a Morcuera, s/n
42345 Atauta (Soria)
☎: +34 975 351 349
isanz@avanteselecta.com

Torre de Golban 2009 TR
100% tempranillo

91 ★★★★   12,4€

Color cereza, borde granate. Aroma fruta madura, especiado, roble cremoso, tostado, complejo. Boca potente, sabroso, tostado, taninos maduros.

Torre de Golban 2011 TC
100% tinto fino

90 ★★★★★   9,9€

Color cereza, borde granate. Aroma especiado, tostado, fruta sobremadura, mineral. Boca potente, sabroso, tostado, taninos maduros.

Viridiana 2013 T
100% tinto fino

90 ★★★★★   6,7€

Color cereza brillante. Aroma fruta madura, especias dulces, roble cremoso, expresivo. Boca sabroso, frutoso, tostado, taninos maduros.

AVELINO VEGAS-BODEGAS
FUENTESPINA
Grupo Calvo Sotelo, 8
40460 Santiuste (Segovia)
☎: +34 921 596 002
Fax: +34 921 596 035
www.avelinovegas.com
ana@avelinovegas.com

Corona de Castilla Prestigio 2011 TC
tempranillo
91 ★★★★   13€
Color cereza muy intenso. Aroma fruta madura, especiado,
roble cremoso, tostado, complejo. Boca potente, sabroso,
tostado, taninos maduros.

F de Fuentespina 2009 TR
tempranillo
90   50€
Color cereza, borde granate. Aroma fruta madura, especiado,
roble cremoso, tostado, complejo. Boca potente, sabroso, tostado, taninos maduros.

Fuentespina 2011 TC
100% tempranillo
88 ★★★   9€
Color cereza, borde granate. Aroma potente, fruta madura,
tostado. Boca sabroso, estructurado, tostado, taninos maduros.

Fuentespina 2013 T Roble
tempranillo
87 ★★★★   6€
Color cereza brillante. Aroma fruta madura, roble cremoso.
Boca sabroso, frutoso, tostado, taninos maduros.

Fuentespina Granate 2013 T
tempranillo
87 ★★★★★   5€
Color cereza brillante. Aroma fruta madura, especias dulces,
roble cremoso. Boca sabroso, frutoso, tostado, taninos maduros.

Fuentespina Selección 2011 T
tempranillo
92 ★★★   15€
Color cereza muy intenso, borde granate. Aroma complejo,
equilibrado, expresivo, roble cremoso. Boca equilibrado, largo, taninos maduros.

AXIAL
Pla-za Calle Castillo de Capua, 10
Nave 7
50197 (Zaragoza)
☎: +34 976 780 136
Fax: +34 976 303 035
www.axialvinos.com
info@axialvinos.com

Zumaya 2011 TC
100% tempranillo
90 ★★★   14€
Color cereza, borde granate. Aroma fruta madura, especiado,
roble cremoso, tostado, complejo. Boca potente, sabroso, tostado, taninos maduros.

Zumaya Tempranillo 2013 T
100% tempranillo
86 ★★★★   8€
Color cereza, borde violáceo. Aroma intensidad media, fruta
roja, equilibrado. Boca correcto, cierta persistencia, fácil de
beber.

BELLORI VINOS

Cobalto, 67 Bajo
47012 (Valladolid)
☎: +34 983 314 522
Fax: +34 983 314 522
www.bellorivinos.com
administracion@bellorivinos.com

Bellori 2013 T
tinto fino
89 ★★★★ 7,5€
Color cereza muy intenso, borde violáceo. Aroma fruta roja, equilibrado, expresivo, especias dulces. Boca frutoso, retronasal afrutado.

BODEGA CONVENTO SAN FRANCISCO

Calvario, 22
47300 Peñafiel (Valladolid)
☎: +34 983 878 052
Fax: +34 983 873 052
www.bodegaconvento.com
bodega@bodegaconvento.com

Convento San Francisco 2010 T
100% tinta del país
90 ★★★★ 13€
Color cereza intenso, borde granate. Aroma tostado, ahumado, fruta madura, balsámico. Boca sabroso, especiado, fruta madura, taninos maduros.

BODEGA COOP. SANTA ANA

Ctra. Aranda - Salas, km. 18,5
9410 Peñaranda de Duero (Burgos)
☎: +34 947 552 011
Fax: +34 947 552 011
www.bodegasantaana.es
bodega@bodegasantaana.es

Castillo de Peñaranda 2011 TC
tempranillo
88 ★★★★ 7€
Color cereza brillante. Aroma fruta madura, especias dulces, roble cremoso. Boca frutoso, sabroso, tostado.

Castillo de Peñaranda 2013 T Roble
tempranillo
86 ★★★★★ 4,5€
Color cereza brillante, borde violáceo. Aroma fruta madura, especias dulces, roble cremoso, balsámico. Boca sabroso, frutoso, tostado.

Cruz Sagra 2012 T
tempranillo
89 ★★★ 8,5€
Color cereza, borde granate. Aroma fruta madura, hierbas silvestres, especiado, roble cremoso. Boca equilibrado, sabroso, largo, balsámico.

BODEGA COOPERATIVA VIRGEN DE LA ASUNCIÓN

Las Afueras, s/n
9311 La Horra (Burgos)
☎: +34 947 542 057
Fax: +34 947 542 057
www.virgendelaasuncion.com
info@virgendelaasuncion.com

Viña Valera 2011 TC
100% tempranillo
88 ★★★★ 7,3€
Color cereza, borde granate. Aroma fruta madura, especiado, roble cremoso, tostado, complejo. Boca potente, sabroso, tostado, taninos maduros.

Viña Valera 2013 T Joven
100% tempranillo
87 ★★★★★ 4,3€
Color cereza muy intenso, borde granate. Aroma fruta sobremadura, cálido, hierbas secas. Boca sabroso, fruta madura, largo.

Viña Valera 6 meses Barrica 2012 T Roble
100% tempranillo
86 ★★★★ 5,9€
Color cereza brillante. Aroma fruta madura, especias dulces, tostado. Boca sabroso, frutoso, tostado, taninos maduros.

Viña Valera Reserva 2008 TR
100% tempranillo

88 ★★★ 9,5€

Color cereza muy intenso, borde granate. Aroma potente, fruta madura, muy tostado (torrefactado), chocolate. Boca potente, tostado, retronasal torrefactado.

Viña Valera Selección 2011 T
100% tempranillo

89 ★★★ 8,5€

Color cereza muy intenso, borde granate. Aroma potente, fruta madura, muy tostado (torrefactado). Boca potente, tostado, retronasal torrefactado.

Viña Valera Viñas Viejas 2009 T
100% tempranillo

88 22€

Color cereza, borde granate. Aroma fruta madura, especiado, tostado. Boca potente, sabroso, tostado, taninos maduros.

Zarzuela 2013 T
100% tempranillo

87 ★★★★★ 4,3€

Color cereza, borde violáceo. Aroma fruta roja, fruta madura, hierbas silvestres. Boca sabroso, potente, frutoso.

Zarzuela Crianza 2011 TC
88

Color cereza, borde granate. Aroma fruta madura, especiado, roble cremoso, tostado, complejo. Boca potente, sabroso, tostado, equilibrado.

Zarzuela Reserva 2008 TR
100% tempranillo

89 ★★★ 9,5€

Color cereza, borde granate. Aroma fruta roja, fruta madura, especiado, roble cremoso, tostado, terroso. Boca potente, sabroso, tostado, taninos maduros.

Zarzuela Selección 2011 T Roble
100% tempranillo

89 ★★★ 8,5€

Color cereza, borde granate. Aroma fruta madura, especiado, roble cremoso, tostado, complejo. Boca potente, sabroso, tostado, taninos maduros.

Zarzuela Tinto 2012 T Roble
100% tempranillo

85 ★★★★ 5,9€

Zarzuela Viñas Viejas 2010 T
100% tempranillo

90 22€

Color cereza, borde granate. Aroma fruta roja, fruta madura, especiado, roble cremoso, tostado, complejo, terroso. Boca potente, sabroso, tostado.

BODEGA CRAYON
Plaza de la Hispanidad 1, 5ºD
9400 Aranda de Duero (Burgos)
☎: +34 661 325 455
info@bodegacrayon.es

Talaia Crayon 2010 T
tempranillo

89 11,6€

Color cereza brillante. Aroma fruta madura, especias dulces, roble cremoso, intensidad media. Boca frutoso, sabroso, tostado, equilibrado.

Talaia Crayon 2012 T
tempranillo

88 ★★★★ 6,5€

Color cereza, borde granate. Aroma fruta madura, especiado, roble cremoso, tostado, complejo. Boca potente, sabroso, tostado.

BODEGA DE BLAS SERRANO
Ctra. Santa Cruz, s/n
9471 Fuentelcésped (Burgos)
☎: +34 669 313 108
www.bodegasdeblasserrano.com
dbs@bodegasdeblasserrano.com

De Blas Serrano Bodegas 2009 T
tinta del país

90 18,5€

Color cereza muy intenso, borde granate. Aroma cerrado, ahumado, fruta madura, especiado. Boca estructurado, tostado, taninos maduros.

Mathis 2009 T
tinta del país

92   95€

Color cereza muy intenso, borde granate. Aroma tostado, cerrado, fruta madura, ahumado, con carácter. Boca lleno, estructurado, largo.

Phylos 2010 T
tinta del país

92 ★★★★   11,5€

Color cereza intenso, borde granate. Aroma expresivo, complejo, fruta madura, cacao fino. Boca lleno, especiado, largo, taninos maduros.

BODEGA DÍAZ BAYO
Camino de los Anarinos, s/n
9471 Fuentelcésped (Burgos)
☎: +34 947 561 020
Fax: +34 947 561 204
www.bodegadiazbayo.com
info@bodegadiazbayo.com

FDB 2006 T Barrica
tempranillo

91 ♣   50€

Color cereza, borde granate. Aroma equilibrado, complejo, fruta madura, especiado, hierbas silvestres. Boca estructurado, sabroso, taninos maduros.

Magunus Maximus 2010 T
tempranillo

88 ♣   11€

Color cereza, borde granate. Aroma fruta madura, especiado, roble cremoso, tostado, fina reducción. Boca potente, sabroso, tostado.

Majuelo de la Hombría 2008 T

92 ♣   300€

Color cereza, borde granate. Aroma equilibrado, complejo, fruta madura, especiado, mineral. Boca estructurado, sabroso, taninos maduros.

Nuestro 12 meses 2012 T Barrica
tempranillo

87 ★★★ ♣   9€

Color cereza, borde granate. Aroma fruta confitada, fruta al licor, especiado. Boca sabroso, confitado, balsámico.

Nuestro 20 meses 2007 T Barrica
tempranillo

92 ♣   30€

Color cereza oscuro. Aroma fruta madura, especiado, roble cremoso, complejo, hierbas secas. Boca potente, sabroso, tostado, taninos maduros.

Nuestro Crianza 2009 TC
tempranillo

91 ★★★ ♣   14€

Color cereza, borde granate. Aroma fruta madura, hierbas silvestres, terroso, especiado, roble cremoso. Boca sabroso, largo, balsámico, equilibrado.

BODEGA EMINA
Ctra. San Bernardo, s/n
47359 Valbuena de Duero (Valladolid)
☎: +34 983 683 315
Fax: +34 902 430 189
www.emina.es
emina@emina.es

Emina 2011 TC
100% tempranillo

87   10,5€

Color cereza oscuro, borde granate. Aroma potente, fruta madura, cacao fino, tostado. Boca estructurado, taninos maduros, potente.

Emina Atio 2010 T
100% tempranillo

90   30€

Color cereza intenso, borde granate. Aroma intensidad media, expresivo, especiado, ahumado, cacao fino. Boca equilibrado, taninos maduros.

Emina Pasión 2013 T Roble
100% tempranillo

85 ★★★★   6,1€

Emina Prestigio 2010 TR
100% tempranillo

90   18,9€

Color cereza, borde granate. Aroma especiado, fina reducción, ebanistería, tostado. Boca especiado, largo, tostado, equilibrado.

Valdelosfrailes 2013 T Roble
100% tempranillo

86 ★★★★   7€

Color cereza brillante. Aroma fruta madura, especias dulces. Boca sabroso, frutoso, tostado, taninos maduros.

BODEGA HNOS. PÁRAMO ARROYO
Ctra. de Roa Pedrosa
9314 Pedrosa de Duero (Burgos)
☎: +34 947 530 041
www.paramoarroyo.com
bodega@paramoarroyo.com

Eremus 2010 TC
100% tempranillo

89 ♣   12€

Color cereza, borde granate. Aroma fruta madura, hierbas silvestres, terroso, especiado, roble cremoso. Boca equilibrado, sabroso, largo, balsámico.

Eremus 2012 T
100% tempranillo

84 ♛   6€

BODEGA MATARROMERA

Ctra. Renedo-Pesquera, Km. 30
47359 Valbuena de Duero (Valladolid)
☎: +34 983 107 100
Fax: +34 902 430 189
www.grupomatarromera.com
matarromera@matarromera.es

Matarromera 2005 TGR
tempranillo

93

Color cereza, borde granate. Aroma equilibrado, complejo, fruta madura, especiado. Boca estructurado, sabroso, taninos maduros.

Matarromera 2010 TR
100% tempranillo

90   32€

Color cereza, borde granate. Aroma fruta madura, especiado, roble cremoso, tostado, complejo. Boca potente, sabroso, tostado, largo.

Matarromera 2011 TC
100% tempranillo

88   17€

Color cereza, borde granate. Aroma potente, fruta confitada, especias dulces, roble cremoso. Boca sabroso, taninos maduros.

Matarromera Edición Limitada 25 Aniversario 2010 T
100% tempranillo

93   187€

Color cereza opaco, borde granate. Aroma intensidad media, elegante, equilibrado, fruta madura, cacao fino. Boca lleno, estructurado, complejo.

Matarromera Prestigio 2010 TGR
100% tempranillo

92   39€

Color cereza, borde granate. Aroma fruta roja, fruta madura, especiado, roble cremoso, tostado, complejo, terroso. Boca potente, sabroso, tostado, taninos maduros.

Melior 2013 T Roble
100% tempranillo

84   7,5€

BODEGA NEXUS

Ctra. Pesquera de Duero a Renedo, s/n
47315 Pesquera de Duero (Valladolid)
☎: +34 983 360 284
Fax: +34 983 345 546
www.bodegasnexus.com
comercial@bodegasnexus.com

Nexus + 2009 T
100% tempranillo

91   40€

Color cereza, borde granate. Aroma especiado, fruta madura, hierbas secas. Boca complejo, estructurado, taninos maduros.

Nexus 2008 TC
100% tempranillo

93 ★★★   16€

Color cereza, borde granate. Aroma fruta madura, especiado, roble cremoso, tostado, chocolate, terroso. Boca potente, sabroso, tostado, taninos maduros.

Nexus One 2012 T
100% tempranillo

90 ★★★★★   9€

Color cereza brillante, borde violáceo. Aroma fruta madura, especias dulces, roble cremoso, expresivo. Boca sabroso, frutoso, tostado, taninos maduros.

Tierras Guindas 2012 T
100% tempranillo

87 ★★★★   5,7€

Color cereza, borde granate. Aroma especiado, fina reducción, cuero mojado, ebanistería, tostado. Boca especiado, largo, tostado.

BODEGA PAGO DE CIRSUS

Ctra. de Ablitas a Ribafora, Km. 5
31523 Ablitas (Navarra)
☎: +34 948 386 427
Fax: +34 948 386 420
www.pagodecirsus.com
laura.dominguez@pagodecirsus.com

Senda de los Olivos Edición Especial 2006 T
tinto fino

89   95€

Color rubí borde teja. Aroma elegante, especiado, fina reducción, cuero mojado, ebanistería, espirituoso. Boca especiado, taninos finos, elegante, largo.

Senda de los Olivos Vendimia Seleccionada 2011 T
tinto fino

90 ★★★★   13€

Color cereza, borde granate. Aroma fruta madura, especiado, roble cremoso, tostado, complejo. Boca potente, sabroso, tostado, taninos maduros.

BODEGA RENACIMIENTO

Santa María, 36
47359 Olivares de Duero (Valladolid)
☎: +34 983 683 315
Fax: +34 902 430 189
www.bodegarento.es
emina@emina.es

Rento 2006 T
100% tempranillo

90   50€

Color cereza, borde granate. Aroma fruta roja, fruta madura, especiado, roble cremoso, tostado, complejo, terroso. Boca potente, sabroso, tostado, taninos maduros.

BODEGA S. ARROYO

Avda. del Cid, 99
9441 Sotillo de la Ribera (Burgos)
☎: +34 947 532 444
Fax: +34 947 532 444
www.tintoarroyo.com
info@tintoarroyo.com

Tinto Arroyo 2007 TGR
100% tempranillo

89   16€

Color rubí, borde teja. Aroma elegante, especiado, fina reducción, cuero mojado, ebanistería, espirituoso. Boca especiado, elegante, largo.

Tinto Arroyo 2009 TR
100% tempranillo

90 ★★★★   12€

Color cereza, borde granate. Aroma fruta roja, fruta madura, especiado, roble cremoso, tostado, complejo, terroso. Boca potente, sabroso, tostado, taninos maduros.

Tinto Arroyo 2011 TC
100% tempranillo

89 ★★★★   8€

Color cereza, borde granate. Aroma fruta madura, especiado, roble cremoso, tostado, complejo. Boca potente, sabroso, tostado, taninos marcados de roble.

Tinto Arroyo 2012 T Roble
100% tempranillo

88 ★★★★   5,5€

Color cereza brillante. Aroma fruta madura, especias dulces, roble cremoso. Boca sabroso, frutoso, tostado, taninos maduros.

Tinto Arroyo 2013 T
100% tempranillo

88 ★★★★★   4,5€

Color cereza, borde violáceo. Aroma expresivo, fruta fresca, fruta roja, floral. Boca sabroso, frutoso, buena acidez, taninos maduros.

Tinto Arroyo Vendimia Seleccionada 2011 T
100% tempranillo

93   20€

Color cereza, borde granate. Aroma fruta madura, hierbas silvestres, especiado, balsámico, mineral. Boca potente, sabroso, especiado.

Viñarroyo 2013 RD
100% tempranillo

86 ★★★★★   3,2€

Color frambuesa, brillante. Aroma potente, fruta madura, fruta roja, floral, expresivo. Boca frutoso, fresco, fácil de beber.

BODEGA SAN MAMÉS, S. COOP.

Ctra. Valladolid, s/n
9315 Fuentecén (Burgos)
☎: +34 947 532 693
Fax: +34 947 532 653
www.bodegasanmames.com
info@bodegasanmames.com

Doble R (5 meses) 2012 T
100% tempranillo

87 ★★★★   5,3€

Color cereza, borde granate. Aroma fruta madura, hierbas silvestres, especiado, roble cremoso. Boca equilibrado, sabroso, largo, balsámico.

Doble R 2010 T Roble
100% tempranillo

91 ★★★   13,9€

Color cereza, borde granate. Aroma fruta madura, especiado, roble cremoso, tostado, complejo, terroso. Boca potente, sabroso, tostado, taninos maduros, equilibrado.

Doble R 2011 TC
100% tempranillo

89 ★★★   8,1€

Color cereza brillante. Aroma fruta madura, especias dulces, roble cremoso, intensidad media. Boca frutoso, sabroso, tostado.

Doble R 2012 T
100% tempranillo
87 ★★★★ 3,7€
Color cereza, borde granate. Aroma hierbas secas, fruta madura, intensidad media. Boca frutoso, fácil de beber, sabroso.

Doble R 2013 RD
100% tempranillo
85 ★★★★★ 2,5€

BODEGA SAN ROQUE DE LA ENCINA, SDAD. COOP.
San Roque, 73
9391 Castrillo de la Vega (Burgos)
☎: +34 947 536 001
Fax: +34 947 536 183
www.bodegasanroquedelaencina.com
info@bodegasanroquedelaencina.com

Cerro Piñel 2011 TC
100% tempranillo
88 ★★★★ 8€
Color cereza, borde granate. Aroma fruta madura, especiado, cálido. Boca potente, sabroso, tostado, taninos maduros.

Cerro Piñel 2012 T
100% tempranillo
86 ★★★★ 5,2€
Color cereza, borde violáceo. Aroma cacao fino, especias dulces, fruta madura. Boca sabroso, tostado.

Monte del Conde 2011 TC
100% tempranillo
88 ★★★★ 8€
Color cereza, borde granate. Aroma especiado, roble cremoso, tostado, cálido. Boca potente, sabroso, tostado, taninos maduros.

Monte del Conde 2013 T
100% tempranillo
86 ★★★★★ 4€
Color cereza intenso, borde violáceo. Aroma fruta madura, fruta roja, equilibrado. Boca correcto, frutoso, cierta persistencia.

Monte Pinadillo 2011 TC
100% tempranillo
89 ★★★★ 8€
Color cereza brillante. Aroma fruta madura, especias dulces, roble cremoso. Boca frutoso, sabroso, tostado.

Monte Pinadillo 2012 T Roble
100% tempranillo
87 ★★★★ 5,2€
Color cereza muy intenso, borde granate. Aroma tostado, especiado, fruta madura. Boca potente, taninos maduros, equilibrado.

Monte Pinadillo 2013 RD
100% tempranillo
86 ★★★★★ 3€
Color cereza claro. Aroma potente, fruta madura, fruta roja, floral. Boca potente, frutoso, fresco.

Monte Pinadillo 2013 T
100% tempranillo
85 ★★★★★ 4€

BODEGA SEVERINO SANZ
Del Rio, s/n
40542 Montejo De La Vega De La Serrezuela (Segovia)
☎: +34 944 659 659
Fax: +34 944 531 442
www.bodegaseverinosanz.es
erika@picmatic.es

Alma de Severino 2013 RD
tempranillo
87 ★★★★ 7€
Color frambuesa, borde violáceo. Aroma potente, fruta madura, fruta roja, floral. Boca potente, frutoso, fresco.

Herencia de Llanomingomez 2010 T
tempranillo
91 42,5€
Color cereza opaco, borde granate. Aroma expresivo, equilibrado, complejo, especiado, café aromático. Boca estructurado, lleno.

Muron 2011 T
tempranillo
88 ★★★★ 8€
Color cereza, borde granate. Aroma fruta madura, especiado, tostado, ahumado. Boca potente, sabroso, tostado, taninos maduros.

Muron 2012 T Roble
tempranillo

91 ★★★★★   **5,6€**

Color cereza brillante. Aroma fruta madura, especias dulces, roble cremoso. Boca sabroso, frutoso, tostado, taninos maduros.

Muron Edición Limitada 2011 T
tempranillo

90   **17€**

Color cereza, borde granate. Aroma fruta madura, hierbas silvestres, terroso, especiado, roble cremoso. Boca equilibrado, sabroso, largo, balsámico.

Pico del Llano 2013 T
tempranillo

86 ★★★★★   **3,5€**

Color cereza muy intenso, borde violáceo. Aroma potente, fruta madura. Boca frutoso, sabroso, taninos maduros, buena acidez.

BODEGA TINTO CARME

Real de Abajo, 4
47359 Valbuena de Duero (Valladolid)
☎: +34 646 242 262
Fax: +34 983 683 014
www.tintocarme.es
info@tintocarme.es

Carme 2012 T
tempranillo

85 ★★★★   **6€**

BODEGA TOMÁS POSTIGO

Estación, 12
47300 Peñafiel (Valladolid)
☎: +34 983 873 019
Fax: +34 983 880 258
www.tomaspostigo.es
administracion@tomaspostigo.es

Tomás Postigo 2011 TC
tinto fino, cabernet sauvignon, merlot

93   **20,5€**

Color cereza, borde granate. Aroma especiado, roble cremoso, tostado, complejo, fruta madura. Boca potente, sabroso, tostado, taninos maduros.

RIBERA DEL DUERO
DENOMINACIÓN DE ORIGEN

TOMÁS POSTIGO

TINTO 2011 CRIANZA
EMBOTELLADO POR POSTIGO VERGEL S.L.
PEÑAFIEL (VALLADOLID) ESPAÑA
PRODUCT OF SPAIN

15 % Vol.   R.E. 8485-VA-00   750 ml. ℮

BODEGA VIÑA BUENA

Avda. Portugal, 15
9400 Aranda de Duero (Burgos)
☎: +34 947 546 414
Fax: +34 947 506 694
www.vinabuena.com
vinabuena@vinabuena.com

Fuero Real 2011 TC
100% tempranillo

86 ★★★★★   4,5€

Color cereza, borde granate. Aroma fruta madura, especiado, roble cremoso, balsámico. Boca potente, sabroso, tostado.

Fuero Real 2013 T
100% tempranillo

85 ★★★★★   3,4€

BODEGA VIÑA VILANO S. COOP.

Ctra. de Anguix, 10
9314 Pedrosa de Duero (Burgos)
☎: +34 947 530 029
Fax: +34 947 530 037
www.vinavilano.com
info@vinavilano.com

Viña Vilano 2010 TR
100% tempranillo

88   12,5€

Color cereza muy intenso, borde granate. Aroma potente, fruta madura, muy tostado (torrefactado), chocolate. Boca potente, tostado, retronasal torrefactado.

Viña Vilano 2011 TC
100% tempranillo

91 ★★★★★   6,8€

Color cereza, borde granate. Aroma fruta madura, especiado, roble cremoso, tostado, complejo. Boca potente, sabroso, tostado, taninos maduros, equilibrado, elegante.

Viña Vilano 2013 RD
100% tempranillo

86 ★★★★★   3,1€

Color frambuesa. Aroma potente, fruta madura, fruta roja, floral, expresivo. Boca potente, frutoso, fresco.

Viña Vilano 2013 T
100% tempranillo

90 ★★★★★   4,1€

Color cereza, borde violáceo. Aroma fruta roja, expresivo, equilibrado, violetas. Boca equilibrado, buena acidez, sabroso, largo.

Viña Vilano 2013 T Roble
100% tempranillo

87 ★★★★   5,2€

Color cereza muy intenso, borde granate. Aroma potente, muy tostado (torrefactado), chocolate. Boca potente, tostado, retronasal torrefactado.

BODEGAS ABADÍA LA ARROYADA

La Tejera, s/n
9442 Terradillos de Esgueva (Burgos)
☎: +34 947 545 309
www.abadialaarroyada.es
bodegas@abadialaarroyada.es

Abadía la Arroyada 2009 TC
100% tempranillo

90 ★★★★   12€

Color cereza, borde granate. Aroma fruta madura, especiado, roble cremoso, tostado. Boca potente, sabroso, tostado, taninos maduros.

Abadía la Arroyada 2011 T Roble
100% tempranillo

88 ★★★★   6,5€

Color cereza, borde granate. Aroma fruta madura, especiado, roble cremoso, tostado. Boca potente, sabroso, tostado.

Abadía la Arroyada 2012 T
100% tempranillo

89 ★★★★★   4,5€

Color cereza muy intenso, borde granate. Aroma hierbas secas, fruta roja, fruta madura, equilibrado. Boca sabroso, fruta madura, largo.

 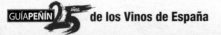

BODEGAS ANTÍDOTO

Elias Alvarez nº31, 1ºB
42330 San Esteban de Gormaz (Soria)
☎: +34 676 536 390
www.bodegasantidoto.com
bebervino@hotmail.com

Antídoto 2012 T
tinto fino

89 12€

Color cereza, borde granate. Aroma fruta madura, hierbas silvestres, terroso, especiado, roble cremoso. Boca equilibrado, sabroso, largo, balsámico.

La Hormiga de Antídoto 2012 T
tinto fino

93 24€

Color cereza, borde granate. Aroma fruta madura, especiado, roble cremoso, tostado, complejo, chocolate, terroso. Boca potente, sabroso, tostado, taninos maduros.

Le Rosé de Antídoto 2013 RD
tinto fino, albillo, garnacha

91 34€

Color piel cebolla. Aroma elegante, fruta escarchada, flores secas, hierbas de tocador, fruta roja. Boca ligero, sabroso, buena acidez, largo, especiado.

BODEGAS ARROCAL

Eras de Santa María, s/n
9443 Gumiel de Mercado (Burgos)
☎: +34 947 561 290
Fax: +34 947 561 290
www.arrocal.com
arrocal@arrocal.com

Arrocal 2013 T Barrica
100% tempranillo

88 ★★★★ 7€

Color cereza, borde granate. Aroma fruta madura, especiado, roble cremoso, tostado. Boca potente, sabroso, tostado, equilibrado.

Arrocal Angel 2010 T
100% tempranillo

93 25€

Color cereza, borde granate. Aroma fruta roja, fruta madura, especiado, roble cremoso, tostado, complejo, terroso. Boca potente, sabroso, tostado, taninos maduros, equilibrado.

Arrocal Máximo 2006 T
100% tempranillo

90 40€

Color cereza intenso, borde anaranjado. Aroma fruta madura, especiado, roble cremoso, fina reducción. Boca sabroso, especiado, largo, balsámico.

Arrocal Passión 2011 T
100% tempranillo

91 ★★★★★ 10€

Color cereza, borde granate. Aroma fruta madura, especiado, roble cremoso, tostado, complejo. Boca potente, sabroso, tostado.

Arrocal Selección 2011 T
100% tempranillo

90 ★★★ 15€

Color cereza, borde granate. Aroma fruta madura, especiado, roble cremoso, tostado, complejo, chocolate, terroso. Boca potente, sabroso, tostado, equilibrado.

Rosa de Arrocal 2013 RD

86 ★★★★★ 5€

Color cereza claro, brillante. Aroma floral, hierbas de tocador, equilibrado. Boca frutoso, fácil de beber, correcto.

BODEGAS ARZUAGA NAVARRO

Ctra. N-122, km. 325
47350 Quintanilla de Onésimo (Valladolid)
☎: +34 983 681 146
Fax: +34 983 681 147
www.arzuaganavarro.com
bodeg@arzuaganavarro.com

Amaya Arzuaga Colección Autor 2010 T

94 55€

Color cereza, borde granate. Aroma fruta madura, especiado, roble cremoso, tostado, complejo, chocolate, mineral. Boca potente, sabroso, tostado, taninos maduros.

AMAYA ARZUAGA
COLECCIÓN 2010

Arzuaga 2012 TC
88 15€
Color cereza muy intenso, borde granate. Aroma potente, fruta madura, muy tostado (torrefactado), brea. Boca potente, tostado, retronasal torrefactado.

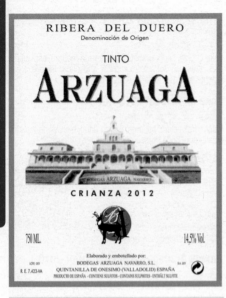

Arzuaga 2010 TR
92 30€
Color cereza intenso, borde granate. Aroma fruta roja, expresión frutal, especias dulces. Boca sabroso, buena acidez, fresco, frutoso, taninos maduros.

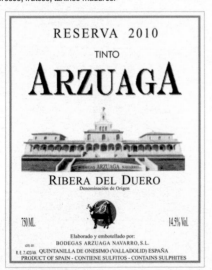

Arzuaga Ecológico 2011 TC
100% tempranillo
90 19€
Color cereza muy intenso, borde granate. Aroma potente, fruta madura, muy tostado (torrefactado). Boca potente, tostado, retronasal torrefactado.

Arzuaga Reserva Especial 2010 TR
93 45€
Color cereza muy intenso. Aroma fruta madura, especiado, roble cremoso, tostado, con carácter. Boca potente, sabroso, tostado, taninos maduros.

Gran Arzuaga 2010 T
93 120€
Color cereza, borde granate. Aroma fruta madura, especiado, roble cremoso, tostado, complejo. Boca potente, sabroso, tostado, taninos maduros.

Rosae Arzuaga 2013 RD
100% tempranillo
90 ★★★★★ 7€
Color cobrizo. Aroma elegante, fruta escarchada, flores secas, hierbas de tocador, especias dulces, roble cremoso. Boca ligero, sabroso, buena acidez, especiado.

Viñedos y Bodegas La Planta 2013 T Roble
100% tempranillo
88 ★★★★ 7€
Color cereza muy intenso, borde granate. Aroma fruta madura, muy tostado (torrefactado), chocolate. Boca potente, tostado, retronasal torrefactado.

BODEGAS ASENJO & MANSO

Ctra. Palencia, km. 58,200
9311 La Horra (Burgos)
☎: +34 669 568 663
Fax: +34 947 505 269
www.asenjo-manso.com
info@asenjo-manso.com

A&M Autor 2009 T
100% tempranillo

90

Color cereza muy intenso. Aroma fruta madura, especiado, roble cremoso, tostado, con carácter. Boca potente, sabroso, tostado, equilibrado.

Ceres 2010 TC
100% tempranillo

88 🌑

Color cereza, borde granate. Aroma fruta madura, especiado, roble cremoso, tostado, complejo. Boca potente, sabroso, tostado.

Silvanus 2009 TC
100% tempranillo

89 🌑

Color cereza brillante. Aroma fruta madura, especias dulces, roble cremoso, intensidad media. Boca frutoso, sabroso, tostado.

Silvanus Edición Limitada 2009 T
100% tempranillo

90

Color cereza, borde granate. Aroma fruta madura, especiado, roble cremoso, tostado, complejo. Boca potente, sabroso, tostado, taninos maduros.

BODEGAS BADEN NUMEN

Carreterilla, s/n
47359 San Bernardo (Valladolid)
☎: +34 615 995 552
Fax: +34 983 683 041
www.badennumen.es
bodega@badennumen.es

Baden Numen "B" 2012 T
100% tinto fino

91 ★★★★★   7,5€

Color cereza, borde violáceo. Aroma fruta roja, frambuesa, expresión frutal, hierbas de tocador. Boca sabroso, ligero, buena acidez, fresco, frutoso.

Baden Numen "N" 2011 TC
100% tinto fino

90 ★★★★   12€

Color cereza, borde granate. Aroma fruta roja, fruta madura, especiado, roble cremoso, tostado, terroso. Boca potente, sabroso, tostado, taninos maduros.

Baden Numen Oro "AU" 2010 T
100% tinto fino

93   23€

Color cereza, borde granate. Aroma fruta madura, especiado, roble cremoso, tostado, complejo, chocolate, terroso. Boca potente, sabroso, tostado, taninos maduros, elegante.

BODEGAS BALBÁS

La Majada, s/n
9311 La Horra (Burgos)
☎: +34 947 542 111
Fax: +34 947 542 112
www.balbas.es
bodegas@balbas.es

Alitus 2005 TR
91   43€
Color cereza, borde granate. Aroma hierbas silvestres, terroso, especiado, roble cremoso, fruta madura, fruta roja. Boca equilibrado, sabroso, largo, balsámico.

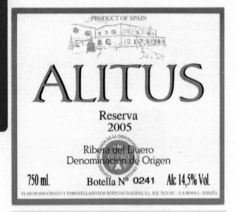

Ardal 2009 TR
90 ★★★   14,5€
Color cereza, borde granate. Aroma fruta madura, especiado, tostado, ahumado, hierbas secas. Boca potente, sabroso, tostado, taninos maduros.

Ardal 2011 TC
86   11,8€
Color cereza, borde granate. Aroma fruta madura, especiado, tostado. Boca potente, sabroso, tostado, taninos maduros.

Balbás 2011 TC
90 ★★★★   11,8€
Color cereza, borde granate. Aroma fruta madura, especiado, roble cremoso, tostado, complejo. Boca potente, sabroso, tostado, taninos maduros.

Ritus 2010 T
92 ★★★   15,8€
Color cereza, borde granate. Aroma fruta madura, hierbas silvestres, terroso, especiado, roble cremoso. Boca equilibrado, sabroso, largo, balsámico.

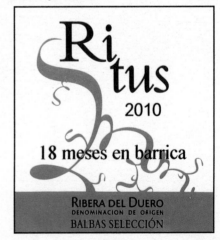

BODEGAS BOHÓRQUEZ

Ctra. Peñafiel, s/n
47315 Pesquera de Duero (Valladolid)
☎: +34 915 643 751
Fax: +34 915 618 602
www.bodegasbohorquez.com
info@bodegasbohorquez.com

Cardela 2010 TC

88   **13€**

Color cereza, borde granate. Aroma fruta madura, balsámico, especias dulces, roble cremoso. Boca potente, sabroso, especiado, tostado.

BODEGAS BRIEGO

Ctra. Cuellar, s/n
47311 Fompedraza (Valladolid)
☎: +34 983 892 156
Fax: +34 983 892 156
www.bodegasbriego.com
info@bodegasbriego.com

Ankal 2011 TC
100% tempranillo

90 ★★★★   **12,8€**

Color cereza, borde granate. Aroma fruta roja, fruta madura, especiado, roble cremoso, tostado, complejo, elegante. Boca potente, sabroso, tostado, taninos maduros.

Ankal 2012 T Roble
100% tempranillo

89 ★★★★   **7,8€**

Color cereza brillante. Aroma especias dulces, roble cremoso, fruta roja. Boca sabroso, frutoso, tostado, taninos maduros.

Ankal Edición Limitada 2009 TR
100% tempranillo

89   **18,9€**

Color cereza, borde granate. Aroma fruta madura, hierbas silvestres, terroso, especiado, roble cremoso. Boca equilibrado, sabroso, largo, balsámico.

Briego Adalid 2009 TR
100% tempranillo

88   **19,5€**

Color cereza intenso, borde granate. Aroma fruta madura, hierbas secas, ahumado. Boca sabroso, taninos maduros.

Briego Tiempo 2011 TC
100% tempranillo

90 ★★★★   **12,9€**

Color cereza, borde granate. Aroma fruta madura, hierbas silvestres, terroso, especiado, roble cremoso. Boca equilibrado, sabroso, largo, balsámico.

Briego Vendimia Seleccionada 2012 T Roble
100% tempranillo

90 ★★★★★   **7,5€**

Color cereza brillante. Aroma especias dulces, roble cremoso, fruta sobremadura. Boca sabroso, frutoso, tostado.

Supernova 2011 TC
100% tempranillo

88   **12,5€**

Color cereza, borde granate. Aroma fruta madura, especiado, tostado, hierbas de monte. Boca potente, sabroso, tostado, taninos maduros.

Supernova Edición Limitada 2009 T
100% tempranillo

90   **29€**

Color cereza opaco. Aroma fruta madura, especiado, roble cremoso, tostado, complejo. Boca sabroso, tostado, taninos maduros, fácil de beber.

Supernova Roble 2012 T Roble
100% tempranillo

92 ★★★★★   **6,9€**

Color cereza, borde granate. Aroma fruta madura, especiado, roble cremoso, tostado, complejo, chocolate, terroso. Boca potente, sabroso, tostado, taninos maduros.

BODEGAS BRIONES ABAD

Isabel la Católica, 42
9300 Roa (Burgos)
☎: +34 947 540 613
Fax: +34 947 540 613
www.cantamuda.com
brionesabad@cantamuda.com

Canta Muda 2012 T Roble
100% tempranillo
89 ★★★★ 7,9€
Color cereza, borde granate. Aroma fruta madura, especiado, roble cremoso, tostado, chocolate, mineral. Boca potente, sabroso, tostado, taninos maduros.

Canta Muda Finca la Cebolla 2011 T
100% tempranillo
88
Color cereza, borde granate. Aroma especiado, roble cremoso, balsámico, piedra seca, fruta confitada. Boca sabroso, especiado, redondo, elegante.

Canta Muda Parcela 64 2011 T
100% tempranillo
91 ★★★ 14,9€
Color cereza, borde granate. Aroma fruta madura, especiado, roble cremoso, tostado, mineral, expresivo. Boca potente, sabroso, tostado, taninos maduros, equilibrado.

BODEGAS BRIONES BANIANDRÉS

Camino Valdeguzmán, s/n
9314 Quintanamanvirgo (Burgos)
☎: +34 947 561 385
Fax: +34 947 561 386
www.apricus.es
bodegas@apricus.es

Apricus 2009 TC
100% tempranillo
88 10,2€
Color rubí, borde teja. Aroma especiado, fina reducción, cuero mojado, ebanistería, espirituoso. Boca especiado, taninos finos.

Apricus 2012 T Barrica
100% tempranillo
89 ★★★★ 7€
Color cereza brillante. Aroma fruta madura, especias dulces, roble cremoso, expresivo. Boca sabroso, frutoso, tostado, taninos maduros.

Apricus 2012 T Joven
100% tempranillo
90 ★★★★★ 4,5€
Color cereza, borde granate. Aroma fruta madura, equilibrado, especias dulces. Boca estructurado, frutoso, sabroso, taninos maduros.

BODEGAS CANTAMORA

Travesía de las Eras no2
47315 Pesquera de Duero (Valladolid)
☎: +34 983 870 059
www.bodegascantamora.com
bodegas@bodegascantamora.com

Acebeño 2013 T
87 ★★★★★ 4,5€
Color cereza brillante. Aroma fruta madura, especias dulces, roble cremoso, expresivo. Boca sabroso, frutoso, tostado, balsámico.

Tinto Moreño 2010 TC
86 ★★★★ 8€
Color cereza brillante. Aroma fruta madura, especias dulces, muy tostado (torrefactado). Boca sabroso, frutoso, tostado, taninos maduros.

Tinto Moreño Cepas Viejas 2009 TC
100% tempranillo
88 12€
Color cereza brillante, borde granate. Aroma expresivo, fruta roja, fruta madura, roble cremoso. Boca estructurado, especiado, largo.

BODEGAS CEPA 21

Ctra. N-122, Km. 297
47018 Castrillo de Duero (Valladolid)
☎: +34 983 484 083
Fax: +34 983 480 017
www.cepa21.com
bodega@cepa21.com

Cepa 21 2010 T
100% tinto fino
91 18€
Color cereza, borde granate. Aroma fruta roja, fruta madura, especiado, roble cremoso, tostado, complejo, terroso. Boca potente, sabroso, tostado.

Hito 2013 T
100% tinto fino
88 ★★★★ 8€
Color cereza muy intenso. Aroma fruta madura, especias dulces, cacao fino. Boca sabroso, frutoso, tostado, taninos maduros.

Malabrigo 2010 T
100% tinto fino
92 45€
Color cereza, borde granate. Aroma fruta madura, hierbas silvestres, terroso, especiado, roble cremoso. Boca equilibrado, sabroso, largo, balsámico.

BODEGAS CRUZ DE ALBA

Síndico, 4 y 5
47350 Quintanilla de Onésimo
(Valladolid)
☎: +34 941 310 295
Fax: +34 941 310 832
www.cruzdealba.es
info@cruzdealba.es

Cruz de Alba 2012 TC

100% tempranillo

88   15,3€

Color cereza muy intenso, borde granate. Aroma potente, fruta madura, muy tostado (torrefactado), chocolate. Boca potente, tostado, retronasal torrefactado.

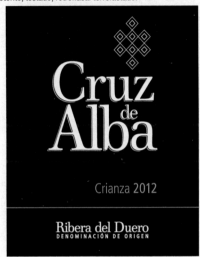

Lucero de Alba 2013 T Roble

100% tempranillo

88 ★★★★   7,7€

Color cereza brillante. Aroma fruta madura, especias dulces, roble cremoso. Boca sabroso, frutoso, tostado, taninos maduros.

BODEGAS CUEVAS JIMÉNEZ - FERRATUS

Ctra. Madrid-Irún, A-I km. 165
9370 Gumiel de Izán (Burgos)
☎: +34 947 679 999
Fax: +34 947 613 873
www.ferratus.es
bodega@ferratus.es

Ferratus 2008 T

100% tempranillo

93   19€

Color cereza, borde granate. Aroma fruta madura, especiado, roble cremoso, tostado, complejo, terroso. Boca potente, sabroso, tostado, taninos maduros.

Ferratus AO 2013 T Roble

100% tempranillo

90 ★★★★   12€

Color cereza, borde violáceo. Aroma potente, fruta roja, fruta madura, floral, expresivo. Boca potente, fresco, frutoso, untuoso.

Ferratus Sensaciones 2008 T

100% tempranillo

94   26€

Color cereza, borde granate. Aroma fruta roja, fruta madura, especiado, roble cremoso, tostado, complejo, fina reducción. Boca potente, sabroso, tostado, taninos maduros.

Ferratus Sensaciones Décimo 2003 T

tempranillo

96   90€

Color cereza, borde granate. Aroma fruta madura, hierbas silvestres, terroso, especiado, roble cremoso. Boca equilibrado, sabroso, largo, balsámico, elegante.

BODEGAS DE LOS RÍOS PRIETO

Ctra. Pesquera - Renedo, KM. 1
47315 Pesquera de Duero (Valladolid)
☎: +34 983 880 383
Fax: +34 983 878 032
www.bodegasdelosriosprieto.com
info@bodegasdelosriosprieto.com

Lara Prios Maximus Vino de Autor 2009 T
tempranillo

90   28€

Color cereza brillante. Aroma fruta madura, especias dulces, roble cremoso, intensidad media. Boca frutoso, sabroso, tostado.

Prios Maximus 2009 TR
tempranillo

86   18€

Color cereza, borde granate. Aroma cera, tabaco, fruta madura, especiado, ebanistería. Boca fino amargor, sabroso, taninos finos.

Prios Maximus 2012 TC
tempranillo

87   10,5€

Color cereza brillante. Aroma fruta madura, especias dulces, roble cremoso, balsámico. Boca frutoso, sabroso, tostado, retronasal torrefactado.

Prios Maximus 2013 T Roble
tempranillo

87 ★★★★   6€

Color cereza brillante. Aroma fruta madura, especias dulces, roble cremoso. Boca sabroso, frutoso, tostado, taninos maduros.

BODEGAS DEL CAMPO

Camino Fuentenavares, s/n
9370 Quintana del Pidío (Burgos)
☎: +34 947 561 034
Fax: +34 947 561 038
www.pagosdequintana.com
bodegas@pagosdequintana.com

Pagos de Quintana 2010 TC
100% tinto fino

89

Color cereza, borde granate. Aroma fruta madura, especiado, roble cremoso, tostado. Boca potente, sabroso, tostado.

Pagos de Quintana Roble 2012 T Roble
100% tinto fino

87

Color cereza brillante. Aroma fruta madura, especias dulces, roble cremoso. Boca sabroso, frutoso, tostado.

Pagos de Quintana Vendimia Seleccionada 2009 T
100% tinto fino

91

Color cereza, borde granate. Aroma fruta roja, fruta madura, especiado, roble cremoso, tostado, complejo, terroso. Boca potente, sabroso, tostado, taninos maduros.

BODEGAS DÍEZ LLORENTE

Ctra. Circunvalación, s/n
9300 Roa (Burgos)
☎: +34 615 293 031
Fax: +34 947 540 341
www.diezllorente.com
bodegas@diezllorente.com

Díez Llorente 2009 TR
tempranillo

88   11€

Color cereza, borde granate. Aroma fruta madura, hierbas silvestres, terroso, especiado, roble cremoso. Boca equilibrado, sabroso, largo, balsámico.

Díez Llorente 2011 TC
tempranillo

86 ★★★★   7€

Color cereza brillante, borde granate. Aroma fruta madura, especias dulces, roble cremoso. Boca sabroso, frutoso, tostado.

Díez Llorente 2012 T Roble
tempranillo

86 ★★★★★   5€

Color cereza brillante. Aroma fruta madura, especias dulces, roble cremoso. Boca sabroso, frutoso, tostado, taninos maduros.

Gran Salinero 2009 TR

100% tempranillo

87   14,5€

Color cereza muy intenso. Aroma potente, fruta confitada, especiado, tabaco. Boca sabroso, fruta madura, taninos maduros.

Gran Salinero 2011 TC

100% tempranillo

88 ★★★   8,5€

Color cereza, borde granate. Aroma fruta madura, especiado, roble cremoso, tostado. Boca potente, sabroso, tostado, taninos maduros.

Gran Salinero Selección 2012 T Roble

100% tempranillo

89 ★★★★   7,5€

Color cereza brillante. Aroma fruta madura, especias dulces, roble cremoso, expresivo. Boca sabroso, frutoso, tostado, taninos maduros.

Señorío de Brenda 2011 TC

tempranillo

87 ★★★★   7€

Aroma fruta madura, especiado, roble cremoso, tostado, hierbas silvestres. Boca potente, sabroso, tostado, taninos maduros.

Señorío de Brenda 2012 T Roble

tempranillo

87 ★★★★★   5€

Color cereza muy intenso, borde granate. Aroma fruta sobremadura, cálido, hierbas secas. Boca sabroso, fruta madura, largo.

Señorío de Brenda 2013 T

tempranillo

86 ★★★★★   4€

Color cereza, borde violáceo. Aroma expresivo, fruta fresca, fruta roja, floral. Boca sabroso, frutoso, buena acidez.

BODEGAS DOMINIO DE CAIR

Ctra. Aranda a la Aguilera. km. 9
9370 La Aguilera (Burgos)
☎: +34 947 545 276
Fax: +34 947 545 383
www.dominiodecair.com
bodegas@dominiodecair.com

Cair 2010 TC

100% tempranillo

93 ★★★   16€

Color cereza, borde granate. Aroma fruta roja, fruta madura, piedra seca, especiado, roble cremoso, balsámico. Boca elegante, redondo, potente, sabroso, especiado, largo.

Cair Cuvée 2011 T

90 ★★★★★   8€

Color cereza, borde granate. Aroma fruta madura, especiado, roble cremoso, tostado, complejo. Boca potente, sabroso, tostado, taninos maduros.

Tierras de Cair 2009 TR

100% tempranillo

92   30€

Color cereza muy intenso. Aroma fruta madura, especiado, roble cremoso, tostado, con carácter. Boca potente, sabroso, tostado, taninos maduros.

BODEGAS DURÓN

Ctra. Roa - La Horra, km. 3,800
9300 Roa (Burgos)
☎: +34 902 227 700
Fax: +34 902 227 701
www.solardesamaniego.com
bodega@cofradiasamaniego.com

Durón 2009 TR

87   11,5€

Color guinda. Aroma especiado, fina reducción, cuero mojado, ebanistería, tostado. Boca especiado, largo, tostado.

Durón 2011 TC

100% tinta del país

88 ★★★★   7€

Color cereza brillante. Aroma fruta madura, especias dulces, roble cremoso, intensidad media. Boca frutoso, sabroso, tostado.

BODEGAS EL INICIO

San Vicente, 22
47300 Peñafiel (Valladolid)
☎: +34 947 515 884
Fax: +34 947 515 886
www.bodegaselinicio.com
rbi@redbottleint.com

Admiración Selección Especial 2009 T
100% tempranillo

90 ★★★ 15€

Color cereza, borde granate. Aroma fruta madura, hierbas silvestres, especiado, roble cremoso. Boca equilibrado, sabroso, largo, balsámico.

A!
admiración

f/.|| (Del lat. admiratio, - onis). Dícese de algo exclusivo, elaborado para el deleite. Capaz de despertar fascinación y odio cuando se le conoce.

Selección Especial 09

Rivendel 2011 TC
100% tempranillo

88 ★★★ 10€

Color cereza muy intenso, borde granate. Aroma potente, fruta madura, muy tostado (torrefactado), chocolate. Boca potente, tostado, retronasal torrefactado.

Rivendel 2012 T Roble
100% tempranillo

88 ★★★★ 6€

Color cereza brillante. Aroma especias dulces, roble cremoso, intensidad media. Boca frutoso, sabroso, tostado.

BODEGAS EMILIO MORO

Ctra. Peñafiel - Valoria, s/n
47015 Pesquera de Duero (Valladolid)
☎: +34 983 878 400
Fax: +34 983 870 195
www.emiliomoro.com
bodega@emiliomoro.com

Emilio Moro 2011 T
100% tinto fino

90 17€

Color cereza, borde granate. Aroma fruta madura, especiado, roble cremoso, tostado, mineral. Boca potente, sabroso, tostado, taninos maduros.

Finca Resalso 2013 T
100% tinto fino

91 ★★★★★ 8€

Color cereza brillante. Aroma fruta madura, especias dulces, roble cremoso, expresivo. Boca sabroso, frutoso, tostado, taninos maduros.

Malleolus 2010 T
100% tinto fino

93 28€

Color cereza, borde granate. Aroma fruta madura, especiado, roble cremoso, tostado, complejo, piedra seca. Boca potente, sabroso, tostado, taninos maduros, equilibrado.

Malleolus de SanchoMartín 2009 T
100% tinto fino

94 98€

Color cereza, borde granate. Aroma fruta madura, especiado, roble cremoso, tostado, complejo, chocolate, terroso. Boca potente, sabroso, tostado, taninos maduros.

Malleolus de Valderramiro 2009 T
100% tinto fino

92 74€

Color cereza muy intenso, borde granate. Aroma potente, fruta madura, muy tostado (torrefactado), chocolate. Boca potente, tostado, retronasal torrefactado.

BODEGAS EPIFANIO RIVERA

Onésimo Redondo, 1
47315 Pesquera de Duero (Valladolid)
☎: +34 983 870 109
Fax: +34 983 870 109
www.epifaniorivera.com
info@epifaniorivera.com

Erial 2011 T
100% tinto fino

90 ★★★★ 12€

Color cereza brillante. Aroma fruta madura, especias dulces, roble cremoso. Boca frutoso, sabroso, tostado.

Erial TF 2011 T
100% tinto fino

91   **22€**

Color cereza muy intenso, borde granate. Aroma especiado, elegante, fruta madura, mineral. Boca estructurado, lleno, taninos maduros.

BODEGAS FÉLIX CALLEJO
Avda. del Cid, km. 16
9441 Sotillo de la Ribera (Burgos)
☎: +34 947 532 312
Fax: +34 947 532 304
www.bodegasfelixcallejo.com
callejo@bodegasfelixcallejo.com

Callejo 2011 TC
100% tempranillo

88   🍷   **20€**

Color cereza brillante. Aroma especias dulces, roble cremoso, expresivo. Boca sabroso, frutoso, tostado, taninos maduros.

Félix Callejo Autor 2011 T
100% tempranillo

93   🍷   **80€**

Color cereza, borde granate. Aroma fruta roja, fruta madura, balsámico, especiado, roble cremoso, equilibrado. Boca sabroso, especiado, largo, elegante.

Flores de Callejo 2012 T
100% tempranillo

88   🍷   **11€**

Color cereza brillante. Aroma fruta madura, especias dulces, roble cremoso. Boca sabroso, frutoso, tostado, taninos maduros.

Majuelos de Callejo 2011 T
100% tempranillo

92   🍷   **30€**

Color cereza, borde granate. Aroma fruta madura, especiado, roble cremoso, tostado, complejo. Boca potente, sabroso, tostado, taninos maduros.

Viña Pilar 2013 RD
100% tempranillo

87   🍷   **11€**

Color cereza claro, brillante. Aroma fruta fresca, hierbas de tocador, floral. Boca frutoso, largo, fino amargor.

BODEGAS FUENTENARRO
Ctra. Burgos, s/n Cruce
9311 La Horra (Burgos)
☎: +34 947 542 092
Fax: +34 947 542 083
www.fuentenarro.com
bodegas@fuentenarro.com

Viña Fuentenarro 2005 TGR
tempranillo

87   **25€**

Color guinda, borde anaranjado. Aroma especiado, fina reducción, cuero mojado, ebanistería, tostado. Boca especiado, largo, tostado.

Viña Fuentenarro 2009 TR
tempranillo

91 ★★★   **15€**

Color cereza muy intenso, borde granate. Aroma potente, fruta madura, muy tostado (torrefactado), chocolate. Boca potente, tostado, retronasal torrefactado.

Viña Fuentenarro 2010 TC
tempranillo

91 ★★★★★   **9€**

Color cereza, borde granate. Aroma fruta madura, hierbas silvestres, terroso, especiado, roble cremoso. Boca equilibrado, sabroso, largo, balsámico.

Viña Fuentenarro Cuatro Meses Barrica 2012 T Barrica
tempranillo

89 ★★★★   **6€**

Color cereza brillante. Aroma especias dulces, roble cremoso, intensidad media. Boca frutoso, sabroso, tostado.

Viña Fuentenarro Vendimia Seleccionada 2010 T
tempranillo

90 ★★★★   **11€**

Color cereza, borde granate. Aroma fruta madura, especiado. Boca sabroso, tostado, taninos maduros, frutoso, cierta persistencia.

BODEGAS GARCÍA DE ARANDA

Ctra. de Soria, s/n
9400 Aranda de Duero (Burgos)
☎: +34 947 501 817
Fax: +34 947 506 355
www.bodegasgarcia.com
bodega@bodegasgarcia.com

Edades de Baldíos 2012 T Roble

tempranillo

87 ★★★ 8,5€

Color cereza muy intenso, borde granate. Aroma potente, fruta madura, muy tostado (torrefactado). Boca potente, tostado, retronasal torrefactado.

PG Pedro García 2010 TC

tempranillo

91 20€

Color cereza, borde granate. Aroma fruta madura, especiado, roble cremoso, tostado, complejo. Boca potente, sabroso, tostado, taninos maduros.

Señorío de los Baldíos 2008 TR

tempranillo

88 12€

Color cereza, borde granate. Aroma fruta madura, especiado, roble cremoso, tostado, complejo. Boca potente, sabroso, tostado.

Señorío de los Baldíos 2011 TC

tempranillo

88 ★★★ 9€

Color cereza, borde granate. Aroma fruta madura, especiado, roble cremoso, tostado. Boca potente, sabroso, tostado, taninos maduros.

Señorío de los Baldíos 2013 T

tempranillo

85 ★★★★ 6€

Señorío de los Baldíos Don Anastasio 2013 RD

tempranillo

86 ★★★★★ 3,5€

Color frambuesa, borde violáceo. Aroma potente, fruta madura, fruta roja. Boca potente, frutoso, fresco.

BODEGAS GRUPO YLLERA

Autovía A-6, Km. 173,5
47490 Rueda (Valladolid)
☎: +34 983 868 097
Fax: +34 983 868 177
www.grupoyllera.com
grupoyllera@grupoyllera.com

Boada Pepe Yllera 2012 T Roble

100% tempranillo

87 ★★★★ 5,3€

Color cereza brillante. Aroma fruta madura, especias dulces, roble cremoso. Boca sabroso, frutoso, tostado.

Bracamonte 2009 TC

100% tempranillo

91 ★★★★★ 8€

Color cereza, borde granate. Aroma fruta roja, fruta madura, especiado, roble cremoso, tostado, complejo, terroso. Boca potente, sabroso, tostado, taninos maduros.

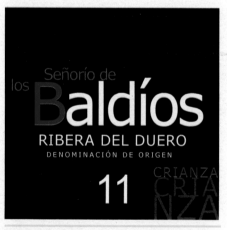

Señorío de los Baldíos 2012 T Roble

tempranillo

84 6,5€

Bracamonte 2009 TR
100% tempranillo

90 ★★★★   12€

Color cereza muy intenso. Aroma fruta madura, especiado, roble cremoso, tostado, fina reducción. Boca potente, sabroso, tostado, taninos maduros.

Bracamonte 2012 T Roble
100% tempranillo

88 ★★★★★   4,8€

Color cereza muy intenso, borde granate. Aroma potente, fruta madura, especiado, roble cremoso. Boca potente, tostado, correcto.

Viña del Val 2013 T
100% tempranillo

89 ★★★★★   3,5€

Color cereza, borde violáceo. Aroma expresivo, fruta fresca, fruta roja, floral. Boca sabroso, frutoso, buena acidez.

BODEGAS HACIENDA MONASTERIO
Ctra. Pesquera - Valbuena, km. 36
47315 Pesquera de Duero (Valladolid)
☎: +34 983 484 002
Fax: +34 983 484 079
www.haciendamonasterio.com
bmonasterio@haciendamonasterio.com

Hacienda Monasterio 2009 TR

93   40€

Color cereza muy intenso. Aroma fruta madura, especiado, roble cremoso, tostado, con carácter. Boca potente, sabroso, tostado, taninos maduros.

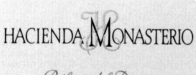

Hacienda Monasterio 2011 T

92   32€

Color cereza muy intenso. Aroma fruta madura, especiado, roble cremoso, tostado, con carácter. Boca potente, sabroso, tostado, taninos maduros.

Hacienda Monasterio Reserva Especial 2009 TR

94   60€

Color cereza muy intenso. Aroma equilibrado, complejo, fruta madura, especiado. Boca estructurado, lleno, buena acidez, taninos maduros.

BODEGAS HERMANOS PÉREZ PASCUAS
Ctra. Roa, s/n
9314 Pedrosa de Duero (Burgos)
☎: +34 947 530 044
Fax: +34 947 530 002
www.perezpascuas.com
vinapedrosa@perezpascuas.com

Cepa Gavilán 2012 T
100% tinta del país

90 ★★★★   10,5€

Color cereza intenso, borde granate. Aroma fruta roja, fruta madura, especiado, roble cremoso, mineral. Boca potente, concentrado, sabroso, balsámico.

Pérez Pascuas Gran Selección 2009 TGR
100% tinta del país

93   218€

Color guinda, borde granate. Aroma especiado, roble cremoso, fruta madura, balsámico, expresivo. Boca equilibrado, sabroso, especiado, mineral, largo, taninos maduros.

Viña Pedrosa 2009 TGR

92   66€

Color cereza intenso, borde granate. Aroma fruta madura, balsámico, especiado, roble cremoso, fina reducción. Boca equilibrado, sabroso, especiado, largo, taninos finos.

Viña Pedrosa 2011 TR
90% tinta del país, cabernet sauvignon

93   36,5€

Color cereza, borde granate. Aroma fruta roja, fruta madura, especiado, roble cremoso, piedra seca, complejo. Boca potente, sabroso, tostado, taninos maduros, equilibrado, largo.

Viña Pedrosa 2012 TC
100% tinta del país

91   **18,5€**

Color cereza, borde granate. Aroma fruta madura, hierbas silvestres, especiado, roble cremoso, mineral. Boca equilibrado, sabroso, largo, tostado.

Viña Pedrosa La Navilla 2011 T
100% tinta del país

94   **29€**

Color cereza, borde granate. Aroma balsámico, fruta roja, fruta madura, roble cremoso, equilibrado, mineral. Boca elegante, concentrado, sabroso, especiado, largo.

BODEGAS HERMANOS SASTRE

San Pedro, s/n
9311 La Horra (Burgos)
☎: +34 947 542 108
Fax: +34 947 542 108
www.vinasastre.com
sastre@vinasastre.com

Regina Vides 2011 T
tinta del país

96   **76€**

Color cereza, borde granate. Aroma fruta madura, especiado, roble cremoso, tostado, complejo, chocolate, piedra seca. Boca potente, sabroso, tostado, taninos maduros, estructurado, complejo.

Viña Sastre 2011 TC
tinta del país

93

Color cereza, borde granate. Aroma complejo, fruta roja, fruta madura, hierbas silvestres, especias dulces, roble cremoso. Boca potente, sabroso, redondo, especiado, equilibrado.

Viña Sastre 2012 T Roble
tinta del país

91

Color cereza brillante. Aroma fruta madura, especias dulces, roble cremoso, varietal. Boca sabroso, frutoso, tostado, taninos maduros.

Viña Sastre Pago de Santa Cruz 2011 T
tinta del país

95   **48€**

Color cereza, borde granate. Aroma especiado, mineral, fruta roja, fruta madura, roble cremoso, expresivo. Boca potente, sabroso, especiado, largo, equilibrado, elegante.

Viña Sastre Pesus 2011 T

97   **380€**

Color cereza, borde granate. Aroma fruta roja, fruta confitada, hierbas silvestres, especiado, roble cremoso, expresivo. Boca potente, sabroso, concentrado, complejo, especiado, largo, equilibrado, elegante.

BODEGAS IMPERIALES

Ctra. Madrid - Irun, Km. 171
9370 Gumiel de Izán (Burgos)
☎: +34 947 544 070
Fax: +34 947 525 759
www.bodegasimperiales.com
adminis@bodegasimperiales.com

Abadía de San Quirce 2005 TR
100% tempranillo

90   **26€**

Color guinda. Aroma especiado, fina reducción, cuero mojado, ebanistería, tostado. Boca especiado, largo, tostado.

Abadía de San Quirce 2011 TC
100% tempranillo

93 ★★★   **13,5€**

Color cereza, borde granate. Aroma fruta madura, especiado, roble cremoso, tostado, complejo. Boca potente, sabroso, tostado, taninos maduros.

Abadía de San Quirce 2013 T Roble
100% tempranillo

90 ★★★★★   9€

Color cereza brillante. Aroma fruta madura, especias dulces, roble cremoso, expresivo. Boca sabroso, frutoso, tostado, taninos maduros.

Abadía de San Quirce Finca Helena Autor 2008 T
100% tempranillo

91   55€

Color cereza muy intenso. Aroma fruta madura, especiado, roble cremoso, tostado, con carácter. Boca potente, sabroso, tostado, taninos maduros.

BODEGAS ISMAEL ARROYO - VALSOTILLO

Los Lagares, 71
9441 Sotillo de la Ribera (Burgos)
☎: +34 947 532 309
Fax: +34 947 532 487
www.valsotillo.com
bodega@valsotillo.com

Mesoneros de Castilla 2011 T Roble
100% tinta del país

87 ★★★★   6,8€

Color cereza, borde granate. Aroma especiado, tostado, fruta sobremadura. Boca potente, sabroso, tostado, taninos maduros.

Mesoneros de Castilla 2013 T
100% tinta del país

88 ★★★★   5,1€

Color cereza, borde violáceo. Aroma expresivo, fruta fresca, fruta roja. Boca sabroso, frutoso, buena acidez, taninos maduros.

ValSotillo 2004 TGR
100% tinta del país

92   49,6€

Color cereza muy intenso. Aroma fruta al licor, cuero muy curtido, cera, especiado. Boca amargoso, buena acidez, elegante.

ValSotillo 2009 TR
100% tinta del país

90   20,5€

Color cereza, borde granate. Aroma fruta madura, especiado, roble cremoso, tostado, complejo. Boca potente, sabroso, tostado, taninos maduros.

ValSotillo 2011 TC
tinta del país

93 ★★★★   12,8€

Color cereza, borde granate. Aroma fruta madura, especiado, roble cremoso, tostado, complejo, chocolate, terroso. Boca potente, sabroso, tostado, taninos maduros.

ValSotillo VS 2004 TR
100% tinta del país

93   30,6€

Color cereza intenso, borde anaranjado. Aroma cera, tabaco, fruta madura, especiado, ebanistería. Boca fino amargor, elegante, sabroso, taninos finos.

BODEGAS LA CEPA ALTA

Ctra. de Quintanilla, 28
47359 Olivares de Duero (Valladolid)
☎: +34 983 681 010
Fax: +34 983 681 010
www.lacepaalta.com
laveguilla@gmail.com

Cepa Alta 2009 TC
tempranillo

88 ★★★   9€

Color cereza, borde granate. Aroma fruta confitada, fruta al licor, especiado. Boca sabroso, confitado, balsámico.

Cepa Alta 2012 T Roble
tempranillo

85 ★★★★★   5€

Laveguilla 2010 TC
tempranillo

92 ★★★★★   9€

Color cereza, borde granate. Aroma fruta madura, especiado, roble cremoso, tostado, complejo. Boca potente, sabroso, tostado, taninos maduros.

Laveguilla Expresión Tempranillo 2012 T
tempranillo

90 ★★★★★   2,8€

Color cereza, borde granate. Aroma fruta madura, especiado, roble cremoso, tostado. Boca potente, sabroso, tostado, taninos maduros.

BODEGAS LA HORRA

Camino de Anguix, s/n
9311 La Horra (Burgos)
☎: +34 947 613 963
Fax: +34 947 613 963
www.bodegaslahorra.es
rodarioja@roda.es

Corimbo 2011 T
100% tinta del país

91   20€

Color cereza brillante. Aroma especias dulces, roble cremoso, expresión frutal. Boca sabroso, frutoso, tostado, taninos maduros.

Corimbo I 2010 T
100% tinta del país

94   41€

Color cereza, borde granate. Aroma fruta madura, especiado, roble cremoso, complejo. Boca potente, sabroso, tostado, taninos maduros, estructurado, lleno.

PRODUCT OF SPAIN   ESTATE BOTTLED

CORIMBO I

EMBOTELLADO EN LA PROPIEDAD

BODEGAS LA HORRA, S.L.
LA HORRA · BURGOS · ESPAÑA

RIBERA DEL DUERO
DENOMINACIÓN DE ORIGEN

75 cl. e
R.E. 8457-BU
ALC.14,5%VOL.

BODEGAS LIBA Y DELEITE

Ctra. San Román de Hornija, P:
Km. 1,200
49801 Morales de Toro (Zamora)
☎: +34 615 101 249
www.acontia.es
acontia@acontia.es

Acontia 12 2010 TC
100% tempranillo

90 ★★★★   12€

Color cereza, borde granate. Aroma fruta sobremadura, fruta pasificada, especias dulces, tostado. Boca fruta madura, cálido, potente.

Acontia 6 2012 T
100% tempranillo

89 ★★★★   6€

Color cereza brillante. Aroma fruta madura, especias dulces, roble cremoso, expresivo. Boca sabroso, frutoso, tostado, taninos maduros.

BODEGAS LÓPEZ CRISTÓBAL

Barrio Estación, s/n
9300 Roa de Duero (Burgos)
☎: +34 947 561 139
Fax: +34 947 540 606
www.lopezcristobal.com
info@lopezcristobal.com

Bagús 2011 T
100% tempranillo

92   26,5€

Color cereza, borde granate. Aroma fruta madura, hierbas silvestres, terroso, especiado, roble cremoso. Boca equilibrado, sabroso, largo, balsámico, elegante.

López Cristobal 2010 TR

93   19€

Color cereza muy intenso. Aroma fruta madura, especiado, roble cremoso, tostado, balsámico, equilibrado, expresivo. Boca potente, sabroso, tostado, taninos maduros.

López Cristobal 2011 TC

91 ★★★★   12€

Color cereza, borde granate. Aroma fruta madura, especiado, roble cremoso, tostado. Boca potente, sabroso, tostado, taninos maduros.

López Cristobal 2013 T Roble

92 ★★★★★   6,8€

Color cereza, borde granate. Aroma fruta madura, especiado, roble cremoso, tostado, complejo. Boca potente, sabroso, tostado, taninos maduros.

BODEGAS MONTEABELLÓN

Calvario, s/n
9318 Nava de Roa (Burgos)
☎: +34 947 550 000
Fax: +34 947 550 219
www.monteabellon.com
info@monteabellon.com

Monteabellón 14 meses en barrica 2011 T
100% tempranillo

89   11,5€

Color cereza, borde granate. Aroma fruta madura, hierbas silvestres, terroso, especiado, roble cremoso. Boca equilibrado, sabroso, largo, balsámico.

Monteabellón 24 meses en barrica 2008 T
100% tempranillo

92   18€

Color rubí, borde teja. Aroma especiado, fina reducción, cuero mojado, ebanistería, espirituoso. Boca especiado, taninos finos.

Monteabellón 5 meses en barrica 2013 T
100% tempranillo

86 ★★★★   6€

Color cereza brillante. Aroma especias dulces, roble cremoso, expresivo, fruta roja. Boca sabroso, frutoso, tostado.

Monteabellón Finca La Blanquera 2009 T
100% tempranillo

92   35€

Color cereza intenso. Aroma fruta madura, especiado, roble cremoso, tostado, hierbas secas. Boca potente, sabroso, tostado, taninos maduros.

BODEGAS MUNTRA

Ctra. de Castillejo, s/n
9471 Santa Cruz de la Salceda (Burgos)
☎: +34 947 107 630
www.bodegasmuntra.es
info@muntra.es

Muntra 2009 TC
100% tempranillo

88 ★★★★   7,4€

Color cereza, borde granate. Aroma fruta roja, fruta madura, especiado, roble cremoso, tostado. Boca potente, sabroso, tostado.

Muntra 2012 T
100% tempranillo

84   2,6€

Muntra 2012 T Roble
100% tempranillo

86 ★★★★★   4,8€

Color cereza brillante. Aroma fruta madura, especias dulces, roble cremoso. Boca sabroso, frutoso, tostado.

Muntraçç 2009 TR
100% tempranillo

89 ★★★   9,9€

Color cereza, borde granate. Aroma equilibrado, complejo, fruta madura, especiado, roble cremoso. Boca estructurado, sabroso, taninos maduros.

BODEGAS MUÑOZ Y MAZÓN

Avda. Valle Esgueva, 12
9310 Villatuelda (Burgos)
☎: +34 941 454 050
Fax: +34 941 454 529
www.bodegasriojanas.com
bodega@bodegasriojanas.com

Azuel 2011 TC
100% tempranillo

88 ★★★★   7,8€

Color cereza, borde granate. Aroma fruta madura, especiado, roble cremoso, tostado, complejo. Boca potente, sabroso, tostado, taninos maduros.

Azuel Cosecha 2013 T
100% tempranillo

84   4,8€

Azuel Roble 2012 T
100% tempranillo

86 ★★★★   5,8€

Color cereza brillante. Aroma fruta madura, especias dulces, roble cremoso, intensidad media. Boca frutoso, sabroso, tostado.

BODEGAS ORDÓÑEZ

Bartolomé Esteban Murillo, 11
29700 Vélez- Málaga (Málaga)
☎: +34 952 504 706
Fax: +34 951 284 796
www.grupojorgeordonez.com
info@jorgeordonez.es

Avante 2011 T
100% tinto fino

93 ★★★ 15€

Color cereza, borde granate. Aroma fruta madura, especiado, roble cremoso, tostado, complejo. Boca potente, sabroso, tostado, taninos maduros, equilibrado.

Tineta 2012 T
100% tinto fino

89 11€

Color cereza brillante. Aroma fruta madura, especias dulces, roble cremoso, expresivo, mineral. Boca sabroso, frutoso, tostado.

BODEGAS PAGOS DE MOGAR

Ctra. Pesquera, km. 0,2
47359 Valbuena de Duero (Valladolid)
☎: +34 983 683 011
www.bodegaspagosdemogar.com
comercial@bodegaspagosdemogar.com

Mogar 2012 T Roble
100% tinta del país

87 ★★★★ 6,5€

Color cereza, borde granate. Aroma fruta madura, especiado, roble cremoso, tostado, complejo. Boca potente, sabroso, tostado.

Mogar Vendimia Seleccionada 2010 TC
100% tinta del país

91 ★★★★ 13€

Color cereza brillante, borde granate. Aroma fruta madura, especiado, roble cremoso, complejo. Boca potente, sabroso, taninos maduros, largo.

BODEGAS PASCUAL

Ctra. de Aranda, Km. 5
9471 Fuentelcesped (Burgos)
☎: +34 947 557 351
Fax: +34 947 557 312
www.bodegaspascual.com
export@bodegaspascual.com

Buró de Peñalosa 2008 TR
100% tempranillo

88 15€

Color cereza muy intenso. Aroma fruta madura, especiado, roble cremoso, tostado. Boca potente, sabroso, tostado, taninos maduros.

Buró de Peñalosa 2010 TC
100% tempranillo

89 ★★★ 10€

Color cereza muy intenso. Aroma fruta madura, roble cremoso, ahumado. Boca potente, sabroso, tostado, taninos maduros.

Heredad de Peñalosa 2013 RD
100% tempranillo

86 ★★★★★ 4€

Color frambuesa. Aroma equilibrado, fruta roja, pétalos de rosa. Boca sabroso, potente, correcto, largo.

Heredad de Peñalosa 2013 T Roble
100% tempranillo

89 ★★★★ 6€

Color cereza, borde violáceo. Aroma fruta roja, frambuesa, floral, expresivo, roble cremoso. Boca fresco, frutoso, sabroso, fácil de beber.

BODEGAS PEÑAFIEL

Ctra. N-122, Km. 311
47300 Peñafiel (Valladolid)
☎: +34 983 881 622
Fax: +34 983 881 944
www.bodegaspenafiel.com
bodegaspenafiel@bodegaspenafiel.com

Miros 2012 T Roble
85 ★★★★   5,6€

Miros de Ribera 2008 TR
100% tempranillo

90   16,9€

Color cereza, borde granate. Aroma fruta madura, especiado, roble cremoso, tostado, fina reducción. Boca potente, sabroso, tostado, taninos maduros, equilibrado.

Miros de Ribera 2009 TC
88 ★★★   8,7€

Color guinda, borde anaranjado. Aroma especiado, fina reducción, cuero mojado, ebanistería, tostado, algo evolucionado. Boca especiado, largo, tostado.

BODEGAS PEÑALBA HERRAIZ

Sol de las Moreras, 3 2º
9400 Aranda de Duero (Burgos)
☎: +34 947 508 249
Fax: +34 947 508 249
oficina@carravid.com

Aptus 2012 T Roble
100% tempranillo

85 ★★★★   6€

Carravid 2011 T
90 ★★★★   13€

Color cereza, borde granate. Aroma fruta madura, especiado, roble cremoso, tostado. Boca potente, sabroso, tostado, taninos maduros.

BODEGAS PINGÓN

Ctra. N-122, Km. 311
47300 Peñafiel (Valladolid)
☎: +34 983 880 623
Fax: +34 983 880 623
www.bodegaspingon.com
carramimbre@bodegaspingon.com

Altamimbre 2011 T
100% tempranillo

89

Color cereza, borde granate. Aroma equilibrado, complejo, fruta madura, especiado, hierbas silvestres, fina reducción. Boca estructurado, sabroso, taninos maduros.

Carramimbre 2010 TC
90

Color cereza, borde granate. Aroma fruta madura, especiado, tostado, hierbas silvestres. Boca potente, sabroso, tostado, taninos maduros.

Carramimbre 2010 TR

92

Color cereza, borde granate. Aroma fruta madura, hierbas silvestres, terroso, especiado, roble cremoso. Boca equilibrado, sabroso, largo, balsámico.

Torrepingón 2010 TC

90

Color cereza brillante. Aroma fruta madura, especias dulces, roble cremoso, elegante. Boca frutoso, sabroso, tostado, redondo.

Torrepingón 2010 TR

91

Color cereza, borde granate. Aroma fruta roja, fruta madura, especiado, roble cremoso, terroso. Boca potente, sabroso, tostado, equilibrado.

Torrepingón 4 meses 2013 T

88

Color cereza brillante. Aroma especias dulces, roble cremoso, fruta roja, fruta madura. Boca sabroso, frutoso, tostado.

Torrepingón Selección 2011 T
tempranillo, cabernet sauvignon

92

Color cereza, borde granate. Aroma fruta madura, especiado, roble cremoso, tostado, complejo. Boca potente, sabroso, tostado.

BODEGAS PORTIA

Antigua Ctra. N-I, km. 170
9370 Gumiel de Izán (Burgos)
☎: +34 947 102 700
Fax: +34 947 107 004
www.bodegasportia.com
info@bodegasportia.com

Ebeia de Portia 2013 T Roble
tempranillo

88 ★★★★   6,5€

Color cereza brillante. Aroma fruta madura, especias dulces, roble cremoso, expresivo. Boca sabroso, frutoso, tostado, taninos maduros.

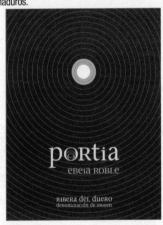

Portia 2011 TC
tempranillo

88   13,5€

Color cereza, borde granate. Aroma fruta madura, especiado, tostado, complejo, cuero muy curtido. Boca potente, sabroso, tostado, taninos maduros.

Portia Prima 2011 T
tempranillo

90

Color cereza, borde granate. Aroma fruta madura, especiado, roble cremoso, tostado. Boca potente, sabroso, tostado.

Portia Prima 2012 T
tempranillo

87   17,5€

Color cereza, borde granate. Aroma especiado, tostado, fruta sobremadura. Boca potente, sabroso, tostado, taninos maduros.

Triennia 2011 T
tempranillo

89   35€

Color cereza, borde granate. Aroma cera, tabaco, fruta madura, especiado, ebanistería. Boca fino amargor, elegante, sabroso.

BODEGAS PRADO DE OLMEDO
Paraje El Salegar, s/n
9370 Quintana del Pidío (Burgos)
☎: +34 947 546 960
Fax: +34 947 546 960
www.pradodeolmedo.com
pradodeolmedo@pradodeolmedo.com

Monasterio de San Miguel 2010 TR
100% tempranillo

90 ★★★   13,5€

Color cereza, borde granate. Aroma fruta madura, especiado, roble cremoso, tostado, complejo. Boca potente, sabroso, tostado, taninos maduros.

Monasterio de San Miguel 2011 T
100% tempranillo

93 ★★★★   11€

Color cereza, borde granate. Aroma fruta madura, hierbas silvestres, terroso, especiado, roble cremoso. Boca sabroso, largo, balsámico, equilibrado.

Monasterio de San Miguel Selección 2009 T
100% tempranillo

91 ★★★   15,1€

Color cereza, borde granate. Aroma fruta roja, fruta madura, especiado, roble cremoso, tostado, complejo, terroso. Boca potente, sabroso, tostado, taninos maduros.

BODEGAS RAIZ Y PÁRAMO DE GUZMÁN

Ctra. Circunvalación R-30, s/n
9300 Roa (Burgos)
☎: +34 947 541 191
Fax: +34 947 541 192
www.paramodeguzman.es
raizdeguzman@raizdeguzman.es

Raíz de Guzmán 2009 TR
tempranillo

91   25€

Color cereza muy intenso, borde granate. Aroma potente, fruta madura, chocolate. Boca potente, tostado, retronasal torrefactado.

Raíz de Guzmán 2011 TC
100% tempranillo

91 ★★★   16€

Color cereza, borde granate. Aroma fruta madura, hierbas de tocador, especiado, potente, roble cremoso. Boca equilibrado, especiado, correcto.

Raíz de Guzmán 2012 T Roble

89

Color cereza brillante. Aroma fruta madura, especias dulces, roble cremoso. Boca sabroso, frutoso, tostado, taninos maduros.

Raíz de Guzmán 2013 RD
tempranillo

90 ★★★★   11€

Color frambuesa, borde violáceo. Aroma potente, fruta madura, fruta roja, floral. Boca potente, frutoso, fresco.

Raiz Profunda 2010 T
tempranillo

94   35€

Color cereza, borde granate. Aroma especiado, roble cremoso, tostado, complejo, chocolate, terroso, expresión frutal. Boca potente, sabroso, tostado, taninos maduros.

Raiz Roble 2012 T

88 ★★★   9€

Color cereza brillante. Aroma fruta madura, especias dulces, roble cremoso, expresivo. Boca sabroso, frutoso, tostado, taninos maduros.

BODEGAS REQUIEM S.L.

Harineras, Nave 5
47300 Peñafiel (Valladolid)
☎: +34 629 060 309
Fax: +34 983 374 746
www.requiem.es

Requiem 2011 TC
100% tempranillo

88

Color cereza intenso, borde violáceo. Aroma especias dulces, fruta madura, cacao fino. Boca estructurado, taninos maduros, potente.

BODEGAS RESALTE DE PEÑAFIEL

Ctra. N-122, Km. 312
47300 Peñafiel (Valladolid)
☎: +34 983 878 160
Fax: +34 983 880 601
www.resalte.com
info@resalte.com

Gran Resalte 2009 T
100% tempranillo

90   44€

Color cereza, borde granate. Aroma fruta madura, especiado, complejo. Boca potente, sabroso, tostado, taninos maduros.

Lecco 2011 TC
100% tempranillo

89   11€

Color cereza brillante. Aroma fruta madura, especias dulces, roble cremoso. Boca sabroso, frutoso, tostado, taninos maduros.

Lecco Roble 2013 T
100% tempranillo

88 ★★★★   7,5€

Color cereza brillante. Aroma fruta madura, especias dulces, roble cremoso. Boca sabroso, frutoso, tostado.

Peña Roble 2011 TC
100% tempranillo

87 ★★★   9,5€

Color cereza, borde granate. Aroma fruta madura, roble cremoso, tostado, complejo. Boca potente, sabroso, tostado, taninos maduros.

Peña Roble 2013 T
100% tempranillo

85 ★★★★   6,5€

Resalte 2009 TR
100% tempranillo

90   30€

Color cereza, borde granate. Aroma fruta madura, especiado, roble cremoso, tostado, complejo, balsámico. Boca potente, sabroso, tostado, taninos maduros, correcto.

Resalte 2010 TC
100% tempranillo

90 ★★★   15€

Color cereza muy intenso. Aroma intensidad media, cerrado, fruta madura. Boca estructurado, sabroso, especiado, taninos maduros.

Resalte Vendimia Seleccionada 2012 T
100% tempranillo

91 ★★★★★   10€

Color cereza brillante. Aroma fruta madura, especias dulces, roble cremoso, expresivo. Boca sabroso, frutoso, tostado, taninos maduros.

RESALTE

Ribera del Duero
Denominación de Orígen
Vendimia Seleccionada

BODEGAS REYES
Ctra. Valladolid - Soria, Km. 54
47300 Peñafiel (Valladolid)
☎: +34 983 873 015
Fax: +34 983 873 017
www.bodegasreyes.com
info@teofiloreyes.com

Tamiz 2012 T Roble
tempranillo

88 ★★★★   5,5€

Color cereza brillante. Aroma roble cremoso, fruta madura. Boca sabroso, tostado, especiado, taninos marcados de roble.

Teófilo Reyes 2010 TC
tempranillo

91 ★★★★   12€

Color cereza, borde granate. Aroma fruta madura, especiado, roble cremoso, tostado, hierbas de monte. Boca potente, sabroso, tostado, taninos maduros.

RIBERA DEL DUERO
DENOMINACIÓN DE ORIGEN

TEÓFILO REYES
2010

16 MESES EN BARRICA

BODEGAS RODERO
Ctra. Boada, s/n
9314 Pedrosa de Duero (Burgos)
☎: +34 947 530 046
Fax: +34 947 530 097
www.bodegasrodero.com
rodero@bodegasrodero.com

Carmelo Rodero 2010 TR
92   28,4€

Color cereza muy intenso, borde granate. Aroma especias dulces, roble cremoso, tostado, hierbas secas. Boca estructurado, sabroso, buena acidez.

Carmelo Rodero 2011 TC

91 18,2€

Color cereza intenso, borde granate. Aroma cerrado, especiado, hierbas secas, fruta madura. Boca sabroso, estructurado, taninos maduros.

Ribera del Duero
Denominación de Origen

Carmelo Rodero

Crianza

2011

Carmelo Rodero 2011 TR

92 28,4€

Color cereza, borde granate. Aroma fruta roja, fruta madura, especiado, roble cremoso, tostado, complejo, terroso. Boca potente, sabroso, tostado, taninos maduros.

Carmelo Rodero 2013 T
100% tempranillo

88 ★★★ 8,3€

Color cereza, borde violáceo. Aroma fruta roja, floral. Boca sabroso, frutoso, buena acidez, taninos maduros.

Carmelo Rodero 9 meses 2013 T
100% tempranillo

88 11,7€

Color cereza brillante. Aroma fruta madura, especias dulces, roble cremoso. Boca sabroso, frutoso, tostado, taninos maduros.

Carmelo Rodero TSM 2011 T

93 53€

Color cereza, borde granate. Aroma fruta roja, fruta madura, especiado, roble cremoso, tostado, complejo, terroso. Boca potente, sabroso, tostado, taninos maduros.

Pago de Valtarreña 2011 T
100% tempranillo

93 45€

Color cereza muy intenso. Aroma fruta madura, especiado, roble cremoso, tostado, con carácter. Boca potente, sabroso, tostado, taninos maduros.

BODEGAS SANTA EULALIA

Malpica, s/n
9311 La Horra (Burgos)
☎: +34 983 586 868
Fax: +34 947 580 180
www.bodegasfrutosvillar.com
bodegasfrutosvillar@bodegasfrutosvillar.com

Conde de Siruela 2009 TR
100% tinta del país

88 17,6€

Color cereza, borde granate. Aroma especiado, tostado, fruta sobremadura, mineral. Boca potente, sabroso, tostado, taninos maduros.

Conde de Siruela 2010 TC
100% tinta del país

90 ★★★★ 11,5€

Color cereza, borde granate. Aroma fruta roja, fruta madura, especiado, roble cremoso, tostado, complejo, terroso. Boca potente, sabroso, tostado.

Conde de Siruela

CRIANZA 2010

El Vino Tinto CONDE de SIRUELA, está elaborado con uvas de la variedad Tinta del país, propiedad de BODEGAS SANTA EULALIA S.A. en La Horra, en elcorazón de la Ribera del Duero y está envejecido durante catorce meses en barricas de roble americano y francés, reposando sus botellas en dormitorios durante un período no inferior a un año antes de su comercialización.

RIBERA DEL DUERO
DENOMINACION DE ORIGEN

Conde de Siruela 2012 T Roble
100% tinta del país

86 ★★★★★ 5€

Color cereza muy intenso, borde granate. Aroma potente, fruta madura, muy tostado (torrefactado). Boca potente, tostado, retronasal torrefactado.

Conde de Siruela 2013 T
100% tinta del país

87 ★★★★★ 3,9€

Color cereza, borde violáceo. Aroma expresivo, fruta fresca, fruta roja. Boca sabroso, frutoso, buena acidez, taninos maduros.

La Horra 2013 T
100% tinta del país

87 ★★★★★ 2,9€

Color cereza muy intenso, borde granate. Aroma fruta sobremadura, cálido, hierbas secas. Boca sabroso, fruta madura, largo.

Riberal 2009 TC
100% tinta del país

90 ★★★★ 10,8€

Color cereza, borde granate. Aroma fruta roja, fruta madura, especiado, violetas. Boca sabroso, tostado, taninos maduros.

Vicenta Mater 2010 T
100% tempranillo

88

Color cereza, borde granate. Aroma fruta madura, especiado, roble cremoso, especias dulces. Boca potente, sabroso, tostado.

BODEGAS SEÑORÍO DE NAVA
Ctra Valladolid a Soria, 62
47500 Nava de Roa (Burgos)
☎: +34 947 550 003
Fax: +34 947 550 003
www.senoriodenava.es
snava@senoriodenava.es

Señorío de Nava 2009 TR
100% tempranillo

89 19€

Color cereza, borde granate. Aroma especiado, fina reducción, cuero mojado, ebanistería, tostado. Boca especiado, largo, tostado, equilibrado.

Señorío de Nava 2011 TC
100% tempranillo

88 13,1€

Color cereza oscuro, borde granate. Aroma fruta madura, potente, especiado. Boca sabroso, correcto, equilibrado, especiado.

Señorío de Nava 2012 T Roble
86 ★★★★ 6,7€

Color cereza muy intenso, borde granate. Aroma potente, fruta madura, muy tostado (torrefactado). Boca potente, tostado, retronasal torrefactado.

Señorío de Nava 2013 RD
100% tempranillo

88 ★★★★★ 4,1€

Color frambuesa, borde violáceo. Aroma potente, fruta madura, fruta roja. Boca potente, frutoso, fresco.

Señorío de Nava 2013 T
100% tempranillo

86 ★★★★ 5,6€

Color cereza, borde granate. Aroma intensidad media, fruta madura, fruta roja. Boca sabroso, buena acidez.

Señorío de Nava Finca San Cobate 2005 TR
100% tempranillo

91 50,2€

Color cereza brillante. Aroma fruta madura, roble cremoso, intensidad media, hierbas secas, especiado. Boca frutoso, sabroso, tostado.

SN Pink 2013 RD
100% tempranillo

87 ★★★★ 6€

Color rosáceo pálido. Aroma elegante, fruta escarchada, flores secas, hierbas de tocador, fruta roja. Boca ligero, sabroso, buena acidez, especiado.

Vega Cubillas 2011 TC
100% tempranillo

85 ★★★★ 7,5€

Vega Cubillas 2012 T Roble
100% tempranillo

86 ★★★★★ 4,5€

Color cereza brillante. Aroma fruta madura, especias dulces, roble cremoso, expresivo. Boca sabroso, frutoso, tostado, taninos maduros.

Vega Cubillas 2013 T
100% tempranillo

85 ★★★★★ 3,5€

BODEGAS SERVILIO - ARRANZ
Onésimo Redondo, 39
47315 Pesquera de Duero (Valladolid)
☎: +34 983 870 062
Fax: +34 983 870 062
www.bodegaservilio.com
bodega@bodegaservilio.com

Diego Rivera 2009 TC
100% tempranillo

88 15,5€

Color cereza, borde granate. Aroma fruta confitada, fruta al licor, especiado. Boca sabroso, confitado, balsámico.

Diego Rivera 2011 T Roble
100% tempranillo

85 ★★★★ 8€

Diego Rivera Vendimia Seleccionada 2007 TC
100% tempranillo

88   22€

Color rubí, borde teja. Aroma especiado, fina reducción, ebanistería, tostado, fruta madura. Boca especiado, largo, tostado.

Servilio 2009 TC
100% tempranillo

84   12,6€

Servilio 2011 T Roble
100% tempranillo

84   5,6€

Servilio Vendimia Seleccionada 2007 T
100% tempranillo

87   18€

Color cereza oscuro, borde anaranjado. Aroma fruta confitada, fruta escarchada, cacao fino. Boca sabroso, taninos maduros.

BODEGAS TAMARAL
Crta. N-122 Valladolid-Soria, Km.310,6
47320 Peñafiel (Valladolid)
☎: +34 983 878 017
Fax: +34 983 878 089
www.tamaral.com
info@tamaral.com

Tamaral 2009 TR
tempranillo

93   18,8€

Color cereza, borde granate. Aroma fruta madura, especiado, roble cremoso, tostado, complejo, terroso. Boca potente, sabroso, tostado, taninos maduros.

Tamaral 2011 TC
100% tempranillo

92 ★★★   13,5€

Color cereza, borde granate. Aroma fruta madura, hierbas silvestres, terroso, especiado, roble cremoso. Boca equilibrado, sabroso, largo, balsámico.

Tamaral 2013 RD
100% tempranillo

87 ★★★★   6,7€

Color cereza claro. Aroma potente, fruta madura, fruta roja, floral, expresivo. Boca potente, frutoso, fresco.

Tamaral 2013 T Roble
100% tempranillo

87 ★★★★   7,6€

Color cereza brillante. Aroma fruta madura, especias dulces, roble cremoso, intensidad media. Boca frutoso, sabroso, tostado.

Tamaral Finca la Mira 2009 T
100% tempranillo

91   29,1€

Color cereza, borde granate. Aroma fruta roja, fruta madura, hierbas silvestres, especiado. Boca potente, sabroso, especiado, largo, equilibrado.

BODEGAS TARSUS
Ctra. de Roa - Anguix, Km. 3
9312 Anguix (Burgos)
☎: +34 947 554 218
Fax: +34 947 541 804
www.bodegastarsus.com
tarsus@pernod-ricard.com

Quinta de Tarsus 2010 TC
tinta del país

91 ★★★   14,5€

Color cereza muy intenso, borde granate. Aroma especiado, fruta madura, equilibrado. Boca frutoso, sabroso, taninos maduros.

Tarsus 2009 TR
tinta del país, cabernet sauvignon

90   22,5€

Color cereza intenso. Aroma fruta madura, hierbas silvestres, especiado, roble cremoso. Boca equilibrado, sabroso, largo, balsámico.

Tarsus 2012 T Roble
tinta del país

89 ★★★★   7€

Color cereza brillante. Aroma fruta madura, especias dulces, roble cremoso, expresivo. Boca sabroso, frutoso, tostado, taninos marcados de roble.

BODEGAS TIONIO

Carretera de Valoria, Km 7
47315 Pesquera de Duero (Valladolid)
☎: +34 983 870 185
www.tionio.es
bodega@tionio.es

Austum 2013 T
100% tinto fino

88 ★★★ ❧   10€

Color cereza, borde violáceo. Aroma expresivo, fruta fresca, fruta roja. Boca sabroso, buena acidez, taninos maduros.

Tionio 2010 TR
tinto fino

91   22€

Color cereza intenso. Aroma con carácter, fruta madura, mineral, chocolate, roble nuevo, tostado. Boca fruta madura, especiado, taninos maduros.

Tionio 2011 TC
100% tinto fino

93   18€

Color cereza, borde granate. Aroma fruta madura, especiado, roble cremoso, tostado, complejo, mineral, varietal. Boca potente, sabroso, tostado, taninos maduros.

BODEGAS TORREDEROS

Ctra. Valladolid, Km. 289,300
9318 Fuentelisendo (Burgos)
☎: +34 947 532 627
Fax: +34 947 532 731
www.torrederos.com
administracion@torrederos.com

Torrederos 2009 TR
100% tempranillo

90 ★★★   15,9€

Color cereza muy intenso. Aroma fruta madura, especiado, roble cremoso, tostado, con carácter. Boca potente, sabroso, tostado, taninos maduros.

Torrederos 2011 TC
100% tempranillo

89 ★★★★   8€

Color cereza muy intenso, borde granate. Aroma cerrado, intensidad media, fruta madura, especiado. Boca sabroso, estructurado, taninos maduros.

Torrederos 2012 T Roble
100% tempranillo

88 ★★★★★   4,8€

Color cereza oscuro, borde granate. Aroma fruta madura, especias dulces, expresivo. Boca sabroso, frutoso, tostado, taninos maduros.

Torrederos 2013 RD
100% tempranillo

85 ★★★★★   2,4€

Torrederos Selección 2009 T
100% tempranillo

91   21,8€

Color cereza, borde granate. Aroma fruta madura, especiado, roble cremoso, tostado, complejo, fina reducción. Boca potente, sabroso, tostado, taninos maduros.

BODEGAS TORREMORÓN

Ctra. Boada, s/n
9314 Quintanamanvirgo (Burgos)
☎: +34 947 554 075
Fax: +34 947 554 036
www.torremoron.es
torremoron@wanadoo.es

Senderillo 2011 TC
100% tempranillo

89 ★★★★　　　　　　　6€

Color cereza, borde granate. Aroma fruta madura, especiado, roble cremoso, tostado, complejo. Boca potente, sabroso, tostado, taninos maduros.

Senderillo 2013 T
100% tempranillo

86 ★★★★★　　　　　　2,8€

Color cereza, borde violáceo. Aroma potente, fruta roja, fruta madura, floral, expresivo. Boca potente, fresco, frutoso, untuoso.

Torremorón 2010 TC
100% tempranillo

90 ★★★★★　　　　　　6€

Color cereza opaco. Aroma fruta madura, especiado, roble cremoso, tostado. Boca potente, sabroso, taninos maduros, retronasal ahumado.

Torremorón Tempranillo 2013 T
100% tempranillo

84　　　　　　　　　　2,8€

TORREMORÓN

Tempranillo

RIBERA DEL DUERO
DENOMINACION DE ORIGEN

BODEGAS TRUS

Ctra. Pesquera - Encinas, Km. 3
47316 Piñel de Abajo (Valladolid)
☎: +34 983 872 033
Fax: +34 983 872 041
www.bodegastrus.com
trus@bodegastrus.com

Tramuz 2013 T
tempranillo

90 ★★★★★　　　　　　6€

Color cereza brillante. Aroma especias dulces, roble cremoso, fruta roja. Boca sabroso, frutoso, tostado, taninos maduros.

Trus 2006 TR
tempranillo

92　　　　　　　　　　24€

Color cereza muy intenso. Aroma fruta madura, especiado, roble cremoso, tostado, con carácter. Boca potente, sabroso, tostado, taninos maduros.

Trus 2012 TC
tempranillo

93 ★★★　　　　　　　14€

Color cereza muy intenso. Aroma tostado, chocolate, fruta madura, lácticos. Boca potente, fruta madura, largo.

Trus 2013 T Roble
tempranillo

90 ★★★★★　　　　　　7,5€

Color cereza intenso. Aroma tostado, chocolate, fruta roja, fruta madura. Boca potente, tostado, buena acidez, equilibrado.

Trus 6 2010 T
tinto fino

94

Color cereza muy intenso. Aroma potente, con carácter, mineral, tostado, especias dulces. Boca potente, estructurado, concentrado, taninos secos pero maduros.

BODEGAS VALDAYA

Ctra. de Burgos, s/n
9441 Sotillo de la Ribera (Burgos)
☎: +34 947 532 450
www.valdaya.com
info@valdaya.com

Valdaya 2013 T
tempranillo

84　　　　　　　　　　5,8€

Valdaya 2013 T Roble
tempranillo

86 ★★★★　　　　　　7,3€

Color cereza, borde violáceo. Aroma fruta madura, hierbas silvestres, especiado, roble cremoso. Boca equilibrado, sabroso, largo, balsámico.

BODEGAS VALDEMAR

Camino Viejo de Logroño, 24
1320 Oyón (Álava)
☎: +34 945 622 188
Fax: +34 945 622 111
www.valdemar.es
info@valdemar.es

Fincas de Valdemacuco 2012 T Roble
90

Color cereza, borde granate. Aroma fruta madura, especiado, roble cremoso, tostado. Boca potente, sabroso, tostado, taninos maduros.

Fincas Valdemar 2011 TC
100% tempranillo
90 ★★★★ 11,5€
Color cereza, borde granate. Aroma fruta roja, fruta madura, especiado, roble cremoso. Boca potente, sabroso, tostado, taninos maduros.

BODEGAS VALDUBÓN

Antigua Ctra. N-I, Km. 151
9460 Milagros (Burgos)
☎: +34 947 546 251
Fax: +34 947 546 250
www.valdubon.es
valdubon@valdubon.es

Honoris de Valdubón 2009 T
90 35€
Color cereza muy intenso. Aroma especiado, roble cremoso, fruta madura, fruta confitada. Boca potente, sabroso, tostado, taninos maduros.

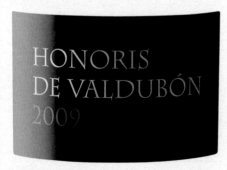

Valdubón 2008 TR
tempranillo
88 16€
Color guinda. Aroma especiado, fina reducción, cuero mojado, ebanistería, tostado. Boca especiado, largo, tostado.

Valdubón 2011 TC
tempranillo
90 ★★★★ 11€
Color cereza, borde granate. Aroma fruta madura, especiado, roble cremoso, tostado, complejo. Boca potente, sabroso, tostado, taninos maduros.

Valdubón Diez s/c T
tempranillo
90 24€
Color cereza, borde granate. Aroma fruta roja, fruta madura, especiado, roble cremoso, tostado, complejo, terroso. Boca potente, sabroso, tostado, taninos maduros.

BODEGAS VALLE DE MONZÓN

Paraje El Salegar, s/n
9370 Quintana del Pidío (Burgos)
☎: +34 947 545 694
Fax: +34 947 545 694
www.vallemonzon.com
bodega@vallemonzon.com

Hoyo de la Vega 2009 TR
tinta del país
89 13€
Color cereza, borde granate. Aroma fruta roja, fruta madura, especiado, roble cremoso, tostado, terroso, ebanistería. Boca potente, sabroso, tostado.

Hoyo de la Vega 2010 TC
tinta del país
88 ★★★ 8,5€
Color cereza, borde granate. Aroma fruta madura, especiado, roble cremoso, tostado. Boca potente, sabroso, tostado.

Hoyo de la Vega 2013 RD
albillo, tinta del país
88 ★★★★★ 4,2€
Color frambuesa, borde violáceo. Aroma potente, fruta madura, fruta roja, floral, expresivo. Boca potente, frutoso, fresco.

Hoyo de la Vega 2013 T Roble
tinta del país
86 ★★★★ 5,4€
Color cereza brillante. Aroma fruta madura, especias dulces, roble cremoso. Boca sabroso, frutoso, tostado.

BODEGAS VALPARAISO

Paraje los Llanillos, s/n
9370 Quintana del Pidío (Burgos)
☎: +34 947 545 286
Fax: +34 947 545 163
www.bodegasvalparaiso.com
info@bodegasvalparaiso.com

Finca El Encinal 2011 TC
100% tempranillo
89 ★★★★ 8€
Color cereza brillante. Aroma especias dulces, roble cremoso, fruta madura. Boca sabroso, tostado, especiado.

Finca El Encinal 2012 T Roble
100% tempranillo
83   5,5€

Valparaíso 2011 TC
100% tempranillo
88 ★★★★   8€
Color cereza brillante. Aroma fruta madura, especias dulces, intensidad media. Boca frutoso, sabroso, tostado.

Valparaíso 2012 T Roble
100% tempranillo
87 ★★★★   5,5€
Color cereza, borde granate. Aroma fruta madura, especiado, roble cremoso, tostado, complejo. Boca potente, sabroso, tostado, taninos maduros.

BODEGAS VALPINCIA
Ctra. de Melida, 3,5
47300 Peñafiel (Valladolid)
☎: +34 983 878 007
Fax: +34 983 880 620
www.bodegasvalpincia.com
penafiel@bodegasvalpincia.com

Pagos de Valcerracín 2012 T Roble
tempranillo
85 ★★★★★   4,5€

Pagos de Valcerracín 2013 T
tempranillo
86 ★★★★★   3,5€
Color cereza, borde violáceo. Aroma fruta roja, floral. Boca sabroso, frutoso, buena acidez, taninos maduros.

Pagos de Valcerracín Vendimia Seleccionada 2011 TC
tempranillo
89 ★★★★   8€
Color cereza, borde granate. Aroma fruta madura, especiado, roble cremoso, tostado, complejo. Boca potente, sabroso, tostado, taninos maduros.

Valpincia 2008 TR
tempranillo
86 ★★★   9€
Color cereza muy intenso. Aroma fruta madura, especiado, roble cremoso, tostado. Boca potente, sabroso, tostado, taninos maduros.

Valpincia 2011 TC
tempranillo
87 ★★★★   6€
Color cereza, borde granate. Aroma fruta madura, especiado, roble cremoso, tostado, complejo. Boca potente, sabroso, tostado.

Valpincia 2012 T Roble
tempranillo
87 ★★★★★   4€
Color cereza, borde violáceo. Aroma fruta roja, fruta madura, especiado. Boca sabroso, frutoso, buena acidez, taninos maduros.

Valpincia 2013 T
tempranillo
83   3€

BODEGAS VEGA SICILIA
Ctra. N-122, Km. 323
47359 Valbuena de Duero (Valladolid)
☎: +34 983 680 147
Fax: +34 983 680 263
www.vega-sicilia.com
vegasicilia@vega-sicilia.com

Valbuena 5º 2010 T
98   85€
Color cereza, borde granate. Aroma especiado, tostado, complejo, chocolate, terroso, expresión frutal, cacao fino. Boca potente, sabroso, tostado, taninos suaves.

Vega Sicilia Reserva Especial 94/96/00 T
97   200€
Color cereza, borde granate. Aroma equilibrado, complejo, fruta madura, especiado, cuero mojado, fina reducción, habano. Boca estructurado, sabroso, taninos maduros.

Vega Sicilia Único 2007 T
94   190€
Color cereza brillante. Aroma fruta madura, especias dulces, roble cremoso, intensidad media, balsámico, hierbas de monte. Boca sabroso, tostado, ligero, especiado.

BODEGAS VEGARANDA
Avda. Arangón, s/n
9400 Aranda de Duero (Burgos)
☎: +34 626 996 974
www.bodegasvegaranda.com
comercial@bodegasvegaranda.com

Vegaranda 2008 TR
tempranillo
89   12€
Color rubí, borde teja. Aroma especiado, fina reducción, cuero mojado, ebanistería, espirituoso. Boca especiado, taninos finos, elegante, largo.

Vegaranda 2011 TC
tempranillo
84   9€

Vegaranda 2012 T Roble
tempranillo
84   6,5€

 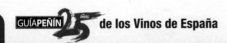

Vegaranda 2013 RD
tempranillo
84 3€

Vegaranda 2013 T
tempranillo
85 ★★★★★ 5€

BODEGAS VICENTE GANDÍA
Ctra. Cheste a Godelleta, s/n
46370 Chiva (Valencia)
☎: +34 962 524 242
Fax: +34 962 524 243
www.vicentegandia.es
info@vicentegandia.com

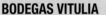

Dolmo Tempranillo 2013 TC
100% tempranillo
86 ★★★★ 7€
Color cereza muy intenso, borde granate. Aroma potente, fruta madura, muy tostado (torrefactado), café aromático. Boca potente, tostado, retronasal torrefactado.

BODEGAS VITULIA
Sendín, 49
9400 Aranda de Duero (Burgos)
☎: +34 947 515 051
Fax: +34 947 515 051
www.bodegasvitulia.com
vitulia@bodegasvitulia.com

Hacienda Vitulia Vendimia Seleccionadas 2009 T
92 ★★★ 13,8€
Color cereza, borde granate. Aroma fruta roja, fruta madura, especiado, roble cremoso, tostado, complejo, terroso. Boca potente, sabroso, tostado, taninos maduros.

HACIENDA VITULIA

RIBERA DEL DUERO

Vitulia 2011 TC
tinto fino
92 ★★★★★ 9,4€
Color cereza, borde granate. Aroma fruta madura, especiado, roble cremoso, tostado, complejo. Boca potente, sabroso, tostado, taninos maduros.

Vitulia 2012 T Barrica
tinto fino
88 ★★★★ ❀ 5,5€
Color cereza brillante. Aroma fruta madura, especias dulces, roble cremoso, intensidad media. Boca frutoso, sabroso, tostado.

BODEGAS VIYUELA
Ctra. de Quintanamanvirgo, s/n
9314 Boada de Roa (Burgos)
☎: +34 947 530 072
Fax: +34 947 530 075
www.bodegasviyuela.com
viyuela@bodegasviyuela.com

Viyuela 2011 TC
100% tempranillo
88 ★★★★ 7,5€
Color cereza, borde granate. Aroma fruta madura, especiado, roble cremoso, tostado, complejo. Boca potente, sabroso, tostado, taninos maduros.

Viyuela 2013 T Fermentado en Barrica
100% tempranillo
87 ★★★★★ 4€
Color cereza muy intenso, borde granate. Aroma fruta sobremadura, cálido, hierbas secas, chocolate. Boca sabroso, fruta madura, largo.

BODEGAS VIZCARRA
Finca Chirri, s/n
9317 Mambrilla de Castrejón (Burgos)
☎: +34 947 540 340
Fax: +34 947 540 340
www.vizcarra.es
bodegas@vizcarra.es

Celia Vizcarra 2011 T
94 55€
Color cereza, borde granate. Aroma equilibrado, complejo, fruta madura, especiado, balsámico. Boca estructurado, sabroso, taninos maduros, elegante.

Inés Vizcarra 2011 T
93 55€
Color cereza, borde granate. Aroma fruta madura, hierbas silvestres, mineral, muy tostado (torrefactado). Boca equilibrado, largo, balsámico.

Vizcarra 15 meses 2012 T
100% tinto fino

91 ★★★   14€

Color cereza, borde granate. Aroma fruta madura, especiado, roble cremoso, tostado, complejo, terroso. Boca potente, sabroso, tostado, taninos maduros, retronasal afrutado.

Vizcarra Senda del Oro 2013 T
100% tinto fino

89 ★★★★   7,9€

Color cereza, borde violáceo. Aroma expresivo, fruta fresca, fruta roja, floral. Boca sabroso, frutoso, buena acidez, taninos maduros.

Vizcarra Torralvo 2011 T
100% tinto fino

93   30€

Color cereza, borde granate. Aroma especiado, roble cremoso, mineral, fruta roja, fruta madura, complejo. Boca potente, sabroso, tostado, taninos maduros, equilibrado.

FINCAS EN MAMBRILLA DE CASTREJÓN · BURGOS ·

Torralvo

VIZCARRA

RIBERA DEL DUERO
DENOMINACIÓN DE ORIGEN

BODEGAS Y VIÑEDOS ACEÑA

Pol. Ind. Las Carretas, calle C, 1
42330 San Esteban de Gormaz (Soria)
☎: +34 667 784 220
www.terraesteban.com
bodega@terraesteban.com

Terraesteban 2011 TC
100% tempranillo

88   11€

Color cereza, borde granate. Aroma fruta madura, especiado, roble cremoso, tostado, complejo. Boca potente, sabroso, tostado, taninos maduros.

Terraesteban Author 2011 T Barrica
100% tempranillo

88   24€

Color cereza brillante. Aroma fruta madura, especias dulces, roble cremoso, intensidad media. Boca frutoso, sabroso, tostado.

BODEGAS Y VIÑEDOS ALIÓN

Ctra. N-122, Km. 312,4
Padilla de Duero
47300 Peñafiel (Valladolid)
☎: +34 983 881 236
Fax: +34 983 881 246
www.bodegasalion.com
alion@bodegasalion.com

Alión 2011 T
100% tinto fino

95   50€

Color cereza muy intenso. Aroma fruta madura, especiado, roble cremoso, tostado, con carácter. Boca potente, sabroso, tostado, taninos maduros.

BODEGAS Y VIÑEDOS GALLEGO ZAPATERO

Segunda Travesía de la Olma, 4
9313 Anguix (Burgos)
☎: +34 648 180 777
www.bodegasgallegozapatero.com
info@bodegasgallegozapatero.com

Yotuel 2012 T Roble
100% tinta del país

87 ★★★   9€

Color cereza brillante. Aroma fruta madura, especias dulces, roble cremoso. Boca sabroso, frutoso, tostado, taninos marcados de roble.

Yotuel Finca La Nava 2011 T
100% tinta del país

91   25€

Color cereza, borde granate. Aroma fruta madura, especiado, roble cremoso, tostado, complejo. Boca potente, sabroso, tostado, taninos maduros.

Yotuel Selección 2011 T
100% tinta del país

89   15€

Color cereza, borde granate. Aroma fruta roja, fruta madura, especiado, roble cremoso, tostado, complejo, terroso. Boca potente, sabroso, tostado.

BODEGAS Y VIÑEDOS JUAN MANUEL BURGOS

Aranda, 39
9471 Fuentelcesped (Burgos)
☎: +34 635 525 272
Fax: +34 947 557 443
www.byvjuanmanuelburgos.com
juanmanuelburgos@byvjuanmanuelburgos.com

Avan 2011 TC
tempranillo

87   17€

Color cereza, borde granate. Aroma especiado, roble cremoso, tostado, fruta confitada. Boca potente, sabroso, tostado.

Avan Cepas Centenarias 2011 TR
tempranillo

94   60€

Color cereza, borde granate. Aroma fruta madura, especiado, roble cremoso, tostado, complejo, chocolate, terroso. Boca potente, sabroso, tostado, taninos maduros.

Avan Concentración 2011 T Barrica
tempranillo

91   21€

Color cereza, borde granate. Aroma especiado, tostado, fruta sobremadura, mineral. Boca potente, sabroso, tostado, taninos maduros.

Avan Nacimiento 2011 T
tempranillo

91 ★★★★ ⚘   12€

Color cereza brillante. Aroma especias dulces, roble cremoso, fruta madura. Boca sabroso, frutoso, tostado, taninos maduros.

Avan Terruño de Valdehernando 2011 T
tempranillo

92   35€

Color cereza muy intenso, borde granate. Aroma potente, fruta madura, muy tostado (torrefactado), chocolate. Boca potente, tostado, retronasal torrefactado.

Avan Viñedo del Torrubio 2011 T
tempranillo

91   26€

Color cereza, borde granate. Aroma fruta confitada, fruta al licor, especiado. Boca sabroso, confitado, balsámico.

BODEGAS Y VIÑEDOS LLEIROSO

Ctra. Monasterio, s/n
47359 Valbuena del Duero (Valladolid)
☎: +34 983 683 300
www.bodegaslleiroso.com
bodega@bodegaslleiroso.com

Lleiroso 2009 T
tempranillo

88   14,9€

Color cereza, borde granate. Aroma equilibrado, fruta madura, ahumado, tostado. Boca sabroso, taninos maduros.

Lleiroso 2009 TC
tempranillo

90   29€

Color cereza muy intenso. Aroma fruta madura, especiado, roble cremoso, tostado, con carácter. Boca potente, sabroso, tostado, taninos maduros.

Lvzmillar 2009 TC
tempranillo

90 ★★★   13,5€

Color cereza, borde granate. Aroma fruta confitada, fruta al licor, especiado. Boca sabroso, confitado, balsámico.

Lvzmillar 2013 T
tempranillo

86 ★★★★   7,9€

Color cereza muy intenso, borde violáceo. Aroma fruta roja, tostado, potente. Boca correcto, cierta persistencia, fruta madura.

BODEGAS Y VIÑEDOS MARTÍN BERDUGO

Ctra. de la Colonia, s/n
9400 Aranda de Duero (Burgos)
☎: +34 947 506 331
Fax: +34 947 506 602
www.martinberdugo.com
bodega@martinberdugo.com

Martín Berdugo 2009 TR
tempranillo

90 ★★★   14,6€

Color cereza, borde granate. Aroma fruta roja, fruta madura, especiado, roble cremoso, tostado. Boca potente, sabroso, tostado, taninos maduros.

Martín Berdugo 2010 TC
tempranillo

90 ★★★★   11,1€

Color cereza, borde granate. Aroma fruta roja, fruta madura, especiado, roble cremoso, tostado, complejo. Boca potente, sabroso, tostado, taninos marcados de roble.

Martín Berdugo 2012 T Barrica
tempranillo

88 ★★★★   7,7€

Color cereza brillante. Aroma especias dulces, roble cremoso, intensidad media. Boca frutoso, sabroso, tostado.

Martín Berdugo 2013 RD
tempranillo

86 ★★★★   6€

Color cereza claro. Aroma fruta roja, fruta escarchada, hierbas de tocador. Boca fresco, frutoso, sabroso.

Martín Berdugo 2013 T
tempranillo

88 ★★★★   5,5€

Color cereza, borde violáceo. Aroma expresivo, fruta fresca, fruta roja, floral. Boca sabroso, frutoso, buena acidez, taninos maduros.

MB Martín Berdugo 2008 T
tempranillo

90   17,4€

Color cereza, borde granate. Aroma fruta roja, fruta madura, especiado, roble cremoso, tostado, complejo, terroso. Boca potente, sabroso, tostado, taninos maduros.

BODEGAS Y VIÑEDOS MONTECASTRO

Ctra. VA-130, s/n
47318 Castrillo de Duero (Valladolid)
☎: +34 983 484 013
Fax: +34 983 443 939
www.bodegasmontecastro.com
info@bodegasmontecastro.es

Alconte 2010 TC
tempranillo

89   15€

Color cereza, borde granate. Aroma fruta roja, fruta madura, especiado, complejo. Boca potente, sabroso, tostado, taninos maduros.

Montecastro La Roca 2010 T
tempranillo, cabernet sauvignon, garnacha

90   45€

Color cereza, borde granate. Aroma fruta roja, fruta madura, especiado, roble cremoso, tostado, complejo, terroso. Boca potente, sabroso, tostado, taninos maduros.

Montecastro y Llanahermosa 2009 T
tempranillo, merlot, cabernet sauvignon, garnacha

90   20€

Color cereza muy intenso. Aroma fruta madura, especiado, roble cremoso, tostado, con carácter, balsámico. Boca potente, sabroso, tostado, taninos maduros.

BODEGAS Y VIÑEDOS NEO

Ctra. N-122, Km. 274,5
9391 Castrillo de la Vega (Burgos)
☎: +34 947 514 393
Fax: +34 947 515 445
www.bodegasneo.com
ivan@bodegasconde.com

Disco 2013 T
100% tempranillo

88 ★★★★   6€

Color cereza brillante. Aroma fruta madura, especias dulces, roble cremoso, expresivo. Boca sabroso, frutoso, tostado, taninos maduros.

El Arte de Vivir 2013 T
tempranillo

88 ★★★★★   5€

Color cereza muy intenso, borde granate. Aroma fruta sobre-madura, cálido, hierbas secas. Boca sabroso, fruta madura, largo.

Neo 2011 T
tempranillo

91   25€

Color cereza muy intenso. Aroma fruta madura, especiado, roble cremoso, tostado, complejo. Boca potente, sabroso, tostado, taninos maduros.

Neo Punta Esencia 2011 T
100% tempranillo

93   30€

Color cereza brillante, borde granate. Aroma complejo, potente, especiado, roble cremoso. Boca potente, equilibrado, largo, taninos maduros, lleno.

Sentido 2012 T
100% tempranillo

89   12€

Color cereza oscuro, borde granate. Aroma cacao fino, roble cremoso, tostado, fruta madura. Boca potente, estructurado, taninos maduros.

BODEGAS Y VIÑEDOS
ORTEGA FOURNIER
Finca El Pinar, s/n
9316 Berlangas de Roa (Burgos)
☎: +34 947 533 006
Fax: +34 947 533 010
www.ofournier.com
ofournier-ribera@ofournier.com

Alfa Spiga 2007 T
100% tinta del país

92   35€

Color cereza, borde granate. Aroma fruta madura, hierbas silvestres, terroso, especiado, roble cremoso. Boca equilibrado, sabroso, largo, balsámico.

O. Fournier 2007 T
100% tinta del país

92   55€

Color cereza muy intenso. Aroma fruta madura, especiado, roble cremoso, tostado, con carácter. Boca potente, sabroso, tostado, taninos maduros.

Spiga 2008 T
100% tinta del país

91   21€

Color cereza muy intenso. Aroma fruta madura, especiado, roble cremoso, tostado, con carácter. Boca potente, sabroso, tostado, taninos maduros.

Urban Ribera 2011 T Roble
tinta del país

87 ★★★   8,5€

Color cereza, borde granate. Aroma fruta madura, hierbas silvestres, terroso, especiado, roble cremoso. Boca equilibrado, sabroso, largo, balsámico.

BODEGAS Y VIÑEDOS QUMRÁN
Pago de las Bodegas, s/n
47314 Padilla de Duero (Valladolid)
☎: +34 983 882 103
Fax: +34 983 881 514
www.bodegasqumran.es
info@bodegasqumran.es

Proventus 2009 TC
tempranillo

90 ★★★   16€

Color cereza, borde granate. Aroma fruta madura, especiado, roble cremoso, tostado. Boca potente, sabroso, tostado, taninos maduros.

Proventus 2009 TR
100% tempranillo

92   24€

Color cereza brillante. Aroma fruta madura, especiado, roble cremoso, tostado, complejo. Boca potente, sabroso, taninos maduros, largo.

BODEGAS Y VIÑEDOS RAUDA

Ctra. de Pedrosa, s/n
9300 Roa de Duero (Burgos)
☎: +34 947 540 224
Fax: +34 947 541 811
www.vinosderauda.com
informacion@vinosderauda.com

Tinto Roa 2008 TR
100% tinta del país

88   11,2€

Color rubí, borde teja. Aroma especiado, fina reducción, cuero mojado, ebanistería, espirituoso. Boca especiado, taninos finos.

Tinto Roa 2010 TC
100% tinta del país

90 ★★★★★   7,9€

Color cereza oscuro, borde granate. Aroma fruta madura, chocolate, especiado. Boca estructurado, largo, taninos maduros.

Tinto Roa 2013 T
100% tinta del país

86 ★★★★★   3,6€

Color cereza intenso, borde violáceo. Aroma intensidad media, fruta roja, hierbas secas. Boca correcto, buena acidez.

BODEGAS Y VIÑEDOS ROBEAL

Ctra. Anguix, s/n
9300 Roa (Burgos)
☎: +34 947 484 706
Fax: +34 947 482 817
www.bodegasrobeal.com
info@bodegasrobeal.com

Buen Miñón 2013 T
tempranillo

87 ★★★★   5,5€

Color cereza, borde violáceo. Aroma fruta roja, floral. Boca sabroso, frutoso, buena acidez, taninos maduros.

La Capilla 2009 TR
tempranillo

90   23€

Color cereza brillante. Aroma fruta madura, especias dulces, roble cremoso, intensidad media. Boca frutoso, sabroso, tostado.

La Capilla 2011 TC
tempranillo

87

Color cereza, borde granate. Aroma fruta madura, especiado, roble cremoso, tostado. Boca potente, sabroso, tostado, taninos maduros.

La Capilla Vendimia Seleccionada 2011 T
tempranillo

92   36€

Color cereza muy intenso, borde granate. Aroma potente, fruta madura, muy tostado (torrefactado), chocolate. Boca potente, tostado, retronasal torrefactado.

Valnogal 16 meses 2010 T Barrica
tempranillo

90   22€

Color cereza, borde granate. Aroma fruta madura, hierbas silvestres, terroso, especiado, roble cremoso. Boca equilibrado, sabroso, largo, balsámico.

Valnogal 6 meses 2012 T Roble
tempranillo

88 ★★★★   6,9€

Color cereza, borde granate. Aroma fruta madura, especiado, roble cremoso, tostado, complejo. Boca potente, sabroso, tostado, taninos maduros.

BODEGAS Y VIÑEDOS TÁBULA

Ctra. de Valbuena, km. 2
47359 Olivares de Duero (Valladolid)
☎: +34 608 219 019
Fax: +34 983 107 300
www.bodegastabula.es
armando@bodegastabula.es

Clave de Tábula 2011 T
100% tempranillo

94   60€

Color cereza, borde granate. Aroma fruta madura, especiado, roble cremoso, tostado, complejo, chocolate, terroso. Boca potente, sabroso, tostado, taninos maduros.

Damana 2011 TC
100% tempranillo

90 ★★★★   13€

Color cereza muy intenso, borde granate. Aroma fruta sobremadura, cálido, hierbas secas, chocolate. Boca sabroso, fruta madura, largo.

Damana 5 2012 T
100% tempranillo

88 ★★★★   7€

Color cereza brillante. Aroma fruta madura, especias dulces, roble cremoso. Boca sabroso, frutoso, tostado.

DAMANA

RIBERA DEL DUERO
denominación de origen

Gran Tábula 2011 T
100% tempranillo

93   48€

Color cereza muy intenso. Aroma fruta madura, especiado, roble cremoso, tostado, con carácter. Boca potente, sabroso, tostado, taninos maduros.

Tábula 2011 T
100% tempranillo

92   24€

Color cereza, borde granate. Aroma fruta roja, fruta madura, especiado, roble cremoso, tostado. Boca equilibrado, redondo, especiado, largo.

Tábula

RIBERA DEL DUERO
denominación de origen

BODEGAS Y VIÑEDOS VALDERIZ

Ctra. Pedrosa, km 1
9300 Roa (Burgos)
☎: +34 947 540 460
Fax: +34 947 541 032
www.valderiz.com
bodega@valderiz.com

Valdehermoso 2012 TC
100% tinta del país

91 ★★★★   11€

Color cereza brillante. Aroma fruta madura, especias dulces, roble cremoso, equilibrado. Boca frutoso, sabroso, tostado, largo.

Valdehermoso 2013 T
100% tinta del país

87 ★★★★   5,5€

Color cereza, borde violáceo. Aroma fruta roja, intensidad media. Boca fácil de beber, cierta persistencia, frutoso.

Valdehermoso 2013 T Roble
100% tinta del país

89 ★★★★   8€

Color cereza intenso, borde violáceo. Aroma equilibrado, fruta roja, especias dulces. Boca fruta madura, taninos maduros.

Valderiz 2010 T
100% tinta del país

91   19,9€

Color cereza, borde granate. Aroma fruta madura, especiado, roble cremoso, tostado, complejo, terroso. Boca potente, sabroso, tostado, taninos maduros.

Valderiz Juegalobos 2011 T
100% tinta del país

93   28€

Color cereza muy intenso. Aroma complejo, equilibrado, expresivo, fruta madura, roble cremoso, especias dulces. Boca estructurado, taninos maduros, largo.

Valderiz Tomás Esteban 2006 T

94   65€

Color cereza oscuro, borde granate. Aroma elegante, especiado, cera, expresivo, fruta madura. Boca equilibrado, largo, lleno, sabroso, complejo, varietal.

BODEGAS Y VIÑEDOS VALDUERO
Ctra. de Aranda, s/n
9443 Burgos (Burgos)
☎: +34 947 545 459
Fax: +34 947 545 609
www.bodegasvalduero.com
valduerocom@bodegasvalduero.com

Valduero 2010 TC
100% tempranillo

92 ★★★   15,7€

Color cereza brillante. Aroma fruta madura, especias dulces, roble cremoso, balsámico. Boca frutoso, sabroso, tostado.

BODEGAS Y VIÑEDOS VEGA DE YUSO S.L.
Basilón, 9
47350 Quintanilla de Onésimo (Valladolid)
☎: +34 983 680 054
Fax: +34 983 680 294
www.vegadeyuso.com
bodega@vegadeyuso.com

Pozo de Nieve 2012 T Barrica
100% tempranillo

87 ★★★★★   5€

Color cereza muy intenso, borde granate. Aroma equilibrado, fruta madura, cacao fino, especias dulces. Boca frutoso, taninos maduros.

Tres Matas 2010 TR
100% tempranillo

89   17€

Color cereza, borde granate. Aroma especiado, tostado, fruta sobremadura, mineral. Boca potente, sabroso, tostado, taninos maduros.

Tres Matas 2011 TC
100% tempranillo

91 ★★★★   12€

Color cereza muy intenso, borde granate. Aroma potente, fruta madura, tostado. Boca lleno, sabroso, taninos maduros, largo.

Tres Matas Vendimia Seleccionada 2009 T
100% tempranillo

91   25€

Color cereza, borde granate. Aroma fruta madura, especiado, roble cremoso, tostado, complejo. Boca potente, sabroso, tostado, taninos maduros.

Vegantigua 10 meses 2012 T Barrica
100% tempranillo

87 ★★★★   7€

Color cereza, borde granate. Aroma fruta madura, especiado, roble cremoso, tostado. Boca potente, sabroso, tostado.

BODEGAS Y VIÑEDOS VIÑA MAYOR
Ctra. Valladolid - Soria, Km. 325,6
47350 Quintanilla de Onésimo (Valladolid)
☎: +34 983 680 461
Fax: +34 983 027 217
www.vina-mayor.com
rrpp@vina-mayor.com

Dehesas del Rey 2010 TC
tinto fino

89 ★★★★★   3,9€

Color cereza, borde granate. Aroma fruta madura, especiado, roble cremoso, tostado. Boca potente, sabroso, tostado, especiado.

Dehesas del Rey 2012 T Joven
tinto fino

87 ★★★★★   2,5€

Color cereza, borde violáceo. Aroma expresivo, fruta fresca, fruta roja, floral. Boca sabroso, frutoso, buena acidez, fácil de beber.

Dehesas del Rey 2013 T
84

Secreto Vendimia Seleccionada 2011 T Roble
92

Color cereza, borde granate. Aroma fruta madura, especiado, roble cremoso, tostado, complejo, expresivo. Boca potente, sabroso, tostado, taninos maduros.

Viña Mayor 2007 TGR
100% tinta del país

88   30€

Color cereza muy intenso. Aroma fruta madura, especiado, tostado, con carácter. Boca potente, sabroso, tostado, taninos maduros.

Viña Mayor 2010 TR
tinta del país

93   19€

Color cereza muy intenso. Aroma fruta madura, especiado, roble cremoso, complejo. Boca taninos maduros, equilibrado.

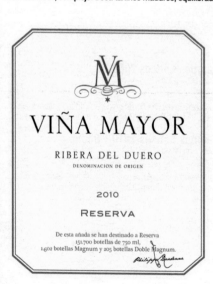

Viña Mayor 2011 TC
100% tinta del país

89 ★★★   9,3€

Color cereza oscuro, borde granate. Aroma fruta madura, hierbas silvestres, terroso, especiado, roble cremoso. Boca equilibrado, sabroso, largo, balsámico.

Viña Mayor 2013 T Roble
100% tinta del país

89 ★★★★   5,9€

Color cereza brillante. Aroma fruta madura, especias dulces, expresivo, hierbas de monte. Boca sabroso, frutoso, tostado, taninos maduros.

Viña Mayor Finca Secreto 2009 TR
100% tinta del país

91   35€

Color cereza, borde granate. Aroma fruta madura, especiado, roble cremoso, tostado. Boca potente, sabroso, tostado, taninos maduros.

BODEGAS ZIFAR
Afueras de D. Juan Manuel, 9-11
47300 Peñafiel (Valladolid)
☎: +34 983 873 147
Fax: +34 983 880 287
www.zifar.com
bodegaszifar@zifar.com

Zifar Selección 2009 T
tempranillo

91   25€

Color cereza muy intenso. Aroma especiado, fina reducción, ebanistería, tostado, fruta madura. Boca especiado, largo, tostado.

BODEGUEROS QUINTA ESENCIA
Eras, 37
47520 Castronuño (Valladolid)
☎: +34 605 887 100
Fax: +34 983 866 391
www.bodeguerosquintaesencia.com
ferrin@bodeguerosquintaesencia.com

Al-Nabiz 2012 T
tempranillo

88   11€

Color cereza brillante. Aroma fruta madura, especias dulces, roble cremoso. Boca sabroso, frutoso, tostado, taninos maduros.

BOSQUE DE MATASNOS

Sendin, s/n Parc. 5
9400 Aranda de Duero (Burgos)
☎: +34 915 630 590
Fax: +34 915 630 704
www.bosquedematasnos.es
jaimep@bosquedematasnos.es

Bosque de Matasnos 2011 T
94   **24,9€**

Color cereza, borde granate. Aroma fruta madura, especiado, roble cremoso, tostado, chocolate, terroso. Boca potente, sabroso, tostado, taninos marcados de roble.

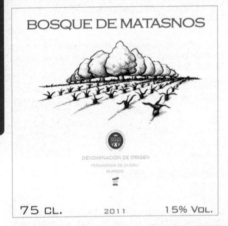

Bosque de Matasnos Edición Limitada 2010 T
95   **36,9€**

Color cereza, borde granate. Aroma fruta madura, especiado, tostado, complejo, chocolate, terroso, muy tostado (torrefactado). Boca potente, sabroso, tostado, taninos maduros.

CAMPOS GÓTICOS

Parcela 622
9313 Anguix (Burgos)
☎: +34 979 165 121
www.camposgoticos.es
clientedirecto@camposgoticos.es

7 Lunas Vendimia Seleccionada 2005 TC
100% tempranillo
91   **36,9€**

Color cereza oscuro, borde granate. Aroma equilibrado, fruta madura, especiado, balsámico, cera. Boca sabroso, largo, taninos maduros.

7 Lunas Viñedos de la Joya 2004 T
100% tempranillo
91   **29,5€**

Color rubí, borde teja. Aroma equilibrado, complejo, fruta madura, especiado. Boca estructurado, sabroso, taninos maduros.

Campos Góticos 2004 TR
100% tempranillo
90   **28€**

Color rubí, borde teja. Aroma fruta roja, fruta madura, especiado, roble cremoso, tostado, complejo, terroso. Boca potente, sabroso, tostado, taninos maduros.

Campos Góticos 2005 TC
100% tempranillo
90 ★★★   **16€**

Color guinda. Aroma especiado, fina reducción, cuero mojado, ebanistería, tostado. Boca especiado, largo, tostado.

Campos Góticos 2009 TC
100% tempranillo
88   **15€**

Color cereza oscuro, borde granate. Aroma equilibrado, especiado, tostado. Boca equilibrado, correcto, taninos maduros.

Campos Góticos 2010 T Roble
100% tempranillo
89 ★★★★   **7,8€**

Color cereza brillante. Aroma fruta madura, especias dulces, roble cremoso, intensidad media. Boca frutoso, sabroso, tostado.

CARRASVILLA

Ctra. Pesquera VA-101, P.K. 3,700
47300 Peñafiel (Valladolid)
☎: +34 983 218 925
Fax: +34 983 218 926
www.carrasvilla.es
comercial@carrasvilla.es

Terralux 2011 T
100% tempranillo

89 15,5€

Color cereza, borde granate. Aroma fruta madura, especiado, tostado. Boca potente, sabroso, tostado, taninos maduros.

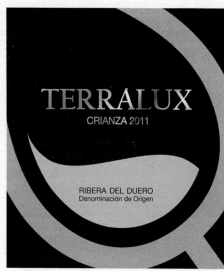

CEPAS DE CASTILLA S.L.U.

Ctra. Aranda - Salas, km. 14
9490 San Juan del Monte (Burgos)
☎: +34 947 552 233
Fax: +34 947 552 233
castillalta@gmail.com

Castillalta 2007 TR
100% tempranillo

83 4,2€

Castillalta 2010 TC
100% tempranillo

88 ★★★★★ 3,5€

Color cereza brillante. Aroma fruta madura, especias dulces, roble cremoso, intensidad media. Boca frutoso, sabroso, tostado.

Castillalta 2013 T
100% tempranillo

85 ★★★★★ 2,4€

Enrique I 2010 TC
tinta del país

83 3,8€

Enrique I 2013 T Joven

86 ★★★★★ 2,3€

Color cereza, borde violáceo. Aroma fruta fresca, fruta roja, floral, hierbas silvestres. Boca sabroso, frutoso, buena acidez.

CILLAR DE SILOS

Paraje El Soto, s/n
9370 Quintana del Pidio (Burgos)
☎: +34 947 545 126
Fax: +34 947 545 605
www.cillardesilos.es
bodega@cillardesilos.es

Cillar de Silos 2010 TC
100% tempranillo

92 ★★★ 15€

Color cereza, borde granate. Aroma fruta madura, especiado, roble cremoso, tostado, complejo, mineral. Boca potente, sabroso, tostado, especiado.

Cillar de Silos 2011 TC
100% tempranillo

92 ★★★ 15€

Color cereza, borde granate. Aroma fruta roja, fruta madura, especiado, tostado, terroso, balsámico. Boca potente, sabroso, tostado, taninos maduros, equilibrado.

El Quintanal 2013 T
100% tempranillo

88 ★★★★ 7€

Color cereza, borde violáceo. Aroma fruta roja, frambuesa, expresión frutal, hierbas de tocador, violetas. Boca sabroso, ligero, buena acidez, fresco, frutoso.

Joven de Silos 2013 T
100% tempranillo

88 ★★★★ 8€

Color cereza, borde violáceo. Aroma fruta fresca, fruta roja, floral. Boca sabroso, frutoso, buena acidez, taninos maduros.

La Viña de Amalio 2010 T
100% tempranillo

93 35€

Color cereza, borde granate. Aroma fruta roja, fruta madura, especiado, roble cremoso, tostado, complejo, terroso. Boca potente, sabroso, tostado, taninos maduros, equilibrado.

Rosado de Silos 2013 RD
100% tempranillo

87 ★★★★ 6€

Color frambuesa, borde violáceo. Aroma hierbas silvestres, fruta roja, floral, expresivo. Boca sabroso, frutoso, balsámico.

Torresilo 2010 TR
100% tempranillo

93   27€

Color cereza, borde granate. Aroma fruta roja, fruta madura, especiado, roble cremoso, tostado, complejo, mineral. Boca potente, sabroso, tostado, taninos maduros, redondo.

CINEMA WINES
Felipe Gómez, 1
47140 Laguna de Duero (Valladolid)
☎: +34 983 544 696
Fax: +34 983 545 539
www.cinemawines.es
info@cinemawines.es

Cinema 2011 TC
100% tempranillo

88   13€

Color cereza muy intenso, borde granate. Aroma potente, fruta madura, muy tostado (torrefactado), chocolate. Boca potente, tostado, retronasal torrefactado.

Cinema 2012 T Barrica
100% tempranillo

86 ★★★★   6,5€

Color cereza brillante. Aroma fruta madura, especias dulces, roble cremoso. Boca sabroso, tostado, taninos maduros.

COMENGE BODEGAS Y VIÑEDOS
Camino del Castillo, s/n
47316 Curiel de Duero (Valladolid)
☎: +34 983 880 363
Fax: +34 983 880 717
www.comenge.com
admin@comenge.com

Biberius 2012 T
tempranillo

88 ★★★★   6,5€

Color cereza muy intenso, borde granate. Aroma fruta madura, equilibrado, especias dulces. Boca sabroso, estructurado, largo.

Biberius 2013 T
tempranillo

87 ★★★★   6,5€

Color cereza, borde violáceo. Aroma fruta roja, floral, hierbas silvestres, especiado. Boca potente, sabroso, frutoso.

Comenge 2009 T
tempranillo

92 ★★★   13,5€

Color cereza, borde granate. Aroma hierbas de monte, fruta madura, especiado. Boca estructurado, sabroso, taninos maduros.

Comenge 2010 T
tempranillo

90 ★★★   13,5€

Color cereza, borde granate. Aroma fruta madura, especiado, roble cremoso, tostado, complejo, fina reducción. Boca potente, sabroso, tostado, taninos maduros.

Don Miguel Comenge 2010 T

95   25€

Color cereza, borde granate. Aroma fruta madura, especiado, roble cremoso, tostado, complejo, chocolate. Boca potente, sabroso, tostado, taninos maduros.

COMPAÑÍA DE VINOS TELMO RODRÍGUEZ
El Monte
1308 Lanciego (Álava)
☎: +34 945 628 315
Fax: +34 945 628 314
www.telmorodriguez.com
contact@telmorodriguez.com

M2 de Matallana 2010 T
tinto fino

92   24,9€

Color cereza brillante. Aroma fruta madura, especias dulces, roble cremoso. Boca sabroso, frutoso, tostado, taninos maduros.

Matallana 2010 T
tinto fino

95 85,6€

Color cereza, borde granate. Aroma especiado, roble cremoso, tostado, complejo, chocolate, terroso. Boca potente, sabroso, tostado, taninos maduros.

CONVENTO DE LAS CLARAS S.L.
Plaza de los Comuneros, 1
47300 Peñafiel (Valladolid)
☎: +34 983 878 168
www.bodegasconventodelasclaras.com
info@bodegasconventodelasclaras.com

Convento Las Claras 2012 T
100% tinto fino

92 ★★★★★ 9€

Color cereza brillante. Aroma fruta madura, especias dulces, roble cremoso, expresivo. Boca sabroso, frutoso, tostado, taninos maduros.

Heritage Convento de las Claras 2011 T
100% tinto fino

91 ★★★ 15€

Color cereza, borde granate. Aroma fruta madura, especiado, roble cremoso, tostado, complejo, terroso. Boca potente, sabroso, tostado, taninos maduros, equilibrado.

Las Tinajas 2013 RD
100% tinto fino

86 ★★★★ 6€

Color cereza claro. Aroma potente, fruta madura, fruta roja, floral. Boca potente, frutoso, fresco, fácil de beber.

CONVENTO DE OREJA
Avda. Palencia, 1
47010 (Valladolid)
☎: +34 685 990 596
www.conventooreja.net
convento@conventooreja.es

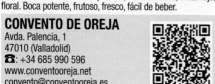

Convento Oreja 2009 TC
100% tinta del país

89 11€

Color cereza, borde granate. Aroma fruta madura, especiado, roble cremoso. Boca potente, sabroso, tostado, taninos maduros.

Convento Oreja 2010 TC
100% tinta del país

89 11€

Color cereza, borde granate. Aroma fruta madura, especiado, roble cremoso, tostado, complejo. Boca potente, sabroso, tostado.

Convento Oreja 2012 T Roble
100% tinta del país

87 ★★★★ 7€

Color cereza, borde granate. Aroma especiado, tostado, fruta sobremadura, mineral. Boca potente, sabroso, tostado, taninos maduros.

Convento Oreja Memoria 2009 TR
100% tinta del país

91 24€

Color cereza, borde granate. Aroma fruta madura, especiado, roble cremoso, tostado, complejo, chocolate, terroso. Boca potente, sabroso, tostado, taninos maduros.

CORDIS TERRA HISPANIA
Gamonal, 16 2ºC
28031 Madrid (Madrid)
☎: +34 911 610 024
Fax: +34 913 316 047
www.cordisterra.com
info@cordisterra.com

Cuatro Runas 2013 T Roble
tempranillo

86 ★★★★ 6,6€

Color cereza brillante, borde granate. Aroma fruta madura, especias dulces, roble cremoso, balsámico. Boca sabroso, frutoso, tostado.

CUESTAROA
Camino de Valdeoliva, 9
Pol. Ind. Norte "El Raso"
28750 San Agustín de Guadalix (Madrid)
☎: +34 918 258 100
www.cuestaroa.es
cuestaroa@cuestaroa.es

Cuesta Roa 2012 T Roble
tinto fino

88 ★★★★ 5,8€

Color cereza, borde granate. Aroma fruta madura, especiado, roble cremoso, tostado. Boca potente, sabroso, tostado, taninos marcados de roble.

DEHESA DE LOS CANÓNIGOS S.A.

Ctra. Renedo - Pesquera, Km. 39
47315 Pesquera de Duero (Valladolid)
☎: +34 983 484 001
Fax: +34 983 484 040
www.bodegadehesadeloscanonigos.com
bodega@dehesacanonigos.com

Dehesa de los Canónigos 2011 T
89   17€
Color cereza brillante. Aroma especias dulces, roble cremoso, intensidad media, terroso. Boca frutoso, sabroso, tostado.

Solideo Magnum 2008 TR
87   48€
Color cereza, borde granate. Aroma fruta madura, especiado, roble cremoso, tostado, cálido. Boca potente, sabroso, tostado, taninos secos pero maduros.

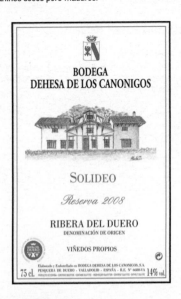

DEHESA VALDELAGUNA

Ctra. VA-101 a Valoria, Km. 16
47315 Pesquera de Duero (Valladolid)
☎: +34 921 142 325
www.montelaguna.es
montelaguna63@gmail.es

Montelaguna 2010 TC
tempranillo
91 ★★★   14€
Color cereza, borde granate. Aroma fruta madura, especiado, roble cremoso, tostado, complejo. Boca potente, sabroso, tostado, taninos maduros, equilibrado.

Montelaguna 6 meses 2012 T
tempranillo
89 ★★★   8,5€
Color cereza intenso. Aroma potente, con carácter, fruta roja, fruta madura, tostado. Boca potente, fruta madura.

Montelaguna Selección 2010 T
tempranillo
92   21€
Color cereza, borde granate. Aroma fruta madura, especiado, roble cremoso, tostado, complejo. Boca potente, sabroso, tostado, taninos maduros.

Ra 09 2009 T
tempranillo
90   17€
Color cereza, borde granate. Aroma muy tostado (torrefacta-do), cacao fino, fruta madura, frutos secos. Boca especiado, fruta madura, amargoso, tostado.

Ra Vendimia Seleccionada 2009 T
92
Color cereza, borde granate. Aroma especiado, tostado, fruta sobremadura, mineral. Boca potente, sabroso, tostado, taninos maduros.

DOMINIO BASCONCILLOS

Polígono 19 parcela 245
9370 Gumiel de Izán (Burgos)
☎: +34 947 561 022
www.dominiobasconcillos.com
info@dominiobasconcillos.com

Dominio Basconcillos 12 meses 2009 TC

92 🌱

Color cereza, borde granate. Aroma fruta madura, especias dulces, roble cremoso, expresivo, elegante. Boca sabroso, frutoso, tostado, taninos maduros.

Dominio Basconcillos 12 meses 2011 T
100% tinto fino

92 🌱   **17€**

Color cereza brillante. Aroma fruta madura, especias dulces, roble cremoso, expresivo, lácticos. Boca sabroso, frutoso, tostado, taninos maduros.

Dominio Basconcillos Ecológico 6 meses 2012 T
100% tinto fino

89 ★★★ 🌱   **9€**

Color cereza brillante. Aroma fruta madura, especias dulces, roble cremoso, intensidad media, tostado. Boca frutoso, sabroso, tostado.

Viña Magna 2009 TR

92   **22€**

Color cereza, borde granate. Aroma fruta roja, fruta madura, especiado, roble cremoso, complejo, terroso, cacao fino. Boca potente, sabroso, tostado, taninos maduros.

Viña Magna 2011 TC

91   **17€**

Color cereza brillante, borde granate. Aroma fruta madura, especias dulces, roble cremoso, balsámico. Boca frutoso, sabroso, tostado, equilibrado, elegante.

DOMINIO DE ATAUTA

Ctra. a Morcuera, s/n
42345 Atauta (Soria)
☎: +34 975 351 349
www.dominiodeatauta.com
info@dominiodeatauta.com

Dominio de Atauta 2010 T
100% tempranillo

95   **26,9€**

Color cereza, borde granate. Aroma fruta madura, especiado, roble cremoso, tostado, complejo, chocolate, terroso. Boca potente, sabroso, tostado.

Dominio de Atauta 2011 T
100% tempranillo

94   **26,9€**

Color cereza, borde granate. Aroma fruta madura, especiado, roble cremoso, tostado, complejo, chocolate, terroso. Boca potente, sabroso, tostado, taninos maduros.

Dominio de Atauta La Mala 2011 TC
tempranillo

96   **72€**

Color cereza, borde granate. Aroma fruta madura, especiado, roble cremoso, tostado, complejo, chocolate. Boca potente, sabroso, tostado, taninos maduros.

Dominio de Atauta Llanos del Almendro 2011 T
tempranillo

96   **88€**

Color cereza, borde granate. Aroma especiado, roble cremoso, tostado, complejo, chocolate, terroso, mineral, hierbas de tocador. Boca potente, sabroso, tostado, taninos maduros.

Dominio de Atauta Valdegatiles 2011 T
tempranillo

96   **66,2€**

Color cereza, borde granate. Aroma especiado, roble cremoso, tostado, complejo, chocolate, terroso. Boca potente, sabroso, tostado, taninos maduros.

Parada de Atauta 2011 T
100% tempranillo

94 19,5€

Color cereza brillante. Aroma fruta madura, especias dulces, roble cremoso, expresivo, mineral, hierbas de monte. Boca sabroso, frutoso, tostado, taninos maduros.

DOMINIO DE ES
Avenida Manuel de Falla, nº 37 2ºE
26007 Logroño (La Rioja)
☎: +34 676 536 390
bebervino@hotmail.com

Dominio de Es La Diva 2012 T
tinto fino, albillo

95 �². 240€

Color cereza, borde granate. Aroma fruta madura, hierbas silvestres, terroso, especiado, roble cremoso, mineral. Boca equilibrado, sabroso, largo, balsámico, elegante.

Dominio de Es Viñas Viejas de Soria 2012 T
tinto fino

94 🌱 50€

Color cereza, borde granate. Aroma especiado, roble cremoso, tostado, complejo, chocolate, terroso, fruta confitada. Boca potente, sabroso, tostado, taninos maduros.

DOMINIO DE PINGUS S.L.
Hospital, s/n - Apdo. 93, Peñafiel
47350 Quintanilla de Onésimo
(Valladolid)
☎: +34 983 680 189
www.dominiopingus.com
info@pingus.es

Flor de Pingus 2012 T
94

Color cereza, borde granate. Aroma fruta madura, especiado, roble cremoso, tostado, complejo, expresivo. Boca potente, sabroso, tostado, taninos maduros, equilibrado.

Pingus 2012 T
98 1.150€

Color cereza, borde granate. Aroma fruta madura, hierbas silvestres, especiado, roble cremoso, mineral. Boca sabroso, largo, balsámico, equilibrado, elegante.

PSI 2012 T
95

Color cereza, borde granate. Aroma fruta roja, fruta madura, especiado, roble cremoso, tostado, complejo, terroso. Boca potente, sabroso, tostado, taninos maduros.

DOMINIO DEL ÁGUILA
Los Lagares, 42
9370 La Aguilera (Burgos)
☎: +34 638 899 236
info@dominiodelaguila.com

Dominio del Aguila 2010 TR
tempranillo

96 45€

Color cereza, borde granate. Aroma fruta madura, expresión frutal, especiado, tostado. Boca sabroso, potente, buena acidez, fino amargor, taninos maduros.

Pícaro del Aguila 2012 Clarete
tempranillo, blanca del país

90 ★★★ 🌱 16€

Color piel cebolla. Aroma elegante, fruta escarchada, flores secas, hierbas de tocador. Boca ligero, sabroso, buena acidez, largo, especiado.

Pícaro del Aguila 2012 T
tempranillo

93 ★★★ 🌱 16€

Color cereza, borde granate. Aroma hierbas silvestres, terroso, especiado, roble cremoso, hierbas de monte, hierbas de tocador. Boca equilibrado, sabroso, largo, balsámico.

DOMINIO ROMANO
Lagares, s/n
47319 Rábano (Valladolid)
☎: +34 983 871 661
Fax: +34 938 901 143
www.dominioromano.es
dominioromano@dominioromano.es

Camino Romano 2012 T
tinto fino

88 ★★★ 🌱 10€

Color cereza, borde granate. Aroma especiado, tostado, fruta sobremadura, mineral. Boca potente, sabroso, tostado, taninos maduros.

Dominio Romano 2012 T
tinto fino

90 🌱 20€

Color cereza muy intenso, borde granate. Aroma potente, fruta madura, muy tostado (torrefactado), chocolate. Boca potente, tostado, retronasal torrefactado.

ÉBANO VIÑEDOS Y BODEGAS

Ctra. N-122 Km., 299,6
47318 Castrillo de Duero (Valladolid)
☎: +34 983 106 440
Fax: +34 986 609 313
www.ebanovinedosybodegas.com
ebano@valminorebano.com

Ébano 2009 TC
tempranillo

91 22€

Color cereza, borde granate. Aroma fruta madura, especiado, tostado. Boca potente, sabroso, tostado, taninos maduros.

Ébano 6 2013 T
tempranillo

87 12€

Color cereza muy intenso, borde granate. Aroma fruta sobremadura, cálido, hierbas secas. Boca sabroso, fruta madura, largo.

EL LAGAR DE ISILLA

Camino Real, 1
9471 La Vid (Burgos)
☎: +34 947 530 434
Fax: +34 947 504 316
www.lagarisilla.es
bodegas@lagarisilla.es

El Lagar de Isilla 2009 TR
100% tempranillo

92 18€

Color cereza, borde granate. Aroma fruta madura, especiado, roble cremoso, cacao fino. Boca potente, sabroso, tostado, taninos maduros.

El Lagar de Isilla 2010 TC
100% tempranillo

91 ★★★★ 12,5€

Color cereza, borde granate. Aroma fruta madura, especiado, roble cremoso, tostado, complejo. Boca potente, sabroso, tostado, taninos maduros.

El Lagar de Isilla 9 meses Gestación 2011 T Roble
100% tempranillo

89 15,5€

Color cereza, borde granate. Aroma fruta madura, especiado, roble cremoso, tostado. Boca potente, sabroso, tostado, taninos maduros.

El Lagar de Isilla Vendimia Seleccionada 2009 T
100% tempranillo

90 25€

Color guinda. Aroma especiado, fina reducción, cuero mojado, ebanistería, tostado. Boca especiado, largo, tostado.

EL MOSAICO DE BACO

Avda Extremadura, 55
9400 Aranda de Duero (Burgos)
☎: +34 947 512 866
Fax: +34 947 512 866
www.elmosaicodebaco.com
info@elmosaicodebaco.com

Mosaico de Baco 2009 TC
tempranillo

88 10,8€

Color cereza, borde granate. Aroma fruta madura, especiado, roble cremoso, tostado, complejo, hierbas silvestres. Boca potente, sabroso, tostado.

Mosaico de Baco 2012 T Roble
tempranillo

84 6,8€

Mosaico de Baco 2013 RD
tinto fino, albillo

86 ★★★★ 5,6€

Color cereza claro. Aroma potente, fruta madura, fruta roja, floral. Boca potente, frutoso, fresco.

Mosaico de Baco 2013 T
tempranillo

85 ★★★★★ 4,1€

Mosaico de Baco Viñas del Monte 2009 T
tinto fino

89 24€

Color cereza, borde granate. Aroma fruta madura, hierbas silvestres, especiado, roble cremoso. Boca sabroso, largo, balsámico.

FINCA TORREMILANOS

Finca Torremilanos
9400 Aranda de Duero (Burgos)
☎: +34 947 512 852
Fax: +34 947 508 044
www.torremilanos.com
reservas@torremilanos.com

Los Cantos de Torremilanos 2012 T

91 ★★★★★ ☙ 9€

Color cereza muy intenso, borde violáceo. Aroma piedra seca, fruta madura, cacao fino, roble cremoso, expresivo. Boca estructurado, lleno, largo, taninos maduros.

Montecastrillo 2012 T Roble
100% tempranillo

87 ★★★★ ☙ 6€

Color cereza muy intenso, borde violáceo. Aroma equilibrado, expresivo, fruta roja, fruta madura, especiado, tostado. Boca sabroso, frutoso, cierta persistencia.

Montecastrillo 2013 RD
tempranillo

86 ★★★★ ☙ 5,5€

Color cereza claro. Aroma fruta roja, floral, expresivo, fresco. Boca frutoso, fresco, fácil de beber, cierta persistencia.

Torre Albéniz 2010 TR

90 ☙ 21€

Color cereza opaco. Aroma fruta madura, especiado, tostado, con carácter. Boca potente, sabroso, tostado, taninos maduros.

Torremilanos 2010 TR
tempranillo

88 17€

Color cereza muy intenso, borde granate. Aroma fruta madura, fruta confitada, especias dulces, cacao fino. Boca estructurado, lleno.

Torremilanos 2011 TC

88 ☙ 12,5€

Color cereza muy intenso. Aroma fruta madura, especiado, roble cremoso, tostado, complejo. Boca potente, sabroso, tostado, taninos maduros.

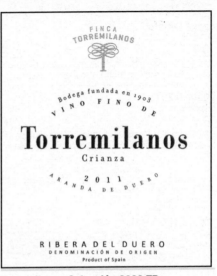

Torremilanos Colección 2009 TR
tempranillo

92 32€

Color cereza opaco, borde granate. Aroma expresivo, fruta madura, fruta confitada, roble nuevo, cacao fino. Boca estructurado, lleno, taninos maduros.

FINCA VILLACRECES

Ctra. Soria N-122 Km 322
47350 Quintanilla de Onésimo (Valladolid)
☎: +34 983 680 437
Fax: +34 983 683 314
www.grupoartevino.com
villacreces@villacreces.com

Finca Villacreces 2011 T

92 23€

Color cereza muy intenso. Aroma fruta madura, especiado, roble cremoso, tostado, con carácter, terroso. Boca potente, sabroso, tostado, taninos maduros.

Finca Villacreces Nebro 2011 TC
100% tempranillo

96 130,7€

Color cereza, borde granate. Aroma fruta madura, especiado, roble cremoso, tostado, complejo, mineral. Boca potente, sabroso, tostado, taninos maduros.

Pruno 2012 T
91 ★★★★　　　　　　　10,8€
Color cereza intenso. Aroma potente, con carácter, fruta madura, especiado. Boca potente, amargoso, buena acidez.

GRANDES BODEGAS
Ctra. de Sotillo de la Ribera, s/n
9311 La Horra (Burgos)
☎: +34 947 542 166
Fax: +34 947 542 165
www.marquesdevelilla.com
bodega@marquesdevelilla.com

Doncel de Mataperras 2009 TR
tinta del país
90　　　　　　　　　　25€
Color cereza, borde granate. Aroma equilibrado, complejo, especiado, fina reducción. Boca estructurado, sabroso, taninos maduros.

Finca La María 2011 T Roble
tinta del país
88 ★★★★　　　　　　　7€
Color cereza muy intenso. Aroma potente, fruta confitada, roble cremoso. Boca correcto, taninos maduros, especiado.

Marqués de Velilla 2009 TR
tinta del país
88　　　　　　　　　　15€
Color cereza muy intenso. Aroma fruta madura, especiado. Boca sabroso, frutoso, taninos maduros.

Marqués de Velilla 2010 TC
tinta del país
88　　　　　　　　　　10,5€
Color cereza, borde granate. Aroma fruta madura, especiado, roble cremoso, tostado, complejo. Boca potente, sabroso, tostado, taninos maduros.

Marqués de Velilla 2013 T
tinta del país
87 ★★★★★　　　　　　4,5€
Color cereza muy intenso, borde violáceo. Aroma fruta madura, potente, hierbas silvestres. Boca frutoso, fácil de beber, cierta persistencia.

GRUPO VINÍCOLA MARQUÉS DE VARGAS - CONDE SAN CRISTÓBAL
Ctra. Valladolid a Soria, Km. 303
47300 Peñafiel (Valladolid)
☎: +34 983 878 055
Fax: +34 983 878 196
www.marquesdevargas.com
bodega@condesancristobal.com

Conde de San Cristóbal 2011 T
91 ★★★★　　　　　　　13€
Color cereza, borde granate. Aroma fruta madura, especiado, roble cremoso, tostado. Boca potente, sabroso, tostado, taninos maduros.

Conde de San Cristóbal Raíces 2009 TR
90　　　　　　　　　　20€
Color cereza, borde granate. Aroma fruta madura, especiado, tostado, complejo, hierbas de monte. Boca potente, sabroso, tostado, taninos maduros.

HACIENDA URBIÓN
Ctra. Nalda, km. 9
26120 Albelda de Iregua (Rioja)
☎: +34 941 444 233
Fax: +34 941 444 427
www.miguelangelwines.com
info@vinicolareal.com

Vega Vieja 2012 TC
100% tempranillo
85 ★★★★★　　　　　　5€

Vega Vieja 2013 T Roble
100% tempranillo
84　　　　　　　　　　4€

Vega Vieja Cosecha 2013 T
100% tempranillo
83　　　　　　　　　　3,5€

HACIENDA ZORITA MARQUÉS DE LA CONCORDIA FAMILY OF WINES

Hacienda Abascal, N-122, Km. 321,5
47360 Quintanilla de Onésimo (Valladolid)
☎: +34 913 878 612
www.the-haciendas.com
abasilio@unitedwineries.com

HZ Abascal Premium 2010 T
100% tempranillo

90 40€

Color rubí, borde teja. Aroma especiado, fina reducción, cuero mojado, ebanistería, espirituoso. Boca especiado, taninos finos.

HZ Abascal Vineyard 2009 TR
100% tempranillo

89

Color cereza, borde granate. Aroma fruta madura, especiado, roble cremoso, tostado, complejo. Boca potente, sabroso, tostado, taninos maduros.

HZ Abascal Vineyard 2011 TC
100% tempranillo

88

Color cereza, borde granate. Aroma fruta madura, especiado, roble cremoso, tostado. Boca potente, sabroso, tostado, taninos maduros.

HAMMEKEN CELLARS

Calle de la Muela, 16
3730 Jávea (Alicante)
☎: +34 965 791 967
Fax: +34 966 461 471
www.hammekencellars.com
cellars@hammekencellars.com

Aventino 200 Barrels 2010 T
100% tempranillo

91 25€

Color cereza, borde granate. Aroma fruta madura, especiado, roble cremoso, tostado, complejo. Boca potente, sabroso, tostado, taninos maduros.

Aventino 2006 TR
100% tempranillo

88 20€

Color rubí, borde teja. Aroma fruta madura, especiado, roble cremoso, tostado, complejo, fina reducción. Boca potente, sabroso, tostado, taninos maduros.

Aventino 2010 TC
100% tempranillo

88 15€

Color cereza, borde granate. Aroma fruta madura, especiado, roble cremoso, tostado, complejo. Boca potente, sabroso, tostado, taninos maduros.

Oraculo Collectors Edition 2009 T
100% tempranillo

88 50€

Color cereza, borde granate. Aroma equilibrado, fruta madura, especiado. Boca sabroso, taninos maduros.

Oraculo Collectors Edition 2010 T
100% tempranillo

90   50€

Color cereza, borde granate. Aroma fruta madura, hierbas silvestres, terroso, especiado, roble cremoso. Boca equilibrado, sabroso, largo, balsámico.

Viña Altamar 2012 T
100% tempranillo

86 ★★★   9€

Color cereza brillante. Aroma fruta madura, especias dulces, expresivo. Boca sabroso, frutoso, tostado, taninos maduros.

HESVERA
Ctra. Peñafiel - Pesquera, Km. 5,5
47315 Pesquera de Duero (Valladolid)
☎: +34 626 060 516
Fax: +34 983 870 201
www.hesvera.es
hesvera@hesvera.es

Hesvera 2010 TC
tempranillo

89   12€

Color cereza, borde granate. Aroma especiado, tostado, fruta sobremadura. Boca potente, sabroso, tostado, taninos maduros.

Hesvera Cosecha Limitada 2009 T
tempranillo

90

Color cereza, borde granate. Aroma fruta madura, hierbas silvestres, terroso, especiado, roble cremoso. Boca equilibrado, sabroso, largo, balsámico.

Hesvera Seis Meses 2012 T Roble
tempranillo

87 ★★★★   6€

Color cereza brillante. Aroma fruta madura, especias dulces, roble cremoso, expresivo. Boca sabroso, frutoso, tostado, taninos maduros.

HIJOS DE ANTONIO POLO
La Olma, 5
47300 Peñafiel (Valladolid)
☎: +34 983 873 183
Fax: +34 983 873 783
www.pagopenafiel.com
info@pagopenafiel.com

Pagos de Peñafiel 2009 TC
tempranillo

91 ★★★★   12,5€

Color cereza intenso. Aroma fruta madura, especiado, roble cremoso, tostado. Boca potente, sabroso, tostado, taninos maduros.

Pagos de Peñafiel 2009 TR
tempranillo

87   18€

Color cereza opaco. Aroma fruta confitada, roble cremoso, especias dulces. Boca estructurado, sabroso, balsámico.

Pagos de Peñafiel 2011 TC
tempranillo

87 ★★★★   5,8€

Color cereza, borde granate. Aroma tostado, fruta confitada, especias dulces. Boca con aristas de acidez, correcto, especiado.

Pagos de Peñafiel Vendimia Selección 2009 T Roble
tempranillo

89   19€

Color cereza, borde granate. Aroma fruta madura, especiado, roble cremoso, tostado, complejo. Boca potente, sabroso, tostado, taninos maduros.

HORNILLOS BALLESTEROS

Camino Tenerías, 9
9300 Roa de Duero (Burgos)
☎: +34 947 541 071
Fax: +34 947 541 071
hornillosballesteros@telefonica.net

MiBal 2011 TC
tempranillo

89 ★★★★   8€

Color cereza brillante. Aroma fruta madura, especias dulces, roble cremoso, expresivo. Boca sabroso, frutoso, tostado, taninos maduros.

MiBal 2013 T
tempranillo

85 ★★★★★   4,5€

MiBal Selección 2008 T
tempranillo

88   12€

Color cereza, borde granate. Aroma fruta confitada, fruta al licor, especiado. Boca sabroso, confitado, balsámico.

Perfil de MiBal 2009 T
tempranillo

91   30€

Color cereza, borde granate. Aroma fruta madura, hierbas silvestres, terroso, especiado, roble cremoso. Boca equilibrado, sabroso, largo, balsámico.

LA MALETA HAND MADE FINE WINES

Julio Prieto Nespereira, 21
32005 Ourense (Ourense)
☎: +34 988 614 234
lamaletawines.com
hola@lamaletawines.com

Finca La Viajera 2010 TC
100% tempranillo

90 ★★★   14€

Color cereza, borde granate. Aroma fruta roja, fruta madura, especiado, roble cremoso, tostado, complejo. Boca potente, sabroso, tostado, concentrado.

Finca La Viajera 2013 T
100% tempranillo

89   10,5€

Color cereza, borde violáceo. Aroma expresivo, fruta fresca, fruta roja, floral, especiado. Boca sabroso, frutoso, buena acidez, taninos maduros, concentrado.

Finca La Viajera Vendimia Seleccionada 2010 T
100% tempranillo

92   27€

Color cereza, borde granate. Aroma fruta madura, especiado, roble cremoso, tostado, balsámico, piedra seca. Boca potente, sabroso, tostado, equilibrado.

LAN

Paraje del Buicio, s/n
26360 Fuenmayor (La Rioja)
☎: +34 941 450 950
Fax: +34 941 450 567
www.bodegaslan.com
info@bodegaslan.com

Marqués de Burgos 2010 TC
100% tempranillo

87

Color cereza brillante. Aroma fruta madura, especias dulces, roble cremoso, intensidad media. Boca frutoso, sabroso, tostado.

Marqués de Burgos 2011 T Roble
100% tempranillo

86

Color cereza, borde granate. Aroma fruta roja, fruta madura, balsámico, especiado, roble cremoso. Boca potente, sabroso, especiado, equilibrado.

LEGARIS

Ctra. Peñafiel - Encinas de Esgueva, km. 4,3
47316 Curiel de Duero (Valladolid)
☎: +34 983 878 088
Fax: +34 983 881 034
www.grupocodorniu.com
info@legaris.com

Legaris 2010 TC
100% tinto fino
88   15,4€
Color cereza, borde granate. Aroma especiado, tostado, fruta sobremadura. Boca potente, sabroso, tostado, taninos maduros.

Legaris 2010 TR
100% tinto fino
92   26,1€
Color cereza muy intenso, borde granate. Aroma complejo, expresivo, equilibrado, especiado. Boca estructurado, lleno, taninos maduros.

Legaris 2013 T Roble
100% tinto fino
88 ★★★★   7,2€
Color cereza brillante. Aroma fruta madura, especias dulces, roble cremoso, expresivo. Boca sabroso, frutoso, tostado, taninos maduros.

Legaris Selección Especial 2009 T
100% tinto fino
90   50€
Color cereza, borde granate. Aroma fruta madura, especiado, roble cremoso, cálido. Boca equilibrado, sabroso, largo, balsámico.

LOESS

El Monte, 7
47195 Arroyo de la Encomienda (Valladolid)
☎: +34 983 664 898
Fax: +34 983 406 579
www.loess.es
loess@loess.es

Loess 2011 T
tinta del país
90   18€
Color cereza, borde granate. Aroma fruta madura, hierbas silvestres, terroso, especiado, roble cremoso. Boca equilibrado, sabroso, largo, balsámico.

MARÍA ASCENSIÓN REPISO BOCOS

Ctra. de Valbuena, 34
47315 Pesquera de Duero (Valladolid)
☎: +34 983 870 178
www.veronicasalgado.es
info@veronicasalgado.es

Verónica Salgado 2011 T Roble
100% tinto fino
88 ★★★★   6,7€
Color cereza brillante. Aroma fruta madura, especias dulces, roble cremoso. Boca sabroso, frutoso, tostado, taninos maduros.

Verónica Salgado Capricho 2010 T
100% tinto fino
93 ★★★★   12,4€
Color cereza, borde granate. Aroma fruta roja, frambuesa, caramelo de violetas, balsámico, hierbas silvestres, especiado. Boca sabroso, fresco, especiado, balsámico, largo.

MARQUÉS DE REVILLA

Paraje Tiemblos, Pol 509- Parcela 5146
9441 Sotillo de la Ribera (Burgos)
☎: +34 913 739 689
www.marquesderevilla.com
guiomaro@marquesderevilla.com

Marqués de Revilla 2007 TR
87   15€
Color cereza, borde granate. Aroma fruta madura, hierbas silvestres, especiado, roble cremoso, cuero mojado, tabaco. Boca equilibrado, sabroso, balsámico.

Marqués de Revilla 2009 TC
84   10€

Marqués de Revilla 2011 T Roble
tempranillo, merlot
86 ★★★★   7€
Color cereza brillante. Aroma fruta madura, especias dulces, roble cremoso, intensidad media. Boca sabroso, frutoso, tostado.

MARQUÉS DE TOMARES

Ctra. de Cenicero, s/n
26360 Fuenmayor (La Rioja)
☎: +34 676 433 820
Fax: +34 941 450 297
www.marquesdetomares.com
info@marquesdetomares.com

TM Ribera Selección de la Familia 2011 TC
90 ★★★★★   10€
Color cereza, borde granate. Aroma fruta roja, fruta madura, especiado, roble cremoso, tostado, complejo, terroso, piedra seca. Boca potente, sabroso, tostado, taninos maduros.

MATER VITIS

Calle Doctor Santaolalla, 21 bajo izq
3005 Alicante (Alicante)
☎: +34 965 637 811
www.matervitis.com

Mater Vitis TC
85 ★★★★   5,1€

Mater Vitis TR
87 ★★★   9,2€
Color cereza muy intenso. Aroma fruta madura, especiado, roble cremoso, tostado, con carácter. Boca potente, sabroso, tostado, taninos maduros.

Mater Vitis 2012 T Roble
83   3,8€

Mater Vitis 2013 T
84   2,8€

MN VINOS

9314 Pedrosa de Duero (Burgos)
☎: +34 947 530 180
www.mnvinos.com
mnvinos@mnvinos.com

MN Vinos 2012 T
100% tinto fino
90 ★★★★★   8€
Color cereza, borde granate. Aroma fruta madura, especiado, roble cremoso, tostado, complejo, terroso. Boca potente, sabroso, tostado, taninos maduros.

MONTEBACO

Finca Montealto
47359 Valbuena de Duero (Valladolid)
☎: +34 983 485 128
www.bodegasmontebaco.com
montebaco@bodegasmontebaco.com

Montebaco 2012 TC
tempranillo
90 ★★★★   13€
Color cereza, borde granate. Aroma fruta madura, especiado, roble cremoso, complejo. Boca potente, sabroso, tostado, taninos maduros.

Montebaco Vendimia Seleccionada 2010 T
tempranillo
90   23€
Color cereza, borde granate. Aroma equilibrado, complejo, fruta madura, especiado. Boca estructurado, sabroso, taninos maduros.

Semele 2012 TC
91 ★★★★★   9€
Color cereza brillante. Aroma especias dulces, expresivo, expresión frutal. Boca sabroso, frutoso, tostado, taninos maduros.

MONTEVANNOS

Paraje Tiemblos, Pol 509 -
Parcela 5146
9441 Sotillo de la Ribera (Burgos)
☎: +34 947 534 277
Fax: +34 947 534 016
www.montevannos.es
bodega@montevannos.es

Montevannos 2008 TR
tempranillo, merlot

87   11,6€

Color cereza, borde granate. Aroma especiado, tostado, fruta sobremadura, mineral. Boca potente, sabroso, tostado, taninos maduros.

Montevannos 2009 TC
tempranillo, merlot

84   9,3€

Montevannos 2011 T Roble
tempranillo, merlot

87 ★★★★   5,1€

Color cereza brillante. Aroma especias dulces, roble cremoso, intensidad media. Boca frutoso, sabroso, tostado.

Montevannos 2013 T

85 ★★★★★   4,3€

Opimius 2007 TR
tempranillo

90 ★★★   15,3€

Color cereza intenso. Aroma equilibrado, complejo, fruta madura, especiado. Boca estructurado, sabroso, taninos maduros.

OLID INTERNACIONAL

Juan García Hortelano, 21 7ºC
47014 Valladolid (Valladolid)
☎: +34 983 132 690
www.olidinternacional.com
olid@olidinternacional.com

983 2009 TC
tempranillo

90 ★★★★★   8€

Color cereza muy intenso. Aroma fruta madura, especiado, roble cremoso, tostado, con carácter. Boca potente, sabroso, tostado, taninos maduros.

983 2012 T Roble
100% tempranillo

90 ★★★★★   8€

Color cereza, borde violáceo. Aroma fruta madura, especiado, roble cremoso, tostado, complejo, mineral. Boca potente, sabroso, tostado.

OSBORNE RIBERA DEL DUERO

Crta. Fuenmayor - Navarrete, km. 2
26360 Fuenmayor (La Rioja)
☎: +34 925 860 990
Fax: +34 925 860 905
www.osborne.es
carolina.cerrato@osborne.es

Señorío del Cid 2012 T Roble
100% tinta del país

87 ★★★★★   5€

Color cereza muy intenso, borde granate. Aroma potente, fruta madura, tostado, balsámico. Boca potente, tostado, retronasal torrefactado.

PAGO DE CARRAOVEJAS

Camino de Carraovejas, s/n
47300 Peñafiel (Valladolid)
☎: +34 983 878 020
Fax: +34 983 878 022
www.pagodecarraovejas.com
administracion@pagodecarraovejas.com

Pago de Carraovejas 2011 TR

94   35,4€

Color cereza, borde granate. Aroma fruta roja, fruta madura, especiado, roble cremoso, tostado, complejo, terroso. Boca potente, sabroso, tostado, taninos maduros.

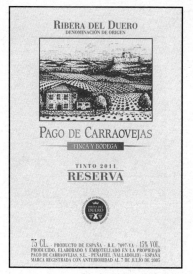

Pago de Carraovejas 2012 TC

93　　　　　　　　　　　　　　20€

Color cereza, borde granate. Aroma fruta madura, especiado, roble cremoso, tostado, complejo. Boca potente, sabroso, tostado, taninos maduros.

Pago de Carraovejas El Anejón de la Cuesta de las Liebres 2010 T

96　　　　　　　　　　　　　　60,7€

Color cereza muy intenso, borde granate. Aroma equilibrado, expresivo, expresión frutal, especiado, balsámico. Boca lleno, sabroso, largo, equilibrado, complejo.

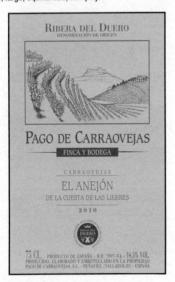

PAGO DE LOS CAPELLANES

Camino de la Ampudia, s/n
9314 Pedrosa de Duero (Burgos)
☎: +34 947 530 068
Fax: +34 947 530 111
www.pagodeloscapellanes.com
bodega@pagodeloscapellanes.com

Pago de los Capellanes 2011 TC
100% tempranillo

92　　　　　　　　　　　　　　18€

Color cereza, borde granate. Aroma fruta madura, especiado, roble cremoso, tostado, complejo, terroso. Boca potente, sabroso, tostado, taninos maduros.

Pago de los Capellanes 2011 TR
100% tempranillo

91　　　　　　　　　　　　　　28€

Color cereza muy intenso. Aroma fruta madura, especiado, roble cremoso, tostado, con carácter. Boca potente, sabroso, tostado, taninos maduros.

Pago de los Capellanes 2013 T Roble
100% tempranillo

90 ★★★★★ 9€

Color cereza brillante. Aroma fruta madura, especias dulces, roble cremoso. Boca sabroso, frutoso, tostado, taninos maduros.

Pago de los Capellanes Parcela El Nogal 2010 T
100% tempranillo

94 40€

Color cereza, borde granate. Aroma fruta madura, hierbas silvestres, terroso, especiado, roble cremoso. Boca sabroso, largo, balsámico.

Pago de los Capellanes Parcela El Picón 2010 T
100% tempranillo

94 125€

Color cereza, borde granate. Aroma especiado, roble cremoso, tostado, complejo, chocolate, terroso, expresión frutal. Boca potente, sabroso, tostado, taninos maduros.

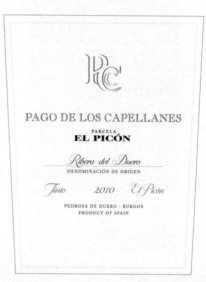

PAGOS DE MATANEGRA
Ctra. Santa María, 27
9311 Olmedillo de Roa (Burgos)
☎: +34 947 551 310
Fax: +34 947 551 309
www.pagosdematanegra.es
info@pagosdematanegra.es

Matanegra 2012 TC
tempranillo

88 11€

Color cereza, borde granate. Aroma fruta madura, especiado, tostado, complejo. Boca potente, sabroso, tostado, taninos maduros.

Matanegra Media Crianza 2010 T
100% tempranillo

88 ★★★★ 6€

Color cereza muy intenso, borde granate. Aroma potente, fruta madura, muy tostado (torrefactado), chocolate. Boca potente, tostado, retronasal torrefactado.

Matanegra Vendimia Seleccionada 2010 T
100% tempranillo

90   20€

Color cereza, borde granate. Aroma fruta madura, especiado, roble cremoso, tostado. Boca potente, sabroso, tostado, taninos maduros.

PAGOS DEL REY
Ctra. Palencia-Aranda, Km. 53
9311 Olmedillo de Roa (Burgos)
☎: +34 947 551 111
Fax: +34 947 551 311
www.pagosdelrey.com
pdr@pagosdelrey.com

Altos de Tamarón 2013 T Roble
tempranillo

86 ★★★★★   5€

Color cereza brillante. Aroma fruta madura, especias dulces, roble cremoso. Boca sabroso, frutoso, tostado, fácil de beber, retronasal torrefactado.

Altos de Tamarón 2010 TR
tempranillo

88 ★★★★   8€

Color cereza, borde granate. Aroma equilibrado, fruta madura, especias dulces, tostado. Boca estructurado, sabroso, taninos maduros, tostado.

Altos de Tamarón 2011 TC
tempranillo

87 ★★★★   6€

Color cereza, borde granate. Aroma fruta madura, especias dulces, roble cremoso. Boca sabroso, frutoso, tostado, retronasal torrefactado.

Altos de Tamarón 2013 T
100% tempranillo

87 ★★★★★   4€

Color cereza, borde violáceo. Aroma fruta roja, frambuesa, floral, expresivo. Boca fresco, frutoso, sabroso, fácil de beber.

Condado de Oriza 2010 TR
tempranillo

90   16,9€

Color cereza, borde granate. Aroma fruta roja, fruta madura, especiado, roble cremoso, tostado. Boca potente, sabroso, tostado, taninos maduros.

Condado de Oriza 2011 TC
tempranillo

89   10,5€

Color cereza brillante. Aroma fruta madura, especias dulces, roble cremoso. Boca frutoso, sabroso, tostado.

Condado de Oriza 2013 T
tempranillo

87 ★★★★   6,5€

Color cereza, borde violáceo. Aroma fruta roja, frambuesa, hierbas silvestres, floral. Boca potente, sabroso, equilibrado.

Condado de Oriza 2013 T Roble
tempranillo

88 ★★★★   8€

Color cereza brillante. Aroma fruta madura, especias dulces, roble cremoso, intensidad media. Boca frutoso, sabroso, tostado.

Condado de Oriza 409 2010 T
tempranillo

91   25€

Color cereza, borde granate. Aroma fruta madura, especiado, roble cremoso, tostado, complejo, chocolate, mineral. Boca potente, sabroso, tostado, taninos maduros.

Moralinos 2013 T

88 ★★★★★   2,3€

Color cereza, borde violáceo. Aroma fruta fresca, fruta roja, floral. Boca sabroso, frutoso, buena acidez, taninos maduros.

PEPE LÓPEZ VINOS Y VIÑEDOS
Avda. Soria, 53 - Bajos Buzón 136
47300 Peñafiel (Valladolid)
☎: +34 983 106 207
Fax: +34 916 048 322
www.arrotos.es
info@arrotos.es

Arrotos 2012 TC
85

Arrotos 2013 T Roble
86

Color cereza muy intenso, borde granate. Aroma potente, fruta madura, muy tostado (torrefactado), chocolate. Boca potente, tostado, retronasal torrefactado.

PICO CUADRO
Del Río, 22
47350 Quintanilla de Onésimo (Valladolid)
☎: +34 620 547 057
www.picocuadro.com
castrillo@picocuadro.com

Pico Cuadro 2011 T
tinto fino

89   15€

Color cereza muy intenso. Aroma fruta al licor, chocolate, café aromático. Boca fruta madura, confitado.

Pico Cuadro Original 2010 T
tinto fino

93   43€

Color cereza, borde granate. Aroma fruta madura, especiado, roble cremoso, tostado, complejo. Boca potente, sabroso, tostado, taninos maduros.

Pico Cuadro Vendimia Seleccionada 2010 T
tinto fino

91   23€

Color cereza, borde granate. Aroma equilibrado, complejo, fruta madura, especiado. Boca estructurado, sabroso.

Pico Cuadro Wild 2009 T
tinto fino

91   24€

Color cereza, borde granate. Aroma fruta roja, fruta madura, especiado, roble cremoso, tostado, complejo, terroso. Boca potente, sabroso, tostado, taninos maduros.

PINNA FIDELIS
Camino Llanillos, s/n
47300 Peñafiel (Valladolid)
☎: +34 983 878 034
Fax: +34 983 878 035
www.pinnafidelis.com
clientes@pinnafidelis.com

Pinna Fidelis 2010 TC
tinta del país

88 ★★★   10€

Color cereza brillante. Aroma fruta madura, especias dulces, roble cremoso, expresivo. Boca sabroso, frutoso, tostado, taninos maduros.

Pinna Fidelis 2011 TC
tinta del país

88 ★★★   10€

Color cereza, borde granate. Aroma fruta madura, especiado, roble cremoso, tostado, complejo. Boca potente, sabroso, tostado, taninos maduros.

Pinna Fidelis 2004 TGR
tinta del país

88　　　　　　　　　　　　　　　　　20€

Color cereza intenso, borde anaranjado. Aroma cera, tabaco, fruta madura, especiado, ebanistería. Boca fino amargor, elegante, sabroso, taninos finos.

Pinna Fidelis 2006 TR
tinta del país

89　　　　　　　　　　　　　　　　　15€

Color cereza, borde granate. Aroma fruta madura, especiado, roble cremoso, tostado, complejo. Boca potente, sabroso, tostado, taninos maduros.

Pinna Fidelis 2013 T Roble
tinta del país

86 ★★★★★　　　　　　　　　　　　5€

Color cereza brillante. Aroma fruta madura, especias dulces. Boca sabroso, frutoso, tostado, taninos maduros.

Pinna Fidelis Roble Español 2007 T
tinta del país

88　　　　　　　　　　　　　　　　　29€

Color cereza, borde granate. Aroma fruta madura, especiado, tostado, hierbas secas. Boca potente, sabroso, tostado, taninos maduros.

Pinna Fidelis Vendimia Seleccionada 2009 T
tinta del país

91　　　　　　　　　　　　　　　　　21€

Color cereza, borde granate. Aroma fruta roja, fruta madura, especiado, roble cremoso, tostado, complejo, terroso. Boca potente, sabroso, tostado.

PROTOS BODEGAS RIBERA DUERO DE PEÑAFIEL

Bodegas Protos, 24-28
47300 Peñafiel (Valladolid)
☎: +34 983 878 011
Fax: +34 983 878 012
www.bodegasprotos.com
bodega@bodegasprotos.com

Protos 2010 TR
100% tinto fino

93　　　　　　　　　　　　　　　23,4€

Color cereza muy intenso, borde granate. Aroma fruta madura, muy tostado (torrefactado), chocolate. Boca potente, tostado, retronasal torrefactado, taninos maduros.

Protos 2011 TC
100% tinto fino

93 ★★★　　　　　　　　　　　　14,2€

Color cereza, borde granate. Aroma fruta madura, especiado, roble cremoso, tostado. Boca potente, sabroso, tostado, taninos maduros.

Protos 2009 TGR
100% tinto fino

92　　　　　　　　　　　　　　　37,8€

Color cereza, borde granate. Aroma equilibrado, complejo, fruta madura, especiado, expresivo. Boca estructurado, sabroso, taninos maduros.

Protos 2012 T Roble
100% tinto fino

91 ★★★★★　　　　　　　　　　　7,5€

Color cereza, borde granate. Aroma fruta madura, especiado, roble cremoso, tostado, complejo, terroso. Boca potente, sabroso, tostado.

Protos Selección Finca el Grajo Viejo 2011 T
100% tinto fino

94 39,8€

Color cereza, borde granate. Aroma especiado, roble cremoso, tostado, complejo, chocolate, terroso, expresión frutal. Boca potente, sabroso, tostado, taninos maduros.

REAL SITIO DE VENTOSILLA
Ctra. CL-619 (Magaz - Aranda)
Km. 66,1
9443 Gumiel del Mercado (Burgos)
☎: +34 947 546 900
Fax: +34 947 546 999
www.pradorey.com
bodega@pradorey.com

Adaro de PradoRey 2010 T
100% tempranillo

94 ★★★ 16€

Color cereza, borde granate. Aroma fruta madura, especiado, roble cremoso, tostado, complejo, chocolate, terroso. Boca potente, sabroso, tostado, taninos maduros.

Adaro de PradoRey 2011 TC
100% tempranillo

93

Color cereza brillante. Aroma fruta madura, especias dulces, roble cremoso. Boca frutoso, sabroso, tostado, equilibrado, elegante.

Chozo Viejo 2010 TC
tempranillo

89 ★★★★ 6€

Color cereza, borde granate. Aroma especiado, tostado, fruta sobremadura, mineral. Boca potente, sabroso, tostado, taninos maduros.

Chozo Viejo 2013 T Roble

87 ★★★★ 4,7€

Color cereza brillante. Aroma especias dulces, roble cremoso, fruta madura. Boca sabroso, frutoso, tostado, taninos maduros.

Lía de PradoRey 2013 RD
100% tempranillo

88 ★★★★ 6€

Color rosáceo pálido, brillante. Aroma fresco, fruta roja, fruta fresca, intensidad media. Boca fresco, buena acidez, cierta persistencia.

PradoRey 2004 TGR

91 25€

Color cereza, borde granate. Aroma fruta madura, hierbas silvestres, terroso, especiado. Boca equilibrado, sabroso, largo, balsámico.

PradoRey 2013 RD

88 ★★★★ 7€

Color frambuesa, borde violáceo. Aroma potente, fruta madura, fruta roja, floral, cacao fino. Boca potente, frutoso, fresco, sabroso.

PradoRey 2013 T Roble

88 ★★★★ 7€

Color cereza intenso, borde violáceo. Aroma fruta madura, especias dulces, expresivo. Boca sabroso, frutoso, tostado, taninos maduros.

PradoRey Élite 2010 T
100% tempranillo

93

Color cereza, borde granate. Aroma fruta roja, fruta madura, especiado, roble cremoso, complejo. Boca potente, sabroso, tostado, taninos maduros.

PradoRey Élite 2011 T
100% tempranillo

94

Color cereza, borde granate. Aroma fruta madura, especiado, roble cremoso, complejo, terroso, equilibrado. Boca potente, sabroso, tostado, taninos maduros.

PradoRey Finca La Mina 2009 TR

92   18€

Color cereza brillante. Aroma fruta madura, especiado, roble cremoso, tostado, complejo. Boca potente, sabroso, tostado, taninos maduros.

PradoRey Finca Valdelayegua 2011 TC

91 ★★★★   12€

Color cereza, borde granate. Aroma fruta madura, especiado, roble cremoso, tostado, complejo, mineral. Boca potente, sabroso, tostado, taninos maduros, equilibrado.

RODRÍGUEZ SANZO
Manuel Azaña, 9
47014 (Valladolid)
☎: +34 983 150 150
Fax: +34 983 150 151
www.rodriguezsanzo.com
comunicacion@valsanzo.com

Vall Sanzo 2011 TC
100% tempranillo

90 ★★★★   12€

Color cereza brillante, borde granate. Aroma fruta madura, especias dulces, roble cremoso, equilibrado. Boca frutoso, sabroso, tostado, correcto.

ROMATE
Lealas, 26
11404 Jerez de la Frontera (Cádiz)
☎: +34 956 182 212
Fax: +34 956 185 276
www.romate.com
comercial@romate.com

Momo 2010 T

90 ★★★★★   8€

Color cereza muy intenso. Aroma potente, balsámico, equilibrado, fruta madura. Boca equilibrado, taninos maduros, frutoso.

RUDELES - TIERRAS EL GUIJARRAL
Trasterrera, 10
42345 Peñalba de San Esteban (Soria)
☎: +34 618 644 633
Fax: +34 975 350 582
www.rudeles.com
info@rudeles.com

Rudeles "23" 2013 T

90 ★★★★★   7,9€

Color cereza, borde violáceo. Aroma potente, fruta roja, fruta madura, floral, expresivo. Boca potente, fresco, frutoso, untuoso.

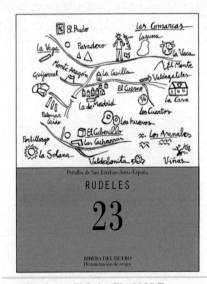

Rudeles Cerro El Cuberillo 2009 T
100% tempranillo

93   34€

Color cereza, borde granate. Aroma fruta roja, fruta madura, balsámico, mineral, especiado, roble cremoso. Boca equilibrado, sabroso, especiado, balsámico, largo.

Rudeles Finca La Nación 2008 T
89 16,9€
Color cereza brillante. Aroma fruta madura, especias dulces, roble cremoso, especiado. Boca frutoso, sabroso, tostado, equilibrado.

Rudeles Finca La Nación 2011 T
90
Color cereza, borde granate. Aroma fruta roja, fruta madura, especiado, roble cremoso, tostado, terroso. Boca potente, sabroso, tostado.

Rudeles Selección 2007 T
90 ★★★ 14,5€
Color cereza, borde granate. Aroma fruta madura, hierbas silvestres, especiado, roble cremoso, fina reducción, mineral. Boca equilibrado, sabroso, largo, balsámico.

SELECCIÓN CÉSAR MUÑOZ

Acera de Recoletos
47004 Valladolid (Valladolid)
☎: +34 666 548 751
www.cesarmunoz.es
info@cesarmunoz.es

Magallanes 2011 TC
tempranillo
89 25€
Color cereza brillante. Aroma especias dulces, roble cremoso, intensidad media, fruta madura, fruta confitada. Boca frutoso, sabroso, tostado.

SELECCIÓN TORRES

Del Rosario, 56
47311 Fompedraza (Valladolid)
☎: +34 938 177 400
Fax: +34 938 177 444
www.torres.es
mailadmin@torres.es

Celeste 2010 TC
tinto fino
90 ★★★ 13,9€
Color cereza, borde granate. Aroma fruta madura, especiado, roble cremoso, tostado, complejo. Boca potente, sabroso, tostado, taninos maduros.

Celeste 2012 T Roble
tinto fino
87 ★★★★ 6€
Color cereza brillante. Aroma fruta madura, especias dulces, roble cremoso, intensidad media. Boca frutoso, sabroso, tostado.

SEÑORIO DE BOCOS

Camino La Canaleja, s/n
47317 Bocos de Duero (Valladolid)
☎: +34 983 880 988
Fax: +34 983 880 988
www.senoriodebocos.com
bodegas@senoriodebocos.com

Autor de Bocos 2011 T
tempranillo
91   **18,3€**
Color cereza, borde granate. Aroma fruta madura, hierbas silvestres, terroso, especiado, roble cremoso. Boca equilibrado, sabroso, largo, balsámico.

Señorio de Bocos 2010 TC
tempranillo
89 ★★★   **9,2€**
Color cereza brillante. Aroma fruta madura, especias dulces, roble cremoso, expresivo. Boca sabroso, frutoso, tostado, taninos maduros.

Señorio de Bocos 2012 T Roble
tempranillo
86 ★★★★   **5,1€**
Color cereza intenso, borde violáceo. Aroma fruta roja, fruta madura, especias dulces. Boca frutoso, fácil de beber.

SOLTERRA

Ctra. de Pedrosa, km. 1,5
9300 Roa (Burgos)
☎: +34 915 196 651
Fax: +34 914 135 907
www.cvsolterra.com
m.antonia@cvsolterra.com

Alto de los Zorros 10 meses 2012 T
100% tinto fino
87 ★★★★★   **4,6€**
Color cereza, borde granate. Aroma fruta roja, fruta madura, balsámico, tostado, roble cremoso. Boca potente, sabroso, especiado, tostado.

Alto de los Zorros 2009 TC
100% tinto fino
88 ★★★★   **7,9€**
Color cereza brillante, borde granate. Aroma fruta madura, especias dulces, roble cremoso, cacao fino. Boca sabroso, frutoso, tostado, correcto.

Alto de los Zorros Autor 2010 TR
100% tinto fino
90 ★★★★   **12,5€**
Color cereza, borde granate. Aroma fruta madura, especiado, roble cremoso, tostado, complejo. Boca potente, sabroso, tostado, equilibrado.

TERROIR 34

Square Dessy, 18 - 1330 RIX
1330 RIX Bruxelles (Bélgica)
☎: +34 606 941 434
www.terroir34.com
info@terroir34.com

Terroir 34 "Dreams from Limestone" 2012 T
100% tinto fino
88 ⚘   **15€**
Color cereza brillante, borde violáceo. Aroma equilibrado, intensidad media, fruta roja, fruta madura, especias dulces. Boca frutoso, cierta persistencia.

THE GRAND WINES

Ramón y Cajal 7, 1ºA
1007 Vitoria (Alava)
☎: +34 945 158 282
Fax: +34 945 158 283
www.thegrandwines.com
araex@araex.com

Rolland Galarreta 2010 T
91   **17,5€**
Color cereza brillante, borde granate. Aroma fruta madura, especias dulces, roble cremoso, balsámico, mineral. Boca frutoso, sabroso, tostado, equilibrado.

TORRES DE ANGUIX

Camino La Tejera, s/n
9313 Anguix (Burgos)
☎: +34 947 554 008
Fax: +34 947 554 129
www.torresdeanguix.com
enologia@torresdeanguix.com

A D'Anguix 2005 T
tinta del país
93   **100€**
Color cereza, borde granate. Aroma fruta madura, hierbas silvestres, terroso, especiado, roble cremoso. Boca equilibrado, largo, balsámico, elegante.

D'Anguix 2009 T
tinta del país
90   **25€**
Color cereza, borde granate. Aroma fruta madura, hierbas silvestres, terroso, especiado, roble cremoso. Boca equilibrado, sabroso, largo, balsámico.

R D'Anguix 2013 RD
tinta del país
87 ★★★★   **6,5€**
Color cereza claro, brillante. Aroma intensidad media, fruta roja, fruta fresca. Boca frutoso, equilibrado, buena acidez.

T D'Anguix 2004 TGR
tinta del país

89   29€

Color rubí borde teja. Aroma elegante, especiado, fina reducción, cuero mojado, ebanistería, espirituoso. Boca especiado, taninos finos, elegante, largo.

T D'Anguix 2006 TR
tinta del país

89   18€

Color rubí, borde teja. Aroma equilibrado, complejo, fruta madura, especiado. Boca estructurado, sabroso, taninos maduros.

T D'Anguix 2012 T Roble
tinta del país

86 ★★★★   5,8€

Color cereza, borde granate. Aroma fruta madura, especiado, roble cremoso, tostado. Boca potente, sabroso, tostado.

TUDANCA
Isilla, 13
9400 Aranda de Duero (Burgos)
☎: +34 947 506 011
Fax: +34 947 506 012
www.vinostudanca.es
info@vinostudanca.es

Tudanca Vendimia Seleccionada 2009 T
100% tempranillo

89   16,9€

Color cereza, borde granate. Aroma fruta madura, fruta confitada, balsámico, especiado, roble cremoso. Boca potente, sabroso, especiado, largo.

UNESDI DISTRIBUCIONES S.A
Aurora, 11
11500 El Puerto de Santa María (Cádiz)
☎: +34 956 541 329
www.unesdi.com
info@unesdi.com

Mataveras 2011 T

89

Color cereza brillante. Aroma fruta madura, especias dulces, roble cremoso. Boca sabroso, frutoso, tostado, taninos maduros.

UVAS FELICES
Agullers, 7
8003 Barcelona (Barcelona)
☎: +34 902 327 777
www.vilaviniteca.es

Venta Las Vacas 2012 T

92 ★★★★   12,9€

Color cereza brillante. Aroma fruta madura, especias dulces, roble cremoso, expresivo. Boca sabroso, frutoso, tostado, taninos maduros.

VALDEMONJAS VIÑEDOS Y VINOS

Antonio Machado, 14 1ºD
47008 Valladolid (Valladolid)
☎: +34 983 248 294
www.valdemonjas.es
alejandro.moyano@valdemonjas.es

El Primer Beso 2012 T

tempranillo

87 ★★★★ 7,8€

Color cereza, borde granate. Aroma fruta roja, fruta madura, hierbas silvestres. Boca potente, sabroso, estructurado.

EL PRIMER BESO
2012

Uvas Tempranillo de finca Valdemonjas
Quintanilla de Arriba, Valladolid
Ribera del Duero

Entre Palabras 2011 T

tempranillo

89 16,3€

Color cereza brillante. Aroma especias dulces, roble cremoso, intensidad media, expresión frutal. Boca frutoso, sabroso, tostado.

Los Tres Dones 2011 T

tempranillo

91 26€

Color cereza, borde granate. Aroma fruta roja, fruta madura, especiado, roble cremoso, tostado, complejo, terroso. Boca potente, sabroso, tostado, taninos maduros.

VALLEBUENO

Ctra. Valbuena, 20
47315 Pesquera de Duero (Valladolid)
☎: +34 983 868 116
Fax: +34 983 868 432
www.vallebueno.com
info@taninia.com

Vallebueno 2009 TC

tinta del país

88 11,5€

Color cereza, borde granate. Aroma especiado, roble cremoso, tostado, fruta madura, fina reducción. Boca potente, sabroso, tostado.

Vallebueno 2011 T Roble

tinta del país

88 ★★★★ 7,5€

Color cereza, borde granate. Aroma fruta madura, balsámico, especiado, roble cremoso. Boca potente, sabroso, concentrado, tostado.

VALTRAVIESO

Finca La Revilla, s/n
47316 Piñel de Arriba (Valladolid)
☎: +34 983 484 030
www.valtravieso.com
valtravieso@valtravieso.com

Valtravieso 2010 TR

89 24€

Color cereza, borde granate. Aroma fruta madura, especiado, roble cremoso, tostado. Boca potente, sabroso, tostado.

Valtravieso 2011 TC

90 ★★★ 14€

Color cereza, borde granate. Aroma fruta madura, especiado, roble cremoso, tostado, complejo, terroso. Boca potente, sabroso, tostado, taninos maduros.

Valtravieso 2012 T Roble

89 ★★★★ 8€

Color cereza brillante. Aroma fruta madura, especias dulces, roble cremoso, expresivo. Boca sabroso, frutoso, tostado, taninos maduros.

Valtravieso VT Tinta Fina 2010 T

100% tinto fino

89 30€

Color cereza, borde granate. Aroma fruta confitada, fruta al licor, especiado. Boca sabroso, confitado, balsámico.

Valtravieso VT Vendimia Seleccionada 2010 T

90 30€

Color cereza, borde granate. Aroma especiado, fina reducción, cuero mojado, ebanistería, tostado, hierbas silvestres. Boca especiado, largo, tostado, balsámico.

VEGA CLARA

Ctra. N-122, Km 328
47350 Quintanilla De Onesimo
(Valladolid)
☎: +34 677 570 779
Fax: +34 983 361 005
www.vegaclara.com
vegaclara@vegaclara.com

10 Almendros 2012 T
tempranillo, otras

87 12€

Color cereza oscuro. Aroma fruta madura, especiado, tostado, hierbas secas. Boca potente, sabroso, tostado, taninos maduros.

Mario VC 2011 T
tempranillo, cabernet sauvignon

91 18€

Color cereza, borde granate. Aroma fruta madura, especiado, roble cremoso, tostado. Boca potente, sabroso, tostado, taninos maduros.

VEGA REAL

Ctra. N-122, Km. 298,6
47318 Castrillo de Duero (Valladolid)
☎: +34 983 881 580
Fax: +34 983 873 188
www.vegareal.com
visitas@vegareal.net

Vega Real 2009 TC
tempranillo

87 11,5€

Color cereza muy intenso. Aroma fruta madura, especiado, roble cremoso, tostado, complejo. Boca potente, sabroso, tostado, taninos maduros.

Vega Real 2013 T Roble
tempranillo

84 5,5€

VINO CAMINO SORIA

C. Bahía de Cádiz
28042 Madrid (Madrid)
☎: +34 616 942 873
www.vinocaminosoria.com
joseluis@vinocaminosoria.com

Camino Soria 2011 TC
tempranillo

87 11€

Color cereza opaco, borde granate. Aroma cerrado, tostado, especias dulces, fruta madura. Boca estructurado, sabroso.

VINOS HERCAL

Santo Domingo, 2
9300 Roa (Burgos)
☎: +34 947 541 281
www.somanilla.es
ventas@somanilla.es

Bocca 2012 T Roble
tempranillo

90 ★★★★★ 8€

Color cereza brillante. Aroma fruta madura, especias dulces, roble cremoso, expresivo. Boca sabroso, frutoso, tostado, taninos maduros.

Somanilla 2009 TC
tinto fino

92 ★★★ 15€

Color cereza, borde granate. Aroma fruta madura, terroso, especiado, roble cremoso. Boca equilibrado, sabroso, largo, lleno.

VINOS JOC - JORDI OLIVER CONTI

Mas Marti
17467 Sant Mori (Girona)
☎: +34 607 222 002
www.vinojoc.com
info@vinojoc.com

JOC Tinto Fino 2011 T
tinto fino

88 18,5€

Color cereza oscuro. Aroma fruta madura, fruta confitada, potente, especias dulces. Boca sabroso, taninos dulces, balsámico.

VINOS SANTOS ARRANZ

Ctra. de Valbuena, s/n
47315 Pesquera de Duero (Valladolid)
☎: +34 983 870 008
Fax: +34 983 870 008
www.lagrima-negra.com
lagrimanegra82@hotmail.com

Lágrima Negra 2011 TC

84 8,5€

Lágrima Negra 2012 T Roble

87 ★★★★★ 4,8€

Color cereza intenso, borde granate. Aroma intensidad media, balsámico, fruta madura, especiado. Boca frutoso, buena acidez, equilibrado.

VINOS TERRIBLES

Avda. Menendez Pelayo 13 B
28009 (Madrid)
☎: +34 914 092 131
www.latintoreriavinoteca.com
esther@vinosterribles.com

Terrible 2013 T Barrica
100% tempranillo

87 ★★★★ 8€

Color cereza, borde violáceo. Aroma equilibrado, expresivo, fruta roja, hierbas secas, especias dulces. Boca potente, tostado, taninos secos pero maduros.

VIÑA ARNAIZ

Ctra. N-122, km. 281
9463 Haza (Burgos)
☎: +34 947 536 227
Fax: +34 947 536 216
www.garciacarrion.es
atcliente@jgc.es

Castillo de Aza 2008 TR
tinta del país

88 ★★★★ 7,5€

Color guinda. Aroma especiado, fina reducción, ebanistería, tostado. Boca especiado, largo, tostado.

Castillo de Aza 2012 T Roble

87 ★★★★★ 3,5€

Color cereza muy intenso, borde granate. Aroma potente, fruta madura, muy tostado (torrefactado), chocolate. Boca potente, tostado, retronasal torrefactado.

Castillo de Aza 2013 T Joven
tinta del país

87 ★★★★★ 3€

Color cereza, borde violáceo. Aroma potente, fruta roja, fruta madura, floral, balsámico. Boca potente, fresco, frutoso.

Mayor de Castilla 2006 TGR
100% tempranillo

89 ★★★ 10€

Color rubí, borde teja. Aroma equilibrado, complejo, fruta madura, especiado. Boca estructurado, sabroso, taninos maduros.

Mayor de Castilla 2008 TR
100% tempranillo

87 ★★★★ 7€

Color cereza brillante. Aroma especias dulces, roble cremoso, intensidad media. Boca frutoso, sabroso, tostado.

Pata Negra 2008 TR
tinta del país

86 ★★★ 10€

Color cereza intenso, borde anaranjado. Aroma fruta confitada, hierbas de monte, especiado, tostado. Boca potente, sabroso, retronasal torrefactado.

Pata Negra 2009 T
100% tempranillo

87 ★★★ 10€

Color cereza, borde granate. Aroma equilibrado, complejo, fruta madura, especiado. Boca estructurado, sabroso, taninos maduros.

Pata Negra 2011 TC
100% tempranillo

88 ★★★★ 7,5€

Color cereza, borde granate. Aroma fruta madura, especiado, roble cremoso, tostado. Boca potente, sabroso, tostado.

Pata Negra 2012 T Roble
100% tempranillo

88 ★★★★★ 5€

Color cereza brillante, borde granate. Aroma fruta madura, especias dulces, roble cremoso. Boca sabroso, frutoso, tostado.

Viña Arnáiz 2010 TC

88 ★★★ 10€

Color cereza, borde granate. Aroma fruta madura, especiado, roble cremoso, tostado, complejo. Boca potente, sabroso, tostado, taninos maduros.

Viña Arnáiz 2010 TR

89 11€

Color cereza, borde granate. Aroma fruta madura, especiado, roble cremoso, tostado, complejo. Boca potente, sabroso, tostado, largo.

Viña Arnáiz 2011 TC
100% tempranillo

89 ★★★★ 7,5€

Color cereza, borde granate. Aroma fruta madura, especiado, roble cremoso, complejo. Boca potente, sabroso, tostado, taninos maduros.

Viña Arnáiz 2012 T Roble

86 ★★★★★ 4,5€

Color cereza, borde granate. Aroma fruta madura, especias dulces, roble cremoso, especiado. Boca sabroso, frutoso, especiado, fácil de beber.

VIÑA MAMBRILLA

Ctra. Pedrosa s/n
9317 Mambrilla de Castrejón (Burgos)
☎: +34 947 540 234
Fax: +34 947 540 234
www.mambrilla.com
bodega@mambrilla.com

Alidis 2013 T
100% tempranillo

87 ★★★★★ 5€

Color cereza intenso, borde violáceo. Aroma fruta madura, equilibrado. Boca retronasal afrutado, balsámico.

Alidis 6 meses Barrica 2012 T
100% tempranillo

86 ★★★★   **6€**

Color cereza muy intenso, borde granate. Aroma potente, fruta madura, muy tostado (torrefactado), chocolate. Boca potente, tostado, retronasal torrefactado.

Alidis Crianza 2011 TC
100% tempranillo

86 ★★★   **9,5€**

Color guinda. Aroma especiado, fina reducción, cuero mojado, ebanistería, tostado. Boca especiado, largo, tostado.

Alidis Expresión 2010 T
100% tempranillo

91   **25€**

Color cereza, borde granate. Aroma fruta madura, especiado, roble cremoso, tostado, complejo, balsámico. Boca potente, sabroso, tostado.

Alidis Reserva 2010 TR
100% tempranillo

90 ★★★   **16€**

Color cereza muy intenso. Aroma fruta madura, especiado, roble cremoso, tostado, con carácter. Boca potente, sabroso, tostado.

Alidis VS 2010 T
100% tempranillo

89   **42€**

Color cereza, borde granate. Aroma fruta madura, hierbas silvestres, especiado, cálido. Boca equilibrado, sabroso, largo.

VIÑA SOLORCA
Ctra. Circunvalación, s/n
9300 Roa (Burgos)
☎: +34 947 541 823
Fax: +34 947 540 035
www.bodegassolorca.com
info@bodegassolorca.com

Barón del Valle 2008 TGR

91

Color cereza muy intenso, borde granate. Aroma expresivo, equilibrado, cacao fino, fruta madura. Boca estructurado, lleno, taninos maduros, especiado.

Barón del Valle 2009 TR

89

Color cereza muy intenso, borde granate. Aroma especias dulces, roble cremoso, fruta madura. Boca lleno, sabroso, equilibrado, especiado.

Barón del Valle 2010 TC
tempranillo

88

Color cereza oscuro, borde granate. Aroma potente, tostado, fruta madura. Boca concentrado, sabroso, taninos maduros.

Barón del Valle 2012 T Roble

86

Color cereza, borde granate. Aroma fruta roja, fruta madura, especias dulces. Boca correcto, sabroso.

VIÑA VALDEMAZÓN
Pza. Sur, 3
47359 Olivares de Duero (Valladolid)
☎: +34 983 680 220
www.valdemazon.com
valdemazon@hotmail.com

Viña Valdemazón Vendimia Seleccionada 2011 T
tempranillo

88   **13€**

Color cereza brillante, borde granate. Aroma fruta madura, especias dulces, roble cremoso, expresivo. Boca frutoso, sabroso, tostado, equilibrado.

VIÑEDOS ALONSO DEL YERRO
Finca Santa Marta - Ctra. Roa-Anguix, Km. 1,8
9300 Roa (Burgos)
☎: +34 913 160 121
Fax: +34 913 160 121
www.alonsodelyerro.es
mariadelyerro@vay.es

"María" Alonso del Yerro 2010 T
tempranillo

93   **50€**

Color cereza, borde granate. Aroma fruta madura, hierbas silvestres, terroso, especiado, roble cremoso. Boca sabroso, largo, balsámico.

Alonso del Yerro 2011 T
100% tempranillo

93   **20€**

Color cereza, borde granate. Aroma especiado, tostado, fruta sobremadura, mineral, chocolate. Boca potente, sabroso, tostado, taninos maduros.

VIÑEDOS DEL SOTO
Camino Real, 28
9441 Sotillo de la Ribera (Burgos)
☎: +34 947 532 503
Fax: +34 947 532 503
www.vinedosdelsoto.es
info@vinedosdelsoto.es

Aclareo 2012 T
100% tempranillo

85 ★★★★ 🌷   **5,2€**

Horta 2010 TC
100% tempranillo

90 ★★★★★ 🌷   **10€**

Color cereza, borde granate. Aroma fruta madura, especiado, roble cremoso, tostado, complejo. Boca potente, tostado, taninos maduros.

Porta Caeli Vino de Autor 2009 T
100% tempranillo

91   19,5€

Color cereza muy intenso. Aroma fruta madura, especiado, roble cremoso, tostado, con carácter. Boca potente, sabroso, tostado, taninos maduros.

VIÑEDOS SINGULARES
Cuzco, 26 - 28, Nave 8
8030 (Barcelona)
☎: +34 934 807 041
Fax: +34 934 807 076
www.vinedossingulares.com
info@vinedossingulares.com

Entrelobos 2012 T
tinto fino

88 ★★★   8,8€

Color cereza, borde granate. Aroma fruta madura, especiado, roble cremoso, tostado. Boca potente, sabroso, tostado.

VIÑEDOS Y BODEGAS ÁSTER
Finca El Caño Ctra. Aranda-Palencia, Km. 54,9
9313 Anguix (Burgos)
☎: +34 947 522 700
Fax: +34 947 522 701
www.riojalta.com
aster@riojalta.com

Áster 2009 TC
tinto del país

90 ★★★★   12€

Color rubí, borde teja. Aroma especiado, fina reducción, cuero mojado, ebanistería, espirituoso. Boca especiado, taninos finos.

Áster Finca el Otero 2010 T
tinta del país

93   23€

Color cereza, borde granate. Aroma fruta madura, especiado, roble cremoso, tostado. Boca potente, sabroso, tostado.

áster
FINCA EL OTERO

RIBERA DEL DUERO
DENOMINACIÓN DE ORIGEN

VIÑEDOS Y BODEGAS GARCÍA FIGUERO
Ctra. La Horra - Roa, Km. 2,2
9311 La Horra (Burgos)
☎: +34 947 542 127
Fax: +34 947 542 033
www.tintofiguero.com
bodega@tintofiguero.com

Figuero Noble 2010 T
100% tempranillo

91   62€

Color cereza opaco. Aroma complejo, expresivo, equilibrado, especiado. Boca frutoso, especiado, taninos maduros.

Figuero Tinus 2011 T
100% tempranillo

93 198€

Color cereza, borde granate. Aroma especiado, tostado, fruta sobremadura, mineral, chocolate. Boca potente, sabroso, tostado, taninos maduros.

Tinto Figuero 12 Meses Barrica 2011 TC
100% tempranillo

90 ★★★ 15€

Color cereza, borde granate. Aroma fruta roja, fruta madura, especiado, roble cremoso, tostado, complejo, terroso. Boca potente, sabroso, tostado.

Tinto Figuero Viñas Viejas 2009 T
100% tempranillo

92 24€

Color cereza, borde granate. Aroma fruta madura, hierbas silvestres, terroso, especiado, roble cremoso. Boca equilibrado, sabroso, largo, balsámico.

VIÑEDOS Y BODEGAS GORMAZ
Ctra. de Soria, s/n
42330 San Esteban de Gormaz (Soria)
☎: +34 975 350 404
Fax: +34 975 351 513
www.hispanobodegas.com
carlos.garcia@hispanobodegas.com

12 Linajes 2009 TR
tempranillo

93 ★★★ 14€

Color cereza brillante. Aroma fruta madura, especias dulces, roble cremoso, expresivo. Boca sabroso, frutoso, tostado.

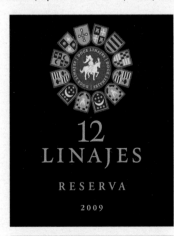

12 Linajes 2011 TC
tempranillo

90 ★★★★★ 9€

Color cereza intenso. Aroma fruta madura, especias dulces, cacao fino, hierbas secas. Boca frutoso, sabroso, taninos maduros.

12 Linajes 2012 T Roble
tempranillo

87 ★★★★★ 5€

Color cereza brillante. Aroma fruta madura, expresivo, balsámico, especiado. Boca sabroso, frutoso, tostado, taninos maduros.

Anier Vendimia Seleccionada 2012 T
100% tempranillo

94 24€

Color cereza, borde granate. Aroma fruta madura, especiado, roble cremoso, complejo, hierbas secas. Boca potente, sabroso, tostado, taninos maduros.

Catania 2011 TC
tempranillo

91 ★★★★★ 6€

Color cereza, borde granate. Aroma fruta madura, especiado, roble cremoso, tostado, complejo, piedra seca. Boca potente, sabroso, tostado, equilibrado, elegante.

Catania 2013 T
tempranillo

87 ★★★★★ 4€

Color cereza, borde granate. Aroma fruta madura, hierbas de monte, fruta macerada. Boca frutoso, equilibrado.

Viña Gormaz 2011 TC
tempranillo

91 ★★★★★   6€

Color cereza, borde granate. Aroma fruta madura, especiado, roble cremoso, tostado, complejo. Boca potente, sabroso, tostado, taninos maduros, elegante.

WINNER WINES
Avda. del Mediterráneo, 38
28007 Madrid (Madrid)
☎: +34 915 019 042
Fax: +34 915 017 794
www.entornoalvino.com
info@entornoalvino.com

Ibernoble 2008 TR

87   16€

Color cereza, borde granate. Aroma tabaco, especiado, hierbas secas, tostado. Boca correcto, frutoso.

Ibernoble 2011 T Roble
100% tempranillo

86

Color cereza brillante. Aroma fruta madura, especias dulces, roble cremoso. Boca sabroso, tostado, taninos maduros.

Ibernoble 2011 TC

86 ★★★   9,8€

Color cereza muy intenso. Aroma tostado, fruta confitada, potente. Boca correcto, taninos maduros.

Ibernoble 2012 T Roble

85 ★★★★   6,5€

Viña Gormaz 2013 T
tempranillo

88 ★★★★★   4€

Color cereza, borde violáceo. Aroma expresivo, fruta fresca, fruta roja, floral. Boca sabroso, frutoso, buena acidez.

VIÑEDOS Y BODEGAS RIBÓN
Basilón, 15
47350 Quintanilla de Onésimo (Valladolid)
☎: +34 983 680 015
Fax: +34 983 680 015
www.bodegasribon.com
info@bodegasribon.com

Tinto Ribón 2011 TC
100% tempranillo

90 ★★★   14,5€

Color cereza, borde granate. Aroma fruta madura, especiado, tostado. Boca potente, sabroso, tostado, taninos maduros, lleno.

Tinto Ribón 2012 T Roble
100% tempranillo

90 ★★★★★   7,5€

Color cereza, borde violáceo. Aroma expresivo, fruta fresca, fruta roja, floral. Boca sabroso, frutoso, buena acidez, taninos maduros.

DO. RIBERA DEL GUADIANA

CONSEJO REGULADOR

Ctra. Sevilla-Gijón, km. 114. Apdo. 299.
06200 Almendralejo (Badajoz).
☎: +34 924 671 302 - Fax: +34 924 664 703
@: info@riberadelguadiana.eu
www.riberadelguadiana.eu

SITUACIÓN:

Ampara las seis comarcas vitícolas extremeñas, con una superficie total de algo más de 87.000 has.

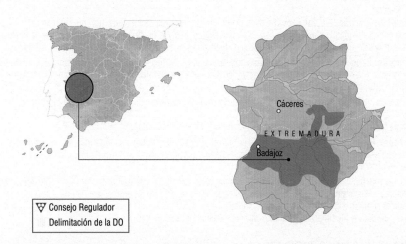

▽ Consejo Regulador
Delimitación de la DO

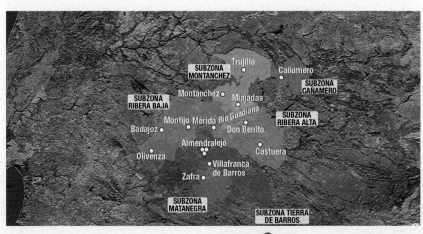

VARIEDADES:

BLANCAS: alarije, borba, cayetana blanca, pardina, macabeo, chardonnay, chelva o montua, malvar, parellada, pedro ximénez, verdejo, eva, cigüente, perruno, moscatel de Alejandría, moscatel de grano menudo, sauvignon blanc, moscatel de Málaga, bobal blanco y sauvignon blanca.

TINTAS: garnacha tinta, tempranillo, bobal, cabernet sauvignon, garnacha tintorera, graciano, mazuela, merlot, monastrell, syrah, pinot noir y jaén tinto.

DATOS:

Nº Has. Viñedo: 34.577 – **Nº Viticultores:** 3.193 – **Nº Bodegas:** 25 – **Cosecha 13:** - – **Producción 13:** 5.429.700 litros – **Comercialización:** 76 % España - 24 % extranjero

SUBZONAS Y CLIMAS:

Cañamero. Al sureste de la provincia de Cáceres, en plena Sierra de Guadalupe. Comprende los municipios de Alia, Berzocana, Cañamero, Guadalupe y Valdecaballeros. El viñedo se ubica en laderas, con altitudes que van de los 600 a los 800 metros, el relieve es accidentado y los terrenos pobres y de naturaleza pizarrosa. El clima es suave, sin grandes contrastes térmicos y unos 750-800 mm. de lluvias anuales. La uva principal es la blanca alarije.

Montánchez. Integra 27 municipios. Se caracteriza por su orografía complicada, con numerosos cerros y pequeños valles. El viñedo se asienta en tierras pardas ácidas. El clima es de tipo continental y la media de lluvias anuales se sitúa entre los 500 y 600 mm. La cepa blanca borba ocupa dos tercios del viñedo de la zona.

Ribera Alta. Ocupa las Vegas del Guadiana y los llanos de La Serena y Campo de Castuera y engloba 38 municipios. Los suelos son muy arenosos. Las variedades más abundantes, alarije, borba (blancas), tempranillo y garnacha (tintas).

Ribera Baja. Integra 11 municipios. El viñedo se asienta en suelos de composición arcillo-limosa. El clima es continental, con moderada influencia atlántica y escasas variaciones climáticas. Las variedades mayoritarias: cayetana blanca y pardina, entre las blancas; y tempranillo, entre las tintas.

Matanegra. Tiene cierta similitud con Tierra de Barros, pero la climatología es algo más suave. Engloba ocho municipios y tiene como variedades principales las beba, montua (blancas), tempranillo, garnacha y cabernet sauvignon (tintas).

Tierra de Barros. Situada en el centro de la provincia de Badajoz, es la más extensa (4.475 hectáreas y 37 municipios). Posee tierras llanas, suelos fértiles ricos en nutrientes y con gran capacidad para la retención de agua (la pluviometría es baja: 350-450 mm. anuales). Las variedades más importantes son las blancas cayetana blanca y pardina, y las tintas tempranillo, garnacha y cabernet sauvignon.

CARACTERÍSTICAS GENERALES DE LOS VINOS

BLANCOS
Con las diferencias que puedan aparecer entre las distintas subzonas, los blancos son sustanciosos, con caracter mediterráneo (hierbas de monte, sotobosque, suaves en boca pero a la vez persistentes y muy sabrosos).

ROSADOS
Salvo algunos de vinificación moderna con el consabido sabor a frambuesas, en general son cálidos, muy frutosos y con un punto de dulcedumbre producido por la elevada graduación alcohólica.

TINTOS
Los tintos son potentes, cálidos, suaves, con taninos dulces y balsámicos, incluso procediendo de la tempranillo. Sabores de viñas soleadas con una garnacha que proporciona el tacto maduro y frutoso, característico de esta uva.

CLASIFICACIÓN COSECHAS

GUÍA**PEÑÍN**

2009	2010	2011	2012	2013
BUENA	MUY BUENA	BUENA	BUENA	REGULAR

BODEGA CARABAL

Ctra. Alía - Castilblanco, Km. 10
10137 Alía (Cáceres)
☎: +34 917 346 152
Fax: +34 913 720 440
www.carabal.es
info@carabal.es

Carabal Cávea 2008 T
syrah, tempranillo

92 ★★★★   12€

Color cereza, borde granate. Aroma fruta madura, mineral, balsámico, especiado, roble cremoso, expresivo. Boca potente, graso, sabroso, especiado, largo, equilibrado, elegante.

Carabal Cávea 2009 TC
syrah, tempranillo, cabernet sauvignon, graciano

91 ★★★★   12€

Color cereza, borde granate. Aroma fruta madura, especiado, roble cremoso, tostado, terroso. Boca potente, sabroso, tostado, taninos maduros.

Carabal Gulae 2010 TC

93   20,5€

Color cereza, borde granate. Aroma fruta madura, especiado, roble cremoso, tostado, complejo, hierbas silvestres. Boca potente, sabroso, tostado, taninos maduros, equilibrado.

Carabal Rasgo 2010 T
tempranillo, syrah

89 ★★★★   7,5€

Color cereza, borde granate. Aroma fruta madura, balsámico, especias dulces, roble cremoso. Boca potente, sabroso, especiado.

BODEGA SAN MARCOS

Ctra. Aceuchal, s/n
6200 Almendralejo (Badajoz)
☎: +34 924 670 410
Fax: +34 924 665 505
www.bodegasanmarcos.com
ventas@bodegasanmarcos.com

Campobarro 2005 TR
100% tempranillo

84   4,8€

Campobarro 2011 TC
100% tempranillo

86 ★★★★★   4€

Color cereza brillante. Aroma fruta madura, especias dulces, roble cremoso, intensidad media. Boca frutoso, sabroso, tostado.

Campobarro Macabeo 2013 B
100% macabeo

85 ★★★★★   2,5€

Campobarro Pardina 2013 B
100% pardina

85 ★★★★★   2,3€

Campobarro Selección 2009 T

86 ★★★★★   3,8€

Color cereza, borde granate. Aroma fruta madura, especiado, roble cremoso, tostado. Boca potente, sabroso, tostado.

Campobarro Tempranillo 2013 T
100% tempranillo

85 ★★★★★   2,3€

Heredad de Barros 2005 TR
100% tempranillo

84   5,1€

Heredad de Barros 2011 TC
100% tempranillo

84   4€

BODEGA VITICULTORES DE BARROS

Ctra. de Barros, s/n
6200 Almendralejo (Badajoz)
☎: +34 924 664 852
Fax: +34 924 664 852
www.viticultoresdebarros.com
bodegas@viticultoresdebarros.com

Emperador de Barros Cayetana 2012 B
cayetana blanca

85 ★★★★★   2,9€

Emperador de Barros Tempranillo 2012 T
tempranillo

84   3,6€

Vizana 2010 TC
tempranillo

89 ★★★★   5,8€

Color cereza, borde granate. Aroma fruta madura, especiado, roble cremoso, tostado, complejo, balsámico. Boca potente, sabroso, tostado, taninos maduros.

BODEGAS CASTELAR

Avda. de Extremadura, 1
6228 Hornachos (Badajoz)
☎: +34 924 533 073
Fax: +34 924 533 493
www.bodegascastelar.com
bodega@bodegascastelar.com

Castelar 2008 TR
tempranillo, otras

83   7€

Castelar 2010 TC
tempranillo, otras

83   4€

BODEGAS MARCELINO DÍAZ

Mecánica, s/n
6200 Almendralejo (Badajoz)
☎: +34 924 677 548
Fax: +34 924 660 977
www.madiaz.com
bodega@madiaz.com

Puerta Palma 2012 T
tempranillo, cabernet sauvignon, graciano
84

Puerta Palma 2013 B
pardina
84

BODEGAS MARTÍNEZ PAIVA SAT

Ctra. Gijón - Sevilla N-630, Km. 646
Apdo. Correos 87
6200 Almendralejo (Badajoz)
☎: +34 924 671 130
Fax: +34 924 663 056
www.payva.es
info@payva.es

56 Barricas 2008 TC
tempranillo
86 ★★★   8,3€
Color cereza, borde granate. Aroma fruta madura, especiado, roble cremoso, tostado. Boca potente, sabroso, tostado,
taninos maduros.

Doña Francisquita 2012 T
tempranillo
84   2,6€

Payva 2007 TR
88 ★★★   8,5€
Color rubí, borde teja. Aroma especiado, fina reducción, cuero mojado, ebanistería, espirituoso. Boca especiado, taninos
finos, elegante, largo.

Payva 2010 TC
86 ★★★★★   4€
Color cereza, borde granate. Aroma fruta madura, especiado,
roble cremoso, tostado, hierbas verdes. Boca potente, sabroso, tostado.

Payva 2013 T
tempranillo
86 ★★★★★   2,7€
Color cereza, borde violáceo. Aroma expresivo, fruta fresca,
fruta roja, floral. Boca sabroso, frutoso, buena acidez, fino
amargor.

Payva Cayetana Blanca 2012 B
cayetana blanca

87 ★★★★★   3,4€

Color amarillo brillante. Aroma fruta madura, flores secas, hierbas silvestres. Boca fino amargor, potente, sabroso.

BODEGAS ORAN
Granados, 1
6200 Almendralejo (Badajoz)
☎: +34 662 952 800
www.bodegasoran.es
info@bodegasoran.com

Señorío de Orán 2010 TC
tempranillo

85 ★★★★   5,5€

Señorío de Orán 2013 B
pardina

83   3,5€

Señorío de Orán Flor 2012 T Roble
tempranillo

85 ★★★★   7€

Viña Roja Tempranillo 2013 T
tempranillo

84   3,5€

BODEGAS ROMALE
Pol. Ind. Parc. 6, Manz. D
6200 Almendralejo (Badajoz)
☎: +34 924 665 877
Fax: +34 924 665 877
www.romale.com
romale@romale.com

Privilegio de Romale 2008 TR
tempranillo

87 ★★★   8,1€

Color guinda, borde anaranjado. Aroma fruta madura, balsámico, especiado, fina reducción. Boca potente, sabroso, especiado.

Privilegio de Romale 2010 TC
tempranillo

86 ★★★★★   3,6€

Color cereza, borde granate. Aroma fruta madura, especiado, roble cremoso, tostado. Boca potente, sabroso, tostado.

Privilegio de Romale 2011 T Roble
tempranillo, merlot, cabernet sauvignon

85 ★★★★★   3,5€

BODEGAS RUIZ TORRES
Ctra. EX 116, km.33,8
10136 Cañamero (Cáceres)
☎: +34 927 369 027
Fax: +34 927 369 383
www.ruiztorres.com
info@ruiztorres.com

Attelea 2009 TC

84   10€

Attelea 2012 T Roble
100% tempranillo

84   5€

BODEGAS SANTA MARTA
Cooperativa, s/n
6150 Santa Marta (Badajoz)
☎: +34 924 690 218
Fax: +34 924 690 083
www.bodegasantamarta.com
salesmanager@bodegasantamarta.com

Blasón del Turra 2013 T
tempranillo

85 ★★★★★   2,3€

Blasón del Turra Macabeo 2013 B
macabeo

84   2,2€

Blasón del Turra Pardina 2013 B
pardina

85 ★★★★★   2,2€

Compass 2012 T Roble
tempranillo

85 ★★★★★   3,2€

Puerta de la Coracha 2012 T
tempranillo

84   3€

Valdeaurum 2011 T
tempranillo

85 ★★★★★   4,5€

BODEGAS TORIBIO
Luis Chamizo, 12 y 21
6310 Puebla de Sancho Pérez (Badajoz)
☎: +34 924 551 449
Fax: +34 924 551 449
www.bodegastoribio.com
info@bodegastoribio.com

Madre del Agua 2010 TC

90   16,3€

Color cereza muy intenso. Aroma equilibrado, fruta confitada, especiado, tostado. Boca equilibrado, taninos maduros, largo.

Viña Puebla Esenzia 2008 TC
cabernet sauvignon, tempranillo, garnacha

88　　　　　　　　　　　　13,2€

Color cereza, borde granate. Aroma especiado, fina reducción, hierbas silvestres, tostado. Boca equilibrado, estructurado, taninos maduros.

Viña Puebla Macabeo 2012 BFB
macabeo

88 ★★★★★ 🌷　　　　　　4,6€

Color pajizo brillante. Aroma roble cremoso, fruta madura, lías finas, especias dulces. Boca potente, amargoso, tostado, largo.

Viña Puebla Selección 2012 T Roble
cabernet sauvignon, tempranillo, garnacha, syrah

88 ★★★　　　　　　　　　8,1€

Color cereza intenso, borde violáceo. Aroma potente, fruta madura, fruta confitada, especias dulces, hierbas silvestres. Boca frutoso, sabroso, taninos maduros.

Viña Puebla Verdejo 2013 B
verdejo

83　　　　　　　　　　　　3,8€

COSECHA EXTREMEÑA
Ctra. Villafranca, 23
6360 Fuente del Maestre (Badajoz)
☎: +34 924 530 705
Fax: +34 924 530 705
www.cosechaextremadura.com
admon@cosechaextremadura.com

Señorío de Badajoz 2013 B
macabeo

82　　　　　　　　　　　　3,8€

Señorío de Badajoz 2013 T
100% merlot

85 ★★★★★　　　　　　　4€

Señorío de Badajoz 2013 T Joven
tempranillo, cabernet sauvignon

84

Señorío de Badajoz Semidulce 2013 B
macabeo

83　　　　　　　　　　　　5€

LUIS GURPEGUI MUGA
Avda. Celso Muerza, 8
31560 San Adrián (Navarra)
☎: +34 948 670 050
Fax: +34 948 670 259
www.gurpegui.es
bodegas@gurpegui.es

Cinco Viñas 2013 T
tempranillo, garnacha

85 ★★★★★　　　　　　　2€

Gurpegui 2013 T
tempranillo, cabernet sauvignon

87 ★★★★★　　　　　　　2,1€

Color cereza, borde violáceo. Aroma potente, fruta roja, fruta madura, floral, expresivo. Boca potente, fresco, frutoso, untuoso.

PAGO LOS BALANCINES
Paraje la Agraria, s/n
6475 Oliva de Mérida (Badajoz)
☎: +34 916 295 841
www.pagolosbalancines.com
info@pagolosbalancines.com

Alunado 2012 BFB
chardonnay

92 ★★★　　　　　　　　　15€

Color pajizo brillante. Aroma fruta madura, especias dulces, roble cremoso, hierbas de tocador. Boca graso, retronasal ahumado, sabroso, fresco.

Balancines 2012 T Roble
tempranillo, syrah

90 ★★★★★　　　　　　　7€

Color cereza brillante. Aroma fruta madura, especias dulces, roble cremoso, fruta roja. Boca sabroso, frutoso, tostado.

Balancines Blanco Sobre Lías 2013 B
sauvignon blanc, viura

87 ★★★★　　　　　　　　5,5€

Color amarillo brillante. Aroma fruta madura, fruta escarchada. Boca frutoso, amargoso, buena acidez.

Los Balancines Huno 2011 T

91 ★★★★　　　　　　　　12€

Color cereza, borde granate. Aroma fruta madura, especiado, roble cremoso, chocolate, terroso, balsámico. Boca potente, sabroso, tostado, taninos maduros.

Los Balancines Huno 2012 T

92 ★★★★　　　　　　　　12€

Color cereza, borde granate. Aroma fruta madura, especiado, roble cremoso, tostado, terroso. Boca potente, sabroso, tostado, taninos maduros.

Los Balancines Matanegra 2012 TC

94　　　　　　　　　　　　23€

Color cereza, borde granate. Aroma fruta madura, especiado, roble cremoso, tostado, complejo, terroso. Boca potente, sabroso, tostado, taninos maduros.

Los Balancines Viña de Buenavista 2012 T
tempranillo

94

Color cereza brillante. Aroma especias dulces, roble cremoso, expresivo. Boca sabroso, frutoso, tostado, taninos maduros.

Vaso de Luz 2009 TR
cabernet sauvignon

93   49€

Color cereza intenso, borde anaranjado. Aroma especiado, ahumado, cuero mojado, fruta madura, terroso, mineral. Boca buena acidez, amargoso, especiado, fruta madura.

PALACIO QUEMADO
Ctra. Almendralejo - Alange, km 6,9
6840 Almendralejo (Badajoz)
☎: +34 924 120 082
Fax: +34 924 120 028
www.palacioquemado.com
palacioquemado@alvear.es

"PQ" Primicia 2013 T
100% tempranillo

90 ★★★★★   7,8€

Color cereza, borde granate. Aroma fruta roja, frambuesa, hierbas de tocador, hierbas silvestres, especias dulces. Boca frutoso, sabroso, balsámico, especiado.

PRIMICIA
2013
ALVEAR
Ribera del Guadiana
Denominación de Origen

Palacio Quemado 2009 TR
100% tempranillo

86 ★★★   9,5€

Color cereza brillante. Aroma fruta madura, especias dulces, roble cremoso, fina reducción, hierbas verdes. Boca frutoso, sabroso, tostado.

Palacio Quemado 2011 TC
100% tempranillo

89 ★★★★   6€

Color cereza, borde granate. Aroma fruta madura, especiado, roble cremoso, tostado, complejo, chocolate, terroso. Boca potente, sabroso, tostado, taninos maduros.

Palacio Quemado La Zarcita 2010 T

90 ★★★★★   9€

Color cereza muy intenso, borde granate. Aroma potente, fruta roja, frambuesa, balsámico, tostado. Boca potente, tostado, especiado, largo.

Palacio Quemado Los Acilates 2011 T
tempranillo, otras

89   15,5€

Color cereza, borde granate. Aroma fruta madura, especiado, roble cremoso, tostado, complejo, balsámico. Boca potente, sabroso, tostado.

PENÍNSULA WINES
Avda. Constitución, 12A
6230 Los Santos de Maimona (Badajoz)
☎: +34 924 572 394
www.doloresmorenas.com
realprovision@hotmail.com

Real Provisión 2009 TC
tempranillo, cabernet sauvignon, syrah

86 ★★★★   6€

Color cereza brillante. Aroma fruta madura, especias dulces, roble cremoso, intensidad media. Boca frutoso, sabroso, tostado, algo evolucionado.

Real Provisión 2012 T
100% tempranillo

84   4€

SOCIEDAD COOPERATIVA SAN ISIDRO DE VILLAFRANCA DE LOS BARROS
Ctra. Fuente del Mestre, 12
6220 Villafranca de los Barros (Badajoz)
☎: +34 924 524 136
Fax: +34 924 524 020
www.cooperativasanisidro.com
info@cooperativasanisidro.com

Valdequemao Macabeo 2013 B
macabeo

84

Valdequemao Macabeo 2013 BFB
macabeo

85

SOCIEDAD COOPERATIVA SANTA MARÍA EGIPCIACA
Ctra. Entrín Bajo, s/n
6196 Corte de Peleas (Badajoz)
☎: +34 924 693 014
Fax: +34 924 693 270
stamegipciaca@terra.es

Conde de la Corte 2012 T
83

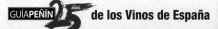

Conde de la Corte 2013 B

84

ZALEO-VIÑAOLIVA

Pol. Ind., Las Plcadas II, Parcela 4-17
Aptdo. 149
6200 Almendralejo (Badajoz)
☎: +34 924 677 321
Fax: +34 924 660 989
www.zaleo.es
acoex@bme.es

Zaleo 2013 RD
tempranillo

82 2€

Zaleo Pardina 2013 B
pardina

85 ★★★★★ 2€

Zaleo Premium 2011 T
tempranillo

87 ★★★★ 4,5€

Color cereza, borde granate. Aroma fruta madura, especiado, roble cremoso, tostado, complejo. Boca potente, sabroso, tostado, taninos maduros.

Zaleo Selección 2011 T
tempranillo

86 ★★★★★ 3,6€

Color cereza brillante. Aroma fruta madura, especias dulces, roble cremoso, intensidad media. Boca frutoso, sabroso, tostado.

Zaleo Semidulce 2013 B
pardina

84 2,6€

Zaleo Tempranillo 2013 T
tempranillo

88 ★★★★★ 2€

Color cereza, borde violáceo. Aroma expresivo, fruta fresca, fruta roja, balsámico. Boca sabroso, frutoso, buena acidez.

Zaleo Tempranillo Semidulce 2013 T
tempranillo

83 2,6€

DO. RIBERA DEL JÚCAR

CONSEJO REGULADOR

Deportes, 4.
16700 Sisante (Cuenca)
☎: +34 969 387 182 - Fax: +34 969 387 208
@: do@vinosriberadeljucar.com
www.vinosriberadeljucar.com

SITUACIÓN:

Los siete municipios productores que integran la DO se sitúan en la zona ribereña del Júcar, al sur de la provincia de Cuenca. Son: Casas de Benítez, Casas de Guijarro, Casas de Haro, Casas de Fernando Alonso, Pozoamargo, Sisante y El Picazo. La zona cuenta con una altitud media entre 650-750 metros sobre el nivel del mar.

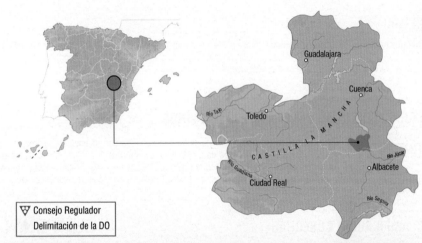

▽ Consejo Regulador
Delimitación de la DO

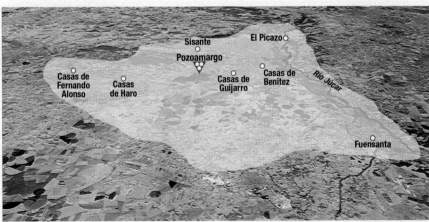

VARIEDADES:

TINTAS: Cencibel o tempranillo, cabernet sauvignon, merlot, syrah, petit verdot, cabernet franc y bobal.

BLANCAS: Moscatel de grano menudo y sauvignon blanc.

DATOS:

Nº Has. Viñedo: 9.100 – **Nº Viticultores:** 955 – **Nº Bodegas:** 10 – **Cosecha 13:** Buena – **Producción 13:** 623.000 litros – **Comercialización:** 40 % España - 60 % extranjero.

SUELOS:

El modelo que más se repite está formado por guijarros en la superficie y terreno arcillosos en el subsuelo, lo que proporcionan una buena retención del agua en los niveles inferiores.

CLIMA:

De tipo continental seco, con inviernos muy fríos y veranos muy calurosos. El principal factor de calidad de la zona estriba en las diferencias térmicas entre el día y la noche, que se registra durante el período de maduración de la uva y que permite que este proceso se realice lentamente.

CARACTERÍSTICAS GENERALES DE LOS VINOS

TINTOS

De color cereza intenso y con ribete violáceo cuando son jóvenes, se asemejan a los vinos de las zonas periféricas de La Mancha, caracterizados por una menor rusticidad. En nariz destacan las notas de fruta roja y los toques terrosos. En boca son expresivos y con taninos sabrosos y vivos; de acidez fresca y con recuerdos varietales de la uva mayoritaria, la cencibel.

CLASIFICACIÓN COSECHAS

GUÍA**PEÑÍN**

2009	2010	2011	2012	2013
BUENA	MUY BUENA	MUY BUENA	MUY BUENA	MUY BUENA

BODEGA SAN GINÉS

Virgen del Carmen, 6
16707 Casas de Benítez (Cuenca)
☎: +34 969 382 037
Fax: +34 969 382 998
www.cincoalmudes.es
juancarlos@bodegasangines.es

5 Almudes 2010 TC
tempranillo
84   2,5€

5 Almudes Tempranillo 2013 T
tempranillo
87 ★★★★★   1,8€
Color cereza intenso. Aroma fruta madura, especiado, hierbas de monte. Boca sabroso, potente.

Almudes 5 Décadas 2008 TR
tempranillo
85 ★★★★★   3,5€

Las Eras 2010 TC
bobal
90 ★★★★★   5€
Color cereza, borde granate. Aroma potente, mineral, fruta madura. Boca sabroso, especiado, fruta madura.

BODEGAS Y VIÑEDOS ILLANA

Finca Buenavista, s/n
16708 Pozoamargo (Cuenca)
☎: +34 969 147 039
Fax: +34 969 147 057
www.bodegasillana.com
info@bodegasillana.com

Casa de Illana Alma 2013 B
sauvignon blanc, airén
90 ★★★★★   4€
Color pajizo brillante. Aroma fresco, fruta fresca, flores blancas, expresivo. Boca sabroso, frutoso, buena acidez, equilibrado.

Casa de Illana Expression 2013 T
85

Casa de Illana Selección 2009 T
syrah, petit verdot
91
Color cereza, borde granate. Aroma fruta madura, especiado, roble cremoso, tostado, complejo, mineral. Boca potente, sabroso, tostado, taninos maduros.

Casa de Illana Tresdecinco 2009 TC
87
Color cereza brillante. Aroma fruta madura, especias dulces, roble cremoso, intensidad media. Boca frutoso, sabroso, tostado.

Petit Yllana Bobal 2013 T
bobal
88
Color cereza, borde violáceo. Aroma fruta roja, floral, fruta madura, hierbas silvestres. Boca sabroso, frutoso, buena acidez.

Petit Yllana Petit Verdot 2011 T
petit verdot
86
Color cereza, borde granate. Aroma fruta madura, especiado, roble cremoso, tostado. Boca potente, sabroso, tostado, taninos maduros.

ELVIWINES

Finca Clos Mesorah, Ctra. T-300
43775 Falset-Marça (Tarragona)
☎: +34 618 792 963
www.elviwines.com
victor@elviwines.com

Adar de Elviwines 2008 TR
90 ★★★★   12,8€
Color cereza muy intenso. Aroma fruta madura, especiado, roble cremoso, tostado, con carácter, caramelo de violetas. Boca potente, sabroso, tostado, taninos maduros.

FINCA LOS MAJANARES

Casillas, 33
16611 Casas de Haro (Cuenca)
☎: +34 625 086 036
Fax: +34 913 658 821
jc@lbbarba.es

Casa La Loma 2013 T Maceración Carbónica
syrah
88 ★★★★   8€
Color cereza, borde violáceo. Aroma expresivo, fruta fresca, fruta roja, floral. Boca sabroso, frutoso, buena acidez, taninos maduros.

NUESTRA SEÑORA DE LA CABEZA S.C.

Tapias, 8
16708 Pozoamargo (Cuenca)
☎: +34 969 387 173
www.casagualda.com
info@casagualda.com

Casa Gualda Sauvignon Blanc 2013 B
sauvignon blanc
86
Color pajizo brillante. Aroma fresco, fruta fresca, flores blancas. Boca sabroso, frutoso, buena acidez, equilibrado.

Casa Gualda Syrah 2013 T
syrah
85

Casa Gualda Syrah 2013 T
syrah

89

Color cereza muy intenso, borde granate. Aroma cálido, hierbas secas, fruta madura. Boca sabroso, fruta madura, largo.

Casa Minda 2013 T
tempranillo, bobal, syrah

87

Color cereza muy intenso, borde granate. Aroma fruta sobremadura, cálido, hierbas secas. Boca sabroso, fruta madura, largo.

Casa Minda Old Roman Way 2011 T

86

Color cereza, borde granate. Aroma potente, fruta escarchada, caramelo de violetas. Boca potente, amargoso.

TEATINOS

Ctra. Minaya - San Clemente, Km. 10
16610 Casas de Fernando Alonso
(Cuenca)
☎: +34 969 383 043
Fax: +34 969 383 153
www.vinoteatino.com
info@vinoteatinos.com

Teatinos B

86

Color pajizo brillante. Aroma fresco, fruta fresca, flores blancas, expresivo. Boca sabroso, frutoso, buena acidez, equilibrado.

Teatinos Bobal RD
bobal

84

Teatinos Dulce Moscatel 2013 Blanco dulce
moscatel

88

Color pajizo brillante. Aroma flores blancas, fruta madura, notas amieladas. Boca frutoso, dulcedumbre.

Teatinos Selección 40 Barricas Tempranillo 2008 TR
tempranillo

88

Color cereza, borde granate. Aroma fruta madura, especiado, roble cremoso, tostado, complejo, fruta roja. Boca potente, sabroso, tostado, taninos maduros.

Teatinos Signvm 2009 TC

87

Color cereza brillante. Aroma fruta madura, especias dulces, roble cremoso. Boca sabroso, frutoso, tostado, taninos maduros.

Teatinos Syrah 2012 T
syrah

87

Color cereza muy intenso, borde granate. Aroma cálido, hierbas secas, fruta madura. Boca sabroso, fruta madura, largo.

Teatinos Tempranillo 2013 T
tempranillo

89

Color cereza, borde violáceo. Aroma potente, fruta roja, fruta madura, floral, expresivo. Boca potente, fresco, frutoso, untuoso.

DO. Ca. RIOJA

CONSEJO REGULADOR

Estambrera, 52

26006 Logroño (La Rioja)

☎: +34 941 500 400 - Fax: +34 941 500 672

@: info@riojawine.com

www.riojawine.com

SITUACIÓN:

Ocupa el e del Ebro. Limita al norte con la Sierra de Cantabria y al sur con la Sierra de la Demanda, ocupando distintos municipios de La Rioja, País Vasco y Navarra. La localidad más occidental es Haro; y la más oriental, Alfaro; entre ambas existe una distancia de 100 kilómetros. La anchura de la zona es de 40 kilómetros.

▽ Consejo Regulador

Delimitación de la DO

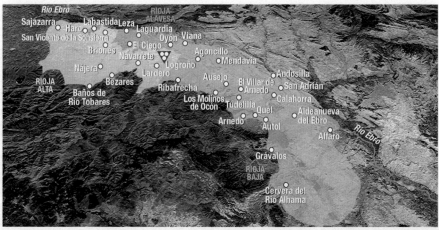

VARIEDADES:

BLANCAS: viura, malvasía, garnacha blanca, chardonnay, sauvignon blanc, verdejo, maturana blanca, tempranillo blanco y torrontés.

TINTAS: tempranillo, garnacha, graciano, mazuelo, maturana tinta, maturano y monastrell.

SUBZONAS:

Rioja Alta. Recibe influencias atlánticas; es la más extensa con unas 20.500 has. y elabora vinos muy aptos para el envejecimiento.

Rioja Alavesa. Cruce de influencias atlánticas y mediterráneas, con una extensión de viñedo de unas 11.500 has.; se elaboran vinos tanto jóvenes como aptos para la crianza.

Rioja Baja. Con aproximadamente 18.000 has. La influencia es netamente mediterránea; se elaboran tintos y rosados de mayor graduación y extracto.

DATOS:

Nº Has. Viñedo: 63.137– **Nº Viticultores:** 16.706– **Nº Bodegas:** 799 – **Cosecha 13:** Buena – **Producción 13:** 251.440.000 litros – **Comercialización:** 63% España - 37% extranjero.

SUELOS:

Se puede distinguir entre los terrenos arcillo-calcáreos, ordenados en terrazas y pequeñas parcelas, que se encuentran sobre todo en Rioja Alavesa, la Sonsierra y algunas zonas de Rioja Alta; los arcillo-ferrosos, repartidos por todo el territorio y con viñedos situados en suelos rojizos y fuertes con roca dura y profunda; y los aluviales en las zonas cercanas a los ríos; éste es el viñedo más llano con las parcelas más grandes; aquí los suelos son profundos y con cantos rodados.

CLIMA:

Variable en función de las distintas subzonas. En general, se combinan las influencias atlánticas y mediterráneas, y estas últimas se van haciendo más acusadas a medida que el terreno desciende de oeste a este, evolucionando hacia un clima más seco y cálido. La media de precipitaciones anuales es algo superior a los 400 mm.

CARACTERÍSTICAS GENERALES DE LOS VINOS

BLANCOS

Se elaboran fundamentalmente con viura. Los jóvenes son de color amarillo pajizo, afrutados y con notas herbáceas. Los blancos fermentados en barrica tienden a un color más dorado y sus aromas combinan la fruta con las notas cremosas de la madera. Los blancos con crianza son más dorados y lo más característico son sus notas de roble en boca y nariz.

ROSADOS

Se elaboran básicamente a partir de garnacha, cultivada casi siempre en Rioja Baja. Poseen un color rosáceo-frambuesa y reflejan el carácter de la variedad de la que proceden: son afrutados, frescos y agradables al paladar.

TINTOS

El vino joven cosechero de Rioja Alavesa se elabora mediante maceración carbónica por lo que serán intensos de color y con mucha fruta. El resto de vinos jóvenes no tendrán tanta intensidad, son ligeros, frescos y fáciles de beber. En vinos con crianza sus características vendrán determinas por su tiempo de permanencia en barrica. En líneas generales los crianzas alternan notas frutales suavizadas por la acción de la madera. En el caso de los reservas y grandes reservas aumentará la redondez y armonía del vino y su color tenderá hacia las notas anaranjadas. En los vinos más viejos encontraremos notas que recuerdan al cuero y aromas animales.

CLASIFICACIÓN COSECHAS

GUÍAPEÑÍN

2009	2010	2011	2012	2013
MUY BUENA	EXCELENTE	EXCELENTE	MUY BUENA	BUENA

ALEGRE VALGAÑÓN VIÑAS & VINOS

LR-301, km 4,2
26212 Sajazarra (La Rioja)
☎: +34 609 886 652
oscar@alegrelvalganon.com

Alegre Valgañón 2011 T

88 ★★★ 9€

Color cereza brillante, borde granate. Aroma equilibrado, fruta madura, cacao fino. Boca sabroso, frutoso, especiado, taninos maduros.

La Calleja 2010 T
100% tempranillo

89 14€

Color cereza, borde granate. Aroma fruta madura, especiado, roble cremoso, complejo. Boca sabroso, tostado, taninos maduros, largo.

ALTOS DE RIOJA VITICULTORES Y BODEGUEROS

Ctra. Logroño, s/n
1300 Laguardia (Alava)
☎: +34 945 600 693
Fax: +34 945 600 692
www.altosderioja.com
altosderioja@altosderioja.com

Altos R 2007 TR
100% tempranillo

89 13€

Color cereza, borde granate. Aroma equilibrado, complejo, fruta madura, especiado, fina reducción. Boca estructurado, sabroso, taninos maduros.

Altos R 2010 TC
100% tempranillo

89 ★★★★ 7,3€

Color cereza, borde granate. Aroma fruta madura, especiado, roble cremoso, tostado, complejo. Boca potente, sabroso, tostado.

Altos R 2013 B

90 ★★★★★ 5,5€

Color pajizo brillante. Aroma flores blancas, hierbas de tocador, expresión frutal. Boca fresco, frutoso, sabroso, equilibrado, elegante.

Altos R Pigeage 2010 T

92 35€

Color cereza, borde granate. Aroma fruta madura, hierbas silvestres, terroso, especiado, roble cremoso. Boca equilibrado, sabroso, largo, balsámico.

Altos R Tempranillo 2011 T
100% tempranillo

89 ★★★★★   4,5€

Color cereza, borde granate. Aroma fruta madura, especiado, roble cremoso, tostado. Boca potente, sabroso, tostado, taninos maduros.

ARBOLEDA
MEDITERRÁNEA BODEGAS
Ctra. Samaniego, s/n
01307 Villabuena de Álava (Alava)
☎: +34 902 996 361
www.arboledamediterranean.com
arboleda@arboledamediterranean.com

Amantor 2011 TC
100% tempranillo

88 ★★★★   8€

Color cereza, borde granate. Aroma fruta madura, hierbas silvestres, especiado, roble cremoso. Boca equilibrado, sabroso, largo.

Amantor Colección 2011 T
75% tempranillo 25% graciano

90 ★★★   14€

Color cereza, borde granate. Aroma fruta madura, especiado, roble cremoso, tostado, complejo, terroso. Boca potente, sabroso, tostado, taninos maduros.

ARBOLEDA
MEDITERRÁNEA BODEGAS
Ctra. Samaniego, 1º Travesia, 5
01307 Villabuena de Álava (Alava)
☎: +34 902 996 361
www.arboledamediterranean.com
arboleda@arboledamediterranean.com

Pérez Basoco "Autor" Vendimia Seleccionada 2011 T
95% tempranillo 5% viura

87 ★★★★   8€

Color cereza, borde granate. Aroma fruta madura, especiado, roble cremoso, tostado. Boca potente, sabroso, tostado.

Pérez Basoco Blanco Expresión 2013 B
100% viura

85 ★★★★★   4,5€

Pérez Basoco Tinto Expresión 2013 T
95% tempranillo 5% viura

86 ★★★★★   4,5€

Color cereza, borde violáceo. Aroma fruta roja, frambuesa, floral. Boca fresco, frutoso, sabroso, fácil de beber.

ARBOLEDA
MEDITERRÁNEA BODEGAS
C/ San Ignacio, 26
26313 Uruñuela (La Rioja)
☎: +34 902 996 361
www.arboledamediterranean.com
arboleda@arboledamediterranean.com

Entregado 2004 TGR
tempranillo, garnacha

88   16,5€

Color cereza intenso, borde anaranjado. Aroma cera, tabaco, fruta madura, especiado, ebanistería. Boca fino amargor, elegante, sabroso, taninos finos.

Entregado 2008 TR
tempranillo, garnacha

86   10,5€

Color cereza poco intenso. Aroma especiado, fina reducción, cuero mojado, ebanistería. Boca especiado, largo, correcto.

Entregado 2011 TC
tempranillo, garnacha

87 ★★★★   6,6€

Color cereza, borde granate. Aroma fruta madura, especiado, roble cremoso, tostado. Boca potente, sabroso, tostado.

Entregado Colección de Autor 2007 T
100% tempranillo

87   15€

Color cereza, borde granate. Aroma fruta madura, especiado, roble cremoso, fina reducción. Boca potente, sabroso, tostado.

ARIBAU CUVÉE

Doctor Azcarraga, 27-29
26350 Cenicero (La Rioja)
☎: +34 933 134 347
Fax: +34 933 050 112
www.aribaurioja.com
comercial@rotllantorra.com

Aribau Cuvée 2008 TR
87
Color cereza, borde granate. Aroma fruta madura, especiado, roble cremoso, tostado, fina reducción. Boca potente, sabroso, tostado.

Aribau Cuvée 2009 TC
87
Color cereza poco intenso, borde granate. Aroma fruta roja, fruta madura, hierbas silvestres, especias dulces. Boca tostado, fácil de beber, taninos maduros.

ARTUKE BODEGAS Y VIÑEDOS

La Serna, 24
1307 Baños de Ebro (Álava)
☎: +34 945 623 323
Fax: +34 945 623 323
www.artuke.com
artuke@artuke.com

Artuke 2013 T Maceración Carbónica
90 ★★★★★   4,8€
Color cereza, borde violáceo. Aroma fruta roja, frambuesa, floral, expresivo. Boca fresco, frutoso, sabroso, fácil de beber, equilibrado.

Artuke Finca de los Locos 2012 T
94   17€
Color cereza, borde granate. Aroma fruta madura, hierbas silvestres, terroso, especiado, roble cremoso. Boca equilibrado, sabroso, largo, balsámico.

Artuke K4 2012 T
95   33€
Color cereza, borde granate. Aroma especiado, roble cremoso, tostado, complejo, chocolate, terroso, hierbas de tocador, fruta roja. Boca potente, sabroso, tostado, taninos maduros.

Artuke Vendimia Seleccionada 2013 T
100% tempranillo
86 ★★★★   8€
Color cereza brillante, borde violáceo. Aroma tostado, fruta madura. Boca sabroso, espirituoso, largo.

BAIGORRI

Ctra. Vitoria-Logroño, Km. 53
1300 Samaniego (Álava)
☎: +34 945 609 420
www.bodegasbaigorri.com
mail@bodegasbaigorri.com

Baigorri 2012 BFB
89   13,5€
Color amarillo brillante. Aroma potente, especias dulces, roble cremoso, hierbas de tocador. Boca graso, retronasal ahumado.

Baigorri 2008 TR
tempranillo
91   19,6€
Color cereza brillante. Aroma fruta madura, especias dulces, roble cremoso, expresivo. Boca sabroso, frutoso, tostado, taninos maduros.

Baigorri 2010 TC
tempranillo
91 ★★★★   12€
Color cereza, borde granate. Aroma fruta madura, especiado, roble cremoso, tostado, complejo. Boca sabroso, tostado, taninos maduros, equilibrado, complejo.

Baigorri 2013 RD
84   7,5€

Baigorri 2013 T Maceración Carbónica
100% tempranillo
85 ★★★★   7,5€

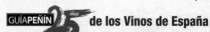

Baigorri B70 2009 T
100% tempranillo

93 **108,9€**

Color cereza brillante, borde granate. Aroma elegante, fresco, fruta roja, especiado. Boca sabroso, frutoso, taninos maduros.

Baigorri Belus 2009 T

90 **20,7€**

Color cereza muy intenso. Aroma equilibrado, fruta madura, hierbas secas, tostado. Boca equilibrado, taninos maduros.

Baigorri de Garage 2009 T
100% tempranillo

90 **36,7€**

Color cereza, borde granate. Aroma especiado, tostado, complejo, fruta madura, fruta confitada. Boca potente, sabroso, tostado, taninos maduros.

Baigorri Garnacha 2010 T
100% garnacha

92 **20,3€**

Color cereza, borde granate. Aroma fruta madura, hierbas silvestres, especiado, roble cremoso. Boca equilibrado, sabroso, largo, balsámico.

BARÓN DE LEY
Ctra. Mendavia - Lodosa, Km. 5,5
31587 Mendavia (Navarra)
☎: +34 948 694 303
Fax: +34 948 694 304
www.barondeley.com
info@barondeley.com

Barón de Ley 2010 TR

90 ★★★★★ **9€**

Color guinda. Aroma equilibrado, complejo, fruta madura, especiado. Boca estructurado, sabroso, taninos maduros, equilibrado, elegante.

Barón de Ley 2013 B

89 ★★★★★ **5€**

Color pajizo brillante. Aroma fresco, fruta fresca, flores blancas, expresivo. Boca sabroso, frutoso, buena acidez, fino amargor.

Barón de Ley 2013 RD

85 ★★★★★ **5€**

Baron de Ley 3 Viñas 2009 B Reserva

94 ★★★★ **13€**

Color dorado brillante. Aroma fruta madura, frutos secos, potente, tostado, ebanistería. Boca sabroso, frutoso, especiado, tostado, largo.

Baron de Ley 7 Viñas 2007 TR

90 **22€**

Color cereza oscuro, borde granate. Aroma fruta madura, tabaco, hierbas secas. Boca equilibrado, taninos maduros.

Barón de Ley Finca Monasterio 2011 T

91 **20€**

Color cereza, borde granate. Aroma fruta madura, especiado, roble cremoso, tostado. Boca potente, sabroso, tostado, taninos maduros.

Barón de Ley Rosado de Lágrima 2013 RD

87 ★★★★ **6€**

Color rosáceo pálido. Aroma elegante, flores secas, hierbas de tocador, fruta roja. Boca ligero, sabroso, buena acidez, largo.

Barón de Ley Varietales Garnacha 2011 T
100% garnacha

91 ★★★★ **11€**

Color cereza, borde granate. Aroma terroso, especiado, hierbas de monte. Boca equilibrado, sabroso, largo, balsámico, fácil de beber.

Barón de Ley Varietales Graciano 2010 T
100% graciano

90 ★★★★ **11€**

Color cereza, borde granate. Aroma fruta madura, hierbas silvestres, terroso, especiado, roble cremoso. Boca equilibrado, sabroso, largo, balsámico.

Barón de Ley Varietales Maturana 2011 T
100% maturana

90 ★★★★ **11€**

Color cereza, borde granate. Aroma fruta madura, hierbas silvestres, terroso, especiado, roble cremoso. Boca equilibrado, sabroso, largo, balsámico.

Barón de Ley Varietales Tempranillo 2010 T
100% tempranillo

92 ★★★★ 11€

Color cereza, borde granate. Aroma fruta madura, especiado, roble cremoso, tostado, complejo. Boca potente, sabroso, tostado, taninos maduros.

BERARTE VIÑEDOS Y BODEGAS
Mayor, 37
1307 Villabuena De Alava (Alava)
☎: +34 945 609 034
Fax: +34 945 609 034
www.berarte.es
info@berarte.es

Berarte 2009 TR
tempranillo

88 ★★★ 9,9€

Color cereza, borde granate. Aroma fruta madura, especiado, roble cremoso, tostado, complejo. Boca potente, sabroso, tostado.

Berarte 2011 TC
tempranillo

86 ★★★★ 7,9€

Color cereza brillante. Aroma fruta madura, especias dulces, roble cremoso, intensidad media. Boca frutoso, sabroso, tostado.

Berarte 2013 T
tempranillo

84 4,9€

Berarte Semidulce 2013 B
viura

84 5,9€

BODEGA ABEL MENDOZA MONGE
Ctra. Peñacerrada, 7
26338 San Vicente de la Sonsierra
(La Rioja)
☎: +34 941 308 010
Fax: +34 941 308 010
jarrarte.abelmendoza@gmail.com

Abel Mendoza Graciano Grano a Grano 2011 T
100% graciano

94 43€

Color cereza brillante. Aroma fruta madura, especias dulces, expresivo, hierbas de monte. Boca sabroso, frutoso, tostado, taninos maduros, complejo.

Abel Mendoza Malvasía 2013 BFB
malvasía

88

Color amarillo brillante. Aroma potente, fruta madura, especias dulces, hierbas de tocador. Boca graso, sabroso, fresco, buena acidez.

Abel Mendoza Selección Personal 2011 T
100% tempranillo

93 32,6€

Color cereza, borde granate. Aroma fruta roja, fruta madura, especiado, tostado, complejo, terroso, elegante. Boca sabroso, tostado, taninos maduros.

Abel Mendoza Tempranillo Grano a Grano 2011 T
100% tempranillo

94 43€

Color cereza, borde granate. Aroma equilibrado, elegante, complejo, fruta roja, fruta madura, especiado. Boca estructurado, lleno, sabroso.

Abel Mendoza Viura 2013 BFB
100% viura

90 ★★★ 13,5€

Color amarillo brillante. Aroma fruta madura, especias dulces, roble cremoso, hierbas de tocador. Boca graso, retronasal ahumado, sabroso, fresco, buena acidez, dulce.

Jarrarte 2009 T
100% tempranillo

89 15,6€

Color cereza, borde granate. Aroma fruta madura, equilibrado, especiado. Boca estructurado, fruta madura, taninos maduros.

Jarrarte 2013 T Maceración Carbónica
100% tempranillo

87 ★★★★   5,7€

Color cereza, borde violáceo. Aroma fruta roja, equilibrado, expresivo. Boca fácil de beber, cierta persistencia.

BODEGA CLÁSSICA
Camino del Campo Santo s/n
26338 San Vicente de la Sonsierra
(La Rioja)
☎: +34 941 271 217
Fax: +34 941 272 911
www.bodegaclassica.com
info@bodegaclassica.com

Hacienda López de Haro 2008 TR

89

Color cereza, borde granate. Aroma fruta madura, especiado, roble cremoso, tostado, fina reducción. Boca potente, sabroso, tostado, taninos maduros, elegante.

Hacienda López de Haro 2010 TC

88

Color cereza, borde granate. Aroma fruta roja, fruta madura, especiado, roble cremoso, tostado. Boca potente, sabroso, tostado, taninos maduros, equilibrado.

BODEGA CONTADOR
Ctra. Baños de Ebro, Km. 1
26338 San Vicente de la Sonsierra
(La Rioja)
☎: +34 941 334 228
Fax: +34 941 334 537
www.bodegacontador.com
info@bodegacontador.com

Carmen 2009 TGR
tempranillo, garnacha, graciano, mazuelo

94   89,95€

Color cereza, borde granate. Aroma fruta madura, especiado, roble cremoso, tostado, complejo. Boca potente, sabroso, tostado, taninos maduros.

Contador 2012 T
tempranillo, graciano, mazuelo

99   249€

Color cereza, borde granate. Aroma especias dulces, roble cremoso, fruta madura, tostado, mineral. Boca potente, frutoso, fruta madura, amargoso, buena acidez.

La Cueva del Contador 2012 T
tempranillo, garnacha

96   56,9€

Color cereza, borde granate. Aroma especiado, roble cremoso, tostado, complejo, chocolate, fruta roja. Boca potente, sabroso, tostado, taninos maduros.

La Viña de Andrés Romeo 2012 T
100% tempranillo

95   89,95€

Color cereza muy intenso. Aroma potente, chocolate, tostado, fruta madura, expresión frutal. Boca potente, especiado, fruta madura, taninos maduros.

Predicador 2012 B

92

Color pajizo brillante. Aroma flores blancas, fruta fresca, expresivo, lías finas, hierbas secas. Boca sabroso, frutoso, buena acidez, equilibrado.

Predicador 2012 T
tempranillo, garnacha

93   18,9€

Color cereza, borde granate. Aroma fruta madura, especiado, roble cremoso, tostado, complejo, fruta roja. Boca potente, sabroso, tostado, taninos maduros.

Predicador 2013 B
garnacha blanca, viura, malvasía

92   18,9€

Color pajizo brillante. Aroma potente, especias dulces, roble cremoso, hierbas de tocador, expresión frutal. Boca graso, sabroso, fresco, buena acidez.

Qué Bonito Cacareaba 2013 B
garnacha blanca, viura, malvasía

96   35,9€

Color pajizo brillante. Aroma flores blancas, expresivo, lías finas, hierbas secas, fruta escarchada, con carácter, complejo. Boca sabroso, frutoso, buena acidez, equilibrado.

BODEGA IGNACIO PETRALANDA

Avda. La Estación, 44
26360 Fuenmayor (La Rioja)
☎: +34 608 893 732
www.vinoart.es
info@vinoart.es

Nonno 2008 TC
tempranillo, mazuelo
88 ★★★ ♣   **9,9€**
Color cereza, borde granate. Aroma fruta madura, hierbas silvestres, especiado, roble cremoso. Boca equilibrado, sabroso, largo, balsámico.

BODEGA MUSEO ONTAÑON

Avda. de Aragón, 3
26006 Logroño (La Rioja)
☎: +34 690 858 190
Fax: +34 941 270 482
enoturismo@ontanon.es

Arteso 2008 TC
garnacha, graciano, tempranillo
93 ★★★   **16€**
Color cereza, borde granate. Aroma fruta madura, hierbas silvestres, terroso, especiado, roble cremoso. Boca sabroso, largo, balsámico, equilibrado.

Arteso 2010 TC
garnacha, graciano, tempranillo
92 ★★★   **16€**
Color cereza, borde granate. Aroma fruta madura, hierbas silvestres, especiado, roble cremoso, expresivo. Boca equilibrado, sabroso, largo, balsámico.

Ontañón 2005 TR
tempranillo, graciano
89   **15€**
Color cereza intenso, borde granate. Aroma cera, cuero muy curtido, hierbas secas. Boca equilibrado, fruta madura, taninos maduros.

Ontañón 2011 TC
tempranillo, garnacha
89 ★★★★   **8€**
Color cereza brillante, borde violáceo. Aroma equilibrado, expresivo, fruta madura, especiado, hierbas secas. Boca sabroso, fácil de beber.

Vetiver 2012 B
viura
87 ★★★★   **7€**
Color pajizo brillante. Aroma fresco, fruta fresca, flores blancas, expresivo. Boca sabroso, frutoso, buena acidez, equilibrado.

BODEGA VIÑA EGUILUZ

Camino de San Bartolomé, 10
26339 Abalos (La Rioja)
☎: +34 941 334 064
Fax: +34 941 583 022
www.bodegaseguiluz.es
info@bodegaseguiluz.es

Eguiluz 2006 TR
100% tempranillo
90 ★★★★★   **7€**
Color cereza, borde granate. Aroma especiado, fina reducción, ebanistería, espirituoso. Boca especiado, elegante, largo, equilibrado.

Eguiluz 2010 TC
100% tempranillo
84   **4€**

Eguiluz 2013 T
100% tempranillo
85 ★★★★★   **2,5€**

BODEGA Y VIÑEDOS FUENTE VIEJA

Ctra. Calahorra, km 4
26560 Autol (La Rioja)
☎: +34 941 024 484
Fax: +34 941 024 484
www.bodegasfuentevieja.com
info@bodegasfuentevieja.com

Fuente Vieja 2010 TC
88 ★★★★★   **5€**
Color cereza, borde granate. Aroma fruta confitada, fruta al licor, especiado. Boca sabroso, confitado, balsámico.

Fuente Vieja Garnacha 2012 T
garnacha
88 ★★★★★   **4,5€**
Color cereza, borde violáceo. Aroma potente, fruta roja, fruta madura, floral, expresivo. Boca potente, fresco, frutoso, untuoso.

Fuente Vieja Graciano 2012 T
graciano
85 ★★★★★   **4,5€**

Fuente Vieja Tempranillo 2012 T
tempranillo
87 ★★★★★   **4,5€**
Color cereza muy intenso, borde granate. Aroma fruta sobremadura, cálido, hierbas secas. Boca sabroso, fruta madura, largo.

Reja de Plata 2011 TC
86 ★★★★★   **5€**
Color cereza oscuro, borde granate. Aroma potente, fruta madura, tostado, especiado, cera. Boca frutoso, balsámico.

BODEGA Y VIÑEDOS SOLABAL

Camino San Bartolomé, 6
26339 Abalos (La Rioja)
☎: +34 941 334 492
Fax: +34 941 308 164
www.solabal.es
solabal@solabal.es

Esculle de Solabal 2010 T
tempranillo
89   21€
Color cereza, borde granate. Aroma fruta madura, especiado, roble cremoso, tostado, complejo. Boca potente, sabroso, tostado, taninos maduros, equilibrado.

Muñarrate de Solabal 2013 B
viura, malvasía
86 ★★★★★   4€
Color pajizo brillante, borde verdoso. Aroma fruta fresca, floral, intensidad media. Boca correcto, dulcedumbre, fácil de beber.

Muñarrate de Solabal 2013 RD
85 ★★★★★   4€

Muñarrate de Solabal 2013 T
tempranillo
84   4€

Solabal 2008 TR
tempranillo
89   12€
Color cereza, borde granate. Aroma equilibrado, complejo, fruta madura, especiado. Boca estructurado, sabroso, taninos maduros, elegante.

Solabal 2011 TC
tempranillo
88 ★★★★   8€
Color cereza, borde granate. Aroma fruta madura, especiado, roble cremoso, tostado. Boca potente, sabroso, tostado.

·SOLABAL·
R i o j a
Denominación de Origen Calificada
Crianza 2011

Vala de Solabal 2010 T
tempranillo
92   22€
Color cereza, borde granate. Aroma equilibrado, complejo, fruta madura, especiado. Boca estructurado, sabroso, taninos maduros.

BODEGAS 1808

Ctra. El Villar Polígono 7 Biribil, 33
Apdo. 26
1300 Laguardia (Alava)
☎: +34 685 752 384
Fax: +34 945 293 450
www.rioja1808.com
1808@rioja1808.com

1808 Temperamento Natural 2008 TR
tempranillo
90 ★★★   16€
Color cereza, borde granate. Aroma fruta madura, especiado, complejo. Boca potente, sabroso, tostado, taninos maduros.

1808 Temperamento Natural 2011 TC
tempranillo
88   11€
Color cereza brillante. Aroma fruta madura, especias dulces, roble cremoso, intensidad media. Boca frutoso, sabroso, tostado.

BODEGAS AGE

Barrio de la Estación, s/n
26360 Fuenmayor (La Rioja)
☎: +34 941 293 500
Fax: +34 941 293 501
www.bodegasage.com
bodegasage@pernod-ricard.com

Siglo 2007 TGR
tempranillo, graciano, mazuelo

88 13,5€

Color cereza oscuro, borde anaranjado. Aroma equilibrado, especiado, cuero muy curtido, varietal, notas animales. Boca equilibrado, fácil de beber.

Siglo 2009 TR
tempranillo, graciano, mazuelo

87 ★★★ 8,5€

Color cereza oscuro, borde anaranjado. Aroma fruta madura, especiado, tabaco. Boca sabroso, fácil de beber, taninos finos.

Siglo Saco 2011 TC
tempranillo, garnacha, mazuelo

87 ★★★★★ 4,7€

Color cereza, borde granate. Aroma fruta madura, especiado, intensidad media. Boca tostado, taninos maduros, fácil de beber.

BODEGAS ALTOS DEL MARQUÉS

Ctra. Navarrete, 1
26372 Hornos de Moncalvillo (La Rioja)
☎: +34 941 286 728
Fax: +34 941 286 729
www.altosdelmarques.com
info@altosdelmarques.com

Altos del Marqués 2010 TC
100% tempranillo

88 ★★★ 10€

Color cereza, borde granate. Aroma equilibrado, fruta madura, especiado. Boca estructurado, sabroso, taninos maduros.

Altos del Marqués 2012 T

85 ★★★★ 6,5€

BODEGAS ALTÚN

Las Piscinas, 30
1307 Baños de Ebro (Álava)
☎: +34 945 609 317
Fax: +34 945 609 309
www.bodegasaltun.com
altun@bodegasaltun.com

Albiker 2013 T Maceración Carbónica

87 ★★★★★ 5€

Color cereza, borde violáceo. Aroma fruta fresca, fruta roja, floral, notas tropicales. Boca sabroso, frutoso, buena acidez.

Altún 2008 TR
tempranillo

90 ★★★★ 11€

Color cereza, borde granate. Aroma fruta roja, fruta madura, especiado, roble cremoso, tostado, complejo, terroso. Boca potente, sabroso, tostado, taninos maduros, equilibrado.

Altún 2011 TC
tempranillo

91 ★★★★★ 8,5€

Color cereza brillante. Aroma fruta madura, especias dulces, roble cremoso, expresivo, mineral. Boca sabroso, frutoso, tostado, equilibrado, elegante.

Altún 2012 TC
tempranillo

90 ★★★★★ 8,5€

Color cereza, borde granate. Aroma fruta madura, especiado, roble cremoso, tostado, complejo, mineral. Boca potente, sabroso, tostado, taninos maduros, equilibrado.

Ana de Altún 2013 B

86 ★★★ 9€

Color pajizo brillante. Aroma fresco, fruta fresca, flores blancas, expresivo. Boca sabroso, frutoso, buena acidez, equilibrado.

Everest 2011 T
100% tempranillo

93 40€

Color cereza, borde granate. Aroma fruta madura, especiado, roble cremoso, tostado, complejo, chocolate, terroso. Boca potente, sabroso, tostado, taninos maduros, equilibrado.

Secreto de Altún 2011 T
tempranillo

93   19,5€

Color cereza, borde granate. Aroma equilibrado, complejo, fruta madura, especiado, piedra seca, balsámico. Boca estructurado, sabroso, taninos maduros, elegante.

Secreto de Altún 2012 T
tempranillo

92   19,5€

Color cereza brillante. Aroma especias dulces, roble cremoso, expresivo, fruta roja, frambuesa. Boca sabroso, frutoso, tostado, equilibrado.

BODEGAS AMADOR GARCÍA
Avda. Río Ebro, 68 - 70
1307 Baños de Ebro (Álava)
☎: +34 945 290 385
Fax: +34 975 290 373
www.bodegasamadorgarcia.com
pbodegasamadorgarcia@gmail.com

Amador García 2013 BFB
100% viura

88 ★★★★★   5€

Color pajizo brillante. Aroma flores blancas, hierbas de tocador, expresión frutal. Boca fresco, frutoso, sabroso, equilibrado, elegante.

Amador García Vendimia Seleccionada 2011 TC

86   12€

Color cereza, borde granate. Aroma fruta confitada, fruta al licor, especiado. Boca sabroso, confitado, balsámico.

Peñagudo 2011 TC

86 ★★★★   6€

Color cereza, borde granate. Aroma fruta confitada, fruta al licor, especiado. Boca sabroso, confitado, balsámico.

Peñagudo 2013 B
100% viura

82   3€

Peñagudo 2013 T

85 ★★★★★   3€

BODEGAS AMAREN
Ctra. Baños de Ebro, s/n
1307 Villabuena (Álava)
☎: +34 945 175 240
Fax: +34 945 174 566
bodegas@bodegasamaren.com

Amaren 2011 BFB

92 ★★★   14€

Color amarillo brillante. Aroma potente, fruta madura, especias dulces, roble cremoso, hierbas de tocador. Boca graso, retronasal ahumado, sabroso, fresco, buena acidez.

Amaren Graciano 2009 T
100% graciano

93   57€

Color cereza muy intenso, borde granate. Aroma potente, fruta madura, chocolate. Boca potente, tostado, retronasal torrefactado.

Amaren Tempranillo 2006 TR
100% tempranillo

92   33€

Color cereza muy intenso. Aroma fruta madura, especiado, roble cremoso, tostado, con carácter. Boca potente, sabroso, tostado, taninos maduros.

Ángeles de Amaren 2008 T

93   17,4€

Color cereza muy intenso. Aroma fruta madura, especiado, roble cremoso, tostado, con carácter. Boca potente, sabroso, tostado, taninos maduros.

BODEGAS AMÉZOLA DE LA MORA S.A.

Paraje Viña Vieja, s/n
26359 Torremontalbo (La Rioja)
☎: +34 941 454 532
Fax: +34 941 454 537
www.bodegasamezola.es
info@bodegasamezola.es

Iñigo Amézola 2010 BFB
100% viura

90   18,5€

Color amarillo brillante. Aroma potente, fruta madura, especias dulces, roble cremoso, hierbas de tocador. Boca graso, retronasal ahumado, sabroso, fresco, buena acidez.

Iñigo Amézola 2010 T Fermentado en Barrica
100% tempranillo

89   18,5€

Color cereza, borde granate. Aroma fruta madura, hierbas silvestres, roble cremoso. Boca sabroso, largo, balsámico.

Señorío Amézola 2007 TR

87   15€

Color guinda. Aroma especiado, fina reducción, cuero mojado, ebanistería, espirituoso. Boca especiado, taninos finos.

Solar Amézola 2004 TGR

87   29€

Color rubí, borde teja. Aroma fina reducción, cuero mojado, ebanistería, espirituoso. Boca especiado, taninos finos, largo.

Viña Amézola 2010 TC

88 ★★★   9,5€

Color cereza, borde granate. Aroma fruta madura, especiado, roble cremoso, tostado, fina reducción. Boca potente, sabroso, tostado.

BODEGAS ANTONIO ALCARAZ

Ctra. Vitoria-Logroño, Km. 57
1300 Laguardia (Álava)
☎: +34 658 959 745
Fax: +34 965 888 359
www.antonio-alcaraz.es
rioja@antonio-alcaraz.es

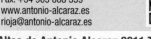

Altea de Antonio Alcaraz 2011 TC
100% tempranillo

88 ★★★   8,5€

Color cereza brillante. Aroma fruta madura, especias dulces, roble cremoso, intensidad media. Boca frutoso, sabroso, tostado.

Antonio Alcaraz 2010 TR

89

Color cereza, borde granate. Aroma fruta madura, especiado, roble cremoso, tostado. Boca potente, sabroso, especiado, tostado.

Antonio Alcaraz 2011 TC

88   12€

Color cereza intenso. Aroma fruta madura, especiado, tostado. Boca potente, sabroso, tostado, taninos maduros.

Gloria Antonio Alcaraz 2010 TC
100% tempranillo

90   45€

Color cereza intenso, borde granate. Aroma elegante, equilibrado, hierbas de tocador, especiado. Boca fácil de beber, correcto, fruta madura.

Les Fonts D'Algar 2011 TC

89 ★★★   9,5€

Color cereza, borde granate. Aroma fruta madura, especiado, roble cremoso, tostado, complejo. Boca potente, sabroso, tostado, taninos maduros.

Les Fonts D'Algar Selección 2010 T

90

Color cereza brillante, borde granate. Aroma equilibrado, fruta madura, especias dulces. Boca largo, sabroso, elegante, especiado.

Men to Men 2010 T

90   29€

Color cereza, borde granate. Aroma fruta madura, especiado, roble cremoso, tostado, complejo, terroso. Boca potente, sabroso, tostado, taninos maduros.

BODEGAS ARTE MENTOR

Camino de Baños de Ebro, 21
1307 Villabuena de Alava (Álava)
☎: +34 902 996 361
www.bodegasmentor.es
info@bodegasmentor.com

Mentor 2010 TC
100% tempranillo

90 ★★★★★   8€

Color cereza, borde granate. Aroma fruta roja, fruta madura, especiado, roble cremoso, tostado, terroso. Boca potente, sabroso, tostado, taninos maduros.

BODEGAS BAGORDI
Ctra. de Estella, Km. 32
31261 Andosilla (Navarra)
☎: +34 948 674 860
Fax: +34 948 674 238
www.bagordi.com
info@bagordi.com

Bagordi 2008 TR
88 12€
Color cereza, borde granate. Aroma fruta madura, especiado, roble cremoso, fina reducción. Boca potente, sabroso, tostado.

Bagordi Graciano 2010 TC
100% graciano
86 ★★★★ ♥ 8€
Color cereza, borde granate. Aroma fruta madura, especiado, roble cremoso, tostado. Boca potente, sabroso, tostado.

Usoa de Bagordi 2013 B
85 ★★★★ ♥ 5,5€

Usoa de Bagordi 2013 T
83 ♥ 5,5€

Usoa de Bagordi 2010 TC
87 ★★★★ ♥ 8€
Color cereza, borde granate. Aroma fruta madura, hierbas silvestres, especiado, roble cremoso. Boca sabroso, largo, balsámico.

Usoa de Bagordi 2012 BFB
84 ♥ 8€

BODEGAS BASAGOITI
Torrent, 38
8391 Tiana (Barcelona)
☎: +34 933 950 811
Fax: +34 933 955 500
www.basagoiti.es
info@parxet.es

Basagoiti 2011 TC
tempranillo, garnacha
89 10,5€
Color cereza, borde granate. Aroma fruta confitada, fruta al licor, especiado. Boca sabroso, confitado, balsámico.

Fuera del Rebaño 2012 T
tempranillo
90 ★★★ 14,8€
Color cereza brillante. Aroma fruta madura, especias dulces, roble cremoso, intensidad media. Boca frutoso, sabroso, tostado.

Nabari 2013 T
tempranillo, garnacha
84 7,7€

BODEGAS BENJAMÍN DE ROTHSCHILD & VEGA SICILIA S.A.
Ctra. Logroño - Vitoria, km. 61
1309 Leza (Alava)
☎: +34 983 680 147
Fax: +34 983 680 263
www.vegasicilia.com
vegasicilia@vega-sicilia.com

Macán 2011 T
100% tempranillo
94 45€
Color cereza, borde granate. Aroma fruta madura, especiado, roble cremoso, tostado, complejo, chocolate, terroso. Boca potente, sabroso, tostado, taninos maduros.

Macán Clásico 2011 T
100% tempranillo
93 25€
Color cereza, borde granate. Aroma fruta confitada, fruta al licor, especiado, roble cremoso. Boca sabroso, confitado, balsámico.

BODEGAS BERBERANA
Ctra. El Ciego s/n
26350 Cenicero (La Rioja)
☎: +34 913 878 612
www.berberana.com
abasilio@unitedwineries.com

Berberana Viña Alarde 2008 TR
86 ★★★★ 8€
Color rubí, borde teja. Aroma especiado, fina reducción, cuero mojado, ebanistería. Boca especiado, taninos finos, largo.

BODEGAS BERCEO

Cuevas, 32-36
26200 Haro (La Rioja)
☎: +34 941 310 744
Fax: +34 948 670 259
www.gurpegui.es
bodegas@gurpegui.es

Berceo "Nueva Generación" 2012 T
tempranillo, garnacha, graciano

90 ★★★★★   5€

Color cereza oscuro, borde granate. Aroma tostado, especias dulces, fruta madura. Boca equilibrado, fruta madura, largo.

Berceo Selección 2012 T
tempranillo, mazuelo, graciano

90 ★★★★★   8€

Color cereza intenso, borde granate. Aroma potente, roble cremoso, tostado, fruta madura. Boca correcto, retronasal afrutado, largo.

Gonzalo de Berceo 2006 TGR
tempranillo, graciano, mazuelo

89   19€

Color cereza, borde granate. Aroma equilibrado, complejo, fruta madura, especiado. Boca estructurado, sabroso, taninos maduros.

Gonzalo de Berceo 2009 TR
tempranillo, graciano, mazuelo, garnacha

89   11€

Color cereza, borde granate. Aroma balsámico, fresco, fruta madura, especiado. Boca equilibrado, balsámico, taninos maduros.

Los Dominios de Berceo "Reserva 36" S/C TR
tempranillo

91   31€

Color cereza, borde granate. Aroma fruta madura, especiado, roble cremoso, tostado, complejo, tabaco. Boca potente, sabroso, tostado, taninos maduros.

Los Dominios de Berceo 2013 T
tempranillo

89   35€

Color cereza, borde violáceo. Aroma expresivo, fruta roja, floral. Boca sabroso, frutoso, buena acidez, taninos maduros, equilibrado.

Viña Berceo 2012 TC
tempranillo, garnacha, graciano

89 ★★★★   6,2€

Color cereza oscuro. Aroma fruta madura, especiado, tostado. Boca potente, sabroso, tostado, taninos maduros.

BODEGAS BERONIA
Ctra. Ollauri - Nájera, Km. 1,8
26220 Ollauri (La Rioja)
☎: +34 941 338 000
Fax: +34 941 338 266
www.beronia.es
beronia@beronia.es

Beronia 2007 TGR
tempranillo, graciano, mazuelo

90   20€

Color rubí, borde teja. Aroma elegante, especiado, fina reducción, cuero mojado, espirituoso. Boca especiado, taninos finos, elegante, largo.

Beronia 2010 TR
tempranillo, graciano, mazuelo

89   11,5€

Color guinda. Aroma equilibrado, complejo, fruta madura, especiado, roble cremoso. Boca estructurado, sabroso, taninos maduros, equilibrado.

Beronia 2011 TC
tempranillo, garnacha, mazuelo

88 ★★★★   6,9€

Color cereza, borde granate. Aroma fruta madura, especiado, roble cremoso, tostado. Boca potente, sabroso, tostado.

Beronia Graciano 2011 T
graciano

89   13,5€

Color cereza, borde granate. Aroma fruta madura, hierbas silvestres, terroso, especiado, roble cremoso. Boca equilibrado, sabroso, largo, balsámico.

Beronia Mazuelo 2010 TR
mazuelo

89   14,9€

Color cereza, borde granate. Aroma expresivo, cuero muy curtido, especiado, hierbas de monte. Boca correcto, amargoso, taninos maduros.

Beronia Selección 198 Barricas 2008 TR
tempranillo, mazuelo, graciano

91   22,1€

Color cereza, borde granate. Aroma fruta madura, especiado, roble cremoso, tostado, complejo. Boca potente, sabroso, tostado, taninos maduros.

Beronia Tempranillo Elaboración Especial 2012 T
tempranillo

90 ★★★★   11€

Color cereza muy intenso, borde granate. Aroma potente, fruta madura, muy tostado (torrefactado), chocolate. Boca potente, tostado, sabroso, equilibrado.

Beronia Viñas Viejas 2011 T
tempranillo

89   15€

Color cereza, borde granate. Aroma fruta madura, especiado, roble cremoso, tostado, complejo. Boca potente, sabroso, tostado, equilibrado.

III a.C., Beronia 2011 T
tempranillo, graciano, mazuelo

92   50€

Color cereza, borde granate. Aroma fruta madura, especiado, roble cremoso, tostado, complejo, chocolate, terroso. Boca potente, sabroso, tostado, taninos maduros.

BODEGAS BILBAÍNAS

Estación, 3
26200 Haro (La Rioja)
☎: +34 941 310 147
www.bodegasbilbainas.com
info@bodegasbilbainas.com

Bodegas Bilbainas Garnacha 2010 T
100% garnacha

92   26€

Color cereza, borde granate. Aroma fruta madura, hierbas silvestres, terroso, especiado, roble cremoso. Boca equilibrado, sabroso, largo, balsámico.

Bodegas Bilbainas Graciano 2007 T
100% graciano

91   33€

Color cereza, borde granate. Aroma hierbas silvestres, terroso, especiado, varietal. Boca equilibrado, sabroso, largo, balsámico.

La Vicalanda 2008 TGR
100% tempranillo

94   45€

Color cereza intenso, borde anaranjado. Aroma cera, tabaco, fruta madura, especiado, ebanistería. Boca fino amargor, elegante, sabroso, taninos finos.

La Vicalanda 2009 TR
100% tempranillo

91   20€

Color cereza, borde granate. Aroma fruta madura, especiado, roble cremoso, tostado. Boca potente, sabroso, tostado, taninos maduros.

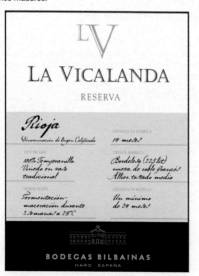

Viña Pomal "Alto de la Caseta" 2008 T
100% tempranillo

91   60€

Color cereza muy intenso. Aroma fruta madura, especiado, roble cremoso, tostado, con carácter. Boca potente, sabroso, tostado, taninos maduros.

Viña Pomal 2009 TR
100% tempranillo

90 ★★★★   12,5€

Color cereza, borde granate. Aroma fruta madura, especiado, roble cremoso, tostado, complejo. Boca potente, sabroso, tostado, taninos maduros.

Viña Pomal 2012 B

88 ★★★★   7€

Color amarillo brillante. Aroma potente, fruta madura, especias dulces, roble cremoso, hierbas de tocador. Boca graso, retronasal ahumado, sabroso, fresco, buena acidez.

BODEGAS CAMPILLO

Ctra. de Logroño, s/n
1300 Laguardia (Álava)
☎: +34 945 600 826
Fax: +34 945 600 837
www.bodegascampillo.es
info@bodegascampillo.es

Campillo 2004 TGR
tempranillo, graciano

92 30,3€

Color rubí, borde teja. Aroma elegante, especiado, fina reducción, cuero mojado, ebanistería, espirituoso. Boca especiado, taninos finos, elegante, largo, equilibrado.

Campillo 2010 TC
100% tempranillo

90 ★★★ 14,2€

Color cereza, borde granate. Aroma fruta madura, especiado, roble cremoso, tostado, complejo. Boca potente, sabroso, tostado, taninos maduros, equilibrado.

Campillo 2013 BFB
viura, malvasía, chardonnay

90 ★★★★★ 8,8€

Color pajizo brillante. Aroma fruta madura, hierbas secas, especiado, roble cremoso, expresivo. Boca graso, sabroso, largo, balsámico.

Campillo 2013 RD
100% tempranillo

84 6,7€

Campillo Finca Cuesta Clara 2008 TR
tempranillo peludo

94 36,8€

Color cereza, borde granate. Aroma fruta madura, especiado, roble cremoso, tostado, complejo. Boca potente, sabroso, tostado, taninos maduros, equilibrado, elegante.

Campillo Reserva Especial 2008 TR
tempranillo, graciano, cabernet sauvignon

90 37,8€

Color cereza, borde granate. Aroma complejo, fruta madura, especiado. Boca estructurado, sabroso, taninos maduros, elegante.

Campillo Reserva Selecta 2007 TR
100% tempranillo

92 20,7€

Color cereza intenso. Aroma fruta madura, especiado, roble cremoso, tostado, complejo, terroso. Boca potente, sabroso, tostado, taninos maduros, elegante.

El Niño de Campillo 2012 T
100% tempranillo

90 ★★★★★ 7,6€

Color cereza, borde violáceo. Aroma floral, fruta roja, frambuesa, hierbas de tocador, especiado. Boca fresco, frutoso, sabroso, fácil de beber.

BODEGAS CAMPO VIEJO

Camino de la Puebla, 50
26006 Logroño (La Rioja)
☎: +34 941 279 900
www.campoviejo.com
campoviejo@pernod-ricard.com

Alcorta 2009 TR
tempranillo

90 ★★★★ 10,5€

Color cereza, borde granate. Aroma fruta madura, especiado, roble cremoso, tostado, complejo, chocolate, terroso. Boca potente, sabroso, tostado, taninos maduros.

Alcorta 2011 TC
tempranillo

89 ★★★★   5,5€

Color cereza, borde granate. Aroma fruta roja, fruta madura, especiado, roble cremoso, tostado, terroso. Boca potente, sabroso, tostado, taninos maduros.

Azpilicueta 2009 TR
tempranillo, graciano, mazuelo

91 ★★★★   13€

Color cereza muy intenso. Aroma fruta madura, especiado, roble cremoso, tostado, con carácter. Boca potente, sabroso, tostado, taninos maduros.

Azpilicueta 2011 TC
tempranillo, graciano, mazuelo

91 ★★★★★   7,5€

Color cereza, borde granate. Aroma fruta madura, especiado, roble cremoso, tostado, complejo, fruta roja. Boca potente, sabroso, tostado, taninos maduros.

Azpilicueta 2013 B
viura

90 ★★★★★   7,5€

Color pajizo brillante. Aroma fresco, fruta fresca, flores blancas, expresivo. Boca sabroso, frutoso, buena acidez, equilibrado, largo.

Azpilicueta 2013 RD
tempranillo, viura

90 ★★★★★   7,5€

Color piel cebolla. Aroma elegante, fruta escarchada, flores secas, hierbas de tocador, fruta roja. Boca ligero, sabroso, buena acidez, largo, especiado, equilibrado.

Campo Viejo 2008 TGR
tempranillo, graciano, mazuelo

88   13,5€

Color rubí, borde teja. Aroma especiado, fina reducción, ebanistería, espirituoso. Boca especiado, taninos finos.

Campo Viejo 2011 TC
tempranillo, garnacha, mazuelo

87 ★★★★★   4,5€

Color cereza brillante. Aroma fruta madura, especias dulces, roble cremoso, intensidad media. Boca frutoso, sabroso, tostado.

Campo Viejo 2012 T
tempranillo, garnacha

87 ★★★★ ☘   5,5€

Color cereza oscuro, borde granate. Aroma fruta madura, hierbas de monte, intensidad media. Boca correcto, fácil de beber, cierta persistencia.

Campo Viejo 2009 TR
tempranillo, graciano, mazuelo

88 ★★★   8,5€

Color cereza, borde granate. Aroma fruta madura, especiado, roble cremoso, tostado, complejo. Boca potente, sabroso, tostado, taninos maduros.

Dominio Campo Viejo 2011 T
tempranillo, graciano, mazuelo

92   16,5€

Color cereza muy intenso. Aroma fruta madura, especiado, roble cremoso, tostado, con carácter. Boca potente, sabroso, tostado, taninos maduros.

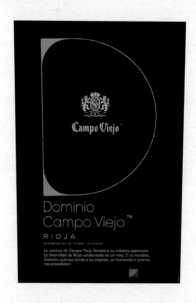

Félix Azpilicueta Colección Privada 2009 T
tempranillo, graciano, mazuelo

92   18,5€

Color cereza oscuro. Aroma fruta madura, tostado, complejo, cacao fino. Boca sabroso, largo, equilibrado, taninos maduros.

Félix Azpilicueta Colección Privada 2013 BFB
viura

89   16,5€

Color amarillo brillante. Aroma roble cremoso, flores marchitas, tostado. Boca graso, especiado, largo.

BODEGAS CASA PRIMICIA
Camino de la Hoya, 1
1300 Laguardia (Álava)
☎: +34 945 600 296
Fax: +34 945 621 252
www.bodegasprimicia.com
info@bodegascasaprimicia.com

Casa Primicia Garnacha 2010 TC
100% garnacha

86 ★★★★   8€

Color cereza intenso, borde granate. Aroma hierbas verdes, hierbas silvestres, especiado. Boca correcto, frutoso, buena acidez.

Casa Primicia Tempranillo 2010 T
100% tempranillo

87 ★★★★   8€

Color cereza, borde granate. Aroma fruta madura, especiado, roble cremoso, tostado. Boca tostado, taninos maduros, fruta madura.

Julián Madrid 2008 TR

88   15€

Color cereza muy intenso, borde granate. Aroma potente, fruta madura, cacao fino. Boca equilibrado, taninos maduros, especiado.

BODEGAS CASTILLO DE MENDOZA, S.L.
Paraje San Juan, s/n
26338 San Vicente de la Sonsierra (La Rioja)
☎: +34 941 334 496
Fax: +34 941 334 566
www.castillodemendoza.com
comercial@castillodemendoza.com

Castillo de Mendoza 2006 TR
tempranillo

89   15,6€

Color guinda. Aroma fruta madura, especiado, roble cremoso, cuero mojado, tabaco. Boca potente, sabroso, especiado.

Evento Castillo de Mendoza 2004 T
tempranillo

92   32,7€

Color rubí borde teja. Aroma elegante, especiado, fina reducción, cuero mojado, ebanistería, espirituoso. Boca especiado, taninos finos, elegante, largo.

Momilde 2010 TC
tempranillo

89 ★★★   8,9€

Color cereza, borde granate. Aroma fruta madura, especiado, roble cremoso, café aromático. Boca equilibrado, sabroso, largo, tostado.

Noralba Agricultura Ecológica 2011 TC
tempranillo, graciano

90 ★★★★★ ❀   10€

Color cereza, borde granate. Aroma fruta madura, especiado, roble cremoso, tostado, complejo. Boca potente, sabroso, tostado, taninos maduros.

Vitarán 2011 TC
tempranillo

87 ★★★★   6,6€

Color cereza, borde granate. Aroma fruta madura, balsámico, roble cremoso, intensidad media. Boca sabroso, fruta madura, tostado.

BODEGAS CASTILLO DE SAJAZARRA
Del Río, s/n
26212 Sajazarra (La Rioja)
☎: +34 941 320 066
Fax: +34 941 320 251
www.castillodesajazarra.com
bodega@castillodesajazarra.com

Castillo de Sajazarra 2008 TR

89   15,5€

Color cereza, borde granate. Aroma fruta madura, especiado, roble cremoso, tostado, complejo. Boca potente, sabroso, tostado, taninos maduros.

Digma 2006 TR
100% tempranillo

93　　　　　　　　　　　27€

Color rubí, borde teja. Aroma fruta madura, hierbas de tocador, mineral, especias dulces, equilibrado, elegante. Boca sabroso, graso, especiado, largo, balsámico, elegante.

Digma Graciano 2009 TR

90　　　　　　　　　　　27€

Color cereza, borde granate. Aroma fruta madura, hierbas silvestres, terroso, especiado, roble cremoso. Boca equilibrado, sabroso, largo, balsámico.

Digma Tempranillo 2009 TR
100% tempranillo

93　　　　　　　　　　　27€

Color cereza, borde granate. Aroma potente, fruta roja, fruta madura, especiado, hierbas silvestres, mineral. Boca equilibrado, redondo, sabroso, especiado, largo.

Solar de Líbano 2008 TR

89　　　　　　　　　　　11,1€

Color cereza poco intenso. Aroma fruta madura, especiado, roble cremoso, tostado, fina reducción. Boca potente, sabroso, tostado, taninos maduros, equilibrado.

Solar de Líbano 2011 TC

88 ★★★★　　　　　　　6,5€

Color cereza brillante. Aroma fruta madura, especias dulces, roble cremoso, mineral, intensidad media. Boca frutoso, sabroso, tostado.

Solar de Líbano Vendimia Seleccionada 2010 TC

90 ★★★★★　　　　　　6,5€

Color cereza, borde granate. Aroma fruta madura, hierbas silvestres, especiado, roble cremoso, mineral. Boca equilibrado, sabroso, largo, balsámico.

BODEGAS CERROLAZA
Ctra. Navarrete, 1
26372 Hornos de Moncalvillo (La Rioja)
☎: +34 941 286 728
Fax: +34 941 286 729
www.altosdelmarques.com
info@altosdelmarques.com

Aticus 2006 TR
100% tempranillo

86　　　　　　　　　　　15€

Color rubí, borde teja. Aroma elegante, especiado, fina reducción, cuero mojado, ebanistería, espirituoso. Boca especiado, taninos finos, largo.

Aticus 2010 TC
100% tempranillo

86　　　　　　　　　　　14€

Color cereza, borde granate. Aroma fruta madura, especiado, roble cremoso, tostado, fina reducción. Boca potente, sabroso, tostado, especiado.

BODEGAS CORRAL

Ctra. de Logroño, Km. 10
26370 Navarrete (La Rioja)
☎: +34 941 440 193
Fax: +34 941 440 195
www.donjacobo.es
info@donjacobo.es

Altos de Corral Single Estate 2004 TR
100% tempranillo
90
Color rubí, borde teja. Aroma fruta madura, balsámico, especiado, roble cremoso. Boca potente, sabroso, especiado, largo, equilibrado.

Don Jacobo 1998 TGR
90   19,9€
Color rubí borde teja. Aroma elegante, especiado, fina reducción, cuero mojado, ebanistería, espirituoso. Boca especiado, taninos finos, elegante, largo.

Don Jacobo 2005 TR
87   11,3€
Color cereza, borde granate. Aroma especiado, cuero muy curtido, fruta madura. Boca especiado.

Don Jacobo 2009 TC
87 ★★★★   6,9€
Color cereza, borde granate. Aroma intensidad media, fruta madura. Boca correcto, cierta persistencia.

Don Jacobo 2013 B
100% viura
84   4€

Don Jacobo 2013 RD
84   4€

BODEGAS COVILA

Camino del Soto, 26
1306 La Puebla de Labarca (Álava)
☎: +34 945 627 232
Fax: +34 945 627 295
www.covila.es
comercial@covila.es

Covila 2009 TR
100% tempranillo
88   14€
Color cereza intenso. Aroma fruta madura, hierbas silvestres, especiado, roble cremoso. Boca equilibrado, sabroso, largo, balsámico.

Covila 2011 TC
100% tempranillo
87 ★★★★   8€
Color cereza, borde granate. Aroma fruta madura, especiado, roble cremoso. Boca potente, sabroso, tostado.

Pagos de Labarca AEX 2010 T
100% tempranillo
90   20€
Color cereza, borde granate. Aroma fruta roja, fruta madura, especiado, roble cremoso, tostado, complejo, terroso. Boca potente, sabroso, tostado, taninos maduros.

BODEGAS DAVID MORENO

Ctra. de Villar de Torre, s/n
26310 Badarán (La Rioja)
☎: +34 941 367 338
Fax: +34 941 418 685
www.davidmoreno.es
davidmoreno@davidmoreno.es

David Moreno 2007 TGR
91 ★★★   13,5€
Color cereza, borde granate. Aroma equilibrado, complejo, fruta madura, especiado, balsámico. Boca estructurado, sabroso, taninos maduros, lleno, buena acidez.

David Moreno 2008 TR
88 ★★★   9,8€
Color cereza oscuro, borde granate. Aroma cuero muy curtido, balsámico, fruta madura, cacao fino. Boca equilibrado, sabroso.

David Moreno 2011 TC
89 ★★★★   5,5€
Color cereza oscuro, borde granate. Aroma intensidad media, fruta madura, hierbas secas. Boca correcto, taninos maduros, retronasal afrutado.

David Moreno 2013 B
100% viura
83   3,5€

David Moreno 2013 RD
85 ★★★★★   3,2€

David Moreno 2013 T
86 ★★★★★   3,2€
Color cereza, borde violáceo. Aroma intensidad media, fruta roja, equilibrado. Boca balsámico, correcto.

Dmoreno Selección de la Familia 2010 TC
89 ★★★★   7,5€
Color cereza, borde granate. Aroma fruta madura, fruta confitada, tostado. Boca frutoso, taninos maduros, cierta persistencia.

BODEGAS DE CRIANZA MARQUÉS DE GRIÑÓN

Ctra. de El Ciego, s/n
26350 Cenicero (La Rioja)
☎: +34 913 878 612
abasilio@unitedwineries.com

Marqués de Griñón Alea 2010 TC
100% tempranillo
88 ★★★★   5,5€
Color cereza, borde granate. Aroma fruta madura, especiado, roble cremoso, tostado, balsámico. Boca potente, sabroso, tostado, taninos maduros.

BODEGAS DE FAMILIA BURGO VIEJO

Concordia, 8
26540 Alfaro (La Rioja)
☎: +34 941 183 405
Fax: +34 941 181 603
www.burgoviejo.com
bodegas@burgoviejo.com

Burgo Viejo 2009 TR
84   9,8€

Burgo Viejo 2011 TC
85 ★★★★   5,4€

Burgo Viejo 2013 T
83   3,7€

Licenciado 2009 TR
100% tempranillo
88   14,9€
Color cereza, borde granate. Aroma fruta roja, fruta madura, especiado, roble cremoso, tostado, fina reducción. Boca potente, sabroso, tostado, taninos maduros, equilibrado.

Palacio de Invierno 2009 TR
100% tempranillo
86   10,3€
Color cereza, borde granate. Aroma equilibrado, fruta madura, especiado, fina reducción. Boca estructurado, sabroso, taninos maduros.

Palacio de Invierno 2011 TC
100% tempranillo
87 ★★★★   5,8€
Color cereza, borde granate. Aroma fruta madura, balsámico, especias dulces, roble cremoso. Boca sabroso, especiado, cierta persistencia.

Palacio de Invierno 2013 T
100% tempranillo
85 ★★★★★   3,8€

BODEGAS DE LOS HEREDEROS DEL MARQUÉS DE RISCAL S.L.

Torrea, 1
3140 Elciego (Álava)
☎: +34 945 606 000
Fax: +34 945 606 023
www.marquesderiscal.com
marquesderiscal@marquesderiscal.com

Arienzo 2010 TC

90 ★★★★★ **7,9€**

Color cereza, borde granate. Aroma fruta madura, especiado, roble cremoso, hierbas de monte. Boca equilibrado, sabroso, largo, balsámico.

Barón de Chirel 2010 TR

94 **58€**

Color cereza muy intenso, borde granate. Aroma complejo, hierbas silvestres, fruta madura, expresivo. Boca estructurado, lleno, taninos maduros, largo.

Finca Torrea 2010 T

93 **25€**

Color cereza, borde granate. Aroma fruta madura, especiado, roble cremoso. Boca sabroso, tostado, taninos maduros, largo, complejo.

Marqués de Riscal 2005 TGR

93 **35€**

Color cereza oscuro, borde granate. Aroma equilibrado, expresivo, fruta madura, tabaco. Boca equilibrado, fruta madura, largo.

Marqués de Riscal 150 Aniversario 2004 TGR

93 **50€**

Color cereza oscuro, borde anaranjado. Aroma especiado, fina reducción, ebanistería, tostado. Boca especiado, largo, tostado, taninos finos.

Marqués de Riscal 2010 TR

92 ★★★★ **12,9€**

Color cereza muy intenso, borde granate. Aroma cacao fino, roble cremoso, fruta madura, hierbas de monte. Boca estructurado, lleno.

BODEGAS DE SANTIAGO

Avda. del Ebro, 50
1307 Baños de Ebro (Álava)
☎: +34 945 609 201
Fax: +34 945 609 201
www.bodegasdesantiago.es
info@bodegasdesantiago.es

Lagar de Santiago 2011 TC
tempranillo

92 ★★★★★ **6€**

Color cereza muy intenso, borde granate. Aroma especias dulces, fruta madura, equilibrado, especiado. Boca sabroso, correcto.

Lagar de Santiago 2013 B
verdejo, viura

86 ★★★★★ **3€**

Color pajizo brillante. Aroma fresco, fruta fresca, flores blancas. Boca sabroso, frutoso, buena acidez, equilibrado.

Lagar de Santiago 2013 T Maceración Carbónica
tempranillo, viura

84 **3€**

BODEGAS DEL MEDIEVO

Circunvalación San Roque, s/n
26559 Aldeanueva de Ebro (La Rioja)
☎: +34 941 144 138
Fax: +34 941 144 204
www.bodegasdelmedievo.com
info@bodegasdelmedievo.com

Cofrade 2013 T
tempranillo

85 ★★★★★ **5€**

Medievo 2008 TGR
tempranillo, garnacha, mazuelo, graciano

86 **15€**

Color cereza oscuro, borde anaranjado. Aroma cuero muy curtido, tabaco. Boca especiado, correcto, matices de reducción.

Medievo 2009 TR
tempranillo, garnacha, mazuelo, graciano

88 12€

Color cereza, borde granate. Aroma fruta madura, especiado, roble cremoso, tostado, complejo, terroso. Boca potente, sabroso, tostado, taninos maduros.

Medievo 2011 TC
tempranillo, garnacha, mazuelo, graciano

87 ★★★ 9€

Color cereza oscuro. Aroma fruta madura, especiado, tostado, balsámico. Boca sabroso, tostado, taninos maduros.

Medievo 2013 BFB
tempranillo blanco

85 ★★★ 9€

Tuercebotas 2012 TC
graciano

89 12€

Color cereza, borde granate. Aroma fruta madura, hierbas silvestres, especiado, roble cremoso, hierbas verdes, varietal. Boca equilibrado, sabroso, largo, balsámico.

Tuercebotas 2013 B
tempranillo blanco

89 ★★★ 9€

Color pajizo brillante. Aroma equilibrado, fruta madura, notas tropicales, flores marchitas. Boca sabroso, fino amargor, largo.

BODEGAS DOMECO DE JARAUTA
Camino Sendero Royal, 5
26559 Aldeanueva de Ebro (La Rioja)
☎: +34 941 163 078
Fax: +34 941 163 078
www.bodegasdomecodejarauta.com
info@bodegasdomecodejarauta.com

Viña Marro 2008 TR
87 ★★★★ 6€

Color cereza, borde granate. Aroma fruta confitada, fruta al licor, especiado, hierbas silvestres. Boca sabroso, confitado, balsámico.

Viña Marro 2011 TC
100% tempranillo

90 ★★★★★ 4,5€

Color cereza, borde granate. Aroma fruta madura, especiado, roble cremoso, tostado, complejo. Boca potente, sabroso, tostado, taninos maduros.

Viña Marro 2013 T
100% tempranillo

84 2,7€

Viña Marro Ecológico 2011 T
100% tempranillo

88 ★★★★ ♣ 6,6€

Color cereza brillante. Aroma fruta madura, especias dulces, roble cremoso, hierbas silvestres. Boca frutoso, sabroso, tostado.

Viña Marro Vendimia Seleccionada 2012 T
100% tempranillo

89 ★★★★★ 3,5€

Color cereza brillante. Aroma especias dulces, roble cremoso, fruta roja, caramelo de violetas. Boca sabroso, frutoso, tostado.

BODEGAS DUNVIRO
Ctra. Logroño, Km. 362
26500 Calahorra (La Rioja)
☎: +34 941 130 626
Fax: +34 941 130 626
www.bodegasdunviro.com
info@bodegasdunviro.com

Dunviro 2007 TR
88 ★★★ 9,3€

Color cereza, borde granate. Aroma fruta madura, hierbas silvestres, terroso, especiado, roble cremoso. Boca equilibrado, sabroso, largo, balsámico.

Dunviro 2011 BFB
viura

88 ★★★★★ 4,3€

Color amarillo brillante. Aroma potente, fruta madura, especias dulces, roble cremoso, hierbas de tocador. Boca graso, retronasal ahumado, sabroso, fresco, buena acidez.

Dunviro 2011 TC
tempranillo, graciano, mazuelo

86 ★★★★ 5,3€

Color cereza, borde granate. Aroma fruta madura, especiado, roble cremoso, tostado. Boca sabroso, tostado, taninos maduros.

Dunviro Garnacha 2013 RD
garnacha

86 ★★★★★ 2,9€

Color cereza claro, brillante. Aroma fruta fresca, floral, intensidad media. Boca fresco, fácil de beber, correcto.

Dunviro Tempranillo 2013 T
tempranillo

83 2,8€

Dunviro Vendimia Seleccionada Tempranillo 2013 T
tempranillo

86 ★★★★★ 4,5€

Color cereza, borde violáceo. Aroma expresivo, fruta fresca, fruta roja, floral. Boca sabroso, frutoso, buena acidez.

Dunviro Viñas Viejas 2011 TC
87 ★★★★   6,7€
Color cereza oscuro, borde granate. Aroma equilibrado, especiado, hierbas secas. Boca frutoso, cierta persistencia, correcto.

Dunviro Viura 2013 B
viura
85 ★★★★★   3€

BODEGAS ESCUDERO
Ctra. de Arnedo, s/n
26587 Grávalos (La Rioja)
☎: +34 941 398 008
Fax: +34 941 398 070
www.familiaescudero.com
info@familiaescudero.com

Becquer 2013 BFB
89 ★★★★   7€
Color amarillo, borde verdoso. Aroma fruta madura, flores secas, especias dulces. Boca sabroso, largo, equilibrado, fino amargor.

Solar de Becquer 2011 TC
86 ★★★★   6€
Color cereza oscuro, borde granate. Aroma especiado, fruta madura. Boca equilibrado, fácil de beber, cierta persistencia, tostado.

Solar de Becquer 2013 T
87 ★★★★★   4€
Color cereza brillante, borde violáceo. Aroma fruta roja, balsámico, intensidad media. Boca fácil de beber, frutoso.

Vinsacro Dioro 2010 T
100% vidau
88   32€
Color cereza, borde granate. Aroma fruta madura, especiado, roble cremoso, tostado, complejo. Boca potente, sabroso, tostado, taninos maduros.

BODEGAS ESTRAUNZA
Avda. La Poveda, 25
1306 Lapuebla de Labarca (Álava)
☎: +34 944 215 936
Fax: +34 944 219 941
www.bodegasestraunza.com
info@bodegasestraunza.com

Blas de Lezo 2011 TC
tempranillo
86 ★★★★   5,9€
Color cereza brillante. Aroma fruta madura, especias dulces, roble cremoso, expresivo. Boca sabroso, frutoso, tostado.

Blas de Lezo 2013 T
tempranillo
84   3,4€

Solar de Estraunza 2005 TGR
tempranillo
88   11€
Color rubí, borde teja. Aroma especiado, fina reducción, cuero mojado, ebanistería, espirituoso. Boca especiado, taninos finos, largo, equilibrado.

Solar de Estraunza 2007 TR
tempranillo
87 ★★★   8,8€
Color rubí, borde teja. Aroma especiado, fina reducción, cuero mojado, ebanistería, espirituoso. Boca especiado, taninos finos, correcto.

Solar de Estraunza 2011 TC
tempranillo
87 ★★★★   5,9€
Color cereza brillante. Aroma especias dulces, roble cremoso, intensidad media, fruta confitada. Boca frutoso, sabroso, tostado, largo, taninos dulces.

Solar de Estraunza 2013 B
viura
84   3,4€

Solar de Estraunza 2013 RD
86 ★★★★★   3,4€
Color piel cebolla. Aroma elegante, fruta escarchada, hierbas de tocador, intensidad media. Boca ligero, sabroso, buena acidez, largo, especiado.

Solar de Estraunza 2013 T
tempranillo
84   3,4€

Solar de Estraunza Selección 2005 T
tempranillo
89   20€
Color cereza intenso, borde anaranjado. Aroma cera, tabaco, fruta madura, especiado, ebanistería. Boca fino amargor, sabroso, taninos finos.

Solar de Muskiz 2013 T
tempranillo
83   3,4€

BODEGAS EXOPTO
Ctra. de Elvillar, 26
1300 Laguardia (Álava)
☎: +34 650 213 993
Fax: +34 941 502 342
www.exopto.net
info@exopto.net

Bozeto de Exopto 2012 T
87 ★★★★   6€
Color cereza brillante. Aroma fruta madura, especias dulces, roble cremoso, terroso. Boca sabroso, frutoso, tostado.

Exopto 2011 T
92 32€

Color cereza, borde granate. Aroma fruta madura, hierbas silvestres, terroso, especiado, roble cremoso. Boca equilibrado, sabroso, largo, balsámico.

Horizonte de Exopto 2012 B
84 13€

Horizonte de Exopto 2012 T
90 ★★★★ 13€

Color cereza brillante. Aroma fruta madura, especias dulces, roble cremoso, expresivo. Boca sabroso, frutoso, tostado.

BODEGAS FAUSTINO
Ctra. de Logroño, s/n
1320 Oyón (Álava)
☎: +34 945 622 500
Fax: +34 945 622 106
www.bodegasfaustino.com
info@bodegasfaustino.es

Faustino 2011 TC
100% tempranillo
85 ★★★ 8,3€

Faustino De Autor Edición Especial 2004 T
100% tempranillo
90 39,9€

Color rubí borde teja. Aroma elegante, especiado, fina reducción, cuero mojado, ebanistería, espirituoso. Boca especiado, taninos finos, elegante, largo.

Faustino de Autor Reserva Especial 2006 TR
tempranillo, graciano
87 33,9€

Color cereza muy intenso. Aroma fruta madura, especiado, roble cremoso, tostado, habano, cuero mojado. Boca potente, sabroso, tostado, taninos maduros.

Faustino I 2001 TGR
tempranillo, graciano, mazuelo
92 22,5€

Color cereza intenso, borde anaranjado. Aroma cera, tabaco, fruta madura, especiado, ebanistería. Boca fino amargor, elegante, sabroso, taninos finos.

Faustino I 75 Aniversario 2005 TGR
tempranillo, graciano
92 29€

Color cereza, borde granate. Aroma fruta madura, especiado, roble cremoso, tostado, complejo, fina reducción. Boca potente, sabroso, tostado, taninos maduros.

Faustino V 2009 TR
tempranillo, mazuelo

86   11,9€

Color cereza, borde granate. Aroma fruta madura, especiado, roble cremoso, tostado, cuero muy curtido, tabaco. Boca potente, sabroso, tostado.

Faustino V 2013 B
viura, chardonnay

86 ★★★★   6€

Color pajizo brillante. Aroma fresco, fruta fresca, flores blancas. Boca sabroso, frutoso, buena acidez, equilibrado.

Faustino V 2013 RD
100% tempranillo

88 ★★★★   6€

Color rosáceo pálido. Aroma potente, fruta madura, fruta roja, floral, expresivo. Boca potente, frutoso, fresco.

BODEGAS FEDERICO PATERNINA MARQUES DE LA CONCORDIA FAMILY OF WINES

Crta. El ciego s/n.
26350 Cenicero (La Rioja)
☎: +34 913 878 612
www.paternina.com
abasilio@unitedwineries.com

Banda Azul 2010 TC
84   5€

Lacort 2010 TC
88

Color cereza brillante. Aroma fruta madura, especiado, tostado. Boca sabroso, tostado, taninos maduros, frutoso.

Paternina Banda Roja 2008 TR
87

Color cereza, borde granate. Aroma fruta madura, especiado, roble cremoso, tostado, balsámico, fina reducción. Boca potente, sabroso, tostado.

BODEGAS FINS DE SIGLO

Camino Arenzana de Arriba, 16
26311 Arenzana de Abajo (La Rioja)
☎: +34 941 410 042
Fax: +34 941 410 043
www.bodegasfindesiglo.com
perelada@castilloperelada.com

XIII Lunas 2011 T

87 ★★★★   7€

Color cereza brillante. Aroma fruta madura, especias dulces, hierbas secas. Boca frutoso, tostado, taninos maduros, fácil de beber.

BODEGAS FOS

Término de Vialba, s/n
1340 Elciego (Álava)
☎: +34 945 606 681
Fax: +34 945 606 608
www.bodegasfos.com
fos@bodegasfos.com

Fos 2008 TR

90 ★★★★   12,5€

Color cereza, borde granate. Aroma fruta madura, especiado, roble cremoso, tostado, complejo. Boca sabroso, tostado, taninos maduros.

Fos 2010 TC

90 ★★★★★   7,5€

Color cereza, borde granate. Aroma fruta madura, especiado, roble cremoso, tostado, complejo. Boca potente, sabroso, tostado, taninos maduros.

Fos 2013 B

100% viura

90 ★★★★★   7,5€

Color pajizo brillante. Aroma flores blancas, fruta fresca, expresivo, lías finas, hierbas secas. Boca sabroso, frutoso, buena acidez, equilibrado.

Fos 2013 T Maceración Carbónica

100% tempranillo

87 ★★★★   6€

Color cereza, borde violáceo. Aroma fruta roja, expresión frutal, hierbas de tocador. Boca sabroso, ligero, buena acidez, fresco, frutoso.

Fos Baranda 2011 T

100% tempranillo

93   31€

Color cereza intenso, borde granate. Aroma complejo, fruta madura, cacao fino. Boca equilibrado, largo, estructurado, sabroso.

BODEGAS FRANCO ESPAÑOLAS

Cabo Noval, 2
26009 Logroño (La Rioja)
☎: +34 941 251 300
Fax: +34 941 262 948
www.francoespanolas.com
info@francoespanolas.com

Baron D'Anglade 2009 TR

92   25€

Color cereza, borde granate. Aroma fruta madura, hierbas silvestres, terroso, especiado, roble cremoso. Boca equilibrado, sabroso, largo, balsámico.

RB 2011 TC

100% tempranillo

87

Color cereza brillante. Aroma fruta madura, especias dulces, ahumado. Boca frutoso, tostado, fácil de beber, equilibrado.

Rioja Bordón 2006 TGR

89   19,6€

Color cereza intenso, borde anaranjado. Aroma cera, tabaco, fruta madura, especiado, ebanistería. Boca fino amargor, elegante, sabroso, taninos finos.

Rioja Bordón 2008 TR

88   10,2€

Color cereza oscuro, borde anaranjado. Aroma especiado, fina reducción, cuero mojado, ebanistería, espirituoso. Boca especiado, taninos finos.

Rioja Bordón 2011 TC

86 ★★★★   6,9€

Color cereza oscuro. Aroma fruta madura, especiado, ebanistería, cuero muy curtido. Boca correcto, fino amargor, cierta persistencia.

BODEGAS FUIDIO

San Bartolome, 32
1322 Yécora (Álava)
☎: +34 945 601 883
bodegas@fuidio.com

Fuidio 2012 T
tempranillo

86 ★★★★★   3,9€

Color cereza, borde granate. Aroma intensidad media, hierbas secas. Boca correcto, taninos maduros.

Fuidio 2013 B
viura

79   4,2€

Fuidio Iraley 2011 T
tempranillo

84   5,8€

BODEGAS GARCÍA DE OLANO

Ctra. Vitoria, s/n
1309 Paganos - La Guardia (Álava)
☎: +34 945 621 146
Fax: +34 945 621 146
www.bodegasgarciadeolano.com
garciadeolano@telefonica.net

3 de Olano 2010 T
100% tempranillo

90 ★★★★★   6,5€

Color cereza intenso, borde granate. Aroma fruta madura, potente, especias dulces. Boca estructurado, largo, buena acidez.

3 de Olano Selección 2010 T
100% tempranillo

93 ★★★★   12€

Color cereza brillante, borde granate. Aroma fruta madura, especiado, roble cremoso, tostado, complejo. Boca potente, sabroso, tostado, taninos maduros.

Heredad García de Olano 2011 TC
100% tempranillo

89 ★★★★★   5€

Color cereza, borde granate. Aroma fruta madura, especiado, roble cremoso, tostado, complejo. Boca potente, sabroso, tostado, taninos maduros.

Heredad García de Olano 2013 B
100% viura

84   3€

Heredad García de Olano 2013 T

84   3€

Mauleón 2006 TR
100% tempranillo

88 ★★★★   8€

Color cereza intenso, borde granate. Aroma potente, con carácter, balsámico. Boca estructurado, taninos maduros, retronasal afrutado.

Olanum Vendimia Seleccionada 2009 T Barrica
100% tempranillo

87   30€

Color cereza, borde granate. Aroma fruta roja, fruta al licor, hierbas silvestres, roble cremoso. Boca potente, sabroso, especiado.

BODEGAS GÓMEZ CRUZADO

Avda. Vizcaya, 6 (Barrio de la Estación)
26200 Haro (La Rioja)
☎: +34 941 312 502
www.gomezcruzado.com
bodega@gomezcruzado.com

Gómez Cruzado 2009 TR

89 14€

Color cereza, borde granate. Aroma equilibrado, complejo, fruta madura, especiado, fina reducción, habano. Boca estructurado, sabroso.

Gómez Cruzado 2011 TC

90 ★★★★★ 8,5€

Color cereza brillante. Aroma fruta madura, especias dulces, roble cremoso, expresivo. Boca sabroso, frutoso, tostado, taninos maduros.

Gómez Cruzado Cerro Las Cuevas 2012 T

tempranillo

91 40€

Color cereza, borde granate. Aroma fruta madura, especiado, roble cremoso, tostado, complejo, chocolate, terroso. Boca potente, sabroso, tostado, taninos maduros.

Gómez Cruzado Vendimia Seleccionada 2013 T

85 ★★★ 9,5€

Honorable Gómez Cruzado 2011 T

tempranillo

92 20€

Color cereza, borde granate. Aroma equilibrado, complejo, fruta madura, especiado, balsámico, mineral. Boca estructurado, sabroso, equilibrado.

Pancrudo de Gómez Cruzado 2012 T

100% garnacha

90 25€

Color cereza, borde granate. Aroma fruta madura, especiado, roble cremoso, tostado, complejo. Boca potente, sabroso, tostado, taninos maduros.

BODEGAS GRAN FEUDO

Ribera, 34
31592 Cintruénigo (Navarra)
☎: +34 948 811 000
Fax: +34 948 811 407
www.granfeudo.com
info@granfeudo.com

Gran Feudo Rioja 2013 T

tempranillo

85 ★★★★★ 4,8€

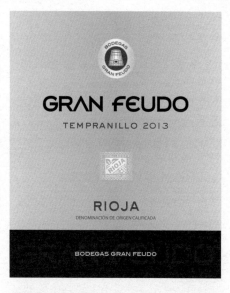

BODEGAS GRUPO YLLERA

Autovía A-6, Km. 173,5
47490 Rueda (Valladolid)
☎: +34 983 868 097
Fax: +34 983 868 177
www.grupoyllera.com
grupoyllera@grupoyllera.com

Coelus 2009 TR

100% tempranillo

86 ★★★ 9€

Color guinda. Aroma fruta madura, especiado, tostado, fina reducción. Boca potente, sabroso, crianza clásica.

Coelus 2010 TC
100% tempranillo

87 ★★★★★   5€

Color cereza, borde granate. Aroma fruta madura, especiado, roble cremoso, tostado. Boca potente, sabroso, tostado.

Coelus Joven 2013 T
100% tempranillo

85 ★★★★★   3€

BODEGAS HERMANOS PASCUAL MIGUEL
Mayor, 43
1307 Baños de Ebro (Álava)
☎: +34 607 530 227
https://www.facebook.com/Bodegas-HnosPM
bodegashpm@terra.com

Amicis 2011 T
100% tempranillo

88   15€

Color cereza, borde granate. Aroma fruta madura, especiado, roble cremoso, tostado, complejo, cacao fino. Boca potente, sabroso, tostado, taninos maduros.

HPM 2010 TC
100% tempranillo

85 ★★★★★   4,5€

HPM 2013 T Maceración Carbónica

85 ★★★★★   2,5€

BODEGAS HERMANOS PECIÑA
Ctra. de Vitoria, Km. 47
26338 San Vicente de la Sonsierra (La Rioja)
☎: +34 941 334 366
Fax: +34 941 334 180
www.bodegashermanospecina.com
info@bodegashermanospecina.com

Chobeo de Peciña 2007 T
100% tempranillo

90   20,9€

Color rubí, borde teja. Aroma fruta madura, balsámico, especiado, roble cremoso, mineral, fina reducción. Boca potente, sabroso, especiado, largo.

Chobeo de Peciña 2011 BFB
100% viura

83   6,1€

Gran Chobeo de Peciña 2008 T
100% tempranillo

91   30,8€

Color cereza, borde granate. Aroma fruta madura, especiado, roble cremoso, tostado. Boca potente, sabroso, tostado, taninos maduros, equilibrado, elegante.

Señorío de P. Peciña 2003 TGR

87   18,2€

Color rubí, borde teja. Aroma especiado, fina reducción, cuero mojado, ebanistería, espirituoso. Boca especiado, taninos finos, larga crianza.

Señorío de P. Peciña 2007 TR

88   10,9€

Color rubí borde teja. Aroma elegante, especiado, fina reducción, cuero mojado, ebanistería, espirituoso. Boca especiado, taninos finos, elegante, largo.

Señorío de P. Peciña 2010 TC

87 ★★★★   7,3€

Color cereza, borde granate. Aroma fruta roja, fruta madura, especiado, roble cremoso, ebanistería. Boca potente, sabroso, tostado.

Señorío de P. Peciña 2013 B
100% viura

85 ★★★★★   4,3€

Señorío de P. Peciña Vendimia Seleccionada 2006 TR

89   18,2€

Color cereza intenso, borde anaranjado. Aroma cera, tabaco, fruta madura, especiado, ebanistería. Boca fino amargor, elegante, sabroso, taninos finos.

BODEGAS HOROLA
Plaza Mayor, 5
26320 Baños del Río Tobia (La Rioja)
☎: +34 670 616 840
www.bodegashorola.com
contacto@bodegashorola.com

Horola Garnacha 2012 T
garnacha

89   12,9€

Color cereza brillante. Aroma especias dulces, roble cremoso, fruta confitada, fruta madura. Boca frutoso, sabroso, tostado, equilibrado.

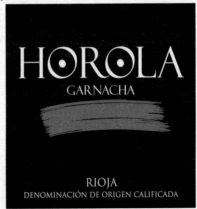

Horola Tempranillo 2012 T
tempranillo

87   12,9€

Color cereza poco intenso. Aroma fruta madura, hierbas silvestres, especiado, roble cremoso. Boca potente, sabroso, especiado.

Horola Tempranillo 2012 T Fermentado en Barrica
tempranillo

86 ★★★   8,8€

Color cereza, borde granate. Aroma fruta madura, especiado, roble cremoso, tostado. Boca potente, sabroso, tostado.

BODEGAS IZADI
Herrería Travesía II, 5
1307 Villabuena de Álava (Álava)
☎: +34 945 609 086
Fax: +34 945 609 261
www.izadi.com
izadi@izadi.com

Izadi 2011 TC
100% tempranillo

90 ★★★★★   9€

Color cereza muy intenso, borde granate. Aroma potente, fruta madura, cacao fino. Boca potente, tostado, fruta madura, buena acidez.

Izadi 2013 BFB

91 ★★★★★   9€

Color pajizo brillante. Aroma flores blancas, hierbas de tocador, expresión frutal, balsámico, especiado. Boca fresco, frutoso, sabroso, equilibrado.

Izadi El Regalo 2009 TR

91   16,2€

Color cereza muy intenso. Aroma tostado, especiado, chocolate, cuero mojado. Boca especiado, fruta madura, cierta persistencia.

Izadi Expresión 2011 T
100% tempranillo

90   50,8€

Color cereza muy intenso. Aroma tostado, chocolate, fruta madura. Boca potente, concentrado, amargoso, buena acidez.

Izadi Larrosa 2013 RD
100% garnacha

89 ★★★★   6€

Color salmón. Aroma elegante, fruta escarchada, flores secas, hierbas de tocador, fruta roja. Boca ligero, sabroso, buena acidez, largo, especiado.

Izadi Selección 2011 T

93

Color cereza, borde granate. Aroma fruta madura, especiado, roble cremoso, tostado, complejo. Boca potente, sabroso, tostado, taninos maduros.

BODEGAS JAVIER SAN PEDRO ORTEGA
Camino de la hoya nº5
1300 Laguardia (Alava)
☎: +34 639 075 341
administracion@bodegasjaviersanpedro.com

Anahi 2013 B
malvasía, sauvignon blanc, tempranillo blanco

87 ★★★★   7€

Color amarillo brillante. Aroma fruta madura, cítricos, notas amieladas. Boca dulce, buena acidez.

Cueva de Lobos 2011 TC

87 ★★★★   6€

Color cereza muy intenso. Aroma potente, fruta madura, especiado, tostado. Boca amargoso, buena acidez, equilibrado.

Cueva de Lobos 2013 T Maceración Carbónica
tempranillo

88 ★★★★★   4€

Color cereza, borde violáceo. Aroma fruta roja, caramelo de violetas, intensidad media. Boca sabroso, buena acidez, especiado.

La Taconera 2012 T
100% tempranillo

92

Color cereza, borde granate. Aroma especiado, tostado, fruta sobremadura, mineral, expresivo. Boca potente, sabroso, tostado, taninos potentes.

Viuda Negra 2011 TC
100% tempranillo

90 ★★★★★   8,9€

Color cereza, borde granate. Aroma fruta madura, especiado, roble cremoso, tostado, complejo. Boca potente, sabroso, tostado, taninos maduros.

Viuda Negra 2013 B
tempranillo blanco

NOMINADO
GUÍAPEÑÍN

94   16,5€

Color pajizo brillante. Aroma fruta madura, especiado, flores blancas, mineral. Boca sabroso, frutoso, fresco, buena acidez, redondo.

Viuda Negra Vendimia Tardía 2013 B

90   22€

Color amarillo brillante. Aroma potente, floral, notas amieladas, fruta escarchada, auvado. Boca sabroso, dulce, frutoso, buena acidez, largo.

BODEGAS LA CATEDRAL
Avda. de Mendavia, 30
26009 Logroño (La Rioja)
☎: +34 941 235 299
Fax: +34 941 253 703

Rivallana 2009 TR

89 ★★★   8,8€

Color cereza brillante. Aroma fruta madura, especias dulces, roble cremoso, expresivo. Boca sabroso, frutoso, tostado, taninos maduros, equilibrado.

Rivallana 2012 TC

87 ★★★★   6,7€

Color cereza oscuro. Aroma fruta madura, tostado, especias dulces. Boca potente, sabroso, tostado, taninos maduros.

Rivallana Segundo Año 2012 T

87 ★★★★★   3,6€

Color cereza, borde granate. Aroma fruta roja, fruta madura, hierbas silvestres, especiado. Boca potente, sabroso, especiado, largo.

BODEGAS LA EMPERATRIZ
Ctra. Santo Domingo - Haro, km. 31,500
26241 Baños de Rioja (La Rioja)
☎: +34 941 300 105
Fax: +34 941 300 231
www.bodegaslaemperatriz.com
correo@bodegaslaemperatriz.com

Finca La Emperatriz 2008 TR

91 ★★★   15€

Color cereza, borde granate. Aroma fruta madura, especiado, roble cremoso, tostado, complejo. Boca potente, sabroso, tostado, taninos maduros.

Finca La Emperatriz 2011 TC

92 ★★★★★   9,3€

Color cereza brillante. Aroma fruta madura, especias dulces, roble cremoso, expresión frutal. Boca sabroso, frutoso, tostado, taninos maduros.

FINCA
La Emperatriz
2011 Crianza

RIOJA
DENOMINACIÓN DE ORIGEN CALIFICADA
RIOJA ALTA

Finca La Emperatriz Garnacha Cepas Viejas 2012 T
100% garnacha

93   24,9€

Color cereza poco intenso, borde granate. Aroma expresión frutal, fruta madura, expresivo, roble cremoso. Boca complejo, lleno, taninos maduros.

Finca La Emperatriz Parcela nº 1 2011 T
100% tempranillo

96   37,5€

Color cereza, borde granate. Aroma fruta madura, especiado, roble cremoso, tostado, complejo, cacao fino, varietal. Boca potente, sabroso, tostado, taninos maduros.

Finca La Emperatriz
PARCELA nº 1
2011

Finca La Emperatriz Terruño 2010 T
100% tempranillo

95 20€

Color cereza, borde granate. Aroma fruta roja, fruta madura, especiado, roble cremoso, tostado, complejo, terroso. Boca potente, sabroso, tostado, taninos maduros.

RIOJA
DENOMINACIÓN DE ORIGEN CALIFICADA
RIOJA ALTA   2010

Finca La Emperatriz
terruño

Finca La Emperatriz Viura 2013 B
100% viura

90 ★★★★★ 7€

Color pajizo brillante. Aroma flores blancas, hierbas de tocador, expresión frutal, expresivo. Boca fresco, frutoso, sabroso, equilibrado, elegante.

Finca La Emperatriz Viura Cepas Viejas 2012 B
100% viura

92 18,9€

Color amarillo, borde verdoso. Aroma fruta madura, especias dulces, hierbas de tocador. Boca graso, retronasal ahumado, sabroso.

BODEGAS LACUS
Cervantes, 18
26559 Aldeanueva de Ebro (La Rioja)
☎: +34 649 331 799
Fax: +34 941 144 128
www.bodegaslacus.com
inedito@bodegaslacus.com

Inédito 2012 BFB
garnacha blanca

87 14,5€

Color amarillo brillante. Aroma potente, fruta madura, especias dulces, roble cremoso, hierbas de tocador. Boca graso, retronasal ahumado, sabroso, fresco, buena acidez.

Inédito H12 2009 T

86 18€

Color cereza, borde granate. Aroma especiado, tostado, fruta sobremadura, mineral. Boca potente, sabroso, tostado, taninos maduros.

Inédito S 2011 T

87 11,5€

Color guinda. Aroma fruta sobremadura, hierbas silvestres, roble cremoso, tostado. Boca potente, sabroso, especiado, largo.

BODEGAS LAGAR DE ZABALA
Pza. Mayor, 2
26338 San Vicente de la Sonsierra
(La Rioja)
☎: +34 941 334 435
Fax: +34 941 334 435
www.bodegaslagardezabala.com
bodegaslagardezabala@hotmail.com

Lagar de Zabala 2006 TR
100% tempranillo

87 ★★★★ 8€

Color cereza intenso, borde granate. Aroma cerrado, fruta madura, ebanistería, intensidad media. Boca estructurado, correcto.

Lagar de Zabala 2010 TC
100% tempranillo

80 6€

Lagar de Zabala 2013 B
100% viura

83 6€

Lagar de Zabala 2013 T

84 4€

BODEGAS LAGUNILLA MARQUÉS DE LA CONCORDIA FAMILY OF WINES
Ctra. de Elciego, s/n
26350 Cenicero (La Rioja)
☎: +34 913 878 612
www.unitedwineries.com
abasilio@unitedwineries.com

Lagunilla 2007 TGR

87 13,7€

Color rubí borde teja. Aroma elegante, especiado, fina reducción, cuero mojado, ebanistería, espirituoso. Boca especiado, taninos finos, elegante, largo.

Lagunilla 2008 TR

88 ★★★ 10€

Color guinda. Aroma elegante, especiado, fina reducción, cuero mojado, ebanistería, espirituoso. Boca especiado, taninos finos, largo.

Lagunilla 2010 TC
86 ★★★★ 6€
Color cereza, borde granate. Aroma fruta madura, especiado, roble cremoso, tostado, complejo. Boca potente, sabroso, tostado, taninos maduros.

Lagunilla The Family Collection 2008 TR
88 10,5€
Color cereza, borde granate. Aroma fruta madura, especiado, roble cremoso, tostado, complejo. Boca potente, sabroso, tostado, taninos maduros.

Lagunilla Optimus 2010 T
tempranillo, syrah, merlot, cabernet sauvignon
90 29,7€
Color cereza muy intenso. Aroma fruta madura, especiado, roble cremoso, tostado, con carácter. Boca potente, sabroso, tostado, taninos maduros.

Lagunilla The Family Collection 2010 TC
87 ★★★★ 6€
Color cereza brillante. Aroma fruta madura, especias dulces, roble cremoso, intensidad media. Boca frutoso, sabroso, tostado.

BODEGAS LANDALUCE
Ctra. Los Molinos, s/n
1300 Laguardia (Álava)
☎: +34 944 953 622
www.bodegaslandaluce.es
asier@bodegaslandaluce.es

Capricho de Landaluce 2008 T
100% tempranillo
91 34€
Color guinda. Aroma equilibrado, complejo, fruta madura, especiado, roble cremoso. Boca estructurado, sabroso, taninos maduros, elegante.

Elle de Landaluce 2010 TC
89 12€
Color cereza, borde granate. Aroma fruta madura, especiado, roble cremoso, tostado, potente. Boca sabroso, tostado, especiado, largo.

Elle de Landaluce 2013 B
86 ★★★   8,5€
Color pajizo brillante. Aroma floral, hierbas secas, fruta madura, intensidad media. Boca potente, sabroso, frutoso.

Fincas de Landaluce 2009 TR
100% tempranillo
90 ★★★★   11,5€
Color cereza, borde granate. Aroma fruta madura, especiado, roble cremoso, tostado, complejo, fina reducción. Boca potente, sabroso, tostado, taninos maduros, equilibrado.

Fincas de Landaluce 2011 TC
100% tempranillo
89 ★★★★   8€
Color cereza brillante. Aroma fruta madura, especias dulces, roble cremoso, expresivo. Boca sabroso, frutoso, tostado.

Landaluce 2013 T Maceración Carbónica
88 ★★★★★   5€
Color cereza, borde violáceo. Aroma fruta roja, frambuesa, floral, expresivo. Boca fresco, frutoso, sabroso, fácil de beber.

BODEGAS LAR DE PAULA
Coscojal, s/n
1309 Elvillar (Álava)
☎: +34 945 604 068
Fax: +34 945 604 105
www.lardepaula.com
info@lardepaula.com

Lar de Paula 2009 TR
100% tempranillo
90
Color guinda. Aroma fruta madura, hierbas silvestres, balsámico, especiado, roble cremoso, fina reducción. Boca potente, sabroso, equilibrado.

Lar de Paula Cepas Viejas 2010 T
100% tempranillo
89
Color cereza, borde granate. Aroma fruta madura, hierbas silvestres, terroso, especiado, roble cremoso. Boca equilibrado, sabroso, largo, balsámico.

Lar de Paula Merus 2010 TC
100% tempranillo
88
Color cereza, borde granate. Aroma fruta madura, especiado, roble cremoso, tostado, complejo, fina reducción. Boca potente, sabroso, tostado, taninos maduros.

Lar de Paula Merus 2012 BFB
viura, malvasía
84

Merus.4 2010 T
100% tempranillo

89

Color cereza, borde granate. Aroma fruta madura, especiado, roble cremoso, tostado, fina reducción. Boca potente, sabroso, tostado, especiado.

BODEGAS LARRAZ

Paraje Ribarrey. Pol. 12- Parcela 50
26350 Cenicero (La Rioja)
☎: +34 639 728 581
www.bodegaslarraz.com
info@bodegaslarraz.com

Caudum Bodegas Larraz 2008 T
tempranillo

92 ★★★★   12€

Color cereza muy intenso, borde granate. Aroma chocolate, equilibrado, hierbas secas. Boca estructurado, especiado, fruta madura.

CAUDUM

2008

ᘯᘯᘯ

BODEGASLARRAZ

-RIOJA-
DENOMINACIÓN DE ORIGEN CALIFICADA

Caudum Bodegas Larraz 2010 T
tempranillo

86   12€

Color cereza muy intenso. Aroma fruta confitada, fruta sobremadura, especias dulces. Boca especiado, taninos maduros.

Caudum Bodegas Larraz Selección Especial 2009 T
tempranillo

89   15€

Color cereza, borde granate. Aroma fruta madura, especiado, roble cremoso, ahumado. Boca potente, sabroso, tostado, taninos maduros.

BODEGAS LAS CEPAS

Ctra Najera-Cenicero s/n
26007 Uruñuela (La Rioja)
☎: +34 615 996 878
Fax: +34 941 121 667
www.lascepasriojawine.com
export@lascepasriojawine.com

Cinco Denarios 2012 T

89 ★★★★ 🍷   6,5€

Color cereza brillante, borde granate. Aroma equilibrado, hierbas de monte, especiado. Boca potente, sabroso, balsámico.

Costalarbol 2012 B

86 ★★★★ 🍷   6,7€

Color pajizo brillante. Aroma flores blancas, hierbas de tocador, expresión frutal. Boca fresco, frutoso, sabroso, elegante.

Costalarbol 2012 T

87 ★★★★ 🍷   6€

Color cereza brillante, borde granate. Aroma hierbas secas, tostado, fruta madura. Boca especiado, correcto, largo.

Costalarbol Graciano 2012 T
100% graciano

90 ★★★★★ 🍷   10€

Color cereza brillante, borde violáceo. Aroma equilibrado, fruta roja, fruta madura, balsámico. Boca frutoso, buena acidez, taninos maduros.

Cuesta Las Piedras 2012 T

89 🍷   12€

Color cereza, borde granate. Aroma fruta madura, hierbas silvestres, terroso, especiado, roble cremoso. Boca equilibrado, sabroso, largo, balsámico.

Dominio de Laertes 2010 TC

90 ★★★★★   5€

Color cereza brillante. Aroma fruta madura, especias dulces, roble cremoso. Boca sabroso, frutoso, tostado, taninos maduros.

Dominio de Laertes 2012 T

89 ★★★★ 🍷   5,5€

Color cereza, borde granate. Aroma fruta roja, fruta madura, especiado, roble cremoso, tostado, complejo, terroso. Boca potente, sabroso, tostado, taninos maduros.

Legado Decand 2012 T

90 ★★★★ 🍷   12€

Color cereza, borde granate. Aroma fruta roja, fruta madura, especiado, roble cremoso, tostado, complejo, terroso, hierbas secas. Boca potente, sabroso, tostado, taninos maduros.

BODEGAS LAUNA

Ctra. Vitoria-Logroño, Km. 57
1300 Laguardia (Alava)
☎: +34 946 824 108
Fax: +34 956 824 108
www.bodegaslauna.com
info@bodegaslauna.com

Ikunus 2011 T
100% tempranillo

90   20,5€

Color cereza, borde granate. Aroma equilibrado, complejo, fruta madura, especiado. Boca estructurado, sabroso, taninos maduros.

Launa 2011 TC

89 ★★★★   6,5€

Color cereza brillante. Aroma fruta madura, especias dulces, roble cremoso, expresivo. Boca frutoso, sabroso, tostado, equilibrado.

Launa Selección Familiar 2010 TR

91 ★★★★   10,2€

Color cereza brillante. Aroma fruta madura, especias dulces, roble cremoso, expresivo. Boca sabroso, frutoso, tostado, taninos maduros, balsámico, equilibrado.

Launa Selección Familiar 2011 TC
100% tempranillo

90 ★★★★★   8,9€

Color cereza, borde granate. Aroma fruta madura, hierbas silvestres, terroso, especiado, roble cremoso. Boca equilibrado, sabroso, largo, balsámico.

Teo's 2010 T
100% tempranillo

92   34€

Color cereza, borde granate. Aroma fruta madura, especiado, roble cremoso, tostado, complejo, balsámico. Boca potente, sabroso, tostado, taninos maduros, elegante.

Teo's 2011 T
100% tempranillo

90   35€

Color cereza, borde granate. Aroma fruta madura, especiado, roble cremoso, tostado, complejo, chocolate, terroso. Boca potente, sabroso, tostado, equilibrado.

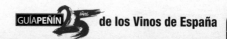

BODEGAS LEZA GARCÍA

San Ignacio, 26
26313 Uruñuela (La Rioja)
☎: +34 941 371 142
Fax: +34 941 371 035
www.bodegasleza.com
bodegasleza@bodegasleza.com

Leza García 2008 TR
87   11€
Color cereza oscuro. Aroma cuero muy curtido, fruta madura, tostado, chocolate. Boca sabroso, taninos maduros, especiado.

Leza García Tinto Familia 2010 T
100% tempranillo
88 ★★★   9€
Color cereza intenso, borde granate. Aroma equilibrado, hierbas secas, especiado. Boca fruta madura, cierta persistencia, taninos maduros.

LG de Leza García 2011 T
100% tempranillo
89   18€
Color cereza brillante. Aroma fruta madura, especias dulces, roble cremoso, balsámico. Boca sabroso, frutoso, tostado.

Nube de Leza García 2013 RD
100% garnacha
84   5,3€

Nube de Leza García Semidulce 2013 RD
100% garnacha
85 ★★★★   5,5€

Valdepalacios 2011 TC
88 ★★★★   6€
Color cereza, borde granate. Aroma fruta madura, especiado, roble cremoso, tostado, complejo. Boca potente, sabroso, tostado.

Valdepalacios 2013 B
100% viura
84   4,4€

Valdepalacios 2013 RD
87 ★★★★★   4,3€
Color frambuesa, borde violáceo. Aroma potente, fruta madura, fruta roja, floral, expresivo. Boca potente, frutoso, fresco.

Valdepalacios Vendimia Seleccionada 2012 T
86 ★★★★★   4,5€
Color cereza, borde granate. Aroma fruta madura, especiado, roble cremoso, tostado. Boca potente, sabroso, tostado.

BODEGAS LOLI CASADO

Avda. La Poveda, 46
1306 Lapuebla de Labarca (Álava)
☎: +34 945 607 096
Fax: +34 945 607 412
www.bodegaslolicasado.com
loli@bodegaslolicasado.com

Jaun de Alzate 2009 TR
90 ★★★★   12€
Color cereza, borde granate. Aroma fruta madura, especiado, roble cremoso, tostado, hierbas silvestres. Boca potente, sabroso, tostado.

Jaun de Alzate 2010 TC
88 ★★★★   5,8€
Color cereza, borde granate. Aroma fruta madura, especiado, roble cremoso, tostado. Boca potente, sabroso, tostado.

Juan de Alzate Vendimia Seleccionada 2012 T
86 ★★★★★   3,6€
Color cereza, borde granate. Aroma fruta madura, hierbas silvestres, terroso, especiado. Boca equilibrado, sabroso, largo, balsámico.

Polus 2009 TR
100% tempranillo
89   15€
Color rubí, borde teja. Aroma equilibrado, complejo, fruta madura, especiado, terroso. Boca estructurado, sabroso, taninos maduros.

Polus 2010 TC
100% tempranillo
87 ★★★★   6,8€
Color cereza, borde granate. Aroma fruta madura, especiado, roble cremoso, tostado, complejo. Boca potente, sabroso, tostado.

Polus Tempranillo 2012 T
100% tempranillo
86   12€
Color cereza brillante. Aroma fruta madura, especias dulces, roble cremoso, fina reducción. Boca sabroso, frutoso, tostado.

Polus Viura 2013 B

100% viura

84 3,5€

BODEGAS LUIS ALEGRE

Ctra. Navaridas, s/n
1300 Laguardia (Álava)
☎: +34 945 600 089
Fax: +34 945 600 729
www.luisalegre.com
luisalegre@bodegasluisalegre.com

Finca la Reñana 2012 BFB

91 ★★★★ 10,5€

Color amarillo brillante. Aroma potente, fruta madura, especias dulces, roble cremoso, hierbas de tocador. Boca graso, retronasal ahumado, sabroso, fresco, buena acidez.

Gran Vino Pontac 2010 T

92 30€

Color cereza opaco. Aroma complejo, especiado, fruta madura, roble cremoso, cacao fino. Boca estructurado, sabroso, taninos maduros.

Gran Vino Pontac de Portiles 2011 T

93 59€

Color cereza intenso, borde granate. Aroma expresivo, complejo, especiado, fruta madura, hierbas secas. Boca estructurado, lleno, especiado.

Koden de Luis Alegre 2012 T

100% tempranillo

90 ★★★★★ 6€

Color cereza muy intenso. Aroma potente, fruta confitada, especias dulces. Boca equilibrado, taninos maduros, fruta madura.

Luis Alegre Parcela Nº 5 La Minoría 2009 TR

100% tempranillo

91 ★★★ 16€

Color cereza, borde granate. Aroma varietal, especiado, roble cremoso, cacao fino. Boca estructurado, retronasal ahumado, fácil de beber.

Luis Alegre Selección Especial 2010 TR

90 17,5€

Color cereza, borde granate. Aroma fruta madura, especiado, roble cremoso, tostado, complejo. Boca potente, sabroso, tostado, taninos maduros.

Viticultura de Precisión 2011 TC

88 ★★★ 9€

Color cereza intenso, borde granate. Aroma equilibrado, roble cremoso, especias dulces. Boca correcto, taninos maduros.

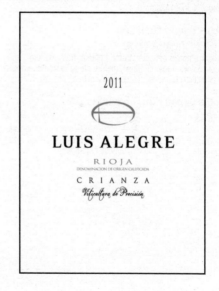

BODEGAS LUIS CAÑAS

Ctra. Samaniego, 10
1307 Villabuena (Álava)
☎: +34 945 623 373
Fax: +34 945 609 289
www.luiscanas.com
bodegas@luiscanas.com

Luis Cañas 2007 TGR

93   23,8€

Color rubí, borde teja. Aroma especiado, fina reducción, cuero mojado, ebanistería, espirituoso. Boca especiado, taninos finos.

Luis Cañas 2009 TR

tempranillo, graciano

92 ★★★★★   9,8€

Color cereza muy intenso. Aroma fruta madura, especiado, roble cremoso, tostado. Boca potente, sabroso, tostado, taninos maduros.

Luis Cañas 2011 TC

91 ★★★★★   9,8€

Color cereza, borde granate. Aroma fruta madura, especiado, roble cremoso, tostado, complejo. Boca potente, sabroso, tostado, taninos maduros.

Luis Cañas 2013 BFB

91 ★★★★★   9,5€

Color amarillo brillante. Aroma potente, fruta madura, especias dulces, roble cremoso, hierbas de tocador. Boca graso, retronasal ahumado, sabroso, fresco, buena acidez.

Luis Cañas Hiru 3 Racimos 2007 T

93   80€

Color cereza, borde granate. Aroma fruta madura, especiado, roble cremoso, tostado, complejo, chocolate, terroso. Boca potente, sabroso, tostado, taninos maduros.

Luis Cañas Selección de Familia 2008 TR

94   21,1€

Color cereza, borde granate. Aroma fruta madura, especiado, roble cremoso, tostado, complejo. Boca potente, sabroso, tostado, taninos maduros.

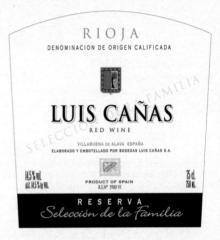

BODEGAS MARQUÉS DE CÁCERES

Ctra. Logroño, s/n
26350 Cenicero (La Rioja)
☎: +34 941 454 000
Fax: +34 941 454 400
www.marquesdecaceres.com

Gaudium Gran Vino 2009 TR

95   40€

Color cereza, borde granate. Aroma fruta madura, especiado, roble cremoso, tostado, complejo, chocolate, terroso. Boca potente, sabroso, tostado, taninos maduros.

Marqués de Cáceres 2005 TGR
92   19€

Color cereza intenso, borde anaranjado. Aroma cera, tabaco, fruta madura, especiado, ebanistería. Boca fino amargor, elegante, sabroso, taninos finos.

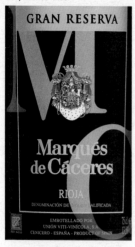

Marqués de Cáceres 2009 TR
90 ★★★★   12,5€

Color cereza muy intenso. Aroma fruta madura, especiado, roble cremoso, tostado, con carácter. Boca potente, sabroso, tostado, taninos maduros.

Marqués de Cáceres 2010 TC
90

Color cereza oscuro, borde granate. Aroma equilibrado, fruta madura, hierbas de monte. Boca buena acidez, especiado, largo, fácil de beber.

Marqués de Cáceres 2011 TC
88 ★★★★   7€

Color cereza, borde granate. Aroma fruta madura, especiado, tostado, cerrado. Boca potente, sabroso, taninos maduros.

Marqués de Cáceres 2013 B
100% viura
87 ★★★★★   4,5€

Color pajizo brillante. Aroma fresco, fruta fresca, flores blancas, expresivo. Boca sabroso, frutoso, buena acidez.

Marqués de Cáceres 2013 RD
100% tempranillo
86 ★★★★★   5€

Color cereza claro, brillante. Aroma potente, fruta madura, fruta roja, floral. Boca frutoso, fresco, sabroso.

Marqués de Cáceres Antea 2013 BFB
viura, malvasía
88 ★★★★   7€

Color amarillo brillante. Aroma potente, fruta madura, especias dulces, hierbas de tocador. Boca graso, sabroso, fresco, buena acidez.

Marqués de Cáceres Ecológico Bio 2013 T
tempranillo, graciano
89 ★★★★ ❀   6€

Color cereza poco intenso, borde violáceo. Aroma expresivo, fruta fresca, fruta roja, floral. Boca frutoso, buena acidez, retronasal afrutado.

Marqués de Cáceres Excellens Cuvee Especial 2011 TC
100% tempranillo
91 ★★★★★   10€

Color cereza, borde granate. Aroma fruta madura, especiado, roble cremoso, tostado, complejo. Boca potente, sabroso, tostado, taninos maduros.

Marqués de Cáceres Excellens Rose 2013 RD

88 ★★★★ 6,5€

Color rosáceo pálido. Aroma elegante, flores secas, hierbas de tocador, fruta roja. Boca sabroso, buena acidez, largo, fino amargor.

MC Marqués de Cáceres 2011 T
100% tempranillo

93 28€

Color cereza, borde granate. Aroma fruta madura, especiado, roble cremoso, tostado, complejo. Boca potente, sabroso, tostado, taninos maduros.

MC Marqués de Cáceres Cepas Antiguas 2012 T
tempranillo

91

Color cereza, borde granate. Aroma fruta madura, especiado, roble cremoso, tostado, complejo, fruta roja. Boca potente, sabroso, tostado, taninos maduros.

Satinela Semi-dulce 2013 B
viura, malvasía

86 ★★★★★ 5€

Color pajizo brillante. Aroma flores blancas, hierbas de tocador, expresión frutal. Boca fresco, frutoso, sabroso, equilibrado.

BODEGAS MARQUÉS DE TERÁN

Ctra. de Nájera, Km. 1
26220 Ollauri (La Rioja)
☎: +34 941 338 373
Fax: +34 941 338 374
www.marquesdeteran.com
info@marquesdeteran.com

Marqués de Terán 2008 TR

88 14€

Color cereza, borde granate. Aroma fruta confitada, fruta al licor, especiado, cuero mojado. Boca sabroso, confitado, balsámico.

Marqués de Terán 2009 TC

88 ★★★ 9€

Color cereza, borde granate. Aroma especiado, roble cremoso, tostado, complejo, fruta al licor. Boca potente, sabroso, tostado, taninos maduros.

Marqués de Terán Edición Limitada 2007 TR

92 30€

Color cereza, borde granate. Aroma especiado, tostado, fruta sobremadura, mineral, tabaco, cuero mojado. Boca potente, sabroso, tostado, taninos maduros.

Marqués de Terán Selección Especial 2011 T

93 19€

Color cereza, borde granate. Aroma fruta madura, especiado, roble cremoso, tostado, complejo, chocolate, terroso. Boca potente, sabroso, tostado, taninos maduros.

Ollamendi 2008 T
88 ★★★★   5,5€

Color guinda. Aroma especiado, fina reducción, cuero mojado, ebanistería, tostado. Boca especiado, largo, tostado.

Versum 2010 T
91 ★★★   16€

Color cereza muy intenso. Aroma fruta madura, especiado, con carácter, muy tostado (torrefactado). Boca potente, sabroso, tostado, taninos maduros.

BODEGAS MARTÍNEZ ALESANCO
José García, 20
26310 Badarán (La Rioja)
☎: +34 941 367 075
Fax: +34 941 367 075
www.bodegasmartinezalesanco.com
info@bodegasmartinezalesanco.com

Martínez Alesanco 2005 TGR
88   14€

Color rubí, borde teja. Aroma especiado, fina reducción, ebanistería, espirituoso. Boca especiado, taninos finos, largo.

Martínez Alesanco 2009 TR
91 ★★★★★   9,5€

Color cereza, borde granate. Aroma fruta roja, fruta madura, especiado, roble cremoso, tostado. Boca potente, sabroso, tostado, taninos maduros, equilibrado.

Martínez Alesanco 2011 TC
87 ★★★★   6€

Color cereza brillante. Aroma fruta madura, especias dulces, roble cremoso, intensidad media. Boca frutoso, sabroso, tostado.

Martínez Alesanco 2013 BFB
84   5,5€

Martínez Alesanco 2013 RD Fermentado en Barrica
100% garnacha
85 ★★★★   5,5€

Martínez Alesanco 2013 T
79   3,5€

Martínez Alesanco Selección 2010 TR
90 ★★★   14€

Color cereza, borde granate. Aroma fruta roja, fruta madura, especiado, roble cremoso, tostado, complejo. Boca potente, sabroso, tostado, equilibrado.

Nada que Ver 2010 TC
maturana
92   18€

Color cereza, borde granate. Aroma fruta madura, hierbas silvestres, terroso, especiado, roble cremoso. Boca equilibrado, sabroso, largo, balsámico.

BODEGAS MARTÍNEZ CORTA
Ctra. Cenicero, s/n
20313 Uruñuela (La Rioja)
☎: +34 670 937 522
www.bodegasmartinezcorta.com
administracion@bodegasmartinezcorta.com

Martínez Corta 2011 TC
tempranillo
86 ★★★★★   4,5€

Color cereza muy intenso. Aroma especias dulces, fruta madura. Boca correcto, especiado, taninos maduros.

Martínez Corta Cepas Antiguas 2013 T
tempranillo, garnacha
83   3,5€

Martínez Corta Cepas Antiguas Selección Privada 2012 T
tempranillo
88 ★★★★★   4,5€

Color cereza, borde granate. Aroma cacao fino, roble cremoso, fruta madura. Boca sabroso, tostado, taninos maduros.

Martínez Corta Selección Especial 2009 T
tempranillo
88 ★★★★   7€

Color cereza, borde granate. Aroma fruta madura, especiado, roble cremoso, tostado, complejo. Boca potente, sabroso, tostado, taninos maduros.

Soros 2010 T

tempranillo

87 ★★★★ 8€

Color cereza, borde granate. Aroma especiado, roble cremoso, tostado, fruta confitada. Boca potente, sabroso, tostado, taninos maduros.

Soros 2011 TC

tempranillo

89 ★★★★ 6€

Color cereza, borde granate. Aroma fruta roja, fruta madura, especiado, roble cremoso, tostado, complejo, terroso. Boca potente, sabroso, tostado, taninos maduros.

Tentación Garnacha 2011 T

100% garnacha

87 ★★★★ 6,5€

Color cereza, borde granate. Aroma fruta madura, hierbas silvestres, terroso, especiado, roble cremoso. Boca equilibrado, sabroso, largo, balsámico.

Tentación Tempranillo 2012 T

tempranillo

86 ★★★★★ 3€

Color cereza brillante. Aroma fruta madura, especias dulces, roble cremoso. Boca sabroso, frutoso, tostado, taninos maduros.

BODEGAS MARTÍNEZ PALACIOS

Real, 22
26220 Ollauri (Rioja)
☎: +34 941 338 023
Fax: +34 941 338 023
www.bodegasmartinezpalacios.com
bodega@bodegasmartinezpalacios.com

Martínez Palacios 2006 TR

89 15€

Color rubí borde teja. Aroma elegante, especiado, fina reducción, cuero mojado, ebanistería, espirituoso. Boca especiado, taninos finos, elegante, largo.

Martínez Palacios 2009 TC

100% tempranillo

89 ★★★ 9€

Color cereza, borde granate. Aroma fruta madura, especiado, roble cremoso, tostado, complejo. Boca potente, sabroso, tostado, taninos maduros.

Martínez Palacios 2013 T

100% tempranillo

84 4,5€

Martínez Palacios Pago Candela 2008 T

91 25€

Color cereza, borde granate. Aroma equilibrado, complejo, fruta madura, especiado. Boca estructurado, sabroso, taninos maduros.

BODEGAS MEDRANO IRAZU S.L.

San Pedro, 14
1309 Elvillar (Álava)
☎: +34 945 604 066
Fax: +34 945 604 126
www.bodegasmedranoirazu.com
fernando@bodegasmedranoirazu.com

Luis Medrano Graciano 2010 T

100% graciano

93 60€

Color cereza opaco, borde granate. Aroma fruta madura, hierbas silvestres, terroso, especiado, roble cremoso. Boca equilibrado, sabroso, largo, balsámico.

Luis Medrano Tempranillo 2011 TC

100% tempranillo

92 60€

Color cereza intenso, borde granate. Aroma especiado, fruta madura, piedra seca, elegante. Boca estructurado, equilibrado, taninos maduros, largo.

Mas de Medrano Single Vineyard 2011 T

100% tempranillo

90 ★★★★ 11,3€

Color cereza, borde granate. Aroma fruta madura, especiado, tostado, complejo, fina reducción. Boca sabroso, tostado, taninos maduros.

Medrano Irazu 2008 TR

100% tempranillo

88 13,3€

Color guinda. Aroma especiado, fina reducción, cuero mojado, ebanistería, tostado. Boca especiado, largo, tostado.

Medrano Irazu 2011 TC

100% tempranillo

88 ★★★★ 7,7€

Color cereza muy intenso, borde granate. Aroma fruta madura, especiado, varietal, equilibrado. Boca frutoso, correcto, equilibrado.

Medrano Irazu Reserva de Familia 2007 TR

100% tempranillo

91 19,3€

Color cereza, borde granate. Aroma fruta madura, especiado, roble cremoso, tostado, complejo. Boca potente, sabroso, tostado, taninos maduros.

 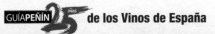

BODEGAS MITARTE

Avda. La Rioja, 5
1330 Labastida (Álava)
☎: +34 607 343 289
www.mitarte.com
bodegas@mitarte.com

Mitarte 2009 TR
tempranillo
90 ★★★★   12€
Color cereza, borde granate. Aroma fruta madura, especiado, roble cremoso, tostado, balsámico. Boca potente, sabroso, tostado, taninos maduros.

Mitarte 2011 TC
tempranillo
87 ★★★★★   5€
Color cereza brillante, borde granate. Aroma equilibrado, fruta madura, especiado, tostado, fruta confitada. Boca fruta madura, taninos maduros.

Mitarte 2013 BFB
viura
84   7€

Mitarte 2013 RD
84   3€

Mitarte 2013 T
tempranillo
82

Mitarte 2013 T Maceración Carbónica
tempranillo, garnacha, viura
85 ★★★★★   3€

Mitarte Vendimia Seleccionada 2011 TC
tempranillo
88 ★★★★   7€
Color cereza brillante, borde granate. Aroma fruta madura, especiado, roble cremoso, tostado, complejo. Boca sabroso, tostado, taninos maduros.

Mitarte Viura 2013 B
100% viura
86 ★★★★★   3€
Color pajizo, pálido. Aroma intensidad media, fruta fresca, flores marchitas, flores secas. Boca correcto, fino amargor.

BODEGAS MONTEABELLÓN

Calvario, s/n
9318 Nava de Roa (Burgos)
☎: +34 947 550 000
Fax: +34 947 550 219
www.monteabellon.com
info@monteabellon.com

Finca Athus 2011 TC
87 ★★★★   8€
Color cereza brillante. Aroma especias dulces, roble cremoso, fruta confitada. Boca sabroso, tostado, taninos maduros.

BODEGAS MONTEALTO

Las Piscinas, s/n
1307 Baños del Ebro (Alava)
☎: +34 918 427 013
www.meddissl.com
contacta@meddissl.com

Robatie 2005 TR
100% tempranillo
87   15€
Color cereza muy intenso. Aroma fruta madura, especiado, roble cremoso, tostado, con carácter. Boca potente, sabroso, tostado, taninos maduros.

Robatie 2010 TC
100% tempranillo
89 ★★★   10€
Color cereza brillante. Aroma fruta madura, especias dulces, roble cremoso. Boca sabroso, frutoso, tostado.

Robatie 2013 T
100% tempranillo
88 ★★★★   6€
Color cereza, borde violáceo. Aroma fruta roja, frambuesa, floral, expresivo. Boca fresco, frutoso, sabroso, fácil de beber.

Robatie Vendimia Seleccionada 2007 T
100% tempranillo
90   28€
Color cereza, borde granate. Aroma equilibrado, complejo, fruta madura, especiado, fina reducción. Boca estructurado, sabroso, taninos maduros.

BODEGAS MONTECILLO
Ctra. Navarrete-Fuenmayor, Km. 2
26360 Fuenmayor (La Rioja)
☎: +34 952 869 000
www.osborne.es
carolina.cerrato@osborne.es

Cumbre Montecillo 2006 T
92   40€
Color rubí, borde teja. Aroma fruta madura, hierbas silvestres,
especiado, roble cremoso. Boca sabroso, especiado, largo,
balsámico, equilibrado, elegante.

Montecillo 2007 TR
100% tempranillo
89   17€
Color rubí, borde teja. Aroma elegante, especiado, fina reducción, ebanistería, hierbas silvestres. Boca especiado, balsámico, tostado.

Montecillo 2008 TR
100% tempranillo
87   12€
Color rubí, borde teja. Aroma especiado, fina reducción, cuero mojado, ebanistería, fruta madura. Boca especiado, largo,
balsámico.

Montecillo 2010 TC
100% tempranillo
86 ★★★★   5,5€
Color cereza poco intenso. Aroma fruta madura, ebanistería,
fina reducción, especiado. Boca sabroso, especiado, fácil de
beber.

Viña Cumbrero 2008 TR
100% tempranillo
88 ★★★★   6,9€
Color rubí, borde teja. Aroma especiado, fina reducción, cuero
mojado, ebanistería, espirituoso. Boca especiado, taninos finos, correcto, fácil de beber.

Viña Cumbrero 2013 T
100% tempranillo
84   4€

Viña Monty 2008 TR
89   12€
Color guinda. Aroma potente, fruta madura, muy tostado (torrefactado), roble cremoso. Boca potente, tostado, sabroso,
especiado.

Viña Monty 2010 TC
100% tempranillo
88 ★★★★   7€
Color cereza, borde granate. Aroma fruta madura, especiado,
roble cremoso. Boca potente, sabroso, tostado.

BODEGAS MORAZA
Ctra. Peñacerrada, s/n
26338 San Vicente de la Sonsierra
(La Rioja)
☎: +34 941 334 473
Fax: +34 941 334 473
www.bodegasmoraza.com
info@bodegasmoraza.com

Alesago 2011 T
100% tempranillo
89 ★★★★   5,9€
Color cereza, borde granate. Aroma fruta roja, frambuesa, floral. Boca fresco, frutoso, sabroso, fácil de beber.

Moraza 2011 TC
100% tempranillo
86 ★★★★★   4,5€
Color cereza, borde granate. Aroma fruta madura, especiado,
roble cremoso, tostado. Boca potente, sabroso, tostado.

Moraza 2013 B
100% viura
84   3€

Moraza 2013 T
100% tempranillo
83 ❀   2,8€

Moraza Vendimia Seleccionada 2013 T
Barrica
100% tempranillo
84   15€

BODEGAS MUGA

Barrio de la Estación, s/n
26200 Haro (La Rioja)
☎: +34 941 311 825
www.bodegasmuga.com
marketing@bodegasmuga.com

Aro 2010 T

95   125€

Color cereza muy intenso, borde granate. Aroma complejo, expresivo, cacao fino, balsámico, fruta madura, café aromático. Boca lleno, taninos maduros, mineral.

Muga 2010 TC

91 ★★★   13,5€

Color cereza, borde granate. Aroma fruta madura, especiado, complejo, tabaco, cera. Boca potente, sabroso, tostado, taninos maduros.

Muga 2013 BFB

90 ★★★★★   8,5€

Color pajizo brillante. Aroma fruta fresca, notas tropicales, flores blancas, elegante. Boca sabroso, frutoso, equilibrado, largo, lleno.

Muga 2013 RD

88 ★★★★   6€

Color rosáceo pálido. Aroma fresco, intensidad media, floral, cítricos. Boca equilibrado, fino amargor, frutoso, fresco.

Muga Selección Especial 2010 TR

92   24€

Color guinda. Aroma fruta madura, hierbas silvestres, terroso, especiado, roble cremoso. Boca equilibrado, sabroso, largo, balsámico, elegante.

Prado Enea 2006 TGR

93   35€

Color cereza intenso, borde anaranjado. Aroma especiado, fina reducción, cuero mojado, tostado, cacao fino, hierbas secas. Boca especiado, largo, tostado.

Torre Muga 2010 T

94   55€

Color cereza brillante. Aroma fruta madura, especiado, complejo, elegante. Boca sabroso, tostado, taninos maduros, especiado, elegante.

BODEGAS NAVAJAS

Camino Balgarauz, 2
26370 Navarrete (La Rioja)
☎: +34 941 440 140
Fax: +34 941 440 657
www.bodegasnavajas.com
info@bodegasnavajas.com

Navajas 2009 TR

88 ★★★   10€

Color cereza oscuro, borde granate. Aroma cacao fino, especias dulces, roble cremoso, fruta madura. Boca sabroso, taninos maduros.

Navajas 2011 BC

100% viura

88 ★★★★   7€

Color amarillo brillante. Aroma potente, fruta madura, especias dulces, roble cremoso, hierbas de tocador. Boca graso, retronasal ahumado, sabroso, fresco, buena acidez.

Navajas Graciano 2010 TC

100% graciano

88   15€

Color cereza muy intenso. Aroma ahumado, tostado, hierbas secas. Boca frutoso, especiado, correcto, taninos maduros.

BODEGAS NAVA-RIOJA S.A.T.

Ctra. Eje del Ebro, s/n
31261 Andosilla (Navarra)
☎: +34 948 690 454
Fax: +34 948 674 491
www.bodegasnavarioja.com
info@bodegasnavarioja.com

Otis Tarda 2011 TC
tempranillo

88 ♥

Color cereza, borde granate. Aroma fruta madura, especiado, roble cremoso, tostado, balsámico. Boca potente, sabroso, tostado.

Otis Tarda 2013 B
tempranillo blanco

86

Color amarillo. Aroma fruta madura, flores marchitas. Boca sabroso, frutoso, buena acidez, equilibrado.

Otis Tarda 2013 T
tempranillo

85 ♥

BODEGAS NIVARIUS

Ctra. de Nalda a Viguera, 46
26190 Nalda (La Rioja)
☎: +34 941 444 418
www.nivarius.com
contacto@nivarius.com

Nivarius 2013 B
tempranillo blanco, viura

92 ★★★★   12,5€

Color pajizo brillante. Aroma flores blancas, fruta fresca, expresivo, hierbas de tocador. Boca sabroso, frutoso, buena acidez, equilibrado, elegante.

Nivei 2013 B
tempranillo blanco, viura, otras

90 ★★★★★   7€

Color pajizo brillante. Aroma floral, fruta madura. Boca frutoso, buena acidez.

BODEGAS OBALO

Ctra. 232 A, Km. 26
26339 Abalos (Rioja)
☎: +34 941 744 056
www.bodegaobalo.com
info@bodegasobalo.com

La Tarara 2011 T
100% tempranillo

90 ★★★★★   9,7€

Color cereza, borde granate. Aroma fruta madura, especiado. Boca potente, sabroso, tostado, taninos maduros, frutoso.

Obalo 2009 TR
100% tempranillo

93   19€

Color cereza intenso, borde granate. Aroma potente, varietal, expresivo, tostado. Boca correcto, especiado, sabroso, taninos maduros.

Obalo 2011 TC
100% tempranillo

93 ★★★★   11,6€

Color cereza brillante, borde granate. Aroma equilibrado, elegante, cacao fino, fruta madura. Boca estructurado, complejo, sabroso.

Obalo 2013 T
100% tempranillo
89 ★★★★　　　　　　**7,3€**
Color cereza muy intenso, borde granate. Aroma potente, fruta madura, muy tostado (torrefactado), chocolate. Boca potente, tostado, retronasal torrefactado.

Pinturas 2011 TC
tempranillo
86 ★★★★　　　　　　**6,4€**
Color cereza intenso, borde granate. Aroma potente, fruta confitada, especias dulces. Boca correcto, potente.

BODEGAS OLARRA
Avda. de Mendavia, 30
26009 Logroño (La Rioja)
☎: +34 941 235 299
Fax: +34 941 253 703
www.bodegasolarra.es
bodegasolarra@bodegasolarra.es

Añares 2009 TR
88 ★★★　　　　　　**8,4€**
Color cereza, borde granate. Aroma fruta madura, especiado, roble cremoso, tostado, complejo. Boca potente, sabroso, tostado, taninos maduros.

Añares 2012 TC
87
Color cereza brillante. Aroma fruta madura, hierbas silvestres, terroso, especiado, roble cremoso. Boca equilibrado, sabroso, largo, balsámico.

Cerro Añón 2009 TR
92 ★★★★★　　　　　**9,9€**
Color cereza, borde granate. Aroma fruta madura, especiado, roble cremoso, tostado, complejo. Boca potente, sabroso, tostado, taninos maduros, equilibrado, elegante.

Cerro Añón 2012 TC
90 ★★★★★　　　　　**6,5€**
Color cereza, borde granate. Aroma fruta madura, especiado, roble cremoso, tostado, complejo. Boca potente, sabroso, tostado.

Otoñal 2009 TR
88 ★★★★　　　　　　**7,2€**
Color cereza, borde granate. Aroma fruta madura, especiado, roble cremoso, tostado, complejo, fina reducción. Boca potente, sabroso, tostado, taninos maduros, correcto.

Otoñal 2012 TC
87 ★★★★　　　　　　**5,6€**
Color cereza, borde granate. Aroma fruta roja, fruta madura, hierbas silvestres, especiado. Boca correcto, sabroso, especiado, balsámico.

Otoñal 2013 T
100% tempranillo
84　　　　　　　　　　**4€**

Summa 2009 TR
92　　　　　　　　　　**20€**
Color cereza, borde granate. Aroma equilibrado, complejo, fruta madura, especiado. Boca estructurado, sabroso, taninos maduros, redondo, untuoso, equilibrado.

BODEGAS OLARTIA
Pza. Asunción, 8
26003 Rodezno (La Rioja)
☎: +34 941 338 296
Fax: +34 941 338 360
www.bodegasolartia.com
contacto@bodegasolartia.com

Señorío de Olartia 2004 TGR
tempranillo
90　　　　　　　　　　**21,5€**
Color guinda. Aroma especiado, fina reducción, ebanistería, tostado, fruta madura. Boca especiado, largo, tostado, balsámico, taninos finos.

Señorío de Olartia 2007 TR
tempranillo
86　　　　　　　　　　**15€**
Color cereza intenso, borde granate. Aroma especiado, fruta madura, tostado, cuero muy curtido. Boca sabroso, amargoso.

BODEGAS ONDALÁN

Ctra. de Logroño, 22
1320 Oyón - Oion (Álava)
☎: +34 945 622 537
Fax: +34 945 622 538
www.ondalan.es
ondalan@ondalan.es

100 Abades Graciano Selección 2011 T
100% graciano

89   18€

Color cereza, borde granate. Aroma fruta madura, hierbas silvestres, terroso, especiado. Boca equilibrado, sabroso, largo, balsámico.

Ondalán 2009 TR

88   12€

Color cereza, borde granate. Aroma fruta madura, especiado, roble cremoso, tostado, complejo. Boca potente, sabroso, tostado, taninos maduros.

Ondalán 2011 TC

85 ★★★★   7,4€

Ondalán 2013 B
100% viura

85 ★★★★   6€

Ondalán 2013 T

84   3,8€

Ondalán Tempranillo Selección 2011 T
100% tempranillo

89 ★★★   10€

Color cereza brillante. Aroma fruta madura, especias dulces, roble cremoso, expresivo. Boca sabroso, frutoso, tostado, taninos maduros.

BODEGAS ONDARRE

Ctra. de Aras, s/n
31230 Viana (Navarra)
☎: +34 948 645 300
Fax: +34 948 646 002
www.bodegasondarre.es
bodegasondarre@bodegasondarre.es

Mayor de Ondarre 2009 TR

90 ★★★   16€

Color cereza, borde granate. Aroma fruta madura, hierbas silvestres, terroso, especiado, roble cremoso. Boca equilibrado, sabroso, largo, balsámico, elegante.

Señorío de Ondarre 2009 TR

90 ★★★★★   8€

Color cereza, borde granate. Aroma equilibrado, complejo, fruta madura, especiado. Boca estructurado, sabroso, taninos maduros, equilibrado.

BODEGAS ORBEN

Ctra. Laguardia, Km. 60
1300 Laguardia (Álava)
☎: +34 945 609 086
Fax: +34 945 609 261
www.grupoartevino.com
izadi@izadi.com

Malpuesto 2012 T
100% tempranillo

94   30,2€

Color cereza opaco. Aroma tostado, chocolate, fruta madura, especias dulces. Boca concentrado, potente, tostado, mineral.

Orben 2011 T
100% tempranillo

93   18,9€

Color cereza, borde granate. Aroma especiado, roble cremoso, tostado, terroso. Boca potente, sabroso, tostado, taninos maduros.

BODEGAS ORTUBIA

Camino de Uriso, s/n
26292 Villalba de Rioja (La Rioja)
☎: +34 941 310 842
Fax: +34 941 310 842
www.bodegasortubia.com
ortubia@bodegasortubia.com

1958 de Ortubia 2009 TR
100% tempranillo

90 ★★★ 15€

Color cereza brillante. Aroma fruta madura, especias dulces, roble cremoso, expresivo. Boca sabroso, frutoso, tostado, taninos maduros.

Ortubia 2007 TR
100% tempranillo

87 ★★★ 10€

Color cereza oscuro, borde granate. Aroma tabaco, especiado. Boca frutoso, fácil de beber, especiado, taninos maduros.

Ortubia 2013 B
100% viura

85 ★★★★★ 5€

BODEGAS OSTATU

Ctra. Vitoria, 1
1307 Samaniego (Álava)
☎: +34 945 609 133
Fax: +34 945 623 338
www.ostatu.com
info@ostatu.com

Gloria de Ostatu 2007 T
100% tempranillo

93 42€

Color cereza muy intenso. Aroma fruta madura, especiado, roble cremoso, tostado, con carácter. Boca potente, sabroso, tostado, taninos maduros.

Laderas Ostatu 2009 T
tempranillo, viura

88 25€

Color cereza intenso. Aroma especiado, fruta madura, cuero mojado. Boca especiado, fruta madura.

Lore de Ostatu 2011 B
viura, malvasía

92 ★★★ 13,5€

Color amarillo brillante. Aroma potente, fruta madura, especias dulces, roble cremoso, hierbas de tocador. Boca graso, retronasal ahumado, sabroso, fresco, buena acidez.

Ostatu 2008 TR
tempranillo

90 ★★★ 16€

Color cereza muy intenso. Aroma fruta madura, especiado, roble cremoso, tostado, con carácter. Boca potente, sabroso, tostado, taninos maduros.

Ostatu 2011 TC
tempranillo, graciano, mazuelo, garnacha

92 ★★★★★ 7€

Color cereza muy intenso. Aroma fruta madura, especiado, roble cremoso, tostado, con carácter. Boca potente, sabroso, tostado, taninos maduros.

Ostatu 2013 B
viura, malvasía

89 ★★★★★ 5€

Color pajizo brillante. Aroma fresco, fruta fresca, flores blancas, expresivo. Boca sabroso, frutoso, buena acidez, equilibrado.

Ostatu 2013 T
tempranillo, graciano, mazuelo, viura

89 ★★★★★ 5€

Color cereza poco intenso. Aroma intensidad media, fruta roja, pétalos de rosa. Boca equilibrado, frutoso, largo.

Ostatu Rosé 2013 RD
tempranillo, garnacha, viura

88 ★★★★★   5€

Color rosáceo pálido. Aroma flores secas, hierbas de tocador, fruta roja, intensidad media. Boca sabroso, buena acidez, largo, retronasal afrutado.

Selección Ostatu 2010 T
tempranillo, graciano

93 ★★★   13,5€

Color cereza, borde granate. Aroma fruta madura, especiado, roble cremoso, tostado, complejo. Boca potente, sabroso, tostado, taninos maduros.

BODEGAS PACO GARCÍA
Crta. de Ventas Blancas s/n
26143 Murillo de Rio Leza (La Rioja)
☎: +34 941 432 372
Fax: +34 941 432 156
www.bodegaspacogarcia.com
info@bodegaspacogarcia.com

Beautiful Things de Paco García 2010 T
91   33€

Color cereza, borde granate. Aroma fruta madura, hierbas silvestres, terroso, especiado, roble cremoso. Boca equilibrado, sabroso, largo, balsámico.

Paco García 2011 TC
89 ★★★   10€

Color cereza brillante. Aroma fruta madura, especias dulces, tostado. Boca sabroso, frutoso, tostado, taninos maduros.

Paco García Seis 2013 T
100% tempranillo

88 ★★★★   7€

Color cereza brillante, borde granate. Aroma especias dulces, roble cremoso, fruta roja, fruta madura, fruta pasificada. Boca sabroso, frutoso, tostado.

BODEGAS PALACIO
San Lázaro, 1
1300 Laguardia (Álava)
☎: +34 945 600 057
Fax: +34 945 600 297
www.bodegaspalacio.es
rrpp@bodegaspalacio.es

Bodegas Palacio Especial 2008 TR
91   30€

Color cereza, borde granate. Aroma fruta madura, especiado, roble cremoso, tostado, complejo, chocolate, terroso. Boca potente, sabroso, tostado, taninos maduros.

Cosme Palacio 2011 TC
100% tempranillo

91 ★★★   14,5€

Color cereza brillante. Aroma fruta madura, especiado, roble cremoso, tostado, complejo, hierbas de monte. Boca potente, sabroso, tostado, taninos maduros.

Cosme Palacio 1894 2011 B
91   30€

Color pajizo brillante. Aroma hierbas secas, flores marchitas, mineral. Boca fruta madura, especiado, largo.

Cosme Palacio 2010 TR
100% tempranillo

90   24€

Color cereza, borde granate. Aroma fruta madura, expresión frutal, equilibrado. Boca estructurado, sabroso, lleno, tostado.

Cosme Palacio 2012 B
100% viura

88 ★★★   8,8€

Color dorado brillante. Aroma fruta escarchada, cítricos, notas amieladas. Boca amargoso, dulcedumbre.

Cosme Palacio 2012 B Barrica
100% viura

86 ★★★   8,8€

Color amarillo, pálido. Aroma fruta madura, equilibrado. Boca graso, fruta madura, fino amargor.

Glorioso 2006 TGR
100% tempranillo

90   18€

Color cereza oscuro, borde anaranjado. Aroma intensidad media, especiado, fruta madura. Boca sabroso, taninos finos, buena acidez.

Glorioso 2009 TR
100% tempranillo

91 ★★★★   10,5€

Color cereza, borde granate. Aroma fruta madura, especiado, roble cremoso, tostado, complejo. Boca potente, sabroso, tostado, taninos maduros.

Glorioso 2011 TC
100% tempranillo

89 ★★★★   6,5€

Color cereza intenso, borde granate. Aroma fruta madura, fruta confitada, tostado. Boca sabroso, correcto, taninos maduros.

Milflores 2013 T
100% tempranillo

87 ★★★★★   4,9€

Color cereza poco intenso. Aroma expresivo, fruta fresca, fruta roja, floral. Boca sabroso, frutoso, buena acidez.

BODEGAS PALACIOS REMONDO

Avda. Zaragoza, 8
26540 Alfaro (La Rioja)
☎: +34 941 180 207
Fax: +34 941 181 628
info@palaciosremondo.com

La Montesa 2011 TC

91 ★★★★ ♟   11,5€

Color cereza, borde granate. Aroma hierbas silvestres, terroso, especiado, roble cremoso. Boca equilibrado, sabroso, largo, balsámico.

La Montesa 2012 TC

92 ★★★★ ♟   11,5€

Color cereza, borde granate. Aroma especiado, roble cremoso, tostado, fruta roja, hierbas de tocador. Boca potente, sabroso, tostado, taninos maduros.

La Vendimia 2013 T

88 ★★★★   8€

Color cereza brillante, borde granate. Aroma fruta roja, fruta madura, fresco. Boca correcto, fácil de beber, retronasal afrutado.

Plácet Valtomelloso 2011 B
100% viura

93 ★★★   15,9€

Color pajizo brillante. Aroma potente, fruta madura, especias dulces, roble cremoso, hierbas de tocador. Boca graso, retronasal ahumado, sabroso, fresco, buena acidez, largo.

Propiedad 2010 T
100% garnacha

92 ♟   21€

Color cereza brillante. Aroma fruta madura, especias dulces, roble cremoso, hierbas de monte, balsámico. Boca sabroso, frutoso, tostado, taninos maduros.

Propiedad 2011 T
100% garnacha

94 ♟   21€

Color cereza, borde granate. Aroma hierbas silvestres, terroso, especiado, roble cremoso, fruta roja. Boca equilibrado, sabroso, largo, balsámico.

BODEGAS PATROCINIO

Ctra. Cenicero, s/n
26313 Uruñuela (La Rioja)
☎ +34 941 371 319
Fax: +34 941 371 435
www.bodegaspatrocinio.com
info@bodegaspatrocinio.com

Lágrimas de María 2009 TR
100% tempranillo

88 ★★★   8,9€

Color rubí, borde teja. Aroma fruta madura, especiado, roble cremoso, tostado. Boca potente, sabroso, tostado, taninos maduros.

Lágrimas de María 2011 TC
100% tempranillo

89 ★★★★   6,9€

Color cereza, borde granate. Aroma fruta madura, especiado, roble cremoso, tostado, ebanistería. Boca potente, sabroso, tostado.

Lágrimas de María 2013 RD
100% tempranillo

84   4,5€

Lágrimas de María 2013 T
100% tempranillo

83   4,5€

Lágrimas de María Madurado 2012 TC
100% tempranillo

86 ★★★★★   5€

Color cereza brillante. Aroma fruta madura, especias dulces, roble cremoso. Boca sabroso, frutoso, tostado.

Lágrimas de María Viura 2013 B
100% viura

85 ★★★★★   4,5€

Sancho Garcés 2009 TR
100% tempranillo

89 ★★★   8,9€

Color guinda. Aroma fruta madura, fruta al licor, especiado, roble cremoso, fina reducción. Boca potente, especiado, largo, equilibrado.

Sancho Garcés 2011 TC
100% tempranillo

87 ★★★★   6,9€

Color cereza brillante. Aroma fruta madura, especias dulces, roble cremoso, intensidad media. Boca frutoso, sabroso, tostado.

Sancho Garcés 2013 T
100% tempranillo

85 ★★★★★   4,3€

Señorío de Uñuela 2009 TR
100% tempranillo

88 ★★★   8,9€

Color cereza, borde granate. Aroma fruta madura, especiado, roble cremoso, tostado, complejo. Boca potente, sabroso, tostado, taninos maduros.

Señorío de Uñuela 2011 TC
100% tempranillo

89 ★★★★   6,9€

Color cereza, borde granate. Aroma fruta madura, especiado, roble cremoso, tostado, complejo. Boca potente, sabroso, tostado.

Señorío de Uñuela 2013 RD
100% tempranillo

85 ★★★★★   4,3€

Señorío de Uñuela Tempranillo 2013 T
100% tempranillo

84   4,3€

Señorío de Uñuela Viura 2013 B
100% viura

88 ★★★★★   4,3€

Color pajizo brillante. Aroma fresco, flores blancas, intensidad media. Boca sabroso, frutoso, buena acidez, equilibrado, largo.

Zinio 2013 B
100% viura

87 ★★★★★   2,3€

Color pajizo brillante. Aroma flores blancas, hierbas de tocador, expresión frutal, cítricos. Boca fresco, frutoso, sabroso, elegante.

Zinio 2013 RD
100% tempranillo

85 ★★★★★ **2,3€**

Zinio Garnacha 2012 T
100% garnacha

87 ★★★★ **5,3€**

Color cereza, borde granate. Aroma fruta madura, especiado, roble cremoso, tostado, hierbas silvestres. Boca potente, sabroso, tostado.

Zinio Tempranillo Garnacha Orgánico 2009 T

88 ★★★ ⚘ **8,9€**

Color cereza, borde granate. Aroma equilibrado, complejo, fruta madura, especiado, fina reducción. Boca estructurado, sabroso, especiado.

Zinio Tempranillo Graciano 2011 T

88 ★★★★ **5,3€**

Color cereza, borde granate. Aroma fruta madura, especiado, roble cremoso. Boca equilibrado, sabroso, largo, balsámico.

Zinio Vendimia Seleccionada 2006 TR
100% tempranillo

88 **14,9€**

Color rubí, borde teja. Aroma equilibrado, complejo, fruta madura, especiado, balsámico. Boca estructurado, sabroso, taninos maduros.

Zinio Vendimia Seleccionada 2011 TC
100% tempranillo

90 ★★★★★ **8,9€**

Color cereza, borde granate. Aroma fruta roja, fruta madura, especiado, roble cremoso, tostado. Boca potente, sabroso, tostado, taninos maduros.

BODEGAS PERICA

Avda. de la Rioja, 59
26340 San Asensio (La Rioja)
☎: +34 941 457 152
Fax: +34 941 457 240
www.bodegasperica.com
info@bodegasperica.com

6 Cepas 6 2012 T
100% tempranillo

89 **14,3€**

Color cereza brillante. Aroma fruta madura, especias dulces, roble cremoso, expresivo. Boca sabroso, frutoso, tostado, taninos maduros.

6 Cepas 6 2013 B

87 **12,8€**

Color amarillo brillante. Aroma fruta madura, especias dulces, hierbas de tocador. Boca graso, retronasal ahumado, buena acidez.

6 Cepas 6 2013 RD

87 **14,3€**

Color frambuesa, borde violáceo. Aroma potente, fruta madura, fruta roja, especiado. Boca potente, frutoso, fresco.

Mi Villa 2013 T

83 **4,9€**

Olagosa 2007 TR

88 **11,8€**

Color cereza intenso. Aroma fruta madura, especiado, roble cremoso, tostado, con carácter. Boca potente, sabroso, tostado, taninos maduros.

Olagosa 2011 TC
88 ★★★★   7,5€
Color cereza, borde granate. Aroma fruta madura, especiado, roble cremoso, tostado, complejo. Boca potente, sabroso, tostado.

Olagosa 2013 B
88 ★★★   9,9€
Color pajizo brillante. Aroma flores blancas, especiado, equilibrado. Boca frutoso, especiado, buena acidez, fino amargor.

Perica Oro 2008 TR
92   40€
Color cereza, borde granate. Aroma fruta madura, hierbas silvestres, terroso, especiado, roble cremoso. Boca equilibrado, sabroso, largo, balsámico.

BODEGAS PUELLES
Camino de los Molinos, s/n
26339 Ábalos (La Rioja)
☎: +34 941 334 415
Fax: +34 941 334 132
www.bodegaspuelles.com
informacion@bodegaspuelles.com

Molino de Puelles Ecológico 2009 T
tempranillo
86 ★★★ 🍃   9,5€
Color cereza, borde granate. Aroma fruta madura, hierbas silvestres, especiado, roble cremoso. Boca sabroso, largo, balsámico.

Puelles 2004 TGR
tempranillo
89   14€
Color rubí borde teja. Aroma elegante, especiado, fina reducción, cuero mojado, ebanistería, espirituoso. Boca especiado, taninos finos, elegante, largo.

Puelles 2007 TR
tempranillo
86 ★★★   9,5€
Color guinda. Aroma fruta madura, hierbas silvestres, especiado, roble cremoso, fina reducción. Boca fino amargor, potente, sabroso.

Puelles 2011 TC
tempranillo
88 ★★★★   6,8€
Color cereza, borde granate. Aroma fruta madura, especiado, roble cremoso, tostado, complejo. Boca potente, sabroso, tostado, taninos maduros.

Puelles 2012 T
tempranillo
84   3,9€

Puelles 2013 B
viura
86 ★★★★★   4,2€
Color pajizo brillante. Aroma fresco, fruta fresca, flores blancas, expresivo. Boca sabroso, frutoso, buena acidez, equilibrado.

BODEGAS RAMÍREZ DE LA PISCINA
Ctra. Vitoria-Logroño, s/n
26338 San Vicente de la Sonsierra (La Rioja)
☎: +34 941 334 505
Fax: +34 941 334 506
www.ramirezdelapiscina.es
info@ramirezdelapiscina.com

Ramírez de la Piscina 2005 TGR
100% tempranillo
87   13,6€
Color cereza oscuro. Aroma especiado, fina reducción, cuero mojado, tostado. Boca especiado, largo, tostado.

Ramírez de la Piscina 2007 TR
100% tempranillo
86 ★★★★   7,8€
Color guinda. Aroma fruta madura, hierbas silvestres, fina reducción, especiado, ahumado. Boca potente, sabroso, espirituoso.

Ramírez de la Piscina 2008 TR
100% tempranillo
88 ★★★★   7,8€
Color cereza, borde granate. Aroma fruta madura, hierbas silvestres, especiado, roble cremoso. Boca equilibrado, sabroso, largo, balsámico.

Ramírez de la Piscina 2011 TC
100% tempranillo

87 ★★★★   5,7€

Color cereza intenso. Aroma fruta madura, especiado, roble cremoso, tostado. Boca sabroso, tostado, taninos maduros.

Ramírez de la Piscina 2013 B
100% viura

84   3,5€

Ramírez de la Piscina 2013 T
100% tempranillo

86 ★★★★★   3,5€

Color cereza, borde violáceo. Aroma expresivo, fruta fresca, fruta roja, floral. Boca buena acidez, ligero, cierta persistencia.

Ramírez de la Piscina Selección 2009 TR
100% tempranillo

89   11,1€

Color cereza, borde granate. Aroma fruta madura, especiado, roble cremoso, tostado, complejo, balsámico. Boca potente, sabroso, tostado.

Ramírez de la Piscina Selección 2010 TC
100% tempranillo

89 ★★★   9,6€

Color cereza, borde granate. Aroma fruta roja, fruta madura, especiado, roble cremoso, tostado, complejo, terroso. Boca sabroso, taninos maduros.

BODEGAS RAMÓN BILBAO
Avda. Santo Domingo, 34
26200 Haro (La Rioja)
☎: +34 941 310 295
Fax: +34 941 310 832
www.bodegasramonbilbao.es
info@bodegasramonbilbao.es

Mirto de Ramón Bilbao 2010 T
100% tempranillo

93   36,5€

Color cereza, borde granate. Aroma fruta madura, especiado, roble cremoso, complejo, terroso, muy tostado (torrefactado). Boca potente, sabroso, tostado, taninos maduros.

Ramón Bilbao 2006 TGR

91   20,8€

Color cereza, borde granate. Aroma fruta roja, fruta madura, especiado, roble cremoso, complejo, terroso. Boca potente, sabroso, taninos maduros.

Ramón Bilbao 2010 TR

92 ★★★★ 12,2€

Color cereza brillante. Aroma fruta madura, especias dulces, intensidad media. Boca frutoso, sabroso, tostado, fácil de beber, buena acidez, elegante.

Ramón Bilbao 2012 TC
100% tempranillo

88 ★★★★ 8€

Color cereza intenso, borde granate. Aroma fruta madura, cacao fino, especias dulces. Boca correcto, taninos maduros, tostado.

Ramón Bilbao Edición Limitada 2012 T
100% tempranillo

89 12,5€

Color cereza muy intenso, borde granate. Aroma especias dulces, roble cremoso, fruta madura. Boca correcto, frutoso, taninos maduros.

Ramón Bilbao Rosé 2013 RD
100% garnacha

88 ★★★★ 6€

Color rosáceo pálido. Aroma intensidad media, flores blancas, expresivo, hierbas de tocador. Boca fresco, fácil de beber, buena acidez.

Ramón Bilbao Viñedos de Altura 2012 TC

90 ★★★★ 12,5€

Color cereza intenso, borde violáceo. Aroma fruta madura, especiado, hierbas silvestres. Boca sabroso, correcto, especiado.

BODEGAS REMÍREZ DE GANUZA

Constitución, 1
1307 Samaniego (Álava)
☎: +34 945 609 022
Fax: +34 945 623 335
www.remirezdeganuza.com
cristina@remirezdeganuza.com

Erre Punto 2012 BFB

89 12€

Color pajizo brillante. Aroma fruta madura, balsámico, muy tostado (torrefactado). Boca potente, sabroso, especiado, largo, tostado.

Fincas de Ganuza 2007 TR
93 25€
Color cereza intenso, borde granate. Aroma elegante, fina reducción, fruta madura, hierbas silvestres. Boca especiado, buena acidez, fino amargor.

Remírez de Ganuza 2007 TR
94
Color cereza, borde granate. Aroma complejo, equilibrado, expresivo, cacao fino, fruta madura, especiado. Boca equilibrado, elegante, largo, taninos maduros.

BODEGAS RIOJANAS
Estación, 1 - 21
26350 Cenicero (La Rioja)
☎: +34 941 454 050
Fax: +34 941 454 529
www.bodegasriojanas.com
bodega@bodegasriojanas.com

Canchales 2013 T
100% tempranillo
84 3,2€

Gran Albina 2008 TR
90 40€
Color rubí, borde teja. Aroma especiado, fina reducción, cuero mojado, ebanistería, espirituoso. Boca especiado, taninos finos, equilibrado, elegante.

Gran Albina Vendimia 2009 T
tempranillo, mazuelo, graciano
90 21,1€
Color cereza, borde granate. Aroma fruta confitada, fruta madura, especiado, roble cremoso. Boca potente, sabroso, especiado, largo, tostado.

Monte Real 2006 TGR
100% tempranillo
89 22€
Color rubí, borde teja. Aroma especiado, fina reducción, cuero mojado, ebanistería, espirituoso, equilibrado. Boca especiado, largo, taninos maduros, correcto.

Monte Real 2008 TR
100% tempranillo
88 13€
Color cereza brillante. Aroma fruta madura, especias dulces, roble cremoso, fina reducción. Boca frutoso, sabroso, tostado, equilibrado.

Monte Real 2011 TC
100% tempranillo
87 10,1€
Color guinda, borde granate. Aroma especiado, fina reducción, cuero mojado, ebanistería, tostado, balsámico. Boca especiado, largo, tostado, correcto.

Monte Real Reserva de Familia 2008 TR
100% tempranillo
89 17€
Color cereza, borde granate. Aroma fruta madura, especiado, tostado, cuero muy curtido, tabaco, ebanistería. Boca potente, sabroso, tostado, taninos maduros.

Puerta Vieja 2009 TR
88 ★★★ 9,3€
Color cereza, borde granate. Aroma fruta madura, especiado, roble cremoso, tostado, complejo. Boca potente, sabroso, tostado, taninos maduros, equilibrado.

Puerta Vieja 2011 TC
88 ★★★★ 6,5€
Color cereza, borde granate. Aroma fruta madura, especiado, roble cremoso, tostado. Boca potente, sabroso, tostado, equilibrado.

Puerta Vieja 2013 B
100% viura

85 ★★★★★   **2,7€**

Puerta Vieja Selección 2011 TC
100% tempranillo

89 ★★★★   **8€**

Color cereza, borde granate. Aroma fruta madura, hierbas silvestres, especiado, roble cremoso, mineral. Boca equilibrado, sabroso, largo, balsámico, tostado.

Viña Albina 2013 BFB

87 ★★★★   **5,6€**

Color amarillo brillante. Aroma potente, fruta madura, especias dulces, roble cremoso. Boca graso, retronasal ahumado, sabroso, fresco, buena acidez.

Viña Albina 2006 TGR

90   **22€**

Color rubí, borde teja. Aroma elegante, especiado, fina reducción, cuero mojado, ebanistería, fruta madura. Boca especiado, taninos finos, elegante, largo.

Viña Albina 2008 TR

88   **11,5€**

Color rubí, borde teja. Aroma fruta madura, ebanistería, especiado, balsámico. Boca potente, sabroso, estructurado, especiado.

Viña Albina Selección 2008 TR

89   **15€**

Color cereza, borde granate. Aroma fruta madura, especiado, roble cremoso, tostado. Boca potente, sabroso, tostado, taninos maduros, equilibrado.

Viña Albina Semidulce 2001 B Reserva

91 ★★★★   **12,1€**

Color dorado brillante. Aroma fruta madura, frutos secos, potente, tostado, ebanistería. Boca sabroso, frutoso, especiado, tostado, largo.

Viña Albina Semidulce 2013 B

85 ★★★★   **5,6€**

BODEGAS RIOLANC
Curillos, 36
1308 Lanciego (Álava)
☎: +34 605 954 399
www.riolanc.com
riolanc@riolanc.com

Riolanc Vendimia Seleccionada 2013 T

86 ★★★★★   **4€**

Color cereza, borde violáceo. Aroma fruta fresca, fruta roja, floral. Boca sabroso, frutoso, buena acidez, taninos maduros.

BODEGAS RODA
Avda. de Vizcaya, 5 Bº de la Estación
26200 Haro (La Rioja)
☎: +34 941 303 001
Fax: +34 941 312 703
www.roda.es
rodarioja@roda.es

Cirsion 2010 T
100% tempranillo

96   **150€**

Color cereza, borde granate. Aroma fruta madura, especiado, roble cremoso, tostado, chocolate, mineral. Boca potente, sabroso, tostado, taninos maduros.

Roda 2008 TR

93   **43€**

Color cereza muy intenso. Aroma fruta madura, especiado, roble cremoso, tostado, con carácter. Boca potente, sabroso, tostado, taninos maduros.

Roda 2009 TR

92   **43€**

Color cereza, borde granate. Aroma fruta madura, especiado, roble cremoso, tostado, complejo. Boca potente, sabroso, tostado, taninos maduros.

Roda I 2007 TR
100% tempranillo

94   43€

Color cereza brillante. Aroma fruta madura, especias dulces, roble cremoso, con carácter. Boca frutoso, sabroso, tostado.

Roda I 2008 T
100% tempranillo

94   43€

Color cereza, borde granate. Aroma fruta madura, especiado, roble cremoso, tostado, complejo, chocolate, terroso. Boca potente, sabroso, tostado, taninos maduros.

Sela 2011 T
90 ★★★   15€

Color cereza brillante. Aroma fruta madura, especias dulces, roble cremoso. Boca sabroso, frutoso, tostado, taninos maduros.

BODEGAS SEÑORÍA DE YERGA

Barrio Bodegas, s/n
26142 Villamediana (La Rioja)
☎: +34 941 435 003
info@senoriodeyerga.com

Castillo de Yerga 2009 TC
87 ★★★★   6€

Color guinda. Aroma potente, fruta madura, muy tostado (torrefactado), chocolate. Boca potente, tostado, retronasal torrefactado.

Castillo Yerga 2007 TR
86 ★★★   10€

Color rubí, borde teja. Aroma especiado, fina reducción, cuero mojado, ebanistería, espirituoso. Boca especiado, taninos finos, correcto.

Señorío de Yerga 2005 TGR
89   12€

Color rubí, borde teja. Aroma especiado, fina reducción, cuero mojado, ebanistería, espirituoso. Boca especiado, taninos finos, elegante, largo.

BODEGAS SIDERALES

Senda del Soto, 10
1306 Lapuebla de Labarca (Alava)
☎: +34 945 627 363
Fax: +34 945 607 257
www.siderales.com
bodega@siderales.com

Sideral 2007 T
100% tempranillo

91 ★★★★   10,5€

Color guinda. Aroma fruta roja, fruta madura, especiado, roble cremoso, tostado, complejo, terroso. Boca potente, sabroso, tostado, taninos maduros.

Sideral Edición Limitada 2010 T
100% tempranillo

89   20€

Color cereza, borde granate. Aroma fruta madura, especiado, roble cremoso, tostado. Boca potente, sabroso, tostado.

Sideral I 2008 T
100% tempranillo

90 ★★★★★   6€

Color guinda. Aroma equilibrado, complejo, fruta madura, especiado, fina reducción. Boca estructurado, sabroso, taninos maduros, equilibrado.

BODEGAS SOLAR DE SAMANIEGO

Ctra. De Elciego s/n
1300 Laguardia (Álava)
☎: +34 902 227 700
Fax: +34 902 227 701
www.solardesamaniego.com
bodega@cofradiasamaniego.com

Solar de Samaniego 2007 TGR
87   15,3€

Color cereza oscuro, borde anaranjado. Aroma cera, equilibrado, fruta madura, especiado, cuero muy curtido. Boca frutoso, amargoso.

Solar de Samaniego 2010 TR
86   10,5€

Color cereza intenso, borde granate. Aroma tabaco, especiado, fruta madura, hierbas secas. Boca correcto, cierta persistencia.

Solar de Samaniego 2011 TC
100% tempranillo

87 ★★★★   6,8€

Color cereza brillante. Aroma fruta madura, especias dulces, roble cremoso, intensidad media, hierbas silvestres. Boca frutoso, sabroso, tostado.

Valcavada 2008 TR
92 28€

Color cereza, borde granate. Aroma fruta roja, fruta madura, especiado, roble cremoso, tostado, complejo, fina reducción. Boca potente, sabroso, tostado, taninos maduros.

BODEGAS SOLAR VIEJO
Camino de la Hoya, s/n
1300 Laguardia (Álava)
☎ +34 945 600 113
Fax: +34 945 600 600
www.solarviejo.com
solarviejo@solarviejo.com

Orube 2010 T
tempranillo
91 18€

Color cereza brillante, borde granate. Aroma fruta madura, especias dulces, roble cremoso, expresivo. Boca sabroso, frutoso, tostado, taninos maduros.

Solar Viejo 2008 TR
tempranillo, graciano
88 11€

Color cereza, borde granate. Aroma fruta madura, roble cremoso, tostado, hierbas secas. Boca potente, sabroso, tostado, taninos maduros.

Solar Viejo 2011 TC
tempranillo
86 ★★★★ 6€

Color cereza, borde granate. Aroma fruta madura, especiado, tostado, intensidad media. Boca taninos maduros, fácil de beber, correcto.

BODEGAS SONSIERRA, S. COOP.
El Remedio, s/n
26338 San Vicente de la Sonsierra
(La Rioja)
☎ +34 941 334 031
Fax: +34 941 334 245
www.sonsierra.com
administracion@sonsierra.com

Pagos de la Sonsierra 2009 TR
tempranillo
90 ★★★ 16€

Color rubí, borde teja. Aroma fruta madura, hierbas silvestres, especiado, roble cremoso. Boca potente, sabroso, especiado, largo.

Perfume de Sonsierra David Delfín 2010 T
tempranillo
91 25€

Color cereza, borde granate. Aroma fruta madura, especiado, roble cremoso, tostado. Boca potente, sabroso, tostado.

Sonsierra 2008 TGR
tempranillo
90 ★★★ 13,5€

Color cereza, borde granate. Aroma fruta madura, especiado, roble cremoso, tostado, complejo, balsámico. Boca potente, sabroso, tostado, taninos maduros, equilibrado.

Sonsierra 2010 TR
tempranillo
90 ★★★★★ 8,5€

Color cereza, borde granate. Aroma equilibrado, complejo, fruta madura, especiado. Boca estructurado, sabroso, taninos maduros.

Sonsierra 2011 TC
tempranillo
88 ★★★★ 5,3€

Color cereza, borde granate. Aroma fruta madura, especiado, roble cremoso, tostado, complejo. Boca potente, sabroso, tostado.

Sonsierra 2013 B
viura
86 ★★★★★ 3,8€

Color pajizo brillante. Aroma flores blancas, hierbas de tocador, expresión frutal. Boca fresco, frutoso, sabroso, equilibrado, elegante.

Sonsierra 2013 BFB
viura
88 ★★★★ 5,3€

Color pajizo brillante. Aroma flores blancas, fruta fresca, expresivo, lías finas, hierbas secas, tostado. Boca sabroso, frutoso, buena acidez, equilibrado.

Sonsierra 2013 RD
tempranillo

86 ★★★★★   3,8€

Color frambuesa, borde violáceo. Aroma potente, fruta madura, fruta roja, floral, expresivo. Boca potente, frutoso, fresco.

Sonsierra Tempranillo 2013 T
tempranillo

86 ★★★★★   3,8€

Color cereza, borde violáceo. Aroma fruta roja, fruta sobremadura. Boca sabroso, frutoso, buena acidez, taninos maduros.

Sonsierra Vendimia Seleccionada 2010 TC
tempranillo

89 ★★★★   7€

Color cereza, borde granate. Aroma fruta madura, hierbas silvestres, terroso, especiado, roble cremoso. Boca equilibrado, sabroso, largo, balsámico.

BODEGAS TARÓN
Ctra. de Miranda, s/n
26211 Tirgo (La Rioja)
☎: +34 941 301 650
Fax: +34 941 301 817
www.bodegastaron.com
info@bodegastaron.com

Tarón 2006 TR

89 ★★★   9,9€

Color cereza, borde granate. Aroma fruta roja, fruta madura, especiado, roble cremoso, tostado, complejo, terroso. Boca potente, sabroso, tostado, taninos maduros, equilibrado.

Tarón 2010 TC

89 ★★★★   7€

Color cereza brillante. Aroma fruta madura, especias dulces, roble cremoso, expresivo. Boca sabroso, frutoso, tostado, taninos maduros.

Tarón 2013 B
100% viura

87 ★★★★★   4,3€

Color pajizo brillante. Aroma flores blancas, hierbas de tocador, notas tropicales. Boca fresco, frutoso, sabroso, equilibrado.

Tarón 2013 RD

88 ★★★★★   4,3€

Color cobrizo, brillante. Aroma elegante, flores secas, hierbas de tocador. Boca ligero, sabroso, buena acidez, largo, especiado.

Tarón 4MB 2011 T
100% tempranillo

91 ★★★★★   5,2€

Color cereza, borde granate. Aroma especiado, roble cremoso, tostado, complejo, fruta roja, fruta madura. Boca potente, sabroso, tostado.

Tarón Cepas Centenarias 2011 TR
100% tempranillo

93 ★★★   14€

Color cereza, borde granate. Aroma equilibrado, complejo, fruta madura, especiado, mineral. Boca estructurado, sabroso, taninos maduros, equilibrado.

Tarón Tempranillo 2013 T
100% tempranillo

84   4,3€

BODEGAS TERMINUS

Camino de Baños, 23
1307 Villabuena de Alava (Álava)
☎: +34 626 636 997
correo@bodegasterminus.com

4D 2013 BFB
100% viura

90 ★★★★★ 10€

Color pajizo brillante. Aroma especias dulces, roble cremoso, hierbas de tocador, fruta fresca. Boca graso, sabroso, fresco, buena acidez, fino amargor.

4D 2013 T Fermentado en Barrica
tempranillo

87 12,5€

Color cereza, borde granate. Aroma fruta madura, especiado, roble cremoso, tostado. Boca potente, sabroso, tostado, taninos maduros.

BODEGAS TOBÍA

Paraje Senda Rutia, s/n
26214 Cuzcurrita de Río Tirón (La Rioja)
☎: +34 941 301 789
Fax: +34 941 328 045
www.bodegastobia.com
tobia@bodegastobia.com

Daimon 2012 T

88 ★★★★ 7€

Color cereza, borde granate. Aroma fruta madura, hierbas silvestres, terroso, especiado, roble cremoso. Boca equilibrado, sabroso, largo, balsámico.

Tobía Selección 2010 TC

91 ★★★★★ 10€

Color cereza, borde granate. Aroma fruta madura, hierbas silvestres, terroso, especiado, roble cremoso. Boca equilibrado, sabroso, largo, balsámico.

Viña Tobía 2013 RD
garnacha

89 ★★★★★ 5€

Color rosa vivo. Aroma potente, fruta madura, fruta roja, floral, expresivo. Boca potente, frutoso, fresco.

Viña Tobía 2013 B

88 ★★★★★ 5€

Color pajizo brillante. Aroma flores blancas, hierbas de tocador, expresión frutal. Boca fresco, frutoso, sabroso, equilibrado, elegante.

Viña Tobía 2013 T
tempranillo

85 ★★★★★ 5€

BODEGAS TORREMACIEL

Ctra. de Autol - Calahorra, km. 6,5
26500 Calahorra (La Rioja)
☎: +34 941 163 021
Fax: +34 941 163 493
www.torremaciel.com
info@torremaciel.com

Marqués de Carabás 2008 TC
tempranillo, graciano

85 ★★★★★   5€

Marqués de Carabás 2013 T
tempranillo, graciano

83   2,8€

Torremaciel 2008 TR
tempranillo, graciano, mazuelo

87 ★★★   9,9€

Color cereza intenso, borde granate. Aroma cuero muy curtido, fruta madura, especiado, hierbas secas. Boca correcto, especiado.

Torremaciel 2009 TC
tempranillo, graciano, mazuelo

86 ★★★★★   5€

Color cereza, borde granate. Aroma fruta madura, especiado, roble cremoso, tostado, complejo. Boca potente, sabroso, tostado, taninos maduros.

Torremaciel 2013 B
viura, malvasía

79   4,8€

BODEGAS VALDELACIERVA

Ctra. Burgos, Km. 13
26370 Navarrete (La Rioja)
☎: +34 941 440 620
Fax: +34 941 440 787
www.hispanobodegas.com
carlos.garcia@hispanobodegas.com

Alfar 2009 TR
tempranillo

92   24€

Color cereza, borde granate. Aroma equilibrado, complejo, fruta madura, especiado, fina reducción. Boca estructurado, sabroso, taninos maduros.

Alfar Vendimia Seleccionada 2012 T
tempranillo

91 ★★★★   12€

Color cereza intenso, borde granate. Aroma equilibrado, cacao fino, caramelo de violetas. Boca sabroso, frutoso, equilibrado.

Valdelacierva 2011 TC
tempranillo

90 ★★★★★ 6,6€

Color cereza, borde granate. Aroma fruta madura, especiado, roble cremoso, tostado, complejo. Boca potente, sabroso, tostado, taninos maduros.

BODEGAS VALDELANA
Puente Barricuelo, 67
1340 Elciego (Álava)
☎: +34 945 606 055
Fax: +34 945 606 587
www.bodegasvaldelana.com
ana@bodegasvaldelana.com

Agnus de Valdelana de Autor 2011 TC
89 17,8€

Color cereza muy intenso, borde granate. Aroma potente, fruta madura, muy tostado (torrefactado), chocolate. Boca potente, tostado, retronasal torrefactado.

Agnus de Valdelana de Autor 2012 T
90 ★★★★ 11,3€

Color cereza, borde granate. Aroma fruta madura, especiado, roble cremoso, tostado, complejo. Boca potente, sabroso, tostado, taninos maduros.

Avior 2013 T
87 ★★★★ 7,5€

Color cereza, borde violáceo. Aroma fruta roja, frambuesa, hierbas de tocador. Boca sabroso, buena acidez, frutoso.

Duquesa de la Victoria 2009 TR
87 13,8€

Color cereza, borde granate. Aroma fruta madura, especiado, roble cremoso, tostado, complejo. Boca potente, sabroso, tostado, taninos maduros.

Duquesa de la Victoria 2011 TC
91 ★★★★★ 8,7€

Color cereza, borde granate. Aroma fruta madura, especiado, roble cremoso, tostado, complejo, fruta roja. Boca potente, sabroso, tostado, taninos maduros.

Duquesa de la Victoria 2013 T
86 ★★★★ 5,4€

Color cereza, borde violáceo. Aroma intensidad media, fruta roja, hierbas de monte. Boca equilibrado, sabroso, largo.

Forlán 2009 TR
90 ★★★★★ 9,5€

Color cereza intenso, borde granate. Aroma potente, fruta madura, cacao fino, roble cremoso. Boca lleno, especiado, equilibrado.

Forlán 2011 TC
89 ★★★★ 7,2€

Color cereza opaco. Aroma fruta madura, especiado, roble cremoso, tostado, hierbas secas. Boca potente, sabroso, tostado, taninos maduros.

Ladrón de Guevara 2009 TR
89 13,8€

Color cereza, borde granate. Aroma fruta roja, fruta madura, especiado, roble cremoso, tostado, terroso. Boca potente, sabroso, tostado, taninos maduros.

Ladrón de Guevara 2011 TC
90 ★★★★★ 8,7€

Color cereza, borde granate. Aroma fruta madura, especiado, roble cremoso, tostado, complejo. Boca potente, sabroso, tostado, taninos maduros.

Ladrón de Guevara 2013 B
100% viura

85 ★★★★ 5,4€

Ladrón de Guevara 2013 T
87 ★★★★ 5,3€

Color cereza, borde violáceo. Aroma fruta fresca, fruta roja, floral. Boca sabroso, frutoso, buena acidez, taninos maduros.

Ladrón de Guevara de Autor 2011 TC

90 17,8€

Color cereza, borde granate. Aroma fruta madura, especiado, roble cremoso, tostado, complejo. Boca potente, sabroso, tostado, taninos maduros.

Ladrón de Guevara de Autor 2012 T

tempranillo, graciano

91 ★★★★ 11,3€

Color cereza, borde granate. Aroma fruta madura, especiado, roble cremoso, tostado, complejo. Boca potente, sabroso, tostado, taninos maduros.

Valdelana 2009 TR

90 ★★★ 13,8€

Color cereza muy intenso. Aroma fruta madura, especiado, roble cremoso, tostado, con carácter. Boca potente, sabroso, tostado, taninos maduros.

Valdelana 2011 TC

91 ★★★★★ 8,7€

Color cereza brillante. Aroma fruta madura, especias dulces, roble cremoso, expresivo. Boca sabroso, frutoso, tostado, taninos maduros.

Valdelana 2013 B

100% malvasía

84 5,4€

Valdelana 2013 T

87 ★★★★ 5,4€

Color cereza, borde violáceo. Aroma violetas, expresión frutal, equilibrado. Boca fácil de beber, cierta persistencia, correcto.

BODEGAS VALDEMAR

Camino Viejo de Logroño, 24
1320 Oyón (Álava)
☎: +34 945 622 188
Fax: +34 945 622 111
www.valdemar.es
info@valdemar.es

Conde de Valdemar 2006 TGR

88 17,4€

Color cereza, borde granate. Aroma fruta confitada, fruta al licor, especiado. Boca sabroso, confitado, balsámico.

Conde de Valdemar 2008 TR

89 ★★★ 10€

Color cereza muy intenso. Aroma fruta madura, especiado, roble cremoso, tostado, con carácter. Boca potente, sabroso, tostado, taninos maduros.

Conde de Valdemar 2010 TC

88 ★★★★ 6,9€

Color cereza, borde granate. Aroma fruta madura, especiado, roble cremoso, tostado, complejo. Boca potente, sabroso, tostado, taninos maduros.

Conde de Valdemar 2013 RD

84 4,3€

Conde de Valdemar Finca Alto Cantabria 2013 BFB

100% viura

88 ★★★ 8,2€

Color amarillo brillante. Aroma fruta madura, especias dulces, hierbas de tocador. Boca retronasal ahumado, fresco, buena acidez.

Conde de Valdemar Selección Especial Tempranillo 2013 T

100% tempranillo

85 ★★★★★ 4,4€

Conde de Valdemar Viura 2013 B

85 ★★★★★   4,3€

Inspiración de Valdemar Las Canteras 2010 T

90 ★★★   13,3€

Color cereza, borde granate. Aroma fruta madura, especiado, roble cremoso, tostado, complejo, mineral. Boca potente, sabroso, tostado.

Inspiración Valdemar Edición Limitada 2008 T

90   22,4€

Color rubí borde teja. Aroma elegante, especiado, fina reducción, cuero mojado, ebanistería, espirituoso. Boca especiado, taninos finos, elegante, largo.

Inspiración Valdemar Graciano 2005 T
100% graciano

91   27,8€

Color cereza muy intenso. Aroma fruta madura, especiado, roble cremoso, tostado, con carácter. Boca potente, sabroso, tostado, taninos maduros.

Inspiración Valdemar Maturana 2008 T
100% maturana

90   27,8€

Color guinda. Aroma fruta madura, especiado, roble cremoso, tostado, hierbas silvestres. Boca potente, sabroso, tostado.

Inspiración Valdemar Selección 2011 T

87 ★★★   10€

Color cereza, borde granate. Aroma fruta madura, especiado, roble cremoso, tostado, complejo. Boca potente, sabroso, tostado, taninos maduros.

Inspiración Valdemar Tempranillo Blanco 2013 BFB
100% tempranillo blanco

87 ★★★   8,5€

Color amarillo brillante. Aroma potente, fruta madura, especias dulces, roble cremoso, hierbas de tocador. Boca graso, retronasal ahumado, sabroso, fresco, buena acidez.

Valdemar 2013 RD

86 ★★★★★   4,5€

Color cobrizo. Aroma elegante, fruta escarchada, flores secas, hierbas de tocador. Boca ligero, buena acidez, largo, especiado.

BODEGAS VALLEMAYOR

Ctra. Logroño-Vitoria, 38
26360 Fuenmayor (La Rioja)
☎: +34 941 450 142
Fax: +34 941 450 376
www.vallemayor.com
vallemayor@fer.es

Colección Valle Mayor Viña Cerradilla 2010 TC

88   12€

Color cereza, borde granate. Aroma fruta madura, especiado, roble cremoso, tostado, complejo. Boca potente, sabroso, tostado, taninos maduros.

Colección Valle Mayor Viña Encineda 2011 T
100% tempranillo

88 ★★★★★   5€

Color cereza oscuro, borde granate. Aroma fruta madura, especiado, hierbas secas, equilibrado. Boca equilibrado, fruta madura, especiado.

Colección Valle Mayor Viña Encineda 2012 T
100% tempranillo

87 ★★★★★   5€

Color cereza oscuro, borde granate. Aroma intensidad media, cerrado, fruta madura, cacao fino. Boca sabroso, taninos maduros, equilibrado.

Vallemayor 2005 TGR

89   12€

Color cereza poco intenso, borde anaranjado. Aroma especiado, fina reducción, cuero mojado, ebanistería, tostado. Boca especiado, largo, tostado.

Vallemayor 2007 TR

88 ★★★   8,5€

Color cereza, borde granate. Aroma fruta madura, especiado, tostado, ebanistería, fina reducción. Boca potente, sabroso, tostado, taninos maduros.

Vallemayor 2011 TC

86 ★★★★   5,5€

Color cereza, borde granate. Aroma especiado, tabaco, cera, fruta madura. Boca correcto, cierta persistencia.

Vallemayor 2012 BFB

86 ★★★   10€

Color amarillo brillante. Aroma potente, fruta madura, especias dulces, roble cremoso, hierbas de tocador. Boca graso, retronasal ahumado, sabroso, fresco, buena acidez.

Vallemayor 2013 B
100% viura
84 3,5€

Vallemayor 2013 RD
84 3,5€

Vallemayor 2013 T
100% tempranillo
82 3,5€

BODEGAS VALLOBERA S.L.

Camino de la Hoya, s/n
1300 Laguardia (Álava)
☎: +34 945 621 204
Fax: +34 945 600 040
www.vallobera.com
exportacion@vallobera.com

Caudalia 2013 BFB
tempranillo blanco
88 ★★★ 10€
Aroma potente, fruta madura, especias dulces, hierbas de tocador. Boca graso, retronasal ahumado, sabroso, fresco, buena acidez.

Finca Vallobera 2011 T
tempranillo
89 14€
Color cereza, borde granate. Aroma fruta roja, fruta madura, especiado, roble cremoso, tostado, complejo. Boca potente, sabroso, tostado, taninos maduros.

Pago Malarina 2012 T
tempranillo
87 ★★★★★ 4,5€
Color cereza, borde violáceo. Aroma expresivo, floral, fruta madura, expresión frutal. Boca sabroso, frutoso, buena acidez, taninos maduros.

Terran 2009 T
tempranillo
91 25€
Color cereza, borde granate. Aroma fruta madura, especiado, roble cremoso, tostado, complejo, terroso. Boca potente, sabroso, tostado, taninos maduros.

Vallobera 2009 TR
100% tempranillo
89 12€
Color cereza, borde granate. Aroma fruta madura, especiado, roble cremoso, tostado, complejo, terroso. Boca potente, sabroso, tostado, taninos maduros.

Vallobera 2011 TC
89 ★★★★ 8€
Color cereza intenso, borde violáceo. Aroma potente, equilibrado, fruta madura, especiado. Boca estructurado, correcto, taninos maduros.

Vallobera 2013 B
viura, sauvignon blanc
87 ★★★★★ 4€
Color pajizo brillante. Aroma fresco, fruta fresca, flores blancas, expresivo. Boca sabroso, frutoso, buena acidez, equilibrado.

BODEGAS VICENTE GANDÍA

Ctra. Cheste a Godelleta, s/n
46370 Chiva (Valencia)
☎: +34 962 524 242
Fax: +34 962 524 243
www.vicentegandia.es
info@vicentegandia.com

Altos de Raiza Tempranillo 2012 T
100% tempranillo
84 4€

Raiza Tempranillo 2007 TGR
100% tempranillo
87 15€
Color guinda. Aroma especiado, fina reducción, cuero mojado, ebanistería, espirituoso. Boca especiado, balsámico, sabroso.

Raiza Tempranillo 2009 TR
100% tempranillo
88 ★★★ 10€
Color cereza, borde granate. Aroma fruta madura, especiado, roble cremoso, tostado, fina reducción. Boca potente, sabroso, tostado.

Raiza Tempranillo 2010 TC
100% tempranillo
85 ★★★★ 7€

BODEGAS VINÍCOLA REAL

Ctra. Nalda, km. 9
26120 Albelda de Iregua (La Rioja)
☎: +34 941 444 233
Fax: +34 941 444 427
www.vinicolareal.com
info@vinicolareal.com

200 Monges Selección Especial 2007 B Reserva

94   42€

Color pajizo brillante. Aroma hierbas secas, flores marchitas, potente, especias dulces, roble cremoso, salino. Boca fruta madura, equilibrado.

200 Monges

RESERVA 2007

RIOJA
DENOMINACIÓN DE ORIGEN CALIFICADA

BLANCO SELECCIÓN ESPECIAL
Limitada a 5.500 botellas

Cueva del Monge 2012 BFB

92 ★★★★   11€

Color amarillo brillante. Aroma potente, fruta madura, especias dulces, roble cremoso, hierbas de tocador. Boca graso, retronasal ahumado, sabroso, fresco, buena acidez.

Viña Los Valles 50 & 50 2011 TC

90 ★★★★★ ✿   7,3€

Color cereza, borde granate. Aroma fruta madura, especiado, roble cremoso, tostado. Boca potente, sabroso, tostado, taninos maduros, equilibrado.

Viña Los Valles 70 & 30 2011 TC

87 ★★★★ ✿   7,3€

Color cereza brillante. Aroma fruta madura, especias dulces, roble cremoso, balsámico. Boca frutoso, sabroso, tostado.

Viña Los Valles 80 & 20 2011 TC

89 ★★★★ ✿   7,3€

Color cereza, borde granate. Aroma fruta madura, especiado, roble cremoso, tostado. Boca potente, sabroso, tostado, taninos maduros.

Viña Los Valles Tempranillo 2013 T

100% tempranillo

86 ★★★★★   5€

Color cereza, borde violáceo. Aroma fruta fresca, fruta roja, balsámico. Boca sabroso, frutoso, buena acidez.

BODEGAS VIÑA BERNEDA

Ctra. Somalo, 59
26313 Uruñuela (La Rioja)
☎: +34 941 371 304
Fax: +34 941 371 304
www.vinaberneda.com
berneda@vinaberneda.com

Berneda Vendimia Seleccionada 2009 TC

100% tempranillo

87 ★★★★   8€

Aroma fina reducción, cuero mojado, fruta madura. Boca especiado, largo, tostado, cierta persistencia, fruta madura.

Viña Berneda 2010 TC

100% tempranillo

87 ★★★★★   4€

Color cereza, borde granate. Aroma intensidad media, especiado, fruta madura. Boca fácil de beber, correcto, buena acidez.

Viña Berneda 2013 T Maceración Carbónica

100% tempranillo

84   2,5€

BODEGAS VIVANCO

Ctra. Nacional 232, s/n
26330 Briones (La Rioja)
☎: +34 941 322 323
www.dinastiavivanco.com
info@vivancoculturadevino.es

Colección Vivanco 4 Varietales 2010 T
91

Color cereza brillante, borde granate. Aroma equilibrado, expresivo, fruta madura, especiado, balsámico. Boca estructurado, largo, redondo.

Colección Vivanco 4 Varietales 2012 T
89   35€

Color cereza brillante. Aroma fruta madura, especiado, balsámico. Boca sabroso, frutoso, tostado, taninos maduros.

Colección Vivanco 4 Varietales Dulce de Invierno 2011 T
94   21€

Color cereza, borde granate. Aroma fruta confitada, fruta madura, especiado, tostado, ebanistería. Boca potente, sabroso, dulcedumbre, elegante.

Colección Vivanco Parcelas de Garnacha 2011 T
garnacha
91   38€

Color cereza brillante, borde granate. Aroma equilibrado, fruta madura, fruta confitada, balsámico, especiado. Boca equilibrado, frutoso, balsámico.

Colección Vivanco Parcelas de Graciano 2009 T
graciano
91   46€

Color cereza opaco, borde violáceo. Aroma fruta madura, hierbas de monte. Boca correcto, taninos maduros, largo, especiado.

Colección Vivanco Parcelas de Maturana 2011 T
maturana
93   38€

Color cereza opaco, borde granate. Aroma complejo, especiado, hierbas secas, expresivo. Boca tostado, retronasal ahumado, fruta madura, largo.

Colección Vivanco Parcelas de Mazuelo 2011 T
mazuelo
88   38€

Color cereza intenso, borde granate. Aroma especiado, tostado, equilibrado, piedra seca, balsámico, tabaco. Boca sabroso, frutoso, especiado.

Vivanco 2008 TR
89   14€

Color cereza oscuro, borde granate. Aroma tostado, fruta madura, equilibrado. Boca estructurado, fácil de beber, largo, taninos maduros.

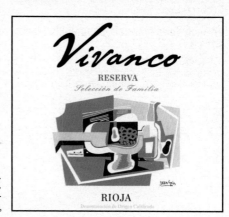

Vivanco 2010 TC

tempranillo

90 ★★★★★ 9€

Color cereza, borde granate. Aroma fruta madura, especiado, tostado, complejo, balsámico. Boca sabroso, taninos maduros, fácil de beber.

Vivanco Tempranillo Garnacha 2013 RD

89 ★★★★ 6,1€

Color rosáceo pálido. Aroma fruta roja, fruta escarchada, frambuesa, floral, hierbas de tocador. Boca fresco, frutoso, buena acidez, equilibrado.

Vivanco Viura Malvasía Tempranillo Blanco 2013 B

87 ★★★★ 6,1€

Color pajizo brillante. Aroma cítricos, fresco, hierbas silvestres, floral. Boca fresco, cierta persistencia, fino amargor.

BODEGAS Y VIÑAS DEL CONDE

Calle Bodegas, 18
1306 LaPuebla de Labarca (Álava)
☎: +34 673 736 155
www.casadomorales.es
condedealtava@gmail.com

Conde de Altava 2009 TR

100% tempranillo

87 ★★★ 8,5€

Color cereza oscuro, borde granate. Aroma fruta madura, fruta confitada, tostado. Boca sabroso, especiado, correcto.

Conde de Altava 2010 TC

100% tempranillo

89 ★★★★ 6,3€

Color cereza, borde granate. Aroma fruta madura, especiado, roble cremoso, tostado, complejo, piedra seca. Boca potente, sabroso, tostado, taninos maduros.

Conde de Altava 2013 T

100% tempranillo

87 ★★★★★ 4€

Color cereza, borde violáceo. Aroma fruta fresca, fruta roja, floral. Boca sabroso, frutoso, buena acidez, taninos maduros.

BODEGAS Y VIÑAS SENDA GALIANA

Barrio Bodegas, s/n
26142 Villamediana (La Rioja)
☎: +34 941 435 375
Fax: +34 941 436 072
info@sendagaliana.com

Senda Galiana 2005 TGR

89 12€

Color rubí borde teja. Aroma elegante, especiado, fina reducción, cuero mojado, ebanistería, espirituoso. Boca especiado, taninos finos, elegante, largo.

Senda Galiana 2007 TR

85 ★★★ 10€

Senda Galiana 2009 TC
84 6€

BODEGAS Y VIÑEDOS ARTADI
Ctra. de Logroño, s/n
1300 Laguardia (Álava)
☎: +34 945 600 119
Fax: +34 945 600 850
www.artadi.com
info@artadi.com

Artadi El Carretil 2012 T
100% tempranillo
98 143€
Color cereza, borde granate. Aroma tostado, complejo, chocolate, terroso, café aromático, expresión frutal, fruta roja. Boca potente, sabroso, tostado, taninos maduros.

Artadi La Poza de Ballesteros 2012 T
100% tempranillo
96 91,5€
Color cereza, borde granate. Aroma especiado, roble cremoso, tostado, complejo, chocolate, fruta escarchada. Boca potente, sabroso, tostado, taninos maduros.

Artadi Pagos Viejos 2012 T
100% tempranillo
95 74,5€
Color cereza, borde granate. Aroma fruta madura, expresión frutal, fruta roja, especias dulces, tostado. Boca potente, estructurado, fruta madura, largo.

Artadi Valdeginés 2012 T
100% tempranillo
97 48,5€
Color cereza muy intenso. Aroma fruta madura, especiado, roble cremoso, tostado, con carácter, balsámico, hierbas de monte. Boca potente, sabroso, tostado, taninos maduros.

Artadi Viña El Pisón 2012 T
100% tempranillo
97 256,5€
Color cereza, borde granate. Aroma chocolate, café aromático, terroso, fruta madura, expresión frutal. Boca sabroso, taninos suaves, largo.

Artadi Viñas de Gain 2012 T
tempranillo
94 18,5€
Color cereza, borde granate. Aroma fruta madura, especiado, roble cremoso, tostado, complejo. Boca potente, sabroso, tostado, taninos maduros.

BODEGAS Y VIÑEDOS CASADO MORALES, S.L.
Avda. La Póveda 12-14
1306 Lapuebla de Labarca (Alava)
☎: +34 945 607 017
Fax: +34 945 063 173
www.casadomorales.es
info@casadomorales.es

Casado Morales 2006 TGR
89 23,5€
Color cereza, borde granate. Aroma equilibrado, complejo, fruta madura, especiado. Boca estructurado, sabroso, taninos maduros.

Casado Morales 2010 TC
90 ★★★★★ 9,5€
Color cereza, borde granate. Aroma fruta madura, especiado, roble cremoso, tostado. Boca sabroso, tostado, taninos maduros.

Casado Morales Graciano 2009 T
100% graciano
88 13,3€
Color cereza, borde granate. Aroma fruta madura, hierbas silvestres, especiado, roble cremoso. Boca equilibrado, sabroso, largo, balsámico.

Casado Morales Selección Privada 2009 TR
93 ★★★ 14,5€
Color cereza, borde granate. Aroma fruta madura, especiado, tostado, complejo, terroso, elegante. Boca sabroso, tostado, taninos maduros.

Nobleza Dimidium 2011 T
100% tempranillo
88 ★★★★ 6,8€
Color cereza, borde granate. Aroma fruta madura, especiado, roble cremoso, tostado. Boca potente, sabroso, tostado.

BODEGAS Y VIÑEDOS ILURCE
Ctra. Alfaro - Grávalos (LR-289), km. 23
26540 Alfaro (La Rioja)
☎: +34 941 180 829
Fax: +34 941 183 897
www.ilurce.com
info@ilurce.com

Ilurce 2005 TC
86 ★★★★ 6€
Color cereza oscuro, borde anaranjado. Aroma especiado, cuero mojado, ebanistería, tostado. Boca especiado, largo, tostado.

Ilurce 2012 T
100% tempranillo
87 ★★★★★ 4,5€
Color cereza, borde granate. Aroma fruta madura, especiado. Boca potente, sabroso, tostado, taninos maduros, balsámico.

Ilurce 2013 RD
garnacha

90 ★★★★★ 4,5€

Color frambuesa, borde violáceo. Aroma potente, fruta madura, fruta roja, floral, expresivo. Boca potente, frutoso, fresco.

Ilurce Graciano 2006 TC
100% graciano

86 ★★★ 9,5€

Color cereza, borde granate. Aroma hierbas silvestres, hierbas secas, especiado. Boca correcto, especiado.

Ilurce Vendimia Seleccionada 2001 TR
87 11€

Color cereza oscuro, borde teja. Aroma expresivo, notas animales, ahumado, tostado. Boca largo, buena acidez, taninos finos.

Ilurce Vendimia Seleccionada 2005 TC
87 ★★★ 9€

Color guinda. Aroma especiado, fina reducción, ebanistería, tostado, cuero muy curtido. Boca especiado, largo, tostado, balsámico.

BODEGAS Y VIÑEDOS LABASTIDA - SOLAGÜEN

Avda. Diputación, 22
1330 Labastida (Álava)
☎: +34 945 331 161
Fax: +34 945 331 118
www.bodegaslabastida.com
info@bodegaslabastida.com

GR II29 2008 TR
87

Color cereza, borde granate. Aroma fruta madura, especiado, roble cremoso, tostado, complejo, hierbas secas. Boca potente, sabroso, tostado, taninos maduros.

Solagüen 2009 TR
100% tempranillo

89 11€

Color cereza intenso. Aroma expresivo, tostado, fruta madura. Boca frutoso, sabroso, retronasal afrutado, taninos maduros.

Solagüen 2011 TC
100% tempranillo

88 ★★★★ 7,1€

Color cereza, borde granate. Aroma fruta madura, tostado, complejo, especias dulces. Boca sabroso, tostado, taninos maduros, fácil de beber.

Solagüen Cepas Viejas 2013 T
100% garnacha

88 ★★★ 8,2€

Color cereza, borde violáceo. Aroma expresivo, fruta fresca, fruta roja, floral. Boca sabroso, frutoso, buena acidez, taninos maduros.

BODEGAS Y VIÑEDOS MARQUÉS DE CARRIÓN

Ctra. Logroño, s/n
1330 Labastida (Álava)
☎: +34 945 331 643
Fax: +34 945 331 694
www.garciacarrion.es
eromero@jgc.es

Antaño 2010 TR
tempranillo, graciano, mazuelo, garnacha

84 7,5€

Antaño 2011 TC
tempranillo, graciano, mazuelo, garnacha

82 4,5€

Antaño 2012 T
tempranillo, garnacha, mazuelo

84 3€

Antaño 2013 B
viura

85 ★★★★★ 5€

Antaño 2013 RD
tempranillo
84 4€

Antaño Graciano 2010 T
graciano
87 20€
Color cereza, borde granate. Aroma fruta madura, hierbas silvestres, especiado, roble cremoso. Boca equilibrado, sabroso, largo, balsámico.

Antaño Gran Selección 2011 T
tempranillo
83 4€

Marqués de Carrión 2009 TR
tempranillo, graciano, mazuelo
84 12€

Marqués de Carrión 2010 TC
tempranillo, graciano, mazuelo
84 9€

Pata Negra 2009 TR
tempranillo, graciano, mazuelo
85 ★★★ 9€

Pata Negra 2010 TC
tempranillo, graciano, mazuelo
82 6€

Pata Negra Gran Selección 2011 T
tempranillo
85 ★★★★★ 4€

Señorio de Garoa 2011 TC
85 ★★★★★ 2,5€

BODEGAS Y VIÑEDOS PUENTE DEL EA
Camino Aguachal, s/n
26212 Sajazarra (La Rioja)
☎: +34 941 320 405
Fax: +34 941 320 406
www.puentedelea.com
puentedelea@gmail.com

Eridano 2011 TC
100% tempranillo
87 ★★★★ 7€
Color cereza, borde granate. Aroma especiado, varietal, fruta madura. Boca estructurado, taninos maduros.

Eridano Edición Especial 2009 TR
88 11,6€
Color cereza, borde granate. Aroma fruta roja, fruta madura, especiado, roble cremoso, tostado, complejo, terroso. Boca potente, sabroso, tostado, taninos maduros.

Eridano Vendimia Seleccionada 2012 T
85 ★★★★★ 4,6€

Puente del Ea 2012 BFB
100% viura
88 11,8€
Color amarillo brillante. Aroma potente, fruta madura, especias dulces, roble cremoso, hierbas de tocador. Boca graso, sabroso, fresco, buena acidez.

Puente del Ea 2013 RD
garnacha, tempranillo
85 ★★★★ 5,8€

Puente del Ea Autor 2010 T
100% tempranillo
88 17,7€
Color cereza brillante, borde granate. Aroma cerrado, especiado, tostado. Boca estructurado, sabroso, taninos maduros.

Puente del Ea Garnacha 2010 T
100% garnacha
89 19,7€
Color cereza, borde granate. Aroma fruta madura, hierbas silvestres, terroso, especiado, roble cremoso. Boca equilibrado, sabroso, largo, balsámico.

Puente del Ea Graciano 2010 T
100% graciano
91 19,7€
Color cereza brillante, borde granate. Aroma potente, expresivo, fruta madura, hierbas de monte. Boca sabroso, frutoso, largo.

Puente del Ea Tempranillo 2011 T Barrica
100% tempranillo
87 ★★★★ 7,6€
Color cereza muy intenso. Aroma equilibrado, especiado, varietal, fruta madura. Boca fruta madura, taninos maduros.

BODEGAS Y VIÑEDOS PUJANZA
Ctra. del Villar, s/n
1300 Laguardia (Álava)
☎: +34 945 600 548
Fax: +34 945 600 522
www.bodegaspujanza.com
info@bodegaspujanza.com

Pujanza Finca Valdepoleo 2011 T
100% tempranillo
94 19,5€
Color cereza, borde granate. Aroma fruta madura, expresión frutal, especias dulces, roble cremoso, tostado. Boca sabroso.

Pujanza Hado 2012 T
100% tempranillo

92 ★★★★ 11€

Color cereza, borde granate. Aroma fruta madura, especiado, roble cremoso, chocolate, terroso, con carácter. Boca sabroso, tostado, taninos maduros.

Pujanza Norte 2011 T
tempranillo

95 45€

Color cereza muy intenso, borde granate. Aroma potente, fruta madura, muy tostado (torrefactado), chocolate, terroso. Boca potente, tostado, retronasal torrefactado.

BODEGAS Y VIÑEDOS VARAL

San Vicenta, 40
1307 Baños de Ebro (Álava)
☎: +34 945 623 321
Fax: +34 945 623 321
www.bodegasvaral.com
bodegasvaral@bodegasvaral.com

Blanco de Varal 2013 B
100% viura

85 ★★★★ 5,9€

Crianza de Varal 2010 T
100% tempranillo

90 ★★★★★ 7,9€

Color cereza, borde granate. Aroma fruta madura, especiado, roble cremoso, tostado, complejo. Boca potente, sabroso, tostado, taninos maduros.

Ecos de Varal 2013 T

87 ★★★★ 🌸 8€

Color cereza, borde violáceo. Aroma fruta fresca, fruta roja, violetas. Boca frutoso, buena acidez, taninos maduros.

Esencias de Varal 2010 T
100% tempranillo

91 ★★★★ 12€

Color cereza, borde granate. Aroma fruta roja, fruta madura, especiado, roble cremoso, tostado, complejo, terroso. Boca potente, sabroso, tostado, taninos maduros.

Joven de Varal 2013 T

87 ★★★★★ 4,9€

Color cereza, borde violáceo. Aroma fruta fresca, fruta roja, floral. Boca sabroso, frutoso, buena acidez, taninos maduros.

Varal Vendimia Seleccionada 2009 T
100% tempranillo

89 20€

Color cereza oscuro. Aroma fruta madura, fruta sobremadura, especias dulces. Boca sabroso, taninos maduros, equilibrado.

BODEGAS Y VIÑEDOS ZUAZO GASTÓN

Las Norias, 2
1320 Oyón (Álava)
☎: +34 945 601 526
Fax: +34 945 622 917
www.zuazogaston.com
zuazogaston@zuazogaston.com

Finca Costanillas 2012 T

88 18€

Color cereza brillante. Aroma fruta madura, especias dulces, roble cremoso, expresivo. Boca sabroso, frutoso, tostado.

Zuazo Gastón 2008 TR

89 14€

Color cereza, borde granate. Aroma complejo, fruta madura, especiado, fina reducción. Boca estructurado, sabroso, taninos maduros.

Zuazo Gastón 2013 B
viura

84

Zuazo Gastón 2011 TC
tempranillo

89 ★★★★ 8€

Color cereza, borde granate. Aroma fruta madura, especiado, roble cremoso, tostado. Boca potente, sabroso, tostado.

BODEGAS YSIOS

Camino de la Hoya, s/n
1300 Laguardia (Álava)
☎: +34 945 600 640
Fax: +34 945 600 520
www.ysios.com
ysios@pernod-ricard.com

Ysios Edición Limitada 2009 TR
tempranillo

94   60€

Color cereza oscuro, borde granate. Aroma expresivo, elegante, cacao fino, especiado, mineral. Boca sabroso, taninos maduros, largo.

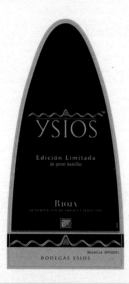

BODEGAS ZUGOBER

Tejerías, 13-15
1306 Lapuebla de Labarca (Álava)
☎: +34 945 627 228
Fax: +34 945 627 281
www.belezos.com
contacto@belezos.com

Belezos 2001 TGR
89

Color rubí borde teja. Aroma elegante, especiado, fina reducción, cuero mojado, ebanistería, espirituoso. Boca especiado, taninos finos, elegante, largo.

Belezos 2008 TR
tempranillo

88   12,5€

Color cereza, borde granate. Aroma fruta madura, especiado, roble cremoso, tostado. Boca potente, sabroso, tostado.

Belezos 2010 TC
88 ★★★   8,8€

Color cereza brillante. Aroma fruta madura, especias dulces, roble cremoso, hierbas silvestres. Boca frutoso, sabroso, tostado, correcto.

Belezos 2012 BFB
viura

90 ★★★★★   8,5€

Color amarillo brillante. Aroma potente, fruta madura, especias dulces, roble cremoso, hierbas de tocador. Boca graso, retronasal ahumado, sabroso, fresco, buena acidez.

Belezos Ecológico 2011 T
tempranillo

88 ★★★ ✿   10€

Color cereza, borde granate. Aroma fruta madura, fruta confitada, balsámico, especiado, roble cremoso, chocolate. Boca potente, sabroso, correcto.

Belezos Vendimia Seleccionada 2010 T
92 ★★★   13,5€

Color cereza, borde granate. Aroma fruta madura, especiado, roble cremoso, tostado, complejo, chocolate, terroso. Boca potente, sabroso, tostado, taninos maduros.

Cuna de Maras B
90

Color dorado. Aroma potente, floral, notas amieladas, fruta escarchada, hierbas de tocador. Boca sabroso, dulce, fresco, frutoso, buena acidez, largo.

Cuna de Maras Malvasia 2013 BFB
83

Raices de Cuna de Maras 2010 T
88

Color cereza, borde granate. Aroma fruta confitada, fruta al licor, especiado. Boca sabroso, confitado.

Valle de Cuna de Maras 2011 T
92

Color cereza, borde granate. Aroma fruta madura, especiado, roble cremoso, tostado, complejo, chocolate, terroso. Boca potente, sabroso, tostado, taninos maduros.

BOHEDAL

Crta Pancorbo.
Camino de Los Lirios s/n
26214 Cuzcurrita de Río Tirón (La Rioja)
☎: +34 941 328 064
www.banosbezares.com
info@bohedal.com

Bohedal 2013 B
100% viura

88 ★★★★★   3€

Color pajizo brillante. Aroma fresco, fruta fresca, flores blancas, expresivo. Boca sabroso, frutoso, buena acidez, equilibrado.

Bohedal 2013 T Joven
100% tempranillo

84   3€

Gran Bohedal 2009 TR
100% tempranillo

87 ★★★   10€

Color cereza, borde granate. Aroma intensidad media, fruta madura, especiado. Boca correcto, buena acidez, cierta persistencia.

Gran Bohedal 2010 TC
100% tempranillo

88 ★★★★   7€

Color cereza, borde granate. Aroma fruta madura, especiado, roble cremoso, complejo. Boca sabroso, tostado, taninos maduros.

Gran Bohedal 2013 BFB
100% viura

87 ★★★★   6,5€

Color amarillo brillante. Aroma potente, fruta madura, especias dulces, roble cremoso, hierbas de tocador. Boca graso, sabroso, fresco, buena acidez.

Hebabe Graciano 2010 T
100% graciano

87   25€

Color cereza, borde granate. Aroma fruta madura, hierbas verdes, vegetal. Boca balsámico, fino amargor, correcto.

Hebabe II 2010 T
100% tempranillo

91   20€

Color cereza oscuro. Aroma varietal, equilibrado, fruta madura, especias dulces, cacao fino. Boca equilibrado, largo, taninos maduros.

CARLOS SAN PEDRO PÉREZ DE VIÑASPRE

Páganos, 44- Bajo
1300 Laguardia (Álava)
☎: +34 945 600 146
Fax: +34 945 600 146
www.bodegascarlossampedro.com
info@bodegascarlossampedro.com

Carlos San Pedro Colección Familiar 2006 T
tempranillo

91

Color cereza, borde granate. Aroma fruta madura, especiado, roble cremoso, tostado, balsámico, fina reducción. Boca potente, sabroso, tostado, taninos maduros.

Viñasperi 2010 TC
tempranillo

86 ★★★★   6,5€

Color cereza brillante. Aroma fruta madura, especias dulces, roble cremoso, intensidad media. Boca frutoso, sabroso, tostado.

Viñasperi Corazón 2010 T
tempranillo

85 ★★★★   5,5€

CARLOS SERRES

Avda. Santo Domingo, 40
26200 Haro (La Rioja)
☎: +34 941 310 279
Fax: +34 941 310 418
www.carlosserres.com
info@carlosserres.com

Carlos Serres 2005 TGR
88   14€
Color guinda. Aroma equilibrado, complejo, fruta madura, especiado, tostado, fina reducción. Boca estructurado, sabroso, taninos maduros.

Carlos Serres 2007 TR
89   10,5€
Color cereza oscuro, borde anaranjado. Aroma especiado, ebanistería, cuero muy curtido. Boca sabroso, fruta madura, taninos finos.

Carlos Serres 2010 TC
88 ★★★★   7€
Color cereza, borde granate. Aroma intensidad media, hierbas verdes, hierbas silvestres, fruta roja. Boca frutoso, fácil de beber.

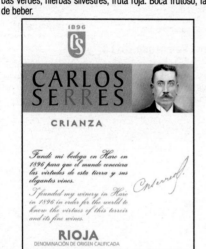

Onomástica 2007 TR
92   18€
Color cereza, borde granate. Aroma complejo, fruta madura, especiado, equilibrado. Boca estructurado, sabroso, taninos maduros, elegante.

Onomástica 2009 B Reserva
viura
89   18€
Color dorado brillante. Aroma especias dulces, almendra tostada, roble cremoso, frutos secos. Boca lleno, graso, tostado, retronasal ahumado.

Serres Tempranillo 2013 T
tempranillo
85 ★★★★★   4,3€

Serres Tempranillo Garnacha 2013 RD
84   4,3€

Serres Viura 2013 B
viura
84   4,3€

CASTILLO CLAVIJO

Ctra. de Clavijo, s/n
26141 Alberite (La Rioja)
☎: +34 941 436 702
Fax: +34 941 436 430
www.criadoresderioja.com
info@castilloclavijo.com

Castillo Clavijo 2007 TGR
84   12€

Castillo Clavijo 2008 TR
88   10,5€
Color cereza, borde granate. Aroma equilibrado, complejo, fruta madura, especiado, fina reducción. Boca estructurado, sabroso, taninos maduros.

Castillo Clavijo 2010 TC
87 ★★★★   6€
Color cereza brillante. Aroma fruta madura, especias dulces, roble cremoso, intensidad media. Boca frutoso, sabroso, tostado.

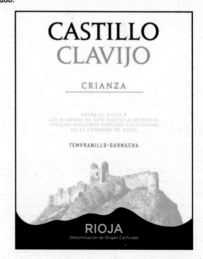

Castillo Clavijo 2012 BFB
100% viura
86 ★★★★ 6€
Color pajizo brillante. Aroma fruta madura, especias dulces, flores secas. Boca retronasal ahumado, buena acidez.

CASTILLO DE CUZCURRITA
San Sebastián, 1
26214 Cuzcurrita del Río Tirón (La Rioja)
☎: +34 941 328 022
Fax: +34 941 301 620
www.castillodecuzcurrita.com
info@castillodecuzcurrita.com

Señorío de Cuzcurrita 2008 T
100% tempranillo
90 18,5€
Color cereza muy intenso, borde granate. Aroma potente, fruta madura, muy tostado (torrefactado), chocolate. Boca potente, tostado, retronasal torrefactado.

SEÑORÍO DE CUZCURRITA

Elaborado con uvas de tempranillo procedentes de viñedos seleccionados en el entorno del Castillo de Cuzcurrita. Este vino ofrece un marcado carácter local, conjugando tradición y modernidad.

RIOJA
DENOMINACIÓN DE ORIGEN CALIFICADA

COMPAÑÍA DE VINOS TELMO RODRÍGUEZ
El Monte
1308 Lanciego (Álava)
☎: +34 945 628 315
Fax: +34 945 628 314
www.telmorodriguez.com
contact@telmorodriguez.com

Altos de Lanzaga 2010 T
tempranillo, graciano, garnacha
96 ♣ 72,2€
Color cereza, borde granate. Aroma fruta madura, especiado, roble cremoso, tostado, complejo, chocolate, terroso, mineral. Boca potente, sabroso, tostado, taninos maduros.

Lanzaga 2010 T
tempranillo, graciano, garnacha
92 21,1€
Color cereza, borde granate. Aroma hierbas de monte, fruta madura, tostado, especiado. Boca sabroso, buena acidez, taninos finos.

Las Beatas 2011 T
96 ♣ 144,4€
Color cereza brillante. Aroma fruta roja, caramelo de violetas, mineral, especiado. Boca especiado, fruta madura, balsámico, buena acidez.

LZ 2013 T
tempranillo, graciano, garnacha
93 ★★★★★ 9,3€
Color cereza, borde violáceo. Aroma expresivo, fruta fresca, fruta roja, floral. Boca sabroso, frutoso, buena acidez, taninos maduros.

CORDIS TERRA HISPANIA
Gamonal, 16 2ºC
28031 Madrid (Madrid)
☎: +34 911 610 024
Fax: +34 913 316 047
www.cordisterra.com
info@cordisterra.com

Vega Valbosque 2011 T
87 ★★★★ 6,5€
Color cereza brillante. Aroma fruta madura, especias dulces, roble cremoso, intensidad media. Boca frutoso, sabroso, tostado, correcto.

CREACIONES EXEO

Costanilla del Hospital s/n
1330 Labastida (Álava)
☎: +34 945 331 230
Fax: +34 945 331 257
www.bodegasexeo.com
export@bodegasexeo.com

Cifras 2011 B
91
Color pajizo brillante. Aroma fruta madura, floral, hierbas de tocador, especiado, expresivo. Boca equilibrado, graso, frutoso, sabroso, largo.

Cifras 2011 T
garnacha
92 ★★★   16€
Color cereza brillante. Aroma fruta madura, especiado, hierbas de monte. Boca equilibrado, sabroso, largo, balsámico.

Letras 2011 T
tempranillo
92   25€
Color cereza, borde granate. Aroma fruta madura, especiado, roble cremoso, tostado, complejo, terroso. Boca potente, sabroso, tostado, taninos maduros.

Letras Minúsculas 2011 T
91 ★★★★★   7€
Color cereza intenso, borde granate. Aroma fruta madura, cacao fino, especias dulces, balsámico. Boca frutoso, estructurado, especiado.

CVNE

Barrio de la Estación, s/n
26200 Haro (La Rioja)
☎: +34 941 304 800
Fax: +34 941 304 815
www.cvne.com
marketing@cvne.com

Corona Semidulce 2013 B
90 ★★★★   11€
Color amarillo brillante. Aroma fruta al licor, flores marchitas, hierbas secas, notas amieladas, cítricos. Boca potente, sabroso, especiado, dulce.

Cune 2008 TGR
90 ★★★   15€
Color cereza muy intenso. Aroma fruta madura, especiado, roble cremoso, tostado, con carácter. Boca potente, sabroso, tostado, taninos maduros.

Cune 2010 TR
90 ★★★★★   10€
Color cereza muy intenso. Aroma fruta madura, especiado, roble cremoso, tostado, con carácter. Boca potente, sabroso, tostado, taninos maduros.

Cune 2012 TC
90 ★★★★★   6,2€
Color cereza brillante. Aroma fruta madura, especias dulces, roble cremoso, expresivo. Boca sabroso, frutoso, tostado, taninos maduros.

Cune 2013 RD
100% tempranillo
85 ★★★★★   4,2€

Cune Semidulce 2013 B
84

Cune White 2013 B
100% viura
90 ★★★★   13€
Color pajizo brillante. Aroma fresco, fruta fresca, flores blancas, expresivo. Boca sabroso, frutoso, buena acidez, equilibrado.

Imperial 2008 TGR
93   29€
Color cereza, borde granate. Aroma equilibrado, complejo, fruta madura, especiado. Boca estructurado, sabroso, taninos maduros.

Imperial 2009 TGR
91   29€
Color cereza, borde granate. Aroma fruta madura, especiado, roble cremoso, tostado, chocolate. Boca potente, sabroso, tostado, taninos maduros.

Imperial 2009 TR
92   21,7€
Color cereza muy intenso, borde granate. Aroma potente, fruta madura, muy tostado (torrefactado), chocolate. Boca potente, tostado, retronasal torrefactado.

Monopole 2013 B
100% viura
87 ★★★★   5,3€
Color pajizo brillante. Aroma intensidad media, fruta fresca, flores blancas. Boca fresco, fino amargor, buena acidez.

DIEZ-CABALLERO
Barrihuelo, 73
1340 Elciego (Álava)
☎: +34 944 630 938
www.diez-caballero.es
diez-caballero@diez-caballero.es

Díez-Caballero 2012 TC
tempranillo
89 ★★★★   5,8€
Color cereza brillante. Aroma fruta madura, especias dulces, roble cremoso, expresivo. Boca sabroso, frutoso, tostado, correcto.

Díez-Caballero 2009 TR
tempranillo
88 ★★★   8,6€
Color cereza intenso. Aroma equilibrado, complejo, fruta madura, especiado, hierbas silvestres. Boca estructurado, sabroso, taninos maduros.

Díez-Caballero Vendimia Seleccionada 2010 TR
tempranillo
88
Color cereza, borde granate. Aroma fruta madura, especiado, roble cremoso, tostado, complejo, chocolate. Boca potente, sabroso, tostado, taninos maduros.

Victoria Díez-Caballero 2010 T
tempranillo
89
Color cereza, borde granate. Aroma equilibrado, complejo, fruta madura, especiado, balsámico. Boca estructurado, sabroso, taninos maduros.

DIOSARES S.L.
Ctra. de Navaridas, s/n
1300 Laguardia (Alava)
☎: +34 945 600 678
Fax: +34 945 600 522
www.bodegasdiosares.com
info@bodegasdiosares.com

Dios Ares 2011 TC
100% tempranillo
92 ★★★★★   7,5€
Color cereza, borde granate. Aroma fruta madura, roble cremoso, tostado, complejo, terroso. Boca potente, sabroso, tostado, taninos maduros.

DOMINIO DE BERZAL
Término Río Salado, s/n
1307 Baños de Ebro (Álava)
☎: +34 945 623 368
Fax: +34 945 609 090
www.dominioberzal.com
info@dominioberzal.com

Dominio de Berzal 2011 TC
89 ★★★   9€
Color cereza, borde granate. Aroma fruta madura, especiado, roble cremoso, tostado, complejo. Boca potente, sabroso, tostado, taninos maduros.

Dominio de Berzal 2013 B
86 ★★★★★   5€
Color amarillo, pálido. Aroma intensidad media, hierbas secas. Boca sabroso, frutoso, equilibrado, fino amargor.

Dominio de Berzal 2013 T Maceración Carbónica
87 ★★★★★   4€
Color cereza, borde violáceo. Aroma expresivo, fruta fresca, fruta roja, floral. Boca sabroso, frutoso, buena acidez, taninos maduros.

Dominio de Berzal 7 Varietales 2011 T
maturana, graciano, garnacha, merlot
88   25€
Color cereza muy intenso. Aroma fruta madura, especiado, roble cremoso, tostado, con carácter. Boca potente, sabroso, tostado, taninos maduros.

Dominio de Berzal Selección Privada 2011 T
tempranillo
90   19€
Color cereza, borde granate. Aroma fruta madura, especiado, roble cremoso, tostado, complejo. Boca potente, sabroso, tostado, taninos maduros.

EGUREN UGARTE
Ctra. A-124, Km. 61
1309 Laguardia (Álava)
☎: +34 945 282 844
Fax: +34 945 271 319
www.egurenugarte.com
info@egurenugarte.com

Anastasio 2007 T
100% tempranillo
88   95€
Color cereza, borde granate. Aroma fruta sobremadura, fruta pasificada, especias dulces, tostado. Boca fruta madura, cálido, potente.

Cedula Real 2006 TGR
90   28€
Color rubí, borde teja. Aroma especiado, fina reducción, cuero mojado, ebanistería, espirituoso. Boca especiado, taninos finos.

Cincuenta Ugarte 2010 T
100% tempranillo
87 ★★★   9€
Color cereza, borde granate. Aroma especiado, tostado, fruta sobremadura, mineral. Boca potente, sabroso, tostado, taninos maduros.

Martín Cendoya 2009 TR
89   29€
Color cereza brillante. Aroma fruta madura, especias dulces, roble cremoso, intensidad media. Boca frutoso, sabroso, tostado.

Martín Cendoya Malvasía 2013 B
100% malvasía
86   12,8€
Color pajizo brillante. Aroma flores blancas, hierbas de tocador, intensidad media, especiado. Boca fresco, frutoso, equilibrado.

Ugarte 2009 TR
87   12€
Color cereza muy intenso. Aroma fruta madura, especiado, tostado, con carácter. Boca potente, sabroso, tostado, taninos maduros.

Ugarte 2011 TC
87 ★★★★   8€
Color cereza, borde granate. Aroma especiado, roble cremoso, tostado. Boca potente, sabroso, tostado, taninos maduros.

Ugarte Cosecha 2011 T
88 ★★★★★ 5€
Color cereza brillante. Aroma fruta madura, especias dulces, roble cremoso, expresivo. Boca sabroso, frutoso, tostado, taninos maduros.

Ugarte Tempranillo 2013 T
100% tempranillo
86 ★★★★★ 4,2€
Color cereza, borde violáceo. Aroma fruta roja, floral. Boca sabroso, frutoso, buena acidez, taninos maduros.

Ugarte Viura 2013 B
100% viura
85 ★★★★ 6€

EL CONJURO DEL CIEGO
Barrihuelo, 77
1340 Elciego (Alava)
☎: +34 945 264 866
Fax: +34 945 264 866
www.elconjurodelciego.com
lur@elconjurodelciego.com

Lur Tempranillo 2009 T
tempranillo
90 17€
Color cereza, borde granate. Aroma fruta madura, especiado, roble cremoso, tostado, complejo. Boca potente, sabroso, tostado, taninos maduros.

EL COTO DE RIOJA
Camino Viejo de Logroño, 26
1320 Oyón (Álava)
☎: +34 945 622 216
Fax: +34 945 622 315
www.elcoto.com
cotorioja@elcoto.com

Coto de Imaz 2005 T
88
Color cereza oscuro, borde granate. Aroma cerrado, especiado, cera. Boca correcto, equilibrado, especiado, taninos maduros.

Coto de Imaz 2008 TGR
100% tempranillo
90 18€
Color cereza, borde granate. Aroma equilibrado, complejo, fruta madura, especiado. Boca estructurado, sabroso, taninos maduros.

Coto de Imaz 2010 TR
100% tempranillo
89 ★★★ 8,5€
Color cereza, borde granate. Aroma fruta madura, especiado, roble cremoso, tostado. Boca tostado, fácil de beber.

Coto Mayor 2011 TC
100% tempranillo
90 ★★★★★ 7€
Color cereza muy intenso. Aroma intensidad media, fruta madura, hierbas secas, especiado. Boca largo, equilibrado, taninos maduros.

Coto Real 2011 T
tempranillo, mazuelo, garnacha

90   20€

Color cereza muy intenso. Aroma equilibrado, hierbas secas. Boca estructurado, especiado, largo.

El Coto 2011 TC
100% tempranillo

88 ★★★★   5,5€

Color cereza oscuro. Aroma fruta madura, especiado, roble cremoso, tostado. Boca sabroso, tostado, taninos maduros, fácil de beber.

El Coto 2013 B
100% viura

86 ★★★★★   3,5€

Color pajizo brillante. Aroma fruta madura, floral, hierbas secas, intensidad media. Boca fácil de beber, fresco, frutoso.

El Coto 2013 RD
100% tempranillo

87 ★★★★★   3,5€

Color piel cebolla. Aroma elegante, fruta escarchada, flores secas, hierbas de tocador. Boca ligero, sabroso, buena acidez, largo, especiado.

ELVIWINES
Finca Clos Mesorah, Ctra. T-300
43775 Falset-Marça (Tarragona)
☎: +34 618 792 963
www.elviwines.com
victor@elviwines.com

Herenza 2009 TR
100% tempranillo

91   34€

Color cereza poco intenso. Aroma fruta roja, fruta madura, especiado, roble cremoso, tostado, complejo, terroso. Boca potente, sabroso, tostado, taninos maduros, equilibrado.

EMW GRANDES VINOS DE ESPAÑA
Sánchez Picazo, 53
30332 Balsapintada (Fuente Alamo)
(Murcia)
☎: +34 968 151 520
Fax: +34 968 151 539
www.emw.es
info@emw.es

The Invisible Man 2011 TC

89   12,5€

Color cereza, borde granate. Aroma fruta madura, especiado, roble cremoso, muy tostado (torrefactado). Boca potente, sabroso, tostado.

FINCA ALLENDE   NOMINADO GUÍAPENÍN
Pza. Ibarra, 1
26330 Briones (La Rioja)
☎: +34 941 322 301
Fax: +34 941 322 302
www.finca-allende.com
info@finca-allende.com

Allende 2010 T
100% tempranillo

93 ★★★   16€

Color cereza, borde granate. Aroma especiado, roble cremoso, tostado, complejo, expresión frutal, terroso. Boca potente, sabroso, tostado, taninos maduros.

Allende 2011 B

93 ★★★   16€

Color amarillo brillante. Aroma potente, fruta madura, especias dulces, roble cremoso, hierbas de tocador. Boca graso, retronasal ahumado, sabroso, fresco, buena acidez.

Allende Dulce 2011 B
100% viura

96   30€

Color dorado. Aroma potente, floral, notas amieladas, fruta escarchada, hierbas de tocador. Boca sabroso, dulce, fresco, frutoso, buena acidez, largo.

Avrvs 2010 T

97   **150€**

Color cereza, borde granate. Aroma chocolate, fruta madura, roble cremoso, tostado. Boca potente, especiado, fruta madura, amargoso, buena acidez, taninos suaves.

Calvario 2010 T

95   **105€**

Color cereza, borde granate. Aroma especiado, tostado, mineral, fruta madura, fruta sobremadura. Boca potente, sabroso, tostado, taninos maduros.

Mártires 2012 B

100% viura

96   **105€**

Color pajizo brillante. Aroma flores blancas, fruta fresca, expresivo, lías finas, hierbas secas. Boca sabroso, frutoso, buena acidez, equilibrado.

Mártires 2013 B

100% viura

97   **105€**

Color pajizo brillante. Aroma flores blancas, lías finas, hierbas secas, fruta madura, fruta escarchada, cítricos. Boca sabroso, frutoso, buena acidez.

FINCA DE LA RICA

Las Cocinillas, s/n
1330 Labastida (Rioja)
☎: +34 628 833 065
www.fincadelarica.com
info@fincadelarica.com

El Buscador de Finca de la Rica 2011 TC

tempranillo, garnacha

88 ★★★★   **7,9€**

Color cereza oscuro, borde granate. Aroma especiado, hierbas secas, fruta madura. Boca frutoso, correcto, taninos maduros, amargoso.

El Buscador de Finca de la Rica 2012 TC

tempranillo, garnacha

89 ★★★★   **7,9€**

Color cereza, borde granate. Aroma fruta madura, especiado, roble cremoso, tostado, complejo. Boca potente, sabroso, tostado, taninos maduros.

El Guía de Finca de la Rica 2012 T

tempranillo, viura

88 ★★★★   **5,3€**

Color cereza muy intenso, borde granate. Aroma fruta madura, tostado. Boca sabroso, fruta madura, largo, retronasal afrutado.

El Nómada 2010 T

tempranillo, graciano

92 ★★★★   **12,9€**

Color cereza intenso, borde granate. Aroma equilibrado, potente, fruta madura, especiado. Boca equilibrado, largo, taninos maduros.

El Nómada 2011 T

tempranillo, graciano

91 ★★★   **13,9€**

Color cereza opaco, borde granate. Aroma cerrado, intensidad media, cacao fino. Boca complejo, lleno, sabroso, taninos maduros, potente.

FINCA DE LOS ARANDINOS

Ctra. LP 137, km. 4,6
26375 Entrena (La Rioja)
☎: +34 941 446 065
Fax: +34 941 446 423
www.fincadelosarandinos.com
bodega@fincadelosarandinos.com

Finca de los Arandinos 2012 TC

88 ★★★★   **8€**

Color cereza oscuro, borde granate. Aroma fruta confitada, cálido, potente. Boca fruta madura, largo, balsámico, taninos maduros.

Malacapa 2013 T

85 ★★★★★   **4€**

Viero sobre lías 2013 BFB

100% viura

91 ★★★★★   **6€**

Color amarillo brillante. Aroma hierbas de tocador, especiado, cítricos. Boca equilibrado, fácil de beber, fino amargor.

FINCA EGOMEI

Ctra. Corella, s/n
26540 Alfaro (La Rioja)
☎: +34 948 780 006
Fax: +34 948 780 515
www.bodegasab.com
info@egomei.es

Carpess 2010 T

tempranillo

92 ★★★★★   **8€**

Color cereza oscuro, borde granate. Aroma potente, fruta confitada, roble cremoso, especias dulces, mineral. Boca estructurado, lleno, taninos maduros, largo.

 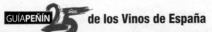

Egomei 2010 T
tempranillo, graciano
91 ★★★★　　　　　　　12€
Color cereza intenso. Aroma fruta madura, especiado, roble cremoso, tostado, complejo. Boca potente, sabroso, tostado, taninos maduros.

Egomei Alma 2009 T
tempranillo, graciano
93　　　　　　　　　　34€
Color cereza muy intenso, borde granate. Aroma potente, fruta madura, roble cremoso, especiado, cacao fino. Boca potente, tostado, taninos maduros, balsámico.

FINCA NUEVA
Las Eras, 16
26330 Briones (La Rioja)
☎: +34 941 322 301
Fax: +34 941 322 302
www.fincanueva.com
info@fincanueva.com

Finca Nueva 2008 TR
100% tempranillo
92 ★★★　　　　　　　14€
Color guinda, borde granate. Aroma fruta madura, especiado, roble cremoso, tostado, complejo, fina reducción. Boca potente, sabroso, tostado, taninos maduros.

Finca Nueva 2010 TC
100% tempranillo
90 ★★★★★　　　　　　9€
Color cereza, borde granate. Aroma fruta madura, especiado, roble cremoso, tostado, complejo. Boca potente, sabroso, tostado, taninos maduros.

Finca Nueva 2013 B
100% viura
89 ★★★★　　　　　　　6€
Color pajizo brillante. Aroma fruta madura, cítricos, especias dulces. Boca fácil de beber, fruta madura.

Finca Nueva 2013 RD
89 ★★★★　　　　　　　6€
Color cobrizo. Aroma elegante, fruta escarchada, flores secas, fruta roja. Boca ligero, sabroso, buena acidez, largo, especiado.

Finca Nueva Tempranillo 2013 T
100% tempranillo
88 ★★★★　　　　　　　6€
Color cereza, borde violáceo. Aroma fruta roja, floral, balsámico. Boca sabroso, frutoso, buena acidez, taninos maduros.

Finca Nueva Viura 2013 BFB
100% viura
89 ★★★　　　　　　　　9€
Color pajizo brillante. Aroma fresco, fruta fresca, flores blancas. Boca sabroso, frutoso, buena acidez, equilibrado.

FINCA VALPIEDRA
Término El Montecillo, s/n
26360 Fuenmayor (La Rioja)
☎: +34 941 450 876
Fax: +34 941 450 875
www.familiamartinezbujanda.com
info@bujanda.com

Cantos de Valpiedra 2011 T
100% tempranillo
90 ★★★★★　　　　　　8,5€
Color cereza, borde granate. Aroma fruta madura, especiado, roble cremoso, tostado. Boca potente, sabroso, tostado, taninos maduros.

Finca Valpiedra 2008 TR
93　　　　　　　　　　22€
Color cereza, borde granate. Aroma fruta madura, especiado, roble cremoso, tostado, complejo, chocolate, terroso. Boca potente, sabroso, tostado, taninos maduros.

GÓMEZ DE SEGURA

Barrio El Campillar
1300 Laguardia (Álava)
☎: +34 945 600 227
Fax: +34 945 600 227
www.gomezdesegura.com
bodegas@gomezdesegura.com

Finca Ratón 2009 T
tempranillo

87   15€

Color cereza oscuro, borde granate. Aroma intensidad media, fruta madura, varietal, especiado, hierbas de monte. Boca correcto, especiado.

Gómez de Segura 2008 TR
tempranillo

88 ★★★   9€

Color cereza, borde granate. Aroma varietal, fruta madura, hierbas secas. Boca especiado, correcto, equilibrado.

Gómez de Segura 2011 TC
tempranillo

88 ★★★★★   5€

Color cereza oscuro. Aroma fruta madura, especiado, roble cremoso, tostado, complejo. Boca potente, sabroso, tostado, taninos maduros.

Gómez de Segura 2013 RD
tempranillo

84   3€

Gómez de Segura 2013 B
83   3€

Gómez de Segura 2013 T Maceración Carbónica
tempranillo

84   3€

Gómez de Segura Vendimia Seleccionada 2011 T
tempranillo

89 ★★★★★   3,5€

Color cereza, borde granate. Aroma fruta madura, hierbas silvestres, terroso, especiado, roble cremoso. Boca equilibrado, sabroso, largo, balsámico.

GONZÁLEZ PURAS

Los Carros, 34
26340 San Asensio (La Rioja)
☎: +34 687 936 272
www.bodegasgonzalezpuras.com
info@bodegasgonzalezpuras.com

González Puras 2010 TC
100% tempranillo

87 ★★★★   6€

Color cereza, borde granate. Aroma fruta madura, especiado, roble cremoso, tostado, complejo. Boca sabroso, tostado, taninos maduros, fácil de beber.

González Puras 2013 B
100% viura

85 ★★★★★   4,5€

González Puras 2013 RD
85 ★★★★★   4,5€

GONZÁLEZ TESO

El Olmo, 34-36
1330 Labastida (Álava)
☎: +34 656 745 954
Fax: +34 945 331 321
www.gonzalezteso.com
info@gontes.com

Gontés 2010 TC
89 ★★★★   7,5€

Color cereza, borde granate. Aroma intensidad media, fruta madura, hierbas silvestres. Boca correcto, frutoso, fácil de beber.

Gontés 2013 T
83   3,2€

Gontés Expresión 2007 T
100% tempranillo

90   25€

Color cereza, borde granate. Aroma equilibrado, expresivo, varietal, especiado, tabaco. Boca equilibrado, fruta madura, taninos maduros, matices de reducción.

Gontés Media Crianza 2012 T
100% tempranillo

87 ★★★★   6€

Color cereza oscuro, borde granate. Aroma piedra seca, potente, fruta madura, toques silvestres. Boca especiado, correcto, taninos maduros.

Olmo 34 2009 T
88 14€
Color cereza oscuro. Aroma potente, fruta madura, fruta confitada, especias dulces. Boca equilibrado, taninos maduros.

GRUPO VINÍCOLA MARQUÉS DE VARGAS
Ctra. Zaragoza, Km. 6
26006 Logroño (La Rioja)
☎: +34 941 261 401
Fax: +34 941 238 696
www.marquesdevargas.com
bodega@marquesdevargas.com

Marqués de Vargas 2008 TR
90 18€
Color cereza, borde granate. Aroma especiado, cuero muy curtido, hierbas secas. Boca sabroso, fácil de beber, especiado.

Marqués de Vargas Hacienda Pradolagar 2005 TR
93 87€
Color cereza oscuro, borde anaranjado. Aroma fina reducción, fruta al licor, complejo, especiado. Boca lleno, buena acidez, taninos maduros, crianza clásica.

Marqués de Vargas Reserva Privada 2007 TR
92 33€
Color guinda. Aroma especiado, fina reducción, ebanistería, tostado. Boca especiado, largo, tostado, sabroso, taninos maduros, balsámico.

HACIENDA GRIMÓN
Gallera, 6
26131 Ventas Blancas (La Rioja)
☎: +34 941 482 184
Fax: +34 941 482 184
www.haciendagrimon.com
info@haciendagrimon.com

Finca La Oración 2011 T
100% tempranillo
91 ★★★★ 10,5€
Color cereza, borde granate. Aroma fruta madura, especiado, roble cremoso, tostado, complejo, terroso. Boca potente, sabroso, tostado, taninos maduros, balsámico, equilibrado.

Hacienda Grimón 2011 TC
90 ★★★★★ 6,5€
Color cereza, borde granate. Aroma fruta madura, especiado, roble cremoso, tostado, complejo, hierbas silvestres. Boca potente, sabroso, tostado, equilibrado.

HACIENDA URBIÓN
Ctra. Nalda, km. 9
26120 Albelda de Iregua (Rioja)
☎: +34 941 444 233
Fax: +34 941 444 427
www.miguelangelwines.com
info@vinicolareal.com

Palacio de Alcántara 2011 TC
100% tempranillo
87 ★★★★★ 4€
Color cereza muy intenso. Aroma fruta madura, especiado, tostado. Boca potente, sabroso, tostado, taninos maduros.

Palacio de Alcántara 2013 T
100% tempranillo
82 3€

Palacio de Alcántara PA 20 2013 T
100% tempranillo
86 ★★★★★ 4,5€
Color cereza muy intenso. Aroma intensidad media, fruta escarchada, hierbas de tocador. Boca amargoso, buena acidez.

Palacio de Alcántara PA 30 2011 T
100% tempranillo
87 ★★★★ 7€
Color cereza brillante. Aroma fruta madura, especias dulces, roble cremoso. Boca sabroso, frutoso, tostado, taninos maduros.

Palacio de Alcántara PA 40 2010 T
100% tempranillo
88 ★★★★ 8€
Color cereza, borde granate. Aroma fruta madura, especiado, roble cremoso, tostado. Boca potente, sabroso, tostado, taninos maduros.

Urbión Cuvée 2012 T
85 ★★★★★ 4,5€

Urbión Vendimia 2010 TC
90 ★★★★★ 7€
Color cereza, borde granate. Aroma equilibrado, complejo, fruta madura, especiado, fina reducción. Boca estructurado, sabroso, taninos maduros.

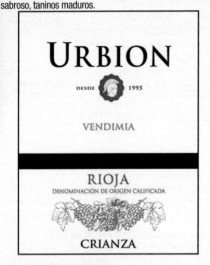

HACIENDA Y VIÑEDO MARQUÉS DEL ATRIO
Ctra. de Logroño NA-134, Km. 86,2
31587 Mendavia (Navarra)
☎: +34 948 379 994
Fax: +34 948 389 049
www.marquesdelatrio.com
info@marquesdelatrio.com

Bardesano 2011 TC
85 ★★★★★ 3,5€

Faustino Rivero Ulecia 2009 TR
89 ★★★★ 7€
Color guinda. Aroma equilibrado, complejo, fruta madura, especiado. Boca estructurado, sabroso, taninos maduros.

Faustino Rivero Ulecia 2011 TC
87 ★★★★★ 4,3€
Color cereza intenso. Aroma fruta madura, especiado, roble cremoso, tostado, complejo. Boca potente, sabroso, tostado, taninos maduros.

Marqués del Atrio 2009 TR
87 ★★★★★ 5€
Color cereza brillante. Aroma equilibrado, complejo, fruta madura, especiado. Boca estructurado, sabroso, taninos maduros.

Marqués del Atrio 2011 TC
88 ★★★★ 6€
Color cereza, borde granate. Aroma fruta madura, especiado, roble cremoso, tostado, complejo, chocolate. Boca potente, sabroso, tostado, taninos maduros.

HERMANOS FRÍAS DEL VAL
Herrerías, 13
1307 Villabuena (Álava)
☎: +34 945 609 172
Fax: +34 945 609 172
www.friasdelval.com
info@friasdelval.com

Don Peduz 2013 T
tempranillo
85 ★★★★ 7€

Hermanos Frías del Val 2013 T
tempranillo
85 ★★★★★ 5€

Hermanos Frías del Val 2009 TR
tempranillo
89
Color cereza poco intenso. Aroma fruta madura, especiado, roble cremoso, tostado, balsámico. Boca potente, sabroso, tostado, taninos maduros.

Hermanos Frías del Val 2010 TC
tempranillo
88 12€
Color cereza brillante. Aroma especias dulces, roble cremoso, fruta roja, fruta al licor. Boca sabroso, frutoso, tostado, taninos maduros.

Hermanos Frías del Val Experiencia 2010 T
tempranillo
90
Color cereza, borde granate. Aroma especiado, roble cremoso, tostado, complejo, chocolate, terroso, fruta roja, fruta confitada. Boca potente, sabroso, tostado, taninos maduros, elegante.

Hermanos Frías del Val 2012 BFB
viura, malvasía

87   12€

Color amarillo brillante. Aroma potente, fruta madura, especias dulces, roble cremoso, hierbas de tocador. Boca graso, retronasal ahumado, sabroso, fresco, buena acidez.

Hermanos Frías del Val 2013 B
viura, malvasía

86 ★★★★★   5€

Color pajizo brillante. Aroma fresco, fruta fresca, flores blancas, expresivo. Boca sabroso, frutoso, buena acidez, equilibrado, fácil de beber.

HNOS. CASTILLO PÉREZ

Camino la Estación, 15
26330 Briones (La Rioja)
☎: +34 667 730 651
www.bodegaszurbal.com
info@bodegaszurbal.com

Zurbal 2009 TR
tempranillo

87 ★★★   10€

Color cereza, borde granate. Aroma fruta madura, hierbas silvestres, especiado, roble cremoso. Boca equilibrado, sabroso, largo, balsámico.

Zurbal 2010 T
tempranillo

88   15€

Color cereza, borde granate. Aroma fruta madura, especiado, roble cremoso, tostado. Boca potente, sabroso, tostado.

Zurbal 2011 TC
tempranillo

89 ★★★★★   4,5€

Color cereza brillante. Aroma fruta madura, especias dulces, roble cremoso, intensidad media. Boca frutoso, sabroso, tostado.

RIOJA
Denominación de Origen Calificada

Zurbal

Crianza 2011

Zurbal 2013 B
viura

86 ★★★★★   2,3€

Color pajizo brillante. Aroma fresco, fruta fresca, flores blancas, cítricos. Boca frutoso, buena acidez, equilibrado, correcto.

JESÚS FERNANDO GÓMEZ-CRUZADO CÁRCAMO

Polígono Las heras, 9
26330 Briones (La Rioja)
☎: +34 645 309 357
f.gomezcruzado@kzgunea.net

Corral del Sordo 2009 T

91   20€

Color cereza, borde granate. Aroma fruta madura, especiado, roble cremoso, complejo. Boca potente, sabroso, tostado, taninos maduros, balsámico.

JOSÉ BASOCO BASOCO

Ctra. de Samaniego, s/n
1307 Villabuena (Álava)
☎: +34 657 794 964
www.fincabarronte.com
info@fincabarronte.com

Betikoa 2013 B Joven
viura

82   3€

Finca Barronte 2011 TC
tempranillo

89 ★★★★★   5€

Color cereza muy intenso, borde violáceo. Aroma potente, fruta madura, hierbas secas. Boca sabroso, equilibrado.

Finca Barronte Graciano 2011 T
graciano

88 ★★★   10€

Color cereza opaco. Aroma fruta madura, hierbas secas. Boca balsámico, correcto, fruta madura, largo.

Finca Barronte Tempranillo 2011 T
tempranillo

87 ★★★★   8€

Color cereza brillante. Aroma fruta madura, especias dulces, roble cremoso. Boca frutoso, tostado, taninos maduros.

Finca Barronte Vendimia Seleccionada 2013 T
tempranillo

87 ★★★★★   3€

Color cereza, borde violáceo. Aroma fruta roja, frambuesa, floral, expresivo. Boca fresco, frutoso, sabroso, fácil de beber.

JUAN CARLOS SANCHA

Cº de Las Barreras, s/n
26320 Baños de Río Tobía (La Rioja)
☎: +34 639 216 011
www.juancarlossancha.com
juancarlossancha@yahoo.es

Ad Libitum Maturana Tinta 2012 T
100% maturana

91 ★★★★★ 🌷   8,5€

Color cereza, borde granate. Aroma fruta madura, especiado, roble cremoso, tostado, complejo, terroso. Boca potente, sabroso, tostado, taninos maduros.

Ad Libitum Monastel 2012 T
100% monastel

91 ★★★★★   8,5€

Color cereza, borde granate. Aroma fruta madura, hierbas silvestres, terroso, especiado, roble cremoso. Boca equilibrado, sabroso, largo, balsámico.

Ad Libitum Tempranillo Blanco 2013 B
100% tempranillo blanco

88 ★★★ 🌷   8,5€

Color pajizo brillante. Aroma flores blancas, fruta fresca, expresivo, lías finas, hierbas secas. Boca sabroso, frutoso, buena acidez, equilibrado.

Peña El Gato Garnacha de Viñas Viejas 2012 T
100% garnacha

91 ★★★★   13€

Color cereza muy intenso. Aroma fruta madura, especiado, roble cremoso, tostado, con carácter. Boca potente, sabroso, tostado, taninos maduros.

LA RIOJA ALTA S.A.

Avda. de Vizcaya, 8
26200 Haro (La Rioja)
☎: +34 941 310 346
Fax: +34 941 312 854
www.riojalta.com
riojalta@riojalta.com

Gran Reserva 904 Rioja Alta 2004 TGR
tempranillo, graciano

95   30€

Color rubí borde teja. Aroma elegante, especiado, fina reducción, cuero mojado, ebanistería, espirituoso. Boca especiado, taninos finos, elegante, largo.

La Rioja Alta Gran Reserva 890 2001 TGR
94   70€

Color rubí, borde teja. Aroma especiado, fina reducción, cuero mojado, ebanistería, espirituoso, elegante. Boca especiado, taninos finos, elegante, largo.

Viña Alberdi 2007 TC
tempranillo

91

Color cereza oscuro, borde anaranjado. Aroma elegante, especiado, fina reducción, ebanistería, espirituoso. Boca especiado, taninos finos, elegante, largo.

Viña Alberdi 2008 TC
tempranillo

92 ★★★★   13€

Color cereza, borde granate. Aroma fruta madura, especiado, roble cremoso, complejo. Boca potente, sabroso, tostado, taninos maduros.

Viña Arana 2006 TR
tempranillo, mazuelo

93 ★★★   16€

Color rubí, borde teja. Aroma especiado, fina reducción, cuero mojado, ebanistería, espirituoso. Boca especiado, taninos finos.

Viña Ardanza 2005 TR

tempranillo, garnacha

93 20€

Color guinda. Aroma especiado, fina reducción, cuero mojado, ebanistería, tostado, fruta madura. Boca especiado, largo, tostado.

LAN

Paraje del Buicio, s/n
26360 Fuenmayor (La Rioja)
☎: +34 941 450 950
Fax: +34 941 450 567
www.bodegaslan.com
info@bodegaslan.com

Culmen 2010 TR

93 40€

Color cereza, borde granate. Aroma fruta madura, especiado, roble cremoso, tostado, complejo, chocolate, terroso. Boca potente, sabroso, tostado, taninos maduros.

Lan 2007 TGR

90 ★★★ 15€

Color cereza, borde granate. Aroma equilibrado, complejo, fruta madura, especiado. Boca estructurado, sabroso, taninos maduros.

Lan 2008 TR

91 ★★★★ 11,5€

Color cereza, borde granate. Aroma fruta madura, roble cremoso, tostado, complejo. Boca potente, sabroso, tostado, taninos maduros.

Lan 2011 TC

tempranillo

88 ★★★★ 7,2€

Color cereza brillante. Aroma fruta madura, especias dulces, roble cremoso, expresivo. Boca sabroso, frutoso, tostado, taninos maduros.

Lan A Mano 2010 T

93 30€

Color cereza muy intenso, borde granate. Aroma potente, fruta madura, muy tostado (torrefactado), chocolate. Boca potente, tostado, retronasal torrefactado.

Lan D-12 2011 T

100% tempranillo

91 ★★★★ 12,8€

Color guinda. Aroma especiado, fina reducción, ebanistería, tostado, fruta madura. Boca especiado, largo, tostado.

Viña Lanciano 2010 TR
90 ★★★ 16€
Color cereza brillante. Aroma fruta madura, especias dulces, roble cremoso, intensidad media. Boca frutoso, sabroso, tostado.

LONG WINES
Avda. del Puente Cultural, 8 Bloque B Bajo 7
28702 San Sebastián de los Reyes (Madrid)
☎: +34 916 221 305
Fax: +34 916 220 029
www.longwines.com
adm@longwines.com

Finca Mónica 2011 TC
100% tempranillo
90 ★★★★★ 7€
Color cereza, borde granate. Aroma roble cremoso, fruta madura, hierbas secas, especiado. Boca frutoso, taninos maduros, equilibrado.

Finca Mónica Tempranillo 2013 T
100% tempranillo
84 5€

FINCA MONICA

TEMPRANILLO

2013

LUBERRI MONJE AMESTOY
Camino de Rehoyos, s/n
1340 Elciego (Álava)
☎: +34 945 606 010
Fax: +34 945 606 482
www.luberri.com
luberri@luberri.com

Biga de Luberri 2011 TC
tempranillo
90 ★★★★★ 8€
Color cereza brillante. Aroma fruta madura, especias dulces, roble cremoso, expresivo. Boca sabroso, frutoso, tostado, taninos maduros.

Luberri 2013 T Maceración Carbónica
88 ★★★★ 6€
Color cereza, borde violáceo. Aroma fruta roja, frambuesa, floral, notas tropicales. Boca fresco, frutoso, sabroso, fácil de beber, equilibrado.

Luberri Cepas Viejas 2008 TC
tempranillo
88 18€
Color cereza, borde granate. Aroma fruta madura, especiado, roble cremoso, tostado. Boca potente, sabroso, tostado, taninos maduros.

Monje Amestoy de Luberri 2007 TR
91 ★★★ 14€
Color cereza, borde granate. Aroma fruta madura, especiado, roble cremoso, tostado, complejo. Boca potente, sabroso, tostado, taninos maduros.

Seis de Luberri 2011 T
tempranillo
92 ★★★★★ 7,2€
Color cereza, borde granate. Aroma fruta madura, especiado, roble cremoso, tostado, complejo. Boca potente, sabroso, tostado, taninos maduros.

LUIS GURPEGUI MUGA
Avda. Celso Muerza, 8
31570 San Adrián (Navarra)
☎: +34 948 670 050
Fax: +34 948 670 259
www.gurpegui.es
bodegas@gurpegui.es

Primi 2013 T
tempranillo, graciano, garnacha
81 4€

MARQUÉS DE LA CONCORDIA *

Ctra. El Ciego, s/n
26350 Cenicero (La Rioja)
☎: +34 913 878 612
www.the-haciendas.com
abasilio@unitedwineries.com

Hacienda de Susar 2011 T

88   19,9€

Color cereza, borde granate. Aroma fruta confitada, fruta al licor, especiado. Boca sabroso, confitado, balsámico.

Marqués de la Concordia 2010 TC
100% tempranillo

89 ★★★★   7€

Color cereza, borde granate. Aroma fruta madura, hierbas silvestres, especiado, roble cremoso. Boca equilibrado, sabroso, largo.

Marqués de la Concordia 2008 TR
100% tempranillo

88   10,4€

Color cereza, borde granate. Aroma fruta madura, especiado, roble cremoso, tostado, complejo. Boca potente, sabroso, tostado, taninos maduros.

MARQUÉS DE MURRIETA

Finca Ygay- Ctra. Logroño-Zaragoza, km. 5
26006 Logroño (La Rioja)
☎: +34 941 271 370
Fax: +34 941 251 606
www.marquesdemurrieta.com
rrpp@marquesdemurrieta.com

Capellania 2009 B
100% viura

93 22€
Color pajizo brillante. Aroma fruta fresca, expresivo, lías finas, hierbas secas, flores secas. Boca sabroso, frutoso, buena acidez, equilibrado.

Castillo Ygay 2005 TGR

95 65€
Color cereza, borde granate. Aroma equilibrado, complejo, fruta madura, especiado, mineral. Boca estructurado, sabroso, taninos maduros.

Dalmau 2009 TR

95 54€
Color cereza, borde granate. Aroma fruta madura, especiado, roble cremoso, tostado, complejo, chocolate, terroso. Boca potente, sabroso, tostado, taninos maduros.

Dalmau 2011 TR

96 54€
Color cereza, borde granate. Aroma fruta madura, especiado, roble cremoso, tostado, complejo, chocolate, terroso. Boca potente, sabroso, tostado, taninos maduros.

Marqués de Murrieta 2009 TR

93 18€
Color cereza muy intenso. Aroma fruta madura, especiado, roble cremoso, tostado, con carácter. Boca potente, sabroso, tostado, taninos maduros.

MARQUÉS DE REINOSA, S. COOP.

Ctra. Rincón de Soto, s/n
26560 Autol (La Rioja)
☎: +34 941 401 327
Fax: +34 941 390 065
www.marquesdereinosa.com
bodegas@marquesdereinosa.com

Marqués de Reinosa 2009 TR
tempranillo, mazuelo

87 ★★★★   6€

Color guinda. Aroma especiado, fina reducción, ebanistería, tostado, fruta madura. Boca especiado, largo, tostado.

Marqués de Reinosa 2011 TC
tempranillo

87 ★★★★★   5€

Color cereza brillante, borde granate. Aroma hierbas de monte, fruta madura, especiado. Boca sabroso, frutoso, taninos maduros.

Marqués de Reinosa 2013 B
viura, verdejo

85 ★★★★★   3€

Marqués de Reinosa 2013 RD
garnacha, tempranillo

87 ★★★★★   3€

Color piel cebolla. Aroma fruta escarchada, flores secas, hierbas de tocador. Boca ligero, largo, especiado.

MARQUÉS DE TOMARES

Ctra. de Cenicero, s/n
26360 Fuenmayor (La Rioja)
☎: +34 676 433 820
Fax: +34 941 450 297
www.marquesdetomares.com
info@marquesdetomares.com

Convento San Prudencio 2013 T
tempranillo

83   3,5€

Marqués de Tomares 2001 TGR
89

Color cereza oscuro, borde anaranjado. Aroma cuero muy curtido, hierbas secas, habano, ebanistería. Boca equilibrado, especiado, fruta madura, matices de reducción.

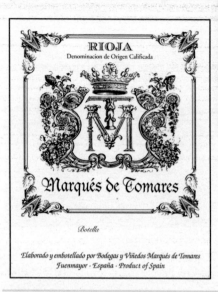

Marqués de Tomares 2009 TR
graciano

89 ★★★   10€

Color cereza muy intenso. Aroma hierbas de monte, especiado, fruta madura. Boca estructurado, equilibrado, taninos maduros.

Marqués de Tomares Excellence 3F 2013 T
85 ★★★★   6€

Monteleiva 2011 T
100% tempranillo

86 ★★★★   8€

Color cereza brillante, borde granate. Aroma intensidad media, fruta madura, especiado. Boca frutoso, fruta madura, largo.

MARQUÉS DE ULÍA

Paraje del Buicio, s/n
26360 Fuenmayor (La Rioja)
☎: +34 941 450 950
Fax: +34 941 450 567
www.marquesdeulia.com
info@marquesdeulia.com

La Vendimia Marqués de Ulía 2010 TR
89   12€

Color cereza brillante. Aroma fruta madura, especias dulces, roble cremoso, expresivo. Boca sabroso, frutoso, tostado.

Marqués de Ulía 2008 TR

90 ★★★★★   7,9€

Color rubí, borde teja. Aroma fruta madura, hierbas silvestres, terroso, especiado, roble cremoso. Boca equilibrado, sabroso, largo, balsámico.

Marqués de Ulía 2011 TC
tempranillo

90 ★★★★★   6,4€

Color cereza, borde granate. Aroma fruta madura, especiado, roble cremoso, tostado, complejo. Boca potente, sabroso, tostado, taninos maduros.

MARQUÉS DE VITORIA
Camino de Santa Lucía, s/n
1320 Oyón (Álava)
☎: +34 945 622 134
Fax: +34 945 601 496
www.marquesdevitoria.com
info@bodegasmarquesdevitoria.es

Ecco de Marqués de Vitoria 2013 T
100% tempranillo

85 ★★★★   6,8€

Marqués de Vitoria 2005 TGR
100% tempranillo

89   20,9€

Color cereza, borde granate. Aroma equilibrado, complejo, fruta madura, especiado, fina reducción. Boca estructurado, sabroso, taninos maduros.

Marqués de Vitoria 2009 TR
100% tempranillo

90 ★★★★   12,7€

Color cereza, borde granate. Aroma fruta roja, fruta madura, especiado, roble cremoso, tostado, fina reducción. Boca potente, sabroso, tostado, equilibrado.

Marqués de Vitoria 2011 TC
100% tempranillo

89 ★★★   9,1€

Color cereza, borde granate. Aroma fruta madura, especiado, tostado. Boca potente, sabroso, tostado, taninos maduros.

Marqués de Vitoria 2013 B
100% viura

85 ★★★★   5,3€

Marqués de Vitoria 2013 RD
100% tempranillo

87 ★★★★   5,3€

Color cereza claro, brillante. Aroma equilibrado, flores blancas, fruta fresca, expresivo. Boca correcto, buena acidez, fino amargor, cierta persistencia.

MARQUÉS DEL PUERTO

Ctra. de Logroño s/n
26360 Fuenmayor (La Rioja)
☎: +34 941 450 001
Fax: +34 941 450 051
www.bodegamarquesdelpuerto.com
bmp@mbrizard.com

Bentus Vendimia Seleccionada 2005 TR
tempranillo, garnacha, mazuelo, graciano

87   **13,3€**

Color rubí, borde teja. Aroma especiado, fina reducción, cuero mojado, ebanistería, espirituoso. Boca especiado, taninos finos, elegante, largo.

Marqués del Puerto 2004 TGR
tempranillo, mazuelo, graciano

86   **15,4€**

Color rubí, borde teja. Aroma especiado, fina reducción, cuero mojado, ebanistería, espirituoso. Boca especiado, elegante, largo.

Marqués del Puerto 2006 TR
tempranillo, mazuelo

86 ★★★   **8,4€**

Color rubí, borde teja. Aroma especiado, fina reducción, ebanistería, hierbas silvestres, fruta al licor. Boca especiado, largo, balsámico.

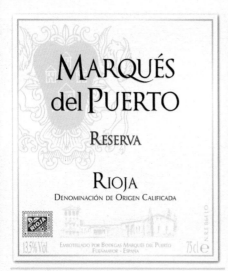

Marqués del Puerto 2010 TC
tempranillo, mazuelo

88 ★★★★   **5,8€**

Color cereza, borde granate. Aroma fruta madura, especiado, roble cremoso, tostado, fina reducción. Boca potente, sabroso, tostado.

Marqués del Puerto 2013 B
100% viura

83   **3,1€**

Marqués del Puerto 2013 RD
tempranillo, garnacha

86 ★★★★★   **3,1€**

Color frambuesa, brillante. Aroma fruta roja, fruta madura, pétalos de rosa. Boca sabroso, potente, fruta madura.

Román Paladino 2001 TGR
tempranillo, mazuelo, graciano

88   **24,6€**

Color rubí, borde teja. Aroma cuero muy curtido, habano, cera, especiado, roble cremoso, balsámico. Boca sabroso, elegante, especiado, equilibrado.

MARTÍNEZ LACUESTA

Paraje de Ubieta, s/n
26200 Haro (La Rioja)
☎: +34 941 310 050
Fax: +34 941 303 748
www.martinezlacuesta.com
bodega@martinezlacuesta.com

Cynthia 2012 T
garnacha

89   **10,7€**

Color cereza, borde granate. Aroma fruta madura, hierbas silvestres, terroso, especiado, roble cremoso. Boca equilibrado, sabroso, largo, balsámico.

Martínez Lacuesta 2006 TGR
tempranillo, graciano, mazuelo

88   **21,5€**

Color rubí borde teja. Aroma elegante, especiado, fina reducción, cuero mojado, ebanistería, espirituoso. Boca especiado, taninos finos, elegante, largo.

Martínez Lacuesta 2011 TC
tempranillo, graciano, mazuelo

87 ★★★   **8,2€**

Color cereza brillante. Aroma fruta madura, especias dulces, roble cremoso, balsámico. Boca sabroso, frutoso, tostado, taninos maduros.

MATER VITIS

Calle Doctor Santalalla, 21 bajo izq
3005 Alicante (Alicante)
☎: +34 965 637 811
www.matervitis.com

Palabra de Vino 2009 TR
86 ★★★★   5,3€
Color cereza, borde granate. Aroma fruta madura, especiado, potente. Boca potente, sabroso, tostado, taninos maduros.

Palabra de Vino 2011 TC
85 ★★★★★   4,7€

Palabra de Vino 2012 T
84   2,5€

MIGUEL ÁNGEL MURO

Avda. Diputación, 4
1306 Lapuebla de Labarca (Álava)
☎: +34 945 607 081
www.bodegasmuro.com
info@bodegasmuro.es

Amenital 2009 TC
tempranillo, graciano
89   25€
Color cereza intenso. Aroma fruta madura, terroso, especiado, hierbas secas. Boca equilibrado, largo, balsámico, taninos maduros.

Miguel Ángel Muro 2013 T
tempranillo, viura
83   3€

Muro 2010 TR
tempranillo, graciano
91 ★★★   16€
Color cereza, borde granate. Aroma equilibrado, complejo, fruta madura, especiado. Boca estructurado, sabroso, taninos maduros.

Muro 2013 B
viura
85 ★★★★★   3€

Muro Bujanda 2010 TC
tempranillo
90 ★★★★★   5€
Color cereza, borde granate. Aroma fruta madura, especiado, roble cremoso, tostado, complejo. Boca sabroso, tostado, taninos maduros.

Muro Maturana 2010 T
maturana
90 ★★★   16€
Color cereza, borde granate. Aroma fruta madura, hierbas silvestres, especiado, roble cremoso. Boca equilibrado, sabroso, largo, balsámico.

MIGUEL MERINO

Ctra. de Logroño, 16
26330 Briones (La Rioja)
☎: +34 941 322 263
Fax: +34 941 322 294
www.miguelmerino.com
info@miguelmerino.com

Mazuelo de la Quinta Cruz 2011 T
100% mazuelo
88   17€
Color cereza intenso, borde granate. Aroma equilibrado, hierbas de monte, especiado. Boca frutoso, fácil de beber.

Miguel Merino 2006 TGR
88   35€
Color cereza opaco, borde anaranjado. Aroma cuero muy curtido, notas animales, tostado. Boca equilibrado, crianza clásica, sabroso.

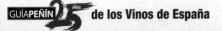

NUBORI

Avda. del Ebro s/n
26540 Alfaro (La Rioja)
☎: +34 941 183 502
Fax: +34 941 183 157
www.bodegasnubori.com
nubori@nubori.es

Campo Burgo 2008 TR
tempranillo

86 ★★★★   7,9€

Color cereza, borde granate. Aroma cuero muy curtido, cera, intensidad media, especiado, ebanistería. Boca correcto, taninos maduros.

Campo Burgo 2009 TC
tempranillo

84   4,5€

Campo Burgo 2012 T
tempranillo

83   3€

Campo Burgo 2013 RD
garnacha

83   3,4€

Nubori 2008 TR
tempranillo

84   9,1€

Nubori 2009 TC
tempranillo

85 ★★★★   7,1€

Nubori 2013 RD
garnacha

84   5,2€

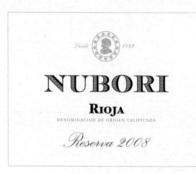

Nubori Cuvée Especial 2007 TR
tempranillo

88   23€

Color guinda, borde anaranjado. Aroma fruta al licor, especiado, roble cremoso, balsámico. Boca especiado, fruta madura, matices de reducción.

Nubori Vendimia Seleccionada 2006 TR
tempranillo
90 25,4€
Color rubí, borde teja. Aroma elegante, especiado, fina reducción, cuero mojado, ebanistería. Boca especiado, taninos finos, elegante, largo.

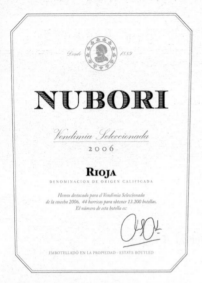

PAGO DE LARREA
Ctra. de Cenicero, Km. 0,2
1340 Elciego (Álava)
☎: +34 945 606 063
Fax: +34 945 606 697
www.pagodelarrea.com
bodega@pagodelarrea.com

8 de Caecus 2010 T
100% tempranillo
87 12€
Color cereza, borde granate. Aroma fruta madura, hierbas silvestres, especiado, roble cremoso. Boca equilibrado, sabroso, largo, balsámico.

OLIVIER RIVIÈRE VINOS
Breton de los Herreros, 14 Entreplanta
26001 Logroño (La Rioja)
☎: +34 690 733 541
www.olivier-riviere.com
olivier@olivier-riviere.com

Ganko 2012 T
94 20€
Color cereza, borde granate. Aroma hierbas silvestres, terroso, especiado, fruta madura, fruta al licor. Boca sabroso, largo, balsámico, equilibrado, elegante.

Jequitibá 2013 B
viura, garnacha blanca, malvasía
91 ★★★ 16€
Color pajizo brillante, borde verdoso. Aroma complejo, flores blancas, cítricos, expresivo. Boca equilibrado, fino amargor, largo.

Rayos Uva 2013 T
tempranillo, garnacha, graciano
89 ★★★ 9€
Color cereza brillante. Aroma fruta madura, especias dulces, roble cremoso, expresivo. Boca sabroso, frutoso, tostado, taninos maduros.

Caecus 2009 TR
100% tempranillo
88 14€
Color cereza, borde granate. Aroma equilibrado, complejo, fruta madura, especiado. Boca estructurado, sabroso, taninos maduros.

Caecus 2011 TC
100% tempranillo
87 ★★★ 9€
Color cereza, borde granate. Aroma intensidad media, hierbas secas, fruta madura. Boca frutoso, fácil de beber.

Caecus 2013 T
86 ★★★★ 6€
Color cereza, borde violáceo. Aroma fruta madura, floral. Boca potente, fresco, frutoso, untuoso.

Caecus Verderón 2013 BFB
84 7€

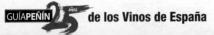

PAGOS DEL CAMINO

1300 Laguardia (Alava)
☎: +34 941 444 233
Fax: +34 941 444 427
www.pagosdelcamino.com
info@vinicolareal.com

Dominio de Conte 2010 TR
93 20€

Color cereza, borde granate. Aroma fruta madura, especiado, roble cremoso, tostado, complejo. Boca potente, sabroso, tostado, taninos secos pero maduros.

Loriñón 2011 TC
89 ★★★★ 6€

Color cereza, borde granate. Aroma fruta sobremadura, fruta pasificada, especias dulces, tostado. Boca fruta madura, cálido, potente.

PAGOS DEL REY S.L.

Ctra. N-232, PK 422,7
26360 Fuenmayor (La Rioja)
☎: +34 941 450 818
Fax: +34 941 450 818
www.felixsolisavantis.com
jfernandez@pagosdelrey.com

Arnegui 2009 TR
tempranillo
88 14€

Color cereza intenso. Aroma fruta madura, especiado, balsámico, roble cremoso. Boca potente, sabroso, especiado, largo.

Arnegui 2011 TC
tempranillo

87 ★★★   9,7€

Color cereza, borde granate. Aroma fruta madura, especiado, roble cremoso, tostado. Boca potente, sabroso, tostado.

Arnegui 2013 RD
garnacha

86 ★★★★   7€

Color frambuesa, brillante. Aroma fruta fresca, pétalos de rosa, hierbas silvestres. Boca fresco, fácil de beber, equilibrado.

Arnegui 2013 B
viura

85 ★★★★   7€

Arnegui 2013 T
tempranillo

85 ★★★★   7€

Castillo de Albai 2009 TR
tempranillo

87 ★★★★   7€

Color cereza brillante. Aroma equilibrado, complejo, fruta madura, especiado. Boca estructurado, sabroso, taninos maduros.

Castillo de Albai 2011 TC
tempranillo

85 ★★★★★   5€

Castillo de Albai 2013 B
viura

86 ★★★★★   4€

Color pajizo brillante. Aroma fruta fresca, intensidad media, hierbas secas, flores marchitas. Boca frutoso, buena acidez, fino amargor.

Castillo de Albai 2013 RD
100% garnacha

85 ★★★★★   4€

Castillo de Albai 2013 T
tempranillo

85 ★★★★★   4€

El Círculo 2010 TC
tempranillo

86 ★★★   9,7€

Color cereza brillante. Aroma fruta madura, hierbas silvestres, especiado, roble cremoso. Boca potente, sabroso, especiado.

El Círculo 2013 T Joven
tempranillo

83   7€

PAISAJES Y VIÑEDOS

Pza. Ibarra, 1
26330 Briones (La Rioja)
☎: +34 941 322 301
Fax: +34 941 322 302
comunicacio@vilaviniteca.es

Paisajes Cecias 2012 T
90
Color cereza, borde granate. Aroma fruta madura, especiado, roble cremoso, tostado, terroso. Boca potente, sabroso, tostado.

Paisajes La Pasada 2012 T
93
Color cereza, borde granate. Aroma fruta madura, hierbas silvestres, terroso, especiado, roble cremoso. Boca sabroso, largo, balsámico.

Paisajes Valsalado 2012 T
92
Color cereza, borde granate. Aroma fruta confitada, fruta al licor, especias dulces, roble cremoso. Boca sabroso, especiado, largo.

PALACIOS VINOTECA

Ctra. de Nalda a Viguera, 46
26190 Nalda (La Rioja)
☎: +34 941 444 418
www.palaciosvinoteca.com
info@palaciosvinoteca.com

Tenue 2013 RD
tempranillo
87 ★★★★   6,5€
Color cobrizo. Aroma fruta roja, fruta madura. Boca sabroso, frutoso, fino amargor.

R. LÓPEZ DE HEREDIA VIÑA TONDONIA

Avda. Vizcaya, 3
26200 Haro (La Rioja)
☎: +34 941 310 244
Fax: +34 941 310 788
www.tondonia.com
bodega@lopezdeheredia.com

Viña Tondonia 1999 B Reserva
94
Color dorado brillante. Aroma fruta madura, frutos secos, potente, tostado, ebanistería, expresivo, elegante. Boca sabroso, frutoso, especiado, tostado, largo, equilibrado.

Viña Tondonia 2002 TR
93
Color rubí, borde teja. Aroma equilibrado, complejo, fruta madura, especiado, balsámico, fina reducción. Boca estructurado, sabroso, taninos maduros, elegante.

RAMÓN SAENZ BODEGAS Y VIÑEDOS

Mayor, 12
1307 Baños de Ebro (Álava)
☎: +34 945 609 212
bodegasrs@hotmail.com

Cimadago Autor 2012 TC
tempranillo
83   7,5€

Erramun 2013 RD
tempranillo, viura
85 ★★★★★   4€

Erramun 2013 T
tempranillo, viura
79   2,5€

Mahasti Sonie 2013 B
viura, malvasía
84   5,5€

REMELLURI

Ctra. Rivas de Tereso, s/n
1330 Labastida (Álava)
☎: +34 945 331 801
Fax: +34 945 331 802
www.remelluri.com
remelluri@remelluri.com

Lindes de Remelluri Labastida 2011 T
92 ★★★★   12€
Color cereza, borde granate. Aroma fruta madura, hierbas silvestres, especiado, roble cremoso, mineral. Boca equilibrado, sabroso, largo, balsámico.

Lindes de Remelluri San Vicente 2011 T
93 ★★★★   12€
Color cereza, borde granate. Aroma fruta madura, especiado, roble cremoso, tostado, complejo. Boca potente, sabroso, tostado, taninos maduros.

Remelluri 2009 TR
94   19€
Color cereza, borde granate. Aroma equilibrado, complejo, fruta madura, especiado, fina reducción. Boca estructurado, sabroso, taninos maduros, equilibrado.

Remelluri 2011 B
94   40€
Color amarillo brillante. Aroma fruta madura, flores secas, hierbas silvestres, especiado, roble cremoso, equilibrado, expresivo. Boca graso, sabroso, especiado, balsámico, largo, elegante.

RESTAURANTE HEVIA

Serrano, 118
28006 Madrid (Madrid)
☎: +34 649 917 608
www.heviamadrid.com
hevia@heviamadrid.com

Hevia 50 2010 TC
tempranillo
88 ★★★ 10€
Color cereza, borde granate. Aroma fruta madura, hierbas silvestres, especiado, roble cremoso. Boca equilibrado, sabroso, largo, balsámico.

RIOJA VEGA

Ctra. Logroño-Mendavia, Km. 92
31230 Viana (Navarra)
☎: +34 948 646 263
Fax: +34 948 645 612
www.riojavega.com
info@riojavega.com

Rioja Vega 2005 TGR
100% tempranillo
90 25€
Color cereza oscuro, borde granate. Aroma cacao fino, roble cremoso, especiado, fruta madura. Boca equilibrado, fruta madura, largo, taninos maduros.

Rioja Vega 2009 TR
88 17€
Color cereza muy intenso. Aroma fruta madura, especiado, roble cremoso, tostado, con carácter. Boca potente, sabroso, tostado, taninos maduros.

Rioja Vega 2011 TC
88 ★★★★ 8€
Color cereza muy intenso. Aroma fruta madura, especiado, roble cremoso, tostado, con carácter. Boca potente, sabroso, tostado, taninos maduros.

Rioja Vega 9 Barricas 2011 T
tempranillo, graciano
87 24€
Color cereza, borde granate. Aroma fruta madura, hierbas silvestres, especiado, roble cremoso. Boca equilibrado, sabroso, largo, balsámico.

Rioja Vega Edición Limitada 2011 TC
91 ★★★★ 13€
Color cereza, borde granate. Aroma fruta madura, especiado, roble cremoso, tostado, complejo. Boca potente, sabroso, tostado, taninos maduros.

Rioja Vega Tempranillo Blanco 2013 B
tempranillo blanco
92 ★★★ 15€
Color pajizo brillante. Aroma fruta madura, notas tropicales, especias dulces, balsámico, expresivo. Boca potente, sabroso, frutoso, especiado, equilibrado.

RODRÍGUEZ SANZO

Manuel Azaña, 9
47014 (Valladolid)
☎: +34 983 150 150
Fax: +34 983 150 151
www.rodriguezsanzo.com
comunicacion@valsanzo.com

La Senoba 2010 T
91   24€
Color cereza, borde granate. Aroma fruta madura, hierbas silvestres, terroso, especiado, roble cremoso. Boca sabroso, largo, balsámico, elegante, equilibrado.

Lacrimus 2010 TC
91 ★★★★★   9,9€
Color cereza, borde granate. Aroma especiado, roble cremoso, fruta roja, fruta madura, equilibrado. Boca sabroso, largo, balsámico, elegante.

Lacrimus 5 2013 T
tempranillo
88 ★★★★   5,5€
Color cereza brillante, borde granate. Aroma fruta madura, especias dulces, roble cremoso. Boca sabroso, frutoso, tostado.

Lacrimus Graciano Rosae 2013 RD
100% graciano
88 ★★★   8,5€
Color frambuesa, borde violáceo. Aroma potente, fruta madura, fruta roja, floral, expresivo. Boca potente, frutoso, fresco.

Lacrimus Rex 2012 T
90 ★★★★★   7,3€
Color cereza, borde granate. Aroma fruta madura, especiado, roble cremoso, tostado, complejo, mineral. Boca potente, sabroso, tostado.

SDAD. COOP. BODEGA SAN MIGUEL

Ctra. de Zaragoza, 7
26513 Ausejo (La Rioja)
☎: +34 941 430 005
Fax: +34 941 430 209
administracion@bodegasanmiguelsc.es

Hebe 2009 TC
100% tempranillo
86 ★★★★   6€
Color cereza, borde granate. Aroma fruta madura, especiado, roble cremoso, tostado, complejo, hierbas silvestres. Boca potente, sabroso, tostado.

Obrada 2010 TC
88 ★★★★★   5€
Color cereza brillante. Aroma fruta madura, especias dulces, roble cremoso, expresivo. Boca sabroso, frutoso, tostado.

Obrada 2013 B
100% viura
85 ★★★★★   3,2€

Obrada 2013 T
100% tempranillo
87 ★★★★★   3,2€
Color cereza, borde violáceo. Aroma expresivo, fruta fresca, fruta roja, floral. Boca sabroso, frutoso, buena acidez, taninos maduros.

SEÑORÍO DE ARANA

La Cadena, 20
1330 Labastida (Álava)
☎: +34 944 216 000
Fax: +34 944 121 738
www.senoriodearana.com
info@senoriodearana.com

Sommelier 2007 TR
90 ★★★★★   6,1€
Color cereza, borde granate. Aroma fruta madura, especiado, roble cremoso, tostado, complejo, fina reducción. Boca potente, sabroso, tostado, taninos maduros.

Sommelier 2011 TC
100% tempranillo
89 ★★★★★   4,5€
Color cereza brillante. Aroma fruta madura, especias dulces, roble cremoso, expresivo. Boca sabroso, frutoso, tostado, taninos maduros.

Viña del Oja 2004 TR
88 ★★★★★   4,2€
Color rubí, borde teja. Aroma fruta madura, hierbas silvestres, especiado, roble cremoso, fina reducción. Boca sabroso, especiado, balsámico, equilibrado.

Viña del Oja 2011 TC
86 ★★★★★   2,8€
Color cereza, borde granate. Aroma fruta madura, especiado, roble cremoso, tostado. Boca potente, sabroso, tostado.

Viña del Oja 2013 T
84   1,8€

SEÑORÍO DE SAN VICENTE

Los Remedios, 27
26338 San Vicente de la Sonsierra
(La Rioja)
☎: +34 945 600 590
Fax: +34 945 600 885
www.sierracantabria.com
info@sierracantabria.com

San Vicente 2010 T
tempranillo
96   32€
Color cereza muy intenso. Aroma fruta madura, especiado, roble cremoso, tostado, con carácter, fina reducción, terroso. Boca potente, sabroso, tostado, taninos maduros.

San Vicente 2011 T
tempranillo
95   32€
Color cereza, borde granate. Aroma fruta madura, especiado, roble cremoso, tostado, complejo, chocolate. Boca potente, sabroso, tostado, taninos maduros.

SEÑORÍO DE SOMALO

Ctra. de Baños, 62
26321 Bobadilla (La Rioja)
☎: +34 941 202 351
Fax: +34 941 202 351
www.bodegasomalo.com
info@bodegasomalo.com

Señorío de Somalo 2001 TGR
90 ★★★   15€
Color rubí, borde teja. Aroma expresivo, fina reducción, elegante, fruta al licor. Boca ligero, crianza clásica, especiado, taninos maduros.

Señorío de Somalo 2003 TR
88 ★★★★   8€
Color cereza poco intenso, borde teja. Aroma fina reducción, tabaco, fruta al licor. Boca equilibrado, fácil de beber, taninos finos.

Señorío de Somalo 2011 TC
87 ★★★★ 5,5€
Color cereza, borde granate. Aroma potente, fruta madura, especias dulces. Boca frutoso, fácil de beber, cierta persistencia.

Señorío de Somalo 2013 B
100% viura
81 3,3€

Señorío de Somalo 2013 RD
100% garnacha
85 ★★★★★ 3,3€

Señorío de Somalo 2013 T
84 3€

Señorío de Somalo Magnum 2001 TGR
91 25€
Color rubí, borde teja. Aroma elegante, especiado, fina reducción, ebanistería, fruta al licor, ahumado. Boca especiado, taninos finos, elegante, largo.

SIERRA CANTABRIA
Amorebieta, 3
26338 San Vicente de la Sonsierra
(La Rioja)
☎: +34 941 334 080
Fax: +34 941 334 371
www.sierracantabria.com
info@sierracantabria.com

Murmurón 2013 T
tempranillo
88 ★★★★ 6€
Color cereza, borde violáceo. Aroma fruta fresca, fruta roja, floral. Boca sabroso, frutoso, buena acidez.

Sierra Cantabria 2004 TGR
93 20€
Color cereza muy intenso. Aroma fruta madura, especiado, roble cremoso, con carácter, café aromático, cuero mojado. Boca potente, sabroso, tostado, taninos maduros.

Sierra Cantabria 2008 TR
tempranillo
92 ★★★ 15€
Color cereza, borde granate. Aroma fruta madura, roble cremoso, tostado, cuero mojado. Boca potente, sabroso, tostado, taninos maduros.

Sierra Cantabria 2012 TC
tempranillo
92 ★★★★★ 9€
Color cereza, borde granate. Aroma fruta madura, especiado, roble cremoso, tostado, complejo. Boca potente, sabroso, tostado, taninos maduros.

Sierra Cantabria 2013 RD
89 ★★★★★ 2,9€
Color rosa vivo. Aroma elegante, fruta escarchada, flores secas, hierbas de tocador, fruta roja. Boca ligero, sabroso, buena acidez, largo, especiado.

Sierra Cantabria Garnacha 2011 T
garnacha
93 ★★★★ 10,5€
Color cereza, borde granate. Aroma fruta madura, hierbas silvestres, terroso, especiado, roble cremoso. Boca equilibrado, sabroso, largo, balsámico.

Sierra Cantabria Selección 2012 T
tempranillo
91 ★★★★★ 8,2€
Color cereza brillante. Aroma fruta madura, especias dulces, roble cremoso, expresivo. Boca sabroso, frutoso, tostado, taninos maduros.

SOC. COOP. SAN ESTEBAN P.
Ctra. Agoncillo s/n
26143 Murillo de Río Leza (La Rioja)
☎: +34 941 432 031
Fax: +34 941 432 422
www.bodegassanesteban.com
administracion@bodegassanesteban.com

Tierras de Murillo 2011 TC
100% tempranillo
87 ★★★★★ 5€
Color cereza, borde granate. Aroma fruta madura, especiado, tostado, complejo. Boca sabroso, tostado, taninos maduros, fácil de beber.

Tierras de Murillo 2013 RD
100% tempranillo
86 ★★★★★ 2,6€
Color rosáceo pálido. Aroma potente, fruta madura, fruta roja, floral, expresivo. Boca potente, frutoso, fresco.

Tierras de Murillo Colección Antique nº 1 2011 T
100% tempranillo

91 ★★★ 15€

Color cereza, borde granate. Aroma fruta madura, especiado, roble cremoso, tostado, complejo, hierbas secas. Boca potente, sabroso, tostado, taninos maduros.

Tierras de Murillo Tempranillo 2013 T
100% tempranillo

84 2,6€

Tierras de Murillo Viura 2013 B
100% viura

86 ★★★★★ 3,5€

Color pajizo brillante. Aroma intensidad media, fruta fresca, floral, cítricos. Boca fresco, fácil de beber.

SOLANA DE RAMÍREZ RUIZ
Arana, 24
26339 Abalos (La Rioja)
☎: +34 941 308 049
Fax: +34 941 308 049
www.valsarte.com
consultas@solanaderamirez.com

Solana de Ramírez 2010 TC

87 ★★★★★ 4,6€

Color cereza brillante. Aroma fruta madura, especiado, roble cremoso, tostado. Boca potente, sabroso, tostado, taninos maduros.

Solana de Ramírez 2013 B

85 ★★★★★ 3€

Solana de Ramírez 2013 RD

85 ★★★★★ 2,8€

Solana de Ramírez 2013 T

83 2,9€

Valsarte 2001 TGR

87 ★★★ 8,3€

Color rubí, borde teja. Aroma elegante, especiado, cuero mojado, ebanistería, espirituoso. Boca especiado, taninos finos, elegante, largo.

Valsarte 2008 TR

88 ★★★★ 6,9€

Color cereza, borde granate. Aroma equilibrado, fruta madura, especias dulces, roble cremoso. Boca especiado, fruta madura, taninos maduros.

Valsarte 2009 TC
100% tempranillo

86 ★★★★★ 5€

Color cereza, borde granate. Aroma fruta madura, especiado, roble cremoso, tostado, cuero muy curtido, tabaco. Boca potente, sabroso, tostado.

Valsarte Vendimia Seleccionada 2009 T
88 ★★★★ 8€

Color cereza, borde granate. Aroma fruta madura, hierbas silvestres, especiado, roble cremoso. Boca equilibrado, sabroso, largo, balsámico.

SOTO DE TORRES
Camino Los Arenales, s/n
1330 Labastida (Álava)
☎: +34 938 177 400
Fax: +34 938 177 444
www.torres.es
mailadmin@torres.es

Altos Ibéricos 2011 TC
tempranillo

88 ★★★★ 6,3€

Color cereza brillante. Aroma fruta madura, especias dulces, roble cremoso, intensidad media. Boca frutoso, sabroso, tostado.

SPANISH STORY
Espronceda, 27 1ºD
28003 Madrid (Madrid)
☎: +34 915 356 184
Fax: +34 915 363 796
paul@globalwinefood.com

Spanish Story Garnacha 2012 T
garnacha

86 ★★★★★ 5€

Color cereza, borde granate. Aroma hierbas silvestres, especiado, fruta madura. Boca potente, lleno, sabroso.

Spanish Story Tempranillo 2012 T
tempranillo

87 ★★★★ 6€

Color cereza brillante. Aroma fruta madura, especias dulces, roble cremoso. Boca sabroso, frutoso, tostado.

TENTENUBLO WINES
Ctra Vitoria s/n
1300 Laguardia (Alava)
☎: +34 699 236 468
www.tentenublo.com
info@tentenublo.com

Escondite del Ardacho 2012 T
garnacha, tempranillo, alarije

93 31€

Color cereza brillante. Aroma fruta madura, especias dulces, roble cremoso, expresivo, hierbas de tocador. Boca sabroso, frutoso, tostado, buena acidez, largo.

Tentenublo 2011 T
92 ★★★ 15€

Color cereza brillante. Aroma fruta madura, especias dulces, roble cremoso, especiado. Boca sabroso, frutoso, tostado, taninos maduros.

Tentenublo 2012 B
100% malvasía

88 15€

Color pajizo brillante. Aroma intensidad media, fruta madura, especiado. Boca potente, amargoso, buena acidez.

Tentenublo 2012 T
tempranillo, garnacha, viura, alarige

91 ★★★ 15€

Color cereza muy intenso. Aroma fruta madura, fruta roja, hierbas de monte. Boca frutoso, especiado, fruta madura, taninos potentes.

THE GRAND WINES
Ramón y Cajal 7, 1ºA
1007 Vitoria (Alava)
☎: +34 945 158 282
Fax: +34 945 158 283
www.thegrandwines.com
araex@araex.com

Rolland Galarreta 2010 T
100% tempranillo

93 ★★★ 16€

Color cereza, borde granate. Aroma fruta roja, fruta madura, especiado, roble cremoso, tostado, complejo, mineral. Boca potente, sabroso, tostado, taninos maduros, equilibrado.

TIERRA DE AGRÍCOLA LA BASTIDA
El Olmo, 16
1330 Labastida (Álava)
☎: +34 945 331 230
Fax: +34 945 331 257
www.tierrayvino.com
info@tierrayvino.com

El Belisario 2010 T
tempranillo

91 36€

Color cereza muy intenso, borde granate. Aroma potente, fruta madura, muy tostado (torrefactado). Boca potente, tostado, retronasal torrefactado, concentrado.

Fernández Gómez 2013 T
86 ★★★★★ 4€

Color cereza, borde violáceo. Aroma fruta roja, hierbas silvestres, varietal. Boca ligero, fácil de beber.

Tierra 2011 T
tempranillo

89 ★★★ 10€

Color cereza, borde granate. Aroma fruta roja, fruta madura, especiado, roble cremoso, tostado, complejo, terroso. Boca sabroso, tostado, taninos maduros, fácil de beber.

Tierra 2013 BFB
87 ★★★★   7€
Color amarillo brillante. Aroma especias dulces, fruta madura, tostado, roble cremoso. Boca sabroso, fino amargor, retronasal ahumado.

Tierra de Fidel 2010 B
viura, malvasía, garnacha, moscatel
90   25€
Color amarillo brillante. Aroma potente, con carácter, especiado, equilibrado, fruta madura. Boca correcto, amargoso, fino amargor.

Tierra Fidel 2009 T
89   27€
Color cereza muy intenso, borde granate. Aroma hierbas de monte, fruta roja, fruta madura, especiado. Boca fresco, frutoso, buena acidez.

TOBELOS BODEGAS Y VIÑEDOS
Ctra. N 124, Km. 45
26290 Briñas (La Rioja)
☎: +34 941 305 630
Fax: +34 941 313 028
www.tobelos.com
tobelos@tobelos.com

Leukade Autor 2011 T
100% tempranillo
87   30€
Color cereza muy intenso. Aroma potente, hierbas de monte, hierbas secas, especiado. Boca sabroso, fruta madura.

Tahón de Tobelos 2010 TR
100% tempranillo
92   22,3€
Color cereza intenso. Aroma fruta madura, especiado, roble cremoso, tostado, complejo. Boca sabroso, tostado, taninos maduros, lleno.

Tobelos 2013 BFB
89 ★★★★   7,8€
Color pajizo brillante. Aroma flores blancas, fruta fresca, expresivo, lías finas, hierbas secas. Boca sabroso, frutoso, buena acidez, equilibrado.

Tobelos Tempranillo 2010 TC
100% tempranillo
90 ★★★★   12,3€
Color cereza, borde granate. Aroma fruta roja, fruta madura, especiado, tostado. Boca sabroso, tostado, taninos maduros, fresco.

TORRE DE OÑA

Finca San Martín
1309 Páganos (Álava)
☎: +34 945 621 154
Fax: +34 945 621 171
www.torredeona.com
info@torredeona.com

Finca San Martín 2011 T
tempranillo

89 ★★★★   7€

Color guinda. Aroma especiado, fina reducción, cuero moja-do, ebanistería, tostado. Boca especiado, largo, tostado.

Torre de Oña 2010 TR
tempranillo, mazuelo

92 ★★★   16€

Color cereza, borde granate. Aroma fruta madura, especiado, roble cremoso, tostado, complejo. Boca potente, sabroso, tos-tado, taninos maduros.

VALENCISO

Ctra. Ollauri-Najera, Km. 0,4
26220 Ollauri (La Rioja)
☎: +34 941 304 724
Fax: +34 941 304 728
www.valenciso.com
valenciso@valenciso.com

Valenciso 2007 TR
100% tempranillo

87   20€

Color cereza, borde granate. Aroma fruta madura, especia-do, roble cremoso, tostado. Boca potente, sabroso, tostado, taninos maduros.

UVAS FELICES

Agullers, 7
8003 Barcelona (Barcelona)
☎: +34 902 327 777
www.vilaviniteca.es

La Locomotora 2011 TC

88

Color cereza, borde granate. Aroma fruta madura, especiado, roble cremoso, tostado, complejo. Boca potente, sabroso, tos-tado, taninos maduros.

VALORIA
Ctra. de Burgos, Km. 5
26006 Logroño (La Rioja)
☎: +34 941 204 059
Fax: +34 941 204 155
www.bvaloria.com
bodega@bvaloria.com

Finca la Pica 1982 T
tempranillo
84 65€

Finca la Pica 2011 TC
tempranillo
85 ★★★★★ 5€

Viña Valoria 1982 T
tempranillo
90 65€
Color cereza poco intenso, borde anaranjado. Aroma cera, tabaco, especiado, ebanistería. Boca fino amargor, elegante, taninos finos.

Viña Valoria 2011 TC
tempranillo
86 ★★★★★ 5€
Color cereza oscuro, borde granate. Aroma tostado, potente, fruta madura. Boca taninos maduros, cierta persistencia.

VINÍCOLA RIOJANA DE ALCANADRE S.C.
San Isidro, 46
26509 Alcanadre (La Rioja)
☎: +34 941 165 036
Fax: +34 941 165 289
www.riojanadealcanadre.com
vinicola@riojanadealcanadre.com

Aradon 2011 TC
87 ★★★★★ 5€
Color cereza, borde granate. Aroma fruta roja, fruta madura, especiado, roble cremoso, complejo. Boca potente, sabroso, tostado, taninos maduros.

Aradon 2008 TR
86 ★★★ 9€
Color guinda. Aroma fruta madura, especiado, roble cremoso, tostado, con carácter, fina reducción. Boca potente, sabroso, tostado.

Aradon 2013 B
viura
85 ★★★★★ 3€

Aradon 2013 RD
garnacha
84 3€

Aradon Garnacha Selección 2012 T
garnacha
88 10,5€
Color cereza poco intenso. Aroma fruta madura, hierbas silvestres, especiado, roble cremoso. Boca equilibrado, sabroso, largo, balsámico.

VIÑA BUJANDA
Ctra. Logroño, s/n
1320 Oyón (Alava)
☎: +34 941 450 876
Fax: +34 941 450 875
www.familiamartinezbujanda.com
info@bujanda.com

Viña Bujanda 2007 TGR
100% tempranillo
87 11€
Color cereza, borde granate. Aroma fruta madura, especiado, tostado, complejo. Boca sabroso, tostado, taninos maduros, fácil de beber.

Viña Bujanda 2009 TR
100% tempranillo
88 ★★★★ 7,2€
Color cereza, borde granate. Aroma equilibrado, tostado, especiado, varietal. Boca sabroso, frutoso, fácil de beber.

Viña Bujanda 2011 TC
100% tempranillo

86 ★★★★ 5,5€

Color cereza, borde granate. Aroma intensidad media, fruta madura, especiado. Boca fácil de beber, correcto.

Viña Bujanda 2013 B
100% viura

85 ★★★★★ 3,6€

Viña Bujanda 2013 RD
100% tempranillo

85 ★★★★★ 3,6€

Viña Bujanda 2013 T
100% tempranillo

84 3,6€

VIÑA IJALBA
Ctra. Pamplona, Km. 1
26006 Logroño (La Rioja)
☎: +34 941 261 100
Fax: +34 941 261 128
www.ijalba.com
vinaijalba@ijalba.com

Dionisio Ruiz Ijalba 2012 T
100% maturana

90 🌷 18€

Color cereza, borde granate. Aroma fruta madura, hierbas silvestres, terroso, especiado. Boca sabroso, largo, balsámico, equilibrado.

Genoli 2013 B
100% viura

87 ★★★★★ 🌷 4,8€

Color pajizo brillante. Aroma fresco, fruta fresca, flores blancas, expresivo. Boca sabroso, frutoso, buena acidez, equilibrado.

Ijalba 2009 TR
87 🌷 12€

Color guinda, borde anaranjado. Aroma especiado, cuero mojado, ebanistería, tostado. Boca especiado, largo, tostado, correcto.

Ijalba 2011 TC
86 ★★★ 🌷 8,2€

Color rubí, borde teja. Aroma fruta confitada, balsámico, reducción precoz. Boca potente, sabroso, especiado.

Ijalba Graciano 2012 TC
100% graciano

88 🌷 10,7€

Color cereza, borde granate. Aroma fruta confitada, hierbas de monte, balsámico, especiado, roble cremoso. Boca potente, sabroso, concentrado.

Ijalba Maturana Blanca 2013 B
100% maturana blanca

88 ★★★ 🌷 9€

Color pajizo brillante. Aroma fresco, fruta fresca, flores blancas, expresivo. Boca sabroso, frutoso, buena acidez, equilibrado.

Ijalba Selección Especial 2005 TR
90 🌷 38,5€

Color rubí, borde teja. Aroma fruta madura, especiado, roble cremoso, tostado, complejo, chocolate, terroso, fina reducción. Boca potente, sabroso, tostado, taninos maduros.

Livor 2013 T Joven
100% tempranillo

84 🌷 4,7€

Múrice 2011 TC
88 ★★★★ 🌷 7,8€

Color cereza, borde granate. Aroma fruta madura, especiado, roble cremoso, tostado, fina reducción. Boca potente, sabroso, tostado.

Solferino 2012 T
85 ★★★★ ❦   **6,2€**

VIÑA OLABARRI
Ctra. Haro - Anguciana, s/n
26200 Haro (La Rioja)
☎: +34 941 310 937
Fax: +34 941 311 602
www.bodegasolabarri.com
info@bodegasolabarri.com

Bikandi 2011 TC
100% tempranillo
89 ★★★ ❦   **8,8€**
Color cereza brillante. Aroma fruta madura, especias dulces, roble cremoso, expresivo. Boca sabroso, frutoso, tostado, taninos maduros.

Viña Olabarri 2007 TGR
100% tempranillo
88   **14€**
Color cereza, borde granate. Aroma fruta madura, hierbas silvestres, terroso, especiado, cuero muy curtido, tabaco. Boca equilibrado, sabroso, largo, balsámico.

Viña Olabarri 2009 TR
100% tempranillo
87   **11€**
Color cereza oscuro. Aroma tostado, fruta madura, equilibrado. Boca largo, tostado, correcto, buena acidez, taninos maduros.

VIÑA REAL
Ctra. Logroño - Laguardia, Km. 4,8
1800 Laguardia (Álava)
☎: +34 945 625 255
Fax: +34 945 625 211
www.cvne.com
marketing@cvne.com

Viña Real 2008 TGR
91   **20€**
Color cereza, borde granate. Aroma fruta madura, especiado, roble cremoso, tostado, complejo. Boca potente, sabroso, tostado, taninos maduros.

Viña Real 2010 TR
93 ★★★   **13,2€**
Color cereza, borde granate. Aroma fruta madura, roble cremoso, tostado, complejo, chocolate, terroso. Boca potente, sabroso, tostado, taninos maduros.

Viña Real 2012 TC
93 ★★★★★   **7,2€**
Color cereza muy intenso. Aroma fruta madura, especiado, roble cremoso, tostado, con carácter. Boca potente, sabroso, tostado, taninos maduros.

VIÑA SALCEDA

Ctra. Cenicero, Km. 3
1340 Elciego (Álava)
☎: +34 945 606 125
Fax: +34 945 606 069
www.vinasalceda.com
info@vinasalceda.com

Conde de la Salceda 2009 TR
100% tempranillo

91   30€

Color cereza, borde granate. Aroma fruta madura, hierbas silvestres, terroso, especiado, roble cremoso. Boca equilibrado, sabroso, largo, balsámico.

Puente de Salceda 2010 T
100% tempranillo

90 ★★★★   12€

Color cereza, borde granate. Aroma fruta madura, especiado, roble cremoso, tostado, complejo. Boca potente, sabroso, tostado, equilibrado.

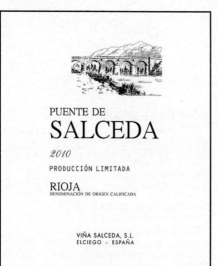

Viña Salceda 2009 TR

89   12€

Color cereza, borde granate. Aroma equilibrado, complejo, fruta madura, especiado, balsámico. Boca estructurado, sabroso, taninos maduros.

Viña Salceda 2011 TC

88 ★★★★   7€

Color cereza brillante. Aroma fruta madura, especias dulces, roble cremoso. Boca sabroso, frutoso, tostado.

VIÑASPRAL

Camino Del Soto s/n
1309 Elvillar (Álava)
Fax: +34 628 132 151
www.maisulan.com
info@maisulan.com

Maisulan 2009 TC

87 ★★★   9€

Color cereza intenso, borde granate. Aroma fruta confitada, potente. Boca sabroso, especiado, taninos maduros.

Maisulan 2010 T

87 ★★★★   7€

Color cereza, borde granate. Aroma fruta madura, especiado, tostado. Boca tostado, taninos maduros, fácil de beber, frutoso.

Maisulan 2012 T

86 ★★★★★   4€

Color cereza brillante, borde granate. Aroma fruta madura, especias dulces. Boca fácil de beber, cierta persistencia.

Maisulan Los Lagos 2012 T
100% graciano

89   20€

Color cereza muy intenso. Aroma equilibrado, expresivo, hierbas de monte, fruta madura. Boca sabroso, algo áspero, taninos maduros.

Maisulan Sobremoro 2012 T Barrica
100% tempranillo

90   20€

Color cereza brillante. Aroma fruta madura, especias dulces, roble cremoso, expresivo. Boca sabroso, frutoso, tostado, taninos maduros.

VIÑEDOS DE ALDEANUEVA

Avda. Juan Carlos I, 100
26559 Aldeanueva de Ebro (La Rioja)
☎: +34 941 163 039
Fax: +34 941 163 585
www.aldeanueva.com
va@aldeanueva.com

Azabache 2013 RD
100% garnacha
87 ★★★★★   **2,8€**
Color rosáceo pálido. Aroma potente, fruta madura, fruta roja, floral, lácticos. Boca potente, frutoso, fresco.

Azabache Garnacha 2011 T
100% garnacha
88 ★★★★★   **3,3€**
Color cereza intenso, borde granate. Aroma hierbas silvestres, fruta madura, especiado, roble cremoso. Boca sabroso, taninos maduros.

Azabache Tempranillo 2013 T
100% tempranillo
84   **2,8€**

Azabache Vendimia Seleccionada 2011 TC
86 ★★★★★   **4,9€**
Color cereza oscuro, borde granate. Aroma fruta confitada, especias dulces. Boca sabroso, estructurado, fácil de beber.

Culto 2010 T
91 ★★★   **15,4€**
Color cereza, borde granate. Aroma roble cremoso, tostado, complejo, fruta madura, fruta confitada. Boca potente, sabroso, tostado, taninos maduros.

Fincas de Azabache Garnacha 2011 TC
100% garnacha
88 ★★★★   **7,7€**
Color cereza, borde granate. Aroma fruta madura, especiado, roble cremoso, tostado, balsámico. Boca potente, sabroso, tostado, equilibrado.

VIÑEDOS DE ALFARO

Camino de los Agudos s/n
26559 Aldeanueva de Ebro (La Rioja)
☎: +34 941 142 389
Fax: +34 941 142 386
www.vinedosdealfaro.com
info@vinedosdealfaro.com

Conde del Real Agrado 2005 TR
garnacha, tempranillo, mazuelo, graciano
86 ★★★   **10€**
Color cereza, borde granate. Aroma fruta madura, especiado, roble cremoso, tostado. Boca potente, sabroso, tostado, fino amargor.

Conde del Real Agrado 2010 TC
garnacha, tempranillo, mazuelo, graciano

88 ★★★★ 7€

Color cereza, borde granate. Aroma fruta madura, especiado, roble cremoso, tostado, hierbas silvestres. Boca potente, sabroso, tostado.

Real Agrado 2013 B
viura

85 ★★★★★ 4€

Real Agrado 2013 RD
garnacha

86 ★★★★★ 4€

Color cereza claro, brillante. Aroma pétalos de rosa, fruta roja, intensidad media. Boca fresco, frutoso, buena acidez, fácil de beber.

Real Agrado 2013 T
garnacha, tempranillo

87 ★★★★★ 4€

Color cereza, borde violáceo. Aroma expresivo, fruta fresca, fruta roja, floral. Boca sabroso, frutoso, buena acidez, taninos maduros.

Rodiles 2005 T
garnacha, tempranillo, mazuelo, graciano

88 15€

Color rubí, borde teja. Aroma fruta madura, especiado, roble cremoso, tostado, complejo, balsámico. Boca potente, sabroso, tostado, taninos maduros.

Rodiles Vendimia Seleccionada 2005 T
graciano

90 30€

Color rubí, borde teja. Aroma especiado, fina reducción, cuero mojado, ebanistería, espirituoso. Boca especiado, taninos finos, elegante, largo, correcto.

VIÑEDOS DE PÁGANOS
Ctra. Navaridas, s/n
1309 Páganos (Álava)
☎: +34 945 600 590
Fax: +34 945 600 885
www.sierracantabria.com
info@sierracantabria.com

El Puntido 2006 TGR
tempranillo

93 36€

Color cereza, borde granate. Aroma equilibrado, complejo, fruta madura, especiado, tabaco, fina reducción. Boca estructurado, sabroso, taninos maduros.

El Puntido 2010 T
tempranillo

95 30€

Color cereza brillante. Aroma fruta madura, especias dulces, roble cremoso, con carácter, equilibrado. Boca frutoso, sabroso, tostado.

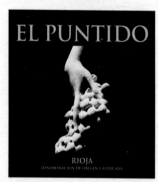

El Puntido 2011 T
tempranillo

95 30€

Color cereza muy intenso. Aroma fruta madura, especiado, roble cremoso, tostado, con carácter. Boca potente, sabroso, tostado, taninos maduros.

La Nieta 2011 T
tempranillo

94 85€

Color cereza, borde granate. Aroma especiado, tostado, fruta sobremadura, mineral. Boca potente, sabroso, tostado, taninos maduros.

La Nieta 2012 T
tempranillo

96 85€

Color cereza, borde granate. Aroma fruta madura, especiado, roble cremoso, tostado, complejo, chocolate, terroso. Boca potente, sabroso, tostado, taninos maduros.

VIÑEDOS DEL CONTINO

Finca San Rafael, s/n
1321 Laserna (Álava)
☎: +34 945 600 201
Fax: +34 945 621 114
www.cvne.com
laserna@contino.com

Contino 2008 TR

92 25€

Color cereza muy intenso. Aroma fruta madura, especiado, roble cremoso, tostado, con carácter. Boca potente, sabroso, tostado, taninos maduros.

Contino 2012 B

93 25€

Color amarillo brillante. Aroma cítricos, fruta madura, hierbas de tocador, especias dulces, roble cremoso. Boca graso, sabroso, especiado, largo, equilibrado, elegante.

Contino Garnacha 2011 T

100% garnacha

91 25€

Color cereza, borde granate. Aroma fruta madura, especiado, roble cremoso, tostado, complejo. Boca potente, sabroso, tostado, taninos maduros.

Contino Graciano 2010 T

100% graciano

92 60€

Color cereza, borde granate. Aroma fruta madura, hierbas silvestres, terroso, especiado, roble cremoso. Boca equilibrado, sabroso, largo, balsámico.

Contino Magnum 2007 TGR

93 90€

Color rubí, borde teja. Aroma especiado, fina reducción, cuero mojado, ebanistería, espirituoso. Boca especiado, taninos finos.

Contino Viña del Olivo 2010 T

93 60€

Color cereza muy intenso. Aroma fruta madura, especiado, roble cremoso, tostado, con carácter. Boca potente, sabroso, tostado, taninos maduros.

VIÑEDOS SIERRA CANTABRIA

Calle Fuente de la Salud s/n
26338 San Vicente de la Sonsierra
(La Rioja)
☎: +34 941 334 080
Fax: +34 941 334 371
www.sierracantabria.com
info@sierracantabria.com

Amancio 2010 T

tempranillo

96 85€

Color cereza, borde granate. Aroma fruta madura, especiado, roble cremoso, tostado, complejo, chocolate, piedra seca, mineral. Boca potente, sabroso, tostado, taninos maduros.

Amancio 2011 T

tempranillo

94 85€

Color cereza, borde granate. Aroma fruta confitada, fruta al licor, especiado, roble nuevo, ebanistería. Boca sabroso, confitado, balsámico.

Finca El Bosque 2011 T

tempranillo

97 85€

Color cereza, borde granate. Aroma especiado, roble cremoso, tostado, complejo, chocolate, expresión frutal, mineral. Boca potente, sabroso, tostado, taninos maduros.

Finca El Bosque 2012 T
tempranillo

94   85€

Color cereza muy intenso, borde granate. Aroma potente, fruta madura, muy tostado (torrefactado), chocolate. Boca potente, tostado, retronasal torrefactado.

Sierra Cantabria Colección Privada 2011 T
tempranillo

95   28€

Color cereza muy intenso. Aroma fruta madura, especiado, roble cremoso, tostado, con carácter, fruta roja. Boca potente, sabroso, tostado, taninos maduros.

Sierra Cantabria Colección Privada 2012 T
tempranillo

96   28€

Color cereza, borde granate. Aroma fruta madura, especiado, roble cremoso, tostado, complejo, chocolate, terroso. Boca potente, sabroso, tostado, taninos maduros.

Sierra Cantabria Cuvèe Especial 2010 T
tempranillo

94 ★★★   15€

Color cereza brillante. Aroma especias dulces, roble cremoso, expresivo, fruta madura, fruta roja. Boca sabroso, frutoso, tostado, taninos maduros.

Sierra Cantabria Organza 2011 B
93 ★★★   14€

Color pajizo brillante. Aroma flores blancas, fruta fresca, expresivo, lías finas, hierbas secas. Boca sabroso, frutoso, buena acidez, equilibrado.

Sierra Cantabria Organza 2012 B
91 ★★★   14€

Color amarillo brillante. Aroma potente, fruta madura, especias dulces, roble nuevo. Boca graso, retronasal ahumado, sabroso, fresco, buena acidez.

VIÑEDOS SINGULARES
Cuzco, 26 - 28, Nave 8
8030 (Barcelona)
☎: +34 934 807 041
Fax: +34 934 807 076
www.vinedossingulares.com
info@vinedossingulares.com

Jardín Rojo 2012 T
tempranillo

87 ★★★★   7,8€

Color cereza brillante. Aroma fruta madura, especias dulces, balsámico. Boca sabroso, frutoso, tostado, fácil de beber.

VIÑEDOS Y BODEGAS DE LA MARQUESA - VALSERRANO
Herrería, 76
1307 Villabuena (Álava)
☎: +34 945 609 085
Fax: +34 945 623 304
www.valserrano.com
info@valserrano.com

Nico by Valserrano 2010 T
91   35€

Color cereza brillante. Aroma fruta madura, especias dulces, roble cremoso, expresivo. Boca sabroso, frutoso, tostado, taninos maduros.

Valserrano 2008 TGR
89   20€

Color cereza oscuro. Aroma equilibrado, fruta madura, hierbas de monte, especiado. Boca equilibrado, buena acidez, taninos maduros.

Valserrano 2009 TR
90 ★★★★   13€

Color cereza oscuro, borde granate. Aroma equilibrado, elegante, cacao fino. Boca fruta madura, sabroso, buena acidez, especiado.

Valserrano 2011 TC
89 ★★★   9€

Color cereza, borde granate. Aroma fruta madura, hierbas silvestres, especiado, roble cremoso. Boca potente, sabroso, especiado, equilibrado.

Valserrano 2013 BFB
90 ★★★★★   9€

Color amarillo brillante. Aroma potente, fruta madura, especias dulces, hierbas de tocador. Boca graso, sabroso, fresco, buena acidez.

Valserrano Finca Monteviejo 2010 T
91   25€
Color cereza, borde granate. Aroma fruta madura, hierbas silvestres, terroso, especiado, roble cremoso. Boca equilibrado, sabroso, largo.

Valserrano Mazuelo 2009 T
100% mazuelo
90   19€
Color cereza intenso. Aroma fruta madura, hierbas silvestres, terroso, especiado, roble cremoso. Boca equilibrado, sabroso, largo, balsámico.

Valserrano Premium 2008 B Gran Reserva
93   25€
Color amarillo brillante. Aroma potente, fruta madura, especias dulces, roble cremoso, hierbas de tocador. Boca graso, retronasal ahumado, sabroso, buena acidez.

WINNER WINES
Avda. del Mediterráneo, 38
28007 Madrid (Madrid)
☎: +34 915 019 042
Fax: +34 915 017 794
www.entornoalvino.com
info@entornoalvino.com

Viña Saseta 2004 TGR
100% tempranillo
88   20€
Color rubí, borde teja. Aroma elegante, especiado, fina reducción, cuero mojado, ebanistería, espirituoso. Boca especiado, taninos finos, largo.

Viña Saseta 2007 TR
88   10,5€
Color guinda. Aroma equilibrado, complejo, fruta madura, especiado, fina reducción. Boca estructurado, sabroso, taninos maduros.

Viña Saseta 2011 TC
87 ★★★★   6€
Color cereza, borde granate. Aroma fruta madura, especiado, roble cremoso, tostado, complejo. Boca potente, sabroso, tostado.

Viña Saseta 2013 T
100% tempranillo
84   4,5€

WOS
Cartago, 2 Escalera derecha 1ºA
28022 (Madrid)
☎: +34 911 263 478
Fax: +34 913 270 601
www.woswinesofspain.com
info@woswinesofspain.com

Sensaciones 2004 TR
89   12,9€
Color rubí borde teja. Aroma elegante, especiado, fina reducción, cuero mojado, ebanistería, espirituoso. Boca especiado, taninos finos, elegante, largo.

Sensaciones 2010 TC
86 ★★★★   7,5€
Color cereza, borde granate. Aroma fruta madura, especiado, roble cremoso, tostado, fina reducción. Boca potente, sabroso, tostado.

Sensaciones 2011 T
tempranillo
87 ★★★★ 🌷   7,8€
Color cereza brillante, borde granate. Aroma equilibrado, hierbas silvestres, especiado. Boca frutoso, especiado, taninos maduros, fácil de beber.

DO. RUEDA

CONSEJO REGULADOR

Real, 8
47490 Rueda (Valladolid)
☎: +34 983 868 248 - Fax: +34 983 868 135
@: crdo.rueda@dorueda.com
www.dorueda.com

SITUACIÓN:

En las provincias de Valladolid (53 municipios), Segovia (17 municipios) y Ávila (2 municipios). El viñedo ocupa zonas onduladas de la meseta y está condicionado por la influencia del Duero que recorre la parte norte de la zona.

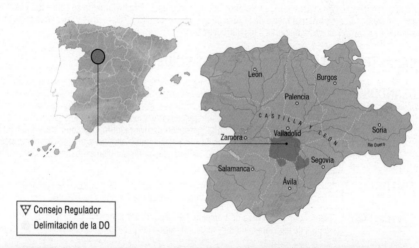

▽ Consejo Regulador
Delimitación de la DO

VARIEDADES:

BLANCAS: verdejo, viura, sauvignon blanc y palomino fino.

TINTAS: tempranillo, cabernet sauvignon, merlot y garnacha.

DATOS:

Nº Has. Viñedo: 12.942,62 – **Nº Viticultores:** 1.515– **Nº Bodegas:** 63 – **Cosecha 13:** Buena – **Producción 13:** 70.216.770 litros – **Comercialización:** 81% España - 19% extranjero.

SUELOS:

Con gran concentración de cantos rodados en la superficie. Son terrenos cascajosos, pobres en materia orgánica, con buena aireación y drenaje. La textura de los suelos es variable, aunque en general predominan los terrenos arenolimosos y limosos.

CLIMA:

De tipo continental, con inviernos fríos y veranos cortos y calurosos. La pluviometría se concentra sobre todo en primavera y otoño. La altitud media de la zona se sitúa entre los 600 y 700 metros y sólo en la provincia de Segovia se alcanzan alturas superiores a los 800 metros.

CARACTERÍSTICAS GENERALES DE LOS VINOS

BLANCOS Se elaboran fundamentalmente a partir de verdejo. A medida que aumenta la participación de esta uva (desde el Rueda al Rueda Verdejo) se obtiene un estilo más caracterizado. De color pajizo verdoso, ofrecen aromas finos y elegantes, frutosos, con matices de hinojo, menta y manzana. En la boca son frescos, afrutados y con un característico paso de boca amargoso que contrasta con la sensación de uva madura, dulcedumbre y frescura.Los elaborados con sauvignon blanc presentan toques cítricos y una acidez más marcada que le aporta mayor frescura. Es habitual encontrar también exuberantes matices a fruta tropical.

TINTOS Se apoyan fundamentalmente en la tempranillo. Son de color cereza bastante intenso, afrutados, carnosos y sabrosos; pueden recordar a los tintos de Cigales.

ESPUMOSOS Elaborado por el método tradicional de segunda fermentación en botella. Frescos y con toques de levaduras, aunque en general algo más pesados que los cavas.

CLASIFICACIÓN COSECHAS   GUÍA**PEÑÍN**

2009	2010	2011	2012	2013
MUY BUENA	EXCELENTE	MUY BUENA	MUY BUENA	MUY BUENA

AGRÍCOLA CASTELLANA - BODEGA CUATRO RAYAS

Ctra. Rodilana, s/n
47491 La Seca (Valladolid)
☎: +34 983 816 320
Fax: +34 983 816 562
www.cuatrorayas.org
info@cuatrorayas.org

Azumbre Verdejo Viñedos Centenarios 2013 B
100% verdejo

88 ★★★★   7€

Color pajizo brillante. Aroma floral, hierbas de tocador, expresión frutal, equilibrado. Boca fácil de beber, sabroso, balsámico, redondo.

Bitácora Verdejo 2013 B
100% verdejo

85 ★★★★★   3€

Cuatro Rayas 2010 BFB
100% verdejo

89 ★★★★   8€

Color amarillo brillante. Aroma cítricos, fruta madura, hierbas silvestres, flores marchitas, especias dulces, tostado. Boca fino amargor, untuoso, sabroso.

Cuatro Rayas Ecológico 2013 B
verdejo

88 ★★★★ 🌷   6,5€

Color pajizo brillante. Aroma potente, fresco, expresión frutal. Boca fresco, frutoso, sabroso.

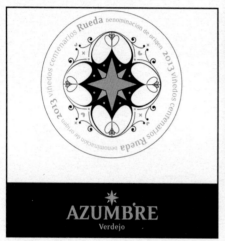

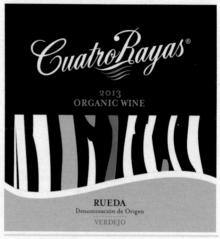

Cuatro Rayas Sauvignon 2013 B
100% sauvignon blanc

88 ★★★★★   4,5€

Color pajizo brillante. Aroma equilibrado, fruta fresca, floral, hierbas de tocador. Boca buena acidez, correcto, fino amargor.

Cuatro Rayas Verdejo 2013 B
100% verdejo

88 ★★★★★   4,5€

Color pajizo brillante. Aroma fresco, fruta fresca, flores blancas. Boca sabroso, frutoso, buena acidez.

Cuatro Rayas Viñedos Centenarios 2013 B
100% verdejo

89 ★★★   9,5€

Color pajizo brillante. Aroma flores blancas, hierbas de tocador, expresión frutal, piedra seca. Boca fresco, frutoso, sabroso, elegante.

Dama del Lago 2013 B
verdejo

86 ★★★★★   2€

Color pajizo brillante. Aroma fresco, fruta fresca, flores blancas, hierbas de tocador. Boca sabroso, frutoso, fácil de beber.

Nave Sur 2013 B
100% verdejo

86 ★★★★★   3€

Color pajizo brillante. Aroma flores blancas, hierbas de tocador, expresión frutal. Boca fresco, frutoso, sabroso, fácil de beber.

Palacio de Vivero 2013 B
100% verdejo

85 ★★★★★   2€

Pámpano 2013 B
100% verdejo

85 ★★★★★   4,5€

Vacceos 2010 TC
100% tempranillo

87 ★★★★★   4,8€

Color cereza, borde granate. Aroma ahumado, tostado, especiado, fruta madura. Boca sabroso, taninos maduros.

Vacceos 2013 RD
100% tempranillo

86 ★★★★★   3€

Color cobrizo, brillante. Aroma intensidad media, fresco, flores secas, hierbas silvestres. Boca correcto, ligero, fácil de beber.

Vacceos Tempranillo 2012 T Roble
100% tempranillo

88 ★★★★★   3,5€

Color cereza brillante. Aroma fruta madura, especias dulces, roble cremoso. Boca frutoso, tostado, taninos maduros.

Vacceos Verdejo 2013 B
100% verdejo

87 ★★★★★   2,5€

Color pajizo brillante. Aroma fresco, fruta fresca, flores blancas, expresivo. Boca sabroso, frutoso, buena acidez, equilibrado.

Veliterra 2013 B
100% verdejo

84   2,5€

Visigodo Verdejo 2013 B
100% verdejo

87 ★★★★★   3€

Color pajizo brillante. Aroma flores marchitas, hierbas de tocador. Boca fresco, correcto, fino amargor, fácil de beber.

AGRÍCOLA SANZ
Santísimo Cristo, 107
47490 Rueda (Valladolid)
☎: +34 983 804 132
Fax: +34 983 804 132
www.lacubaderueda.com
info@agricolasanz.com

La Casona de los Condes 2013 B
verdejo

91 ★★★★★   4,9€

Color pajizo brillante. Aroma fresco, fruta fresca, flores blancas, hierbas silvestres, mineral. Boca sabroso, frutoso, buena acidez, equilibrado.

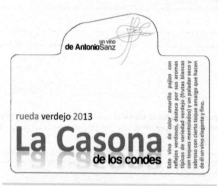

Viña Sofraga 2013 BR
83

Viña Sofraga 2013 SS
84   5€

ÁLVAREZ Y DÍEZ
Juan Antonio Carmona, 12
47500 Nava del Rey (Valladolid)
☎: +34 983 850 136
Fax: +34 983 850 761
www.alvarezydiez.com
j.benito@alvarezydiez.com

Mantel Blanco 2009 BFB
100% verdejo

91 ★★★★★   10€

Color amarillo brillante. Aroma fruta madura, frutos secos, potente, tostado, ebanistería. Boca sabroso, frutoso, especiado, tostado, largo.

Mantel Blanco Sauvignon Blanc 2013 B
100% sauvignon blanc

87 ★★★★   7,5€

Color pajizo brillante. Aroma flores blancas, fruta fresca, expresivo, hierbas secas. Boca sabroso, frutoso, buena acidez.

Mantel Blanco Verdejo 2013 B
100% verdejo

87 ★★★★   6,5€

Color pajizo brillante, borde verdoso. Aroma intensidad media, hierbas secas, floral. Boca correcto, cierta persistencia, fácil de beber.

ÁNGEL RODRÍGUEZ VIDAL
Torcido, 1
47491 La Seca (Valladolid)
☎: +34 983 816 302
Fax: +34 983 816 302
martinsancho@martinsancho.com

Martínsancho 2013 B
100% verdejo

90

Color pajizo brillante. Aroma fruta fresca, hierbas silvestres, floral, mineral. Boca sabroso, frutoso, buena acidez, equilibrado.

ARBOLEDA MEDITERRÁNEA BODEGAS
Ctra. N-601, km. 151 Pol. Ind. José A. González Caviedes
47410 Olmedo (Valladolid)
☎: +34 902 996 361
www.arboledamediterranean.com
arboleda@arboledamediterranean.com

Enprivado 2013 B
100% verdejo

84   4,9€

AVELINO VEGAS
Calvo Sotelo, 8
40460 Santiuste (Segovia)
☎: +34 921 596 002
Fax: +34 921 596 035
www.avelinovegas.com
ana@avelinovegas.com

Circe 2013 B
verdejo

88 ★★★   9€

Color pajizo brillante. Aroma fresco, fruta fresca, flores blancas. Boca sabroso, frutoso, buena acidez, equilibrado.

Montespina Sauvignon 2013 B Joven
sauvignon blanc

87 ★★★★★   5€

Color pajizo brillante. Aroma fruta madura, cítricos, hierbas silvestres, floral. Boca potente, sabroso, frutoso, fino amargor.

Montespina Verdejo 2013 B Joven
verdejo

87 ★★★★★   5€

Color pajizo brillante. Aroma flores blancas, hierbas de tocador, expresión frutal, notas tropicales. Boca fresco, frutoso, sabroso.

AXIAL

Pla-za Calle Castillo de Capua, 10
Nave 7
50197 (Zaragoza)
☎: +34 976 780 136
Fax: +34 976 303 035
www.axialvinos.com
info@axialvinos.com

Esperanza Rueda Verdejo 2013 B
100% verdejo

87 ★★★   **9€**

Color pajizo brillante, borde verdoso. Aroma fresco, fruta fresca, hierbas de tocador, cítricos. Boca correcto, equilibrado, fácil de beber.

Esperanza Verdejo Viura 2013 B
86 ★★★★   **7€**

Color pajizo brillante. Aroma fresco, fruta fresca, flores blancas. Boca sabroso, frutoso, buena acidez, fácil de beber.

BELLORI VINOS

Cobalto, 67 Bajo
47012 (Valladolid)
☎: +34 983 314 522
Fax: +34 983 314 522
www.bellorivinos.com
administracion@bellorivinos.com

Bellori 2012 BC
100% verdejo

93   **18,9€**

Color amarillo brillante. Aroma potente, fruta madura, especias dulces, roble cremoso, hierbas de tocador. Boca graso, retronasal ahumado, sabroso, fresco, buena acidez.

Bellori 2013 B
100% verdejo

90 ★★★★★   **8,2€**

Color pajizo brillante. Aroma fresco, fruta fresca, flores blancas. Boca sabroso, frutoso, buena acidez, equilibrado.

BELONDRADE

Quinta San Diego -
Camino del Puerto, s/n
47491 La Seca (Valladolid)
☎: +34 983 481 001
Fax: +34 600 590 024
www.belondrade.com
comunicacion@belondrade.com

Belondrade y Lurton 2012 BFB
verdejo

94   **24€**

Color amarillo brillante. Aroma potente, fruta madura, especias dulces, roble cremoso, hierbas de tocador, mineral. Boca graso, retronasal ahumado, sabroso, fresco, buena acidez.

Ψ

BELONDRADE
Y LURTON

2012

BODEGA 3 PILARES

El Rancho, 3
47491 La Seca (Valladolid)
☎: +34 676 169 122
bodega3pilares@gmail.com

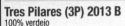

Tres Pilares (3P) 2013 B
100% verdejo
86 ★★★★★   4,5€
Color pajizo brillante. Aroma fresco, cítricos, hierbas de tocador. Boca frutoso, fácil de beber, correcto.

Valtarre 2013 B
100% verdejo
83   3,9€

BODEGA ALTAENCINA

Zarcillo, 2
47490 Rueda (Valladolid)
☎: +34 639 780 716
Fax: +34 983 868 905
www.altaencina.com
pablo@altaencina.com

Quivira Verdejo 2013 B
verdejo
86 ★★★★   6,5€
Color pajizo brillante. Aroma fresco, fruta fresca, flores blancas. Boca sabroso, frutoso, algo plano.

BODEGA AYUNTAMIENTO MADRIGAL DE LAS ALTAS TORRES

Plaza Santa María n1
5220 Madrigal de las Altas Torres (Ávila)
☎: +34 920 320 001
ayuntamientodemadrigal@aytomadrigal.es

Cuna de Ysabel 2013 B
verdejo
87
Color pajizo brillante. Aroma fresco, fruta fresca, flores blancas, intensidad media, notas tropicales. Boca sabroso, frutoso, buena acidez, cierta persistencia.

Don Vasco 2013 B
verdejo
86
Color amarillo brillante. Aroma fruta madura, fruta escarchada, flores marchitas. Boca sabroso, balsámico, correcto.

BODEGA BURDIGALA (F. LURTON & M. ROLLAND)

Camino Magarín, s/n
47529 Villafranca del Duero (Valladolid)
☎: +34 980 082 027
Fax: +34 983 034 040
www.burdigala.es
bodega@burdigala.es

Campo Alegre 2013 B

91

Color amarillo brillante. Aroma floral, hierbas silvestres, balsámico, mineral, especiado. Boca fresco, frutoso, sabroso, equilibrado, especiado.

BODEGA COOPERATIVA VIRGEN DE LA ASUNCIÓN

Las Afueras, s/n
9311 La Horra (Burgos)
☎: +34 947 542 057
Fax: +34 947 542 057
www.virgendelaasuncion.com
info@virgendelaasuncion.com

Zarzuela Verdejo 2013 B
100% verdejo

86 ★★★★   5,5€

Color pajizo brillante. Aroma fresco, fruta fresca, flores blancas. Boca sabroso, frutoso, buena acidez, fácil de beber.

BODEGA DE ALBERTO

Ctra. de Valdestillas, 2
47321 Serrada (Valladolid)
☎: +34 983 559 107
Fax: +34 983 559 084
www.dealberto.com
info@dealberto.com

De Alberto Verdejo 2013 B
100% verdejo

88 ★★★★   5,9€

Color pajizo brillante. Aroma hierbas secas, flores marchitas, fruta madura. Boca algo plano, fresco, correcto.

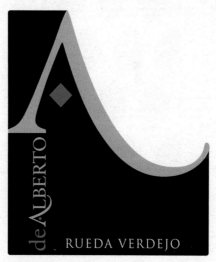

Guti Verdejo 2013 B
100% verdejo

86 ★★★★★   3,4€

Color pajizo brillante. Aroma fresco, fruta fresca, expresivo, hierbas silvestres. Boca frutoso, buena acidez, fácil de beber.

Monasterio de Palazuelos Sauvignon Blanc 2013 B
100% sauvignon blanc

85 ★★★★★   3,5€

Monasterio de Palazuelos Verdejo 2013 B
100% verdejo

85 ★★★★★   3,4€

BODEGA EL ALBAR LURTON
Camino Magarin, s/n
47529 Villafranca del Duero (Valladolid)
☎: +34 983 034 030
Fax: +34 983 034 040
www.francoislurton.es
bodega@francoislurton.es

Camino del Puerto Verdejo 2013 B
verdejo
85

Hermanos Lurton Cuesta de Oro 2012 BFB
93
Color amarillo brillante. Aroma potente, fruta madura, especias dulces, roble cremoso, hierbas de tocador. Boca graso, retronasal ahumado, sabroso, fresco, buena acidez, redondo, elegante.

Hermanos Lurton Verdejo 2013 B
verdejo
90
Color pajizo brillante. Aroma equilibrado, hierbas de tocador, intensidad media, fruta fresca, piedra seca. Boca fácil de beber, buena acidez, fino amargor.

BODEGA EMINA RUEDA
Ctra. Medina del Campo - Olmedo, Km. 1,5
47400 Medina del Campo (Valladolid)
☎: +34 983 803 346
Fax: +34 902 430 189
www.eminarueda.es
eminarueda@emina.es

Emina Brut Nature ESP
100% verdejo
84   8€

Emina Rosado ESP
100% tempranillo
79   8€

Emina Rueda 2013 B
85 ★★★★★   4€

Emina Sauvignon 2013 B
100% sauvignon blanc
86 ★★★★★   4,4€
Color pajizo brillante. Aroma flores blancas, hierbas de tocador, expresión frutal. Boca fresco, frutoso, sabroso, fino amargor.

Emina Semiseco ESP
100% verdejo
83   8€

Emina Verdejo 2013 B
100% verdejo

87 ★★★★   5,3€

Color amarillo brillante. Aroma intensidad media, flores secas, hierbas secas. Boca frutoso, amargoso, buena acidez.

Melior Verdejo 2013 B
100% verdejo

86 ★★★★   5,5€

Color pajizo brillante. Aroma expresión frutal, flores marchitas, hierbas silvestres. Boca fresco, frutoso, balsámico.

BODEGA GÓTICA
Ctra. Rueda - La Seca, Km. 1,2
47490 Rueda (Valladolid)
☎: +34 629 458 235
Fax: +34 983 868 387
www.bodegagotica.com
mjhmonsalve@ya.com

Badajo Rueda 2013 B
100% verdejo

85 ★★★★★   3,6€

Camino La Fara Verdejo 2013 B
100% verdejo

84   4€

Monsalve Verdejo 2013 B
100% verdejo

89 ★★★★★   5€

Color pajizo brillante. Aroma flores blancas, hierbas de tocador, expresión frutal, cítricos. Boca fresco, frutoso, sabroso, equilibrado.

Moyorido 2013 B
100% verdejo

84   5,2€

Polígono 10 Verdejo 2013 B
100% verdejo

87 ★★★★   5,6€

Color amarillo brillante. Aroma floral, hierbas secas, cítricos, expresión frutal. Boca frutoso, sabroso, fácil de beber.

Trascampanas Sauvignon 2013 B
100% sauvignon blanc

87 ★★★★   5,8€

Color pajizo brillante. Aroma floral, hierbas secas, expresión frutal. Boca fresco, frutoso, sabroso, algo plano.

Trascampanas Verdejo 2013 B
100% verdejo

89 ★★★★   5,8€

Color amarillo brillante. Aroma flores blancas, hierbas de tocador, fruta fresca, cítricos, mineral. Boca fresco, frutoso, sabroso, cierta persistencia.

BODEGA HERMANOS DEL VILLAR

Zarcillo, s/n
47490 Rueda (Valladolid)
☎: +34 983 868 904
Fax: +34 983 868 905
www.orodecastilla.com
pablo@orodecastilla.com

Oro de Castilla Sauvignon Blanc 2013 B
sauvignon blanc

86 ★★★★   6€

Color pajizo brillante. Aroma expresión frutal, hierbas silvestres, floral. Boca sabroso, fresco, fino amargor.

Oro de Castilla Verdejo 2013 B
verdejo

87 ★★★★   5,2€

Color pajizo brillante. Aroma fresco, fruta fresca, flores blancas, hierbas de tocador. Boca sabroso, frutoso, buena acidez.

BODEGA LIBERALIA ENOLÓGICA

Camino del Palo, s/n
49800 Toro (Zamora)
☎: +34 980 692 571
Fax: +34 980 692 571
www.liberalia.es
liberalia@liberalia.es

Enebral 2013 B
100% verdejo

90 ★★★★★   6€

Color pajizo brillante. Aroma fresco, flores blancas, expresivo. Boca sabroso, frutoso, buena acidez, equilibrado.

BODEGA MATARROMERA

Ctra. Renedo-Pesquera, Km. 30
47359 Valbuena de Duero (Valladolid)
☎: +34 983 107 100
Fax: +34 902 430 189
www.grupomatarromera.com
matarromera@matarromera.es

Matarromera Verdejo Edición Limitada 25 Aniversario 2012 B
100% verdejo

91   30€

Color dorado brillante. Aroma fruta madura, especias dulces, roble cremoso, equilibrado, expresivo. Boca frutoso, amargoso.

BODEGA REINA DE CASTILLA

Cº de la Moya, s/n Ctra. CL-610 (Entre
La Seca y Serrada)
47491 La Seca (Valladolid)
☎: +34 983 816 667
www.reinadecastilla.es
bodega@reinadecastilla.es

EL Bufón Verdejo 2013 B
100% verdejo

91 ★★★★★   6€

Color pajizo brillante. Aroma fruta fresca, expresivo, lías finas, hierbas secas. Boca sabroso, frutoso, buena acidez, equilibrado.

Isabelino 2013 RD
100% tempranillo

86 ★★★★★   4€

Color cereza claro, brillante. Aroma fruta roja, floral, intensidad media. Boca frutoso, fresco, fácil de beber.

Isabelino Rueda 2013 B

85 ★★★★★   4€

Isabelino Verdejo 2013 B
100% verdejo

87 ★★★★★   4,5€

Color pajizo brillante. Aroma floral, fruta fresca, hierbas secas, intensidad media. Boca potente, sabroso, frutoso.

Reina de Castilla Sauvignon Blanc 2013 B
100% sauvignon blanc

89 ★★★★   8€

Color pajizo brillante. Aroma flores blancas, hierbas de tocador, expresión frutal, expresivo. Boca fresco, frutoso, sabroso, equilibrado, elegante.

Reina de Castilla Verdejo 2013 B
100% verdejo

88 ★★★★   7€

Color pajizo brillante. Aroma hierbas de tocador, expresión frutal, flores secas, intensidad media. Boca fresco, frutoso, sabroso, equilibrado.

BODEGA TOMÁS POSTIGO

Estación, 12
47300 Peñafiel (Valladolid)
☎: +34 983 873 019
Fax: +34 983 880 258
www.tomaspostigo.es
administracion@tomaspostigo.es

Tomás Postigo Verdejo 2010 BFB
verdejo

90 ★★★★ 13€

Color amarillo brillante. Aroma potente, fruta madura, especias dulces, roble cremoso, hierbas de tocador. Boca graso, sabroso, fresco, buena acidez.

BODEGA VALDEHERMOSO

Ctra. Nava del Rey - Rueda, km. 12,6
47500 Nava del Rey (Valladolid)
☎: +34 651 993 680
www.valdehermoso.com
valdehermoso@valdehermoso.com

Lagar del Rey Sauvignon Blanc 2013 B
sauvignon blanc

89 ★★★★ 5,8€

Color amarillo brillante. Aroma fruta fresca, hierbas silvestres, fresco. Boca equilibrado, sabroso, largo, buena acidez.

Lagar del Rey Verdejo 100% Lías 2013 B
verdejo

88 ★★★★ 5,5€

Color pajizo brillante. Aroma flores blancas, fruta fresca, expresivo, lías finas, hierbas secas. Boca sabroso, frutoso, buena acidez, equilibrado.

Viña Perez Verdejo 2013 B
verdejo

86 ★★★★★ 4,4€

Color pajizo brillante. Aroma equilibrado, hierbas secas, flores secas. Boca correcto, fácil de beber, ligero.

BODEGA VIÑA VILANO S. COOP.

Ctra. de Anguix, 10
9314 Pedrosa de Duero (Burgos)
☎: +34 947 530 029
Fax: +34 947 530 037
www.vinavilano.com
info@vinavilano.com

Viña Vilano Verdejo 2013 B
verdejo

89 ★★★★ 5,2€

Color pajizo brillante. Aroma fresco, fruta fresca, flores blancas, hierbas silvestres. Boca sabroso, frutoso, equilibrado.

BODEGAS ABANICO

Pol. Ind Ca l'Avellanet - Susany, 6
8553 Seva (Barcelona)
☎: +34 938 125 676
Fax: +34 938 123 213
www.bodegasabanico.com
info@exportiberia.com

Piedra Blanca 2013 B
100% verdejo

87 ★★★ 10€

Color pajizo brillante. Aroma fresco, fruta fresca, flores blancas. Boca buena acidez, fácil de beber, fino amargor.

BODEGAS ARROCAL

Eras de Santa María, s/n
9443 Gumiel de Mercado (Burgos)
☎: +34 947 561 290
Fax: +34 947 561 290
www.arrocal.com
arrocal@arrocal.com

Arrocal Verdejo 2013 B
100% verdejo

90 ★★★★★ 5€

Color amarillo, borde verdoso. Aroma intensidad media, hierbas verdes, flores marchitas. Boca correcto, fino amargor, fácil de beber.

BODEGAS AURA

Ctra. Autovía del Noroeste, Km. 175
47490 Rueda (Valladolid)
☎: +34 983 868 286
www.bodegasaura.com
aura@pernod-ricard.com

Aura Verdejo Vendimia Nocturna 2013 B
verdejo

91 ★★★★★ 6,9€

Color pajizo brillante. Aroma expresivo, fruta fresca, balsámico, hierbas de tocador, hierbas verdes. Boca sabroso, balsámico, frutoso, elegante.

AuraSelección Parcela Avutarda 2013 BFB
100% verdejo

93 ★★★ 15€

Color amarillo brillante. Aroma especias dulces, cítricos, balsámico, expresión frutal. Boca graso, sabroso, fresco, buena acidez, equilibrado.

BODEGAS CAÑALVA

Coto, 54
10136 Cañamero (Cáceres)
☎: +34 927 369 405
Fax: +34 927 369 405
www.bodegascanalva.com
info@bodegascanalva.com

Cañalva Verdejo 2013 B
100% verdejo

85 ★★★★★ 4,5€

BODEGAS CASTELO DE MEDINA

Ctra. CL-602, Km. 48
47465 Villaverde de Medina (Valladolid)
☎: +34 983 831 932
Fax: +34 983 831 857
www.castelodemedina.com
info@castelodemedina.com

Castelo de la Dehesa 2013 B

87 ★★★★★ 5€

Color pajizo brillante. Aroma fresco, fruta fresca, flores blancas, intensidad media. Boca sabroso, frutoso, buena acidez, equilibrado.

Castelo de Medina Sauvignon Blanc 2013 B
100% sauvignon blanc

89 ★★★★ 8€

Color pajizo brillante. Aroma fresco, fruta fresca, flores blancas, expresivo. Boca sabroso, frutoso, equilibrado.

Castelo de Medina Verdejo 2013 B
100% verdejo

89 ★★★★ 7€

Color pajizo brillante. Aroma floral, hierbas silvestres, expresión frutal, expresivo. Boca fresco, frutoso, sabroso, equilibrado.

Castelo de Medina Verdejo Vendimia Seleccionada 2013 B
100% verdejo

90 ★★★★★ 10€

Color pajizo brillante. Aroma flores blancas, hierbas de tocador, expresión frutal. Boca fresco, frutoso, sabroso, fino amargor.

Castelo Noble 2012 BFB

90 ★★★★   12€

Color amarillo brillante. Aroma potente, fruta madura, roble cremoso, hierbas de tocador. Boca graso, sabroso, fresco, buena acidez.

Real Castelo 2013 B

89 ★★★★   6€

Color pajizo brillante. Aroma flores blancas, fruta fresca, expresivo, hierbas secas. Boca sabroso, frutoso, buena acidez, equilibrado.

BODEGAS COPABOCA

N-122, Km. 407
47114 Torrecilla de la Abadesa
(Valladolid)
☎: +34 983 486 010
Fax: +34 983 307 729
www.copaboca.com
club@copaboca.com

Copaboca 2013 B
100% verdejo

86 ★★★★★   4,5€

Color pajizo brillante. Aroma floral, expresión frutal, hierbas silvestres. Boca fresco, frutoso, sabroso, algo plano, fino amargor.

Gorgorito Verdejo 2013 B
100% verdejo

87 ★★★★★   4,5€

Color pajizo brillante. Aroma flores blancas, expresión frutal, hierbas secas, mineral. Boca fresco, frutoso, sabroso.

Juan Galindo Lías 2012 B
100% verdejo

90 ★★★★★   6€

Color pajizo brillante. Aroma flores blancas, fruta fresca, expresivo, lías finas, hierbas secas, especiado. Boca sabroso, frutoso, buena acidez, equilibrado.

BODEGAS DE LOS HEREDEROS DEL MARQUÉS DE RISCAL

Ctra. N-VI, km. 172,600
47490 Rueda (Valladolid)
☎: +34 983 868 029
Fax: +34 983 868 563
www.marquesderiscal.com
comunicacion@marquesderiscal.com

Marqués de Riscal Finca Montico 2013 B
100% verdejo

92 ★★★★   13€

Color pajizo brillante. Aroma flores blancas, expresivo, lías finas, hierbas secas, expresión frutal. Boca sabroso, frutoso, buena acidez, equilibrado.

Marqués de Riscal Limousin 2012 BFB
100% verdejo

92 ★★★   13,5€

Color pajizo brillante. Aroma flores blancas, fruta fresca, expresivo, hierbas secas, especiado, roble cremoso. Boca sabroso, frutoso, buena acidez, equilibrado.

Marqués de Riscal Limousin 2013 BFB
100% verdejo

91 ★★★   13,5€

Color amarillo brillante. Aroma especias dulces, flores blancas, equilibrado. Boca sabroso, tostado, equilibrado, buena acidez, especiado.

Marqués de Riscal Rueda Verdejo 2013 B
100% verdejo

88 ★★★★   6,5€

Color amarillo brillante. Aroma cítricos, fruta escarchada, hierbas silvestres. Boca potente, sabroso.

Marqués de Riscal Sauvignon 2013 B
100% sauvignon blanc

91 ★★★★★ 8€

Color pajizo brillante. Aroma cítricos, floral, hierbas secas, potente, expresivo. Boca sabroso, balsámico, correcto, equilibrado.

BODEGAS FÉLIX LORENZO CACHAZO S.L.
Ctra. Medina del Campo, Km. 9
47220 Pozáldez (Valladolid)
☎: +34 983 822 008
Fax: +34 983 822 008
www.cachazo.com
bodegas@cachazo.com

Carrasviñas Espumoso 2013 BR
100% verdejo

87 ★★★★ 7€

Color amarillo, borde verdoso. Aroma flores marchitas, hierbas de tocador. Boca correcto, fácil de beber.

Carrasviñas Verdejo 2013 B
100% verdejo

88 ★★★★ 5,5€

Color pajizo brillante. Aroma fresco, fruta fresca, flores blancas, expresivo. Boca frutoso, buena acidez, con carbónico.

RUEDA VERDEJO
2013
CARRASVIÑAS

DENOMINACION DE ORIGEN
BODEGAS FÉLIX LORENZO CACHAZO, S.L.

Gran Cardiel Rueda Verdejo 2013 B
100% verdejo

86 ★★★★ 5,5€

Color pajizo brillante. Aroma fresco, flores blancas, fruta escarchada. Boca sabroso, frutoso, buena acidez, fino amargor.

Mania Rueda Verdejo 2013 B
100% verdejo

90 ★★★★★ 6,5€

Color pajizo brillante. Aroma flores blancas, hierbas de tocador, expresión frutal. Boca fresco, frutoso, sabroso, equilibrado.

mania

Mania Sauvignon 2013 B
100% sauvignon blanc

87 ★★★★ 6,5€

Color pajizo brillante. Aroma intensidad media, hierbas silvestres, cítricos. Boca fácil de beber, correcto, equilibrado, fino amargor.

BODEGAS FÉLIX SANZ
Santísimo Cristo, 28
47490 Rueda (Valladolid)
☎: +34 983 868 044
Fax: +34 983 868 133
www.bodegasfelixsanz.es
info@bodegasfelixsanz.es

Viña Cimbrón 2012 BFB
100% verdejo

88 ★★★ 9€

Color amarillo brillante. Aroma potente, fruta madura, especias dulces, roble cremoso. Boca graso, retronasal ahumado, fresco.

Viña Cimbrón 2013 RD
tempranillo, garnacha

86 ★★★★★ 4€

Color cereza claro, brillante. Aroma fruta roja, pétalos de rosa, lácticos. Boca frutoso, fácil de beber, cierta persistencia.

Viña Cimbrón Sauvignon 2013 B
100% sauvignon blanc

87 ★★★★ **5,5€**

Color pajizo brillante. Aroma hierbas silvestres, cítricos, fresco. Boca frutoso, fácil de beber, cierta persistencia.

Viña Cimbrón Verdejo 2013 B
100% verdejo

87 ★★★★★ **5€**

Color pajizo brillante. Aroma fruta madura, hierbas secas, floral, cítricos. Boca buena acidez, correcto, fino amargor.

Viña Cimbrón Verdejo Selección "80 Aniversario" 2013 B
100% verdejo

90 **22€**

Color pajizo brillante. Aroma fruta madura, cítricos, hierbas secas, flores marchitas. Boca potente, graso, sabroso.

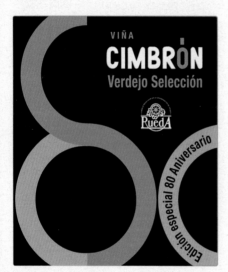

Viña Cimbrón Verdejo Selección 2013 B
100% verdejo

90 ★★★★★ **6€**

Color pajizo brillante. Aroma fresco, fruta madura, flores blancas, varietal. Boca sabroso, frutoso, buena acidez, equilibrado.

BODEGAS FRUTOS VILLAR
Ctra. Burgos-Portugal Km. 113,7
47270 Cigales (Valladolid)
☎: +34 983 586 868
Fax: +34 983 580 180
www.bodegasfrutosvillar.com
bodegasfrutosvillar@bodegasfrutosvillar.com

María Molina Rueda 2013 B
verdejo, viura

86 ★★★★★ **3,2€**

Color pajizo brillante. Aroma fresco, fruta fresca, flores blancas. Boca sabroso, frutoso, buena acidez.

María Molina Verdejo 2013 B
100% verdejo

87 ★★★★★ **4,5€**

Color pajizo brillante. Aroma flores blancas, hierbas de tocador, expresión frutal. Boca fresco, frutoso, sabroso.

Viña Cansina Verdejo 2013 B
100% verdejo

85 ★★★★★ **3,3€**

Viña Morejona Rueda 2013 B
verdejo, viura

86 ★★★★★ **3,2€**

Color pajizo brillante, borde verdoso. Aroma hierbas de tocador, varietal, flores marchitas. Boca frutoso, correcto, buena acidez.

Viña Morejona Verdejo 2013 B
100% verdejo

88 ★★★★★ **4,5€**

Color pajizo brillante. Aroma fresco, fruta fresca, flores blancas, expresivo. Boca sabroso, frutoso, buena acidez, equilibrado.

BODEGAS GARCI GRANDE

Aradillas s/n
57490 Rueda (Valladolid)
☎: +34 983 868 561
Fax: +34 983 868 449
www.hispanobodegas.com
carlos.garcia@hispanobodegas.com

12 Linajes Verdejo 2013 B
verdejo

89 ★★★★★   4,5€

Color pajizo brillante. Aroma flores blancas, fruta fresca, expresivo, hierbas secas. Boca frutoso, buena acidez, equilibrado.

Anier Verdejo Vendimia Seleccionada 2013 B
verdejo

92 ★★★★★   6€

Color pajizo brillante. Aroma fresco, fruta fresca, franco, varietal. Boca sabroso, frutoso, buena acidez, equilibrado.

Señorío de Garci Grande Sauvignon Blanc 2013 B
sauvignon blanc

86 ★★★★   5,5€

Color pajizo brillante. Aroma fruta fresca, floral, hierbas silvestres. Boca sabroso, frutoso, algo plano.

Señorío de Garci Grande Verdejo 2013 B
verdejo

89 ★★★★★   4€

Color pajizo brillante. Aroma fresco, flores blancas, expresivo. Boca sabroso, frutoso, buena acidez, equilibrado.

BODEGAS GARCÍA DE ARANDA

Ctra. de Soria, s/n
9400 Aranda de Duero (Burgos)
☎: +34 947 501 817
Fax: +34 947 506 355
www.bodegasgarcia.com
bodega@bodegasgarcia.com

Oro Blanco Verdejo 2013 B
100% verdejo

86 ★★★★★   4,5€

Color pajizo brillante. Aroma fruta fresca, flores blancas, hierbas silvestres. Boca sabroso, frutoso, fino amargor.

BODEGAS GARCÍAREVALO

Pza. San Juan, 4
47230 Matapozuelos (Valladolid)
☎: +34 983 832 914
Fax: +34 983 832 986
www.garciarevalo.com
garciarevalo@garciarevalo.com

Tres Olmos Lías 2013 B
verdejo

90 ★★★★★   4,5€

Color amarillo. Aroma flores blancas, fruta fresca, expresivo, lías finas, hierbas secas. Boca sabroso, frutoso, buena acidez, equilibrado.

Tres Olmos Verdejo 2013 B
100% verdejo

88 ★★★★★   4€

Color pajizo brillante. Aroma flores blancas, fruta fresca, expresivo, hierbas secas. Boca sabroso, frutoso, buena acidez, equilibrado.

BODEGAS GRAN FEUDO

Ribera, 34
31592 Cintruénigo (Navarra)
☎: +34 948 811 000
Fax: +34 948 811 407
www.granfeudo.com
info@granfeudo.com

Gran Feudo Verdejo 2013 B
verdejo
86 ★★★★★   **4,6€**
Color pajizo brillante. Aroma flores blancas, hierbas de tocador, fruta madura. Boca fresco, frutoso, sabroso.

BODEGAS GRUPO YLLERA

Autovía A-6, Km. 173,5
47490 Rueda (Valladolid)
☎: +34 983 868 097
Fax: +34 983 868 177
www.grupoyllera.com
grupoyllera@grupoyllera.com

Bracamonte Verdejo 2013 B
100% verdejo
88 ★★★★★   **2,9€**
Color pajizo brillante. Aroma flores blancas, expresión frutal, hierbas silvestres. Boca fresco, frutoso, sabroso, untuoso.

Bracamonte Verdejo Superior Viñas Viejas 2013 B
100% verdejo
89 ★★★★★   **3,7€**
Color pajizo brillante. Aroma cítricos, expresión frutal, floral, hierbas silvestres. Boca fresco, frutoso, sabroso, balsámico.

Cantosán BR
100% verdejo
86 ★★★★★   **5€**
Color pajizo brillante. Aroma lías finas, floral, hierbas de tocador. Boca potente, sabroso, buena acidez, burbuja fina.

Cantosán SS
100% verdejo
83   **4,5€**

Cantosán BN
100% verdejo
84   **6€**

Cantosán Reserva Especial ESP
100% verdejo
87
Color amarillo brillante. Aroma intensidad media, fruta fresca, hierbas secas, lías finas, floral. Boca fresco, frutoso, sabroso, buena acidez, equilibrado.

Cantosán Verdejo 2013 B
100% verdejo
88 ★★★★★   **2,7€**
Color pajizo brillante. Aroma flores blancas, hierbas de tocador, expresión frutal. Boca fresco, frutoso, sabroso, equilibrado.

Tierra Buena 2013 B
89 ★★★★★   **3€**
Color pajizo brillante. Aroma fresco, fruta fresca, flores blancas, balsámico. Boca sabroso, frutoso, buena acidez, equilibrado.

Viña 65 2013 B
88 ★★★★★   **2,5€**
Color pajizo brillante. Aroma fresco, fruta fresca, flores blancas. Boca sabroso, frutoso, buena acidez.

Viña Garedo 2013 B

88 ★★★★★   2,5€

Color pajizo brillante. Aroma hierbas secas, floral, expresión frutal. Boca correcto, sabroso, algo plano.

Yllera Rosé 2012 RD
tempranillo, verdejo

84   2,8€

Yllera Sauvignon Blanc Vendimia Nocturna 2013 B
100% sauvignon blanc

87 ★★★★★   3,9€

Color pajizo brillante. Aroma fruta fresca, flores blancas, hierbas silvestres. Boca sabroso, frutoso, buena acidez.

Yllera Verdejo Vendimia Nocturna 2013 B
100% verdejo

89 ★★★★★   3,9€

Color pajizo brillante. Aroma floral, expresión frutal, hierbas de tocador. Boca fresco, frutoso, fácil de beber.

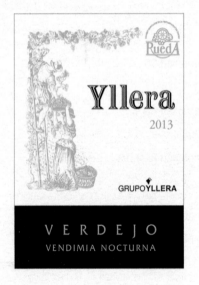

BODEGAS IMPERIALES

Ctra. Madrid - Irun, Km. 171
9370 Gumiel de Izán (Burgos)
☎: +34 947 544 070
Fax: +34 947 525 759
www.bodegasimperiales.com
adminis@bodegasimperiales.com

Abadía de San Quirce Verdejo 2013 B
100% verdejo

88 ★★★   8,5€

Color pajizo brillante. Aroma flores blancas, hierbas de tocador, expresión frutal. Boca fresco, frutoso, sabroso, equilibrado, elegante.

BODEGAS JOSÉ PARIENTE

Ctra. de Rueda, km. 2.5
47491 La Seca (Valladolid)
☎: +34 983 816 600
Fax: +34 983 816 620
www.josepariente.com
info@josepariente.com

José Pariente 2012 BFB
100% verdejo

93 ★★★   15€

Color amarillo brillante. Aroma potente, fruta madura, especias dulces, roble cremoso, hierbas silvestres, mineral. Boca graso, sabroso, fresco, buena acidez, retronasal torrefactado.

José Pariente Cuvee Especial 2012 B
100% verdejo

93   25€

Color amarillo brillante. Aroma potente, fruta madura, especias dulces, roble cremoso, hierbas de tocador. Boca graso, retronasal ahumado, sabroso, fresco, buena acidez.

José Pariente Sauvignon Blanc 2013 B
100% sauvignon blanc

90 ★★★★★   9€

Color pajizo brillante. Aroma flores blancas, hierbas de tocador, expresión frutal, cítricos, mineral. Boca fresco, frutoso, sabroso, equilibrado, elegante.

José Pariente Verdejo 2013 B
100% verdejo

89 ★★★   9€

Color pajizo brillante. Aroma fresco, fruta fresca, flores blancas, expresivo, hierbas silvestres. Boca sabroso, frutoso, buena acidez, equilibrado.

BODEGAS MOCEN
Arribas, 7-9
47490 Rueda (Valladolid)
☎: +34 983 868 533
Fax: +34 983 868 514
www.bodegasantano.com
info@bodegasmocen.com

Alta Plata Verdejo 2013 B
verdejo

88

Color pajizo brillante. Aroma flores blancas, hierbas de tocador, expresión frutal. Boca fresco, frutoso, sabroso.

Mocén Sauvignon 2013 B
100% sauvignon blanc

89 ★★★★   7,3€

Color pajizo brillante. Aroma fresco, fruta fresca, expresivo, hierbas verdes. Boca sabroso, frutoso, buena acidez, equilibrado.

Leguillón Verdejo 2013 B
verdejo

89

Color pajizo brillante. Aroma fresco, fruta fresca, flores blancas, expresivo. Boca sabroso, frutoso, buena acidez, equilibrado.

Mocén Verdejo Selección Especial 2013 B
100% verdejo

88 ★★★★   6,5€

Color pajizo brillante. Aroma flores blancas, hierbas de tocador, expresión frutal. Boca fresco, frutoso, sabroso, equilibrado.

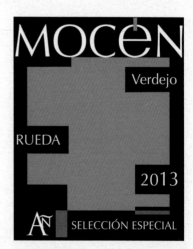

BODEGAS MONTE BLANCO

Ctra. Valladolid, Km. 24,5
47239 Serrada (Valladolid)
☎: +34 941 310 295
Fax: +34 941 310 832
www.bodegas-monteblanco.es
info@bodegas-monteblanco.es

Ramón Bilbao Verdejo 2013 B
100% verdejo

90 ★★★★★　　　　　　　　5,5€

Color pajizo brillante. Aroma fresco, fruta fresca, flores blancas, hierbas verdes. Boca sabroso, frutoso, buena acidez, equilibrado.

BODEGAS MONTEABELLÓN

Calvario, s/n
9318 Nava de Roa (Burgos)
☎: +34 947 550 000
Fax: +34 947 550 219
www.monteabellon.com
info@monteabellon.com

Monteabellón Verdejo 2013 B
100% verdejo

88 ★★★★　　　　　　　　5,5€

Color pajizo brillante. Aroma flores blancas, hierbas de tocador, expresión frutal. Boca fresco, frutoso, sabroso, algo plano.

BODEGAS NAIA

Camino San Martín, s/n
47491 La Seca (Valladolid)
☎: +34 628 434 933
www.bodegasnaia.com
info@bodegasnaia.com

Ducado de Altán 2013 B
verdejo, sauvignon blanc

89 ★★★★　　　　　　　　5,8€

Color pajizo brillante. Aroma fresco, fruta fresca, flores blancas. Boca sabroso, frutoso, buena acidez, equilibrado.

K-Naia 2013 B
verdejo, sauvignon blanc

89 ★★★★　　　　　　　　5,7€

Color pajizo brillante. Aroma fresco, fruta fresca, expresivo. Boca sabroso, frutoso, buena acidez, equilibrado, fino amargor.

Las Brisas 2013 B
verdejo, viura, sauvignon blanc

89 ★★★★　　　　　　　　5,4€

Color pajizo brillante, borde verdoso. Aroma hierbas de tocador, varietal, equilibrado. Boca frutoso, buena acidez, fino amargor.

Naia 2013 B
100% verdejo

92 ★★★★★　　　　　　　　9,5€

Color amarillo brillante. Aroma flores marchitas, hierbas de tocador, equilibrado. Boca graso, sabroso, lleno, buena acidez.

Naiades 2011 BFB
100% verdejo

96　　　　　　　　20,9€

Color amarillo brillante. Aroma elegante, expresivo, especias dulces, piedra seca, equilibrado. Boca fruta madura, largo, tostado, buena acidez, fino amargor.

S-Naia 2013 B
100% sauvignon blanc

89 ★★★★   6,7€

Color pajizo brillante. Aroma fresco, fruta fresca, flores blancas, expresivo. Boca sabroso, frutoso, buena acidez, equilibrado.

BODEGAS NIDIA

Ctra. La Seca 17
47400 Medina del Campo (Valladolid)
☎: +34 983 812 581
danieltorio@laborquo.es

Nidia 2013 B
verdejo

86 ★★★★★   4€

Color amarillo. Aroma flores marchitas, fruta fresca. Boca correcto, fácil de beber, fino amargor, con carbónico.

BODEGAS NILO

Federico García Lorca, 7
47490 Rueda (Valladolid)
☎: +34 690 068 682
www.bodegasnilo.com
mjose@bodegasnilo.com

Bianca 2013 B
100% verdejo

90 ★★★★★   9€

Color pajizo brillante. Aroma hierbas verdes, intensidad media, expresión frutal. Boca buena acidez, equilibrado, correcto.

Bianca Sauvignon Blanc 2013 B
100% sauvignon blanc

89   10,5€

Color pajizo brillante. Aroma fresco, equilibrado, hierbas de tocador, cítricos. Boca correcto, fino amargor, fresco, buena acidez.

BODEGAS ORDÓÑEZ

Bartolomé Esteban Murillo, 11
29700 Vélez- Málaga (Málaga)
☎: +34 952 504 706
Fax: +34 951 284 796
www.grupojorgeordonez.com
info@jorgeordonez.es

Nisia 2013 B
100% verdejo

95 ★★★★★   9€

Color pajizo brillante. Aroma flores blancas, fruta fresca, expresivo, lías finas, hierbas secas. Boca sabroso, frutoso, buena acidez, equilibrado.

NISIA

VERDEJO · OLD VINES · 2013 · RUEDA

BODEGAS PEÑAFIEL

Ctra. N-122, Km. 311
47300 Peñafiel (Valladolid)
☎: +34 983 881 622
Fax: +34 983 881 944
www.bodegaspenafiel.com
bodegaspenafiel@bodegaspenafiel.com

Alba de Miros 2013 B
100% verdejo

89 ★★★★   5,1€

Color pajizo brillante. Aroma flores blancas, hierbas de tocador, expresión frutal. Boca fresco, frutoso, sabroso, equilibrado, elegante.

BODEGAS PRADOREY

Ctra. A-VI, Km. 172,5
47490 Rueda (Valladolid)
☎: +34 983 444 048
Fax: +34 983 868 564
www.pradorey.com
bodega@pradorey.com

Chozo Viejo 2013 B
verdejo

88 ★★★★★ 3,5€

Color pajizo brillante. Aroma fresco, fruta fresca, flores blancas, expresivo. Boca sabroso, frutoso, buena acidez, equilibrado.

PR 3 Barricas 2009 BFB
100% verdejo

93 17€

Color dorado brillante. Aroma especias dulces, fruta madura, fruta escarchada, hidrocarburo, cacao fino. Boca graso, lleno, complejo, largo.

Pradorey Sauvignon Blanc 2013 B
100% sauvignon blanc

88 ★★★★ 7€

Color amarillo. Aroma intensidad media, flores blancas, cítricos. Boca correcto, fino amargor, buena acidez, cierta persistencia.

Pradorey Verdejo 2013 B
100% verdejo

90 ★★★★★ 6€

Color pajizo brillante. Aroma flores blancas, hierbas de tocador, expresión frutal. Boca fresco, frutoso, sabroso.

BODEGAS PROTOS S.L.

Ctra. CL 610, Km. 32,5
47491 La Seca (Valladolid)
☎: +34 983 878 011
Fax: +34 983 878 012
www.bodegasprotos.com
bodegasprotos@bodegasprotos.com

Protos Verdejo 2013 B
verdejo

89 ★★★★ 5,5€

Color pajizo brillante. Aroma fresco, fruta fresca, flores blancas, expresivo, hierbas verdes. Boca sabroso, frutoso, buena acidez, equilibrado.

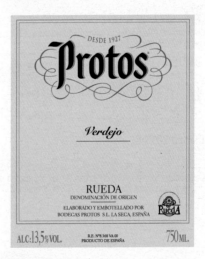

BODEGAS RUEDA PÉREZ

Boyón, 17
47220 Pozáldez (Valladolid)
☎: +34 650 454 657
Fax: +34 983 822 049
www.bodegasruedaperez.es
info@bodegasruedaperez.es

José Galo Verdejo Selección 2013 B
100% verdejo

91 ★★★★★ 6€

Color pajizo brillante. Aroma flores blancas, hierbas de tocador, expresión frutal. Boca fresco, frutoso, sabroso, equilibrado, elegante.

Viña Burón Verdejo 2013 B
100% verdejo

89 ★★★★ 6€

Color pajizo brillante. Aroma fresco, fruta fresca, flores blancas, hierbas silvestres. Boca sabroso, frutoso, buena acidez.

Zapadorado Verdejo 2013 B
100% verdejo

89 ★★★★ 6€

Color pajizo brillante, borde verdoso. Aroma hierbas de tocador, fruta fresca. Boca fácil de beber, varietal, fino amargor.

BODEGAS SEÑORÍO DE NAVA S.A.

Tejares, 5
47500 Nava del Rey (Valladolid)
☎: +34 987 209 790
Fax: +34 987 209 800
www.senoriodenava.es
snava@senoriodenava.es

Señorío de Nava Rueda 2013 B
verdejo

88 ★★★★★ 4,7€

Color pajizo brillante. Aroma fruta fresca, flores blancas. Boca sabroso, frutoso, buena acidez, equilibrado.

Señorío de Nava Verdejo 100% 2013 B
100% verdejo

87 ★★★★ 5,1€

Color pajizo brillante. Aroma fresco, fruta fresca, flores blancas, notas tropicales. Boca sabroso, frutoso, buena acidez, equilibrado.

Val de Lamas Verdejo 100% 2013 B
100% verdejo

87 ★★★★★ 5€

Color pajizo brillante. Aroma fruta fresca, cítricos, notas tropicales. Boca frutoso, fresco, buena acidez.

BODEGAS TAMARAL

Crta. N-122 Valladolid-Soria, Km.310,6
47320 Peñafiel (Valladolid)
☎: +34 983 878 017
Fax: +34 983 878 089
www.tamaral.com
info@tamaral.com

Tamaral Verdejo 2013 B
100% verdejo

87 ★★★★ 6,5€

Color pajizo brillante. Aroma fresco, fruta fresca, flores blancas. Boca sabroso, frutoso, buena acidez.

BODEGAS TEODORO RECIO S.L

Hospital, 6
47491 La Seca (Valladolid)
☎: +34 636 183 494
www.robeser.es
info@robeser.es

Robeser 2013 B
100% verdejo

87 ★★★★★ 4,5€

Color pajizo brillante. Aroma hierbas silvestres, flores secas, varietal. Boca frutoso, equilibrado, correcto, fino amargor.

BODEGAS TORRES

Miguel Torres i Carbó, 6
8720 Vilafranca del Penedès
(Barcelona)
☎: +34 938 177 400
Fax: +34 938 177 444
www.torres.com
mailadmin@torres.es

Verdeo 2013 B
verdejo

88 ★★★★ 5,9€

Color pajizo brillante. Aroma fresco, flores blancas. Boca sabroso, buena acidez, equilibrado.

BODEGAS VAL DE VID

Ctra. Valladolid - Medina, Km. 23,6
47231 Serrada (Valladolid)
☎: +34 983 559 914
Fax: +34 983 559 914
www.valdevid.es
info@valdevid.es

Condesa Eylo 2013 B
100% verdejo

89 ★★★★★ 4,6€

Color pajizo brillante, borde verdoso. Aroma flores blancas, fresco, intensidad media. Boca buena acidez, fino amargor, equilibrado.

Eylo Rueda 2013 B

88 ★★★★★ 3,4€

Color pajizo, borde verdoso. Aroma hierbas de tocador, floral, equilibrado. Boca sabroso, equilibrado, fino amargor, buena acidez.

La Almendrera 2013 B
100% verdejo

89 ★★★★   5,2€

Color pajizo brillante. Aroma fresco, fruta fresca, expresivo, varietal. Boca frutoso, buena acidez, equilibrado, balsámico.

Musgo 2013 B
100% verdejo

87 ★★★★★   2,9€

Color pajizo brillante, borde verdoso. Aroma hierbas silvestres, intensidad media, fresco. Boca correcto, fino amargor, fácil de beber.

Val de Vid Verdejo 2013 B
100% verdejo

90 ★★★★★   4,8€

Color pajizo brillante. Aroma fresco, fruta fresca, flores blancas, expresivo. Boca sabroso, frutoso, buena acidez, equilibrado.

BODEGAS VALPINCIA
Ctra. de Melida, 3,5
47300 Peñafiel (Valladolid)
☎: +34 983 878 007
Fax: +34 983 880 620
www.bodegasvalpincia.com
penafiel@bodegasvalpincia.com

Valpincia Rueda Verdejo Viura 2013 B
84   3,2€

Valpincia Verdejo 2013 B
verdejo

86 ★★★★★   4,2€

Color pajizo brillante. Aroma fresco, fruta fresca, flores blancas. Boca sabroso, frutoso, buena acidez, fino amargor.

BODEGAS VERACRUZ S.L.
Rodríguez Chico, 4 Bajo 2
47500 Nava del Rey (Valladolid)
☎: +34 983 850 136
Fax: +34 983 850 761
www.bodegasveracruz.com
j.benito@bodegasveracruz.com

Ermita Veracruz 2010 BFB
100% verdejo

88   12€

Color dorado brillante. Aroma fruta madura, frutos secos, potente, tostado, ebanistería, muy tostado (torrefactado). Boca sabroso, frutoso, especiado, tostado, largo.

Ermita Veracruz Verdejo 2013 B
100% verdejo

91 ★★★★★   7,5€

Color pajizo brillante. Aroma hierbas de tocador, fruta fresca, equilibrado. Boca fresco, frutoso, largo, fino amargor, buena acidez.

Ermita Veracruz Viñas Jóvenes 2013 B
100% verdejo

88 ★★★★   6,5€

Color pajizo brillante. Aroma fresco, fruta fresca, flores blancas, hierbas secas. Boca sabroso, frutoso, buena acidez, equilibrado.

BODEGAS VERDEAL
Nueva, 8
40200 Cuéllar (Segovia)
☎: +34 921 140 125
Fax: +34 921 142 421
www.bodegasverdeal.com
info@bodegasverdeal.com

Ayre 2013 B
100% verdejo

88 ★★★★   5,8€

Color pajizo brillante. Aroma hierbas verdes, fruta fresca, notas tropicales. Boca fácil de beber, buena acidez.

Verdeal 2013 B
100% verdejo

92 ★★★★★   **8,8€**

Color pajizo brillante. Aroma fresco, fruta fresca, flores blancas, expresivo. Boca sabroso, frutoso, buena acidez, equilibrado.

BODEGAS VETUS
Ctra. Toro a Salamanca, Km. 9,5
49800 Toro (Zamora)
☎: +34 945 609 086
Fax: +34 980 056 012
www.bodegasvetus.com
vetus@bodegasvetus.com

Flor de Vetus Verdejo 2013 B
100% verdejo

88 ★★★★   **7€**

Color pajizo brillante. Aroma fresco, flores blancas, cítricos, notas tropicales. Boca sabroso, frutoso, buena acidez, equilibrado.

BODEGAS VICENTE GANDÍA
Ctra. Cheste a Godelleta, s/n
46370 Chiva (Valencia)
☎: +34 962 524 242
Fax: +34 962 524 243
www.vicentegandia.es
info@vicentegandia.com

Nebla Verdejo 2013 B
100% verdejo

88 ★★★★★   **4,8€**

Color amarillo, borde verdoso. Aroma intensidad media, varietal. Boca correcto, equilibrado, buena acidez, fino amargor.

BODEGAS VIORE
Pol. Ind. Norte – Parcela 5
49800 Toro (Zamora)
☎: +34 941 454 050
Fax: +34 941 454 529
www.bodegasriojanas.com
bodega@bodegasriojanas.com

Expolio 2013 B
verdejo

85 ★★★★★   **2,7€**

Viore Rueda 2013 B

86 ★★★★★   **3,6€**

Color pajizo brillante. Aroma fresco, fruta fresca, flores blancas, expresivo. Boca sabroso, frutoso, buena acidez, equilibrado.

Viore Verdejo 2013 B
100% verdejo
89 ★★★★   5,3€
Color pajizo brillante. Aroma flores blancas, hierbas de tocador, expresión frutal, varietal. Boca fresco, frutoso, sabroso, elegante.

BODEGAS VITERRA
Pol. Ind Jerónimo Roure, Parc 45
46520 Puerto de Sagunto (Valencia)
☎: +34 962 691 090
Fax: +34 962 690 963
www.vinamagna.es
direccioncomercial@bodegasviterra.com

Dinastía de Helenio 2013 B
100% verdejo
88 ★★★★★   5€
Color pajizo brillante. Aroma flores blancas, fruta fresca, expresivo, lías finas, hierbas secas. Boca sabroso, frutoso, buena acidez, equilibrado.

Naxus 2013 B
100% verdejo
87 ★★★★★   3,8€
Color pajizo brillante. Aroma flores blancas, hierbas de tocador, expresión frutal, cítricos. Boca fresco, frutoso, sabroso.

Optimus 2013 B
100% verdejo
89 ★★★★★   4,9€
Color pajizo brillante, borde verdoso. Aroma equilibrado, varietal, fruta fresca. Boca frutoso, sabroso, fino amargor, largo, fácil de beber.

Theseus 2013 B
sauvignon blanc
86 ★★★★★   4,7€
Color pajizo brillante. Aroma balsámico, expresión frutal, flores secas, intensidad media. Boca sabroso, fresco, frutoso.

BODEGAS VITULIA
Sendín, 49
9400 Aranda de Duero (Burgos)
☎: +34 947 515 051
Fax: +34 947 515 051
www.bodegasvitulia.com
vitulia@bodegasvitulia.com

Vitulia Verdejo 2013 B
verdejo
85 ★★★★★   4,4€

BODEGAS Y VIÑEDOS ÁNGEL LORENZO CACHAZO
Estación, 53
47220 Pozaldez (Valladolid)
☎: +34 983 822 481
Fax: +34 983 822 012
www.martivilli.com
comercial@martivilli.com

Lorenzo Cachazo 2013 B
86 ★★★★★   5€
Color pajizo brillante. Aroma fruta fresca, hierbas silvestres, intensidad media. Boca correcto, buena acidez, fino amargor.

Martivillí Sauvignon Blanc 2013 B
100% sauvignon blanc
86 ★★★★   7,8€
Color pajizo brillante. Aroma fruta fresca, flores blancas, hierbas secas. Boca sabroso, frutoso, buena acidez.

Martivillí Verdejo 2013 B
100% verdejo

87 ★★★★ 7,2€

Color pajizo brillante. Aroma fresco, fruta fresca, varietal. Boca sabroso, frutoso, buena acidez, equilibrado.

MARTIVILLÍ

Rueda Verdejo

BODEGAS Y VIÑEDOS
MARTÍN BERDUGO
Ctra. de la Colonia, s/n
9400 Aranda de Duero (Burgos)
☎: +34 947 506 331
Fax: +34 947 506 602
www.martinberdugo.com
bodega@martinberdugo.com

Martín Berdugo Verdejo 2013 B
verdejo

86 ★★★★ 8€

Color pajizo brillante. Aroma fresco, fruta fresca, intensidad media, cítricos. Boca frutoso, buena acidez, equilibrado.

BODEGAS Y VIÑEDOS NEO
Ctra. N-122, Km. 274,5
9391 Castrillo de la Vega (Burgos)
☎: +34 947 514 393
Fax: +34 947 515 445
www.bodegasneo.com
ivan@bodegasconde.com

Primer Motivo Verdejo 2013 B
verdejo

88 ★★★★ 6,9€

Color pajizo brillante. Aroma hierbas de tocador, varietal, fruta fresca, cítricos. Boca buena acidez, fino amargor, fresco.

BODEGAS Y VIÑEDOS SHAYA
Ctra. Aldeanueva del Codonal s/n
40642 Aldeanueva del Codonal
(Segovia)
☎: +34 968 435 022
Fax: +34 968 716 051
www.orowines.com
info@orowines.com

Arindo 2013 B
100% verdejo

87 ★★★★ 6,5€

Color pajizo brillante. Aroma flores blancas, fruta madura. Boca sabroso, frutoso, buena acidez, fácil de beber, cierta persistencia.

Shaya 2013 B
100% verdejo

92 ★★★★★ 9€

Color pajizo brillante. Aroma fresco, fruta fresca, flores blancas, expresivo. Boca sabroso, frutoso, buena acidez, equilibrado, complejo.

Shaya Habis 2011 BFB
100% verdejo

93 20€

Color pajizo brillante. Aroma flores blancas, fruta fresca, expresivo, lías finas, hierbas secas. Boca sabroso, frutoso, buena acidez, equilibrado.

BODEGAS Y VIÑEDOS TÁBULA
Ctra. de Valbuena, km. 2
47359 Olivares de Duero (Valladolid)
☎: +34 608 219 019
Fax: +34 983 107 300
www.bodegastabula.es
armando@bodegastabula.es

Damana Verdejo 2013 B
100% verdejo

87 ★★★★ 7€

Color pajizo brillante. Aroma fresco, cítricos, equilibrado. Boca fácil de beber, fresco, buena acidez.

CAMPOS DE SUEÑOS

Avda. Diagonal, 590, 5º 1ª
8021 Barcelona (Barcelona)
☎: +34 660 445 464
www.vinergia.com
vinergia@vinergia.com

Campos de Sueños 2013 B
100% verdejo
89 ★★★   9€

Color pajizo brillante. Aroma fresco, fruta fresca, expresivo, hierbas verdes. Boca sabroso, frutoso, buena acidez, equilibrado.

COMENGE BODEGAS Y VIÑEDOS

Camino del Castillo, s/n
47316 Curiel de Duero (Valladolid)
☎: +34 983 880 363
Fax: +34 983 880 717
www.comenge.com
admin@comenge.com

Comenge Verdejo 2013 B
verdejo
88

Color pajizo brillante. Aroma cítricos, balsámico, floral, intensidad media. Boca fresco, frutoso, fácil de beber.

COMPAÑÍA DE VINOS
TELMO RODRÍGUEZ

El Monte
1308 Lanciego (Álava)
☎: +34 945 628 315
Fax: +34 945 628 314
www.telmorodriguez.com
contact@telmorodriguez.com

Basa 2013 B
verdejo
90

Color pajizo brillante. Aroma fresco, flores blancas, expresivo. Boca sabroso, frutoso, buena acidez, equilibrado.

El Transistor 2012 B
verdejo
94   18,7€

Color pajizo brillante. Aroma fruta madura, expresión frutal, hierbas verdes, especiado. Boca varietal, frutoso, fresco, amargoso.

CVNE

Barrio de la Estación, s/n
26200 Haro (La Rioja)
☎: +34 941 304 800
Fax: +34 941 304 815
www.cvne.com
marketing@cvne.com

Monopole S. XXI 2013 B
verdejo
88

Color pajizo brillante. Aroma fresco, flores blancas, intensidad media, fruta escarchada. Boca frutoso, frutoso, buena acidez, equilibrado.

DIEZ SIGLOS DE VERDEJO

Ctra. Valladolid Km. 24,5
47231 Serrada (Valladolid)
☎: +34 983 559 910
Fax: +34 983 559 020
www.diezsiglos.es
info@diezsiglos.es

Canto Real 2013 B
100% verdejo
87 ★★★★★   4,5€

Color pajizo brillante. Aroma fruta fresca, intensidad media, hierbas silvestres. Boca correcto, fácil de beber, cierta persistencia.

Diez Siglos 2012 BFB
100% verdejo
89 ★★★   9€

Color amarillo brillante. Aroma especias dulces, tostado, fruta madura. Boca graso, largo, especiado, equilibrado, fino amargor.

Diez Siglos 2013 B
100% verijadiego

88 ★★★★   5,5€

Color pajizo brillante. Aroma flores blancas, hierbas de tocador, expresión frutal. Boca fresco, frutoso, sabroso.

Diez Siglos de Verdejo Blush 2013 RD
tempranillo, verdejo

87 ★★★★   5,5€

Color rosáceo pálido. Aroma intensidad media, equilibrado, pétalos de rosa, fruta fresca. Boca buena acidez.

Nekora 2013 B
100% verdejo

89 ★★★★★   4,8€

Color amarillo, borde verdoso. Aroma fresco, fruta fresca, flores blancas, expresivo. Boca sabroso, frutoso, buena acidez, equilibrado.

EMILIO GIMENO
Rueda (Valladolid)
☎: +34 686 487 007
emiliogimeno2011@yahoo.es

Emilio Gimeno 2013 B
85

EMW GRANDES VINOS DE ESPAÑA
Sánchez Picazo, 53
30332 Balsapintada (Fuente Alamo)
(Murcia)
☎: +34 968 151 520
Fax: +34 968 151 539
www.emw.es
info@emw.es

El Gordo del Circo 2013 B
100% verdejo

90 ★★★★★   9,9€

Color pajizo brillante, borde verdoso. Aroma fresco, fruta fresca, flores blancas, varietal. Boca sabroso, frutoso, buena acidez, equilibrado.

FINCA CASERÍO DE DUEÑAS
Ctra. Cl. 602, (Medina del Campo - Nava del Rey) km. 50,2
47465 Villaverde de Medina (Valladolid)
☎: +34 915 006 000
Fax: +34 915 006 006
www.caserioduenas.es
rrpp@vina-mayor.es

Viña Mayor Verdejo 2012 BFB
100% verdejo

90 ★★★★★   10€

Color amarillo brillante. Aroma potente, fruta madura, especias dulces, roble cremoso, hierbas de tocador. Boca graso, retronasal ahumado, sabroso, fresco, buena acidez.

Viña Mayor Verdejo 2013 B
100% verdejo

90 ★★★★★   5,6€

Color pajizo brillante. Aroma fresco, fruta fresca, flores blancas, varietal. Boca sabroso, frutoso, buena acidez, equilibrado.

FINCA MONTEPEDROSO
Término La Morejona, s/n
47490 Rueda (Valladolid)
☎: +34 983 868 977
Fax: +34 983 868 055
www.familiamartinezbujanda.com
acabezas@bujanda.com

Finca Montepedroso Verdejo 2013 B
100% verdejo

90 ★★★★★   7,5€

Color pajizo brillante. Aroma flores blancas, fruta fresca, expresivo, lías finas, hierbas secas. Boca sabroso, frutoso, buena acidez, equilibrado.

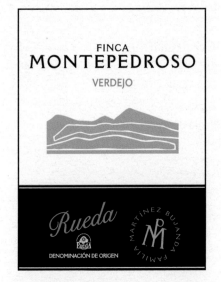

HAMMEKEN CELLARS
Calle de la Muela, 16
3730 Jávea (Alicante)
☎: +34 965 791 967
Fax: +34 966 461 471
www.hammekencellars.com
cellars@hammekencellars.com

Aventino Verdejo 2013 B
verdejo

85

Viña Altamar Verdejo 2013 B
verdejo

89

Color pajizo brillante. Aroma flores blancas, fruta fresca, expresivo, lías finas, hierbas secas. Boca sabroso, frutoso, buena acidez, equilibrado.

HERRERO BODEGA

Camino Real, 55
40447 Nieva (Segovia)
☎: +34 921 124 440
www.herrerobodega.com
info@herrerobodega.com

Atino 2013 B
100% verdejo

86 ★★★★★ 4,7€

Color pajizo brillante. Aroma fresco, fruta fresca, flores blancas. Boca sabroso, frutoso, buena acidez, algo plano.

Erre de Herrero 2013 B
100% verdejo

86 ★★★★ 5,3€

Color amarillo brillante. Aroma flores blancas, equilibrado, varietal, fruta fresca. Boca correcto, buena acidez, ligero.

Janine Vedel 2013 B
100% sauvignon blanc

87 ★★★★ 5,8€

Color pajizo brillante. Aroma flores blancas, expresión frutal, hierbas silvestres. Boca fresco, frutoso, sabroso, algo plano.

Robert Vedel Cepas Viejas 2013 B
100% verdejo

88 ★★★ 9,5€

Color pajizo brillante. Aroma flores blancas, hierbas de tocador, expresión frutal. Boca fresco, frutoso, sabroso.

J. GARCÍA CARRIÓN

Jorge Juan, 73
28009 (Madrid)
☎: +34 914 355 556
Fax: +34 915 779 571
www.garciacarrion.com
jbrunet@jgc.es

Castillo de Aza Verdejo 2013 B
verdejo

82 2,8€

Mayor de Castilla Verdejo 2013 B
verdejo

87

Color pajizo brillante. Aroma flores blancas, expresión frutal, hierbas secas. Boca fresco, frutoso, sabroso.

Pata Negra Verdejo 2012 B

87 ★★★★★ 3,8€

Color pajizo brillante. Aroma fresco, fruta fresca, flores blancas. Boca sabroso, frutoso, buena acidez.

Pata Negra Verdejo 2013 B
verdejo

84 3,8€

Solar de la Vega Verdejo 2013 B
verdejo

84

JAVIER SANZ VITICULTOR

San Judas, 2
47491 La Seca (Valladolid)
☎: +34 983 816 669
Fax: +34 983 816 639
www.bodegajaviersanz.com
comunicaciones@bodegajaviersanz.com

Javier Sanz Malcorta Verdejo Singular 2013 B
100% verdejo

90 ★★★★ 12,1€

Color pajizo brillante. Aroma flores blancas, hierbas de tocador, expresión frutal, cítricos. Boca fresco, frutoso, sabroso, equilibrado.

Javier Sanz Viticultor Sauvignon 2013 B
sauvignon blanc

88 ★★★★ 7,5€

Color pajizo brillante. Aroma fresco, hierbas silvestres, fruta fresca. Boca sabroso, frutoso, fino amargor, buena acidez.

Javier Sanz Viticultor Verdejo 2013 B
100% verdejo

89 ★★★★ 7,5€

Color pajizo brillante. Aroma fresco, fruta fresca, flores blancas, expresivo. Boca sabroso, frutoso, buena acidez, equilibrado.

JUAN DAVID ALONSO RODRÍGUEZ

Juan de Juni, 4 2ºA
47006 Valladolid (Valladolid)
☎: +34 601 063 001
www.vinedosaequitas.es
vinedosaequitas@gmail.com

Aéquitas 2013 B
verdejo

87 ★★★★ 5,5€

Color pajizo brillante. Aroma flores blancas, hierbas de tocador, expresión frutal. Boca fresco, frutoso, sabroso.

LA MALETA HAND MADE FINE WINES

Julio Prieto Nespereira, 21
32005 Ourense (Ourense)
☎: +34 988 614 234
lamaletawines.com
hola@lamaletawines.com

Pizpireta 2013 B
100% verdejo

87 ★★★★ 8€

Color pajizo brillante. Aroma fresco, fruta fresca, flores blancas, hierbas silvestres. Boca sabroso, frutoso, buena acidez, equilibrado.

LA SOTERRAÑA

Ctra. N-601, Km. 151
47410 Olmedo (Valladolid)
☎: +34 983 601 026
Fax: +34 983 601 026
www.bodegaslasoterrana.com
info@bodegaslasoterrana.com

Eresma 2012 B
100% verdejo
89   15€
Color amarillo brillante. Aroma potente, especias dulces, roble cremoso, hierbas de tocador. Boca graso, retronasal ahumado, sabroso, fresco, buena acidez.

Eresma 2013 B
100% verdejo
85 ★★★★★   5€

Eresma Sauvignon 2013 B
100% sauvignon blanc
88 ★★★   8,2€
Color amarillo brillante. Aroma intensidad media, fruta fresca, cítricos. Boca correcto, equilibrado, fino amargor.

Eresma Verdejo 2013 B
100% verdejo
88 ★★★   8,2€
Color pajizo brillante. Aroma fresco, fruta fresca, flores blancas, hierbas silvestres. Boca sabroso, frutoso, buena acidez, fino amargor.

Las Abogadas 2013 B
100% verdejo
87 ★★★★   7,5€
Color pajizo brillante. Aroma fresco, fruta fresca, flores blancas, expresivo. Boca sabroso, frutoso, buena acidez, equilibrado.

V&R Verdejo 2013 B
100% verdejo
86 ★★★★   5,5€
Color pajizo brillante. Aroma hierbas de tocador, flores blancas, hierbas secas. Boca sabroso, fresco, fácil de beber.

LAN

Paraje del Buicio, s/n
26360 Fuenmayor (La Rioja)
☎: +34 941 450 950
Fax: +34 941 450 567
www.bodegaslan.com
info@bodegaslan.com

Duquesa 2013 B
100% verdejo
87 ★★★★★   4,8€
Color pajizo brillante. Aroma fresco, fruta fresca, flores blancas. Boca sabroso, frutoso, buena acidez.

LLANOS Y AYLLÓN S.L.

Rafael Alberti, 3
47490 Rueda (Valladolid)
☎: +34 627 400 316
www.verdejomaroto.es
ventas@verdejomaroto.es

Maroto Selección Especial 2013 B
87
Color pajizo. Aroma flores secas, intensidad media, fruta fresca, piedra seca. Boca correcto, fácil de beber, buena acidez.

LOESS

El Monte, 7
47195 Arroyo de la Encomienda
(Valladolid)
☎: +34 983 664 898
Fax: +34 983 406 579
www.loess.es
loess@loess.es

Loess 2013 B
verdejo
90 ★★★★★   8€
Color pajizo brillante. Aroma flores blancas, hierbas de tocador, expresión frutal, expresivo. Boca fresco, frutoso, sabroso, equilibrado, elegante.

Loess Collection 2012 BFB
verdejo
92 ★★★   15€
Color amarillo brillante. Aroma potente, fruta madura, especias dulces, roble cremoso, hierbas de tocador. Boca graso, sabroso, fresco, buena acidez.

MARQUÉS DE LA CONCORDIA FAMILY OF WINES

Avenida Nava del Rey, 8
47490 Rueda (Valladolid)
☎: +34 913 878 612
www.the-haciendas.com
abasilio@unitedwineries.com

Federico Paternina Verdejo 2013 B
100% verdejo

85 ★★★★★   4,4€

Hacienda Zorita Vega de la Reina Verdejo 2013 B
100% verdejo

88 ★★★★   6€

Color pajizo brillante. Aroma floral, hierbas secas, expresión frutal. Boca balsámico, frutoso, sabroso, correcto.

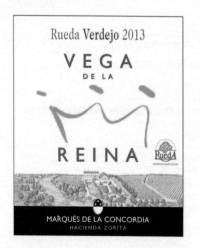

MATER VITIS

Calle Doctor Santalalla, 21 bajo izq
3005 Alicante (Alicante)
☎: +34 965 637 811
www.matervitis.com

Mater Vitis Verdejo 2013 B
verdejo

87 ★★★★★   2,5€

Color pajizo brillante. Aroma floral, fruta madura, hierbas de tocador. Boca sabroso, frutoso, buena acidez.

MENADE

Ctra. Rueda Nava del Rey, km. 1
47490 Rueda (Valladolid)
☎: +34 983 103 223
Fax: +34 983 816 561
www.menade.es
info@menade.es

Antonio Sanz Sauvignon Blanc 2013 B
100% sauvignon blanc

91 ★★★★ 🌷   11,9€

Color pajizo brillante. Aroma flores blancas, hierbas de tocador, expresión frutal. Boca fresco, frutoso, sabroso, elegante.

Antonio Sanz Verdejo 2013 B
100% verdejo

90 ★★★★ 🌷   11,9€

Color pajizo brillante. Aroma fresco, fruta fresca, flores blancas, expresivo. Boca sabroso, frutoso, buena acidez, equilibrado, elegante.

Menade Sauvignon Blanc 2013 B
100% sauvignon blanc

87 ★★★ 🌷   8,7€

Color pajizo brillante. Aroma hierbas silvestres, flores blancas, expresión frutal, expresivo. Boca sabroso, balsámico, fácil de beber.

Menade Verdejo 2013 B
100% verdejo

90 ★★★★★ 🌷   6,7€

Color pajizo brillante. Aroma fresco, fruta fresca, flores blancas, expresivo. Boca sabroso, frutoso, buena acidez, equilibrado.

V3 2012 BFB
100% verdejo

93 ★★★ 🌷   15,9€

Color amarillo brillante. Aroma fruta madura, especias dulces, hierbas de tocador, expresivo. Boca frutoso, sabroso, largo, balsámico, equilibrado, elegante.

MIGUEL ARROYO IZQUIERDO
Calle Real, 34
47419 Puras (Valladolid)
☎: +34 983 626 095
Fax: +34 983 626 095
info@arroyoizquierdo.com

Demimo Sauvignon Blanc 2013 B
sauvignon blanc
86 ★★★★ 5,5€
Color pajizo brillante. Aroma intensidad media, hierbas silvestres, equilibrado. Boca fácil de beber, cierta persistencia.

Demimo Verdejo 2013 B
verdejo
87 ★★★★★ 4,5€
Color pajizo brillante. Aroma intensidad media, fruta madura, flores marchitas. Boca frutoso, correcto, cierta persistencia.

MIguel Arroyo Izquierdo 2013 B
verdejo
92 ★★★★★ 9,5€
Color amarillo brillante. Aroma expresivo, fruta fresca, piedra seca. Boca lleno, sabroso, largo, graso, complejo, equilibrado.

MONTEBACO
Finca Montealto
47359 Valbuena de Duero (Valladolid)
☎: +34 983 485 128
www.bodegasmontebaco.com
montebaco@bodegasmontebaco.com

Montebaco Verdejo 2013 B
verdejo
89 ★★★★ 7,5€
Color pajizo brillante. Aroma fruta fresca, floral, equilibrado. Boca frutoso, fino amargor, correcto, fácil de beber.

NUBORI
Avda. del Ebro s/n
26540 Alfaro (La Rioja)
☎: +34 941 183 502
Fax: +34 941 183 157
www.bodegasnubori.com
nubori@nubori.es

Dosmil 2012 B
verdejo
84 5,2€

NUEVOS VINOS
Alfafara, 12 Entlo.
3803 Alcoy (Alicante)
☎: +34 965 549 172
Fax: +34 965 549 173
www.nuevosvinos.es
josecanto@nuevosvinos.es

Perla Maris Verdejo 2013 B
100% verdejo
88 ★★★★ 6€
Color pajizo brillante. Aroma fruta madura, cítricos, notas tropicales. Boca sabroso, frutoso, buena acidez.

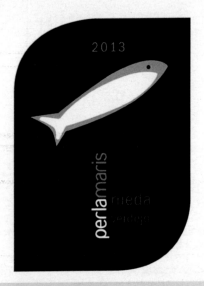

PAGO TRASLAGARES
Autovía Noroeste km 166,4 Apdo. 507
47490 Rueda (Valladolid)
☎: +34 983 667 023
www.traslagares.com
info@traslagares.com

Oro Pálido 2013 B
100% verdejo
82 ♣ 7€

Traslagares Sauvignon Blanc 2013 B
100% sauvignon blanc
84 5€

Traslagares Verdejo 2013 B
100% verdejo
88 ★★★★★ 4,5€
Color pajizo brillante. Aroma fruta madura, floral, hierbas silvestres, expresivo. Boca potente, sabroso, equilibrado.

Viña El Torreón Verdejo 2013 B
100% verdejo

81   4,5€

PAGOS DEL REY S.L
Avda. Morejona, 6
47490 Rueda (Valladolid)
☎: +34 983 868 182
Fax: +34 983 868 182
www.pagosdelrey.com
rueda@pagosdelrey.com

Analivia Rueda 2013 B
verdejo, viura

87 ★★★★   5,4€

Color amarillo, borde verdoso. Aroma equilibrado, fruta fresca, hierbas de tocador, intensidad media. Boca fresco, fácil de beber.

Analivia Sauvignon Blanc 2013 B
sauvignon blanc

88 ★★★   8,7€

Color pajizo brillante, borde verdoso. Aroma intensidad media, fruta fresca, hierbas verdes. Boca buena acidez, fino amargor.

Analivia Verdejo 2013 B
verdejo

86 ★★★★   6,6€

Color pajizo brillante. Aroma intensidad media, hierbas de tocador, fresco. Boca fácil de beber, cierta persistencia.

Blume Rueda 2013 B
verdejo, viura

87 ★★★★★   3,5€

Color pajizo. Aroma fresco, hierbas silvestres, fruta fresca. Boca fácil de beber, buena acidez, fino amargor, correcto.

Blume Sauvignon Blanc 2013 B
sauvignon blanc

88 ★★★★★   4,9€

Color pajizo brillante, borde verdoso. Aroma fruta fresca, hierbas silvestres, cítricos. Boca sabroso, fresco, equilibrado, buena acidez.

Blume Verdejo 2013 B
verdejo

86 ★★★★★   4,3€

Color pajizo brillante. Aroma intensidad media, hierbas verdes, fresco. Boca correcto, fino amargor.

Moralinos Rueda Verdejo 2013 B
verdejo

87 ★★★★★   2€

Color pajizo brillante. Aroma flores blancas, cítricos, balsámico. Boca sabroso, frutoso, fácil de beber.

PALACIO DE BORNOS

Ctra. Madrid - Coruña, km. 170,6
47490 Rueda (Valladolid)
☎: +34 983 868 116
Fax: +34 983 868 432
www.palaciodeborno.com
info@taninia.com

Bornos Frizzante Verdejo s/c B
verdejo

86 ★★★★   6,5€

Color pajizo brillante. Aroma flores blancas, fruta fresca, jazmín. Boca frutoso, fácil de beber, correcto, dulcedumbre.

Palacio de Bornos Sauvignon Blanc 2013 B
sauvignon blanc

87 ★★★★   7€

Color pajizo brillante. Aroma intensidad media, fruta fresca, flores secas. Boca fresco, fácil de beber, cierta persistencia.

Palacio de Bornos Semidulce 2013 B
sauvignon blanc

85 ★★★★   6€

Palacio de Bornos Verdejo Vendimia Seleccionada 2011 BFB
verdejo

91 ★★★   14,5€

Color amarillo brillante. Aroma potente, fruta madura, especias dulces, roble cremoso, hierbas de tocador. Boca graso, retronasal ahumado, sabroso, fresco, buena acidez.

Palacios de Bornos BN
verdejo

85 ★★★   9€

Palacios de Bornos BR
verdejo

86 ★★★★   6,6€

Color dorado brillante. Aroma frutos secos, hierbas de tocador, complejo, lías finas, especias dulces. Boca potente, sabroso, buena acidez, burbuja fina, fino amargor.

Palacios de Bornos SS
verdejo

86 ★★★★   5,8€

Color pajizo brillante. Aroma fruta madura, lías finas, equilibrado, hierbas secas. Boca buena acidez, fruta madura, largo, dulce, sabroso.

Palacios de Bornos La Caprichosa 2012 B
verdejo

91 ★★★★★   8,8€

Color amarillo brillante. Aroma flores blancas, fruta fresca, expresivo, lías finas, hierbas secas. Boca sabroso, frutoso, buena acidez, equilibrado.

Palacios de Bornos Rosado SS
tempranillo

85 ★★★★   5,8€

Palacios de Bornos Verdejo 2012 BFB
verdejo

89 ★★★★   7,5€

Color amarillo brillante. Aroma roble cremoso, especias dulces, flores blancas. Boca equilibrado, buena acidez, especiado, tostado.

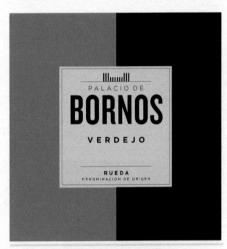

Palacios de Bornos Verdejo 2013 B
verdejo

88 ★★★★   5,5€

Color pajizo brillante. Aroma fresco, fruta fresca, flores blancas. Boca sabroso, frutoso, buena acidez, equilibrado, fácil de beber.

PALACIO DE VILLACHICA

Ctra. Nacional 122, Km. 433,2
49800 Toro (Zamora)
☎: +34 609 144 711
Fax: +34 983 381 356
www.palaciodevillachica.com
bodegavillachica@yahoo.es

Abside Verdejo 2013 B
100% verdejo

87 ★★★★★   4€

Color pajizo brillante. Aroma fresco, fruta fresca, flores blancas, expresivo. Boca sabroso, frutoso, buena acidez, equilibrado.

PALACIOS VINOTECA
Ctra. de Nalda a Viguera, 46
26190 Nalda (La Rioja)
☎: +34 941 444 418
www.palaciosvinoteca.com
info@palaciosvinoteca.com

Trillón 2013 B
verdejo

87 ★★★★★   5€

Color pajizo brillante. Aroma potente, fruta madura, cítricos, notas tropicales. Boca sabroso, amargoso, buena acidez.

PERSEO 7
Montero Calvo, 7
47001 Valladolid (Valladolid)
☎: +34 983 297 830
info@perseo7.com

Perseo 7 2013 B
verdejo

89 ★★★   8,5€

Color pajizo brillante. Aroma fruta fresca, varietal. Boca frutoso, equilibrado, buena acidez, fino amargor.

Perseo 7 Brut ESP
verdejo

84   9,5€

PREDIO DE VASCARLÓN
Ctra. Rueda, s/n
47491 La Seca (Valladolid)
☎: +34 983 816 325
Fax: +34 983 816 326
www.prediodevascarlon.com
vascarlon@prediodevascarlon.com

Atelier Verdejo 2013 B
verdejo

88 ★★★★★   4€

Color pajizo brillante. Aroma hierbas secas, fruta madura, floral. Boca fino amargor, potente, sabroso, largo.

Tardevienes 2013 B
verdejo, viura

86 ★★★★★   3€

Color pajizo brillante. Aroma intensidad media, hierbas de tocador, fruta fresca. Boca correcto, fácil de beber.

RODRÍGUEZ SANZO
Manuel Azaña, 9
47014 (Valladolid)
☎: +34 983 150 150
Fax: +34 983 150 151
www.rodriguezsanzo.com
comunicacion@valsanzo.com

Dados Verdejo 2012 B
100% verdejo

90 ★★★★★   9€

Color amarillo brillante. Aroma potente, fruta madura, especias dulces, roble cremoso, balsámico. Boca graso, sabroso, fresco, buena acidez.

Viña Sanzo sobre Lías 2012 B
100% verdejo

92 ★★★   14€

Color pajizo brillante. Aroma flores blancas, fruta fresca, expresivo, lías finas, hierbas secas. Boca sabroso, frutoso, buena acidez, equilibrado.

Viña Sanzo Verdejo Viñas Viejas 2013 B
100% verdejo

88 ★★★★   6,9€

Color pajizo brillante. Aroma fresco, fruta fresca, flores blancas. Boca sabroso, frutoso, buena acidez, algo plano.

SOTO Y MANRIQUE V.O.
Arandano, 14
47008 Valladolid (Valladolid)
☎: +34 626 290 408
www.sotoymanriquevo.com
info@sotoymanriquevo.com

Tinita Verdejo 2013 B
verdejo

90 ★★★★★   8€

Color pajizo brillante. Aroma flores blancas, hierbas de tocador, expresión frutal. Boca fresco, frutoso, sabroso, elegante.

SPANISH STORY
Espronceda, 27 1ºD
28003 Madrid (Madrid)
☎: +34 915 356 184
Fax: +34 915 363 796
paul@globalwinefood.com

Spanish Story Verdejo 2013 B
verdejo

86 ★★★★★   5€

Color pajizo brillante. Aroma flores blancas, hierbas de tocador, expresión frutal. Boca fresco, frutoso, sabroso.

TERROIR 34
Square Dessy, 18 - 1330 RIX
1330 RIX Bruxelles (Bélgica)
☎: +34 606 941 434
www.terroir34.com
info@terroir34.com

Terroir 34 "Seduction from Cool Stones" 2013 B
100% verdejo

89 ♣   14,5€

Color pajizo brillante. Aroma expresivo, expresión frutal, flores blancas, notas tropicales. Boca correcto, fino amargor, buena acidez.

THE GRAND WINES
Ramón y Cajal 7, 1ºA
1007 Vitoria (Alava)
☎: +34 945 158 282
Fax: +34 945 158 283
www.thegrandwines.com
araex@araex.com

Rolland Galarreta 2013 B
100% verdejo

91 ★★★   15,4€

Color pajizo brillante. Aroma expresión frutal, floral, hierbas silvestres, especiado. Boca potente, sabroso, balsámico, fino amargor.

UNESDI DISTRIBUCIONES S.A

Aurora, 11
11500 El Puerto de Santa María (Cádiz)
☎: +34 956 541 329
www.unesdi.com
info@unesdi.com

Palomo Cojo 2013 B
100% verdejo
88
Color pálido. Aroma hierbas de tocador, intensidad media, fruta escarchada, cítricos. Boca amargoso, correcto.

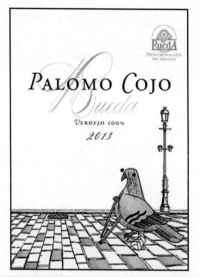

UVAS FELICES

Agullers, 7
8003 Barcelona (Barcelona)
☎: +34 902 327 777
www.vilaviniteca.es

El Perro Verde 2013 B
89
Color pajizo brillante. Aroma flores blancas, hierbas de tocador, expresión frutal. Boca fresco, frutoso, sabroso, elegante.

Fenomenal 2013 B
88
Color pajizo brillante. Aroma fresco, fruta fresca, flores blancas. Boca sabroso, frutoso, buena acidez, equilibrado.

VALDECUEVAS

Ctra. Rueda-Nava del Rey, km 2
47490 Rueda (Valladolid)
☎: +34 983 034 356
Fax: +34 983 034 356
www.valdecuevas.es
bodega@valdecuevas.es

Diwine Verdejo Frizzante 2013 B
verdejo
84

Flor Innata Verdejo 2013 B
100% verdejo
85 ★★★★★   4,6€

Valdecuevas Verdejo 2013 B
100% verdejo
85 ★★★★   5,2€

VEGA DEL PAS

Ctra. CL-602, Kilómetro 48
47465 Villaverde de Medina (Valladolid)
☎: +34 983 831 884
Fax: +34 983 831 857
www.vegadelpas.com
comunicacion@vegadelpas.com

Vega del Pas Rueda 2013 B
87 ★★★★★   5€
Color pajizo brillante. Aroma fresco, fruta fresca, flores blancas. Boca sabroso, frutoso, buena acidez, equilibrado.

Vega del Pas Rueda Verdejo 2013 B
85 ★★★★   5,5€

Vega del Pas Sauvignon Blanc 2013 B
100% sauvignon blanc
85 ★★★★   7€

Vega del Pas Verdejo 2013 B
100% verdejo
86 ★★★★   6€
Color pajizo brillante. Aroma fresco, fruta fresca, flores blancas. Boca sabroso, frutoso, buena acidez, algo plano.

VEGA DEO

Ctra. CL-602, Km. 48
47465 Villaverde de Medina (Valladolid)
☎: +34 983 83 18 84
Fax: +34 983 83 18 57
www.vinosvegadeo.com
comunicacion@vinosvegadeo.com

Vega Deo Rueda 2013 B
86 ★★★★★   5€
Color pajizo brillante. Aroma fruta fresca, floral, hierbas silvestres. Boca correcto, fácil de beber, fino amargor.

Vega Deo Rueda Verdejo 2013 B

87 ★★★★   5,5€

Color pajizo brillante. Aroma flores blancas, hierbas de tocador, expresión frutal. Boca fresco, frutoso, sabroso.

Vega Deo Sauvignon Blanc 2013 B
100% sauvignon blanc

87 ★★★★   7€

Color pajizo brillante. Aroma fresco, fruta fresca, flores blancas, intensidad media. Boca sabroso, frutoso, buena acidez, equilibrado.

Vega Deo Verdejo 2013 B
100% verdejo

85 ★★★★   6€

VICENTE SANZ
Las Flores, 5 Bajo
47240 Valdestillas (Valladolid)
☎: +34 983 551 197
Fax: +34 983 551 197
www.bodegasvicentesanz.com
bodega@bodegasvicentesanz.com

Vicaral Rueda Verdejo 2013 B
100% verdejo

83   5€

VINOS SANZ
Ctra. Madrid - La Coruña, Km. 170,5
47490 Rueda (Valladolid)
☎: +34 983 868 100
Fax: +34 983 868 117
www.vinossanz.com
vinossanz@vinossanz.com

Finca La Colina Sauvignon Blanc 2013 B
100% sauvignon blanc

91 ★★★★   12€

Color pajizo brillante. Aroma flores blancas, hierbas de tocador, expresión frutal. Boca fresco, frutoso, sabroso, fino amargor. Personalidad.

Finca La Colina Verdejo Cien x Cien 2013 B
100% verdejo

91 ★★★★★   8,9€

Color pajizo brillante. Aroma flores blancas, lías finas, hierbas secas, mineral, fruta madura. Boca sabroso, frutoso, buena acidez, equilibrado, redondo.

Sanz Clásico 2013 B

87 ★★★★★   4,4€

Color pajizo brillante. Aroma fresco, hierbas silvestres, piedra seca. Boca correcto, buena acidez, fino amargor.

Sanz Sauvignon Blanc 2013 B
100% sauvignon blanc

87 ★★★★   7,5€

Color pajizo brillante. Aroma intensidad media, fruta fresca, hierbas de tocador. Boca fresco, correcto, fino amargor, ligero.

Sanz Verdejo 2013 B
100% verdejo

90 ★★★★★   6,7€

Color pajizo brillante. Aroma flores blancas, hierbas de tocador, expresión frutal, mineral. Boca fresco, frutoso, sabroso, equilibrado, elegante.

VINOS TERRIBLES

Avda. Menendez Pelayo 13 B
28009 (Madrid)
☎: +34 914 092 131
www.latintoreriavinoteca.com
esther@vinosterribles.com

Terrible 2013 B
100% verdejo

88 ★★★★   6,9€

Color pajizo brillante. Aroma fresco, fruta fresca, expresivo, cítricos. Boca sabroso, frutoso, buena acidez, equilibrado.

VIÑA ARNAIZ

Ctra. N-122, km. 281
9463 Haza (Burgos)
☎: +34 947 536 227
Fax: +34 947 536 216
www.garciacarrion.es
atcliente@jgc.es

Viña Arnaiz 2013 B
sauvignon blanc

84

VIÑEDO VALLELADO SÁNCHEZ

Larga, 33
47238 Alcazarén (Valladolid)
☎: +34 679 797 002
www.verdejocampogrande.com
info@verdejocampogrande.com

Campo Grande 2013 B
verdejo

86 ★★★★★   4,5€

Color amarillo brillante. Aroma fruta madura, floral, hierbas silvestres. Boca sabroso, correcto, fino amargor.

VIÑEDOS DE NIEVA

Camino Real, s/n
40447 Nieva (Segovia)
☎: +34 921 504 628
Fax: +34 921 595 409
www.vinedosdenieva.com
info@vinedosdenieva.com

Blanco Nieva Pie Franco 2010 BFB
100% verdejo

91 ★★★★   11,3€

Color dorado brillante. Aroma fruta madura, frutos secos, potente, tostado, ebanistería. Boca sabroso, frutoso, especiado, tostado, largo.

Blanco Nieva Pie Franco 2013 B
100% verdejo

93 ★★★★★   9,4€

Color pajizo brillante. Aroma flores blancas, fruta fresca, expresivo, lías finas, hierbas secas. Boca sabroso, frutoso, buena acidez, equilibrado.

Blanco Nieva Sauvignon 2013 B
100% sauvignon blanc

88 ★★★★   7,9€

Color pajizo brillante. Aroma fresco, fruta fresca, flores blancas. Boca sabroso, frutoso, buena acidez, equilibrado.

Blanco Nieva Verdejo 2013 B
100% verdejo

91 ★★★★★   6€

Color pajizo brillante. Aroma fresco, fruta fresca, flores blancas, expresivo. Boca sabroso, frutoso, buena acidez, equilibrado.

Los Navales Verdejo 2013 B
100% verdejo

88 ★★★★★   4,4€

Color pajizo brillante. Aroma fresco, flores blancas, notas tropicales. Boca sabroso, frutoso, buena acidez, equilibrado.

VIÑEDOS SINGULARES
Cuzco, 26 - 28, Nave 8
8030 (Barcelona)
☎: +34 934 807 041
Fax: +34 934 807 076
www.vinedossingulares.com
info@vinedossingulares.com

Afortunado 2013 B
verdejo

88 ★★★★   6,5€

Color pajizo brillante. Aroma fresco, fruta fresca, flores blancas, expresivo. Boca sabroso, frutoso, buena acidez, equilibrado.

DO. SOMONTANO

CONSEJO REGULADOR

Avda. de la Merced, 64
22300 Barbastro (Huesca)
☎: +34 974 313 031 - Fax: +34 974 315 132
@: erio@dosomontano.com
www.dosomontano.com

SITUACIÓN:

En la provincia de Huesca, en torno a la localidad de Barbastro. La zona de producción comprende 43 municipios, enclavados fundamentalmente en la comarca de Somontano y el resto en las zonas limítrofes de Ribagorza
y Monegros.

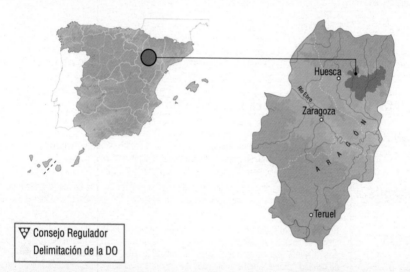

▽ Consejo Regulador
Delimitación de la DO

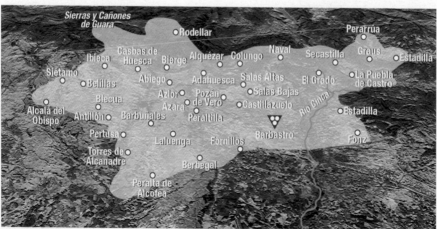

VARIEDADES:

BLANCAS: macabeo, garnacha blanca, alcañón, chardonnay, gewürztraminer, riesling y sauvignon blanc.

TINTAS: tempranillo, garnacha tinta, cabernet sauvignon, merlot, moristel, parraleta, pinot noir y syrah.

DATOS:

Nº Has. Viñedo: 4.304 – **Nº Viticultores:** 430 – **Nº Bodegas:** 31 – **Cosecha 13:** Muy Buena – **Producción 13:** 13.120.700 litros – **Comercialización:** 68,34% España - 31,66% extranjero.

SUELOS:

Son fundamentalmente de tipo pardo-calizo, escasa fertilidad, un buen nivel de caliza y buenas condiciones de permeabilidad.

CLIMA:

Se caracteriza por inviernos fríos y veranos calurosos, con bruscos cambios de temperatura al final de la primavera y el otoño. La pluviometría media anual es de 500 mm., auque las precipitaciones van descendiendo de norte a sur y de oeste a este.

CARACTERÍSTICAS GENERALES DE LOS VINOS

BLANCOS
Los más destacados son los elaborados con chardonnay, ya sea como vinos jóvenes o fermentados en barrica, que dan blancos de aromas potentes, con buena definición varietal, grasos y sabrosos en boca. También se pueden encontrar excelentes blancos de gewürztraminer donde destacan los aromas a lichis que ofrece la propia variedad.

ROSADOS
Elaborados a base de uvas autóctonas o foráneas, siguen la línea de los rosados modernos: color rosáceo-frambuesa, buena intensidad frutal, ligeros, frescos y fáciles de beber.

TINTOS
Históricamente el tinto tradicional de la región se elaboró a partir de moristel y tempranillo y se caracteriza por ser notablemente afrutado e intenso. También existen experiencias muy interesantes de monovarietales de uvas locales, en concreto moristel y parraleta, de calidad notable; ambos vinificados como vinos jóvenes y caracterizados por un excelente carácter frutal y cierta complejidad de matices. En el resto de tintos se impone la presencia de varieades foráneas, mezcladas con las locales o presentadas por separado. Destacan los cabernets y merlots de crianza por su carácter varietal, potencia aromática y buen ensamblaje con la madera, debido a envejecimientos no excesivamente largos; en boca, presentan una buena estructura.

CLASIFICACIÓN COSECHAS

GUÍA**PEÑÍN**

2009	2010	2011	2012	2013
MUY BUENA	MUY BUENA	MUY BUENA	MUY BUENA	MUY BUENA

ALIANZA DE GARAPITEROS

Plaza España, 6 Planta 1ª
50001 (Zaragoza)
☎: +34 976 094 033
Fax: +34 976 094 033
www.alianzadegarapiteros.es
info@alianzadegarapiteros.es

Glárima 2012 T
88　　　　　　　　　　　　12€
Color cereza muy intenso, borde granate. Aroma potente, fruta madura, muy tostado (torrefactado), chocolate. Boca potente, tostado, retronasal torrefactado.

Glárima 2013 B
91 ★★★★　　　　　　　10,7€
Color pajizo brillante. Aroma fresco, fruta fresca, flores blancas, expresivo. Boca sabroso, frutoso, buena acidez, equilibrado.

BAL D'ISABENA BODEGAS

Ctra. A-1605, Km. 11,2
22587 Laguarres (Huesca)
☎: +34 605 785 178
Fax: +34 974 310 151
www.baldisabena.com
info@baldisabena.com

Cojón de Gato 2013 B
gewürztraminer, chardonnay
87 ★★★★　　　　　　　8€
Color amarillo. Aroma fresco, hierbas de tocador, cítricos, fruta fresca, flores marchitas. Boca frutoso, fácil de beber, buena acidez.

Cojón de Gato 2013 T Roble
merlot, syrah, otras
89 ★★★★　　　　　　　8€
Color cereza, borde violáceo. Aroma fruta roja, fruta confitada, balsámico, especiado, roble cremoso. Boca equilibrado, buena acidez, sabroso, balsámico.

Garnacha de Bal d'Isabena 2013 T
garnacha
88 ★★★★★　　　　　　4€
Color cereza brillante. Aroma fruta madura, especias dulces, roble cremoso, expresivo. Boca sabroso, frutoso, tostado, taninos maduros.

Ixeia 2013 RD
merlot, garnacha
87 ★★★★★　　　　　　3,2€
Color frambuesa, brillante. Aroma intensidad media, fruta roja, equilibrado. Boca frutoso, sabroso, largo.

Ixeia 2013 B
chardonnay
87 ★★★★★　　　　　　3,2€
Color amarillo brillante. Aroma fruta escarchada, floral, hierbas de tocador. Boca fresco, frutoso, sabroso.

Ixeia 2013 T
cabernet sauvignon, merlot, tempranillo
85 ★★★★★　　　　　　3,2€

Moristel de Bal d'Isabena 2013 T
moristel
84　　　　　　　　　　　　4€

Reis d'Isabena 2012 T
merlot, cabernet sauvignon
90 ★★★★★　　　　　　6,9€
Color cereza, borde granate. Aroma fruta madura, especiado, roble cremoso, tostado, complejo, mineral. Boca potente, sabroso, tostado, taninos maduros, equilibrado.

BATAN DE SALAS DE BEROZ

Pol. Ind. Valle del Cinca, Calle B, 4
22300 Barbastro (Huesca)
☎: +34 974 316 217
Fax: +34 974 310 973
www.deberoz.es
bodega@deberoz.es

Batán de Salas Chardonnay 2013 B
chardonnay

87 ★★★★   **5,5€**

Color pajizo brillante. Aroma fresco, fruta fresca, flores blancas, expresivo. Boca sabroso, frutoso, buena acidez, equilibrado.

Batán de Salas Syrah 2013 T
100% syrah

90 ★★★★★   **5,5€**

Color cereza intenso, borde violáceo. Aroma expresivo, fruta roja, fruta fresca, especiado. Boca sabroso, estructurado, tostado.

De Beroz Crianza Especial 2008 T
cabernet sauvignon, merlot, syrah

89 ★★★   **8,5€**

Color cereza, borde granate. Aroma fruta madura, especiado, balsámico, fina reducción. Boca sabroso, especiado, fruta madura, largo.

De Beroz Esencia de Gewürztraminer 2013 B
gewürztraminer

89 ★★★★   **6,5€**

Color pajizo brillante. Aroma flores blancas, hierbas de tocador, notas tropicales. Boca fresco, frutoso, sabroso, equilibrado, elegante.

De Beroz Esencia de Tintos 2013 RD
merlot, syrah

87 ★★★★   **6,5€**

Color cereza claro. Aroma hierbas de tocador, fruta escarchada, fruta roja. Boca amargoso, fruta madura.

De Beroz Nuestro Roble 2012 T
tempranillo, merlot

87 ★★★★   **6,5€**

Color cereza brillante. Aroma especias dulces, roble cremoso, fruta confitada. Boca sabroso, frutoso, tostado, taninos dulces.

BLECUA
Ctra. de Naval, Km. 3,7
22300 Barbastro (Huesca)
☎: +34 974 302 216
Fax: +34 974 302 098
www.bodegablecua.com
marketing@vinasdelvero.es

Blecua 2004 TR
cabernet sauvignon, merlot, tempranillo, garnacha

95   **149€**

Color guinda. Aroma fruta madura, balsámico, mineral, especiado, roble cremoso, fina reducción, expresivo. Boca taninos finos, sabroso, especiado, largo, equilibrado, elegante.

Blecua 2008 TR
merlot, tempranillo, syrah, cabernet sauvignon

94   **67€**

Color cereza, borde granate. Aroma fruta madura, especiado, roble cremoso, tostado, complejo, chocolate, terroso. Boca potente, sabroso, tostado, taninos maduros.

BLECUA
2008

BLECUA
SOMONTANO
Denominación de Origen

75 CL ℮   PRODUCT OF SPAIN - EMBOTELLADO EN LA PROPIEDAD   13,5% VOL.
750ML   VIÑAS DEL VERO S.A. BARBASTRO, ESPAÑA R.E. 6523-HU RED WINE   ALC. 13,5% BY VOL.

BODEGA ALDAHARA
Ctra. Barbastro, 10
22423 Estadilla (Huesca)
☎: +34 620 309 217
www.valdalferche.com
bodega@aldahara.es

Aldahara 2010 TC
cabernet sauvignon, merlot, syrah

83   **6€**

Aldahara 2013 B
100% chardonnay

84   **6€**

Aldahara 2013 RD
100% merlot

85 ★★★★★   **3,7€**

Aldahara 2013 T
tempranillo, merlot, syrah

87 ★★★★★   **3,5€**

Color cereza, borde violáceo. Aroma fruta fresca, fruta roja, floral. Boca sabroso, frutoso, buena acidez.

Aldahara Rasé 2011 T Roble
100% syrah

86 ★★★★   **6,7€**

Color cereza, borde granate. Aroma fruta madura, hierbas secas. Boca especiado, fácil de beber, cierta persistencia.

Aldahara Rasé 2013 B
100% chardonnay

87

Color pajizo brillante. Aroma flores blancas, hierbas de tocador, notas tropicales. Boca fresco, frutoso, sabroso.

Val d'Alferche Chardonnay 2013 B
100% chardonnay

84   **7,5€**

Val d'Alferche Crianza 2010 TC
82   7,9€

Val d'Alferche Syrah 2011 T
100% syrah
85 ★★★★   7,9€

BODEGA OTTO BESTUÉ
Ctra. A-138, Km. 0,5
22312 Enate (Huesca)
☎: +34 974 305 157
Fax: +34 974 305 157
www.bodega-ottobestue.com
info@bodega-ottobestue.com

Otto Bestué Cabernet Sauvignon Tempranillo 2013 RD
84   8€

Otto Bestué Chardonnay 2013 B
chardonnay
84   8€

Otto Bestué Finca Rableros 2012 T
88 ★★★★   8€
Color cereza, borde granate. Aroma fruta madura, hierbas silvestres, especiado, roble cremoso. Boca equilibrado, sabroso, largo, balsámico.

Otto Bestué Finca Santa Sabina 2012 TC
cabernet sauvignon, tempranillo
87   14€
Color cereza brillante. Aroma fruta madura, especias dulces, roble cremoso, balsámico. Boca frutoso, sabroso, tostado.

BODEGA PIRINEOS

Ctra. Barbastro - Naval, Km. 3,5
22300 Barbastro (Huesca)
☎: +34 974 311 289
Fax: +34 974 306 688
www.bodegapirineos.com
info@bodegapirineos.com

Alquézar de Aguja 2013 RD
tempranillo, cabernet sauvignon

86 ★★★★★   4,4€

Color cereza claro, brillante. Aroma fruta madura, fruta roja, floral. Boca potente, frutoso, fresco, correcto.

Montesierra 2013 B
macabeo, chardonnay, gewürztraminer

86

Color pajizo brillante. Aroma fruta fresca, flores blancas, notas tropicales. Boca sabroso, frutoso, buena acidez.

Montesierra 2013 RD
tempranillo, cabernet sauvignon, merlot

88

Color frambuesa, borde violáceo. Aroma potente, fruta madura, fruta roja, floral, expresivo. Boca potente, frutoso, fresco, fácil de beber.

Pirineos 2013 RD
merlot, cabernet sauvignon

88 ★★★★   5,7€

Color cereza claro, brillante. Aroma fruta madura, fruta roja, floral, expresivo. Boca frutoso, fresco, equilibrado.

Pirineos 2013 T

88 ★★★★   5,1€

Color cereza, borde violáceo. Aroma fruta roja, frambuesa, expresión frutal, hierbas de tocador, especias dulces. Boca sabroso, ligero, buena acidez, fresco, frutoso.

Pirineos Mesache 2013 B
chardonnay, gewürztraminer, sauvignon blanc

89 ★★★★   5,7€

Color pajizo brillante. Aroma flores blancas, hierbas de tocador, expresión frutal. Boca fresco, frutoso, sabroso, elegante.

Señorío de Lazán 2008 TR
tempranillo, cabernet sauvignon, moristel

89 ★★★   9,8€

Color cereza, borde granate. Aroma fruta madura, especiado, roble cremoso, tostado, tabaco, fina reducción. Boca potente, sabroso, tostado, taninos maduros.

Señorío de Lazán 2010 TC
tempranillo, cabernet sauvignon, merlot

86 ★★★★   6€

Color cereza brillante. Aroma fruta madura, especias dulces, roble cremoso, intensidad media. Boca frutoso, sabroso, tostado.

BODEGAS ABINASA

Ctra. N 240, Km. 180
22124 Lascellas (Huesca)
☎: +34 974 319 156
Fax: +34 974 319 156
www.bodegasabinasa.com
info@bodegasabinasa.com

Ana 2010 TC
cabernet sauvignon, merlot

85 ★★★★   5,2€

Ana 2011 T Roble
merlot, cabernet sauvignon

86 ★★★★★   3,9€

Color cereza muy intenso, borde granate. Aroma especias dulces, roble cremoso, fruta madura. Boca sabroso, balsámico.

Ana 2013 RD
merlot

85 ★★★★★   3,8€

Ana Gewürztraminer 2013 B
gewürztraminer

87 ★★★★   8€

Color pajizo brillante. Aroma fresco, fruta fresca, flores blancas. Boca frutoso, fresco, buena acidez, equilibrado.

BODEGAS BALLABRIGA

Ctra. de Cregenzán, Km. 3
22300 Barbastro (Huesca)
☎: +34 974 310 216
Fax: +34 974 306 163
www.bodegasballabriga.com
info@bodegasballabriga.com

Auctor Selección Finca Rosellas 2008 T
cabernet sauvignon, merlot, garnacha

88 ★★★ 10€

Color rubí, borde teja. Aroma elegante, especiado, fina reducción, cuero mojado, ebanistería, espirituoso. Boca especiado, taninos finos, largo.

Ballabriga Nunc 2008 TC
merlot, syrah, garnacha, parraleta

92 ★★★★★ 8€

Color cereza, borde granate. Aroma fruta roja, fruta madura, especiado, roble cremoso, tostado, complejo, terroso. Boca potente, sabroso, tostado, taninos maduros.

Ballabriga Nunc 2013 B
gewürztraminer, chardonnay, alcañon

86 ★★★★ 8€

Color pajizo brillante. Aroma intensidad media, fruta fresca, flores secas. Boca fácil de beber, cierta persistencia.

Ballabriga Parraleta 2013 T
100% parraleta

87 ★★★★ 8€

Color cereza, borde violáceo. Aroma expresivo, fruta fresca, fruta roja, floral, hierbas de tocador. Boca sabroso, frutoso, buena acidez.

Ballabriga Parraleta Emoción 2008 TC
100% parraleta

91 25€

Color cereza, borde granate. Aroma equilibrado, complejo, fruta madura, especiado, terroso, hierbas silvestres. Boca estructurado, sabroso, taninos maduros.

Petret 2011 TC
cabernet sauvignon, merlot

89 ★★★★★ 4,5€

Color cereza brillante. Aroma equilibrado, fruta madura, hierbas silvestres, especiado. Boca frutoso, estructurado, taninos maduros.

Petret 2013 B
chardonnay, gewürztraminer

85 ★★★★★ 4,5€

Petret 2013 RD
cabernet sauvignon, garnacha

89 ★★★★★ 4,5€

Color cereza claro. Aroma elegante, fruta escarchada, flores secas, hierbas de tocador, fruta roja. Boca ligero, sabroso, buena acidez, largo.

Señor José 2013 T
100% syrah

88 ★★★★ 6€

Color cereza, borde violáceo. Aroma fruta roja, frambuesa, floral, expresivo. Boca fresco, frutoso, sabroso, fácil de beber.

BODEGAS ESTADA

Ctra. A-1232, Km. 6,4
22313 Castillazuelo (Huesca)
☎: +34 628 430 823
www.bodegasestada.com
info@bodegasestada.com

Estada 2012 T Roble
cabernet sauvignon, syrah, tempranillo, garnacha

85 ★★★★ 7€

Estada 2020 Vicious 2010 T
cabernet sauvignon, syrah, garnacha, tempranillo

90 40€

Color cereza, borde granate. Aroma fruta madura, hierbas silvestres, terroso, especiado, roble cremoso. Boca equilibrado, sabroso, largo, balsámico.

Estada San Carbás 2013 B
chardonnay

85 ★★★ 9€

Estata 2020 Vicious 2013 BFB
chardonnay

89 20€

Color amarillo brillante. Aroma fruta madura, especias dulces, roble cremoso, hierbas de tocador. Boca graso, retronasal ahumado, sabroso, fresco.

Giménez del Tau 2008 TR
cabernet sauvignon, syrah, tempranillo, garnacha

86 19€

Color cereza, borde granate. Aroma fruta madura, hierbas silvestres, terroso, especiado, roble cremoso. Boca equilibrado, sabroso, largo, balsámico.

Giménez del Tau 2012 T Roble
syrah, tempranillo, cabernet sauvignon, garnacha

86 14€

Color cereza brillante. Aroma fruta madura, especias dulces, roble cremoso. Boca sabroso, frutoso, tostado.

Giménez del Tau Autor 2007 T
garnacha, tempranillo, cabernet sauvignon

87 24€

Color cereza, borde granate. Aroma fruta madura, especiado, roble cremoso, tostado, fina reducción. Boca potente, sabroso, tostado.

BODEGAS FÁBREGAS

Cerler, s/n
22300 Barbastro (Huesca)
☎: +34 974 310 498
www.bodegasfabregas.com
info@bodegasfabregas.com

Fábregas Puro Syrah 2008 TC
syrah
85 ★★★★   8€

Mingua 2009 TC
cabernet sauvignon, merlot
86 ★★★★   6€
Color cereza, borde granate. Aroma fruta madura, especiado, roble cremoso, tostado, fina reducción. Boca potente, sabroso, tostado.

Mingua 2013 B
chardonnay, garnacha blanca
87 ★★★★★   5€
Color pajizo brillante. Aroma fresco, flores blancas. Boca sabroso, frutoso, buena acidez, equilibrado.

Mingua 2013 RD
syrah, garnacha
85 ★★★★★   4,5€

Mingua 2013 T
garnacha, cabernet sauvignon
87 ★★★★★   4,5€
Color cereza, borde violáceo. Aroma expresivo, fruta fresca, fruta roja, floral. Boca sabroso, frutoso, buena acidez, fácil de beber.

Vega Ferrera 2008 TC
cabernet sauvignon, merlot, syrah
84   8,5€

BODEGAS LASIERRA - BESPEN

Baja, 12
22133 Bespén (Huesca)
☎: +34 652 791 187
Fax: +34 974 260 365
www.bodegaslasierra.es
info@bodegaslasierra.es

Bespén 2010 TC
cabernet sauvignon
86 ★★★★   6,5€
Color cereza oscuro, borde granate. Aroma fruta madura, potente, hierbas secas. Boca sabroso, correcto, balsámico.

Bespén 2013 RD
cabernet sauvignon
85 ★★★★★   4€

Bespén 2013 T
tempranillo, merlot
86 ★★★★★   4€
Color cereza, borde violáceo. Aroma floral, fruta roja, fruta al licor, especias dulces. Boca sabroso, frutoso, buena acidez.

Bespén Chardonnay Macabeo 2013 B
chardonnay, macabeo
86 ★★★★★   4€
Color pajizo brillante. Aroma flores blancas, intensidad media, fruta fresca, equilibrado. Boca frutoso, fresco, buena acidez.

Bespén Vendimia Seleccionada Merlot 2011 T
merlot
86 ★★★★   5,5€
Color cereza, borde granate. Aroma fruta madura, especiado, roble cremoso, tostado, hierbas silvestres. Boca potente, sabroso, tostado.

Bespén Vendimia Seleccionada Syrah 2013 T
syrah
87 ★★★★   5,5€
Color cereza, borde violáceo. Aroma fruta roja, floral, equilibrado. Boca frutoso, buena acidez, taninos maduros.

BODEGAS LAUS

Ctra. N-240, km 154,8
22300 Barbastro (Huesca)
☎: +34 974 269 708
Fax: +34 974 269 715
www.bodegaslaus.com
info@bodegaslaus.com

Laus 2009 TC
cabernet sauvignon, merlot
88 ★★★   9,3€
Color cereza intenso, borde granate. Aroma fruta madura, hierbas silvestres, especiado. Boca sabroso, taninos maduros, equilibrado.

Laus Flor de Chardonnay 2013 B
chardonnay
91 ★★★★★   7,9€
Color amarillo, pálido. Aroma fruta madura, flores blancas, equilibrado, elegante. Boca frutoso, graso, lleno, sabroso.

Laus Flor de Gewürztraminer 2013 B
gewürztraminer
93 ★★★★★   10€
Color pajizo brillante. Aroma flores blancas, hierbas de tocador, expresión frutal, notas tropicales, expresivo, elegante. Boca equilibrado, potente, sabroso, graso, largo, elegante.

Laus Flor de Merlot 2013 RD
merlot, cabernet sauvignon
89 ★★★★   7,2€
Color frambuesa, borde violáceo. Aroma potente, fruta madura, fruta roja, floral, expresivo. Boca potente, frutoso, fresco, equilibrado.

BODEGAS MELER

Ctra. N-240, km. 154,4
Partida Las Almunietas
22300 (Huesca)
☎: +34 679 954 988
Fax: +34 974 269 907
www.bodegasmeler.com
info@bodegasmeler.com

Meler 95 sobre Aljez Chardonnay 2010 B
chardonnay

90

Color amarillo brillante. Aroma potente, fruta madura, especias dulces, roble cremoso, hierbas de tocador. Boca graso, retronasal ahumado, sabroso, fresco, buena acidez.

Meler Cabernet 2013 RD
cabernet sauvignon

86

Color frambuesa, borde violáceo. Aroma potente, fruta madura, fruta roja, floral, expresivo. Boca potente, frutoso, fresco.

Meler Chardonnay Edición Limitada 2013 B
chardonnay

88

Color amarillo brillante. Aroma fruta madura, floral, equilibrado. Boca sabroso, frutoso, largo.

Meler Syrah Edición Limitada 2013 T
syrah

87

Color cereza, borde violáceo. Aroma intensidad media, fruta fresca, fruta roja. Boca frutoso, buena acidez, equilibrado.

Muac de Meler 2011 T

87

Color cereza, borde granate. Aroma fruta madura, especiado, roble cremoso, tostado. Boca potente, sabroso, tostado.

BODEGAS MONTE ODINA

Monte Odina, s/n
22415 Ilche (Huesca)
☎: +34 974 343 480
Fax: +34 974 942 750
www.monteodina.com
bodega@monteodina.com

Monte Odina 2009 TR

88   12,1€

Color cereza, borde granate. Aroma fruta roja, fruta madura, roble cremoso, balsámico, fina reducción. Boca potente, sabroso, tostado, taninos maduros.

Monte Odina 2013 RD
cabernet sauvignon, merlot

84   4,8€

Monte Odina Cabernet Sauvignon 2010 T
100% cabernet sauvignon

88 ★★★★   5,7€

Color cereza, borde granate. Aroma fruta madura, hierbas silvestres, terroso, especiado, roble cremoso. Boca equilibrado, sabroso, largo, balsámico.

Monte Odina Garnacha Tinta 2013 T
100% garnacha

88 ★★★★   7,2€

Color cereza brillante, borde violáceo. Aroma fruta roja, especias dulces, hierbas de monte, violetas. Boca equilibrado, retronasal afrutado.

Monte Odina Merlot Cabernet 2013 T

84   2,8€

Victoria de Monte Odina 2013 B
gewürztraminer

87

Color pajizo brillante. Aroma flores blancas, expresión frutal. Boca fresco, frutoso, sabroso, equilibrado, elegante.

BODEGAS OBERGO

Ctra. La Puebla, Km. 0,6
22439 Ubiergo (Huesca)
☎: +34 669 357 866
www.obergo.es
bodegasobergo@obergo.es

Obergo "Finca la Mata" 2012 T
merlot, cabernet sauvignon, garnacha

90 ★★★★★   10€

Color cereza muy intenso, borde granate. Aroma complejo, potente, especiado, fruta madura, hierbas secas. Boca estructurado, largo.

Obergo Caramelos 2013 T
garnacha

89 ★★★★   7€

Color cereza brillante. Aroma fruta madura, especias dulces, roble cremoso, hierbas silvestres, mineral. Boca sabroso, frutoso, tostado.

Obergo Expression 2013 BFB
chardonnay, sauvignon blanc

90 ★★★★ **12€**

Color amarillo brillante. Aroma potente, fruta madura, especias dulces, roble cremoso, hierbas de tocador. Boca graso, retronasal ahumado, sabroso, fresco.

Obergo Merlot 2011 T
merlot

92 **18€**

Color cereza, borde granate. Aroma fruta madura, hierbas silvestres, terroso, especiado, roble cremoso. Boca equilibrado, sabroso, largo, balsámico.

Obergo Varietales 2011 T
100% cabernet sauvignon

91 **18€**

Color cereza, borde granate. Aroma fruta madura, hierbas silvestres, terroso, especiado, roble cremoso. Boca equilibrado, sabroso, largo, balsámico.

Obergo Viña Antiqua 2011 T
garnacha

90 **25€**

Color cereza brillante. Aroma fruta madura, hierbas silvestres, terroso, especiado, roble cremoso. Boca equilibrado, sabroso, largo, balsámico.

Sueños by Obergo 2013 B
chardonnay

89 ★★★★ **6€**

Color pajizo brillante. Aroma flores blancas, hierbas de tocador, expresión frutal. Boca fresco, frutoso, sabroso, equilibrado, elegante.

BODEGAS OSCA
La Iglesia, 1
22124 Ponzano (Huesca)
☎: +34 974 319 017
Fax: +34 974 319 175
www.bodegasosca.com
bodega@bodegasosca.com

Mascún Garnacha 2010 T
100% garnacha tintorera

84 **14€**

Mascún Garnacha 2013 RD
100% garnacha

86 ★★★★ **7€**

Color cereza claro. Aroma intensidad media, fresco, hierbas silvestres, hierbas secas, fruta fresca. Boca sabroso, fino amargor, buena acidez.

Mascún Garnacha Blanca 2013 B
garnacha blanca

85 ★★★★ **7€**

Mascun Gewurztraminer 2013 B
gewürztraminer

85 **11€**

Mascún Gran Reserva de la Familia 2006 T
merlot, cabernet sauvignon, syrah, garnacha

88 **30€**

Color guinda. Aroma elegante, especiado, fina reducción, cuero mojado, ebanistería, balsámico. Boca especiado, taninos finos, elegante, largo.

Osca 2010 TC
tempranillo, merlot

87 ★★★ **9€**

Color cereza brillante. Aroma fruta madura, especias dulces, roble cremoso, balsámico. Boca frutoso, sabroso, tostado.

Osca 2013 RD
tempranillo, cabernet sauvignon, moristel

86 ★★★★★ **4€**

Color cereza claro, brillante. Aroma pétalos de rosa, fruta roja, intensidad media. Boca fresco, fácil de beber, cierta persistencia.

Osca 2013 B
macabeo, garnacha blanca

84 **4€**

Osca 2013 T
tempranillo, cabernet sauvignon

85 ★★★★★ **4€**

Osca Colección 2009 TR
merlot

87   15€

Color cereza, borde granate. Aroma fruta madura, especiado, roble cremoso, tostado, balsámico. Boca potente, sabroso, tostado, taninos maduros.

Osca Gran Eroles 2008 TR
cabernet sauvignon

87   12,5€

Color cereza brillante. Aroma fruta madura, intensidad media, tostado. Boca frutoso, tostado, estructurado, taninos maduros.

Osca Moristel 2009 TR
moristel

86 ★★★★   7€

Color cereza intenso. Aroma hierbas silvestres, terroso, especiado, roble cremoso, fruta madura. Boca sabroso, largo, balsámico, especiado.

Osca Syrah 2010 TR
syrah

88   15€

Color cereza brillante. Aroma fruta madura, especias dulces, roble cremoso, intensidad media. Boca frutoso, sabroso, tostado.

BODEGAS RASO HUETE
Joaquín Costa, 23
22423 Estadilla (Huesca)
☎: +34 974 305 357
Fax: +34 974 305 357
www.bodegasrasohuete.com
info@bodegasrasohuete.com

Arnazas 2004 TR
cabernet sauvignon, merlot

82   9,5€

Arnazas Cabernet-Merlot 2011 TC
cabernet sauvignon, merlot

86 ★★★★   6,5€

Color cereza, borde granate. Aroma fruta madura, hierbas silvestres, especiado, roble cremoso. Boca equilibrado, sabroso, balsámico.

Arnazas Merlot 2007 T Roble
merlot

86 ★★★★   5,5€

Color cereza intenso, borde anaranjado. Aroma cuero mojado, espirituoso, hierbas secas. Boca especiado, largo, taninos maduros.

Arnazas Selección 2008 T Roble
syrah, tempranillo, merlot

82   6€

Partida Arnazas 2013 RD
cabernet sauvignon

87 ★★★★★   2,5€

Color frambuesa, borde violáceo. Aroma potente, fruta madura, fruta roja, floral, expresivo. Boca potente, frutoso, fresco.

Partida Arnazas Cabernet-Merlot 2012 T
cabernet sauvignon, merlot

85 ★★★★★   2,5€

BODEGAS SERS
Pza. Mayor, 7
22417 Cofita (Huesca)
☎: +34 652 979 718
www.bodegassers.es
info@bodegassers.es

Sèrs 2007 TGR
cabernet sauvignon, syrah, merlot

93   21€

Color cereza, borde granate. Aroma equilibrado, complejo, fruta madura, especiado, tabaco, ahumado, hierbas secas. Boca estructurado, sabroso, taninos maduros.

Sèrs 2010 TR
cabernet sauvignon, merlot, syrah

90 ★★★★   11€

Color cereza, borde granate. Aroma hierbas silvestres, especiado, roble cremoso. Boca equilibrado, sabroso, largo, fruta madura.

Sèrs Blanqué 2013 BFB
100% chardonnay

88 ★★★★   7,5€

Color pajizo brillante. Aroma flores blancas, fruta fresca, expresivo, hierbas secas. Boca sabroso, frutoso, buena acidez, equilibrado.

Sèrs Primer 2013 T
100% syrah

87 ★★★★ 6,5€

Color cereza, borde violáceo. Aroma fruta roja, frambuesa, fruta al licor, hierbas de tocador, especiado. Boca sabroso, fresco, frutoso.

Sèrs Singular 2012 T Barrica
parraleta

90 ★★★★★ 9€

Color cereza, borde granate. Aroma equilibrado, especiado, tostado, fruta madura. Boca sabroso, fruta madura, taninos maduros, largo.

Sèrs Temple 2011 TC
cabernet sauvignon, merlot

90 ★★★★★ 9€

Color cereza intenso, borde granate. Aroma intensidad media, especiado, hierbas silvestres, fruta madura, tabaco. Boca sabroso, estructurado.

BODEGAS SIERRA DE GUARA

Fray Luis Urbano, 27
50002 Lascellas (Zaragoza)
☎: +34 976 461 056
Fax: +34 976 461 558
www.bodegassierradeguara.es
idrias@bodegassierradeguara.es

Idrias Cabernet Sauvignon 2013 T
100% cabernet sauvignon

87 ★★★★ 6€

Color cereza, borde granate. Aroma potente, hierbas de monte, especiado. Boca sabroso, largo, balsámico.

Idrias Sevil 2008 T

88 15€

Color cereza, borde granate. Aroma fruta madura, especiado, roble cremoso, tostado. Boca potente, sabroso, tostado, equilibrado.

BODEGAS VILLA D'ORTA

Ctra. Alquezar s/n
22313 Huerta de Vero (Huesca)
☎: +34 695 991 967
Fax: +34 974 302 072
www.villadorta.com
villadorta@hotmail.com

Villa D'Orta Bio-lógico 2013 T
cabernet sauvignon, merlot

86 ★★★★ 🌿 8€

Color cereza, borde granate. Aroma fruta madura, hierbas silvestres. Boca equilibrado, sabroso, largo, balsámico.

BODEGAS Y VIÑEDOS OLVENA

Paraje El Ariño, Ctra. N-123 Km. 5
22300 Barbastro (Huesca)
☎: +34 974 308 481
Fax: +34 974 308 482
www.bodegasolvena.com
info@bodegasolvena.com

Olvena 2013 RD
merlot

85 ★★★★★ 3,8€

Olvena 2013 T Roble
cabernet sauvignon, tempranillo, merlot

87 ★★★★★ 3,8€

Color cereza brillante. Aroma fruta madura, especias dulces, roble cremoso, expresivo. Boca sabroso, frutoso, tostado, equilibrado.

Olvena Chardonnay 2013 B
chardonnay

89 ★★★★★ 4,8€

Color pajizo brillante. Aroma fresco, fruta fresca, flores blancas, expresivo. Boca sabroso, frutoso, buena acidez, equilibrado.

Olvena Chardonnay 2013 BFB
chardonnay

89 ★★★★ 7,5€

Color amarillo brillante. Aroma potente, fruta madura, especias dulces, roble cremoso, hierbas de tocador. Boca graso, retronasal ahumado, sabroso, fresco, buena acidez.

Olvena Cuatro o Pago de la Libélula 2008 T
tempranillo, merlot, cabernet sauvignon, syrah

89 ★★★★ 6,5€

Color cereza, borde granate. Aroma fruta madura, hierbas silvestres, terroso, especiado, roble cremoso. Boca equilibrado, sabroso, largo, balsámico.

Olvena Gewürztraminer 2013 B
gewürztraminer

84 7,5€

Olvena Tempranillo 2013 T
tempranillo, merlot

86 ★★★★★ 2,5€

Color cereza brillante, borde violáceo. Aroma fruta fresca, lácticos. Boca fácil de beber, cierta persistencia, frutoso.

CHESA

Autovía A-22, km. 57
22300 Barbastro (Huesca)
☎: +34 649 870 637
Fax: +34 974 313 552
www.bodegaschesa.com
bodegaschesa@hotmail.com

Chesa 2010 TC
merlot, cabernet sauvignon

88 ★★★★ 7,8€

Color cereza brillante, borde granate. Aroma potente, balsámico, hierbas de monte. Boca sabroso, equilibrado, taninos maduros.

Chesa 2012 T Roble
merlot, cabernet sauvignon

90 ★★★★★ 6,5€

Color cereza brillante, borde granate. Aroma fruta madura, especias dulces, violetas. Boca sabroso, frutoso, tostado, taninos maduros, balsámico.

Chesa 2013 RD
cabernet sauvignon

88 ★★★★ 6€

Color cereza brillante. Aroma fruta roja, fruta fresca, equilibrado, fresco, floral. Boca cierta persistencia, correcto, fino amargor.

Chesa Gewürztraminer 2013 B
gewürztraminer

85 ★★★★ 6,5€

Chesa Merlot Cabernet 2013 T
merlot, cabernet sauvignon

85 ★★★★★ 4,5€

DALCAMP

Pedanía Monte Odina s/n
22415 Monesma de San Juan (Huesca)
☎: +34 973 760 018
Fax: +34 973 760 523
www.castillodemonesma.com
ramondalfo44@gmail.com

Castillo de Monesma 2007 TR

89 ★★★ 10€

Color cereza, borde granate. Aroma fruta madura, hierbas silvestres, terroso, especiado, roble cremoso. Boca equilibrado, sabroso, largo, balsámico.

Castillo de Monesma 2010 TC
cabernet sauvignon

87 ★★★★ 8€

Color guinda. Aroma especiado, fina reducción, tostado, balsámico. Boca especiado, largo, tostado.

CASTILLO DE MONESMA
CRIANZA
CABERNET SAUVIGNON - MERLOT
2010
EMBOTELLADO EN LA PROPIEDAD POR DALCAMP S.L.
22415 MONESMA DE SAN JUAN - ILCHE - ESPAÑA
PRODUCT OF SPAIN
14%vol   R.E. 40817 - HU   75cl.
                CONTIENE SULFITOS
SOMONTANO
DENOMINACIÓN DE ORIGEN

Castillo de Monesma 2012 T Roble
83 3€

Castillo de Monesma Gewürztraminer 2013 B
gewürztraminer

86 ★★★★ 5,5€

Color pajizo brillante. Aroma flores blancas, hierbas de tocador, expresión frutal. Boca fresco, frutoso, sabroso.

ENATE

Avda. de las Artes, 1
22314 Salas Bajas (Huesca)
☎: +34 974 302 580
Fax: +34 974 300 046
www.enate.es
bodega@enate.es

Enate 2013 RD
cabernet sauvignon

88 ★★★★   7€

Color frambuesa, borde violáceo. Aroma potente, fruta madura, fruta roja, floral, expresivo. Boca potente, frutoso, fresco.

Enate 2006 TR
cabernet sauvignon

93 ★★★   15,1€

Color cereza intenso, borde granate. Aroma fruta madura, especiado, roble cremoso, tostado, complejo, balsámico. Boca potente, sabroso, tostado, taninos maduros.

Enate 2008 TC
tempranillo, cabernet sauvignon

87 ★★★★   8€

Color cereza, borde granate. Aroma fruta madura, especiado, roble cremoso, tostado, hierbas silvestres. Boca potente, sabroso, tostado, taninos maduros.

Enate Cabernet - Cabernet 2010 T
cabernet sauvignon

92   20€

Color cereza, borde granate. Aroma fruta madura, especiado, roble cremoso, tostado, complejo, balsámico. Boca potente, sabroso, tostado, taninos maduros, equilibrado.

Enate Cabernet Sauvignon Merlot 2011 T
cabernet sauvignon, merlot

88 ★★★★   6€

Color cereza, borde granate. Aroma fruta madura, especiado, roble cremoso, tostado, hierbas de monte. Boca potente, sabroso, tostado, equilibrado.

Enate Chardonnay 2011 BFB
chardonnay

92 ★★★   15€

Color amarillo brillante. Aroma potente, fruta madura, especias dulces, roble cremoso, hierbas de tocador. Boca graso, retronasal ahumado, sabroso, fresco, buena acidez.

Enate Chardonnay-234 2013 B
100% chardonnay

90 ★★★★★   7€

Color amarillo. Aroma fresco, fruta fresca, flores blancas, expresivo. Boca sabroso, frutoso, buena acidez, equilibrado, graso, especiado.

Enate Gewürztraminer 2013 B
gewürztraminer

91 ★★★★★   9€

Color pajizo brillante. Aroma fruta fresca, flores blancas, varietal. Boca equilibrado, fácil de beber, fresco, correcto, fino amargor.

Enate Merlot-Merlot 2010 T
merlot

93   20€

Color cereza, borde granate. Aroma fruta madura, especiado, roble cremoso, tostado, complejo, terroso, balsámico. Boca potente, sabroso, tostado, taninos maduros.

Enate Reserva Especial 2006 T
cabernet sauvignon, merlot

94   69,9€

Color cereza intenso, borde granate. Aroma hierbas de monte, equilibrado, especiado. Boca estructurado, equilibrado, taninos maduros, largo.

Enate Syrah-Shiraz 2010 T
syrah

90   20€

Color cereza, borde granate. Aroma fruta madura, especiado, roble cremoso, complejo. Boca potente, sabroso, taninos maduros, retronasal afrutado.

ENATE
SYRAH - SHIRAZ
2010
SOMONTANO
DENOMINACIÓN DE ORIGEN

Enate Tapas 2013 T
tempranillo

86 ★★★★★   4,4€

Color cereza, borde violáceo. Aroma fruta fresca, fruta roja, floral. Boca frutoso, buena acidez, fácil de beber, cierta persistencia.

Enate Uno 2009 T
cabernet sauvignon, syrah, merlot

94   136€

Color cereza brillante, borde granate. Aroma expresivo, complejo, hierbas secas, especiado. Boca lleno, sabroso, taninos maduros, especiado.

Enate Uno Chardonnay 2011 B
chardonnay

93   293,5€

Color amarillo brillante. Aroma potente, fruta madura, especias dulces, roble cremoso, hierbas de tocador. Boca graso, retronasal ahumado, sabroso, fresco, buena acidez, equilibrado, elegante.

VIÑAS DEL VERO
Ctra. de Naval, Km. 3,7
22300 Barbastro (Huesca)
☎: +34 974 302 216
Fax: +34 974 302 098
www.vinasdelvero.es
marketing@vinasdelvero.es

Viñas del Vero Cabernet Sauvignon Colección 2011 T
100% cabernet sauvignon

88 ★★★   9,3€

Color cereza, borde granate. Aroma fruta madura, hierbas silvestres, especiado, roble cremoso. Boca sabroso, largo, balsámico.

Viñas del Vero Chardonnay Colección 2013 B
100% chardonnay

92 ★★★★★   7,2€

Color pajizo brillante. Aroma fresco, fruta fresca, flores blancas, hierbas de tocador, expresivo. Boca sabroso, frutoso, buena acidez, equilibrado, elegante.

Viñas del Vero Clarión 2009 B

93 ★★★   14,3€

Color amarillo brillante. Aroma flores blancas, expresivo, lías finas, mineral. Boca sabroso, frutoso, buena acidez, equilibrado.

Viñas del Vero Clarión Magnum 2008 B

94   32€

Color amarillo brillante. Aroma fruta madura, especiado, tostado, complejo. Boca graso, lleno, complejo, especiado, fino amargor.

Viñas del Vero Gewürztraminer Colección 2013 B
100% gewürztraminer

91 ★★★★★   10€

Color pajizo brillante. Aroma flores blancas, hierbas de tocador, expresión frutal. Boca fresco, frutoso, sabroso, equilibrado, elegante.

Viñas del Vero Gran Vos 2008 TR

91 ★★★   15,3€

Color cereza, borde granate. Aroma fruta madura, hierbas silvestres, terroso, especiado, roble cremoso. Boca equilibrado, sabroso, largo, balsámico.

Viñas del Vero La Miranda de Secastilla 2012 T

garnacha, syrah, parraleta

89 ★★★   8,7€

Color cereza, borde granate. Aroma fruta madura, especiado, tostado. Boca potente, sabroso, tostado, taninos maduros, frutoso.

Viñas del Vero Merlot Colección 2011 T

100% merlot

90 ★★★★★   9,3€

Color cereza brillante. Aroma fruta madura, hierbas silvestres, especiado, roble cremoso, hierbas de monte. Boca equilibrado, sabroso, largo, balsámico.

Viñas del Vero Pinot Noir Colección 2013 RD

100% pinot noir

89 ★★★★   7,2€

Color piel cebolla. Aroma elegante, flores secas, hierbas de tocador, fruta roja. Boca ligero, sabroso, buena acidez, largo, especiado.

Viñas del Vero Riesling Colección 2013 B

100% riesling

89 ★★★   10€

Color pajizo brillante. Aroma flores blancas, expresivo, potente, cítricos. Boca sabroso, frutoso, buena acidez, equilibrado.

Viñas del Vero Secastilla 2011 T

100% garnacha

93   25€

Color cereza, borde granate. Aroma fruta madura, especiado, roble cremoso, tostado, mineral, complejo. Boca potente, sabroso, tostado, equilibrado, elegante.

Viñas del Vero Syrah Colección 2011 T

100% syrah

89 ★★★   10€

Color cereza, borde violáceo. Aroma expresivo, fruta roja, floral, especiado. Boca sabroso, frutoso, buena acidez, taninos maduros, fácil de beber.

VIÑEDOS DE HOZ
Mayor, 17
22312 Hoz de Barbastro (Huesca)
☎: +34 619 686 765
www.vinosdehoz.com
info@vinosdehoz.com

Hoz 2010 T Roble

cabernet sauvignon, syrah, garnacha

87 ★★★★   6€

Color cereza brillante. Aroma fruta madura, especias dulces, roble cremoso, balsámico. Boca sabroso, frutoso, tostado.

Hoz 2011 TC

tempranillo, syrah, garnacha

87 ★★★★   8€

Color cereza, borde granate. Aroma fruta madura, especiado, roble cremoso, balsámico. Boca potente, sabroso, tostado.

DO. TACORONTE-ACENTEJO

CONSEJO REGULADOR

Ctra. General del Norte, 97

38350 Tacoronte (Santa Cruz de Tenerife)

☎: +34 922 560 107 - Fax: +34 922 561 155

@: consejo@tacovin.com

www.tacovin.com

SITUACIÓN:

Ocupa la vertiente norte de Tenerife, con una extensión longitudinal de 23 kilómetros y nueve municipios acogidos: Tegueste, Tacoronte, El Sauzal, La Matanza de Acentejo, La Victoria de Acentejo, Santa Úrsula, La Laguna, Santa Cruz de Tenerife y El Rosario.

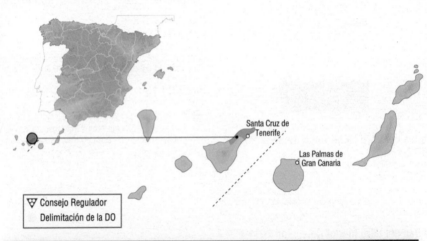

▽ Consejo Regulador
Delimitación de la DO

SUBZONAS:

Anaga (engloba los municipios de La Laguna, Santa Cruz de Tenerife y Tegueste) y se corresponde con la superficie del Parque Rural de Anaga.

VARIEDADES:

BLANCAS: güal, malvasía, listán blanco, marmajuelo, pedro ximénez, moscatel, verdello, vijariego, forastera blanca, albillo, sabro, bastardo blanco, breval, burrablanca y torrontés.

TINTAS: listán negro, negramoll, tintilla, moscatel negro, malvasía rosada, castellana negra, cabernet sauvignon, merlot, pinot noir, ruby cabernet, syrah, tempranillo, bastardo negro, listán prieto y vijariego negro.

DATOS:

Nº Has. Viñedo: 1.120– **Nº Viticultores:** 1.894 – **Nº Bodegas:** 43 – **Cosecha 13:** Muy Buena – **Producción 13:** 1.488.750 litros – **Comercialización:** 98 % España - 2 % extranjero.

SUELOS:

El suelo es volcánico, de color rojizo, constituido por materia orgánica y oligoelementos. El viñedo se cultiva tanto en los valles próximos al mar como en las cotas más altas hasta los 1.000 metros de altitud.

CLIMA:

Típicamente atlántico, alterado por la orientación de la isla y el relieve que dan lugar a una gran variedad de microclimas. Las temperaturas son en general suaves, gracias a la influencia de los vientos alisios que proporcionan altos niveles de humedad, en torno al 60%, y las lluvias resultan escasas.

CARACTERÍSTICAS GENERALES DE LOS VINOS

BLANCOS
Son ligeros y afrutados; se elaboran fundamentalmente con listán blanco alternada con malvasía, moscatel o verdello. Combinan recuerdos florales aportados por la moscatel y la malvasía con rasgos herbáceos de la listán blanco En boca se muestran ligeros y fáciles de beber.

ROSADOS
Elaborados fundamentalmente a partir de listán negro, mantienen el carácter varietal de esta cepa y resultan frescos y agradables de beber.

TINTOS
Es el producto más característico de la DO. Los tintos jóvenes presentan un color cereza granate o rubí granate; en nariz desarrollan aromas de buena intensidad, son frescos y afrutados y transmiten un carácter silvestre muy original de la uva listán. Destacan por su marcado carácter atlántico que los hace muy frescos y singulares.

CLASIFICACIÓN COSECHAS　　　　GUÍA**PEÑÍN**

2009	2010	2011	2012	2013
REGULAR	BUENA	REGULAR	MUY BUENA	BUENA

AGRYENCA

Fray Diego, 4
38350 Tacoronte (Tenerife)
☎: +34 922 564 013
Fax: +34 922 564 013
www.agryenca.com
bodega@agryenca.com

Tabaibal 2013 B
listán blanco, gual, verdello
86 ★★★★ 6€
Color amarillo brillante. Aroma fruta madura, especias dulces, violetas. Boca correcto, fácil de beber, largo, fino amargor.

Tabaibal 2013 T
listán negro, negramoll
85 ★★★★ 6€

Tabaibal 2013 T Barrica
listán negro, negramoll
86 ★★★★ 7€
Color cereza brillante. Aroma fruta madura, especias dulces, roble cremoso, expresivo, hierbas secas. Boca sabroso, frutoso, tostado, taninos maduros.

BODEGA DOMÍNGUEZ CUARTA GENERACIÓN

Calvario, 79
38350 Tacoronte
(Santa Cruz de Tenerife)
☎: +34 922 572 435
Fax: +34 922 572 435
www.bodegadominguez.com
info@bodegadominguez.es

Domínguez 2012 T
listán negro, listán blanco, negramoll, tintilla
84 9€

Domínguez Antología 2012 T
negramoll, castellana, baboso negro, verdello
86 18€
Color cereza, borde granate. Aroma fruta madura, cítricos, especiado. Boca estructurado, equilibrado, especiado.

Domínguez Blanco de Uva Tinta Semiseco 2012 B
negramoll, malvasía
84 10€

Domínguez con Firma 2010 T
castellana, negramoll
81 15€

Domínguez Malvasía Clásico 2012 B
malvasía, moscatel
87 21€
Color dorado brillante. Aroma fruta confitada, fruta pasificada, potente, pastelería. Boca frutoso, correcto, cierta persistencia.

BODEGA EL LOMO

Ctra. El Lomo, 18
38280 Tegueste
(Santa Cruz de Tenerife)
☎: +34 922 545 254
www.bodegaellomo.com
oficina@bodegaellomo.com

El Lomo 2012 T Barrica
listán negro, negramoll, tintilla, castellana
84 10€

El Lomo 2013 B
listán blanco, gual
84 5,8€

El Lomo 2013 RD
listán negro
82 5,8€

El Lomo 2013 T Maceración Carbónica
listán negro
86 ★★★★ 6€
Color cereza, borde violáceo. Aroma expresivo, fruta roja, balsámico. Boca sabroso, frutoso, buena acidez, taninos maduros.

El Lomo Afrutado 2013 B
listán blanco, gual
83 6€

El Lomo Baboso 2013 T
baboso negro
85 13€

El Lomo Merlot 2012 T
merlot
86 13€
Color cereza, borde granate. Aroma fruta madura, hierbas silvestres, terroso, especiado. Boca equilibrado, sabroso, largo, balsámico.

El Lomo Tempranillo 2012 T
tempranillo
85 13€

BODEGA EL MOCANERO

Ctra. General, 347
38350 Tacoronte
(Santa Cruz de Tenerife)
☎: +34 922 560 762
Fax: +34 922 564 452
www.bodegaelmocanero.com
elmocanero@bodegaelmocanero.com

El Mocanero 2013 T
85 ★★★★ 6,5€

 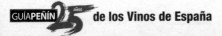

El Mocanero 2013 T Maceración Carbónica
100% listán negro

85 ★★★★   6,5€

El Mocanero Afrutado 2013 B
100% listán blanco

84   6,5€

El Mocanero Negramoll 2013 T
100% negramoll

85 ★★★★   7,5€

BODEGA LA HIJUELA
Cº El Agua s/n Barranco El Junco, Machado
38290
☎: +34 922 537 284
www.bodegalahijuela.com
bodegalahijuela@hotmail.com

Híboro 2013 T
100% syrah

86   18,2€

Color cereza oscuro, borde violáceo. Aroma equilibrado, reducción precoz, fruta madura. Boca estructurado, sabroso, balsámico.

BODEGA LA ISLETA
Camino de La Cairosa, 24
38280 Teguste (Santa Cruz de Tenerife)
☎: +34 922 541 805
www.laisleta.es
bodega@laisleta.es

La Isleta 2012 T
listán negro, negramoll

84

La Isleta 2013 B
malvasía, verdello, listán blanco, moscatel

84

La Isleta Baboso Negro 2012 T Barrica
baboso negro

86

Color cereza brillante. Aroma fruta madura, especias dulces, roble cremoso. Boca sabroso, frutoso, tostado, taninos maduros.

BODEGAS CRÁTER
San Nicolás, 122
38360 El Sauzal
(Santa Cruz de Tenerife)
☎: +34 922 573 272
www.craterbodegas.com
crater@craterbodegas.com

Cráter 2012 TC
listán negro, negramoll

91 ★★★   15€

Color cereza muy intenso, borde granate. Aroma expresión frutal, equilibrado, expresivo. Boca potente, tostado, retronasal ahumado.

BODEGAS INSULARES TENERIFE
Vereda del Medio, 48
38350 Tacoronte
(Santa Cruz de Tenerife)
☎: +34 922 570 617
Fax: +34 922 570 043
www.bodegasinsularestenerife.es
bitsa@bodegasinsularestenerife.es

Brezal 2013 T
listán negro, negramoll

86 ★★★★   5,7€

Color cereza, borde violáceo. Aroma fruta fresca, fruta roja, floral, intensidad media. Boca frutoso, buena acidez.

Humboldt 1997 Blanco dulce
listán blanco

95 ★★★   14,6€

Color caoba claro. Aroma especias dulces, cacao fino, fruta escarchada, caramelo tostado, especiado. Boca complejo, equilibrado, buena acidez, largo.

Humboldt Blanco Dulce 2012 B
listán blanco

89   14,6€

Color amarillo brillante. Aroma floral, notas amieladas. Boca sabroso, dulce, fresco, frutoso, buena acidez, equilibrado, largo.

Humboldt Blanco Dulce 2013 B
gual

88 ★★★   9,6€

Color pajizo brillante. Aroma floral, intensidad media. Boca sabroso, dulce, fresco, frutoso, buena acidez, largo.

Humboldt Malvasía 2009 B
malvasía

92 ★★★★★   **9,6€**

Color dorado brillante. Aroma especias dulces, pastelería, caramelo tostado, fruta escarchada. Boca lleno, potente, complejo.

Humboldt Vendimia Tardia 2005 B
listán blanco

92 ★★★★★   **8,1€**

Color oro viejo. Aroma fruta escarchada, fruta al licor, notas amieladas, espirituoso. Boca untuoso, sabroso, dulce, largo.

Humboldt Verdello 2005 Blanco dulce
verdello

94 ★★★★★   **9,6€**

Color oro viejo. Aroma complejo, expresivo, pastelería, cacao fino, especias dulces. Boca sabroso, lleno, concentrado, largo.

Viña Norte 2011 TC

86 ★★★   **9,9€**

Color cereza muy intenso, borde granate. Aroma potente, cacao fino, fruta escarchada. Boca correcto, especiado.

Viña Norte 2012 T
listán negro, negramoll

87 ★★★★   **6,9€**

Color cereza, borde granate. Aroma fruta madura, hierbas silvestres, especiado. Boca equilibrado, sabroso, balsámico, largo.

Viña Norte 2012 T Roble
listán negro, negramoll

85 ★★★★   **7,5€**

Viña Norte 2013 B
listán blanco

87 ★★★★   **5,8€**

Color pajizo brillante. Aroma fresco, fruta fresca, flores blancas, expresivo. Boca sabroso, frutoso, buena acidez, equilibrado.

Viña Norte 2013 T
listán negro, negramoll

86 ★★★★   **6,9€**

Color cereza, borde violáceo. Aroma fruta fresca, fruta roja, floral. Boca sabroso, frutoso, buena acidez, taninos maduros.

Viña Norte 2013 T Barrica

87 ★★★   **8,3€**

Color cereza, borde granate. Aroma fruta madura, hierbas silvestres, terroso, especiado, roble cremoso. Boca equilibrado, sabroso, largo, balsámico.

Viña Norte 2013 T Maceración Carbónica
listán negro, negramoll

88 ★★★★   **6,9€**

Color cereza, borde violáceo. Aroma fruta roja, frambuesa, floral, expresivo. Boca fresco, frutoso, sabroso, fácil de beber.

Viña Norte Afrutado 2013 T

84

Viña Norte Malvasia Seco 2013 B
malvasía

86 ★★★★   **7€**

Color amarillo, borde verdoso. Aroma intensidad media, floral, equilibrado, fruta fresca. Boca frutoso, fino amargor, fácil de beber.

Viña Norte Negramoll 2013 T
negramoll

86 ★★★   **9,1€**

Color cereza muy intenso. Aroma especiado, tostado, con carácter, fruta confitada. Boca potente, sabroso, tostado, taninos maduros.

CÁNDIDO HERNÁNDEZ PÍO

Acentejo, 1
38370 La Matanza
(Santa Cruz de Tenerife)
☎: +34 922 513 288
Fax: +34 922 511 631
www.bodegaschp.es
info@bodegaschp.es

Balcón Canario 2006 TC
listán negro, negramoll, tintilla

84   **8€**

Balcón Canario 2012 T
listán negro, negramoll, tintilla

83   **7€**

Balcón Canario 2013 T
listán negro, negramoll, tintilla

86 ★★★★   **7€**

Color cereza, borde violáceo. Aroma hierbas de monte, especiado. Boca correcto, fruta madura, taninos maduros.

Viña Riquelas Afrutado 2013 B
moscatel, verdello, listán blanco

86 ★★★★   **7€**

Color pajizo brillante. Aroma equilibrado, flores blancas, fresco, fruta fresca. Boca correcto, fácil de beber, cierta persistencia.

Viña Riquelas Blanco Gual 2013 B
gual

88 ★★★   **8,5€**

Color amarillo brillante. Aroma equilibrado, elegante, expresivo, floral, fruta madura. Boca graso, sabroso, equilibrado, largo.

Viña Riquelas Negramoll 2012 T
negramoll, listán negro

85 ★★★★   **8€**

Viña Riquelas Negramoll 2013 T
negramoll, listán negro

85 ★★★★   8€

CARBAJALES
Barranco de San Juan, s/n
38350 Tacoronte
(Santa Cruz de Tenerife)
☎: +34 639 791 608
www.carbajales.es
loscarbajales@gmail.com

Carbajales 2012 T Barrica
85

Carbajales 2013 T Barrica
86
Color cereza brillante. Aroma fruta madura, especias dulces, roble cremoso, expresivo, hierbas de monte. Boca sabroso, frutoso, tostado, taninos maduros.

FINCA LA HORNACA - HOYA DEL NAVÍO
Camino Hacienda El Pino, 42
38350 Tacoronte
(Santa Cruz de Tenerife)
☎: +34 922 560 676
www.hoyadelnavio.com
info@hoyadelnavio.com

Hoya del Navío 2012 T
87 ♣   12€
Color cereza, borde granate. Aroma fruta madura, hierbas silvestres, terroso, especiado, roble cremoso. Boca equilibrado, sabroso, largo, balsámico.

HACIENDA DE ACENTEJO
Pérez Díaz, 44
38380 La Victoria de Acentejo
(Santa Cruz de Tenerife)
☎: +34 922 581 003
Fax: +34 922 581 831
almac.gutierrez@gmail.com

Hacienda Acentejo 2013 T Barrica
84

Hacienda de Acentejo 2013 T
86
Color cereza, borde violáceo. Aroma intensidad media, fresco, fruta roja. Boca frutoso, balsámico, cierta persistencia.

IGNACIO DÍAZ GONZÁLEZ
Capitan Brotons, 1 ATICO
38200 La Laguna
(Santa Cruz de Tenerife)
☎: +34 922 252 610
Fax: +34 922 252 088
arq_idg@hotmail.com

Viña Orlara 2012 B
84

Viña Orlara 2012 T
85

MARBA
Ctra. Portezuelo - Las Toscas (TF-154), 253. 38280 Tegueste
(Santa Cruz de Tenerife)
☎: +34 639 065 015
Fax: +34 922 638 400
www.bodegasmarba.multiespaciosweb.com
marba@bodegasmarba.es

Marba 2013 B
85 ★★★★   5,4€

Marba 2013 B Barrica
86 ★★★★   7€
Color amarillo brillante. Aroma especias dulces, roble cremoso, fruta madura, tostado. Boca graso, retronasal ahumado.

Marba 2013 RD
86 ★★★★   5,4€
Color frambuesa, brillante. Aroma expresivo, flores blancas, violetas. Boca con carbónico, frutoso, buena acidez, fino amargor.

Marba 2013 T Barrica
86 ★★★   9,1€
Color cereza, borde granate. Aroma fruta madura, hierbas silvestres, terroso, especiado, roble cremoso. Boca equilibrado, sabroso, largo, balsámico.

Marba 2013 T Maceración Carbónica
86
Color cereza, borde violáceo. Aroma fruta roja, frambuesa, floral, expresivo. Boca fresco, frutoso, sabroso, fácil de beber.

Marba Afrutado 2013 B
86 ★★★★   7€
Color pajizo brillante. Aroma intensidad media, flores blancas, equilibrado, hierbas de tocador. Boca sabroso, fácil de beber.

Marba Tradicional 2013 T
84   5,9€

PRESAS OCAMPO
Los Alamos de San Juan, 5
38350 Tacoronte
(Santa Cruz de Tenerife)
☎: +34 922 571 689
Fax: +34 922 561 700
www.presasocampo.com
enologo@presasocampo.com

Alysius 2012 T Barrica
listán negro, syrah

85 ★★★★   7,6€

Alysius 2013 T
listán negro, syrah

85 ★★★★   5,8€

Presas Ocampo 2013 T Maceración Carbónica
listán negro

87 ★★★★   5,4€
Color cereza, borde violáceo. Aroma intensidad media, hierbas secas, fruta madura. Boca correcto, equilibrado.

Presas Ocampo Tradicional 2013 T
listán negro, merlot, syrah, tempranillo

86 ★★★★   5,4€
Color cereza, borde granate. Aroma fruta madura, hierbas silvestres, terroso. Boca equilibrado, sabroso, largo, balsámico, fácil de beber.

VIÑA ESTEVEZ
Pérez Díaz, 80
38380 La Victoria
(Santa Cruz de Tenerife)
☎: +34 608 724 671
elena.vinaestevez@gmail.com

Viña Estévez 2013 T

86 ★★★   9€
Color cereza brillante. Aroma fruta madura, especias dulces, roble cremoso. Boca sabroso, frutoso, tostado, taninos maduros.

DO. TARRAGONA

CONSEJO REGULADOR

Avda. Catalunya, 50
43002 Tarragona
☎: +34 977 217 931 - Fax: +34 977 229 102
@: info@dotarragona.cat
www.dotarragona.cat

SITUACIÓN:

La zona está ubicada en la provincia de Tarragona. Comprende dos comarcas vinícolas diferenciadas: El Camp y Ribera d'Ebre, y un total de 72 municipios.

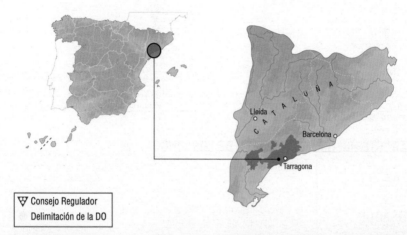

▽ Consejo Regulador
　Delimitación de la DO

SUBZONAS:

El **Camp** y **Ribera d'Ebre** (ver características particulares en epígrafes anteriores).

VARIEDADES:

BLANCAS: chardonnay, macabeo, xarel.lo, garnacha blanca, parellada, moscatel de Alejandría, moscatel de Frontignan, sauvignon blanc, y malvasía.

TINTAS: samsó (cariñena), garnacha, ull de llebre (tempranillo), cabernet sauvignon, merlot, monastrell, pinot noir, syrah, sumoll y carignane.

DATOS:

Nº Has. Viñedo: 5.087 – **Nº Viticultores:** 2.100 – **Nº Bodegas:** 34 – **Cosecha 13:** Muy Buena – **Producción 13:** 4.000.000 litros – **Comercialización:** 50% España - 50% extranjero.

SUELOS:

El Camp se caracteriza por sus terrenos calcáreos y ligeros, y la Ribera presenta también suelos calcáreos y otros de aluvión.

CLIMA:

De tipo mediterráneo en la zona de El Camp, con precipitaciones medias anuales de 500 mm. La zona de la Ribera goza de un clima algo extremo con inviernos fríos y veranos calurosos; posee, además, el índice de lluvias más bajo de la región (385 mm. anuales).

CARACTERÍSTICAS GENERALES DE LOS VINOS

BLANCOS	Tienen un carácter marcadamente mediterráneo, con notas que recuerdan a las hierbas de monte. De color amarillo pajizo, son afrutados y sabrosos en boca. Sorprenden por su frescura a pesar de ser vinos puramente mediterráneos.
ROSADOS	La mayoría presentan un color que va del salmón al frambuesa. Son frescos, afrutados, ligeros y agradables de beber.
TINTOS	Los más caracterizados son los jóvenes. Presentan un color cereza y son afrutados, sabrosos y con un toque ligeramente cálido por su influencia mediterránea, aunque mucho menos carnosos y potentes que los de Montsant.
VINOS TRADICIONALES	Son los licorosos (dulces) y los llamados rancios secos, con una graduación entre los 13,5 y 23°, y los generosos (secos) que se sitúan entre 14 y 23°. Algunos se someten también a procesos tradicionales de criaderas y soleras. La paleta aromática de estos vinos es amplísima. Alternan matices ahumados, con notas de barniz, café, fruta escarchada, almendra amarga e incluso notas amieladas según sea de una tipología u otra.

CLASIFICACIÓN COSECHAS

GUÍA**PEÑÍN**

2009	2010	2011	2012	2013
BUENA	BUENA	MUY BUENA	BUENA	BUENA

ADERNATS

Arrabal de Sant Joan, 7
43887 Nulles (Tarragona)
☎: +34 977 602 622
Fax: +34 977 609 798
www.vinicoladenulles.com
botiga@vinicoladenulles.com

Adernats AdN Macabeo 2013 B
100% macabeo

88   15€

Color pajizo brillante. Aroma equilibrado, fruta fresca, floral. Boca sabroso, frutoso, complejo, equilibrado, buena acidez, fino amargor.

Adernats Ánima 2012 T
tempranillo, merlot

86   10,1€

Color cereza, borde granate. Aroma fruta madura, balsámico, fina reducción, especiado, roble cremoso. Boca sabroso, fino amargor, balsámico.

Adernats Blanc 2013 B
macabeo, xarel.lo, parellada

85 ★★★★★   4,8€

Adernats Essència 2013 BFB
100% xarel.lo

88   10,1€

Color amarillo brillante. Aroma potente, fruta madura, especias dulces, roble cremoso, hierbas de tocador. Boca graso, sabroso, fresco, buena acidez.

Adernats Impuls 2013 T
tempranillo, merlot

83   7,3€

Adernats Instint 2013 T
tempranillo, merlot

84   9,4€

Adernats Negre Jove 2013 T
tempranillo, merlot

81   4,8€

Adernats Rosat 2013 RD
tempranillo, merlot

84   4,8€

Adernats Seducció 2013 B
macabeo, xarel.lo, chardonnay

88 ★★★★   7,1€

Color pajizo brillante. Aroma flores blancas, hierbas de tocador, expresión frutal. Boca fresco, frutoso, sabroso, equilibrado.

AGRÍCOLA DE BRAFIM

Major, 50
43812 Brafim (Tarragona)
☎: +34 977 620 061
Fax: +34 977 620 061
www.agricolabrafim.cat
oficina@agricolabrafim.cat

Puig Rodó 2013 RD
ull de llebre

86 ★★★★★   2,3€

Color cereza claro. Aroma potente, fruta madura, fruta roja, floral, expresivo. Boca potente, frutoso, fresco, sabroso.

Puig Rodó Macabeu 2013 B
macabeo

84   2,4€

Puig Rodó Negra 2013 T
ull de llebre, merlot

84   2,4€

Puig Rodó Xarel.lo 2013 B
xarel.lo

85 ★★★★★   2,6€

AGRÍCOLA SANT VICENÇ

Sant Antoni, 29
43748 Ginestar (Ribera d'Ebre)
(Tarragona)
☎: +34 977 409 039
Fax: +34 977 409 006
www.vinsiolisuner.com

Suñer 2013 B
macabeo

84

Suñer 2013 RD
merlot

84

Suñer 2013 T
merlot

84

BODEGA COOPERATIVA VILA-RODONA

Ctra. Santes Creus, s/n
43814 Vila-Rodona (Tarragona)
☎: +34 977 638 004
Fax: +34 977 639 075
www.coopvila-rodona.com
copvilar@copvilar.e.telefonica.net

Moscatell Vila-Rodona B
moscatel

86

Color pajizo brillante. Aroma potente, fruta madura, flores marchitas, notas amieladas. Boca sabroso, potente, graso.

Vi Ranci Vila-Rodona MZ
84

Vila-Rodona Mistela Vino de licor
88
Color yodo, borde ambarino. Aroma fruta madura, balsámico, especiado, roble cremoso. Boca potente, sabroso, especiado, concentrado, equilibrado.

CASTELL D'OR
Mare Rafols, 3- 1ºD
8720 Vilafranca del Penedès (Barcelona)
☎: +34 938 905 385
Fax: +34 938 905 455
www.castelldor.com
castelldor@castelldor.com

Flama Roja 2013 B
macabeo, xarel.lo
83　　　　　　　　　　　3,6€

Flama Roja Rosat 2013 RD
tempranillo
84　　　　　　　　　　　3,9€

Flama Roja Vi Negre 2013 T
cabernet sauvignon, merlot
83　　　　　　　　　　　4,2€

CELLER 9+
Cases Noves, 19
43763 La Nou de Gaià (Tarragona)
☎: +34 977 655 940
www.9mes.cat
moisesvirgili@gmail.com

Medol 2013 T
cabernet sauvignon, garnacha, syrah
84　　　　　　　　　　　7€

Medol Cartoixa 2013 B
cartoixa
83　　　　　　　　　　　7€

Medol Selecció 2012 T
garnacha, cabernet sauvignon
86　　　　　　　　　　　11€
Color cereza, borde granate. Aroma fruta madura, especiado, roble cremoso, tostado, balsámico. Boca potente, sabroso, tostado.

Serra Alta Cartoixa ESP
cartoixa
88 ★★★　　　　　　　　9€
Color dorado brillante. Aroma lías finas, hierbas de tocador, tostado, expresivo. Boca potente, sabroso, buena acidez, burbuja fina, fino amargor.

Serra Alta Cartoixa 2013 B
cartoixa
85 ★★★★ 🌷　　　　　　7€

Serra Alta Tres Caracters 2012 T
garnacha, cabernet sauvignon, merlot
85 ★★★★　　　　　　　7€

CELLER LA BOELLA
Autovía Reus - Tarragona (T-11), km. 12
43110 La Canonja (Tarragona)
☎: +34 977 771 515
www.laboella.com
celler@laboella.com

Mas la Boella Guarda 2010 T
89　　　　　　　　　　　12,5€
Color cereza, borde granate. Aroma fruta madura, roble cremoso, tostado, complejo, balsámico, fina reducción. Boca potente, sabroso, tostado, equilibrado.

Mas la Boella Guarda Selecció Magnum 2010 T
100% cabernet sauvignon
90　　　　　　　　　　　27,5€
Color cereza, borde granate. Aroma fruta madura, hierbas silvestres, terroso, especiado, roble cremoso. Boca equilibrado, sabroso, largo, balsámico.

Ullals 2011 T
85 ★★★★　　　　　　　7,5€

CELLER MAS BELLA
Sant Roc, 8 - Masmolets
43813 Valls (Tarragona)
☎: +34 977 613 092
Fax: +34 977 613 092
www.cellermasbella.com
cellermasbella@gmail.com

Bella Blanc Cartoixa 2013 B
cartoixa
86 ★★★★★　　　　　　5€
Color amarillo brillante. Aroma fruta madura, especias dulces, roble cremoso, hierbas de tocador. Boca graso, retronasal ahumado, sabroso, fresco.

Bella Negre 2010 T
ull de llebre
88 ★★★★　　　　　　　5,5€
Color cereza muy intenso, borde granate. Aroma fruta madura, roble cremoso, especias dulces, hierbas secas. Boca estructurado, sabroso.

Bella Negre 2011 T
ull de llebre
85 ★★★★　　　　　　　5,5€

CELLER PEDROLA

Creu, 5
43747 Miravet (Tarragona)
☎: +34 650 093 906
pedrola97@yahoo.es

Camí de Sirga 2012 TC
samsó
85

Camí de Sirga 2013 B
83

Camí de Sirga 2013 T
86
Color cereza, borde granate. Aroma fruta madura, hierbas silvestres, balsámico. Boca equilibrado, sabroso, largo, balsámico.

CELLERS UNIÓ

Joan Oliver, 16-24
43206 Reus (Tarragona)
☎: +34 977 330 055
Fax: +34 977 330 070
www.cellersunio.com
info@cellersunio.com

Roureda Blanc de Blancs 2013 B
macabeo, xarel.lo
86 ★★★★★   3,3€
Color pajizo brillante. Aroma fresco, fruta fresca, flores blancas, expresivo. Boca sabroso, frutoso, buena acidez, equilibrado.

Roureda Cabernet Sauvignon 2013 T
cabernet sauvignon
84   3,3€

Roureda Merlot 2013 RD
merlot
86 ★★★★★   3,3€
Color rosáceo pálido. Aroma fruta roja, hierbas de tocador, floral, intensidad media. Boca fresco, frutoso, algo plano.

DE MULLER

Camí Pedra Estela, 34
43205 Reus (Tarragona)
☎: +34 977 757 473
Fax: +34 977 771 129
www.demuller.es
lab@demuller.es

De Muller Avreo Dulce añejo 1954 OL
garnacha, garnacha blanca
93 ★★★★   13€
Color caoba claro. Aroma complejo, frutos secos, tostado, acetaldehído, punzante. Boca matices de solera, especiado, largo, graso.

De Muller Avreo Seco 1954 Añejo
garnacha, garnacha blanca
92 ★★★★   13€
Color caoba claro. Aroma frutos secos, almendra tostada, acetaldehído, barniz, especiado, ebanistería, expresivo. Boca potente, sabroso, especiado, largo.

De Muller Cabernet Sauvignon 2011 TC
cabernet sauvignon
84   6,5€

De Muller Chardonnay 2013 BFB
chardonnay
89 ★★★★   6,5€
Color pajizo brillante. Aroma flores blancas, fruta fresca, expresivo, hierbas secas, especias dulces. Boca sabroso, frutoso, buena acidez, equilibrado.

De Muller Garnacha Solera 1926 Solera
garnacha
95   41€
Color caoba claro. Aroma complejo, acetaldehído, cacao fino, especiado, barniz, frutos secos. Boca equilibrado, largo, complejo, especiado.

De Muller Merlot 2011 TC
merlot
86 ★★★★   6,5€
Color guinda. Aroma especiado, fina reducción, ebanistería, tostado, balsámico. Boca especiado, largo, tostado.

De Muller Moscatel Añejo Vino de licor
moscatel de alejandría
92 ★★★★★   6,3€
Color oro viejo, borde ambarino. Aroma expresivo, ahumado, potente, fruta escarchada, rancio. Boca sabroso, equilibrado, especiado, largo.

De Muller Muscat 2013 B
moscatel de alejandría
85 ★★★★★   5€

De Muller Rancio Seco Vino de licor
garnacha, mazuelo
91 ★★★★★   6€
Color caoba claro. Aroma expresivo, fruta escarchada, tostado, rancio, barniz, almendra tostada. Boca sabroso, lleno, fino amargor.

De Muller Syrah 2013 T
syrah
85 ★★★★   6,3€

Mas de Valls 2012 BN
macabeo, chardonnay, parellada
87 ★★★★   6,5€
Color dorado brillante. Aroma fruta madura, equilibrado, hierbas secas. Boca buena acidez, sabroso, fruta madura, largo.

Porpores De Muller 2009 TR
cabernet sauvignon, merlot, tempranillo

88   13,8€

Color cereza, borde granate. Aroma fruta madura, hierbas silvestres, terroso, especiado, roble cremoso. Boca equilibrado, sabroso, largo, balsámico.

Reina Violant Reserva 2009 BN
chardonnay, pinot noir

89   12€

Color amarillo brillante. Aroma fruta fresca, hierbas secas, lías finas, floral, especias dulces, frutos secos. Boca fresco, frutoso, sabroso, buena acidez, equilibrado.

Solimar 2011 TC
merlot, cabernet sauvignon

84   5€

Solimar 2013 B
macabeo, moscatel, sauvignon blanc

87 ★★★★★   4,3€

Color pajizo brillante. Aroma flores blancas, hierbas de tocador, expresión frutal. Boca fresco, frutoso, sabroso, equilibrado.

Solimar 2013 RD
pinot noir, merlot, syrah

84   4,3€

Trilogía Chardonnay Reserva 2011 BN
chardonnay

88 ★★★   9,5€

Color dorado brillante. Aroma lías finas, frutos secos, hierbas de tocador, complejo, tostado, notas amieladas. Boca potente, sabroso, buena acidez, fino amargor.

Trilogía Muscat Reserva 2012 BR
moscatel de alejandría

88 ★★★   9,5€

Color amarillo brillante. Aroma expresivo, flores blancas, fruta fresca, equilibrado, potente, varietal. Boca sabroso, frutoso, equilibrado.

Trilogía Pinot Noir Reserva 2010 BN
pinot noir

90 ★★★★★   9,5€

Color amarillo brillante. Aroma fruta madura, lías finas, equilibrado, hierbas secas. Boca buena acidez, sabroso, fruta madura, largo, elegante.

Vino de Misa Dulce Superior
garnacha blanca, macabeo

91 ★★★★★   5,5€

Color oro viejo. Aroma fruta escarchada, barniz, especias dulces, cacao fino. Boca sabroso, graso, lleno, largo.

HELGA HARBIG CEREZO-BIOPAUMERÀ
Plaça St. Joan, 3
43513 Rasquera (Tarragona)
☎: +34 977 404 711
www.biopaumera.com
biopaumera@biopaumera.com

Adrià de Paumera 2010 T Roble

88 ★★★★ ❁   7€

Color cereza oscuro, borde granate. Aroma hierbas silvestres, equilibrado, expresivo, fruta madura. Boca sabroso, equilibrado, fácil de beber, balsámico.

Esther de Paumera 2010 TC

84   10,5€

MAS DEL BOTÓ
Camí de Porrera a Alforja, s/n
43365 Alforja (Tarragona)
☎: +34 630 982 747
Fax: +34 977 236 396
www.masdelboto.cat
pep@masdelboto.cat

Ganagot 2005 TR

90 ❁   24€

Color cereza, borde granate. Aroma fruta madura, especiado, roble cremoso, complejo, terroso. Boca potente, sabroso, tostado, taninos maduros.

Ganagot 2006 T

87   24€

Color guinda. Aroma especiado, fina reducción, cuero mojado, ebanistería, tostado, hierbas de monte. Boca especiado, largo, tostado.

Ganagot 2007 T

84   24€

Ganagot 2008 T

88   24€

Color cereza intenso, borde anaranjado. Aroma balsámico, fruta madura, especiado, roble cremoso. Boca potente, sabroso, especiado, equilibrado.

Mas del Botó 2010 T

87 ❁   12€

Color cereza, borde granate. Aroma fruta madura, hierbas silvestres, especiado, roble cremoso. Boca sabroso, largo, balsámico.

MAS DELS FRARES (FACULTAT D'ENOLOGIA DE TARRAGONA)

Ctra. TV-7211, Km. 7,2
43120 Constantí (Tarragona)
☎: +34 977 520 197
Fax: +34 977 522 156
fincafe@urv.cat

Urv 2011 TC
86
Color cereza, borde granate. Aroma fruta madura, especiado, roble cremoso, tostado, balsámico. Boca potente, sabroso, tostado.

Urv Aromatic BR
86
Color pajizo brillante. Aroma intensidad media, fruta fresca, hierbas secas, lías finas, floral. Boca fresco, frutoso, sabroso, buena acidez.

MAS VICENÇ

Mas Vicenç, s/n
43811 Cabra de Camp (Tarragona)
☎: +34 977 630 024
www.masvicens.com
masvicens@masvicens.com

Dent de Lleó 2013 B
chardonnay
85   12€

El Terrat 2013 B
macabeo, moscatel
85 ★★★★   6,8€

El Vi del Vent Dulce 2013 B
moscatel grano menudo
86 ★★★★   8€
Color pajizo brillante. Aroma flores blancas, notas amieladas, varietal. Boca fácil de beber, cierta persistencia.

Nit de Lluna 2012 TC
ull de llebre, syrah
84   8€

Rombes d'Arlequi 2010 TC
ull de llebre, cabernet sauvignon
88   12€
Color cereza, borde granate. Aroma fruta madura, especiado, roble cremoso, tostado, complejo. Boca potente, sabroso, tostado, taninos maduros.

MOLÍ DE RUÉ

Dels Portellets s/n
43792 Vinebre (Tarragona)
☎: +34 977 405 782
Fax: +34 977 405 782
npoquet@moliderue.com

Mims Blanc 2013 B
85

MIMS Rosat 2013 RD
100% syrah
84

Sol i Serena Vino de Licor
100% macabeo
93   20€
Color yodo, borde ambarino. Aroma potente, complejo, elegante, frutos secos, tostado, fruta pasificada. Boca graso, amargoso, largo, especiado, equilibrado, elegante.

SERRA DE LLABERIA

Avda. Vidal i Barraquer, 12, 8º- 4ª
43005 Tarragona (Tarragona)
☎: +34 977 824 122
Fax: +34 977 824 122
www.serradellaberia.com
info@serradellaberia.com

Serra de Llaberia Elisabeth 2005 TR
89
Color cereza muy intenso, borde granate. Aroma expresivo, especiado, hierbas de monte, cacao fino. Boca sabroso, buena acidez, taninos maduros.

UNIVERSITAT ROVIRA I VIRGILI

Ctra TV 7211 km 7
43120 Constantí (Tarragona)
☎: +34 977 520 197
Fax: +34 977 522 156
www.urv.cat/vins
fincafe@urv.cat

Universitat Rovira i Virgili 2013 B
86 ★★★★   6,5€
Color pajizo brillante. Aroma fresco, fruta fresca, flores blancas, expresivo. Boca frutoso, buena acidez, equilibrado.

Universitat Rovira i Virgili 2013 T
85 ★★★★★   5€

VINOS PADRÓ

Avda. Catalunya, 64-70
43812 Brafim (Tarragona)
☎: +34 977 620 012
Fax: +34 977 620 486
www.vinspadro.com
info@vinspadro.com

Capitol 2013 B
macabeo, xarel.lo, moscatel
87 ★★★★★   3€
Color pajizo brillante. Aroma fresco, fruta fresca, flores blancas, expresivo. Boca sabroso, frutoso, buena acidez, equilibrado.

Ipsis 2011 TC
tempranillo, merlot
88 ★★★★   5,5€
Color cereza, borde granate. Aroma fruta roja, fruta madura, especiado, roble cremoso, tostado, complejo, terroso. Boca potente, sabroso, tostado, taninos maduros.

Ipsis Blanc Flor 2013 B
macabeo, xarel.lo, moscatel
85 ★★★★★   4€

Ipsis Chardonnay 2013 B
100% chardonnay
87 ★★★★★   5€
Color amarillo brillante. Aroma equilibrado, flores blancas, varietal, fruta madura. Boca graso, sabroso, largo.

Ipsis Muscat 2013 B
84   5,5€

Ipsis Rosat Llagrima 2013 RD
ull de llebre, merlot
84   4€

Ipsis Tempranillo Merlot 2013 T
ull de llebre, merlot
86 ★★★★★   4€
Color cereza brillante, borde violáceo. Aroma hierbas verdes, expresión frutal, equilibrado. Boca frutoso, sabroso, equilibrado.

Ipsis Tempranillo Selecció 2011 T
100% tempranillo
88 ★★★★★   5€
Color cereza, borde granate. Aroma fruta madura, especiado, roble cremoso, tostado, complejo. Boca potente, sabroso, tostado, taninos maduros.

VINYA JANINE

Sant Antoni, 5
43812 Rodonyá (Tarragona)
☎: +34 977 628 305
Fax: +34 977 628 857
www.vinyajanine.com
vjanine@tinet.org

Vinya Janine 2011 T
syrah
84   6€

Vinya Janine 2013 B
xarel.lo, moscatel
86 ★★★★★   5€
Color pajizo brillante. Aroma floral, hierbas secas, equilibrado. Boca correcto, fácil de beber, cierta persistencia.

Vinya Janine Merlot 2013 RD
merlot
84

VINYES DEL TERRER

Camí del Terrer, s/n
43480 Vila-Seca (Tarragona)
☎: +34 977 269 229
www.terrer.net
eduard@terrer.net

Blanc del Terrer 2013 B
sauvignon blanc
85   14€

Nus del Terrer 2010 T
93   20€
Color cereza, borde granate. Aroma fruta madura, hierbas silvestres, terroso, especiado, roble cremoso, tostado. Boca equilibrado, sabroso, largo, balsámico.

Nus del Terrer 2011 T
90   20€
Color cereza, borde granate. Aroma fruta madura, especiado, roble cremoso, tostado, hierbas de monte, reducción precoz. Boca potente, sabroso, tostado.

Terrer d'Aubert 2011 T
cabernet sauvignon

89   14€

Color cereza opaco, borde granate. Aroma fruta madura, fruta confitada, hierbas silvestres, especiado. Boca potente, sabroso, especiado, largo.

Terrer d'Aubert 2012 T
cabernet sauvignon

90 ★★★   14€

Color cereza, borde granate. Aroma fruta roja, fruta madura, balsámico, mineral. Boca potente, sabroso, largo, taninos maduros.

DO. TERRA ALTA

CONSEJO REGULADOR

Ctra. Vilalba, 31
43780 Gandesa (Tarragona)
☎: +34 977 421 278- Fax: +34 977 421 623
@: info@terraaltawine.com
www.doterraalta.com

SITUACIÓN:

En el sudeste de Cataluña y dentro de la provincia de Tarragona. Abarca las localidades de Arnes, Batea, Bot, Caseres, Corbera d´Ebre, La Fatarella, Gandesa, Horta de Sant Joan, Pinell de Brai, La Pobla de Massaluca, Prat de Comte y Vilalba dels Arcs.

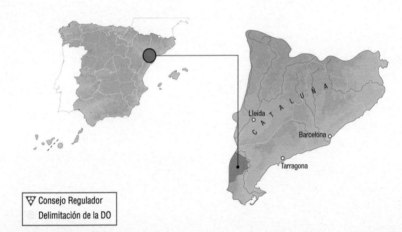

▽ Consejo Regulador
Delimitación de la DO

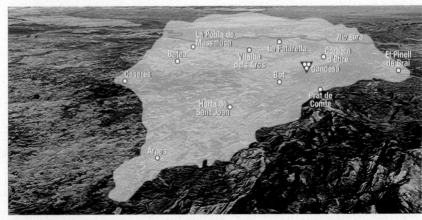

VARIEDADES:

BLANCAS: chardonnay, garnacha blanca, parellada, macabeo, moscatel de Alejandría, moscatel de grano pequeño, sauvignon blanc, chenin, pedro ximénez y viognier.

TINTAS: cabernet sauvigon, cariñena, garnacha tinta, garnacha peluda, syrah, tempranillo, merlot, samsó, cabernet franc, petit verdot, marselane y caladoc.

DATOS:

Nº Has. Viñedo: 6.000 – **Nº Viticultores:** 1.300 – **Nº Bodegas:** 49 – **Cosecha 13:** Blancos: Muy Buena – Resto: Buena – **Producción 13:** 15.027.345 litros – **Comercialización:** 30% España - 70% extranjero.

SUELOS:

El viñedo se asienta en un extenso altiplano situado ligeramente por encima de los 400 metros de altitud. Los suelos son de tipo calcáreo y de textura principalmente arcillosa, pobres en materia orgánica y con abundantes cantos rodados.

CLIMA:

Mediterráneo con influencias continentales. Se caracteriza por sus veranos secos y calurosos e inviernos muy fríos, sobre todo en las zonas más altas situadas al este. El índice medio de lluvias es de 400 mm. anuales. Otro aspecto determinante para el viñedo son los vientos: el cierzo y el "garbí" (ábrego).

CARACTERÍSTICAS GENERALES DE LOS VINOS

BLANCOS	Son los productos más interesantes de la zona. Elaborados a partir de la variedad garnacha blanca, despliegan un carácter netamente mediterráneo. De matices amarillentos, presentan aromas a frutos maduros y hierbas de monte; en la boca son suaves, cálidos, complejos y muy expresivos.
ROSADOS	Elaborados la mayoría a partir de garnacha ofrecen toda la frutosidad y sabrosidad en boca propias de esta variedad.
TINTOS	De color cereza, se caracterizan por sus aromas a frutos maduros; en boca resultan bastante sabrosos. Los de garnacha ofrecen una buena visión del estilo balsámico y maduro de la zona. Sorprenden los pocos elaborados a base de morenillo, vinos que encierran cierta complejidad y que muestran una rusticidad singular y agradable. El líneas generales los tintos destacan por su acentuado carácter mediterráneo.
GENEROSOS	Es otro de los tipos de vino tradicionales de la zona, ya sea en versión de vinos rancios o mistelas.

CLASIFICACIÓN COSECHAS   GUÍA**PEÑÍN**

2009	2010	2011	2012	2013
MUY BUENA	MUY BUENA	BUENA	BUENA	BUENA

7 MAGNIFICS

Miquel Torres i Carbó, 6
8720 Vilafranca del Penedès
(Barcelona)
☎: +34 938 177 400
Fax: +34 938 177 444
www.7magnifics.com
7magnifics@7magnifics.com

Rebels de Batea 2013 B
garnacha blanca

90 ★★★★★   8,3€

Color pajizo brillante. Aroma flores blancas, cítricos, balsámico, expresivo. Boca fresco, frutoso, sabroso, equilibrado.

Rebels de Batea 2013 T
garnacha

89 ★★★   9,5€

Color cereza, borde violáceo. Aroma expresivo, fruta roja, hierbas de monte. Boca sabroso, frutoso, buena acidez, taninos maduros, fácil de beber.

AGRÍCOLA CORBERA D'EBRE

Ponent, 21
43784 Corbera d'Ebre (Tarragona)
☎: +34 977 420 432
Fax: +34 977 420 304
www.agricolacorberadebre.com
coop@corbera.tinet.org

Mirmil·ló Garnacha Blanca 2013 B
garnacha blanca

83   3€

Mirmil·ló Negre 2013 T
garnacha, cariñena, tempranillo, syrah

84   3€

Mirmil·ló Parellada 2013 B
parellada

82   3€

Mirmil·ló Rosat 2013 RD
garnacha

84   3€

Poble Vell Blanco Dulce Natural 2012 B
garnacha blanca

86 ★★★   10€

Color oro viejo. Aroma fruta al licor, notas amieladas, pastelería, con carácter. Boca potente, sabroso, largo.

Vall Excels 2011 TC
garnacha, tempranillo

84   4,5€

AGRÍCOLA SANT JOSEP

Estació, 2
43785 Bot (Tarragona)
☎: +34 977 428 352
Fax: +34 977 428 192
www.santjosepwines.com
info@santjosepwines.com

Brau de Bot 2013 B

84   2€

Brau de Bot 2013 RD

86 ★★★★★   2€

Color frambuesa, borde violáceo. Aroma potente, fruta madura, fruta roja, floral, expresivo. Boca potente, frutoso, fresco.

Brau de Bot 2013 T

85 ★★★★★   2€

Clot D'Encís 2013 B
garnacha blanca

85 ★★★★★   3,5€

Clot D'Encís 2013 RD

87 ★★★★★   3,5€

Color cereza claro, brillante. Aroma fruta roja, hierbas de tocador, equilibrado. Boca correcto, fino amargor, buena acidez.

Clot D'Encís 2013 T

84   3,5€

Clot D'Encís Blanc de Negres 2013 B
100% garnacha

89 ★★★★   6€

Color pálido. Aroma flores blancas, hierbas de tocador, expresión frutal. Boca fresco, frutoso, sabroso, equilibrado. Personalidad.

La Plana d'en Fonoll 2012 T

87 ★★★★   6€

Color cereza opaco, borde granate. Aroma fruta madura, especiado, roble cremoso, tostado, complejo, hierbas secas. Boca tostado, taninos maduros, equilibrado.

Llàgrimes de Tardor 2007 TR

86 ★★★   10€

Color cereza, borde granate. Aroma fruta madura, especiado, roble cremoso, tostado, fina reducción. Boca potente, sabroso, tostado.

Llàgrimes de Tardor 2009 TC
garnacha, samsó, syrah, cabernet sauvignon

89 ★★★   8,5€

Color cereza, borde granate. Aroma fruta madura, especiado, roble cremoso, tostado. Boca potente, sabroso, tostado, correcto.

Llàgrimes de Tardor 2010 BFB
100% garnacha blanca

91 ★★★★   8,5€

Color amarillo brillante. Aroma flores marchitas, especiado, hierbas de tocador, fruta madura. Boca frutoso, sabroso, graso, tostado.

Llàgrimes de Tardor Mistela Blanca 2012 B
100% garnacha blanca

88   15,5€

Color dorado brillante. Aroma con carácter, fruta al licor, fruta pasificada, pastelería, cacao fino. Boca sabroso, untuoso.

Llàgrimes de Tardor Mistela Negra 2012 Mistela
100% garnacha

89 ★★★   10€

Color cereza, borde granate. Aroma fruta madura, hierbas silvestres, especiado, roble cremoso. Boca equilibrado, sabroso, largo, balsámico, dulce.

ALTAVINS VITICULTORS
Ctra. Vilalba dels Arcs s/n
43786 Batea (Tarragona)
☎: +34 977 430 596
www.altavins.com
altavins@altavins.com

Almodí 2013 T
garnacha

87 ★★★★   7,5€

Color cereza brillante. Aroma fruta madura, especias dulces, roble cremoso, balsámico. Boca sabroso, tostado, taninos maduros, correcto.

Domus Pensi 2008 TC
cabernet sauvignon, garnacha, merlot, syrah

89   18,5€

Color cereza brillante. Aroma fruta madura, especias dulces, roble cremoso, expresivo. Boca sabroso, frutoso, tostado, taninos maduros.

Ilercavonia 2013 B
garnacha blanca

88 ★★★   9,5€

Color pajizo brillante. Aroma expresión frutal, notas tropicales, hierbas de tocador, floral. Boca fresco, frutoso, sabroso, equilibrado.

Tempus 2010 TC
garnacha, syrah, cariñena

86   12,5€

Color cereza brillante. Aroma fruta madura, especias dulces, roble cremoso, intensidad media, fina reducción. Boca frutoso, sabroso, tostado.

BERNAVÍ
Camí de Berrús km.4 –
Finca Mas Vernet
43782 Vilalba dels Arcs (Tarragona)
☎: +34 619 014 194
www.bernavi.com
info@bernavi.com

Bernaví 3D3 2012 T
garnacha, syrah, merlot

85 ★★★★   8€

Bernaví Ca'Vernet 2011 T
cabernet franc, cabernet sauvignon

85   12€

Bernaví Ventuno 2013 RD
garnacha

85 ★★★★   8€

Notte Bianca 2013 B
garnacha blanca, viognier

84   8€

CATERRA
Glorieta, s/n
43783 La Pobla de Massaluca (Tarragona)
☎: +34 608 590 780
Fax: +34 977 439 765
www.caterra.es
catapoma@caterra.es

Font Calenta 2013 B
garnacha blanca, macabeo

84   2,5€

Font Calenta Negre 2013 T
garnacha, cariñena

82   2,5€

Hereus Caterra 2013 T
garnacha, cariñena, syrah

83 3,8€

CELLER BÁRBARA FORÉS
Santa Anna, 29
43780 Gandesa (Tarragona)
☎: +34 620 130 814
Fax: +34 977 421 399
www.cellerbarbarafores.com
info@cellerbarbarafores.com

Bárbara Forés 2013 B
89 ★★★★ 7€
Color amarillo brillante. Aroma flores blancas, hierbas de tocador, expresión frutal. Boca fresco, frutoso, sabroso, equilibrado, elegante.

Bárbara Forés 2013 RD
88 ★★★★ 7€
Color rosa vivo. Aroma potente, fruta madura, fruta roja, floral, balsámico. Boca potente, frutoso, fresco, fino amargor.

Bárbara Forés Negre 2011 T
89 ★★★ 10€
Color cereza, borde granate. Aroma fruta madura, hierbas silvestres, terroso, especiado, roble cremoso. Boca equilibrado, sabroso, largo, balsámico.

Coma d'En Pou Bàrbara Forés 2011 T
91 � 18€
Color cereza, borde granate. Aroma fruta madura, especiado, roble cremoso, tostado, complejo, violetas, hierbas silvestres. Boca potente, sabroso, tostado, taninos maduros.

El Quintà Bárbara Forés 2012 BFB
garnacha blanca
93 ★★★★ 🌿 13€
Color pajizo brillante. Aroma potente, fruta madura, especias dulces, roble cremoso, hierbas de tocador. Boca graso, retronasal ahumado, sabroso, fresco, buena acidez, equilibrado, elegante.

El Templari Bárbara Forés 2012 T
91 ★★★★ 🌿 12,5€
Color cereza poco intenso. Aroma hierbas silvestres, terroso, especiado, roble cremoso, fruta madura. Boca equilibrado, sabroso, largo, balsámico, mineral.

Vi Dolç Natural Bárbara Forés 2011 B
garnacha blanca
91 🌿 22€
Color dorado. Aroma potente, floral, notas amieladas, fruta escarchada, hierbas de tocador. Boca sabroso, dulce, fresco, frutoso, buena acidez, largo.

CELLER BATEA
Moli, 30
43786 Batea (Tarragona)
☎: +34 977 430 056
Fax: +34 977 430 589
www.cellerbatea.com
enolegs@cellerbatea.com

Equinox Batea 2009 B
100% garnacha blanca
90 ★★★★ 11€
Color oro viejo, borde ambarino. Aroma potente, con carácter, complejo, rancio, tostado. Boca lleno, complejo, sabroso, equilibrado.

L'Aube "Seleccio de Vinyes Velles" 2010 TC
merlot, garnacha, cabernet sauvignon
91 20€
Color cereza, borde granate. Aroma fruta madura, hierbas silvestres, terroso, especiado, roble cremoso, fina reducción. Boca sabroso, largo, balsámico, equilibrado, elegante.

Naturalis Mer 2013 B
100% garnacha blanca
90 ★★★★★ 🌿 5€
Color pajizo brillante. Aroma flores blancas, hierbas de tocador, expresión frutal. Boca fresco, frutoso, sabroso, equilibrado, elegante.

Naturalis Mer 2013 T Roble
garnacha, cabernet sauvignon
90 ★★★★★ 🌿 6€
Color cereza, borde granate. Aroma fruta madura, especiado, roble cremoso, tostado, mineral, balsámico. Boca potente, sabroso, tostado, equilibrado.

Tipicitat 2010 TC
garnacha, samsó
89 13€
Color cereza, borde granate. Aroma fruta madura, especiado, roble cremoso, tostado, balsámico, fruta confitada. Boca potente, sabroso, tostado, taninos maduros.

Vallmajor 2013 B
100% garnacha blanca
87 ★★★★★ 4€
Color pajizo brillante. Aroma flores marchitas, fruta fresca, equilibrado. Boca frutoso, fresco, fácil de beber, sabroso.

Vallmajor Negre 2013 T
86 ★★★★★ 4€
Color cereza oscuro, borde violáceo. Aroma fruta madura, potente, equilibrado. Boca sabroso, frutoso, amargoso.

CELLER COMA D'EN BONET

Camí de Les Comes d'En Bonet s/n
43780 Gandesa (Tarragona)
☎: +34 977 232 671
Fax: +34 977 234 665
www.dardell.es
dardell@dardell.es

Dardell 2013 T
garnacha, syrah
83 🌱 5€

Dardell Garnacha Blanca & Viognier 2013 B
garnacha blanca, viognier
85 ★★★★★ 🌷 5€

ProHom 2012 T
garnacha, syrah, cabernet sauvignon, merlot
85 ★★★★ 7€

ProHom 2013 B
garnacha blanca, viognier
87 ★★★★ 🌱 7€
Color pajizo brillante. Aroma flores blancas, fruta fresca, hierbas secas. Boca sabroso, frutoso, buena acidez, equilibrado.

CELLER COOPERATIU GANDESA SCCL

Avda. Catalunya, 28
43780 Gandesa (Tarragona)
☎: +34 977 420 017
Fax: +34 977 420 403
www.coopgandesa.com
info@coopgandesa.com

Gandesa Mistela Blanca Vino de licor
garnacha blanca
84 10,5€

Gandesa Mistela Tinta Mistela
garnacha
87 10,5€
Color guinda. Aroma fruta pasificada, fruta al licor, balsámico, especiado, tostado. Boca dulce, potente, sabroso, especiado, largo.

Gandesola 2012 T
garnacha, tempranillo, cariñena
85 ★★★★★ 3,5€

Gandesola 2013 B
garnacha blanca, macabeo, moscatel
85 ★★★★★ 3,5€

Somdinou Blanc Jove 2013 B
garnacha blanca, macabeo, moscatel
89 ★★★★ 6,5€
Color pajizo brillante. Aroma flores blancas, hierbas de tocador, expresión frutal. Boca fresco, frutoso, sabroso, equilibrado.

Somdinou Negre Jove 2012 T
garnacha, cariñena, tempranillo
88 ★★★★ 6,5€
Color cereza, borde granate. Aroma piedra seca, hierbas de tocador, especiado, fruta madura. Boca equilibrado, sabroso, frutoso.

Vi de Licor 1919 Rancio
garnacha blanca
90 ★★★ 16€
Color caoba claro. Aroma fruta al licor, especias dulces, acetaldehído, ebanistería. Boca equilibrado, complejo, matices de solera.

CELLER JORDI MIRÓ

Sant Marc, 96
43784 Corbera d'Ebre (Tarragona)
☎: +34 650 010 639
www.cellerjordimiro.com
jordi@ennak.com

Ennak 2013 T
tempranillo, merlot, syrah, mazuelo
86 ★★★★ 5,8€
Color cereza, borde violáceo. Aroma expresivo, fruta roja, floral. Boca sabroso, frutoso, buena acidez, taninos maduros.

Ennak+ 2012 TC
cabernet sauvignon, merlot, tempranillo, mazuelo
88 ★★★ 8,8€
Color cereza, borde granate. Aroma fruta confitada, fruta al licor, hierbas silvestres, especiado. Boca sabroso, balsámico, tostado.

Jordi Miró 2013 T Maceración Carbónica
garnacha, syrah
89 ★★★★ 6,6€
Color cereza oscuro, borde violáceo. Aroma fruta roja, fruta madura, hierbas silvestres, piedra seca. Boca retronasal afrutado, equilibrado.

Jordi Miró Garnatxa Blanca 2013 B
garnacha blanca
83 6,6€

CELLER JOSEP VICENS VALLESPÍ

Aragó, 20
43780 Gandesa (Tarragona)
☎: +34 686 135 921
www.vinsjosepvicens.com
celler@vinsjosepvicens.com

Vinyes del Grau 2013 B
garnacha blanca, macabeo
86 ★★★★★ 4€
Color pajizo brillante. Aroma flores blancas, fruta fresca, lías finas, hierbas secas. Boca sabroso, frutoso, buena acidez.

Vinyes del Grau 2013 RD
syrah

86 ★★★★★   4,5€

Color cereza claro, brillante. Aroma potente, fruta madura, fruta roja, floral, expresivo. Boca frutoso, fresco, fácil de beber.

Vinyes del Grau Gran Coupatge 2013 B
macabeo, viognier

85

Vinyes del Grau Negro 2013 T
garnacha, cariñena

86 ★★★★   5,4€

Color cereza, borde violáceo. Aroma expresivo, fruta fresca, fruta roja, floral, balsámico. Boca sabroso, frutoso, buena acidez.

Vinyes del Grau Sauvignon 2013 B
sauvignon blanc

84   5,4€

Vinyes del Grau Syrah 2009 TC
100% syrah

88   12€

Color cereza brillante. Aroma fruta madura, especias dulces, roble cremoso, expresivo. Boca sabroso, frutoso, tostado, taninos maduros.

Vinyes del Grau Syrah 2013 T
100% syrah

89 ★★★★   6,9€

Color cereza, borde violáceo. Aroma potente, fruta roja, fruta madura, violetas, floral. Boca potente, fresco, frutoso, untuoso.

CELLER LA BOLLIDORA
Carrer Tacons, 8
43782 Vilalba dels Arcs (Tarragona)
☎: +34 600 484 900
www.cellerlabollidora.com
info@cellerlabollidora.com

Calitja 2013 B
garnacha blanca, chardonnay

85 ★★★★   6,5€

Comanda de Vilalba 2011 T
garnacha, merlot, cariñena

84   16,5€

Naevus 2012 T
garnacha, syrah

85 ★★★★   6,5€

Plan B 2012 T
garnacha, syrah, cariñena

84   9,5€

CELLER MARIOL
Rosselló, 442
8025 (Barcelona)
☎: +34 934 367 628
Fax: +34 934 500 281
www.casamariol.com
celler@cellermariol.es

Casa Mariol Cabernet Sauvignon 2010 TC
cabernet sauvignon

85

Casa Mariol Cupatge Dinàmic Chardonnay 2013 B
chardonnay

87

Color pajizo brillante. Aroma fresco, fruta fresca, flores blancas, hierbas secas. Boca sabroso, frutoso, buena acidez, equilibrado.

Casa Mariol Garnatxa Blanca 2013 B

84

Casa Mariol Merlot 2007 TR
merlot

87

Color cereza, borde granate. Aroma hierbas de monte, especiado, tostado. Boca correcto, frutoso, sabroso, taninos maduros, fácil de beber.

Casa Mariol Samsó 2010 TC

84

Casa Mariol Syrah 2008 TR
syrah

85

CELLER PIÑOL
Avda. Aragón, 9
43786 Batea (Tarragona)
☎: +34 977 430 505
Fax: +34 977 430 498
www.cellerpinol.com
info@cellerpinol.com

Finca Morenillo 2011 T
100% morenillo

92   30€

Color cereza, borde granate. Aroma fruta madura, especiado, roble cremoso, tostado, complejo, terroso, balsámico. Boca potente, sabroso, tostado, taninos maduros, elegante.

Josefina Piñol 2012 B
100% garnacha blanca

89   14€

Color oro viejo. Aroma fruta escarchada, notas amieladas, pastelería, fruta pasificada. Boca untuoso, largo, sabroso.

Josefina Piñol Vendimia Tardía 2012 Tinto Dulce
100% garnacha

92 ★★★   14€

Color cereza, borde granate. Aroma fruta madura, fruta confitada, balsámico, especiado, tostado. Boca potente, sabroso, especiado, largo, equilibrado, elegante, dulce.

L'Avi Arrufí 2009 T
92   20€

Color cereza, borde granate. Aroma fruta madura, hierbas silvestres, terroso, especiado, roble cremoso. Boca sabroso, largo, balsámico, equilibrado, elegante.

L'Avi Arrufí 2012 BFB
100% garnacha blanca

94 ★★★   14€

Color pajizo brillante. Aroma potente, fruta madura, especias dulces, roble cremoso, hierbas de tocador. Boca graso, sabroso, fresco, buena acidez, tostado, equilibrado.

Mather Teresina Selección de Viñas Viejas 2009 T
93   24€

Color cereza, borde granate. Aroma fruta madura, especiado, roble cremoso, tostado, complejo, balsámico. Boca potente, sabroso, tostado, taninos maduros, equilibrado.

Mather
Teresina
Selecció vinyes velles
D.O.Terra Alta 2009
Celler Piñol

Nuestra Sra. del Portal 2012 T Roble
88 ★★★   9€

Color cereza oscuro, borde granate. Aroma roble cremoso, tostado, cacao fino. Boca sabroso, tostado, fácil de beber, fruta madura.

Nuestra Sra. del Portal 2013 B
90 ★★★★★   8€

Color pajizo brillante. Aroma flores blancas, hierbas de tocador, cítricos, expresión frutal, expresivo. Boca fresco, frutoso, sabroso, redondo.

Sa Natura 2011 T
88 ♥   11€

Color cereza intenso, borde granate. Aroma especiado, fruta madura, potente, equilibrado. Boca sabroso, taninos maduros.

CELLER TERN, OBRADOR DE VI
Ctra. Vilalba, s/n
43786 Batea (Tarragona)
☎: +34 654 352 964
Fax: +34 977 430 433
www.ternobradordevi.com
ternobradordevi@gmail.com

Tern Arrel de Nou 2012 T
cariñena, garnacha, syrah

86   11€

Color cereza, borde granate. Aroma fruta madura, roble cremoso, muy tostado (torrefactado). Boca potente, sabroso, tostado.

Tern gb Garnatxa Blanca 2013 B
garnacha blanca

89 ★★★   9€

Color pajizo brillante. Aroma fresco, fruta fresca, flores blancas, expresivo, hierbas silvestres. Boca sabroso, frutoso, buena acidez, equilibrado.

Tern Sirà 2013 T
syrah

86 ★★★   9€

Color cereza, borde violáceo. Aroma fruta roja, floral, hierbas silvestres. Boca sabroso, frutoso, fino amargor.

CELLER XAVIER CLUA
Sant Isidre, 41
43782 Vilalba dels Arcs (Tarragona)
☎: +34 690 641 907
Fax: +34 977 263 067
www.cellerclua.com
rosa@cellerclua.com

Clua Mil.lennium 2009 TC
garnacha, merlot, syrah, cabernet sauvignon

87   18€

Color cereza, borde granate. Aroma fruta madura, hierbas silvestres, terroso, especiado. Boca equilibrado, sabroso, largo, balsámico.

Il.lusió de Clua 2013 B
100% garnacha blanca

87   12€

Color pajizo. Aroma floral, fruta madura, equilibrado. Boca correcto, buena acidez, fino amargor, fácil de beber.

Mas d'en Pol 2010 T Barrica
garnacha, merlot, syrah, cabernet sauvignon
85 11€

Mas d'en Pol 2012 T
83 8€

Mas d'en Pol 2013 B
garnacha blanca, chardonnay, sauvignon blanc
85 ★★★★ 7€

CELLERS TARRONÉ
Calvari, 22
43786 Batea (Tarragona)
☎: +34 977 430 109
Fax: +34 977 430 109
www.cellerstarrone.com
info@cellerstarrone.com

Merian 2013 B
100% garnacha blanca
89 ★★★★★ 5€
Color pajizo brillante. Aroma fresco, fruta fresca, flores blancas, expresivo. Boca sabroso, frutoso, buena acidez, equilibrado.

Merian 2013 T
garnacha, syrah, cabernet sauvignon, merlot
89 ★★★★★ 5€
Color cereza, borde violáceo. Aroma fruta roja, frambuesa, floral, expresivo. Boca fresco, frutoso, sabroso, fácil de beber.

Merian Dolç Natural 2011 T
garnacha
89 ★★★ 8,5€
Color cereza, borde granate. Aroma fruta confitada, fruta madura, especiado, tostado, ebanistería. Boca potente, sabroso, dulcedumbre, correcto.

Torremadrina 2010 TC
garnacha, merlot, syrah, cabernet sauvignon
88 11€
Color cereza, borde granate. Aroma fruta madura, especiado, roble cremoso, tostado, complejo. Boca potente, sabroso, tostado, taninos maduros.

Torremadrina Selecció 2005 TR
garnacha, merlot, ull de llebre, cabernet sauvignon
88 16€
Color rubí, borde teja. Aroma especiado, fina reducción, cuero mojado, ebanistería, espirituoso. Boca especíado, largo, tostado, correcto.

CELLERS UNIÓ
Joan Oliver, 16-24
43206 Reus (Tarragona)
☎: +34 977 330 055
Fax: +34 977 330 070
www.cellersunio.com
info@cellersunio.com

Clos del Pinell Garnatxa 2011 TC
garnacha
85 ★★★★★ 4,5€

Clos del Pinell Garnatxa 2013 RD
garnacha
85 ★★★★★ 3,8€

Clos del Pinell Garnatxa 2013 T
garnacha
86 ★★★★★ 3,8€
Color cereza, borde violáceo. Aroma fruta roja, expresión frutal, hierbas de tocador. Boca sabroso, ligero, fresco.

Clos del Pinell Garnatxa Blanca 2013 B
garnacha blanca
84 3,8€

Gran Copos Garnacha Blanca 2013 B
garnacha blanca
84 3€

Reina Elionor 2010 TR
garnacha, tempranillo, mazuelo
85 ★★★★ 6,3€

COCA I FITÓ
Avda. Onze de Setembre s/n
43736 El Masroig (Tarragona)
☎: +34 619 776 948
Fax: +34 935 457 092
www.cocaifito.com
info@cocaifito.cat

Jaspi Blanc 2013 B
88 ★★★ 8,5€
Color pajizo brillante. Aroma flores blancas, hierbas de tocador, expresión frutal. Boca fresco, frutoso, sabroso.

EDETÀRIA

Finca El Mas - Ctra. Gandesa
a Vilalba del Arcs s/n
43780 Gandesa (Tarragona)
☎: +34 977 421 534
Fax: +34 977 421 534
www.edetaria.com
info@edetaria.com

Edetària 2007 B
garnacha blanca, macabeo
93
Color dorado brillante. Aroma fruta madura, frutos secos, potente, tostado, ebanistería. Boca sabroso, frutoso, especiado, tostado, largo.

Edetària 2008 B
93　　　　　　　　　　　　　25€
Color dorado brillante. Aroma complejo, tostado, cacao fino, expresivo, rancio, fruta escarchada. Boca graso, especiado, amargoso.

Edetària 2011 B
100% garnacha blanca
95　　　　　　　　　　　　　25€
Color amarillo brillante. Aroma especias dulces, roble cremoso, ahumado, flores marchitas. Boca fruta madura, tostado, especiado, graso.

Edetària Dolç 2009 T
90 ★★★　　　　　　　　　15€
Color cereza, borde granate. Aroma fruta confitada, fruta madura, especiado, tostado, ebanistería. Boca potente, sabroso, dulcedumbre.

Edetària Selecció 2010 T
91　　　　　　　　　　　　　25€
Color cereza, borde granate. Aroma hierbas de tocador, fruta madura, balsámico, especiado, roble cremoso. Boca sabroso, buena acidez, taninos maduros.

Edetària Selecció 2012 B
100% garnacha blanca
91　　　　　　　　　　　　　22€
Color pajizo brillante. Aroma flores blancas, fruta fresca, hierbas secas, especias dulces. Boca sabroso, frutoso, buena acidez, equilibrado.

La Pedrissa de Edetària 2012 T
cariñena
93
Color cereza muy intenso. Aroma fruta madura, especiado, hierbas de monte, terroso. Boca potente, estructurado, buena acidez, fino amargor.

Vía Edetana 2011 T
90 ★★★　　　　　　　　　15€
Color cereza brillante. Aroma fruta madura, especias dulces, roble cremoso, balsámico. Boca sabroso, frutoso, tostado, equilibrado.

Vía Edetana 2012 T
90 ★★★　　　　　　　　　15€
Color cereza, borde granate. Aroma fruta madura, hierbas silvestres, terroso, especiado, roble cremoso. Boca equilibrado, sabroso, largo, balsámico.

Vía Edetana 2013 B
91 ★★★★　　　　　　　　12€
Color pajizo. Aroma expresivo, piedra seca, fruta madura, flores blancas. Boca lleno, largo, especiado, equilibrado, fino amargor.

Vía Edetana Magnum 2012 B Barrica
91　　　　　　　　　　　　　26€
Color amarillo brillante. Aroma piedra seca, especias dulces, fruta madura, equilibrado. Boca equilibrado, largo, lleno.

Vía Terra 2013 B
100% garnacha blanca
89 ★★★　　　　　　　　　9€
Color pajizo brillante. Aroma fruta fresca, flores blancas, equilibrado. Boca frutoso, sabroso, fácil de beber, buena acidez, cierta persistencia.

Vía Terra 2013 RD
garnacha peluda
86 ★★★★　　　　　　　　8€
Color frambuesa, borde violáceo. Aroma potente, fruta madura, fruta roja, floral. Boca potente, frutoso, fresco, amargoso.

Vía Terra 2013 T
100% garnacha
90 ★★★★★　　　　　　　10€
Color cereza, borde violáceo. Aroma expresivo, fruta fresca, fruta roja, floral. Boca sabroso, frutoso, buena acidez, taninos maduros.

EL VI A PUNT

Raval del Roser, 3
43886 Vilabella (Tarragona)
☎: +34 625 408 974
www.elviapunt.com
comercial@elviapunt.com

Sine Bag in box (3 litros) 2013 B
100% garnacha blanca
84　　　　　　　　　　　　　11€

ESCOLA AGRÀRIA DE GANDESA

Assis Garrote, s/n
43780 Gandesa (Tarragona)
☎: +34 977 420 164
Fax: +34 977 420 607
www.gencat.cat/agricultura/eca/
gandesa
aecagan.daam@gencat.cat

Glau-k 2013 BFB
garnacha blanca

84   3€

L'abella 2013 B
macabeo, moscatel de alejandría

83   2€

L'Elefant 2013 T
ull de llebre, syrah, cabernet sauvignon

83   2€

La Formiga 2013 RD
ull de llebre, syrah, cabernet sauvignon

83   2€

Les Feixes Eixutes 2012 T
garnacha, samsó

86 ★★★★★   4,5€

Color cereza intenso, borde granate. Aroma tostado, ahumado, fruta madura. Boca sabroso, fruta madura, cierta persistencia, especiado.

Murmuri Dulce Natural 2013
garnacha

85 ★★★★★   3€

ESTONES

Pl. Sort dels Capellans, Nau Bahaus
43740 Falset (Tarragona)
☎: +34 666 415 735
www.massersal.com
vins@massersal.com

Petites Estones Blanc 2013 B
100% garnacha blanca

87 ★★★★   8€

Color pajizo brillante. Aroma fresco, fruta fresca, flores blancas, mineral. Boca sabroso, frutoso, buena acidez, equilibrado.

HERÈNCIA ALTÉS

Tarragona, 42
43786 Batea (Tarragona)
☎: +34 977 430 681
www.herenciaaltes.com
nuria@exportiberia.com

Herencia Altés Benufet 2013 B
garnacha blanca

90 ★★★★★   10€

Color pajizo. Aroma fresco, flores blancas, expresivo, piedra seca. Boca sabroso, frutoso, buena acidez, equilibrado, largo, fino amargor.

Herencia Altés Cupatge 2013 T
garnacha, samsó, syrah

85 ★★★★★   5€

Herencia Altés Garnatxa Blanca 2013 B
garnacha blanca

89 ★★★★★   5€

Color pajizo brillante. Aroma fresco, piedra seca, equilibrado, flores blancas, hierbas secas. Boca equilibrado, lleno, largo.

Herencia Altés Garnatxa Negra 2013 T
garnacha

86 ★★★★★   5€

Color cereza, borde violáceo. Aroma expresivo, fruta fresca, fruta roja, balsámico. Boca sabroso, frutoso, buena acidez, fino amargor.

Herencia Altés L'Estel 2013 T
garnacha, samsó, syrah

87   13€

Color cereza, borde violáceo. Aroma fruta roja, frambuesa, floral, expresivo, roble cremoso. Boca fresco, frutoso, sabroso, fácil de beber, equilibrado.

Herencia Altés La Serra 2012 T Barrica
garnacha, samsó

91   30€

Color cereza brillante. Aroma especias dulces, roble cremoso, fruta madura, fruta confitada. Boca sabroso, frutoso, tostado, taninos maduros.

Herencia Altés Rosat 2013 RD
garnacha

87 ★★★★★   5€

Color piel cebolla. Aroma elegante, fruta escarchada, flores secas, hierbas de tocador, fruta roja. Boca ligero, sabroso, buena acidez, largo, especiado, fino amargor.

I TANT VINS

Passeig del Ferrocarril, 337 Baixos
8860 Castelldefels (Barcelona)
☎: +34 936 628 253
www.aribau.es
albert@aribau.es

I Tant Garnatxa Blanca 2013 B
100% garnacha blanca

89 ★★★★ 8€

Color pajizo brillante. Aroma fresco, flores blancas, hierbas verdes. Boca sabroso, buena acidez.

LAFOU CELLER

Plaça Catalunya, 34
43786 Batea (Tarragona)
☎: +34 938 743 511
Fax: +34 938 737 204
www.lafou.net
info@lafou.net

Lafou de Batea 2009 TR

93 36€

Color cereza brillante. Aroma fruta madura, especias dulces, roble cremoso, intensidad media, hierbas de monte, complejo. Boca frutoso, sabroso, tostado, equilibrado.

Lafou El Sender 2012 TC

91 ★★★★★ 10€

Color cereza, borde granate. Aroma fruta madura, especiado, roble cremoso, tostado, balsámico, mineral. Boca potente, sabroso, tostado, equilibrado.

Lafou els Amelers 2013 B
100% garnacha blanca

89 13,3€

Color pajizo brillante. Aroma fresco, fruta fresca, flores blancas, hierbas silvestres, expresivo. Boca sabroso, frutoso, buena acidez, equilibrado.

PAGOS DE HÍBERA - CATEDRAL DEL VI

Pilonet, 8
43594 Pinell de Brai (Tarragona)
☎: +34 977 426 234
Fax: +34 977 426 290
www.catedraldelvi.com
bodega@catedraldelvi.com

Gamberro Garnacha Blanca 2011 B
100% garnacha blanca

90 23,9€

Color amarillo brillante. Aroma potente, fruta madura, especias dulces, roble cremoso, hierbas de tocador. Boca graso, sabroso, fresco, buena acidez.

Gamberro Tinto de Guarda 2011 T

89 24€

Color cereza, borde granate. Aroma fruta confitada, fruta al licor, especiado, roble cremoso. Boca confitado, balsámico, potente, sabroso, tostado.

L'Indià 2012 T

89 ★★★ 9,9€

Color cereza brillante. Aroma fruta madura, especias dulces, roble cremoso, mineral, balsámico. Boca frutoso, sabroso, tostado, equilibrado.

L'Indià 2013 B
100% garnacha blanca

89 ★★★ 9,9€

Color pajizo brillante. Aroma intensidad media, flores secas, fruta fresca. Boca frutoso, fácil de beber, largo, equilibrado, fino amargor.

SERRA DE CAVALLS

Bonaire, 1
43594 El Pinell de Brai (Tarragona)
☎: +34 977 426 049
www.serradecavalls.com
sat@serradecavalls.com

Serra de Cavalls 1938 2011 T Fermentado en Barrica
merlot, cabernet sauvignon, syrah

84 13€

Serra de Cavalls 2010 TC

82 8,5€

Serra de Cavalls 2011 BFB
garnacha blanca

85 ★★★ 10€

Serra de Cavalls 2013 B
garnacha blanca

86 ★★★★ 5,4€

Color pajizo, pálido. Aroma flores marchitas, intensidad media. Boca correcto, cierta persistencia, amargoso.

Serra de Cavalls 2013 T

83 5,4€

VINS DE MESIES

La Verge, 6
43782 Vilalba dels Arcs (Tarragona)
☎: +34 977 438 196
www.ecovitres.com
info@ecovitres.com

Mesies Garnatxa 2012 T
garnacha

85 ★★★★ ❀ 6€

Mesies Garnatxa Blanca 2013 B
100% garnacha blanca

82 8€

Mesies Selecció 2009 T
garnacha, samsó, syrah

86   14€

Color cereza opaco, borde granate. Aroma complejo, equilibrado, especiado, fina reducción, hierbas secas. Boca sabroso, taninos maduros, falta de equilibrio.

VINS DEL SUD
Raval del Roser, 3
43886 Vilabella (Tarragona)
☎: +34 625 408 974
www.vinsdelsud.com
oriol@vinsdelsud.com

Ciutats 2013 B
83 6€

Ciutats 2013 T
83 6€

VINS DEL TROS
Major, 12
43782 Vilalba dels Arcs (Tarragona)
☎: +34 605 096 447
Fax: +34 977 438 042
www.vinsdeltros.com
info@vinsdeltros.com

Ay de Mí 2012 TC
garnacha, cariñena, syrah

87 12€

Color cereza, borde granate. Aroma fruta confitada, ahumado, especiado. Boca sabroso, frutoso, equilibrado, taninos maduros.

Cent x Cent 2013 B
garnacha blanca

85 ★★★ 10€

VINS LA BOTERA
Sant Roc, 26
43786 Batea (Tarragona)
☎: +34 977 430 009
Fax: +34 977 430 801
www.labotera.com
labotera@labotera.com

Bruna Dolç 2012 T
garnacha, syrah

91 ★★★★★ 10€

Color cereza, borde granate. Aroma fruta confitada, fruta madura, especiado, tostado, ebanistería. Boca potente, sabroso, dulcedumbre, equilibrado, elegante.

L'Arnot 2013 T
garnacha, syrah

85 ★★★★★ 2,3€

Mudèfer 2011 TC
garnacha, cariñena, syrah, merlot

86 ★★★ 10€

Color cereza, borde granate. Aroma fruta madura, especiado, roble cremoso, muy tostado (torrefactado). Boca potente, sabroso, tostado.

Vila-Closa Chardonnay 2013 BFB
chardonnay

86 ★★★★ 6,5€

Color amarillo brillante. Aroma fruta madura, frutos secos, tostado, ebanistería. Boca sabroso, frutoso, especiado, tostado.

Vila-Closa Garnatxa Blanca 2013 B
100% garnacha blanca

85 ★★★★★ 4€

Vila-Closa Rubor 2013 RD
garnacha tintorera

87 ★★★★★ 4€

Color frambuesa, borde violáceo. Aroma potente, fruta madura, fruta roja, floral, pétalos de rosa. Boca potente, frutoso, fresco.

VINYA D'IRTO
Plaça Comerç, 5
43780 Gandesa (Tarragona)
☎: +34 977 421 534
Fax: +34 977 421 534
info@edetaria.com

Vinya d'Irto 2013 B
88 ★★★★ 8€

Color pajizo brillante. Aroma fruta madura, expresión frutal, floral. Boca fácil de beber, buena acidez, fino amargor.

Vinya d'Irto 2013 T
88 ★★★★ 8€

Color cereza, borde violáceo. Aroma intensidad media, fruta roja, floral. Boca correcto, buena acidez, cierta persistencia, retronasal afrutado.

DO. TIERRA DE LEÓN

CONSEJO REGULADOR

Alonso Castrillo, 29.

24200 Valencia de Don Juan (León)

☎: +34 987 751 089 - Fax: +34 987 750 012

@: directortecnico@dotierradeleon.es

www.dotierradeleon.es

SITUACIÓN:

Se localiza al sur de la provincia de León, agrupándose casi todo el viñedo alrededor de Valencia de Don Juan y formando un triángulo entre los ríos Cea y Esla. Integra también 19 municipios de Valladolid.

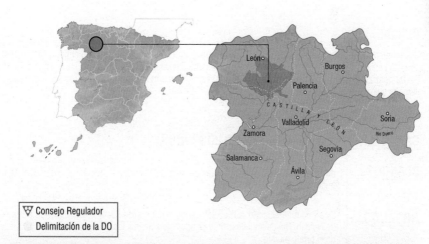

♈ Consejo Regulador
   Delimitación de la DO

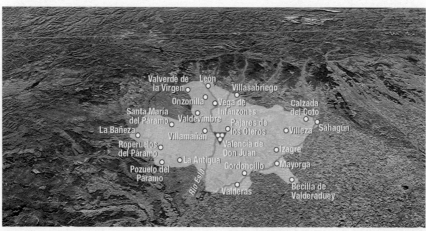

VARIEDADES:

BLANCAS: albarín, verdejo, godello, palomino y malvasía.

TINTAS: prieto picudo, mencía, garnacha y tempranillo.

DATOS:

Nº Has. Viñedo: 1.406 – **Nº Viticultores:** 333 – **Nº Bodegas:** 35 – **Cosecha 13:** Buena - **Producción 13:** 3.084.804 litros – **Comercialización:** 98% España - 2% extranjero.

SUELOS:

De gran calidad para el cultivo de la vid, con facilidad para el drenaje. La mayoría se asientan sobre terrazas de aluvión, tanto los pardos sobre depósitos pedregosos como los calizos.

CLIMA:

Las temperaturas de los valles de los ríos podrían acusar un clima típicamente continental atlántico, pero la situación elevada de la meseta leonesa donde se encuentran los viñedos, favorecen una clima muy recio y frío. Fuerte contraste de temperaturas entre el día y la noche, con inviernos muy rigurosos, heladas primaverales y veranos suaves. Las lluvias son en otoño, llegando a los 500 mm.

CARACTERÍSTICAS GENERALES DE LOS VINOS

BLANCOS

Se suele utilizar la albarín local para elaborar vinos aromáticos con fruta blanca, hierbas de tocador y una buena maduración, desencadenante de que estos vinos alcancen un buen grado alcohólico.

ROSADOS

Se sigue manteniendo la tradición de los vinos rosados de la zona, subiendo un escalón de calidad. Desde aquellos vinos de aguja de antaño a los vinos más frutosos y varietales de la prieto picudo.

TINTOS

Los tintos están elaborados casi todos con prieto picudo, vinos muy intensos en color, llenos de aroma a fruta fresca y hierbas, semejantes a los mencías, pero con más cuerpo, tanino y acidez.

CLASIFICACIÓN COSECHAS

GUÍA**PEÑÍN**

2009	2010	2011	2012	2013
MUY BUENA	MUY BUENA	MUY BUENA	MUY BUENA	BUENA

BODEGA CIEN CEPAS

Pago de las Bodegas
24225 Corbillo de los Oteros (León)
☎: +34 987 249 071
Fax: +34 987 570 059
cesar@100cepas.es

100 Cepas 2012 T
prieto picudo
88 ★★★★   6,9€
Color cereza, borde granate. Aroma fruta madura, especiado, roble cremoso, tostado. Boca potente, sabroso, tostado, taninos maduros.

BODEGAS ÁBREGO

Manuel Cadenas, 4
24230 Valdevimbre (León)
☎: +34 987 304 133
bodegasabrego@hotmail.com

Pegalahebra 2012 T
100% prieto picudo
88 ★★★★★   4€
Color cereza intenso, borde violáceo. Aroma expresión frutal, fruta madura, hierbas de monte. Boca frutoso, fácil de beber.

Pegalahebra 2013 RD
100% prieto picudo
84   4€

BODEGAS MARCOS MIÑAMBRES

Camino de Pobladura, s/n
24234 Villamañán (León)
☎: +34 987 767 038
satvined@picos.com

Los Silvares 2009 TR
100% prieto picudo
89 ★★★★   8€
Color rubí, borde teja. Aroma especiado, fina reducción, cuero mojado, ebanistería, espirituoso. Boca especiado, taninos finos, elegante, largo.

BODEGAS MARGÓN

Avda Valencia de Don Juan, s/n
24209 Pajares de los Oteros (León)
☎: +34 987 750 800
Fax: +34 987 750 481
www.bodegasmargon.com
comercial@bodegasmargon.com

Pricum 2013 RD
prieto picudo
89 ★★★★   7€
Color cereza claro. Aroma elegante, fruta escarchada, flores secas, hierbas de tocador, fruta roja. Boca ligero, sabroso, buena acidez, largo, especiado.

Pricum Albarín 2012 B Barrica
albarín
92 ★★★★   13€
Color amarillo brillante. Aroma potente, fruta madura, especias dulces, roble cremoso, hierbas de tocador. Boca graso, retronasal ahumado, sabroso, fresco, buena acidez, equilibrado.

Pricum El Voluntario 2010 T
prieto picudo
92   28€
Color cereza brillante. Aroma fruta madura, terroso, especiado, roble cremoso, balsámico. Boca equilibrado, sabroso, largo, balsámico.

Pricum Paraje del Santo 2010 T
prieto picudo
93   26€
Color cereza oscuro, borde granate. Aroma complejo, balsámico, especiado, fruta madura, varietal. Boca frutoso, equilibrado, fresco, taninos maduros.

Pricum Prieto Picudo 2010 T
prieto picudo
91   17€
Color cereza intenso, borde granate. Aroma intensidad media, varietal, fruta madura, hierbas de monte. Boca estructurado, buena acidez.

Pricum Primeur 2012 T
prieto picudo
90 ★★★★★   9€
Color cereza brillante. Aroma fruta madura, especias dulces, roble cremoso, expresivo, equilibrado. Boca sabroso, frutoso, tostado, taninos maduros, balsámico.

Pricum Valdemuz 2010 T
prieto picudo
89   27€
Color cereza brillante. Aroma fruta madura, especias dulces, roble cremoso, intensidad media. Boca frutoso, sabroso, tostado.

BODEGAS MELWA

Calvo Sotelo 4
24230 Valdevimbre (León)
☎: +34 987 304 149
Fax: +34 987 304 149
melwa45@gmail.com

Valle Gudin 2010 TC
100% prieto picudo
84   5€

Valle Gudin 2013 RD
100% prieto picudo
86 ★★★★★   3€
Color frambuesa, borde violáceo. Aroma potente, fruta madura, fruta roja, balsámico. Boca potente, frutoso, fresco.

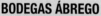

BODEGAS VINOS DE LEÓN

La Vega, s/n
24009 León (León)
☎: +34 987 209 712
Fax: +34 987 209 800
www.bodegasvinosdeleon.es
info@bodegasvinosdeleon.es

Don Suero 2009 TR
100% prieto picudo
89 14€
Color cereza oscuro, borde granate. Aroma fruta madura, especias dulces, roble cremoso. Boca estructurado, sabroso, equilibrado.

Don Suero 2010 TC
100% prieto picudo
86 ★★★★ 6,1€
Color cereza, borde granate. Aroma fruta madura, especiado, tostado. Boca sabroso, tostado, taninos maduros.

Valjunco 2013 B
100% verdejo
83 3,9€

Valjunco 2013 RD
100% prieto picudo
84 4€

Valjunco 2013 T
prieto picudo
87 ★★★★★ 4€
Color cereza, borde violáceo. Aroma intensidad media, fruta roja, fruta madura, balsámico. Boca frutoso, fácil de beber, cierta persistencia.

BODEGAS VITALIS

Ctra. Villamañan-Astorga, km. 33
24234 Villamañan (León)
☎: +34 987 131 019
www.bodegasvitalis.com
vitalis@bodegasvitalis.com

Vitalis 2009 TC
prieto picudo
87 ★★★★ 6€
Color cereza, borde granate. Aroma fruta madura, especiado, roble cremoso, tostado. Boca potente, sabroso, tostado, correcto.

Vitalis 6 meses 2011 T Roble
prieto picudo
85 ★★★★★ 4,5€

Lágrima de Vitalis 2013 B
albarín
88 ★★★★★ 5€
Color pajizo, borde verdoso. Aroma flores secas, fruta fresca, cítricos. Boca fresco, frutoso, buena acidez, fino amargor.

Lágrima de Vitalis 2013 RD
prieto picudo
85 ★★★★★ 3,5€

BODEGAS Y VIÑEDOS CASIS

Las Bodegas, s/n
24325 Gordaliza del Pino (León)
☎: +34 987 699 618
www.bodegascasis.com
anacasis@gmail.com

Casis 2013 T
mencía, prieto picudo
87 ★★★★★ 3€
Color cereza, borde violáceo. Aroma expresivo, fruta fresca, fruta roja, hierbas silvestres. Boca sabroso, frutoso, buena acidez.

Casis Prieto Picudo 2011 TC
prieto picudo
87 ★★★★★ 5€
Color cereza brillante. Aroma fruta madura, especias dulces, roble cremoso, intensidad media. Boca frutoso, sabroso, tostado.

Casis Prieto Picudo 2013 RD
prieto picudo
85 ★★★★★ 3,5€

Casis Verdejo 2013 B
verdejo
80 3,5€

BODEGAS Y VIÑEDOS LA SILVERA

La Barrera, 7
24209 Pajares de los Oteros (León)
☎: +34 618 174 176
oterobenito@gmail.com

Preto 2013 RD
84

COOPERATIVA DE VALDEVIMBRE

Ctra. de León, s/n
24230 Valdevimbre (León)
☎: +34 987 304 195
Fax: +34 987 304 195
www.vinicoval.com
valdevim@gmail.com

Abadía de Balderedo 2012 T
prieto picudo
85 ★★★★★ 2,9€

Abadía de Balderedo 2013 RD
prieto picudo
84 2,6€

Abadía de Balderedo Verdejo 2013 B
verdejo
85 ★★★★★ 2,6€

Señorío de Valdés 2012 T
prieto picudo
83 1,8€

Señorío de Valdés 2013 RD
prieto picudo
83 1,7€

GORDONZELLO

Alto de Santa Marina, s/n
24294 Gordoncillo (León)
☎: +34 987 758 030
Fax: +34 987 757 201
www.gordonzello.com
info@gordonzello.com

Gurdos 2013 RD
100% prieto picudo
87 ★★★★ 6,7€
Color cereza claro, cobrizo. Aroma intensidad media, flores marchitas. Boca frutoso, sabroso, fácil de beber, equilibrado.

KYra Peregrino 2012 BFB
100% albarín
90 ★★★★ 11€
Color amarillo brillante. Aroma potente, fruta madura, especias dulces, roble cremoso, hierbas de tocador. Boca graso, retronasal ahumado, sabroso, fresco, buena acidez.

Peregrino 2008 TR
100% prieto picudo
89 ★★★★ 8€
Color guinda. Aroma fruta madura, especiado, roble cremoso, tostado, fina reducción. Boca potente, sabroso, tostado, taninos maduros.

Peregrino 2011 TC
100% prieto picudo
87 ★★★★ 5,8€
Color cereza, borde granate. Aroma fruta madura, especiado, roble cremoso, tostado. Boca potente, sabroso, tostado, taninos maduros.

Peregrino 2013 T
100% prieto picudo
84 4,7€

Peregrino 14 2011 TC
100% prieto picudo
87 11€
Color cereza, borde granate. Aroma fruta madura, especiado, tostado. Boca potente, sabroso, tostado, taninos maduros, balsámico.

Peregrino 2012 T Roble
prieto picudo
85 ★★★★ 5,2€

Peregrino 2013 RD
100% prieto picudo
87 ★★★★★ 4,2€
Color cereza claro, brillante. Aroma fruta roja, fruta madura. Boca sabroso, equilibrado, fácil de beber, fino amargor.

Peregrino Albarín 2013 B
100% albarín
87 ★★★★★ 4,7€
Color pajizo brillante. Aroma intensidad media, varietal, flores marchitas, fruta fresca. Boca correcto, buena acidez, largo.

Peregrino Blanco 2013 B
100% verdejo
85 ★★★★★ 4,7€

Peregrino Mil 100 2011 T Barrica
100% prieto picudo
88 20€
Color cereza, borde granate. Aroma fruta madura, hierbas silvestres, terroso, especiado, roble cremoso. Boca equilibrado, sabroso, largo, balsámico.

LEYENDA DEL PÁRAMO

Ctra. de León s/n, Paraje El Cueto
24230 Valdevimbre (León)
☎: +34 987 050 039
Fax: +34 987 050 039
www.leyendadelparamo.com
info@leyendadelparamo.com

El Aprendiz 2013 B
albarín
89 ★★★★   6,6€
Color pajizo brillante. Aroma flores blancas, hierbas de tocador, expresión frutal. Boca fresco, frutoso, sabroso, equilibrado, elegante.

El Aprendiz 2013 RD
prieto picudo
88 ★★★★   5,5€
Color frambuesa, borde violáceo. Aroma potente, fruta madura, fruta roja, floral, expresivo. Boca potente, frutoso, fresco, fino amargor.

El Aprendiz 2013 T
prieto picudo
87 ★★★★   6,3€
Color cereza brillante, borde violáceo. Aroma fresco, fruta roja, hierbas silvestres. Boca ligero, fácil de beber.

El Médico 2011 T Roble
prieto picudo
92 ★★★   14,2€
Color cereza intenso, borde violáceo. Aroma roble cremoso, tostado, fruta madura, balsámico, varietal. Boca equilibrado, especiado, largo.

El Músico 2011 T
prieto picudo
93   18,9€
Color cereza, borde granate. Aroma especiado, roble cremoso, tostado, complejo, terroso, fruta confitada. Boca potente, sabroso, tostado.

Flor del Páramo 2013 B
verdejo
87 ★★★★★   4,1€
Color pajizo brillante. Aroma fruta fresca, hierbas secas, intensidad media. Boca frutoso, fácil de beber.

Flor del Páramo 2013 T
prieto picudo
86 ★★★★★   4,1€
Color cereza, borde granate. Aroma fruta madura, hierbas verdes, potente. Boca balsámico, fino amargor, taninos algo verdes.

Mittel 2013 B
albarín
87 ★★★   9,2€
Color pajizo brillante. Aroma fresco, fruta fresca, flores blancas, expresivo. Boca frutoso, buena acidez, equilibrado.

Mittel 2013 RD
prieto picudo
87 ★★★   9,2€
Color frambuesa, borde violáceo. Aroma potente, fruta madura, fruta roja, floral, expresivo. Boca potente, frutoso, fresco.

LOS PALOMARES

Los Palomares, 6
24230 Valdevimbre (León)
☎: +34 987 304 218
Fax: +34 987 304 193
www.bodegalospalomares.com
lospalomares@bodegalospalomares.com

3 Palomares 2011 TC
prieto picudo
88 ★★★★★   5€
Color cereza, borde granate. Aroma fruta madura, especiado, roble cremoso, tostado, complejo, chocolate, balsámico. Boca potente, sabroso, tostado, taninos maduros.

3 Palomares 2013 B
verdejo
87
Color amarillo brillante. Aroma fresco, fruta fresca, flores blancas, expresivo. Boca sabroso, frutoso, buena acidez, equilibrado.

3 Palomares 2013 RD
prieto picudo
85 ★★★★★   3€

3 Palomares 2013 T
100% prieto picudo
85 ★★★★★   3€

MELGARAJO

Plaza Mayor, 9
47687 Melgar de Abajo (Valladolid)
☎: +34 679 082 971
www.melgarajo.es
melgarajo@melgarajo.es

Melgus 2010 TC
prieto picudo
90 ★★★   15€
Color cereza, borde granate. Aroma fruta madura, especiado, roble cremoso, tostado, expresivo. Boca potente, sabroso, tostado, taninos maduros.

Melgus 2010 TR
prieto picudo
89   18€
Color cereza, borde granate. Aroma equilibrado, complejo, fruta madura, especiado, balsámico, mineral. Boca estructurado, sabroso, taninos maduros.

Valdeleña 2013 B
verdejo
84   3,5€

Valdeleña 2013 RD
prieto picudo
85 ★★★★★   3,5€

SEÑORÍO DE LOS ARCOS
La Iglesia, s/n
24191 Ardoncino (León)
☎: +34 987 226 594
Fax: +34 987 226 594
admin@senoriodelosarcos.es

Vega Carriegos 2010 TC
prieto picudo
89 ★★★★   5,2€
Color cereza, borde granate. Aroma fruta madura, especiado,
tostado, hierbas de monte. Boca potente, sabroso, tostado,
taninos maduros.

Vega Carriegos 2011 T Roble
prieto picudo
87 ★★★★★   3,1€
Color cereza oscuro, borde granate. Aroma fruta madura,
hierbas de monte, especiado. Boca correcto, fácil de beber,
cierta persistencia.

Vega Carriegos 2013 RD
prieto picudo
84   3,1€

TAMPESTA
La Socollada, s/n
24240 Valdevimbre (León)
☎: +34 666 217 032
Fax: +34 987 351 025
www.tampesta.com
bodegas@tampesta.com

Maneki 2013 B
albarín
89 ★★★   8,8€
Color amarillo brillante. Aroma flores marchitas, intensidad
media, equilibrado. Boca sabroso, buena acidez, fino amargor.

Tampesta 2011 T Roble
prieto picudo
87 ★★★★   6,5€
Color cereza, borde granate. Aroma hierbas de monte, intensidad media. Boca frutoso, correcto, taninos maduros.

Tampesta 2013 B
albarín
84   5,5€

Tampesta 2013 RD
prieto picudo
88 ★★★★   5,5€
Color frambuesa, borde violáceo. Aroma potente, fruta madura, fruta roja, floral, expresivo. Boca potente, frutoso, fresco,
fino amargor.

Tampesta Finca de los Vientos 2010 T
prieto picudo
88 ★★★★   5,9€
Color cereza, borde granate. Aroma fruta madura, especiado, roble cremoso, tostado, complejo. Boca potente, sabroso,
tostado.

Tampesta Golán 2010 T
prieto picudo
90 ★★★★★   9,5€
Color cereza oscuro, borde granate. Aroma intensidad media, fruta roja, fruta madura, especiado. Boca estructurado,
sabroso, correcto.

Tampesta Imelda 2010 T
prieto picudo
91 ★★★★   12,5€
Color cereza, borde granate. Aroma fruta madura, especiado,
roble cremoso, tostado, complejo. Boca potente, sabroso, tostado, taninos maduros.

VINÍCOLA VALMADRIGAL
Constitución, 16
24323 Castrotierra de Valmadrigal
(León)
☎: +34 987 784 249
Fax: +34 987 784 249
bodegavalmadrigal@bodegavalmadrigal.com

Castro Iuvara 2013 B
verdejo
84

Castro Iuvara 2013 B
87
Color pajizo brillante. Aroma flores blancas, hierbas de tocador, expresión frutal. Boca fresco, frutoso, sabroso, equilibrado, elegante.

VIÑEDOS Y BODEGA JULIO CRESPO AGUILOCHE
Ctra. Sahagún-Renedo Km. 6
24326 Joara, Sahagún (León)
☎: +34 987 130 010
Fax: +34 987 130 010
www.bodegasjuliocrespo.com
info@bodegasjuliocrespo.com

Alevosía 2012 T
mencía
84   8€

Premeditación 2011 T
prieto picudo

86 ★★★★ 8€

Color cereza, borde granate. Aroma fruta madura, fruta confitada, amaderado, balsámico. Boca potente, sabroso, especiado, tostado.

VIÑEDOS Y BODEGA PARDEVALLES

Ctra. de León, s/n
24230 Valdevimbre (León)
☎: +34 987 304 222
Fax: +34 987 304 222
www.pardevalles.es
info@pardevalles.es

Pardevalles 2013 RD
prieto picudo

89 ★★★★ 6,5€

Color cereza claro. Aroma potente, fruta madura, fruta roja, floral, expresivo. Boca potente, frutoso, fresco, fino amargor.

Pardevalles Albarín 2013 B
albarín

90 ★★★★★ 7,5€

Color pajizo brillante. Aroma fresco, fruta fresca, flores blancas, cítricos, hierbas silvestres. Boca sabroso, frutoso, buena acidez, equilibrado.

Pardevalles Carroleón 2010 T
prieto picudo

92 18€

Color cereza, borde granate. Aroma fruta roja, fruta madura, especiado, roble cremoso, tostado. Boca potente, sabroso, tostado, taninos maduros.

Pardevalles Gamonal 2011 T
prieto picudo

92 ★★★★ 12,5€

Color cereza, borde granate. Aroma fruta madura, hierbas silvestres, terroso, especiado, roble cremoso, floral, piedra seca. Boca equilibrado, sabroso, largo, balsámico.

WEINWERK EL LAGARTO

Portugal, 7
49323 Fornillos de Fermoselle (Zamora)
☎: +49 232 459 724
Fax: +49 232 459 721
www.gourmet-lagarto.de
winzer@gourmet-lagarto.de

Luby Godello 2011 B
godello

93 ★★★★ 12€

Color pajizo brillante. Aroma flores blancas, fruta fresca, expresivo, lías finas, hierbas secas. Boca sabroso, frutoso, buena acidez, equilibrado.

Luby Verdejo Albarín 2012 B
verdejo, albarín

89 ★★★★ 8€

Color pajizo brillante. Aroma fresco, fruta fresca, flores blancas. Boca sabroso, frutoso, buena acidez, equilibrado.

Picú de Weinwerk 2011 T
100% prieto picudo

89 ★★★ 9€

Color cereza, borde granate. Aroma potente, fruta madura, expresión frutal, especias dulces, tostado. Boca sabroso, fruta madura, mineral, taninos finos.

DO. TIERRA DEL VINO DE ZAMORA

CONSEJO REGULADOR

Plaza Mayor, 1
49708 Villanueva de Campeán (Zamora)
☎: +34 980 560 055 - Fax: +34 980 560 055
@: info@tierradelvino.net
www.tierradelvino.net

SITUACIÓN:

Los viñedos que comprenden esta zona se localizan al sureste de la provincia de Zamora, a ambos márgenes del río Duero que atraviesa esta comarca. La integran 46 municipios situados en Zamora y 10 que pertenecen a Salamanca. La altitud media de los terrenos es de 750 metros.

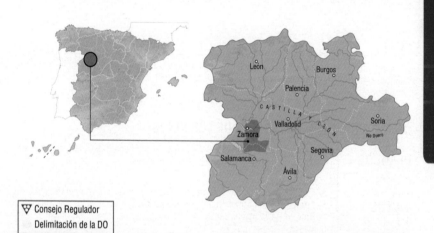

▽ Consejo Regulador
  Delimitación de la DO

VARIEDADES:

BLANCAS: malvasía, moscatel de grano menudo, verdejo, albillo, palomino y godello.

TINTAS: tempranillo, cabernet sauvignon y garnacha.

DATOS:

Nº Has. Viñedo: 692 – **Nº Viticultores:** 204 – **Nº Bodegas:** 11 – **Cosecha 13:** Muy Buena – **Producción 13:** 530.410 litros – **Comercialización:** 60% España - 40% extranjero.

SUELOS:

Los afluentes del río Duero que atraviesan el territorio marcan el carácter predominante aluvial de los suelos de la zona. Por lo general son arcillosos de fondo, con fácil retención de agua, variando en superficie en función de la altitud. Pueden ser también arenosos en las llanuras y cubiertos de guijarros en las cimas.

CLIMA:

Las temperaturas son extremas como corresponde a un clima continental seco, con veranos muy calurosos e inviernos muy fríos. No suele llover demasiado, la media anual no supera los 400 mm.

CARACTERÍSTICAS GENERALES DE LOS VINOS

BLANCOS	Son frescos y con un ligero fondo silvestre de la malvasía, de gran sabrosidad, buen grado alcohólico, pero con una refrescante acidez.
TINTOS	Son de color intenso, con un aroma y sabor potentes y cierta complejidad, debido a la alta proporción de cepas viejas, con una acidez ligeramente más marcada que los vinos de Toro, dada la mayor altitud de sus viñas y unos suelos con mayor retención de la humedad.

CLASIFICACIÓN COSECHAS   GUÍA**PEÑÍN**

2009	2010	2011	2012	2013
BUENA	SC	SC	MUY BUENA	MUY BUENA

ALTER EGO BODEGA DE CRIANZA

Larga, 4
49709 Cabañas de Sayago (Zamora)
☎: +34 670 095 149

Dominio de Sexmil 2008 T
100% tinta del país

91   24€

Color cereza, borde granate. Aroma especiado, tostado, mineral, fruta madura. Boca potente, sabroso, tostado, taninos maduros.

BODEGA GUILLERMO FREIRE

Cl. Pozo, 33
49150 Moraleja del Vino (Zamora)
☎: +34 655 925 127

Jarreño 2012 T Roble
tempranillo

88

Color cereza brillante. Aroma fruta madura, especias dulces, roble cremoso, expresivo. Boca sabroso, frutoso, tostado, taninos maduros.

BODEGAS EL SOTO

Ctra. de Circunvalación, s/n
49708 Villanueva de Campeán (Zamora)
☎: +34 980 560 330
Fax: +34 980 560 330
www.bodegaselsoto.com
info@bodegaselsoto.com

Proclama 2013 B
100% malvasía

88 ★★★★★   3€

Color pajizo brillante. Aroma flores blancas, fruta fresca, expresivo, lías finas, hierbas secas. Boca sabroso, frutoso, buena acidez, equilibrado.

Proclama Selección 2011 T
100% tempranillo

91 ★★★★★   4€

Color cereza, borde granate. Aroma especiado, roble cremoso, tostado, complejo, terroso. Boca potente, sabroso, tostado, taninos maduros.

Proclama Tempranillo 2012 T
100% tempranillo

88 ★★★★★   3€

Color cereza, borde violáceo. Aroma potente, fruta roja, fruta madura, floral, expresivo. Boca potente, fresco, frutoso, untuoso.

MALANDRÍN

Miguel S. Herrador, 3
47014 (Valladolid)
☎: +34 644 172 122
www.malandrinwines.com
info@malandrinwines.com

Malandrín Tempranillo 2010 T
tempranillo

89 ★★★   8,8€

Color cereza, borde granate. Aroma fruta confitada, fruta al licor, especiado. Boca sabroso, confitado, balsámico.

Malandrín Verdejo 2013 B
verdejo, godello, malvasía

90 ★★★★★   5,8€

Color pajizo brillante. Aroma fresco, fruta fresca, flores blancas, expresivo. Boca sabroso, frutoso, buena acidez, equilibrado.

MICROBODEGA RODRÍGUEZ MORÁN

Del Prado, 14
49719 Villamor de los Escuderos (Zamora)
☎: +34 980 609 047
http://microbodegabio.blogspot.com.es
info@microbodega.es

Alumbro 2013 B
verdejo, godello, albillo

87 ★★★★   7€

Color pajizo brillante. Aroma flores blancas, expresivo, hierbas secas. Boca sabroso, frutoso, buena acidez, equilibrado.

Alumbro 2013 T
tempranillo, cabernet sauvignon

88 ★★★★ ⚜   7€

Color cereza brillante. Aroma especias dulces, roble cremoso, expresivo, fruta roja. Boca sabroso, frutoso, tostado, taninos maduros.

TESO LA ENCINA BODEGA Y VIÑEDOS

Teso la Encina
49719 Villamor de los Escuderos (Zamora)
☎: +34 639 824 200
www.tesolaencina.es
bodega@tesolaencina.es

Sr. Polo 2013 B
verdejo

89

Color pajizo brillante. Aroma fresco, fruta fresca, flores blancas. Boca sabroso, frutoso, buena acidez, equilibrado.

VIÑA ESCUDEROS S. COOP.

Ctra. Cubo del Vino, s/n
49719 Villamor de los Escuderos
(Zamora)
☎: +34 980 609 204
Fax: +34 980 609 154
www.vinaescuderos.com
bodega@vinaescuderos.com

Gavión 2012 T Roble
89

Color cereza brillante. Aroma fruta madura, especias dulces, roble cremoso, expresivo. Boca sabroso, frutoso, tostado, taninos maduros.

Gavión 2007 TR
91

Color cereza muy intenso. Aroma fruta madura, especiado, roble cremoso, tostado, con carácter. Boca potente, sabroso, tostado, taninos maduros.

Gavión 2010 TC
88

Color cereza brillante. Aroma fruta madura, especias dulces, roble cremoso, intensidad media. Boca frutoso, sabroso, tostado.

Gavión 2013 RD
85

Gavión 2013 T
86

Color cereza muy intenso, borde granate. Aroma cálido, hierbas secas, fruta madura. Boca sabroso, fruta madura, largo.

Gavión Verdejo 2013 B
verdejo
86

Color pajizo brillante. Aroma hierbas de tocador, expresión frutal, expresivo. Boca fresco, frutoso, sabroso, equilibrado, elegante.

VIÑAS DEL CÉNIT

Ctra. de Circunvalación, s/n
49708 Villanueva de Campeán
(Zamora)
☎: +34 980 569 346
www.vinasdelcenit.com
aalberca@avanteselecta.com

Cenit 2010 T
100% tempranillo
95   42€

Color cereza, borde granate. Aroma fruta madura, especiado, roble cremoso, tostado, complejo, chocolate, terroso. Boca potente, sabroso, tostado, taninos maduros.

Via Cenit 2012 T
100% tempranillo
93   19,6€

Color cereza muy intenso. Aroma fruta madura, especiado, roble cremoso, tostado, con carácter. Boca potente, sabroso, tostado, taninos maduros.

DO. TORO

CONSEJO REGULADOR

De la Concepción, 3
Palacio de los Condes de Requena
49800 Toro (Zamora)
☎:+34 980 690 335 - Fax: +34 980 693 201
@: consejo@dotoro.es
www.dotoro.es

SITUACIÓN:

Comprende 12 municipios de la provincia de Zamora (Argujillo, Bóveda de Toro, Morales de Toro, El Pego, Peleagonzalo, El Piñero, San Miguel de la Ribera, Sanzoles, Toro, Valdefinjas, Venialbo y Villanueva del Puente) y tres de la de Valladolid (San Román de la Hornija, Villafranca de Duero y los pagos de Villaester de Arriba y de Abajo del término de Pedrosa del Rey), que se corresponden prácticamente con la comarca agraria del Bajo Duero. La zona de producción queda al sur del paso del Duero, que cruza la región de este a oeste.

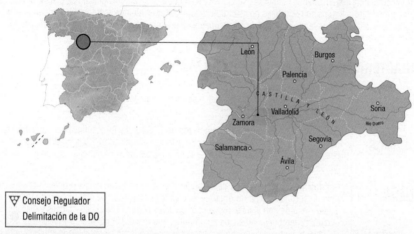

▽ Consejo Regulador
　 Delimitación de la DO

VARIEDADES:

BLANCAS: malvasía y verdejo.

TINTAS: tinta de Toro (mayoritaria) y garnacha.

DATOS:

Nº Has. Viñedo: 5.660 – **Nº Viticultores:** 1.250 – **Nº Bodegas:** 57 – **Cosecha 13:** Muy Buena – **Producción 13:** 13.000.000 litros – **Comercialización:** 70% España - 30% extranjero.

SUELOS:

La geografía de la DO se caracteriza por un relieve suavemente ondulado. El viñedo se sitúa a una altitud entre los 620 y 750 metros y el suelo es, fundamentalmente, de tipo pardo calizo. Sin embargo son mejores los terrenos cascajosos de aluvión.

CLIMA:

De tipo continental extremado con influencias atlánticas y bastante árido, con precipitaciones medias anuales de 350-400 mm. Los inviernos son rigurosos (lo que implica temperaturas mínimas extremas y la prolongación del periodo de heladas) y los veranos cortos, no excesivamente calurosos y con importantes oscilaciones térmicas entre el día y la noche.

CARACTERÍSTICAS GENERALES DE LOS VINOS

BLANCOS

Elaborados principalmente a partir de malvasía, presentan un color entre amarillo pálido y amarillo verdoso; en la nariz pueden aparecer algunos matices rústicos y, en boca, tienen un final ligeramente amargoso.

ROSADOS

La variedad mayoritariamente empleada es la tinta de Toro aunque en algunos casos puede ir acompañada de garnacha. Se elaboran mezclando ambas o como monovarietales. De color rosáceo intenso, aparecen notas de frutos rojos maduros; en la boca son carnosos y afrutados.

TINTOS

Son los más característicos de la región. Poseen una astringencia propia de la variedad tinta de Toro, así como un grado alcohólico alto (13 grados o más) y buenos índices de acidez. Cuando son jóvenes presentan un color cereza oscuro con matices violáceos; en la nariz tienen buena intensidad, con notas que recuerdan las moras y los frutos negros en general; en boca son potentes, sabrosos, carnosos, en algunos casos con un punto de sobremaduración y una buena persistencia. Los criados en madera mantienen las notas de fruta madura, conjuntadas con los aportes del roble y la carnosidad en boca.

CLASIFICACIÓN COSECHAS

GUÍA**PEÑÍN**

2009	2010	2011	2012	2013
BUENA	MUY BUENA	BUENA	MUY BUENA	MUY BUENA

ALVAR DE DIOS HERNANDEZ

Zamora No8
47154 El Pego (Zamora)
☎: +34 629 902 507
eldelarecella@gmail.com

Aciano 2012 T
tinta de Toro

93 ★★★★   12€

Color cereza brillante. Aroma fruta madura, especias dulces, roble cremoso, intensidad media, complejo, expresivo. Boca frutoso, sabroso, tostado.

Aciano 2013 T
tinta de Toro

91 ★★★★   12€

Color guinda, borde violáceo. Aroma fruta roja, fruta al licor, balsámico, hierbas silvestres, especiado. Boca sabroso, equilibrado, correcto, especiado, balsámico, elegante.

ARXIS

Paseo Zorrilla, 133
47008 Valladolid (Valladolid)
☎: +34 609 662 818
www.multicyclos.com

Arxis 2013 T
100% tinta de Toro

86 ★★★★★   3,4€

Color cereza muy intenso, borde granate. Aroma cálido, hierbas secas, fruta madura. Boca sabroso, fruta madura, largo.

Arxis Selección 2011 T
100% tinta de Toro

88 ★★★   10€

Color cereza, borde granate. Aroma fruta madura, hierbas silvestres, terroso, especiado, roble cremoso. Boca equilibrado, sabroso, largo, balsámico.

BODEGA BURDIGALA (F. LURTON & M. ROLLAND)

Camino Magarín, s/n
47529 Villafranca del Duero (Valladolid)
☎: +34 980 082 027
Fax: +34 983 034 040
www.burdigala.es
bodega@burdigala.es

Campesino 2012 T
tinta de Toro

90 ★★★★★   8,5€

Color cereza, borde granate. Aroma fruta madura, especias dulces, roble cremoso, equilibrado. Boca frutoso, sabroso, tostado, redondo.

Campo Alegre 2012 T
tinta de Toro

92   18,5€

Color cereza oscuro. Aroma fruta madura, especiado, roble cremoso, tostado, complejo. Boca potente, sabroso, tostado, taninos maduros.

Campo Eliseo 2009 T
tinta de Toro

93   45€

Color cereza, borde granate. Aroma fruta roja, fruta madura, especiado, roble cremoso, tostado, complejo, terroso. Boca potente, sabroso, tostado, taninos maduros.

BODEGA CAMPIÑA

Ctra. Toro-Veniablo, Km. 6,9
49882 Valdefinjas (Zamora)
☎: +34 980 568 125
Fax: +34 980 059 965
www.bodegacampina.com
info@bodegacampina.com

Campiña 2012 T Roble
100% tinta de Toro

87 ★★★★★   3,8€

Color cereza, borde granate. Aroma fruta madura, hierbas silvestres, terroso, especiado. Boca equilibrado, balsámico.

Campiña 2013 T
100% tinta de Toro

85 ★★★★★   2,4€

Campiña Viñas Centenarias 2009 T
100% tinta de Toro

86 ★★★★   6,5€

Color cereza oscuro, borde granate. Aroma fruta madura, equilibrado, especiado. Boca frutoso, especiado, taninos maduros.

BODEGA CUATRO MIL CEPAS

Rafael Alonso nº 21
49154 El Pego (Zamora)
☎: +34 670 095 149

Cinco de Copas 2012 T Roble
tinta de Toro

87

Color cereza brillante. Aroma fruta madura, especias dulces, roble cremoso, tostado. Boca sabroso, frutoso, tostado, taninos maduros.

Díscolo 2010 T
tinta de Toro

88

Color cereza, borde granate. Aroma fruta madura, especiado, roble cremoso, tostado. Boca potente, sabroso, tostado, taninos maduros.

BODEGA CYAN

Ctra. Valdefinjas - Venialbo, Km. 9,2,
Finca La Calera
49800 Toro (Zamora)
☎: +34 980 568 029
Fax: +34 980 568 036
www.bodegacyan.es
cyan@matarromera.es

Cyan 2010 TC
100% tinta de Toro

87   14€

Color cereza brillante. Aroma fruta madura, especias dulces, intensidad media. Boca frutoso, sabroso, tostado.

Cyan 8 meses 2012 T
100% tinta de Toro

86 ★★★★   8€

Color cereza brillante. Aroma fruta madura, especias dulces, roble cremoso, fruta confitada. Boca sabroso, frutoso, tostado, taninos maduros.

Cyan Pago de la Calera 2004 T
100% tinta de Toro

91   25€

Color rubí, borde teja. Aroma elegante, especiado, fina reducción, cuero mojado, ebanistería, espirituoso. Boca especiado, taninos finos, elegante, largo, equilibrado.

Cyan Prestigio 2006 T
100% tinta de Toro

90   21€

Color cereza muy intenso. Aroma fruta madura, especiado, tostado, especias dulces. Boca potente, sabroso, tostado, taninos maduros, equilibrado.

Selección Personal Carlos Moro Cyan 2004 T
100% tinta de Toro

88   26€

Color cereza intenso. Aroma fruta madura, especiado, roble cremoso, tostado, complejo, fina reducción. Boca potente, sabroso, tostado, taninos maduros.

BODEGA EL ALBAR LURTON

Camino Magarin, s/n
47529 Villafranca del Duero (Valladolid)
☎: +34 983 034 030
Fax: +34 983 034 040
www.francoislurton.es
bodega@francoislurton.es

Hermanos Lurton 2012 T
tinta de Toro

91 ★★★★★   8,5€

Color cereza, borde granate. Aroma fruta madura, especiado, roble cremoso, tostado, complejo. Boca potente, sabroso, tostado, equilibrado.

BODEGA FLORENCIO SALGADO NARROS

Ctra. Toro - Salamanca, Km. 3,20
49800 Toro (Zamora)
☎: +34 649 761 324
bodegasalgadonarros@yahoo.com

Pico Royo 2008 T
tinta de Toro

80   5€

Pico Royo 2013 B
malvasía

85 ★★★★★   5€

BODEGA LIBERALIA ENOLÓGICA

Camino del Palo, s/n
49800 Toro (Zamora)
☎: +34 980 692 571
Fax: +34 980 692 571
www.liberalia.es
liberalia@liberalia.es

Liber 2006 TGR
100% tinta de Toro

93   30€

Color guinda. Aroma fruta madura, complejo, balsámico, especiado, roble cremoso, equilibrado.

Liberalia Cabeza de Cuba 2007 TC
tinta de Toro

90   18€

Color cereza, borde granate. Aroma fruta madura, especiado, roble cremoso, piedra seca, balsámico. Boca potente, sabroso, tostado, equilibrado.

Liberalia Cero 2013 T
100% tinta de Toro

89 ★★★★   7,5€

Color cereza brillante. Aroma fruta madura, especias dulces, expresivo, ahumado. Boca sabroso, frutoso, tostado, taninos maduros.

Liberalia Cinco 2006 TR
100% tinta de Toro

92   23€

Color cereza muy intenso. Aroma potente, fruta madura, fruta al licor, especiado, balsámico, fina reducción. Boca sabroso, concentrado, especiado, largo.

Liberalia Cuatro 2009 TC
100% tinta de Toro

89 ★★★★   7,5€

Color cereza, borde granate. Aroma fruta madura, especiado, roble cremoso, tostado, complejo, fina reducción. Boca potente, sabroso, tostado, equilibrado.

Liberalia Tres 2013 T Roble
100% tinta de Toro

88 ★★★★   5,5€

Color cereza brillante. Aroma fruta madura, especias dulces, expresivo. Boca sabroso, frutoso, taninos maduros.

BODEGA MARXUACH

Autovía Tordesilla - Zamora, salida 438
Toro (Zamora)
☎: +34 923 541 050
Fax: +34 923 568 425
montelareina@yahoo.es

Marxuach 2008 TC
tinta de Toro

89 ★★★★★   4,7€

Color cereza, borde granate. Aroma fruta madura, hierbas silvestres, terroso, fina reducción, mineral. Boca sabroso, largo, equilibrado, especiado.

BODEGA NUMANTHIA

Real, s/n
49882 Valdefinjas (Zamora)
☎: +34 941 308 065
Fax: +34 945 600 885
www.numanthia.com

Numanthia 2010 T
tinta de Toro

96 45€

Color cereza, borde granate. Aroma fruta madura, especiado, roble cremoso, tostado, complejo, chocolate, terroso. Boca potente, sabroso, tostado, taninos maduros.

Termanthia 2011 T
tinta de Toro

97 135€

Color cereza, borde granate. Aroma café aromático, roble nuevo, hierbas de monte, fruta madura. Boca potente, amargoso, buena acidez, taninos finos, especiado.

Termes 2012 T
tinta de Toro

93 19€

Color cereza, borde granate. Aroma fruta madura, fruta roja, especias dulces. Boca frutoso, buena acidez, fino amargor.

BODEGA PAGO DE CUBAS

Ctra. Toro Valdefinjas, Km. 6,9
49882 Valdefinjas (Zamora)
☎: +34 980 568 125
Fax: +34 980 059 965
www.bodegapagodecubas.com

Asterisco 2012 TC
100% tinta de Toro

84 3,5€

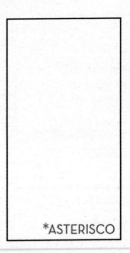

*ASTERISCO

Incrédulo 2009 T
100% tinta de Toro

88 ★★★★ 8€

Color cereza, borde granate. Aroma fruta madura, especiado, roble cremoso, tostado, complejo, tabaco, fina reducción. Boca potente, sabroso, tostado, taninos maduros.

Incrédulo 2010 T
100% tinta de Toro

90 ★★★★★   8€

Color cereza, borde granate. Aroma fruta madura, hierbas silvestres, terroso, especiado, roble cremoso, fina reducción. Boca equilibrado, sabroso, largo, balsámico.

BODEGA VALDIGAL
Capuchinos, 6
49800 Toro (Zamora)
☎: +34 617 356 325
Fax: +34 923 269 209
www.valdigal.com
valdigal@valdigal.com

Valdigal 2011 T
100% tinta de Toro

89 ★★★   10€

Color cereza, borde granate. Aroma fruta madura, especiado, roble cremoso, tostado. Boca potente, sabroso, tostado.

BODEGAS A. VELASCO E HIJOS S.L.
Corredera, 23
49800 Toro (Zamora)
☎: +34 980 692 455
www.bodegasvelascoehijos.com
admon@bodegasvelascoehijos.com

Garabitas Premium Vendimia Seleccionada 2009 T
tinta de Toro

88   15,5€

Color cereza muy intenso, borde granate. Aroma potente, fruta madura, muy tostado (torrefactado), chocolate. Boca potente, tostado, retronasal torrefactado.

Garabitas Selección Viñas Viejas 2011 T
tinta de Toro

86 ★★★   8,5€

Color cereza oscuro, borde granate. Aroma tostado, cacao fino, fruta madura, tabaco. Boca correcto, equilibrado, taninos maduros.

Peña Rejas 2011 TC
tinta de Toro

88 ★★★★   7€

Color cereza, borde granate. Aroma fruta madura, especiado, roble cremoso, tostado, complejo. Boca potente, sabroso, tostado.

Peña Rejas 2013 T
tinta de Toro

87 ★★★★★   3€

Color cereza, borde violáceo. Aroma fruta madura, hierbas silvestres, expresivo. Boca potente, sabroso, frutoso.

BODEGAS ABANICO
Pol. Ind Ca l'Avellanet - Susany, 6
8553 Seva (Barcelona)
☎: +34 938 125 676
Fax: +34 938 123 213
www.bodegasabanico.com
info@exportiberia.com

Eternum Viti 2011 T
100% tinta de Toro

90 ★★★★   12€

Color cereza, borde granate. Aroma fruta madura, especiado, roble cremoso, tostado, complejo. Boca potente, sabroso, tostado, taninos maduros.

Los Colmillos 2011 T
tinta de Toro

91   18€

Color cereza, borde granate. Aroma fruta madura, especiado, roble cremoso, tostado, complejo, terroso, cacao fino. Boca potente, sabroso, tostado, taninos maduros.

BODEGAS COVITORO

Ctra. de Tordesillas, 13
49800 Toro (Zamora)
☎: +34 980 690 347
Fax: +34 980 690 143
www.covitoro.com
info@covitoro.com

Arco del Reloj 2009 T
100% tinta de Toro
93   28€
Color cereza, borde granate. Aroma fruta roja, fruta madura, especiado, roble cremoso, tostado, complejo, terroso. Boca potente, sabroso, tostado, taninos maduros, equilibrado.

Barón de la Villa 2011 TC
100% tinta de Toro
87 ★★★★★   3,9€
Color cereza, borde granate. Aroma especiado, roble cremoso, fruta madura. Boca potente, tostado, taninos maduros.

Barón de la Villa 2013 T
100% tinta de Toro
86 ★★★★★   3€
Color cereza, borde violáceo. Aroma fruta fresca, fruta roja, floral, balsámico. Boca sabroso, frutoso, buena acidez.

Cañus Verus Viñas Viejas 2009 T
100% tinta de Toro
89 ★★★   8,4€
Color cereza, borde granate. Aroma equilibrado, complejo, fruta madura, especiado. Boca estructurado, sabroso, taninos maduros, elegante.

VIÑAS VIEJAS

cañus verus

ESTE VINO HA NACIDO DE LAS VIÑAS MÁS ANTIGUAS DE LA ZONA, UNAS CEPAS QUE HAN VISTO PASAR MÁS DE 100 AÑOS, CUYOS FRUTOS REFLEJAN TODO ESTE TIEMPO EN SU SABOR.

TORO

Cermeño 2013 B
malvasía
85 ★★★★★   3,3€

Cermeño 2013 RD
tinta de Toro
87 ★★★★★   3,3€
Color frambuesa. Aroma fruta roja, flores secas, equilibrado. Boca frutoso, sabroso, cierta persistencia, fácil de beber.

Cermeño Vendimia Seleccionada 2013 T
100% tinta de Toro
88 ★★★★★   3,3€
Color cereza, borde violáceo. Aroma fruta roja, frambuesa, expresión frutal. Boca buena acidez, fresco, frutoso.

Cien 2013 B
malvasía
86 ★★★★★   3,3€
Color pajizo brillante. Aroma fresco, fruta fresca, flores blancas. Boca sabroso, frutoso, buena acidez, equilibrado.

Cien 2013 RD
tinta de Toro
85 ★★★★★   3,3€

Cien Roble 2012 T
100% tinta de Toro
84   4€

Gran Cermeño 2010 TC
100% tinta de Toro
89 ★★★★★   5€
Color cereza, borde granate. Aroma especiado, fruta madura. Boca frutoso, estructurado, fruta madura, cierta persistencia.

Marqués de la Villa 2010 TC
100% tinta de Toro
88 ★★★★★   4,9€
Color cereza, borde granate. Aroma fruta madura, especiado, roble cremoso, tostado, complejo. Boca potente, sabroso, tostado.

Marqués de la Villa 2012 T Roble
100% tinta de Toro
86 ★★★★★   3,9€
Color cereza, borde violáceo. Aroma fruta madura, tostado, especiado. Boca sabroso, taninos maduros, especiado.

Marqués de la Villa 2013 B
malvasía
85 ★★★★★   3,3€

Marqués de la Villa 2013 RD
tinta de Toro
87 ★★★★★   3,3€
Color frambuesa, borde violáceo. Aroma potente, fruta madura, fruta roja, floral, expresivo. Boca potente, frutoso, fresco, cierta persistencia.

Marqués de la Villa 2013 T
tinta de Toro

85 ★★★★★ 3,3€

Vizconde de la Villa 2011 TC
100% tinta de Toro

87 ★★★★★ 3,9€

Color cereza, borde granate. Aroma fruta madura, especiado, roble cremoso, tostado. Boca potente, sabroso, tostado.

Vizconde de la Villa 2012 T Barrica
tinta de Toro

87 ★★★★★ 2,9€

Color cereza brillante. Aroma fruta madura, especias dulces, roble cremoso, expresivo. Boca sabroso, frutoso, tostado, taninos maduros.

BODEGAS FARIÑA
Camino del Palo, s/n
49800 Toro (Zamora)
☎: +34 980 577 673
Fax: +34 980 577 720
www.bodegasfarina.com
comercial@bodegasfarina.com

Colegiata 2013 RD
100% tinta de Toro

88 ★★★★★ 4,5€

Color frambuesa, borde violáceo. Aroma potente, fruta madura, fruta roja, floral. Boca potente, frutoso, fresco.

Colegiata 2013 T

88 ★★★★★ 4,5€

Color cereza brillante, borde granate. Aroma fruta madura, potente, hierbas silvestres. Boca sabroso, tostado, especiado, balsámico.

Gran Colegiata 2008 TR
100% tinta de Toro

90 ★★★★ 12,7€

Color cereza intenso. Aroma fruta madura, hierbas silvestres, terroso, especiado, roble cremoso. Boca equilibrado, sabroso, largo, balsámico, taninos maduros.

Gran Colegiata Campus 2008 TC
100% tinta de Toro

93 24€

Color cereza muy intenso. Aroma fruta roja, fruta madura, especiado, roble cremoso, tostado, complejo, terroso. Boca potente, sabroso, tostado, taninos maduros.

Gran Colegiata Roble Francés 2009 TC
100% tinta de Toro

90 ★★★★★ **9,8€**

Color cereza, borde granate. Aroma fruta madura, especiado, roble cremoso, tostado, complejo. Boca potente, sabroso, tostado.

Gran Colegiata Vino de Lágrima 2011 T Roble
100% tinta de Toro

89 ★★★★ **5,9€**

Color cereza muy intenso, borde granate. Aroma potente, fruta madura, muy tostado (torrefactado), chocolate. Boca potente, tostado, retronasal torrefactado.

Primero 2013 T Maceración Carbónica

87 ★★★★★ **5€**

Color cereza, borde violáceo. Aroma expresivo, fruta fresca, fruta roja, floral, balsámico. Boca sabroso, frutoso, buena acidez, fácil de beber.

BODEGAS FRANCISCO CASAS
Avda. de Los Comuneros, 67
49810 Morales de Toro (Zamora)
☎: +34 918 110 207
Fax: +34 918 110 798
www.bodegascasas.com
toro@bodegascasas.com

Camparrón 2008 TR
tinta de Toro

90 ★★★★★ **9€**

Color cereza, borde granate. Aroma fruta roja, fruta madura, tostado, terroso, balsámico, especias dulces. Boca potente, sabroso, tostado, taninos maduros, correcto.

Camparrón 2011 TC
tinta de Toro

87 ★★★★ **6€**

Color cereza brillante. Aroma fruta madura, especias dulces, roble cremoso, intensidad media. Boca frutoso, sabroso, tostado.

Camparrón Albus 2013 B
malvasía

83 **3€**

Camparrón Novum 2013 T
tinta de Toro

87 ★★★★★ **3€**

Color cereza, borde violáceo. Aroma expresivo, fruta fresca, fruta roja, floral. Boca sabroso, frutoso, buena acidez, fácil de beber.

Camparrón Pinturas de Rubens 2010 T
tinta de Toro

89 ★★★★ **7€**

Color cereza brillante. Aroma fruta madura, especias dulces, intensidad media, violetas. Boca frutoso, sabroso, tostado.

Camparrón Seleccion 2013 T
tinta de Toro

87 ★★★★★ **4,2€**

Color cereza, borde violáceo. Aroma expresivo, fruta fresca, fruta roja, floral, hierbas silvestres. Boca sabroso, frutoso, buena acidez.

Viña Abba 2009 T
tinta de Toro

86 **18€**

Color cereza, borde granate. Aroma fruta madura, especiado, roble cremoso, tostado, complejo, fina reducción. Boca potente, sabroso, tostado.

BODEGAS FRONTAURA
Ctra. Pesquera de Duero a Renedo, s/n
47315 Pesquera de Duero (Valladolid)
☎: +34 983 880 488
Fax: +34 983 870 065
www.bodegasfrontaura.com
info@bodegasfrontaura.com

Aponte 2006 T
100% tinta de Toro

93 **22,6€**

Color guinda. Aroma fruta roja, fruta madura, especiado, roble cremoso, tostado, complejo, terroso. Boca potente, sabroso, tostado, taninos maduros, elegante.

Dominio de Valdelacasa 2009 T
100% tinta de Toro

91 ★★★★★ **9,9€**

Color cereza muy intenso, borde granate. Aroma potente, fruta madura, muy tostado (torrefactado), chocolate. Boca potente, tostado, retronasal torrefactado, equilibrado.

Frontaura 2006 TC
100% tinta de Toro

90 ★★★   15€

Color cereza intenso. Aroma fruta madura, especiado, roble cremoso, tostado, complejo. Boca potente, sabroso, tostado, taninos maduros, equilibrado.

Frontaura 2012 BFB
92

Color amarillo brillante. Aroma especias dulces, roble cremoso, hierbas de tocador. Boca graso, retronasal ahumado, sabroso, fresco, buena acidez.

Tierras Guindas 2012 T
100% tinta de Toro

87 ★★★★★   5€

Color cereza intenso. Aroma fruta madura, especiado, roble cremoso, tostado. Boca sabroso, taninos maduros, fácil de beber.

BODEGAS GIL LUNA
Ctra. Toro - Salamanca, Km. 2
49800 Toro (Zamora)
☎: +34 980 698 509
Fax: +34 980 698 294
www.giluna.es
info@giluna.es

Gil Luna 2009 T
100% tinta de Toro

90 ★★★   15€

Color cereza, borde granate. Aroma fruta roja, fruta madura, especiado, roble cremoso, tostado, complejo, terroso. Boca potente, sabroso, tostado, taninos maduros.

Tres Lunas 2010 T
100% tinta de Toro

86 🌱   12€

Color cereza, borde granate. Aroma especiado, fina reducción, cuero mojado, ebanistería, tostado, fruta confitada. Boca especiado, largo, tostado.

Tres Lunas 2013 T
87 🌱

Color cereza, borde violáceo. Aroma fruta madura, hierbas silvestres, floral, especiado. Boca potente, sabroso, largo.

Tres Lunas Ecológico 2012 T
100% tinta de Toro

86 🌱   12€

Color guinda. Aroma fina reducción, tostado, fruta madura. Boca especiado, largo, tostado.

Tres Lunas Verdejo 2013 B
100% verdejo

87 ★★★★ 🌱   6€

Color pajizo brillante. Aroma fresco, fruta fresca, flores blancas, expresivo. Boca frutoso, buena acidez, equilibrado, fácil de beber.

BODEGAS GRUPO YLLERA
Autovía A-6, Km. 173,5
47490 Rueda (Valladolid)
☎: +34 983 868 097
Fax: +34 983 868 177
www.grupoyllera.com
grupoyllera@grupoyllera.com

Garcilaso 2009 TC
100% tempranillo

89   12€

Color cereza, borde granate. Aroma fruta madura, hierbas silvestres, terroso, especiado, roble cremoso, fina reducción. Boca sabroso, largo, balsámico, especiado.

BODEGAS ITURRIA
Avda. Torrecilla De La Abadesa 2,2E
47100 Tordesillas (Valladolid)
☎: +34 600 523 070
www.bodegas-iturria.com
contact@bodegas-iturria.com

Tinto Iturria 2010 T
tinta de Toro, garnacha

89 ★★★   9,5€

Color cereza, borde granate. Aroma equilibrado, fruta roja, fruta madura, hierbas silvestres. Boca fruta madura, taninos maduros.

Valdosan 2010 T
tinta de Toro

90 ★★★   15€

Color cereza, borde granate. Aroma fruta madura, especiado, roble cremoso, tostado, mineral. Boca potente, sabroso, tostado, equilibrado.

BODEGAS LIBA Y DELEITE

Ctra. San Román de Hornija, P:Km. 1,200
49801 Morales de Toro (Zamora)
☎: +34 615 101 249
www.acontia.es
acontia@acontia.es

Acontia 6 2012 T
tinta de Toro, garnacha

87 ★★★★   6€

Color cereza brillante. Aroma fruta madura, especias dulces, intensidad media, balsámico. Boca frutoso, sabroso, tostado.

Acontia Ritual 2010 TC
tinta de Toro, garnacha

87   15€

Color cereza, borde granate. Aroma fruta madura, especiado, roble cremoso, tostado. Boca potente, sabroso, tostado.

BODEGAS MATARREDONDA

Ctra. Toro - Valdefinjas, km. 2,5
49800 Toro (Zamora)
☎: +34 980 059 981
Fax: +34 980 059 981
www.vinolibranza.com
libranza@vinolibranza.com

Juan Rojo 2008 T
100% tinta de Toro

89 ★★★   8,6€

Color cereza, borde granate. Aroma especiado, roble cremoso, tostado, fruta al licor. Boca potente, sabroso, tostado.

Libranza 2009 T
100% tinta de Toro

89   14,7€

Color cereza, borde granate. Aroma fruta roja, fruta madura, especiado, roble cremoso, tostado, complejo, terroso, fina reducción. Boca potente, sabroso, tostado.

Libranza 28 2007 T Reserva Especial
100% tinta de Toro

89   24€

Color cereza, borde granate. Aroma especiado, roble cremoso, tostado, fruta al licor, terroso. Boca potente, sabroso, tostado.

Valdefama 2011 T
100% tinta de Toro

86 ★★★★★   5€

Color cereza, borde granate. Aroma fruta confitada, fina reducción, balsámico, especiado. Boca potente, sabroso, especiado.

BODEGAS MONTE LA REINA

Ctra. Toro - Zamora, Km. 436,7
49881 Toro (Zamora)
☎: +34 980 082 011
www.montelareina.es
turismo@montelareina.es

Castillo de Monte la Reina 2009 T Fermentado en Barrica
100% tinta de Toro

88   14€

Color cereza, borde granate. Aroma fruta madura, especiado, roble cremoso, tostado, complejo, fina reducción. Boca potente, sabroso, tostado, taninos maduros.

Castillo de Monte la Reina 2009 TC
100% tinta de Toro

88 ★★★★   8€

Color cereza, borde granate. Aroma especiado, tostado, fruta sobremadura, mineral. Boca potente, sabroso, tostado, taninos maduros.

Castillo de Monte la Reina 2012 T Roble
100% tinta de Toro

87 ★★★★   6€

Color cereza brillante, cereza, borde granate. Aroma fruta madura, especias dulces, roble cremoso, hierbas secas. Boca sabroso, tostado, taninos maduros.

Castillo de Monte la Reina Cuvee Privee 2009 T
100% tinta de Toro

91 ★★★   16€

Color cereza, borde granate. Aroma fruta madura, especiado, roble cremoso, tostado, complejo. Boca potente, sabroso, tostado, taninos maduros.

Castillo de Monte la Reina Vendimia Seleccionada 2005 T
tinta de Toro

90   23€

Color guinda. Aroma fruta madura, hierbas silvestres, especiado, roble cremoso, fina reducción. Boca potente, sabroso, elegante, largo.

Castillo de Monte la Reina Verdejo 2013 B
100% verdejo

85 ★★★★   5,5€

Inaraja 2008 T
100% tinta de Toro

93   59€

Color cereza muy intenso. Aroma fruta madura, especiado, roble cremoso, tostado, complejo, mineral. Boca potente, sabroso, tostado, taninos maduros, concentrado.

Tertius 2012 T Roble

85 ★★★★   5,5€

Tertius 2013 T
tinta de Toro

86 ★★★★★   3,5€

Color cereza, borde violáceo. Aroma fruta roja, floral, fruta madura. Boca sabroso, frutoso, buena acidez, taninos maduros.

Tertius Verdejo 2013 B
100% verdejo

83   3,8€

BODEGAS OLIVARA

Eras de Santa Catalina, s/n
49800 Toro (Zamora)
☎: +34 980 693 425
Fax: +34 980 693 409
www.marquesdeolivara.com
marquesdeolivara@marquesdeolivara.com

Olivara 2010 TC
100% tinta de Toro

88 ★★★★   6€

Color cereza oscuro. Aroma fruta madura, especiado, roble cremoso, tostado. Boca potente, sabroso, tostado, taninos maduros.

Olivara 2013 T
100% tinta de Toro

85 ★★★★★   3,3€

Olivara Vendimia Seleccionada 2011 T
tinta de Toro

87   12€

Color cereza brillante. Aroma fruta madura, especiado, roble cremoso. Boca potente, sabroso, tostado, taninos maduros.

BODEGAS ORDÓÑEZ

Bartolomé Esteban Murillo, 11
29700 Vélez- Málaga (Málaga)
☎: +34 952 504 706
Fax: +34 951 284 796
www.grupojorgeordonez.com
info@jorgeordonez.es

Tritón Tinta Toro 2012 T
100% tinta de Toro

89 ★★★★   7,5€

Color cereza, borde granate. Aroma potente, fruta madura, tostado. Boca sabroso, amargoso, buena acidez.

BODEGAS REJADORADA S.L.

Rejadorada, 11
49800 Toro (Zamora)
☎: +34 980 693 089
Fax: +34 980 693 089
www.rejadorada.com
rejadorada@rejadorada.com

Bravo de Rejadorada 2010 T
100% tinta de Toro

93   36€

Color cereza, borde granate. Aroma fruta roja, fruta madura, especiado, roble cremoso, tostado, complejo, terroso. Boca potente, sabroso, tostado, taninos maduros, largo.

Novellum de Rejadorada 2010 TC
100% tinta de Toro

89 ★★★   10€

Color cereza, borde granate. Aroma fruta madura, especiado, roble cremoso, tostado, complejo. Boca potente, sabroso, tostado, taninos maduros.

Rejadorada Roble 2012 T Roble
100% tinta de Toro

87 ★★★★   6€

Color cereza brillante. Aroma fruta madura, especias dulces, roble cremoso, balsámico. Boca sabroso, frutoso, tostado.

Sango de Rejadorada 2009 TR
100% tinta de Toro

92   16,5€

Color cereza, borde granate. Aroma fruta roja, fruta madura, especiado, roble cremoso, tostado, complejo, terroso. Boca potente, sabroso, tostado, taninos maduros.

BODEGAS SIETECERROS

Finca Villaester N-122, km. 409
47540 Villaester de Arriba - Pedrosa del
Rey (Valladolid)
☎: +34 983 784 083
Fax: +34 983 784 142
www.bodegasietecerros.com
sietecerros@bodegasietecerros.com

Quebrantarrejas 2013 T
100% tinta de Toro
85 ★★★★★　　　　　　　　　**2,1€**

Valdelazarza 2009 TR
100% tinta de Toro
85 ★★★　　　　　　　　　　　**9,7€**

Valdelazarza 2010 T Roble
100% tinta de Toro
83　　　　　　　　　　　　　　**3,6€**

Valdelazarza 2010 TC
100% tinta de Toro
84　　　　　　　　　　　　　　**5,8€**

BODEGAS SOBREÑO

Ctra. N-122, Km. 423
49800 Toro (Zamora)
☎: +34 980 693 417
Fax: +34 980 693 416
www.sobreno.com
sobreno@sobreno.com

Finca Sobreño 2012 T Roble
100% tinta de Toro
86 ★★★★　　　　　　　　　　**5,9€**
Color cereza, borde granate. Aroma fruta madura, hierbas
silvestres, especiado, roble cremoso. Boca largo, balsámico.

Finca Sobreño Crianza 2011 TC
tinta de Toro
84　　　　　　　　　　　　　　**8,5€**

Finca Sobreño Ecológico 2012 T
100% tinta de Toro
84 ❁　　　　　　　　　　　　**8,5€**

Finca Sobreño Ildefonso 2009 T
100% tinta de Toro
90　　　　　　　　　　　　　　**23€**
Color cereza, borde granate. Aroma fruta roja, fruta madura,
especiado, roble cremoso, tostado, complejo, terroso. Boca
potente, sabroso, tostado, taninos maduros.

Finca Sobreño Selección Especial 2009 TR
100% tinta de Toro
89　　　　　　　　　　　　　　**17€**
Color cereza, borde granate. Aroma fruta madura, especiado,
roble cremoso, tostado, complejo. Boca potente, sabroso, tostado, taninos maduros.

BODEGAS TORREDUERO

Pol. Ind. Toro Norte s/n
49800 Toro (Zamora)
☎: +34 941 454 050
Fax: +34 941 454 529
www.bodegasriojanas.com
bodega@bodegasriojanas.com

Marqués de Peñamonte 2008 TR
100% tinta de Toro

88   12,8€

Color cereza brillante. Aroma fruta madura, especias dulces, roble cremoso, intensidad media. Boca frutoso, sabroso, tostado.

Marqués de Peñamonte Colección Privada 2011 T
100% tinta de Toro

89   15€

Color cereza, borde granate. Aroma fruta madura, especiado, roble cremoso, tostado, complejo, balsámico. Boca potente, sabroso, tostado, correcto.

Peñamonte 2010 TC
100% tinta de Toro

88 ★★★★   5,6€

Color cereza intenso, borde granate. Aroma fruta madura, especiado, equilibrado. Boca sabroso, correcto, taninos maduros.

Peñamonte 2012 T Barrica
100% tinta de Toro

87 ★★★★★   3,9€

Color cereza, borde granate. Aroma fruta madura, especiado, roble cremoso, tostado, complejo, terroso. Boca potente, sabroso, tostado, correcto.

Peñamonte 2013 RD

86 ★★★★★   2,8€

Color cereza claro. Aroma potente, fruta roja, fruta madura, pétalos de rosa. Boca sabroso, frutoso.

Peñamonte 2013 T
tinta de Toro

85 ★★★★★   2,8€

Peñamonte Verdejo 2013 B
100% verdejo

82   2,9€

BODEGAS VEGA SAUCO

Avda. Comuneros, 108
49810 Morales de Toro (Zamora)
☎: +34 980 698 294
Fax: +34 980 698 294
www.vegasauco.com
info@vegasauco.com

Adoremus 2006 TR
100% tinta de Toro

89   14€

Color guinda. Aroma especiado, fina reducción, cuero mojado, ebanistería, espirituoso, expresivo. Boca especiado, taninos finos, largo.

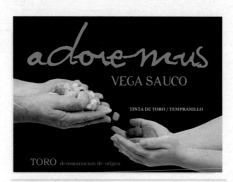

Adoremus 2000 TGR
tinta de Toro

88   16€

Color rubí, borde teja. Aroma elegante, especiado, fina reducción, cuero mojado, ebanistería. Boca especiado, elegante, largo, taninos maduros.

Adoremus 2001 TGR
100% tinta de Toro

87   16€

Color cereza intenso, borde anaranjado. Aroma especiado, fina reducción, cuero mojado, ebanistería, espirituoso. Boca especiado, taninos finos, largo.

Adoremus 2009 TR
100% tinta de Toro

90 ★★★   14€

Color cereza, borde granate. Aroma complejo, fruta madura, especiado. Boca estructurado, sabroso, taninos maduros.

Vega Saúco El Beybi 2012 T Roble
100% tinta de Toro

86 ★★★★   5,5€

Color cereza, borde violáceo. Aroma especias dulces, roble cremoso, expresivo, fruta confitada. Boca sabroso, frutoso, tostado, taninos maduros.

Vega Saúco El Beybi 2013 T Roble
100% tinta de Toro

87 ★★★★   5,5€

Color cereza brillante. Aroma fruta madura, especias dulces, expresivo. Boca sabroso, frutoso, tostado, taninos maduros.

Vega Saúco Selección 2010 T
88

Color cereza, borde granate. Aroma fruta roja, fruta madura, especiado, tostado. Boca potente, sabroso, tostado, taninos maduros.

Vega Saúco Selección 2011 T
100% tinta de Toro

86 ★★★   10€

Color cereza intenso, borde granate. Aroma potente, fruta confitada, tostado, tabaco. Boca sabroso, fruta madura, cierta persistencia.

BODEGAS VETUS
Ctra. Toro a Salamanca, Km. 9,5
49800 Toro (Zamora)
☎: +34 945 609 086
Fax: +34 980 056 012
www.bodegasvetus.com
vetus@bodegasvetus.com

Celsus 2012 T
100% tinta de Toro

93   28€

Color cereza muy intenso. Aroma fruta madura, especiado, roble cremoso, tostado, con carácter, terroso, mineral. Boca potente, sabroso, tostado, taninos maduros.

Flor de Vetus 2012 T
100% tinta de Toro

91 ★★★★★   8,7€

Color cereza brillante. Aroma fruta madura, especias dulces, roble cremoso, expresivo. Boca sabroso, frutoso, tostado, taninos maduros.

Vetus 2011 T
100% tinta de Toro

92 ★★★   14,3€

Color cereza, borde granate. Aroma fruta madura, especiado, roble cremoso, tostado, complejo, chocolate, terroso. Boca potente, sabroso, confitado.

BODEGAS Y VIÑEDOS ANZIL

Ctra. Camino El Pego s/n, Ctra. Toro
a Villabuena del Puente, km. 9,400
49800 Toro (Zamora)
☎: +34 915 006 000
Fax: +34 915 006 006
www.bodegasanzil.es
rrpp@vina-mayor.es

Finca Anzil Vendimia Seleccionada 2011 T
100% tinta de Toro

91   22€

Color cereza, borde granate. Aroma fruta madura, especiado,
roble cremoso, tostado, complejo, balsámico, terroso. Boca
potente, sabroso, tostado, taninos maduros.

Viña Mayor Toro 2012 T
100% tinta de Toro

90 ★★★★★   9,3€

Color cereza, borde granate. Aroma fruta madura, especiado,
equilibrado, mineral. Boca potente, sabroso, taninos maduros, largo.

BODEGAS Y VIÑEDOS MAURODOS

Ctra. N-122, Km. 411 - Villaester
47112 Pedrosa del Rey (Valladolid)
☎: +34 983 784 118
Fax: +34 983 784 018
www.bodegasanroman.com
comunicacion@bodegasmauro.com

Prima 2012 T

90 ★★★★★   10€

Color cereza brillante. Aroma fruta madura, especias dulces,
roble cremoso, hierbas silvestres. Boca sabroso, frutoso, tostado, taninos maduros.

San Román 2011 T
100% tinta de Toro

94   25,5€

Color cereza intenso, borde granate. Aroma fruta madura,
cacao fino, roble cremoso, especias dulces, complejo. Boca
equilibrado, taninos maduros, especiado, largo.

BODEGAS Y VIÑEDOS PINTIA

Ctra. de Morales, s/n
47530 San Román de Hornija
(Valladolid)
☎: +34 983 680 147
Fax: +34 983 680 263
www.bodegaspintia.com
cupos@vega-sicilia.com

Pintia 2011 T
100% tinta de Toro

93   40€

Color cereza brillante. Aroma especias dulces, roble cremoso,
expresivo, expresión frutal. Boca sabroso, frutoso, tostado,
taninos maduros.

BODEGUEROS QUINTA ESENCIA

Eras, 37
47520 Castronuño (Valladolid)
☎: +34 605 887 100
Fax: +34 983 866 391
www.bodeguerosquintaesencia.com
ferrin@bodeguerosquintaesencia.com

Sofros 2012 T
tinta de Toro

89   15€

Color cereza, borde granate. Aroma fruta madura, especiado,
roble cremoso, tostado. Boca potente, sabroso, tostado, taninos maduros, retronasal torrefactado.

BOUTIQUE WINES

Jacinto Benavente, 2
47195 Arroyo de la Encomienda
(Valladolid)
☎: +34 639 250 225
Fax: +34 983 211 407
www.contaderowine.com
info@contaderowine.com

Campiña Viñas Centenarias 2009 TC
tinta de Toro

88

Color cereza, borde granate. Aroma equilibrado, complejo,
fruta madura, especiado, fina reducción. Boca estructurado,
sabroso, taninos maduros.

Contadero 2013 T
tinta de Toro

86 ★★★★★   2,5€

Color cereza muy intenso, borde granate. Aroma cálido, hierbas secas, fruta confitada. Boca sabroso, fruta madura, largo.

Contadero Viñas Centenarias 2009 T
tinta de Toro

86 ★★★★★　　　　　　　　4,2€

Color cereza, borde granate. Aroma fruta madura, fruta confitada, hierbas silvestres, fina reducción. Boca potente, sabroso, especiado.

BUIL & GINÉ
Ctra. de Gratallops - Vilella Baixa,
Km. 11,5
43737 Gratallops (Tarragona)
☎: +34 977 839 810
Fax: +34 977 839 811
www.builgine.com
info@builgine.com

Buil 2009 TC
tinta de Toro

89　　　　　　　　　　　19,6€

Color cereza, borde granate. Aroma fruta madura, hierbas silvestres, terroso, especiado, roble cremoso. Boca equilibrado, sabroso, largo, balsámico.

CAÑADA DEL PINO
Pol. Ind. 6 - Parcela 83
49810 Morales de Toro (Zamora)
☎: +34 676 701 918
Fax: +34 980 698 318
fincayerro@gmail.com

Finca Yerro 2011 T Roble
tinta de Toro

86 ★★★★　　　　　　　　6,1€

Color cereza brillante. Aroma fruta madura, especias dulces, roble cremoso, expresivo. Boca sabroso, frutoso, tostado.

Piélago 2009 T
tinta de Toro

90 ★★★★★　　　　　　　8,5€

Color cereza, borde granate. Aroma fruta madura, especiado, tostado, complejo, hierbas secas. Boca sabroso, tostado, taninos maduros.

CARMEN RODRÍGUEZ MÉNDEZ
Ctra. Salamanca, ZA 605, Km. 1,650
49800 Toro (Zamora)
☎: +34 658 788 233
www.carodorum.com
info@carodorum.com

Carodorum 2011 TC
tinta de Toro

90 ★★★　　　　　　　　　15€

Color cereza, borde granate. Aroma especiado, roble cremoso, tostado, complejo, fruta confitada, mineral. Boca potente, sabroso, tostado.

Carodorum Selección Especial 2011 TC
tinta de Toro

91　　　　　　　　　　　25€

Color cereza, borde granate. Aroma fruta madura, hierbas silvestres, terroso, especiado, roble cremoso. Boca equilibrado, sabroso, largo, balsámico, redondo.

Carodorum Vendimia Seleccionada 2013 T Roble
tinta de Toro

87 ★★★★　　　　　　　　6€

Color cereza, borde violáceo. Aroma fruta madura, fruta confitada, especias dulces. Boca estructurado, sabroso, taninos maduros.

COMPAÑÍA DE VINOS TELMO RODRÍGUEZ
El Monte
1308 Lanciego (Álava)
☎: +34 945 628 315
Fax: +34 945 628 314
www.telmorodriguez.com
contact@telmorodriguez.com

Pago La Jara 2010 T
tinta de Toro

94　　　　　　　　　　　46,9€

Color cereza, borde granate. Aroma fruta roja, fruta madura, especiado, roble cremoso, complejo, terroso. Boca potente, sabroso, tostado, taninos maduros.

CORAL DUERO
Ascensión, s/n
49154 El Pego (Zamora)
☎: +34 980 606 333
Fax: +34 980 606 391
www.rompesedas.com
rompesedas@rompesedas.com

Rompesedas 2007 T
100% tinta de Toro

92　　　　　　　　　　　17€

Color guinda. Aroma fruta madura, hierbas silvestres, terroso, especiado, roble cremoso, mineral, expresivo. Boca equilibrado, sabroso, largo, balsámico, elegante.

Rompesedas 2012 T Barrica
100% tinta de Toro

89 ★★★★　　　　　　　　6,5€

Color cereza brillante. Aroma fruta madura, especias dulces, expresivo. Boca sabroso, frutoso, tostado, taninos maduros.

DIVINA PROPORCIÓN

Camino del Cristo s/n
49800 Toro
☎: +34 980 059 018
www.divinaproporcionbodegas.es
info@divinaproporcionbodegas.es

24 Mozas 2013 T
100% tinta de Toro

89 ★★★ 9€

Color cereza, borde granate. Aroma fruta madura, especiado, roble cremoso, tostado, complejo, terroso. Boca potente, sabroso, tostado, taninos marcados de roble.

Abracadabra 2012 T
100% tinta de Toro

90 ★★★★ 12€

Color cereza intenso. Aroma fruta madura, especiado, roble cremoso, tostado, complejo. Boca potente, sabroso, tostado, taninos maduros.

Encomienda de la Vega 2011 T
100% tinta de Toro

90 ★★★★★ 6,6€

Color cereza muy intenso. Aroma fruta madura, especiado, tostado. Boca potente, sabroso, tostado, taninos maduros.

Madremia 2012 T
100% tinta de Toro

92 ★★★★ 10,5€

Color cereza, borde granate. Aroma fruta madura, especiado, roble cremoso, tostado, complejo, terroso. Boca potente, sabroso, tostado.

DOMINIO DEL BENDITO

Pza. Santo Domingo, 8
49800 Toro (Zamora)
☎: +34 980 693 306
www.bodegadominiodelbendito.com
info@bodegadominiodelbendito.es

Dominio del Bendito El Primer Paso 2012 T Roble
100% tinta de Toro

90 ★★★★ 10,8€

Color cereza brillante, borde granate. Aroma fruta madura, especias dulces, roble cremoso, expresivo. Boca sabroso, frutoso, tostado, equilibrado.

El Titán del Bendito 2011 T
100% tinta de Toro

95 🌷 37€

Color cereza, borde granate. Aroma fruta madura, especiado, roble cremoso, tostado, complejo, chocolate, terroso. Boca potente, sabroso, tostado, taninos maduros, redondo, equilibrado, elegante.

ELÍAS MORA

Juan Mora, s/n
47530 San Román de Hornija
(Valladolid)
☎: +34 983 784 029
Fax: +34 983 784 190
www.bodegaseliasmora.com
info@bodegaseliasmora.com

2V Premium 2010 T
tinta de Toro

93   47,5€

Color cereza, borde granate. Aroma fruta madura, roble cremoso, tostado, complejo, terroso, expresivo. Boca potente, sabroso, tostado, taninos maduros.

Descarte 2012 T
100% tinta de Toro

91 ★★★   15€

Color cereza brillante. Aroma fruta madura, especias dulces, roble cremoso, intensidad media. Boca frutoso, sabroso, tostado.

Elías Mora 2009 TR
100% tinta de Toro

92   37€

Color cereza, borde granate. Aroma equilibrado, complejo, fruta madura, especiado, balsámico. Boca estructurado, sabroso, taninos maduros, equilibrado, elegante.

Elías Mora 2011 TC
tinta de Toro

92 ★★★★   11,8€

Color cereza, borde granate. Aroma fruta madura, especiado, roble cremoso, tostado, complejo, balsámico. Boca potente, sabroso, tostado, redondo, elegante.

Gran Elías Mora 2010 TR
100% tinta de Toro

94   27€

Color cereza, borde granate. Aroma fruta madura, hierbas silvestres, terroso, especiado, roble cremoso. Boca sabroso, largo, balsámico.

Viñas Elías Mora 2012 T Roble
100% tinta de Toro

90 ★★★★★   7,7€

Color cereza, borde granate. Aroma fruta madura, especiado, roble cremoso, tostado, complejo, terroso. Boca potente, sabroso, tostado, taninos maduros.

ESTANCIA PIEDRA

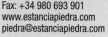

Ctra. Toro a Salamanca km. 8
49800 Toro (Zamora)
☎: +34 980 693 900
Fax: +34 980 693 901
www.estanciapiedra.com
piedra@estanciapiedra.com

La Garona 2008 T
tinta de Toro, garnacha

90 ★★★   15€

Color cereza muy intenso. Aroma fruta madura, mineral, balsámico, especiado, roble cremoso. Boca potente, sabroso, equilibrado, taninos maduros.

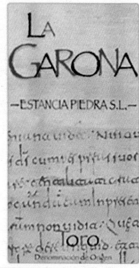

Piedra 2013 RD
tinta de Toro

87 ★★★★   6€

Color frambuesa, borde violáceo. Aroma fruta roja, floral, expresivo, fresco, cítricos. Boca potente, frutoso, fresco, fácil de beber.

Piedra Platino Selección 2006 TGR
tinta de Toro

91 ★★★   16€

Color cereza, borde granate. Aroma fruta madura, especiado, roble cremoso, tostado. Boca potente, sabroso, tostado, taninos maduros.

Piedra Roja 2010 TC
tinta de Toro

91 ★★★★   13€

Color cereza, borde granate. Aroma fruta madura, especiado, roble cremoso, tostado, complejo. Boca potente, sabroso, tostado.

Piedra Viña Azul 2013 T
tinta de Toro

88 ★★★★   6€

Color cereza, borde violáceo. Aroma fruta roja, frambuesa, expresión frutal. Boca sabroso, ligero, buena acidez, fresco, frutoso.

FRUTOS VILLAR

Eras de Santa Catalina, s/n
49800 Toro (Zamora)
☎: +34 983 586 868
Fax: +34 983 580 180
www.bodegasfrutosvillar.com
bodegasfrutosvillar@bodegasfrutosvillar.com

Muruve 2010 TC
100% tinta de Toro

88 ★★★★   7,3€

Color cereza, borde granate. Aroma fruta madura, especiado, roble cremoso, tostado, complejo. Boca potente, sabroso, tostado.

Muruve 2010 TR
100% tinta de Toro

89 ★★★   10€

Color cereza, borde granate. Aroma fruta madura, especiado, roble cremoso, tostado, complejo. Boca potente, sabroso, tostado, taninos maduros.

Muruve 2013 T
tinta de Toro

86 ★★★★★   3,8€

Color cereza, borde violáceo. Aroma fruta roja, fruta madura, floral, expresivo. Boca potente, fresco, frutoso.

Muruve Élite 2010 T
100% tinta de Toro

90   16,5€

Color cereza, borde granate. Aroma fruta madura, hierbas silvestres, terroso, especiado, roble cremoso. Boca equilibrado, sabroso, largo, balsámico.

Puerta de la Majestad 2011 T Roble
100% tinta de Toro

85 ★★★★★   4,5€

HACIENDA TERRA D'URO

Campanas, 4, 1º A
47001 (Valladolid)
☎: +34 983 362 591
Fax: +34 983 357 663
www.terraduro.com
manueldenicolas@gmail.com

Terra D'uro Finca La Rana 2011 T
100% tinta de Toro

89

Color cereza, borde granate. Aroma fruta madura, hierbas silvestres, terroso, especiado, roble cremoso. Boca equilibrado, sabroso, largo, balsámico.

Terra D'uro Selección 2010 T
100% tinta de Toro

91

Color cereza, borde granate. Aroma fruta roja, fruta madura, balsámico, roble cremoso, expresivo. Boca potente, sabroso, especiado, equilibrado.

Uro 2010 T
100% tinta de Toro

93

Color cereza, borde granate. Aroma fruta madura, especiado, roble cremoso, tostado, complejo, chocolate, terroso. Boca potente, sabroso, tostado, largo.

HAMMEKEN CELLARS

Calle de la Muela, 16
3730 Jávea (Alicante)
☎: +34 965 791 967
Fax: +34 966 461 471
www.hammekencellars.com
cellars@hammekencellars.com

Viña Altamar Barrel Select Tempranillo 2010 T
100% tempranillo

89   15€

Color cereza brillante. Aroma fruta madura, especiado, roble cremoso, tostado, hierbas silvestres. Boca potente, sabroso, tostado, taninos maduros.

Viña Altamar Tempranillo 2013 T
100% tempranillo

87 ★★★   9€

Color cereza, borde violáceo. Aroma fruta roja, expresión frutal, hierbas de tocador. Boca sabroso, buena acidez, fresco, frutoso.

HEREDAD DE URUEÑA

Ctra. Toro a Medina de Rioseco,
km 21,300
47862 Urueña (Valladolid)
☎: +34 915 610 920
Fax: +34 915 634 131
www.heredaduruena.com
direccion@heredaduruena.com

Moises Gran Vino 2009 T
tinta de Toro

92   30€

Color cereza, borde granate. Aroma equilibrado, complejo, fruta madura, especiado, terroso, expresivo. Boca estructurado, sabroso, taninos maduros, elegante.

Toralto 2010 T
tinta de Toro

88   15€

Color cereza intenso, borde granate. Aroma tostado, cacao fino, potente. Boca equilibrado, estructurado, especiado.

LEGADO DE ORNIZ

Real de Pedrosa, 20
47530 San Román de Hornija
(Valladolid)
☎: +34 669 545 976
Fax: +34 983 784 116
www.legadodeorniz.com
info@legadodeorniz.com

Epitafio 2011 T
tinta de Toro

92   21€

Color cereza, borde granate. Aroma fruta roja, fruta madura, especiado, roble cremoso, tostado, complejo, terroso. Boca potente, sabroso, tostado, taninos maduros.

Triens 2011 T
tinta de Toro

90 ★★★★   12,7€

Color cereza, borde granate. Aroma fruta madura, especiado, roble cremoso, tostado, complejo. Boca potente, sabroso, tostado, taninos maduros.

LONG WINES

Avda. del Puente Cultural, 8 Bloque B
Bajo 7
28702 San Sebastián de los Reyes
(Madrid)
☎: +34 916 221 305
Fax: +34 916 220 029
www.longwines.com
adm@longwines.com

El Bos 2012 T
100% tinta de Toro

88 ★★★   9€

Color cereza brillante. Aroma fruta madura, especias dulces, roble cremoso, intensidad media. Boca frutoso, sabroso, tostado.

MATSU

Vara del Rey, 5
26003 Logroño (La Rioja)
☎: +34 941 271 217
Fax: +34 941 272 911
www.bodegamatsu.com
comunicacion@vintae.com

Matsu El Pícaro 2013 T
tinta de Toro

88 ★★★★   7,2€

Color cereza, borde violáceo. Aroma potente, fruta roja, fruta madura, floral, expresivo. Boca potente, fresco, frutoso, untuoso, especiado, largo.

Matsu El Recio 2011 T
tinta de Toro

90 ★★★★   12,1€

Color cereza, borde granate. Aroma fruta madura, especiado, roble cremoso, tostado, complejo. Boca potente, sabroso, tostado, taninos maduros.

Matsu El Viejo 2010 T
tinta de Toro

92   24€

Color cereza, borde granate. Aroma equilibrado, complejo, fruta madura, especiado, roble cremoso. Boca estructurado, sabroso, especiado, largo.

PAGOS DEL REY

Avda. de los Comuneros, 90
49810 Morales de Toro (Zamora)
☎: +34 980 698 023
www.pagosdelrey.com
nfernandez@felixsolisavantis.com

Bajoz 2011 TC
tinta de Toro

88 ★★★★★   5€

Color cereza brillante. Aroma fruta madura, especias dulces, roble cremoso. Boca sabroso, frutoso, tostado, taninos maduros.

Bajoz 2013 RD
tinta de Toro

86 ★★★★★   3€

Color frambuesa, borde violáceo. Aroma fruta madura, fruta roja, floral, expresivo, fresco. Boca frutoso, fresco, fácil de beber, cierta persistencia.

Bajoz 2013 T
tinta de Toro

86 ★★★★★   3€

Color cereza, borde violáceo. Aroma fruta fresca, hierbas silvestres, equilibrado. Boca frutoso, fácil de beber, cierta persistencia.

Bajoz 2013 T Roble
tinta de Toro

87 ★★★★★   4€

Color cereza muy intenso, borde granate. Aroma potente, fruta madura, muy tostado (torrefactado), chocolate. Boca potente, tostado, retronasal torrefactado.

Bajoz Malvasía 2013 B
malvasía

85 ★★★★★   3€

Finca La Meda 2011 TC
tinta de Toro

90 ★★★★★   9,6€

Color cereza brillante. Aroma fruta madura, especias dulces, roble cremoso, expresivo. Boca sabroso, frutoso, tostado, taninos maduros.

Tinta de Toro

Finca La Meda 2013 RD
tinta de Toro

85 ★★★★   5,7€

Finca La Meda 2013 T
tinta de Toro

86 ★★★★   5,7€

Color cereza brillante, borde violáceo. Aroma fresco, intensidad media, fruta roja. Boca frutoso, correcto, buena acidez.

Finca La Meda 2013 T Roble
tinta de Toro

88 ★★★★   8€

Color cereza brillante. Aroma fruta madura, especias dulces, roble cremoso, expresivo. Boca sabroso, frutoso, tostado.

Finca La Meda Alta Expresión 2011 T
tinta de Toro

91   18€

Color cereza brillante. Aroma fruta roja, fruta madura, especiado, roble cremoso, tostado, complejo. Boca potente, sabroso, tostado, taninos maduros.

Finca La Meda Malvasía 2013 B
malvasía

83   5,7€

Gran Bajoz 2011 T
tinta de Toro

90 ★★★★★   9€

Color cereza, borde granate. Aroma fruta roja, fruta madura, especiado, roble cremoso, tostado, complejo, terroso. Boca potente, sabroso, tostado, taninos maduros.

Moralinos 2012 T
tinta de Toro

86 ★★★★★   2€

Color cereza, borde violáceo. Aroma fruta roja, floral, fruta madura. Boca sabroso, frutoso, buena acidez, taninos maduros.

PALACIO DE VILLACHICA
Ctra. Nacional 122, Km. 433,2
49800 Toro (Zamora)
☎: +34 609 144 711
Fax: +34 983 381 356
www.palaciodevillachica.com
bodegavillachica@yahoo.es

Palacio de Villachica 2010 TC
100% tinta de Toro

88 ★★★   8,2€

Color cereza, borde granate. Aroma fruta madura, hierbas silvestres, especiado, roble cremoso. Boca equilibrado, sabroso, largo, balsámico.

Palacio de Villachica 2011 T Roble
100% tinta de Toro
85 ★★★★★   4,5€

Palacio de Villachica 2013 T
100% tinta de Toro
85 ★★★★★   3,5€

Palacio de Villachica Selección 2010 T
100% tinta de Toro
89   15€
Color cereza, borde granate. Aroma fruta madura, especiado, roble cremoso, tostado, complejo, balsámico, tierra húmeda. Boca potente, sabroso, tostado.

QUINOLA SUÁREZ
Paseo de Zorrilla, 11- 4 izq.
47007 Valladolid (Valladolid)
☎: +34 625 227 321
www.quinola.es
garagewine@quinola.es

Quinola Garage Wine 2011 T Roble
100% tinta de Toro
93   39€
Color cereza, borde granate. Aroma fruta madura, especiado, roble cremoso, tostado, complejo. Boca potente, sabroso, tostado, taninos maduros.

QUINTA DE LA QUIETUD
Camino de Bardales, s/n Apdo. Correos 34
49800 Toro (Zamora)
☎: +34 980 568 019
www.quintaquietud.com
info@quintaquietud.com

Corral de Campanas 2012 T
tinta de Toro
90 ★★★★★ ♣   10€
Color cereza, borde granate. Aroma fruta madura, especiado, roble cremoso, tostado, complejo, terroso. Boca potente, sabroso, tostado, equilibrado.

Quinta Quietud 2009 T
tinta de Toro
92 ♣   18€
Color guinda. Aroma fina reducción, tostado, cuero muy curtido. Boca largo, sabroso, especiado, taninos maduros, complejo.

QUINTA
QUIETUD
TORO
Denominación de Origen

RODRÍGUEZ SANZO

Manuel Azaña, 9
47014 (Valladolid)
☎: +34 983 150 150
Fax: +34 983 150 151
www.rodriguezsanzo.com
comunicacion@valsanzo.com

Damalisco 2010 TC
100% tinta de Toro

90 ★★★★★   9,9€

Color cereza, borde granate. Aroma hierbas silvestres, fruta madura, mineral, especiado, roble cremoso. Boca potente, sabroso, largo, balsámico.

Damalisco 2013 T Roble
100% tempranillo

88 ★★★★   6,3€

Color cereza brillante. Aroma fruta madura, especias dulces, roble cremoso. Boca sabroso, frutoso, tostado.

Terras de Javier Rodríguez Toro 2011 T
100% tinta de Toro

93   19€

Color cereza, borde granate. Aroma fruta roja, fruta madura, especiado, roble cremoso, balsámico, mineral. Boca potente, sabroso, equilibrado, especiado.

TESO LA MONJA

Paraje Valdebuey Ctra. ZA-611, Km. 6,3
49882 Valdefinjas (Zamora)
☎: +34 980 568 143
Fax: +34 980 508 144
www.tesolamonja.com
info@sierracantabria.com

Alabaster 2011 T
tinta de Toro

97   120€

Color cereza, borde granate. Aroma especiado, roble cremoso, tostado, complejo, chocolate, expresión frutal. Boca potente, sabroso, tostado, taninos maduros.

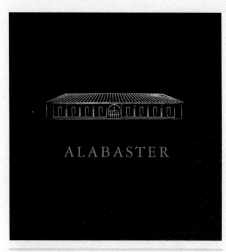

Alabaster 2012 T
tinta de Toro

95   120€

Color cereza, borde granate. Aroma especiado, tostado, mineral, fruta madura. Boca potente, sabroso, tostado, taninos maduros.

Almirez 2012 T
tinta de Toro

94 ★★★   14,8€

Color cereza, borde granate. Aroma especiado, roble cremoso, tostado, complejo, fruta roja. Boca potente, sabroso, tostado, taninos maduros.

Romanico 2012 T
tinta de Toro

91 ★★★★★   6€

Color cereza brillante. Aroma fruta madura, especias dulces, roble cremoso, expresivo. Boca sabroso, frutoso, tostado, taninos maduros.

Teso La Monja 2010 T
97   1.200€
Color cereza muy intenso. Aroma fruta madura, especiado, roble cremoso, tostado, con carácter, elegante. Boca potente, sabroso, tostado, taninos suaves, mineral.

Victorino 2011 T
tinta de Toro
96   34€
Color cereza muy intenso. Aroma fruta madura, especiado, roble cremoso, tostado, con carácter. Boca potente, sabroso, tostado, taninos maduros.

Victorino 2012 T
tinta de Toro
98   34€
Color cereza, borde granate. Aroma fruta madura, especiado, tostado, complejo, chocolate, terroso, roble nuevo. Boca potente, sabroso, tostado, taninos maduros.

TORESANAS
Ctra. Tordesillas, s/n
49800 Toro (Zamora)
☎: +34 983 868 116
Fax: +34 983 868 432
www.toresanas.com
info@taninia.com

Amant 2012 T Roble
tinta de Toro
85 ★★★★★   4,8€

Amant Novillo 2013 T
tinta de Toro
86 ★★★★★   4,3€
Color cereza intenso, borde violáceo. Aroma equilibrado, expresivo, balsámico, intensidad media. Boca fresco, algo áspero, correcto.

VALBUSENDA
Ctra. Toro - Peleagonzalo s/n
49800 Toro (Zamora)
☎: +34 980 699 560
Fax: +34 980 699 566
www.bodegasvalbusenda.com
bodega@valbusenda.com

Abios 2013 RD
100% tinta de Toro
84   4,9€

Abios Tinta de Toro 2013 T
100% tinta de Toro
87 ★★★★   5,1€
Color cereza, borde violáceo. Aroma potente, fruta roja, fruta madura, floral, expresivo. Boca potente, fresco, frutoso, untuoso.

Valbusenda 2007 TR
100% tinta de Toro
89   13,8€
Color cereza muy intenso. Aroma fruta madura, especiado, roble cremoso, tostado, balsámico. Boca potente, sabroso, tostado, taninos maduros.

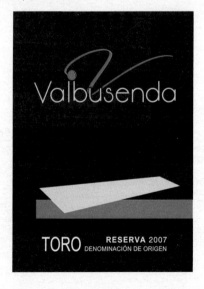

Valbusenda 2009 T Roble
100% tinta de Toro

88 ★★★★ 8€

Color cereza, borde granate. Aroma equilibrado, complejo, fruta madura, especiado, fina reducción. Boca estructurado, sabroso, taninos maduros.

Valbusenda Cepas Viejas 2008 T
100% tinta de Toro

91 29,5€

Color cereza intenso. Aroma fruta madura, especiado, roble cremoso, tostado, complejo, piedra seca. Boca potente, sabroso, tostado, taninos maduros, elegante.

VINOS Y VIÑEDOS DE LA CASA MAGUILA
Ctra. El Piñero s/n Pol. 1 P. 715
49153 Venialbo (Zamora)
☎: +34 980 051 020
Fax: +34 980 081 271
www.casamaguila.com
info@casamaguila.com

Angelitos Negros 2013 T
tinta de Toro

90 ★★★★★ 7,5€

Color cereza brillante. Aroma especias dulces, roble cremoso, fruta escarchada, cálido. Boca sabroso, frutoso, tostado, taninos maduros.

Cachito Mío 2012 T
tinta de Toro

91 ★★★★ 11€

Color cereza, borde granate. Aroma fruta madura, especiado, roble cremoso, tostado, complejo, equilibrado. Boca potente, sabroso, tostado, redondo.

Cachito Mío 2013 T
100% tinta de Toro

92 ★★★★ 12€

Color cereza, borde granate. Aroma fruta madura, hierbas silvestres, especiado, roble cremoso. Boca equilibrado, sabroso, largo, balsámico.

VIÑA ZANGARRÓN
San Esteban, s/n
49152 Sanzoles (Zamora)
☎: +34 619 149 062
www.vinovolvoreta.com
info@vinovolvoreta.com

El Vino del Buen Amor 2011 T
100% tinta de Toro

87 ♉ 12€

Color cereza, borde granate. Aroma fruta confitada, hierbas silvestres, especiado, roble cremoso. Boca potente, sabroso, especiado.

El Vino del Buen Amor 2012 T
100% tinta de Toro

88 🌷   12€

Color cereza oscuro, borde violáceo. Aroma potente, varietal, roble cremoso, tostado. Boca estructurado, varietal, taninos maduros.

Flores de Cerezo 2013 T
100% tinta de Toro

88 ★★★ 🌷   9€

Color cereza, borde violáceo. Aroma fruta roja, frambuesa, floral, expresivo. Boca fresco, frutoso, sabroso, fácil de beber.

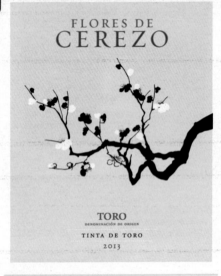

Volvoreta Probus 2011 T Roble
100% tinta de Toro

89 🌷   15€

Color cereza brillante. Aroma especias dulces, roble cremoso, expresivo, fruta confitada, balsámico. Boca sabroso, frutoso, tostado.

Volvoreta sin Sulfitos Añadidos 2012 T
100% tinta de Toro

92 🌷   18€

Color cereza, borde granate. Aroma fruta madura, especiado, mineral, expresivo, balsámico. Boca potente, sabroso, especiado, largo.

VIÑAGUAREÑA
Ctra. Toro a Salamanca, Km. 12,5
49800 Toro (Zamora)
☎: +34 980 568 013
Fax: +34 980 568 134
www.vinotoro.com
info@vinotoro.com

Iduna 2010 BFB
100% verdejo

89   13€

Color amarillo brillante. Aroma potente, flores marchitas, tostado, especias dulces. Boca sabroso, frutoso, equilibrado, tostado.

Munia (14 meses en barrica) 2011 T Roble
100% tinta de Toro

89 ★★★★   7,5€

Color cereza, borde granate. Aroma fruta madura, especiado, roble cremoso, tostado. Boca potente, sabroso, tostado, taninos maduros.

Munia (6 meses en barrica) 2012 T Roble
100% tinta de Toro

87 ★★★★★   5€

Color cereza brillante. Aroma fruta madura, especias dulces, roble cremoso, expresivo. Boca sabroso, frutoso, tostado.

Pictor 2010 T Roble
100% tinta de Toro

93   20€

Color cereza, borde granate. Aroma fruta madura, especiado, roble cremoso, tostado, chocolate, terroso. Boca potente, sabroso, tostado, elegante, equilibrado.

VIÑEDOS ALONSO DEL YERRO
Finca Santa Marta - Ctra. Roa-Anguix, Km. 1,8
9300 Roa (Burgos)
☎: +34 913 160 121
Fax: +34 913 160 121
www.alonsodelyerro.es
mariadelyerro@vay.es

Paydos 2011 T
100% tinta de Toro

92   30€

Color cereza, borde granate. Aroma hierbas silvestres, especiado, roble cremoso, fruta madura, equilibrado. Boca potente, sabroso, complejo, especiado, largo, equilibrado.

VIÑEDOS DE VILLAESTER

49800 Toro (Zamora)
☎: +34 948 645 008
Fax: +34 948 645 166
www.familiabelasco.com
info@familiabelasco.com

Taurus 2007 TC
100% tinta de Toro
87 ★★★★   7€
Color cereza, borde granate. Aroma equilibrado, complejo, fruta madura, especiado. Boca estructurado, sabroso, taninos maduros.

Taurus 2012 T Roble
100% tinta de Toro
85 ★★★★★   4,4€

Villaester 2004 T
100% tinta de Toro
90   20,6€
Color rubí borde teja. Aroma elegante, especiado, fina reducción, cuero mojado, ebanistería, espirituoso. Boca especiado, taninos finos, elegante, largo.

VOCARRAJE

Ctra. San Román, s/n Calle Izq.
49810 Moral de Toro (Zamora)
☎: +34 980 698 172
Fax: +34 980 698 172
www.vocarraje.es
info@vocarraje.es

Abdón Segovia 2011 TC
tinta de Toro
87   12,5€
Color cereza intenso, borde granate. Aroma equilibrado, especiado, intensidad media, cera. Boca sabroso, taninos maduros.

Abdón Segovia 2012 T Roble
tinta de Toro
84   6,5€

WEINWERK EL LAGARTO

Portugal, 7
49323 Fornillos de Fermoselle (Zamora)
☎: +49 232 459 724
Fax: +49 232 459 721
www.gourmet-lagarto.de
winzer@gourmet-lagarto.de

TeGe Weinwerk 2009 T
91
Color cereza, borde granate. Aroma especiado, tostado, fruta sobremadura, mineral. Boca potente, sabroso, tostado, taninos maduros.

TeGe Weinwerk 2010 T
tinta de Toro, garnacha
94   29,9€
Color cereza, borde granate. Aroma fruta madura, especiado, roble cremoso, tostado, complejo, terroso. Boca potente, sabroso, tostado, taninos maduros.

edición limitada de
Weinwerk

DO. UCLÉS

CONSEJO REGULADOR

Avda. Miguel Cervantes, 93
16400 Tarancón (Cuenca)
☎: +34 969 135 056 - Fax: +34 969 135 421
@: gerente@vinosdeucles.com
www.vinosdeucles.com

SITUACIÓN:

A caballo entre Cuenca (al oeste) y Toledo (al noroeste), comprende 25 pueblos de la primera provincia y tres de la segunda. Sin embargo, la mayor parte del viñedo se concentra en Tarancón y los pueblos colindantes de Cuenca, hasta Huete donde se inicia la Alcarria como punto más limítrofe de la DO.

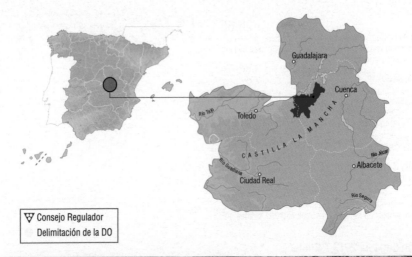

▽ Consejo Regulador
Delimitación de la DO

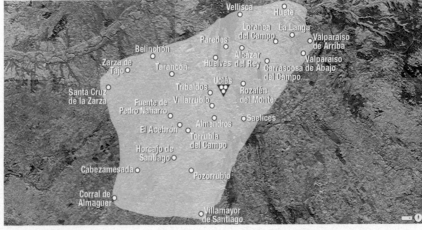

VARIEDADES:

TINTAS: tempranillo, merlot, cabernet sauvignon, garnacha y syrah.

BLANCAS: verdejo, moscatel de grano menudo, chardonnay, sauvignon blanc y viura (macabeo).

DATOS:

Nº Has. Viñedo: 1.700 – **Nº Viticultores:** 122 – **Nº Bodegas:** 5 – **Cosecha 13:** Buena – **Producción 13:** 1.650.000 litros – **Comercialización:** 62% España - 38% extranjero.

SUELOS:

Pese a abarcar dos provincias con componente de suelos diferentes, los comunes son profundos y poco fértiles, de textura arenosa y franco arenosa, con presencia de abundantes arcillas, según nos acercamos a los márgenes de los ríos Riansares y Bendija.

CLIMA:

La sierra de Altamira forma ondulaciones suaves que van ascendiendo desde los 600 metros de media en La Mancha y llegan hasta los 1.200. Estas variaciones provocan alternancias en el clima continental, que aquí es menos extremo, más templado y con un componente mediterráneo. Por este motivo las precipitaciones son escasas, más propias de un clima semiárido.

CARACTERÍSTICAS GENERALES DE LOS VINOS

TINTOS	En su mayoría son de cencibel. Los vinos jóvenes o con algo de crianza se definen por aromas a hollejo más fresco y cuerpo más sabroso y redondo, fruto de un equilibrio grado-acidez más ajustado que en otras zonas manchegas cercanas. Aquellos con crianzas más largas conjugan los matices tostados del roble con la fruta madura, mientras que en boca se ofrecen sabrosos, con buenos taninos y ligeros matices balsámicos.
BLANCOS	Son minoría en la zona. Actualmente se pueden encontrar desde macabeo, sauvignon blanc, verdejo o chardonnay. Los colores van del pajizo al amarillo brillante. Son vinos ligeros, frescos y de cierta persistencia.

CLASIFICACIÓN COSECHAS   GUÍA**PEÑÍN**

2009	2010	2011	2012	2013
BUENA	MUY BUENA	MUY BUENA	BUENA	REGULAR

BODEGA SOLEDAD

Ctra. Tarancón, s/n
16411 Fuente de Pedro Naharro
(Cuenca)
☎: +34 969 125 039
Fax: +34 969 125 907
www.bodegasoledad.com
enologo@bodegasoledad.com

Bisiesto 2012 BFB
chardonnay
87 ★★★★ 8€
Color amarillo brillante. Aroma potente, fruta madura, especias dulces, roble cremoso, hierbas de tocador. Boca graso, sabroso, fresco, buena acidez.

Solmayor 2009 TC
tempranillo
88 ★★★★★ 5€
Color cereza, borde granate. Aroma fruta madura, especiado, roble cremoso, tostado. Boca potente, sabroso, tostado.

Solmayor 2010 T Roble
tempranillo
86 ★★★★★ 3,9€
Color cereza brillante. Aroma fruta madura, especias dulces. Boca sabroso, frutoso, tostado, taninos maduros.

Solmayor 2013 T
tempranillo
84 3,1€

Solmayor Chardonnay 2013 B
chardonnay
85 ★★★★★ 3,1€

Solmayor Sauvignon Blanc 2013 B
sauvignon blanc
82 3,1€

Solmayor Tempranillo 2013 RD
tempranillo
84

BODEGAS FINCA LA ESTACADA

Ctra. N-400, Km. 103
16400 Tarancón (Cuenca)
☎: +34 969 327 099
Fax: +34 969 327 199
www.fincalaestacada.com
enologia@fincalaestacada.com

Finca la Estacada 12 meses barrica 2010 T Barrica
tempranillo
87 ★★★★ 6,5€
Color cereza brillante. Aroma fruta madura, especias dulces, roble cremoso, intensidad media. Boca frutoso, sabroso, tostado, balsámico.

Finca la Estacada 6 meses barrica 2012 T Roble
tempranillo
88 ★★★★★ 4,5€
Color cereza brillante. Aroma especias dulces, roble cremoso, fruta madura. Boca sabroso, tostado, especiado.

Finca La Estacada Chardonnay Sauvignon Blanc 2013 B
chardonnay, sauvignon blanc
83 4,5€

Finca la Estacada Varietales 2009 TC
tempranillo, cabernet sauvignon, syrah, merlot
87 ★★★ 8,5€
Color cereza opaco. Aroma potente, hierbas secas, hierbas silvestres, fruta confitada, cuero muy curtido. Boca frutoso, balsámico, especiado.

La Estacada Syrah Merlot 2012 T Roble
syrah, merlot
90 ★★★★ 12€
Color cereza intenso, borde granate. Aroma hierbas de monte, fruta madura, equilibrado, cálido. Boca equilibrado, taninos maduros, balsámico, largo.

BODEGAS LA ESTACIÓN
S. COOP. DE CLM

Avda Castilla la Mancha, 38
45370 Santa Cruz de la Zarza (Toledo)
☎: +34 925 143 234
Fax: +34 925 125 154
www.bodegaslaestacion.es
enologia@bodegaslaestacion.es

Toc Toc 2012 T
syrah
86 ★★★★ 8€
Color cereza, borde granate. Aroma fruta madura, hierbas silvestres, especiado. Boca equilibrado, sabroso, largo.

Vicus 12 Meses 2010 TC
tempranillo
85 ★★★★ 8€

Vicus 2013 B
macabeo
83 3€

Vicus 2013 T
tempranillo
85 ★★★★★ 3€

Vicus 6 meses 2012 T
tempranillo
84 5€

BODEGAS VID Y ESPIGA

San Antón, 30
16415 Villamayor de Santiago (Cuenca)
☎: +34 969 139 069
Fax: +34 969 139 069
www.vidyespiga.es
calleja.enologo@gmail.com

Cañada Real 2011 TC
100% tempranillo
85 ★★★★★   5€

Cañada Real 2012 T Roble
100% tempranillo
85 ★★★★★   4€

Cañada Real 2013 B
sauvignon blanc, verdejo
82   3€

Cañada Real 2013 RD
tempranillo
84   3€

Cañada Real 2013 T
tempranillo
86 ★★★★★   3€
Color cereza, borde violáceo. Aroma fruta fresca, fruta roja,
floral. Boca sabroso, frutoso, buena acidez, taninos maduros,
cierta persistencia.

BODEGAS Y VIÑEDOS FONTANA

O'Donnell, 18 1ºG
28009 Madrid (Madrid)
☎: +34 915 783 197
Fax: +34 915 783 072
www.bodegasfontana.com
gemag@bodegasfontana.com

Mesta 2013 B
100% verdejo
86 ★★★★★   2,5€
Color pajizo brillante. Aroma fresco, fruta fresca, flores blancas, notas tropicales. Boca sabroso, frutoso, buena acidez,
equilibrado.

Mesta 2013 RD
100% tempranillo
85 ★★★★★   2,5€

Mesta Tempranillo 2012 T
100% tempranillo
85 ★★★★★   2,5€

Quinta de Quercus 2011 T
100% tempranillo
91 ★★★★   12€
Color cereza, borde granate. Aroma fruta roja, fruta madura,
balsámico, especiado, roble cremoso. Boca potente, sabroso,
equilibrado, tostado.

DO. UTIEL-REQUENA

CONSEJO REGULADOR

Sevilla, 12. Apdo. 61
46300 Utiel (Valencia)
☎: +34 962 171 062 - Fax: +34 962 172 185
@: info@utielrequena.org
www.utielrequena.org

SITUACIÓN:

Al oeste de la provincia de Valencia. Engloba los términos municipales de Camporrobles, Caudete de las Fuentes, Fuenterrobles, Requena, Siete Aguas, Sinarcas, Utiel, Venta del Moro y Villagordo de Cabriel.

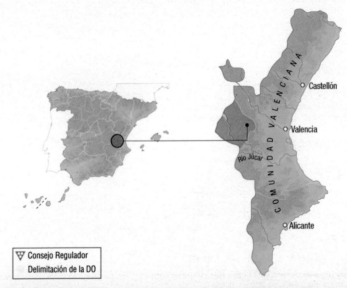

▽ Consejo Regulador
　Delimitación de la DO

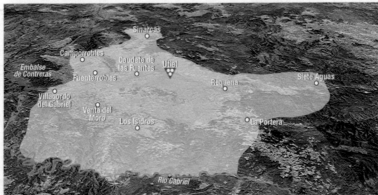

VARIEDADES:

BLANCAS: tardana, macabeo, merseguera, chardonnay, sauvignon blanc, parellada, xarel.lo, verdejo y moscatel de grano menudo.

TINTAS: bobal, tempranillo, garnacha, cabernet sauvignon, merlot, syrah, pinot noir, garnacha tintorera, petit verdot y cabernet franc.

DATOS:

Nº Has. Viñedo: 34.312 – **Nº Viticultores:** 5.604 – **Nº Bodegas:** 95 – **Cosecha 13:** Muy Buena– **Producción 13:** 37.718.188 litros – **Comercialización:** 20% España - 80% extranjero.

SUELOS:

Son en su mayoría de color pardo casi rojizo y de composición caliza, pobres en materia orgánica y con buenos índices de permeabilidad. El horizonte del viñedo está insertado de algún árbol que se erige en medio de las viñas, las cuales están limitadas por bosques, ofreciendo un paisaje atractivo.

CLIMA:

De tipo continental con influencias mediterráneas, inviernos fríos y veranos algo más suaves que en otras zonas de la provincia. El índice de lluvias es bastante bajo y la media anual es de 400 mm.

CARACTERÍSTICAS GENERALES DE LOS VINOS

BLANCOS — Predominan los de la variedad macabeo, de color pajizo verdoso, frescos en boca, con una acidez agradable y aromas que recuerdan a manzana verde y flores blancas. Otras variedades utilizadas, son la sauvignon blanc, donde se apreciarán matices cítricos acompañados de rasgos balsámicos y buena acidez, y la chardonnay, utilizada habitualmente en vinos blancos con paso por barrica.

ROSADOS — Elaborados históricamente con la variedad autóctona bobal, son vinos de color vivo, intensos aromas a frutos rojos y ligera acidez. Es frecuente encontrar junto a la bobal variedades como la cabernet sauvignon o la garnacha que aportan ligeros matices balsámicos al conjunto final del vino.

TINTOS — Dominan los tintos de la variedad bobal cultivada tradicional y mayoritariamente en todo el territorio. Estos vinos se caracterizan por su intenso color y por su potente estructura y volumen, armonizados con sensaciones en boca y nariz que recuerdan la fruta roja madura. Su paso por barrica añade recuerdos a frutos secos, regaliz y especias. Además de la bobal, la zona cuenta con plantaciones de otras variedades como el tempranillo, garnacha, cabernet sauvignon, cabernet franc, merlot, syrah, pinot noir y petit verdot , que encontraremos fundamentalmente en los cupajes escogidos por cada bodega.

CLASIFICACIÓN COSECHAS   GUÍA**PEÑÍN**

2009	2010	2011	2012	2013
BUENA	MUY BUENA	MUY BUENA	MUY BUENA	BUENA

ARANLEÓN

Ctra. Caudete, 3
46310 Los Marcos (Valencia)
☎: +34 963 631 640
Fax: +34 962 185 150
www.aranleon.com
vinos@aranleon.com

Aranleón Sólo 2011 T
bobal, tempranillo, syrah

90 ★★★★★   9,5€

Color cereza, borde granate. Aroma fruta madura, especiado, roble cremoso, tostado, chocolate, terroso. Boca potente, sabroso, tostado, taninos maduros.

BODEGA SEBIRAN

Pérez Galdos, 1
46352 Campo Arcis - Requena (Valencia)
☎: +34 962 303 321
Fax: +34 962 301 560
www.sebiran.es
info@sebiran.es

Sebirán "J" 2008 TC
bobal

87 ★★★★   6,5€

Color guinda. Aroma especiado, fina reducción, ebanistería, tostado, fruta madura. Boca especiado, largo, tostado.

Sebirán "T" 2012 T
tempranillo

84   4€

Sebirán "T" 2012 T Fermentado en Barrica
tempranillo

78   4,5€

Sebirán "T" 2013 B
macabeo

83   3,9€

Sebirán "T" 2013 RD
bobal

86 ★★★★★   3,9€

Color cobrizo. Aroma fruta madura, fruta roja, floral, expresivo. Boca frutoso, fresco.

Sebirán "Z" 2008 TC
bobal, tempranillo

88 ★★★★   6€

Color cereza, borde granate. Aroma equilibrado, fruta madura, especiado. Boca estructurado, sabroso, taninos maduros.

BODEGA VERA DE ESTENAS

Junto N-III, km. 266 - Paraje La Cabeuzela
46300 Utiel (Valencia)
☎: +34 962 171 141
www.veradeestenas.es
estenas@veradeestenas.es

Casa Don Ángel Bobal 2011 T
bobal

93   19€

Color cereza, borde granate. Aroma fruta madura, especiado, roble cremoso, tostado. Boca potente, sabroso, tostado, taninos maduros.

Estenas 2011 TC
bobal, cabernet sauvignon, merlot, tempranillo

88 ★★★★   7,5€

Color cereza, borde granate. Aroma especiado, hierbas silvestres, fruta sobremadura. Boca sabroso, confitado, balsámico.

Estenas 2013 B
macabeo, chardonnay

85 ★★★★★   5€

Estenas 2013 T Barrica
bobal, cabernet sauvignon, merlot, tempranillo

87 ★★★★   5,5€

Color cereza intenso. Aroma hierbas de monte, fruta roja. Boca sabroso, fruta madura.

Estenas Bobal 2013 RD
bobal

85 ★★★★★   5€

Martínez Bermell Merlot 2012 T Fermentado en Barrica
merlot

84   10€

Viña Lidón 2013 BFB
chardonnay

88 ★★★   10€

Color pajizo brillante. Aroma flores blancas, fruta fresca, expresivo, lías finas, hierbas secas. Boca sabroso, frutoso, buena acidez, equilibrado.

BODEGA Y VIÑEDOS CARRES

Francho, 1
46352 Casas de Eufema (Valencia)
☎: +34 675 515 729
www.bodegacarres.com
torrescarpio.jl@gmail.com

El Olivastro 2010 T
bobal
88 ★★★ ❦　　　　　10€
Color cereza, borde granate. Aroma especiado, tostado, fruta sobremadura. Boca potente, sabroso, tostado, taninos maduros.

Membrillera 2013 T
bobal
87 ★★★★ ❦　　　　　7€
Color cereza, borde violáceo. Aroma potente, fruta roja, fruta madura, floral, expresivo. Boca potente, fresco, frutoso, untuoso.

BODEGAS COVILOR

Antonio Bartual, 21
46313 Cuevas de Utiel (Valencia)
☎: +34 962 182 053
Fax: +34 962 182 055
www.bodegascovilor.com
oficina@bodegascovilor.com

Alto Cuevas 2013 RD
bobal
87 ★★★★★　　　　　2,3€
Color frambuesa, borde violáceo. Aroma potente, fruta madura, fruta roja, floral. Boca potente, frutoso, fresco.

Alto Cuevas Bobal Tempranillo 2011 T
87 ★★★★★　　　　　3€
Color cereza muy intenso, borde granate. Aroma potente, fruta madura, muy tostado (torrefactado), chocolate. Boca potente, tostado, retronasal torrefactado.

Alto Cuevas Macabeo 2013 B
macabeo
82　　　　　2,3€

Alto Cuevas Tempranillo 2012 T
tempranillo
85 ★★★★★　　　　　2,3€

Sucesión Bobal 2011 T
bobal
89 ★★★★★　　　　　3,8€
Color cereza brillante. Aroma fruta madura, especias dulces, roble cremoso, expresivo. Boca sabroso, frutoso, tostado, taninos maduros.

BODEGAS COVIÑAS

Avda. Rafael Duyos, s/n
46340 Requena (Valencia)
☎: +34 962 300 680
Fax: +34 962 302 651
www.covinas.es
covinas@covinas.es

Al Vent Bobal 2012 T
bobal
91 ★★★★★　　　　　5,5€
Color cereza, borde granate. Aroma fruta madura, hierbas silvestres, terroso, especiado, roble cremoso. Boca equilibrado, sabroso, largo, balsámico.

Al Vent Bobal 2013 RD
bobal
86 ★★★★　　　　　5,5€
Color frambuesa, borde violáceo. Aroma fruta madura, fruta roja. Boca potente, frutoso, fresco.

Al Vent Sauvignon Blanc 2013 B
sauvignon blanc
87 ★★★★　　　　　5,5€
Color pajizo brillante. Aroma fruta fresca, flores blancas. Boca sabroso, frutoso, buena acidez, equilibrado.

Aula Cabernet Sauvignon 2011 T
cabernet sauvignon
87 ★★★★　　　　　5,5€
Color cereza brillante. Aroma fruta madura, especias dulces, roble cremoso, intensidad media. Boca frutoso, sabroso, tostado.

Aula Merlot 2011 TC
merlot
89 ★★★★　　　　　5,5€
Color cereza, borde granate. Aroma fruta madura, hierbas silvestres, terroso, especiado, roble cremoso. Boca equilibrado, sabroso, largo, balsámico.

Aula Syrah 2011 TC
syrah
87 ★★★★　　　　　5,5€
Color cereza muy intenso, borde granate. Aroma potente, fruta madura, muy tostado (torrefactado), chocolate. Boca potente, tostado, retronasal torrefactado.

Enterizo 2006 TGR
garnacha
84　　　　　6,4€

Enterizo 2010 TR
garnacha
86 ★★★★★　　　　　4€
Color guinda. Aroma especiado, fina reducción, ebanistería, tostado. Boca especiado, largo, tostado.

Viña Enterizo 2010 TC

tempranillo, bobal

86 ★★★★★   2,8€

Color cereza, borde granate. Aroma fruta confitada, fruta al licor, especiado. Boca sabroso, confitado, balsámico.

Viña Enterizo Bobal 2013 RD

bobal

85 ★★★★★   2€

Viña Enterizo Macabeo 2013 B

macabeo

83   2€

Viña Enterizo Tempranillo 2013 T

tempranillo

85 ★★★★★   2€

BODEGAS EMILIO CLEMENTE

Camino de San Blas, s/n
46340 Requena (Valencia)
☎: +34 962 323 391
www.eclemente.es
bodega@eclemente.es

Bomelot 2011 T

bobal, merlot

87 ★★★★★   5€

Color cereza brillante. Aroma fruta madura, especias dulces, roble cremoso, expresivo. Boca sabroso, frutoso, tostado, taninos maduros.

BODEGAS HISPANO SUIZAS

Ctra. N-322, Km. 451,7 El Pontón
46357 Requena (Valencia)
☎: +34 661 894 200
www.bodegashispanosuizas.com
info@bodegashispanosuizas.com

Bassus Dulce Bobal-Pinot Noir 2013 RD

pinot noir, bobal

90   22€

Color cobrizo. Aroma fruta escarchada, fruta roja, lías finas. Boca dulcedumbre, frutoso, buena acidez.

Bassus Pinot Noir 2012 T

pinot noir

91   19€

Color cereza, borde granate. Aroma fruta madura, especiado, roble cremoso, mineral. Boca potente, sabroso, tostado, taninos maduros.

Bassus Premium 2010 T

bobal, petit verdot, cabernet franc, merlot

92   22€

Color cereza muy intenso, borde granate. Aroma potente, fruta madura, muy tostado (torrefactado), chocolate. Boca potente, tostado, retronasal torrefactado.

Bobos Finca Casa la Borracha 2012 T

bobal

93   20€

Color cereza, borde granate. Aroma fruta madura, especiado, roble cremoso, tostado, complejo. Boca potente, sabroso, tostado, taninos maduros.

Impromptu 2013 B

sauvignon blanc

92   19€

Color amarillo brillante. Aroma potente, fruta madura, especias dulces, roble cremoso. Boca graso, retronasal ahumado, sabroso, fresco, buena acidez.

Quod Superius 2010 T

bobal, cabernet franc, merlot, syrah

93   38€

Color cereza, borde granate. Aroma fruta madura, especiado, roble cremoso, tostado, complejo, chocolate, terroso. Boca potente, sabroso, tostado, taninos maduros.

BODEGAS IRANZO

Ctra. de Madrid, 60
46315 Caudete de las Fuentes
(Valencia)
☎: +34 962 319 282
Fax: +34 962 319 282
www.bodegasiranzo.com
comercial@bodegasiranzo.com

Bodegas Iranzo Tempranillo Selección 2012 T

tempranillo

84   3€

Finca Cañada Honda 2011 TC

86 ★★★★★ 🌷   5€

Color cereza brillante. Aroma fruta madura, especias dulces, roble cremoso, intensidad media. Boca frutoso, sabroso, tostado.

Finca Cañada Honda 2012 T Barrica

86 ★★★★★ 🌷   4€

Color cereza, borde granate. Aroma fruta madura, especiado, roble cremoso, tostado, terroso. Boca potente, sabroso, tostado.

BODEGAS MITOS

Ctra. CV 450, km. 3 El Azagador
46357 Requena (Valencia)
☎: +34 962 300 703
www.bodegasmitos.com
admin@bodegasmitos.com

Mitos 2012 T
cabernet sauvignon, merlot
85 ★★★★★   3,5€

Mitos 2012 T Roble
cabernet sauvignon, merlot, tempranillo
87 ★★★★★   4,5€
Color cereza, borde granate. Aroma fruta madura, especiado, roble cremoso, tostado, complejo. Boca potente, sabroso, tostado.

Mitos 2012 TC
cabernet sauvignon, tempranillo
83   7€

BODEGAS MURVIEDRO

Ampliación Pol. El Romeral, s/n
46340 Requena (Valencia)
☎: +34 962 329 003
Fax: +34 962 329 002
www.bodegasmurviedro.es
murviedro@murviedro.es

Corolilla 2010 TR
100% bobal
89   11€
Color cereza, borde granate. Aroma fruta roja, fruta madura, especiado, roble cremoso, tostado, complejo. Boca potente, sabroso, tostado, taninos maduros.

Corolilla 2011 TC
100% bobal
88 ★★★   9€
Color cereza brillante. Aroma fruta madura, especias dulces, roble cremoso, intensidad media. Boca frutoso, sabroso, tostado, equilibrado.

Cueva de la Culpa 2011 T
93 ★★★   15€
Color cereza, borde granate. Aroma fruta madura, especiado, roble cremoso, tostado, complejo, hierbas de monte. Boca potente, sabroso, tostado, taninos maduros.

DNA Murviedro Classic Bobal 2013 T
100% bobal
85 ★★★★★   4,5€

Murviedro Colección Sauvignon Blanc 2013 B
sauvignon blanc
86 ★★★★★   5€
Color pajizo brillante, borde verdoso. Aroma equilibrado, fruta madura, notas tropicales, floral. Boca correcto, frutoso, fácil de beber, cierta persistencia.

Murviedro Colección Tempranillo 2013 T
100% tempranillo
87 ★★★★★ 5€
Color cereza intenso. Aroma fruta madura, fruta roja, especiado. Boca sabroso, fruta madura.

Vega Libre 2009 TR
85 ★★★★ 6€

BODEGAS PALMERA

Partida Palomera, 345
46300 Utiel (Valencia)
☎: +34 626 706 394
klauslauerbach@hotmail.com

Bobal y Merlot 2012 T
bobal, merlot
84 🌷 6,5€

Bobal y Tempranillo 2011 T
bobal, tempranillo
87 ★★★★★ 🌷 5€
Color cereza, borde granate. Aroma fruta madura, especiado, roble cremoso, tostado. Boca potente, sabroso, tostado, taninos maduros.

Capricho 2011 T
cabernet sauvignon, merlot
89 🌷 12€
Color cereza, borde granate. Aroma fruta madura, especiado, roble cremoso, tostado, complejo. Boca potente, sabroso, tostado, taninos maduros.

L'Angelet 2011 TC
tempranillo, cabernet sauvignon, merlot
87 🌷 12€
Color guinda. Aroma especiado, fina reducción, cuero mojado, ebanistería, tostado, fruta confitada. Boca especiado, largo, tostado.

L'Angelet d'Or 2011 T
bobal, tempranillo, cabernet sauvignon
87 🌷 40€
Color cereza muy intenso, borde granate. Aroma potente, fruta madura, muy tostado (torrefactado), chocolate. Boca potente, tostado, retronasal torrefactado.

Rosado Palmera 2013 RD
bobal
88 ★★★★★ 🌷 5€
Color piel cebolla. Aroma elegante, fruta escarchada, flores secas, hierbas de tocador, fruta roja. Boca ligero, sabroso, buena acidez, largo, especiado.

Viña Cabriel 2011 T
tempranillo, cabernet sauvignon, merlot
84 🌷 8€

BODEGAS PASIEGO

Avda. Virgen de Tejeda, 28
46320 Sinarcas (Valencia)
☎: +34 609 076 575
Fax: +34 962 306 175
www.bodegaspasiego.com
bodega@bodegaspasiego.com

Pasiego Bobal 2010 T
84 11€

Pasiego de Autor 2009 TC
90 ★★★ 15€
Color cereza, borde granate. Aroma fruta madura, especiado, roble cremoso, tostado, chocolate. Boca potente, sabroso, tostado, taninos maduros.

Pasiego La Blasca 2008 TC
87 ★★★★ 7€
Color guinda. Aroma especiado, fina reducción, cuero mojado, ebanistería, tostado. Boca especiado, largo, tostado.

Pasiego La Suertes 2013 B
88 ★★★★ 7€
Color pajizo brillante. Aroma fresco, fruta fresca, flores blancas, expresivo. Boca sabroso, frutoso, buena acidez, equilibrado.

BODEGAS SIERRA NORTE

Pol. Ind. El Romeral. Transporte C2
46340 Requena (Valencia)
☎: +34 962 323 099
Fax: +34 962 323 048
www.bodegasierranorte.com
info@bodegasierranorte.com

Cerro Bercial 2008 TR
tempranillo, bobal, cabernet sauvignon
89 11,8€
Color guinda, borde teja. Aroma fruta al licor, terroso, especiado, roble cremoso, fina reducción. Boca potente, sabroso, especiado, balsámico, largo.

Cerro Bercial 2010 TC
tempranillo, bobal
86 ★★★★ 7,3€
Color cereza, borde granate. Aroma fruta madura, especiado, roble cremoso, tostado. Boca potente, sabroso, tostado.

Cerro Bercial 2011 T Barrica
tempranillo, bobal
91 ★★★★★ 6€
Color cereza brillante. Aroma fruta madura, especias dulces, roble cremoso, expresivo. Boca sabroso, frutoso, tostado, taninos maduros.

Cerro Bercial 2013 RD
bobal
85 ★★★★★ 4,5€

Cerro Bercial Parcela "Ladera los Cantos" 2008 T
bobal, cabernet sauvignon

91 17€

Color cereza, borde granate. Aroma fruta madura, especiado, roble cremoso, tostado, complejo, chocolate, terroso. Boca potente, sabroso, tostado, taninos maduros, equilibrado.

Cerro Bercial Selección 2012 B
macabeo, sauvignon blanc, chardonnay

89 10,8€

Color amarillo brillante. Aroma potente, fruta madura, especias dulces, roble cremoso, hierbas de tocador. Boca graso, sabroso, fresco, buena acidez.

Fuenteseca 2013 B
macabeo, sauvignon blanc

85 ★★★★★ 4€

Fuenteseca 2013 RD
bobal, cabernet sauvignon

87 ★★★★★ 4€

Color frambuesa, borde violáceo. Aroma potente, fruta madura, fruta roja, floral. Boca potente, frutoso, fresco.

Fuenteseca 2013 T
bobal, cabernet sauvignon

86 ★★★★★ 4€

Color cereza, borde granate. Aroma fruta madura, hierbas de tocador, potente. Boca sabroso, frutoso, equilibrado.

Pasion de Bobal 2012 T Barrica
bobal

90 ★★★★★ 7,4€

Color cereza brillante. Aroma especias dulces, roble cremoso, azufrado. Boca sabroso, frutoso, tostado, taninos maduros.

Pasion de Bobal 2013 RD
bobal

88 ★★★★ 5,5€

Color cobrizo. Aroma elegante, fruta escarchada, flores secas, hierbas de tocador, fruta roja. Boca ligero, sabroso, buena acidez, largo, especiado.

Pasion de Moscatel 2013 B
moscatel

84 5,5€

BODEGAS UTIELANAS
Actor Rambal, 29
46300 Utiel (Valencia)
☎: +34 962 170 801
Fax: +34 962 170 801
www.bodegasutielanas.com
info@bodegasutielanas.com

Vega Infante 2011 TC
85 ★★★★ 7,1€

Vega Infante 2013 B
100% macabeo

85 ★★★★★ 3,1€

Vega Infante 2013 RD
100% bobal

87 ★★★★★ 3,1€

Color frambuesa, borde violáceo. Aroma potente, fruta madura, fruta roja, floral, expresivo. Boca potente, frutoso, fresco.

Vega Infante 2013 T
100% bobal

82 3,1€

BODEGAS VICENTE GANDÍA

Ctra. Cheste a Godelleta, s/n
46370 Chiva (Valencia)
☎: +34 962 524 242
Fax: +34 962 524 243
www.vicentegandia.es
info@vicentegandia.com

BO - Bobal Único 2012 T
100% bobal

88 ★★★★   8€

Color cereza, borde granate. Aroma fruta madura, balsámico, especiado, roble cremoso. Boca potente, sabroso, largo.

Bobal único
UTIEL - REQUENA
DENOMINACIÓN DE ORIGEN PROTEGIDA

VICENTE GANDIA

Ceremonia 2010 TR
87   13€

Color cereza, borde granate. Aroma fruta madura, especiado, roble cremoso, tostado. Boca potente, sabroso, tostado.

Finca del Mar Cabernet Sauvignon 2013 T
100% cabernet sauvignon

82   3,5€

Finca del Mar Chardonnay 2013 B
100% chardonnay

87 ★★★★★   3,5€

Color pajizo brillante. Aroma flores blancas, hierbas de tocador, cítricos, expresión frutal. Boca fresco, frutoso, sabroso, equilibrado.

Finca del Mar Merlot 2012 T
100% merlot

84   3,5€

Finca del Mar Tempranillo 2012 T
100% tempranillo

85 ★★★★★   3,5€

Generación 1 2010 TR
89   20€

Color cereza brillante. Aroma fruta madura, especias dulces, roble cremoso. Boca frutoso, sabroso, tostado.

Hoya de Cadenas 2013 B
chardonnay, sauvignon blanc, macabeo

86 ★★★★★   3,8€

Color pajizo brillante. Aroma flores blancas, expresión frutal. Boca fresco, frutoso, sabroso, equilibrado, elegante.

Hoya de Cadenas 2013 RD
100% bobal

85 ★★★★★   3€

Hoya de Cadenas Cabernet Sauvignon 2013 T
100% cabernet sauvignon

85 ★★★★★   3,5€

Hoya de Cadenas Chardonnay 2013 B
chardonnay

86

Color pajizo brillante. Aroma fresco, fruta fresca, flores blancas. Boca sabroso, frutoso, buena acidez, equilibrado.

Hoya de Cadenas Merlot 2012 T
100% merlot

85 ★★★★★   3,5€

Hoya de Cadenas Reserva Privada 2010 TR
87 ★★★★   8€

Color cereza brillante. Aroma fruta madura, especias dulces, roble cremoso, intensidad media, fina reducción. Boca frutoso, sabroso, tostado.

Hoya de Cadenas Syrah 2012 T
100% syrah

85 ★★★★★   4,5€

Hoya de Cadenas Tempranillo 2010 TR
tempranillo
85

Marqués de Chivé 2010 TR
100% tempranillo
84   4€

Marqués de Chivé 2011 TC
100% tempranillo
84   3€

BODEGAS Y VIÑEDOS DE UTIEL
Finca El Renegado, s/n
46315 Caudete de las Fuentes
(Valencia)
☎: +34 962 174 029
Fax: +34 962 171 432
www.bodegasdeutiel.com
gestion@bodegasdeutiel.com

Capellana 2013 B
macabeo
84   4€

Capellana 2013 RD
bobal
87 ★★★★★   4€
Color cereza claro. Aroma potente, fruta madura, fruta roja, floral, expresivo. Boca potente, frutoso, fresco.

Capellana 2013 T
tempranillo
83   4€

Capellana Tinto de Autor 2011 TC
cabernet sauvignon, tempranillo
86 ★★★★   7€
Color cereza muy intenso, borde granate. Aroma potente, fruta madura, muy tostado (torrefactado), chocolate. Boca potente, tostado, retronasal torrefactado.

Nodus Bobal 2011 T
bobal
87 ★★★★   8€
Color cereza, borde granate. Aroma fruta madura, especiado, roble cremoso, tostado. Boca potente, sabroso, tostado, taninos maduros, equilibrado.

Nodus Chardonnay 2012 B
chardonnay
88 ★★★★   8€
Color dorado brillante. Aroma fruta madura, frutos secos, potente, tostado, ebanistería. Boca sabroso, frutoso, especiado, tostado, largo.

Nodus Merlot Delirium 2010 T
merlot
84   10€

Nodus Tinto de Autor 2010 TC
merlot, syrah, cabernet sauvignon, bobal
88 ★★★★   8€
Color cereza muy intenso, borde granate. Aroma potente, fruta madura, muy tostado (torrefactado), chocolate. Boca potente, tostado, retronasal torrefactado.

CERROGALLINA
Travesía Industria, 5
46352 Campo Arcis (Valencia)
☎: +34 676 897 251
Fax: +34 962 338 135
www.cerrogallina.com
info@cerrogallina.com

Cerrogallina 2011 T
100% bobal
90 ★★★   15€
Color cereza brillante. Aroma fruta madura, especias dulces, roble cremoso, caramelo tostado, espirituoso. Boca sabroso, frutoso, tostado, equilibrado.

CHOZAS CARRASCAL
Vereda San Antonio POl. Ind. Catastral,
16 Parcelas 136-138
46340 San Antonio de Requena
(Valencia)
☎: +34 963 410 395
Fax: +34 963 168 067
www.chozascarrascal.es
chozas@chozascarrascal.es

Las Dosces 2012 T
90 ★★★★★ ❦   7€
Color cereza, borde granate. Aroma fruta madura, hierbas silvestres, especiado, roble cremoso. Boca potente, sabroso, especiado, fruta madura.

Las Dosces 2013 B
macabeo, sauvignon blanc
91 ★★★★★ ❦   6€
Color pajizo brillante. Aroma floral, hierbas de tocador, expresión frutal, especiado. Boca fresco, sabroso, balsámico.

COMERCIAL GRUPO FREIXENET

Joan Sala, 2
8770 Sant Sadurní D'Anoia (Barcelona)
☎: +34 938 917 000
Fax: +34 938 183 095
www.freixenet.es
freixenet@freixenet.es

Beso de Rechenna 2010 TC
bobal
89
Color cereza, borde granate. Aroma fruta madura, especiado, roble cremoso, tostado, complejo. Boca potente, sabroso, tostado, taninos maduros.

DOMINIO DE LA VEGA

Ctra. Madrid - Valencia, N-III Km. 270,6
46390 Requena (Valencia)
☎: +34 962 320 570
Fax: +34 962 320 330
www.dominiodelavega.com
dv@dominiodelavega.com

Añacal Dominio de la Vega 2013 B
macabeo, sauvignon blanc
81

Añacal Dominio de la Vega 2013 RD
bobal
85

Arte Mayor III 2006/2007/2008 T
bobal
91
Color cereza, borde granate. Aroma fruta madura, hierbas silvestres, terroso, especiado, roble cremoso. Boca equilibrado, sabroso, largo, balsámico.

Dominio de la Vega 2008 TR
bobal, cabernet sauvignon, syrah
87
Color cereza muy intenso. Aroma fruta madura, especiado, roble cremoso, tostado, con carácter. Boca potente, sabroso, tostado, taninos maduros.

Dominio de la Vega 2009 TC
bobal, cabernet sauvignon, syrah
87
Color cereza brillante. Aroma fruta madura, especias dulces, roble cremoso, intensidad media. Boca frutoso, sabroso, tostado.

Dominio de la Vega 2012 T Roble
bobal, syrah, merlot
86
Color cereza, borde granate. Aroma fruta madura, especias dulces, roble cremoso. Boca sabroso, frutoso, tostado.

Dominio de la Vega Bobal 2012 T Roble
bobal
88
Color cereza, borde granate. Aroma fruta confitada, hierbas silvestres, especiado, roble cremoso. Boca potente, sabroso, especiado.

Dominio de la Vega Dulce 2012 B
sauvignon blanc, chardonnay, macabeo
90
Color dorado. Aroma potente, floral, notas amieladas, fruta escarchada, hierbas de tocador. Boca sabroso, dulce, fresco, frutoso, buena acidez, largo, equilibrado.

Dominio de la Vega Sauvignon Blanc 2012 BFB
sauvignon blanc
87
Color pajizo brillante. Aroma expresivo, lías finas, hierbas secas, cítricos, fruta madura, especiado. Boca sabroso, frutoso, buena acidez.

FINCA SAN BLAS

Partida de San Blas, s/n
46340 Requena (Valencia)
☎: +34 963 375 617
Fax: +34 963 370 707
www.fincasanblas.com
info@fincasanblas.com

Finca San Blas 2012 B
merseguera, chardonnay
85   14€

Finca San Blas Bobal 2011 T
bobal
87   15€
Color cereza, borde granate. Aroma fruta confitada, fruta al licor, especiado, tostado. Boca sabroso, confitado, balsámico, concentrado.

Finca
San Blas
Bobal

EQUILIBRIO·ELEGANCIA·PERSONALIDAD

HAECKY IMPORT AG FINCA CASA LO ALTO

Ctra. Caudete - Los Isidros
46310 Venta del Moro (Valencia)
☎: +34 962 139 101
www.casa-lo-alto.es
syrah@gawnet.ch

Finca Casa Lo Alto 2010 TR
syrah, garnacha, cabernet sauvignon
87
Color cereza brillante. Aroma fruta madura, especias dulces, roble cremoso, intensidad media. Boca sabroso, tostado, potente.

Finca Casa Lo Alto 2011 TC
tempranillo, garnacha, cabernet sauvignon, syrah
83

Finca Casa Lo Alto 2011 TR
syrah, garnacha, cabernet sauvignon
87
Color cereza, borde granate. Aroma fruta madura, especiado, roble cremoso, tostado, complejo. Boca potente, sabroso, tostado.

Finca Casa Lo Alto Chardonnay 2012 B
chardonnay
86
Color amarillo brillante. Aroma potente, fruta madura, especias dulces, roble cremoso, hierbas de tocador. Boca graso, retronasal ahumado, sabroso, fresco.

LATORRE AGROVINÍCOLA

Ctra. Requena, 2
46310 Venta del Moro (Valencia)
☎: +34 962 185 028
Fax: +34 962 185 422
www.latorreagrovinicola.com
bodega@latorreagrovinicola.com

Duque de Arcas 2011 TC
bobal, tempranillo, cabernet sauvignon
84   4€

Duque de Arcas 2012 TC
tempranillo, cabernet sauvignon
84   3,1€

Duque de Arcas Bobal 2012 T
bobal
87 ★★★★   8€
Color cereza, borde violáceo. Aroma fruta roja, fruta madura, balsámico, roble cremoso. Boca sabroso, especiado, largo.

Parreño 2013 T
tempranillo, cabernet sauvignon
84   2,5€

Parreño 2013 B
viura, verdejo
83   2,5€

Parreño 2013 RD
bobal
83   2,5€

NOEMIWINES

Rambla, 47
46314 Fuenterrobles (Valencia)
☎: +34 962 183 100
Fax: +34 962 183 100
bodega@noemiwines.com

Exuperio 2013 T
bobal

93   22€

Color cereza, borde granate. Aroma fruta madura, especiado, tostado, complejo, terroso. Boca potente, sabroso, tostado, taninos maduros.

PAGO DE THARSYS

Ctra. Nacional III, km. 274
46340 Requena (Valencia)
☎: +34 962 303 354
Fax: +34 962 329 000
www.pagodetharsys.com
pagodetharsys@pagodetharsys.com

Carlota Suria 2007 TR
85   12€

Dominio de Requena 2013 B
100% macabeo

85 ★★★★★   4€

Tharsys Único 2008 ESP Reserva
100% bobal

88   27€

Color dorado brillante. Aroma lías finas, frutos secos, hierbas de tocador, complejo. Boca potente, sabroso, buena acidez, burbuja fina, fino amargor, equilibrado.

PRIMUM BOBAL

Constitución, 50 pta. 6
46340 Requena (Valencia)
☎: +34 625 464 377
www.primumbobal.com
vinos@primumbobal.com

Primum Bobal 2012 T
bobal

89

Color cereza, borde violáceo. Aroma potente, fruta roja, fruta madura, floral, especias dulces. Boca potente, fresco, frutoso, untuoso.

TORRE ORIA

Ctra. Pontón - Utiel, Km. 3
46390 Derramador - Requena (Valencia)
☎: +34 962 320 289
Fax: +34 962 320 311
www.torreoria.com
marta.fuentes@torreoria.es

Marqués de Requena 2009 TR
86

Color guinda. Aroma especiado, fina reducción, cuero mojado, ebanistería, tostado. Boca especiado, largo, tostado.

Marqués de Requena 2010 TC
87

Color cereza brillante. Aroma fruta madura, especias dulces, roble cremoso, intensidad media. Boca frutoso, sabroso, tostado.

Marqués de Requena 2012 T
88

Color cereza, borde granate. Aroma fruta madura, especiado, roble cremoso, tostado. Boca potente, sabroso, tostado.

Marqués de Requena 2013 B
78

VIÑEDOS LA MADROÑERA

Ctra. Nacional 322, km. 430
46354 Los Isidros (Valencia)
☎: +34 963 992 400
Fax: +34 963 992 451
www.constantia.es
bodega@constantia.es

Constantia 2007 TC
cabernet sauvignon, merlot, tempranillo

87 ★★★★   8€

Color cereza muy intenso. Aroma fruta madura, especiado, roble cremoso, tostado. Boca potente, sabroso, tostado, taninos maduros.

Constantia Sine Robore 2011 T
tempranillo, merlot, cabernet sauvignon

88 ★★★★★ 4€

Color cereza, borde granate. Aroma fruta madura, especiado, roble cremoso, tostado, complejo. Boca potente, sabroso, tostado, taninos maduros.

Dulce de Constantia 2011 T
tempranillo, merlot, cabernet sauvignon

88 ★★★★ 6€

Color cereza, borde granate. Aroma fruta confitada, hierbas silvestres, flores marchitas, especias dulces, tostado. Boca sabroso, algo plano, confitado.

Merlot de Constantia 2011 T
merlot

75 4€

VIÑEDOS Y BODEGAS VEGALFARO
Ctra. Pontón - Utiel, Km. 3
46390 Requena (Valencia)
☎: +34 962 320 680
Fax: +34 962 321 126
www.vegalfaro.com
rodolfo@vegalfaro.com

Caprasia Bobal 2012 T
bobal

90 ★★★★★ 9,5€

Color cereza opaco, borde violáceo. Aroma fruta confitada, potente, especias dulces, balsámico. Boca tostado, estructurado, lleno, potente.

Rebel.lia 2013 B
chardonnay, sauvignon blanc

87 ★★★★ ❦ 6€

Color pajizo brillante. Aroma fresco, fruta fresca, flores blancas. Boca sabroso, frutoso, buena acidez, equilibrado.

Rebel.lia 2013 T
garnacha tintorera, bobal, tempranillo

90 ★★★★★ ❦ 6€

Color cereza brillante. Aroma fruta madura, especias dulces, roble cremoso, expresivo. Boca sabroso, frutoso, tostado, taninos maduros.

Vegalfaro 2011 TC
syrah, merlot, tempranillo

89 ★★★ 9€

Color cereza, borde granate. Aroma fruta madura, especiado, roble cremoso, tostado, complejo. Boca potente, sabroso, tostado, taninos maduros.

Vegalfaro Chardonnay 2013 B Roble
chardonnay

87 ★★★ ❦ 9€

Color amarillo brillante. Aroma potente, fruta madura, especias dulces, roble cremoso. Boca graso, retronasal ahumado, sabroso, fresco, buena acidez.

VITICULTORES SAN JUAN BAUTISTA
Ctra. Cheste - Godelleta, Km. 1
46370 Chiva (Valencia)
☎: +34 962 510 861
www.cherubino.es
cherubino@cherubino.es

Bobal Desanjuan 2011 T
100% bobal

88 ★★★★ 6€

Color cereza brillante, borde granate. Aroma fruta madura, especias dulces, roble cremoso, expresivo. Boca sabroso, frutoso, tostado, taninos maduros.

Bobal Desanjuan 2013 RD
100% bobal

88 ★★★★ 6€

Color frambuesa, borde violáceo. Aroma fruta madura, fruta roja, floral. Boca frutoso, dulcedumbre, ligero.

Clos Desanjuan 2011 T
bobal

89

Color cereza brillante. Aroma especias dulces, roble cremoso, fruta sobremadura, terroso. Boca frutoso, sabroso, tostado.

DO. VALDEORRAS

CONSEJO REGULADOR

Ctra. Nacional 120, km. 463
32340 Vilamartín de Valdeorras (Ourense)
☎: +34 988 300 295 - Fax: +34 988 300 455
@: consello@dovaldeorras.com
www.dovaldeorras.tv

SITUACIÓN:

La Denominación de Origen Valdeorras está situada al noroeste de la provincia de Orense. En ella se integran los municipios de Larouco, Petín, O Bolo, A Rua, Vilamartín, O Barco, Rubiá y Carballeda de Valdeorras.

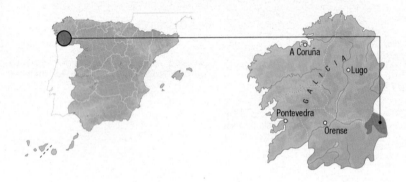

▼ Consejo Regulador
  Delimitación de la DO

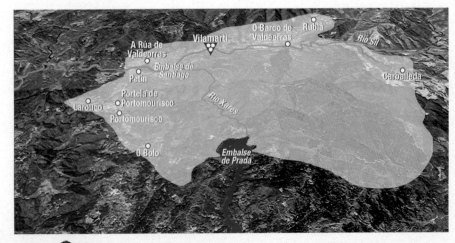

VARIEDADES:

BLANCAS: godello, dona blanca, palomino, loureira, treixadura, dona branca, albariño, torrontes y lado.

TINTAS: mencía, merenzao, grao negro, garnacha, tempranillo (araúxa), brancellao, sousón, caíño tinto, espadeiro, ferrón, gran negro, garnacha tintureira y mouratón.

DATOS:

Nº Has. Viñedo: 1.143 – **Nº Viticultores:** 1.458 – **Nº Bodegas:** 43 – **Cosecha 13:** - – **Producción 13:** 3.027.124 litros – **Comercialización:** 90% España - 10% extranjero.

SUELOS:

Son bastante variados. Cabe distinguir entre aquellos que se apoyan sobre pizarras, poco profundos, con abundantes piedras y texturas limosas; los que lo hacen sobre materiales graníticos, más profundos y ricos en arena; y los que se asientan sobre sedimentos y terrazas, donde suelen abundar los cantos rodados.

CLIMA:

De carácter continental y con influencias atlánticas. La temperatura media es de unos 11°C y el índice de lluvias oscila entre los 850 y los 1.000 mm. anuales.

CARACTERÍSTICAS GENERALES DE LOS VINOS

BLANCOS

Elaborados a partir de la variedad godello, ofrecen un alto nivel de calidad. Poseen un color amarillo pálido o amarillo pajizo. Aromáticamente no son excesivamente intensos, pero sí muy finos y delicados, con agradables notas florales. En la boca se caracterizan por su sabrosidad, excelente acidez y, a menudo, por un tacto graso.

TINTOS

Para ellos se utiliza la variedad mencía, con la que se elaboran fundamentalmente tintos jóvenes que combinan un carácter atlántico y mediterráneo, con aromas frutales bien definidos; en la boca son secos y afrutados.

CLASIFICACIÓN COSECHAS

GUÍA**PEÑÍN**

2009	2010	2011	2012	2013
MUY BUENA	MUY BUENA	EXCELENTE	EXCELENTE	EXCELENTE

ADEGA A COROA

A Coroa, s/n
32350 A Rúa (Ourense)
☎: +34 988 310 648
Fax: +34 988 311 439
www.acoroa.com
acoroa@acoroa.com

A Coroa 2013 B
godello

91 ★★★★★ 9€

Color pajizo brillante. Aroma expresivo, cítricos, hierbas de tocador, flores marchitas. Boca equilibrado, largo, frutoso, fácil de beber.

ADEGA DA PINGUELA

Camiño do Disco, 18
32350 A Rua de Valdeorras (Ourense)
☎: +34 654 704 753
www.adegadapinguela.com
adega@adegadapinguela.com

Memoria de Ventura Garnacha 2011 T
garnacha tintorera

93 ★★★★★ 10€

Color cereza brillante. Aroma fruta madura, especias dulces, roble cremoso, expresivo, hierbas silvestres, mineral. Boca sabroso, frutoso, tostado, balsámico.

Memoria de Ventura Godello 2013 B
godello

91 ★★★★★ 8€

Color pajizo brillante. Aroma flores blancas, equilibrado, expresión frutal, piedra seca, expresivo. Boca sabroso, frutoso, lleno.

Memoria de Ventura Godello Magnum 2013 B
godello

92

Color pajizo brillante. Aroma piedra seca, flores blancas, cítricos, fruta fresca. Boca sabroso, buena acidez, fino amargor, largo.

Memoria de Ventura Mencía 2013 T
mencía

92 ★★★★★ 8€

Color cereza, borde granate. Aroma fruta roja, hierbas silvestres, piedra seca, expresivo. Boca potente, sabroso, complejo, balsámico.

Memoria de Ventura Mencía Magnum 2013 T
mencía

92

Color cereza, borde violáceo. Aroma fruta roja, balsámico, especiado, piedra seca, equilibrado. Boca potente, sabroso, concentrado, balsámico.

Vento Godello 2012 B
godello

91

Color pajizo brillante. Aroma flores blancas, hierbas de tocador, expresión frutal, mineral. Boca fresco, frutoso, sabroso, equilibrado, elegante.

Vento Magnum 2012 BFB
godello

93 ★★★★ 12€

Color pajizo brillante. Aroma fruta madura, flores marchitas, especiado, mineral. Boca graso, equilibrado, fino amargor.

ADEGA MELILLAS E FILLOS

A Coroa, 22
32350 A Rúa (Ourense)
☎: +34 988 310 510
www.adegamelillas.com
info@adegamelillas.com

Lagar do Cigur 2013 B
godello

89 ★★★★ 6,5€

Color pajizo brillante. Aroma fresco, fruta fresca, flores blancas, varietal. Boca sabroso, frutoso, buena acidez, equilibrado.

Lagar do Cigur 2011 T Barrica
mencía, tempranillo, merenzao, alicante

88 12€

Color cereza, borde granate. Aroma fruta madura, especiado, roble cremoso, tostado. Boca potente, sabroso, tostado.

Lagar do Cigur 2013 T
mencía, tempranillo, alicante

86 ★★★★ 5,5€

Color cereza, borde granate. Aroma terroso, especiado, fruta sobremadura. Boca sabroso, largo, balsámico.

ADEGA O CASAL

Malladín, s/n
32310 Rubiá (Ourense)
☎: +34 689 675 800
www.casalnovo.es
casalnovo@casalnovo.es

Casal Novo Godello 2013 B
godello

91 ★★★★★   7€

Color pajizo brillante. Aroma flores blancas, fruta fresca, expresivo, hierbas secas. Boca sabroso, frutoso, buena acidez, equilibrado.

Casal Novo Mencía 2013 T
mencía

87 ★★★★   6€

Color cereza poco intenso, borde granate. Aroma intensidad media, fruta roja, hierbas silvestres, hierbas verdes. Boca frutoso, equilibrado.

ADEGA O CEPADO

O Patal, 11
32310 Rubia de Valdeorras (Ourense)
☎: +34 686 611 589
www.cepado.com
info@cepado.com

Cepado Godello 2013 B
100% godello

91 ★★★★★   7€

Color pajizo brillante. Aroma flores blancas, hierbas de tocador, expresión frutal. Boca fresco, frutoso, sabroso, equilibrado, elegante.

Cepado Mencía 2013 T
100% mencía

88 ★★★★   7€

Color cereza intenso, borde violáceo. Aroma potente, fruta madura, fruta confitada, floral. Boca sabroso, fruta madura.

ADEGA QUINTA DA PEZA

Ctra. Nacional 120, km.467 Fontei
32350 A Rua de Valdeorras (Ourense)
☎: +34 988 311 537
Fax: +34 981 232 642
www.quintadapeza.es
quintadapeza@gmail.com

Quinta da Peza Godello 2013 B
100% godello

90 ★★★★★   6€

Color amarillo, borde verdoso. Aroma fresco, floral, equilibrado, varietal, cítricos, fruta madura. Boca sabroso, graso, equilibrado.

Quinta da Peza Mencía 2013 T
100% mencía

86 ★★★★★   5€

Color cereza, borde granate. Aroma fruta roja, fruta madura, hierbas silvestres. Boca sabroso, frutoso, balsámico, fácil de beber.

Quinta da Peza Oro Mencía Barrica 2012 TC
mencía

88 ★★★★   7€

Color cereza, borde granate. Aroma fruta madura, especiado, roble cremoso, tostado, cálido. Boca potente, sabroso, tostado, taninos maduros.

ADEGAS RIBOUZO S.A.T.

Valencia do Sil
32349 Vilamartin de Valdeorras
(Ourense)
☎: +34 626 323 945
www.adegasribouzo.com
ribouzo@yahoo.es

Marques de Camarasa Mistura T
86

Color cereza, borde granate. Aroma fruta roja, fruta madura, balsámico, especiado. Boca potente, sabroso, concentrado.

Mencía Ribouzo T
mencía
86

Color cereza, borde violáceo. Aroma expresivo, fruta fresca, fruta roja, floral. Boca sabroso, frutoso, buena acidez.

ALAN DE VAL

San Roque, 36
32350 A Rúa (Ourense)
☎: +34 988 310 431
Fax: +34 988 311 457
www.alandeval.com
alandeval@alandeval.com

A Costiña 2011 T
100% brancellao
91   30€

Color cereza, borde granate. Aroma fruta madura, violetas, hierbas de monte, expresivo. Boca estructurado, sabroso, taninos maduros.

Alan de Val Castes Nobres 2013 T
brancellao
92 ★★★★   12€

Color cereza intenso, borde violáceo. Aroma hierbas verdes, fruta madura, expresivo. Boca estructurado, equilibrado, taninos maduros, balsámico.

Alan de Val Godello 2013 B
100% godello
90 ★★★★★   7€

Color pajizo brillante. Aroma flores blancas, hierbas de tocador, expresión frutal, balsámico. Boca fresco, frutoso, sabroso, redondo.

Alan de Val Mencía 2013 T
100% mencía
88 ★★★★   6€

Color cereza, borde violáceo. Aroma hierbas silvestres, fruta fresca, balsámico. Boca equilibrado, sabroso, largo.

Alan de Val Rosé 2013 RD
brancellao, sausón, caiño
85 ★★★★   8€

Escada Garnacha Tintureira 2012 T
100% garnacha tintorera
89   12€

Color cereza muy intenso, borde granate. Aroma potente, fruta madura, equilibrado, balsámico. Boca sabroso, estructurado, largo.

Escada Lembranzas 2012 T
100% garnacha tintorera
90   18€

Color cereza opaco, borde violáceo. Aroma hierbas de monte, fruta madura, cálido, especiado. Boca sabroso, equilibrado, potente, balsámico.

Pedrazais Godello sobre Lías 2013 B
100% godello
93 ★★★★★   9€

Color pajizo brillante. Aroma flores blancas, hierbas de tocador, expresión frutal, piedra seca, terroso. Boca fresco, frutoso, sabroso, equilibrado, elegante.

Pedrazais Mencía 2012 T Barrica
mencía
91 ★★★★   12€

Color cereza, borde granate. Aroma fruta madura, especiado, roble cremoso, complejo, terroso, balsámico. Boca potente, sabroso, tostado.

AVELINA S.A.T.

San Lorenzo, 6
32316 Corgomo, Vilamartin
de Valdeorras (Ourense)
☎: +34 687 819 099
adega@adegaavelina.com

Casal de Furcos Rocio Godello 2013 B
100% godello
87 ★★★★★   5€

Color pajizo brillante. Aroma flores blancas, hierbas de tocador, expresión frutal. Boca fresco, frutoso, sabroso, equilibrado.

Casal de Furcos Rocio Mencía 2013 T
100% mencía
84   5€

BODEGA COOP. VIRGEN DE LAS VIÑAS S.C.G

Campo Grande, 97
32350 A Rua de Valdeorras (Ourense)
☎: +34 988 310 607
Fax: +34 988 312 016
www.cooperativarua.com
market@cooperativarua.com

Amavia 2011 B
godello
90
Color amarillo brillante. Aroma floral, hierbas de tocador, cítricos, expresión frutal, mineral. Boca graso, frutoso, estructurado, sabroso, equilibrado.

Pingadelo 2013 B
100% godello
88 ★★★★   5,2€
Color pajizo brillante. Aroma flores blancas, fruta fresca, expresivo, lías finas, hierbas secas. Boca sabroso, frutoso, buena acidez, equilibrado.

Pingadelo 2013 T
100% mencía
91 ★★★★★   5,2€
Color cereza, borde violáceo. Aroma fruta roja, fruta al licor, balsámico, mineral. Boca sabroso, frutoso, equilibrado.

BODEGA COOPERATIVA JESÚS NAZARENO

Florencio Delgado Gurriarán, 62
32300 O Barco de Valdeorras (Ourense)
☎: +34 988 320 262
Fax: +34 988 320 242
coopbarco@infonegocio.com

Valdouro 2012 T Barrica
86
Color cereza brillante. Aroma fruta madura, especias dulces, roble cremoso, tostado. Boca sabroso, tostado, taninos maduros.

Villa Abad 2013 T
87
Color cereza, borde violáceo. Aroma fruta madura, violetas, equilibrado. Boca sabroso, frutoso, buena acidez.

Viña Abad Godello 2013 B
godello
89
Color pajizo brillante. Aroma fresco, fruta fresca, flores blancas, expresivo. Boca sabroso, frutoso, buena acidez, equilibrado.

BODEGA ROANDI

O Lagar s/n
32336 Éntoma – O Barco (Ourense)
Fax: +34 988 335 198
www.bodegaroandi.com
info@bodegaroandi.com

Alento Sobre lías 2012 B
godello

88 ★★★   8,5€

Color pajizo brillante. Aroma flores blancas, lías finas, hierbas secas, tostado. Boca sabroso, frutoso, buena acidez.

Bancales Moral Barrica 2011 T
mencía, sousón, brancellao

89 ★★★★   5,5€

Color cereza, borde granate. Aroma fruta madura, especiado, roble cremoso, tostado, complejo. Boca potente, sabroso, tostado, taninos maduros.

Brinde 2012 ESP
godello

87   12€

Color pajizo brillante. Aroma fruta fresca, hierbas secas, floral. Boca fresco, frutoso, sabroso, buena acidez.

Domus de Roandi 2011 TC
sousón, mencía

89 ★★★   10€

Color cereza, borde granate. Aroma fruta madura, especiado, roble cremoso, tostado, complejo, balsámico. Boca potente, sabroso, tostado, taninos maduros, equilibrado.

Dona Delfina 2013 B
godello

88 ★★★★★   4,5€

Color pajizo brillante. Aroma flores blancas, hierbas de tocador, expresión frutal. Boca fresco, frutoso, sabroso, equilibrado, elegante.

Flavia 2013 T
mencía, tempranillo, garnacha

89 ★★★★★   4,5€

Color cereza, borde granate. Aroma fruta al licor, fruta roja, hierbas silvestres, piedra seca. Boca frutoso, sabroso, balsámico.

BODEGA SANTA MARTA

Ctra. San Vicente s/n
32348 Córgomo-Vilamartin de Valdeorras (Ourense)
☎: +34 988 324 559
Fax: +34 988 324 559
www.vinaredo.com
gerencia@vinaredo.com

Viñaredo Garnacha Centenaria 2010 T
garnacha tintorera

89   12€

Color cereza, borde granate. Aroma fruta roja, fruta madura, especiado, roble cremoso, tostado, complejo, terroso, hierbas de monte. Boca sabroso, tostado, taninos maduros.

Viñaredo Godello 2013 B
godello

90 ★★★★★   6,5€

Color pajizo brillante. Aroma fresco, fruta fresca, flores blancas, expresivo. Boca sabroso, frutoso, buena acidez, equilibrado.

Viñaredo Mencía 2011 T Barrica
mencía

86 ★★★   10€

Color cereza opaco, borde granate. Aroma fruta confitada, especiado, cuero muy curtido, tabaco. Boca sabroso, frutoso, especiado.

Viñaredo Mencía 2013 T

87 ★★★★   6€

Color cereza oscuro, borde violáceo. Aroma equilibrado, fruta roja, fruta madura, hierbas de monte. Boca equilibrado, taninos maduros.

Viñaredo Sousón 2010 T Barrica
sousón

90 ★★★★   12€

Color cereza, borde granate. Aroma fruta madura, hierbas silvestres, terroso, especiado, roble cremoso. Boca equilibrado, sabroso, largo, balsámico.

Viñaredo Tostado 2011 B
100% godello

95   30€

Color oro viejo. Aroma expresivo, fruta escarchada, notas amieladas, barniz, tostado, con carácter, complejo. Boca sabroso, lleno, largo.

BODEGAS AVANCIA

Parque Empresarial a Raña, 7
32300 O Barco de Valdeorras (Ourense)
☎: +34 952 504 706
Fax: +34 951 284 796
www.grupojorgeordonez.com
avancia@jorgeordonez.es

Avancia Cuvee de O 2013 B
100% godello

91 ★★★★   11,5€

Color pajizo brillante. Aroma fresco, fruta fresca, flores blancas, expresivo. Boca sabroso, frutoso, buena acidez, equilibrado.

Avancia Cuvée Mosteiro 2013 T
100% mencía

94 ★★★   15€

Color cereza, borde granate. Aroma fruta madura, hierbas silvestres, terroso, especiado, roble cremoso. Boca equilibrado, sabroso, largo, balsámico.

Avancia Godello 2013 B
100% godello

94   18€

Color pajizo brillante. Aroma flores blancas, fruta fresca, expresivo, lías finas, hierbas secas. Boca sabroso, frutoso, buena acidez, equilibrado.

BODEGAS CARBALLAL

Ctra. de Carballal, km 2,2
32356 Petín de Valdeorras (Ourense)
☎: +34 988 311 281
Fax: +34 988 311 281
bodegascarballal@hotmail.com

Erebo Godello 2013 B
godello

92 ★★★★★   7,5€

Color pajizo brillante. Aroma fresco, fruta fresca, flores blancas, expresivo. Boca sabroso, frutoso, buena acidez, equilibrado.

Erebo Mencía 2013 T
mencía

87 ★★★★   6€

Color cereza brillante. Aroma fruta madura, especias dulces, roble cremoso, expresivo. Boca sabroso, frutoso, taninos maduros.

BODEGAS D'BERNA

Córgomo
32340 Villamartín de Valdeorras (Ourense)
☎: +34 988 324 557
Fax: +34 988 324 557
www.bodegasdberna.com
info@bodegasdberna.com

D'Berna Godello 2013 B
100% godello

90 ★★★★★   7€

Color pajizo brillante. Aroma fresco, fruta fresca, flores blancas, expresivo, hierbas de tocador. Boca sabroso, frutoso, buena acidez, equilibrado.

D'Berna Godello sobre Lías 2011 B
100% godello

90 ★★★★★   10€

Color pajizo brillante. Aroma flores blancas, fruta fresca, expresivo, lías finas, hierbas secas. Boca sabroso, frutoso, buena acidez, equilibrado.

D'Berna Mencía 2013 T
mencía

88 ★★★★   6€

Color cereza oscuro, borde granate. Aroma fruta madura, hierbas verdes, equilibrado. Boca frutoso, sabroso, balsámico.

D'Berna Mencía Barrica 2011 T
100% mencía

89   12€

Color cereza brillante. Aroma fruta madura, especias dulces, roble cremoso, intensidad media. Boca frutoso, sabroso, tostado, balsámico.

BODEGAS GODEVAL

Avda. de Galicia, 20
32300 El Barco de Valdeorras (Ourense)
☎: +34 988 108 282
Fax: +34 988 325 309
www.godeval.com
godeval@godeval.com

Godeval 2013 B
100% godello

91 ★★★★★   7,4€

Color pajizo brillante. Aroma flores blancas, fruta fresca, expresivo, lías finas, hierbas secas. Boca sabroso, frutoso, buena acidez, equilibrado.

Godeval Cepas Vellas 2013 B
100% godello

93 ★★★★   12,5€

Color pajizo brillante. Aroma complejo, hierbas de tocador, flores blancas, fruta fresca, varietal, notas tropicales, piedra seca. Boca equilibrado, fino amargor.

BODEGAS SAMPAYOLO
Ctra. de Barxela, s/n
32358 Petín de Valdeorras (Ourense)
☎: +34 679 157 977
www.sampayolo.com
info@sampayolo.com

Garnacha Vella da Chaira do Ramiriño 2011 T
100% garnacha

87   12€

Color cereza, borde granate. Aroma fruta confitada, fruta al licor, especiado. Boca sabroso, confitado, balsámico.

Sampayolo Godello 2012 B Barrica
100% godello

88   12€

Color pajizo brillante. Aroma hierbas de tocador, floral, especias dulces. Boca potente, sabroso, especiado.

Sampayolo Godello sobre Lías 2013 B
100% godello

90 ★★★★★   6€

Color pajizo brillante. Aroma flores blancas, fruta fresca, expresivo, lías finas, hierbas secas. Boca sabroso, frutoso, buena acidez, equilibrado.

Sampayolo Lagar de Brimeda 2011 T Barrica
100% mencía

85

Sampayolo Mencía 2013 T
100% mencía

87 ★★★★   6€

Color cereza brillante. Aroma fruta madura, especias dulces, roble cremoso, expresivo. Boca sabroso, frutoso, tostado, taninos maduros.

CAMPOS DA NÉBOA
Avda. Diagonal, 590, 5º 1ª
8021 Barcelona (Barcelona)
☎: +34 660 445 464
www.vinergia.com
vinergia@vinergia.com

Campos da Néboa Godello 2013 B
100% godello

88   11€

Color amarillo brillante. Aroma flores blancas, hierbas de tocador, cítricos. Boca fresco, frutoso, sabroso, equilibrado, elegante.

COMPAÑÍA DE VINOS TELMO RODRÍGUEZ
El Monte
1308 Lanciego (Álava)
☎: +34 945 628 315
Fax: +34 945 628 314
www.telmorodriguez.com
contact@telmorodriguez.com

As Caborcas 2011 T
mencía, otras

94   40,7€

Color cereza oscuro, borde granate. Aroma hierbas de monte, hierbas verdes, especiado, complejo, ahumado. Boca equilibrado, frutoso, sabroso, fácil de beber.

Branco de Santa Cruz 2011 B
godello, otras

NOMINADO
GUÍAPEÑÍN

95

Color pajizo brillante. Aroma flores blancas, fruta fresca, expresivo, lías finas, hierbas secas. Boca sabroso, frutoso, buena acidez, equilibrado.

Gaba do Xil Godello 2013 B
godello

92

Color pajizo brillante. Aroma expresivo, varietal, hierbas verdes. Boca sabroso, frutoso, fresco, amargoso.

ELADIO SANTALLA
Conde Fenosa, 36 Bajo
32300 Barco de Valdeorras (Ourense)
☎: +34 616 169 240
www.bodegaseladiosantalla.com
eladio@bodegaseladiosantalla.com

Hacienda Ucediños 2011 T Barrica
mencía

86 ★★★★   8€

Color guinda. Aroma fruta confitada, balsámico, especiado, roble cremoso. Boca potente, sabroso, especiado.

Hacienda Ucediños 2012 T
mencía

88 ★★★★ 6€

Color cereza, borde granate. Aroma hierbas silvestres, fruta madura, fruta al licor, especiado. Boca potente, sabroso, concentrado, balsámico.

Hacienda Ucediños 2013 B
godello

90 ★★★★★ 7€

Color pajizo brillante. Aroma flores blancas, hierbas de tocador, fruta fresca, fruta escarchada. Boca fresco, frutoso, sabroso.

FORNOS GRS C.B.
Av. Barreais, 24
32350 A Rua (Ourense)
☎: +34 629 683 353
Fax: +34 981 151 968
vinafornos@hotmail.com

Viña de Fornos 2013 B
godello

89 ★★★★ 5,9€

Color pajizo brillante. Aroma fresco, equilibrado, varietal, floral. Boca frutoso, equilibrado, buena acidez, cierta persistencia.

Viña de Fornos 2013 T
mencía, tempranillo, sousón

89 ★★★★ 5,3€

Color cereza, borde violáceo. Aroma expresivo, fruta roja, fruta madura. Boca sabroso, frutoso, buena acidez, taninos maduros, balsámico.

FRANCK MASSARD
Rambla Arnau de Vilanova, 6
8800 Vilanova i La Geltrú (Barcelona)
☎: +34 938 956 541
Fax: +34 938 956 541
www.epicure-wines.com
info@epicure-wines.com

Audacia 2011 B
godello

92 ★★★★ 12€

Color amarillo brillante. Aroma expresivo, equilibrado, hierbas silvestres, fruta madura, mineral. Boca graso, lleno, sabroso.

Audacia 2012 B
godello

90 ★★★★ 12€

Color pajizo brillante. Aroma flores blancas, expresivo, lías finas, hierbas secas, mineral. Boca sabroso, frutoso, buena acidez, equilibrado.

JOAQUÍN REBOLLEDO
San Roque, 11
32350 A Rúa (Ourense)
☎: +34 988 372 307
Fax: +34 988 371 427
www.joaquinrebolledo.com
info@joaquinrebolledo.com

Joaquín Rebolledo 2012 T Barrica
mencía, tempranillo, sousón, otras

92 ★★★★★ 8€

Color cereza, borde granate. Aroma fruta madura, especiado, roble cremoso, tostado, complejo, terroso. Boca potente, sabroso, tostado.

Joaquín Rebolledo Godello 2013 B
godello

91 ★★★★★ 6€

Color pajizo brillante. Aroma flores blancas, varietal, equilibrado, fresco, piedra seca. Boca graso, sabroso, largo.

Joaquín Rebolledo Mencía 2013 T
mencía

90 ★★★★★　　　　　　5,5€

Color cereza, borde violáceo. Aroma potente, fruta roja, fruta madura, floral, expresivo. Boca potente, fresco, frutoso, untuoso.

LA MALETA HAND MADE FINE WINES
Julio Prieto Nespereira, 21
32005 Ourense (Ourense)
☎: +34 988 614 234
lamaletawines.com
hola@lamaletawines.com

El Precipicio Godello 2012 B
100% godello

91 ★★★★　　　　　　13€

Color pajizo, borde verdoso. Aroma fruta madura, hierbas silvestres, varietal, mineral. Boca especiado, fruta madura, largo.

LA TAPADA
Finca A Tapada
32310 Rubiá de Valdeorras (Ourense)
☎: +34 988 324 197
Fax: +34 988 324 197
bodega.atapada@gmail.com

Guitián Godello 2011 BFB
100% godello

92 ★★★　　　　　　16€

Color amarillo brillante. Aroma potente, fruta madura, especias dulces, hierbas de tocador, flores marchitas. Boca graso, sabroso, fresco, buena acidez.

Guitián Godello 2013 B
100% godello

91 ★★★★★　　　　　　10€

Color pajizo brillante. Aroma expresión frutal, hierbas de tocador, floral, mineral, expresivo. Boca sabroso, frutoso, equilibrado.

Guitián Godello sobre lías 2012 B
100% godello

92 ★★★★　　　　　　12€

Color pajizo brillante. Aroma flores blancas, fruta fresca, expresivo, lías finas, hierbas secas. Boca sabroso, frutoso, buena acidez, equilibrado.

Guitián Godello Vendimia Tardía 2011 B
100% godello

94　　　　　　20€

Color dorado brillante. Aroma potente, notas amieladas, fruta escarchada, hierbas de tocador, cítricos, balsámico. Boca sabroso, dulce, fresco, frutoso, buena acidez, largo. Personalidad.

MANUEL CORZO RODRÍGUEZ

Chandoiro, s/n
32372 O Bolo (Ourense)
☎: +34 629 893 649
manuelcorzorodriguez@hotmail.com

Viña Corzo Godello 2013 B
godello

90 ★★★★★   6,5€

Color amarillo brillante. Aroma potente, fruta madura, especias dulces, roble cremoso, hierbas de tocador. Boca graso, sabroso, fresco, buena acidez.

Viña Corzo Mencía 2013 T
mencía

85 ★★★★★   5€

RAFAEL PALACIOS

Avda. de Somoza, 22
32350 A Rúa de Valdeorras (Ourense)
☎: +34 988 310 162
Fax: +34 988 310 643
www.rafaelpalacios.com
bodega@rafaelpalacios.com

As Sortes 2012 B
100% godello

96   34,4€

Color amarillo brillante. Aroma potente, fruta madura, especias dulces, roble cremoso, hierbas de tocador. Boca graso, retronasal ahumado, sabroso, fresco, buena acidez, equilibrado.

Louro Godello 2012 B

91 ★★★★   12,5€

Color amarillo brillante. Aroma tostado, roble cremoso, flores marchitas, fruta madura. Boca graso, estructurado, sabroso.

VALDESIL

Ctra. a San Vicente OU 807, km. 3
32348 Vilamartín de Valdeorras (Ourense)
☎: +34 988 337 900
Fax: +34 988 337 901
www.valdesil.com
valdesil@valdesil.com

Montenovo Godello 2013 B
100% godello

92 ★★★★   11,5€

Color pajizo brillante. Aroma fresco, fruta fresca, flores blancas, expresivo, hierbas silvestres. Boca sabroso, frutoso, buena acidez, equilibrado.

Pezas da Portela 2011 BFB
100% godello

93   29€

Color amarillo. Aroma elegante, complejo, mineral, expresivo. Boca fresco, frutoso, buena acidez, largo, fino amargor, estructurado.

Valderroa Carballo 2011 T
100% mencía

93 ★★★★   12€

Color cereza brillante. Aroma fruta madura, especias dulces, roble cremoso, hierbas de tocador, piedra seca, expresivo. Boca frutoso, sabroso, tostado, equilibrado, elegante.

Valdesil Godello sobre Lías 2007 B
100% godello

95 ★★★   15€

Color amarillo brillante. Aroma potente, fruta madura, especias dulces, roble cremoso, hierbas de tocador, piedra seca. Boca graso, sabroso, fresco, buena acidez, untuoso, redondo, elegante.

Valdesil Godello sobre Lías 2008 B
100% godello

92 ★★★   15€

Color amarillo brillante. Aroma ahumado, tostado, especiado. Boca sabroso, estructurado, largo, fruta madura.

Valdesil Godello sobre Lías 2012 B
100% godello

92 ★★★   15€

Color pajizo brillante. Aroma flores blancas, fruta fresca, lías finas, hierbas secas, piedra seca. Boca sabroso, frutoso, buena acidez, equilibrado, elegante.

Valdesil Parcela O Chao 2011 B
100% godello

94   49€

Color pajizo brillante. Aroma hierbas de tocador, expresión frutal, piedra seca, mineral, floral. Boca fresco, frutoso, sabroso, equilibrado, elegante. Personalidad.

VIÑA SOMOZA

Pombar, s/n
32350 A Rúa (Ourense)
☎: +34 988 311 412
Fax: +34 988 310 918
www.vinosomoza.com
bodega@vinosomoza.com

Neno Viña Somoza Godello Sobre Lias 2013 B
godello

90 ★★★★★   8€

Color pajizo brillante. Aroma fresco, flores blancas, fruta madura. Boca sabroso, frutoso, buena acidez, equilibrado.

Viña Somoza Godello Selección 2012 B Roble
godello

90 ★★★ 14€

Color pajizo brillante. Aroma fruta madura, especias dulces, roble cremoso, hierbas de tocador. Boca graso, sabroso, fresco, buena acidez.

VIÑOS DE ENCOSTAS
Florentino López Cuevillas Nº6, 1ºC
32500 O Carballiño (Ourense)
☎: +34 988 101 733
Fax: +34 988 101 733
www.xlsebio.es
miguel@losvinosdemiguel.com

Máis Alá 2012 B
godello

90 22€

Color pajizo, borde verdoso. Aroma fruta fresca, cítricos, flores blancas. Boca fresco, buena acidez, fino amargor, equilibrado, varietal.

VIRXE DE GALIR
Las Escuelas, s/n Estoma
32336 O Barco de Valdeorras (Ourense)
☎: +34 988 335 600
Fax: +34 988 335 592
www.pagosdegalir.es
bodega@pagosdegalir.com

Pagos del Galir Godello 2013 B
100% godello

91 ★★★★★ 7€

Color pajizo brillante. Aroma flores blancas, hierbas de tocador, expresión frutal, mineral. Boca fresco, frutoso, sabroso.

Pagos del Galir Mencía 2012 T Roble
100% mencía

88 ★★★★ 7€

Color cereza, borde granate. Aroma fruta madura, hierbas silvestres, terroso, especiado. Boca equilibrado, sabroso, largo, balsámico.

Pagos del Galir Selección Rosa Rivero 2010 TC
100% mencía

90 ★★★★★ 10€

Color cereza, borde granate. Aroma fruta madura, especiado, tostado, complejo, hierbas de monte. Boca potente, sabroso, tostado, taninos maduros.

Vía Nova Godello 2013 B
100% godello

88 ★★★★★ 5€

Color pajizo brillante. Aroma intensidad media, fruta fresca, floral, equilibrado. Boca equilibrado, sabroso, frutoso.

Vía Nova Mencía 2013 T
100% mencía

89 ★★★★★ 4,5€

Color cereza oscuro, borde violáceo. Aroma equilibrado, varietal, hierbas de monte. Boca sabroso, frutoso, retronasal afrutado.

DO. VALDEPEÑAS

CONSEJO REGULADOR

Constitución, 23
13300 Valdepeñas (Ciudad Real)
☎: +34 926 322 788 - Fax: +34 926 321 054
@: consejo@dovaldepenas.es
www.dovaldepenas.es

SITUACIÓN:

En el borde meridional de la meseta sur, dentro de la provincia de Ciudad Real. Engloba los términos municipales de Alcubillas, Moral de Calatrava, San Carlos del Valle, Santa Cruz de Mudela, Torrenueva y Valdepeñas y parte de los de Alhambra, Granátula de Calatrava, Montiel y Torre de Juan Abad.

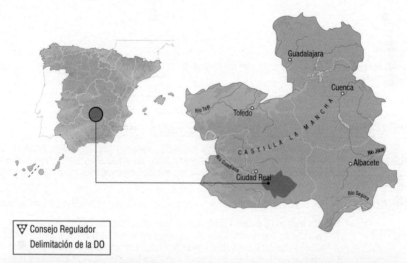

▽ Consejo Regulador
Delimitación de la DO

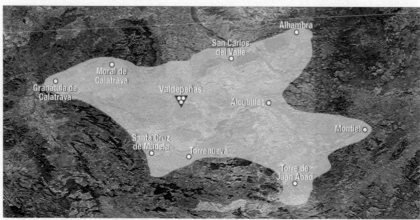

VARIEDADES:

BLANCAS: airén, macabeo, chardonnay, sauvignon blanc, moscatel de grano menudo y verdejo.

TINTAS: cencibel (tempranillo), garnacha, cabernet sauvignon, merlot, syrah y petit verdot.

DATOS:

Nº Has. Viñedo: 21.865 – **Nº Viticultores:** 2.691 – **Nº Bodegas:** 26 – **Cosecha 13:** Buena – **Producción 13:** 58.563.992 litros – **Comercialización:** 59% España - 41% extranjero.

SUELOS:

Son, principalmente, suelos pardo-rojizos y pardo-calizos con alto contenido en cal y bastante pobres en matetia orgánica.

CLIMA:

De tipo continental, con inviernos fríos, veranos muy cálidos y escaso índice de lluvias que suele situarse entre los 250 y 400 mm. anuales.

CARACTERÍSTICAS GENERALES DE LOS VINOS

BLANCOS	Se elaboran fundamentalmente con airén, y cada vez más con verdejo. Presentan un color pálido o amarillo pajizo; en nariz son frescos y afrutados y pueden desarrollar aromas que recuerdan al plátano o la piña; en la boca son agradables, pero ligeramente bajos de acidez.
ROSADOS	De color frambuesa o rosáceo, son frescos, afrutados, agradables y fáciles de beber.
TINTOS	Los jóvenes de cencibel presentan un color cereza granate con matices violáceos; ofrecen aromas afrutados, casi siempre de buena intensidad; en la boca poseen cierta frescura y carga frutal. Son vinos fáciles de beber y algo ligeros. En los criados en barrica se interceptan rápidamente los matices de la madera que irán del roble cremoso a la ebanistería dependiendo de la vejez de la barrica utilizada. En la boca son suaves, redondos y bastante sabrosos. Las largas crianzas desarrollan con cierta rapidez los matices de reducción como el cuero muy curtido o la presencia de aromas que recuerdan a puro o a tabaco.

CLASIFICACIÓN COSECHAS

GUÍA**PEÑÍN**

2009	2010	2011	2012	2013
BUENA	BUENA	BUENA	BUENA	BUENA

BODEGAS FERNANDO CASTRO

Paseo Castelar, 70
13730 Santa Cruz de Mudela
(Ciudad Real)
☎: +34 926 342 168
Fax: +34 926 349 029
www.bodegasfernandocastro.com
fernando@bodegasfernandocastro.com

Raíces 2009 TC
100% tempranillo
84   3€

Valdemonte 2013 T
100% tempranillo
75   2€

Venta Real 2005 TGR
100% tempranillo
81   4€

BODEGAS MARÍN PERONA

Castellanos, 99
13300 Valdepeñas (Ciudad Real)
☎: +34 926 313 192
Fax: +34 926 313 347
www.tejeruelas.com
bodega@tejeruela.com

Calar Viejo 2010 TC
tempranillo
82   5,5€

Marín Perona 2006 TGR
tempranillo
84   11€

Marín Perona 2007 TR
tempranillo
84   7,6€

Tejeruelas de Viña Aldante 2013 B
airén
82   4,5€

Tejeruelas de Viña Aldante 2013 T
tempranillo
80   4,5€

Viña Aldante 2010 TC
86
Color cereza brillante. Aroma fruta madura, especias dulces, roble cremoso, intensidad media. Boca frutoso, sabroso, tostado, fácil de beber.

BODEGAS MEGÍA E HIJOS -CORCOVO

Magdalena, 33
13300 Valdepeñas (Ciudad Real)
☎: +34 926 347 828
Fax: +34 926 347 829
www.corcovo.com
jamegia@corcovo.com

Corcovo 2007 TR
100% tempranillo
88 ★★★★   5,5€
Color cereza brillante. Aroma fruta madura, especias dulces, roble cremoso, expresivo. Boca frutoso, sabroso, tostado, equilibrado.

Corcovo 2010 TC
100% tempranillo
90 ★★★★★   4,1€
Color cereza, borde granate. Aroma fruta madura, especiado, roble cremoso, tostado, complejo, equilibrado. Boca potente, sabroso, tostado, taninos maduros.

Corcovo 2013 RD
100% tempranillo
89 ★★★★★   3€
Color frambuesa, borde violáceo. Aroma fruta madura, fruta roja, floral, lácticos, hierbas de tocador. Boca potente, frutoso, fresco.

Corcovo Airen 2013 B
100% airén
88 ★★★★★   2,9€
Color pajizo brillante. Aroma fresco, fruta fresca, flores blancas, expresivo. Boca sabroso, frutoso, buena acidez, equilibrado.

Corcovo Syrah 2013 T
100% syrah

89 ★★★★★   3,6€

Color cereza, borde violáceo. Aroma potente, fruta roja, fruta madura, floral, expresivo. Boca potente, fresco, frutoso, untuoso, balsámico.

Corcovo Syrah 24 Barricas 2012 T Roble
100% syrah

89 ★★★★   6€

Color cereza brillante. Aroma fruta madura, especias dulces, roble cremoso, expresivo. Boca sabroso, frutoso, tostado, taninos maduros.

Corcovo Tempranillo 2012 T Roble
100% tempranillo

86 ★★★★★   3,6€

Color cereza, borde granate. Aroma fruta roja, fruta madura, hierbas silvestres, especiado, roble cremoso. Boca potente, sabroso, equilibrado.

Corcovo Verdejo 2013 B
100% verdejo

87 ★★★★★   3,6€

Color pajizo brillante. Aroma hierbas de tocador, notas tropicales, fruta fresca. Boca correcto, fresco, frutoso, sabroso.

Corcovo Verdejo 24 Barricas 2012 B Roble
100% verdejo

89 ★★★★   6€

Color amarillo brillante. Aroma potente, fruta madura, especias dulces, roble cremoso, hierbas de tocador. Boca graso, retronasal ahumado, sabroso, fresco, buena acidez, equilibrado.

BODEGAS MIGUEL CALATAYUD
Postas, 20
13300 Valdepeñas (Ciudad Real)
☎: +34 926 348 070
Fax: +34 926 322 150
www.vegaval.com
vegaval@vegaval.com

Vegaval Plata 2008 TGR
tempranillo

85 ★★★★   5,9€

Vegaval Plata 2009 TR
tempranillo

85 ★★★★★   3,9€

Vegaval Plata 2010 TC
tempranillo

85 ★★★★★   2,9€

Vegaval Plata Tempranillo 2012 T
tempranillo

83   2,6€

Vegaval Plata Verdejo 2013 B
verdejo

87 ★★★★★   2,5€

Color pajizo brillante. Aroma fresco, fruta fresca, flores blancas, equilibrado. Boca sabroso, frutoso, buena acidez, elegante.

BODEGAS MUREDA
Ctra. N-IV, Km. 184,1
13300 Valdepeñas (Ciudad Real)
☎: +34 926 318 058
Fax: +34 926 318 058
www.mureda.es
bmoreno@mureda.es

Mureda Cuvée Brut 2008 ESP
airén, macabeo, sauvignon blanc

84   4€

Mureda Cuvée Brut Nature BN
chardonnay, viura

86 ★★★★★   4,5€

Color pajizo brillante. Aroma fruta madura, lías finas, equilibrado, hierbas secas. Boca buena acidez, sabroso, fruta madura, largo.

Mureda Gran Cuvée Brut Nature 2009 ESP Reserva
airén, macabeo, chardonnay

87 ★★★★   5,5€

Color amarillo brillante. Aroma fruta madura, hierbas de tocador, especias dulces, frutos secos, equilibrado. Boca potente, sabroso, burbuja fina, buena acidez.

BODEGAS NAVARRO LÓPEZ

Autovía Madrid - Cádiz, Km. 193
13300 Valdepeñas (Ciudad Real)
☎: +34 902 193 431
Fax: +34 902 193 432
www.bodegasnavarrolopez.com
laboratorio2@navarrolopez.com

Don Aurelio 2008 TGR
100% tempranillo
84 **7€**

Don Aurelio 2009 TR
100% tempranillo
85 ★★★★ **5,4€**

Don Aurelio 2011 TC
100% tempranillo
86 ★★★★★ **4€**
Color cereza, borde granate. Aroma fruta madura, especiado, roble cremoso, tostado. Boca potente, sabroso, tostado.

Don Aurelio 2012 T Barrica
100% tempranillo
85 ★★★★★ **3,6€**

Don Aurelio 2013 RD
100% tempranillo
87 ★★★★★ **3€**
Color rosáceo pálido. Aroma elegante, fruta escarchada, flores secas, hierbas de tocador, fruta roja. Boca ligero, sabroso, buena acidez, largo, especiado.

Don Aurelio Garnacha 2013 T
100% garnacha
88 ★★★★★ **3€**
Color cereza, borde violáceo. Aroma fruta madura, hierbas silvestres, balsámico. Boca potente, frutoso, balsámico.

Don Aurelio Tempranillo Selección 2013 T
100% tempranillo
86 ★★★★★ **3€**
Color cereza, borde violáceo. Aroma fruta roja, fruta madura, floral. Boca potente, fresco, frutoso.

Don Aurelio Verdejo 2013 B
100% verdejo
84 **3€**

BODEGAS REAL

Paseo de la Castellana, 144 1º
28046 Madrid (Madrid)
☎: +34 914 577 588
Fax: +34 914 577 210
www.bodegas-real.com
comunicacion@bodegas-real.com

Palacio de Ibor 2007 TR
83 **8€**

FÉLIX SOLÍS

Autovía del Sur, Km. 199
13300 Valdepeñas (Ciudad Real)
☎: +34 926 322 400
www.felixsolisavantis.com
nfernandez@felixsolisavantis.com

Ayrum 2008 TGR
tempranillo
89 ★★★ **9€**
Color cereza brillante. Aroma fruta madura, especias dulces, roble cremoso, equilibrado. Boca frutoso, sabroso, tostado, correcto.

Ayrum 2010 TR
tempranillo
89 ★★★★★ **4,5€**
Color cereza, borde granate. Aroma fruta madura, especiado, roble cremoso, tostado, complejo. Boca potente, sabroso, tostado, taninos maduros.

Ayrum 2011 TC
tempranillo
87 ★★★★★ **4€**
Color cereza brillante. Aroma fruta madura, especias dulces, roble cremoso, intensidad media. Boca frutoso, sabroso, tostado.

Ayrum 2013 RD
tempranillo
88 ★★★★★ **3,4€**
Color frambuesa, borde violáceo. Aroma potente, fruta madura, fruta roja, floral, expresivo. Boca potente, frutoso, fresco.

Ayrum Tempranillo 2013 T
tempranillo
88 ★★★★★ **3,4€**
Color cereza, borde violáceo. Aroma fruta fresca, fruta roja, floral, balsámico. Boca sabroso, frutoso, buena acidez, taninos maduros.

Ayrum Verdejo 2013 B
verdejo

87 ★★★★★ 3,4€

Color pajizo brillante. Aroma fresco, fruta fresca, flores blancas, expresivo. Boca sabroso, frutoso, buena acidez, equilibrado.

Moralinos 2007 TGR

88 ★★★★★ 3€

Color rubí borde teja. Aroma elegante, especiado, fina reducción, cuero mojado, ebanistería, espirituoso. Boca especiado, taninos finos, elegante, largo.

Viña Albali 2009 TGR
tempranillo

87 ★★★★ 5,5€

Color cereza, borde granate. Aroma fruta madura, especiado, roble cremoso, tostado, complejo. Boca potente, sabroso, tostado, taninos maduros.

Viña Albali 2010 TR
tempranillo

87 ★★★★★ 4€

Color cereza brillante. Aroma fruta madura, especias dulces, roble cremoso, intensidad media. Boca frutoso, sabroso, tostado.

Viña Albali 2011 TC
tempranillo

84 3€

Viña Albali 2013 RD
tempranillo

85 ★★★★★ 2,5€

Viña Albali Gran Reserva de la Familia 2006 TGR

89 15€

Color rubí, borde teja. Aroma elegante, especiado, fina reducción, cuero mojado, ebanistería, fruta madura. Boca especiado, taninos finos, elegante, largo.

Viña Albali Selección Privada 2009 TGR
tempranillo

88 ★★★★ 6€

Color rubí, borde teja. Aroma elegante, especiado, fina reducción, cuero mojado, ebanistería, espirituoso, fruta madura. Boca especiado, taninos finos, elegante, largo.

Viña Albali Tempranillo 2013 T
tempranillo

85 ★★★★★ 2,5€

Viña Albali Verdejo 2013 B
verdejo

86 ★★★★★ 2,5€

Color pajizo brillante. Aroma fresco, fruta fresca, flores blancas, expresivo. Boca sabroso, frutoso, buena acidez, equilibrado.

GRUPO DE BODEGAS VINARTIS

A-4, Km. 200,5
13300 Valdepeñas (Ciudad Real)
☎: +34 926 320 300
Fax: +34 926 348 483
www.grupobodegasvinartis.com
ricardo.donado@jgc.es

Pata Negra 2005 TGR
tempranillo
85 ★★★★   6€

Pata Negra 2006 TGR
tempranillo
86 ★★★★   6€
Color cereza, borde granate. Aroma fruta madura, roble cremoso, tostado, complejo, muy tostado (torrefactado), café aromático. Boca potente, sabroso, tostado, taninos maduros.

Pata Negra 2007 TR
tempranillo
84   5€

Pata Negra 2008 TC
tempranillo
83   4€

Pata Negra 2009 TR
tempranillo, mazuelo, graciano, garnacha
84   5€

Pata Negra 2012 T
cabernet sauvignon, tempranillo
82   3,5€

Pata Negra 2012 T Roble
tempranillo
81   3,5€

VICENTE NAVARRO Y HERMANOS

Real, 80
13300 Valdepeñas (Ciudad Real)
☎: +34 926 323 354
Fax: +34 926 320 464
bodegasnavarro@hotmail.com

Racimo de Oro 2006 TGR
100% tempranillo
84   3,9€

Racimo de Oro 2010 T
tempranillo
88 ★★★★★   2,1€
Color cereza, borde granate. Aroma fruta madura, especiado, roble cremoso, tostado. Boca potente, sabroso, tostado.

Racimo de Oro 2013 B
100% verdejo
84   2,5€

DO. VALENCIA

CONSEJO REGULADOR

Quart, 22
46001 Valencia
☎: +34 963 910 096 - Fax: +34 963 910 029
@: info@vinovalencia.org
www.vinovalencia.org

SITUACIÓN:

En la provincia de Valencia. Aglutina a 66 municipios divididos en cuatro subzonas diferenciadas: Alto Turia, Moscatel de Valencia, Valentino y Clariano.

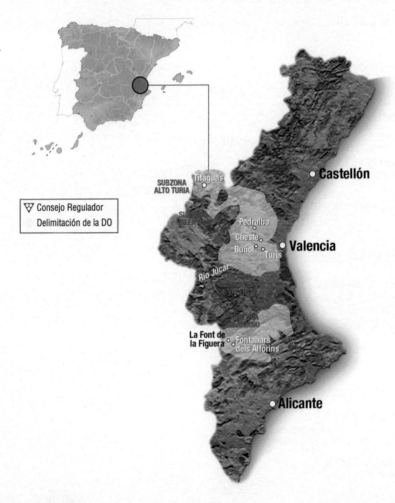

▽ Consejo Regulador
Delimitación de la DO

SUBZONA ALTO TURIA
Titaguas
Pedralba
Cheste
Buñol
Turis
Castellón
Valencia
Río Júcar
La Font de la Figuera
Fontanars dels Alforins
Alicante

SUBZONAS:

Alto Turia, la subzona de mayor altitud (700 - 800 m. sobre el nivel del mar), que engloba a 6 municipios.

Valentino (23 municipios), en la parte central de la provincia; la altitud oscila entre los 250 y 650 m.

Moscatel de Valencia (9 municipios), también en la parte central donde se elaboraba el vino histórico de la región.

Clariano (33 municipios), al sur y con una altitud entre los 400 y 650 m.

VARIEDADES:

BLANCAS: macabeo, malvasía, merseguera, moscatel de alejandría, moscatel de grano menudo, pedro ximénez, plantafina, plantanova, tortosí, verdil, chardonnay, semillon blanc, sauvignon blanc, verdejo, riesling, viognier y gewüztraminer.

TINTAS: garnacha, monastrell, tempranillo, tintorera, forcallat tinta, bobal, cabernet sauvignon, merlot, pinot noir, syrah, graciano, malbec, mandó, marselan, mencía, merlot, mazuelo y petit verdot.

DATOS:

Nº Has. Viñedo: 13.000 – **Nº Viticultores:** 10.700 – **Nº Bodegas:** 93 – **Cosecha 13:** Buena– **Producción 13:** 84.109.488 litros – **Comercialización:** 24% España - 76% extranjero

SUELOS:

Son en su mayoría pardos, con contenido de caliza; no existen problemas de drenaje.

CLIMA:

Mediterráneo, marcado por fuertes tormentas y aguaceros durante el verano y el otoño. La temperatura media anual es de unos 15°C y el índice medio de lluvias de 500 mm. anuales.

CARACTERÍSTICAS GENERALES DE LOS VINOS

BLANCOS	Los más clásicos, jóvenes, frescos y con agradables matices silvestres, se elaboran a partir de merseguera. También son muy caracterizados los de moscatel (la variedad histórica de la región), que se destina tanto a blancos secos, muy aromáticos y ligeros, como a las características mistelas de la zona, de color pálido cuando pertenecen a la última cosecha y amarillo dorado si son más viejas. Todos ellos se caracterizan por sus aromas almizclados y auvados.
ROSADOS	La tendencia actual es hacia rosados de color rosáceo-frambuesa, frescos y ligeros, con buen potencial frutal y aromático.
TINTOS	Los más característicos se elaboran a partir de monastrell y garnacha; son vinos algo cálidos y con notas a fruta madura en los que domina el carácter mediterráneo de la zona, con interesantes recuerdos a monte bajo. También empiezan a imponerse elaboraciones con un amplio abanico de variedades, que dan tintos suaves, sabrosos y de similar carácter mediterráneo.

CLASIFICACIÓN COSECHAS

GUÍAPEÑÍN

2009	2010	2011	2012	2013
MUY BUENA	EXCELENTE	EXCELENTE	MUY BUENA	BUENA

ARANLEÓN

Ctra. Caudete, 3
46310 Los Marcos (Valencia)
☎: +34 963 631 640
Fax: +34 962 185 150
www.aranleon.com
vinos@aranleon.com

Aranleón Sólo 2013 B
chardonnay, sauvignon blanc, macabeo

86 ★★★★ 🍷   6€

Color pajizo brillante. Aroma fresco, fruta fresca, flores blancas, expresivo. Boca sabroso, frutoso, buena acidez, equilibrado.

Aranleón Sólo 2013 RD
tempranillo

86 ★★★★ 🍷   6€

Color frambuesa, borde violáceo. Aroma potente, fruta madura, fruta roja, floral, balsámico. Boca potente, frutoso, fresco, fino amargor.

Blés 2012 T Roble
tempranillo, bobal

86 ★★★★★ 🍷   5€

Color cereza brillante. Aroma fruta madura, especias dulces, roble cremoso. Boca sabroso, frutoso, tostado.

Blés Crianza de Aranleón 2011 TC
tempranillo, monastrell, cabernet sauvignon

90 ★★★★★ 🍷   6,5€

Color cereza, borde granate. Aroma fruta madura, especiado, roble cremoso, tostado, complejo, balsámico. Boca potente, sabroso, tostado, taninos maduros, equilibrado.

Blés Reserva de Aranleón 2010 TR
monastrell, tempranillo, cabernet sauvignon

89 ★★★★ 🍷   7,9€

Color cereza, borde granate. Aroma fruta roja, fruta madura, balsámico, especiado, roble cremoso, equilibrado. Boca potente, sabroso, complejo, especiado, largo.

El Árbol de Aranleón 2010 TR
cabernet franc, tempranillo, monastrell, syrah

91 ★★★ 🍷   13,5€

Color cereza, borde granate. Aroma fruta madura, fruta al licor, hierbas silvestres, especias dulces, roble cremoso. Boca potente, sabroso, especiado, largo, equilibrado.

BODEGA EL ANGOSTO

Finca Santa Rosa, Ctra. Fontanars
CV-660, km. 23,5
46870 Ontinyent (Valencia)
☎: +34 962 380 648
Fax: +34 962 911 349
www.bodegaelangosto.com
info@bodegaelangosto.com

Almendros 2012 T
marselan, garnacha tintorera, syrah

92 ★★★   13,7€

Color cereza muy intenso. Aroma expresivo, con carácter, cálido, fruta escarchada, roble cremoso. Boca fruta madura, sabroso, potente.

Almendros 2013 B
verdejo, sauvignon blanc

92 ★★★★★   8,6€

Color pajizo brillante. Aroma flores blancas, fruta fresca, expresivo, lías finas, hierbas secas, roble cremoso. Boca sabroso, frutoso, buena acidez.

© Paula Sanz Caballero

ANGOSTO | ALMENDROS

Angosto Blanco 2013 B
verdejo, moscatel, sauvignon blanc, chardonnay

91 ★★★★★   4,5€

Color pajizo brillante. Aroma flores blancas, fruta fresca, expresivo, lías finas, hierbas secas. Boca sabroso, frutoso, buena acidez, equilibrado.

Angosto Tinto 2012 TC
cabernet franc, syrah, garnacha tintorera

91 ★★★★★   6,8€

Color cereza, borde granate. Aroma fruta madura, especiado, roble cremoso, tostado, complejo, chocolate, terroso. Boca potente, sabroso, tostado, balsámico, elegante.

La Tribu 2013 T
monastrell, syrah, garnacha tintorera

89 ★★★★★   4,5€

Color cereza brillante. Aroma fruta madura, especias dulces, roble cremoso. Boca sabroso, frutoso, tostado, taninos maduros.

BODEGA EL VILLAR
Avda. del Agricultor, 1
46170 Villar de Arzobispo (Valencia)
☎: +34 962 720 050
Fax: +34 961 646 060
www.elvillar.com
exportacion@elvillar.com

Laderas 2013 B
merseguera, macabeo

83   2,3€

Laderas Tempranillo 2013 T
tempranillo

83   2,3€

Laderas Tempranillo Bobal 2013 RD
tempranillo, bobal

85 ★★★★★   2,3€

Tapias 2007 TC
merlot

82   6€

Viña Villar 2008 TC
tempranillo, merlot

86 ★★★★★   3,5€

Color cereza, borde granate. Aroma fruta madura, especiado, roble cremoso, tostado. Boca potente, sabroso, tostado.

BODEGA J. BELDA
Avda. Conde Salvatierra, 54
46635 Fontanars dels Alforins (Valencia)
☎: +34 962 222 278
Fax: +34 962 222 245
www.danielbelda.com
info@danielbelda.com

Ca'Belda 2007 T Barrica
monastrell, garnacha tintorera

88

Color guinda. Aroma especiado, fina reducción, cuero mojado, ebanistería, tostado. Boca especiado, largo, tostado.

Daniel Belda MC Tempranillo 2013 T
tempranillo

87

Color cereza, borde violáceo. Aroma fruta fresca, fruta roja, floral. Boca sabroso, frutoso, buena acidez, taninos maduros.

Daniel Belda MC Tintorera 2013 T
garnacha tintorera

84

Daniel Belda Verdil 2013 B
verdil

88

Color pajizo brillante. Aroma fresco, fruta fresca, flores blancas, expresión frutal. Boca sabroso, frutoso, buena acidez.

Heretat de Belda 2009 T
pinot noir, garnacha tintorera

88

Color cereza muy intenso, borde granate. Aroma potente, fruta madura, muy tostado (torrefactado), chocolate. Boca potente, tostado, retronasal torrefactado.

Migjorn 2007 T
cabernet sauvignon, merlot, garnacha tintorera

84

BODEGAS 40 GRADOS NORTE
Camí Estació de Dalt s/n
46630 La Font de la Figuera (Valencia)
☎: +34 615 167 040
Fax: +34 960 963 724
www.40gradosnorte.com
40gradosnorte@40gradosnorte.com

Cota 830 2009 T
bobal, cabernet sauvignon, tempranillo

86   13€

Color guinda. Aroma especiado, fina reducción, cuero mojado, ebanistería, tostado. Boca especiado, largo, tostado, correcto.

Mar de So 2010 T
syrah, monastrell, bobal, tempranillo

85 ★★★★   8€

Mar de So Chardonnay 2013 B
chardonnay

84   5€

So de Bobal 2013 T
bobal

84   5€

So de Syrah 2013 T Joven
syrah

84   5€

BODEGAS ARRAEZ

Arcediano Ros, 35
46630 La Font de la Figuera (Valencia)
☎: +34 962 290 031
www.bodegasarraez.com
info@bodegasarraez.com

A2 Verdil 2013 B
verdil

87 ★★★★   6€

Color pajizo brillante. Aroma flores blancas, hierbas de tocador, expresión frutal. Boca fresco, frutoso, sabroso, fino amargor.

Calabuig 2013 B
macabeo, merseguera

87 ★★★★★   4€

Color pajizo brillante. Aroma fresco, fruta fresca, flores blancas. Boca sabroso, frutoso, buena acidez, equilibrado.

Calabuig 2013 T
tempranillo, monastrell

86 ★★★★★   4€

Color cereza poco intenso, borde violáceo. Aroma fruta roja, fruta madura, hierbas silvestres. Boca fresco, frutoso, fácil de beber.

Casas de Herencia 2012 T Roble
tempranillo, monastrell

80   3€

Casas de Herencia 2013 B
merseguera, malvasía

82   3€

Eduardo Bermejo 2012 T
tempranillo

85 ★★★★★   5€

Eduardo Bermejo 2013 B

87 ★★★★★   5€

Color pajizo brillante. Aroma fresco, fruta fresca, flores blancas, equilibrado. Boca sabroso, frutoso, buena acidez, equilibrado.

Lagares 2012 TC
cabernet sauvignon

90 ★★★★★   8€

Color cereza brillante. Aroma fruta madura, especias dulces, roble cremoso, expresivo. Boca sabroso, frutoso, tostado, taninos maduros.

Mala Vida 2012 T Roble
tempranillo, monastrell, syrah, cabernet sauvignon

88 ★★★★   7€

Color cereza intenso. Aroma cálido, fruta escarchada, expresión frutal. Boca sabroso, especiado.

BODEGAS BATALLER

Camí Real, 94-96
46841 Castelló de Rugat (Valencia)
☎: +34 962 813 017
Fax: +34 962 813 017
vinosbenicadell@telepolis.com

Benicadell Tempranillo 2013 T
tempranillo

82

D'Alba Varietal Moscatel 2013 B
moscatel

85

BODEGAS ENGUERA

Ctra. CV - 590, Km. 51,5
46810 Enguera (Valencia)
☎: +34 963 412 450
Fax: +34 962 224 831
www.bodegasenguera.com
oficina@bodegasenguera.com

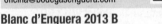

Blanc d'Enguera 2013 B
verdil, chardonnay, viognier, sauvignon blanc

88 ★★★★ 🌷   5,9€

Color dorado brillante. Aroma flores blancas, potente, fruta madura, cítricos. Boca sabroso, frutoso.

Megala 2011 T
monastrell, syrah, marselan

91 ★★★★★ 🌷   8€

Color cereza, borde granate. Aroma fruta madura, especiado, roble cremoso, tostado, chocolate, terroso. Boca potente, sabroso, tostado, taninos maduros.

Verdil de Gel 2013 B
verdil

90 ★★★★★ 🌷   10€

Color dorado. Aroma potente, floral, notas amieladas, fruta escarchada, hierbas de tocador. Boca sabroso, dulce, fresco, frutoso, buena acidez, largo.

BODEGAS LOS PINOS

Casa Los Pinos, s/n
46635 Fontanars dels Alforins
(Valencia)
☎: +34 600 584 397
www.bodegaslospinos.com
bodegaslospinos@bodegaslospinos.com

Brote Blanco de Dominio Los Pinos 2013 BFB
verdil, viognier

85 ★★★ 🌷 **8,8€**

Brote Tinto de Dominio Los Pinos 2011 TC
monastrell, garnacha, merlot

90 ★★★ 🌷 **13,8€**

Color cereza brillante. Aroma fruta madura, especias dulces, roble cremoso, intensidad media. Boca frutoso, sabroso, tostado.

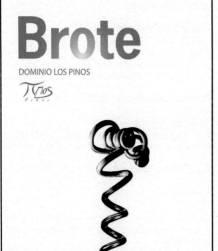

Ca'ls Pins 2013 T Barrica
monastrell, cabernet sauvignon, merlot

87 ★★★★★ 🌷 **3€**

Color cereza brillante. Aroma fruta madura, especias dulces, roble cremoso. Boca sabroso, frutoso, tostado.

Dx de Dominio Los Pinos 2012 TC
monastrell, cabernet sauvignon

87 ★★★★★ 🌷 **5€**

Color cereza, borde granate. Aroma fruta madura, especiado, roble cremoso, tostado, complejo. Boca potente, sabroso, tostado.

Los Pinos 0 % 2013 T
garnacha, monastrell, syrah

87 🌷 **11€**

Color cereza muy intenso, borde granate. Aroma fruta sobremadura, cálido, hierbas secas. Boca sabroso, fruta madura, largo.

Los Pinos 1909 2011 TC
monastrell, merlot, cabernet sauvignon

88 ★★★★ 🌷 **8€**

Color cereza, borde granate. Aroma fruta confitada, fruta al licor, especiado. Boca sabroso, confitado, balsámico.

Los Pinos 2012 T Barrica
cabernet sauvignon, syrah, tempranillo

87 ★★★★ 🌷 **6€**

Color cereza brillante. Aroma fruta madura, especias dulces, roble cremoso, expresivo, balsámico. Boca sabroso, frutoso, tostado.

Los Pinos Salvat 2013 RD
monastrell, garnacha

87 ★★★★ 🌷 **6€**

Color frambuesa. Aroma potente, fruta madura, fruta roja, floral, expresivo. Boca potente, frutoso, fresco.

Los Pinos Salvat 2013 T
monastrell, cabernet sauvignon

85 ★★★★ ♣ 6€

BODEGAS MITOS
Ctra. CV 450, km. 3 El Azagador
46357 Requena (Valencia)
☎: +34 962 300 703
www.bodegasmitos.com
admin@bodegasmitos.com

Mitos 2012 B
macabeo, moscatel

85 ★★★★★ 3€

Mitos 2013 T
cabernet sauvignon, tempranillo, syrah

85 ★★★★★ 4€

Mitos 2013 T Roble
cabernet sauvignon, merlot, garnacha

87 ★★★★ 5,5€

Color cereza brillante. Aroma fruta madura, especias dulces, roble cremoso, expresivo. Boca sabroso, frutoso, tostado, taninos maduros.

BODEGAS MURVIEDRO
Ampliación Pol. El Romeral, s/n
46340 Requena (Valencia)
☎: +34 962 329 003
Fax: +34 962 329 002
www.bodegasmurviedro.es
murviedro@murviedro.es

DNA de Murviedro Classic Tempranillo 2013 T
tempranillo

88 ★★★★★ 4,5€

Color cereza, borde granate. Aroma fruta madura, hierbas silvestres, intensidad media. Boca potente, sabroso, balsámico.

DNA de Murviedro Fashion Alba 2013 B
sauvignon blanc, moscatel

89 ★★★★ 7€

Color pajizo brillante. Aroma flores blancas, hierbas de tocador, expresión frutal. Boca fresco, frutoso, sabroso, fino amargor.

DNA de Murviedro Fashion Alma Mística 2013 B
moscatel

85 ★★★★ 7,8€

DNA de Muviedro Classic Viura 2013 B
viura

82 4,5€

DNA de Muviedro Fashion Rosa Blush 2013 RD
tempranillo, bobal, viura, cabernet sauvignon

87 ★★★★ 7€

Color cereza claro, brillante. Aroma pétalos de rosa, fruta roja, equilibrado. Boca correcto, buena acidez, frutoso, fácil de beber.

Estrella de Murviedro Frizzante B
moscatel

84 5€

Estrella de Murviedro Frizzante Rosé 2013 RD
moscatel, tempranillo, bobal

84 5€

Murviedro Colección 2010 TR
monastrell, tempranillo, cabernet sauvignon

89 ★★★★ 8€

Color cereza, borde granate. Aroma fruta madura, especiado, tostado, complejo, hierbas silvestres. Boca potente, sabroso, tostado, taninos maduros.

Murviedro Colección 2011 TC
tempranillo

88 ★★★★ 6€

Color cereza, borde granate. Aroma fruta madura, especiado, roble cremoso. Boca equilibrado, sabroso, largo, balsámico.

Murviedro Colección Petit Verdot 2013 T
petit verdot

91 ★★★★★ 5€

Color cereza brillante, borde violáceo. Aroma hierbas de tocador, fruta roja, expresivo. Boca equilibrado, largo, especiado.

Murviedro Expresión "Solidarity Cuvée" 2011 TC
monastrell, garnacha

90 25€

Color cereza, borde granate. Aroma fruta madura, especiado, roble cremoso, tostado. Boca potente, sabroso, tostado, taninos maduros.

BODEGAS POLO MONLEÓN
Ctra. Valencia - Ademuz, Km. 86
46178 Titaguas (Valencia)
☎: +34 961 634 148
www.hoyadelcastillo.com
info@hoyadelcastillo.com

Hoya del Castillo 2013 B

88 ★★★★★ 4,5€

Color pajizo brillante. Aroma fresco, fruta fresca, flores blancas. Boca sabroso, frutoso, buena acidez, equilibrado.

BODEGAS SIERRA NORTE

Pol. Ind. El Romeral. Transporte C2
46340 Requena (Valencia)
☎: +34 962 323 099
Fax: +34 962 323 048
www.bodegasierranorte.com
info@bodegasierranorte.com

Mariluna 2012 T
tempranillo, bobal, monastrell

89 ★★★★   5,7€

Color cereza brillante. Aroma fruta madura, especias dulces, roble cremoso, expresivo. Boca sabroso, frutoso, tostado, taninos maduros.

Mariluna 2013 B
macabeo, chardonnay, sauvignon blanc

87 ★★★★   5,7€

Color pajizo brillante. Aroma flores blancas, hierbas de tocador, expresión frutal. Boca fresco, frutoso, sabroso, equilibrado, elegante.

BODEGAS TORREVELLISCA

Ctra. L'Ombria, Km. 1
46635 Fontanars dels Alforins
(Valencia)
☎: +34 962 222 261
Fax: +34 962 222 257
www.bodegas-torrevellisca.es
info@bodegas-torrevellisca.es

Argentum de Zagromonte 2010 TC
tempranillo, cabernet sauvignon

87   11€

Color cereza, borde granate. Aroma especiado, tostado, fruta sobremadura, cálido. Boca potente, sabroso, tostado, taninos maduros.

Aurum de Zagromonte 2010 TC
merlot, cabernet sauvignon

87   12€

Color cereza intenso, borde anaranjado. Aroma especiado, fina reducción, cuero mojado, ebanistería, espirituoso. Boca especiado, taninos finos, largo.

Brundisium de Zagromonte 2008 TR
tempranillo, cabernet sauvignon, cabernet franc

86 ★★★   10€

Color cereza muy intenso, borde granate. Aroma potente, muy tostado (torrefactado), fruta al licor. Boca potente, tostado, retronasal torrefactado.

Embrujo 2013 B
verdejo

80   5€

Embrujo Negro 2013 T
merlot, cabernet sauvignon, tempranillo

83   5€

Palacio de Torrevellisca 2013 T
tempranillo, syrah

79   3€

BODEGAS UTIELANAS

Actor Rambal, 29
46300 Utiel (Valencia)
☎: +34 962 170 801
Fax: +34 962 170 801
www.bodegasutielanas.com
info@bodegasutielanas.com

Sueños del Mediterráneo 2013 B
100% macabeo

88 ★★★★★   3,1€

Color pajizo brillante. Aroma fresco, fruta fresca, flores blancas, expresivo. Boca sabroso, frutoso, buena acidez, equilibrado.

Sueños del Mediterráneo 2013 RD
100% bobal

86 ★★★★★   3,1€

Color frambuesa, borde violáceo. Aroma potente, fruta madura, fruta roja, floral, expresivo. Boca potente, frutoso, fresco.

Sueños del Mediterráneo 2013 T
100% bobal

87 ★★★★★   3,1€

Color cereza, borde violáceo. Aroma potente, fruta roja, fruta madura, floral. Boca potente, fresco, frutoso, untuoso.

BODEGAS VICENTE GANDÍA

Ctra. Cheste a Godelleta, s/n
46370 Chiva (Valencia)
☎: +34 962 524 242
Fax: +34 962 524 243
www.vicentegandia.es
info@vicentegandia.com

Castillo de Liria 2010 TC
tempranillo, syrah

82   3,5€

Castillo de Liria 2010 TR
100% tempranillo

83   3,5€

Castillo de Liria 2012 T

83   2€

Castillo de Liria 2013 B

82   2€

Castillo de Liria 2013 RD
100% bobal

85 ★★★★★   1,8€

Castillo de Liria Moscatel 2013 B
moscatel de alejandría

86 ★★★★★   2€

Color amarillo. Aroma flores blancas, expresivo, potente. Boca frutoso, fácil de beber, correcto, dulcedumbre.

Castillo de Liria Semi Dulce 2013 B

82   2€

El Miracle 120 2011 T

86 ★★★★★   5€

Color cereza, borde granate. Aroma fruta madura, especiado, roble cremoso, hierbas silvestres. Boca potente, sabroso, tostado.

El Miracle 120 2013 B

85 ★★★★★   5€

El Miracle by Mariscal 2011 T
100% garnacha tintorera

90 ★★★★★   8€

Color cereza, borde granate. Aroma fruta madura, especiado, roble cremoso, tostado, complejo, chocolate. Boca potente, sabroso, tostado, taninos maduros.

El Miracle Tapas 2012 T
100% tempranillo

85 ★★★★★   4€

Fusta Nova Moscatel B
100% moscatel de alejandría

86 ★★★★★   5€

Color amarillo brillante. Aroma notas amieladas, fruta madura, balsámico, potente. Boca equilibrado, sabroso, untuoso.

Fusta Nova Verdejo 2012 B
100% verdejo

84   6€

BODEGAS Y DESTILERÍAS VIDAL

Valencia, 16
12550 Almazora (Castellón)
☎: +34 964 503 300
Fax: +34 964 560 604
www.bodegasvidal.com
info@bodegasvidal.com

Uva D'Or Moscatel B
moscatel

91 ★★★★★   6€

Color dorado. Aroma potente, floral, notas amieladas, fruta escarchada, hierbas de tocador. Boca sabroso, dulce, fresco, frutoso, buena acidez, largo.

BODEGAS Y VIÑEDOS DE UTIEL

Finca El Renegado, s/n
46315 Caudete de las Fuentes
(Valencia)
☎: +34 962 174 029
Fax: +34 962 171 432
www.bodegasdeutiel.com
gestion@bodegasdeutiel.com

Actum Colección Macabeo Chardonnay 2013 B
macabeo, chardonnay

86 ★★★★ ❧   7€

Color pajizo brillante. Aroma fresco, fruta fresca, flores blancas, cítricos. Boca sabroso, frutoso, buena acidez, equilibrado.

Actum Colección Syrah Tempranillo 2013 T
syrah, tempranillo

87 ★★★★ ❧   7€

Color cereza muy intenso. Aroma fruta confitada, fruta escarchada, muy tostado (torrefactado). Boca fino amargor, potente, tostado.

Actum Finca El Renegado 2010 T
bobal

87 ★★★   9€

Color cereza, borde granate. Aroma fruta madura, especiado, roble cremoso, ebanistería. Boca potente, sabroso, tostado, taninos marcados de roble.

Actum Finca El Renegado 2013 B
macabeo

87 ★★★★   7€

Color pajizo brillante. Aroma flores blancas, hierbas de tocador, expresión frutal. Boca fresco, frutoso, sabroso.

BODEGUES I VINYES LA CASA DE LAS VIDES

Corral el Galtero, s/n
46890 Agullent (Valencia)
☎: +34 962 135 003
Fax: +34 962 135 494
www.lacasadelasvides.com
bodega@lacasadelasvides.com

Abc 2013 T
85 ★★★★★ 2€

Acvlivs 2010 T
monastrell, tempranillo, syrah
89 ★★★★ 8€
Color cereza, borde granate. Aroma fruta madura, especiado, roble cremoso, tostado, hierbas silvestres. Boca potente, sabroso, tostado, taninos maduros, equilibrado.

Cup de Cup 2011 T
84 4,5€

Rosa Rosae 2013 RD
garnacha, cabernet sauvignon
84 4€

Vallblanca 2013 B
verdil, gewürztraminer
86 ★★★★★ 4€
Color amarillo brillante. Aroma flores secas, hierbas secas, fruta madura. Boca fresco, frutoso, fácil de beber.

BRUNO MURCIANO & DAVID SAMPEDRO GIL

8 Avenida Banda De Musica El Angel
46315 Caudete de las Fuentes
(Valencia)
☎: +34 962 319 096
bru.murciano@yahoo.es

El Novio Perfecto 2013 B
moscatel, viura
87
Color pajizo brillante. Aroma fresco, fruta fresca, flores blancas, expresivo. Boca sabroso, frutoso, dulcedumbre.

CARMELITANO BODEGAS Y DESTILERÍA

Bodolz, 12
12560 Benicasim (Castellón)
☎: +34 964 300 849
Fax: +34 964 304 449
www.carmelitano.com
carmelitano@carmelitano.com

Carmelitano Moscatel 2013 Vino de licor
moscatel de alejandría
88 ★★★★ 6,2€
Color pajizo brillante. Aroma fruta escarchada, cítricos, notas amieladas. Boca sabroso, potente, dulcedumbre.

CASA LOS FRAILES

Casa Los Frailes, s/n
46635 Fontanares dels Alforins
(Valencia)
☎: +34 962 222 220
Fax: +34 963 363 153
www.bodegaslosfrailes.com
info@bodegaslosfrailes.com

Bilogía 2011 T
monastrell, syrah
86 ★★★★ ❧ 8€
Color cereza brillante. Aroma especias dulces, roble cremoso, fruta sobremadura, cuero mojado. Boca sabroso, frutoso, tostado, taninos maduros.

Blanc de Trilogía 2013 B
sauvignon blanc, moscatel, verdil
90 ★★★★★ ❧ 8€
Color pajizo brillante. Aroma flores blancas, hierbas de tocador, expresión frutal, expresivo. Boca fresco, frutoso, sabroso, equilibrado, elegante.

Casa Los Frailes 1771 2012 T
monastrell
88 ❧ 23€
Color cereza poco intenso. Aroma fruta madura, hierbas silvestres, especiado, piedra seca. Boca balsámico, frutoso, especiado.

La Danza de la Moma 2010 T Barrica
monastrell, marselan
90 ❧ 18€
Color cereza, borde granate. Aroma fruta madura, especiado, roble cremoso, tostado, reducción precoz. Boca potente, sabroso, tostado, taninos maduros.

Los Frailes Monastrell 2013 RD
monastrell
84

Los Frailes Monastrell 2013 T
monastrell
84 ❧ 4,5€

Los Frailes Monastrell Garnacha 2012 T Barrica
monastrell, garnacha
84 ❧ 6€

Trilogía 2010 T
monastrell, cabernet sauvignon, tempranillo
89 ★★★ ❧ 10€
Color cereza, borde granate. Aroma fruta madura, especiado, roble cremoso, tostado, complejo. Boca potente, sabroso, tostado, taninos maduros.

CELLER DEL ROURE

Ctra. de Les Alcusses, Km. 11,1
46640 Moixent (Valencia)
☎: +34 962 295 020
javier@cellerdelroure.es

Cullerot 2012 B
89 ★★★★ 8€
Color amarillo. Aroma fruta madura, floral, hierbas secas, cítricos. Boca largo, potente, correcto, graso, equilibrado.

Les Alcusses 2010 T
90 ★★★★★ 9€
Color cereza, borde granate. Aroma especiado, roble cremoso, tostado. Boca potente, sabroso, tostado, taninos maduros.

Maduresa 2009 T
92 ★★★ 16€
Color cereza muy intenso. Aroma fruta madura, especiado, roble cremoso, tostado, con carácter. Boca potente, sabroso, tostado, taninos maduros.

Parotet 2011 T
89 14€
Color cereza brillante. Aroma fruta madura, especias dulces, roble cremoso, balsámico. Boca sabroso, frutoso, tostado, taninos maduros.

parotet
celler del roure 2011

Parotet Vermell 2012 T
92 ★★★★★ 7€
Color cereza, borde granate. Aroma fruta madura, especiado, roble cremoso, tostado, complejo. Boca potente, sabroso, tostado, taninos maduros.

Setze Gallets 2012 T
88 ★★★★★ 5€
Color cereza, borde granate. Aroma fruta roja, fruta madura, hierbas silvestres, especiado, tostado. Boca sabroso, equilibrado, especiado, largo.

CHESTE AGRARIA COOP. V.

La Estación, 5
46380 Cheste (Valencia)
☎: +34 962 511 671
Fax: +34 962 511 732
bodega@chesteagraria.com

Reymos 1918 ESP
84 13,5€

Reymos Selección ESP
moscatel
84 5€

Sol de Reymos Mistela
moscatel
87 ★★★★ 6€
Color pajizo brillante. Aroma fruta escarchada, fruta confitada, cítricos. Boca sabroso, potente, dulce.

Velada 2013 B
84

Viña Tendida Moscato B
moscatel, garnacha
86 ★★★★★ 3,8€
Color pajizo brillante. Aroma fruta madura, cítricos, notas tropicales. Boca sabroso, dulcedumbre, con carbónico.

Viña Tendida Moscato 2013 RD
moscatel de alejandría, garnacha
85 ★★★★★ 3,8€

CLOS COR VÍ

Camino del Cementerio s/n
46640 Moixent (Valencia)
☎: +34 963 746 273
Fax: +34 963 746 842
www.closcorvi.com
lcorbi@ono.com

Clos Cor Ví Riesling + Viognier 2013 B
riesling, viognier
88 15€
Color pajizo brillante. Aroma fresco, fruta fresca, flores blancas, expresivo. Boca sabroso, frutoso, buena acidez, equilibrado.

Clos Cor Ví Riesling 2013 B
riesling

89 14€

Color pajizo brillante. Aroma flores blancas, fruta fresca, expresivo, hierbas secas. Boca sabroso, frutoso, buena acidez, equilibrado.

Clos Cor Ví Viognier 2013 B
viognier

85 14€

COOP. SAN PEDRO DE MOIXENT CLOS DE LA VALL
Pza. de la Hispanidad, 4
46640 Moixent (Valencia)
☎: +34 962 260 266
www.closdelavall.com
info@closdelavall.com

Clos de la Vall Autor 2008 T

88 ★★★ 10€

Color cereza, borde granate. Aroma fruta confitada, fruta al licor, especiado, fina reducción. Boca sabroso, confitado, balsámico.

Clos de la Vall Blanc 2013 B
macabeo, moscatel

84 5€

Clos de la Vall Negre 2012 T
tempranillo, monastrell, cabernet sauvignon

84 5€

Clos de la Vall Premium 2008 T
tempranillo, monastrell, cabernet sauvignon

87 ★★★★ 8€

Color cereza, borde granate. Aroma equilibrado, complejo, fruta madura, especiado, ebanistería, fina reducción. Boca estructurado, sabroso, taninos maduros.

Clos de la Vall PX 2012 BFB
pedro ximénez

88 ★★★★ 6€

Color amarillo brillante. Aroma potente, fruta madura, especias dulces, roble cremoso. Boca graso, retronasal ahumado, sabroso, fresco, buena acidez.

Clos de la Vall Único 2011 TC
tempranillo, monastrell, cabernet sauvignon

87 ★★★★ 6€

Color cereza, borde granate. Aroma fruta madura, hierbas silvestres, especiado, ebanistería. Boca sabroso, balsámico, tostado.

Moixaranga 2013 B
macabeo, merseguera

84 4,5€

Moixaranga 2013 T
tempranillo, monastrell

85 ★★★★★ 4,5€

COOPERATIVA LA VIÑA (VINOS DE LA VIÑA)
Portal de Valencia, 52
46630 La Font de la Figuera (Valencia)
☎: +34 962 290 078
Fax: +34 962 232 039
www.ventadelpuerto.com
info@vinosdelavina.com

Casa L'Angel Cepas Viejas 2011 T

89 ★★★★ 🌷 6,3€

Color cereza, borde granate. Aroma fruta roja, fruta madura, especias dulces, roble cremoso. Boca equilibrado, sabroso, especiado, balsámico.

Casa L'Angel Cepas Viejas 2012 T
syrah, tempranillo, monastrell

84 🌷 3,9€

Icono Cabernet Sauvignon 2013 T
cabernet sauvignon

84 5,8€

Icono Chardonnay 2013 B
chardonnay

89 ★★★★ 5,8€

Color pajizo brillante. Aroma fresco, fruta fresca, flores blancas, expresivo. Boca sabroso, frutoso, buena acidez, equilibrado.

Icono Merlot 2013 T
merlot

85 ★★★★ 5,8€

Icono Syrah 2013 T
syrah

88 ★★★★ 5,8€

Color cereza intenso. Aroma vegetal, fruta fresca. Boca sabroso, amargoso, buena acidez.

Juan de Juanes Vendimia Bronce 2013 B
macabeo, chardonnay

84

Juan de Juanes Vendimia Bronce 2013 T
garnacha, tempranillo, syrah

86 ★★★★★   3,8€

Color cereza muy intenso, borde granate. Aroma fruta sobremadura, cálido, hierbas secas. Boca sabroso, fruta madura.

Juan de Juanes Vendimia Oro 2011 T
45% syrah, merlot, 12,5% cabernet sauvignon, 12,5% cabernet franc

87 ★★★★   5,8€

Color cereza, borde granate. Aroma fruta madura, especiado,
roble cremoso, tostado. Boca sabroso, tostado, balsámico.

Juan de Juanes Vendimia Oro 2013 BFB
chardonnay

86 ★★★★   5,8€

Color amarillo brillante. Aroma potente, fruta madura, especias dulces, roble cremoso, hierbas de tocador. Boca graso,
retronasal ahumado, sabroso, fresco, buena acidez.

**Juan de Juanes Vendimia Plata Cabernet
Franc 2012 T**
cabernet franc

86 ★★★★★   4,8€

Color cereza muy intenso, borde granate. Aroma potente,
fruta madura, muy tostado (torrefactado), chocolate. Boca
potente, tostado, retronasal torrefactado.

**Juan de Juanes Vendimia Plata Petit Verdot
2012 T**
petit verdot

83   4,8€

Venta del Puerto Nº 12 2011 T

90 ★★★★★   9,8€

Color cereza, borde granate. Aroma especiado, roble cremoso, tostado. Boca potente, sabroso, tostado, taninos maduros.

Venta del Puerto Nº 18 2010 T Barrica

89   13,5€

Color cereza, borde granate. Aroma fruta madura, ebanistería,
especiado, roble cremoso, balsámico. Boca potente, sabroso,
especiado, largo.

HAMMEKEN CELLARS

Calle de la Muela, 16
3730 Jávea (Alicante)
☎: +34 965 791 967
Fax: +34 966 461 471
www.hammekencellars.com
cellars@hammekencellars.com

Besitos Moscato 2013 B
100% moscatel

85 ★★★★   8€

Besitos Moscato 2013 RD

86 ★★★★   8€

Color frambuesa. Aroma fruta madura, fruta roja, notas amieladas. Boca sabroso, dulcedumbre.

Radio Boca Tempranillo 2013 T
100% tempranillo

90 ★★★★★   8€

Color cereza brillante. Aroma fruta madura, especias dulces,
roble cremoso, expresivo. Boca sabroso, frutoso, tostado, taninos maduros.

HERETAT DE TAVERNERS

Ctra. Fontanars - Moixent, Km. 1,8
46635 Fontanares (Valencia)
☎: +34 962 132 437
Fax: +34 961 140 181
www.heretatdetaverners.com
info@heretatdetaverners.com

Heretat de Taverners El Vern 2012 TC
monastrell, tempranillo, cabernet sauvignon, merlot

87 ★★★★   6€

Color cereza, borde granate. Aroma fruta madura, especiado,
roble cremoso. Boca potente, sabroso, tostado.

Heretat de Taverners Graciano 2010 TC
100% graciano

90 ★★★★ 11,5€

Color cereza, borde granate. Aroma fruta madura, especiado, roble cremoso, tostado. Boca potente, sabroso, tostado, taninos maduros.

Heretat de Taverners Mallaura 2011 TC
tempranillo, cabernet sauvignon, garnacha tintorera, monastrell

88 ★★★ 9€

Color cereza brillante. Aroma fruta madura, especias dulces, roble cremoso. Boca frutoso, sabroso, tostado.

Punt Dolç T
monastrell, garnacha tintorera

91 ★★★★ 12€

Color cereza, borde granate. Aroma fruta confitada, fruta al licor, especiado. Boca sabroso, confitado, balsámico.

LA BARONÍA DE TURIS COOP. V.

Godelleta, 22
46359 Turis (Valencia)
☎: +34 962 526 011
Fax: +34 962 527 282
www.baroniadeturis.es
baronia@baroniadeturis.es

Luna de Mar 2011 T
merlot, syrah

85 ★★★★★ 4€

Mistela Moscatel Turís 2013 Vino de Licor
moscatel

87 ★★★★★ 2,9€

Color pajizo brillante. Aroma cítricos, fruta al licor, hierbas silvestres, floral, especias dulces. Boca potente, espirituoso, sabroso.

PAGO CASA GRAN

Ctra. Moixent - Fontanar, km. 9,5
46640 Mogente (Valencia)
☎: +34 962 261 004
Fax: +34 962 261 004
www.pagocasagran.com
comercial@pagocasagran.com

Casa Benasal 2012 T
garnacha tintorera, syrah, monastrell, otras

89 ★★★★ ❦ 6€

Color cereza, borde granate. Aroma fruta madura, especias dulces, roble cremoso. Boca sabroso, frutoso, tostado.

Casa Benasal 2013 B
gewürztraminer, moscatel

89 ★★★★ ❦ 6€

Color pajizo brillante. Aroma flores blancas, hierbas de tocador, expresión frutal. Boca fresco, frutoso, sabroso, equilibrado, elegante.

Casa Benasal 2013 RD
monastrell, syrah

88 ★★★★ ❦ 6€

Color piel cebolla. Aroma elegante, fruta escarchada, flores secas, hierbas de tocador, fruta roja. Boca ligero, sabroso, buena acidez, largo, especiado.

Casa Benasal Crux 2010 T
garnacha tintorera, syrah, monastrell

91 ★★★★ 12,5€

Color cereza, borde granate. Aroma fruta madura, hierbas silvestres, especiado, roble cremoso, equilibrado. Boca largo, balsámico, potente, sabroso, especiado.

Casa Benasal Elegant 2010 T
garnacha tintorera, syrah, monastrell

90 ★★★★★ ❦ 7,8€

Color cereza, borde granate. Aroma fruta madura, especiado, roble cremoso, tostado, complejo. Boca potente, sabroso, tostado, taninos maduros.

Falcata 2012 T
garnacha tintorera, syrah, monastrell, otras

89 ★★★★ ❦ 6€

Color cereza, borde granate. Aroma fruta madura, especiado, roble cremoso, tostado, complejo. Boca potente, sabroso, tostado, taninos maduros.

Falcata 2013 B
gewürztraminer, moscatel

89 ★★★★ ❦ 6€

Color pajizo brillante. Aroma flores blancas, fruta fresca, lías finas, hierbas secas. Boca sabroso, frutoso, buena acidez, equilibrado.

Falcata 2013 RD
monastrell, syrah

88 ★★★★ ❦ 6€

Color frambuesa. Aroma elegante, fruta escarchada, flores secas, hierbas de tocador. Boca ligero, sabroso, buena acidez, largo, especiado.

Falcata Arenal 2009 T
garnacha tintorera, monastrell

90 ★★★ ❦ 15€

Color cereza brillante. Aroma fruta madura, especias dulces, roble cremoso, balsámico. Boca frutoso, sabroso, tostado, largo, equilibrado.

Falcata Casa Gran 2011 T
garnacha tintorera, syrah, monastrell

88 ★★★ ❦ 10€

Color cereza brillante. Aroma fruta madura, especias dulces, roble cremoso. Boca sabroso, frutoso, tostado, taninos maduros.

RAFAEL CAMBRA

Naus Artesanals, 14
46635 Fontanars dels Alforoins
(Valencia)
☎: +34 626 309 327
www.rafaelcambra.es
rafael@rafaelcambra.es

El Bon Homme 2013 T
monastrell, cabernet sauvignon

88 ★★★★ **5,5€**
Color cereza, borde granate. Aroma fruta escarchada, cálido. Boca especiado, fruta madura.

Rafael Cambra Dos 2012 T
cabernet sauvignon, cabernet franc, monastrell

90 ★★★★★ **8,5€**
Color cereza, borde granate. Aroma fruta madura, especiado, roble cremoso, tostado. Boca potente, sabroso, tostado.

Rafael Cambra Uno 2012 T
monastrell

91 ★★★★ **11€**
Color cereza muy intenso, borde granate. Aroma fruta roja, hierbas de tocador, floral, especias dulces, mineral. Boca potente, sabroso, especiado, balsámico.

uno   valencia

Soplo 2011 T
garnacha

89 ★★★★★ **5€**
Color cereza, borde granate. Aroma fruta madura, especiado, roble cremoso, tostado. Boca potente, sabroso, tostado, taninos maduros.

VALSAN 1831

Ctra. Cheste - Godelleta, Km. 1
46370 Chiva (Valencia)
☎: +34 962 510 861
www.cherubino.es
cherubino@cherubino.es

Cuva Vella 1980 Moscatel
moscatel

93 **25€**
Color caoba claro. Aroma pastelería, especias dulces, cacao fino, fruta al licor, algo evolucionado. Boca potente, concentrado, dulcedumbre.

Drassanes 2011 T
bobal, tempranillo, syrah

88 ★★★★ **6€**
Color cereza brillante, borde granate. Aroma fruta madura, especias dulces, roble cremoso, intensidad media. Boca frutoso, sabroso, tostado.

Drassanes 2012 B
chardonnay, semillon, merseguera, moscatel

89 ★★★★ **6€**
Color pajizo brillante. Aroma flores blancas, fruta fresca, expresivo, lías finas, hierbas secas. Boca sabroso, frutoso, buena acidez, equilibrado.

El Novio Perfecto 2013 B
airén, moscatel

87 ★★★★★ **5€**
Color pajizo brillante. Aroma fresco, fruta fresca, flores blancas, expresivo. Boca sabroso, frutoso, dulcedumbre.

Vittore Moscatel 2012 B
moscatel

88 ★★★★★ **4€**
Color pajizo brillante. Aroma potente, floral, notas amieladas, fruta escarchada, hierbas silvestres. Boca sabroso, dulce, fresco, frutoso, buena acidez, largo.

VINÍCOLA ONTENIENSE COOP. V.

Avda. Almansa, 17
46870 Ontinyent (Valencia)
☎: +34 962 380 849
Fax: +34 962 384 419
www.coopontinyent.com
info@coopontinyent.com

Codolla 2013 B
macabeo, merseguera, verdil

79 **2€**

Ontinium 2012 T Barrica
100% tempranillo

84 **5€**

Ontinium 2013 B
chardonnay, macabeo, merseguera

84 **3€**

Ontinium Syrah 2013 T
100% syrah

86 ★★★★★   4€

Color cereza, borde violáceo. Aroma fruta roja, fruta madura, hierbas silvestres, floral. Boca potente, sabroso.

Ontinium Tempranillo 2013 T
100% tempranillo

86 ★★★★★   3,5€

Color cereza, borde violáceo. Aroma potente, fruta roja, fruta madura, floral. Boca potente, fresco, frutoso, untuoso.

Viña Umbria 2013 T
100% monastrell

85 ★★★★★   2€

VIÑAS DEL PORTILLO S.L.
P.I. El Llano F2 P4 Apdo. 130
46360 Buñol (Valencia)
☎: +34 962 504 827
Fax: +34 962 500 937
www.vinasdelportillo.es
vinasdelportillo@vinasdelportillo.es

Albufera 2011 T
tempranillo, monastrell

86 ★★★★   5,5€

Color cereza muy intenso. Aroma fruta sobremadura, fruta confitada. Boca dulcedumbre, fino amargor.

Alturia 2013 B
malvasía, moscatel, merseguera

87 ★★★★   5,5€

Color pajizo brillante. Aroma cítricos, fruta escarchada, hierbas de tocador, flores blancas. Boca fresco, frutoso, fácil de beber.

VIÑEDOS Y BODEGAS VEGALFARO
Ctra. Pontón - Utiel, Km. 3
46390 Requena (Valencia)
☎: +34 962 320 680
Fax: +34 962 321 126
www.vegalfaro.com
rodolfo@vegalfaro.com

Pasamonte 2013 B
sauvignon blanc

89 ★★★★   6€

Color pajizo brillante. Aroma flores blancas, hierbas de tocador, expresión frutal. Boca fresco, frutoso, sabroso, equilibrado, elegante.

Pasamonte Tintorera 2011 T
garnacha tintorera

91

Color cereza, borde granate. Aroma fruta madura, hierbas silvestres, especiado, roble cremoso. Boca potente, sabroso, balsámico, especiado, equilibrado.

VITICULTORES LO NECESARIO
Calle Fútbol 13
46310 Casas del Rey (Venta del Moro)
(Valencia)
☎: +34 636 172 417
www.lonecesario.es
diego@lonecesario.es

Lonecesario 2012 T
89

Color cereza muy intenso, borde granate. Aroma potente, fruta madura, roble cremoso. Boca potente, tostado, retronasal torrefactado, equilibrado.

DO. VALLE DE GÜÍMAR

CONSEJO REGULADOR

Tafetana, 14

38500 Güímar (Santa Cruz de Tenerife)

☎: +34 922 514 709 - Fax: +34 922 514 485

@: consejo@vinosvalleguimar.com

www.vinosvalleguimar.com

SITUACIÓN:

En la isla de Tenerife. Constituye prácticamente una prolongación de la región del Valle de la Orotava hacia el sureste, formando un valle abierto al mar con una zona, Las Dehesas, situada por encima del monte y limitada por bosques de pinos, donde la viña crece casi en un ámbito alpino. Engloba los municipios de Arafo, Candelaria y Güímar.

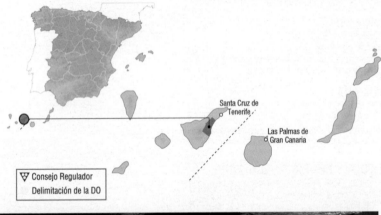

▽ Consejo Regulador

Delimitación de la DO

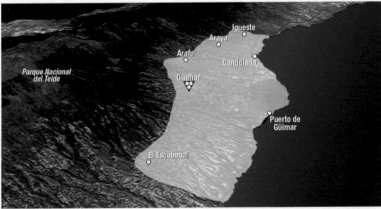

VARIEDADES:

BLANCAS: güal, listán blanco, malvasía, moscatel, verdello y vijariego.

TINTAS: bastardo negro, listán negro, malvasía tinta, moscatel negro, negramoll, vijariego negro, cabernet sauvignon, merlot, pinot noir, ruby cabernet, syrah y tempranillo.

DATOS:

N° Has. Viñedo: 270,180 – **N° Viticultores:** 553 – **N° Bodegas:** 24 – **Cosecha 13:** Muy Buena – **Producción 13:** 240.000 litros – **Comercialización:** 100% España.

SUELOS:

De tipo volcánico en las alturas, cruzando la zona aparece una lengua negra de lava, donde se cultiva la viña en un terreno hostil, con orquetas de madera para levantar los largos sarmientos.

CLIMA:

Aunque la influencia de los vientos alisios es más marcada que en Abona, cabe señalar las importantes diferencias de altitud en un espacio muy reducido, lo que da lugar a diversos microclimas, y los acusados contrastes térmicos entre el día y la noche, lo que retarda la vendimia hasta el primero de noviembre.

CARACTERÍSTICAS GENERALES DE LOS VINOS

BLANCOS

Es el producto más característico de la zona. Elaborados con listán blanco, los mejores se distinguen por su expresividad, finura y complejidad. Son de color amarillo pálido; en la nariz presentan delicados aromas florales y frutales; y en boca resultan complejos, sabrosos y persistentes.

TINTOS

En el conjunto de la producción, tienen un carácter minoritario. Los más característicos se elaboran con listán negro, alternando en su composición con otras variedades como merlot, syrah o tempranillo. Son de color cereza granate, suelen ser afrutados y con matices silvestres; en la boca, secos, frutosos y ligeros.

CLASIFICACIÓN COSECHAS

GUÍAPEÑÍN

2009	2010	2011	2012	2013
REGULAR	MUY BUENA	BUENA	MUY BUENA	REGULAR

AGUSTÍN PÉREZ GARCÍA

Urb. Las Cruces, 28
38500 Güimar
(Santa Cruz de Tenerife)
☎: +34 922 524 114

Los Cuatro Reales 2013 B
77

Los Cuatro Reales 2013 T
83

ARCA DE VITIS

Chinguaro, 26
38500 Güimar (Santa Cruz de Tenerife)
☎: +34 922 512 552
www.vinocontiempo.com
bodega@vinocontiempo.com

Contiempo Edición Especial 2012 B
malvasía
87   18€
Color amarillo brillante. Aroma equilibrado, hierbas de tocador, flores marchitas. Boca frutoso, graso, largo, fino amargor.

Contiempo Malvasía Dulce 2012 Blanco Dulce
malvasía
86   13,3€
Color dorado brillante. Aroma fruta escarchada, flores marchitas. Boca equilibrado, frutoso, graso.

Contiempo Moscatel Afrutado 2013 B
moscatel de alejandría
87 ★★★   8,3€
Color pajizo brillante. Aroma fresco, fruta fresca, jazmín, varietal. Boca sabroso, frutoso, buena acidez, equilibrado.

Contiempo Tinto de Postre 2012 T
baboso negro, syrah
87   13,6€
Color cereza muy intenso, borde granate. Aroma potente, fruta al licor, fruta confitada, hierbas secas. Boca lleno, dulce,
sabroso.

Contiempo Vendimia Seleccionada 2012 T
syrah
87 ★★★   9,2€
Color cereza brillante. Aroma fruta madura, especias dulces,
roble cremoso, expresivo. Boca sabroso, frutoso, tostado, taninos maduros.

Contiempo Vidueños Seco 2012 B
marmajuelo, malvasía, moscatel
88 ★★★   9€
Color amarillo brillante. Aroma potente, fruta madura, especias dulces, cacao fino, flores marchitas. Boca frutoso, especiado, largo, graso.

BODEGA COMARCAL VALLE DE GÜIMAR

Subida a Los Loros, Km. 4,5
38550 Arafo (Santa Cruz de Tenerife)
☎: +34 922 513 055
Fax: +34 922 510 437
www.bodegavalledeguimar.com
info@bodegacomarcalguimar.com

Brumas de Ayosa 2013 RD
86 ★★★★   6,2€
Color frambuesa, borde violáceo. Aroma potente, fruta madura, fruta roja, floral, expresivo. Boca potente, frutoso, fresco.

Brumas de Ayosa 2007 BN Reserva
100% listán blanco
84   9,4€

Brumas de Ayosa 2008 BFB
listán blanco
84   12€

Brumas de Ayosa 2012 BN
listán blanco
86 ★★★   9,4€
Color amarillo brillante. Aroma equilibrado, flores secas, flores
marchitas, fresco. Boca buena acidez, equilibrado, correcto.

Brumas de Ayosa 2012 T
listán negro, merlot
85 ★★★★   6,4€

Brumas de Ayosa 2013 B
listán blanco
85 ★★★★   6,2€

Brumas de Ayosa Afrutado 2012 SS
100% listán blanco
82   8,5€

Brumas de Ayosa Afrutado 2013 Semidulce
85 ★★★★   7,7€

Brumas de Ayosa Malvasía 2013 Blanco dulce
100% malvasía
85   11,2€

Pico Cho Marcial 2008 B
100% listán blanco
85 ★★★   10€

Pico Cho Marcial 2013 B
83

Pico Cho Marcial 2013 T
83   6,2€

Pico Cho Marcial Afrutado 2013 B
84

CÁNDIDO HERNÁNDEZ PÍO

Acentejo, 138370 La Matanza
(Santa Cruz de Tenerife)
☎: +34 922 513 288
Fax: +34 922 511 631
www.bodegaschp.es
info@bodegaschp.es

Calius 2008 TR
vijariego negro, castellana, tempranillo, merlot
88   18€
Color cereza, borde granate. Aroma fruta madura, especiado, roble cremoso, tostado, complejo. Boca potente, sabroso, tostado, taninos maduros.

Calius 2012 T
vijariego negro, castellana, tempranillo, merlot
85 ★★★★   8€

Calius 2013 T
vijariego negro, castellana, tempranillo, merlot
86 ★★★★   8€
Color cereza, borde violáceo. Aroma hierbas de tocador, especias dulces, fruta madura. Boca frutoso, equilibrado.

EL BORUJO

Subida Los Loros, km. 4,2
38550 Arafo (Santa Cruz de Tenerife)
☎: +34 636 824 919
www.elborujo.es
jfcofarina@movistar.es

El Borujo 2013 B
88 ★★★★   6,5€
Color amarillo brillante. Aroma flores blancas, expresión frutal, equilibrado. Boca frutoso, sabroso, largo, fino amargor, equilibrado.

El Borujo Afrutado 2013 B
50% listán blanco, moscatel de alejandría
86 ★★★★   7,5€
Color pajizo brillante. Aroma fresco, fruta fresca, flores blancas. Boca sabroso, frutoso, buena acidez, equilibrado.

El Borujo Afrutado 2013 RD
listán negro
85 ★★★★   6,5€

Los Loros 2012 BFB
91 ★★★★★   9,5€
Color amarillo brillante. Aroma fruta madura, especias dulces, equilibrado, jazmín. Boca frutoso, graso, tostado.

Los Loros 2013 BFB
90 ★★★★★   9,5€
Color amarillo brillante. Aroma especiado, flores secas, fruta madura, equilibrado. Boca frutoso, sabroso, especiado, largo.

EL REBUSCO BODEGAS

La Punta, 75 Araya
38530 Candelaria
(Santa Cruz de Tenerife)
☎: +34 608 014 944
www.elrebuscobodegas.es
elrebusco@gmail.com

Dis-Tinto 2013 T
85

La Tentación 2013 B
85

La Tentación Afrutado 2013 B
84

FERRERA

Calvo Sotelo, 44
38550 Arafo (Santa Cruz de Tenerife)
☎: +34 649 487 835
Fax: +34 922 237 359
www.bodegasferrera.com
carmengloria@bodegasferrera.com

Ferrera Afrutado 2013 B
85

SAT VIÑA LAS CAÑAS

Barranco Badajoz
38500 Güimar (Santa Cruz de Tenerife)
☎: +34 922 512 716
vegalascanas@hotmail.com

Amor Alma & Origen 2013 B
83

Amor Alma & Origen 2013 RD
83

Gran Virtud Listán Blanco 2013 B
88
Color pajizo brillante. Aroma fresco, fruta fresca, flores blancas. Boca sabroso, frutoso, buena acidez, fino amargor, largo.

VIÑA HERZAS

38004 Santa Cruz de Tenerife
(Tenerife)
☎: +34 922 511 405
Fax: +34 922 290 064
morraherzas@yahoo.es

Viñas Herzas 2013 B
84

Viñas Herzas 2013 T
82

DO. VALLE DE LA OROTAVA

CONSEJO REGULADOR

Parque Recreativo El Bosquito, n°1
Urb. La Marzagana II - La Perdona
38315 La Orotava (Santa Cruz de Tenerife)
☎: +34 922 309 923 - Fax: +34 922 309 924
@: info@dovalleorotava.com
www.dovalleorotava.com

SITUACIÓN:

En la zona norte de la isla de Tenerife. Limita al oeste con la DO de Ycoden - Daute - Isora y al este con la de Tacoronte - Acentejo. Se extiende desde el mar hasta el pie del Teide y aglutina los municipios de La Orotava, Los Realejos y El Puerto de la Cruz.

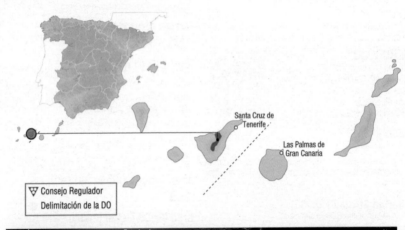

▽ Consejo Regulador
Delimitación de la DO

VARIEDADES:

BLANCAS: PRINCIPALES: güal, malvasía, verdello, vijariego, albillo, forastera blanca o doradilla, sabro, breval y burrablanca.

AUTORIZADAS: bastardo blanco, forastera blanca (gomera), listán blanco, marmajuelo, moscatel, pedro ximénez y torrontés.

TINTAS: PRINCIPALES: listán negro, malvasía rosada, negramoll, castellana negra, mulata, tintilla, cabernet sauvignon, listán prieto, merlot, pinot noir, ruby cabernet, syrah y tempranillo.

Autorizadas: bastardo negro, moscatel negra, tintilla y vijariego negra.

DATOS:

Nº Has. Viñedo: 356,5 – **Nº Viticultores:** 635 – **Nº Bodegas:** 12 – **Cosecha 13:** - – **Producción 13:** 531.918 litros – **Comercialización:** 63% España - 37% extranjero

SUELOS:

Son ligeros, permeables, ricos en nutrientes minerales y con un pH ligeramente ácido, debido a la naturaleza volcánica de la isla. El viñedo se asienta entre los 250 y 700 metros de altitud.

CLIMA:

Al igual que otras regiones de la islas, las condiciones meteorológicas están condicionadas por la influencia de los vientos alisios que, en esta región, determinan unos vinos de graduación moderada y carácter eminentemente atlántico. También es importante la influencia atlántica, en cuanto que dulcifica la temperatura de las zonas costeras y aporta altos niveles de humedad. Por último, el índice de lluvias es bastante bajo, pero en general las precipitaciones son más abundantes en la vertiente norte y zonas altas.

CARACTERÍSTICAS GENERALES DE LOS VINOS

BLANCOS Similares a los de Tacoronte en cuanto que comparten el mismo carácter atlántico, aunque más acentuado que en su vecina del sur. De color amarillo pajizo; frescos, afrutados, con notas algo herbáceas pero que, en los mejores ejemplos, pueden reproducir la finura del hinojo o la menta.

ROSADOS Aunque la producción es mucho más baja, existen algunos buenos ejemplos de rosados modernos, de color frambuesa, aromas muy afrutados, y frescos y agradables en boca.

TINTOS Cada vez son más los tintos elaborados en la zona. Se trata de vinos que gozan de gran singularidad, de color cereza granate, buena intensidad aromática y con notas de frutos rojos de acuerdo con su carácter atlántico; en boca son ligeros, sabrosos y agradables. Sobresalen los matices balsámicos de sus vinos y en ocasiones toques salinos.

CLASIFICACIÓN COSECHAS — GUÍAPEÑÍN

2009	2010	2011	2012	2013
REGULAR	BUENA	MUY BUENA	MUY BUENA	MUY BUENA

BODEGA TAFURIASTE
Las Candias Altas, 11
38312 La Orotava
(Santa Cruz de Tenerife)
☎: +34 922 336 027
Fax: +34 922 336 027
www.bodegatafuriaste.com
vinos@bodegatafuriaste.com

Tafuriaste Afrutado Semidulce 2013 B
84   7,5€

Tafuriaste Afrutado Semidulce 2013 RD
100% listán negro
84   7,5€

BODEGA TAJINASTE
El Ratiño 5, La Perdoma
38315 La Orotava
(Santa Cruz de Tenerife)
☎: + 34 922 308 720
Fax: +34 922 105 080
www.tajinaste.net
bodega@tajinaste.net

Can 2012 T
listán negro, vijariego negro
92
Color cereza opaco, borde violáceo. Aroma fruta madura, cacao fino, roble cremoso, potente, hierbas secas. Boca equilibrado, taninos maduros, especiado.

Tajinaste 2013 RD
100% listán negro
84

Tajinaste Tradicional 2012 T
100% listán negro
86
Color cereza, borde granate. Aroma cuero muy curtido, especiado, fruta madura. Boca frutoso, especiado, correcto.

Tajinaste Vendimia Seleccionada 2012 T
100% listán negro
87
Color cereza brillante. Aroma especias dulces, roble cremoso, cacao fino. Boca sabroso, frutoso, tostado, taninos maduros.

BODEGA VALLEORO
Ctra. General La Oratova - Los Realejos, Km. 4,5
38315 La Orotava
(Santa Cruz de Tenerife)
☎: +34 922 308 031
Fax: +34 922 308 233
www.bodegavalleoro.com
info@bodegavalleoro.com

Gran Tehyda 2013 RD
listán negro
86 ★★★★   5,4€
Color frambuesa, brillante. Aroma potente, fruta roja, pétalos de rosa. Boca equilibrado, frutoso, fácil de beber.

Gran Tehyda 2013 T
listán negro
84   5,4€

Gran Tehyda Vendimia Seleccionada 2012 T Roble
listán negro, merlot, ruby cabernet
86 ★★★   10€
Color cereza brillante. Aroma fruta madura, especias dulces, hierbas secas. Boca sabroso, frutoso, tostado, taninos secos pero maduros.

BODEGAS EL PENITENTE
Camino La Habanera, 288
38300 La Orotava
(Santa Cruz de Tenerife)
☎: +34 922 309 024
Fax: +34 922 321 264
www.bodegaselpenitentesl.es
bodegas@elpenitentesl.es

Arautava 2012 T Fermentado en Barrica
listán negro
87 ★★★★   8€
Color cereza brillante. Aroma fruta madura, especias dulces, roble cremoso, expresivo. Boca sabroso, frutoso, tostado, taninos maduros.

Arautava 2013 B
listán blanco
89 ★★★★   5,7€
Color pajizo brillante. Aroma expresivo, equilibrado, fruta fresca, elegante. Boca buena acidez, equilibrado, fino amargor, largo.

Arautava 2013 T
listán negro
88 ★★★★   6,5€
Color cereza brillante. Aroma especias dulces, roble cremoso, expresivo, expresión frutal. Boca sabroso, frutoso, tostado, taninos maduros.

Arautava Albillo Dulce 2009 B
albillo

93 ★★★   13,1€

Color dorado brillante. Aroma expresivo, fruta escarchada, balsámico, especiado, tostado. Boca equilibrado, fino amargor, largo.

Arautava Dulce 2002 B Gran Reserva
listán blanco

94   30€

Color oro viejo, borde ambarino. Aroma especias dulces, pastelería, caramelo tostado, barniz, fruta escarchada. Boca especiado, lleno, equilibrado.

Arautava Finca la Habanera 2013 B
albillo

88 ★★★★   7,8€

Color amarillo brillante. Aroma potente, fruta madura, especias dulces, hierbas de tocador. Boca graso, retronasal ahumado, sabroso, fresco, buena acidez.

Bodegas de Miranda 2013 RD
listán negro

84   5,7€

LA SUERTITA
Real de la Cruz Santa, 35-A
38413 Los Realejos (Santa Cruz de Tenerife)
☎: +34 669 408 761
bodegalasuertita@yahoo.es

La Suertita 2013 B Barrica
89

Color amarillo brillante. Aroma potente, especias dulces, roble cremoso, fruta madura. Boca graso, especiado, tostado, sabroso.

La Suertita Afrutado 2013 B
85

La Suertita Albillo 2012 B
86

Color pajizo brillante. Aroma fruta fresca, equilibrado, intensidad media. Boca frutoso, fácil de beber, buena acidez, fino amargor.

LOS GÜINES
Pista Los Guines, s/n - El Horno
38410 Los Realejos
(Santa Cruz de Tenerife)
☎: +34 922 343 320
Fax: +34 922 353 855
www.bodegalosguines.com

Los Güines s/c B
83

Los Güines s/c T
80

SECADERO
San Benito
38410 Los Realejos
(Santa Cruz de Tenerife)
☎: +34 665 807 966
www.bodega-secadero.com
pab_estevez@hotmail.com

Cuprum 2012 T Barrica
85 ★★★★   8€

Cuprum Castellana 2013 T
100% castellana

86 ★★★★   6€

Color cereza intenso, borde violáceo. Aroma especias dulces, roble cremoso. Boca estructurado, fruta madura, tostado, sabroso.

Cuprum Semiseco 2013 B
84   4,5€

SOAGRANORTE
Tomas Zerolo, 15
38300 La Orotava
(Santa Cruz de Tenerife)
☎: +34 922 501 300
Fax: +34 922 503 462
www.suertesdelmarques.com
ventas@suertesdelmarques.com

7 Fuentes 2013 T
listán negro, tintilla, vijariego negro

90

Color cereza intenso, borde violáceo. Aroma equilibrado, fruta madura, balsámico. Boca frutoso, buena acidez, retronasal afrutado.

7 FUENTES

TENERIFE
VALLE DE LA OROTAVA
DENOMINACIÓN DE ORIGEN

TERESA PADRÓN. Acuarela de la serie "Semillas"

7 Fuentes El Lance 2012 TC
listán negro

91

Color cereza, borde granate. Aroma fruta madura, hierbas silvestres, terroso, especiado. Boca equilibrado, sabroso, largo, balsámico.

Suertes del Marqués B

88

Color dorado brillante. Aroma tostado, ebanistería, hierbas silvestres, fruta escarchada. Boca frutoso, fácil de beber. Personalidad.

Suertes del Marqués Candio 2011 T
listán negro

91

Color cereza, borde granate. Aroma fruta madura, especiado, roble cremoso, tostado, complejo, hierbas secas. Boca potente, sabroso, tostado, taninos maduros.

Suertes del Marqués El Ciruelo 2012 T

92　　　　　　　　　　　　35€

Color cereza brillante, borde granate. Aroma hierbas silvestres, elegante, complejo, especiado, varietal. Boca estructurado, lleno, largo.

Suertes del Marqués El Esquilón 2012 T
listán negro, tintilla

91

Color cereza, borde granate. Aroma fruta madura, especiado, complejo, hierbas de monte. Boca sabroso, taninos maduros, fácil de beber.

Suertes del Marqués La Solana 2012 T
100% listán negro

94　　　　　　　　　　　　19€

Color cereza brillante, borde violáceo. Aroma complejo, hierbas de monte, equilibrado, expresivo, especiado. Boca frutoso, sabroso, equilibrado, buena acidez.

Suertes del Marqués Los Pasitos 2012 T
baboso negro

92

Color cereza brillante, borde granate. Aroma equilibrado, expresivo, hierbas silvestres, fruta madura. Boca equilibrado, taninos maduros, especiado, largo. Personalidad.

Suertes del Marqués Trenzado 2013 B
listán blanco, pedro ximénez, baboso blanco, gual

90

Color pajizo brillante. Aroma equilibrado, flores marchitas, hierbas secas, especiado. Boca sabroso, largo, equilibrado, buena acidez.

Suertes del Marqués Vidonia 2012 B
listán blanco

92

Color amarillo brillante. Aroma complejo, especiado, fruta madura, frutos secos, hierbas secas. Boca sabroso, estructurado, lleno, fino amargor.

DO. VINOS DE MADRID

CONSEJO REGULADOR

Ronda de Atocha, 7
28012 Madrid
☎: +34 915 348 511 / Fax: +34 915 538 574
@: prensa@vinosdemadrid.es
www.vinosdemadrid.es

SITUACIÓN:

En la zona sur de la provincia de Madrid, engloba tres regiones productoras diferenciadas: Arganda, Navalcarnero y San Martín de Valdeiglesias.

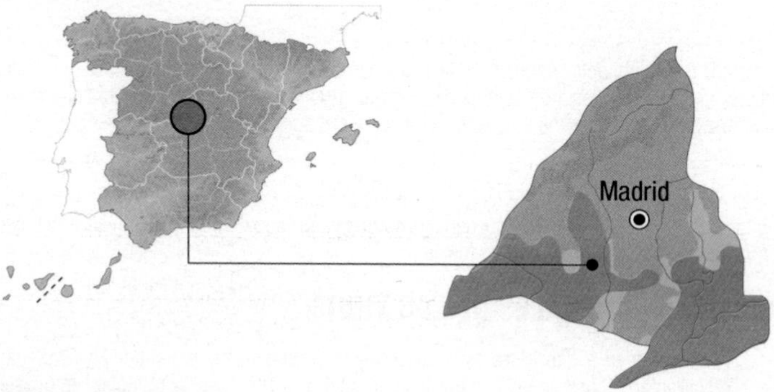
Madrid

Consejo Regulador
Delimitación de la DO

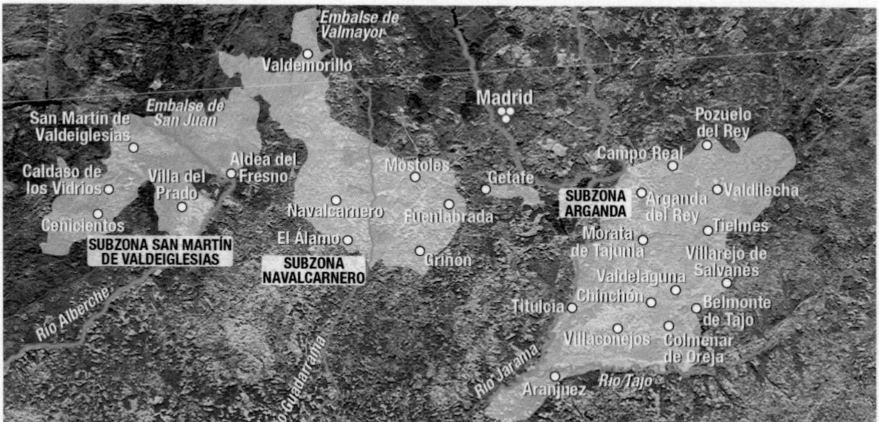
Embalse de Valmayor
Valdemorillo
Madrid
Embalse de San Juan
San Martín de Valdeiglesias
Pozuelo del Rey
Campo Real
Aldea del Fresno
Caldaso de los Vidrios
Villa del Prado
Mostoles
Getafe
SUBZONA ARGANDA
Arganda del Rey
Valdilecha
Navalcarnero
Fuenlabrada
Tielmes
Cenicientos
Morata de Tajuña
SUBZONA SAN MARTÍN DE VALDEIGLESIAS
El Álamo
Villarejo de Salvanés
Griñón
SUBZONA NAVALCARNERO
Valdelaguna
Chinchón
Titulcia
Belmonte de Tajo
Río Alberche
Villaconejos
Colmenar de Oreja
Río Jarama
Río Tajo
Aranjuez
Río Guadarrama

SUBZONAS:

San Martín. Engloba nueve municipios y posee más de 3.821 hectáreas de viñedo con predominio de la garnacha (tinta) y la albillo (blanca).

Navalcarnero. Engloba 19 municipios entre los que suman unas 2.107 hectáreas. Los vinos más típicos son los tintos y rosados de garnacha.

Arganda. Con 5.830 hectáreas y 26 municipios, es la subzona más extensa de la Denominación. Las variedades dominantes son las blancas malvar y la tinta tempranillo o tinta fino.

VARIEDADES:

BLANCAS: malvar, airén, albillo, parellada, macabeo, torrontés y moscatel de grano menudo.

TINTAS: tinta fino (tempranillo), garnacha, garnacha tintorera, merlot, cabernet sauvignon y syrah.

DATOS:

Nº Has. Viñedo: 8.391 – **Nº Viticultores:** 2.890 – **Nº Bodegas:** 44 – **Cosecha 13:** Buena – **Producción 13:** 5.068.220 litros – **Comercialización:** 67% España - 33% extranjero.

SUELOS:

Terrenos poco fértiles y de subsuelo granítico en la subzona de San Martín de Valdeiglesias; en Navalcarnero se encuentran tierras pardas, pobres, con subsuelo de arenas gruesas y arcillosas; mientras que la subzona de Arganda se caracteriza por ser de terrenos pardos, pH ácido y subsuelo granítico.

CLIMA:

De tipo continental extremo, con inviernos rigurosos y veranos calurosos. El índice de lluvias anual oscila entre los 461 mm. en Arganda y los 658 mm. en San Martín.

CARACTERÍSTICAS GENERALES DE LOS VINOS

BLANCOS

Responden a diferentes tipologías según su subzona y variedad. En Arganda los más característicos son los elaborados con malvar. Afrutados y agradables, en ocasiones presentan notas de tipo silvestre; en la boca se muestran frescos, sabrosos y suaves. Se elaboran también vinos tradicionales de "sobremadre" (siguen un proceso de encubado con el hollejo de unos tres meses) y, en línea con las tendencias más modernas, blancos fermentados en barrica. En San Martín de Valdeiglesias sobresalen los blancos de albillo por lo polifacético de sus aromas, donde aparecen matices herbales junto a recuerdos a florales, y todo ello sobre un fondo mineral que ofrece el característico suelo de la zona.

ROSADOS

Elaborados en su mayoría a partir de la garnacha, presentan un color rosáceo; en nariz son frescos, potentes y afrutados; en boca poseen la sabrosidad típica que aporta esta variedad.

TINTOS

Por un lado están los elaborados a partir de tinto fino, procedentes principalmente de Arganda. La mayoría son vinos jóvenes, frescos y afrutados en línea con los manchegos. En Navalcarnero, la variedad utilizada es la garnacha, al igual que en San Martín. En esta última zona predominan las notas balsámicas y frescas de la garnacha, muestran importantes notas de terruño y son especialmente minerales, carnosos y sabrosos.

CLASIFICACIÓN COSECHAS

GUÍAPEÑÍN

2009	2010	2011	2012	2013
BUENA	MUY BUENA	MUY BUENA	BUENA	MUY BUENA

BERNABELEVA

Ctra. Avila Toledo (N-403), Km. 81,600
28680 San Martín de Valdeiglesias
(Madrid)
☎: +34 915 091 909
Fax: +34 917 058 229
www.bernabeleva.com
bodega@bernabeleva.com

Bernabeleva "Arroyo de Tórtolas" 2012 T
garnacha
93 ❦ 24€
Color cereza poco intenso. Aroma fruta madura, fruta al licor, piedra seca, especiado, equilibrado. Boca elegante, especiado, mineral, largo.

Bernabeleva "Carril del Rey" 2012 T
garnacha
96 ❦ 24€
Color cereza poco intenso. Aroma equilibrado, fruta roja, fruta madura, balsámico, mineral. Boca elegante, estructurado, sabroso, lleno.

Bernabeleva Viña Bonita 2012 T
garnacha
92 ❦ 30€
Color cereza poco intenso, borde granate. Aroma equilibrado, fruta confitada, fruta al licor, hierbas silvestres, mineral, especiado. Boca potente, sabroso, balsámico.

Cantocuerdas Albillo 2012 B
albillo
93 ★★★ ❦ 16€
Color amarillo brillante. Aroma expresivo, equilibrado, flores marchitas, hierbas de tocador, piedra seca. Boca equilibrado, fino amargor, buena acidez, complejo.

Cantocuerdas Moscatel de Grano Menudo 2012 B
moscatel grano menudo
95 ★★★ ❦ 16€
Color dorado. Aroma potente, floral, notas amieladas, fruta escarchada, hierbas de tocador, expresivo. Boca sabroso, dulce, fresco, frutoso, buena acidez, largo, equilibrado, elegante.

Navaherreros Blanco de Bernabeleva 2012 B
albillo, macabeo
91 ★★★★★ ❦ 9,5€
Color amarillo brillante. Aroma ahumado, tostado, frutos secos, hierbas secas. Boca sabroso, fruta madura, equilibrado, fino amargor.

Navaherreros Garnacha de Bernabeleva 2012 T
garnacha
93 ★★★★ ❦ 12€
Color cereza, borde violáceo. Aroma elegante, fruta roja, hierbas de monte, piedra seca, expresivo. Boca frutoso, largo, mineral, lleno, buena acidez.

BODEGA ECOLÓGICA LUIS SAAVEDRA

Ctra. de Escalona, 5
28650 Cenicientos (Madrid)
☎: +34 916 893 400
Fax: +34 914 606 053
www.bodegasaavedra.com
info@bodegasaavedra.com

Corucho 2010 TC
90 ★★★★★ ❦ 5,9€
Color cereza, borde granate. Aroma fruta madura, fruta al licor, especiado, mineral. Boca potente, sabroso, especiado, largo, equilibrado.

Corucho 2011 T
100% garnacha
87 ★★★★ ❦ 5,9€
Color cereza, borde granate. Aroma fruta madura, especiado, roble cremoso, tostado, terroso. Boca potente, sabroso, tostado.

Corucho 2012 T Roble
86 ★★★★★ ❦ 5€
Color cereza, borde violáceo. Aroma fruta roja, hierbas silvestres. Boca sabroso, frutoso, buena acidez, taninos maduros.

Corucho Albillo Moscatel 2013 B
88 ★★★★ ❦ 5,9€
Color pajizo brillante. Aroma fresco, fruta fresca, flores blancas, hierbas de tocador, mineral. Boca sabroso, frutoso, buena acidez, equilibrado.

Corucho Kosher 2010 T
100% garnacha

89 ★★★★ 🌱   7,9€

Color cereza poco intenso. Aroma fruta roja, fruta al licor, hierbas silvestres, terroso. Boca potente, sabroso, especiado, elegante.

Luis Saavedra 2009 TC

90 ★★★★★   7,9€

Color cereza, borde granate. Aroma fruta roja, fruta madura, especiado, roble cremoso, tostado, complejo, terroso. Boca potente, sabroso, tostado, taninos maduros.

BODEGA MARAÑONES
Hilero, 7 - Nave 9
28696 Pelayos de la Presa (Madrid)
☎: +34 918 647 702
www.bodegamaranones.com
bodega@bodegamaranones.com

Labros 2012 T
garnacha

92 ★★★   16€

Color cereza poco intenso, borde granate. Aroma elegante, fruta roja, hierbas de monte, especiado, expresivo. Boca equilibrado, complejo, largo, mineral.

Marañones 2012 T
100% garnacha

94 ★★★   15€

Color cereza poco intenso. Aroma fruta madura, fruta al licor, floral, especiado, hierbas silvestres, mineral. Boca complejo, taninos finos, largo, balsámico, equilibrado.

Peña Caballera 2012 T
100% garnacha

94   25€

Color cereza poco intenso. Aroma fruta al licor, fruta roja, balsámico, mineral, equilibrado, elegante. Boca redondo, complejo, largo, elegante, frutoso, sabroso.

Picarana 2013 B
albillo

93 ★★★★   12€

Color amarillo brillante. Aroma flores blancas, fruta fresca, expresivo, floral. Boca sabroso, frutoso, buena acidez, equilibrado.

Piesdescalzos 2012 B
100% albillo

95   20€

Color amarillo brillante. Aroma cítricos, expresión frutal, hierbas de tocador, piedra seca, especiado, elegante. Boca sabroso, complejo, equilibrado, largo, especiado, elegante.

Treinta Mil Maravedíes T
garnacha, morenillo

90 ★★★★★   10€

Color cereza oscuro, borde granate. Aroma equilibrado, fruta madura, balsámico, cálido, especiado. Boca potente, sabroso, fruta madura, taninos maduros.

BODEGA Y VIÑEDOS GOSÁLBEZ ORTI
Real, 14
28813 Pozuelo del Rey (Madrid)
☎: +34 607 625 806
Fax: +34 918 725 399
www.qubel.com
bodega@qubel.com

Mayrit 2012 T Barrica

89 ★★★ 🌱   9€

Color cereza brillante. Aroma especias dulces, roble cremoso, fruta roja, balsámico, mineral. Boca sabroso, frutoso, tostado.

Mayrit 2013 B
100% sauvignon blanc

81 🌱   8€

Qubél 2013 T

89 ★★★★ 🌱   8€

Color cereza, borde violáceo. Aroma fruta roja, fruta madura, balsámico, especiado. Boca potente, sabroso, especiado, largo.

Qubél Nature 2005 T

89 🌱   25€

Color rubí, borde teja. Aroma fruta al licor, balsámico, mineral, especiado. Boca sabroso, redondo, untuoso, equilibrado.

BODEGAS ANDRÉS DÍAZ
Palencia, 32-34
28600 Navalcarnero (Madrid)
☎: +34 918 111 391
www.bodegasennavalcarnero.es
info@bodegasennavalcarnero.es

dÓrio Cabernet Sauvignon 2012 T
100% cabernet sauvignon

86 ★★★★   5,5€

Color cereza intenso, borde granate. Aroma hierbas de monte, fruta madura, especiado. Boca frutoso, sabroso, taninos maduros.

dÓrio Colección Privada 2011 TC

88 ★★★★   8€

Color cereza, borde granate. Aroma fruta madura, especiado, roble cremoso, tostado, complejo. Boca potente, sabroso, tostado, taninos maduros.

dÓrio Garnacha Cepas Viejas 2012 T
100% garnacha

85 ★★★★★   5€

dÓrio Tempranillo 2012 T
100% tempranillo

86 ★★★★★   5€

Color cereza, borde granate. Aroma fruta madura, balsámico, roble cremoso, muy tostado (torrefactado). Boca potente, sabroso, tostado.

BODEGAS CASTEJÓN
Real, 118
28500 Arganda del Rey (Madrid)
☎: +34 918 710 264
Fax: +34 918 713 343
www.bodegascastejon.com
castejon@bodegascastejon.com

Viña Rey "70 Barricas" 2012 T
100% tempranillo

83   3,8€

Viña Rey 2013 B
malvar, viura

85 ★★★★★   2€

Viña Rey Tempranillo 2013 T
100% tempranillo

83   2,2€

Viñardul 2007 TR
100% tempranillo

87 ★★★★   5,5€

Color cereza, borde granate. Aroma fruta madura, especiado, roble cremoso, tostado, complejo, terroso. Boca potente, sabroso, tostado, taninos maduros.

Viñardul 2011 TC
100% tempranillo

86 ★★★★★   4,3€

Color cereza intenso, borde violáceo. Aroma fruta madura, especias dulces, potente. Boca especiado, fruta madura, correcto.

BODEGAS FELTRER-CAMPOS
C/ Iglesia, 20
28640 Cadalso de los Vidrios (Madrid)
☎: +34 699 124 752
www.bodegasfeltrercampos.com
info@bodegafeltrercampos.com

Feltrer Campos V.2 Selección Varietales 2010 T
cabernet sauvignon, tempranillo, merlot, garnacha

88

Color cereza, borde granate. Aroma fruta roja, fruta madura, especias dulces, balsámico. Boca sabroso, especiado, largo.

Feltrer Campos V.4 2009 T
tempranillo

85

BODEGAS NUEVA VALVERDE
Domingo de Silos, 6 - bajo
28036 (Madrid)
☎: +34 915 649 495
www.bodegasnuevavalverde.com
info@bodegasnuevavalverde.com

750 2006 TR
merlot, cabernet sauvignon, syrah, garnacha

89   23€

Color cereza, borde granate. Aroma equilibrado, complejo, fruta madura, especiado, fina reducción. Boca estructurado, sabroso, taninos maduros.

Tejoneras Alta Selección 2009 TC
syrah, cabernet sauvignon, merlot, garnacha

88   10,1€

Color cereza brillante. Aroma fruta madura, especias dulces, roble cremoso, intensidad media. Boca frutoso, sabroso, tostado, equilibrado, concentrado.

BODEGAS ORUSCO
Alcalá, 48
28511 Valdilecha (Madrid)
☎: +34 918 738 006
Fax: +34 918 738 336
www.bodegasorusco.com
esther@bodegasorusco.com

Armonium 2010 T
tempranillo, cabernet sauvignon

89   14€

Color cereza, borde granate. Aroma fruta madura, hierbas silvestres, terroso, especiado, roble cremoso. Boca equilibrado, sabroso, largo, balsámico.

Maín 2011 TC
tempranillo, cabernet sauvignon

86 ★★★★★   4,5€

Color cereza oscuro, borde granate. Aroma tostado, fruta madura, chocolate. Boca sabroso, frutoso, taninos maduros.

BODEGAS PABLO MORATE - MUSEO DEL VINO
Avda. Generalísimo, 34
28391 Valdelaguna (Madrid)
☎: +34 689 460 060
Fax: +34 918 937 172
www.bodegasmorate.com
bodegasmorate@bodegasmorate.com

Arate Premium Selección 2013 B
malvar, viura

79   3,6€

Señorío de Morate Gran Selección 2006 TR
tempranillo

85 ★★★★   5,9€

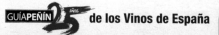

Señorío de Morate Selección 2008 TC
tempranillo, syrah
83   4,4€

Señorío de Morate Selección 2012 T Roble
tempranillo, syrah
83   3,6€

Viña Chozo 2012 B
malvar, macabeo
82   3€

BODEGAS TAGONIUS

Ctra. de Tielmes a Carabaña Km 4,4
28550 Tielmes (Madrid)
☎: +34 918 737 505
Fax: +34 918 746 161
www.tagonius.com
exportacion@tagonius.com

Tagonius 2004 TR
cabernet sauvignon, merlot, syrah, tempranillo
92   26€
Color cereza, borde granate. Aroma fruta roja, fruta madura, especiado, roble cremoso, tostado, complejo, terroso, fina reducción. Boca potente, sabroso, tostado, taninos maduros, elegante.

Tagonius 2005 TR
cabernet sauvignon, merlot, syrah, tempranillo
90   26€
Color rubí, borde teja. Aroma fruta madura, hierbas silvestres, terroso, especiado, roble cremoso, cera, tabaco, fina reducción. Boca equilibrado, sabroso, largo, balsámico.

Tagonius 2010 TC
tempranillo, syrah, merlot, cabernet sauvignon
87   14,5€
Color cereza, borde granate. Aroma fruta madura, especiado, roble cremoso, tostado, complejo. Boca potente, sabroso, tostado, taninos maduros.

Tagonius 2011 T Roble
tempranillo, syrah, merlot, cabernet sauvignon
88 ★★★   10€
Color cereza oscuro, borde granate. Aroma fruta madura, especias dulces, tostado. Boca sabroso, correcto, fácil de beber, taninos maduros.

Tagonius Blanc 2012 B
malvar
86 ★★★   9€
Color pajizo brillante. Aroma fruta madura, frutos secos, potente, tostado, ebanistería, muy tostado (torrefactado). Boca sabroso, frutoso, especiado, tostado, largo.

Tagonius Cosecha 2011 T
tempranillo, cabernet sauvignon, merlot, syrah
84   6€

Tagonius Gran Vino 2004 TR
cabernet sauvignon, syrah, merlot
91   68€
Color cereza intenso, borde anaranjado. Aroma elegante, especiado, cuero mojado, cacao fino, roble cremoso. Boca especiado, taninos finos, elegante, largo, equilibrado.

Tagonius Merlot 2010 T
merlot
90   19€
Color cereza intenso, borde granate. Aroma intensidad media, hierbas de monte, fruta madura, cacao fino. Boca taninos maduros, sabroso.

Tagonius Syrah 2008 T
syrah
89   19€
Color cereza, borde granate. Aroma fruta madura, especiado, hierbas secas. Boca potente, sabroso, tostado, taninos maduros.

BODEGAS Y VIÑEDOS PEDRO GARCÍA

Soledad, 10
28380 Colmenar de Oreja (Madrid)
☎: +34 918 943 278
byv_pedrogarcia@telefonica.net

Femme Semidulce 2013 B
malvar blanco
83   3,5€

Isla de San Pedro Barrica Selección 2011 T
merlot, tempranillo
89   12€
Color cereza, borde granate. Aroma fruta madura, especiado, roble cremoso, tostado, chocolate. Boca potente, sabroso, tostado, taninos maduros.

La Romera 2012 T Roble
merlot, tempranillo, syrah
87
Color cereza brillante. Aroma fruta madura, especias dulces, ahumado. Boca sabroso, frutoso, tostado, taninos maduros.

La Romera 2013 T Joven
merlot, tempranillo, syrah
84   6€

La Romera Esencias 2012 T
cabernet sauvignon, tempranillo
89   18€
Color cereza, borde granate. Aroma fruta madura, especiado, roble cremoso, tostado, complejo. Boca potente, sabroso, tostado, taninos maduros.

Pedro García Malvar 2013 B
malvar blanco
85 ★★★★★   3€

 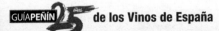

COMANDO G VITICULTORES

Avda. Constitución, 23
28640 Cadalso de los Vidrios (Madrid)
☎: +34 918 640 602
www.comandog.es
info@comandog.es

La Bruja Avería 2013 T
garnacha

93 ★★★★   12€

Color cereza, borde granate. Aroma fruta madura, hierbas silvestres, terroso, especiado, roble cremoso. Boca equilibrado, sabroso, largo, balsámico.

Las Umbrías 2012 T
garnacha

92   55€

Color cereza brillante. Aroma balsámico, hierbas de monte, fruta al licor, fruta roja. Boca fácil de beber, taninos secos pero maduros.

COMERCIAL GRUPO FREIXENET

Joan Sala, 2
8770 Sant Sadurní D'Anoia (Barcelona)
☎: +34 938 917 000
Fax: +34 938 183 095
www.freixenet.es
freixenet@freixenet.es

Heredad Torresano 2010 TC
tinto fino

86 ★★★★   7,7€

Color cereza, borde granate. Aroma roble cremoso, tostado, fruta madura, fruta confitada. Boca potente, sabroso, tostado, taninos maduros.

Heredad Torresano 2012 T Roble
tinto fino

85 ★★★★   5,6€

FIGUEROA

Convento, 19
28380 Colmenar de Oreja (Madrid)
☎: +34 918 944 859
Fax: +34 918 944 859
bodegasjesusfigueroa@hotmail.com

Figueroa RD
tempranillo

84

Figueroa 2011 TC

87

Color cereza, borde granate. Aroma fruta madura, especiado, tostado, complejo, hierbas de monte. Boca potente, sabroso, tostado, taninos maduros.

Figueroa 2012 T Roble

87

Color cereza, borde granate. Aroma fruta madura, hierbas silvestres, especiado, roble cremoso. Boca equilibrado, sabroso, largo, balsámico.

Figueroa 2013 B
airén, macabeo

87

Color pajizo brillante. Aroma flores blancas, hierbas de tocador, expresión frutal. Boca fresco, frutoso, sabroso.

Figueroa 2013 T

85

Figueroa Semidulce 2013 B
macabeo

85

IN THE MOOD FOR WINE

Calle Altamirano 12, 6º izq.
28008 Madrid (Madrid)
☎: +34 696 877 811
www.inthemoodforwine.com
contact@inthemoodforwine.com

Chulapa 2010 TC
tempranillo

90   16,5€

Color cereza, borde granate. Aroma fruta madura, especiado, tostado, complejo, terroso, hierbas secas. Boca potente, sabroso, tostado, taninos maduros.

Vinos de Madrid

Chulapa
TEMPRANILLO

LA CASA DE MONROY

José Moya, 12
45940 Valmojado (Toledo)
☎: +34 699 124 752
www.bodegasmonroy.es
info@bodegasmonroy.es

La Casa de Monroy "El Repiso" 2011 TC

89

Color cereza, borde granate. Aroma fruta roja, fruta confitada, balsámico, especias dulces, roble cremoso. Boca potente, sabroso, fruta madura.

La Casa de Monroy Garnacha Syrah 2012 T
garnacha, syrah

87

Color cereza, borde granate. Aroma fruta madura, fruta al licor, hierbas silvestres. Boca potente, sabroso, especiado.

La Casa de Monroy Selección Viñas Viejas Garnacha 2011 T
garnacha

91

Color cereza poco intenso, borde granate. Aroma fruta al licor, balsámico, piedra seca, especiado, roble cremoso. Boca sabroso, equilibrado, largo, especiado.

M de Monroy 2011 T

86

Color cereza, borde granate. Aroma fruta madura, fruta confitada, hierbas de monte. Boca potente, cálido, correcto.

LAS MORADAS DE SAN MARTÍN

Pago de Los Castillejos Ctra. M-541, Km. 4,7
28680 San Martín de Valdeiglesias (Madrid)
☎: +34 691 676 570
Fax: +34 974 300 046
www.lasmoradasdesanmartin.es
bodega@lasmoradasdesanmartin.es

Las Moradas de San Martín Initio 2008 T
garnacha

89   12,2€

Color guinda, borde anaranjado. Aroma especiado, fina reducción, cuero mojado, tostado, fruta madura. Boca especiado, largo, tostado, equilibrado.

Las Moradas de San Martín Senda 2009 T
garnacha

91 ★★★★★   8,3€

Color cereza, borde granate. Aroma fruta madura, especiado, tostado, hierbas secas. Boca potente, sabroso, tostado, taninos maduros.

Las Moradas de San Martín, Libro Siete Las Luces 2008 T
garnacha

90   28€

Color cereza, borde granate. Aroma fruta madura, especiado, roble cremoso, complejo, hierbas secas. Boca potente, sabroso, tostado, taninos maduros.

PAGOS DE FAMILIA MARQUÉS DE GRIÑÓN

Finca Casa de Vacas CM-4015, Km. 23
45692 Malpica de Tajo (Toledo)
☎: +34 925 597 222
Fax: +34 925 789 416
www.pagosdefamilia.com
service@pagosdefamilia.com

El Rincón 2010 T
91 ★★★   14,5€
Color cereza, borde granate. Aroma fruta madura, especiado, roble cremoso, tostado, complejo. Boca potente, sabroso, tostado.

El Rincón 2008 T
90 ★★★   14,5€
Color cereza muy intenso, borde granate. Aroma tostado, especiado, fruta madura. Boca estructurado, sabroso, taninos maduros.

SEÑORÍO DE VAL AZUL

Urb. Valgrande, 37
28370 Chinchón (Madrid)
☎: +34 616 005 565
www.senoriodevalazul.es
evaayuso@arrakis.es

Fabio 2008 T
87
Color cereza, borde granate. Aroma equilibrado, complejo, fruta madura, especiado, fina reducción. Boca estructurado, sabroso, taninos maduros.

Val Azul 2008 T
cabernet sauvignon, syrah, merlot
87
Color cereza oscuro, borde granate. Aroma equilibrado, cuero muy curtido, tabaco, especiado. Boca correcto, especiado.

Val Azul 2010 T
84

UVAS FELICES

Agullers, 7
8003 Barcelona (Barcelona)
☎: +34 902 327 777
www.vilaviniteca.es

El Hombre Bala 2012 T
94
Color cereza brillante. Aroma fruta roja, fruta fresca, balsámico. Boca sabroso, amargoso, buena acidez.

La Mujer Cañón 2012 T
93
Color cereza poco intenso. Aroma fruta al licor, piedra seca, hierbas silvestres, especiado, expresivo. Boca buena acidez, fresco, frutoso, sabroso, equilibrado.

Reina de los deseos 2012 T
94
Color cereza poco intenso. Aroma fruta madura, fruta al licor, balsámico, especiado. Boca potente, sabroso, especiado, elegante.

VALLEYGLESIAS

Camino Fuente de los Huertos s/n
28680 San Martín de Valdeiglesias (Madrid)
☎: +34 606 842 636
www.valleyglesias.com
bodega@valleyglesias.com

Minoss 2011 T
87   12€
Color cereza brillante. Aroma fruta madura, especias dulces, roble cremoso, expresivo. Boca sabroso, frutoso, tostado, taninos maduros.

Valleyglesias Albillo Real 2013 B
88 ★★★   9€
Color pajizo brillante. Aroma fresco, fruta fresca, flores blancas, expresivo. Boca sabroso, frutoso, buena acidez, equilibrado.

Valleyglesias Garnacha 2012 T
92 ★★★★★   9€
Color cereza poco intenso, borde granate. Aroma equilibrado, expresivo, balsámico, fruta madura. Boca estructurado, sabroso, largo, especiado.

VINÍCOLA DE ARGANDA SOCIEDAD COOPERATIVA MADRILEÑA

Camino de San Martín de la Vega, 16
28500 Arganda del Rey (Madrid)
☎: +34 918 710 201
Fax: +34 918 710 201
www.vinicoladearganda.com
vinicola@cvarganda.e.telefonica.net

Baladí 2013 BFB
malvar
86 ★★★★★   4€
Color amarillo brillante. Aroma potente, fruta madura, especias dulces, roble cremoso. Boca graso, retronasal ahumado, sabroso, fresco.

Pago Vilches 2013 B
malvar
84   1,7€

Pago Vilches 2013 RD
tempranillo
82   1,7€

Pago Vilches 2013 T
tempranillo
84   1,7€

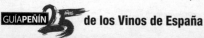

Peruco 2010 TR
tempranillo
86 ★★★★ 6€
Color cereza, borde granate. Aroma fruta roja, fruta madura, especiado, roble cremoso, tostado. Boca potente, sabroso, tostado.

Viña Rendero T Roble
tempranillo
82 2,4€

Viña Rendero 2011 TC
tempranillo
83 4€

Viña Rendero Selección Especial 2013 T Roble
tempranillo
85 ★★★★★ 3€

VINOS JEROMÍN

San José, 8
28590 Villarejo de Salvanés (Madrid)
☎: +34 918 742 030
Fax: +34 918 744 139
www.vinosjeromin.com
comercial@vinosjeromin.com

Dos de Mayo Edición Limitada 2009 TC
100% tempranillo
88 ★★★★ 5,8€
Color cereza brillante. Aroma fruta madura, especias dulces, intensidad media, hierbas secas, cera. Boca frutoso, sabroso, tostado.

Félix Martínez Cepas Viejas 2010 TR
92 ★★★ 16€
Color cereza, borde granate. Aroma fruta madura, especiado, roble cremoso, tostado, complejo, terroso. Boca potente, sabroso, tostado, taninos maduros.

Grego 2010 TC
89 ★★★ 10€
Color cereza brillante. Aroma fruta madura, especias dulces, roble cremoso, intensidad media. Boca frutoso, sabroso, tostado.

Grego 2011 T Roble
87 ★★★★ 7€
Color cereza brillante, borde granate. Aroma fruta madura, especias dulces, roble cremoso, expresivo. Boca sabroso, frutoso, tostado.

Grego Garnacha Centenarias 2011 T Roble
100% garnacha
85 ★★★★ 7€

Grego Moscatel Seco 2010 B
100% moscatel grano menudo
87 ★★★ 10€
Color dorado brillante. Aroma fruta madura, notas amieladas, fruta al licor, especias dulces. Boca fresco, frutoso, fácil de beber.

Manu Vino de Autor 2009 TC
90 22€
Color cereza, borde granate. Aroma fruta madura, especiado, roble cremoso, tostado, complejo, balsámico, mineral. Boca potente, sabroso, tostado, taninos maduros, elegante.

Puerta Cerrada 2013 B
85 ★★★★★ 2€

Puerta Cerrada 2013 RD
tempranillo, garnacha, malvar
85 ★★★★★ 2€

Puerta Cerrada 2013 T
82 2€

Puerta de Alcalá 2010 TC
100% tempranillo
88 ★★★★★ 4€
Color cereza brillante. Aroma fruta madura, especias dulces, roble cremoso, expresivo. Boca frutoso, sabroso, tostado, equilibrado.

Puerta de Alcalá 2010 TR
100% tempranillo
89 ★★★★★ 5€
Color cereza, borde granate. Aroma equilibrado, fruta madura, especiado, fina reducción. Boca estructurado, sabroso, taninos maduros.

Puerta de Alcalá 2013 B
100% malvar
85 ★★★★★ 2,8€

Puerta de Alcalá 2013 RD
85 ★★★★★ 2,8€

Puerta de Alcalá 2013 T
84 2,8€

Puerta del Sol Malvar Nº1 2013 B
100% malvar
86 ★★★★★ 2,8€
Color amarillo brillante. Aroma floral, fruta escarchada, balsámico. Boca fresco, frutoso, sabroso, equilibrado.

Puerta del Sol Nº 4 Varietales 2010 TC
86 ★★★★ 5,8€
Color cereza, borde granate. Aroma fruta madura, hierbas de monte, vegetal, especiado. Boca potente, sabroso, balsámico.

Puerta del Sol Nº2 2013 T Joven
85 ★★★★★   2,8€

Puerta del Sol Nº3 2012 BFB
100% malvar
87 ★★★★   5,8€
Color amarillo brillante. Aroma potente, fruta madura, especias dulces, roble cremoso, hierbas de tocador. Boca graso, sabroso, fresco, retronasal torrefactado.

Puerta del Sol Nº5 Tempranillo 2010 TC
100% tempranillo
86 ★★★★   5,8€
Color cereza oscuro, borde granate. Aroma fruta madura, potente, cálido, especiado, tostado. Boca correcto, fácil de beber.

Vega Madroño 2013 B
84   2€

Vega Madroño 2013 RD
tempranillo, garnacha, syrah, merlot
85 ★★★★★   2€

VINOS Y ACEITES LAGUNA
Illescas, 5
28360 Villaconejos (Madrid)
☎: +34 918 938 196
Fax: +34 918 938 344
www.lagunamadrid.com
vyalaguna@gmail.com

Alma de Valdeguerra 2013 B
malvar blanco
85 ★★★★★   2,6€

Alma de Valdeguerra 2013 T
tempranillo
86 ★★★★★   2,6€
Color cereza, borde violáceo. Aroma expresivo, fruta fresca, fruta roja, floral. Boca sabroso, frutoso, buena acidez, fácil de beber.

Alma de Valdeguerra Semidulce 2013 B
malvar blanco
84   3,3€

Alma de Valdeguerra Semidulce 2013 RD
tempranillo
87 ★★★★★   3,3€
Color frambuesa, borde violáceo. Aroma potente, fruta madura, fruta roja, floral. Boca potente, frutoso, fresco, fácil de beber.

Valdeguerra Lacuna 2011 TC
tempranillo
86 ★★★★★   4€
Color cereza, borde granate. Aroma fruta madura, especiado, roble cremoso, tostado. Boca potente, sabroso, tostado.

VIÑA BAYONA S.A.T.
28359 Titulcia (Madrid)
☎: +34 918 010 445
www.bodegavinabayona.com
vinabayona@bodegavinabayona.com

Viña Bayona 2010 TC
tempranillo, merlot, cabernet sauvignon
84   4€

Viña Bayona 2012 T
tempranillo, merlot
80   3€

VIÑAS EL REGAJAL
Antigua Ctra. Andalucía, Km. 50,5
28300 Aranjuez (Madrid)
☎: +34 913 078 903
Fax: +34 913 576 312
www.elregajal.es
isabel@elregajal.es

El Regajal Selección Especial 2012 T
tempranillo, syrah, cabernet sauvignon, merlot
91 ★★★   15,5€
Color cereza intenso, borde violáceo. Aroma complejo, fruta madura, hierbas secas, especias dulces. Boca equilibrado, estructurado, sabroso, taninos maduros.

SELECCIÓN ESPECIAL
EL REGAJAL

Las Retamas del Regajal 2012 T
tempranillo, syrah, cabernet sauvignon, merlot
89 ★★★   9,5€
Color cereza brillante. Aroma fruta madura, especias dulces, roble cremoso, hierbas silvestres. Boca sabroso, frutoso, tostado.

DO. YCODEN-DAUTE-ISORA

CONSEJO REGULADOR

La Palmita, 10
38440 La Guancha (Sta. Cruz de Tenerife)
☎: +34 922 130 246 - Fax: +34 922 828 159
@: ycoden@ycoden.com / promocion@ycoden.com
www.ycoden.com

SITUACIÓN:

Ocupa el noroeste de la isla de Tenerife y engloba los municipios de San Juan de La Rambla, La Guancha, Icod de los Vinos, Los Silos, El Tanque, Garachico, Buenavista del Norte, Santiago del Teide y Guía de Isora.

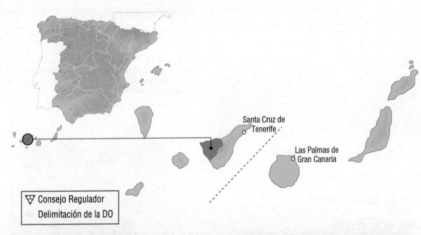

▼ Consejo Regulador
Delimitación de la DO

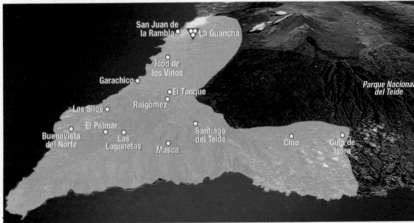

VARIEDADES:

BLANCAS: bermejuela (o marmajuelo), güal, malvasía, moscatel, pedro ximénez, verdello, vijariego. albillo, bastardo blanco, forastera blanca, listán blanco (mayoritaria), sabro y torrontés.

TINTAS: tintilla, listán negro (mayoritaria), malvasía rosada, negramoll, castellana, bastardo negra, moscatel negra y vijariego negra.

DATOS:

Nº Has. Viñedo: 200 – **Nº Viticultores:** 500 – **Nº Bodegas:** 16 – **Cosecha 13:**- – **Producción 13:** 650.000 litros – **Comercialización:** 98% España - 2% extranjero.

SUELOS:

De cenizas y rocas volcánicas en las tierras más altas, y de carácter arcilloso en cotas de menor altitud.

El viñedo se cultiva a alturas muy variadas, desde los 50 a los 1.400 metros.

CLIMA:

Es de tipo mediterráneo, caracterizado por la multitud de microclimas existentes en función de la altitud y de otras condiciones geográficas. Los vientos alisios proporcionan la humedad necesaria para el desarrollo de la viña. La temperatura media anual es de 19ºC y la pluviometría se sitúa en torno a los 540 mm. anuales.

CARACTERÍSTICAS GENERALES DE LOS VINOS

BLANCOS Los vinos más abundantes de la Denominación son los blancos de listán, frescos, sabrosos y bastante expresivos. Se elaboran como vinos secos, semisecos, dulces y también existen experiencias de fermentación en barrica.

ROSADOS Presentan un color fresa, ofrecen buena expresión frutal y resultan agradablemente herbáceos.

TINTOS Presentan un color cereza granate; son muy afrutados y frescos; en ocasiones desarrollan aromas balsámicos: a eucalipto y hojarasca.

CLASIFICACIÓN COSECHAS GUÍAPEÑÍN

2009	2010	2011	2012	2013
REGULAR	MUY BUENA	MUY BUENA	MUY BUENA	BUENA

BODEGA VIÑA ENGRACIA

38430 Icod de los Vinos
(Santa Cruz de Tenerife)
☎: +34 922 810 857
Fax: +34 922 860 895
www.vinosengracia.com
vinosengracia@hotmail.com

Viña Engracia 2013 B
85

Viña Engracia 2013 T
82

BODEGAS ACEVIÑO

La Patita, 63
38430 Icod de los Vinos
(Santa Cruz de Tenerife)
☎: +34 922 810 237
Fax: +34 922 810 237
bodegasacevino@yahoo.es

Aceviño 2013 B
85

Aceviño 2013 B Barrica
84

Aceviño 2013 RD
85

Aceviño 2013 T
84

Aceviño Afrutado 2013 B
85

Aceviño Semiseco 2013 B
85

BODEGAS INSULARES TENERIFE S.A.

Camino Cuevas del Rey, 1
38430 Icod de los Vinos
(Santa Cruz de Tenerife)
☎: +34 922 122 395
Fax: +34 922 814 688
www.bodegasinsularestenerife.es
icod@bodegasinsularestenerife.es

El Ancón 2013 T
listán negro
89 ★★★★　　　　　　　　　　**5,9€**
Color cereza, borde violáceo. Aroma expresivo, fruta fresca, fruta roja, floral. Boca sabroso, frutoso, buena acidez, taninos maduros.

El Ancón 2013 T Barrica
listán negro, tintilla
89 ★★★★　　　　　　　　　　**6,9€**
Color cereza brillante. Aroma fruta madura, especias dulces, roble cremoso, expresivo. Boca sabroso, frutoso, tostado, taninos maduros.

El Ancón Malvasía Dulce 2009 B
malvasía
93 ★★★★★　　　　　　　　**9,5€**
Color dorado brillante. Aroma fruta escarchada, flores marchitas, barniz, cacao fino. Boca lleno, complejo, largo, equilibrado, tostado.

El Ancón Tintilla 2012 T
86　　　　　　　　　　　　**10,7€**
Color cereza muy intenso. Aroma fruta madura, fruta confitada, especias dulces, cacao fino. Boca potente, amargoso, correcto.

Tágara 2013 B
listán blanco
87 ★★★★　　　　　　　　　　**5,5€**
Color pajizo brillante. Aroma fresco, fruta fresca, expresivo, hierbas de tocador. Boca sabroso, frutoso, buena acidez, equilibrado.

Tágara Afrutado 2013 B
listán blanco
85 ★★★★　　　　　　　　　　**6,7€**

Tágara Malvasía Marmajuelo 2013 B
malvasía, marmajuelo
86 ★★★★　　　　　　　　　　**7€**
Color amarillo brillante. Aroma flores blancas, intensidad media, fruta fresca. Boca frutoso, fácil de beber, correcto, fino amargor.

BODEGAS VIÑAMONTE - IGNIOS ORIGENES

Avda. Villanueva, 34
38440 La Guancha
(Santa Cruz de Tenerife)
☎: +34 630 575 464
www.igniosorigen.com
info@bodegasvinamonte.com

Ignios Origenes Baboso Negro 2012 T
100% baboso negro
89　　　　　　　　　　　　　**28€**
Color cereza poco intenso. Aroma hierbas verdes, hierbas silvestres, fruta madura, floral, expresivo, salino. Boca sabroso, taninos finos.

Ignios Origenes Dulce 2011 B
86
Color amarillo brillante, borde verdoso. Aroma equilibrado, intensidad media, flores blancas, flores marchitas. Boca graso, cierta persistencia.

Ignios Origenes Listán Negro Vendimia Seleccionada 2012 T
100% listán negro

92 **18€**

Color cereza poco intenso. Aroma equilibrado, expresivo, especias dulces, fruta madura, balsámico. Boca frutoso, especiado, fácil de beber, buena acidez.

Ignios Origenes Marmajuelo 2012 B
100% marmajuelo

89 **16€**

Color amarillo brillante. Aroma potente, fruta madura, especias dulces, roble cremoso, hierbas de tocador. Boca graso, retronasal ahumado, sabroso, fresco, buena acidez.

Viñamonte Dulce 2010 T
79 **18€**

BODEGAS VIÑÁTIGO
Cabo Verde, s/n
38440 La Guancha
(Santa Cruz de Tenerife)
☎: +34 922 828 768
Fax: +34 922 829 936
www.vinatigo.com
vinatigo@vinatigo.com

Viñátigo 2013 SS
86 ★★★★ **5,3€**

Color pajizo brillante. Aroma fresco, fruta fresca, flores blancas, expresivo. Boca sabroso, frutoso, buena acidez, equilibrado.

Viñátigo Gual 2012 B
100% gual

88 ★★★★ **7,4€**

Color amarillo brillante. Aroma hierbas secas, flores secas, equilibrado, fruta madura. Boca lleno, fino amargor, buena acidez.

Viñátigo Listán Blanco 2013 B
100% listán blanco

85 ★★★★ **5,2€**

Viñátigo Listán Negro 2013 RD
100% listán negro

84 **5,2€**

Viñátigo Listán Negro 2013 T
100% listán negro

86 ★★★★ **6,2€**

Color cereza, borde violáceo. Aroma especias dulces, fruta madura, equilibrado. Boca frutoso, fácil de beber, cierta persistencia.

Viñátigo Malvasía Afrutado 2013 B
malvasía

85 ★★★ **8,8€**

Viñátigo Malvasía Clásico Dulce 2008 B
malvasía

88 **12,7€**

Color dorado. Aroma fruta escarchada, floral, hierbas de tocador, tostado. Boca sabroso, dulce, fresco, frutoso, buena acidez, largo.

Viñátigo Marmajuelo 2013 B
100% marmajuelo

89 ★★★ **8,7€**

Color amarillo brillante. Aroma flores blancas, jazmín. Boca complejo, lleno, largo, buena acidez, equilibrado, fino amargor.

Viñátigo Negramoll 2012 T
100% negramoll

87 ★★★ **9,6€**

Color cereza poco intenso. Aroma especiado, tostado, fruta madura. Boca frutoso, buena acidez, equilibrado.

Viñátigo Tintilla 2012 T Roble
100% tintilla

86 **10,8€**

Color cereza brillante. Aroma fruta madura, especias dulces. Boca sabroso, frutoso, tostado, taninos maduros.

Viñátigo Vijariego 2012 BFB
100% vijariego blanco

85 ★★★★ **7,4€**

VIÑA LA GUANCHA

El Sol, 3
38440 La Guancha
(Santa Cruz de Tenerife)
☎: +34 922 828 166
Fax: +34 922 828 166
www.zanata.net
zanata@zanata.net

Tara Tintilla 2010 T
tintilla
85 ★★★   9€

Viña Zanata 2013 RD
listán negro
85 ★★★★★   5€

Viña Zanata 2013 T Barrica
listán negro, tintilla, negramoll
85 ★★★★   5,9€

Viña Zanata Afrutado 2013 B
listán blanco, moscatel, vijariego blanco
84   6€

Viña Zanata Malvasía Seco 2013 B
malvasía
85 ★★★★   6,5€

Viña Zanata Marmajuelo 2013 B
marmajuelo
84   6,5€

Viña Zanata Tradicional 2013 B
listán blanco
85 ★★★★★   5€

Viña Zanata Tradicional 2013 T
listán negro, tintilla, negramoll
84   5,5€

DO. YECLA

CONSEJO REGULADOR

Centro de Desarrollo Local
Poeta Francisco A. Jiménez, s/n - P.I. Urbayecla II
30510 Yecla (Murcia)
☎: +34 968 792 352 - Fax: +34 968 792 352
@: info@yeclavino.com
www.yeclavino.com

SITUACIÓN:

En el nordeste de la provincia de Murcia, dentro de la comarca del Altiplano, e integrada por un único término municipal, el de Yecla.

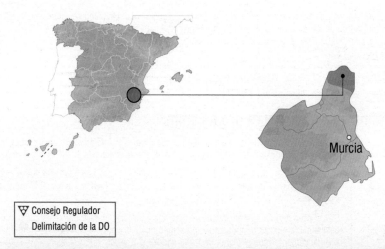

Murcia

▽ Consejo Regulador
  Delimitación de la DO

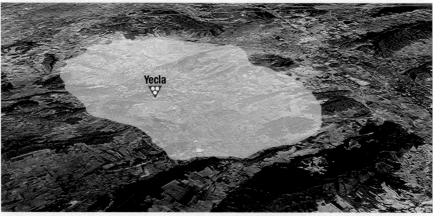

Yecla
▽

SUBZONAS:

Se distingue entre Yecla Campo Arriba, con presencia mayoritaria de la monastrell y graduaciones de hasta 14 grados; y Yecla Campo Abajo, que da uvas de menor graduación (en torno a los 12 grados para tintos y 11,5 para blancas).

VARIEDADES:

BLANCAS: merseguera, airén, macabeo, malvasía, chardonnay y verdejo.

TINTAS: monastrell (mayoritaria, 85% del total), garnacha tinta, cabernet sauvignon, cencibel (tempranillo), merlot, tintorera y syrah.

DATOS:

Nº Has. Viñedo: 5.824 – **Nº Viticultores:** 493 – **Nº Bodegas:** 8 – **Cosecha 13:** Muy Buena– **Producción 13:** 7.179.060 litros – **Comercialización:** 6,53% España - 93,46% extranjero.

SUELOS:

Fundamentalmente de tipo calizo, profundos y con una buena permeabilidad. El viñedo se asienta en un relieve ondulado a una altitud de entre 400 y 800 metros sobre el nivel del mar.

CLIMA:

De tipo continental y algo de influencia mediterránea, con veranos cálidos e inviernos fríos, y escaso índice de lluvias que se sitúa en torno a los 300 mm. anuales.

CARACTERÍSTICAS GENERALES DE LOS VINOS

BLANCOS | Suelen presentar un color amarillo pajizo; son afrutados y de bastante buena intensidad aromática, aunque en boca pueden quedar algo cortos de acidez.

ROSADOS | No son los más representativos de la zona, pero los mejores siguen las modernas elaboraciones para este tipo de vinos y resultan, por tanto, bastante afrutados, frescos y agradables.

TINTOS | Son el producto más caracterizado de la región y también el más abundante. Elaborados básicamente a partir de monastrell, presentan un color cereza violáceo o cereza granate. Aromáticamente ofrecen notas de fruta madura y, a veces, pueden aparecer rasgos de pasificación debido a la fuerte insolación de la zona. En la boca, son carnosos, cálidos y suaves.

CLASIFICACIÓN COSECHAS   GUÍAPEÑÍN

2009	2010	2011	2012	2013
BUENA	MUY BUENA	MUY BUENA	MUY BUENA	MUY BUENA

BODEGA TRENZA

Avda. Matías Saenz Tejada, s/n.
Edif. Fuengirola Center - Local 1
29640 Fuengirola (Málaga)
☎: +34 615 343 320
Fax: +34 952 588 467
www.trenzawines.com
info@bodegatrenza.com

La Nymphina 2012 T
100% monastrell

89 ★★★   10€

Color cereza, borde granate. Aroma fruta madura, especiado, roble cremoso, tostado, complejo. Boca potente, sabroso, tostado, taninos maduros.

Trenza Family Collection 2008 T
93   30€

Color cereza, borde granate. Aroma fruta madura, especiado, roble cremoso, tostado, complejo, chocolate, terroso. Boca potente, sabroso, tostado, taninos maduros, buena acidez, largo.

Trenza Family Collection 2010 T
92   30€

Color cereza muy intenso, borde granate. Aroma cacao fino, especias dulces, fruta madura, potente. Boca estructurado, sabroso, lleno.

Trenza Z-Strand 2008 T
88   30€

Color cereza intenso, borde granate. Aroma potente, cálido, fruta madura, hierbas secas. Boca frutoso, taninos maduros.

Trenza Z-Strand 2009 T
92   30€

Color cereza, borde granate. Aroma fruta madura, especiado, roble cremoso, complejo, terroso. Boca potente, sabroso, taninos maduros, equilibrado.

Trenza Z-Strand 2011 T
90   30€

Color cereza muy intenso, borde granate. Aroma fruta madura, cerrado, especiado, complejo. Boca equilibrado, largo, fruta madura.

BODEGAS BARAHONDA

Ctra. de Pinoso, km. 3
30510 Yecla (Murcia)
☎: +34 968 718 696
Fax: +34 968 790 928
www.barahonda.com
info@barahonda.com

Barahonda 2011 TC
monastrell, syrah, petit verdot

87 ★★★★   6,5€

Color cereza, borde granate. Aroma fruta madura, especiado, roble cremoso, tostado, complejo, cálido. Boca potente, sabroso, tostado, taninos maduros.

Barahonda 2013 B
macabeo, verdejo

84   3,5€

Barahonda 2013 RD
monastrell

86 ★★★★★   3,5€

Color frambuesa, borde violáceo. Aroma potente, fruta madura, fruta roja, floral, expresivo. Boca potente, frutoso, fresco.

Barahonda Barrica 2012 T Barrica
monastrell, syrah

89 ★★★★   6€

Color cereza brillante. Aroma fruta madura, especias dulces, expresivo, fruta roja. Boca sabroso, frutoso, taninos maduros.

Barahonda Monastrell 2013 T
monastrell

88 ★★★★★   4,3€

Color cereza, borde violáceo. Aroma potente, fruta roja, fruta madura, floral, expresivo. Boca potente, fresco, frutoso, untuoso.

Campo Arriba 2012 T
monastrell, syrah, garnacha tintorera

88 ★★★★★   5€

Color cereza brillante. Aroma fruta madura, especias dulces, intensidad media. Boca frutoso, sabroso, tostado.

Carro 2013 T
monastrell, merlot, syrah, tempranillo

87 ★★★★　　　　　　　5,6€
Color cereza, borde violáceo. Aroma fruta roja, fruta madura, floral, expresivo. Boca potente, fresco, frutoso.

HC Monastrell 2012 T
monastrell

89　　　　　　　　　　　15€
Color cereza brillante. Aroma fruta madura, especias dulces, roble cremoso, expresivo, potente. Boca sabroso, frutoso, tostado, taninos maduros, concentrado.

Tranco 2011 T
monastrell, cabernet sauvignon

86 ★★★★★　　　　　　　5€
Color cereza brillante. Aroma fruta madura, especias dulces, expresivo, hierbas de monte. Boca sabroso, frutoso, tostado, taninos maduros.

BODEGAS CASTAÑO
Ctra. Fuenteálamo, 3
30510 Yecla (Murcia)
☎: +34 968 791 115
Fax: +34 968 791 900
www.bodegascastano.com
info@bodegascastano.com

Casa Cisca 2012 T
100% monastrell

94　　　　　　　　　　36,8€
Color cereza, borde granate. Aroma fruta madura, especiado, roble cremoso, tostado, complejo, chocolate, terroso. Boca potente, sabroso, tostado, taninos maduros.

Casa de la Cera 2011 T

93　　　　　　　　　　36,8€
Color cereza muy intenso. Aroma expresivo, equilibrado, complejo, fruta madura, cacao fino. Boca lleno, fruta madura, largo.

Castaño Colección 2011 T

92 ★★★　　　　　　　　16€
Color cereza, borde granate. Aroma fruta madura, especiado, complejo, terroso, balsámico. Boca potente, sabroso, tostado, taninos maduros.

Castaño GSM 2013 T

88 ★★★★　　　　　　　6,7€
Color cereza brillante, borde violáceo. Aroma equilibrado, intensidad media, balsámico, fruta roja, fruta madura. Boca frutoso, fácil de beber.

Castaño Macabeo Chardonnay 2013 B

88 ★★★★★　　　　　　4,9€
Color pajizo brillante. Aroma fresco, fruta fresca, flores blancas, expresivo. Boca sabroso, frutoso, buena acidez, equilibrado.

Castaño Monastrell 2013 RD

87 ★★★★★　　　　　　4,9€
Color piel cebolla. Aroma elegante, hierbas de tocador, fruta roja, fruta madura, floral. Boca ligero, sabroso, buena acidez, largo, especiado.

Castaño Monastrell 2013 T
100% monastrell

89 ★★★★★　　　　　　4,9€
Color cereza, borde violáceo. Aroma intensidad media, fresco, fruta roja, floral. Boca frutoso, sabroso, buena acidez, fácil de beber.

Hécula 2012 T
100% monastrell

88 ★★★★　　　　　　　6,7€
Color cereza brillante. Aroma fruta madura, especias dulces, roble cremoso. Boca sabroso, frutoso, tostado, taninos maduros.

Viña al lado de la Casa 2010 T

89
Color cereza brillante. Aroma fruta madura, roble cremoso. Boca frutoso, sabroso, tostado.

Viña Detrás de la Casa Syrah 2011 T
syrah

93
Color cereza, borde granate. Aroma fruta madura, especiado, roble cremoso, tostado, complejo, terroso. Boca potente, sabroso, tostado, taninos maduros.

BODEGAS LA PURÍSIMA
Ctra. de Pinoso, 3 Apdo. 27
30510 Yecla (Murcia)
☎: +34 968 751 257
Fax: +34 968 795 116
www.bodegaslapurisima.com
info@bodegaslapurisima.com

La Purísima 2013 B
sauvignon blanc, macabeo

85 ★★★★★　　　　　　　4€

La Purísima 2013 RD
monastrell, syrah

86 ★★★★★　　　　　　　4€
Color cereza claro. Aroma fruta madura, hierbas silvestres, flores secas, cálido. Boca potente, sabroso, fino amargor.

La Purísima Monastrell 2013 T
monastrell

88 ★★★★★　　　　　　4,2€
Color cereza brillante. Aroma fruta madura, intensidad media, hierbas silvestres, varietal. Boca frutoso, sabroso, tostado.

La Purísima Old Vines Expressión 2010 T
monastrell, syrah, garnacha

92 ★★★★   11,5€

Color cereza, borde granate. Aroma hierbas de monte, terroso, fruta madura, especiado. Boca sabroso, estructurado, equilibrado, taninos maduros.

La Purísima Syrah 2013 T
syrah

87 ★★★★★   4,2€

Color cereza, borde violáceo. Aroma fruta roja, fruta madura, floral, hierbas silvestres. Boca correcto, fruta madura, fácil de beber.

Trapío 2010 T
100% monastrell

89   14,5€

Color cereza, borde granate. Aroma fruta roja, fruta madura, especiado, roble cremoso, tostado, complejo, terroso. Boca potente, sabroso, tostado, taninos maduros.

DANIEL ALBA BODEGAS
Avda. Córdoba, 25
30510 Yecla (Murcia)
☎: +34 628 687 673
www.danielalbabodegas.com
info@danielalbabodegas.com

La Máquina del Tiempo 2011 T
monastrell, syrah

84   6€

La Máquina Monastrell 2011 T
monastrell, syrah, garnacha tintorera

90   18€

Color cereza brillante. Aroma fruta madura, especias dulces, roble cremoso, intensidad media, hierbas silvestres. Boca frutoso, sabroso, tostado.

EVINE
Camino Sax, km. 7
30510 Yecla (Murcia)
☎: +34 639 209 553
www.bodegasevine.com
info@bodegasevine.com

Evine 2012 T
85 ★★★★★ ♣   4€

Kyathos 2008 T
monastrell

90 ★★★ ♣   16€

Color cereza brillante. Aroma fruta madura, especias dulces, roble cremoso, expresivo, balsámico. Boca sabroso, frutoso, taninos maduros.

Llano Quintanilla 2010 TC
monastrell

86 ★★★★ ♣   5,5€

Color cereza, borde granate. Aroma roble cremoso, tostado, complejo, fruta confitada. Boca potente, sabroso, tostado.

HAMMEKEN CELLARS
Calle de la Muela, 16
3730 Jávea (Alicante)
☎: +34 965 791 967
Fax: +34 966 461 471
www.hammekencellars.com
cellars@hammekencellars.com

Almez Organic Monastrell Shiraz 2013 T
88 ★★★★★ ♣   4,9€

Color cereza, borde violáceo. Aroma expresivo, fruta roja, floral, balsámico. Boca sabroso, frutoso, buena acidez, taninos maduros.

Finca Rosal November Harvest Monastell 2011 T
monastrell

87 ★★★★   6€

Color cereza oscuro, borde granate. Aroma balsámico, fruta madura, varietal, especiado. Boca equilibrado, sabroso, frutoso, largo.

Flor del Montgó Organic Monastrell 2013 T
monastrell

89 ★★★★ ♣   6€

Color cereza, borde violáceo. Aroma fruta roja, fruta madura, hierbas de monte, expresivo, equilibrado. Boca potente, fresco, frutoso, untuoso.

Montgó 2012 T
87 ★★★   9€

Color cereza muy intenso, borde granate. Aroma potente, fruta confitada, chocolate. Boca lleno, sabroso, estructurado.

LONG WINES
Avda. del Puente Cultural, 8 Bloque B Bajo 7
28702 San Sebastián de los Reyes
(Madrid)
☎: +34 916 221 305
Fax: +34 916 220 029
www.longwines.com
adm@longwines.com

Casa del Canto 2009 TR

90 ★★★★★   7€

Color cereza, borde granate. Aroma equilibrado, fruta madura, tostado, potente. Boca estructurado, sabroso, balsámico.

Casa del Canto 2011 T Roble

89 ★★★★★   5€

Color cereza brillante. Aroma fruta madura, especias dulces, equilibrado, hierbas secas. Boca sabroso, frutoso, tostado, taninos maduros.

VINOS DE PAGO

Los vinos de pago están ligados a una única bodega que recibe este distintivo por sus peculiares cualidades microclimáticas para dar vinos personales con una constancia de calidad en el tiempo. Hasta la fecha hay concedidos 16 vinos de pago por las comunidades autónomas de Aragón, Mancha, Comunidad Valenciana y Navarra, marcas que tienen el mismo nivel que una DO. No hay que confundir esta categoría con el término *pago* que se refiere a la finca o viñedo de calidad propiedad de algunas bodegas. La Asociación Pagos de España es una agrupación que congrega a algunas bodegas más que las reconocidas por la ley, lo que demuestra la importancia que adquiere este movimiento para reivindicar el terroir y la personalidad de los vinos.

PAGO DE AYLES

En el término municipal de Mezalocha, Zaragoza, dentro de los límites de denominación de origen Cariñena. La zona de producción se encuentra dentro de la cuenca del Ebro, en la subcuenca del río Huerva. Sus suelos están formados por calizas, margas y conglomerados. El clima es de tipo continental templado con precipitaciones medias no muy abundantes (350 y 550 mm. anuales). Las variedades autorizadas para la elaboración de tintos y rosados son: garnacha, merlot, tempranillo y cabernet sauvignon.

PAGO CALZADILLA

Ubicado en la alcarria conquense, sobre el Valle del Río Mayor, posee unas parcelas con altitudes que van desde los 845 metros hasta los 1.005 m.s.n.m. Asentados sobre unos suelos calizos, sus viñedos presentan pendientes pronunciadas de más de un 40% de inclinación, lo que les obliga a cultivar en laderas, terrazas y bancales siguiendo las curvas de nivel. Las variedades cultivadas en estos suelos son: tempranillo, cabernet-sauvignon, garnacha y syrah.

PAGO CAMPO DE LA GUARDIA

Los viñedos se encuentran en el municipio de La Guardia, situada al nordeste de la provincia de Toledo, en la llanura alta bautizada como la Mesa de Ocaña. Sus suelos poseen una textura franco-limosa y arcillo-arenosa, con una profundidad alta. Los veranos son muy cálidos y secos, y los inviernos fríos y secos (clima continental). El río Tajo al norte y los montes de Toledo al sur generan una menor presencia de precipitaciones que en las localidades vecinas, provocando una mayor concentración de aromas y polifenoles.

PAGO CASA DEL BLANCO

Sus viñas se encuentran a 617 metros de altitud en Campo de Calatrava, próximas al centro de la provincia de Ciudad Real, en el término municipal de Manzanares, donde reciben una influencia climática mediterráneo / continental. Sus suelos franco-arenosos se caracterizan por tener un alto contenido en litio, probablemente provenientes del pasado volcánico de la zona.

PAGO CHOZAS CARRASCAL

En San Antonio de Requena. Se trata del tercer Pago de la Comunidad Valenciana, con apenas 31 hectáreas. Ubicado a 720 m.s.n.m., posee una climatología continental con influencia mediterránea. De pluviometría baja (350-400 l. Anuales de media), sus suelos son de textura franca tendiendo a arcillosos y arenosos. Las variedades utilizadas son: *bobal, tempranillo, garnacha, cabernet sauvignon, merlot, syrah, cabernet franc y monastrell en tintas y chardonnay, sauvignon blanc y macabeo en blancas.*

PAGO DEHESA DEL CARRIZAL

Dehesa del Carrizal nace en 1987 con 8 hectáreas de viñedo de cabernet sauvignon en Retuerca de Bullaque, al norte de Ciudad Real. El viñedo cuenta en la actualidad con 26 hectáreas, situadas a 900 metros del altitud y bajo la influencia de un clima continental seco. Las variedades cultivadas son: cabernet sauvignon, syrah, merlot y tempranillo en tintas, y chardonnay en blancas, asentadas sobre un suelo arcilloso formado por cantos rodados.

PAGO DOMINIO DE VALPEDUSA

En Malpica de Tajo (Toledo), fue pionera en la introducción de la cabernet y la chardonnay en España, de la mano de Carlos Falcó; así como de las técnicas en espaldera para climas cálidos, diseñadas por Richard Smart. Sus vinos resultan carnosos, de uvas de ciclo largo y taninos muy elegantes.

PAGO EL TERRERAZO

Con El Terrerazo la Bodega Mustiguillo ha conseguido crear la segunda DO de Pago de Valencia. Esta DO está compuesta por 62 has. de viñedo situadas a 800 metros de altitud entre Utiel y Sinarcas, donde consiguen una excelente bobal que, gracias a la selección clonal, se presenta con bayas pequeñas y muy sueltas. Posee un clima mediterráneo-continental y su viñedo recibe la influencia de los vientos húmedos del mar, situado a escasos 80 kilómetros de distancia. Los suelos de este Pago se caracterizan por ser fundamentalmente arcillosos y calizos con presencia de cantos y arena.

PAGO FINCA ÉLEZ

Fue la primera DO de este tipo superior, propiedad del polifacético Manuel Manzaneque, con una finca elevada a 1.000 metros en El Bonillo, en la provincia de Albacete. La bodega se dio a conocer por su blanco chardonnay, y hoy se ha impuesto con su syrah y otros ensamblajes.

PAGO FLORENTINO

Constituida por los terrenos ubicados en el término municipal de Malagón (Ciudad Real), se encuentra flanqueada por lagunas naturales en el sur y por la Sierra de Malagón en el norte. A una altitud media de 630-670 metros sobre el nivel del mar, su suelo posee una mayoría silícia, con restos calizos. El subsuelo está compuesto por pizarra y caliza, y la superficie cuenta también con una porción de guijarros (fragmentos de roca sueltos). Su clima se caracteriza por ser algo más atemperado y seco que en las poblaciones vecinas.

PAGO GUIJOSO

Se reconocen los vinos elaborados en Finca El Guijoso, propiedad de Bodegas Sánchez Muliterno, ubicada en el paraje de El Bonillo, entre Albacete y Ciudad Real. Rodeada de bosques de encinas y sabinas, el viñedo aprovecha suelos de guijarros, del que procede su nombre. A una altitud de 1.000 metros, se especializa en vinos de tendencia francesa, blancos y tintos elaborados con uvas galas.

PAGO LOS BALAGUESES

La finca El Pago de los Balagueses está situada al sur oeste de la comarca Utiel-Requena, a 20 kilómetros de Requena. Se encuentra aproximadamente a 700 m sobre el nivel del mar y presenta un clima de tipo continental e influencia mediterránea con precipitaciones anuales de 450 mm. Su viñedo se encuentra en una suave ladera, lo que favorece el drenaje del agua, rodeado de pinos, almendros y olivos, creando un entorno paisajístico muy especial.

PAGO PRADO DE IRACHE

De origen navarro, su viñedo se encuentra situado entre la Sierra del Perdón y la Sierra de Echauri, en lo que podría ser el viñedo más septentrional de España para la elaboración de vinos tintos. Se trata de una zona fría con influencia atlántica en su climatología e importantes saltos térmicos durante el día y la noche. La zona de la comarca de Pamplona, donde se encuentran sus viñedos, son de base caliza. Los suelos donde están plantados los viñedos son de naturaleza arcillo-calcárea, pero predominando el canto rodado. Son suelos con muy buena permeabilidad, permitiendo que el sistema radicular profundice.

PAGO DE OTAZU

Su viñedo se asienta en el termino municipal de Ayegui, Navarra, a una altitud media de 450 metros sobre el nivel del mar. Climatológicamente recibe una influencia atlántico-continental equilibrada. Sus suelos se caracterizan por ser un suelo de composición franca.

PAGO SEÑORIO DE ARINZANO

Está situado en el noroeste de España, concretamente en Estella, Navarra. Su viñedo se asienta en un valle formado por las últimas estribaciones de los Pirineos y se encuentra dividido por el río Ega que actúa de moderador de temperaturas. Su clima posee una influencia atlántica con una alto diferencial térmico. Los viñedos de este Pago se localizan en un área de geología compleja, con proporciones variables de limos, margas, arcilla y degradación de roca calizo-calcárea.

PAGO VERA DE ESTENAS

Se encuentra enclavada en la comarca de Utiel-Requena, en la provincia de Valencia. Posee un clima mediterráneo con influencia continental. Sus suelos son pardocalizos de textura franco-arcillo-arenosa. La pluviometría media es de 420 mm y las variedades plantadas bobal, tempranillo, cabernet sauvignon y merlot en tintas y chardonnay en blancas.

PAGO AYLES

BODEGA PAGO AYLÉS

Finca Aylés. Ctra. A-1101, Km. 24
50152 Mezalocha (Zaragoza)
☎: +34 976 140 473
Fax: +34 976 140 268
www.pagoayles.com
pagoayles@pagoayles.com

"A" de Aylés 2012 T
merlot, garnacha, tempranillo, cabernet sauvignon

89 ★★★ 8,5€

Color cereza, borde granate. Aroma hierbas de tocador, fruta madura, chocolate, café aromático. Boca potente, amargoso, fruta madura.

"é" de Aylés 2012 TC
tempranillo

88 16€

Color cereza muy intenso. Aroma potente, fruta sobremadura, cálido, tostado, especiado. Boca potente, fruta madura, tostado.

"L" de Aylés 2013 RD
garnacha, cabernet sauvignon

87 ★★★★ 7,5€

Color cereza claro. Aroma fruta roja, fruta madura. Boca potente, buena acidez, fino amargor.

"Y" de Aylés 2012 T
merlot, garnacha, tempranillo, cabernet sauvignon

92 ★★★ 14€

Color cereza intenso. Aroma potente, con carácter, fruta madura, tostado, especiado. Boca sabroso, fruta madura, largo, mineral.

Aylés "Tres de 3000" 2011 T
garnacha, cabernet sauvignon, merlot

92 24€

Color cereza opaco. Aroma potente, cálido, espirituoso, muy tostado (torrefactado). Boca potente, amargoso, concentrado, dulcedumbre.

PAGO CALZADILLA

PAGO CALZADILLA

Ctra. Huete a Cuenca, Km. 3
16500 Huete (Cuenca)
☎: +34 969 143 020
Fax: +34 969 147 047
www.pagodecalzadilla.com
info@pagodecalzadilla.com

Calzadilla Allegro 2008 T
100% syrah

91 16,5€

Color cereza, borde granate. Aroma especiado, roble cremoso, tostado, chocolate, fruta confitada. Boca potente, sabroso, tostado, taninos maduros.

Opta Calzadilla 2009 T
90 ★★★★★ 9€

Color cereza brillante. Aroma fruta madura, especias dulces, roble cremoso, mineral. Boca frutoso, sabroso, tostado.

PAGO CAMPO DE LA GUARDIA

BODEGAS MARTÚE

Campo de la Guardia, s/n
45760 La Guardia (Toledo)
☎: +34 925 123 333
Fax: +34 925 123 332
www.martue.com
bodegasenlaguardia@martue.com

Martúe 2010 TC
84 6,9€

Martúe Chardonnay 2012 B
100% chardonnay

88 ★★★★ 7,5€

Color amarillo brillante. Aroma potente, fruta madura, especias dulces, roble cremoso, hierbas de tocador. Boca graso, retronasal ahumado, sabroso, fresco, buena acidez.

Martúe Especial 2010 TR
87 12,5€

Color cereza brillante. Aroma fruta madura, especias dulces, roble cremoso, hierbas verdes, vegetal. Boca sabroso, frutoso, tostado.

Martúe Syrah 2009 T
100% syrah

88 13,5€

Color cereza brillante. Aroma fruta madura, especias dulces, roble cremoso, intensidad media. Boca frutoso, sabroso, tostado.

PAGO CASA DEL BLANCO

PAGO CASA DEL BLANCO

Ctra. Manzanares a Moral de Calatrava,
Km. 23,2
13200 Manzanares (Ciudad Real)
☎: +34 917 480 606
Fax: +34 913 290 266
www.pagocasadelblanco.com
quixote@pagocasadelblanco.com

Quixote Cabernet Sauvignon Syrah 2009 T

cabernet sauvignon, syrah

87 12€

Color cereza oscuro, borde granate. Aroma fruta madura, fruta confitada, chocolate, especias dulces. Boca correcto, especiado, balsámico.

Quixote Malbec Cabernet Franc 2009 T

malbec, cabernet franc

89 15€

Color cereza, borde granate. Aroma fruta madura, hierbas silvestres, terroso, especiado, roble cremoso, fina reducción. Boca equilibrado, sabroso, largo, balsámico.

Malbec
Cabernet Franc

Pago Casa del Blanco
Denominación de Origen Protegida

Quixote Merlot Tempranillo Petit Verdot 2009 T

merlot, tempranillo, petit verdot

88 12€

Color cereza intenso, borde granate. Aroma hierbas de monte, especiado, fruta madura. Boca sabroso, equilibrado.

Quixote Petit Verdot 2009 T

petit verdot

88 15€

Color cereza muy intenso. Aroma fruta madura, hierbas silvestres, terroso, roble cremoso. Boca equilibrado, sabroso, largo, balsámico.

PAGO CHOZAS CARRASCAL

CHOZAS CARRASCAL

Vereda San Antonio POl. Ind. Catastral,
16 Parcelas 136-138
46340 San Antonio de Requena
(Valencia)
☎: +34 963 410 395
Fax: +34 963 168 067
www.chozascarrascal.es
chozas@chozascarrascal.es

El Cf de Chozas Carrascal 2012 T

cabernet franc

94 🍷 29€

Color cereza, borde granate. Aroma fruta roja, fruta madura, balsámico, especiado, mineral. Boca sabroso, equilibrado, untuoso, redondo, especiado, largo, elegante.

Las Ocho 2010 T

bobal, monastrell, garnacha, tempranillo

94 ★★★ 🍷 15€

Color cereza brillante. Aroma fruta madura, especias dulces, roble cremoso, mineral. Boca frutoso, sabroso, tostado, equilibrado, elegante.

Las Ocho 2012 T

94

Color cereza, borde granate. Aroma especiado, roble cremoso, tostado, complejo, chocolate, terroso, fruta roja. Boca potente, sabroso, tostado, taninos maduros.

Las Tres 2013 B

chardonnay, sauvignon blanc, macabeo

93 ★★★★ 🍷 13€

Color amarillo brillante. Aroma especias dulces, fruta madura, balsámico, hierbas secas, floral, mineral, roble cremoso. Boca graso, sabroso, especiado, equilibrado.

PAGO DEHESA DEL CARRIZAL

DEHESA DEL CARRIZAL

Carretera Retuerta a Navas de Estena, Km 5. 13194 Retuerta del Bullaque (Ciudad Real)
☎: +34 925 421 773
Fax: +34 925 421 761
www.dehesadelcarrizal.com
bodega@dehesadelcarrizal.com

Dehesa del Carrizal Cabernet Sauvignon 2011 T
100% cabernet sauvignon

90 ★★★ 15€
Color cereza intenso, borde granate. Aroma fruta madura, hierbas silvestres, terroso, especiado, roble cremoso. Boca equilibrado, sabroso, largo, balsámico.

Dehesa del Carrizal Chardonnay 2012 B
100% chardonnay

92 18€
Color dorado brillante. Aroma fruta madura, frutos secos, potente, tostado, especias dulces. Boca sabroso, frutoso, especiado, tostado, largo, retronasal torrefactado, equilibrado.

DEHESA DEL CARRIZAL

Chardonnay
2012

VINO DE PAGO

DEHESA DEL CARRIZAL
DENOMINACIÓN DE ORIGEN PROTEGIDA

Dehesa del Carrizal Colección Privada 2011 T
syrah, cabernet sauvignon, merlot

92 22€
Color cereza muy intenso, borde granate. Aroma elegante, equilibrado, fruta madura, balsámico. Boca estructurado, taninos maduros.

Dehesa del Carrizal MV 2011 T
cabernet sauvignon, syrah, merlot, tempranillo

90 ★★★★★ 10€
Color cereza brillante. Aroma fruta madura, especias dulces, roble cremoso, intensidad media. Boca frutoso, sabroso, tostado.

Dehesa del Carrizal Syrah 2011 T
100% syrah

91 ★★★ 15€
Color cereza brillante. Aroma fruta madura, especias dulces, roble cremoso, expresivo, cálido. Boca sabroso, frutoso, tostado, taninos maduros.

PAGO DOMINIO DE VALDEPUSA

PAGOS DE FAMILIA MARQUÉS DE GRIÑÓN

Finca Casa de Vacas CM-4015, Km. 23
45692 Malpica de Tajo (Toledo)
☎: +34 925 597 222
Fax: +34 925 789 416
www.pagosdefamilia.com
service@pagosdefamilia.com

Caliza 2010 T
90 ★★★★ 10,5€
Color cereza, borde granate. Aroma potente, fruta madura, hierbas silvestres, mineral, especiado, roble cremoso. Boca sabroso, balsámico, tostado.

Marqués de Griñón Cabernet Sauvignon 2010 T
100% cabernet sauvignon

93 24,9€
Color cereza intenso, borde granate. Aroma fruta madura, fruta al licor, balsámico, especiado, roble cremoso, expresivo. Boca potente, sabroso, largo, especiado.

Marqués de Griñón Emeritvs 2010 TR
cabernet sauvignon, syrah, petit verdot

94 58€
Color cereza, borde granate. Aroma complejo, equilibrado, fruta madura, balsámico, mineral, especiado, roble cremoso. Boca elegante, sabroso, especiado, largo, redondo.

Marqués de Griñón Petit Verdot 2010 T
100% petit verdot

92 24,9€
Color cereza brillante, borde granate. Aroma fruta madura, hierbas silvestres, especiado, roble cremoso, potente. Boca frutoso, sabroso, tostado, equilibrado.

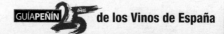

Marqués de Griñón Syrah 2007 T
100% syrah

91   24,9€

Color cereza, borde granate. Aroma equilibrado, complejo, fruta madura, especiado, hierbas de tocador, fina reducción. Boca estructurado, sabroso, taninos maduros.

Svmma Varietalis 2010 T

91   19,9€

Color cereza, borde granate. Aroma fruta madura, hierbas silvestres, terroso, especiado, roble cremoso. Boca equilibrado, sabroso, largo, balsámico.

PAGO FINCA EL TERRERAZO

MUSTIGUILLO VIÑEDOS Y BODEGA

Ctra. N-340 km. 196
46300 Utiel (Valencia)
☎: +34 962 168 260
Fax: +34 962 168 259
www.bodegamustiguillo.com
info@bodegamustiguillo.com

Finca Terrerazo 2011 T
100% bobal

94   25€

Color cereza, borde granate. Aroma fruta madura, especiado, roble cremoso, tostado, complejo, chocolate, terroso. Boca potente, sabroso, tostado, taninos maduros.

FINCA TERRERAZO

VINO DE PAGO

2.011

MUSTIGUILLO
BODEGA Y VIÑEDOS

PRODUCT OF SPAIN

Mestizaje 2013 T

92 ★★★★★   10€

Color cereza, borde granate. Aroma fruta madura, hierbas silvestres, terroso, roble cremoso. Boca equilibrado, sabroso, largo, balsámico.

Quincha Corral 2012 T
100% bobal

96   55€

Color cereza opaco. Aroma con carácter, fruta roja, chocolate, cacao fino, potente, complejo. Boca potente, concentrado, buena acidez, taninos maduros.

PAGO FINCA ELÉZ

VIÑEDOS Y BODEGA MANUEL MANZANEQUE

Ctra. Ossa de Montiel a El Bonillo, Km. 11,500- 2610 El Bonillo (Albacete)
☎: +34 917 153 844
Fax: +34 917 155 564
www.manuelmanzaneque.com
info@manuelmanzaneque.com

Manuel Manzaneque 2013 T
tempranillo, cabernet sauvignon

86 ★★★★   6€

Color cereza, borde granate. Aroma balsámico, fruta roja, fruta madura. Boca potente, sabroso, especiado.

Manuel Manzaneque Chardonnay 2012 B
chardonnay

91 ★★★   15,5€

Color dorado brillante. Aroma potente, fruta madura, especias dulces, roble cremoso, hierbas de tocador, expresivo. Boca graso, sabroso, fresco, fino amargor, especiado.

Manuel Manzaneque Chardonnay 2013 B
chardonnay

87 ★★★★   5,5€

Color amarillo brillante. Aroma fruta madura, cítricos, balsámico, flores secas. Boca potente, graso, sabroso.

Manuel Manzaneque Finca Élez 2007 TC
cabernet sauvignon, merlot, tempranillo

88 ★★★   9,5€

Color cereza oscuro, borde granate. Aroma potente, expresivo, hierbas de monte, fruta madura. Boca equilibrado, especiado, fruta madura.

Manuel Manzaneque Nuestra Selección 2006 T

cabernet sauvignon, merlot, tempranillo

92 ★★★   15,5€

Color cereza intenso, borde anaranjado. Aroma tabaco, balsámico, expresivo, fruta madura. Boca estructurado, lleno, frutoso, buena acidez.

UN VINO DE
MANUEL MANZANEQUE
Nuestra Selección 2006

DENOMINACIÓN DE ORIGEN
FINCA ELEZ

Manuel Manzaneque Syrah 2007 T

syrah

91   17,5€

Color rubí, borde teja. Aroma fruta madura, especiado, roble cremoso, tostado, complejo, terroso, fina reducción. Boca potente, sabroso, tostado, taninos maduros.

PAGO FLORENTINO

PAGO FLORENTINO

Ctra. Porzuna - Camino Cristo
del Humilladero, km. 3
13420 Malagón (Ciudad Real)
☎: +34 983 681 146
Fax: +34 983 681 147
www.pagoflorentino.com
bodeg@arzuaganavarro.com

Pago Florentino 2010 T
100% cencibel

90 ★★★★   11€

Color cereza muy intenso, borde granate. Aroma potente, fruta madura, muy tostado (torrefactado), chocolate. Boca potente, tostado, retronasal torrefactado.

PAGO
FLORENTINO
DENOMINACION DE ORIGEN PROTEGIDA
VINO DE PAGO
2010

PAGO GUIJOSO

BODEGA Y VIÑEDOS FAMILIA CONESA

Ctra. Pozo Aledo, km. 4 Nº 1
30739 Torre Pacheco (Murcia)
☎: +34 967 370 750
Fax: +34 967 370 751
bodega@familiaconesa.com

Flor de Divinus Chardonnay 2012 B
chardonnay

88 ★★★★★   2,8€

Color amarillo brillante. Aroma potente, fruta madura, especias dulces, hierbas de tocador. Boca graso, sabroso, fresco, buena acidez.

PAGO LOS BALAGUESES

VIÑEDOS Y BODEGAS VEGALFARO

Ctra. Pontón - Utiel, Km. 3
46390 Requena (Valencia)
☎: +34 962 320 680
Fax: +34 962 321 126
www.vegalfaro.com
rodolfo@vegalfaro.com

Pago de los Balagueses Chardonnay 2012 B
chardonnay

88

Color amarillo brillante. Aroma potente, fruta madura, especias dulces, roble cremoso, hierbas de tocador. Boca graso, retronasal ahumado, sabroso, fresco, buena acidez.

Pago de los Balagueses Merlot 2012 T
merlot

92

Color cereza, borde granate. Aroma fruta madura, especiado, roble cremoso, tostado, mineral. Boca potente, sabroso, tostado, taninos maduros.

Pago de los Balagueses Syrah 2012 TC
syrah

94 ★★★★   12€

Color cereza, borde granate. Aroma fruta madura, especiado, roble cremoso, tostado, complejo, chocolate, terroso, expresión frutal. Boca potente, sabroso, tostado, taninos maduros.

PAGO SEÑORIO DE ARINZANO

PROPIEDAD DE ARÍNZANO

Crta. NA-132, km. 3
31292 Arinzano (Navarra)
☎: +34 948 555 285
Fax: +34 948 555 415
www.arinzano.es
info@arinzano.com

Arínzano Gran Vino 2008 T
tempranillo

95   85€

Color cereza brillante. Aroma fruta madura, hierbas silvestres,
tabaco, elegante, expresivo, complejo. Boca frutoso, sabroso,
tostado.

Arínzano La Casona 2010 T
tempranillo

94   22€

Color cereza, borde granate. Aroma fruta madura, especiado, roble cremoso, tostado. Boca potente, sabroso, tostado,
taninos rugosos.

PAGO VERA DE ESTENAS

BODEGA VERA DE ESTENAS

Junto N-III, km. 266 - Paraje La
Cabeuzela
46300 Utiel (Valencia)
☎: +34 962 171 141
www.veradeestenas.es
estenas@veradeestenas.es

Martínez Bermell Merlot 2013 T
merlot

89   12€

Color cereza brillante, borde granate. Aroma equilibrado, fruta
madura, balsámico, especiado. Boca equilibrado, especiado,
fruta madura, largo.

VINOS DE CALIDAD

Hasta la fecha en España sólo existen siete zonas que hayan adquirido la marca "Vino de Calidad de": Cangas, Lebrija, Valtiendas, Granada, Sierra de Salamanca, Valles de Benavente e Islas Canarias distinguidas como VCPRD. No deja de ser un entrenamiento de aquellas zonas que aspiran a conseguir la categoría de DO, pero este término sigue siendo impreciso para el comprador.

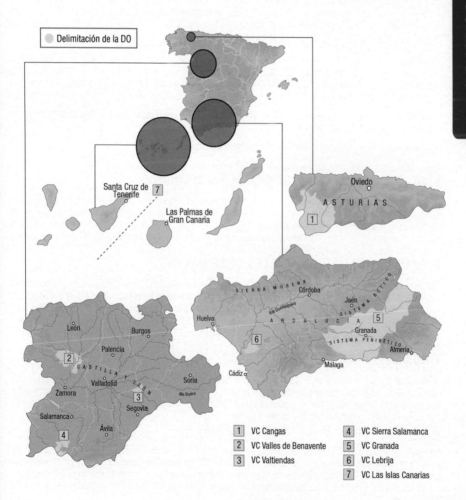

Delimitación de la DO

Santa Cruz de Tenerife　7

Las Palmas de Gran Canaria

Oviedo

ASTURIAS

1

León　Burgos

Palencia

2

CASTILLA Y LEÓN

Valladolid　Soria

Zamora　Río Duero

3

Segovia

Salamanca　Ávila

4

SIERRA MORENA　Córdoba

Río Guadalquivir

Jaén

SISTEMA BÉTICO

Huelva　ANDALUCÍA　5

6　Granada

SISTEMA PENIBÉTICO

Almería

Cádiz　Málaga

1	VC Cangas	4	VC Sierra Salamanca
2	VC Valles de Benavente	5	VC Granada
3	VC Valtiendas	6	VC Lebrija
		7	VC Las Islas Canarias

VINO DE CALIDAD / D.O.P. CANGAS

En suroeste asturiano, al límite de la provincia de León encontramos el consejo de Cangas del Narcea. Este viñedo tiene unas condiciones climáticas totalmente diferentes al resto de todos los municipios de Asturias, lo que hace que sus vinos tengan unas características exclusivas e inigualables. Con menos pluviometría y más horas de insolación que el resto de Asturias, se asientan los viñedos sobre suelos silíceos, pizarrosos y con arena muy suelta, de los Vinos de la Tierra de Cangas. Entre sus variedades permitidas encontraremos albarín blanco, moscatel de grano menudo, blanca extra y albillo en blancas y albarín negro, mencía, verdejo negro y carrasquín en tintas.

VINO DE CALIDAD / D.O.P. GRANADA

Vinos originarios de la zona geográfica de la provincia de Granada que agrupa a cerca de 20 bodegas y 100 viticultores granadinos. Posee un clima mediterráneo con influencia atlántica y se caracteriza fundamentalmente por su complicada orografía, ya que el viñedo se planta fundamentalmente en las zonas más altas de Granada, con una altitud media que ronda los 1.200 metros sobre el nivel del mar, lo que dota a la zona de una amplitud térmica importante. Actualmente se está potenciando las variedades vijiriega, moscatel y pedro ximénez entre las blancas y tempranillo, garnacha y monastrell entre las tintas, variedades que conviven con otras castas de origen francés. Sus suelos presentan composiciones variables de pizarra y arcilla.

VINO DE CALIDAD / D.O.P. LEBRIJA

Reconocida por la Junta de Andalucía el 11 de marzo de 2009. Los términos municipales que constituyen la zona de producción del "Vino de Calidad de Lebrija" son Lebrija y El Cuervo, de la provincia de Sevilla.La elaboración de los vinos protegidos por la mención "Vino de Calidad de Lebrija" se realizará exclusivamente con uvas de las siguentes variedades:

- **Blancas:** moscatel de Alejandría, palomino, palomino fino, sauvignon blanc y la tradicionalmente conocida como vidueño (montuo de pilas, mollar cano, moscatel morisco, perruno).

- **Tintas:** cabernet sauvignon, syrah, tempranillo, merlot y tintilla de Rota.

Tipos de vinos: blancos, tintos, generosos y generosos de licor, dulces naturales, mistelas.

VINO DE CALIDAD / D.O.P. SIERRA DE SALAMANCA

Reconocida por la Junta de Castilla y León en junio de 2010, se encuentra ubicada en el sur de la provincia de Salamanca. Se trata de la tercera referencia de vinos de calidad en la comunidad y reúne a un total de 26 municipios salmantinos. Su viñedo se asienta sobre bancales en las partes altas de las laderas, sobre un suelo mayoritariamente franco-arenoso. Las variedades autorizadas son viura, moscatel de grano menudo y palomino para las blancas y rufete, garnacha y tempranillo para las tintas.

VINO DE CALIDAD / D.O.P. VALLES DE BENAVENTE

Reconocida por la Junta de Castilla y León desde septiembre del año 2000, la VCPRD acoge en la actualidad a más de 50 municipios y tres bodegas enclavadas en los municipios de Benavente, Santibáñez de Vidriales y San Pedro de Ceque. Son cinco las comarcas de producción vitícola en la región: Valle Vidriales, Valle del Tera, Valle Valverde, La Vega y Tierra de Campos, las cuales rodean a Benavente como centro natural de las mismas, y cuatro ríos (Tera, Esla, Órbigo y Valderadey, todos ellos afluentes del Duero), que marcan el ámbito geográfico de la región.

VINO DE CALIDAD / D.O.P. VALTIENDAS

Conocida esta zona del norte de Segovia por el vino Duratón, a la vera de este río han surgido bodegas que elaboran vinos mayoritariamente con la tempranillo local, denominada aquí tinta del país. Los vinos son mucho más afrutados y tienen mayor acidez que los de Ribera del Duero, gracias a una altitud de 900 metros de media y unos suelos compuestos de arcilla y cantos rodados.

VINO DE CALIDAD / D.O.P. ISLAS CANARIAS

Aprobada en mayo de 2011, fecha de publicación en el Boletín Oficial de Canarias (BOC), la constitución de su órgano de gestión tuvo lugar el 27 de diciembre de 2012. La zona de producción engloba la totalidad del territorio de las Islas Canarias, permitiendo la libre circulación de uvas en el archipiélago canario. En su reglamento ampara un amplio registro de variedades de uva de origen canario, así como variedades de corte más internacional.

VINOS DE CALIDAD CANGAS

CHACÓN BUELTA S.L.

Ctra. General, s/n
33812 Cerredo (Asturias)
☎: +34 985 818 498
chaconbuelta@gmail.com

Nibias Nº 4 2013 B
albarín

91 ★★★   15,0€

Color pajizo brillante. Aroma balsámico, fruta fresca, floral, hierbas de tocador, mineral. Boca fresco, frutoso, sabroso, equilibrado.

Nibias Nº 5 2012 B
albarín

92   22,0€

Color pajizo brillante. Aroma flores blancas, fruta fresca, expresivo, lías finas, hierbas secas. Boca sabroso, frutoso, buena acidez, equilibrado, fino amargor.

VINOS DE CALIDAD DE GRANADA

BODEGA LOS BARRANCOS

Ctra. Cádiar - Albuñol, km. 9,4
18449 Lobras (Granada)
☎: +34 958 343 218
Fax: +34 958 343 412
www.losbarrancos.es
info@losbarrancos.com

Corral de Castro 2012 T
tempranillo, cabernet sauvignon, merlot

85 ★★★ ❦   8,9€

BODEGA LOS MARTOS

Alfonso XII, 18
4700 El Ejido (Almería)
☎: +34 630 936 160
Fax: +34 950 482 852
fran.manzano@hotmail.com

Los Martos 2009 TC
tempranillo, syrah

87 ★★★★   6,1€

Color cereza, borde granate. Aroma fruta sobremadura, fruta pasificada, especias dulces, tostado. Boca fruta madura, cálido, potente.

Los Martos 2010 TR
tempranillo

86 ★★★★   7,3€

Color cereza, borde granate. Aroma fruta sobremadura, fruta pasificada, especias dulces, tostado. Boca fruta madura, cálido, potente.

Los Martos 2012 T
tempranillo, syrah

88 ★★★★★   4,2€

Color cereza, borde granate. Aroma especiado, tostado, fruta sobremadura, mineral. Boca potente, sabroso, tostado, taninos maduros.

BODEGA VERTIJANA

Paseo de Sierra Nevada, 18
18516 Policar (Granada)
☎: +34 605 074 459
vertijana@vertijana.com

Vertijana 3 2010 TC
tempranillo, cabernet sauvignon, merlot, syrah

90 ★★★★★   10,0€

Color cereza oscuro, borde granate. Aroma equilibrado, fruta madura, especias dulces, roble cremoso, hierbas de monte. Boca estructurado, fruta madura, taninos maduros.

Vertijana 3 2011 TC
tempranillo, cabernet sauvignon, merlot, syrah

89 ★★★   10,0€

Color cereza brillante. Aroma fruta madura, especias dulces, roble cremoso, intensidad media. Boca frutoso, sabroso, tostado.

Vertijana Cabernet Sauvignon 2009 TC
cabernet sauvignon

89 ★★★   10,0€

Color cereza, borde granate. Aroma fruta madura, hierbas silvestres, terroso, especiado, roble cremoso. Boca equilibrado, sabroso, largo, balsámico.

Vertijana Syrah 2010 T
syrah

87 ★★★   10,0€

Color cereza, borde granate. Aroma especiado, roble cremoso, tostado, fruta confitada. Boca potente, sabroso, tostado, taninos maduros.

Vertijana Syrah 2011 T
syrah

86 ★★★   10,0€

Color cereza, borde granate. Aroma fruta sobremadura, fruta pasificada, especias dulces, tostado. Boca fruta madura, cálido, potente.

BODEGAS AL ZAGAL

Paraje Las Cañaillas, s/n
18518 Cogollos de Guadix (Granada)
☎: +34 958 105 605
www.bodegasalzagal.es
info@bodegasalzagal.es

Rey Zagal 2010 TR
88   10,5€

Color cereza, borde granate. Aroma fruta madura, especiado, roble cremoso, tostado, complejo. Boca potente, sabroso, tostado, taninos maduros.

Rey Zagal 2011 T Roble
tempranillo, syrah, cabernet sauvignon, merlot
88 ★★★★   6,0€

Color cereza, borde granate. Aroma fruta confitada, fruta al licor, especiado. Boca sabroso, confitado, balsámico.

Rey Zagal 2013 T
87 ★★★★   5,8€

Color cereza muy intenso, borde granate. Aroma fruta sobremadura, cálido, hierbas secas. Boca sabroso, fruta madura, largo.

Rey Zagal Sauvignon Blanc 2013 B
sauvignon blanc
83   6,0€

BODEGAS FONTEDEI

Doctor Horcajadas, 10
18570 Deifontes (Granada)
☎: +34 958 407 957
www.bodegasfontedei.es
info@bodegasfontedei.es

Fontedei Lindaraja 2013 T
90

Color cereza brillante. Aroma especias dulces, roble cremoso, expresivo, fruta madura, fruta roja. Boca sabroso, frutoso, tostado, taninos maduros.

BODEGAS SEÑORÍO DE NEVADA

Ctra. de Cónchar, s/n
18659 Villamena (Granada)
☎: +34 958 777 092
Fax: +34 958 107 367
www.senoriodenevada.es
info@senoriodenevada.es

Señorío de Nevada 2013 RD
garnacha, tempranillo, cabernet sauvignon
90 ★★★★★   6,4€

Color cobrizo. Aroma elegante, fruta escarchada, flores secas, hierbas de tocador, fruta roja. Boca ligero, sabroso, buena acidez, largo, especiado.

Señorío de Nevada Bronce 2010 T
merlot, cabernet sauvignon
88 ★★★   9,5€

Color cereza brillante. Aroma fruta madura, especias dulces, roble cremoso, expresivo. Boca sabroso, frutoso, tostado, taninos maduros.

Señorío de Nevada Club de la barrica 2010 T
100% syrah
88   10,5€

Color cereza, borde granate. Aroma fruta confitada, fruta al licor, especiado. Boca sabroso, confitado.

Señorío de Nevada Oro Selección 2010 T
cabernet sauvignon, petit verdot
90   18,0€

Color cereza, borde granate. Aroma especiado, tostado, fruta sobremadura, mineral. Boca potente, sabroso, tostado, taninos maduros.

Señorío de Nevada Plata 2010 T
syrah, tempranillo, merlot
86   11,2€

Color cereza, borde granate. Aroma fruta confitada, especiado, tostado, ebanistería, fruta sobremadura. Boca potente, sabroso, dulcedumbre.

DOMINGO Y QUILES

Calvo Sotelo, 3
18840 Galera (Granada)
☎: +34 958 739 227
www.bodegasdq.es
domingoyquiles@hotmail.es

Viña Galira 2009 TR
87
Color cereza, borde granate. Aroma fruta confitada, fruta al licor, especiado. Boca sabroso, confitado, balsámico.

Viña Galira 2010 TC
87
Color cereza, borde granate. Aroma especiado, tostado, fruta sobremadura, mineral. Boca potente, sabroso, tostado, taninos maduros.

Viña Galira 2013 B
87
Color pajizo brillante. Aroma fresco, flores blancas, fruta madura. Boca sabroso, frutoso, buena acidez, equilibrado.

DOMINIO BUENAVISTA

Ctra. de Almería, s/n
18480 Ugíjar (Granada)
☎: +34 958 767 254
Fax: +34 958 990 226
www.dominiobuenavista.com
info@dominiobuenavista.com

Veleta Cabernet Sauvignon 2009 T
cabernet sauvignon
87
Color cereza, borde granate. Aroma especiado, tostado, fruta sobremadura, mineral. Boca potente, sabroso, tostado, taninos maduros.

Veleta Chardonnay 2013 B
chardonnay
84

Veleta Tempranillo 2009 T
tempranillo
88
Color cereza, borde granate. Aroma fruta confitada, fruta al licor, especiado. Boca sabroso, confitado, balsámico.

Veleta Tempranillo Privilegio 2009 T
tempranillo
90
Color cereza, borde granate. Aroma fruta madura, especiado, roble cremoso, tostado, complejo. Boca potente, sabroso, tostado, taninos maduros.

Veleta Tempranillo Rosé 2013 RD
tempranillo
84

Veleta Vijiriega 2013 B
88
Color pajizo brillante. Aroma fresco, fruta fresca, flores blancas, expresivo. Boca sabroso, frutoso, buena acidez, equilibrado.

HORACIO CALVENTE ALMENDROS

Viñilla, 6
18699 Jete (Granada)
☎: +34 958 644 179
Fax: +34 958 644 179
www.bodegashcalvente.com
info@bodegashcalvente.com

Calvente Finca de Castillejos 2010 T
90
Color cereza, borde granate. Aroma fruta madura, especiado, roble cremoso, tostado, complejo, terroso. Boca potente, sabroso, tostado, taninos maduros.

Calvente Finca de la Guindalera 2010 TC
89
Color cereza, borde granate. Aroma fruta madura, especiado, roble cremoso, tostado, con carácter. Boca potente, sabroso, tostado, taninos maduros.

IRVING

Finca el Duque Ctra. de Huéscar
a Santiago de la Espada. km 13,500
18830 Huéscar (Granada)
☎: +34 653 527 560
Fax: +34 917 150 632
www.irving.es
pedidos@irving.es

Irving 2013 T
86
Color cereza muy intenso, borde granate. Aroma fruta sobremadura, cálido, hierbas secas. Boca sabroso, fruta madura, largo.

Irving Colección Familiar 2010 T
89
Color cereza, borde granate. Aroma fruta madura, hierbas silvestres, terroso, especiado, roble cremoso. Boca equilibrado, sabroso, largo, balsámico.

Irving Shiraz 2010 T
syrah
91
Color cereza intenso, borde granate. Aroma fruta roja, fruta madura, hierbas silvestres, especiado, equilibrado, terroso. Boca largo, balsámico, potente, sabroso.

MA AMPARO GARCÍA HINOJOSA

Isaac Albéniz 10 - 2º B
18181 Granada (Granada)
☎: +34 958 277 764
Fax: +34 958 277 764
www.anchuron.es
info@anchuron.es

Anchurón 2009 TR
88   15,0€
Color cereza, borde granate. Aroma especiado, tostado, fruta sobremadura. Boca potente, sabroso, tostado, taninos maduros.

Anchurón 2010 TC
88 ★★★   9,0€
Color cereza, borde granate. Aroma especiado, tostado, fruta sobremadura, mineral. Boca potente, sabroso, tostado, taninos maduros.

Anchurón 2012 RD
83   7,0€

Anchurón 2013 B
89 ★★★   9,0€
Color pajizo brillante. Aroma fresco, fruta fresca, flores blancas, expresivo. Boca frutoso, buena acidez, equilibrado.

Anchurón Merlot Dulce 2011 T
100% merlot
87   15,0€
Color cereza, borde granate. Aroma fruta confitada, especiado, tostado, fruta pasificada. Boca potente, sabroso, dulcedumbre.

MARQUÉS DE CASA PARDIÑAS C.B.

Finca San Torcuato
18540 Huélago (Granada)
☎: +34 630 901 094
Fax: +34 958 252 297
www.marquesdecasapardiñas.com
info@spiracp.es

Marques de Casa Pardiñas 2013 T
92
Color cereza, borde granate. Aroma fruta madura, hierbas silvestres, terroso, especiado, roble cremoso. Boca equilibrado, sabroso, largo, balsámico.

NESTARES RINCÓN WINES & FOODS, S.L.

Finca Juan de Reyes, S/N.
Ctra. Haza del Lino a Cádiar, km.4
(GR-5204)
18430 Torvizcón (Granada)
☎: +34 655 959 500
Fax: +34 958 272 125
www.alpujarride.com
info@alpujarride.com

Nestares Rincón 1.0 2012 T
tempranillo, merlot, syrah
91 ★★★★★   8,7€
Color cereza brillante. Aroma fruta madura, especias dulces, roble cremoso, expresivo. Boca sabroso, frutoso, tostado, taninos maduros.

VINOS DE CALIDAD DE LAS ISLAS CANARIAS

BODEGA TAJINASTE

El Ratiño 5, La Perdoma
38315 La Orotava (Santa Cruz de Tenerife)
☎: +34 922 308 720
Fax: +34 922 105 080
www.tajinaste.net
bodega@tajinaste.net

Tajinaste 2012 T Roble
100% listán negro
86
Color cereza brillante. Aroma fruta madura, especias dulces, roble cremoso, expresivo. Boca sabroso, frutoso, tostado, taninos maduros.

Tajinaste 2013 B
85

Tajinaste Afrutado 2013 B
85

BODEGAS VIÑÁTIGO
Cabo Verde, s/n
38440 La Guancha
(Santa Cruz de Tenerife)
☎: +34 922 828 768
Fax: +34 922 829 936
www.vinatigo.com
vinatigo@vinatigo.com

Viñátigo Baboso 2012 T
100% baboso negro
87   **15,5€**
Color cereza, borde granate. Aroma fruta roja, violetas, flores marchitas. Boca correcto, buena acidez, fruta madura, cierta persistencia.

Viñátigo Ensamblaje 2012 T
baboso negro, tintilla, vijariego negro
88   **16,1€**
Color cereza, borde granate. Aroma fruta madura, hierbas silvestres, terroso, especiado, roble cremoso. Boca equilibrado, sabroso, largo, balsámico.

Viñátigo Ensamblaje 2013 B
marmajuelo, gual, malvasía, vijariego blanco
87   **10,9€**
Color amarillo brillante. Aroma flores secas, intensidad media. Boca frutoso, equilibrado, fino amargor, cierta persistencia.

Viñátigo Vijariego Negro 2012 T
100% vijariego negro
86   **10,6€**
Color cereza oscuro, borde anaranjado. Aroma especiado, tostado, fruta madura. Boca frutoso, sabroso, fácil de beber, cierta persistencia.

FERRERA
Calvo Sotelo, 44
38550 Arafo (Santa Cruz de Tenerife)
☎: +34 649 487 835
Fax: +34 922 237 359
www.bodegasferrera.com
carmengloria@bodegasferrera.com

Ferrera 2013 B
85

Ferrera Legendario 2013 T
87
Color cereza intenso, borde violáceo. Aroma equilibrado, fruta roja, fruta madura, floral, violetas. Boca correcto, equilibrado, largo.

MONJE
Camino Cruz de Leandro, 36
38359 El Sauzal
(Santa Cruz de Tenerife)
☎: +34 922 585 027
Fax: +34 922 585 027
www.bodegasmonje.com
monje@bodegasmonje.com

Hollera Monje 2013 T Maceración Carbónica
listán negro
86 ★★★★   **7,5€**
Color cereza, borde violáceo. Aroma expresivo, fruta fresca, fruta roja, floral. Boca sabroso, frutoso, buena acidez, taninos maduros.

VIÑAS Y VINOS HOYOS DE BANDAMA
Camino a la Caldera, 36
Monte Lentiscal
35300 Santa Brígida (Gran Canaria)
☎: +34 630 472 753
Fax: +34 928 353 893
www.bodegahoyosdebandama.com
maria@bodegahoyosdebandama.com

Caldera 2012 T
86
Color cereza, borde granate. Aroma fruta madura, hierbas silvestres, especiado. Boca equilibrado, sabroso, largo, balsámico.

Caldera 2012 T Barrica
cabernet sauvignon, merlot, listán negro, castellana
87   **15,0€**
Color cereza brillante. Aroma fruta madura, especias dulces, roble cremoso, expresivo. Boca sabroso, frutoso, tostado, taninos maduros.

Caldera 2013 B
verdejo, forastera, albillo
86 ★★★   **10,0€**
Color pajizo brillante. Aroma fresco, fruta fresca, flores blancas. Boca sabroso, frutoso, buena acidez, equilibrado.

Caldera Baboso Negro 2012 T
100% baboso negro
86   **23,0€**
Color cereza, borde granate. Aroma salino, hierbas silvestres, fruta madura. Boca sabroso, taninos dulces, equilibrado.

Caldera Semi 2013 B
malvasía, moscatel
85 ★★★   **10,0€**

VINOS DE CALIDAD DE LEBRIJA

BODEGAS GONZÁLEZ PALACIOS

Avda. Jose María Tomassetti, 43
41740 Lebrija (Sevilla)
☎: +34 955 974 084
www.gonzalezpalacios.com
bodegas@gonzalezpalacios.com

Castillo de González Palacios 2013 B
83   3,9€

Frasquito Flor de Lebrija Reserva s/c
100% palomino
90 ★★★★★   6,5€
Color oro viejo. Aroma fruta madura, frutos secos, acetaldehído, punzante, hierbas secas, flores marchitas. Boca equilibrado, potente, sabroso, especiado, largo.

González Palacios Lebrija Old Dulce Vino Generoso
palomino, moscatel
89 ★★★★   5,8€
Color caoba claro. Aroma potente, frutos secos, tostado, chocolate. Boca graso, largo, matices de solera, especiado, espirituoso.

González Palacios Lebrija Old Vino Generoso s/c
100% palomino
92 ★★★★★   6,9€
Color caoba claro. Aroma ebanistería, acetaldehído, punzante, especiado, roble cremoso, frutos secos. Boca sabroso, fino amargor, especiado, largo, elegante, equilibrado.

González Palacios M. Fina Vino de licor
100% palomino
91 ★★★★★   5,4€
Color pajizo brillante. Aroma fruta madura, ebanistería, especiado, acetaldehído, frutos secos. Boca equilibrado, fino amargor, sabroso, estructurado.

González Palacios Moscatel s/c B
100% moscatel
89 ★★★★★   4,4€
Color dorado. Aroma potente, floral, notas amieladas, fruta escarchada, hierbas de tocador. Boca sabroso, dulce, fresco, frutoso, buena acidez, largo.

M. Fina El Poeta Flor de Lebrija
100% palomino
90 ★★★★★   3,5€
Color amarillo brillante. Aroma complejo, expresivo, punzante, salino, flores secas. Boca graso, potente, fresco, fino amargor.

Overo 2011 TC
85 ★★★★   5,9€

Vino de Pasas El Poeta s/c Vino de licor
100% moscatel
90 ★★★★★   4,4€
Color caoba oscuro. Aroma especiado, frutos secos, ebanistería, especias dulces, chocolate, café aromático. Boca potente, sabroso, especiado, largo.

VINO DE CALIDAD DE LOS VALLES DE BENAVENTE V.C.P.R.D.

BODEGA EL TESORO

Camino Viñas, s/n
49622 Brime de Urz (Zamora)
☎: +34 636 982 233
bodegaeltesoro@gmail.com

Petavonium 2010 TC
prieto picudo
86 ★★★★   6,0€
Color cereza brillante. Aroma fruta madura, especias dulces, roble cremoso, expresivo. Boca sabroso, frutoso, tostado, taninos maduros.

BODEGAS OTERO

Avda. El Ferial, 22
49600 Benavente (Zamora)
☎: +34 980 631 600
Fax: +34 980 631 722
www.bodegasotero.es
info@bodegasotero.es

Otero 2008 TR
prieto picudo
89 ★★★★   7,3€
Color guinda. Aroma especiado, fina reducción, cuero mojado, ebanistería, tostado, fruta madura. Boca especiado, largo, tostado.

Otero 2009 TC
prieto picudo
87 ★★★★   6,2€
Color cereza muy intenso. Aroma fruta madura, especiado, roble cremoso, tostado. Boca potente, sabroso, tostado, taninos maduros.

Valleoscuro 2013 B
verdejo
86 ★★★★★   3,7€
Color pajizo brillante. Aroma fruta madura, cítricos. Boca sabroso, equilibrado.

Valleoscuro Prieto Picudo 2013 RD
prieto picudo
84   4,7€

Valleoscuro Prieto Picudo Tempranillo 2013 RD
prieto picudo, tempranillo

87 ★★★★★   3,7€

Color frambuesa, borde violáceo. Aroma potente, fruta madura, fruta roja, floral. Boca potente, frutoso, amargoso.

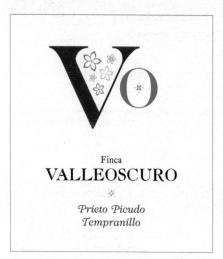

Finca
VALLEOSCURO

✳

*Prieto Picudo
Tempranillo*

Valleoscuro Prieto Picudo Tempranillo 2013 T
prieto picudo, tempranillo

88 ★★★★★   3,7€

Color cereza muy intenso, borde granate. Aroma fruta sobremadura, cálido, hierbas secas. Boca sabroso, fruta madura, largo.

BODEGAS VERDES
Ctra. Benavente, s/n
49610 Santibáñez de Vidriales (Zamora)
☎: +34 980 648 308
Fax: +34 980 648 308
www.bodegasverdes.galeon.com
bodegasverdes@hispavista.com

Señorío de Vidriales 2012 T
tempranillo, prieto picudo, garnacha

85

Señorío de Vidriales 2013 RD
tempranillo, prieto picudo, malvasía

87

Color frambuesa, borde violáceo. Aroma potente, fruta madura, fruta roja, floral, expresivo. Boca potente, frutoso, fresco.

CASTILLO DE VIDRIALES
Benavente, 37
49622 Quiruelas de Vidriales (Zamora)
☎: +34 628 317 119
www.castillodevidriales.com
castillodevidriales@gmail.com

Valdelacuba 2013 B
verdejo

85 ★★★★★   2,2€

Valdelacuba 2013 RD
prieto picudo

84   2,1€

VINOS DE CALIDAD DE SIERRA DE SALAMANCA

CÁMBRICO
Paraje El Guijarral s/n
37658 Villanueva del Conde (Salamanca)
☎: +34 923 281 006
Fax: +34 923 213 605
www.cambrico.com
alberto@cambrico.com

575 Uvas de Cámbrico 2009 TR

90   19,0€

Color cereza, borde granate. Aroma fruta al licor, hierbas silvestres, especias dulces, roble cremoso, piedra seca. Boca potente, sabroso, balsámico, largo.

Viñas del Cámbrico 2012 T

90 ★★★★   12,0€

Color cereza, borde granate. Aroma fruta madura, especiado, roble cremoso, tostado, complejo, mineral. Boca potente, sabroso, tostado, especiado, retronasal afrutado.

Viñas del Cámbrico 2013 T

91 ★★★★   12,0€

Color cereza brillante. Aroma fruta madura, roble cremoso, expresivo. Boca frutoso, tostado, taninos maduros, balsámico, fácil de beber.

COMPAÑÍA DE VINOS LA ZORRA

San Pedro, s/n
37610 Mogarraz (Salamanca)
☎: +34 609 392 591
Fax: +34 923 418 018
www.vinoslazorra.es
estanverdes@vinoslazorra.es

8 Virgenes Serranas 2013 B
rufete blanco, palomino, moscatel grano menudo

91 ★★★★ 11,0€

Color pajizo brillante. Aroma flores marchitas, frutos secos, equilibrado. Boca correcto, balsámico, fácil de beber, cierta persistencia, especiado.

La Vieja Zorra 2012 T Roble
92

Color cereza intenso, borde violáceo. Aroma complejo, fruta madura, roble cremoso. Boca sabroso, balsámico, tostado.

La Zorra 2013 T
90

Color cereza brillante, borde violáceo. Aroma expresión frutal, violetas, hierbas de monte, mineral. Boca equilibrado, fácil de beber, cierta persistencia.

la Zorra

Rufete y tempranillo

La Zorra Raro 2013 T
100% rufete

91 ★★★ 16,0€

Color cereza, borde violáceo. Aroma fruta roja, frambuesa, expresión frutal, especias dulces. Boca sabroso, ligero, buena acidez, fresco, frutoso.

ROCHAL

Salas Pombo, 17
37670 Santibáñez de la Sierra (Salamanca)
☎: +34 923 435 260
Fax: +34 923 435 260
www.bodegasrochal.com
info@bodegasrochal.com

Zamayón 2013 T
85

Zamayón Calixto Nieto 2010 T
rufete, tempranillo

90

Color cereza oscuro, borde granate. Aroma fruta madura, especias dulces, roble cremoso. Boca estructurado, especiado, largo, taninos maduros.

Zamayón Osiris 2011 T
87

Color cereza, borde granate. Aroma fruta madura, especiado, roble cremoso, tostado, fina reducción. Boca potente, sabroso, tostado.

VINOS DE CALIDAD VALTIENDAS V.C.P.R.D.

BODEGA PAGO EL ALMENDRO

Camino de la iglesia s/n
40237 Sacramenia (Segovia)
☎: +34 645 962 008
oscar@restaurantemaracaibo.com

Evolet 2012 T
tempranillo

89 ★★★★ 🌷 7€

Color cereza, borde granate. Aroma fruta madura, especiado, roble cremoso, tostado, complejo, mineral. Boca potente, sabroso, tostado, taninos maduros, balsámico.

Sin Vivir 2011 T
100% tempranillo

90 🌷 20€

Color cereza, borde granate. Aroma fruta madura, especiado, roble cremoso, tostado, complejo, hierbas de tocador. Boca potente, sabroso, tostado, taninos maduros, equilibrado.

Vivencias 2011 T
tempranillo

89 🌷 15€

Color cereza, borde granate. Aroma fruta madura, especiado, roble cremoso, tostado, complejo. Boca potente, sabroso, tostado, taninos maduros, concentrado.

BODEGAS VAGAL

La Fuente, 19
40314 Valtiendas (Segovia)
☎: +34 921 527 331
www.vagal.es
jose.vagal@gmail.com

Vagal Pago Ardalejos 2011 T
tinta del país

90   20€

Color cereza intenso, borde granate. Aroma potente, equilibrado, fruta madura, especias dulces. Boca sabroso, largo, taninos maduros.

BODEGAS Y VIÑEDOS ANDREA GUTIÉRREZ FERREAS

Ctra. La Bañesa, s/n
49618 Fuente Encalada (Zamora)
☎: +34 636 156 320

Valzuquino 2009 TC
tempranillo

86 ★★★★   7€

Color cereza muy intenso, borde granate. Aroma cálido, hierbas secas, fruta madura. Boca sabroso, fruta madura, largo.

Valzuquino 2012 T
tempranillo

88 ★★★★★   3€

Color cereza muy intenso, borde granate. Aroma cálido, hierbas secas, fruta madura, terroso. Boca sabroso, fruta madura, largo.

CUATRO VIENTOS

Finca Cuatro Vientos
Ctra. de Murtas, PK-4
18490 Murtas (Granada)
☎: +34 958 343 325
www.bodegacuatrovientos.es
bodegacuatrovientos@gmail.com

Malafollá 2011 T
100% tempranillo

86 ★★★★   6,5€

Color cereza, borde granate. Aroma fruta confitada, fruta al licor, especiado. Boca sabroso, confitado.

Malafollá 2013 B
chardonnay, vijariego blanco

87 ★★★★   6,5€

Color pajizo brillante. Aroma cítricos, fruta fresca. Boca frutoso, ligero.

Malafollá 2013 RD
tempranillo

83   5,5€

Marqués de la Contraviesa 2009 TC
tempranillo

86   11,0€

Color cereza, borde granate. Aroma fruta sobremadura, fruta pasificada, especias dulces, tostado. Boca fruta madura, cálido, potente.

Marqués de la Contraviesa Syrah 2010 T
syrah

88 ★★★   9,0€

Color cereza, borde granate. Aroma fruta madura, hierbas silvestres, terroso, especiado, roble cremoso. Boca equilibrado, sabroso, largo, balsámico.

NAVALTALLAR

Calvario, s/n
40331 Navalilla (Segovia)
☎: +34 638 050 061
www.navaltallar.com
alejandro_costa@navaltallar.com

Navaltallar 2013 T
tempranillo

87 ★★★★★   3,9€

Color cereza, borde violáceo. Aroma potente, fruta roja, fruta madura, floral, balsámico. Boca potente, fresco, frutoso, untuoso.

Navaltallar Roble 16 2010 TC
tempranillo

87 ★★★   8,8€

Color cereza, borde granate. Aroma fruta madura, especiado, roble cremoso, tostado, ebanistería. Boca potente, sabroso, tostado, taninos maduros.

Navaltallar Roble 8 2011 T Roble
tempranillo

83   6,3€

SANZ Y NÚÑEZ S.L.

Ctra. de Valladolid - Soria, 40 H
47300 Peñafiel (Valladolid)
☎: +34 629 563 189
dominiodeperoleja@hotmail.es

Dominio de Peroleja 2011 T Roble
tinto fino

88

Color cereza muy intenso, borde granate. Aroma potente, muy tostado (torrefactado), chocolate, fruta sobremadura. Boca potente, tostado, retronasal torrefactado.

VINOS DE LA TIERRA

El número de los vinos de la tierra es cada vez más importante (45) teniendo en cuenta que los elaboradores sólo están obligados a especificar la indicación geográfica, las uvas o el grado. Para algunos, es una salida airosa a sus proyectos más arriesgados no contemplados por las normas de las DO's, como ocurre especialmente con las comunidades autónomas más extensas como Castilla-La Mancha, Castilla y León y Extremadura. Para la mayoría, es una marca que ampara áreas de viñedo con potencial de calidad y una cartera de uvas y elaboraciones singulares, una especie de antesala antes de conseguir el reconocimiento como DO.

Las distintas designaciones de vinos de la tierra se han organizado por orden alfabético.

Teóricamente, los vinos de la tierra se sitúan cualitativamente un escalón por debajo de los vinos que se integran dentro de las Denominaciones de Origen y equivalen a los *vins de pays* franceses, pioneros en el impulso de este estatus. En España, sin embargo, se han producido algunos fenómenos propios. Por ejemplo, el hecho de que la designación Vinos de la Tierra no sea siempre un fin en sí mismo, sino que se utilice como trampolín para alcanzar la ansiada categoría de DO. Y por otro lado, como ha ocurrido en otros países europeos, que muchos elaboradores hayan preferido optar por este tipo de asociaciones con reglamentaciones menos severas para elaborar sus vinos con mayor libertad. De ahí que en esta sección haya un poco de todo: desde grandes vinos a otros más simples y corrientes. Pero el gran saco sin fondo que son estos vinos también es un excelente campo de pruebas para acceder a sabores distintos y peculiares, y a variedades de ámbito local o regional.

La nueva Ley del Vino mantiene la categorización de los vinos de la tierra, pero establece un escalón intermedio entre estos y los vinos con DO. Son los denominados "vinos de calidad con indicación geográfica", que son una antesala previa a la DO en la que la zona en cuestión deberá permanecer un mínimo de cinco años.

En virtud de las catas realizadas para este apartado, se nota un progresivo aumento de la calidad de estos vinos y un temor menor por parte de las bodegas a integrarse en estas asociaciones.

VT / I.G.P. 3 RIBERAS

Aprobada a finales de 2008 para los vinos designados con la indicación geográfica "3 Riberas". Los vinos elaborados podrán ser rosados, blancos, tintos o vinos nobles, y sus viñedos deberán proceder de los términos municipales integrados en la Comunidad Foral de Navarra, excepto aquellos amparados por la DO Ca. Rioja.

VT / I.G.P. ABANILLA

Esta comarca formada por dos municipios Abanilla y Fortuna, en la zona oriental de Murcia, cuenta con una superficie de 1.500 hectáreas de viñedo, aunque la mayoría de vid que se produce se destina para los vinos con DO Alicante. La zona disfruta de un clima seco, soleado, con escasas lluvias y unos suelos calizos, favoreciendo los productos de la zona, aunque se puede encontrar alguna diferencia entre la zona norte y la zona sur, debido a las diferencias de altitudes. Las variedades de uvas que encontramos en la región para la elaboración de los vinos son en tintas: bonicaire, cabernet sauvignon, forcallat tinta, garnacha tintorera, merlot, petit verdot, crujidera y syrah, y en blancas: chardonnay, malvasía, moravia dulce, moscatel de grano menudo y sauvignon blanc.

VT / I.G.P. ALTIPLANO DE SIERRA NEVADA

Con el fin de liberar la indicación geográfica Granada para su uso exclusivo en los vinos amparados bajo la denominación Vino de Calidad de Granada, en 2009 los VT Norte de Granada pasaron a llamarse Altiplano de Sierra Nevada. La indicación geográfica engloba 43 municipios del norte de la provincia. Las variedades de uvas autorizadas para la elaboración de estos vinos bajo esta certificación son chardonnay, baladí verdejo, airen, torrontés, palomino, Pedro Ximénez, macabeo y sauvignon blanc en blancos, y tempranillo, monastrell, garnacha tinta, cabernet franc, cabernet sauvignon, pinot noir, merlot, y syrah en tintos.

VT / I.G.P. BAILÉN

La comarca de Bailén dispone de 350 hectáreas para el cultivo de la vid de esta indicación geográfica y muy cercana a La Mancha. Estos vinos son elaborados con la variedad autóctona de la zona Molinera de Bailén, que no se puede encontrar en ningún sitio más, pero también se utilizan otras variedades para la elaboración de los vinos como las variedades tintas: garnacha tinta, tempranillo, cabernet sauvignon y la blanca: Pedro Ximénez.

VT / I.G.P. BAJO ARAGÓN

La región más mediterránea de Aragón, fronterizo con Tarragona, Castellón y Teruel, dividas en cuatro comarcas: Campo de Belchite, Bajo Martín, Bajo Aragón y Matarraña. Los suelos de esta zona vitivinícola están compuestos por arcilla y caliza, muy rico en minerales y alto contenido en potasa. El clima de la zona es idóneo para la correcta maduración de la uva, donde el factor refrescante del cierzo, junto al diferencial térmico día-noche crea la combinación perfecta para la vid. Las variedades principales son la garnacha (tanto en tinta como en blanca), pero también están presentes las syrah, cabernet sauvignon, merlot y chardonnay, así como las tempranillo y cariñena. **www.vinodelatierradelbajoaragon.com**

VT / I.G.P. BARBANZA E IRIA

Esta indicación geográfica fue la última que recibió la comunidad autónoma de Galicia en 2007. Situada en la zona vitivinícola Ribera de la Ría de Arosa, al norte de la provincia de Pontevedra. Del fruto de estos viñedos se elabora vinos blancos y tintos, utilizando siempre las variedades albariño, caíño blanco, godello, loureiro blanco o marqués, treixadura y torrontés para vinos blancos o brancellao, caíño tinto, espadeiro, loureiro tinto, mencía y sousón para tintos.

VT / I.G.P. BETANZOS

La comarca de Betanzos, provincia de A Coruña, es la segunda designación de vinos de la tierra de Galicia. Su viñedo está formado por uvas blancas como la blanco legítimo y Agudelo (godello) y jerez, y en tinta, la garnacha con mencía y tempranillo.

VT / I.G.P. CÁDIZ

Al sur de España en la provincia de Cádiz, encontramos una gran zona de producción vinícola. Los Vinos de la Tierra de Cádiz están formados por la agrupación de 15 municipios, cuya DO, curiosamente, controla la materia prima, la uva, pero no la elaboración de los vinos. Las variedades blancas autorizas son: garrido, palomino, chardonnay, moscatel, mantúa, perruno, macabeo, sauvignon blanc y Pedro Ximénez; y las tintas tempranillo, syrah, cabernet sauvignon, garnacha tinta, monastrel, merlot, tintilla de Rota, petit verdot y cabernet franc.

VT / I.G.P. CAMPO DE CARTAGENA

La comarca de Campo de Cartagena esta ubicado sobre una amplia llanura bordeada por cadenas montañosas de poca altura a modo de barrera que limitan con el mar Mediterráneo. La superficie dedicada al cultivo exclusivo de vid para vinos de la tierra es de 8 hectáreas, gozando de un magnifico clima mediterráneo árido, de lluvias escasas e irregulares con unos veranos muy calurosos y el resto de las estaciones con unas temperaturas muy suaves. Las variedades uvas tintas que destacan en la zona son bonicaire, forcallat tinta, petit verdot, tempranillo, garnacha tintorera, crujidera, merlot, syrah y cabernet sauvignon, y en las variedades blancas encontramos chardonnay, malvasía, moravia dulce, moscatel de grano menudo y sauvignon blanc.

VT / I.G.P. CASTELLÓ

Al este de España, en plena costa mediterránea encontramos la indicación geográfica Vinos de la Tierra de Castelló, dividida en las comarcas de Alto Palancia —Alto Mijares, Sant Mateu y Les Useres— y Vilafamés. Las condiciones climáticas de la zona permiten una excelente producción del tempranillo, monastrell, garnacha, garnacha tintorera, cabernet sauvignon, merlot y syrah en la variedad tinta, y destacando en blanca la macabeo y merseguera. **www.vinosdecastellon.com**

VT / I.G.P. CASTILLA Y LEÓN

Otra de las "macrodenominaciones" regionales para los vinos que procedan de viñedos de un total de 317 localidades de la Comunidad Autónoma. Un clima continental de escasas precipitaciones, junto a la diversidad de suelos son las características más notables de la región, que a grandes rasgos se puede dividir en la Cuenca del Duero y parte de la meseta central, junto al perímetro montañoso que las rodea. **www.asovintcal.com**

VT / I.G.P. CASTILLA

Castilla-La Mancha, que alberga el mayor viñedo del planeta, 600.000 hectáreas, equivale al 6% de la superficie de viñedo mundial, y a la mitad del de nuestro país. Aprobó esta indicación geográfica de Vinos de la Tierra en 1999 para acoger a todos los vinos producidos fuera de las DO de la región. Las variedades de uvas utilizadas en vinos blancos son: airén, albillo, chardonnay, macabeo o viura, malvar, sauvignon blanc, merseguera, moscatel de grano menudo, pardillo o marisancho, Pedro Ximénez y torrontés, y tintas: bobal, cabernet sauvignon, garnacha tinta, merlot, monastrell, petit verdot, syrah, tempranillo, cencibel o jacivera, coloraíllo, frasco, garnacha tintorera, moravia agria, moravia dulce o crujidera, negral o tinto yasto y tinto Velasco.

VT / I.G.P. CÓRDOBA

Ampara a todos los vinos originarios de la zona vinícola de la provincia de Córdoba a excepción de los que están amparados en la DO Montilla-Moriles. En total cuenta con un viñedo de aproximadamente 300 hectáreas. Los tipos de vinos que se elaboran son rosados y tintos con las variedades de cabernet sauvignon, merlot, syrah, tempranillo, pinot noir y tintilla de Rota.

VT / I.G.P. COSTA DE CANTABRIA

Son los vinos producidos en la zona vinícola de la Costa de Cantabria y los valles interiores hasta la cota de 600 metros. La variedad de uva utilizada para vinos blancos son: godello, albillo, chardonnay, malvasía, ondarribi zuri, picapoll blanco y verdejo blanco; y para tintas: ondarribi beltza y verdejo negro. Disponen de una extención de 8 hectáreas de viñedo para la producción de sus vinos.

VT / I.G.P. CUMBRES DE GUADALFEO

Anteriormente conocido como Vino de la Tierra de Contraviesa Alpujarra es una indicación geográfica utilizada para designar los Vinos de la Tierra de la zona vitícola andaluza de la Alpujarra occidental que bordea la costa mediterránea granadina y almeriense, entre el valle bajo del río Guadalfeo y el bajo Andarax. Las variedades usadas blancas son montua, chardonnay, sauvignon blanc, moscatel, Jaén blanca, Pedro Ximénez, vijirego y perruno, en tintas: garnacha tinta, tempranillo, cabernet sauvignon, cabernet franc, merlot, pinot noir y syrah.

VT / I.G.P. DESIERTO DE ALMERÍA

Aprobada en el verano de 2003, la zona de producción del desierto de Tarbenas linda Sierra de Alhamilla, Sierra de Cabrera y el Parque Natural Cabo de Gata, al norte de Almería. Las condiciones climáticas del desierto hace que los días sean cálidos y las noches sean frescas, lo que proporciona que se puedan cultivar variedades de vinos excepcionales. La altitud media de los viñedos se ubica a 525 metros sobre el nivel del mar. Las variedades que se encuentran en esta zona son en blancas: chardonnay, moscatel, macabeo y sauvignon blanc y en tintas: tempranillo, cabernet sauvignon, monastrell, merlot, syrah y garnacha tinta.

www.vinosdealmeria.es/zonas-viticolas/desierto-de-almeria

VT / I.G.P. EIVISSA

El área de producción incluye la totalidad de la isla de Ibiza, con el viñedo ubicado en pequeños valles entre las montañas isleñas —los cuales nunca superan los 500 metros de altitud— sobre suelos pardo-rojizos cubiertos de una breve costra caliza. Las escasas lluvias y los veranos de temperatura y humedad elevadas son las características climáticas más interesantes. Las variedades autorizadas son las tintas: monastrell, tempranillo, cabernet sauvignon, merlot y syrah; y en blancas: macabeo, parellada, malvasía, chardonnay y moscatel.

VT / I.G.P. EXTREMADURA

Comprende todos los municipios de Cáceres y Badajoz, agrupadas en seis comarcas vinícolas extremeñas. En diciembre de 1990, la Consejería de Economía, Industria y Comercio aprobó el reglamento de la Comisión Interprofesional de Vinos de la Tierra de Extremadura. Las variedades utilizadas para la elaboración de sus vinos son blancas: alarije, borba, cayetana blanca, chardonnay, chelva, malvar, viura, parellada, Pedro Ximénez y verdejo; y en tintas: bobal, mazuela, monastrell, tempranillo, garnacha, graciano, merlot, syrah y cabernet sauvignon.

VT / I.G.P. FORMENTERA

Esta indicación geográfica ampara a los vinos elaborados en la isla de Formentera. El clima mediterráneo subtropical seco, caracterizado por una elevada insolación y veranos con elevadas temperaturas y humedad pero sin apenas lluvias, requiere evidentemente variedades de uva muy adaptadas a esa climatología. Las variedades tintas: monastrell, fogoneu, tempranillo, cabernet sauvignon y merlot; y blancas: malvasía, premsal blanco, chardonnay y viognier.

VT / I.G.P. GÁLVEZ

En la provincia de Toledo encontramos la zona vinícola de Gálvez, en torno a 9 municipios: Cuerva, Gálvez, Guadamur, Menasalvas, Mazambraz, Polán, Pulgar, San Martín de Montalbán y Totanes. Las variedades de uvas permitidas con el tempranillo y garnacha tinta.

VT / I.G.P. ILLA DE MENORCA

La isla de Menorca declarada Reserva de la Biosfera, posee una orografía muy suave, predominado los suelos profundos pardos calizos, de textura franca y/o arcillosa, formados sobre un substrato litológico complejo, integrado por rocas calizas, areniscas y pizarras. El clima mediterráneo y los vientos invernales de dirección norte son las características que más interesan desde el punto de vista de la viticultura. Los Vinos de la Tierra Illa de Menorca deben proceder exclusivamente de las variedades de uva blanca: chardonnay, macabeo, malvasía, moscatel, parellada y moll; y tinta: cabernet sauvignon, merlot, monastrell, tempranillo y syrah.

VT / I.G.P. LADERAS DE GENIL

Antiguamente conocido como Granada Suroeste hasta el año 2009 que pasó a llamarse Laderas del Genil. La calificación acoge a 53 municipios de la provincia de Granada. Los viñedos disfrutan de un microclima idóneo para el cultivo de la vid, con escasas lluvias y temperaturas suaves debido a la influencia del mar Mediterráneo. La variedad blanca utilizada para la elaboración de sus vinos son vijiriego, macabeo, Pedro Ximénez, palomino, moscatel de Alejandría, chardonnay y sauvignon blanc, y en tintas predominan la garnacha tinta, perruna, tempranillo, cabernet sauvignon, merlot, syrah y pinot noir.

VT / I.G.P. LAUJAR-ALPUJARRA

Entre la Sierra de Gádor y el Parque Natural de Sierra Nevada, encontramos este viñedo entre los 800 y 1.500 metros sobre el nivel del mar. Incluye 800 hectáreas de vid cultivadas en bancales, en las laderas de los montes, sobre unos suelos franco-arenosos, pobres en materia orgánica pedregosa y poco profundos. El clima es continental moderado, debido a la influencia del mar en las temperaturas, encontrando un gran contraste entre el día y la noche. Las variedades predominantes son en blancas: Jaén blanco, macabeo, vijiriego, Pedro Ximénez, chardonnay y moscatel de grano menudo, y en tintas: cabernet sauvignon, merlot, monastrell, tempranillo, garnachas tinta y syrah.

www.vinosdealmeria.es/bodegas/vino-de-la-tierra-laujar-alpujarra

VT / I.G.P. LIÉBANA

Incluye a los términos municipales de Potes, Pesagüero, Cabezón de Liébana, Camaleño, Castro Cillorigo y Vega de Liébana, situados en la comarca de Liébana, al suroeste de la provincia de Cantabria, lindando con las provincias de Asturias, León y Palencia. Las variedades autorizadas para la producción de estos vinos son en la variedad tinta mencía, tempranillo, garnacha, graciano, merlot, syrah, pinot noir, albarín negro y cabernet sauvignon y en las variedades blancas: palomino, godello, verdejo, albillo, chardonnay y albarín blanco.

VT / I.G.P. LOS PALACIOS

En la comarca del Bajo Guadalquivir en la zona suroccidental de la provincia de Sevilla se encuentra la zona vinícola de los Palacios. Los tipos de vinos que están amparados bajo esta calidad son blancos elaborados con variedades airén, chardonnay, colombard y sauvignon blanc.

VT / I.G.P. MALLORCA

Todos los municipios de la isla de Mallorca están integrados en esta indicación geográfica de Vinos de la Tierra de Mallorca. El viñedo está asentado sobre suelos pardo-rojizos y un clima mediterráneo de temperaturas moderadas. Las variedades tintas son callet, manto negro, cabernet sauvignon, fogoneu, merlot, monastrell, syrah, tempranillo y pinot noir; y las blancas prensal o moll, chardonnay, macabeo, malvasía, moscatel-de Alejandría, moscatel de grano menudo, parellada, riesling y sauvignon blanc.

VT / I.G.P. NORTE DE ALMERÍA

La mención de Vinos de la Tierra norte de Almería lo forman 4 municipios de la comarca. Los vinos que se elaboran en la zona son blancos, tintos y rosados, utilizando para su elaboración variedades blancas como airén, chardonnay, macabeo y sauvignon blanc, así como las variedades tintas de cabernet sauvignon, merlot, monastrell, tempranillo y syrah; para los rosados se utilizan: tempranillo y monastrell.

VT / I.G.P. POZOHONDO

Esta indicación geográfica fue reglamentada en el 2000 por la Junta de Castilla-La Mancha. Comprende los municipios de Alcadozo, Peñas de San Pedro y Pozohondo, en la provincia de Albacete.

VT / I.G.P. RIBERA DEL ANDARAX

La zona de la Ribera del Andarax se ubica en el curso medio del río y los viñedos se encuentran entre los 700 y los 900 metros de altitud. En suelos de pizarra, arcilla y arenisca. Cuenta con un clima mediterráneo extremo, de escasas e irregulares precipitaciones y elevadas temperaturas sobre unos en suelos de pizarra, arcilla y arenisca. En uvas blancas predominan el macabeo, chardonnay y sauvignon blanc y en tintas cabernet sauvignonn, merlot, syrah, garnacha, tempranillo, monastrell, y pinot noir.

www.vinosdealmeria.es/zonas-viticolas/ribera-de-andarax

VT / I.G.P. RIBERA DEL GÁLLEGO-CINCO VILLAS

Ribera del Gállego-Cinco Villas ocupa una amplia franja territorial a lo largo del curso del río Gállego hasta prácticamente la ciudad de Zaragoza. La superficie vinícola es muy reducida extendiéndose entre dos provincias: Huesca y Zaragoza. Los suelos son por lo general pedrosos (el famoso cascajo) y proveen al viñedo de un eficaz drenaje. Las variedades de uva que se cultivan para la elaboración de sus vinos son garnacha, tempranillo, cabernet sauvignon y merlot, mientras que en blancos la variedad utilizada es la macabeo.

www.vinosdelatierradearagon.es

VT / I.G.P. RIBERA DEL JILOCA

La zona vinícola se asienta sobre el valle de Jiloca, en el suroeste de Aragón. Es una zona con un gran potencial neológico, porque sus condiciones geográficas en las laderas pizarrosas del Sistema Ibérico y a gran altura, permiten obtener vinos de gran calidad y tipicidad. El viñedo dispone de un suelo pedregoso y calizo de antiguas terrazas fluviales. La garnacha es la variedad predominante, seguida de la blanca macabeo. El clima seco junto con numerosas horas de sol anuales y los fríos inviernos son factores determinantes para la excelente calidad de la uva local.

www.vinosdelatierradearagon.es/empresas/ribera_del_jiloca.php

VT / I.G.P. RIBERA DEL QUEILES

La agrupación de siete municipios navarros y nueve de la provincia de Zaragoza, dieron vida a esta indicación geográfica. Sus vinos son únicamente tintos, elaborados con las variedades tintas de cabernet sauvignon, graciano, garnacha tinta, merlot, tempranillo y syrah. Cuenta con un Comité Regulador de control y certificación y tiene una bodega inscrita.

www.vinosdelatierradearagon.es

VT / I.G.P. SERRA DE TRAMUNTANA-COSTA NORD

Actualmente esta zona vinícola esta formado por 41 hectáreas integradas en 18 municipios de la isla de Mallorca. Situado entre el cabo de Formentor y la costa suroeste de Andratx, con suelos mayoritariamente pardos o pardos-calizos. Destacan los vinos monovarietales tanto de uva blanca malvasía, moscatel, moll, parellada, macabeo, chardonnay y sauvignon blanc y de las tintas cabernet sauvignon, merlot, syrah, monastrell, tempranillo, callet y manto negro.

VT / I.G.P. SIERRA DE ALCARAZ

La zona vitícola de la Sierra del Alcaraz comprende los municipios de Alcaraz, El Ballestero, El Bonillo, Povedilla, Robledo, y Viveros, situados en el oeste de Albacete, lindando con la provincia Ciudad Real. La indicación geográfica fue concedida en el año 2000 por la Junta de Castilla-La Mancha. Las variedades de uvas tintas son: cabernet sauvignon, merlot, bobal, monastrell, garnacha tinta y tintorera; en blanco moravia dulce, chardonnay, chelva, eva, alarije, malvar, borba, parellada, cayetana blanca y Pedro Ximénez.

VT / I.G.P. SIERRA DE LAS ESTANCIAS Y LOS FILABRES

En la comarca que integran las sierras homónimas de la provincia de Almería, se elaboran los vinos con esta mención reglamentada en 2008. Las variedades de uvas que se producen en la zona son blancas: airén, chardonnay, macabeo, sauvignon blanc y moscatel de grano menudo o morisco; y en tintas: cabernet sauvignon, merlot, monastrell, tempranillo, syrah, garnacha tinta, pinot noir y petit verdot.

VT / I.G.P. SIERRA NORTE DE SEVILLA

Al norte de la provincia de Sevilla encontramos la Sierra Norte, formando parte de las estribaciones de Sierra Morena, por lo que presenta una orografía de montes suaves y altitudes de 250 metros en las partes más bajas y casi 1.000 metros en las superiores. El clima de la comarca es mediterráneo, con veranos secos y calurosos, inviernos suaves y unas precipitaciones medias. Desde 1998 se han venido plantando en la zona variedades tintas tempranillo, garnacha tinta, cabernet sauvignon, cabernet franc, merlot, pinot noir, petit verdot y syrah; y las blancas chardonnay, Pedro Ximénez, colombard, sauvignon blanc, palomino y moscatel de Alejandría.

VT / I.G.P. SIERRA SUR DE JAÉN

Existen unas 400 has. dedicadas al cultivo de la vid, aunque una pequeña parte se destina a la uva de mesa. Bajo esta indicación geográfica se engloban los vinos elaborados en la Sierra sur de Jaén. Se producen vinos blancos con las variedades de Jaén blanca y chardonnay y los vinos tintos se elaboran con garnacha tinta, tempranillo, cabernet sauvignon, merlot, syrah y pinot noir.

VT / I.G.P. TORREPEROGIL

Esta indicación geográfica fue reglamenta en 2006 para los vinos elaborados en la comarca de La Loma, en el centro de la provincia de Jaén. Cuentan con una extensión de 300 hectáreas para el cultivo de la vid, con un clima mediterráneo continental, con inviernos fríos y húmedos y veranos secos y calurosos. Son vinos elaborados con las variedades tintas: garnacha tinta, syrah, cabernet sauvignon y tempranillo, y con las blancas: Jaén blanco y Pedro Ximénez.

VT / I.G.P. VALDEJALÓN

Constituida en 1998, agrupa 36 municipios del curso medio y bajo del valle del río Jalón. El viñedo se asienta sobre suelos pardo-calizos y aluviales, y su escasa pluviometría ronda los 350 mm. anuales. Las variedades plantadas en esta zona vinícola son macabeo, garnacha blanca, moscatel y airén para las uvas blancas, y garnacha, tempranillo, cabernet sauvignon, syrah, monastell y merlot para la uva tinta. www.vinodelatierravaldejalon.com

VT / I.G.P. VALLE DEL CINCA

Ubicado en el sureste de la provincia de Huesca, lindando casi con Cataluña, el Valle del Cinca es una zona tradicional del cultivo de vid. Las condiciones climáticas con unas precipitaciones anuales de aproximadamente 300 mm. y los suelos calizo-arcillosos son muy favorables para el cultivo de la uva. Debida a la escasez de lluvias en muchas ocasiones deben de recurrir al riego. Las variedades predominantes de uva blanca son macabeo y chardonnay, y en tinta destacan garnacha tinta, tempranillo, cabernet sauvignon y merlot.

www.vinosdelatierradearagon.es

VT / I.G.P. VALLE DEL MIÑO-OURENSE

En el Valle del Miño, al norte de la provincia de Ourense, se encuentra esta zona productora de vinos. Las variedades de uvas que se deben de utilizar para acogerte a esta indicación geográfica deben ser treixadura, torrontés, godello, albariñoloureira y palomino (xerez) para blancas, y para tintos: mencía, brancellao, mouratón, sousón, caíño y garnacha.

VT / I.G.P. VALLES DE SADACIA

Indicación creada para los vinos blancos elaborados principalmente con la moscatel riojana, variedad casi perdida con la filoxera y hoy en día recuperada para la elaboración del vino de licor y el vino blanco de moscatel. Dependiendo de su forma de elaboración, el vino procedente de la variedad moscatel puede ser seco, semiseco o dulce. Los municipios amparados por esta designación están situados en el sudoeste de la región, en el Valle de Sadacia, los regados por el río Cidacos, lo que resulta idóneo para el cultivo de viñedos en general.

VT / I.G.P. VILLAVICIOSA DE CÓRDOBA

Esta mención la pueden utilizar los vinos blancos y dulces elaborados en la comarca vinícola de Villaviciosa. Las variedades de uva autorizadas son: baladí, verdejo, moscatel de Alejandría, palomino fino, palomino, Pedro Ximénez, airén, calagraño Jaén, torrontés y verdejo. Esta indicación geográfica ha sido de las más recientes en conceder la Consejería de Agricultura y Pesca de Andalucía en 2008.

VT 3 RIBERAS

BODEGA ABADÍA DE LA OLIVA

Ctra. Caparroso-Carcastillo, Km. 17,5
31310 Carcastillo (Navarra)
☎: +34 948 725 285
Fax: +34 948 725 285
www.bodegaabadiadelaoliva.com
export@abadiadelaoliva.com

Abadía de la Oliva 2011 T Roble
merlot, cabernet sauvignon, tempranillo

85 ★★★   9,0€

Abadía de la Oliva Cosecha Magna 2010 TC
tempranillo, cabernet sauvignon, merlot

88   12,0€

Color cereza brillante. Aroma fruta madura, especias dulces, roble cremoso, balsámico. Boca frutoso, sabroso, tostado.

Abadía de la Oliva Garnacha Blanca 2013 B
garnacha blanca

84   11,0€

Abadía de la Oliva Lacrima Rosa 2013 RD
garnacha

84   7,0€

Abadía de la Oliva Oak Chardonnay 2012 BC
chardonnay

83   15,0€

Abadía de la Oliva Tempranillo 2012 T
tempranillo

87 ★★★★   7,0€

Color cereza, borde granate. Aroma fruta madura, hierbas silvestres, especiado. Boca sabroso, fruta madura, balsámico.

Alma de Abadía de la Oliva Naturalmente Dulce 2012 Moscatel
moscatel grano menudo

88   11,0€

Color amarillo brillante. Aroma fruta escarchada, cítricos, notas amieladas, especias dulces. Boca potente, graso, sabroso, especiado, largo, equilibrado.

Vinum Misae Vino de Licor s/c
garnacha

86   11,0€

Color cobrizo. Aroma potente, complejo, frutos secos, tostado, acetaldehído. Boca graso, amargoso, largo, especiado.

BODEGA SAN MARTÍN S. COOP.

Ctra. de Sanguesa, s/n
31495 San Martín de Unx (Navarra)
☎: +34 948 738 294
Fax: +34 948 738 297
www.bodegasanmartin.com
enologia@bodegasanmartin.com

Flor de Unx 2013 RD
garnacha

86 ★★★★   7,0€

Color cereza claro, brillante. Aroma flores marchitas, fruta escarchada. Boca sabroso, dulcedumbre, fácil de beber, fruta madura.

VT ALTIPLANO DE SIERRA NEVADA

BODEGA VERTIJANA

Paseo de Sierra Nevada, 18
18516 Policar (Granada)
☎: +34 605 074 459
vertijana@vertijana.com

Gentis 2013 T
syrah, garnacha, tempranillo

88 ★★★★★   5,0€

Color cereza, borde violáceo. Aroma fruta roja, frambuesa, floral, expresivo. Boca fresco, frutoso, sabroso, fácil de beber.

BODEGAS MUÑANA

Ctra. Graena a La Peza,
Finca Peñas Prietas
18003 Granada (Granada)
☎: +34 958 670 715
Fax: +34 958 670 715
www.bodegasmunana.com
bodegasmunana@gmail.com

Delirio 2013 RD
cabernet sauvignon, tempranillo, syrah

85 ★★★★   6,0€

Delirio 2013 T
syrah

88 ★★★★   6,0€

Color cereza brillante, borde violáceo. Aroma violetas, expresión frutal, expresivo, varietal. Boca correcto, buena acidez, fácil de beber.

Muñana 3 Cepas 2010 T
syrah, cabernet sauvignon, merlot, petit verdot

89   12,0€

Color cereza, borde granate. Aroma fruta madura, hierbas silvestres, especiado, roble cremoso. Boca equilibrado, sabroso, largo, balsámico.

Muñana Rojo 2010 T
tempranillo, cabernet sauvignon, monastrell

90 ★★★★★ 8,0€

Color cereza oscuro, borde granate. Aroma cacao fino, fruta madura, fruta confitada, hierbas de monte. Boca equilibrado, taninos maduros.

VT BAJO ARAGÓN

AMPRIUS LAGAR
Los Enebros, 74 – 2ª planta
44002 Teruel (Teruel)
☎: +34 978 623 077
www.ampriuslagar.es
pedrocasas@ampriuslagar.es

Lagar d'Amprius Garnacha 2011 T
100% garnacha

88 12,0€

Color cereza, borde granate. Aroma fruta confitada, hierbas de monte, especias dulces, mineral. Boca potente, sabroso, largo.

Lagar d'Amprius Syrah Garnacha 2010 T
86 13,0€

Color cereza, borde granate. Aroma fruta confitada, especiado, hierbas silvestres. Boca balsámico, potente, fruta madura.

BODEGA COOP. NTRA. SRA. DEL OLIVAR
Avda. José Antonio, 18
50131 Lecera (Zaragoza)
☎: +34 976 835 016
www.bodegacooperativadelecera.es
admin@bodegacooperativadelecera.es

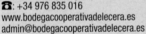

Valssira 2010 T
garnacha

85 ★★★★ 6,0€

Valssira 2011 T
garnacha

86 ★★★★★ 4,0€

Color cereza oscuro, borde granate. Aroma potente, fruta confitada, cacao fino, especias dulces. Boca estructurado, largo, confitado.

Valssira 2013 T Fermentado en Barrica
garnacha

86 ★★★★★ 3,0€

Color cereza brillante, borde violáceo. Aroma tostado, fruta roja, fruta madura, potente. Boca correcto, equilibrado, retronasal afrutado.

BODEGAS BRECA
Ctra. Monasterio de Piedra, s/n
50219 Munébrega (Zaragoza)
☎: +34 976 895 071
Fax: +34 976 895 171
www.grupojorgeordonez.com
breca@jorgeordonez.es

Garnacha de Fuego 2013 T
100% garnacha

88 ★★★★ 6,0€

Color cereza, borde granate. Aroma fruta madura, hierbas silvestres, terroso. Boca equilibrado, sabroso, largo, balsámico.

BODEGAS CRIAL LLEDÓ
Arrabal de la Fuente, 23
44624 Lledó (Teruel)
☎: +34 978 891 909
Fax: +34 978 891 995
www.crial.es
crial@bodegascrial.com

Crial 2013 B
85 ★★★★★ 3,0€

Crial 2013 RD
garnacha

85 ★★★★★ 3,0€

Crial 2013 T
84 3,0€

Crial Lledó 2009 TC
85 ★★★★★ 4,9€

BODEGAS SIERRA DE GUARA
Fray Luis Urbano, 27
50002 Lascellas (Zaragoza)
☎: +34 976 461 056
Fax: +34 976 461 558
www.bodegassierradeguara.es
idrias@bodegassierradeguara.es

Evohé Garnacha Blanca 2013 B
100% garnacha blanca

87 ★★★★ 6,0€

Color pajizo brillante. Aroma flores blancas, fruta fresca, expresivo, lías finas, hierbas secas. Boca sabroso, frutoso, buena acidez, equilibrado.

Evohé Garnacha Viñas Viejas 2013 T
100% garnacha

89 ★★★★ 6,0€

Color cereza, borde violáceo. Aroma fruta roja, fruta madura, hierbas silvestres, especiado. Boca sabroso, frutoso, balsámico, correcto.

CELLER D'ALGARS

Cooperativa, 9
44622 Arenys De Lledó (Teruel)
☎: +34 699 145 906
Fax: +34 978 853 147
www.enigmma.es
info@cellerdalgars.com

Dogma 2009 T
garnacha, syrah, cabernet sauvignon
85 ★★★   9,2€

Musas 2013 B
garnacha blanca, macabeo, chenin blanc
87 ★★★★   5,5€
Color dorado brillante. Aroma hierbas silvestres, fruta madura, floral, especiado. Boca equilibrado, potente, sabroso.

Plans d'Algars 2013 BFB
chenin blanc, garnacha blanca, macabeo
88 ★★★   8,3€
Color amarillo brillante. Aroma potente, fruta madura, especias dulces, roble cremoso, hierbas de tocador. Boca graso, sabroso, fresco, buena acidez.

COOPERATIVA DEL CAMPO SAN PEDRO

Avda. Reino de Aragón, 10
44623 Cretas (Teruel)
☎: +34 978 850 309
Fax: +34 978 850 309
www.cooperativasanpedro.es
info@cooperativasanpedro.es

Belví 2011 T
78   3,0€

Belví 2013 B
100% garnacha blanca
82   3,0€

Belví 2013 RD
100% garnacha peluda
85 ★★★★★   3,0€

Emperle 2013 B
84   1,8€

Emperle 2013 T
70   1,8€

COOPERATIVA SAN LORENZO MAELLA

Avda. de Aragón 110
50710 Maella (Zaragoza)
☎: +34 976 638 004
Fax: +34 976 639 215
www.magalia.org
admon@magalia.org

Magalia 2013 B
84   4,5€

Magalia 2013 T Roble
100% garnacha
86 ★★★★★   4,5€
Color cereza brillante. Aroma fruta madura, especias dulces, roble cremoso. Boca sabroso, frutoso, tostado, taninos maduros, largo.

Magalia Selección 2012 T
89 ★★★★   6,0€
Color cereza, borde granate. Aroma fruta madura, hierbas silvestres, especiado, roble cremoso, mineral. Boca equilibrado, sabroso, largo, balsámico.

DOMINIO MAESTRAZGO

Royal III, B12
44550 Alcorisa (Teruel)
☎: +34 978 840 642
Fax: +34 978 840 642
www.dominiomaestrazgo.com
bodega@dominiomaestrazgo.com

Dominio Maestrazgo 2011 T Roble
garnacha, tempranillo, syrah
89 ★★★   9,3€
Color guinda. Aroma especiado, fina reducción, ebanistería, tostado, hierbas silvestres. Boca especiado, largo, tostado, correcto.

Dominio Maestrazgo Garnacha Blanca 2012 B
garnacha blanca
86 ★★★   9,3€
Color pajizo brillante. Aroma fruta madura, balsámico, flores secas, hierbas secas. Boca potente, sabroso, largo.

Dominio Maestrazgo Syrah 2011 T Barrica
syrah
89 ★★★   9,3€
Color cereza brillante. Aroma especias dulces, roble cremoso, fruta madura, mineral. Boca sabroso, tostado, especiado, equilibrado

Rex Deus 2010 T Roble
garnacha, syrah

92 ★★★   15,6€

Color cereza, borde granate. Aroma fruta madura, especiado, roble cremoso, tostado, complejo, terroso. Boca potente, sabroso, tostado, taninos maduros, equilibrado, elegante.

REX DEUS

Dominio Maestrazgo

Envejecido en Barrica
Bajo Aragón

14% vol   75 cl

Santolea 2012 T
garnacha, tempranillo

86 ★★★★   5,4€

Color cereza, borde granate. Aroma fruta confitada, fruta al licor, balsámico, piedra seca, roble cremoso. Boca potente, sabroso, correcto.

MAS DE TORUBIO
Plaza del Carmen, 4
44623 Cretas (Teruel)
☎: +34 669 214 845
www.masdetorubio.com
masdetorubio@hotmail.com

Xado 2012 T Roble
garnacha, cabernet sauvignon

85 ★★★★   7,0€

Xado Blanco sobre Lías 2013 B
100% garnacha blanca

86 ★★★★   6,8€

Color pajizo brillante. Aroma flores blancas, expresión frutal, hierbas de tocador, lías finas, cítricos. Boca fresco, balsámico, especiado, fácil de beber.

VT CÁDIZ

BODEGAS BARBADILLO
Luis de Eguilaz, 11
11540 Sanlúcar de Barrameda (Cádiz)
☎: +34 956 385 500
Fax: +34 956 385 501
www.barbadillo.com
barbadillo@barbadillo.com

Castillo de San Diego 2013 B
palomino

84   4,5€

Gibalbín 2011 TC
tempranillo, merlot, petit verdot

87 ★★★★   5,4€

Color cereza, borde granate. Aroma fruta madura, hierbas silvestres, especiado, roble cremoso. Boca equilibrado, sabroso, largo, balsámico.

Gibalbín 2013 T
tempranillo, syrah, cabernet sauvignon, tintilla

85

Gibalbín 8 meses 2011 T
merlot, tempranillo, petit verdot

86

Color cereza brillante. Aroma fruta madura, especias dulces, roble cremoso, hierbas silvestres. Boca sabroso, frutoso, tostado.

Maestrante 2013 B
palomino

83   4,3€

CORTIJO DE JARA

Medina, 79
11402 Jerez de la Frontera (Cádiz)
☎: +34 679 488 992
Fax: +34 956 338 163
www.cortijodejara.com
puertanueva.sl@cortijodejara.es

Cortijo de Jara 12 meses 2012 T
syrah, merlot, tempranillo

84   7,0€

Cortijo de Jara 6 meses 2012 T
tempranillo, merlot, syrah

85 ★★★★★   4,5€

FINCA MONCLOA

Manuel María González, 12
11403 Jerez de la Frontera (Cádiz)
☎: +34 956 357 000
Fax: +34 956 357 043
www.gonzalezbyass.com
nacional@gonzalezbyass.com

Finca Moncloa 10 Barricas 2011 T
92   37,0€
Color cereza, borde granate. Aroma potente, fruta madura, balsámico, especiado. Boca potente, sabroso, largo.

Finca Moncloa 2011 T
91 ★★★   15,9€
Color cereza brillante. Aroma fruta madura, especias dulces, roble cremoso, intensidad media. Boca frutoso, sabroso, tostado, equilibrado.

Tintilla de Rota de Finca Moncloa 2011 T
tintilla de rota

92   50,0€
Color cereza, borde granate. Aroma fruta confitada, fruta madura, especiado, tostado, ebanistería, acetaldehído, cálido. Boca potente, sabroso, dulcedumbre.

MIGUEL DOMECQ

Finca Torrecera, Ctra. Jerez - La Ina, Km. 14,5
11595 Torrecera (Cádiz)
☎: +34 856 030 033
Fax: +34 856 030 033
www.migueldomecq.com
comercial@migueldomecq.com

Alhocen Syrah Merlot 2010 TR
syrah, merlot

89   15,2€
Color cereza, borde granate. Aroma equilibrado, complejo, fruta madura, especiado, terroso. Boca estructurado, sabroso, correcto.

Entrechuelos 2012 T Roble
cabernet sauvignon, syrah, merlot, tempranillo

84   3,9€

Entrechuelos Chardonnay 2013 B
100% chardonnay

87 ★★★★★ 3,4€

Color pajizo, borde verdoso. Aroma equilibrado, fruta madura, flores secas. Boca fácil de beber, sabroso, fino amargor.

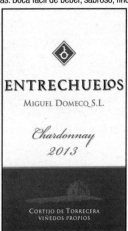

Entrechuelos Premium 2010 T
cabernet sauvignon, merlot, syrah, tempranillo

90 ★★★★★ 9,7€

Color cereza, borde granate. Aroma fruta madura, especiado, roble cremoso, tostado, complejo, terroso. Boca potente, sabroso, tostado, taninos maduros.

Entrechuelos Tercer Año 2011 T
cabernet sauvignon, merlot, syrah, tempranillo

86 ★★★★ 5,6€

Color cereza brillante. Aroma fruta madura, especias dulces, roble cremoso, intensidad media. Boca frutoso, sabroso, tostado.

VT CAMPO DE CARTAGENA

BODEGAS SERRANO
Finca La Cabaña, 30 Pozo Estrecho
30594 Cartagena (Murcia)
☎: +34 659 280 231
Fax: +34 968 556 298
www.bodegasserrano.es
info@bodegasserrano.es

Darimus 2011 T Barrica
cabernet sauvignon

84 5,8€

Darimus Syrah Dulce 2013 T
syrah

88 ★★★★ 8,0€

Color cereza, borde violáceo. Aroma fruta madura, fruta pasificada, hierbas silvestres, floral, especias dulces, tostado. Boca potente, sabroso, dulce, frutoso, equilibrado.

Galtea ESP
malvasía, moscatel, chardonnay

83 5,5€

Viña Galtea Moscatel Semiseco 2013 B
moscatel

86 ★★★★★ 3,8€

Color pajizo brillante. Aroma flores blancas, hierbas de tocador, notas amieladas. Boca fresco, frutoso, sabroso, fruta madura.

VT CASTELLÓN

BODEGA LES USERES
Ctra. Vall d'AlbaLes - Les Useres, Km. 11
12118 Les Useres (Castellón)
☎: +34 964 388 525
Fax: +34 964 388 526
www.bodegalesuseres.com
info@bodegalesuseres.es

33 Route 2012 T
tempranillo, bonicaire

85 ★★★★★ 5,0€

33 Route 2013 B
macabeo, chardonnay

83 5,0€

33 Route 2013 RD
bonicaire, garnacha

84 5,0€

86 Winegrowers 2009 TR
tempranillo, cabernet sauvignon

84 9,0€

L'Alcalatén 2012 T
tempranillo

86 ★★★★★   4,0€

Color cereza brillante. Aroma fruta madura, especias dulces, roble cremoso. Boca sabroso, frutoso, tostado, equilibrado.

BODEGA MAS DE RANDER
Trinquete, 3 Bajo
12560 Benicassim (Castellón)
☎: +34 964 302 416
www.masderander.com
masderander@masderander.com

Syrah Mas de Rander 2012 T
100% syrah

88 ★★★★   6,0€

Color cereza, borde granate. Aroma fruta madura, hierbas silvestres, terroso, especiado. Boca equilibrado, sabroso, largo, balsámico.

Temps Mas de Rander 2010 T
cabernet sauvignon, merlot, syrah

80   7,0€

BODEGA VICENTE FLORS
Pda. Pou D'en Calvo, s/n
12118 Les Useres (Castellón)
☎: +34 671 618 851
www.bodegaflors.com
bodega@bodegaflors.com

Clotàs Monastrell 2011 T
monastrell

87   14,0€

Color cereza muy intenso, borde granate. Aroma potente, expresivo, fruta madura, fruta confitada, caramelo de violetas, especiado. Boca estructurado, sabroso.

Flor de Clotàs 2011 T
tempranillo

88 ★★★★   7,0€

Color cereza, borde granate. Aroma fruta madura, hierbas silvestres, especiado, mineral. Boca potente, sabroso, especiado, taninos finos.

Flor de Taronger 2013 RD

80   4,0€

BODEGAS Y VIÑEDOS BARÓN D'ALBA
Partida Vilar La Call, 10
12118 Les Useres (Castellón)
☎: +34 608 032 884
Fax: +34 964 313 455
www.barondalba.com
barondalba@gmail.com

Clos D' Esgarracordes 2013 RD
merlot, garnacha, monastrell

80   7,5€

Clos D'Esgarracordes 2011 T Barrica
monastrell, garnacha, tempranillo, cabernet sauvignon

90 ★★★★★   7,5€

Color cereza, borde granate. Aroma fruta madura, hierbas silvestres, terroso, especiado, roble cremoso. Boca equilibrado, sabroso, largo, balsámico.

Clos D'Esgarracordes 2013 B
macabeo, viognier

86 ★★★★   7,5€

Color pajizo brillante. Aroma flores secas, hierbas secas, equilibrado. Boca frutoso, especiado.

Llevant by Clos D' Esgarracordes 2013 B
macabeo, moscatel, viognier

87 ★★★★★   5,0€

Color pajizo brillante. Aroma flores marchitas, hierbas secas, terroso. Boca sabroso, graso, especiado, largo.

DI VINOS & VIÑAS
General Calvo Lucía, 5
12400 Segorbe (Castellón)
☎: +34 629 282 758
www.dibodegas.com
info@dibodegas.com

Diversiones 2009 T
89

Color guinda. Aroma equilibrado, complejo, fruta madura, especiado, fina reducción. Boca estructurado, sabroso, taninos maduros, equilibrado.

La Perdición Selección 2011 T
ull de llebre, merlot, bonicaire

88   12,5€

Color cereza, borde granate. Aroma fruta madura, especiado, roble cremoso, tostado, complejo. Boca potente, sabroso, tostado, taninos maduros.

Odisea 2012 T Roble
ull de llebre, bonicaire, merlot, cabernet sauvignon

84   6,5€

ALENUR
Paseo de la Libertad 6 1º A
2001 Albacete (Albacete)
☎: +34 967 242 982
www.alenur.com
info@alenur.com

Alenur 2012 T
100% tempranillo

80   5,0€

Alenur Tempranillo 2011 T
100% tempranillo

84   7,5€

VT CASTILLA

ALTOLANDÓN
Ctra. N-330, km. 242
16330 Landete (Cuenca)
☎: +34 677 228 974
Fax: +34 962 300 662
www.altolandon.com
altolandon@altolandon.com

L´Ame Malbec 2010 T
100% malbec

89   16,0€
Color cereza muy intenso, borde granate. Aroma potente,
fruta madura, muy tostado (torrefactado), chocolate. Boca
potente, tostado, retronasal torrefactado.

BODEGA DEHESA DE LUNA
Ctra. CM-3106, km. 16
2630 La Roda (Albacete)
☎: +34 967 442 434
www.dehesadeluna.com
contacto@dehesadeluna.com

Dehesa de Luna 2012 T
tempranillo, syrah, cabernet sauvignon

89 ★★★★   7,0€
Color cereza, borde granate. Aroma fruta roja, fruta madura,
hierbas de monte, especiado, roble cremoso. Boca potente,
sabroso, tostado.

Dehesa de Luna Selección Tempranillo 2012 T
tempranillo

90 ★★★★★   7,5€

Color cereza, borde granate. Aroma fruta madura, hierbas silvestres, especiado, roble cremoso. Boca potente, sabroso, especiado, largo, balsámico.

Luna Lunera Tempranillo 2013 T
tempranillo

86 ★★★★★   3,4€

Color cereza, borde violáceo. Aroma fruta fresca, fruta roja, floral, hierbas silvestres. Boca sabroso, frutoso, buena acidez.

BODEGA GARCÍA DE LA ROSA (AGROCONGOSTO S.L.)
Podadores, 12 Pol. La Carbonera,
45350 Noblejas (Toledo)
☎: +34 616 124 947
Fax: +34 925 140 605
www.bodegagarciadelarosa.es
carlosgarciarosa@bodegagarciadelarosa.es

Castillo Palomares 2013 B
airén

75   1,5€

Nóbriga 2010 T
tempranillo, syrah

87 ★★★★★   5,0€

Color cereza, borde granate. Aroma fruta madura, especiado, roble cremoso, tostado, fina reducción. Boca potente, sabroso, tostado.

BODEGA HACIENDA LA PRINCESA
Ctra. San Carlos del Valle, km. 8
13300 Valdepeñas (Ciudad Real)
☎: +34 655 665 050
www.haciendalaprincesa.com
haciendalaprincesa@telefonica.net

Hacienda La Princesa Chardonnay 2013 B
100% chardonnay

83 ♟   6,0€

Hacienda La Princesa Debir Sucunza 2010 TC
tempranillo, merlot

85 ★★★★   6,0€

Hacienda La Princesa Gala 2010 T
tempranillo

89 ★★★   10,0€

Color cereza, borde granate. Aroma fruta madura, especiado, roble cremoso, tostado. Boca potente, sabroso, tostado, taninos maduros.

BODEGA LOS ALJIBES
Finca Los Aljibes
2520 Chinchilla de Montearagón (Albacete)
☎: +34 967 260 015
Fax: +34 967 261 450
www.fincalosaljibes.com
info@fincalosaljibes.com

Aljibes 2010 T
cabernet franc, merlot, cabernet sauvignon

89 ★★★★   7,8€

Color cereza, borde granate. Aroma fruta madura, especiado, roble cremoso, tostado, complejo. Boca potente, sabroso, tostado, taninos maduros.

Aljibes Cabernet Franc 2011 T
cabernet franc

89   11,2€

Color cereza, borde granate. Aroma fruta roja, fruta madura, balsámico, piedra seca, roble cremoso. Boca especiado, largo, equilibrado, elegante.

Aljibes Petit Verdot 2011 T
petit verdot

89   11,2€

Color cereza, borde granate. Aroma fruta madura, piedra seca, chocolate, cacao fino, tostado. Boca potente, sabroso, balsámico, largo, equilibrado.

Aljibes Syrah 2010 T
syrah

88   11,2€

Color cereza, borde granate. Aroma fruta madura, floral, hierbas silvestres, muy tostado (torrefactado). Boca potente, sabroso, retronasal torrefactado.

La Galana Garnacha Tintorera 2012 TC
garnacha tintorera

88 ★★★★   7,8€

Color cereza, borde granate. Aroma fruta roja, fruta madura, mineral, hierbas de tocador, especiado. Boca potente, sabroso, equilibrado, elegante.

Selectus 2010 T
syrah, cabernet franc, cabernet sauvignon, merlot

90   36,6€

Color cereza, borde granate. Aroma fruta madura, especiado, roble cremoso, tostado, chocolate, terroso. Boca potente, sabroso, tostado, taninos maduros, equilibrado, elegante.

Viña Aljibes 2011 T
cabernet sauvignon, merlot, petit verdot, garnacha tintorera

86 ★★★★   5,0€

Color cereza muy intenso, borde granate. Aroma potente, fruta madura, muy tostado (torrefactado). Boca potente, tostado, retronasal torrefactado.

Viña Aljibes 2013 B
sauvignon blanc, chardonnay
88 ★★★★ 5,6€
Color pajizo brillante. Aroma complejo, cítricos, hierbas silvestres, floral, expresivo. Boca fresco, frutoso, fácil de beber.

Viña Aljibes 2013 RD
syrah
88 ★★★★★ 4,7€
Color frambuesa, borde violáceo. Aroma potente, fruta madura, fruta roja, floral, expresivo. Boca potente, frutoso, fresco.

Viña Galana Garnacha Tintorera 2012 T
garnacha tintorera
87
Color cereza, borde granate. Aroma fruta madura, especiado, roble cremoso, tostado. Boca potente, sabroso, tostado.

Viña Galana Verdejo 2013 B
verdejo
85 ★★★★ 6,1€

BODEGA TRENZA
Avda. Matías Saenz Tejada, s/n.
Edif. Fuengirola Center - Local 1
29640 Fuengirola (Málaga)
☎: +34 615 343 320
Fax: +34 952 588 467
www.trenzawines.com
info@bodegatrenza.com

Sedosa Tempranillo Syrah 2013 T
tempranillo, syrah
84

Sedosa Verdejo Sauvignon Blanc 2013 B
84 7,0€

BODEGA Y VIÑEDOS FAMILIA CONESA
Ctra. Pozo Aledo, km. 4 Nº 1
30739 Torre Pacheco (Murcia)
☎: +34 967 370 750
Fax: +34 967 370 751
bodega@familiaconesa.com

Finca La Sabina Tempranillo 2011 T
tempranillo
85 ★★★★★ 2,8€

BODEGAS ANHELO
Jabalón, 14
13350 Moral de Calatrava
(Ciudad Real)
☎: +34 626 929 262
www.bodegasanhelo.com
j.sanchez@bodegasanhelo.com

Campo Anhelo Riesling 2013 B
100% riesling
87 ★★★★ 6,0€
Color pajizo brillante. Aroma fresco, fruta fresca, flores blancas, cítricos. Boca sabroso, frutoso, buena acidez, equilibrado.

Campo Anhelo Tempranillo 2012 T Roble
100% tempranillo
85 ★★★★★ 5,0€

BODEGAS ARÚSPIDE
Ciriaco Cruz, 2
13300 Valdepeñas (Ciudad Real)
☎: +34 926 347 075
Fax: +34 926 347 875
www.aruspide.com
export@aruspide.com

Ágora 2013 T Maceración Carbónica
100% tempranillo
85 ★★★★ 7,1€

Ágora Ciento 69 2013 RD
malbec
85

Ágora Lágrima 2013 B
airén, verdejo
83

Ágora S/C T Roble
tempranillo
86
Color cereza, borde violáceo. Aroma tostado, especias dulces. Boca frutoso, especiado, correcto, fácil de beber.

Ágora Viognier 2013 B
100% viognier
85 ★★★★ 5,1€

Ardales 2011 T
tempranillo
86 ★★★★ 🌷 6,1€
Color cereza, borde granate. Aroma potente, fruta confitada, especias dulces, roble cremoso. Boca correcto, taninos maduros.

Ardales 2013 B
airén

87 ★★★★ ✿   6,1€

Color pajizo brillante. Aroma hierbas de tocador, fresco, expresivo, notas tropicales. Boca frutoso, sabroso, buena acidez.

Autor de Arúspide Chardonnay 2012 B
chardonnay

86

Color amarillo brillante. Aroma notas tropicales, floral, expresivo. Boca correcto, especiado, fruta madura.

Autor de Arúspide Tempranillo 2008 T
tempranillo

87

Color cereza oscuro, borde granate. Aroma fruta confitada, cacao fino, tabaco. Boca equilibrado, especiado, tostado, taninos maduros, balsámico.

El Linze 2010 B
100% viognier

88   14,5€

Color pajizo brillante. Aroma fruta madura, notas tropicales, balsámico, floral, especiado, hierbas de tocador. Boca fresco, frutoso, sabroso, correcto.

El Linze 2011 T

87   20,2€

Color cereza oscuro, borde granate. Aroma potente, fruta confitada, hierbas silvestres. Boca equilibrado, largo, taninos maduros.

Pura Savia 2012 T
tempranillo

86 ✿   14,3€

Color cereza oscuro, borde granate. Aroma hierbas de monte, fruta madura, especiado. Boca sabroso, correcto, taninos maduros.

BODEGAS BALMORAL

Mayor, 32 - 1º
2001 (Albacete)
☎: +34 967 508 382
Fax: +34 967 235 301
www.vinedosbalmoral.com
info@vinedosbalmoral.com

Edoné Cuvée de María 2011 ESP
100% chardonnay

84   9,9€

Edoné Gran Cuvée 2010 ESP Gran Reserva
85   15,0€

Edoné Rosé 2010 ESP
85   16,0€

Maravides 2011 T
tempranillo, syrah, merlot, cabernet sauvignon

90 ★★★   14,0€

Color cereza, borde granate. Aroma fruta madura, especiado, roble cremoso, tostado, complejo. Boca potente, sabroso, tostado, taninos maduros, equilibrado, elegante.

Maravides Chardonnay 2012 B

87 ★★★★   6,9€

Color pajizo brillante. Aroma flores blancas, hierbas de tocador, expresión frutal, fruta madura. Boca fresco, frutoso, sabroso, potente.

Maravides Mediterraneo 2012 T

89 ★★★★   7,9€

Color cereza muy intenso, borde granate. Aroma potente, fruta madura, roble cremoso, balsámico. Boca potente, tostado.

Maravides Syrah 2012 T
100% syrah

88 ★★★★   **7,9€**

Color cereza, borde granate. Aroma fruta madura, especiado, roble cremoso, tostado, complejo, chocolate, terroso. Boca potente, sabroso, tostado, taninos maduros.

BODEGAS BARREDA
Ramalazo, 2
45880 Corral de Almaguer (Toledo)
☎: +34 915 435 387
Fax: +34 915 435 387
www.bodegas-barreda.com
nacional@bodegas-barreda.com

Torre de Barreda Amigos 2010 T
tempranillo, syrah, cabernet sauvignon

89 ★★★   **10,0€**

Color cereza, borde granate. Aroma potente, fruta confitada, balsámico, roble cremoso, equilibrado. Boca potente, sabroso, especiado.

Torre de Barreda Cabernet Sauvignon 2013 T
cabernet sauvignon

88 ★★★★   **6,0€**

Color cereza, borde granate. Aroma fruta madura, hierbas silvestres, balsámico. Boca potente, sabroso, largo, especiado

Torre de Barreda PañoFino 2010 T
tempranillo

91 ★★★   **14,0€**

Color cereza, borde granate. Aroma fruta roja, fruta madura, especiado, roble cremoso, tostado, complejo, mineral. Boca potente, sabroso, tostado, taninos maduros, equilibrado, elegante.

Torre de Barreda Syrah 2012 T
syrah

89 ★★★★   **6,0€**

Color cereza, borde granate. Aroma fruta roja, fruta madura, floral, hierbas de tocador. Boca potente, sabroso, correcto.

Torre de Barreda Tempranillo 2011 T
tempranillo

86 ★★★★   **6,0€**

Color cereza, borde granate. Aroma potente, fruta madura, especias dulces. Boca sabroso, especiado, largo.

BODEGAS CORONADO
Ctra. San Isidro, s/n
16620 La Alberca de Záncara (Cuenca)
☎: +34 676 463 483
www.bodegascoronado.com
informacion@bodegascoronado.com

Charcón 2013 T
100% cencibel

82   **1,5€**

Charcón Sauvignon Blanc 2013 B
100% sauvignon blanc

85 ★★★★★   **3,0€**

Viña Charcón 2011 TC
merlot, petit verdot, syrah

85 ★★★★★   5,0€

Viña Charcón Selección 2011 T Roble
86

Color cereza brillante. Aroma fruta madura, especias dulces, roble cremoso. Boca sabroso, frutoso, tostado.

Viña Charcón Syrah 2013 T Roble
syrah

85

BODEGAS CRIN ROJA
Paraje Mainetes
2651 Fuenteálamo (Albacete)
☎: +34 938 743 511
Fax: +34 938 737 204
www.crinroja.es
info@crinroja.es

Crin Roja Cabernet Sauvignon Syrah 2013 T
85 ★★★★★   3,9€

Crin Roja Macabeo 2013 B
100% macabeo

84   3,9€

Crin Roja Tempranillo 2013 T
100% tempranillo

84   3,9€

Las Corazas 2013 RD
84   2,2€

Las Corazas Macabeo 2013 B
100% macabeo

84   2,2€

Las Corazas Tempranillo 2013 T Roble
100% tempranillo

85 ★★★★★   2,2€

Montal Macabeo Airen 2013 B
86 ★★★★   6,8€

Color pajizo brillante. Aroma expresión frutal, cítricos, floral, hierbas secas. Boca fresco, frutoso, fácil de beber.

Montal Monastrell-Syrah 2010 T
monastrell, syrah

88 ★★★★   5,8€

Color cereza brillante, borde teja. Aroma fruta madura, especias dulces, roble cremoso, cacao fino. Boca frutoso, sabroso, tostado, equilibrado, taninos maduros.

BODEGAS D4
Camino Matallana, s/n
16211 El Picazo (Cuenca)
☎: +34 639 345 940
www.bodegasd4.com
valsavi@hotmail.es

D4 2012 TC
tempranillo, petit verdot, bobal, cabernet sauvignon

89   13,0€

Color cereza brillante, borde granate. Aroma fruta madura, especias dulces, roble cremoso, balsámico. Boca frutoso, sabroso, tostado.

BODEGAS DEL MUNI
Victor Andrés Belaunde, 2 4ºC
28016 Madrid (Madrid)
☎: +34 925 152 511
Fax: +34 925 152 511
www.bodegasdelmuni.com
info@bodegasdelmuni.com

Corpus del Muni 2012 T Roble
tempranillo, syrah, garnacha, petit verdot

88 ★★★★   5,2€

Color cereza brillante. Aroma fruta madura, especias dulces, roble cremoso, expresivo. Boca sabroso, frutoso, tostado, taninos maduros, equilibrado.

Corpus del Muni Blanca Selección 2013 B
chardonnay, sauvignon blanc, verdejo

86 ★★★★   5,1€

Color pajizo brillante. Aroma hierbas de tocador, cítricos, fruta escarchada, floral. Boca fresco, frutoso, sabroso.

Corpus del Muni Lucía Selección 2007 TC
tempranillo

89 ★★★★   8,0€

Color cereza, borde granate. Aroma equilibrado, complejo, fruta madura, especiado, tostado. Boca estructurado, sabroso, especiado, largo.

Corpus del Muni Selección Especial 2009 T
tempranillo
90 ★★★★ 13,0€
Color cereza brillante. Aroma fruta madura, especias dulces, roble cremoso, expresivo. Boca sabroso, frutoso, taninos maduros.

Corpus del Muni Vendimia Seleccionada 2013 T Joven
tempranillo
88 ★★★★★ 4,4€
Color cereza, borde violáceo. Aroma fruta roja, fruta madura, balsámico. Boca potente, sabroso, fácil de beber, equilibrado.

BODEGAS EGUREN
Avda. del Cantábrico, s/n
1012 Vitoria (Álava)
☎: +34 945 282 844
Fax: +34 945 271 319
www.egurenugarte.com
info@egurenugarte.com

Condado de Eguren Tempranillo 2012 T
100% tempranillo
86 ★★★★★ 5,0€
Color guinda. Aroma especiado, fina reducción, tostado, balsámico. Boca especiado, largo, tostado.

Kame 2009 T
88 ★★★ 9,0€
Color cereza brillante. Aroma fruta madura, especias dulces, roble cremoso, balsámico. Boca frutoso, sabroso, tostado, equilibrado.

Kame 2013 B
100% verdejo
88 ★★★★ 5,9€
Color pajizo brillante. Aroma floral, hierbas de tocador, flores blancas, expresivo. Boca potente, sabroso, frutoso.

Kame Muscat 2013 B
100% moscatel
85 ★★★★ 7,9€

Mercedes Eguren Cabernet Sauvignon 2012 T
100% cabernet sauvignon
86 ★★★★★ 5,0€
Color cereza brillante. Aroma fruta madura, especias dulces, roble cremoso, balsámico. Boca sabroso, frutoso, tostado.

Mercedes Eguren Cabernet Sauvignon 2013 RD
cabernet sauvignon
84 5,0€

Mercedes Eguren Sauvignon Blanc 2013 B
sauvignon blanc
87 ★★★★★ 5,0€
Color pajizo brillante. Aroma fresco, fruta fresca, flores blancas, hierbas de tocador. Boca sabroso, frutoso, buena acidez, fácil de beber.

Mercedes Eguren Shiraz Tempranillo 2012 T
87 ★★★★★ 5,0€
Color cereza muy intenso, borde granate. Aroma potente, fruta madura, muy tostado (torrefactado). Boca potente, tostado, sabroso.

Pazos de Eguren Tempranillo 2013 T
100% tempranillo
85 ★★★★★ 4,0€

Reinares 2013 B
100% viura
84 3,5€

Reinares 2013 RD
100% tempranillo
82 3,5€

Reinares Tempranillo 2013 T
100% tempranillo
82 3,5€

BODEGAS FINCA LA ESTACADA
Ctra. N-400, Km. 103
16400 Tarancón (Cuenca)
☎: +34 969 327 099
Fax: +34 969 327 199
www.fincalaestacada.com
enologia@fincalaestacada.com

Secua Cabernet-Syrah 2010 T
cabernet sauvignon, syrah
88 15,5€
Color cereza, borde granate. Aroma fruta madura, especiado, roble cremoso, tostado, balsámico. Boca potente, sabroso, tostado, balsámico, especiado, correcto.

BODEGAS HERMANOS TORRES DE MADRIGUERAS
Pablo Picasso, 63
2230 Madrigueras (Albacete)
☎: +34 967 484 428
Fax: +34 967 485 416
www.furorwines.com
export@furorwines.com

Furor Tempranillo Syrah 2013 T
tempranillo, syrah
88
Color cereza, borde violáceo. Aroma expresivo, fruta fresca, fruta roja, floral. Boca sabroso, frutoso, buena acidez.

BODEGAS MAS QUE VINOS

Camino de los Molinos, s/n
45312 Cabañas de Yepes (Toledo)
☎: +34 925 122 281
Fax: +34 925 137 003
www.bodegasercavio.com
masquevinos@fer.es

El Señorito 2010 T
100% tempranillo

92   **18,0€**

Color cereza, borde granate. Aroma fruta roja, fruta madura, expresivo, balsámico, roble cremoso, equilibrado. Boca potente, sabroso, especiado, largo.

Ercavio 2013 B
airén

87 ★★★★ ✿   **6,0€**

Color pajizo brillante. Aroma flores blancas, hierbas de tocador, expresión frutal. Boca fresco, frutoso, sabroso.

Ercavio 2013 RD
tempranillo

89 ★★★★ ✿   **6,0€**

Color piel cebolla. Aroma elegante, fruta escarchada, flores secas, hierbas de tocador, fruta roja. Boca ligero, sabroso, buena acidez, largo, especiado, equilibrado.

Ercavio 31 Noviembre 2013 T Maceración Carbónica
tempranillo, garnacha

90 ★★★★★   **8,0€**

Color cereza, borde violáceo. Aroma expresivo, fruta fresca, fruta roja, floral. Boca sabroso, frutoso, buena acidez, fino amargor.

Ercavio Tempranillo 2012 T Roble
tempranillo

88 ★★★★ ✿   **8,0€**

Color cereza brillante. Aroma fruta madura, especias dulces, roble cremoso, expresivo. Boca sabroso, frutoso, tostado, taninos maduros, potente.

La Malvar de Ercavio 2013 B
malvar blanco

90 ★★★★ ✿   **12,0€**

Color pajizo brillante. Aroma cítricos, expresión frutal, floral, hierbas de tocador, mineral, especias dulces. Boca especiado, largo, equilibrado, fino amargor.

BODEGAS MONTALVO WILMOT

Ctra. Ruidera, km. 10,2
Finca Los Cerrillos
13710 Argamasilla de Alba (Ciudad Real)
☎: +34 926 699 069
www.montalvowilmot.com
info@montalvowilmot.com

Montalvo Wilmot Cabernet de Familia 2007 T
100% cabernet sauvignon

87 ★★★   **9,6€**

Color guinda. Aroma especiado, fina reducción, cuero mojado, tostado, hierbas verdes. Boca especiado, largo, tostado, fácil de beber.

Montalvo Wilmot Chardonnay 2011 B
100% chardonnay

82   **7,2€**

Montalvo Wilmot Colección Privada 2010 T Roble

87 ★★★★   **8,0€**

Color cereza brillante. Aroma fruta madura, especias dulces, roble cremoso, intensidad media. Boca frutoso, sabroso, tostado.

Montalvo Wilmot Quintos de la Tejera 2013 T
100% tempranillo

86 ★★★★★   **2,9€**

Color cereza, borde violáceo. Aroma fruta fresca, fruta roja, floral, lácticos, especias dulces. Boca sabroso, frutoso, buena acidez.

Montalvo Wilmot Syrah 2012 T Roble
100% syrah

87 ★★★★   5,7€

Color cereza, borde granate. Aroma fruta al licor, especias dulces, muy tostado (torrefactado). Boca potente, sabroso, tostado.

Montalvo Wilmot Tempranillo-Cabernet 2012 T Roble

88 ★★★★   5,2€

Color cereza brillante. Aroma fruta madura, especias dulces, roble cremoso. Boca sabroso, frutoso, tostado.

Montalvo Wilmot Verdejo Colección 2013 B
100% verdejo

81   3,6€

BODEGAS MUREDA
Ctra. N-IV, Km. 184,1
13300 Valdepeñas (Ciudad Real)
☎: +34 926 318 058
Fax: +34 926 318 058
www.mureda.es
bmoreno@mureda.es

Mureda 100 2009 T
tempranillo

87 ★★★★   7,5€

Color cereza oscuro, borde granate. Aroma fruta madura, fruta confitada, especiado, tostado. Boca estructurado, taninos maduros, lleno.

Mureda Merlot 2013 T
merlot

84   3,5€

Mureda Syrah 2013 T
syrah

88 ★★★★★   3,5€

Color cereza, borde violáceo. Aroma fruta fresca, fruta roja, floral, balsámico. Boca sabroso, frutoso, buena acidez.

Mureda Tempranillo 2013 T
tempranillo

89 ★★★★★   3,5€

Color cereza, borde violáceo. Aroma expresivo, fruta fresca, fruta roja, floral. Boca sabroso, frutoso, buena acidez, taninos maduros.

BODEGAS NAVARRO LÓPEZ
Autovía Madrid - Cádiz, Km. 193
13300 Valdepeñas (Ciudad Real)
☎: +34 902 193 431
Fax: +34 902 193 432
www.bodegasnavarrolopez.com
laboratorio2@navarrolopez.com

Para Celsus 2013 T
100% tempranillo

85 ★★★★★   3,6€

Premium 1904 2011 T

88 ★★★   9,0€

Color cereza, borde granate. Aroma fruta madura, especiado, roble cremoso, tostado. Boca potente, sabroso, tostado.

Rojo Garnacha 2013 T
garnacha

87 ★★★★★   2,6€

Color cereza poco intenso, borde violáceo. Aroma fruta al licor, hierbas silvestres, equilibrado. Boca potente, sabroso, balsámico.

Rojo Tempranillo 2013 T
100% tempranillo

86 ★★★★★   2,6€

Color cereza, borde violáceo. Aroma potente, fruta roja, fruta madura, floral, balsámico. Boca potente, fresco, frutoso, untuoso.

Tierra Calar 2013 B
macabeo

83   2,6€

Tierra Calar 2013 T
100% tempranillo

85 ★★★★★   2,6€

BODEGAS RASGÓN
Autovía Madrid-Cádiz, km. 193
13300 Valdepeñas (Ciudad Real)
☎: +34 926 647 194
Fax: +34 926 647 044
www.rasgon.com
bodegas@rasgon.com

Rasgón 2013 RD
tempranillo

84   1,6€

Rasgón Barrica 2012 T

85 ★★★★★   1,9€

Rasgón de María 2013 T
syrah

83   1,6€

Rasgón Macabeo 2013 B
macabeo

83   1,6€

Rasgón Syrah 2013 T
syrah

85 ★★★★★   1,6€

Rasgón Tempranillo 2013 T
tempranillo

84   1,6€

 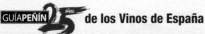

BODEGAS REAL

Paseo de la Castellana, 144 1º
28046 Madrid (Madrid)
☎: +34 914 577 588
Fax: +34 914 577 210
www.bodegas-real.com
comunicacion@bodegas-real.com

Finca Marisánchez 2009 T Roble

87 ★★★★   8,0€
Color cereza brillante. Aroma fruta madura, especias dulces.
Boca sabroso, frutoso, tostado, taninos maduros.

Finca Marisánchez Chardonnay 2013 B
100% chardonnay

85 ★★★★   5,5€

Vega Ibor Tempranillo 2010 TC
100% tempranillo

86 ★★★★★   4,2€
Color cereza, borde violáceo. Aroma fruta fresca, hierbas verdes, especiado. Boca buena acidez, correcto.

BODEGAS RÍO NEGRO

Ctra. CM 1001, Km. 37,400
19230 Cogolludo (Guadalajara)
☎: +34 913 022 646
Fax: +34 917 660 019
www.fincarionegro.com
info@fincarionegro.es

Finca Río Negro 2011 T
tempranillo, syrah, merlot, cabernet sauvignon

91 ★★★★   13,0€
Color cereza, borde granate. Aroma fruta madura, especiado, roble cremoso, tostado, complejo, terroso, cacao fino. Boca potente, sabroso, tostado, taninos maduros.

BODEGAS ROMERO DE ÁVILA SALCEDO

Avda. Constitución; 4
13240 La Solana (Ciudad Real)
☎: +34 926 631 426
www.bodegasromerodeavila.com
sales@bras1960.com

Bondad 3 meses en Barrica 2011 T
tempranillo, syrah

85 ★★★★★   3,0€

Bondad Syrah Tempranillo 2010 T Roble
tempranillo, syrah

82   3,0€

Bondad Tempranillo 2011 T
tempranillo

84   2,0€

Bondad Verdejo 2013 B
verdejo

83   2,0€

Testigo T
tempranillo, syrah, cabernet sauvignon

85 ★★★★   8,0€

BODEGAS SAN ISIDRO DE PEDRO MUÑOZ

Ctra. El Toboso, 1
13620 Pedro Muñoz (Ciudad Real)
☎: +34 926 586 057
Fax: +34 926 568 380
www.viacotos.com
mail@viacotos.com

Carril de Cotos 2011 TC
100% tempranillo

85 ★★★★★   3,0€

Carril de Cotos Airén 2013 B
100% airén

83   1,7€

Carril de Cotos Cabernet Sauvignon 2011 T Barrica
cabernet sauvignon

86 ★★★★★   5,0€
Color cereza brillante. Aroma fruta madura, especias dulces, roble cremoso, balsámico. Boca sabroso, frutoso, tostado.

Carril de Cotos Semidulce B
100% airén

84   2,0€

Carril de Cotos Tempranillo 2013 T
100% tempranillo

87 ★★★★★ 2,0€

Color cereza intenso, borde violáceo. Aroma expresión frutal, violetas, potente. Boca equilibrado, fruta madura, fácil de beber.

BODEGAS TERRA VINIS

Españoleto, 20 1ºD
28010 (Madrid)
☎: +34 911 168 338
Fax: +34 911 168 335
www.terraviniswines.com
export@tradeworldcompany.com

Actium Cabernet Sauvignon 2013 T
cabernet sauvignon

83

Actium Syrah 2013 T
syrah

84

Actium Tempranillo 2013 T
tempranillo

85

BODEGAS TIERRAS DE ORGAZ

Orgaz, 12
45460 Manzaneque (Toledo)
☎: +34 666 417 377
www.bodegastierrasdeorgaz.com
jcserrano@bodegastierrasdeorgaz.com

Bucamel 2009 T
tempranillo

89

Color cereza brillante. Aroma fruta madura, especias dulces, roble cremoso, intensidad media. Boca frutoso, sabroso, tostado.

Mernat 2009 T
merlot, syrah, cabernet sauvignon, tempranillo

90

Color cereza, borde granate. Aroma fruta madura, hierbas silvestres, terroso, especiado, roble cremoso. Boca equilibrado, sabroso, largo, balsámico.

Mernat 2013 B
viognier

91

Color pajizo brillante. Aroma flores blancas, fruta fresca, expresivo, lías finas, hierbas secas. Boca sabroso, frutoso, buena acidez, equilibrado.

BODEGAS VENTA MORALES

Paraje Casa Alfaqui, 1
3650 Rodriguillo (Pinoso)
☎: +34 965 978 603
www.bodegasvolver.com
export@bodegasvolver.com

Venta Morales 2013 T
tempranillo

89

Color cereza, borde violáceo. Aroma potente, fruta roja, cálido. Boca sabroso, frutoso, largo.

BODEGAS VILLAVID, D.N.J. S. COOP. DE CLM

Niño Jesús, 25
16280 Villarta (Cuenca)
☎: +34 962 189 006
Fax: +34 962 189 125
www.villavid.com
export@villavid.com

Villavid Bobal 2012 T Roble
100% bobal

86 ★★★★★ 2,8€

Color cereza muy intenso, borde granate. Aroma potente, fruta madura, muy tostado (torrefactado), chocolate. Boca potente, tostado, retronasal torrefactado.

Villavid Syrah 2012 T Roble
100% syrah

84 2,8€

Villavid Tempranillo 2012 T Roble
100% tempranillo

87 ★★★★★ 2,8€

Color cereza oscuro, borde violáceo. Aroma fruta madura, fruta roja, floral, equilibrado, especias dulces. Boca equilibrado, fruta madura.

BODEGAS VITIVINOS

Camino de Cabezuelas, s/n
2270 Villamalea (Albacete)
☎: +34 967 483 114
Fax: +34 967 483 964
www.vitivinos.com
info@vitivinos.com

Llanos del Marqués Tempranillo 2013 T
tempranillo

82 1,5€

BODEGAS VOLVER

Ctra de Pinoso a Fortuna s/n
3658 Rodriguillo - Pinoso (Alicante)
☎: +34 966 185 624
Fax: +34 965 075 376
www.bodegasvolver.com
export@bodegasvolver.com

Paso a Paso Tempranillo 2013 T
tempranillo

89 ★★★★ ❁   7,0€

Color cereza, borde violáceo. Aroma potente, balsámico, especiado, roble cremoso. Boca tostado, equilibrado, concentrado.

Paso a Paso Verdejo 2013 B
verdejo

85 ★★★★   6,5€

BODEGAS Y VIÑEDOS CASTIBLANQUE

Isaac Peral, 19
13610 Campo de Criptana
(Ciudad Real)
☎: +34 926 589 147
Fax: +34 926 589 148
www.bodegascastiblanque.com
info@bodegascastiblanque.com

Baldor Old Vines 2009 T
100% cabernet sauvignon

86   11,5€

Color cereza, borde granate. Aroma fruta madura, hierbas silvestres, especiado, roble cremoso. Boca equilibrado, sabroso, largo, balsámico.

Baldor Tradición Chardonnay 2013 B Joven
100% chardonnay

89 ★★★★   6,1€

Color pajizo brillante. Aroma fruta madura, especias dulces, roble cremoso, hierbas de tocador. Boca sabroso, fresco, buena acidez.

Baldor Tradición Syrah 2009 T
100% syrah

86   10,6€

Color cereza oscuro, borde anaranjado. Aroma cuero muy curtido, fruta madura, fruta confitada. Boca correcto, equilibrado.

Ilex 2012 RD
100% syrah

84   4,4€

Ilex 2012 T

84   4,3€

Ilex Coupage 2012 T

86 ★★★★   6,1€

Color cereza, borde violáceo. Aroma intensidad media, fruta roja, fruta madura, floral, especiado. Boca fruta madura, correcto, fácil de beber.

Ilex Verdejo 2013 B
100% verdejo

82   4,4€

La Triste Figura 2012 T
84   2,4€

Sloamente Cabernet Sauvignon 2008 T
100% cabernet sauvignon

86 ★★★★★   2,4€

Color cereza intenso, borde violáceo. Aroma expresión frutal, equilibrado, intensidad media, especiado. Boca correcto, fruta madura, fácil de beber.

BODEGAS Y VIÑEDOS CERRO DEL ÁGUILA

Avda. de Toledo, 23
45127 Ventas con Peña Aguilera
(Toledo)
☎: +34 625 443 153
bodegascerrodelaguila@gmail.com

Puerto Carbonero 2011 T
garnacha, syrah

90   20,0€

Color cereza, borde granate. Aroma fruta madura, especiado, roble cremoso, tostado, complejo, mineral. Boca potente, sabroso, tostado, taninos maduros, equilibrado.

Vereda del Lobo 2011 T
syrah

91   22,0€

Color cereza, borde granate. Aroma fruta madura, especiado, roble cremoso, tostado, complejo, terroso. Boca potente, sabroso, tostado, taninos maduros, elegante.

BODEGAS Y VIÑEDOS FONTANA

O'Donnell, 18 1ºG
28009 Madrid (Madrid)
☎: +34 915 783 197
Fax: +34 915 783 072
www.bodegasfontana.com
gemag@bodegasfontana.com

Gran Fontal 2011 TR
100% tempranillo

91 ★★★★★   10,0€

Color cereza, borde granate. Aroma fruta roja, fruta madura, especiado, roble cremoso, tostado, violetas. Boca potente, sabroso, tostado, taninos maduros, equilibrado.

BODEGAS Y VIÑEDOS PINUAGA

Ctra. N-301 Km. 95,5
45880 Corral de Almaguer (Toledo)
☎: +34 629 058 900
Fax: +34 914 577 117
www.bodegaspinuaga.com
info@bodegaspinuaga.com

Finca Salazar 2013 B
sauvignon blanc

85 ★★★★★   5,0€

Finca Salazar 2013 T
100% tempranillo

86 ★★★★★   5,0€

Color cereza, borde violáceo. Aroma expresivo, fruta fresca, fruta roja, floral. Boca sabroso, frutoso, buena acidez, taninos maduros.

Pinuaga 200 Cepas 2011 T
100% tempranillo

89   17,0€

Color cereza opaco, borde granate. Aroma roble cremoso, especias dulces, fruta madura, cacao fino, café aromático. Boca especiado, largo, taninos maduros.

Pinuaga Colección 2012 T
100% tempranillo

87 ★★★   10,0€

Color cereza brillante. Aroma fruta madura, especias dulces, roble cremoso, intensidad media. Boca frutoso, sabroso, tostado.

Pinuaga La Senda 2012 T

86 ★★★★   7,0€

Color cereza brillante, borde granate. Aroma equilibrado, fruta madura, hierbas de monte. Boca estructurado, taninos maduros.

Pinuaga Nature 3 Meses barrica 2012 T
100% tempranillo

87 ★★★ 🌷   9,0€

Color cereza brillante, borde granate. Aroma fruta roja, balsámico, especias dulces. Boca correcto, cierta persistencia, equilibrado.

BODEGAS Y VIÑEDOS TAVERA S.L.

Ctra. Valmojado - Toledo, Km. 22
45182 Arcicóllar (Toledo)
☎: +34 637 847 777
www.bodegastavera.com
info@bodegastavera.com

Nereo Garnacha 2011 T
100% garnacha

84   6,0€

Nereo Garnacha 2013 RD
100% garnacha

85 ★★★★★   4,0€

Nereo Syrah Tempranillo 2011 T

83   6,0€

Nereo Tempranillo Syrah Garnacha 2010 T

87 ★★★   8,5€

Color cereza, borde granate. Aroma fruta madura, especiado, tostado, complejo, balsámico. Boca potente, sabroso, tostado, taninos maduros.

Tavera Vendimia Seleccionada 2009 T
tempranillo, syrah, garnacha

87 ★★★   8,5€

Color cereza oscuro, borde granate. Aroma fruta madura, hierbas de monte, cálido. Boca correcto, buena acidez, equilibrado, taninos finos.

BODEGAS ZIRIES

Menasalbas, 18
45120 San Pablo de los Montes (Toledo)
☎: +34 679 443 792
www.lobecasope.com
flequi@ziries.es

Melé 2011 T
100% garnacha

89 🌷   25,0€

Color cereza poco intenso. Aroma equilibrado, cacao fino, hierbas secas, fruta al licor. Boca estructurado, sabroso, especiado, balsámico.

Navalegua 2013 T Barrica
100% garnacha

87 ★★★★ 🌷   6,0€

Color cereza, borde violáceo. Aroma hierbas silvestres, fruta roja, especiado. Boca correcto, fácil de beber, cierta persistencia.

Ziries 2012 T
100% garnacha

88 🌷   12,0€

Color cereza intenso. Aroma especiado, roble cremoso, tostado, fruta madura, fruta confitada. Boca potente, sabroso, tostado, taninos maduros.

CAMINO ALTO

Polillo, 4
45860 Villacañas (Toledo)
☎: +34 925 200 878
Fax: +34 925 200 849
www.bodegascaminoalto.com
info@bodegascaminoalto.com

Camino Alto 2012 T Roble
100% tempranillo

84 7,5€

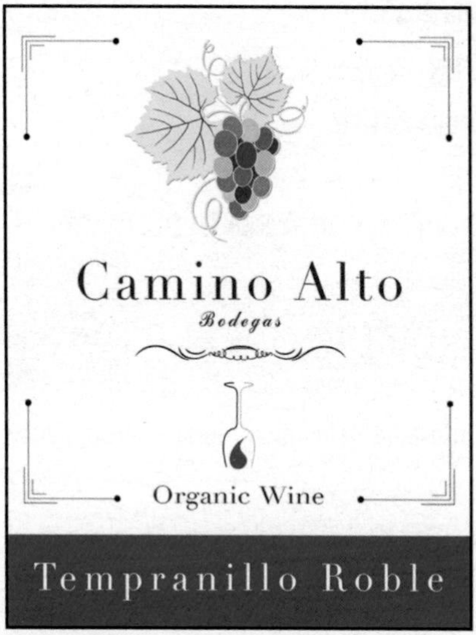

Camino Alto Petit Verdot 2012 T Roble
100% petit verdot

84 7,5€

CAPILLA DEL FRAILE

Finca Capilla del Fraile, s/n
45600 San Bartolomé de las Abiertas (Toledo)
☎: +34 925 599 329
www.capilladelfraile.com
info@capilladelfraile.com

Capilla del Fraile 2008 T

88

Color cereza intenso. Aroma especiado, caramelo de violetas, fruta madura. Boca fruta madura, especiado.

Capilla del Fraile 2009 T

88

Color cereza, borde granate. Aroma especiado, tostado, fruta sobremadura, mineral. Boca potente, sabroso, tostado, taninos maduros.

CARRASCAS

Ctra. El Bonillo - Ossa de Montiel
P.K. 11,4
2610 El Bonillo (Albacete)
☎: +34 967 965 880
Fax: +34 967 965 879
www.carrascas.com
info@carrascas.com

Carrascas 2012 B
sauvignon blanc, chardonnay

90 ★★★★ 13,0€

Color amarillo brillante. Aroma fruta madura, especias dulces, cacao fino, tostado. Boca sabroso, equilibrado, especiado, largo.

Carrascas 2012 T
syrah, tempranillo

89

Color cereza brillante. Aroma especias dulces, roble cremoso. Boca sabroso, frutoso, tostado, taninos maduros.

Origen de Carrascas 2012 BFB
chardonnay, sauvignon blanc

91 24,2€

Color amarillo brillante. Aroma fruta madura, balsámico, especiado, ahumado, tostado, elegante. Boca potente, sabroso, graso, largo, tostado, equilibrado.

Tiento de Carrascas 2012 T
merlot, cabernet sauvignon

92

Color cereza, borde granate. Aroma fruta madura, especiado, roble cremoso, tostado, complejo, chocolate, terroso. Boca potente, sabroso, tostado, taninos maduros.

CASA CARRIL CRUZADO

Ctra. Iniesta-Villagarcía del Llano
km, 13
16236 Villagarcía del Llano (Cuenca)
☎: +34 967 571 154
www.carrilcruzado.com
bodega@carrilcruzado.com

Carril Cruzado Chardonnay Sauvignon Blanc 2013 B
chardonnay, sauvignon blanc

84   4,5€

Carril Cruzado Petit Verdot 2013 RD
100% petit verdot

83   4,5€

Carril Cruzado Syrah 2007 T
100% syrah

78   8,5€

CASAQUEMADA

Ctra. Ruidera, Km. 5,5
13710 Argamasilla de Alba
(Ciudad Real)
☎: +34 628 621 187
www.casaquemada.es
casaquemada@casaquemada.es

Alba de Casa Quemada 2012 T
syrah

90 ★★★★★   8,2€

Color cereza, borde granate. Aroma fruta madura, especiado, roble cremoso, tostado, complejo, mineral, balsámico. Boca potente, sabroso, tostado, taninos maduros, elegante.

Anea de Casaquemada 2007 T
syrah

89   15,7€

Color cereza muy intenso. Aroma fruta madura, especiado, roble cremoso, tostado, con carácter. Boca potente, sabroso, tostado, taninos maduros, equilibrado.

Brincho 2011 T
tempranillo

89 ★★★★   7,0€

Color cereza intenso, borde granate. Aroma fruta madura, potente, hierbas secas. Boca estructurado, taninos maduros, especiado.

Hacienda Casaquemada 2009 T
tempranillo

90 ★★★★   11,7€

Color cereza, borde granate. Aroma fruta madura, especiado, roble cremoso, tostado, complejo. Boca potente, sabroso, tostado, taninos maduros.

COMERCIAL GRUPO FREIXENET

Joan Sala, 2
8770 Sant Sadurní D'Anoia (Barcelona)
☎: +34 938 917 000
Fax: +34 938 183 095
www.freixenet.es
freixenet@freixenet.es

Mía 2013 B
macabeo, parellada, moscatel, xarel.lo

84   3,3€

Mía 2013 T
tempranillo

85 ★★★★★   3,3€

Oroya 2013 B
airén, macabeo, moscatel

85 ★★★★★   4,8€

COOP. AGRARIA SANTA QUITERIA

Baltasar González Sáez, 34
2694 Higueruela (Albacete)
☎: +34 967 287 012
Fax: +34 967 287 031
www.tintoralba.com
direccion@tintoralba.com

Tintoralba Sauvignon Blanc - Verdejo 2013 B
sauvignon blanc, verdejo

85 ★★★★★   3,5€

CORTIJO TRIFILLAS

Finca Trifillas Ctra. Rincón del Moro, km. 10
2410 Liétor (Albacete)
☎: +34 967 680 009
Fax: +34 967 681 165
www.cortijodetrifillas.com
info@cortijotrifillas.com

CT 2013 B
verdejo, sauvignon blanc

84   6,2€

CT Cabernet Sauvignon 2011 T
100% cabernet sauvignon

89 ★★★   8,3€

Color cereza brillante. Aroma fruta madura, especias dulces, roble cremoso, intensidad media, hierbas silvestres, lácticos. Boca frutoso, sabroso, tostado.

CT Garnacha Tintorera 2013 T
garnacha tintorera

84   6,2€

CT Petit Verdot 2011 T
100% petit verdot

85 ★★★   8,3€

CT Rosado 2013 RD
85 ★★★★ 6,2€

CT Tempranillo + Merlot 2013 T
87 ★★★★ 6,2€
Color cereza, borde violáceo. Aroma fruta fresca, fruta roja. Boca sabroso, frutoso, buena acidez, taninos maduros.

CT Tempranillo-Petit Verdot- Cabernet Sauvignon 2011 T
tempranillo, petit verdot, cabernet sauvignon
87 ★★★ 8,3€
Color cereza intenso, borde granate. Aroma especiado, roble cremoso, fruta madura. Boca equilibrado, taninos maduros, frutoso.

COSECHEROS Y CRIADORES

Diputación, s/n
1320 Oyón (Álava)
☎: +34 945 601 944
Fax: +34 945 622 488
www.familiamartinezbujanda.com
nacional@cosecherosycriadores.com

Infinitus Cabernet Sauvignon 2013 T
cabernet sauvignon
86 ★★★★★ 4,0€
Color cereza, borde violáceo. Aroma fruta roja, fruta madura, balsámico, vegetal. Boca potente, sabroso.

Infinitus Cabernet Sauvignon Tempranillo 2012 T
cabernet sauvignon, tempranillo
85 ★★★★★ 4,3€

Infinitus Gewürztraminer 2013 B
gewürztraminer
87 ★★★★★ 4,0€
Color pajizo brillante. Aroma flores blancas, hierbas de tocador, expresión frutal, fruta madura. Boca fresco, frutoso, sabroso, equilibrado.

Infinitus Malbec 2013 T
malbec
86 ★★★★★ 4,0€
Color cereza, borde violáceo. Aroma fruta confitada, balsámico, equilibrado, hierbas de tocador. Boca sabroso, especiado, balsámico.

Infinitus Merlot 2013 T
merlot
85 ★★★★★ 4,0€

Infinitus Moscatel Semidulce 2013 B
moscatel
87 ★★★★★ 4,0€
Color dorado. Aroma potente, floral, notas amieladas, fruta escarchada, hierbas de tocador. Boca sabroso, dulce, fresco, frutoso, buena acidez.

Infinitus Syrah 2013 T
syrah
87 ★★★★★ 4,0€
Color cereza, borde violáceo. Aroma fruta roja, floral, hierbas de tocador, expresivo. Boca potente, sabroso, fácil de beber.

Infinitus Tempranillo 2013 T
tempranillo
88 ★★★★★ 4,0€
Color cereza, borde violáceo. Aroma expresivo, fruta fresca, fruta roja, floral. Boca sabroso, frutoso, buena acidez, fácil de beber.

Infinitus Tempranillo Cabernet Franc 2013 RD
tempranillo, cabernet franc
86 ★★★★★ 4,0€
Color frambuesa, borde violáceo. Aroma potente, fruta madura, fruta roja, floral, expresivo. Boca potente, frutoso, fresco.

Infinitus Viura Chardonnay 2013 B
viura, chardonnay
84 4,0€

DEHESA DE LOS LLANOS

Ctra. Peñas de San Pedro, Km. 5,5
2006 (Albacete)
☎: +34 967 243 100
Fax: +34 967 243 093
www.dehesadelosllanos.es
info@dehesadelosllanos.es

Mazacruz 2011 T Roble
syrah, tempranillo, merlot

90 ★★★★★   7,9€

Color cereza, borde granate. Aroma balsámico, cálido, fruta madura. Boca equilibrado, buena acidez, lleno, largo, especiado, taninos maduros.

Mazacruz 2013 B
verdejo, sauvignon blanc

88 ★★★   8,8€

Color pajizo brillante. Aroma flores blancas, hierbas secas, expresión frutal, cítricos. Boca sabroso, frutoso, buena acidez, equilibrado.

Mazacruz Cima 2009 T
petit verdot, merlot, cabernet sauvignon, graciano

89   15,3€

Color cereza intenso, borde granate. Aroma fruta madura, hierbas de monte, especiado, mineral. Boca estructurado, especiado, largo.

Mazacruz Cima 2012 B
verdejo, sauvignon blanc

90 ★★★★   10,9€

Color amarillo brillante. Aroma potente, fruta madura, especias dulces, roble cremoso, hierbas de tocador. Boca graso, sabroso, fresco, buena acidez.

DEHESA Y VIÑEDOS DE NAVAMARÍN

Ctra. Comarcal 313, Km. 1
2160 Lezuza (Albacete)
☎: +34 967 376 005
Fax: +34 967 376 003
www.aldonzavinos.com
pedrojnavarro@aldonzavinos.com

Aldonza Navamarín 2009 T

88   13,6€

Color cereza, borde granate. Aroma fruta madura, especiado, roble cremoso, fina reducción. Boca sabroso, largo, balsámico, especiado.

Aldonza Pisces 2009 T

86 ★★★★   5,2€

Color cereza, borde granate. Aroma hierbas verdes, equilibrado, fruta madura. Boca correcto, fácil de beber, cierta persistencia.

Aldonza Selección 2009 TR

87   10,4€

Color cereza, borde granate. Aroma fruta madura, hierbas silvestres, terroso, especiado, roble cremoso. Boca largo, balsámico, fácil de beber, cierta persistencia.

DOMINIO DE EGUREN

Camino de San Pedro, s/n
1309 Páganos (Álava)
☎: +34 945 600 117
Fax: +34 945 600 590
www.eguren.com
info@eguren.com

Códice 2012 T
100% tempranillo

91

Color cereza, borde violáceo. Aroma fruta fresca, fruta roja, floral. Boca sabroso, frutoso, buena acidez, taninos maduros.

DOMINIO DE PUNCTUM ORGANIC & BIODYNAMIC WINES

Finca Fabian, s/n - Aptdo. 71
16660 Las Pedroñeras (Cuenca)
☎: +34 912 959 998
Fax: +34 912 959 997
www.dominiodepunctum.com
export@dominiodepunctum.com

Finca Fabian 2013 RD
100% garnacha

86 ★★★★ ♥   8,0€

Color piel cebolla. Aroma floral, fruta escarchada, hierbas de tocador. Boca fresco, frutoso, balsámico.

Finca Fabian Chardonnay 2013 B
100% chardonnay

87 ★★★★ ♥   8,0€

Color pajizo brillante. Aroma hierbas de tocador, cítricos, fruta madura, expresivo. Boca fresco, frutoso, sabroso, equilibrado.

Finca Fabian Tempranillo 2013 T
100% tempranillo
87 ★★★★ ♟   8,0€
Color cereza, borde violáceo. Aroma fruta roja, floral, hierbas silvestres, terroso. Boca sabroso, buena acidez, balsámico.

Punctum 2013 RD
100% bobal
87 ★★★ ♟   10,0€
Color piel cebolla. Aroma elegante, fruta escarchada, flores secas, hierbas de tocador, fruta roja. Boca ligero, sabroso, buena acidez, largo, especiado, fácil de beber.

Punctum Chardonnay Selección 2013 B
88 ★★★ ♟   10,0€
Color pajizo brillante. Aroma fresco, fruta fresca, flores blancas, hierbas de tocador. Boca sabroso, frutoso, buena acidez, equilibrado.

Punctum Tempranillo Petit Verdot 2012 T Roble
89 ♟   12,0€
Color cereza brillante. Aroma fruta madura, especias dulces, roble cremoso, hierbas de tocador. Boca sabroso, frutoso, tostado, taninos maduros, equilibrado.

Punctum Tempranillo Petit Verdot 2013 T
86 ★★★ ♟   10,0€
Color cereza brillante, borde violáceo. Aroma fruta roja, hierbas secas, intensidad media. Boca fácil de beber, sabroso, equilibrado.

ENCOMIENDA DE CERVERA

Arzobispo Cañizares, 1
13270 Almagro (Ciudad Real)
☎: +34 926 102 099
www.encomiendadecervera.com
info@encomiendadecervera.com

1758 Selección Petit Verdot 2012 T
petit verdot
89   14,9€
Color cereza, borde granate. Aroma fruta madura, especiado, roble cremoso, tostado, balsámico. Boca potente, sabroso, tostado.

Maar de Cervera Cencibel 2010 TC
cencibel
88 ★★★   8,3€
Color cereza oscuro, borde granate. Aroma equilibrado, expresivo, fruta madura. Boca especiado, taninos maduros, cierta persistencia.

Poker de Tempranillos 2010 TC
100% tempranillo
87   12,0€
Color cereza brillante. Aroma fruta madura, especias dulces, roble cremoso, intensidad media. Boca frutoso, sabroso, tostado.

Señorío de Almagro 2012 T
tempranillo, syrah, petit verdot, cabernet sauvignon
86 ★★★★   5,2€
Color cereza, borde granate. Aroma fruta madura, especiado, roble cremoso. Boca potente, sabroso, especiado, largo.

Vulcanus Cabernet Sauvignon 2011 TC
cabernet sauvignon
86 ★★★★   5,4€
Color cereza oscuro, borde granate. Aroma hierbas silvestres, fruta madura, tostado. Boca correcto, fácil de beber, taninos maduros.

FÉLIX SOLÍS

Autovía del Sur, Km. 199
13300 Valdepeñas (Ciudad Real)
☎: +34 926 322 400
www.felixsolisavantis.com
nfernandez@felixsolisavantis.com

Consigna 2013 RD
tempranillo
80   3,0€

Consigna Cabernet Sauvignon 2013 T
cabernet sauvignon
81   3,0€

Consigna Chardonnay 2013 B
chardonnay
81   3,0€

Consigna Merlot 2013 T
100% merlot
84   3,0€

Consigna Semidulce Airén 2013 B
airén
83 3,0€

Consigna Shiraz 2013 T
syrah
83 3,0€

Consigna Tempranillo 2013 T
tempranillo
84 3,0€

Orquestra 2013 RD
tempranillo
84 4,5€

Orquestra Cabernet Sauvignon 2013 T
cabernet sauvignon
84 4,5€

Orquestra Chardonnay 2013 B
chardonnay
85 ★★★★★ 4,5€

Orquestra Merlot 2013 T
merlot
85 ★★★★★ 4,5€

Orquestra Tempranillo 2013 T
tempranillo
84 4,5€

FINCA CASA ALARCÓN
Ctra. Montealegre del Castillo, km 4,5
2660 Caudete (Albacete)
☎: +34 965 828 266
Fax: +34 965 229 405
www.casalarcon.com
export@casalarcon.com

Blau 2011 T
monastrell
85 ★★★★ 6,5€

Casa Alarcón 2013 RD
100% syrah
84 4,5€

Casa Alarcón Sauvignon Blanc 2013 B
100% sauvignon blanc
87 ★★★★★ 4,0€
Color pajizo brillante, borde verdoso. Aroma fruta fresca, balsámico, fresco, equilibrado. Boca frutoso, equilibrado, buena acidez, fino amargor, fácil de beber.

Casa Alarcón Viognier 2013 B
100% viognier
86 ★★★★★ 4,0€
Color amarillo brillante. Aroma hierbas secas, flores secas, intensidad media. Boca frutoso, sabroso, fino amargor.

Don Jaime 2011 T
tempranillo, cabernet sauvignon, petit verdot
86 ★★★★ 7,5€
Color cereza oscuro, borde granate. Aroma reducción precoz, hierbas silvestres, fruta madura, fruta confitada. Boca correcto, frutoso.

Dua 2012 T
tempranillo, cabernet sauvignon
85 ★★★★★ 5,0€

Nea 2010 T
petit verdot
85 ★★★ 8,2€

Tria 2010 T
syrah
86 ★★★★ 5,5€
Color cereza, borde granate. Aroma intensidad media, fruta roja, fruta madura. Boca correcto, fácil de beber, cierta persistencia.

FINCA CONSTANCIA
Camino del Bravo, s/n
45543 Otero (Toledo)
☎: +34 914 903 700
Fax: +34 916 612 124
www.www.fincaconstancia.es
lslara@gonzalezbyass.es

Altos de la Finca 2011 T
petit verdot, syrah
91 ★★★ 15,0€
Color cereza, borde granate. Aroma fruta madura, hierbas silvestres, terroso, especiado, roble cremoso, mineral. Boca equilibrado, sabroso, largo, balsámico.

ALTOS DE LA FINCA

FINCA CONSTANCIA
ESPAÑA

Finca Constancia Graciano Parcela 12 2012 T
graciano
89 ★★★★ 6,1€
Color cereza intenso, borde granate. Aroma equilibrado, fruta madura, hierbas de monte, especias dulces. Boca estructurado, especiado.

Finca Constancia Selección 2012 T
syrah, cabernet sauvignon, petit verdot, tempranillo

90 ★★★★★   6,1€

Color cereza, borde violáceo. Aroma elegante, especias dulces, tostado, balsámico, fruta madura. Boca equilibrado, especiado, buena acidez.

Finca Constancia Tempranillo Parcela 23 Dulce 2012 T
tempranillo

87 ★★★★   6,1€

Color cereza opaco, borde granate. Aroma fruta confitada, especias dulces, hierbas secas. Boca estructurado, sabroso, taninos maduros.

Finca Constancia Verdejo Parcela 52 2013 B
verdejo

88 ★★★★   6,1€

Color dorado brillante. Aroma fruta macerada, notas tropicales, especiado, roble cremoso, balsámico. Boca potente, sabroso, tostado.

FINCA EL REFUGIO
Ctra. CM 3102, km. 14,6
13630 Socuéllamos (Ciudad Real)
☎: +34 913 562 746
www.fincaelrefugio.es
info@fincaelrefugio.es

Legado Finca El Refugio Cabernet Merlot 2011 T Roble

87 ★★★★ ❦   7,9€

Color cereza, borde granate. Aroma fruta madura, hierbas silvestres, especias dulces, roble cremoso. Boca potente, sabroso, especiado, equilibrado.

Legado Finca El Refugio Petit Verdot 2011 T
petit verdot

84 ❦   15,0€

Legado Finca El Refugio Syrah 2011 T
syrah

86 ★★★★ ❦   7,5€

Color cereza brillante, borde granate. Aroma especias dulces, roble cremoso, expresivo, fruta confitada. Boca sabroso, frutoso, tostado.

Legado Finca El Refugio Tempranillo 2011 T Roble
tempranillo

85 ★★★★ ❦   5,9€

Legado Finca El Refugio Verdejo 2012 B
verdejo

85 ★★★★★ ❦   4,6€

Quorum de Finca El Refugio Private Collection 2011 T

88 ❦   25,0€

Color cereza brillante. Aroma fruta madura, especias dulces, roble cremoso, hierbas silvestres. Boca sabroso, frutoso, tostado, taninos maduros, equilibrado.

FINCA LA BLANCA

Princesa, 84
45840 Puebla de Almoradiel (Toledo)
☎: +34 669 995 315
Fax: +34 968 897 675
www.fincalablanca.es
export@fincalablanca.es

Marinada 2013 B
airén, moscatel

82 2,5€

FINCA LA LAGUNILLA

Avda. Reyes Católicos 31 5ºA
3003 Alicante (Albacete)
☎: +34 965 928 857
www.fincalalagunilla.com
info@fincalalagunilla.com

Casa Corredor Cabernet Sauvignon 2010 T
cabernet sauvignon

86 ★★★★ 6,0€

Color cereza, borde granate. Aroma fruta madura, especiado, hierbas silvestres. Boca sabroso, balsámico, largo.

Casa Corredor Syrah 2010 T
syrah

85 ★★★★ 8,0€

Casa Corredor Tempranillo 2011 T
tempranillo

87 ★★★★ 8,0€

Color cereza, borde granate. Aroma fruta madura, especiado, roble cremoso, tostado. Boca potente, sabroso, tostado.

FINCA LORANQUE

Finca Loranque
45593 Bargas (Toledo)
☎: +34 669 476 849
www.fincaloranque.com
fincaloranque@fincaloranque.com

Finca Loranque Tempranillo Syrah 2008 T
tempranillo, syrah

86 ★★★ 9,0€

Color cereza oscuro, borde granate. Aroma potente, tostado, especiado, cera. Boca equilibrado, taninos maduros, fruta madura.

Lacruz de Finca Loranque Cabernet Sauvignon 2008 T
100% cabernet sauvignon

88 ★★★★ 6,0€

Color cereza, borde granate. Aroma fruta madura, especiado, roble cremoso, tostado, complejo. Boca potente, sabroso, tostado, taninos maduros.

Lacruz de Finca Loranque Syrah 2008 T
100% syrah

86 ★★★★ 6,0€

Color cereza, borde granate. Aroma fruta madura, roble cremoso, terroso, algo evolucionado. Boca potente, sabroso, tostado, taninos maduros.

Lacruz de Finca Loranque Tempranillo 2012 T
100% tempranillo

84 4,0€

Loranque El Grande 2007 T
100% syrah

88 16,0€

Color cereza, borde granate. Aroma fruta confitada, fruta al licor, floral, balsámico, especias dulces. Boca potente, sabroso, equilibrado, tostado.

FINCA LOS ALIJARES

Avda. de la Paz, 5
45180 Camarena (Toledo)
☎: +34 918 174 364
Fax: +34 918 174 364
www.fincalosalijares.com
gerencia@fincalosalijares.com

Finca Los Alijares Garnacha 2013 T
100% garnacha

86 ★★★★★ ♥ 5,0€

Color cereza, borde violáceo. Aroma expresivo, fruta fresca, fruta roja. Boca sabroso, frutoso, buena acidez.

Finca Los Alijares Graciano 2011 TC
100% graciano

89 ★★★★★ ♥ 5,0€

Color cereza, borde granate. Aroma fruta madura, hierbas silvestres, terroso, especiado, roble cremoso, chocolate. Boca equilibrado, sabroso, largo, balsámico.

Finca Los Alijares Moscatel 2013 B
moscatel grano menudo

85 ★★★★★ ♥ 5,0€

Finca Los Alijares Moscatel Semidulce 2013 B
moscatel grano menudo

86 ★★★★★ ♥ 5,0€

Color amarillo. Aroma flores blancas, con carácter, fresco, varietal. Boca frutoso, fácil de beber, correcto, dulcedumbre.

Finca Los Alijares Viognier 2013 B
100% viognier

84 ♥ 5,0€

HAMMEKEN CELLARS

Calle de la Muela, 16
3730 Jávea (Alicante)
☎: +34 965 791 967
Fax: +34 966 461 471
www.hammekencellars.com
cellars@hammekencellars.com

Apanillo Semi 2013 T
100% tempranillo
85 ★★★ 9,0€

Capa Tempranillo 2013 T
84 6,0€

Capa Verdejo 2013 B
100% verdejo
85 ★★★★ 6,0€

Castillo del Rocío Old Vines Tempranillo 2013 T
100% tempranillo
88 ★★★★★ 4,9€
Color cereza intenso, borde violáceo. Aroma expresivo, fruta fresca, fruta roja, especiado. Boca frutoso, fácil de beber, equilibrado, buena acidez.

Cepunto Oro 2012 T
100% tempranillo
86 ★★★★★ 5,0€
Color cereza, borde violáceo. Aroma intensidad media, hierbas de monte, fruta roja, fruta madura. Boca frutoso, varietal.

Conde Pinel Oak Aged 2013 T Barrica
89 ★★★★ 8,0€
Color cereza oscuro, borde granate. Aroma equilibrado, especias dulces, hierbas silvestres. Boca equilibrado, buena acidez, taninos maduros.

Conde Pinel Tempranillo 2013 RD
tempranillo, syrah
83 4,9€

Conde Pinel Tempranillo 2013 T
87 ★★★★★ 4,9€
Color cereza oscuro, borde granate. Aroma fruta roja, intensidad media, equilibrado, especiado. Boca frutoso, sabroso.

Condes Patricia Tempranillo 2013 T
84 4,9€

Dos Puntos 2013 B
85 ★★★★ 8,0€

Dos Puntos Tempranillo 2013 T
88 ★★★★ 🌷 8,0€
Color cereza brillante, borde violáceo. Aroma equilibrado, expresión frutal, fruta roja, violetas. Boca frutoso, sabroso.

El Paso del Lazo 2013 RD
100% tempranillo
83 3,9€

El Paso del Lazo Tempranillo 2013 T
88 ★★★★★ 3,9€
Color cereza, borde violáceo. Aroma expresivo, fruta fresca, fruta roja, floral, especiado. Boca sabroso, frutoso, buena acidez, taninos maduros.

El Paso del Lazo Viura Verdejo 2013 B
84 3,9€

El Tocador Tempranillo 2013 T
85 ★★★★ 7,9€

El Tocador Verdejo 2013 B
100% verdejo
84 7,9€

Flor del Montgó Tempranillo 2013 T
100% tempranillo
87 ★★★★ 🌷 8,0€
Color cereza oscuro, borde violáceo. Aroma fruta confitada, fruta madura. Boca frutoso, sabroso, balsámico, taninos maduros.

La Niña de Columbus Shiraz 2013 T
100% syrah
85 ★★★★★ 4,9€

Lumos Tempranillo 2013 T
100% tempranillo
88 ★★★★ 8,0€
Color cereza oscuro, borde violáceo. Aroma fruta roja, varietal, terroso, hierbas secas. Boca frutoso, estructurado, largo, buena acidez

Montgo Tempranillo 2012 T
100% tempranillo
88 12,0€
Color cereza, borde granate. Aroma fruta madura, especiado, roble cremoso, tostado. Boca potente, sabroso, tostado.

Picos del Montgó 2013 T

88 ★★★★★   4,9€

Color cereza brillante, borde violáceo. Aroma intensidad media, fruta roja, floral, equilibrado. Boca frutoso, buena acidez, especiado.

JESÚS DEL PERDÓN - BODEGAS YUNTERO

Pol. Ind., Ctra. Alcázar de San Juan s/n
13200 Manzanares (Ciudad Real)
☎: +34 926 610 309
Fax: +34 926 610 516
www.yuntero.com
yuntero@yuntero.com

Lazarillo 2013 B

verdejo

84   3,0€

Lazarillo 2013 T Joven

tempranillo

84   3,0€

JESÚS Mª RECUERO MARTÍNEZ. BODEGAS RECUERO

La Puebla, 14
45810 Villanueva de Alcardete (Toledo)
☎: +34 608 285 321
Fax: +34 925 167 278
www.bodegasrecuero.com
info@bodegasrecuero.com

Recuero 2011 T

tempranillo

88 ★★★★ 🌷   5,8€

Color cereza brillante. Aroma especias dulces, roble cremoso, fruta confitada. Boca sabroso, frutoso, tostado, taninos maduros.

Recuero Guarda Familiar 2009 T

tempranillo

89   21,0€

Color cereza muy intenso, borde granate. Aroma cacao fino, barniz, especias dulces, fruta madura, potente. Boca balsámico, lleno, sabroso, taninos maduros.

Red Vintage Antier 2011 T

rufete, piñuelo, otras

81

Sigilo Moravia 2011 T

moravia

89 🌷   11,8€

Color cereza, borde violáceo. Aroma expresivo, fruta madura, especiado, equilibrado. Boca estructurado, taninos maduros.

Terra Sigillata 2007 T

syrah, tempranillo, pinot noir

84 🌷   6,8€

White Vintage Antier 2012 B

verdejo, otras

88 ★★★★ 🌷   7,5€

Color amarillo brillante. Aroma flores secas, flores marchitas, fruta madura, equilibrado. Boca equilibrado, fruta madura, largo.

LAZO BODEGAS Y VIÑEDOS

Finca La Zorrera, s/n
2436 Férez (Albacete)
☎: +34 622 766 900
www.lazotur.com
info@lazotur.com

Cabeza del Hierro 2011 T

monastrell, otras

87 ★★★★★   5,0€

Color cereza, borde granate. Aroma fruta confitada, cera, fina reducción, especiado, ebanistería. Boca potente, sabroso, largo, tostado.

Fianza Selección Syrah 2011 T

syrah

88 ★★★   8,5€

Color cereza, borde granate. Aroma fruta madura, especiado, roble cremoso, tostado, hierbas silvestres. Boca potente, sabroso, tostado.

Fianza Syrah 2011 T

syrah

87 ★★★★   7,0€

Color cereza, borde granate. Aroma fruta madura, especiado, roble cremoso, mineral. Boca potente, sabroso, tostado, taninos marcados de roble.

Lacerta 2012 T

monastrell, bobal

88 ★★★★   5,5€

Color cereza, borde granate. Aroma fruta madura, especiado, roble cremoso, tostado, terroso, balsámico. Boca potente, sabroso, tostado.

MANO A MANO

Ctra. CM-412, Km. 100
13248 Alhambra (Ciudad Real)
☎: +34 926 694 317
www.manoamano.com
info@bodegamanoamano.com

Mano a Mano 2012 T
100% tempranillo

90 ★★★★★   6,7€

Color cereza brillante. Aroma fruta madura, especias dulces, roble cremoso. Boca sabroso, frutoso, tostado, taninos maduros.

Manon 2012 T
100% tempranillo

87 ★★★★★   4,3€

Color cereza muy intenso. Aroma fruta sobremadura, especias dulces, tostado. Boca potente, dulcedumbre.

Venta la Ossa Syrah 2011 T
100% syrah

93 ★★★   14,0€

Color cereza muy intenso. Aroma especias dulces, fruta roja. Boca potente, concentrado, especiado, amargoso.

Venta la Ossa Tempranillo 2011 TC
100% tempranillo

93 ★★★   15,0€

Color cereza muy intenso. Aroma fruta madura, especiado, roble cremoso, tostado, con carácter. Boca potente, sabroso, tostado, taninos maduros.

Venta la Ossa TNT 2012 T

94   18,3€

Color cereza, borde granate. Aroma fruta madura, especiado, roble cremoso, tostado, complejo, chocolate, terroso. Boca potente, sabroso, tostado, taninos maduros.

MIGUEL ANGEL AGUADO ZAZO

Eras, 5
45165 San Martín de Montalbán (Toledo)
☎: +34 653 821 659
Fax: +34 925 417 206
www.bodegasmiguelaguado.com
info@bodegasmiguelaguado.com

Pasión de Castillo de Montalban 2012 ESP
macabeo

83   4,0€

San Martineño 2008 TR
cabernet sauvignon, garnacha

84   4,0€

San Martineño 2013 B
macabeo

83   3,0€

San Martineño 2013 RD
garnacha

85 ★★★★★   3,0€

San Martineño Garnacha 2013 T
garnacha

84   3,0€

San Martineño Garnacha Dulce 2013 RD
garnacha

83   3,0€

MONT REAGA

Ctra. N-420, Km. 333,200
16649 Monreal del Llano (Cuenca)
☎: +34 645 769 801
Fax: +34 967 182 518
www.mont-reaga.com
mont-reaga@mont-reaga.com

Blanco de Montreaga 2010 B
100% sauvignon blanc

88 ★★★   10,0€

Color dorado brillante. Aroma fruta madura, frutos secos, potente, tostado, ebanistería. Boca sabroso, frutoso, especiado, tostado, largo.

Fata Morgana Tinto dulce
100% merlot

90   30,0€

Color cereza muy intenso. Aroma fruta pasificada, fruta confitada, acetaldehído, ebanistería, roble cremoso. Boca potente, sabroso, dulce, tostado, untuoso.

Isola de MontReaga 2013 B

82   5,0€

Isola de MontReaga 2013 T

84   5,0€

Las Liras 2005 TGR
100% cabernet sauvignon

89   30,0€

Color rubí, borde teja. Aroma especiado, fina reducción, cuero mojado, ebanistería, espirituoso, potente. Boca especiado, largo, correcto.

Montreaga Clásico 2005 T
100% syrah

88   18,0€

Color cereza, borde granate. Aroma fruta madura, especiado, roble cremoso, tostado, fina reducción. Boca potente, sabroso, tostado, taninos maduros.

MontReaga El Secreto 2004 T

90   22,0€

Color cereza oscuro, borde anaranjado. Aroma fruta madura, especiado, roble cremoso, tostado, complejo, terroso. Boca potente, sabroso, tostado, taninos maduros, equilibrado.

MontReaga La Esencia 2006 T
100% syrah

90 ★★★ 15,0€

Color cereza, borde granate. Aroma equilibrado, complejo, fruta madura, especiado, roble cremoso, balsámico. Boca estructurado, sabroso, taninos maduros.

MontReaga Tempo 2009 T

85 ★★★★ 6,0€

Tempo La Espera 2005 T

87 ★★★ 10,0€

Color cereza intenso, borde anaranjado. Aroma equilibrado, complejo, fruta madura, especiado, roble cremoso. Boca estructurado, sabroso, taninos maduros.

OSBORNE MALPICA DE TAJO
Ctra. Malpica - Pueblanueva, km. 6
45692 Malpica del Tajo (Toledo)
☎: +34 925 860 990
Fax: +34 925 860 905
www.osborne.es
carolina.cerrato@osborne.es

Solaz 2013 RD
syrah, mencía

84 3,2€

Solaz 2013 B
verdejo, viura

83 3,2€

Solaz Coupage 2012 T
syrah, tempranillo

85 ★★★★★ 5,0€

Solaz Tempranillo Cabernet Sauvignon 2012 T
tempranillo, cabernet sauvignon

83 3,6€

PAGO DE VALLEGARCÍA
Finca Vallegarcía, s/n
13194 Retuerta del Bullaque
(Ciudad Real)
☎: +34 925 421 407
Fax: +34 925 421 822
www.vallegarcia.com
comercial@vallegarcia.com

Hipperia 2010 T

91 25,0€

Color cereza, borde granate. Aroma fruta madura, hierbas de monte, especiado, roble cremoso, mineral. Boca sabroso, potente, balsámico, tostado, largo.

Petit Hipperia 2011 T

89 12,5€

Color cereza, borde granate. Aroma fruta madura, balsámico, mineral, especiado, roble cremoso. Boca potente, sabroso, especiado.

Vallegarcía Syrah 2010 T
100% syrah

92 20,0€

Color cereza muy intenso. Aroma cálido, especias dulces, terroso, mineral. Boca potente, fruta madura, amargoso.

Vallegarcía Viognier 2012 BFB
100% viognier

93 17,0€

Color amarillo brillante. Aroma cítricos, fruta madura, hierbas de tocador, flores blancas, especiado, roble cremoso. Boca graso, sabroso, equilibrado, elegante. Personalidad.

PAGO DEL VICARIO
Ctra. Ciudad Real - Porzuna,
(CM-412) Km. 16
13196 Ciudad Real (Ciudad Real)
☎: +34 926 666 027
Fax: +34 926 666 029
www.pagodelvicario.com
info@pagodelvicario.com

Pago del Vicario 50-50 2009 T
tempranillo, cabernet sauvignon

88 11,0€

Color cereza, borde granate. Aroma fruta madura, hierbas silvestres, terroso, especiado, roble cremoso. Boca equilibrado, sabroso, largo, balsámico.

Pago del Vicario Agios 2007 T
tempranillo, garnacha

86 17,8€

Color cereza opaco, borde anaranjado. Aroma cuero mojado, notas animales, especiado, chocolate. Boca estructurado, taninos maduros.

Pago del Vicario Blanco de Tempranillo 2013 B
tempranillo

86 ★★★★ 6,3€

Color pajizo, pálido. Aroma frutos secos, flores marchitas, hierbas silvestres. Boca amargoso, correcto.

Pago del Vicario Corte Dulce 2007 B
chardonnay, sauvignon blanc

81 7,7€

Pago del Vicario Merlot Dulce 2010 T
merlot

84 7,7€

Pago del Vicario Monagós 2007 T
syrah, graciano

87 13,0€

Color cereza, borde granate. Aroma fruta madura, especiado, tostado, ahumado, tabaco. Boca potente, sabroso, tostado, taninos maduros.

Pago del Vicario Penta 2011 T
tempranillo, merlot, syrah, cabernet sauvignon

86 ★★★★ 6,3€

Color cereza, borde granate. Aroma fruta madura, hierbas silvestres, terroso, especiado. Boca sabroso, largo, balsámico.

Pago del Vicario Petit Verdot 2013 RD
petit verdot

86 ★★★★ 6,3€

Color frambuesa. Aroma potente, fruta madura, fruta roja, floral. Boca potente, concentrado, balsámico.

Pago del Vicario Talva 2007 BFB
chardonnay, sauvignon blanc

83 10,0€

QUINTA DE AVES
Ctra. CR-P-5222, Km. 11,200
13350 Moral de Calatrava
(Ciudad Real)
☎: +34 915 716 514
Fax: +34 915 711 151
www.quintadeaves.es
info@quintadeaves.es

Quinta de Aves Alauda Chardonnay 2012 B
100% chardonnay

86 ★★★★★ 2,8€

Color amarillo brillante. Aroma fruta madura, fruta escarchada, lías reducidas. Boca frutoso, buena acidez, fino amargor.

Quinta de Aves Alauda Moscatel Sauvignon 2012 B

84 3,0€

Quinta de Aves Noctua Ensamblaje 2011 T

87 ★★★★★ 3,8€

Color cereza brillante. Aroma especias dulces, roble cremoso, fruta confitada, balsámico. Boca sabroso, frutoso, tostado.

Quinta de Aves Noctua Syrah 2012 T
100% syrah

86 ★★★★★ 3,4€

Color cereza, borde granate. Aroma fruta confitada, hierbas de monte, floral, especiado. Boca potente, sabroso, fruta madura.

RODRÍGUEZ DE VERA
Ctra. de Pétrola, km. 3, A
2695 Chinchilla de Montearagón
(Albacete)
☎: +34 696 168 873
www.rodriguezdevera.com
info@rodriguezdevera.com

Jumenta 2012 T Roble
100% cabernet sauvignon

83 6,0€

Rodríguez de Vera 2010 T
100% merlot

82 9,0€

Rodríguez de Vera 2012 BFB
100% chardonnay

84 8,0€

Sorrasca 2010 T

85 16,0€

THE GRAND WINES
Ramón y Cajal 7, 1ºA
1007 Vitoria (Alava)
☎: +34 945 158 282
Fax: +34 945 158 283
www.thegrandwines.com
araex@araex.com

Gran Sello 2013 T

86 ★★★★★ 4,9€

Color cereza, borde granate. Aroma fruta roja, fruta madura, balsámico, intensidad media. Boca potente, sabroso, fácil de beber.

Gran Sello Colección Privada Tempranillo Syrah Garnacha 2012 T

89 ★★★★   7,9€

Color cereza muy intenso. Aroma equilibrado, expresivo, balsámico, especiado. Boca estructurado, elegante, equilibrado, taninos maduros.

TINEDO

Ctra. CM 3102, Km. 30
13630 Socuéllamos (Ciudad Real)
☎: +34 646 433 414
www.tinedo.com
pvelasco@tinedo.com

Cala N 1 2011 T
tempranillo, syrah, cabernet sauvignon, graciano

88 ★★★★★ 🍷   5,0€

Color cereza, borde granate. Aroma fruta roja, fruta madura, hierbas silvestres, piedra seca. Boca potente, sabroso, equilibrado.

Cala N 2 2010 T
tempranillo, graciano, roussanne

89 ★★★ 🍷   9,0€

Color cereza, borde granate. Aroma fruta madura, especiado, roble cremoso, tostado, complejo, mineral. Boca potente, sabroso, tostado, taninos maduros.

UNION CAMPESINA INIESTENSE

San Idefonso, 1
16235 Iniesta (Cuenca)
☎: +34 967 490 120
Fax: +34 967 490 777
www.cooperativauci.com
aurora@cooperativauci.com

Señorío de Iniesta 2012 T Roble
tempranillo, syrah

85 ★★★★★   2,2€

Señorío de Iniesta 2013 B
sauvignon blanc

82   2,0€

Señorío de Iniesta 2013 RD
bobal

85 ★★★★★ 🍷   2,2€

Señorío de Iniesta 2013 T
tempranillo, syrah, petit verdot

83 🍷   2,2€

Señorío de Iniesta Tempranillo 2013 T
tempranillo

84   2,0€

UVAS FELICES

Agullers, 7
8003 Barcelona (Barcelona)
☎: +34 902 327 777
www.vilaviniteca.es

Sospechoso 2011 T
89

Color cereza brillante. Aroma fruta madura, especias dulces, roble cremoso. Boca sabroso, frutoso, tostado, taninos maduros.

Sospechoso 2013 RD
84

VINÍCOLA DE CASTILLA

Pol. Ind. Calle I, s/n
13200 Manzanares (Ciudad Real)
☎: +34 926 647 800
Fax: +34 926 610 466
www.vinicoladecastilla.com
nacional@vinicoladecastilla.com

Olimpo 2010 T Barrica
tempranillo, syrah, petit verdot

84   23,0€

Olimpo Privilegio 2011 BFB
moscatel, chardonnay, sauvignon blanc

85 ★★★★   7,4€

Pago Peñuelas 2010 T
tempranillo

85 ★★★   9,0€

Pago Peñuelas 2013 B
verdejo

85 ★★★   9,0€

VINOS COLOMAN S.A.T.

Goya, 17
13620 Pedro Muñoz (Ciudad Real)
☎: +34 926 586 410
Fax: +34 926 586 656
www.satcoloman.com
coloman@satcoloman.com

Pedroteño 2013 T
tempranillo

84   2,0€

Pedroteño Airén 2013 B
airén

80   2,0€

VINOS Y BODEGAS

Ctra. de las Mesas, Km. 1
13630 Socuéllanos (Ciudad Real)
☎: +34 926 531 067
Fax: +34 926 532 249
www.vinosybodegas.com
export@vinosybodegas.com

Amelasio Cabernet 2012 T
100% cabernet sauvignon
85 ★★★★★   2,8€

Amelasio Merlot 2012 T
100% merlot
86 ★★★★★   2,8€
Color cereza, borde granate. Aroma fruta madura, hierbas silvestres, especiado. Boca equilibrado, sabroso, largo, balsámico.

Amelasio Sauvignon Blanc 2013 B
sauvignon blanc
84   2,8€

Amelasio Syrah 2012 T
100% syrah
87 ★★★★★   2,8€
Color cereza brillante. Aroma fruta roja, fruta madura, equilibrado, floral, especias dulces. Boca frutoso, fácil de beber, cierta persistencia.

Amelasio Tempranillo 2012 T
100% tempranillo
86 ★★★★★   2,8€
Color cereza, borde granate. Aroma especias dulces, fruta madura, varietal. Boca correcto, fruta madura, fácil de beber.

Mirador de Castilla 12 meses 2008 T
cabernet sauvignon, tempranillo, merlot, syrah
85 ★★★★★   4,2€

Mirador de Castilla 6 meses 2009 T
cabernet sauvignon, merlot, tempranillo, syrah
85 ★★★★★   3,5€

Ro Reserva de oro 2007 T
cabernet sauvignon, tempranillo
88 ★★★★   5,5€
Color cereza, borde granate. Aroma fruta madura, especiado, roble cremoso, tostado, complejo. Boca potente, sabroso, tostado, taninos maduros.

Templum Cabernet Sauvignon 2012 T
100% cabernet sauvignon
84   2,8€

Templum Merlot 2012 T
100% merlot
87 ★★★★★   2,8€
Color cereza oscuro, borde granate. Aroma potente, fruta madura, hierbas silvestres, hierbas secas. Boca estructurado, taninos maduros.

Templum Sauvignon blanc 2013 B
sauvignon blanc
86 ★★★★★   2,8€
Color pajizo brillante. Aroma flores blancas, hierbas de tocador, expresión frutal. Boca fresco, frutoso, sabroso.

Templum Syrah 2012 T
syrah
87 ★★★★★   2,8€
Color cereza, borde granate. Aroma fruta madura, hierbas de tocador, especiado. Boca potente, sabroso, equilibrado.

Templum Tempranillo 2012 T
100% tempranillo
85 ★★★★★   2,8€

Villa Cachita 2008 T
cabernet sauvignon, tempranillo
85 ★★★★   5,5€

VIÑA RUDA

Ctra CM-400 Km 0,5
13700 Tomelloso (Ciudad Real)
☎: +34 926 038 585
Fax: +34 926 038 540
www.vinaruda.com
comercial@vinaruda.com

Ruda Airen 2012 BFB
airén
85 ★★★★   5,5€

Ruda Airen 2013 B
airén
84   3,0€

Ruda Ensamblaje 2012 T
85 ★★★★   5,5€

Ruda Tempranillo 2012 T
tempranillo
84   3,2€

VIÑEDOS MEJORANTES S.L.
Ctra. de Villafranca, km. 2
45860 Villacañas (Toledo)
☎: +34 925 200 023
Fax: +34 925 200 023
www.portillejo.es
portillejo@portillejo.com

Monte Gudello 2012 T
tempranillo, cabernet sauvignon

83   2,0€

Monte Gudello 2013 B
airén

82   1,8€

VIÑEDOS Y BODEGAS MUÑOZ
Ctra. Villarrubia, 11
45350 Noblejas (Toledo)
☎: +34 925 140 070
Fax: +34 925 141 334
www.bodegasmunoz.com
c.calidad@bodegasmunoz.com

Finca Muñoz Barrel Aged 2010 T Roble
tempranillo

88

Color rubí, borde teja. Aroma fruta madura, especiado, roble cremoso, tostado. Boca potente, sabroso, tostado.

Finca Muñoz Cepas Viejas 2010 T
100% tempranillo

91

Color cereza, borde granate. Aroma fruta madura, especiado, roble cremoso, tostado, complejo, terroso. Boca potente, sabroso, tostado, taninos maduros.

Legado Muñoz Chardonnay 2013 B
chardonnay

87

Color dorado brillante. Aroma hierbas secas, flores secas, fruta madura, especias dulces. Boca sabroso, frutoso, buena acidez.

Legado Muñoz Garnacha 2012 T
garnacha

86

Color cereza brillante. Aroma fruta madura, especias dulces, roble cremoso, intensidad media. Boca sabroso, frutoso, tostado.

Legado Muñoz Merlot 2011 T
merlot

85

Legado Muñoz Tempranillo 2013 T
tempranillo

83

VT CASTILLA/ CAMPO DE CALATRAVA

AMANCIO MENCHERO MÁRQUEZ
Legión, 27
13260 Bolaños de Calatrava (Ciudad Real)
☎: +34 926 870 076
www.vinos-menchero.com
amanciomenchero@hotmail.com

Cuba 38 2013 T
tempranillo, cabernet sauvignon

83   3,0€

Quarta Cabal 2013 B
airén

82   2,0€

BODEGAS NARANJO
Felipe II, 5
13150 Carrión de Calatrava (Ciudad Real)
☎: +34 926 814 155
Fax: +34 926 815 335
www.bodegasnaranjo.com
info@bodegasnaranjo.com

Lahar de Calatrava 2012 B
tempranillo

85 ★★★★★   3,6€

VT CASTYLE

ABADÍA RETUERTA

Ctra. N-122 Soria, km. 332,5
47340 Sardón de Duero (Valladolid)
☎: +34 983 680 314
Fax: +34 983 680 286
www.abadia-retuerta.com
info@abadia-retuerta.es

Abadía Retuerta Le Domaine 2013 B
91 **21,0€**
Color amarillo, borde verdoso. Aroma especias dulces, roble cremoso, fruta madura, floral. Boca equilibrado, estructurado, buena acidez, fino amargor.

Abadía Retuerta Pago Garduña Syrah 2011 T
100% syrah
95 **60,0€**
Color cereza, borde violáceo. Aroma fruta roja, violetas, mineral, cacao fino, especiado, roble cremoso, expresivo. Boca potente, sabroso, especiado, largo, equilibrado, elegante.

Abadía Retuerta Pago Negralada 2011 T
100% tempranillo
95 **60,0€**
Color cereza opaco, borde granate. Aroma balsámico, roble cremoso, tostado, especiado, fruta madura, mineral. Boca potente, sabroso, especiado, largo.

Abadía Retuerta Pago Valdebellón 2011 T
100% cabernet sauvignon
94 **60,0€**
Color cereza opaco, borde violáceo. Aroma fruta roja, fruta madura, hierbas silvestres, piedra seca, especiado, tostado. Boca potente, sabroso, balsámico, especiado, elegante.

Abadía Retuerta Petit Verdot PV 2011 T
100% petit verdot
92 **100,0€**
Color cereza opaco, borde granate. Aroma fruta roja, fruta madura, hierbas silvestres, especiado, roble cremoso. Boca sabroso, balsámico, retronasal afrutado, equilibrado.

Abadía Retuerta Selección Especial 2010 T
91 **18,0€**
Color cereza, borde granate. Aroma balsámico, fruta madura, especiado, roble cremoso, terroso. Boca potente, sabroso, especiado, largo.

AGRÍCOLA CASTELLANA - BODEGA CUATRO RAYAS

Ctra. Rodilana, s/n
47491 La Seca (Valladolid)
☎: +34 983 816 320
Fax: +34 983 816 562
www.cuatrorayas.org
info@cuatrorayas.org

Caballero de Castilla 2013 RD
100% tempranillo
83 **2,5€**

Caballero de Castilla Tempranillo 2012 T Roble
100% tempranillo
86 ★★★★★ **4,0€**
Color cereza brillante. Aroma fruta madura, especias dulces, roble cremoso. Boca sabroso, frutoso, tostado, taninos maduros.

Caballero de Castilla Verdejo 2013 B
100% verdejo
83 **2,5€**

Dolce Bianco Verdejo 2013 Semidulce
100% verdejo

85 ★★★★★   3,0€

Pecatis Tuis Verdejo 2013 B
100% verdejo

85 ★★★★★   1,5€

ALFREDO MAESTRO TEJERO

Avda. Escalona, 42
47300 Peñafiel (Valladolid)
☎: +34 687 786 742
www.alfredomaestro.com
alfredo@alfredomaestro.com

46 Cepas 2012 T
100% merlot

90

Color cereza brillante. Aroma especias dulces, fruta macerada, expresivo. Boca sabroso, frutoso, especiado, taninos maduros.

Amanda Rosado de Lágrima 2012 RD
100% garnacha tintorera

86

Color frambuesa, borde violáceo. Aroma potente, floral, fruta escarchada, fruta roja, algo evolucionado. Boca potente, frutoso, fresco, buena acidez.

Castrillo de Duero 2012 T
100% tempranillo

87

Color cereza brillante. Aroma fruta madura, especias dulces, roble cremoso. Boca sabroso, frutoso, tostado.

El Marciano 2012 T
garnacha

93

Color cereza brillante. Aroma fruta madura, especias dulces, roble cremoso, tierra húmeda, mineral, tostado. Boca sabroso, frutoso, tostado, taninos maduros, equilibrado.

Gran Fausto 2009 T
100% tempranillo

92

Color rubí borde teja. Aroma elegante, especiado, fina reducción, cuero mojado, ebanistería, espirituoso. Boca especiado, taninos finos, elegante, largo.

Lovamor 2012 B
100% albillo

90

Color oro viejo. Aroma fruta madura, hierbas secas, flores marchitas, mineral. Boca potente, sabroso, especiado, graso, dulcedumbre.

Valle del Botijas 2011 T

89

Color cereza, borde granate. Aroma fruta madura, especiado, roble cremoso, tostado. Boca potente, sabroso, tostado.

Viña Almate 2012 T
100% tempranillo

93

Color cereza, borde granate. Aroma fruta madura, especiado, roble cremoso, tostado, mineral, balsámico, equilibrado. Boca potente, sabroso, tostado, elegante.

Viña Almate Finca La Guindalera 2011 T
100% tempranillo

92

Color cereza, borde granate. Aroma fruta madura, especiado, tostado, terroso, complejo, expresivo. Boca potente, sabroso, tostado, taninos maduros, estructurado.

Viña Almate Finca La Olmera 2011 T
100% tempranillo

92

Color cereza brillante. Aroma fruta madura, especias dulces, roble cremoso, balsámico, piedra seca, mineral. Boca frutoso, sabroso, tostado, elegante.

Viña Almate Garnacha 2011 T   NOMINADO GUIAPENÍN
100% garnacha

94

Color cereza, borde granate. Aroma fruta al licor, fruta roja, hierbas silvestres, balsámico, mineral, equilibrado, expresivo. Boca sabroso, balsámico, especiado, redondo. Personalidad.

ALVAR DE DIOS HERNANDEZ

Zamora No8
47154 El Pego (Zamora)
☎: +34 629 902 507
eldelarecella@gmail.com

Vagüera 2012 B
albillo real, albillo común, albillo rojo, moscatel

92 ★★★★   12,0€

Color amarillo brillante. Aroma fruta fresca, expresivo, lías finas, hierbas secas, flores marchitas. Boca sabroso, frutoso, buena acidez, equilibrado.

Vagüera 2013 B
albillo real, albillo común, albillo rojo, moscatel

89   12,0€

Color pajizo brillante. Aroma flores marchitas, intensidad media, hierbas silvestres. Boca correcto, fino amargor.

 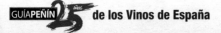

AVELINO VEGAS

Calvo Sotelo, 8
40460 Santiuste (Segovia)
☎: +34 921 596 002
Fax: +34 921 596 035
www.avelinovegas.com
ana@avelinovegas.com

Nicte 2013 RD
100% prieto picudo
88 ★★★ 9,0€
Color frambuesa, borde violáceo. Aroma potente, fruta madura, fruta roja, floral, expresivo. Boca potente, frutoso, fresco.

AXIAL

Plaza Calle Castillo de Capua, 10
Nave 7
50197 (Zaragoza)
☎: +34 976 780 136
Fax: +34 976 303 035
www.axialvinos.com
info@axialvinos.com

La Granja 360 Verdejo Viura 2013 B
84 5,0€

BEATRIZ HERRANZ

Cuesta de las Descargas, 11 bis
28005 Madrid (Madrid)
☎: +34 655 890 949
www.barcodelcorneta.com
info@barcodelcorneta.com

Barco del Corneta 2012 B
100% verdejo
91 ★★★ 16,0€
Color pajizo brillante. Aroma expresión frutal, balsámico, hierbas silvestres, varietal, roble cremoso. Boca sabroso, fresco, frutoso, especiado, equilibrado, elegante.

BELONDRADE

Quinta San Diego -
Camino del Puerto, s/n
47491 La Seca (Valladolid)
☎: +34 983 481 001
Fax: +34 600 590 024
www.belondrade.com
comunicacion@belondrade.com

Quinta Apolonia Belondrade 2013 B
verdejo
90 ★★★★ 12,5€
Color pajizo brillante. Aroma fresco, fruta fresca, flores blancas. Boca sabroso, frutoso, buena acidez, equilibrado.

Quinta Clarisa Belondrade 2013 RD
tempranillo
88 ★★★ 8,9€
Color frambuesa, borde violáceo. Aroma potente, fruta madura, fruta roja, floral, expresivo. Boca potente, frutoso, fresco.

BITEL S.L.

Ctra Villabañez, 5
47130 Tudela de Duero (Valladolid)
☎: +34 983 403 907
www.paguscopa.com
paguscopa@paguscopa.com

Pagus Copa 2010 T
garnacha
86 12,0€
Color cereza, borde granate. Aroma fruta madura, especiado, roble cremoso, tostado. Boca potente, sabroso, tostado.

BODEGA ALISTE

Pza. de España, 4
49520 Figueruela de Abajo (Zamora)
☎: +34 676 986 570
www.vinosdealiste.com
javier@hacedordevino.com

Estrela 2011 T
89 50,0€
Color cereza, borde granate. Aroma especiado, roble cremoso, complejo, fruta confitada, cacao fino, muy tostado (torrefactado). Boca potente, sabroso, tostado, taninos maduros.

Marina de Aliste 2012 T
90 30,0€
Color cereza intenso, borde granate. Aroma potente, con carácter, fruta madura, especiado. Boca estructurado, especiado, fruta madura, largo.

BODEGA DE ALBERTO

Ctra. de Valdestillas, 2
47321 Serrada (Valladolid)
☎: +34 983 559 107
Fax: +34 983 559 084
www.dealberto.com
info@dealberto.com

CCCL 2009 T
88 ★★★ 8,5€
Color cereza, borde granate. Aroma fruta madura, especias dulces, roble cremoso. Boca potente, sabroso, especiado, largo.

Finca Valdemoya 2013 RD
tempranillo
87 ★★★★★ 3,0€
Color frambuesa, borde violáceo. Aroma potente, fruta madura, fruta roja, floral, expresivo. Boca potente, frutoso, fresco, equilibrado.

Finca Valdemoya Tempranillo 2011 T
87 ★★★★★ 4,0€
Color cereza, borde granate. Aroma fruta madura, especiado, roble cremoso, tostado. Boca potente, sabroso, tostado.

BODEGA DON JUAN DEL AGUILA

Real de Abajo, 100
5110 El Barraco (Ávila)
☎: +34 920 281 032
www.donjuandelaguila.es
bodegadonjuandelaguila@gmail.com

Gaznata 2012 T
garnacha

86 ★★★★★   3,0€

Color cereza, borde granate. Aroma fruta madura, fruta al licor, hierbas de tocador, piedra seca. Boca potente, sabroso, equilibrado.

Gaznata 2013 RD
garnacha

83   2,6€

Gaznata Concrete 2011 T
garnacha

85 ★★★★★   4,5€

Gaznata Finca Cipri 2012 T

91 ★★★★★   7,0€

Color rubí, borde teja. Aroma fruta al licor, fruta madura, balsámico, especiado, equilibrado. Boca potente, sabroso, especiado, balsámico, elegante.

Gaznata Finca Mariano 2012 T
garnacha

90 ★★★★★   7,0€

Color cereza poco intenso. Aroma fruta al licor, hierbas silvestres, piedra seca, especiado. Boca potente, sabroso, especiado, mineral.

BODEGA EMINA RUEDA

Ctra. Medina del Campo - Olmedo,
Km. 1,5
47400 Medina del Campo (Valladolid)
☎: +34 983 803 346
Fax: +34 902 430 189
www.eminarueda.es
eminarueda@emina.es

Emina Chardonnay 2013 B
100% chardonnay

87 ★★★★★   5,0€

Color pajizo brillante. Aroma cítricos, notas tropicales, flores blancas, hierbas silvestres. Boca fresco, frutoso, buena acidez, equilibrado.

Emina Gewürztraminer 2013 B
100% gewürztraminer

88 ★★★   10,0€

Color pajizo brillante. Aroma cítricos, expresión frutal, floral, hierbas de tocador, varietal. Boca fresco, frutoso, sabroso, buena acidez, equilibrado.

Emina Moscatel 2013 B
100% moscatel

84   6,0€

BODEGA FINCA CÁRDABA

Coto de Cárdaba, s/n
40314 Valtiendas (Segovia)
☎: +34 921 527 470
Fax: +34 921 527 470
www.fincacardaba.com
info@fincacardaba.com

Finca Cárdaba 2009 TC
tinta del país

90 ★★★★★   8,5€

Color cereza, borde granate. Aroma fruta madura, especiado, roble cremoso, tostado, complejo, expresivo. Boca potente, sabroso, tostado, taninos maduros, elegante.

Finca Cárdaba 6 meses 2011 T Roble
tinta del país

88 ★★★★   6,0€

Color cereza brillante. Aroma fruta madura, especias dulces, roble cremoso, balsámico. Boca sabroso, frutoso, tostado.

Finca Cárdaba Selección 2006 T
tinta del país

91   19,0€

Color cereza intenso, borde anaranjado. Aroma fruta madura, hierbas silvestres, especiado, roble cremoso. Boca sabroso, largo, balsámico, equilibrado.

Viña Sancha 2013 RD
tinta del país

87 ★★★★★   5,0€

Color frambuesa, borde violáceo. Aroma potente, fruta madura, fruta roja, floral, expresivo. Boca potente, frutoso, fresco.

BODEGA FINCA FUENTEGALANA

Ctra. M-501, Alcorcón - Plasencia, km. 65
5429 Navahondilla (Ávila)
☎: +34 646 843 231
www.fuentegalana.com
info@fuentegalana.com

Toros de Guisando 2012 T
87 ★★★★★ **4,0€**
Color cereza brillante. Aroma especias dulces, roble cremoso, fruta madura, fruta confitada. Boca sabroso, frutoso, tostado.

Toros de Guisando Coupage 2009 T
86 ★★★ **9,0€**
Color cereza, borde granate. Aroma fruta madura, hierbas silvestres, especiado, roble cremoso. Boca equilibrado, sabroso, largo, balsámico.

Toros de Guisando Merlot 2010 TC
merlot
89 **12,0€**
Color cereza, borde granate. Aroma fruta madura, hierbas silvestres, terroso, especiado, roble cremoso. Boca equilibrado, sabroso, largo, balsámico.

Toros de Guisando Syrah 2009 T
syrah
85 **12,0€**

BODEGA LIBERALIA ENOLÓGICA

Camino del Palo, s/n
49800 Toro (Zamora)
☎: +34 980 692 571
Fax: +34 980 692 571
www.liberalia.es
liberalia@liberalia.es

Liberalia Uno 2013 Blanco dulce
moscatel grano menudo, albillo
88 ★★★★ **7,5€**
Color pajizo brillante. Aroma notas amieladas, auvado, hierbas de tocador, flores blancas. Boca potente, sabroso, frutoso, largo, dulce.

BODEGA PAGO DE CALLEJO

Avda. del Cid, km. 16
9441 Sotillo de la Ribera (Burgos)
☎: +34 947 532 312
Fax: +34 947 532 304
www.noecallejo.blogspot.com
callejo@bodegasfelixcallejo.com

El Lebrero 2012 B
albillo
90 ★★★★ **12,0€**
Color dorado brillante. Aroma cítricos, fruta madura, hierbas secas, floral, especiado, roble cremoso. Boca sabroso, especiado, potente.

Finca Valdelroble 2011 T Barrica
tempranillo, merlot, syrah
91 ★★★ ♣ **15,0€**
Color cereza, borde granate. Aroma fruta madura, especiado, roble cremoso, tostado, complejo, terroso. Boca potente, sabroso, tostado, equilibrado.

BODEGA Y VIÑEDOS FERNÁNDEZ RIVERA

Real, 2
47315 Pesquera de Duero (Valladolid)
☎: +34 983 870 037
Fax: +34 983 870 088
www.dehesalagranja.com
lagranja@dehesalagranja.com

Dehesa La Granja 2007 T
100% tempranillo
88 ★★★ **10,0€**
Color rubí, borde teja. Aroma especiado, cuero mojado, ebanistería, espirituoso, hierbas silvestres. Boca especiado, balsámico, largo, tostado.

BODEGAS ABABOL

Tomás Bayón, 56
47491 La Seca (Valladolid)
☎: +34 635 504 720
Fax: +34 983 034 995
www.bodegasababol.com
labodega@bodegasababol.com

Ababol 2012 T
tempranillo
83 **7,0€**

Ababol Verdejo sobre Lías 2012 B
100% verdejo
88 ★★★★ **7,0€**
Color amarillo brillante. Aroma expresivo, flores blancas, fruta madura, equilibrado. Boca graso, sabroso, frutoso, largo.

Gran Ababol 2010 BFB
verdejo
86 **15,0€**
Color dorado brillante. Aroma fruta madura, frutos secos, potente, tostado, ebanistería. Boca sabroso, frutoso, especiado, tostado, largo.

BODEGAS ALDEASOÑA

Ctra. Peñafiel - San Idelfonso, s/n
40235 Aldeasoña (Segovia)
☎: +34 983 878 052
Fax: +34 983 873 052
bodega@bodegaconvento.com

El Lagar de Aldeasoña 2008 T
aragonés
90 **18,2€**
Color cereza, borde granate. Aroma fruta madura, especiado, roble cremoso, tostado, complejo, chocolate, terroso. Boca potente, sabroso, tostado, taninos maduros, equilibrado.

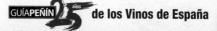

BODEGAS ALTA PAVINA

Camino de Santibáñez, s/n
47328 La Parrilla (Valladolid)
☎: +34 983 681 521
www.altapavina.com
info@greatwinesfromspain.net

Alta Pavina Pago La Pavina 2011 T

88 ★★★★   8,0€

Color cereza, borde granate. Aroma fruta roja, fruta madura, hierbas silvestres, piedra seca, especiado, roble cremoso. Boca potente, sabroso, balsámico, especiado.

Alta Pavina Pinot Noir Citius 2009 TC

100% pinot noir

86   15,0€

Color rubí, borde teja. Aroma fruta al licor, cítricos, hierbas de monte, especiado, roble cremoso. Boca potente, sabroso, largo.

BODEGAS ARRAYÁN

Finca La Verdosa, s/n
45513 Santa Cruz del Retamar (Toledo)
☎: +34 916 633 131
Fax: +34 916 632 796
www.arrayan.es
comercial@arrayan.es

Garnacha de Arrayán 2012 T

garnacha

95   19,5€

Color cereza intenso. Aroma fruta roja, hierbas de monte, balsámico, especias dulces. Boca sabroso, frutoso, fresco, amargoso, taninos finos.

BODEGAS CANOPY

Ctra. Toledo-Valmojado, km. 23
45180 Camarena (Toledo)
☎: +34 619 244 878
Fax: +34 925 283 680
achacon@bodegascanopy.com

KAOS 2009 T

garnacha

91   24,0€

Color cereza, borde granate. Aroma fruta al licor, fruta escarchada, especias dulces. Boca especiado, fruta madura, confitado.

BODEGAS CASTELO DE MEDINA

Ctra. CL-602, Km. 48
47465 Villaverde de Medina (Valladolid)
☎: +34 983 831 932
Fax: +34 983 831 857
www.castelodemedina.com
info@castelodemedina.com

Castelo Rosé Garnacha 2013 RD

garnacha

88 ★★★★   7,0€

Color piel cebolla. Aroma elegante, fruta escarchada, flores secas, hierbas de tocador. Boca ligero, sabroso, buena acidez, largo, especiado.

Syté 2008 T

90 ★★★   15,0€

Color cereza, borde granate. Aroma fruta madura, especiado, roble cremoso, tostado, complejo. Boca potente, sabroso, tostado, taninos maduros.

Vega Busiel 2010 T

86 ★★★★   7,0€

Color cereza, borde granate. Aroma fruta madura, especiado, roble cremoso, tostado. Boca potente, sabroso, tostado, taninos maduros.

Viña Castelo 2013 RD

garnacha

86 ★★★★   6,0€

Color frambuesa, borde violáceo. Aroma fruta roja, floral, hierbas silvestres. Boca potente, frutoso, fresco, correcto.

BODEGAS DE LOS HEREDEROS DEL MARQUÉS DE RISCAL

Ctra. N-VI, km. 172,600
47490 Rueda (Valladolid)
☎: +34 983 868 029
Fax: +34 983 868 563
www.marquesderiscal.com
comunicacion@marquesderiscal.com

Riscal 1860 2012 T Roble

88 ★★★★   5,5€

Color cereza, borde granate. Aroma fruta madura, especiado, roble cremoso, tostado. Boca potente, sabroso, tostado, fácil de beber.

BODEGAS FRUTOS VILLAR

Ctra. Burgos-Portugal Km. 113,7
47270 Cigales (Valladolid)
☎: +34 983 586 868
Fax: +34 983 580 180
www.bodegasfrutosvillar.com
bodegasfrutosvillar@bodegasfrutosvillar.com

Don Frutos Verdejo 2013 B

100% verdejo

85 ★★★★★   3,0€

BODEGAS GARCÍA NIÑO

Avda. Julio, s/n
9410 Arandilla (Burgos)
☎: +34 636 970 508
Fax: +34 916 126 072
www.bodegasgarcianino.es
fernando@bodegasgarcianino.es

Altorredondo 2011 T
100% tempranillo

88 ★★★★   5,5€

Color cereza, borde granate. Aroma fruta madura, especiado, roble cremoso, tostado, balsámico. Boca potente, sabroso, tostado.

Pago de Costalao 24 meses 2009 TR
100% tempranillo

89 ★★★★   6,8€

Color cereza, borde granate. Aroma fruta confitada, balsámico, tierra húmeda, especiado. Boca potente, sabroso, graso, especiado, largo.

BODEGAS GODELIA

Antigua Ctra. N-VI, NVI, Km. 403,5
24547 Pieros-Cacabelos (León)
☎: +34 987 546 279
Fax: +34 987 548 026
www.godelia.es
info@godelia.es

Libamus 2011 T
mencía

88   13,3€

Color cereza opaco, borde violáceo. Aroma fruta confitada, hierbas silvestres, especias dulces, chocolate, roble cremoso. Boca dulce, graso, potente, sabroso, tostado.

BODEGAS GRUPO YLLERA

Autovía A-6, Km. 173,5
47490 Rueda (Valladolid)
☎: +34 983 868 097
Fax: +34 983 868 177
www.grupoyllera.com
grupoyllera@grupoyllera.com

Cuvi 2012 T Roble
100% tempranillo

87 ★★★★★   2,5€

Color cereza brillante. Aroma fruta madura, especias dulces, roble cremoso. Boca sabroso, frutoso, tostado, retronasal torrefactado.

Yllera 30 Aniversario 2011 TC
100% tempranillo

90 ★★★★★   5,3€

Color cereza, borde granate. Aroma fruta madura, hierbas silvestres, especiado, roble cremoso. Boca equilibrado, sabroso, largo, balsámico.

Yllera Dominus Gran Selección Viñedos Viejos 2005 T
100% tempranillo

91   33,0€

Color rubí borde teja. Aroma elegante, especiado, fina reducción, cuero mojado, ebanistería, espirituoso. Boca especiado, taninos finos, elegante, largo.

Yllera Privée BR

82   4,8€

Yllera Vendimia Seleccionada 2009 TR
100% tempranillo

91 ★★★★★   8,5€

Color cereza, borde granate. Aroma equilibrado, complejo, fruta madura, especiado, fina reducción. Boca estructurado, sabroso, taninos maduros, equilibrado.

BODEGAS LEDA
Mayor, 48
47320 Tudela de Duero (Valladolid)
☎: +34 983 520 682
www.bodegasleda.com
info@bodegasleda.com

Más de Leda 2011 T
100% tempranillo

89   12,0€

Color cereza, borde granate. Aroma fruta madura, fruta confitada, hierbas silvestres, mineral, especiado, roble cremoso. Boca potente, graso, especiado, largo.

BODEGAS MAURO
Ctra. Villabañez, km. 1
47320 Tudela de Duero (Valladolid)
☎: +34 983 521 972
Fax: +34 983 521 973
www.bodegasmauro.com
comunicacion@bodegasmauro.com

Mauro Vendimia Seleccionada 2009 T
100% tempranillo

93   50,0€

Color cereza, borde granate. Aroma fruta madura, especiado, roble cremoso, tostado, complejo, mineral. Boca potente, sabroso, tostado, taninos maduros, equilibrado, elegante.

Terreus 2011 T
100% tempranillo

95   85,0€

Color cereza opaco, borde violáceo. Aroma fruta roja, fruta madura, balsámico, mineral, especiado, roble cremoso, tostado. Boca potente, sabroso, frutoso, especiado, largo, equilibrado, elegante, redondo.

BODEGAS MENTO
Calvario, 13
47320 Tudela de Duero (Valladolid)
☎: +34 983 521 233
www.bodegasmento.com
info@bodegasmento.com

Luisita 2013 RD
tempranillo

88 ★★★★★   4,0€

Color cereza claro. Aroma lácticos, frambuesa, fruta roja, hierbas de tocador, floral. Boca fresco, frutoso, fácil de beber.

Mento 2007 T Roble
tempranillo

86   10,5€

Color rubí, borde teja. Aroma fruta madura, balsámico, especiado, roble cremoso, fina reducción. Boca potente, sabroso, especiado.

Mento 2009 T Roble
tempranillo

88 ★★★★   7,5€

Color cereza, borde granate. Aroma fruta madura, hierbas silvestres, especiado, roble cremoso. Boca sabroso, especiado, largo.

Mento 2010 T Roble
tempranillo

87 ★★★   9,5€

Color cereza brillante. Aroma fruta madura, especias dulces, roble cremoso, intensidad media. Boca frutoso, sabroso, tostado.

BODEGAS PEÑASCAL
Ctra. Valladolid a Segovia (N-601) km. 7,3 Pol. 2 Parcela 273
47140 Laguna de Duero (Valladolid)
☎: +34 983 546 080
www.penascal.es
rrpp@vina-mayor.com

Cuesta del Aire Sauvignon Blanc Verdejo 2013 B
83   5,0€

Cuesta del Aire Tempranillo Shiraz 2013 RD
86 ★★★★★   5,0€

Color rosáceo pálido. Aroma fruta roja, fruta escarchada, balsámico, floral. Boca fresco, frutoso, fácil de beber.

Cuesta del Aire Tempranillo Shiraz 2013 T
85 ★★★★★   5,0€

Peñascal RD
83   3,3€

Peñascal frizzante 5.5 B
verdejo
86 ★★★★   5,7€
Color pálido. Aroma flores blancas, fruta fresca, cítricos. Boca dulce, sabroso.

Ponte Vecchio Moscato RD
85 ★★★★   6,3€

Tríptico 2009 T
87 ★★★★   7,0€
Color cereza brillante. Aroma especias dulces, roble cremoso, fruta madura. Boca sabroso, tostado, especiado, taninos marcados de roble.

BODEGAS SANTA RUFINA

Pago Fuente La Teja. Pol. Ind. 3 -
Parcela 102
47290 Cubillas de Santa Marta
(Valladolid)
☎: +34 983 585 202
Fax: +34 983 585 202
www.bodegassantarufina.com
info@bodegassantarufina.com

Bosque Real Cabernet 2012 T
100% cabernet sauvignon
80   7,0€

Bosque Real Merlot 2012 T
100% merlot
84   7,0€

Bosque Real Verdejo 2013 B
100% verdejo
85 ★★★★   5,5€

BODEGAS TRITÓN

Pol.1 Parc. 146/148 Paraje Cantagrillos
49708 Villanueva de Campeán
(Zamora)
☎: +34 968 435 022
Fax: +34 968 716 051
www.orowines.com
info@orowines.com

Entresuelos 2011 T
100% tempranillo
90 ★★★★★   7,5€
Color cereza muy intenso, borde granate. Aroma potente, fruta madura, muy tostado (torrefactado), chocolate. Boca potente, tostado, retronasal torrefactado.

Entresuelos 2012 T
100% tempranillo
90 ★★★★★   7,5€
Color cereza intenso, borde granate. Aroma ahumado, tostado, fruta madura. Boca equilibrado, fácil de beber, frutoso.

Rejón 2011 T
100% tempranillo
94   32,0€
Color cereza, borde granate. Aroma especiado, roble cremoso, tostado, complejo, chocolate, terroso, cálido, fruta sobremadura. Boca potente, sabroso, tostado, taninos maduros.

Rejón 2012 T
100% tempranillo
95   32,0€
Color cereza, borde granate. Aroma fruta madura, especiado, roble cremoso, tostado, complejo. Boca potente, sabroso, tostado, taninos maduros.

Tridente Mencía 2011 T
100% mencía
93 ★★★★   10,5€
Color cereza, borde granate. Aroma hierbas silvestres, terroso, especiado, fruta roja, fruta madura. Boca equilibrado, sabroso, largo, balsámico.

Tridente Prieto Picudo 2012 T
100% prieto picudo
92   21,0€
Color cereza, borde granate. Aroma fruta madura, especiado, roble cremoso, tostado, complejo, hierbas de monte. Boca potente, sabroso, tostado, taninos maduros.

Tridente Tempranillo 2011 T
100% tempranillo
94 ★★★★   12,0€
Color cereza, borde granate. Aroma especiado, roble cremoso, tostado, complejo, chocolate, terroso, fruta sobremadura. Boca potente, sabroso, tostado, taninos maduros.

Tridente Tempranillo 2012 T
100% tempranillo

92 ★★★★　　　　　12,0€

Color cereza brillante. Aroma especias dulces, roble cremoso, fruta madura, fruta confitada. Boca sabroso, frutoso, tostado, taninos maduros.

BODEGAS VEGA DE TERA

Bajura de los Carreteros, s/n
49627 Sitrama de Tera (Zamora)
☎: +34 606 411 428
www.bodegasvegadetera.com
miguel.regil@bodegasvegadetera.com

Vega de Tera 12 meses 2012 T
tempranillo

86 ★★★★　　　　　6,0€

Color cereza, borde granate. Aroma fruta confitada, balsámico, tierra húmeda, roble cremoso. Boca potente, sabroso, especiado, largo.

Vega de Tera 2012 T Roble
tempranillo

87 ★★★★★　　　　　4,0€

Color cereza muy intenso, borde granate. Aroma potente, fruta madura, muy tostado (torrefactado), chocolate. Boca potente, tostado, retronasal torrefactado.

Ⲙ Ⳡ

vega de tera

100% tempranillo

roble 2012

Vega de Tera 2013 B
verdejo

86 ★★★★★　　　　　3,3€

Color amarillo brillante. Aroma cítricos, fruta madura, floral, hierbas de tocador. Boca potente, sabroso, correcto.

Vega de Tera 2013 RD
prieto picudo

85 ★★★★★　　　　　3,0€

Vega de Tera 2013 T
tempranillo, prieto picudo

86 ★★★★★　　　　　2,8€

Color cereza, borde granate. Aroma fruta madura, fruta roja, balsámico, expresivo. Boca potente, sabroso, equilibrado.

Vega de Tera 24 meses 2011 T
tempranillo

88 ★★★　　　　　9,0€

Color cereza, borde granate. Aroma fruta madura, especiado, roble cremoso, tostado, balsámico. Boca potente, sabroso, tostado.

BODEGAS VINOS DE LEÓN

La Vega, s/n
24009 León (León)
☎: +34 987 209 712
Fax: +34 987 209 800
www.bodegasvinosdeleon.es
info@bodegasvinosdeleon.es

Palacio de León Cuvée 2011 T
100% tempranillo

87 ★★★★★　　　　　3,5€

Color cereza brillante. Aroma fruta madura, especias dulces, roble cremoso, intensidad media. Boca frutoso, sabroso, tostado, equilibrado.

Palacio de León Tempranillo 2012 T
100% tempranillo

83　　　　　2,5€

BODEGAS VITERRA

Pol. Ind Jerónimo Roure, Parc 45
46520 Puerto de Sagunto (Valencia)
☎: +34 962 691 090
Fax: +34 962 690 963
www.vinamagna.es
direccioncomercial@bodegasviterra.com

Ennius 2013 B
100% verdejo

81　　　　　4,5€

Ennius 2013 T
100% tempranillo

82　　　　　4,5€

Ennius Rosado Frizzante 2013 RD
100% tempranillo

84　　　　　4,5€

BODEGAS VIZAR

Avda. Ramón Pradera, 14
47009 Valladolid (Valladolid)
☎: +34 983 682 690
Fax: +34 983 682 125
www.bodegasvizar.es
info@bodegasvizar.es

Vizar Selección Especial 2010 T
94   30,0€

Color cereza, borde granate. Aroma fruta madura, especiado, roble cremoso, tostado, complejo, terroso. Boca potente, sabroso, tostado, taninos maduros.

Vizar Syrah 2010 T
100% syrah

89   45,0€

Color cereza brillante. Aroma fruta madura, especias dulces, roble cremoso, expresivo. Boca sabroso, frutoso, tostado, taninos maduros.

BODEGAS Y VIÑEDOS EL CODONAL

Pza. de la Constitución, 3
40462 Aldeanueva del Codonal
(Segovia)
☎: +34 921 582 063
www.bodegaselcodonal.com
pedro.gomez@bodegaselcodonal.com

Codonal Vinum Nobile 2012 B
100% verdejo

87   18,0€

Color amarillo brillante. Aroma potente, especias dulces, roble cremoso. Boca graso, retronasal ahumado, sabroso.

BODEGAS Y VIÑEDOS LA MEJORADA

Monasterio de La Mejorada
47410 Olmedo (Valladolid)
☎: +34 606 707 041
www.lamejorada.es
contacto@lamejorada.es

La Mejorada Las Cercas 2010 T
60% tempranillo, 40% syrah

95   15,5€

Color cereza, borde granate. Aroma fruta madura, cacao fino, especiado, roble cremoso, tostado, mineral, expresivo. Boca potente, sabroso, equilibrado, balsámico, elegante.

La Mejorada Las Cercas 2011 T Roble
94 ★★★ 15,5€
Color cereza, borde granate. Aroma fruta roja, fruta madura, hierbas de tocador, especiado, tostado, roble cremoso, mineral. Boca potente, sabroso, balsámico, equilibrado.

La Mejorada Las Norias 2010 T Roble
tempranillo
92 ★★★★ 10,5€
Color cereza, borde granate. Aroma fruta madura, hierbas silvestres, terroso, especiado, roble cremoso. Boca equilibrado, sabroso, largo, balsámico.

La Mejorada Tiento 2009 T
91 37,8€
Color cereza intenso, borde granate. Aroma fruta madura, chocolate, especias dulces, tostado, roble cremoso. Boca potente, sabroso, balsámico, tostado, equilibrado.

La Mejorada Tiento 2011 T
92 37,8€
Color cereza, borde granate. Aroma fruta madura, especiado, roble cremoso, tostado, complejo, chocolate, terroso. Boca potente, sabroso, tostado, taninos maduros.

Villalar Oro 2010 T Roble
tempranillo
90 ★★★★★ 7,5€
Color cereza brillante. Aroma fruta madura, especias dulces, roble cremoso, expresivo. Boca sabroso, frutoso, tostado.

BODEGAS Y VIÑEDOS RODRIGO MÉNDEZ S.L.

Pza. de Compostola, 22
36201 Vigo (Pontevedra)
☎: +34 699 446 113
goliardovino@gmail.com

El Barredo 2011 T
pinot noir, mencía
90 28,0€
Color cereza opaco, borde granate. Aroma hierbas de monte, fruta madura, cuero muy curtido. Boca sabroso, correcto, balsámico.

CLUNIA
Camino Torre, 1
9410 Coruña del Conde (Burgos)
☎: +34 607 185 951
Fax: +34 948 818 574
ppavez@principedeviana.com

Clunia Syrah 2011 T
100% syrah
92 ★★★ 14,0€
Color cereza, borde violáceo. Aroma fruta roja, fruta madura, violetas, expresivo, especiado. Boca sabroso, largo, retronasal afrutado, lleno.

Clunia Syrah 2012 T
100% syrah
93 ★★★ 14,0€
Color cereza, borde granate. Aroma fruta roja, fruta madura, balsámico, especiado, roble cremoso. Boca equilibrado, frutoso, especiado, correcto.

Clunia Tempranillo 2011 T
100% tempranillo
93 ★★★ 14,0€
Color cereza, borde violáceo. Aroma fruta roja, elegante, mineral, balsámico, roble cremoso. Boca sabroso, estructurado, largo, equilibrado.

Finca El Rincón de Clunia 2010 T
100% tempranillo

95   **38,0€**

Color cereza intenso, borde violáceo. Aroma fruta madura, cacao fino, roble cremoso, expresivo, elegante. Boca graso, estructurado, largo, balsámico, buena acidez, equilibrado.

Finca El Rincón de Clunia 2011 T
100% tempranillo

94   **38,0€**

Color cereza, borde violáceo. Aroma fruta roja, caramelo de violetas, balsámico, mineral, potente. Boca sabroso, graso, especiado, equilibrado.

COMANDO G VITICULTORES
Avda. Constitución, 23
28640 Cadalso de los Vidrios (Madrid)
☎: +34 918 640 602
www.comandog.es
info@comandog.es

El Tamboril 2012 B
garnacha blanca, garnacha gris

93   **30,0€**

Color amarillo brillante. Aroma flores blancas, lías finas, hierbas secas, fruta escarchada. Boca sabroso, frutoso, equilibrado.

Rumbo al Norte 2012 T
garnacha

96   **100,0€**

Color cereza brillante. Aroma fresco, fruta roja, terroso, balsámico. Boca sabroso, ligero, especiado, taninos secos pero maduros.

Tumba del Rey Moro 2012 T
garnacha

94   **55,0€**

Color cereza, borde granate. Aroma fruta madura, hierbas silvestres, terroso, especiado, roble cremoso. Boca equilibrado, sabroso, largo, balsámico.

COMPAÑÍA DE VINOS TELMO RODRÍGUEZ
El Monte
1308 Lanciego (Álava)
☎: +34 945 628 315
Fax: +34 945 628 314
www.telmorodriguez.com
contact@telmorodriguez.com

Pegaso "Barrancos de Pizarra" 2011 T
garnacha

93   **32,1€**

Color cereza, borde granate. Aroma especiado, roble cremoso, tostado, chocolate, terroso. Boca potente, sabroso, tostado, taninos maduros.

Pegaso "Granito" 2011 T
garnacha

94   32,1€

Color cereza poco intenso. Aroma elegante, equilibrado, especiado, fruta madura, cacao fino. Boca equilibrado, largo, balsámico, redondo.

DANI LANDI
Constitución, 23
28640 Cadalso de los Vidrios (Madrid)
☎: +34 696 366 555
www.danilandi.com
daniel@danilandi.com

El Reventón 2012 T
garnacha

95   45,0€

Color cereza brillante. Aroma expresivo, elegante, fruta roja, hierbas de monte, hierbas de tocador. Boca buena acidez, especiado, taninos rugosos.

Las Uvas de la Ira 2012 B
albillo

92   30,0€

Color dorado brillante. Aroma fruta madura, cítricos, especias dulces. Boca fruta madura, redondo.

DEHESA DE CADOZOS
José Bardasano Baos, 9 4º
28016 Madrid (Madrid)
☎: +34 915 280 134
Fax: +34 915 280 238
www.cadozos.com
nmaranon@cadozos.com

Cadozos 2007 T

88   18,0€

Color cereza, borde granate. Aroma complejo, fruta madura, especiado, hierbas silvestres, tierra húmeda. Boca estructurado, sabroso, espirituoso.

Sayago 830 2011 TC

91 ★★★★★   9,0€

Color cereza, borde granate. Aroma fruta madura, especiado, roble cremoso, tostado, hierbas de monte. Boca potente, sabroso, tostado.

sayago (830)

TINTA FINA Y PINOT NOIR
VINO DE LA TIERRA DE CASTILLA-LEÓN
2011

DOMINIO DOSTARES

P.I. Bierzo Alto, Los Barredos, 4
24318 San Román de Bembibre (León)
☎: +34 987 514 550
Fax: +34 987 514 570
www.dominiodostares.com
info@dominiodetares.com

Cumal 2010 T
100% prieto picudo

93 21,0€

Color cereza oscuro, borde granate. Aroma fruta madura, fruta al licor, hierbas de tocador, piedra seca, especiado, roble cremoso. Boca equilibrado, especiado, balsámico, largo, retronasal afrutado.

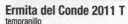

LLanos de Cumal 2011 T
prieto picudo

89 12,5€

Color cereza brillante. Aroma fruta madura, especias dulces, roble cremoso, hierbas silvestres. Boca frutoso, sabroso, tostado.

Tombú 2013 RD
100% prieto picudo

87 ★★★★ 7,5€

Color frambuesa, borde violáceo. Aroma potente, fruta madura, hierbas secas. Boca potente, frutoso, fresco, correcto.

ERMITA DEL CONDE

Camino de la Torre, 1
9410 Coruña del Conde (Burgos)
☎: +34 916 441 583
Fax: +34 914 860 598
www.ermitadelconde.com
info@ermitadelconde.com

Ermita del Conde 2011 T
tempranillo

92 ★★★★ 12,0€

Color cereza opaco, borde granate. Aroma fruta madura, especias dulces, roble cremoso, tostado. Boca frutoso, sabroso, largo.

Ermita del Conde Albillo Centenario 2011 B
albillo

94 ★★★★★ 10,0€

Color amarillo brillante. Aroma elegante, piedra seca, hierbas de tocador, floral, especiado, roble cremoso. Boca equilibrado, sabroso, especiado, largo. Personalidad.

Pago del Conde 2010 T
tempranillo

94 24,0€

Color cereza opaco, borde granate. Aroma mineral, fruta roja, balsámico, especiado, roble cremoso, equilibrado. Boca potente, sabroso, largo, especiado, elegante.

Pago del Conde 2011 T
tempranillo

92 24,0€

Color cereza, borde granate. Aroma fruta madura, especiado, roble cremoso, tostado, complejo. Boca potente, sabroso, tostado, taninos maduros.

FINCA LA RINCONADA

Avda. Fuencarral, 98
28108 Alcobendas (Madrid)
☎: +34 914 901 871
Fax: +34 916 620 430
www.barcolobo.com
info@barcolobo.com

Barcolobo 12 meses Barrica 2011 T
tempranillo, cabernet sauvignon, syrah

93 ★★★★ 13,0€

Color cereza, borde granate. Aroma fruta madura, especiado, roble cremoso, tostado, complejo, mineral. Boca potente, sabroso, tostado, taninos maduros, largo.

Barcolobo Lacrimae Rerum 2013 RD
tempranillo

90 ★★★★★ 10,0€

Color frambuesa, borde violáceo. Aroma potente, fruta madura, fruta roja, floral, expresivo. Boca potente, frutoso, fresco.

Barcolobo Verdejo 2012 B
verdejo

89 ★★★ 10,0€

Color dorado brillante. Aroma fruta madura, potente, eba-nistería, muy tostado (torrefactado). Boca sabroso, frutoso, especiado, tostado, largo.

FINCA LAS CARABALLAS

Camino Velascálvaro, s/n
47400 Medina del Campo (Valladolid)
☎: +34 650 986 185
www.lascaraballas.com
esmeralda@lascaraballas.com

Finca Las Caraballas 2013 B

89 12,0€

Color amarillo brillante, borde verdoso. Aroma floral, fruta madura, equilibrado, expresivo. Boca graso, sabroso, equili-brado, fino amargor.

FINCA TORREMILANOS

Finca Torremilanos
9400 Aranda de Duero (Burgos)
☎: +34 947 512 852
Fax: +34 947 508 044
www.torremilanos.com
reservas@torremilanos.com

Peñalba-López 2012 B

89 ♣ 13,0€

Color amarillo brillante. Aroma flores marchitas, fruta madura. Boca sabroso, graso, especiado, largo.

FORTUNA WINES

Sanjurjo Badia, 22 - 3B
36207 Vigo (Pontevedra)
☎: +34 691 561 471
www.fortunawines.es
info@fortunawines.es

Alaia (4 Ever Alaia) 2011 T Roble
prieto picudo, tempranillo, merlot

87 ★★★★★ 4,5€

Color cereza brillante. Aroma fruta madura, especias dulces, roble cremoso, expresivo. Boca sabroso, frutoso, tostado.

Olaia 2013 B
verdejo

85 ★★★★★ 3,0€

GARNACHA ALTO ALBERCHE

Camino del Pimpollar, s/n
5100 Navaluenga (Ávila)
☎: +34 616 416 542
Fax: +34 920 286 522
www.bodegagarnachaaltoalberche.com
sietenavas@live.com

7 Navas 2011 T Roble
100% garnacha

90 ★★★★★ 6,0€

Color cereza, borde granate. Aroma fruta madura, hierbas sil-vestres, terroso, especiado, roble cremoso. Boca equilibrado, sabroso, largo, balsámico.

7 Navas 2013 T
100% garnacha

90 ★★★★★ 4,5€

Color cereza, borde violáceo. Aroma fruta roja, fruta madura, piedra seca, hierbas silvestres. Boca fresco, frutoso, sabroso, balsámico.

7 Navas Finca Catalino 2010 T
100% garnacha

93 18,0€

Color cereza, borde granate. Aroma fruta madura, especiado, roble cremoso, tostado, complejo, balsámico. Boca potente, sabroso, tostado, taninos maduros.

7 Navas Finca Faustina 2009 T
100% garnacha

93   25,0€

Color guinda. Aroma fruta al licor, especiado, roble cremoso, fina reducción, expresivo. Boca potente, sabroso, especiado, largo.

7 Navas Selección 2010 T
100% garnacha

93 ★★★★★   9,0€

Color cereza, borde granate. Aroma fruta madura, fruta al licor, hierbas de monte, piedra seca, especiado, equilibrado. Boca sabroso, frutoso, complejo, buena acidez, correcto.

GOYO GARCÍA VIADERO

Urb. Valdelvira
9140 Quintanaortuño (Burgos)
☎: +34 619 268 242
goyoviadero@gmail.com

Goyo García "Finca el Peruco" 2011 T
tempranillo, albillo

90   22,0€

Color cereza, borde granate. Aroma fruta madura, hierbas silvestres, terroso, especiado, roble cremoso. Boca equilibrado, sabroso, largo, balsámico.

HACIENDA ZORITA MARQUÉS DE LA CONCORDIA FAMILY OF WINES

Ctra. Zamora - fermoselle, km. 58
49220 Fermoselle (Zamora)
☎: +34 980 613 163
Fax: +34 980 613 163
www.the-haciendas.com
agarcia@the-haciendas.com

Hacienda Zorita Magister 2011 T

91

Color cereza, borde granate. Aroma fruta madura, especiado, roble cremoso, tostado, balsámico, complejo. Boca potente, sabroso, tostado.

Hacienda Zorita Natural Reserve 2011 T
syrah

90

Color cereza, borde granate. Aroma fruta madura, especiado, roble cremoso, tostado, complejo, chocolate, terroso. Boca potente, sabroso, tostado, taninos maduros.

HEREDAD DE URUEÑA

Ctra. Toro a Medina de Rioseco,
km 21,300
47862 Urueña (Valladolid)
☎: +34 915 610 920
Fax: +34 915 634 131
www.heredaduruena.com
direccion@heredaduruena.com

Forum 2012 RD
tinta de Toro, tempranillo
82   4,5€

Forum Etiqueta Negra 2011 T
tinta de Toro, tempranillo
92 ★★★★★   9,0€
Color cereza, borde granate. Aroma fruta roja, fruta madura, balsámico, especiado, roble cremoso, con carácter. Boca potente, sabroso, equilibrado, taninos maduros.

Santo Merlot 2011 T
merlot
89   13,0€
Color cereza, borde granate. Aroma fruta madura, hierbas silvestres, terroso, especiado, roble cremoso. Boca equilibrado, sabroso, largo, balsámico.

Santo Syrah 2011 T
syrah
88   14,0€
Color cereza, borde granate. Aroma fruta madura, fruta confitada, hierbas silvestres, especias dulces. Boca potente, sabroso, especiado, largo.

Santo Tempranillo 2011 T
tempranillo
90 ★★★★   13,0€
Color cereza brillante. Aroma fruta madura, especias dulces, roble cremoso, mineral. Boca frutoso, sabroso, tostado, equilibrado.

LEYENDA DEL PÁRAMO

Ctra. de León s/n, Paraje El Cueto
24230 Valdevimbre (León)
☎: +34 987 050 039
Fax: +34 987 050 039
www.leyendadelparamo.com
info@leyendadelparamo.com

Flor del Páramo 2013 RD
prieto picudo
87 ★★★★★   4,1€
Color frambuesa. Aroma fruta roja, frambuesa, balsámico, expresivo. Boca fino amargor, fresco, frutoso, sabroso.

LONG WINES

Avda. del Puente Cultural, 8 Bloque B Bajo 7
28702 San Sebastián de los Reyes (Madrid)
☎: +34 916 221 305
Fax: +34 916 220 029
www.longwines.com
adm@longwines.com

Afán 2013 B
85

Afán 2013 RD
tempranillo, syrah
85

Afán 2013 T
84

LOS PALOMARES

Los Palomares, 6
24230 Valdevimbre (León)
☎: +34 987 304 218
Fax: +34 987 304 193
www.bodegalospalomares.com
lospalomares@bodegalospalomares.com

Impresiones 2013 B
100% verdejo
84   4,5€

Impresiones 2013 RD
prieto picudo
85 ★★★★★   4,5€

MALDIVINAS

Los Pinillas, 1
28032 (Madrid)
☎: +34 913 710 587
www.maldivinas.es
carlos@maldivinas.es

Combate 2013 B
albillo
92   18,0€
Color pajizo brillante. Aroma fresco, fruta fresca, flores blancas, balsámico, expresivo, mineral. Boca sabroso, frutoso, buena acidez, equilibrado, elegante.

Doble Punta 2012 T
garnacha
90   29,0€
Color guinda. Aroma fruta madura, especiado, roble cremoso, tostado, hierbas de tocador, mineral. Boca potente, sabroso, tostado, taninos maduros.

La Movida 2012 T
garnacha

94   **18,0€**

Color guinda. Aroma fruta al licor, hierbas silvestres, especiado, roble cremoso, floral, piedra seca. Boca fresco, frutoso, sabroso, especiado, balsámico, equilibrado.

La Movida Granito 2012 T
garnacha

93   **18,0€**

Color cereza poco intenso. Aroma fruta al licor, fruta confitada, hierbas silvestres, piedra seca, terroso, especiado. Boca potente, sabroso, equilibrado.

La Movida Laderas 2012 T
garnacha

91   **23,0€**

Color cereza claro. Aroma fruta al licor, balsámico, mineral, especias dulces. Boca sabroso, especiado, balsámico, elegante.

MELGARAJO
Plaza Mayor, 9
47687 Melgar de Abajo (Valladolid)
☎: +34 679 082 971
www.melgarajo.es
melgarajo@melgarajo.es

Valdeleña 2011 T Roble
prieto picudo

86 ★★★★   **6,0€**

Color cereza brillante. Aroma fruta madura, especias dulces, roble cremoso. Boca sabroso, frutoso, tostado.

Valdeleña 2012 T
prieto picudo

83   **3,5€**

Valdeleña 2012 T Roble
prieto picudo

84   **4,5€**

Valdeleña Tinto de Autor 2011 T
prieto picudo

89   **12,0€**

Color cereza, borde granate. Aroma fruta madura, especiado, roble cremoso, tostado, complejo. Boca potente, sabroso, tostado, taninos maduros.

OSSIAN VIDES Y VINOS
Cordel de las Merinas s/n
40447 Nieva (Segovia)
☎: +34 983 878 020
www.ossian.es
ossian@ossian.es

Capitel 2012 BFB
100% verdejo

91

Color amarillo brillante. Aroma floral, cítricos, fruta madura, especias dulces, muy tostado (torrefactado), mineral, balsámico. Boca potente, sabroso, largo, tostado.

Ossian 2012 BFB
100% verdejo

93   **19,0€**

Color amarillo brillante. Aroma cítricos, fruta madura, hierbas silvestres, especiado, roble cremoso, equilibrado. Boca graso, potente, sabroso, especiado, largo, elegante.

Quintaluna 2013 B
verdejo

90 ★★★★★   **6,7€**

Color pajizo, borde verdoso. Aroma elegante, expresivo, floral, fruta madura, hierbas secas. Boca sabroso, equilibrado, fino amargor, largo.

Verdling 2011 B
verdejo

89   **14,0€**

Color pajizo brillante. Aroma flores blancas, notas tropicales, cítricos, hierbas de tocador. Boca fresco, frutoso, fácil de beber.

QUINTA SARDONIA

Casa, s/n - Granja Sardón
47340 Sardón de Duero (Valladolid)
☎: +34 986 621 001
Fax: +34 986 621 084
www.terrasgauda.com

Quinta Sardonia QS 2009 T
tinto fino, cabernet sauvignon, syrah, malbec

89 ♣
Color cereza, borde granate. Aroma fruta madura, fruta confitada, balsámico, potente, especiado, roble cremoso. Boca graso, potente, sabroso, cálido.

Quinta Sardonia QS 2010 T
tinto fino, cabernet sauvignon, syrah, malbec

93 ♣   34,0€
Color cereza intenso, borde granate. Aroma complejo, elegante, fruta madura, especiado, balsámico, expresivo. Boca lleno, complejo, equilibrado.

Quinta Sardonia QS2 2011 T
tinto fino, cabernet sauvignon, merlot, syrah

91   20,0€
Color cereza muy intenso, borde granate. Aroma fruta madura, especias dulces, hierbas de monte, equilibrado. Boca estructurado, sabroso, varietal, largo.

RAMIRO WINE CELLAR

Camino Viejo de Simancas, km. 3,5
47008 Valladolid (Valladolid)
☎: +34 639 306 279
www.ramirowinecellar.com
bodegasramiros@hotmail.com

Ramiro's 2009 T
tempranillo

93   25,0€
Color cereza, borde granate. Aroma equilibrado, fruta madura, especiado, roble cremoso, tostado, balsámico, mineral. Boca sabroso, estructurado, especiado, largo, elegante.

RODRÍGUEZ SANZO

Manuel Azaña, 9
47014 (Valladolid)
☎: +34 983 150 150
Fax: +34 983 150 151
www.rodriguezsanzo.com
comunicacion@valsanzo.com

Parajes Verdejo Viognier 2011 B

91   17,0€
Color dorado brillante. Aroma fruta madura, frutos secos, potente, tostado, ebanistería. Boca sabroso, frutoso, especiado, tostado, largo.

Sanzo Verdejo Frizzante 2013 B
100% verdejo

86 ★★★★★   4,9€
Color pajizo brillante. Aroma cítricos, flores secas, hierbas silvestres. Boca fresco, frutoso, fácil de beber.

T * Sanzo 3 Tempranillos 2012 T

89 ★★★★   6,0€
Color cereza, borde granate. Aroma fruta madura, especiado, roble cremoso. Boca potente, sabroso, tostado, equilibrado.

RUDELES - TIERRAS EL GUIJARRAL

Trasterrera, 10
42345 Peñalba de San Esteban (Soria)
☎: +34 618 644 633
Fax: +34 975 350 582
www.rudeles.com
info@rudeles.com

Valdebonita Albillo 2013 B
100% albillo

88 ★★★★   6,8€
Color pajizo brillante. Aroma flores blancas, hierbas de tocador, expresión frutal. Boca fresco, frutoso, sabroso, elegante.

Valdebonita Garnacha 2012 T
100% garnacha

89 ★★★★   7,6€
Color guinda, borde granate. Aroma fruta roja, fruta al licor, balsámico, especiado. Boca potente, sabroso, frutoso, correcto.

SOTO Y MANRIQUE V.O.

Arandano, 14
47008 Valladolid (Valladolid)
☎: +34 626 290 408
www.sotoymanriquevo.com
info@sotoymanriquevo.com

Naranjas Azules Garnacha 2013 RD
garnacha

89 ★★★★   **8,0€**

Color rosáceo pálido. Aroma equilibrado, expresivo, fruta fresca, floral, hierbas secas. Boca frutoso, sabroso, equilibrado, elegante.

VINOS DE ARGANZA

Río Ancares
24560 Toral de los Vados (León)
☎: +34 987 544 831
Fax: +34 987 563 532
www.vinosdearganza.com
admon@vinosdearganza.com

Lagar de Robla 2012 T Roble
100% mencía

89 ★★★★★   **3,5€**

Color cereza muy intenso, borde granate. Aroma intensidad media, varietal, hierbas silvestres, fruta madura. Boca sabroso, equilibrado.

Lagar de Robla Premium 2012 T
100% mencía

90 ★★★★★   **3,8€**

Color cereza brillante. Aroma fruta madura, especias dulces, roble cremoso, balsámico, varietal. Boca sabroso, frutoso, tostado.

Palacio de Arganza 2007 T
mencía, cabernet sauvignon, tempranillo

87 ★★★★★   **4,3€**

Color cereza muy intenso, borde granate. Aroma hierbas secas, fina reducción, fruta madura, fruta al licor, especiado. Boca frutoso, taninos maduros, cierta persistencia.

Palacio de Arganza 2011 T
mencía, cabernet sauvignon, tempranillo

85 ★★★★★   **3,8€**

VINOS MALAPARTE

Avda. Camilo José Cela, 2
40200 Cuéllar (Segovia)
☎: +34 921 105 204
www.vinosmalaparte.es
info@vinosmalaparte.es

Malaparte Espantalobos 2011 T
tempranillo

90 ★★★   **16,0€**

Color cereza, borde granate. Aroma fruta roja, fruta madura, hierbas de tocador, especias dulces, roble cremoso, mineral, expresivo. Boca potente, sabroso, tostado, largo.

Malaparte Montón de Piñas 2010 T
tempranillo

93 ★★★   **16,0€**

Color cereza, borde granate. Aroma fruta madura, especiado, roble cremoso, tostado, complejo, terroso, balsámico. Boca potente, sabroso, tostado, taninos maduros, equilibrado.

VIÑA ALBARES

Camino Real, s/n
24310 Albares de la Ribera (León)
☎: +34 987 519 147
www.vinaalbareswine.com
info@vinaalbareswine.com

Quinta del Obispo 2013 RD
mencía, tempranillo, syrah, merlot

87 ★★★★★   **3,5€**

Color cereza claro, brillante. Aroma potente, fruta madura, fruta roja, floral, expresivo, hierbas secas. Boca potente, frutoso, fresco.

Quinta del Obispo Chardonnay - Gewürztraminer 2013 B
chardonnay, gewürztraminer

89 ★★★★★   **5,5€**

Color pajizo brillante. Aroma flores blancas, hierbas de tocador, expresión frutal. Boca fresco, frutoso, sabroso, equilibrado, elegante.

Quinta del Obispo Gewürztraminer 2013 B
gewürztraminer

87 ★★★★   **7,0€**

Color pajizo brillante. Aroma flores blancas, hierbas de tocador, notas tropicales. Boca fresco, frutoso, sabroso.

Quinta del Obispo Mencía 2013 T
mencía

87 ★★★★★   **3,5€**

Color cereza brillante, borde granate. Aroma potente, hierbas silvestres, especiado. Boca varietal, frutoso, sabroso.

VIÑA DEL SOPIÉ

La Seca
47491 La Seca (Valladolid)
☎: +34 948 645 008
Fax: +34 948 645 166
www.destileríaslanavarra.com
info@familiabelasco.com

Viña del Sopié Verdejo 100% 2013 B
100% verdejo

87 ★★★★★   4,3€

Color pajizo brillante. Aroma fresco, fruta fresca, flores blancas. Boca sabroso, frutoso, buena acidez.

Viña del Sopié Verdejo 2013 B
verdejo, viura

84   3,0€

VIÑAS DEL CÉNIT

Ctra. de Circunvalación, s/n
49708 Villanueva de Campeán
(Zamora)
☎: +34 980 569 346
www.vinasdelcenit.com
aalberca@avanteselecta.com

Venta Mazarrón 2012 T
100% tempranillo

93 ★★★★★   9,7€

Color cereza muy intenso, borde granate. Aroma potente, fruta madura, muy tostado (torrefactado), chocolate. Boca potente, tostado, retronasal torrefactado.

Villano 2012 T
tempranillo

88 ★★★★   7,1€

Color cereza, borde violáceo. Aroma fruta roja, fruta madura, café aromático, chocolate, roble cremoso. Boca potente, sabroso, retronasal torrefactado.

VIÑEDOS DE VILLAESTER

49800 Toro (Zamora)
☎: +34 948 645 008
Fax: +34 948 645 166
www.familiabelasco.com
info@familiabelasco.com

Avutarda 2012 T
tempranillo, cabernet sauvignon

88 ★★★★★   3,9€

Color cereza intenso, borde granate. Aroma fruta madura, hierbas silvestres, especiado, roble cremoso. Boca potente, sabroso, especiado, largo.

WEINWERK EL LAGARTO

Portugal, 7
49323 Fornillos de Fermoselle (Zamora)
☎: +49 232 459 724
Fax: +49 232 459 721
www.gourmet-lagarto.de
winzer@gourmet-lagarto.de

Ruby Luby de Weinwerk 2012 T

88 ★★★   9,0€

Color cereza brillante. Aroma fruta madura, especias dulces, roble cremoso, expresivo. Boca sabroso, frutoso, tostado, taninos maduros.

VT CORDOBA

BODEGAS JESÚS NAZARENO

Avda. Cañete de las Torres, 33
14850 Baena (Córdoba)
☎: +34 957 670 225
Fax: +34 957 690 873
www.bjn1963.com
bjn@bjn1963.com

Castillo de Baena 2008 T Roble

80   4,4€

NAVISA INDUSTRIAL VINÍCOLA ESPAÑOLA S.A.

Avda. José Padillo, s/n
14550 Montilla (Córdoba)
☎: +34 957 650 554
Fax: +34 957 651 747
www.navisa.es
navisa@navisa.es

Valpina 2011 TC
tempranillo, syrah, cabernet sauvignon

85 ★★★★★   3,0€

VT COSTA DE CANTABRIA

BODEGA NATES

Bº Llamosa, s/n
39761 Nates (Cantabria)
☎: +34 616 111 907
www.bodegasnates.net
comercial@bodegasnates.es

Nates 2013 B
88 ★★★★ 7,0€
Color pajizo brillante. Aroma flores blancas, hierbas de tocador, expresión frutal. Boca fresco, frutoso, sabroso, equilibrado, elegante.

SEÑORÍO DEL PAS

Bº San Martín, 19-A
39638 San Martín de Villafufre
(Cantabria)
☎: +34 630 543 351
www.senoriodelpas.es
info@senoriodelpas.es

Señorío del Pas 2012 B
84 10,0€

VT CUMBRES DE GUADALFEO

BODEGA GARCÍA DE VERDEVIQUE

Cortijo Los García de Verdevique s/n
18439 Castaras (Granada)
☎: +34 958 957 925
www.bodegasgarciadeverdevique.com
info@bodegasgarciadeverdevique.com

García de Verdevique 2010 ESP
vijiriego
75 7,0€

Los García de Verdevique 2008 T
tempranillo, cabernet sauvignon, syrah
90 ★★★★★ 8,0€
Color cereza, borde granate. Aroma equilibrado, complejo, fruta madura, especiado, hierbas de tocador, terroso. Boca estructurado, sabroso, taninos maduros.

Los García de Verdevique 2013 B Barrica
vijiriego
78 7,0€

DOMINIO BUENAVISTA

Ctra. de Almería, s/n
18480 Ugíjar (Granada)
☎: +34 958 767 254
Fax: +34 958 990 226
www.dominiobuenavista.com
info@dominiobuenavista.com

Don Miguel Dulce 2010 T
87 ★★★ 9,0€
Color cereza, borde granate. Aroma fruta confitada, fruta pasificada, ahumado, café aromático, tostado. Boca potente, sabroso, tostado, largo.

Nolados 2009 T
90 ★★★★★ 9,0€
Color cereza, borde granate. Aroma fruta madura, especiado, roble cremoso, tostado, complejo, terroso, con carácter. Boca potente, sabroso, tostado, taninos maduros.

Sweet Melodies Dulce Natural 2013 B
100% viognier
85 ★★★★ 8,0€

VT EIVISSA

CAN RICH

Camí de Sa Vorera, s/n
7820 Sant Antoni (Illes Balears)
☎: +34 971 803 377
Fax: +34 971 803 377
www.bodegascanrich.com
info@bodegascanrich.com

BES Can Rich 2013 RD
monastrell
79 🌷   10,0€

Can Rich 2013 B
chardonnay, malvasía
87 ★★★★ 🌷   6,0€
Color pajizo brillante. Aroma fresco, fruta fresca, flores blancas. Boca sabroso, frutoso, buena acidez, equilibrado.

Can Rich 2013 RD
tempranillo, merlot
82 🌷   6,0€

Can Rich Dulce Vino de licor
malvasía
85   12,0€

Can Rich Ereso 2012 BFB
chardonnay
85 🌷   12,0€

Can Rich Negre 2010 T
tempranillo, merlot
87 ★★★★ 🌷   7,0€
Color cereza, borde granate. Aroma fruta madura, hierbas silvestres, terroso, especiado. Boca equilibrado, sabroso.

Can Rich Selección 2008 T
cabernet sauvignon, merlot, tempranillo
87 ★★★ 🌷   9,0€
Color cereza, borde granate. Aroma especiado, tabaco, fruta madura. Boca equilibrado, taninos maduros, balsámico.

Lausos Cabernet Sauvignon 2007 T
cabernet sauvignon
90 🌷   18,0€
Color cereza, borde granate. Aroma fruta madura, hierbas silvestres, terroso, especiado, roble cremoso. Boca equilibrado, sabroso, largo, balsámico.

Yviça 2013 T
monastrell, merlot, tempranillo
86 ★★★★ 🌷   6,0€
Color cereza, borde violáceo. Aroma fruta fresca, fruta roja, balsámico. Boca sabroso, frutoso, fácil de beber.

SA COVA

Bodega Sa Cova s/n
7816 Sant Mateu D'Albarca
(Illes Balears)
☎: +34 971 187 046
Fax: +34 971 312 250
www.sacovaibiza.com
sacova@sacovaibiza.com

Clot d'Albarca 2009 TR
syrah, merlot
90 ★★★   15,0€
Color cereza, borde granate. Aroma fruta madura, especiado, roble cremoso, tostado, complejo, terroso. Boca potente, sabroso, tostado, taninos maduros.

Sa Cova 2013 RD
monastrell
86 ★★★   9,0€
Color cobrizo, brillante. Aroma flores marchitas, hierbas de tocador. Boca correcto, fino amargor, frutoso.

Sa Cova 9 2010 T
monastrell, syrah, merlot
88 ★★★   9,0€
Color cereza brillante. Aroma fruta madura, especias dulces, roble cremoso, intensidad media. Boca frutoso, sabroso, tostado.

Sa Cova Blanc de Blanc 2013 B
malvasía, macabeo
84   9,0€

Sa Cova Privat 2009 T
syrah, monastrell
89   12,0€
Color cereza, borde granate. Aroma fruta madura, especiado, roble cremoso. Boca potente, sabroso, tostado, taninos maduros.

TOTEM WINES

Camino Viejo de San Mateu, s/n
7814 Santa Gertrudis (Illes Balears)
☎: +34 685 838 875
Fax: +34 971 198 344
www.totemwines.com
patrice@totemwines.com

Ibizkus 2012 T
monastrell
88   15,0€
Color cereza, borde granate. Aroma intensidad media, especiado, hierbas silvestres. Boca frutoso, estructurado, taninos maduros.

Ibizkus 2013 RD
monstruosa, syrah, tempranillo
88   18,5€
Color rosáceo pálido. Aroma elegante, flores secas, hierbas de tocador, fruta roja. Boca sabroso, buena acidez, largo, especiado.

Tótem 2011 T
monastrell

91 29,0€

Color cereza, borde granate. Aroma fruta madura, especiado, roble cremoso, tostado, complejo, terroso. Boca potente, sabroso, tostado, taninos maduros.

VINOS CAN MAYMÓ
Casa Can Maymó
7816 Sant Mateu d'Albarca (Ibiza)
☎: +34 971 805 100
Fax: +34 971 805 100
www.bodegascanmaymo.com
info@bodegascanmaymo.com

Can Maymó Merlot 2010 T
merlot

86 ★★★ 9,0€

Color cereza, borde granate. Aroma intensidad media, hierbas silvestres. Boca correcto, cierta persistencia.

Can Maymó 2011 T Barrica
tempranillo, merlot

87 ★★★ 8,5€

Color cereza brillante. Aroma fruta madura, especias dulces, roble cremoso. Boca sabroso, frutoso, tostado, taninos maduros.

Can Maymó 2013 B
87 ★★★★ 6,5€

Color pajizo brillante. Aroma fresco, fruta fresca, expresivo, jazmín. Boca frutoso, buena acidez, equilibrado, fácil de beber.

Can Maymó 2013 RD
syrah

89 ★★★★ 6,5€

Color piel cebolla. Aroma elegante, flores secas, hierbas de tocador, fruta roja. Boca ligero, sabroso, buena acidez, largo, especiado.

Can Maymó Tradición 2011 T
monastrell, tempranillo, merlot, syrah

85 ★★★★ 7,0€

VT EXTREMADURA

BODEGA DE MIRABEL
Buenavista, 31
10220 Pago de San Clemente
(Cáceres)
☎: +34 927 323 254
bodegademirabel@hotmail.com

Mirabel 2010 T
92 17,0€

Color cereza, borde granate. Aroma fruta madura, hierbas silvestres, terroso, especiado, roble cremoso. Boca equilibrado, sabroso, largo, balsámico.

Pago de Mirabel 2013 T
100% garnacha **NOMINADO GUIAPENÍN**

95 115,0€

Color cereza, borde granate. Aroma fruta madura, especiado, roble cremoso, tostado, complejo, terroso. Boca potente, sabroso, tostado, taninos maduros.

Tribel de Mirabel 2013 T
88 ★★★★★ 4,0€

Color cereza, borde violáceo. Aroma equilibrado, intensidad media. Boca sabroso, frutoso, estructurado.

BODEGA MARQUÉS DE VALDUEZA
Fortuny, 19 1º Dcha
28010 (Madrid)
☎: +34 913 191 508
Fax: +34 913 084 034
www.marquesdevaldueza.com
contact@marquesdevaldueza.com

Marqués de Valdueza Etiqueta Roja 2010 T
cabernet sauvignon, syrah

84 12,0€

Marqués de Valdueza Gran Vino de Guarda 2007 T
cabernet sauvignon, syrah, merlot

92 18,0€

Color cereza, borde granate, borde anaranjado. Aroma equilibrado, complejo, fruta madura, especiado, balsámico, fina reducción. Boca estructurado, sabroso, taninos maduros.

Marqués de Valdueza Gran Vino de Guarda 2008 T
cabernet sauvignon, syrah

93 18,0€

Color guinda, borde anaranjado. Aroma especiado, tostado, hierbas de monte, fruta madura, mineral. Boca especiado, largo, tostado, equilibrado, taninos maduros.

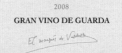

BODEGA SAN MARCOS

Ctra. Aceuchal, s/n
6200 Almendralejo (Badajoz)
☎: +34 924 670 410
Fax: +34 924 665 505
www.bodegasanmarcos.com
ventas@bodegasanmarcos.com

Campobravo 2013 RD
100% syrah

86 ★★★★★   2,8€

Color frambuesa, borde violáceo. Aroma potente, fruta madura, fruta roja, floral, expresivo. Boca potente, frutoso, fresco, fácil de beber.

BODEGAS CAÑALVA

Coto, 54
10136 Cañamero (Cáceres)
☎: +34 927 369 405
Fax: +34 927 369 405
www.bodegascanalva.com
info@bodegascanalva.com

Cañalva Coupage Especial 2010 TC

89 ★★★★   7,0€

Color cereza, borde granate. Aroma fruta madura, hierbas silvestres, terroso, especiado, roble cremoso. Boca equilibrado, sabroso, largo, balsámico, taninos maduros.

Cañalva Macabeo 2013 B
100% macabeo

83   4,0€

Cañalva Selección 2009 T

88 ★★★★   8,0€

Color cereza, borde granate. Aroma fruta confitada, fruta al licor, especiado, hierbas silvestres, fina reducción. Boca sabroso, confitado, balsámico.

Esencia de Luz 2013 B
100% moscatel de alejandría

80   6,0€

Fuente Cortijo 2010 TC
100% tempranillo

87 ★★★★★   4,5€

Color guinda. Aroma especiado, tostado, fruta madura, balsámico. Boca especiado, largo, tostado.

Luz 2013 RD
100% garnacha

84   4,5€

Luz 2013 Semidulce

84   4,5€

BODEGAS CARLOS PLAZA

Sol s/n
6196 Cortegana (Badajoz)
☎: +34 924 687 932
Fax: +34 924 667 569
www.bodegascarlosplaza.com
export@bodegascarlosplaza.com

Carlos Plaza 2013 B
100% pardina

88 ★★★★★   5,0€

Color pajizo brillante. Aroma flores blancas, hierbas de tocador, expresión frutal. Boca fresco, frutoso, sabroso, elegante.

Carlos Plaza 2013 T

90 ★★★★★   5,0€

Color cereza muy intenso, borde granate. Aroma cálido, hierbas secas, fruta madura. Boca sabroso, fruta madura, largo.

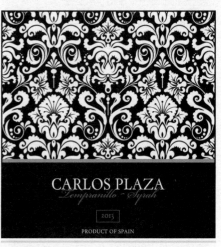

Carlos Plaza Selección 2011 T

88 ★★★★   7,4€

Color cereza brillante. Aroma fruta madura, especias dulces, roble cremoso, expresivo. Boca sabroso, frutoso, tostado, taninos maduros.

La Llave Roja 2011 T

87 ★★★   9,9€

Color cereza muy intenso, borde granate. Aroma potente, fruta madura, especias dulces. Boca potente, tostado, retronasal torrefactado.

La Llave Roja 2013 T

90 ★★★★★   5,0€

Color cereza intenso. Aroma fruta madura, fruta roja. Boca sabroso, fruta madura.

BODEGAS CASTELAR

Avda. de Extremadura, 1
6228 Hornachos (Badajoz)
☎: +34 924 533 073
Fax: +34 924 533 493
www.bodegascastelar.com
bodega@bodegascastelar.com

Castelar Blanco V 2013 B
verdejo
82   3,5€

BODEGAS DE OCCIDENTE

Granados, 1 Bajo
6200 Almendralejo (Badajoz)
☎: +34 662 952 801
www.bodegasdeoccidente.com
info@bodegasdeoccidente.es

Buche 2012 T
tempranillo
87 ★★★   8,5€
Color cereza brillante. Aroma fruta madura, especias dulces, roble cremoso. Boca sabroso, frutoso, tostado, taninos maduros.

BODEGAS HABLA

Ctra. A-V, km. 259
10200 Trujillo (Cáceres)
☎: +34 927 659 180
Fax: +34 927 659 180
www.bodegashabla.com
habla@bodegashabla.com

Habla de la Tierra 2011 T
tempranillo, cabernet sauvignon
84

Habla nº 12 2011 T
syrah
91
Color cereza, borde granate. Aroma fruta madura, hierbas silvestres, especiado. Boca potente, sabroso, correcto, redondo.

BODEGAS ORAN

Granados, 1
6200 Almendralejo (Badajoz)
☎: +34 662 952 800
www.bodegasoran.es
info@bodegasoran.com

Entremares 2013 B
pardina, cayetana blanca, eva, montua
84   4,5€

BODEGAS SANTA MARTA

Cooperativa, s/n
6150 Santa Marta (Badajoz)
☎: +34 924 690 218
Fax: +34 924 690 083
www.bodegasantamarta.com
salesmanager@bodegasantamarta.com

Calamón Semidulce 2013 B
pardina
85 ★★★★★   2,3€

Calamón Semidulce 2013 RD
tempranillo
84   2,3€

BODEGAS TORIBIO

Luis Chamizo, 12 y 21
6310 Puebla de Sancho Pérez (Badajoz)
☎: +34 924 551 449
Fax: +34 924 551 449
www.bodegastoribio.com
info@bodegastoribio.com

Golosina Eva Semidulce 2013 B
eva beba
85 ★★★★★   3,8€

Golosina Garnacha Semidulce 2013 RD
garnacha
85 ★★★★★   4,2€

Mú + Madera 2013 T Roble
tempranillo, cabernet sauvignon
86 ★★★★★   3,5€
Color cereza, borde violáceo. Aroma intensidad media, fruta roja, equilibrado. Boca frutoso, fácil de beber, balsámico, correcto.

Mú 2013 B
eva, macabeo, verdejo
83   2,5€

Mú 2013 T
tempranillo, macabeo
86 ★★★★★   2,5€
Color cereza, borde violáceo. Aroma expresivo, fruta fresca, fruta roja, floral, hierbas silvestres. Boca sabroso, frutoso, buena acidez, taninos maduros.

Tori-Bio 2012 T
tempranillo
87 ★★★★★ 🌷   4,3€
Color cereza muy intenso, borde granate. Aroma cálido, hierbas secas, fruta madura. Boca sabroso, fruta madura, largo.

Torivín 2013 T
tempranillo, cabernet sauvignon, garnacha, syrah
85 ★★★★★   3,2€

Torivín 4x4 2012 T Roble
cabernet sauvignon, tempranillo, garnacha, syrah

87 ★★★★  **6,7€**

Color cereza oscuro, borde granate. Aroma tostado, especiado, ahumado, hierbas secas. Boca especiado, balsámico, fruta madura.

Torivín ADN 2010 T Roble
tempranillo, syrah, cabernet sauvignon

86 ★★★★★ **4,6€**

Color cereza, borde granate. Aroma hierbas silvestres, fruta madura, especiado. Boca equilibrado, sabroso, taninos maduros.

Torivín Natura 2012 T
tempranillo

87 ★★★★★ ❀ **4,3€**

Color cereza oscuro, borde violáceo. Aroma fruta madura, equilibrado. Boca sabroso, taninos maduros, fruta madura.

Torivín Pi 2012 TC
cabernet sauvignon, tempranillo, garnacha, syrah

88 ★★★★ **7,0€**

Color cereza, borde granate. Aroma fruta madura, especiado, complejo. Boca potente, sabroso, tostado, taninos maduros.

Viña Puebla 12 meses Barrica 2010 TC
tempranillo, syrah, cabernet sauvignon

87 ★★★★★ **4,9€**

Color cereza brillante. Aroma fruta madura, especias dulces, hierbas silvestres. Boca sabroso, frutoso, tostado, taninos maduros.

Viña Puebla Macabeo 2013 B
macabeo

84 **2,2€**

Viña Puebla Tempranillo 2013 T
tempranillo

87 ★★★★★ **3,1€**

Color cereza, borde violáceo. Aroma expresivo, fruta fresca, fruta roja, floral. Boca sabroso, frutoso, buena acidez, taninos maduros.

BODEGAS VIÑA EXTREMEÑA
Lago de Alange, s/n
6200 Almendralejo (Badajoz)
☎: +34 924 670 158
Fax: +34 924 670 159
www.vinexsa.com
info@vinexsa.com

Monasterio de Tentudia 2008 TR
100% tempranillo

86 ★★★★★ **4,2€**

Color cereza muy intenso. Aroma fruta madura, especiado, roble cremoso, tostado, fina reducción. Boca potente, sabroso, tostado.

Monasterio de Tentudia Premium 2010 T

84 **4,5€**

Terra Magna 2006 TR

86 ★★★★ **6,2€**

Color cereza, borde granate. Aroma fruta madura, especiado, roble cremoso, tostado, fina reducción. Boca potente, sabroso, tostado.

COLOMA VIÑEDOS Y BODEGAS
Ctra. EX-363, km. 5,6
6170 Alvarado (Badajoz)
☎: +34 924 440 028
Fax: +34 924 440 409
www.bodegascoloma.com
coloma@bodegascoloma.com

Coloma Castillo "Torre Bermeja" Graciano 2011 TC
100% graciano

88

Color cereza, borde granate. Aroma fruta madura, hierbas silvestres, especiado, roble cremoso. Boca equilibrado, sabroso, largo, balsámico.

Coloma Garnacha Roja 2012 T
100% garnacha roja

87

Color cereza muy intenso, borde granate. Aroma fruta roja, fruta al licor, balsámico. Boca sabroso, fruta madura, largo.

Coloma Garnacha Selección 2012 T
100% garnacha

86

Color cereza brillante. Aroma fruta madura, especias dulces, roble cremoso. Boca sabroso, frutoso, tostado.

Coloma Merlot Selección 2011 T Barrica
100% merlot

85

Coloma Muscat 2013 B
100% moscatel grano menudo

84

Evandria Pinot Noir 2012 RD
100% pinot noir

84

LUIS GURPEGUI MUGA
Avda. Celso Muerza, 8
31560 San Adrián (Navarra)
☎: +34 948 670 050
Fax: +34 948 670 259
www.gurpegui.es
bodegas@gurpegui.es

Pintoresco 2013 T
tempranillo
87 ★★★★★ 2,5€
Color cereza, borde violáceo. Aroma expresivo, fruta fresca, fruta roja, floral. Boca sabroso, frutoso, buena acidez, fino amargor.

MCR, S.L.
Ctra. Badajoz, 75
6200 Almendralejo (Badajoz)
☎: +34 924 677 337
www.bodegasmcr.com

Inés del Alma Mía 2013 B
100% chardonnay
88
Color pajizo brillante. Aroma flores blancas, lías finas, hierbas secas, fruta madura. Boca sabroso, frutoso, buena acidez.

VIÑA PLACENTINA
Avda. Martín Palomino, 49
10600 Plasencia (Cáceres)
☎: +34 927 116 250
Fax: +34 927 418 102
www.vinaplacentina.com
info@vinaplacentina.com

Viña Placentina Etiqueta Negra 2007 TR
100% cabernet sauvignon
85 ★★★ 8,7€

Viña Placentina Etiqueta Roja 2010 TC
82 5,0€

Viña Placentina Pago de los Ángeles 2005 TGR
100% cabernet sauvignon
86 12,8€
Color rubí, borde teja. Aroma especiado, fina reducción, cuero mojado, ebanistería, espirituoso. Boca especiado, taninos finos, largo.

VIÑEDOS Y BODEGAS FUENTES
Ctra. Alange, Km. 17,700
6200 Almendralejo (Badajoz)
☎: +34 635 654 871
bodegasfuentes@gmail.com

Leneus Vino Ecológico 2013 T Roble
100% tempranillo
83 5,0€

Vino Ecológico Cayetana 2013 B
100% cayetana blanca
85 ★★★★★ 2,8€

VT FORMENTERA

CAP DE BARBARIA
Ctra. d'Es Cap, km. 5,8
7860 Formentera (Baleares)
☎: +34 647 707 572
www.capdebarbaria.com
info@capdebarbaria.com

Cap de Barbaria 2009 T
cabernet sauvignon, merlot, monastrell, fogoneu
92 32,0€
Color cereza, borde granate. Aroma potente, tostado, roble cremoso, hierbas de monte, fruta madura. Boca lleno, taninos maduros.

Cap de Barbaria 2010 TR
cabernet sauvignon, merlot, monastrell, fogoneu
94 32,0€
Color cereza oscuro. Aroma expresivo, equilibrado, balsámico, fruta madura. Boca lleno, taninos maduros, especiado, largo, balsámico.

Ophiusa 2011 T
cabernet sauvignon, merlot, monastrell, fogoneu

90 ★★★★   **12,0€**

Color cereza brillante. Aroma fruta madura, especias dulces, roble cremoso, expresivo, hierbas de monte. Boca sabroso, frutoso, tostado, taninos maduros.

TERRAMOLL
Ctra. de La Mola, Km. 15,5
7872 Formentera (Illes Balears)
☎: +34 971 327 293
Fax: +34 971 327 293
www.terramoll.es
jabalde@terramoll.es

Es Monestir 2010 TC
monastrell

91   **22,0€**

Color cereza, borde granate. Aroma fruta madura, especiado, roble cremoso, complejo, terroso. Boca potente, sabroso, tostado, taninos maduros.

Rosa de Mar 2013 RD
cabernet sauvignon, merlot, monastrell

87   **13,0€**

Color cobrizo, brillante. Aroma hierbas de tocador, flores blancas, fruta fresca. Boca fresco, frutoso, fino amargor.

Savina 2012 B
garnacha, viognier, moscatel grano menudo, moll

88   **13,5€**

Color amarillo brillante. Aroma potente, flores blancas, hierbas silvestres, fruta madura. Boca equilibrado, fino amargor, largo.

Terramoll Primus 2007 TC
merlot, cabernet sauvignon

88   **12,0€**

Color cereza, borde granate. Aroma ahumado, tostado, especias dulces, hierbas silvestres. Boca potente, fruta madura, balsámico.

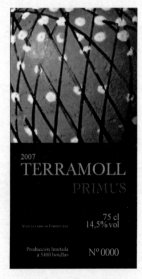

Terramoll Primus 2013 BFB
viognier

88 14,5€

Color pajizo brillante. Aroma fruta madura, especias dulces, roble cremoso, hierbas de tocador. Boca graso, sabroso, fresco, buena acidez.

VT ILLA DE MENORCA

BINITORD
Santa Catarina, 1
7760 Ciutadella de Menorca (Illes Balears)
☎: +34 654 909 714
www.binitord.com
info@binitord.com

Binitord Blanc 2013 B
chardonnay, merlot, syrah, macabeo

88 10,9€

Color pajizo. Aroma equilibrado, fresco, flores blancas, hierbas secas. Boca fresco, fácil de beber, fino amargor.

Binitord Negre 2011 T
cabernet sauvignon, syrah, merlot

86 ★★★ 9,9€

Color cereza, borde granate. Aroma fruta madura, hierbas silvestres, especiado. Boca equilibrado, sabroso, balsámico.

Binitord Rosat 2013 RD
tempranillo

84 9,1€

Binitord Roure 2010 T
cabernet sauvignon, tempranillo, syrah

87 13,2€

Color cereza brillante, borde granate. Aroma especiado, fruta madura, hierbas de monte. Boca frutoso, balsámico.

Ciutat de Parella 2010 T
cabernet sauvignon, tempranillo, syrah

86 14,7€

Color cereza brillante. Aroma fruta madura, especias dulces. Boca sabroso, frutoso, tostado, taninos maduros.

BODEGAS MENORQUINAS
Camí de Tramuntana, Km. 1
7740 Es Mercadal (Illes Balears)
☎: +34 618 253 253
www.bodegasmenorquinas.com
bodegasmenorquinas@msn.com

Fusió Blanc 2013 B
macabeo, parellada, moscatel

87 ★★★★ 7,9€

Color amarillo brillante. Aroma fruta fresca, hierbas silvestres. Boca sabroso, fino amargor, fácil de beber, buena acidez.

Fusió Negre 2013 T
merlot, cabernet sauvignon

86 ★★★★ 7,9€

Color cereza poco intenso. Aroma intensidad media, fruta roja, hierbas secas. Boca ligero, fácil de beber.

Fusió Rosat 2013 RD
macabeo, merlot

86 ★★★★ 7,9€

Color cobrizo, brillante. Aroma intensidad media, fruta fresca, hierbas secas. Boca fresco, fácil de beber, cierta persistencia.

CRISPÍN MARIANO VADELL
(Menorca)
☎: +34 971 375 391
Fax: +34 971 375 467
bodegasmenorquinas@mns.net

Ferrer de Munt Palau 2005 T
86

Color cereza intenso, borde anaranjado. Aroma especias dulces, tostado, fruta madura. Boca frutoso, sabroso, taninos maduros.

Ferrer de Munt Palau 2009 T
84

Ferrer de Munt Palau VI VERMELL 2003 T
84

FINCA SA MARJALETA
Calle Alfons V nº 10
7760 Ciutadella de Menorca
(Illes Balears)
☎: +34 971 385 737
Fax: +34 971 385 737
www.marjaleta.com
marjaleta@telefonica.net

Lamontanum 2011 T
100% syrah

92 ★★★ 14,5€

Color cereza, borde granate. Aroma fruta madura, hierbas silvestres, terroso, especiado, roble cremoso. Boca equilibrado, sabroso, largo, balsámico.

Lamontanum 2012 T
91 ★★★ 14,5€

Color cereza intenso, borde violáceo. Aroma cacao fino, especias dulces, fruta madura, roble cremoso. Boca equilibrado, estructurado, sabroso.

Lamontanum 2013 B
100% viognier

90 ★★★★ 12,8€

Color amarillo brillante. Aroma intensidad media, flores blancas, flores secas. Boca frutoso, fruta madura, equilibrado, largo, especiado.

SA FORANA

Cugullonet Nou
7712 Sant Climent - Mahón (Illes Balears)
☎: +34 607 242 510
www.saforana.com
saforana@saforana.com

600 Metros Sa Forana 2013 T
ull de llebre, cabernet sauvignon, syrah

90 ★★★★★   7,9€

Color cereza, borde violáceo. Aroma expresivo, fruta roja, flores marchitas, hierbas silvestres. Boca frutoso, sabroso, retronasal afrutado.

Sa Forana 2012 T
cabernet sauvignon, merlot, syrah

87   11,8€

Color cereza intenso. Aroma intensidad media, cuero muy curtido, fruta madura, balsámico. Boca sabroso, taninos maduros.

VINYA SA CUDIA

Cos de Gracia, 7
7702 Mahón (Illes Balears)
☎: +34 686 361 445
Fax: +34 971 353 607
www.vinyasacudia.com
fincasacudia@gmail.com

Favaritx Blanc 2013 B
100% malvasía

86 ★★★★ ❧   7,0€

Color pajizo. Aroma flores marchitas, cítricos, fruta fresca. Boca sabroso, fino amargor, fácil de beber.

Favaritx Negre 2013 T
100% cabernet sauvignon

82 ❧   9,0€

VT LADERAS DEL GENIL

BODEGAS FONTEDEI

Doctor Horcajadas, 10
18570 Deifontes (Granada)
☎: +34 958 407 957
www.bodegasfontedei.es
info@bodegasfontedei.es

Abadía 2013 B
sauvignon blanc, chardonnay

89 ★★★   10,0€

Color amarillo brillante. Aroma expresivo, equilibrado, floral, especiado. Boca equilibrado, fino amargor, graso.

BODEGAS SEÑORÍO DE NEVADA

Ctra. de Cónchar, s/n
18659 Villamena (Granada)
☎: +34 958 777 092
Fax: +34 958 107 367
www.senoriodenevada.es
info@senoriodenevada.es

Viña Dauro 2013 B
viognier

89 ★★★★   7,3€

Color amarillo brillante. Aroma fresco, fruta fresca, flores blancas, hierbas de tocador. Boca sabroso, frutoso, buena acidez, equilibrado.

VT LAUJAR/ALPUJARRA

VALLE DE LAUJAR

Ctra. de Laujar a Berja, Km. 2,2
4470 Laujar de Andarax (Almería)
☎: +34 950 514 200
Fax: +34 950 608 001

Finca Matagallo 2011 T
83   8,0€

Viña Laujar 2013 B
100% Jaen blanca
84   2,5€

Viña Laujar Cota 950 2011 B
82   6,7€

Viña Laujar Macabeo 2013 B
100% macabeo
84   3,5€

Viña Laujar Syrah 2010 T
100% syrah
84   8,0€

VT LIÉBANA

BODEGA PICOS DE CABARIEZO

Barrio Cabariezo, s/n
39571 Cabezón de Liébana (Cantabria)
☎: +34 942 735 177
Fax: +34 942 735 176
www.vinosylicorespicos.com
info@vinosylicorespicos.es

Picos de Cabariezo 2012 T Roble
88 ★★★   10,0€

Color cereza, borde granate. Aroma fruta madura, especiado, mineral, hierbas de monte. Boca equilibrado, sabroso, largo, balsámico.

Picos de Cabariezo 2013 T
85 ★★★★ 6,0€

BODEGA RÍO SANTO
Cillorigo de Liébana
39584 Esanos (Santander)
☎: +34 636 987 865
Fax: +34 942 732 188
www.riosanto.es
info@riosanto.es

Lusia 100% Mencía 2013 T
100% mencía
89 ★★★ 9,0€
Color cereza muy intenso, borde violáceo. Aroma expresión frutal, equilibrado, floral. Boca frutoso, fácil de beber, balsámico.

Lusia 2012 T Roble
92 ★★★★★ 8,0€
Color cereza muy intenso. Aroma especiado, fruta madura, hierbas secas. Boca equilibrado, taninos maduros, balsámico.

VT MALLORCA

4 KILOS VINÍCOLA
1ª Volta, 168 Puigverd
7200 Felanitx (Illes Balears)
☎: +34 971 580 523
Fax: +34 971 580 523
www.4kilos.com
fgrimalt@4kilos.com

12 volts 2012 T
callet, merlot, cabernet sauvignon, syrah
92 ★★★ 15,0€
Color cereza brillante. Aroma especias dulces, fruta madura, hierbas silvestres, roble cremoso. Boca estructurado, sabroso, taninos maduros.

4 Kilos 2012 T
callet, merlot, fogoneu
93 27,0€
Color cereza, borde granate. Aroma expresivo, fruta madura, especiado. Boca estructurado, lleno, equilibrado, taninos maduros, fruta madura.

ÁN NEGRA VITICULTORS S.L.
3ª Volta, 18 - Apdo. 130
7200 Faianitx (Illes Balears)
☎: +34 971 584 481
Fax: +34 971 584 482
www.animanegra.com
info@annegra.com

Quíbia 2013 B
89 11,0€
Color pajizo brillante. Aroma fruta escarchada, cítricos, flores marchitas. Boca sabroso, buena acidez.

ANTONIO NADAL BODEGAS Y VIÑEDOS
Cami de Son Roig, s/n
7350 Binissalem (Illes Balears)
☎: +34 630 914 511
Fax: +34 971 515 060
www.bodegasantonionadal.es
info@bodegasantonionadal.es

Fresc 2013 B
macabeo
82 12,0€

Primerenc 2012 T
manto negro, callet, monastrell, tempranillo
88 16,5€
Color cereza, borde granate. Aroma fruta madura, hierbas de monte, especiado. Boca equilibrado, taninos maduros, fruta madura.

Tres Uvas 2012 T
manto negro, callet, monastrell, tempranillo
89 22,5€
Color cereza brillante. Aroma fruta madura, especias dulces, expresivo. Boca sabroso, frutoso, taninos maduros.

ARMERO I ADROVER
Camada Real s/n
7200 Mallorca (Illes Balears)
☎: +34 971 827 103
Fax: +34 971 580 305
www.armeroiadrover.com
luisarmero@armeroiadrover.com

Armero Adrover Chardonnay Prensal 2013 B
chardonnay
87
Color pajizo brillante. Aroma fresco, fruta fresca, flores blancas. Boca sabroso, frutoso, buena acidez, equilibrado.

BINIGRAU

Fiol, 33
7143 Biniali (Illes Balears)
☎: +34 971 512 023
Fax: +34 971 886 495
www.binigrau.es
info@binigrau.es

B - Binigrau 2010 T
80% manto negro, callet, 20% merlot

93 ★★★   **15,0€**

Color cereza brillante, borde granate. Aroma especiado, hierbas de monte, fruta madura, complejo. Boca fruta madura, largo, balsámico, taninos maduros.

Binigrau Chardonnay 2012 BFB
100% chardonnay

92 ★★★   **15,0€**

Color amarillo brillante. Aroma potente, fruta madura, especias dulces, roble cremoso, hierbas de tocador. Boca graso, retronasal ahumado, sabroso, fresco, buena acidez.

Binigrau Dolç 2010 T
manto negro, merlot

88 ★★★   **10,0€**

Color cereza brillante, borde granate. Aroma equilibrado, expresivo, especias dulces, fruta madura, fruta escarchada. Boca sabroso, largo, especiado.

E - Binigrau 2013 RD

88 ★★★★ ⚘   **8,0€**

Color cereza claro, brillante. Aroma expresivo, equilibrado, fresco, fruta roja, flores blancas. Boca buena acidez, fino amargor, largo.

E - Binigrau 2013 T

89 ★★★ ⚘   **9,0€**

Color cereza poco intenso, borde granate. Aroma intensidad media, hierbas secas, fruta madura, expresivo. Boca frutoso, buena acidez.

Nou Nat 2013 B

91 ★★★★★   **10,0€**

Color pajizo brillante. Aroma flores blancas, hierbas de tocador, expresión frutal, elegante. Boca fresco, frutoso, sabroso, equilibrado, elegante.

Obac' 11 2011 TC
manto negro, callet, merlot, syrah

90 ★★★★   **11,0€**

Color cereza, borde granate. Aroma fruta madura, hierbas silvestres, terroso, especiado, roble cremoso. Boca equilibrado, sabroso, largo, balsámico.

Obac' 12 2012 T
manto negro, callet, syrah, cabernet sauvignon

91

Color cereza, borde granate. Aroma especiado, tostado, fruta sobremadura, mineral, hierbas secas. Boca potente, sabroso, tostado, taninos maduros.

BODEGA CASTELL MIQUEL

Ctra. Alaró-Lloseta, Km. 8,7
Apart. Correos 11
7340 Alaró (Baleares)
☎: +34 971 510 698
Fax: +34 971 510 669
www.castellmiquel.com
info@castellmiquel.com

Castel Miquel Shiraz Stairway to Heaven 2010 TR
syrah

87   18,5€

Color cereza, borde granate. Aroma intensidad media, fruta madura, cerrado. Boca equilibrado, buena acidez, frutoso.

Castell Miquel Cabernet Sauvignon Stairway to Heaven 2010 TR
100% cabernet sauvignon

89   18,5€

Color cereza poco intenso, borde anaranjado. Aroma equilibrado, expresivo, fruta madura, especiado, hierbas de monte. Boca sabroso, estructurado.

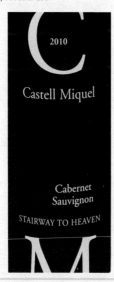

Castell Miquel Monte Sion 2010 T

88   14,0€

Color cereza brillante, borde granate. Aroma equilibrado, intensidad media, fruta madura, hierbas secas. Boca sabroso, largo, balsámico.

BODEGA MARUCCIA

Camino Son Mendivil Buzon 30
7620 Llucmajor (Baleares)
☎: +34 971 660 134
www.maruccia.com
info@maruccia.com

Amada Tessa 2011 T
merlot, syrah

90   28,9€

Color cereza, borde granate. Aroma fruta madura, especiado, roble cremoso, tostado, complejo. Boca potente, sabroso, tostado, taninos maduros.

Berilo de Callet 2011 T
callet, cabernet sauvignon

88   14,9€

Color cereza, borde granate. Aroma equilibrado, hierbas secas, fruta madura. Boca graso, taninos maduros, correcto, balsámico.

Oro del Huevo 2012 B
chardonnay, prensal

88   18,9€

Color amarillo brillante. Aroma equilibrado, fruta madura, flores marchitas, especias dulces. Boca graso, frutoso.

Zafiro de Galdent 2011 T
cabernet sauvignon

88   22,9€

Color cereza brillante, borde granate. Aroma equilibrado, hierbas secas, hierbas de monte, fruta madura, especiado. Boca frutoso, sabroso.

BODEGA MESQUIDA MORA

Camí Pas des Frare,s/n(antigua carretera PorreresSant Joan)
7260 Porreres (Illes Balears)
☎: +34 687 971 457
www.mesquidamora.com
info@mesquidamora.com

Acrollam Blanc 2013 B
prensal, chardonnay

85 ❦   11,5€

Acrollam Rosat 2013 RD
merlot, cabernet sauvignon

85 ★★★ ❦   10,0€

Sincronía 2013 B
prensal, parellada, chardonnay

90

Color amarillo brillante. Aroma fruta madura, flores marchitas, hierbas secas, hidrocarburo. Boca potente, sabroso, largo, especiado.

Sincronía 2013 RD
cabernet sauvignon, callet, manto negro

83

Sincronía 2013 T
callet, manto negro, cabernet sauvignon, merlot

89

Color cereza, borde violáceo. Aroma fruta roja, fruta madura, balsámico, equilibrado. Boca fresco, frutoso, balsámico, equilibrado.

Sòtil 2012 T
callet, manto negro, cabernet sauvignon

90 ★★★   16,0€

Color cereza, borde granate. Aroma fruta roja, fruta madura, especiado, roble cremoso, tostado, complejo, terroso. Boca potente, sabroso, tostado, taninos maduros.

BODEGAS ÁNGEL
Ctra. Sta María - Sencelles, km. 4,8
7320 Santa María del Camí
(Illes Balears)
☎: +34 971 621 638
Fax: +34 971 621 638
www.bodegasangel.com
info@bodegasangel.com

Ángel Blanc de Blanca 2013 B

88 ★★★★   8,0€

Color pajizo brillante. Aroma hierbas secas, flores marchitas, fresco. Boca frutoso, fino amargor, buena acidez.

Ángel Cabernet Sauvignon 2010 T
cabernet sauvignon

89   13,0€

Color cereza, borde granate. Aroma fruta madura, hierbas silvestres, terroso, especiado, roble cremoso. Boca equilibrado, sabroso, largo, balsámico.

Ángel Gran Selecció 2010 T Roble
cabernet sauvignon, merlot, manto negro

91 ★★★★   12,5€

Color cereza brillante. Aroma fruta madura, especias dulces, roble cremoso, expresivo. Boca sabroso, frutoso, tostado, taninos maduros.

Ángel Lau Rosa 2013 RD

86 ★★★★   6,5€

Color cereza claro, brillante. Aroma intensidad media, fruta fresca, hierbas silvestres. Boca sabroso, frutoso, largo, fino amargor.

Ángel Syrah 2010 T
syrah

89   12,0€

Color cereza brillante, borde granate. Aroma expresión frutal, especias dulces, roble cremoso. Boca sabroso, fruta madura, largo.

Ángel Viognier 2012 BFB
100% viognier

89

Color amarillo brillante. Aroma fruta madura, especias dulces, flores marchitas. Boca sabroso, frutoso, largo.

BODEGAS CA'N VIDALET
Ctra. Alcudia - Pollença Ma 2201,
Km. 4,85
7460 Pollença (Illes Balears)
☎: +34 971 531 719
Fax: +34 971 535 395
www.canvidalet.com
info@canvidalet.com

Ca'n Vidalet Blanc de Blancs 2013 B

87

Color pajizo brillante. Aroma fresco, fruta fresca, flores blancas, expresivo. Boca sabroso, frutoso, buena acidez, equilibrado.

Ca'n Vidalet Blanc de Negres 2013 RD

87 ★★★   9,7€

Color piel cebolla. Aroma elegante, flores secas, hierbas de tocador, fruta roja. Boca sabroso, buena acidez, largo, fino amargor.

Ca'n Vidalet So del Xiprer 2010 T
merlot, cabernet sauvignon, syrah

89   12,9€

Color cereza, borde granate. Aroma fruta madura, hierbas silvestres, terroso, especiado, roble cremoso. Boca equilibrado, sabroso, largo, balsámico.

Ca'n Vidalet So del Xiprer-Gran Selección 2008 T

92   32,0€

Color cereza, borde granate. Aroma fruta madura, especiado, roble cremoso, tostado, complejo, terroso, varietal. Boca potente, sabroso, tostado, taninos maduros.

Ca'n Vidalet Terra Fusca 2010 T
100% syrah

91   24,0€

Color cereza, borde granate. Aroma equilibrado, complejo, fruta madura, hierbas secas. Boca sabroso, frutoso, largo.

BODEGAS JOSÉ LUIS FERRER
Conquistador, 103
7350 Binissalem (Illes Balears)
☎: +34 971 511 050
Fax: +34 971 870 084
www.vinosferrer.com
secretaria@vinosferrer.com

José L. Ferrer DUES Mantonegro Cabernet 2012 T
manto negro, cabernet sauvignon

84   6,8€

 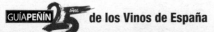

José L. Ferrer DUES Moll Chardonnay 2013 B
moll, chardonnay

86 ★★★★   6,8€

Color amarillo brillante. Aroma intensidad media, flores marchitas. Boca frutoso, correcto, fino amargor.

José L. Ferrer DUES Syrah Callet 2011 T
syrah, callet

89 ★★★★   6,8€

Color cereza, borde granate. Aroma especias dulces, fruta madura, equilibrado. Boca frutoso, balsámico, especiado.

BODEGAS SON PUIG S.L.
Finca Son Puig, s/n
7194 Puigpunyent (Illes Balears)
☎: +34 971 614 184
Fax: +34 971 614 184
www.sonpuig.com
info@sonpuig.com

Gran Sonpuig 2010 T
merlot, cabernet sauvignon, tempranillo, callet

88   15,0€

Color cereza, borde granate. Aroma hierbas secas, cuero muy curtido, especiado. Boca frutoso, sabroso, taninos maduros.

Sonpuig 2012 BFB
chardonnay, prensal, sauvignon blanc

89 ★★★   10,0€

Color amarillo brillante. Aroma fruta madura, especias dulces, flores secas. Boca graso, sabroso, fresco, buena acidez, largo.

Sonpuig 2010 T
merlot, cabernet sauvignon, tempranillo, callet

86 ★★★   10,0€

Color cereza, borde granate. Aroma cuero muy curtido, fruta madura, especiado. Boca frutoso, correcto.

Sonpuig Blanc D'Estiu 2012 B
prensal, chardonnay, sauvignon blanc

88 ★★★★   7,0€

Color amarillo brillante. Aroma expresivo, equilibrado, fruta madura, flores marchitas. Boca sabroso, equilibrado, fino amargor.

Sonpuig Estiu 2012 T
merlot, cabernet sauvignon, tempranillo

86 ★★★★   7,0€

Color cereza, borde granate. Aroma fruta madura, hierbas silvestres, especiado. Boca equilibrado, sabroso, largo, balsámico.

CA'N VERDURA VITICULTORS
S'Era, 6
7350 Binissalem (Balears)
☎: +34 695 817 038
tomeuverdura@gmail.com

L'Origen 2011 T
manto negro

91   21,5€

Color cereza poco intenso. Aroma fruta madura, equilibrado, expresivo, hierbas silvestres, fruta confitada. Boca sabroso, frutoso, taninos maduros.

CELLER TIANNA NEGRE
Camí des Mitjans
7340 Binissalem (Illes Balears)
☎: +34 971 886 826
www.tiannanegre.com
info@tiannanegre.com

Tianna Bocchoris Blanc 2013 B
prensal, sauvignon blanc, giró

91 ★★★★   11,0€

Color amarillo. Aroma fresco, fruta fresca, flores blancas, expresivo, especias dulces. Boca sabroso, frutoso, buena acidez, equilibrado, graso.

CELLERS UNIÓ
Joan Oliver, 16-24
43206 Reus (Tarragona)
☎: +34 977 330 055
Fax: +34 977 330 070
www.cellersunio.com
info@cellersunio.com

Roua Mediterranea Blanc de Blancs 2013 B
prensal, macabeo, chardonnay

90 ★★★★★   9,0€

Color pajizo brillante. Aroma fruta fresca, flores blancas, cítricos, hierbas silvestres. Boca equilibrado, fino amargor, buena acidez.

Roua Mediterranea Collita Seleccionada 2011 T
merlot, syrah, cabernet sauvignon, callet

87 ★★★   9,0€

Color cereza oscuro, borde anaranjado. Aroma fruta madura, fruta al licor, especias dulces, chocolate. Boca sabroso, balsámico.

COMERCIAL GRUPO FREIXENET

Joan Sala, 2
8770 Sant Sadurní D'Anoia (Barcelona)
☎: +34 938 917 000
Fax: +34 938 183 095
www.freixenet.es
freixenet@freixenet.es

Susana Sempre 2012 T Roble
manto negro, cabernet sauvignon, syrah, merlot

86 ★★★★   7,5€

Color cereza, borde granate. Aroma fruta madura, fruta confitada, especias dulces. Boca frutoso, taninos maduros.

Susana Sempre 2013 B

86 ★★★★   7,5€

Color amarillo brillante. Aroma intensidad media, flores blancas, fruta fresca. Boca frutoso, fácil de beber, ligero.

Susana Sempre Maior Negre 2010 T

90 ★★★★   12,0€

Color cereza brillante, borde granate. Aroma intensidad media, equilibrado, fruta madura, balsámico. Boca frutoso, sabroso, especiado.

Susana Sempre Manto Negro 2012 T

87 ★★★★   7,5€

Color cereza brillante, borde granate. Aroma hierbas de monte, flores marchitas, fruta madura. Boca sabroso, fácil de beber, cierta persistencia.

ES VERGER

S'Hort des Verger s/n
7190 Esporles (Illes Ballears)
☎: +34 971 619 220
Fax: +34 971 715 732
esvergerolivi@yahoo.es

Els Rojals 2009 TC

87 🍷

Color cereza brillante, borde granate. Aroma hierbas de monte, tostado, especiado. Boca sabroso, taninos maduros, fácil de beber.

Ses Marjades 2009 T

90 🍷

Color cereza, borde granate. Aroma expresivo, fruta roja, fruta madura, violetas. Boca estructurado, especiado, retronasal afrutado.

FINCA SON BORDILS

Ctra. Inca - Sineu, Km. 4,1
7300 Inca (Illes Balears)
☎: +34 971 182 200
Fax: +34 971 182 202
www.sonbordils.es
info@sonbordils.es

Bisbals de Son Borrdils 2007 T

87 ★★★★★   4,6€

Color cereza brillante, borde anaranjado. Aroma fruta madura, fruta al licor, especiado, tabaco, hierbas de monte. Boca sabroso, especiado, largo.

Finca Son Bordils Blanc de raïm Blanc 2013 B

90 ★★★★★   8,6€

Color pajizo brillante. Aroma fresco, fruta fresca, flores blancas, expresivo. Boca sabroso, frutoso, buena acidez, equilibrado.

Finca Son Bordils Cabernet Sauvignon 2007 T
100% cabernet sauvignon

88   12,1€

Color cereza oscuro, borde anaranjado. Aroma varietal, fruta madura, hierbas de monte, cacao fino. Boca estructurado, balsámico, largo.

Finca Son Bordils Chardonnay 2013 B

88 ★★★   9,4€

Color amarillo brillante. Aroma intensidad media, floral, fruta fresca, varietal. Boca frutoso, fino amargor, equilibrado.

Finca Son Bordils Muscat 2013 B
100% moscatel grano menudo

90 ★★★★★   8,6€

Color amarillo brillante. Aroma fresco, varietal, flores blancas, expresivo. Boca frutoso, sabroso, buena acidez, equilibrado, fino amargor.

Finca Son Bordils Negre 2009 T

89 ★★★   8,6€

Color cereza oscuro. Aroma fruta madura, hierbas silvestres, terroso, especiado, roble cremoso. Boca equilibrado, sabroso, largo, balsámico.

Finca Son Bordils Rosat de Monastrell 2013 RD
88 ★★★★   5,3€
Color cereza claro, brillante. Aroma intensidad media, hierbas secas, fruta roja, fresco. Boca lleno, frutoso, buena acidez, fino amargor.

Finca Son Bordils Syrah 2007 T
100% syrah
88   10,7€
Color cereza brillante, borde granate. Aroma intensidad media, fruta roja, fruta madura, flores marchitas, especias dulces. Boca frutoso, sabroso.

Myotragus 2010 T
syrah, cabernet sauvignon, manto negro, callet
88   10,4€
Color cereza oscuro, borde granate. Aroma potente, fruta madura, hierbas secas. Boca estructurado, sabroso, taninos maduros.

Son Bordils Merlot 2007 T
100% merlot
90 ★★★★   10,7€
Color cereza oscuro. Aroma fruta madura, hierbas silvestres, terroso, especiado, roble cremoso. Boca equilibrado, sabroso, largo, balsámico.

SON CAMPANER
Pou Bauza 19B
7350 Binissalem (Mallorca)
☎: +34 971 870 004
www.soncampaner.es
info@soncampaner.es

Son Campaner Athos 2011 T
syrah, cabernet sauvignon
91 ★★★★   12,4€
Color cereza, borde granate. Aroma fruta madura, especiado, roble cremoso, hierbas de monte. Boca potente, sabroso, tostado, taninos maduros.

Son Campaner Blanc de Blancs 2013 B
macabeo, chardonnay
88 ★★★   8,5€
Color pajizo brillante. Aroma fresco, fruta fresca, flores blancas, expresivo. Boca sabroso, frutoso, buena acidez, equilibrado.

Son Campaner Blanc de Negres 2013 RD
87 ★★★   8,1€
Color rosáceo pálido. Aroma hierbas secas, hierbas de tocador, flores marchitas. Boca fresco, correcto, equilibrado, fino amargor.

Son Campaner Chardonnay Selecció 2013 B
chardonnay
87   11,9€
Color amarillo brillante. Aroma potente, fruta madura, especias dulces, roble cremoso, hierbas de tocador. Boca graso, retronasal ahumado, sabroso, fresco, buena acidez.

Son Campaner Merlot 2011 T
merlot
90 ★★★   15,4€
Color cereza, borde granate. Aroma fruta madura, hierbas silvestres, terroso, especiado, roble cremoso. Boca equilibrado, sabroso, largo, balsámico.

Son Campaner Terra Rossa 2011 T
callet, merlot, cabernet sauvignon, syrah
91 ★★★★★   9,2€
Color cereza poco intenso, borde granate. Aroma expresivo, intensidad media, fruta roja, fruta madura. Boca frutoso, taninos maduros, fácil de beber.

SON PRIM PETIT
Ctra. Inca - Sencelles, Km. 4,9
7140 Sencelles (Balears)
☎: +34 971 872 758
www.sonprim.com
ventas@sonprim.com

Cup Son Prim 2011 T Barrica
91 ★★★   14,0€
Color cereza brillante, borde granate. Aroma fruta madura, intensidad media, hierbas secas, especias dulces. Boca sabroso, lleno, estructurado.

Son Prim Cabernet Sauvignon 2011 T
cabernet sauvignon
92 ★★★★   13,0€
Color cereza brillante, borde granate. Aroma potente, varietal, hierbas de monte, fruta madura. Boca sabroso, estructurado, taninos maduros.

Son Prim Merlot 2011 T
merlot
90 ★★★★   13,0€
Color cereza, borde granate. Aroma fruta madura, especiado, tostado, complejo, balsámico. Boca potente, sabroso, tostado, taninos maduros.

Son Prim Syrah 2011 T
syrah
89   13,0€
Color cereza brillante. Aroma fruta madura, especias dulces, intensidad media. Boca sabroso, frutoso, tostado, taninos maduros.

TERRA DE FALANIS
2o Volta, 157. Apartado de Correos 28
7200 Felanitx (Illes Balears)
☎: +34 971 584 481
Fax: +34 971 584 482
www.terradefalanis.com
info@terradefalanis.com

Bla Bla Bla 2012 B
100% prensal
85 ★★★★   8,0€

Muac 2011 T

86 ★★★   10,0€

Color cereza, borde granate. Aroma intensidad media, fruta al licor, terroso, hierbas de monte. Boca ligero, especiado, amargoso.

VINOS Y VIÑEDOS TRAMUNTANA

Jesús, 13 Baja
7003 Palma de Mallor
(Baleares)

Ca'N Xanet 2011 T

91

Color cereza, borde granate. Aroma fruta madura, fruta confitada, tostado, especiado. Boca equilibrado, largo, taninos maduros.

Cadmo 2011 T

92

Color cereza oscuro, borde granate. Aroma ahumado, tostado, fruta madura. Boca sabroso, estructurado, frutoso, balsámico.

Cumas 2011 T

94

Color cereza poco intenso, borde granate. Aroma equilibrado, elegante, expresivo, fruta madura, hierbas de monte. Boca lleno, sabroso, largo.

Sibila 2011 T
Gorgollosa

93

Color cereza poco intenso. Aroma elegante, fruta madura, especiado. Boca complejo, largo, especiado, buena acidez, fino amargor

VINS NADAL

Ramón Llull, 2
7350 Binissalem (Illes Balears)
☎: +34 971 511 058
Fax: +34 971 870 150
www.vinsnadal.com
albaflor@vinsnadal.com

Coupage 110 Vins Nadal 2010 T Barrica
manto negro, merlot, cabernet sauvignon

90   17,5€

Color cereza, borde granate. Aroma fruta madura, especiado, roble cremoso, tostado, complejo. Boca potente, sabroso, tostado, taninos maduros.

Merlot 110 Vins Nadal 2009 T Barrica
merlot

89   15,0€

Color cereza, borde granate. Aroma especiado, roble cremoso, hierbas de monte. Boca sabroso, estructurado, taninos maduros.

Rosat 110 Vins Nadal 2013 RD
manto negro

87   13,0€

Color cereza claro. Aroma expresión frutal, flores blancas, fresco. Boca frutoso, fácil de beber, cierta persistencia.

VINYES MORTITX

Ctra. Pollença Lluc, Km. 10,9
7315 Escorca (Illes Balears)
☎: +34 971 182 339
Fax: +34 871 100 053
www.vinyesmortitx.com
info@vinyesmortitx.com

Flaires de Mortitx 2013 RD
monastrell, merlot, cabernet sauvignon

85 ★★★   9,5€

L'Ergull de Mortitx 2012 BFB
malvasía, chardonnay, moscatel

88   11,5€

Color amarillo. Aroma fruta madura, especias dulces, roble cremoso, flores marchitas. Boca graso, sabroso, fresco, buena acidez.

L'U Blanc 2012 B
malvasía, chardonnay

90   17,0€

Color amarillo brillante. Aroma potente, fruta madura, especias dulces, roble cremoso. Boca graso, retronasal ahumado, sabroso, fresco, buena acidez.

L'U Negre 2009 T
syrah, cabernet sauvignon, tempranillo

87   19,8€

Color cereza, borde granate. Aroma fruta madura, especiado, tostado. Boca potente, sabroso, tostado, taninos maduros.

Mortitx Blanc 2013 B
malvasía, moscatel, chardonnay, riesling

86 ★★★   9,5€

Color pajizo brillante. Aroma fresco, fruta fresca, flores blancas, intensidad media. Boca buena acidez, cierta persistencia, correcto.

Mortitx Negre 2011 T
syrah, merlot, cabernet sauvignon, monastrell

86 ★★★★   6,7€

Color cereza, borde granate. Aroma fruta madura, hierbas silvestres, especiado. Boca fácil de beber, correcto, fino amargor.

Mortitx Rosat 2013 RD
syrah, merlot, monastrell, cabernet sauvignon

85 ★★★★   6,7€

Mortitx Syrah 2010 T
syrah

88   16,5€

Color cereza brillante. Aroma fruta madura, especias dulces, roble cremoso, expresivo. Boca sabroso, frutoso, taninos maduros, cierta persistencia.

Rodal Pla de Mortitx 2010 T
syrah, cabernet sauvignon, merlot

90 ★★★★★   9,5€

Color cereza, borde granate. Aroma fruta madura, hierbas silvestres, terroso, especiado, roble cremoso. Boca equilibrado, sabroso, largo.

VT MURCIA

BODEGA VIÑA ELENA S.L.
Estrecho Marín, s/n
30520 Jumilla (Murcia)
☎: +34 968 781 340
www.vinaelena.com
info@vinaelena.com

Estancia del Silencio 2012 T
monastrell

87 ★★★★★   3,0€

Color cereza brillante. Aroma fruta madura, expresivo, hierbas secas. Boca sabroso, frutoso, tostado, taninos maduros.

VT RIBERA DEL ANDARAX

PAGOS DE INDALIA
Paseo de los Baños, 2
4458 Padules (Almería)
☎: +34 950 510 728
www.pagosdeindalia.com
juanma@pagosdeindalia.com

Flor de Indalia 2013 B
vermentino, macabeo

88 ★★★★   7,0€

Color pajizo brillante. Aroma flores blancas, hierbas secas, fruta madura, especiado. Boca potente, graso, sabroso, balsámico.

Indalia Pinot Noir 2012 T
pinot noir

90 ★★★   14,0€

Color cereza poco intenso, borde granate. Aroma intensidad media, fruta madura, fruta confitada. Boca correcto, especiado, largo.

Indalia Syrah 2012 T
100% syrah

88   11,0€

Color cereza, borde granate. Aroma fruta confitada, fruta al licor, especiado, tierra húmeda, hierbas de monte. Boca sabroso, confitado, balsámico.

Indalia Vendimia Seleccionada 2011 T
tempranillo, cabernet sauvignon, cabernet franc

89   11,0€

Color cereza intenso, borde granate. Aroma fruta madura, fruta confitada, hierbas secas, cálido. Boca sabroso, taninos maduros.

Lacabra & Labota 2011 T Roble
tempranillo, cabernet sauvignon, syrah

87 ★★★★   7,0€

Color cereza brillante. Aroma fruta madura, especias dulces, roble cremoso, terroso, balsámico. Boca sabroso, frutoso, tostado.

VT RIBERA DEL GÁLLEGO/ CINCO VILLAS

BODEGA PEGALAZ

Ctra. A-1202, Km. 7
22806 Santa Eulalia de Gállego (Zaragoza)
☎: +34 625 643 440
www.pegalaz.com
bodegaspegalaz@gmail.com

Firé 2008 T
cabernet sauvignon, merlot, tempranillo
89
Color rubí, borde teja. Aroma equilibrado, complejo, fruta madura, especiado, fina reducción. Boca estructurado, sabroso, taninos maduros, equilibrado.

BODEGAS EJEANAS

Avda. Cosculluela, 23
50600 Ejea de los Caballeros (Zaragoza)
☎: +34 976 663 770
Fax: +34 976 663 770
www.bodegasejeanas.com
pilar@bodegasejeanas.com

Uva Nocturna Garnacha Plus 2007 T
100% garnacha
87   15,0€
Color cereza, borde granate. Aroma equilibrado, complejo, fruta madura, especiado, hierbas silvestres, fina reducción. Boca estructurado, sabroso, taninos maduros.

Uva Nocturna Merlot 2012 T
100% merlot
88 ★★★★   6,8€
Color cereza, borde granate. Aroma hierbas silvestres, balsámico, fruta confitada, especias dulces. Boca sabroso, balsámico, especiado.

Uva Nocturna Syrah 2012 T
100% syrah
86 ★★★★   6,8€
Color cereza, borde granate. Aroma potente, fruta roja, fruta madura, balsámico. Boca sabroso, largo, equilibrado.

Vega de Luchán 2009 T Barrica
86 ★★★★   8,0€
Color cereza, borde granate. Aroma fruta madura, especiado, roble cremoso, tostado. Boca potente, sabroso, tostado.

Vega de Luchán 2013 RD
merlot, cabernet sauvignon
86 ★★★★★   5,0€
Color frambuesa. Aroma fruta madura, hierbas de tocador, floral. Boca potente, sabroso, balsámico, largo.

Vega de Luchán Dulce 2009 B
moscatel, verdejo
89 ★★★★   6,0€
Color dorado. Aroma potente, floral, notas amieladas, fruta escarchada, hierbas de tocador, balsámico. Boca sabroso, dulce, fresco, frutoso, buena acidez, largo.

EDRA BODEGA Y VIÑEDOS

Ctra A - 132, km 26
22800 Ayerbe (Huesca)
☎: +34 679 420 455
www.bodega-edra.com
edra@bodega-edra.com

Edra Xtra Syrah 2010 T
syrah
88   15,0€
Color cereza, borde granate. Aroma fruta madura, especiado, roble cremoso, tostado, complejo. Boca potente, sabroso, tostado, taninos maduros.

Edra Grullas de Paso 2011 T
merlot, cabernet sauvignon, tempranillo
86 ★★★★   8,0€
Color cereza poco intenso, borde anaranjado. Aroma fruta madura, hierbas de monte, sotobosque húmedo, roble cremoso. Boca algo vegetal, especiado, sabroso.

VT RIBERA DEL QUEILES

BODEGA DEL JARDÍN

San Juan, 14
31520 Cascante (Navarra)
☎: +34 948 850 055
Fax: +34 948 850 097
www.bodegadeljardin.es
info@bodegadeljardin.es

1 Pulso 2010 T
tempranillo, garnacha
87 ★★★★★   5,0€
Color cereza, borde granate. Aroma fruta madura, hierbas silvestres, especiado, roble cremoso. Boca equilibrado, sabroso, largo, balsámico.

2 Pulso 2010 T
tempranillo, cabernet sauvignon, merlot
88 ★★★   10,0€
Color cereza intenso, borde granate. Aroma equilibrado, fruta madura, hierbas silvestres, especiado. Boca equilibrado, taninos maduros.

3 Pulso 2010 T
tempranillo, garnacha
87   20,0€
Color cereza muy intenso, borde granate. Aroma fruta confitada, muy tostado (torrefactado), especiado. Boca estructurado, sabroso, taninos maduros.

GUELBENZU

Paraje La Lombana s/n
50513 Vierlas (Zaragoza)
☎: +34 948 202 200
Fax: +34 948 202 202
www.guelbenzu.com
info@taninia.com

Guelbenzu Azul 2011 T
tempranillo, cabernet sauvignon, merlot

89 ★★★★   **8,0€**

Color cereza, borde granate. Aroma fruta madura, especiado, roble cremoso, tostado, balsámico. Boca potente, sabroso, tostado.

Guelbenzu Evo 2010 TR
cabernet sauvignon, merlot, tempranillo

88   **13,0€**

Color cereza muy intenso, borde granate. Aroma potente, cuero muy curtido, hierbas silvestres. Boca estructurado, sabroso.

Guelbenzu Vierlas 2012 T
syrah

88

Color cereza, borde granate. Aroma fruta madura, especiado, roble cremoso. Boca potente, sabroso, tostado, taninos maduros.

VT SIERRA NORTE DE SEVILLA

COLONIAS DE GALEÓN

Plazuela, 39
41370 Cazalla de la Sierra (Sevilla)
☎: +34 955 710 092
Fax: +34 955 710 093
www.coloniasdegaleon.com
info@coloniasdegaleon.com

Colonias de Galeón 2012 T Roble
85 ★★★★ ♨   **7,5€**

Colonias de Galeón 2013 T Maceración Carbónica
86 ★★★★ ♨   **5,9€**

Color cereza, borde violáceo. Aroma fruta roja, fruta al licor, hierbas de tocador, expresivo. Boca fresco, frutoso, sabroso.

Ocnos 2012 BFB
85 ★★★ ♨   **9,2€**

Petit Ocnos sobre Lías 2012 B
100% chardonnay

84 ♨   **7,9€**

Silente Selección 2008 T Roble
89 ♨   **19,2€**

Color cereza brillante. Aroma fruta madura, especias dulces, roble cremoso, hierbas de monte, fina reducción. Boca frutoso, sabroso, tostado, redondo.

VT VALDEJALÓN

EPILENSE DE VINOS Y VIÑEDOS, THE GARAGE WINE

San Agustín, 7
50019 Epila (Zaragoza)
☎: +34 669 148 771
www.thegaragewine.com
info@thegaragewine.com

Frontonio 2010 T
garnacha

89   **29,0€**

Color cereza, borde granate. Aroma fruta madura, hierbas silvestres, terroso, especiado, roble cremoso. Boca equilibrado, sabroso, largo, balsámico.

Latidos de Vino I Love 2013 T
garnacha

88 ★★★★★   **5,0€**

Color cereza, borde violáceo. Aroma expresivo, fruta fresca, fruta roja, floral. Boca sabroso, frutoso, buena acidez.

Latidos I Love Moscatel 2013 B
moscatel

88 ★★★   **8,5€**

Color dorado. Aroma potente, floral, notas amieladas, fruta escarchada, hierbas de tocador. Boca sabroso, dulce, fresco, frutoso, buena acidez, largo.

Supersónico Natural Red Wine 2013 T
garnacha

88   **13,0€**

Color cereza oscuro, borde granate. Aroma potente, fruta madura, especiado, hierbas secas. Boca frutoso, potente, taninos maduros.

Telescópico Blanco Cósmico 2013 B
viognier, garnacha blanca, macabeo

90 ★★★★   **13,0€**

Color amarillo brillante, borde verdoso. Aroma flores blancas, especias dulces, fruta madura. Boca correcto, fino amargor, cierta persistencia, sabroso.

VIÑEDOS DE MANCUSO

Mayor, 10
1300 Laguardia (Álava)
☎: +34 651 845 176
Fax: +34 976 620 539
www.mancuso.es
info@navascuesenologia.es

Mancuso 2006 T
garnacha

93   35,0€

Color cereza, borde granate. Aroma fruta al licor, café aromático, con carácter, complejo. Boca fruta madura, largo, taninos finos.

MANCUSO
2006
RED WINE   750 ML.   ALC. 14,5% BY VOL.

Moncaíno de Mancuso 2008 T
garnacha

88   12,0€

Color cereza, borde granate. Aroma fruta madura, cuero mojado, tostado, especiado. Boca dulcedumbre, espirituoso, especiado.

VT VALLE DEL CINCA

FINCA VALONGA

Monte Valonga, s/n
22533 Belver de Cinca (Huesca)
☎: +34 974 435 127
Fax: +34 974 339 101
www.valonga.com
bodegas@valonga.com

Busardo Selección 2010 T Roble
garnacha, tempranillo, syrah

86 ★★★★   6,0€

Color cereza, borde granate. Aroma especiado, roble cremoso, tostado, fruta confitada. Boca potente, sabroso, tostado.

Monte Valonga Merlot 2011 T
merlot

82   6,0€

Valonga Saso Alto 2010 T
garnacha

87   12,0€

Color cereza intenso, borde anaranjado. Aroma fruta madura, hierbas verdes, especiado, fina reducción. Boca potente, sabroso, especiado, largo.

VINOS DE MESA

Fuera del ámbito de los vinos clasificados como vinos de calidad, los vinos de mesa son aquellos vinos que no son elaborados siguiendo los preceptos de ninguna de las anteriores categorías, ni la de los vinos de la tierra, que también son clasificados como vinos de mesa según la Ley del Vino. La Guía contiene 56 vinos de mesa puntuados como excelentes, lo que dice mucho de cómo hay que desterrar viejas creencias de que estos vinos son puro volumen.

A continuación se reseñan diferentes vinos elaborados en áreas geográficas que no se encuentran incluidas en ninguna Denominación de Origen, ni están integradas dentro de ninguna asociación de Vinos de la Tierra, aunque muchos de ellos se producen en comarcas de cierta tradición vinícola.

Lo que sigue no intenta ser un compendio exhaustivo de los habitualmente prosaicos Vinos de Mesa, sino que quiere rescatar lo más destacado cualitativamente de lo que queda "sin etiquetar" dentro del panorama vinícola español.

Todas las bodegas están ordenadas por comunidades autónomas. Entre las marcas catadas, el lector descubrirá vinos de características singulares y, en muchos casos, de excelente calidad que pueden ser de gran interés para todos aquellos que busquen novedades y alternativas interesantes que llevar a la mesa.

ALEMANY I CORRIO

Melió, 78
8720 Vilafranca del Penedès
(Barcelona)
☎: +34 938 180 949
sotlefriec@sotlefriec.com

Núvols 2013 B
93

Color amarillo brillante. Aroma potente, fruta madura, especias dulces, roble cremoso, hierbas de tocador. Boca graso, retronasal ahumado, sabroso, fresco, buena acidez.

ALFREDO MAESTRO TEJERO

Avda. Escalona, 42
47300 Peñafiel (Valladolid)
☎: +34 687 786 742
www.alfredomaestro.com
alfredo@alfredomaestro.com

A dos Tiempos 2012 T
92

Color cereza, borde granate. Aroma especiado, roble cremoso, tostado, complejo, balsámico, fruta al licor. Boca potente, sabroso, tostado, buena acidez. Personalidad.

La Viñuela 2011 T
91

Color cereza, borde granate. Aroma especiado, roble cremoso, tostado, terroso, fruta al licor. Boca potente, sabroso, tostado, taninos maduros.

ARTIGA FUSTEL

Progres, 21 Bajos
8720 Vilafranca del Penedès
(Barcelona)
☎: +34 938 182 317
Fax: +34 938 924 499
www.artiga-fustel.com
info@artiga-fustel.com

Monasterio de Santa Cruz 2013 T
86 ★★★★★   5,0€

Color cereza, borde violáceo. Aroma potente, fruta roja, fruta madura, floral, expresivo. Boca fresco, frutoso, fácil de beber.

BODEGA BALCONA

Ctra. Bullas-Avilés, Km. 8
30180 Bullas (Murcia)
☎: +34 968 652 891
www.partal-vinos.com
info@partal-vinos.com

Casa de la Cruz 2005 T
80   20,0€

BODEGA CASTELL MIQUEL

Ctra. Alaró-Lloseta, Km. 8,7
Apart. Correos 11
7340 Alaró (Baleares)
☎: +34 971 510 698
Fax: +34 971 510 669
www.castellmiquel.com
info@castellmiquel.com

Castel Miquel Sauvignon Blanc Stairway to Heaven 2013 B
100% sauvignon blanc
86   12,5€

Color pajizo brillante. Aroma fresco, fruta fresca, hierbas de tocador. Boca frutoso, buena acidez, equilibrado, cierta persistencia.

Castell Miquel Stairway to Heaven 2013 RD
87   12,5€

Color frambuesa, brillante. Aroma fruta roja, equilibrado, intensidad media. Boca fresco, buena acidez, fácil de beber.

BODEGA DE BLAS SERRANO

Ctra. Santa Cruz, s/n
9471 Fuentelcésped (Burgos)
☎: +34 669 313 108
www.bodegasdeblasserrano.com
dbs@bodegasdeblasserrano.com

DBS Albillo Mayor 2010 B
albillo mayor
92   27,0€

Color pajizo brillante. Aroma especiado, hierbas silvestres, expresivo, complejo. Boca largo, lleno, buena acidez, fino amargor.

BODEGA F. SCHATZ

Finca Sanguijuela, s/n
29400 Ronda (Málaga)
☎: +34 952 871 313
Fax: +34 952 871 313
www.f-schatz.com
bodega@f-schatz.com

Acinipo 2005 TC
100% lemberger
90 🏆   19,0€

Color guinda. Aroma fruta madura, hierbas silvestres, terroso, especiado, roble cremoso, fina reducción. Boca equilibrado, sabroso, largo, balsámico.

Acinipo 2006 T
100% lemberger
87 🏆   19,0€

Color cereza, borde granate. Aroma fruta al licor, cacao fino, equilibrado. Boca fruta madura, largo, balsámico.

Acinipo 2007 T
100% lemberger

84 🍷   19,0€

Acinipo 2008 T
100% lemberger

91 🍷   19,0€

Color cereza oscuro, borde granate. Aroma equilibrado, expresivo, cacao fino, fruta madura, ahumado. Boca elegante, taninos maduros, especiado.

Acinipo 2009 T
100% lemberger

89 🍷   19,0€

Color cereza intenso, borde granate. Aroma equilibrado, hierbas de monte, fruta madura, toques silvestres, tabaco. Boca frutoso, balsámico, largo.

Acinipo 2010 T
100% lemberger

88 🍷

Color cereza intenso, borde granate. Aroma fina reducción, hierbas secas, fruta madura. Boca especiado, taninos maduros, buena acidez.

Acinipo 2011 T
100% lemberger

89 🍷   19,0€

Color cereza poco intenso, borde granate. Aroma fruta madura, especiado, tabaco. Boca sabroso, fruta madura, largo, estructurado.

Schatz Rosado 2013 RD
100% muskattrolinger

86 🍷   15,0€

Color frambuesa. Aroma fruta madura, fruta confitada, hierbas silvestres, floral. Boca potente, sabroso, balsámico.

BODEGA FINCA FUENTEGALANA

Ctra. M-501, Alcorcón - Plasencia, km. 65
5429 Navahondilla (Ávila)
☎: +34 646 843 231
www.fuentegalana.com
info@fuentegalana.com

Toros de Guisando 2013 RD
syrah

85 ★★★★★   5,0€

BODEGA KIENINGER

Los Frontones, 67 (Apdo. Correos 215)
29400 Ronda (Málaga)
☎: +34 952 879 554
www.bodegakieninger.com
martin@bodegakieninger.com

7 Vin Blaufraenkisch 2012 T
100% blaufraenkisch

93 🍷   23,0€

Color cereza, borde granate. Aroma expresivo, fruta madura, terroso, balsámico. Boca frutoso, largo, buena acidez, equilibrado. Personalidad.

7 Vin Zweigelt 2012 TC
100% zweigelt

91 ★★★★ 🍷   12,0€

Color cereza brillante. Aroma fruta madura, especias dulces, roble cremoso, expresivo, floral. Boca sabroso, frutoso, taninos maduros, fácil de beber.

BODEGA LA ENCINA

Pedro Más, 23
3408 La Encina (Alicante)
☎: +34 610 410 945
Fax: +34 962 387 808
www.bodegalaencina.com
bodegalaencina@ono.com

Albalat 2012 T
monastrell, garnacha

84   7,0€

Cero 2011 T
garnacha

85 ★★★   9,0€

Cero 2013 T
garnacha, merlot, monastrell

83 🍷   5,5€

BODEGA LIBERALIA ENOLÓGICA

Camino del Palo, s/n
49800 Toro (Zamora)
☎: +34 980 692 571
Fax: +34 980 692 571
www.liberalia.es
liberalia@liberalia.es

Ariane 2012 ESP
verdejo, moscatel

85 ★★★   8,5€

BODEGA MAS L'ALTET

Mas L'Altet Partida de la Creu, s/n
3838 Alfafara (Alicante)
☎: +34 609 759 708
www.bodegamaslaltet.com
nina@bodegamaslaltet.com

Avi de Mas L'Altet 2010 T

89   15,0€

Color cereza, borde granate. Aroma fruta sobremadura, fruta pasificada, especias dulces, tostado. Boca fruta madura, cálido, potente.

Nineta de Mas L'Altet 2011 T

90   19,0€

Color cereza, borde granate. Aroma especiado, tostado, fruta sobremadura, mineral. Boca potente, sabroso, tostado, taninos maduros.

BODEGA PARDO TOLOSA

Villatoya, 26
2215 Alborea (Albacete)
☎: +34 963 517 067
Fax: +34 963 517 091
www.bodegapardotolosa.com
export@bodegapardotolosa.com

Mizaran Macabeo 2013 B

100% macabeo

85 ★★★★★   4,0€

Sensibel 2013 T

78   1,5€

BODEGA ROANDI

O Lagar s/n
32336 Éntoma – O Barco (Ourense)
Fax: +34 988 335 198
www.bodegaroandi.com
info@bodegaroandi.com

Brinde de Rosas Rosado 2012 ESP

mencía, sousón, brancellao

85   12,0€

Dona Delfina 2013 RD

mencía, sousón, brancellao

86 ★★★★★   4,5€

Color frambuesa, borde violáceo. Aroma potente, fruta madura, fruta roja, floral. Boca potente, frutoso, fresco.

BODEGA VERA DE ESTENAS

Junto N-III, km. 266 -
Paraje La Cabeuzela
46300 Utiel (Valencia)
☎: +34 962 171 141
www.veradeestenas.es
estenas@veradeestenas.es

Casa Don Ángel Malbec 1-2 T

91

Color cereza, borde granate. Aroma fruta madura, hierbas silvestres, terroso, especiado, roble cremoso. Boca equilibrado, sabroso, largo, balsámico.

BODEGA VICENTE FLORS

Pda. Pou D'en Calvo, s/n
12118 Les Useres (Castellón)
☎: +34 671 618 851
www.bodegaflors.com
bodega@bodegaflors.com

Clotàs 2010 T

89   12,0€

Color cereza muy intenso, borde granate. Aroma cuero muy curtido, especiado, fruta madura. Boca estructurado, especiado, largo.

Clotàs Monastrell 2010 T

monastrell

88   14,0€

Color cereza oscuro. Aroma fina reducción, cuero mojado, tostado, fruta madura, hierbas secas. Boca especiado, largo, tostado.

Flor de Taronger 2012 T

tempranillo, monastrell, garnacha, cabernet sauvignon

86 ★★★★★   4,0€

Color cereza, borde granate. Aroma fruta madura, hierbas silvestres, potente. Boca especiado, balsámico, sabroso.

BODEGAS ARZUAGA NAVARRO

Ctra. N-122, km. 325
47350 Quintanilla de Onésimo
(Valladolid)
☎: +34 983 681 146
Fax: +34 983 681 147
www.arzuaganavarro.com
bodeg@arzuaganavarro.com

Fan D.Oro 2013 BFB
chardonnay
88 ★★★★   7,0€
Color amarillo brillante. Aroma potente, especias dulces, roble cremoso, hierbas de tocador. Boca graso, retronasal ahumado, sabroso, fresco, buena acidez.

BODEGAS AUSÍN

Cuesta de Santa María s/n
5460 Gavilanes (Avila)
☎: +34 692 621 708
www.bodegasausin.com
info@bodegasausin.com

Julia 2013 RD
88 ★★★★★   5,0€
Color cereza brillante. Aroma fruta roja, fruta madura, pétalos de rosa, flores marchitas. Boca graso, potente, equilibrado.

Mmadre 2011 T
90 ★★★★   12,0€
Color cereza, borde granate. Aroma fruta madura, especiado, roble cremoso, tostado, mineral. Boca potente, sabroso, tostado, taninos maduros, equilibrado.

M madre 11

BODEGAS AVANCIA

Parque Empresarial a Raña, 7
32300 O Barco de Valdeorras (Ourense)
☎: +34 952 504 706
Fax: +34 951 284 796
www.grupojorgeordonez.com
avancia@jorgeordonez.es

Avancia Rosé 2013 RD
100% mencía
86 ★★★   9,0€
Color cereza claro. Aroma fruta roja, con carácter. Boca sabroso, dulcedumbre.

BODEGAS BENTOMIZ

Finca Almendro - Pago Cuesta Robano
29752 Sayalonga (Málaga)
☎: +34 658 845 285
www.bodegasbentomiz.com
info@bodegasbentomiz.com

Ariyanas David Dulce 2012 T
merlot
89   13,0€
Color cereza, borde granate. Aroma fruta confitada, fruta madura, especiado, tostado, ebanistería. Boca potente, sabroso, dulcedumbre, equilibrado.

BODEGAS DELEA A MARCA

Finca La Herreria
21590 Villablanca (Huelva)
☎: +34 683 121 635
www.deleaamarca.com
info@deleaamarca.com

Delea a Marca 2011 T
cabernet sauvignon, petit verdot
84   10,0€

Delea a Marca 2011 T
syrah
83   10,0€

Delea a Marca 2011 T
merlot
82   10,0€

Delea a Marca 2013 B
vermentino
87 ★★★★   6,0€
Color pajizo brillante. Aroma fresco, fruta fresca, flores blancas, expresivo. Boca sabroso, frutoso, buena acidez, equilibrado.

Delea a Marca 2013 RD
merlot, syrah, petit verdot
84   6,0€

Delea a Marca Chardonnay Barrique 2012 B
chardonnay

88 ★★★★ 8,0€

Color amarillo brillante. Aroma potente, fruta madura, especias dulces, roble cremoso, hierbas de tocador. Boca graso, retronasal ahumado, sabroso, fresco.

BODEGAS FONTEDEI
Doctor Horcajadas, 10
18570 Deifontes (Granada)
☎: +34 958 407 957
www.bodegasfontedei.es
info@bodegasfontedei.es

Prado Negro 2010 T
tempranillo, garnacha, cabernet sauvignon

86 ★★★ 10,0€

Color cereza muy intenso. Aroma balsámico, fruta madura, cálido, especiado. Boca potente, fruta madura, largo.

Prado Negro 2011 T
tempranillo, merlot, garnacha, cabernet sauvignon

86

Color cereza, borde granate. Aroma fruta confitada, fruta al licor, especiado. Boca sabroso, confitado.

BODEGAS MARCOS MIÑAMBRES
Camino de Pobladura, s/n
24234 Villamañán (León)
☎: +34 987 767 038
satvined@picos.com

M. Miñambres 2010 T
prieto picudo, cencibel

87 ★★★★★ 3,5€

Color cereza opaco. Aroma fruta madura, hierbas silvestres, terroso, especiado. Boca equilibrado, sabroso, largo, balsámico.

M. Miñambres Albarín 2013 B
100% albarín

88 ★★★★★ 3,5€

Color amarillo, pálido. Aroma flores secas, hierbas de tocador, intensidad media, varietal. Boca sabroso, frutoso, correcto, fino amargor.

BODEGAS MARQUÉS DE VIZHOJA
Finca La Moreira s/n
36438 Arbo (Pontevedra)
☎: +34 986 665 825
Fax: +34 986 665 960
www.marquesdevizhoja.com
informacion@marquesdevizhoja.com

Marqués de Vizhoja 2013 B
84 4,8€

BODEGAS MONTALVO WILMOT
Ctra. Ruidera, km. 10,2
Finca Los Cerrillos
13710 Argamasilla de Alba
(Ciudad Real)
☎: +34 926 699 069
www.montalvowilmot.com
info@montalvowilmot.com

Montalvo Rosado 2013 RD
84 2,6€

BODEGAS SIERRA DE GUARA
Fray Luis Urbano, 27
50002 Lascellas (Zaragoza)
☎: +34 976 461 056
Fax: +34 976 461 558
www.bodegassierradeguara.es
idrias@bodegassierradeguara.es

Idrias 2013 RD
100% tempranillo

86 ★★★★ 6,0€

Color cereza claro. Aroma potente, fruta madura, fruta roja, floral. Boca potente, frutoso, fresco.

Idrias Abiego 2012 T
90 ★★★★★ 6,0€

Color cereza, borde granate. Aroma fruta madura, especiado, roble cremoso, tostado, complejo, chocolate, terroso. Boca potente, sabroso, tostado, taninos maduros, equilibrado.

Idrias Chardonnay 2013 B
100% chardonnay

88 ★★★★ 6,0€

Color pajizo brillante. Aroma flores blancas, fruta fresca, expresivo, lías finas, hierbas secas. Boca sabroso, frutoso, buena acidez, equilibrado.

BODEGAS VICENTE GANDÍA
Ctra. Cheste a Godelleta, s/n
46370 Chiva (Valencia)
☎: +34 962 524 242
Fax: +34 962 524 243
www.vicentegandia.es
info@vicentegandia.com

Hoya de Cadenas Tempranillo 2013 T
100% tempranillo

85 ★★★★★ ✿ 5,0€

Hoya de Cadenas Verdejo 2013 B
100% verdejo

85 ★★★★★ ✿ 5,0€

Sandara Blanco 2013 ESP
verdejo, sauvignon blanc, viura

83 4,0€

Sandara Rosado 2013 ESP
100% bobal

84 4,0€

Whatever it Takes by David Bowie 2012 T
100% syrah

86 ★★★★ 7,0€

Color cereza, borde violáceo. Aroma fruta roja, fruta madura, hierbas silvestres, especiado. Boca potente, sabroso, concentrado.

Whatever it Takes by George Clooney 2012 T
100% cabernet sauvignon

85 ★★★★ 7,0€

Whatever it Takes by Penelope Cruz 2012 B
86 ★★★★ 7,0€

Color amarillo brillante. Aroma fruta madura, balsámico, floral, intensidad media. Boca potente, graso, sabroso, fácil de beber.

Whatever it Takes by Pierce Brosnan 2012 T
100% tempranillo

86 ★★★★ 7,0€

Color cereza, borde granate. Aroma intensidad media, fruta madura, equilibrado. Boca correcto, fácil de beber, cierta persistencia.

BODEGAS Y VIÑEDOS CASIS
Las Bodegas, s/n
24325 Gordaliza del Pino (León)
☎: +34 987 699 618
www.bodegascasis.com
anacasis@gmail.com

Condelize Pedro Casis 2013 B
chardonnay

80 2,5€

Condelize Pedro Casis 2013 RD
mencía, prieto picudo, syrah

83 2,0€

BODEGAS Y VIÑEDOS CASTIBLANQUE
Isaac Peral, 19
13610 Campo de Criptana
(Ciudad Real)
☎: +34 926 589 147
Fax: +34 926 589 148
www.bodegascastiblanque.com
info@bodegascastiblanque.com

Lagar de Ensancha s/c T
82 2,4€

Solamente s/c B
83 2,4€

Solamente s/c RD
100% syrah

75 2,4€

Solamente Tempranillo s/c T
100% tempranillo

83 2,4€

Zumo de Amor s/c T
84 2,4€

BODEGAS Y VIÑEDOS CERRO DEL ÁGUILA
Avda. de Toledo, 23
45127 Ventas con Peña Aguilera
(Toledo)
☎: +34 625 443 153
bodegascerrodelaguila@gmail.com

Malabra 2012 T
garnacha, syrah, cencibel

89 12,0€

Color cereza, borde granate. Aroma hierbas de monte, tierra húmeda, especiado, fruta al licor. Boca potente, cálido, sabroso.

Vereda del Lobo 2012 T
garnacha, syrah, cencibel

90   **22,0€**

Color cereza, borde granate. Aroma hierbas silvestres, terroso, roble cremoso, fruta roja, fruta madura, especias dulces. Boca equilibrado, sabroso, largo, balsámico.

BODEGAS Y VIÑEDOS MENGOBA
Avda. del Parque, 7
24544 San Juan de Carracedo (León)
☎: +34 649 940 800
www.mengoba.com
gregory@mengoba.com

Estaladiña 2012 T
merenzao

90   **22,0€**

Color cereza, borde granate. Aroma especiado, tostado, fruta confitada. Boca potente, sabroso, tostado, taninos maduros.

BRUNO MURCIANO & DAVID SAMPEDRO GIL
8 Avenida Banda De Musica El Angel
46315 Caudete de las Fuentes (Valencia)
☎: +34 962 319 096
bru.murciano@yahoo.es

El Sueño de Bruno 2012 T
bobal

88

Color cereza brillante. Aroma fruta madura, especias dulces, roble cremoso, terroso. Boca sabroso, taninos maduros, amargoso.

La Malkerida 100% Bobal 2013 T
bobal

88

Color cereza muy intenso. Aroma fruta sobremadura, especiado, hierbas verdes. Boca potente, dulcedumbre, especiado.

CAN RICH
Camí de Sa Vorera, s/n
7820 Sant Antoni (Illes Balears)
☎: +34 971 803 377
Fax: +34 971 803 377
www.bodegascanrich.com
info@bodegascanrich.com

Can Rich Blanco 2010 BN
malvasía

86 ♟   **12,0€**

Color amarillo brillante. Aroma fruta escarchada, flores marchitas, notas amieladas, tostado. Boca sabroso, buena acidez, fino amargor.

Can Rich Rosado 2011 BN
syrah

83 ♟   **12,0€**

CARRIEL DELS VILARS
Mas Can Carriel
17753 Els Vilars (Girona)
☎: +34 972 563 335
www.carrieldelsvilars.com
carrieldelsvilars@hotmail.com

Blanc Petillant Carriel dels Vilars 2012 B
macabeo, xarel.lo, parellada, garnacha blanca

86 ★★★ ♟   **9,0€**

Color dorado brillante. Aroma fruta madura, equilibrado, especiado, barniz, hierbas silvestres. Boca frutoso, dulcedumbre, correcto.

Carriel dels Vilars 2011 BN
macabeo, xarel.lo, parellada, garnacha blanca

88 ★★★   **10,0€**

Color dorado brillante. Aroma chocolate, especiado, lías finas, potente, expresivo. Boca sabroso, tostado, largo, burbuja fina, fino amargor.

Carriel dels Vilars 2012 T
garnacha, syrah, cabernet sauvignon, samsó

70   **6,0€**

Mistela de Chardonnay PX Roble
chardonnay

90   **32,0€**

Color caoba. Aroma complejo, espirituoso, fruta pasificada, pastelería, tostado, elegante. Boca dulce, graso, untuoso, potente.

Rosat Escumòs Carriel dels Vilars 2008 ESP
macabeo, xarel.lo, garnacha, garnacha blanca

84   **6,0€**

CAVAS DEL AMPURDÁN
Pza. del Carme, 1
17491 Perelada (Girona)
☎: +34 932 233 022
Fax: +34 932 231 370
www.blancpescador.com
perelada@castilloperelada.com

Blanc Pescador Premium Blanco de aguja
84   **6,5€**

Blanc Pescador Vino de aguja B
82   **3,7€**

Cresta Azul de Aguja B
84   **3,0€**

Cresta Rosa Premium Rosado de aguja
85 ★★★★   **6,5€**

Cresta Rosa Vino de Aguja RD

84 3,0€

Pescador Rosé Rosado de aguja

84 3,7€

CELLER COOPERATIU D'ESPOLLA

Ctra. Roses, s/n
17773 Espolla (Gerona)
☎: +34 972 563 178
www.cellerespolla.com
info@cellerespolla.com

Babalà Vi Blanc Simpàtic 2013 B
cariñena blanca, moscatel de alejandría

85 ★★★★★ 5,0€

CELLER L'ARC

San Roc, 5
46844 Beniatjar (Valencia)
☎: +34 699 148 159
www.cellerlarc.com
detallsrg@gmail.com

Archvs 2012 T
merlot

86 ★★★★★ 3,0€
Color cereza, borde granate. Aroma especiado, tostado, fruta sobremadura. Boca potente, taninos maduros.

Oppinum 2012 T
syrah

84 3,0€

Sarment 2013 T
merlot

75 2,3€

CELLER LA MUNTANYA

Rotonda Quatrecamins, Camí L'Alqueri-
eta, Nave B
3830 Muro de Alcoy (Alicante)
☎: +34 965 531 248
www.cellerlamuntanya.com
info@cellerlamuntanya.com

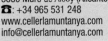

Albir 2011 B
malvasía, merseguera, verdil

90 ★★★★ 10,5€
Color pajizo brillante, borde verdoso. Aroma flores blancas, fruta fresca, hierbas silvestres, lías finas. Boca frutoso, largo, equilibrado, buena acidez.

Almoroig 2008 T
monastrell, garnacha tintorera, garnacha

88 16,3€
Color cereza oscuro, borde anaranjado. Aroma especiado, fina reducción, ebanistería, fruta confitada. Boca especiado, taninos finos, balsámico.

Celler La Muntanya 2010 TC
monastrell, garnacha, garnacha tintorera, bonicaire

91 ★★★★★ 10,0€
Color cereza oscuro, borde granate. Aroma equilibrado, hierbas de monte, especiado, fruta madura, cálido. Boca lleno, sabroso, taninos maduros.

Celler La Muntanya Dolç Natural 2011 B
malvasía

94 19,0€
Color oro viejo. Aroma fruta madura, balsámico, especiado, pastelería, tostado. Boca espirituoso, fino amargor, potente, sabroso, largo, tostado, equilibrado.

Lliure Albir 2011 B
garnacha blanca, verdil, malvasía

91 19,5€
Color amarillo brillante. Aroma fruta madura, especias dulces, flores secas. Boca fruta madura, especiado, equilibrado.

Minifundi 2010 T
monastrell, garnacha, garnacha tintorera, bonicaire

90 ★★★★★ 7,1€
Color cereza, borde granate. Aroma fruta madura, especiado, roble cremoso, tostado, complejo, hierbas silvestres. Boca potente, sabroso, tostado, taninos maduros.

Paquito El Chocolatero 2010 T
monastrell, garnacha tintorera, garnacha

88 ★★★★ 7,6€
Color cereza brillante. Aroma fruta madura, especias dulces, roble cremoso, cacao fino. Boca sabroso, frutoso, tostado, taninos maduros, balsámico, amargoso.

CELLER MARIOL

Rosselló, 442
8025 (Barcelona)
☎: +34 934 367 628
Fax: +34 934 500 281
www.casamariol.com
celler@cellermariol.es

Jo! Verdejo 2013 B
verdejo

87
Color amarillo, borde verdoso. Aroma fruta madura, notas tropicales, floral. Boca sabroso, fruta madura, fino amargor, equilibrado.

CLAVERÍA BARRABÉS VITICULTORES

Mayor, 1
22420 Almunia de San Juan (Huesca)
☎: +34 686 178 400
www.dominiodelfanfarrioso.com
dominiodelfanfarrioso@gmail.com

Dominio del Fanfarrioso Macabeo 2012 B
macabeo

86 ★★★★   8,0€

Color pajizo brillante. Aroma hierbas silvestres, fresco, frutos secos. Boca correcto, fino amargor, frutoso.

Dominio del Fanfarrioso Tempranillo 2011 T Barrica
tempranillo

88 ★★★   10,0€

Color cereza, borde granate. Aroma fruta madura, hierbas silvestres, terroso, especiado, roble cremoso. Boca equilibrado, sabroso, largo, balsámico.

CLOS DELS CIMS

8474 Gualba (Barcelona)
☎: +34 678 889 808
romerolluis@hotmail.com

Clos dels Cims 2013 T
syrah

86 ❦   20,0€

Color cereza, borde granate. Aroma fruta al licor, hierbas de monte, especiado. Boca potente, sabroso, balsámico.

CORTIJO DE JARA

Medina, 79
11402 Jerez de la Frontera (Cádiz)
☎: +34 679 488 992
Fax: +34 956 338 163
www.cortijodejara.com
puertanueva.sl@cortijodejara.es

Cortijo de Jara 2013 B
83   4,5€

COSMIC

Plaça M. Teresa Palleja, 3
17707 Agullana (Girona)
☎: +34 639 338 176
www.cosmic.cat
info@cosmic.cat

Cosmic Cabernet Franc 2013 T
cabernet franc

88 ❦   14,0€

Color cereza brillante, borde violáceo. Aroma equilibrado, mineral, fruta madura, expresivo. Boca sabroso, estructurado, retronasal afrutado, especiado.

Cosmic Passiò 2013 T
marcelan

88 ❦   20,0€

Color cereza muy intenso, borde violáceo. Aroma complejo, potente, fruta madura. Boca sabroso, lleno, largo, taninos maduros.

Cosmic Sauvignon Blanc 2012 B
sauvignon blanc

87 ❦   12,5€

Color amarillo brillante. Aroma equilibrado, hierbas silvestres, fruta madura. Boca sabroso, fruta madura, fino amargor.

DANIEL RAMOS

San Pedro de Alcántara, 1
5170 El Tiemblo (Ávila)
☎: +34 687 410 952
www.danielramos.wine
dvrcru@gmail.com

Zerberos A + P 2011 T Roble
garnacha

91   17,4€

Color cereza, borde granate. Aroma fruta madura, especiado, roble cremoso, tostado, complejo, terroso. Boca potente, sabroso, tostado, mineral.

Zerberos Arena 2011 T Roble
garnacha

92   45,3€

Color cereza, borde granate. Aroma fruta al licor, hierbas de monte, especiado, roble cremoso, mineral. Boca potente, sabroso, especiado.

Zerberos Juanviñón 2012 B
90

Color dorado brillante. Aroma flores marchitas, especiado, pastelería, lías finas, complejo, cítricos. Boca graso, sabroso, amargoso.

Zerberos Pizarra 2011 T Roble
garnacha

93   30,0€

Color cereza, borde granate. Aroma fruta madura, fruta al licor, balsámico, especiado, roble cremoso, equilibrado, expresivo, piedra seca. Boca potente, sabroso, especiado, elegante.

?? Amphorae 100% 2013 T
garnacha

88   11,3€

Color cereza, borde granate. Aroma fruta madura, hierbas silvestres, terroso, especiado, mineral. Boca equilibrado, sabroso, largo, balsámico, fino amargor.

?? White 2013 B
sauvignon blanc

85 ★★★★   6,8€

DOMINIO DEL BENDITO

Pza. Santo Domingo, 8
49800 Toro (Zamora)
☎: +34 980 693 306
www.bodegadominiodelbendito.com
info@bodegadominiodelbendito.es

La Chispa Negra 2008 T
92   28,5€
Color cereza, borde granate. Aroma fruta confitada, fruta madura, especiado, tostado, ebanistería, acetaldehído. Boca potente, sabroso, dulcedumbre.

Perlarena 2013 RD
87 ★★★   9,2€
Color rosáceo pálido. Aroma flores secas, hierbas de tocador, fruta roja. Boca ligero, sabroso, buena acidez, largo, especiado.

DOMINIO DEL UROGALLO

Las Barzaniellas s/n, Limés
33817 Cangas de Narcea (Asturias)
☎: +34 626 568 238
www.dominiodelurogallo.com
info@dominiodelurogallo.com

Dominio del Urogallo Cadario 2012 T
91   17,3€
Color cereza, borde granate. Aroma fruta madura, hierbas silvestres, terroso, especiado, roble cremoso. Boca equilibrado, sabroso, largo, balsámico.

Dominio del Urogallo La Zorrina 2012 T
carrasquín, otras
88   22,9€
Color cereza, borde granate. Aroma fruta madura, especiado, roble cremoso, tostado, terroso, fina reducción. Boca potente, sabroso, tostado, balsámico.

Dominio del Urogallo Retoitoiro 2012 T
verdejo negro, otras
92   20,0€
Color cereza, borde granate. Aroma fruta al licor, especiado, roble cremoso, hierbas de tocador, mineral. Boca potente, sabroso, tostado, taninos maduros.

Flor del Narcea Naturalmente Dulce 2011 B
albillo, verdín, petit manseng
93   18,5€
Color dorado brillante. Aroma fruta madura, frutos secos, balsámico, notas amieladas. Boca graso, potente, sabroso, equilibrado, fino amargor, elegante.

Pésico 2012 B
100% blanco verdín
92 ★★★   13,5€
Color pajizo brillante, borde verdoso. Aroma frutos secos, flores secas, equilibrado. Boca equilibrado, graso, largo, lleno.

Pésico 2012 T
albarín tinto, carrasquín, verdejo negro, mencía
90 ★★★★   11,5€
Color cereza, borde granate. Aroma fruta madura, fruta confitada, hierbas silvestres, especiado. Boca potente, sabroso, especiado, largo.

EDRA BODEGA Y VIÑEDOS

Ctra A - 132, km 26
22800 Ayerbe (Huesca)
☎: +34 679 420 455
www.bodega-edra.com
edra@bodega-edra.com

Edra Blancoluz 2013 B
viognier
88   12,0€
Color amarillo brillante. Aroma potente, fruta madura, especias dulces, hierbas de tocador. Boca graso, retronasal ahumado, sabroso, fresco, buena acidez.

ENVINATE

Gran Vía, 2 1ºC
27600 Sarría (Lugo)
☎: +34 682 207 160
asesoria@envinate.es

Albahra 2013 T
garnacha tintorera
93 ★★★★   11,0€
Color cereza, borde granate. Aroma fruta roja, fruta madura, balsámico, hierbas silvestres, especiado. Boca frutoso, sabroso, especiado, balsámico, correcto.

Puzzle 2012 T
garnacha, touriga nacional, monastrell
91 ★★★★   11,0€
Color cereza, borde violáceo. Aroma fruta roja, fruta confitada, hierbas silvestres, especiado. Boca sabroso, frutoso, especiado.

T. Amarela 2013 T
trincadeira preta

93   19,0€

Color cereza, borde violáceo. Aroma fruta roja, fruta madura, floral, balsámico, especiado, expresivo. Boca sabroso, especiado, balsámico, largo, equilibrado.

Táganan 2013 B
malvasía, marmajuelo, albillo, vijariego blanco

92 ★★★★   13,0€

Color dorado brillante. Aroma fruta madura, hidrocarburo, flores secas, hierbas silvestres, especiado, ahumado. Boca potente, sabroso, especiado, largo.

Táganan 2013 T
negramoll, listán negro, baboso negro, vijiriego

93 ★★★★   13,0€

Color cereza, borde granate. Aroma fruta madura, especiado, tostado, complejo, mineral. Boca potente, sabroso, balsámico, tostado, equilibrado.

Táganan Parcela Amogoje 2013 B
malvasía, marmajuelo, albillo, vijariego blanco

93   20,0€

Color pajizo brillante. Aroma lías finas, hierbas secas, hierbas silvestres, especiado, punzante. Boca sabroso, frutoso, buena acidez, equilibrado.

Táganan Parcela Margaelagua 2013 T
negramoll, listán negro, baboso negro, vijiriego

94   20,0€

Color cereza, borde granate. Aroma hierbas silvestres, fruta roja, fruta madura, especiado, expresivo, piedra seca. Boca potente, sabroso, especiado, balsámico.

EQUIPO NAVAZOS
11403 Jerez de la Frontera (Cádiz)
www.equiponavazos.com
equipo@navazos.com

La Bota de Florpower "Mas allá" 2010 B
palomino

95   19,0€

Color amarillo brillante. Aroma hidrocarburo, lías reducidas, hierbas de tocador. Boca sabroso, largo, especiado, buena acidez.

ESPERANZA MOLINERO
Encinas de Esgueva (Valladolid)
☎: +34 665 112 051
juandelafuentesutil@hotmail.com

La Viña de Valfrío 2013 RD
tempranillo

87 ★★★★★ 🌷   4,0€

Color cereza intenso. Aroma potente, fruta madura, fruta roja, floral, balsámico. Boca potente, fruta madura, largo, untuoso.

HERETAT ANTIGUA, CASA SICILIA 1707
Paraje Alcaydias, 4
3660 Novelda (Alicante)
☎: +34 965 605 385
Fax: +34 965 604 763
www.casasicilia1707.es
administracion@casasicilia1707.es

Ad Gaude 2007 T

87   22,0€

Color cereza, borde granate. Aroma hierbas silvestres, hierbas secas, fruta madura, fruta confitada. Boca correcto, equilibrado.

Ad Gaude Heretat 2008 T

87 ★★★   10,0€

Color cereza brillante. Aroma fruta madura, especias dulces, expresivo, hierbas silvestres. Boca sabroso, frutoso, tostado, taninos maduros.

JORGE ORDÓÑEZ & CO
Bartolome Esteban Murillo, 11
29700 Velez-Málaga (Málaga)
☎: +34 952 504 706
Fax: +34 951 284 796
www.jorgeordonez.es
info@jorgeordonez.es

Botani 2013 ESP
100% moscatel de alejandría

88 ★★★   9,0€

Color pajizo brillante. Aroma flores blancas, fruta madura. Boca buena acidez, equilibrado.

Ordóñez & Co. Nº4 Esencia B

93

Color dorado brillante. Aroma varietal, fruta escarchada, cítricos. Boca dulce, potente, largo.

KAIROS
Dels Nostris, 26-A
8185 Lliçà de Vall (Barcelona)
☎: +34 938 437 036
Fax: +34 938 439 671
www.kairosvino.com
kairos@vinodegaraje.com

Kairos 2013 B
83 24,0€

LAGAR DE BESADA
Pazo, 11
36968 Xil-Meaño (Pontevedra)
☎: +34 986 747 473
Fax: +34 986 747 826
www.lagardebesada.com
info@lagardebesada.com

Henoba Vino de Autor 2009 T
100% tempranillo
87 ★★★★ 6,5€
Color cereza muy intenso. Aroma fruta madura, especias dulces, roble cremoso, intensidad media. Boca frutoso, sabroso, tostado.

MAS COMTAL
Mas Comtal, 1
8793 Avinyonet del Penedès (Barcelona)
☎: +34 938 970 052
Fax: +34 938 970 591
www.mascomtal.com
mascomtal@mascomtal.com

Antistiana Incrocio Manzoni 2012 B
100% Incroccio manzoni
90 ★★★ 13,5€
Color pajizo brillante. Aroma fresco, fruta fresca, flores blancas, expresivo. Boca sabroso, frutoso, buena acidez, equilibrado.

Gran Angular Cabernet Franc 2011 TC
100% cabernet franc
91 ★★★ 15,0€
Color cereza, borde granate. Aroma especiado, roble cremoso, complejo, chocolate, terroso, fruta roja, fruta madura. Boca potente, sabroso, tostado, taninos maduros, elegante.

Lyric Vino de Licor AM
100% merlot
94 21,0€
Color yodo, borde ambarino. Aroma potente, complejo, elegante, frutos secos, tostado, acetaldehído. Boca graso, amargoso, matices de solera, largo, especiado, equilibrado.

Mas Comtal Pizzicato Frizzante 2013 RD
muscato de Hamburgo
86 ★★★ 8,1€
Color cereza claro, brillante. Aroma flores blancas, expresivo. Boca fresco, frutoso, fácil de beber, correcto.

MAS DE LA REAL DE SELLA
Calle Sella, 44
3570 Villajoyosa (Alicante)
☎: +34 699 308 250
Fax: +34 965 890 819
www.masdelarealdesella.es
info@masdelarealdesella.es

Mas de Sella Carreró 2010 TR
cabernet franc, garnacha tintorera, marselan, syrah
93 28,0€
Color cereza, borde granate. Aroma fruta madura, hierbas silvestres, terroso, especiado, roble cremoso, expresivo. Boca equilibrado, sabroso, largo, balsámico.

Mas de Sella Selección 2012 T
garnacha tintorera, syrah, marselan, cabernet franc
91 17,0€
Color cereza brillante. Aroma fruta madura, especias dulces, roble cremoso, intensidad media, hierbas de monte. Boca frutoso, sabroso, tostado.

MAS DE TORUBIO
Plaza del Carmen, 4
44623 Cretas (Teruel)
☎: +34 669 214 845
www.masdetorubio.com
masdetorubio@hotmail.com

Cloteta Garnacha Indígena 2013 T
100% garnacha peluda
90 ★★★★★ 7,5€
Color cereza, borde granate. Aroma fruta roja, hierbas silvestres, piedra seca, floral, roble cremoso. Boca fresco, frutoso, especiado, balsámico.

MN VINOS
9314 Pedrosa de Duero (Burgos)
☎: +34 947 530 180
www.mnvinos.com
mnvinos@mnvinos.com

Rita Hetvin Vino de Licor 2011 T
100% tinto fino
92 ★★★ 15,0€
Color cereza, borde granate. Aroma fruta confitada, fruta madura, especiado, tostado, ebanistería. Boca potente, sabroso, dulcedumbre.

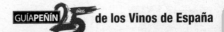

GUÍAPEÑÍN 25 AÑOS de los Vinos de España

MUSTIGUILLO VIÑEDOS Y BODEGA

Ctra. N-340 km. 196
46300 Utiel (Valencia)
☎: +34 962 168 260
Fax: +34 962 168 259
www.bodegamustiguillo.com
info@bodegamustiguillo.com

Finca Calvestra 2013 B
100% merseguera

93 ★★★   15,0€

Color pajizo brillante. Aroma fresco, fruta fresca, flores blancas, expresivo, mineral. Boca sabroso, frutoso, buena acidez, equilibrado.

Mestizaje 2013 B
merseguera, viognier, malvasía

93 ★★★★★   9,0€

Color pajizo brillante. Aroma fresco, fruta fresca, flores blancas. Boca sabroso, frutoso, buena acidez, equilibrado.

PAGO DE LA ROGATIVA

Paraje de La Rogativa. Finca " Casas de
Alfaro" Polígono 30 Parcela 9
30440 Moratalla (Murcia)
☎: +34 615 689 083
www.pagodelarogativa.es
info@pagodelarogativa.es

Viñedo de la Rogativa 2012 T
tempranillo, cabernet sauvignon

90 ★★★★★   6,0€

Color cereza, borde granate. Aroma fruta madura, balsámico, especiado, roble cremoso. Boca potente, sabroso, especiado, largo.

PAGO DE THARSYS

Ctra. Nacional III, km. 274
46340 Requena (Valencia)
☎: +34 962 303 354
Fax: +34 962 329 000
www.pagodetharsys.com
pagodetharsys@pagodetharsys.com

Pago de Tharsys Merlot 2008 T
100% merlot

88   15,0€

Color guinda. Aroma especiado, fina reducción, cuero mojado, ebanistería, tostado. Boca especiado, largo, tostado, cierta persistencia.

Pago de Tharsys Nuestro Bobal 2010 T

88   13,0€

Color cereza, borde granate. Aroma fruta madura, hierbas silvestres, terroso, especiado, roble cremoso. Boca equilibrado, sabroso, largo, balsámico.

Pago de Tharsys Vendimia Nocturna 2013 B
albariño

86   12,0€

Color pajizo brillante. Aroma flores blancas, hierbas de tocador, expresión frutal. Boca fresco, frutoso, sabroso.

PAGO DEL MARE NOSTRUM

Ctra. A-348, Km. 85-86
4460 Fondón (Almería)
☎: +34 926 666 027
Fax: +34 926 666 029
www.pagodelvicario.com
info@pagodelvicario.com

1500 H Coupage 2007 T
pinot noir, tempranillo, merlot, cabernet sauvignon

88   15,6€

Color cereza opaco, borde anaranjado. Aroma tabaco, balsámico, hierbas secas, especiado. Boca frutoso, equilibrado, taninos finos.

1500 H Pinot Noir 2007 T
pinot noir

88   18,8€

Color cereza oscuro, borde anaranjado. Aroma intensidad media, fruta madura, fruta al licor, tostado, especiado, cuero muy curtido. Boca especiado, taninos finos.

PALACIO DE CANEDO

La Iglesia, s/n
24546 Canedo (León)
☎: +34 987 563 366
Fax: +34 987 567 000
www.pradaatope.es
info@pradaatope.es

Pardoxin Dulce Natural 2011 B
godello

91 ★★★★★　　　　　　　　**9,2€**

Color amarillo. Aroma notas amieladas, fruta escarchada, hierbas de tocador. Boca sabroso, dulce, fresco, frutoso, buena acidez, largo.

PÉREZ CARAMÉS

Peña Picón, s/n
24500 Villafranca del Bierzo (León)
☎: +34 987 540 197
Fax: +34 987 540 314
www.perezcarames.com
info@perezcarames.com

Casar de Santa Inés 1998 T

87 ❦　　　　　　　　　　**15,0€**

Color rubí, borde teja. Aroma especiado, fina reducción, cuero mojado, ebanistería, espirituoso. Boca especiado, taninos finos, elegante, largo.

Casar de Santa Inés 2012 T

81 ❦　　　　　　　　　　**5,5€**

SEÑORÍO DE VALDESNEROS

Avda. La Paz, 4
34230 Torquemada (Palencia)
☎: +34 979 800 545
www.bodegasvaldesneros.com
sv@bodegasvaldesneros.com

Amantia 2012 T
tempranillo

88　　　　　　　　　　　**24,5€**

Color cobrizo. Aroma fruta madura, fruta roja, balsámico, flores secas. Boca fresco, frutoso, sabroso, dulce.

SEXTO ELEMENTO

C/Caliches, 13
46310 Venta del Moro (Valencia)
☎: +34 637 414 137
www.vinosextoelemento.com
bodega@@vinosextoelemento.com

6º Elemento 2006 T
100% bobal

88　　　　　　　　　　　**18,0€**

Color cereza, borde granate. Aroma fruta madura, terroso, especiado, roble cremoso, hierbas de monte, fina reducción. Boca equilibrado, sabroso, largo, balsámico.

6º Elemento 2011 T
100% bobal

89　　　　　　　　　　　**18,0€**

Color cereza, borde granate. Aroma fruta madura, especiado, roble cremoso, tostado. Boca potente, sabroso, tostado, retronasal torrefactado.

TRESGE WINERY

Ctra. Picaña, 18, 10
46200 Paiporta (Valencia)
☎: +34 676 599 583
www.gratiaswines.com
gratias@gratiaswines.com

Gratias Máximas 2012 T
100% bobal

88 ★★★　　　　　　　　**9,6€**

Color cereza, borde granate. Aroma fruta madura, especiado, roble cremoso, tostado. Boca potente, sabroso, tostado.

Gratias Rosé 2013 RD
100% bobal

87 ★★★★　　　　　　　**6,6€**

Color cereza claro. Aroma fruta escarchada, flores secas, hierbas de tocador, fruta roja. Boca ligero, sabroso, buena acidez, largo, balsámico.

VALQUEJIGOSO

Ctra, Villamanta - Méntrida, s/n
28610 Villamanta (Madrid)
☎: +34 912 163 917
Fax: +34 918 136 842
www.valquejigoso.com
aureliogarcia@valquejigoso.com

Valquejigoso V2 2007 T

94 ❦　　　　　　　　　**110,0€**

Color cereza, borde granate. Aroma fruta madura, especiado, roble cremoso, tostado, complejo, chocolate, terroso. Boca potente, sabroso, tostado, taninos maduros.

Valquejigoso V2 2009 T

94 ❦　　　　　　　　　**98,0€**

Color cereza muy intenso. Aroma fruta madura, especiado, roble cremoso, tostado, con carácter. Boca potente, sabroso, tostado, taninos maduros.

VINS DE TALLER

Nou, 5
17469 Siurana d'Empordà (Girona)
☎: +34 972 525 578
Fax: +34 972 525 578
www.vinsdetaller.com
info@vinsdetaller.com

Vins de Taller Baseia 2013 B

90   17,5€

Color pajizo brillante. Aroma flores blancas, lías finas, hierbas secas. Boca sabroso, frutoso, buena acidez, equilibrado, especiado, graso.

Vins de Taller Geum 2013 T
merlot

91 ★★★★★   10,0€

Color cereza poco intenso. Aroma fruta madura, hierbas silvestres, terroso, especiado, roble cremoso. Boca equilibrado, sabroso, largo, balsámico.

Vins de Taller LEA Dulce Natural 2012 BFB
cortese

91 ★★★   16,0€

Color dorado brillante. Aroma notas amieladas, fruta escarchada, hierbas secas, floral, expresivo. Boca potente, sabroso, graso, untuoso, especiado.

Vins de Taller Phlox 2013 B

88 ★★★   10,0€

Color amarillo brillante. Aroma flores marchitas, equilibrado, hierbas secas. Boca frutoso, sabroso, largo, fino amargor.

Vins de Taller Siurà 2010 T

87   16,5€

Color cereza, borde granate. Aroma fruta madura, hierbas silvestres, terroso, especiado, roble cremoso. Boca equilibrado, sabroso, largo, balsámico.

VINS DEL COMTAT

Turballos, 11
3820 Cocentaina (Alicante)
☎: +34 667 669 287
Fax: +34 965 593 194
www.vinsdelcomtat.com
vinsdelcomtat@gmail.com

Viognier de Vins del Comtat 2013 B
viognier

88 ★★★★   7,1€

Color pajizo brillante. Aroma fresco, fruta fresca, flores blancas, expresivo. Boca sabroso, frutoso, buena acidez, equilibrado.

VINYA NATURA

Herrero, 32- 5º 12
12005 Castellón (Castellón)
☎: +34 670 056 497
www.vinyanatura.com
info@vinyanatura.com

Barranc de l'Infern 2010 T
100% merlot

86 ★★★   9,9€

Color cereza oscuro, borde granate. Aroma potente, pimiento verde, hierbas silvestres, fruta madura. Boca estructurado, sabroso.

Barranc de l'Infern 2013 B
macabeo, chardonnay

89 ★★★★   7,0€

Color pajizo brillante. Aroma fresco, fruta fresca, expresivo, hierbas de tocador, cítricos. Boca sabroso, frutoso, buena acidez, equilibrado.

L'Equip 2013 T
tempranillo, cabernet sauvignon

84   5,7€

VINYES DEL TIET PERE

Raval del Roser, 3
43886 Vilabella (Tarragona)
☎: +34 625 408 974
www.camidelafont.com
oriol@camidelafont.com

Cami de la Font "Vinyes del tiet Pere" 2013 B
100% macabeo

81   12,0€

VINYES MORTITX

Ctra. Pollença Lluc, Km. 10,9
7315 Escorca (Illes Balears)
☎: +34 971 182 339
Fax: +34 871 100 053
www.vinyesmortitx.com
info@vinyesmortitx.com

Dolç de Gel Mortitx 2011 B
moscatel, riesling

88   16,0€

Color amarillo brillante. Aroma flores blancas, fruta escarchada. Boca sabroso, lleno, dulce, graso, largo.

VIÑAS EL REGAJAL

Antigua Ctra. Andalucía, Km. 50,5
28300 Aranjuez (Madrid)
☎: +34 913 078 903
Fax: +34 913 576 312
www.elregajal.es
isabel@elregajal.es

Galia 2011 T
tempranillo, garnacha

93   30,0€

Color cereza, borde violáceo. Aroma fruta roja, fruta madura,
hierbas silvestres, especias dulces, roble cremoso, tostado,
piedra seca. Boca potente, sabroso, especiado, largo, equilibrado.

VIÑEDOS Y BODEGAS MAYO GARCÍA

La Font 116
12192 Vilafamés (Castellón)
☎: +34 964 329 312
www.mayocasanova.com
mail@mayogarcia.com

Magnanimvs Platino Vino de Autor 2011 T
cabernet sauvignon, merlot, syrah

87 ★★★   8,3€

Color cereza, borde granate. Aroma hierbas silvestres, terroso, especiado, roble cremoso. Boca sabroso, tostado, fácil de
beber.

Magnanimvs Rubí 2010 TC
cabernet sauvignon, merlot, syrah

89   15,0€

Color cereza muy intenso, borde granate. Aroma potente, fruta madura, muy tostado (torrefactado), especias dulces. Boca
potente, tostado, retronasal torrefactado.

VIÑOS DE ENCOSTAS

Florentino López Cuevillas Nº6, 1ºC
32500 O Carballiño (Ourense)
☎: +34 988 101 733
Fax: +34 988 101 733
www.xlsebio.es
miguel@losvinosdemiguel.com

Wish 2011 T
caíño, ferrol, sousón, bastardo negro

93   25,0€

Color cereza, borde granate. Aroma fruta madura, especiado,
roble cremoso, tostado, complejo, terroso, hierbas de monte.
Boca potente, sabroso, tostado, taninos maduros.

VINOS ESPUMOSOS

Todos los vinos reseñados en esta sección se elaboran por el llamado método tradicional de segunda fermentación en botella, el mismo empleado para la producción del cava, pero cuyas zonas de procedencia no se encuentran acogidas a la DO Cava ni a otras denominaciones de origen.

Representan, en realidad, una parte muy pequeña de todos los espumosos que se elaboran en España y sus cifras de producción están muy lejos de las del cava. En cuanto a la calidad de estos vinos, en líneas generales es algo inferior a la del cava catalán.

AGROALIMENTARIA VIRGEN DEL ROCÍO

Avda. de Cabezudos, 1
21730 Almonte (Huelva)
☎: +34 959 406 146
www.raigal.es
administracion@raigal.com

Raigal BN
zalema
84   5€

BODEGAS BARBADILLO

Luís de Eguílaz, 11
11540 Sanlúcar de Barrameda (Cádiz)
☎: +34 956 385 500
Fax: +34 956 385 501
www.barbadillo.com
barbadillo@barbadillo.com

Barbadillo Beta BR
palomino, chardonnay
86 ★★★★★   5€
Color amarillo brillante. Aroma hierbas de tocador, floral, intensidad media, fresco. Boca correcto, fino amargor, fácil de beber, buena acidez.

BODEGAS GRUPO YLLERA

Autovía A-6, Km. 173,5
47490 Rueda (Valladolid)
☎: +34 983 868 097
Fax: +34 983 868 177
www.grupoyllera.com
grupoyllera@grupoyllera.com

Yllera 5.5 Rosé Frizzante ESP
tempranillo, verdejo
86 ★★★★★   4,8€
Color rosáceo pálido. Aroma fruta escarchada, jazmín, hierbas secas. Boca fresco, frutoso, fácil de beber.

Yllera 5.5 Verdejo Frizzante ESP
100% verdejo
87 ★★★★★   4,8€
Color pajizo brillante. Aroma flores blancas, fruta escarchada, balsámico, intensidad media. Boca fresco, frutoso, fácil de beber.

FINCA LA BLANCA

Princesa, 84
45840 Puebla de Almoradiel (Toledo)
☎: +34 669 995 315
Fax: +34 968 897 675
www.fincalablanca.es
export@fincalablanca.es

D'Lucio Blanco 2013 ESP
airén, macabeo
82   2,2€

D'Lucio Rosado 2013 ESP
tempranillo, garnacha
83   2,2€

LOBBAN WINES

Creueta, 24
8784 St. Jaume Sesoliveres (Barcelona)
☎: +34 667 551 695
www.lapamelita.com
info@lapamelita.com

La Pamelita 2006 Tinto Espumoso
80   12€

La Rosita 2009 ESP
84   10€

PALACIO DE CANEDO

La Iglesia, s/n
24546 Canedo (León)
☎: +34 987 563 366
Fax: +34 987 567 000
www.pradaatope.es
info@pradaatope.es

Xamprada 2009 ESP Reserva
godello, chardonnay
83 ❦   18€

Xamprada Extra Brut 2011 ESP
godello, chardonnay
84 ❦   8,0€

Xamprada Extra Brut Rosado 2012 ESP
mencía, godello
81 ❦   8,0€

Xamprada Rosado Semiseco 2012 ESP
mencía, godello
80 ❦   8,0€

Xamprada Semiseco 2011 ESP
godello, chardonnay
82 ❦   8,0€

RAVENTÓS I BLANC

Plaça del Roure, s/n
8770 Sant Sadurní D'Anoia (Barcelona)
☎: +34 938 183 262
Fax: +34 938 912 500
www.raventos.com
raventos@raventos.com

Enoteca Personal Manuel Raventos 1998 BN
96 188€

Color dorado brillante. Aroma frutos secos, hierbas de tocador, complejo, lías finas, fruta macerada, especias dulces, expresivo. Boca potente, sabroso, buena acidez, burbuja fina, fino amargor, elegante.

Enoteca Personal Manuel Raventos 1999 BN
95 145€

Color dorado brillante. Aroma lías finas, frutos secos, hierbas de tocador, complejo, fruta escarchada. Boca potente, sabroso, buena acidez, burbuja fina, fino amargor.

Enoteca Personal Manuel Raventos 2000 BN
94

Color dorado brillante. Aroma lías finas, frutos secos, hierbas de tocador, complejo, tostado. Boca potente, sabroso, buena acidez, burbuja fina, fino amargor, elegante.

Enoteca Personal Manuel Raventos 2001 BN
macabeo, xarel.lo, parellada, chardonnay
93 280€

Color dorado brillante. Aroma frutos secos, complejo, especias dulces, pastelería, expresivo. Boca potente, sabroso, buena acidez, burbuja fina, elegante, retronasal torrefactado.

L'Hereu 2012 ESP Reserva
macabeo, xarel.lo, parellada
90 ★★★★ 12,5€

Color amarillo brillante. Aroma lías finas, frutos secos, hierbas de tocador, complejo, tostado, cítricos. Boca potente, sabroso, buena acidez, burbuja fina, fino amargor.

Raventós i Blanc De La Finca 2011 BN Gran Reserva
parellada, xarel.lo, macabeo
91 20€

Color dorado brillante. Aroma frutos secos, hierbas de tocador, complejo, lías finas, especias dulces, expresivo. Boca potente, sabroso, buena acidez, burbuja fina, fino amargor, elegante.

Raventós i Blanc De La Finca Magnum 2011 ESP
parellada, macabeo, xarel.lo
92 39€

Color amarillo brillante. Aroma lías finas, frutos secos, hierbas de tocador, complejo. Boca potente, sabroso, buena acidez, burbuja fina, fino amargor, elegante.

Raventós i Blanc De Nit 2012 BN Reserva
macabeo, xarel.lo, parellada, monastrell
91 ★★★ 15,5€

Color cobrizo. Aroma floral, jazmín, fruta escarchada, hierbas silvestres, especiado. Boca fresco, frutoso, sabroso, correcto, equilibrado.

DICCIONARIO de CATA

ÍNDICES

TÉRMINOS RELATIVOS AL COLOR

ABIERTO. Color muy claro, poco intenso.

ACERADO. Color pálido de brillos metálicos (acero) que identifica algunos vinos blancos.

ÁMBAR. Primera fase de envejecimiento por oxidación de los vinos generosos, brandies, whiskies y rones (tono entre amarillo y rojizo).

APAGADO. Un vino sin brillo, con un borde con tendencia al ocre.

BORDE ANARANJADO. Paso intermedio entre el granate y el teja que se aprecia en el ribete u orilla de los vinos tintos y que marca una edad intermedia. Es un rasgo que aparece más rápidamente en los vinos más alcohólicos. También es un tono característico de los tintos de *pinot noir*.

BRILLANTE. Factor relacionado con la juventud y limpidez del vino.

CEREZA. Es un término que se utiliza frecuentemente para expresar el color. Cuando se especifica que es "picota" o "muy intenso", se trata de un cereza muy oscuro o casi negro.

CAOBA. Segunda fase de envejecimiento de los brandies, rones y vinos generosos. Tono entre marrón y amarillo que adquieren generalmente cuando son más viejos.

COBRIZO. Semejante al color del cobre, un matiz rojizo que puede observarse en vinos blancos de larga crianza en barrica, generalmente amontillados y algunos palos cortados.

CUBIERTO. Es un tinto de color muy oscuro que apenas deja ver el fondo de la copa.

DORADO. Es el color oro, tonalidad entre amarillo y rojizo con predominio del amarillo.

FRAMBUESA. Es el mejor matiz de un rosado que denota juventud, buena acidez y frescura. Nota rosácea con brillos azulados.

GRANATE. Es un matiz generalizado en los tintos de intensidad media a ligera. Si el vino es de color cereza

intenso puede tener un ribete u orilla granate siempre que proceda de zonas menos soleadas. Es más luminoso y abierto que el tono violáceo del borde de un vino de tonalidad muy intensa, generalmente, de la última cosecha.

GUINDA. Define un color más claro que un tinto y más oscuro que un rosado.

IRISACIÓN. Brillos poco definidos, un cierto matiz.

LIMPIO. Limpidez absoluta, sin mácula.

OCRE. Fase terminal del color de un vino de mesa que se produce generalmente en vinos de larga crianza oxidativa y resulta indicativo de su declive.

OLEOSO. Es un vino denso a la vista, generalmente de mucha graduación alcohólica y dulce.

OPACO. Es un vino de gran intensidad de color que no permite ver el fondo de la copa. Generalmente, aparece en los pedro ximénez muy envejecidos y, por lo tanto, con un color muy caramelizado.

ORO VIEJO. Dorado con tonalidad algo marrón de gran número de amontillados que no alcanzan los matices caoba que predominan en los olorosos.

OSCURO. A menudo se indica una tonalidad ligeramente menor a la que se denomina "intensa", algo así como "media intensidad".

PAJIZO. Debe entenderse como "amarillo pajizo". Es el color de la gran mayoría de blancos jóvenes, a medio camino ente el amarillo y verde. También se puede describir como "amarillo alimonado".

PIEL DE CEBOLLA. Es una tonalidad más clara que el color salmón.

RIBETE. También definido como "borde" u "orilla". Es el color del vino que aparece en el extremo superior cuando inclinamos la copa y que se ve menos intenso que el centro de la copa. Si estamos ante un tinto de la última cosecha, generalmente será violáceo o frambuesa; si es algo más maduro, será granate y si ha permanecido en botella más de cinco años, será de color parecido a la teja árabe o al ladrillo.

ROSARIO. Disposición en cadena ascendente y lenta de las burbujas de un espumoso.

RUBÍ. Tono ligeramente anaranjado con matiz amarillo de los vinos viejos que han perdido parte de su tonalidad cereza.

SALMÓN. Tonalidad ligeramente más rojiza que el rosa y que aparece en rosados de menor acidez o mayor alcohol.

TEJA. Es el matiz que poseen los tintos envejecidos en botella y barrica durante más de seis años o sólo en botella durante más de 10 años. Tonalidad semejante al ladrillo.

VELADO. Primer estadio de turbidez en el vino.

VIVO. La viveza refleja la juventud del vino a través de colores muy luminosos y brillantes.

YODO. Tonalidad semejante a la tintura de yodo (oro viejo y marrón) que alcanzan los vinos rancios u olorosos de larga crianza oxidativa.

TÉRMINOS RELATIVOS AL AROMA

ACETONAS. De la misma familia que las notas a barniz. Es un olor cercano al de la laca de uñas, muy característico de los aguardientes muy viejos.

ALCOHÓLICO. No es un término peyorativo por un exceso de alcohol –en tal caso diríamos ardiente–, sino más bien una nota predominante pero no agresiva.

ALDEHÍDICO. Sensación alcohólica y a la vez rancia que se da en los vinos viejos de gran poder alcohólico que han tenido un envejecimiento oxidativo.

ALGARROBA. Quien haya masticado u olido esta leguminosa notará unos rasgos dulzones y tostados a la vez, con un deje rústico. Se da generalmente en los brandies envejecidos en soleras de pedro ximénez y en los vinos concentrados por una gran maduración de la uva.

ALMIZCLE. Término relativo al aroma dulce y auvado de variedades aromáticas como la *moscatel*, la *riesling* y la *gewürztraminer*.

ANIMAL. Aroma, generalmente no positivo, producido por una larga conservación en botella (recuerdos a pelo húmedo de perro, cuero mojado) y que va asociado a una relativa falta de limpieza. Si el olor aparece en vinos de añadas más recientes es un síntoma de "brett" (ver término).

AZÚCAR TOSTADO. Aromas dulces y caramelizados.

BALSÁMICO. Aroma producido por una crianza en madera acelerada por las altas temperaturas de zonas cálidas. También se refiere a los aromas de hojas secas (eucalipto, laurel) incienso y alquitrán.

BARNIZ. Es un olor característico en los vinos muy viejos o en los destilados fruto de una oxidación alcohólica tras un largo envejecimiento en madera. Los rasgos de las maderas barnizadas se acercan a los olores que desprenden los aguardientes envejecidos en madera.

BREA. Aroma ligeramente alquitranado de maderas muy tostadas asociado a vinos tintos concentrados y con abundante color, estructura y alcohol.

"BRETT". Es la abreviatura de un nuevo término (brettanomyces) para describir olfativamente un antiguo mal: el aroma a cuadra, gallinero, cuero mojado poco curtido... que aparecía generalmente en vinos reducidos en botella más allá de los 10 años. Estos aromas, en pequeñas dosis, estaban integrados en el cúmulo de la complejidad olfativa de los vinos viejos y eran tolerados. En la actualidad, y a causa de la mayor precisión de los aromas y una mayor asepsia en el trabajo de bodega, se detectan mejor sensorialmente. Por otro lado, el "brett" se presenta hoy con mayor frecuencia en vinos menos viejos debido al mejor desarrollo de esta levadura en vinos con ph más altos. La subida de los ph del vino es un factor bastante generalizado en la actualidad debido al clima, a una mayor maduración de las uvas y al castigo químico del suelo por los abonos constantes que se han realizado en los últimos 35 años.

CACAO. Aroma suavemente tostado y fino que se produce en vinos con crianzas moderadas en madera y que han evolucionado muy bien en botella.

CÍTRICO. Aroma cercano al del limón, la naranja y el pomelo.

COMPLEJO. Riqueza de matices olfativos y gustativos relativos a la variedad, suelo y crianza sin definirse claramente algunos de ellos.

COMPOTA. Notas de fruta compotada o cocida, fruto de una maduración muy intensa de la uva en la viña, pero sin llegar a la sobremaduración. Recuerda a la fruta de la mermelada.

CONFITURA. Es un rasgo de frutos negros muy maduros con un fondo caramelizado por la acción oxidativa del roble. Muy parecido a la confitura y mermelada de frutos del bosque (ciruelas, moras, arándanos, grosellas, cerezas). Aparece en tintos de gran concentración frutal sometidos a largas maceraciones del mosto con los hollejos y procedentes de uvas muy maduras de viñedos meridionales.

CEDRO. Es el aroma, un tanto perfumado, de esta madera blanda, de uso común en Marruecos.

CERRADO. Lo utilizamos para referirnos a un aroma de baja intensidad, sin desarrollar o, sin abrirse. Coincide casi siempre con vinos muy concentrados, de gran cosecha, que evolucionan muy lentamente en la botella. También se da en vinos de reciente embotellado.

CLÁSICO RIOJA. Es el rioja más conocido, con gran presencia de la madera (generalmente muy usada). Predominan los caracteres especiados y aparecen más notas a cera de cirio que matices afrutados, debido a la mayor acción del oxígeno durante el periodo de envejecimiento en roble.

CON CARÁCTER. Expresa la singularidad de un vino frente a los demás. Puede reflejar una elaboración, un terruño o una crianza particular o diferente.

CREMOSO. Aroma de roble finamente tostado (generalmente roble francés) que recuerda a la vainilla caramelizada.

DÁTILES. Aroma dulzón que recuerda a este fruto y con inclusión de ciertos rasgos tostados y pasificados.

DESVÁN. Olor que recuerda a las maderas viejas y secas, y a la sensación de polvo muy característica de estos recintos. Se indica en algunos destilados criados en maderas o botas viejas. También es un rasgo típico de los vinos muy viejos con más de 10 años en botella que han sido envejecidos durante largo tiempo en barricas muy usadas.

EBANISTERÍA. Aroma nítido a madera barnizada, característico de vinos largamente envejecidos en barricas de roble, proceso durante el cual el alcohol experimenta una oxidación que se transmite olfativamente con el rasgo de acetona, laca de uñas o barniz.

ELEGANTE. Es el que conjuga una serie de matices nobles (maderas perfumadas, ligera y agradable complejidad –ver complejo), sin excesiva intensidad aromática pero muy armonizado.

ENMADERADO. Aroma y sabor excesivo a madera debido a la excesiva crianza en roble o bien fruto de una estructura menor del vino.

ESPECIADO. Alude a especias de cocina (pimienta, clavo, canela) que aparecen en vinos envejecidos por acción del oxigeno en barricas de madera.

ESPIRITUOSO. Rasgo olfativo y gustativo de un vino de elevada graduación alcohólica sin llegar a ser ardiente. Vocablo más intelectual para definir al alcohol que no es sino el "espíritu del vino".

ETÉREO. Es un rasgo que define a los destilados y vinos con cierta intensidad alcohólica en su evolución oxidativa; la propia potencia alcohólica revela los aromas de tipo rancio. Tiene mucho que ver con la vejez.

EVOLUCIÓN OXIDATIVA. Tendencia del vino a envejecer por acción del oxígeno a través de los poros del tonel o barrica (microoxidación), o también por la aireación que se consigue a través de los trasiegos.

EXPRESIÓN FRUTAL. Es el carácter producido por varios registros olfativos y gustativos relacionados con recuerdos frutales y de hierbas finas.

EXPRESIÓN VARIETAL. Riqueza olfativa y gustativa relacionada con la variedad o variedades que componen el vino.

FENÓLICO. Derivado de los polifenoles (conjunto de taninos y antocianos o sustancias vegetales de la uva), define un aroma procedente de la piel u hollejo de la uva muy macerada que evoca un matiz entre tinta y racimo prensado.

FINO. Sinónimo de elegante.

FLOR. Es un aroma punzante, salino, a salazón, característico del fino, la manzanilla y algo el amontillado. Se produce por la cesión gusto-olfativa de la capa de levaduras (flor) que cubre la superficie de estos vinos.

FLOR MARCHITA. Es un matiz tostado característico de los buenos champagnes con predominio de pinot noir y de algunos cavas que han desarrollado perfectamente la evolución con sus lías en la botella durante un largo periodo de tiempo.

FLORAL. Rasgo que recuerda a los pétalos de ciertas flores como la rosa y el jazmín y que se produce en ciertos vinos blancos septentrionales o en los grandes vinos tintos después de un desarrollo en botella en el que también aparecen aromas especiados.

FRANCO. Un vino en el que no se aprecia ningún defecto, tanto al olfato como al gusto.

FRESCO. Aroma vivaz de un vino sin atisbo alcohólico.

FRUTA APAGADA. Generalmente son los aromas producidos por maduraciones rápidas de la uva, muy características de climas cálidos.

FRUTA ESCARCHADA. Es un rasgo dulce entre tostado y confitado que aparece en algunos blancos con larga evolución oxidativa o en blancos dulces.

FRUTA FRESCA. Notas frutosas que se producen en el apogeo de una lenta maduración de la uva, propia de climas moderados.

FRUTA PASADA. Es un rasgo característico de los vinos ligeramente oxidados y sin crianza en madera. Sensación olfativa de racimos con los primeros indicios de podredumbre o como consecuencia de racimos golpeados y estrujados prematuramente.

FRUTAL. Es un rasgo con notas vegetales cercanas a la fruta, pero también envueltas en ciertos atisbos de hierba verde.

FRUTOS NEGROS. Son los aromas tostados de frutos maduros que aparecen en los tintos de larga maceración de los hollejos.

FRUTOS ROJOS. Se refiere a los frutos rojos silvestres (moras, grosellas, zarzamoras) y a las ciruelas y cerezas no demasiado maduras.

FRUTOS SECOS. Notas que aparecen generalmente en vinos blancos con envejecimiento oxidativo; es decir, el concurso del aire genera aromas y sabores que recuerdan a los frutos secos (almendra amarga, avellana, nuez...). Cuando el envejecimiento es mayor y sobre todo en envases de madera viejos, a los rasgos descritos hay que sumar los que se acercan a los higos, dátiles, pasas, etc.

HIERBAS DE TOCADOR. Aroma similar al de los jabones y colonias elaborados a partir de hierbas de lavanda, romero, limón, azahar o jazmín. Aparecen en los vinos blancos de cierta maceración prefermentativa de los hollejos.

HOLLEJO MADURO. Es el aroma semejante a la tinta de escribir que desprende una uva muy madura que estrujamos con los dedos, o bien el que se desprende de la acumulación de racimos prensados maduros.

INTENSO. Potencia aromática que se percibe de manera inmediata al llevar la copa al olfato.

LEVADURAS. Aroma seco, a levadura de pan que se percibe en los cavas y vinos jóvenes recién embotellados.

LÍAS FINAS. Es un aroma entre herbáceo y ligeramente tostado producido por las levaduras muertas (autólisis) después de la fermentación que son utilizadas durante un determinado periodo de crianza para dotar al vino de mayor complejidad y riqueza aromática.

LICOROSO. Aromas y sabores de dulcedumbre de vinos de elevada graduación alcohólica.

MACERACIÓN. Aromas que persisten en el vino y que se asemejan a los que desprende el depósito donde ha fermentado el vino tinto.

MADERA CURTIDA. Notas que aparecen en vinos criados en barricas de más de cuatro o cinco años que ya han perdido los tostados finos del roble nuevo.

MONTE BAJO. Aroma característico de las hierbas del monte mediterráneo (mezcla de romero, tomillo y otras hierbas de zonas semiáridas). Este rasgo herbáceo no verde aparece especialmente en vinos blancos y tintos de zonas cálidas.

NOTAS BIOLÓGICAS. Es una forma de definir al aroma de levaduras de fermentación en vinos jóvenes (blancos sobre todo) y levaduras de crianza (flor).

NOTAS DE EVOLUCIÓN. Generalmente se dice de los vinos prematuramente envejecidos por acción del aire o el calor. Ejemplo: un vino que ha permanecido varias horas en la copa.

NOTAS MINERALES. Se dice del vino que posee un ligero matiz olfativo que recuerda al pedernal, la pizarra, la piedra caliente o la arena.

NOTAS TROPICALES. Aromas dulzones de blancos cuyas uvas han madurado muy rápidamente y que se asemeja a las frutas blancas dulces de escasa acidez.

OPORTIZADO. Es un rasgo aromático dulce de un vino elaborado con uvas tintas algo pasificadas o sobremaduras que recuerdan a los vintages de oporto elaborados con una corta fase de crianza oxidativa.

PASTELERÍA. Es un aroma entre dulce y tostado con ciertos rasgos a vainilla y azúcar caramelizado característicos de la pastelería recién horneada. Aparece en los vinos de largo envejecimiento en roble, generalmente dulces, fruto de su evolución oxidativa y el aporte de los compuestos odoríficos (vainillina) de los envases de roble.

PIEL DE NARANJA. Aroma picante y frutal a la vez que aparece en ciertos vinos blancos.

PRENSA. Aroma de las partes vegetales de la uva después de la fermentación que recuerda lejanamente al orujo, pieles de la uva y tinta.

PUNZANTE. Nota aromática destacada revelada por el componente alcohólico, la madera y la flor de los vinos finos.

RANCIO. No es un defecto sino una nota más conocida como "ajerezado", fruto de una crianza oxidativa.

REDUCCIÓN. Es el aroma de un vino producido en ausencia del aire en su larga permanencia en botella (tabaco, cuero viejo, vainilla, canela, cacao, desván, polvo, etc.).

RETAMA. Es un aroma que recuerda al matorral de monte bajo mediterráneo.

SALINO. Es una nota adquirida por un fino que haya envejecido en soleras con mucha flor.

SOLERADO. Expreso un aroma cercano al olor húmedo de una bodega de olorosos.

SOTOBOSQUE. Es el matiz aromático entre tierra húmeda, hierba y hojarasca que se encuentra en tintos

de cierta concentración fenólica y frutal, con crianza en madera, de media edad y muy ensamblados.

TERROSO. Aroma entre arcilla y polvo, característico de los tintos elaborados con uvas maduras y de elevada graduación alcohólica. También es un rasgo mineral de algunos vinos.

TERRU—O. Aroma determinado por los elementos del suelo y del entorno, un matiz entre hierbas de monte, mineral, piedras, etc.

TIPO MEDITERRÁNEO. Es un aroma donde convergen notas alcohólicas, quemadas, dulzonas, pasificadas, caramelizadas… transmitidas al vino por la uva de viñedos de zonas cálidas.

TOFFEE. Característico de los caramelos de café con leche (notas lácticas y tostadas) de algunos tintos de crianza.

TORREFACTO. Ver en términos relativos al sabor.

TRUFA. Parecido a la mezcla entre tierra húmeda y champiñón.

TUFO DE REDUCCIÓN. Aroma negativo producido por la corrupción de las lías en un vino sin oxigenar o como resultado de un trasiego tardío. A medio camino entre el hervor del repollo y los huevos cocidos.

TUFO DE REDUCCIÓN EN DEPÓSITO. Olor entre metálico y cocido propio de los vinos almacenados en grandes depósitos y a temperaturas poco frescas, lo que obliga a añadir excesivas dosis de sulfuroso que se combina con el vino reduciendo su frescura frutal. Este fenómeno se produce en los grandes almacenajes de vinos corrientes.

TURBA. Aroma ligeramente quemado que se produce al asociar la uva madura y los tostados del roble nuevo en vinos de elevada graduación alcohólica.

VAINILLA. Un rasgo típico de los vinos y destilados envejecidos en roble. La vainillina contenida en la madera es un componente que se transmite al vino.

VEGETAL. Es un atisbo impreciso de aromas entre pámpano, matorral y hoja de geranio que se produce por una incompleta maduración de la piel de la uva.

VOLÁTIL. Rasgo relativo a los vinos con "acidez volátil" alta; es decir, con los primeros atisbos de acetificación o avinagramiento. Es característico en vinos mal estabilizados cuando son jóvenes o bien en vinos viejos de gran poder alcohólico que, a través de su fase oxidativa en barrica y por lo tanto con mayor contacto con aire, han tomado este matiz que no es negativo en el caso de los vinos generosos.

YODADO. Relativo al olor de la tintura de yodo (combinación entre un olor dulzón de alcohol, tostado, linimento y barniz o laca).

TÉRMINOS RELATIVOS A LA BOCA

ALCOHÓLICO. Sensación espirituosa sin ser agresiva; no es un defecto.

AMARGOSO. Matiz amargo, no agresivo, frecuente en los finos, amontillados y los vinos blancos de Rueda principalmente. Un toque amargoso no necesariamente es negativo; muy al contrario, puede ser un moderador de las sensaciones blandas o ligeramente dulces que prolongue las percepciones; es un contrapunto.

AMPLIO. Término que define una riqueza de sabores, como si llenase la boca. Es una sensación que se experimenta a la entrada en boca.

ATERCIOPELADO. Es una sensación suave, acariciante y placentera en la boca, característica de los grandes vinos que han limado sus aristas de taninos y acidez en el transcurso de su envejecimiento en botella.

BLANDO. Es el vino bajo en acidez y falto de su frescura.

CÁLIDO. Explica el lado bueno del alcohol, sensación menos espirituosa que alcohólico.

CARAMELIZADO. Un gusto dulzón y tostado característico de algunos vinos densos que han envejecido en botas de oloroso y pedro ximénez.

CARNOSO. Se dice del vino con cuerpo, con estructura, que se "mastica".

CRIANZA OXIDATIVA. Esta expresión nace de la influencia del aire en la evolución del vino. El aire oxida más o menos dependiendo de la cantidad de oxígeno.

La crianza oxidativa es la producida por el aire que atraviesa los poros de la madera y llega al vino almacenado en ella, o bien durante los trasiegos. Este procedimiento añeja más rápidamente el vino, adquiriendo además las sustancias odoríficas y gustativas del roble.

DENSO. Se relaciona con el cuerpo, cierta sensación de espesor en la boca.

DULCEDUMBRE. Gusto ligeramente dulce que sobresale entre un sabor mayoritariamente seco o tánico del vino.

DULCIFICADO. Relativo a la dulcedumbre.

EQUILIBRADO. Es un término que define un buen vino: el equilibrio de todos sus componentes (alcohol, acidez, extracto y el sabor a roble si es un vino de crianza) y sus matices sápidos sin que sobresalga ninguno.

GORDURA. Término usado en el vocabulario jerezano para determinar un vino con cierto cuerpo, es un antónimo de fino.

GRASO. Sensación suave y agradablemente oleosa de un vino producido por la glicerina que aflora más en los vinos viejos por disminución de la acidez o en ciertas variedades como las riesling, gewürztraminer, chardonnay, albariño y godello.

LARGO. Se dice de la persistencia del sabor después de haber ingerido el vino.

LIGERO. Lo contrario de carnoso, denso, concentrado; es decir, un vino de poco cuerpo.

LLENO. Sensación de volumen rico en matices de dulcedumbre y taninos "esféricos"; es decir, carnosidad suave y tacto graso.

NOTAS DE MADERA. Matices muy definidos de la madera (toque entre leñoso y resinoso) que generalmente se dan en los vinos envejecidos en toneles más jóvenes.

PASTOSO. No es peyorativo. Es el sabor dulzón y denso.

PUNTAS DE ALCOHOL. Ligero exceso de alcohol que se aprecia en la lengua pero que no daña el conjunto.

REDONDO. Es una expresión muy utilizada en los vinos que define una bebida sin aristas, suave, pero a la vez con volumen, con cuerpo.

REDUCCIÓN. Este término expresa los rasgos nacidos de la evolución del vino en botella como por ejemplo tabaco inglés, miel, o bien de tipo animal, como cuero, pelo mojado, caza.

RETRONASAL. Es el aroma de menor intensidad que al olfato que se percibe por vía interna desde el paladar cuando respiramos por la boca con una pequeña porción de vino en la cavidad bucal.

SABROSO. Sensación acusada y placentera en la boca con incidencia de gran número de matices de ligera dulcedumbre.

TÁNICO. Derivado del tanino, sustancia de sensación áspera que se encuentra sobre todo en las pieles de los frutos y en la madera. Aplicado a los vinos, es el tacto ligeramente áspero que cede la madera del envase.

TANINOS DULCES. Son los taninos cuyo amargor queda neutralizado por el alcohol y la madurez de la uva, también llamados taninos grasos.

TANINOS RUGOSOS. Taninos generalmente del roble o de un hollejo no maduro.

TORREFACTO. Es la sensación entre dulce y tostada del azúcar caramelizado; sabor muy característico de los vinos criados en barrica que han sido quemadas sus duelas, o bien, el sabor de la uva muy madura o casi pasificada.

UNTUOSO. Relativo al tacto graso, cálido y ligeramente dulzón de algunos vinos dulces.

VIGOROSO. Es un vino de gran poder alcohólico.

En este apartado encontrará las mejores compras de vino de España. Son vinos calificados a partir de 85 puntos, atendiendo a la relación calidad/precio (en euros) que corresponde a las ★★★★★ que marcamos en la guía.

Es posible que en algunas tiendas ciertas marcas figuren con un precio superior al reseñado, ello se deberá a circunstancias particulares del detallista. En los casos de precios todavía inferiores, la recomendación será aún más sólida. Todos los precios son de venta al público y han sido facilitados por las bodegas elaboradoras.

PTOS.	VINO	PVP	PÁG.
92	Humboldt Malvasía 2009 B	9,6€	886
92	Luis Cañas 2009 TR	9,8€	738
92	Beryna 2012 TC	9,9€	66
92	Cara Nord 2013 B	9,9€	249
92	Cerro Añón 2009 TR	9,9€	747
92	Colet Tradicional ESP	9,9€	483
92	Alaviana 2012 T	10,0€	143
92	Casar de Burbia 2012 T	10,0€	107
92	Cientruenos 2012 T Barrica	10,0€	462
92	Eidos de Padriñán 2013 B	10,0€	539
92	Jardín de Lúculo 2012 T	10,0€	448
92	La Suerte de Arrayán 2011 T	10,0€	402
92	Mestizaje 2013 T	10,0€	1044
92	Monte Cristo OL	10,0€	419
92	Rimarts 24 BN Reserva	10,0€	228
92	Rosalía 2013 B	10,0€	560

91

PTOS.	VINO	PVP	PÁG.
91	Proclama Selección 2011 T	4,0€	921
91	Angosto Blanco 2013 B	4,5€	994
91	Gran Alanís 2013 B	4,9€	590
91	La Casona de los Condes 2013 B	4,9€	825
91	César Florido Moscatel Especial Moscatel	5,0€	309
91	Cruz de Piedra Selección Especial 2013 T	5,0€	140
91	Fino César Florido FI	5,0€	309
91	Murviedro Colección Petit Verdot 2013 T	5,0€	998
91	Pingadelo 2013 T	5,2€	977
91	Tarón 4MB 2011 T	5,2€	761
91	González Palacios M. Fina Vino de licor	5,4€	1054
91	Al Vent Bobal 2012 T	5,5€	961
91	Honoro Vera Organic 2013 T	5,5€	332
91	Pemartín AM	5,5€	315
91	Vino de Misa Dulce Superior	5,5€	894
91	Muron 2012 T Roble	5,6€	611
91	Mo Salinas Monastrell 2012 T	5,8€	71
91	Terry Fino FI	5,8€	309
91	Málaga Dulce Gomara B	5,9€	383
91	Blanco Nieva Verdejo 2013 B	6,0€	863
91	Catania 2011 TC	6,0€	683
91	Cerro Bercial 2011 T Barrica	6,0€	964
91	De Muller Rancio Seco Vino de licor	6,0€	893
91	EL Butón Verdejo 2013 B	6,0€	832
91	Joaquín Rebolledo Godello 2013 B	6,0€	981
91	José Galo Verdejo Selección 2013 B	6,0€	844
91	Las Dosces 2013 B	6,0€	967
91	Néctar PX	6,0€	318
91	Romanico 2012 T	6,0€	949
91	Uva D'Or Moscatel B	6,0€	1000
91	Viero sobre lías 2013 BFB	6,0€	784
91	Viña Gormaz 2011 TC	6,0€	684
91	Almudí 2011 T	6,5€	133
91	Conde de Caralt Blanc de Blancs BR	6,5€	213
91	Luzón 2013 T	6,5€	332
91	Angosto Tinto 2012 TC	6,8€	994
91	Viña Viñao 2011 TC	6,8€	612
91	Aura Verdejo Vendimia Nocturna 2013 B	6,9€	834
91	Casa Castillo Monastrell 2013 T	7,0€	339
91	Casal Novo Godello 2013 B	7,0€	975
91	Cepado Godello 2013 B	7,0€	975
91	Gaznata Finca Cipri 2012 T	7,0€	1104
91	Irrepetible 2012 T	7,0€	391
91	Las Rocas Garnacha 2012 T	7,0€	142
91	Letras Minúsculas 2011 T	7,0€	779
91	Pagos del Galir Godello 2013 B	7,0€	984
91	Tarima Monastrell 2013 T	7,0€	73

PTOS.	VINO	PVP	PÁG.
91	Txomín Etxaníz Berezia 2013 B	7,0€	300
91	Arribes de Vettonia 2007 BFB	7,2€	94
91	San Patricio FI	7,2€	317
91	Godeval 2013 B	7,4€	979
91	Azpilicueta 2011 TC	7,5€	715
91	Baden Numen "B" 2012 T	7,5€	615
91	Ermita Veracruz Verdejo 2013 B	7,5€	846
91	La Cigarrera Moscatel	7,5€	313
91	Las Tres Filas 2012 T	7,5€	106
91	Protos 2012 T Roble	7,5€	672
91	Tritón Mencía 2013 T	7,5€	104
91	Vinea 2010 TC	7,5€	240
91	Laus Flor de Chardonnay 2013 B	7,9€	873
91	Sumarroca Chardonnay 2013 B	7,9€	475
91	Alba Martín 2013 B	8,0€	544
91	Altolandón White 2011 BFB	8,0€	391
91	Baltasar Gracián Garnacha Viñas Viejas 2012 T	8,0€	142
91	Bracamonte 2009 TC	8,0€	624
91	Celebre 2010 TC	8,0€	337
91	Finca Resalso 2013 T	8,0€	622
91	Gran Barquero FI	8,0€	420
91	Gutiérrez Colosía MZ	8,0€	311
91	La Val Albariño 2013 B	8,0€	550
91	Malondro 2012 T	8,0€	428
91	Marqués de Riscal Sauvignon 2013 B	8,0€	836
91	Mas Oller Mar 2013 B	8,0€	289
91	Megala 2011 T	8,0€	996
91	Memoria de Ventura Godello 2013 B	8,0€	974
91	Pazo de Villarei 2013 B	8,0€	564
91	Señorío de Rubiós Albariño 2013 B	8,0€	567
91	Sierra Cantabria Selección 2012 T	8,2€	807
91	Las Moradas de San Martín Senda 2009 T	8,3€	1024
91	Castro Baroña 2013 B	8,4€	545
91	Ad Libitum Maturana Tinta 2012 T	8,5€	790
91	Ad Libitum Monastel 2012 T	8,5€	790
91	Altún 2011 TC	8,5€	707
91	Arbastrum 2013 B	8,5€	548
91	Hermanos Lurton 2012 T	8,5€	927
91	Llàgrimes de Tardor 2010 BFB	8,5€	901
91	Viña AB AM	8,5€	318
91	Yllera Vendimia Seleccionada 2009 TR	8,5€	1108
91	Duquesa de la Victoria 2011 TC	8,7€	764
91	Flor de Vetus 2012 T	8,7€	938
91	Nestares Rincón 1.0 2012 T	8,7€	1052
91	Valdelana 2011 TC	8,7€	765
91	Palacios de Bornos La Caprichosa 2012 B	8,8€	858
91	Troupe 2013 B	8,8€	560
91	Finca La Colina Verdejo Cien x Cien 2013 B	8,9€	862
91	Miranda D'Espiells 2013 B	8,9€	489
91	A Coroa 2013 B	9,0€	974
91	Alceño Premium 2012 T	9,0€	329
91	Baltasar Gracián 2011 TC	9,0€	142
91	Calcari Xarel.lo 2013 B	9,0€	496
91	Enate Gewürztraminer 2013 B	9,0€	880
91	Evol 2012 T	9,0€	428
91	Izadi 2013 BFB	9,0€	729
91	Kentia 2013 B	9,0€	562
91	Los Cantos de Torremilanos 2012 T	9,0€	660
91	Pere Mata Cupada Rosat 2010 Reserva	9,0€	222
91	Ramón Do Casar 2013 B	9,0€	588
91	Regina Viarum Godello 2013 B	9,0€	582
91	Rimarts 2012 BR Reserva	9,0€	228
91	Sayago 830 2011 TC	9,0€	1114
91	Sein 2011 TC	9,0€	66
91	Semele 2012 TC	9,0€	666

ÍNDICE MEJORES COMPRAS

ÍNDICES MEJORES COMPRAS

GUÍAPEÑÍN 25 años de los Vinos de España

PTOS.	VINO	PVP	PÁG.
88	Corcovo Airen 2013 B	2,9€	987
88	Ribas del Cúa 2013 T	2,9€	112
88	Albardiales 2013 T	3,0€	349
88	Alcanta Monastrell 2013 T	3,0€	67
88	Bohedal 2013 B	3,0€	776
88	Cepas del Zorro 2013 RD	3,0€	133
88	Cepas del Zorro Macabeo 2013 B	3,0€	133
88	Don Aurelio Garnacha 2013 T	3,0€	989
88	Egiarte Rosado 2013 RD	3,0€	450
88	Gredas Viejas 2009 TR	3,0€	395
88	Hiriart Lágrima 2013 RD	3,0€	240
88	Moralinos 2007 TGR	3,0€	990
88	Orvalaiz Rosado de Lágrima 2013 RD	3,0€	454
88	Proclama 2013 B	3,0€	921
88	Proclama Tempranillo 2012 T	3,0€	921
88	Solar de la Victoria 2012 T Roble	3,0€	97
88	Valdelares 2011 TC	3,0€	446
88	Valdelares 2013 B	3,0€	446
88	Valzuquino 2012 T	3,0€	1057
88	Viña Migarrón 2013 B	3,0€	103
88	Alcardet Natura Red 2013 T	3,1€	345
88	Sueños del Mediterráneo 2013 B	3,1€	999
88	Castillo de Jumilla 2013 B	3,2€	329
88	Las Campanas Chardonnay 2013 B	3,2€	457
88	Marqués de Villalúa 2013 B	3,2€	259
88	Azabache Garnacha 2011 T	3,3€	816
88	Cermeño Vendimia Seleccionada 2013 T	3,3€	930
88	Ojos del Guadiana Syrah 2013 T Roble	3,3€	352
88	Viña Catajarros "Élite" 2013 RD	3,3€	244
88	Ayrum 2013 RD	3,4€	989
88	Ayrum Tempranillo 2013 T	3,4€	989
88	Canforrales Syrah 2012 T Roble	3,4€	347
88	Eylo Rueda 2013 B	3,4€	845
88	Castillalta 2010 TC	3,5€	653
88	Chozo Viejo 2013 B	3,5€	844
88	Encanto Charm 2010 T	3,5€	112
88	Finca Lasierpe Chardonnay 2013 B	3,5€	464
88	M. Miñambres Albarín 2013 B	3,5€	1150
88	Mureda Syrah 2013 T	3,5€	1080
88	Robert's Merlot 2012 T	3,5€	74
88	Sabatacha Monastrell 2013 T	3,5€	337
88	Terra Única 2012 T Roble	3,5€	113
88	Vacceos Tempranillo 2012 T Roble	3,5€	825
88	Pío Ecológico 2012 T	3,6€	334
88	Viña Ainzón 2011 TC	3,6€	152
88	Nasol de Rechenna BN	3,7€	233
88	Valleoscuro Prieto Picudo Tempranillo 2013 T	3,7€	1055
88	Verbenera FI	3,7€	419
88	Carpe Diem Dulce Natural B	3,8€	388
88	Tranquera Garnacha 2012 T	3,8€	141
88	Vermador 2013 RD	3,8€	76
88	Avutarda 2012 T	3,9€	1122
88	Castillo de Monjardín Rosado de Lágrima 2013 RD	3,9€	448
88	Dominio de Ontur Selección 2010 T	3,9€	327
88	El Paso del Lazo Tempranillo 2013 T	3,9€	1093
88	Fortius 2013 RD	3,9€	456
88	Las Reñas 2013 RD	3,9€	134
88	Las Reñas 2013 B	3,9€	134
88	Alceño 2013 RD	4,0€	328
88	Alhenia 2011 T	4,0€	65
88	Álvarez de Toledo Godello 2013 B	4,0€	100
88	Atelier Verdejo 2013 B	4,0€	859
88	Baltasar Gracián Garnacha 2013 RD	4,0€	142

PTOS.	VINO	PVP	PÁG.
88	Calizo de Adaras 2013 T	4,0€	80
88	Canforrales Chardonnay 2013 B	4,0€	346
88	Carredueñas 2013 RD	4,0€	243
88	Constantia Sine Robore 2011 T	4,0€	971
88	Crianza Vega del Castillo 2010 TC	4,0€	457
88	Cueva de Lobos 2013 T Maceración Carbónica	4,0€	729
88	Don Osmundo 2009 T	4,0€	107
88	El Yugo 2013 RD	4,0€	353
88	Flavium Mencía Premium 2012 T	4,0€	113
88	Garnacha de Bal d'Isabena 2013 T	4,0€	867
88	Hidalgo Castilla Verdejo 2013 B	4,0€	350
88	Homenaje 2013 B	4,0€	452
88	Homenaje 2013 RD	4,0€	452
88	Infinitus Tempranillo 2013 T	4,0€	1087
88	Jabalí Tempranillo - Cabernet 2013 T	4,0€	160
88	Les Troies 2013 RD	4,0€	426
88	Luisita 2013 RD	4,0€	1108
88	Marqués de Almonacid 2013 RD	4,0€	166
88	Monterebro 2013 T	4,0€	333
88	Paniza 2010 TC	4,0€	160
88	Pegalahebra 2012 T	4,0€	913
88	Portal de Moncayo 2013 T	4,0€	151
88	Príncipe de Viana Syrah 2013 T Roble	4,0€	455
88	Puerta de Alcalá 2010 TC	4,0€	1026
88	Puerto Alicante Chardonnay 2013 B	4,0€	72
88	Rosado Vega del Castillo 2013 RD	4,0€	457
88	Señorío de Fuentélamo Syrah 2013 RD	4,0€	335
88	Tintoralba Garnacha Tintorera 2013 T	4,0€	82
88	Tres Olmos Verdejo 2013 B	4,0€	838
88	Tribel de Mirabel 2013 T	4,0€	1125
88	Valcanto 2011 T	4,0€	81
88	Viña Gormaz 2013 T	4,0€	684
88	Vittore Moscatel 2012 B	4,0€	1006
88	Añil 2013 B	4,1€	362
88	Señorío de Nava 2013 RD	4,1€	637
88	Viña Broco 2013 T	4,1€	101
88	Beso de Vino Selección 2013 T	4,2€	162
88	Hoyo de la Vega 2013 RD	4,2€	641
88	La Purísima Monastrell 2013 T	4,2€	1036
88	Los Martos 2012 T	4,2€	1049
88	Viña del Oja 2004 TR	4,2€	806
88	Barahonda Monastrell 2013 T	4,3€	1035
88	Blanc Mariner 2013 B	4,3€	488
88	Castillo de Alicante 2013 T	4,3€	67
88	Dunviro 2011 BFB	4,3€	721
88	Guerinda Tres Partes 2012 T	4,3€	443
88	Pagos de Aráiz 2013 RD	4,3€	454
88	Ramón Roqueta Chardonnay 2013 B	4,3€	171
88	Ramón Roqueta Tempranillo 2013 T	4,3€	171
88	Señorío de Uñuela Viura 2013 B	4,3€	752
88	Sumarroca Blanc de Blancs 2013 B	4,3€	475
88	Sumarroca Negre 2013 T	4,3€	475
88	Tarón 2013 RD	4,3€	761
88	Vega Norte 2013 B	4,3€	368
88	Corpus del Muni Vendimia Seleccionada 2013 T Joven	4,4€	1078
88	Inurrieta Sur 2012 T Roble	4,4€	442
88	Los Navales Verdejo 2013 B	4,4€	864
88	Albada 2013 B	4,5€	139
88	Álvarez de Toledo 2011 T Roble	4,5€	100
88	Besana Real 2009 TC	4,5€	363
88	Colegiata 2013 RD	4,5€	931
88	Colegiata 2013 T	4,5€	931
88	Cordón de Santo André 2013 B	4,5€	593

PTOS.	VINO	PVP	PÁG.
87	Coto de Hayas Garnacha Syrah 2013 T	4,0€	149
87	Dominio de Baco Airén 2013 B	4,0€	344
87	Dominio de Berzal 2013 T Maceración Carbónica	4,0€	781
87	El Yugo 2013 T	4,0€	353
87	Finca Valdemoya Tempranillo 2011 T	4,0€	1103
87	Flavium Mencía Premium 2011 T	4,0€	112
87	Floresta 2013 T	4,0€	291
87	Fuenteseca 2013 RD	4,0€	965
87	Infinitus Gewürztraminer 2013 B	4,0€	1087
87	Infinitus Moscatel Semidulce 2013 B	4,0€	1087
87	Infinitus Syrah 2013 T	4,0€	1087
87	Interanum 2013 T	4,0€	105
87	Jabalí Garnacha-Cabernet 2013 RD	4,0€	160
87	La Viña de Valfrío 2013 RD	4,0€	1156
87	Les Troies 2013 B	4,0€	425
87	Les Troies 2013 T	4,0€	426
87	Miudiño 2013 B	4,0€	565
87	Monte Amán 5 meses de barrica 2012 T Roble	4,0€	89
87	Palacio de Alcántara 2011 TC	4,0€	787
87	Palacio de Sada Garnacha 2013 T	4,0€	441
87	Pazo de Mariñan 2013 B	4,0€	413
87	Pórtico de Ría 2013 B	4,0€	566
87	Príncipe de Viana Garnacha Viñas Viejas 2013 T	4,0€	455
87	Real Agrado 2013 T	4,0€	817
87	Solar de Becquer 2013 T	4,0€	722
87	Toros de Guisando 2012 T	4,0€	1105
87	Upain 2013 RD	4,0€	452
87	Valjunco 2013 T	4,0€	914
87	Vall de Xaló 2013 Mistela	4,0€	74
87	Vallmajor 2013 B	4,0€	902
87	Vallobera 2013 B	4,0€	767
87	Valpincia 2012 T Roble	4,0€	642
87	Vega de Tera 2012 T Roble	4,0€	1110
87	Vila-Closa Rubor 2013 RD	4,0€	910
87	Viña Albali 2010 TR	4,0€	990
87	Viña Berneda 2010 TC	4,0€	768
87	Viyuela 2013 T Fermentado en Barrica	4,0€	643
87	Flor del Páramo 2013 B	4,1€	916
87	Flor del Páramo 2013 RD	4,1€	1118
87	Torre de Gazate Tempranillo 2013 T	4,1€	363
87	Valdelosfrailes Tempranillo 2013 T	4,1€	240
87	Beso de Vino Old Vine Garnacha 2013 T	4,2€	162
87	Camparrón Seleccion 2013 T	4,2€	932
87	Canals & Nubiola Grapa Nature 2011 BN Reserva	4,2€	192
87	Conde Ansúrez 2012 T	4,2€	244
87	La Purísima 2013 T	4,2€	1037
87	Moscatel Ainzón 2013 B	4,2€	152
87	Peregrino 2013 RD	4,2€	915
87	Aldeya de Aylés Tinto 2013 T	4,3€	156
87	Casa de la Ermita 2013 B	4,3€	336
87	Cepa Vella 2013 T	4,3€	576
87	DeCasta 2013 RD	4,3€	172
87	Faustino Rivero Ulecia 2011 TC	4,3€	788
87	Guerinda Casalasierra 2013 RD	4,3€	443
87	Manon 2012 T	4,3€	1095
87	Ojos del Guadiana 2009 TR	4,3€	352
87	Palacio de Arganza 2007 T	4,3€	1121
87	Sabatacha 2010 TC	4,3€	337
87	Solimar 2013 B	4,3€	894
87	Sumarroca Rosat 2013 RD	4,3€	476
87	Tarón 2013 B	4,3€	761
87	Tori-Bio 2012 T	4,3€	1127
87	Torivín Natura 2012 T	4,3€	1128

PTOS.	VINO	PVP	PÁG.
87	Valdepalacios 2013 RD	4,3€	736
87	Viña del Sopié Verdejo 100% 2013 B	4,3€	1122
87	Viña Heredad 2013 RD	4,3€	175
87	Viña Valera 2013 T Joven	4,3€	605
87	Zarzuela 2013 T	4,3€	606
87	Calderona 2012 T	4,4€	244
87	Epílogo 2013 B	4,4€	356
87	Sanz Clásico 2013 B	4,4€	863
87	Uriarte 2013 B	4,4€	127
87	Acebeño 2013 T	4,5€	618
87	Alaia (4 Ever Alaia) 2011 T Roble	4,5€	1116
87	Aldoba 2008 TR	4,5€	345
87	Andrade Vino Naranja GE	4,5€	257
87	Aragus Ecológico 2013 T	4,5€	148
87	Azua 2008 TC	4,5€	394
87	Bodegas Alconde Selección 2009 TC	4,5€	466
87	Campo Viejo 2011 TC	4,5€	715
87	Campos de Luz 2013 RD	4,5€	161
87	Canto Real 2013 B	4,5€	850
87	Castillo Perelada Jardins Negre 2013 T	4,5€	280
87	Cossetània 2012 T	4,5€	479
87	Covest Cabernet Sauvignon 2013 T	4,5€	286
87	Demimo Verdejo 2013 B	4,5€	856
87	Dorondón Chardonnay de Aylés 2013 B	4,5€	156
87	Eolo Chardonnay 2013 B	4,5€	465
87	Familia Oliveda 2011 BN Reserva	4,5€	209
87	Fuente Cortijo 2010 TC	4,5€	1126
87	Fuente Vieja Tempranillo 2012 T	4,5€	705
87	Gorgorito Verdejo 2013 B	4,5€	835
87	Ilurce 2012 T	4,5€	771
87	Isabelino Verdejo 2013 B	4,5€	832
87	Jaume Serra Chardonnay 2013 BFB	4,5€	487
87	Javier Asensio 2013 B	4,5€	441
87	Las Luceras 2013 RD	4,5€	242
87	Lordina Message 2012 TC	4,5€	288
87	María Molina Verdejo 2013 B	4,5€	837
87	Marqués de Cáceres 2013 B	4,5€	739
87	Marqués de Velilla 2013 T	4,5€	661
87	Mingua 2013 T	4,5€	873
87	Mitos 2012 T Roble	4,5€	963
87	Pago Malarina 2012 T	4,5€	767
87	Panissars 2013 RD	4,5€	282
87	Púrpura Pozo Lorente 2009 TC	4,5€	393
87	Reclot 2013 T	4,5€	424
87	Remonte 2013 RD	4,5€	458
87	Robeser 2013 B	4,5€	845
87	Señorío de Sarría 2011 TC	4,5€	441
87	Serrasagué 2013 T	4,5€	283
87	Serrasagué Rosa - T 2013 RD	4,5€	283
87	Ulldemolins 2013 T	4,5€	423
87	Vinya Taujana Blanc de Blanc 2013 B	4,5€	122
87	Zaleo Premium 2011 T	4,5€	692
87	Alto de los Zorros 10 meses 2012 T	4,6€	676
87	Bisbals de Son Borrdils 2007 T	4,6€	1138
87	Egiarte 2010 TC	4,6€	450
87	Lezaun 0,0 Sulfitos 2013 T	4,6€	450
87	Selección Vinafoc Cabernet Sauvignon 2011 T	4,6€	178
87	Selection Vinafoc Syrah 2011 T	4,6€	178
87	Solana de Ramírez 2010 TC	4,6€	808
87	Vermador 2011 T Roble	4,6€	76
87	Armantes 2010 TC	4,7€	140
87	Chozo Viejo 2013 T Roble	4,7€	673
87	Cossetània 2010 TC	4,7€	479

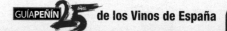

PTOS.	VINO	PVP	PÁG.
86	Laviña Tempranillo Merlot 2013 T	2,5€	177
86	Mesta 2013 B	2,5€	957
86	Mú 2013 T	2,5€	1127
86	Olvena Tempranillo 2013 T	2,5€	877
86	Viña Albali Verdejo 2013 B	2,5€	990
86	Alma de Valdeguerra 2013 T	2,6€	1027
86	Imperial Toledo Tempranillo 2013 T	2,6€	350
86	Rojo Tempranillo 2013 T	2,6€	1080
86	Tierras de Murillo 2013 RD	2,6€	807
86	Viña Betola 2013 B	2,6€	334
86	Zagarron Tempranillo 2013 T	2,6€	358
86	Alcardet Sommelier 2013 T	2,7€	345
86	Payva 2013 T	2,7€	688
86	Amelasio Merlot 2012 T	2,8€	1099
86	Amelasio Tempranillo 2012 T	2,8€	1099
86	Armantes 2013 RD	2,8€	140
86	Campobravo 2013 RD	2,8€	1126
86	Peñamonte 2013 RD	2,8€	937
86	Puerta del Sol Malvar Nº1 2013 B	2,8€	1026
86	Quinta de Aves Alauda Chardonnay 2012 B	2,8€	1097
86	Senderillo 2013 T	2,8€	640
86	Templum Sauvignon blanc 2013 B	2,8€	1099
86	Torre del Reloj 2013 RD	2,8€	75
86	Tranquera Garnacha Blanca 2013 B	2,8€	141
86	Vega de Tera 2013 T	2,8€	1110
86	Villavid Bobal 2012 T Roble	2,8€	1082
86	Viña del Oja 2011 TC	2,8€	806
86	Viña Enterizo 2010 TC	2,8€	962
86	Dunviro Garnacha 2013 RD	2,9€	721
86	Montalvo Wilmot Quintos de la Tejera 2013 T	2,9€	1079
86	Archvs 2012 T	3,0€	1153
86	Bajoz 2013 RD	3,0€	946
86	Bajoz 2013 T	3,0€	946
86	Barón de la Villa 2013 T	3,0€	930
86	Caliza 2013 T	3,0€	354
86	Canforrales Clásico Tempranillo 2013 T	3,0€	346
86	Cañada Real 2013 T	3,0€	957
86	Caracol Serrano 2013 T	3,0€	335
86	Colleita Propia 2013 T	3,0€	413
86	Convento de Morañina 2013 B	3,0€	259
86	Don Aurelio Tempranillo Selección 2013 T	3,0€	989
86	Duque de Medina 2013 T	3,0€	159
86	Finca Linte 2012 T	3,0€	451
86	Gaznata 2012 T	3,0€	1104
86	Ilagares 2013 RD	3,0€	445
86	Lagar de Santiago 2013 B	3,0€	720
86	Mitarte Viura 2013 B	3,0€	743
86	Monte Pinadillo 2013 RD	3,0€	610
86	Nave Sur 2013 B	3,0€	824
86	Portento Tempranillo 2011 T Roble	3,0€	349
86	Santo Cristo 2013 T Roble	3,0€	152
86	Tardevienes 2013 B	3,0€	859
86	Tentación Tempranillo 2012 T	3,0€	742
86	Tres Ojos Garnacha 2012 T	3,0€	140
86	Vacceos 2013 RD	3,0€	824
86	Vall de Xaló 2012 T	3,0€	73
86	Valle Gudin 2013 RD	3,0€	913
86	Valssira 2013 T Fermentado en Barrica	3,0€	1066
86	Viña Migarrón 2012 T	3,0€	103
86	Marqués del Puerto 2013 RD	3,1€	797
86	Sueños del Mediterráneo 2013 RD	3,1€	999
86	Viña Vilano 2013 RD	3,1€	612
86	Beramendi 3F 2013 RD	3,2€	447
86	Castillo de Jumilla Monastrell 2013 T	3,2€	330
86	David Moreno 2013 T	3,2€	719
86	Hacienda Molleda 2013 T	3,2€	164
86	María Molina Rueda 2013 B	3,2€	837
86	Vinya Sardà 2013 T	3,2€	489
86	Viña Morejona Rueda 2013 B	3,2€	837
86	Viñarroyo 2013 RD	3,2€	609
86	Cien 2013 B	3,3€	930
86	El Circo Cariñena 2013 T	3,3€	163
86	El Circo Garnacha 2013 RD	3,3€	163
86	Gabarda III 2009 T	3,3€	158
86	Roureda Blanc de Blancs 2013 B	3,3€	893
86	Roureda Merlot 2013 RD	3,3€	893
86	Señorío de Unx 2013 B	3,3€	445
86	Señorío de Unx Garnacha 2013 T	3,3€	445
86	Tomillar Tempranillo 2013 T	3,3€	364
86	Vega de Tera 2013 B	3,3€	1110
86	Arxis 2013 T	3,4€	925
86	Canforrales Selección 2012 T	3,4€	347
86	Gran Mañán Moscatel	3,4€	65
86	Guti Verdejo 2013 B	3,4€	829
86	Luna Lunera Tempranillo 2013 T	3,4€	1073
86	Pere Seda Rosat Novell 2013 RD	3,4€	508
86	Quinta de Aves Noctua Syrah 2012 T	3,4€	1097
86	Solar de Estraunza 2013 RD	3,4€	722
86	Viña Cuerva 2012 T Roble	3,4€	349
86	100 Vendimias Syrah 2013 T	3,5€	351
86	Alonso Cuesta 2013 B	3,5€	401
86	Altos del Cuco Monastrell Ecológico 2013 T	3,5€	335
86	Azeré 2013 RD	3,5€	143
86	Barahonda 2013 RD	3,5€	1035
86	Bodegas Alconde Sauvignon Blanc Selección 2013 B	3,5€	466
86	Borsao Selección 2013 RD	3,5€	151
86	Castellblanch Rosado Dulce 2012	3,5€	195
86	Castillo San Simón 2008 TGR	3,5€	328
86	El Coto 2013 B	3,5€	783
86	Gran Amigo Sancho 2011 TC	3,5€	350
86	Imperial Toledo Oaked Selection 2012 T	3,5€	350
86	Lácrima Baccus 2013 B	3,5€	480
86	Malón de Echaide Chardonnay 2013 B	3,5€	451
86	Masia Oliveda "Mo" Blanc de Blancs 2013 B	3,5€	290
86	Masia Oliveda "Mo" Negre Jove 2013 T	3,5€	290
86	Monasterio de las Viñas 2013 RD	3,5€	163
86	Mú + Madera 2013 T Roble	3,5€	1127
86	Negre Jove 2013 T	3,5€	282
86	Nekeas 2013 RD	3,5€	462
86	Ontinium Tempranillo 2013 T	3,5€	1007
86	Opalo 2013 B	3,5€	112
86	Pagos de Valcerracín 2013 T	3,5€	642
86	Pico del Llano 2013 T	3,5€	611
86	Ramírez de la Piscina 2013 T	3,5€	755
86	Santa Cruz de Alpera 2013 RD	3,5€	80
86	Señorío de los Baldíos Don Anastasio 2013 RD	3,5€	624
86	Tertius 2013 T	3,5€	935
86	Tierras de Murillo Viura 2013 B	3,5€	808
86	Torrelongares Old Vine Garnacha 2013 T Roble	3,5€	161
86	Vega Córcoles 2013 RD	3,5€	348
86	Vega Córcoles Tempranillo 2013 T	3,5€	348
86	Vinalopó 2010 TC	3,5€	65
86	Vinya Orlina Negre 2013 T	3,5€	282
86	Viña Sardasol Tempranillo Merlot 2012 T Roble	3,5€	466
86	Viña Villar 2008 TC	3,5€	995
86	Beso de Vino Garnacha 2013 RD	3,6€	162
86	Corcovo Tempranillo 2012 T Roble	3,6€	988
86	Juan de Alzate Vendimia Seleccionada 2012 T	3,6€	736

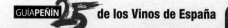

ÍNDICES MEJORES COMPRAS

PTOS.	VINO	PVP	PÁG.
86	Reja de Plata 2011 TC	5,0€	705
86	Rosa de Arrocal 2013 RD	5,0€	613
86	Satinela Semi-dulce 2013 B	5,0€	740
86	Señorío de Rubiós Mencía 2013 T	5,0€	567
86	Sola Fred 2013 B	5,0€	428
86	Spanish Story Garnacha 2012 T	5,0€	809
86	Spanish Story Verdejo 2013 B	5,0€	860
86	Terraplen Rosado Garnacha 2013 RD	5,0€	463
86	Torreko s/c B	5,0€	128
86	Torremaciel 2009 TC	5,0€	763
86	Tranco 2011 T	5,0€	1036
86	Valdefama 2011 T	5,0€	934
86	Valdelares Dulce 2013 B	5,0€	446
86	Valsarte 2009 TC	5,0€	809
86	Vega de Luchán 2013 RD	5,0€	1142
86	Vega Deo Rueda 2013 B	5,0€	861
86	Vinya Janine 2013 B	5,0€	896
86	Viña Los Valles Tempranillo 2013 T	5,0€	768
86	Viña Sardasol 2007 TR	5,0€	466
86	Viña Valoria 2011 TC	5,0€	812

85

PTOS.	VINO	PVP	PÁG.
85	Pecatis Tuis Verdejo 2013 B	1,5€	1102
85	Rasgón Syrah 2013 T	1,6€	1080
85	Monte Ducay 2013 T	1,7€	161
85	Castillo de Liria 2013 RD	1,8€	999
85	Remuri 2013 RD	1,8€	404
85	Vega Berciana 2013 T	1,8€	405
85	Zaíno Syrah 2012 T	1,8€	397
85	Campechano Airén 2013 B	1,9€	359
85	La Sima 2013 T	1,9€	392
85	Rasgón Barrica 2012 T	1,9€	1080
85	Torrent del Mañà 2013 B	1,9€	65
85	Abc 2013 T	2,0€	1001
85	Brau de Bot 2013 T	2,0€	900
85	Cinco Viñas 2013 T	2,0€	690
85	Naraya 2013 B	2,0€	114
85	Palacio de Vivero 2013 B	2,0€	824
85	Puerta Cerrada 2013 B	2,0€	1026
85	Puerta Cerrada 2013 RD	2,0€	1026
85	Vega Madroño 2013 B	2,0€	1027
85	Viña Enterizo Bobal 2013 RD	2,0€	962
85	Viña Enterizo Tempranillo 2013 T	2,0€	962
85	Viña Rey 2013 B	2,0€	1021
85	Viña Umbria 2013 T	2,0€	1007
85	Zaíno 2011 T Roble	2,0€	397
85	Zaleo Pardina 2013 B	2,0€	692
85	Los Galanes Airén 2013 B	2,1€	360
85	Los Galanes Macabeo 2013 B	2,1€	360
85	Quebrantarrejas 2013 T	2,1€	936
85	Artesones de Cenizate 2013 B	2,2€	392
85	Blasón del Turra Pardina 2013 B	2,2€	689
85	Campechano 2012 T Roble	2,2€	359
85	Finca Lasierpe Garnacha 2013 RD	2,2€	464
85	Finca Lasierpe Garnacha Tempranillo 2013 T	2,2€	464
85	Las Corazas Tempranillo 2013 T Roble	2,2€	1077
85	Señorío de Iniesta 2012 T Roble	2,2€	1098
85	Señorío de Iniesta 2013 RD	2,2€	1098
85	Valdelacuba 2013 B	2,2€	1055
85	Valmagaz 2013 B	2,2€	114
85	Viña Borbon 2012 T	2,2€	94
85	Alto Cuevas Tempranillo 2012 T	2,3€	961

PTOS.	VINO	PVP	PÁG.
85	Blasón del Turra 2013 T	2,3€	689
85	Calamón Semidulce 2013 B	2,3€	1127
85	Campobarro Pardina 2013 B	2,3€	687
85	Campobarro Tempranillo 2013 T	2,3€	687
85	Don Luciano 2009 TR	2,3€	356
85	L'Arnot 2013 T	2,3€	910
85	Laderas Tempranillo Bobal 2013 RD	2,3€	995
85	Viña Collado 2013 B	2,3€	152
85	Zinio 2013 RD	2,3€	753
85	Campiña 2013 T	2,4€	926
85	Castillalta 2013 T	2,4€	653
85	Torrederos 2013 RD	2,4€	639
85	Aldoba 2013 T	2,5€	345
85	Antares Sauvignon Blanc 2013 B	2,5€	396
85	Azua Verdejo 2013 B	2,5€	394
85	Campobarro Macabeo 2013 B	2,5€	687
85	Castillo de Benizar Macabeo 2013 B	2,5€	345
85	Castillo de Benizar Tempranillo 2013 T	2,5€	345
85	Doble R 2013 RD	2,5€	610
85	Dominio de Ontur Monastrell 2012 T	2,5€	327
85	Eguiluz 2013 T	2,5€	705
85	HPM 2013 T Maceración Carbónica	2,5€	728
85	La Villa Real Vendimia Seleccionada 2013 T	2,5€	357
85	Mesta 2013 RD	2,5€	957
85	Mesta Tempranillo 2012 T	2,5€	957
85	Partida Arnazas Cabernet-Merlot 2012 T	2,5€	876
85	Señorío de Garoa 2011 TC	2,5€	773
85	TorreCastillo 2013 RD	2,5€	327
85	Torrecilla 2013 RD	2,5€	451
85	Torrelongares Garnacha 2013 T	2,5€	161
85	Viña Albali 2013 RD	2,5€	990
85	Viña Albali Tempranillo 2013 T	2,5€	990
85	Viñagamo Seco 2013 B	2,5€	259
85	Abadía de Balderedo Verdejo 2013 B	2,6€	915
85	Alma de Valdeguerra 2013 B	2,6€	1027
85	Puig Rodó Xarel.lo 2013 B	2,6€	891
85	Tierra Calar 2013 T	2,6€	1080
85	Zagarron Verdejo 2013 B	2,6€	358
85	Estola Verdejo 2013 B	2,7€	346
85	Expolio 2013 B	2,7€	847
85	Portell Blanc de Blancs 2013 B	2,7€	254
85	Portell Rosat Trepat 2013 RD trepat	2,7€	254
85	Puerta Vieja 2013 B	2,7€	758
85	Senda de Hoyas 2013 T	2,7€	152
85	Alcardet Natura White 2013 B	2,8€	345
85	Amelasio Cabernet 2012 T	2,8€	1099
85	Armantes 2013 B	2,8€	140
85	Cruz de Piedra 2013 B	2,8€	139
85	Finca La Sabina Tempranillo 2011 T	2,8€	1074
85	Hoy Relax 2013 RD	2,8€	163
85	Peñamonte 2013 T	2,8€	937
85	Puerta de Alcalá 2013 B	2,8€	1026
85	Puerta de Alcalá 2013 RD	2,8€	1026
85	Puerta del Sol Nº2 2013 T Joven	2,8€	1027
85	Solana de Ramírez 2013 RD	2,8€	808
85	Templum Tempranillo 2012 T	2,8€	1099
85	Torre del Reloj Monastrell 2012 T	2,8€	75
85	Tranquera 2013 T	2,8€	141
85	Vinalopó Selección 2012 T	2,8€	65
85	Vino Ecológico Cayetana 2013 B	2,8€	1129
85	Abadía de Balderedo 2012 T	2,9€	915
85	Beramendi 2013 RD	2,9€	446
85	Conde de Caralt 2013 B	2,9€	174

PTOS.	VINO	PVP	PÁG.
85	Dinarells Rosat 2013 RD	2,9€	278
85	Emperador de Barros Cayetana 2012 B	2,9€	687
85	Monte Ducay Pergamino 2010 TR	2,9€	161
85	Vegaval Plata 2010 TC	2,9€	988
85	3 Palomares 2013 RD	3,0€	916
85	3 Palomares 2013 T	3,0€	916
85	Aradon 2013 B	3,0€	812
85	Bajoz Malvasía 2013 B	3,0€	946
85	Belví 2013 RD	3,0€	1067
85	Bitácora Verdejo 2013 B	3,0€	823
85	Bondad 3 meses en Barrica 2011 T	3,0€	1081
85	Caliza 2013 B	3,0€	354
85	Caliza 2013 RD	3,0€	354
85	Carril de Cotos 2011 TC	3,0€	1081
85	Castillo de Almansa 2013 RD	3,0€	81
85	Charcón Sauvignon Blanc 2013 B	3,0€	1076
85	Cobos FI	3,0€	419
85	Coelus Joven 2013 T	3,0€	728
85	Crial 2013 B	3,0€	1066
85	Crial 2013 RD	3,0€	1066
85	Dinarells Negre 2013 T	3,0€	278
85	Dolce Bianco Verdejo 2013 Semidulce	3,0€	1102
85	Don Frutos Verdejo 2013 B	3,0€	1106
85	Dunviro Viura 2013 B	3,0€	722
85	Eolo Garnacha 2012 T	3,0€	465
85	Hoya de Cadenas 2013 RD	3,0€	966
85	Malón de Echaide 2013 RD	3,0€	451
85	Marqués de Reinosa 2013 B	3,0€	795
85	Mitarte 2013 T Maceración Carbónica	3,0€	743
85	Mitos 2012 B	3,0€	998
85	Murmuri Dulce Natural 2013.	3,0€	908
85	Muro 2013 B	3,0€	798
85	Olaia 2013 B	3,0€	1116
85	Pedro García Malvar 2013 B	3,0€	1022
85	Peñagudo 2013 T	3,0€	708
85	San Martineño 2013 RD	3,0€	1095
85	Solana de Ramírez 2013 B	3,0€	808
85	Val de Paniza 2013 T	3,0€	160
85	Valdecabado 2013 RD	3,0€	241
85	Valdelares Chardonnay 2013 B	3,0€	446
85	Valpina 2011 TC	3,0€	1122
85	Vega de Tera 2013 RD	3,0€	1110
85	Vicus 2013 T	3,0€	956
85	Villa Abad Tempranillo 2013 T Roble	3,0€	350
85	Viña Bispo 2013 RD	3,0€	405
85	Viña Rendero Selección Especial 2013 T Roble	3,0€	1026
85	Portell Blanc Semi dolç 2013 B	3,1€	254
85	Solmayor Chardonnay 2013 B	3,1€	956
85	Vega Infante 2013 B	3,1€	965
85	Compass 2012 T Roble	3,2€	689
85	David Moreno 2013 B	3,2€	719
85	Dominio de Torreviñas Doble Pasta 2012 T	3,2€	65
85	Flor de Añon Verdejo 2013 B	3,2€	152
85	Hacienda Molleda 2013 RD	3,2€	164
85	Ixeia 2013 T	3,2€	867
85	Obrada 2013 B	3,2€	805
85	San Trocado 2013 B	3,2€	590
85	Torivín 2013 T	3,2€	1127
85	Vinya Sardà 2013 B	3,2€	488
85	Cermeño 2013 B	3,3€	930
85	Cien 2013 RD	3,3€	930
85	El Circo Bailarina Merlot 2013 T	3,3€	163
85	El Circo Garnacha 2013 T	3,3€	163
85	El Circo Syrah 2013 T	3,3€	163
85	Flor del Carche 2012 T	3,3€	330
85	Lacruz Vega Tempranillo 2013 T	3,3€	351
85	Marqués de la Villa 2013 B	3,3€	930
85	Marqués de la Villa 2013 T	3,3€	931
85	Mía 2013 T	3,3€	1086
85	Olivara 2013 T	3,3€	935
85	Senda de las Rochas Bobal 2011 T	3,3€	392
85	Señorío de Somalo 2013 RD	3,3€	807
85	Vega Córcoles Airén 2013 B	3,3€	348
85	Viña Cansina Verdejo 2013 B	3,3€	837
85	Finca Cerrada Tempranillo 2013 T	3,4€	362
85	Fuero Real 2013 T	3,4€	612
85	Monasterio de Palazuelos Verdejo 2013 B	3,4€	829
85	Almudes 5 Décadas 2008 TR	3,5€	695
85	Bardesano 2011 TC	3,5€	788
85	Casis Prieto Picudo 2013 RD	3,5€	914
85	Clos del Recó 2013 B	3,5€	176
85	Clos del Recó 2013 RD	3,5€	176
85	Clot D'Encís 2013 B	3,5€	900
85	Cordis Terra 2013 B	3,5€	352
85	Finca del Mar Tempranillo 2012 T	3,5€	966
85	Gandesola 2 013 T	3,5€	903
85	Gandesola 2013 B	3,5€	903
85	Hoya de Cadenas Cabernet Sauvignon 2013 T	3,5€	966
85	Hoya de Cadenas Merlot 2012 T	3,5€	966
85	Lágrima de Vitalis 2013 RD	3,5€	914
85	Marqués de Cornatel 2013 RD	3,5€	113
85	Mirador de Castilla 6 meses 2009 T	3,5€	1099
85	Mitos 2012 T	3,5€	963
85	Monasterio de Palazuelos Sauvignon Blanc 2013 B	3,5€	829
85	Palacio de Villachica 2013 T	3,5€	948
85	Privilegio de Romale 2011 T Roble	3,5€	689
85	Santa Cruz de Alpera Mosto Parcialmente Fermentado 2013 RD	3,5€	80
85	Teneguía 2013 B	3,5€	369
85	Tintoralba Sauvignon Blanc - Verdejo 2013 B	3,5€	1086
85	Valdecabado 2011 T Barrica	3,5€	241
85	Valdeleña 2013 RD	3,5€	917
85	Vega Cubillas 2013 T	3,5€	637
85	Villavid 2011 TC	3,5€	393
85	Allozo Tempranillo 2013 T	3,6€	344
85	Allozo Verdejo 2013 B	3,6€	344
85	Badajo Rueda 2013 B	3,6€	831
85	Don Aurelio 2012 T Barrica	3,6€	989
85	El Monjio 2013 RD	3,6€	88
85	Lahar de Calatrava 2012 B	3,6€	1100
85	Para Celsus 2013 T	3,6€	1080
85	Viña Bujanda 2013 B	3,6€	813
85	Viña Bujanda 2013 RD	3,6€	813
85	Yuntero 2013 T	3,6€	357
85	Aldahara 2013 RD	3,7€	869
85	Don Vinico Tempranillo 2013 T	3,7€	163
85	René Barbier Kraliner 2013 B	3,7€	177
85	Viña San Juan 2013 B	3,7€	354
85	Viña San Juan 2013 RD	3,7€	354
85	Ana 2013 RD	3,8€	871
85	Clos del Pinell Garnatxa 2013 RD	3,8€	906
85	Corona de Aragón Garnacha Cabernet Sauvignon 2013 RD	3,8€	162
85	Corona de Aragón Macabeo Chardonnay 2013 B	3,8€	162
85	Golosina Eva Semidulce 2013 B	3,8€	1127
85	Monasterio de Santa Ana Tempranillo Monastrell Ecológico 2013 T	3,8€	336

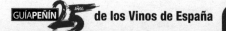

PTOS.	VINO	PVP	PÁG.
85	Olvena 2013 RD	3,8€	877
85	Palacio de Arganza 2011 T	3,8€	1121
85	Palacio de Invierno 2013 T	3,8€	719
85	Pazo 2013 B	3,8€	597
85	Piedemonte 2013 RD	3,8€	455
85	Vidal del Saz Selección Rosé 2013 RD	3,8€	347
85	Viña Tendida Moscato 2013 RD	3,8€	1002
85	Castillo de Monjardín Tempranillo 2013 T	3,9€	448
85	Crin Roja Cabernet Sauvignon Syrah 2013 T	3,9€	1077
85	Genus 2012 T Roble	3,9€	336
85	Marqués de Valcarlos 2013 RD	3,9€	456
85	Vegaval Plata 2009 TR	3,9€	988
85	Viña Amalia 2013 B	3,9€	420
85	Amat Blanc 2013 B	4,0€	279
85	Artesones de Cenizate 2008 TR	4,0€	392
85	Bespén 2013 RD	4,0€	873
85	Bro Valero Tempranillo 2013 T	4,0€	351
85	Cañada Real 2012 T Roble	4,0€	957
85	Casa Jiménez 2010 TC	4,0€	65
85	Castillo de Albai 2013 RD	4,0€	802
85	Castillo de Albai 2013 T	4,0€	802
85	Cortijo La Fuente Blanco Pedro Ximénez PX	4,0€	385
85	Dominio de Requena 2013 B	4,0€	970
85	Dominio Lasierpe 2011 TC	4,0€	464
85	El Miracle Fusión 2013 B	4,0€	72
85	El Miracle Music 2013 RD	4,0€	72
85	El Miracle Tapas 2012 T	4,0€	1000
85	Emina Rueda 2013 B	4,0€	830
85	Erramun 2013 RD	4,0€	803
85	Evine 2012 T	4,0€	1037
85	F. Olimpia 15 de Abril 2013 RD	4,0€	454
85	Floresta 2012 T	4,0€	291
85	Floresta 2013 B	4,0€	291
85	Floresta 2013 RD	4,0€	291
85	Fuenteseca 2013 B	4,0€	965
85	Homenaje 2012 T	4,0€	452
85	Infinitus Merlot 2013 T	4,0€	1087
85	Ipsis Blanc Flor 2013 B	4,0€	896
85	Isabelino Rueda 2013 B	4,0€	832
85	La Granja 360 Tempranillo 2013 T	4,0€	156
85	La Purísima 2013 B	4,0€	1036
85	Los Galanes 2010 TR	4,0€	359
85	Luna de Mar 2011 T	4,0€	1005
85	Malacapa 2013 T	4,0€	784
85	Marqués de Castilla 2013 T	4,0€	353
85	Mitos 2013 T	4,0€	998
85	Mizaran Macabeo 2013 B	4,0€	1148
85	Monte Pinadillo 2013 T	4,0€	610
85	Montespejo 2012 T	4,0€	388
85	Mundo de Yuntero 2013 B	4,0€	357
85	Muñarrate de Solabal 2013 RD	4,0€	706
85	Nereo Garnacha 2013 RD	4,0€	1084
85	Osca 2013 T	4,0€	875
85	Pata Negra Gran Selección 2011 T	4,0€	773
85	Pazos de Eguren Tempranillo 2013 T	4,0€	1078
85	Petit Clot dels Oms 2013 RD	4,0€	473
85	Real Agrado 2013 B	4,0€	817
85	Santa Cruz de Alpera 2013 B	4,0€	80
85	Señorío de Badajoz 2013 T	4,0€	690
85	Vila-Closa Garnatxa Blanca 2013 B	4,0€	910
85	Viñahonda 2013 B	4,0€	335
85	Viñaverde 2013 B	4,0€	419
85	Mosaico de Baco 2013 T	4,1€	659
85	Cune 2013 RD	4,2€	779
85	Garriguella Garnatxa D'Empordá Roja 2008 Vino del licor	4,2€	278
85	Golosina Garnacha Semidulce 2013 RD	4,2€	1127
85	Menguante Garnacha 2013 T	4,2€	168
85	Mirador de Castilla 12 meses 2008 T	4,2€	1099
85	Conde de Valdemar Viura 2013 B	4,3€	766
85	Infinitus Cabernet Sauvignon Tempranillo 2012 T	4,3€	1087
85	Montevannos 2013 T	4,3€	667
85	Sancho Garcés 2013 T	4,3€	752
85	Señorío de P. Peciña 2013 B	4,3€	728
85	Señorío de Uñuela 2013 RD	4,3€	752
85	Serres Tempranillo 2013 T	4,3€	777
85	Tomillar Chardonnay 2013 B	4,3€	364
85	Conde de Valdemar Selección Especial Tempranillo 2013 T	4,4€	765
85	Federico Paternina Verdejo 2013 B	4,4€	855
85	Misterio Dulce PX	4,4€	260
85	Sinols Blanc 2013 B	4,4€	287
85	Sinols Rosat 2013 RD	4,4€	287
85	Taurus 2012 T Roble	4,4€	953
85	Vitulia Verdejo 2013 B	4,4€	848
85	Vitalis 6 meses 2011 T Roble	4,5€	914
85	Alceño 2013 B	4,5€	328
85	Campos de Luz 2013 B	4,5€	161
85	Canes 2013 B	4,5€	102
85	Cañalva Verdejo 2013 B	4,5€	834
85	Cerro Bercial 2013 RD	4,5€	964
85	Chesa Merlot Cabernet 2013 T	4,5€	878
85	Clos del Pinell Garnatxa 2011 TC	4,5€	906
85	Cortijo de Jara 6 meses 2012 T	4,5€	1069
85	DNA Murviedro Classic Bobal 2013 T	4,5€	963
85	Familia Pacheco 2012 T Roble	4,5€	328
85	Fuente Vieja Graciano 2012 T	4,5€	705
85	Gaznata Concrete 2011 T	4,5€	1104
85	González Puras 2013 B	4,5€	786
85	González Puras 2013 RD	4,5€	786
85	Gregoriano 2012 T Roble	4,5€	147
85	Hoya de Cadenas Syrah 2012 T	4,5€	966
85	HPM 2010 TC	4,5€	728
85	Impresiones 2013 RD	4,5€	1118
85	Lágrimas de María Viura 2013 B	4,5€	752
85	Lalaguna 2010 TC	4,5€	159
85	Lordina Message 2013 RD	4,5€	288
85	Marqués de Castilla 2009 TC	4,5€	353
85	MiBal 2013 T	4,5€	664
85	Mingua 2013 RD	4,5€	873
85	Moixaranga 2013 T	4,5€	1003
85	Montecristo 2013 B	4,5€	447
85	Mussefres Negre 2013 T	4,5€	424
85	Orquesta Chardonnay 2013 B	4,5€	1090
85	Orquesta Merlot 2013 T	4,5€	1090
85	Pagos de Valcerracín 2012 T Roble	4,5€	642
85	Palacio de Villachica 2011 T Roble	4,5€	948
85	Pámpano 2013 B	4,5€	824
85	Panissars 2013 B	4,5€	282
85	Peique 2013 RD	4,5€	104
85	Pérez Basoco Blanco Expresión 2013 B	4,5€	700
85	Petret 2013 B	4,5€	872
85	Piedemonte Chardonnay 2013 B	4,5€	455
85	Puerta de la Majestad 2011 T Roble	4,5€	944
85	Rosadenc Mas Can Colomé Viticultors 2013 RD	4,5€	491
85	Señorío de Guadianeja 2009 TC	4,5€	361
85	Señorío de Valdesneros 6 meses 2011 T Roble	4,5€	91
85	Serrasagué Vinya de L'Hort 2013 B	4,5€	284

ÍNDICE DE BODEGAS

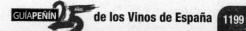

GUÍAPEÑÍN 25 AÑOS **de los Vinos de España**

GUÍAPEÑÍN 25 años de los Vinos de España

ÍNDICE DE BODEGAS

ÍNDICE DE BODEGAS

GUÍAPEÑÍN 25 AÑOS de los Vinos de España

ÍNDICE DE VINOS CATADOS

ÍNDICE DE VINOS CATADOS

GUÍAPEÑÍN 25 años **de los Vinos de España**

GUÍA PEÑÍN de los Vinos de España

GUÍAPEÑÍN 25 años de los Vinos de España

GUÍAPEÑÍN 25 AÑOS **de los Vinos de España**

GUÍA PEÑÍN de los Vinos de España

ÍNDICE DE VINOS CATADOS

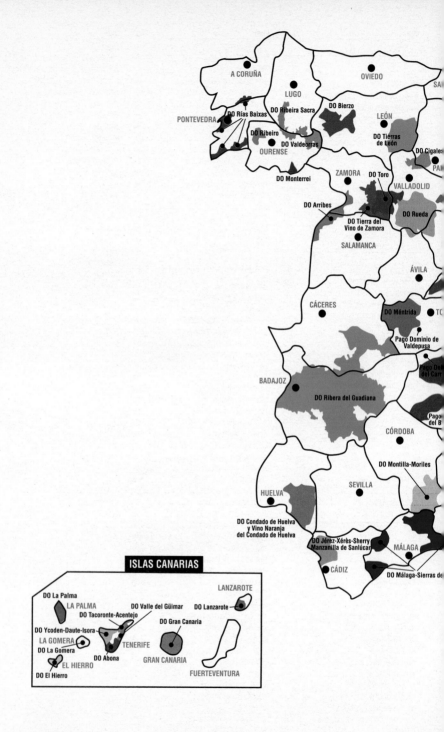

A CORUÑA

OVIEDO

SA

LUGO

DO Bierzo

DO Ribeira Sacra

LEÓN

PONTEVEDRA

DO Rías Baixas

DO Tierras
de León

DO Ribeiro

DO Cigales

OURENSE

DO Valdeorras

PA

DO Monterrei

ZAMORA

DO Toro

VALLADOLID

DO Arribes

DO Rueda

DO Tierra del
Vino de Zamora

SALAMANCA

ÁVILA

CÁCERES

DO Méntrida

TO

Pago Dominio de
Valdepusa

Pago De
del Carr

BADAJOZ

DO Ribera del Guadiana

Pago
del B

CÓRDOBA

DO Montilla-Moriles

HUELVA

SEVILLA

DO Condado de Huelva
y Vino Naranja
del Condado de Huelva

DO Jérez-Xérès-Sherry
Manzanilla de Sanlúcar

MÁLAGA

CÁDIZ

DO Málaga-Sierras de

ISLAS CANARIAS

DO La Palma

LANZAROTE

LA PALMA

DO Valle del Güimar

DO Lanzarote

DO Tacoronte-Acentejo

DO Gran Canaria

DO Ycoden-Daute-Isora

LA GOMERA

TENERIFE

DO La Gomera

DO Abona

GRAN CANARIA

EL HIERRO

DO El Hierro

FUERTEVENTURA

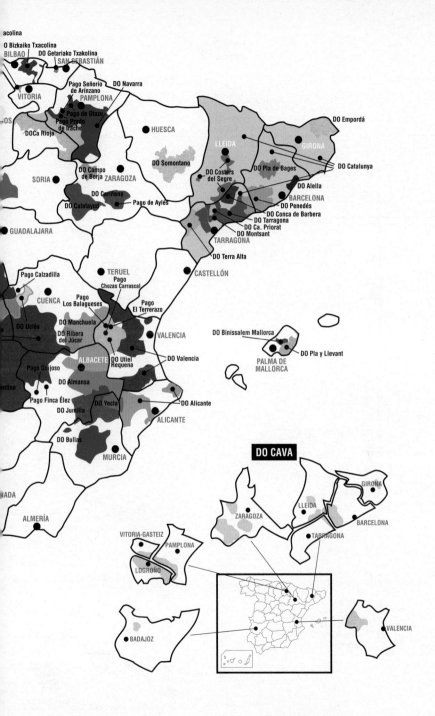

acolina
O Bizkaiko Txacolina
BILBAO
DO Getariako Txakolina
SAN SEBASTIÁN
VITORIA
OS
Pago Señorío de Arínzano
DO Navarra
PAMPLONA
Pago de Otazu
Pago Prado de Irache
DOCa Rioja
HUESCA
SORIA
DO Campo de Borja
ZARAGOZA
DO Cariñena
DO Calatayud
Pago de Aylés
GUADALAJARA
DO Empordá
LLEIDA
GIRONA
DO Somontano
DO Costers del Segre
DO Pla de Bages
DO Catalunya
DO Alella
BARCELONA
DO Penedés
DO Conca de Barbera
DO Tarragona
DO Ca. Priorat
DO Montsant
TARRAGONA
DO Terra Alta
CASTELLÓN
Pago Calzadilla
TERUEL
Pago Chozas Carrascal
Pago Los Balagueses
CUENCA
Pago El Terrerazo
DO Uclés
DO Manchuela
DO Ribera del Júcar
VALENCIA
DO Binissalem Mallorca
DO Pla y Llevant
PALMA DE MALLORCA
ALBACETE
DO Utiel Requena
DO Valencia
Pago Guijoso
DO Almansa
Pago Finca Élez
DO Yecla
DO Alicante
DO Jumilla
ALICANTE
DO Bullas
MURCIA
ADA
ALMERÍA

DO CAVA

GIRONA
ZARAGOZA
LLEIDA
BARCELONA
TARRAGONA
VITORIA-GASTEIZ
PAMPLONA
LOGROÑO
BADAJOZ
VALENCIA

ANDALUCÍA
1 - Norte de Almería
2 - Sierra de las Estancias y los Filabres
3 - Desierto de Almería
4 - Ribera del Andarax
5 - Laujar-Alpujarra
6 - Contraviesa-Alpujarra/Cumbres de Guadalfeo
7 - Granada Suroeste/Laderas de Genil
8 - Norte de Granada/Altiplano de Sierra Nevada
9 - Sierra Sur de Jaén
10 - Bailén
11 - Torreperogil
12 - Córdoba
13 - Villaviciosa de Córdoba
14 - Sierra Norte de Sevilla
15 - Los Palacios
16 - Cádiz

ARAGÓN
17 - Ribera del Gállego-Cinco Villas
18 - Ribera del Jiloca
19 - Valdejalón
20 - Bajo Aragón
21 - Valle del Cinca

CANTABRIA
22 - Liébana
23 - Costa de Cantabria

CASTILLA-LA MANCHA
24 - Castilla
25 - Pozohondo
26 - Sierra de Alcaraz
27 - Gálvez

CASTILLA Y LEÓN
28 - Castilla y León

EXTREMADURA
29 - Extremadura

GALICIA
30 - Betanzos
31 - Barbanza e Iria
32 - Val Do Miño-Ourense

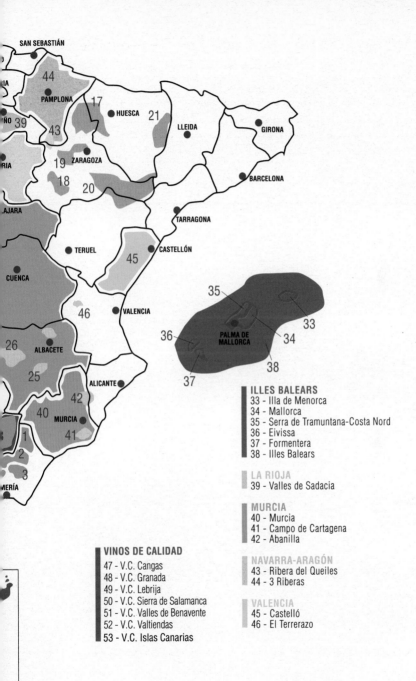

ILLES BALEARS
33 - Illa de Menorca
34 - Mallorca
35 - Serra de Tramuntana-Costa Nord
36 - Eivissa
37 - Formentera
38 - Illes Balears

LA RIOJA
39 - Valles de Sadacia

MURCIA
40 - Murcia
41 - Campo de Cartagena
42 - Abanilla

NAVARRA-ARAGÓN
43 - Ribera del Queiles
44 - 3 Riberas

VALENCIA
45 - Castelló
46 - El Terrerazo

VINOS DE CALIDAD
47 - V.C. Cangas
48 - V.C. Granada
49 - V.C. Lebrija
50 - V.C. Sierra de Salamanca
51 - V.C. Valles de Benavente
52 - V.C. Valtiendas
53 - V.C. Islas Canarias